地铁设备监理

陈兴华 等 编著

中 国 铁 道 出 版 社

2007年·北 京

内 容 简 介

本书共分七篇，并附有附录和附表。第一篇主要介绍国内外地铁发展概况、地铁车辆及机电设备系统，包括车辆、供电、电扶梯、屏蔽门、环境控制、通信、信号、综合监控、乘客咨询和导向标识、安防门禁、自动售检票及维修基地机电设备等系统。第二篇至第七篇分别介绍设备监理招标、前期准备、地铁设备采购招标、制造、安装调试、联合调试、总联调、验收、竣工结算及保修全过程的监理工作，并给出一些具体工作示例。书末附有设备监理的工作程序及实施地铁工程设备监理工作的各种表式，有较强的实用性和可操作性。

本书可作为地铁工程设备监理工程师培训的基本教材，也可用于指导地铁设备监理、地铁设备项目管理、地铁设备咨询等工作，对地铁工程建设项目中的业主、设备管理人员、地铁设备供货商、地铁设备安装商及相关参建单位的工程技术人员均有较高的参考价值。

图书在版编目(CIP)数据

地铁设备监理/陈兴华等编著.—北京:中国铁道出版社，2007.2

ISBN 978-7-113-07658-0

Ⅰ.地… Ⅱ.陈… Ⅲ.地下铁道—设备管理 Ⅳ.U231

中国版本图书馆 CIP 数据核字(2007)第 015298 号

书　　名:地铁设备监理
作　　者:陈兴华 等 编著
出版发行:中国铁道出版社(100054,北京市宣武区右安门西街 8 号)
责任编辑:王风雨
封面设计:薛小卉
印　　刷:北京盛兰兄弟印刷装订有限公司
开　　本:787×1 092　1/16　印张:48　字数:1 205 千
版　　本:2007 年 2 月第 1 版　　2007 年 2 月第 1 次印刷
印　　数:1～2 000 册
书　　号:ISBN 978-7-113-07658-0/U·2010
定　　价:100.00 元

编辑部电话:010-51873139　　发行部电话:010-51873169

前　言

目前，我国城市轨道交通建设正处于快速发展时期。已建成并开通的有北京、上海、天津、广州、南京、武汉、深圳、长春、大连、重庆10座城市的20多条线路，运营里程已达504 km。为形成城市轨道交通网络，上述大多数城市正在加紧建设城市轨道交通。在建或准备建设城市轨道交通的城市包括成都、杭州、哈尔滨、沈阳、西安、苏州、宁波、长沙、石家庄、青岛等。

机电设备系统是城市轨道交通建设不可分割的一部分，其质量、投资、进度、安全等直接影响整个工程的建设，设备的功能、性能直接影响今后的运营。

自1999年铁道科学研究院-铁科院(北京)工程咨询有限公司首次在国内承担深圳地铁一期工程车辆及机电设备系统监理以来，陆续在南京、天津、沈阳、成都等城市承担地铁车辆及机电设备系统的监理、咨询工作。广州、上海、重庆等城市在城市轨道交通建设工程中，也陆续聘请社会监理进行车辆及机电设备系统的监理工作。地铁工程设备监理人员不断扩大，设备监理项目不断增加，为促进设备监理制度在地铁设备工程的推行，提高地铁工程设备监理人员的业务素质和工作水平，铁科院(北京)工程咨询有限公司在总结以往工作经验的基础上，组织有关具有地铁设备监理实践的设备监理工程师编写本书。

本书共有七篇，另加附录及附表。陈兴华对本书的编写思路与大纲进行了总体策划，指导全书的编写，并对全书统稿。第一篇各章依次由何丽(第一章)，何丽、冯宝龙、张振生、陈兴华(第二章)，陈报生、万里、杨国新(第三章)，和卫京(第四章)，郑志华(第五章)，吴燕(第六章)，李玉林、陈兴华(第七章)，徐玉福、陈兴华(第八章)，张建国、刘仕亲(第九章)，李菁(第十章)、刘仕亲(第十一章)，杨国新、沈兆国、周岩(第十二章)、马立(第十三章)执笔；第二篇由庞柳生执笔；第三篇由陈兴华、庞柳生执笔；第四篇由陈兴华、吴燕、郑志华执笔；第五篇由杨国新、沈兆国执笔；第六篇由刘仕亲、何丽执笔；第七篇由陈兴华执笔；附录及附表由陈兴华执笔。陈娴、刘新兰参加了文整工作。

本书在编写过程中，参考了相关城市地铁建设的招标文件、技术规格书、技术文件等。在此，向所有参加编写的人员和予以帮助、支持的单位、领导和专家表示感谢。

由于编者的水平有限，本书编著的内容如有错漏、不足之处，敬请读者批评指正，我们将至诚感谢。

编　者

2006年11月22日于深圳

目　录

第一篇

地铁车辆及机电设备系统

第一章　世界城市地铁发展概况

第一节　国外城市地铁发展简介

随着城市经济的迅速发展和科技的进步，城市的规模不断扩大，人口不断增多。城市范围内的大量人员流动，要求配置便捷、可达性强的客运交通工具，以便人们高效率地到达出行目的地。世界上许多城市的发展经验告诉我们，构筑以轨道交通系统（地铁、轻轨、高架独轨交通等）为骨干的现代化城市综合交通体系将是解决城市发展面临的交通问题的基本途径。

1863 年，世界上第一条用蒸汽机车牵引的地下铁道线路在英国伦敦建成通车，至今已有 140 多年的历史。尽管由于列车在地下隧道内运行，隧道里烟雾熏人，但当时的伦敦市民甚至皇亲显贵们，都乐于乘坐这种地下列车，因为在拥挤不堪的伦敦地面街道上乘坐公共马车，其条件和速度还不如地铁列车。

世界第一条地下铁道的诞生，为人口密集的大都市如何发展公共交通提供了宝贵的经验；特别是到 1879 年采用电力牵引的机车研制成功后，使地下客运环境和服务条件得到了空前的改善，地铁建设显示出强大的生命力。从此以后，世界上一些著名的大都市相继建造地下铁道。

自 1863 年至 1899 年，有英国的伦敦和格拉斯哥、美国的纽约和波士顿、匈牙利的布达佩斯、奥地利的维也纳以及法国的巴黎共 5 个国家的 7 座城市率先建成了地下铁道。

伦敦自 1863 年创建世界上第一条地下铁道以来，历经 140 多年的发展，通过不断提高技术水平，伦敦地铁系统已成为当今世界上的先进技术范例之一。尤其是地铁实现了电气化后，伦敦的地铁几乎每年都有新进展。目前，伦敦地铁线路总长度约 410 km（地下隧道 171 km），共设置车站 275 座，地铁车辆保有量总数约 4 139 辆，年客运总量已突破 8 亿人次。

受伦敦成功建设地下铁道的影响，美国纽约也于 1867 年建成了第一条地铁。随着纽约城市规模的扩大，城市人口不断增加，到 1900 年市区人口已有 185 万人，同时地铁建设也在不间断地发展。现在纽约已发展成为世界上地铁线路最多、里程最长的一座城市。目前，纽约地铁线路总长度约 421 km，其中地下隧道 258 km，共设置车站 476 座，地铁车辆保有量总数约 6 561辆，年客运总量已突破 10 亿人次。

法国巴黎也是最早修建地铁的城市之一，但比英国要晚 37 年。为举办“凡尔赛展览会”而修建的巴黎第一条地下铁道从巴士底通往马约门，全长约 10 km，它为巴黎地铁网络的不断发展和完善打下了基础。时至今日，巴黎市区已拥有地铁线路 15 条，其中 2 条为环线，有 4 条地铁采用橡胶车轮体系的 VAL 车辆。地铁线路总长度约 201.4 km，地下隧道约占 175 km，共设置车站 370 座，车辆保有量总数约 3 472 辆，年客运量总数也已突破 12 亿人次。巴黎的地区快速地铁（RER）非常发达，运营线路共有 363 km，其中 114 km 与地铁共线，249 km 为城市快速铁路 SNCF。RER 的年客运量约 4 亿人次。

在进入 20 世纪的最初 24 年里（1900 年至 1924 年），在欧洲和美洲又有 9 座大城市相继修建了地铁，如德国的柏林、汉堡，美国的费城以及西班牙的马德里等。

柏林的第一条地铁开通于 1902 年。发展至今，市区地铁已四通八达。目前，柏林已有 9 条地铁线路，线路总长度约 142 km(其中地下隧道约占 104 km)，共设置车站 166 座，车辆保有量约 2 410 辆，年客运总量约 6.6 亿人次。西班牙也是欧洲较早修建地铁的国家之一。1919 年，马德里的第一条地铁线路开始运行，现在已发展到 10 条地铁线路，线路总长度约 115 km，共设车站 158 座，车辆保有量总数约 1 012 辆，年客运总量约 4 亿人次。

1925 年至 1949 年，其间经历了第二次世界大战，各国都着眼于自身的安危，地铁建设处于低潮，但仍有日本的东京、大阪，苏联的莫斯科等少数城市在此期间修建了地铁。

日本东京的第一条地铁线路于 1927 年建成通车。虽然日本的地铁也是效法欧洲技术建设而成的，但他们在修建地铁的同时，着重开发主要车站及其邻近的公众聚集场所，这些场所能促进地下商业中心的建设，而且与地下车站连成一片，使地铁这一公益性基础设施获得了新的活力，取得了较好的经济效益和社会效益。

1996 年，东京地铁已拥有 12 条地铁线路，线路总长度约为 237 km，共设置车站 196 座，车辆保有量总数约 2 450 辆，年客运总量已突破 25 亿人次，是当今世界上地铁客运量最大的城市之一。

1932 年莫斯科的第一条地铁开始动工，线路全长约 11.6 km，共设置车站 13 座，到 1935 年 5 月建成通车运营。其建设速度之快，在当时是空前的。以后莫斯科的地铁建设就一直没有中断过，即使在第二次世界大战期间也没有停顿。发展至今，莫斯科已拥有地铁线路 9 条，线路总长度约 244 km，地铁车站总数为 150 座。莫斯科地铁系统的建筑风格和客运效率是举世闻名的，每个车站都是由著名的建筑师设计，并配有许多雕塑作品，艺术水平较高，使旅行者有身临宫殿之感。而所有地铁终点站都与公共汽车、无轨电车和轻轨系统相衔接，有几个车站还与铁路火车站相连接，为旅客提供了方便的换乘条件。目前，莫斯科地铁系统车辆保有量总数约 3 200 辆，年客运量已突破 26 亿人次。

第二次世界大战以后，1950 年至 1974 年的 24 年间，世界上地铁建设蓬勃发展。在此期间，有加拿大的多伦多、蒙特利尔，意大利的罗马、米兰，美国的费城、旧金山，前苏联的列宁格勒(现俄罗斯的圣彼得堡)、基辅，日本的名古屋、横滨，韩国的汉城(现称首尔)以及中国的北京等约 30 座城市相继建成了地铁。具有代表性的地铁项目有：

日本的名古屋，第一条地铁线路于 1 957 年建成通车，现有 5 条地铁线路，线路总长度约 76.5 km，共设 61 座车站，车辆保有总量约 730 辆，年客运量已突破 6 亿人次。

韩国的汉城(现称首尔)，第一条地铁线路于 1974 年建成通车，现在已有 4 条地铁线路，线路总长度约 131.6 km，共设置车站 114 座，车辆保有量约 1 602 辆，年客运量已超过 13 亿人次。

加拿大的蒙特利尔，第一条地铁线路于 1966 年建成通车，现在已有 4 条线路，线路总长度约 64 km，共设车站 65 座，车辆保有量总数约 760 辆，年客运总量约 3.5 亿人次。

蒙特利尔的地铁主要采用橡胶车轮走行系统，以法国的 VAL 技术为基础，列车在表面光滑的混凝土轨道上行驶，客运效率和乘坐舒适度都很高。线路布局充分考虑了与周围环境的协调，乘客换乘其他交通工具极为方便。新建地铁车站的建筑风格各不相同，建筑雄伟、辉煌而明快，为城市开辟了良好的地下活动空间。每座车站都与周围环境融为一体。在公园中，车站与树林绿荫配合成协调优美的景观；在商业繁华区，站台的高度往往与林荫人行道的高度相同，而且可直接相通；有的车站还可直接通向办公大楼或大饭店的厅廊。这些精心设计，给人们的出行和换乘创造了极为方便的条件。

1975 年至 1995 年的 20 年时间里，地铁建设在原有基础上，取得了长足的进展，世界上 30 多座城市在此期间建成了地铁或正在修建地铁，美洲有华盛顿、温哥华等 9 座城市，欧洲有布鲁塞尔、里昂、华沙等 9 座城市，亚洲则更多，有神户、香港、加尔各答以及天津和上海等 16 座城市。具有一定代表性的项目有：

美国的华盛顿，第一条地铁线路于 1976 年建成通车，现已有 4 条地铁线路，线路总长度约 144 km，共设车站 74 座，车辆保有量总数约 764 辆，年客运量超过 1.5 亿人次。华盛顿的地铁工程建设比较经济实用，车站建筑无富丽豪华之装饰，以朴素大方为特色，客运系统充分应用安全可靠的先进技术，为乘客提供了安全、舒适、快捷的服务条件，是现代地铁建设的范例之一。

从上述世界地铁建设发展概况可以看出，在 20 世纪 50 年代至 90 年代之间，世界范围内的城市地铁有了迅速发展。其主要原因一是在战后以和平发展为主流的年代里，亚洲、拉丁美洲、东欧的城市化进程加快，数百万人口的城市不断增加；二是发达国家中的小汽车激增与城市街道有限通行能力之间的矛盾日益突出，空气严重污染，使这些城市都面临着如何在较长的距离内，以最有效而快速的方式来输送大量乘客的问题。实践证明，只有通过建造地铁系统，才能解决这一难题。据统计，目前世界上已有 48 个国家和地区的 142 座城市建造了地铁，累计地铁线路总长度为 5 263.9 km，年客运总量约为 230 亿人次。

第二节　我国地铁的发展

我国的第一条地铁是在 1969 年 10 月建成，1971 年 1 月开始试营运，从此揭开了中国地铁历史的序幕。在国家发展政策的指导下，我国地铁的发展到目前为止可分为三个阶段：第一阶段是从 20 世纪 60 年代中期开始，以北京地铁为代表，一期工程从苹果园站至北京火车站，全线长 23.6 公里，设计 17 座车站，于 1969 年 10 月 1 日通车。这是我国依靠自己力量，在 51 个月内建成的第一条地铁，这极大地鼓舞了中国地铁建设者。同时上海、天津、广州等城市开始积极筹划，开始地铁试验段工程，为大规模工程启动准备条件。第二阶段是改革开放以后，国内经济迅速发展，与境外交往日益频繁，国外地铁技术信息不断传入，随着国内城市建设的大好形势，又唤起了地铁建设的信心。上海、广州着手工程可行性研究，直至 20 世纪 90 年代初，上海、广州地铁相继开工，其他城市也紧锣密鼓开始筹备和研究，全国十多座城市计划建设地铁或轻轨，掀起了国内地铁和轻轨建设热潮。但由于资金不足，在借贷外资和设备引进方面缺乏经验，造成地铁造价急剧上涨，同时对日后运营维修、部件更换、补充等留下许多隐患。国家及时发现了问题，便全面实施整顿，暂停审批地铁的立项。第三阶段是 1997 年开始，从抓建设标准，抓车辆和设备国产化为新的启动点，以降低地铁造价为目标，以上海地铁三号线和深圳地铁一号线为依托项目，探索我国地铁建设发展之路，并借此拉动国民经济主要产业的发展，推动高新科技的发展，为地铁建设事业带来了生机和希望。根据目前不完全统计，在国内已有 6 座城市，6 条线路，共 103 公里的项目批准立项，但尚未施工；有 10 座城市，13 条线路，共 235 公里工程项目已报立项待批；还有 10 座城市，20 条线路，共 318 公里工程项目正在筹划待报。上述项目预计在 21 世纪初 30 年内完成，届时包括现已运营和新建的线路总长度可达 800 公里，城市交通将得到较大的改善，并且由此可带动经济增长和人民生活水平的提高，我国也有希望成为发达的地铁大国，这样的发展前景是令人振奋的。

下面简要介绍我国主要城市的地铁发展状况。

一、北京地铁

北京于1969年10月建成通车第一条地铁，是我国最先开通地铁的城市。迄今为止运营的线路包括1号线、2号线、13号线和八通线，运营线路总里程114 km，共有70座车站。其中，1号线全长31.04 km，23座车站；2号线全长23.61 km，18座车站；13号线全长40.85 km，16座车站；八通线全长18.9 km，13座车站。北京地铁目前日客运量150万人次左右。另外，北京地铁5号线、10号线、奥运支线、4号线、机场轨道线等5条地铁新线已排定通车日期。除地铁4号线外，都将在2008年奥运会前开通运营，届时，北京地铁运营总里程将由现在的114 km跃升至200 km。

图1-1-1　北京城市铁路电动车辆

二、天津地铁

20世纪80年代，天津地铁一号线借鉴北京地铁模式建成通车，全长7.4 km。新建的天津地铁一号线，全长26.188 km，扩建新线18.8 km，设22座车站(其中地下站13座、地面站1座、高架站8座)，于2005年12月建成通车。除了地铁1号线，天津还计划用30年的时间建设另外8条地铁线路，规划地铁线全长234.7 km。

图1-1-2　天津滨海快速轨道交通车辆

三、上海地铁

上海市在20世纪90年代开始兴建地铁，1号线于1995年5月建成，1996年向南延伸至莘庄，全长 20.5 km，设 17 座车站，日均客运量为 60 万人次，占全市日公交量的 8%。2 号线一期工程于 1995 年 12 月开工建设，1999 年年底试通车，2000 年 5 月正式通车，长 19 km，设 13 座车站及 1 处停车场。3 号线（明珠线一期工程）全长 24.975 km，其中高架线路 21.516 km，地面线路 3.459 km，利用沪杭铁路上海内环线和淞沪线的线路 18 km，沿线共设 19 座车站，其中 16 座车站为高架车站。于 1997 年 7 月开工建设，2000 年年底建成通车，至此上海已拥有 65 km地铁运营线，日客运量达 100 万人次。1 号线北延伸段（上海站—泰和路站）12.5 km，4 号线（明珠线二期工程）长 22.3 km 已开工建设。上海地铁规划 8 条线，预计上海近几年将以每年 10～15 km 的速度发展城市轨道交通。

图 1-1-3　上海地铁电动车辆

四、广州地铁

广州地铁已建成开通地铁 1、2 号线两条地铁线，线路长度 36.6 km，运营日均客运量 47 万人次。2005 年 12 月 26 日为止，地铁二号线延长线段、三号线首通段、大学城专线正式开通试运行。至此，广州地铁累计共拥有四条轨道交通线路，总长为 59 公里，服务车站也从原来的 33 个一跃增加为 44 个。据悉，从 2005 年起，今后 6 年广州每年都有新线建成开通，到 2010 年，将共有 1 号线、2 号线、3 号线、4 号线、5 号线、6 号线、8 号线共 7 条线路建成，贯穿广州南北。并且 2010 年亚运会期间 80%以上比赛场馆可通地铁。

图 1-1-4　广州地铁 2 号线电动车辆

五、香港地铁

香港地铁现有线路全长 87.7 km，日均客运量超过 230 万人次，共 50 座车站，是世界上最繁忙的地铁系统之一。

六、深圳地铁

深圳地铁一期工程由 1 号线(罗湖站至世界之窗站)和 4 号线(皇岗站至少年宫站)组成,全长 21.866 km,两线在会展中心站呈十字换乘,于 2004 年底正式运营。另外,1 号线续建工程、2 号线、3 号线和 4 号线续建工程等多条线路也在同时建设中。

图 1-1-5 深圳地铁车辆

七、南京地铁

到 2050 年,南京市规划建设由 10 条地铁线、3 条轻轨线组成的共计 433 km 的轨道网。其中,1 号线一期工程线路全长 21.72 km,其中地下线 14.33 km,地上线 7.49 km,设 16 座车站,目前已建成通车。而线路全长 21.63 km,共设 18 座车站的 2 号线一期工程也已开工。

图 1-1-6 南京地铁车辆

八、沈阳地铁

沈阳市快速轨道交通线网规划 1 号线的城区段,西起张士开发区沧海路与昆明湖街交口的张士站,东至大东区黎明文化宫站。线路全长 22.048 km,设 18 座车站(均为地下车站),以及车辆段、控制中心各 1 处和 2 个主变电所。按照规划,2005 年 11 月开工,2009 年 12 月试运行,实现通车。

九、其他城市

1. 杭州

到 2050 年，杭州城市快速轨道规划建成总长度为 278 km 的 10 条线路，车站 180 座。其中，近期至 2010 年，杭州将建成快速轨道运营线路 82.5 km，基本形成轨道交通网络骨架。

2. 成都

成都市规划建设总长度为 183.5 km 的轨道交通，其中包括规划长度为 128 km 的 5 条地铁线。

3. 哈尔滨

哈尔滨规划在未来 10 年建设 1 号线和 3 号线环线，总长 45.53 km，共设 41 座车站。

第二章 地铁车辆

第一节 概 述

地铁车辆是城市轨道交通最重要的，也是最关键的设备之一，它不仅投资大，一般为地铁工程总投资的10%左右，而且技术复杂，是多专业综合性的产品，涉及机械、电力电子技术、微机控制技术、网络传输、材料等领域。地铁车辆的基本要求是技术先进、安全可靠、经济实用、维修量小、满足线路的运输能力。

按有无动力地铁车辆可分为两大类：拖车（T，Trailer），本身无动力牵引装置；动车（M，Motor），本身带有动力牵引装置，动车又分为带受电弓的动车（M_P，pantograph）和不带受电弓的动车。地铁车辆在运营时一般采用动拖结合、固定编组，形成电动列车组。

按照车辆车体尺寸大小又可分为A型车辆和B型车辆两种。

一、A型车辆和B型车辆的主要参数

1. A型车辆

在《地铁车辆通用技术条件》（GB/T 7928—2003）中规定A型车辆的长度为22 m，宽度为3.0 m，轴重≤16 t；额定载客量为325人/辆。

按照标准给定的规格，与B型车辆相比，A型车辆在车辆长度上增加了16%，宽度上增加了7%，轴重上增加了14%，额定载客量增加了约58%，在相同时间间隔的情况下更适合于高峰小时客流断面大的线路，但是显然增加了需要的土建工程量，增加车辆的采购成本。由于A型车辆载客量较大，因此一般采用DC 1 500 V供电，受电弓受电形式。

2. B型车辆

在《地铁车辆通用技术条件》（GB/T 7928—2003）中规定B型车辆的长度为19 m，宽度为2.8 m，轴重≤14 t；额定载客量为215人/辆。

相比之下，B型车辆所适应的在相同时间间隔的情况下的高峰小时客流断面要小于A型车辆。因此，B型车辆可以选择DC 750 V，或DC 1 500 V的供电电压，其受电方式也可以在受电弓或受电靴中选择。由于车辆断面积的减小，其所需要的土建工程量相比A型车辆要小一些，车辆的采购成本相对减少。

A型车辆和B型车辆的主要技术规格见表1-2-1。

表1-2-1 车辆主要技术规格

序号	名称		A型车辆	B型车辆
1	车体基本长度(mm)		22 000	19 000
2	车体基本宽度(mm)		3 000	2 800
3	车辆最大高度(mm)	受流器车	3 800	
		受电弓车(落弓高度)	3 810～3 890	
		受电弓工作高度	3 980～5 410	

续上表

序号	名称	A型车辆	B型车辆
4	车内净高(mm)	≥2 100	
5	地板面高(mm)	1 130	1 100
6	轴重(t)	≤16	≤14
7	车辆定距(mm)	15 700	12 600
8	固定轴距(mm)	2 200～2 500	2 000～2 300
9	每侧车门数(对)	4～5	3～4
备注:带司机室的车可加长。			

二、国内各城市地铁列车编组及主要技术参数

无论轻轨列车还是地铁列车在编组方面都无严格的规定,地铁车辆编组可达4～10节,轻轨的车辆编组为2～4节。我国现有地铁车辆一般有3辆编组、4辆编组、6辆编组、8辆编组,北京、上海、广州、深圳的地铁车辆的编组情况及车辆主要技术参数见表1-2-2。

表1-2-2 北京等城市地铁车辆列车编组及主要技术参数

技术参数		北京早期车辆	北京复一八线	上海1号线	上海2号线	广州1号线	深圳一期工程
列车编组		2～6辆(全自动)	6辆(3动3拖)	6辆(4动2拖)	6辆(4动2拖)	6辆(4动2拖)	6辆(4动2拖)
供电及受流方式		DC 750 V(三轨)	DC 750 V(三轨)	DC 1 500 V(架线式)	DC 1 500 V(架线式)	DC 1 500 V(架线式)	DC 1 500 V(架线式)
车辆轮廓尺寸(mm)	长	19 520	19 520	24 140(拖车) 22 800(动车)	24 140(拖车) 22 800(动车)	24 390(拖车) 22 800(动车)	24 390(拖车) 22 800(动车)
	宽	2 650	2 800	3 000	3 000	3 000	3 100(最大宽度)
	高	3 509～3 600	3 510	3 800	3 800	3 800	3 800(不含排气口)
车辆定距(mm)		12 600	12 600	15 700	15 700	15 700	15 700
每列额定载客量(人)		360～1 080	1 440	1 860	1 860	1 860	约1 920
转向架		有摇枕 轴距2 100 mm	无摇枕 轴距2 200 mm	无摇枕 轴距2 500 mm	无摇枕 轴距2 500 mm	无摇枕 轴距2 500 mm	无摇枕 轴距2 500 mm
空气压缩机		活塞式	2级压缩活塞式供风量 0.8 m³/min	W230/180-2供风量 1 450 L/min	活塞式、2级、三缸供风量 0.92 m³/min	活塞式、2级、三缸供风量 0.92 m³/min	活塞式、2级、三缸供风量 0.92 m³/min
空调与通风		机械通风	机械通风	空调	空调	空调	空调
牵引电动机		直流	鼠笼式异步电动机180 kW	直流电动机207 kW	鼠笼式异步电动机190 kW	鼠笼式异步电动机190 kW	鼠笼式异步电动机220 kW
最大运行速度(km/h)		80	80	80	80	90	80
平均加速度(m/s²)		0.9	0.83	0.9	0.9 (0～36 km/h)	平均值1.0 (0～35 km/h)	平均值 ≥0.6(0～80 km/h)

续上表

技术参数	北京早期车辆	北京复一八线	上海1号线	上海2号线	广州1号线	深圳一期工程
常用制动平均减速度(m/s^2)		0.94	1.0	1.0	1.0	1.0
紧急制动平均减速度(m/s^2)	1.2	1.2	1.3	≥1.2	1.2	1.2
车钩高度(mm)	660～670	660	720	720	720	720
减速箱传动比	5.9	7.69	5.95		6.3	6.68

注:1.北京地铁早期车辆是指工厂设计序号为DK_1～DK_{16}的车辆。

2.上海地铁1号线线路、站场设施按8节车辆编组预留,2006年开始启动扩编工程。

第二节　车体与车内设备

一、车体结构

地铁车辆车体基本上都是采用薄壁筒形整体焊接结构,由底架、侧墙、车顶和端墙、司机室组成。这几大部件单独制成以后,再进行组焊或铆接形成车体整体结构。

1.碳钢车体

在20世纪80年代以前采用的普碳钢,其自重大,腐蚀严重。从20世纪80年代开始,采用如09CuPbCrNi这种含有铜或镍铬等金属元素的耐大气腐蚀的低合金钢系列,可使车体钢结构自重减轻10%～15%;在工艺上采取了一些防腐措施后,使车体寿命有所延长,但不能彻底满足减轻自重和防腐蚀的需要。

2.不锈钢车体

不锈钢耐腐蚀性好、强度高。用这种材料制成车体,可以免涂防腐涂料和表面油漆。在保证强度和刚度的前提下,钢板厚度可以减薄,其结构形式基本与碳钢车体相似,从而实现车体的薄壁化和轻型化,可使车体自重约减轻为钢制车体的20%～25%。到目前为止,国外普遍采用不锈钢制造车体,近期国内也逐步采用,如天津津滨轻轨和武汉轻轨车辆车体采用了不锈钢材料。

3.铝合金车体

为了进一步实现车体轻量化,国外许多国家地铁车辆车体广泛采用铝合金型材,由于铝材与钢铁材料相比具有比重小、耐腐蚀、容易挤压成型的优点。在解决了铝合金焊接和大型中空铝型材挤压技术难题后,铝合金材料成为制造车体、减轻自重最理想的材料,其自重较之钢制车体可减轻30%～40%。

目前上海2号线、广州1、2号线以及深圳地铁1、4号线使用的车辆,车体采用大截面中空铝合金型材结构。

4.车体模块化设计

地铁车辆车体结构的模块化设计与制造是20世纪90年代中后期在国外逐步发展起来的一种新型的车辆制造技术。大截面、高强度中空铝合金型材挤压技术的成熟和发展为车辆铝合金车体模块化设计与制造奠定了坚实的基础。模块化车体结构与整体焊接结构车体相比,最显著的特点就在于将模块化的概念引入到车体设计、制造与生产管理的各个环节。每个模块的结构部分本身采用焊接，而各模块之间的总成采用机械连接。

二、车体内装

车体内装一般是指车体钢结构以内到内墙板、内顶板及地板布所包含的各部件，它不仅要求具有良好的隔声、隔热性能，而且要求造型美观、色彩新颖，以便为乘客创造良好的乘车环境。另外还选用不燃、阻燃、少烟、低毒的材料，以保证乘客的安全。它一般分为底架、侧墙、端墙、车顶等几大部件。

1. 底架

一般地铁车辆如广州地铁等所采用的底架由地板，地板布，支撑梁，隔声、隔热材料和阻尼浆等组成。

地板一般由铝蜂窝夹层复合铝板制成(如广州地铁车辆)，地板布由聚氯乙烯(PVC)制成，具有耐磨、防滑、防火、抗化学腐蚀和易清洗等特点。

在支撑梁与金属地板之间，设有由橡胶制成的减振元件，起减振和隔断热桥的作用。

在地板和金属地板之间安装有超细玻璃棉或矿渣棉等隔声、隔热材料。

2. 侧墙和端墙

侧墙与端墙的结构基本相似，均由墙板，立柱，隔声、隔热材料和阻尼浆组成。

上海、广州、深圳地铁车辆的侧墙和端墙的墙板采用非饱和聚酯玻璃钢板黏结泡沫状密胺树脂和铝板的复合板，立柱采用金属梁，隔声、隔热材料采用矿渣棉并用铝铂包装，金属铝墙的内表面涂有阻尼浆。

3. 车顶

在内装设计中，车顶是较为复杂的一个部件，因为在该部件上需要安装风扇或空调风道及风口、灯具、立柱等设备，因此顶板的安装应当与上述设备统一协调优化，才能取得良好的装饰效果。

上海、广州、深圳地铁车辆设有空调，风道设在车顶中部，由铝合金薄板制成，整个风道外表面均覆盖隔热材料，避免产生热桥和结露现象。风道的出风口在风道底部的两侧，照明灯带设在风道的两侧。

内顶板由具有表面涂层的铝蜂窝夹层复合铝板制成，其悬吊及支撑梁由金属材料制成，隔热、隔声材料为矿物棉，由铝铂包装而成，在铝顶板的内表面涂有阻尼浆。

三、车内设备

1. 客室侧门

按车门运动形式有塞拉门、外挂门和内藏门之分；按开关车门动力来源分，有电动门和风动门两种。香港的旧式地铁车辆多采用风动外挂门，北京和上海地铁 1、2 号线及广州地铁 1 号线车辆采用气动式内藏门，香港机场快线采用电动塞拉门，深圳地铁车辆也采用电动塞拉门。

(1)气动式内藏门

气动式内藏门在门上方设置有一套气动机构，由风缸、滑轮、铝合金导轨、钢丝绳等组成，地板上也设有导轨使车门在风缸的驱动下，沿上下导轨平滑运动。开关门的速度及压力可以通过调节节流阀来实现。门板由铝框架和夹层铝板制成，门窗采用单层玻璃，两门之间采用氯丁橡胶条双层密封，四周采用单层密封，门板具有足够强度和刚度。

(2)外挂门

该型车门与内藏门相似，传动机构也设在门的上方，不同的是无论开门或关门状态，门板总是挂在车体外边，通过一个吊装机构，穿过车体与驱动机构相连。

(3)塞拉门

该结构车门关闭时与车体外表融为一体，美观大方，并具有良好的密封性能。

驱动装置设在门的上方，门两边设有可旋转的立柱，共同完成塞紧、外摆和直线平移运动，保证关门后与车体外表面齐平。在车门关闭后，连接处的下部安装有防止车门外移的定位装置。

驱动装置主要由驱动电机、支承、传动机构和塞紧机构组成。

2. 车窗

在客室侧门之间设有车窗，就其结构形式而言，有单层玻璃、双层玻璃之分；有楣窗与无楣窗之分；有窗框与无窗框之分；还有连续式与非连续之分。如上海地铁 1 号线，就是有楣窗、有窗框的结构；广州地铁就是无楣窗、有窗框结构，它们都是用氯丁橡胶条固定在车体上。香港机场快速线采用连续式车窗，深圳地铁也采用这种结构，其具体结构描述如下：

每辆车每侧装有 4 扇车窗。车窗均为双层玻璃单元结构，并直接黏接于侧墙结构上。侧墙车窗的设计重点实现在侧门之间形成一个连续效果(带状车窗)，因此，分明窗和盲窗。完全密封式车窗单元由钢化安全玻璃制成，窗玻璃的厚度至少 18 mm(内层 6 mm 厚的玻璃，中间 6 mm 厚的空气层和外层 6 mm 厚的玻璃)，车窗安装能够承受所有内部和外部的最大压差，特别是两列车会车和通过隧道情况下产生的压差和活塞风的影响。

3. 司机室

司机室内设备布置各有差异，但一般都遵循着一定的规律，如正司机台放在右侧，副司机台放在左侧，在与客室的隔墙上设有隔门，左右侧各有一扇侧门，前端一般有疏散门，司机座椅与地板紧固，可前后及上下调整，前端挡风玻璃设有电阻丝加热装置、刮雨器和遮光板等，如图 1-2-1 所示。

图 1-2-1 驾驶台的内部视图

紧急疏散装置可以实现对乘客进行列车到列车和列车到轨道的疏散功能。能使乘客在一种有组织的方式下，从故障列车上下来，到达一个救援列车或是到轨面上去。

4. 座椅、立柱和扶手

为了减少占用客室的面积，一般在两门之间设置通长的纵向座椅，座椅骨架采用铝合金、不锈钢或耐腐蚀钢制造，固定在地板和侧墙上。座椅一般采用不锈钢制成，应符合人体工程学的要求。每个座位应能承载 100 kg。在客室内设有立柱和扶手，一般采用不锈钢或经喷塑处理的铝合金管制成，必要时在立柱之间可设置横梁和吊环，其颜色与客室装饰统一考虑，如图 1-2-2 所示。

其布置方式考虑便于残疾乘客用轮椅进入车内和车内各个区域站立乘客都能使用到扶手的需求。

图 1-2-2　座椅及扶手布置

四、贯 通 道

贯通道是车辆与车辆之间的一个弹性连接部分，承受车辆通过曲线和压缩、拉伸的相对运动，并能保证向乘客提供一个安全而舒适的从一辆车走到另一辆车的通道。

图 1-2-3　贯通道结构示意图

贯通道分为整体式和分体式。深圳地铁采用的是分体式贯通道，即整个贯通道是由两半组成的，分布在每辆车端部。风挡和渡板组件都具有快速解钩装置，以实现贯通道的快速、方便的连挂和解钩。

上海地铁 1、2 号线，广州地铁 1 号线均选用分体式贯通道，其内部的最小高度为 1 900 mm，宽度为 1 450 mm。

贯通道结构包括框架和连接件、贯通道密封围墙、侧盖板、上部和下部挡板、顶板、渡板、自承装置、连挂和锁定机构。如图 1-2-3 所示。

贯通道是一个全封闭的设计，其密封应能良好地防止雨水和尘埃的侵入，以保护乘客和车内设备安全。贯通道应具有良好的隔声、削减噪声和隔热性能。防滑型渡板应能满足 9 人/m^2 载荷要求。

第三节　转 向 架

地铁车辆的转向架可分为动力转向架和非动力转向架两种，动力转向架设有牵引电机及其传动装置。下面根据广州、深圳地铁车辆转向架为例，介绍地铁车辆转向架的构造及作用。

每个动车转向架安装两个牵引电动机，每个电动机上的 3 个橡胶弹簧装置可减少噪声及振动的传递，每个电动机通过齿轮箱向车轴传递牵引和制动力(在电制动情况下)，该齿轮箱通过滚动轴承安装在轮对上，通过支架与构架横梁进行连接。牵引、制动力矩通过齿轮传递到车轴，牵引电动机与齿轮箱采用弹性或刚性联轴节进行连接。

动车转向架与拖车转向架均设有车轮踏面空气摩擦制动系统，每一车轮都设有单元制动缸，并对角布置停放制动装置。停放制动的手动缓解通过操作手柄完成。参见图1-2-4所示。

图1-2-4 拖车转向架

一、主要技术参数

(1)最大设计速度	90 km/h
(2)最大运行速度	80 km/h
(3)轴距	2 500 mm
(4)车轮形式	整体辗钢轮，LM型磨耗型踏面
(5)车轮滚动圆直径	新轮 840 mm
	磨耗 770 mm
(6)轮对内侧距	1 353 mm±2 mm
(7)最大轴重	16 t
(8)一系悬挂	双圆锥，弹性橡胶
(9)二系悬挂	空气弹簧悬挂
(10)空气制动	踏面制动
(11)轴承	130 mm锥形轴承单元
(12)转向架重量	拖车最大 5 800 kg
	动车最大 7 900 kg

二、转向架构架

转向架构架为走行部分基本受力部件，采用全封闭箱型钢板焊接结构，呈H形对称布置。其强度性能满足与车体同寿命(30年以上)的要求。

构架强度计算采用三维有限元法和结构频率模态计算程序作应力与频率分布分析，对牵引电动机安装座结构及其附近结构强度特征进行了重点分析。

构架强度试验包括静强度试验和疲劳性能试验。动车转向架构架还需测取牵引电动机振动在牵引电动机座及其附近结构产生的应力。

三、轮　　对

采用整体辗钢轮，LM 型磨耗型踏面。

四、一系弹簧悬挂装置

一系弹簧悬挂装置是转向架的重要组成部件，它影响转向架的运行安全性和平稳性，以及通过曲线时轮轨间的磨耗。

1. 一系悬挂主要功能

(1)保护转向架构架及车辆以防从轨道上传递过多的震动载荷。

(2)限定转向架构架等部件的横向位移。

(3)达到良好的曲线性能，同时保证转向架在整个操作速度范围内的动态稳定性。

2. 一系悬挂组成

圆锥弹性弹簧(一系弹簧)及轴箱，弹簧单元安装在轴箱上，一系悬挂的纵向及横向运动由圆锥弹性弹簧刚度控制，提升止挡和撞击止挡相结合限制轮对过多偏转。

五、二系弹簧悬挂装置

二系悬挂系统由两个空气弹簧组成，每个空气弹簧有一个内部辅助橡胶弹簧，系统有两个主要功能：保证乘客的乘坐质量及车体的质量良好，保证车辆轮廓保持在指定的动态状况下。

每台转向架设有高度阀，用来调节两个空气弹簧的充放气，以此补偿乘客重量变化产生的高度差。并使车辆地板高度差控制在±10 mm 范围内(不包括一系悬挂高度差)。高度阀的功能应不受车辆振动和轨道冲击的影响。车辆载荷以任何方式改变时，高度阀将车体调至规定高度。每节车的高度阀作用应相互独立。空气弹簧的充、放气高度应方便调整。

在空气悬挂压力损失的情况下，车体由二系悬挂系统空气弹簧中的固态橡胶辅助弹簧支撑，确保车辆能够安全运营。

二系悬挂装置能防止垂向偏移，设有横向弹性止挡，限制超出正常自由度的横向位移，并有一个刚性止挡限制整个的横向位移。满足最恶劣运营状况下横向位移最大限度地减少，改善运行平稳性。

二系悬挂控制系统与辅助风缸结合，这些风缸安装在车体底架上并提供一个附加气室以提高乘坐的舒适度，两个垂向减振器安装在转向架侧梁上，连接转向架与车体，控制二系悬挂的运动频率，每个转向架有一个横向液压减振器，安装在车体与转向架横梁上控制车体的横向振动。

六、抗侧滚扭杆

一个抗侧滚扭杆系统连接在转向架与车体之间，控制横向(滚动)运动，抗侧滚扭杆垂向连接杆装备有橡胶衬套，以使轨道传向车体的噪声及振动最小化。

七、牵 引 杆

牵引杆传递车体与转向架间的牵引及制动力，它允许转向架完全运动(横向、垂向、偏转及倾斜)，但限制转向架与车体间的纵向位移。

八、基础制动装置

基础制动装置采用踏面制动，制动单元可靠地悬挂在转向架构架上，安装在构架上的空气管路便于检查维护。

九、轮缘润滑系统

在司机室端转向架上装备有轮缘润滑装置，利用压缩空气作为动力源将润滑油脂喷射到轮缘，以改善轮对轮缘与轨道内侧面的摩擦状态，减小轮缘与轨道的磨耗，延长使用寿命。

第四节　车钩及缓冲装置

为了实现列车编组，在车体之间一般设有车钩及缓冲装置。

车钩缓冲装置是车辆最基本的，也是最重要的部件之一，用来连接列车中各车辆使之彼此保持一定距离，并且传递和缓冲列车在运行中时所产生的纵向力或冲击力。

车钩就结构而言，有密接式和非密接式之分。我国地铁车辆都采用密接式车钩（如图 1-2-5 所示），现以深圳地铁车辆（A 型车）为例，进行介绍。

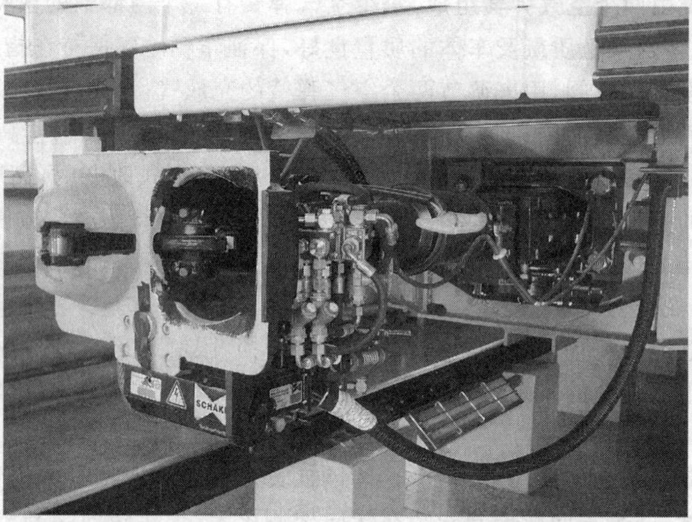

图 1-2-5　密接式车钩

地铁（城轨）车辆用密接式钩缓装置主要技术参数详见表 1-2-3。

1. 车钩类型

地铁车辆上有 3 种类型的车钩：全自动车钩、半自动车钩、半永久牵引杆。

2. 车钩类型分布

T 车：司机室端为全自动车钩；非司机室端为半永久牵引杆。

M_P 车：两端均为半永久牵引杆。

M 车：与 M_P 车连接端为半永久牵引杆；与另外单元 M 车连接端为半自动车钩。

表 1-2-3 地铁(城轨)车辆用密接式钩缓装置主要技术参数

<table>
<tr><th colspan="2" rowspan="2">技术参数</th><th colspan="3">密接式钩缓装置</th></tr>
<tr><th>全自动车钩</th><th>半自动车钩</th><th>半永久牵引杆</th></tr>
<tr><td colspan="2">最小纵向拉伸强度(kN)</td><td>≥850</td><td>≥850</td><td>≥850</td></tr>
<tr><td colspan="2">最小纵向压缩强度(kN)</td><td>≥1 250</td><td>≥1 250</td><td>≥1 250</td></tr>
<tr><td colspan="2">缓冲器行程(mm)</td><td>≤73</td><td>≤73</td><td>≤73</td></tr>
<tr><td colspan="2">缓冲器阻抗力(kN)</td><td>≤800</td><td>≤800</td><td>≤800</td></tr>
<tr><td colspan="2">缓冲器容量(kJ)</td><td>20/30</td><td>20/30</td><td>20/30</td></tr>
<tr><td colspan="2">缓冲器能量吸收率(%)</td><td>≥60/80</td><td>≥60/80</td><td>≥60/80</td></tr>
<tr><td rowspan="2">风管连接器风管压力(MPa)</td><td>最大</td><td>1</td><td>1</td><td>1</td></tr>
<tr><td>最小</td><td>0.6</td><td>0.6</td><td>0.6</td></tr>
<tr><td colspan="2">最大水平转角</td><td>±40°</td><td>±40°</td><td>±40°</td></tr>
<tr><td colspan="2">最大垂直转角</td><td>±5°</td><td>±5°</td><td>±5°</td></tr>
<tr><td colspan="2" rowspan="2">连挂范围(mm)</td><td>±90</td><td>±90</td><td>—</td></tr>
<tr><td colspan="2">两车钩中心线夹角不大于6°</td><td>—</td></tr>
<tr><td colspan="2">自动对中装置的复位角度</td><td>±40°</td><td>±40°</td><td>—</td></tr>
<tr><td colspan="2">连挂时的最大速度(km/h)</td><td>≤5</td><td>≤5</td><td>—</td></tr>
<tr><td colspan="2">质量(kg)</td><td>420</td><td>420</td><td>一对共重690</td></tr>
</table>

注:(1)表中半自动车钩及半永久牵引杆的质量均不包括电气连接器质量;

(2)半永久牵引杆包括带缓冲器和不带缓冲器各一套,均成对使用;

(3)表中"/"之前参数为环弹簧型,"/"之后参数为弹性胶泥型。

3. 全自动车钩

(1)带司机室的车辆在司机室端装备有全自动车钩,可以实现列车之间的机械连接、气路连接和电气连接。在司机室内可以对全自动车钩进行遥控,也可以在轨道上进行手动操作。

(2)全自动车钩可以实现列车之间的自动连挂。车钩之间为刚性连接,连接可靠无间隙,连挂过程不需要手动操作。车钩钩头的可接合范围很大,可以保证车辆在曲线上和轨道高度差很大的情况下正常连挂。车钩对中通过与车体连接处的橡胶缓冲装置和垂向支撑弹簧来实现。

(3)全自动车钩的弹性橡胶缓冲装置可以吸收较多的冲击能量,并且变形后可以恢复到原来状态。可压溃变形管可以吸收更多的冲击能量,但其变形后不可恢复。

4. 半自动车钩

(1)在半组车与另一半组车的连接处装备有半自动车钩。半自动车钩可以自动实现列车单元之间的机械连接和气路连接。电气连接通过车辆之间的跨接电缆线实现。

(2)在车内可以进行遥控解钩作业,也可以在轨道上手动操作。

(3)半自动车钩的可接合范围很大,可以保证车辆在曲线上和轨道高度差很大的情况下正常连挂。车钩对中通过与车体连接处的橡胶缓冲装置和垂向支撑弹簧来实现。

5. 半永久牵引杆

(1)半永久牵引杆的设计用于确保车辆的永久连挂,在运行时使车辆构成一个单元,因此除了在紧急情况或列车在车间维护外,半永久牵引杆不需要拆开。

(2)半永久性牵引杆中的弹性橡胶缓冲装置可以吸收较多的冲击能量,并且变形后可以恢复到原来状态。可压溃变形管可以吸收更多的冲击能量,但其变形后不能复原。

(3)车钩钩头和缓冲装置之间通过一个套筒形结构件连接,形成刚性连接,可以传递沿车钩纵向的拉力和压力。套筒形结构件由两部分组成,两部分之间用两个螺栓紧固,螺栓紧固时有规定的扭矩设定值。此装置可以较容易地拆卸,这样在发生紧急情况时和在进行维修作业时可以将车辆分离开来。

(4)牵引杆上有对中孔和对中销,在牵引杆进行连挂作业时起对中作用,防止牵引杆扭曲。

第五节　制动系统

一、概　　述

地铁车辆制动系统包括电气制动、空气制动和弹簧制动。根据制动的作用方式,制动又区分为常用制动、停放制动、快速制动和紧急制动。

电气制动和空气制动可以联合使用,它们之间的关系如下:

1. 常用制动

(1)常用制动优先采用电气制动,电气制动不足时,空气制动力补足,保持列车所需的减速度。

(2)电气制动优先采用再生制动,再生负荷不足时,接触网电压升高,当接触网电压升高到1 800 V时,接通制动电阻,实现再生制动和电阻制动的联合制动。

(3)电、空制动系统都具有防滑和载荷修正功能。

2. 停放制动

停放制动用弹簧施加制动,压缩空气缓解制动。在无电无气时,可人工缓解制动。

3. 快速制动

快速制动可采用电-空气联合制动,也可采用空气制动,制动减速度同紧急制动,具有防滑和载荷修正功能,可随时缓解制动。

4. 紧急制动

紧急制动采用空气制动,具有防滑和载荷修正功能,一旦实施紧急制动,高速开关断开,受电弓落下,列车必须停车后才能缓解制动。

二、空气制动系统

现代地铁车辆的空气制动系统是一个微处理器控制的单元踏面或盘形摩擦制动系统,按控制方式可分为集中式(以一辆车为控制单元)和分散式(以一个转向架为控制单元)两种方式。为了得到一个充分的故障导向安全的系统,提供了一个独立的紧急制动系统,该系统按照"失电施加制动"的原则,保证故障导向安全的实现。

下面介绍集中控制式空气制动系统组成与功能:

空气制动系统主要包括压缩空气供给单元,微机控制单元(EBCU)、电/空模拟变换单元(BCU)、基础制动单元、储风缸等部件。

1. 空气制动系统应具有下述的特性:

(1)准确性高,响应时间短;

(2)能灵活适应不同参数和接口要求;

(3)可靠性高；

(4)易于维护；

(5)能有效地进行故障检测和通报。

2.压缩空气供给单元

压缩空气供给单元包括空气压缩机组、过滤器、空气干燥器、安全阀、压力开关等部件，如图 1-2-6 所示。

其主要的功能是产生干燥、清洁的压缩空气，正常工作压力范围为 750～900 kPa，最大压力为 1 000 kPa。当压力超过 1 000 kPa 时，安全阀排气，保证系统压力在安全范围内。

压力开关控制空气压缩机运行，当压力低于 750 kPa 时，空气压缩机工作，当压力达到 900 kPa 时，空气压缩机停止工作。

图 1-2-6 压缩空气供给单元

压缩空气通过贯通整列车的总风管送到每辆车的贮风缸，贮风缸分为主风缸和副风缸，主风缸用于空气制动，副风缸用于空气弹簧，主风缸与副风缸之间设置止回阀，以稳定副风缸的容量，所有风缸均设有手动排水阀。在每辆车的总风管两端设有截断塞门，正常情况下，压缩空气供给系统都能向所有的贮风缸充风，当压缩空气供给系统故障时，可维持每辆车的贮风缸有均衡的压力。

3.基础制动单元

基础制动单元可以是踏面制动器或盘形制动器，如图 1-2-7 所示。

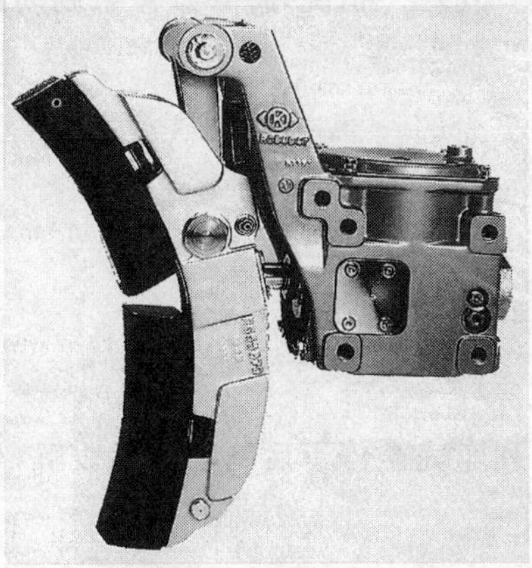

(a)

(b)

图 1-2-7 基础制动单元

(a)踏面制动单元；(b)盘形制动单元。

每个轮对设两个基础制动单元，在大多数情况下，其中一个基础制动单元带有弹簧停放制动功能。在一个转向架上，带有弹簧作用器的基础制动单元呈对角线布置。

每个基础制动单元，都有制动缸和制动闸瓦，制动缸充气时，施加制动；制动缸排气时，制动缓解。带有弹簧作用器的基础制动单元，除能实现上述功能外，还具有弹簧施加停放制动，压缩空气缓解停放制动的功能。

4. 微机控制单元(EBCU)

每辆车装有一台微机控制单元(EBCU)，它与车辆总线连接，接收常用制动指令和中央控制单元(CCU)的空气制动指令，向电/空模拟变换模块(BCU)发出空气制动指令。它具有以下功能：

(1)空气制动控制，并依据载荷信号对空气制动指令进行修正；

(2)控制减速度的变化率；

(3)列车停车时控制电-空制动转换控制；

(4)故障诊断；

(5)防滑控制。

5. 电/空模拟变换单元(BCU)

电/空模拟变换单元将空气制动指令变换成制动缸的预控压力值，并向微机控制单元(EBCU)提供正比于车辆载荷的电压信号。

6. 常用制动控制

根据司机控制器或车载 ATO 装置发出的制动指令值和载荷信号，列车控制单元(VTCU)计算列车所需的制动力；根据接触网电压、电传动控制单元(DCU)计算牵引电机能发挥的电制动力，并将计算结果反馈给 VTCU；在通过列车通信控制系统(TCC)向空气制动微机控制单元(EBCU)发出空气制动指令，经载荷和减速度变化率修正后，向电/空模拟变换模块(BCU)发出空气制动指令，使制动缸的气压达到预定值，补充不足的制动力，保持列车所需的减速度。

7. 紧急制动控制

紧急制动系统中包括了一个独立的闭环电路，当出现下列任一情况，将导致紧急制动的实施：

(1)司机室中的警惕装置(deadman function)起作用；

(2)按下紧急停车按钮；

(3)脱钩；

(4)紧急电气列车线闭环电路中断；

(5)DC 110 V 控制电源失电；

(6)车载 ATP 装置发出的紧急制动指令。

紧急制动发生后，受电弓降下，高速断路器断开，直到列车完全停下后制动才能缓解，列车可重新起动。

8. 快速制动控制

快速制动控制指令来自于司机控制器，当采用电-空联合制动时，其控制与常用制动控制基本相同；当采用空气制动时，通过列车通信控制系统(TCC)将快速制动控制指令直接送 EBCU 的输入端，经载荷和减速度变化率修正后，向电/空模拟变换模块(BCU)发出快速制动指令，使制动缸的气压达到快速制动所要求的值。

9. 停放制动控制

停放制动控制指令由司机发出，其指令直接送 EBCU 的输入端，同时相应的脉冲电磁阀工作，使带有弹簧作用器的基础制动单元施加弹簧制动。

10. 防滑控制

(1)电制动防滑控制

每台牵引电机和所牵引的动轴轴端都设有一个速度传感器，速度传感器信号直接送 DCU 的输入端，DCU 以制动指令相应的减速度为基准，比较牵引电机的减速度，一旦二者的差达到规定的值，DCU 发出指令，减少牵引电机电流(或电压、频率)，降低电制动力。

(2)空气制动防滑控制

每个轮对设有速度传感器和防滑阀，速度传感器信号直接送 EBCU 的输入端，EBCU 以制动指令相应的减速度为基准，比较车轮的减速度，一旦二者的差达到规定的值，EBCU 激活防滑阀，使制动缸排气，降低空气制动力。

(3)电制动防滑控制与空气制动防滑控制的协调

①电-空联合制动

电-空联合制动时，如果车轮发生滑行，首先空气制动防滑控制起作用，持续规定时间后，滑行仍不能抑制，空气制动停止，电制动防滑控制起作用。

②电制动

仅用电制动时，电制动防滑控制起作用。

③空气制动

电制动故障时，只用空气制动，此时，空气制动防滑控制起作用。

第六节　空调、通风系统

地铁车辆主要运行在地下隧道中，乘客密度大，因此加强通风换气、改善车内空气品质，是提高乘客舒适性的重要方面。通常用于地铁车辆的通风方式有自然通风、强迫通风及空气调节。由于自然通风不能满足要求，目前已经很少采用。上海、广州、南京、深圳地区夏季气温较高，因此所有车辆均采用空调装置，客室和司机室内夏季采用制冷，其中上海地铁司机室内设有冬季取暖，其余情况下采用强迫通风。下面将综合介绍上海、广州和深圳地铁车辆的空调与通风系统。

一、空调系统

每辆车配置两台车顶单元式空调机组。安装在车顶的一位端和二位端平台上，平台上焊有固定空调机组的槽钢。机组与车顶连接处装有橡胶减振器，出风口与车顶风道连接处采用柔性的伸缩风道，可以减少振动与噪声。

1. 空调系统的基本参数

上海地铁 1 号线、2 号线，广州地铁 1 号线和深圳地铁 1 号线车辆空调系统的主要技术参数见表 1-2-4，从表中可以看出总送风量逐渐加大，这种变化是通过实践感到风量不足而采取的措施，以提高乘客的舒适性。

2. 空调机组的结构

上海地铁 1 号线为车顶单元式空调机组结构。机组采用机械压缩制冷，由压缩机、蒸发器、冷凝器、轴流式冷凝风机、干燥器、膨胀阀、热气旁通阀、高低压保护等组成。系统还配有变色柱的视液镜，它不但可以观察到制冷剂的流动情况，还可以根据液视镜中色柱颜色的变化，鉴别制冷剂的质量。液管中设有过滤/干燥器。

表 1-2-4 空调系统主要技术参数

地铁名称 参数	上海 1 号线	上海 2 号线	广州	深圳
总送风量(m)	8 000	8 500	8 500	10 000
新风量(m)	4 000	3 200	3 200	≥3 200
客室允许最高温度(℃)	27	27	27	27
客室 27℃时的相对湿度	≤70%	≤65%	≤65%	≤65%
车外温度参数(℃)	32.5(35)	32.5(35)	32.5(35)	32.5(35)
车外相对湿度	68%(60%)	68%(60%)	65%(65%)	68%(65%)

备注:括号内为洞内值。

(1)其他线路的车辆上的空调机组的结构与上海地铁 1 号线的基本相同,其主要区别有以下几点:

①蒸发器的数量不同:深圳地铁 1 号线车辆的空调机组采用两端向客室通风,所以机组两端各设一个蒸发器。

②选用压缩形式不同:上海地铁 2 号线和广州地铁 1 号线选用螺杆式压缩机,深圳地铁 1 号线则采用涡旋式压缩机。

(2)各型空调机组的主要技术参数见表 1-2-5:

表 1-2-5 空调机组主要技术参数

地铁名称 参数	上海 1 号线	上海 2 号线	广州	深圳
机组型号	车顶单元式	车顶单元式	车顶单元式	车顶单元式
压缩机型号	活塞式	螺杆式	螺杆式	涡旋式
制冷剂	R22	R134A	R134A	R407C
制冷功率(kW)	35	40	40	41
压缩机功率	14.5 kW			≤22.5 kV·A

由表中可以看出,制冷剂逐步采用环保型,制冷功率和压缩机功率逐步加大。

3.空调机组的调节与控制

空调机组的工作由微机进行控制。通过微机调节器可控制室温,空调系统中新风口、风道和客室座位下均设有温度传感器,由温度传感器测得的温度值,传递到调节器中进行处理。

每节车有一台微机调节器,它控制两个空调单元,可由司机室集中控制或每车单独控制。

二、通风系统

通风系统也是空调装置的重要组成部分,其作用是将经过处理的空气输送并均匀分配到客室,使客室形成一定气流组织。空调通风系统组装如图 1-2-8 所示。

新风从装有挡水百叶窗滤网的进风口吸入,与来自客室的回风混合,经过滤、冷却,通过风道均匀地送至客室中。

司机室不单独设空调机组。冷风由风道经司机室顶送风装置送入司机室。

上海地铁车辆的司机室还设有交流加热器,供冬季使用;广州、深圳地铁车辆只提供制冷和通风。

客室内的一部分空气作为回风,与新风混合过滤后,通过蒸发器入口进入客室。设置调节挡板,用于调节新风、回风的混合量。

排风通过车内的座椅下的排风口经内墙板后侧导向车顶,由车顶静压排风器排出车外。

图 1-2-8 空调通风系统组装

风道材料为铝合金或玻璃钢,其结构为静压式风道,制冷后的混合风首先进入主送风通道,在主送风通道充分循环后进入静压风道,最后送入客室。该结构的最大优点是保证送风风速的前提下,降低了客室由送风而产生的噪音,同时使乘客感觉到较为舒适的风速效果。

三、应急通风系统

在交流辅助电源设备故障情况下,应急通风系统立即自动投入工作,由蓄电池 DC 110 V 供电,通过 DC/AC 转换器变为 AC 220 V 向交流风机供电,风机可持续运转 45 min,向客室、司机室输送新风。在事故通风情况下,空调单元机组中的"新风/再循环风"挡板关闭再循环空气通道,使进入客室的 4 000 m^3/h 空气,全部是经过滤后的新鲜空气。

当交流辅助电源供电正常时,空调系统自动转入正常工作状态。

第七节 辅助电源系统

一、概 述

辅助电源是向地铁车辆上各种辅助设备供电的电源。根据负载的性质可分为 AC 380V、50 Hz 的交流电源和 DC 110 V 的直流控制电源。

在 20 世纪 70 年代前,辅助电源均采用电动发电机组,进入 70 年代后,由于大功率电子技术和计算机技术的飞速发展,开始采用静止型晶闸管逆变器;现代地铁车辆几乎全部采用了微处理机控制的 IGBT 逆变器。按照 IGBT 逆变器产生电源的性质,现代地铁车辆将辅助电源分为辅助逆变器(或称 DC/AC 变换器)和低压直流电源(或称充电机、DC/DC 变换器)。

二、辅助逆变器

辅助逆变器的功能是将接触网的高压直流电逆变为三相 380 V、50 Hz 的交流电,向空调、空气压缩机、采暖设备、风机、照明等交流负载供电。

目前,地铁车辆上的辅助逆变器电路形式多样,如图 1-2-9 是 12 脉冲脉宽制逆变器的电路及其输出电压波形。

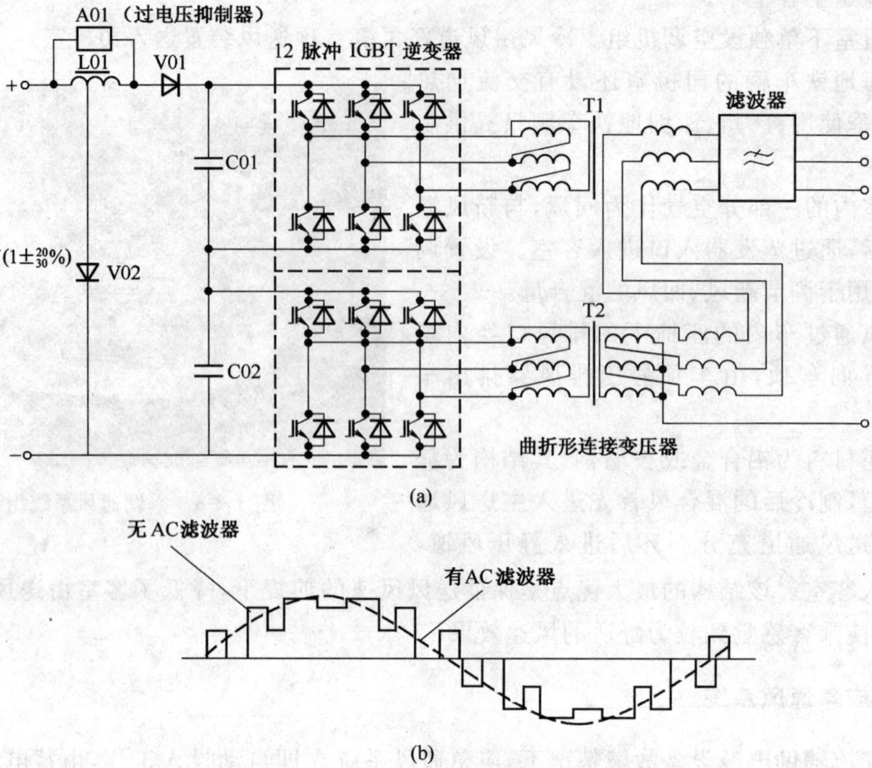

图 1-2-9　12 脉冲脉宽制逆变器的电路及其输出电压波形

(a)电路图；(b)输出电压波形。

三、交流电源配电

根据地铁车辆的编组方式，辅助逆变器的配置方式也有不同形式：可以每辆车配置一台辅助逆变器，也可以每一个基本单元配置一台辅助逆变器。

无论以上哪种配置方式，辅助逆变器输出均需分两路向负载供电。在列车正常运行时，应能向列车上的所有负载供电；当列车的一个基本单元独立运行时，该基本单元上的辅助逆变器应能向本单元上的所有负载供电；当列车上任何一台辅助逆变器故障时，由一台辅助逆变器给整个列车供电，列车仍能正常运行，乘客的舒适度不会有大的降低。

四、低压直流电源

1. 低压直流电源电路

低压直流电源的功能是将接触网的 DC 1 500 V 电压变成 DC 110 V 电压。列车运行时，它必须向列车上的直流负载供电，并向与它并联的蓄电池充电。

图 1-2-10　二重斩波器与单相逆变器组合电路

低压直流电源的电路形式多样：如图 1-2-10 所示是二重斩

波器与单相逆变器组合的电路；如图 1-2-11 所示是逆变器输入端串联，输出端并联的电路。

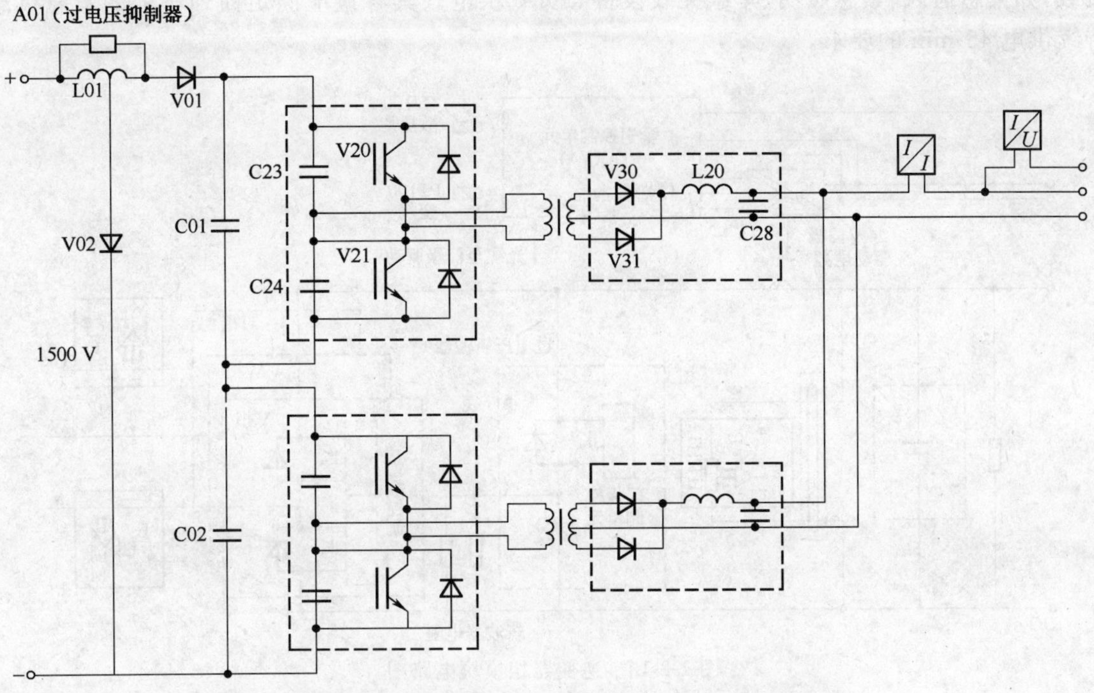

图 1-2-11 逆变器输入端串联、输出端并联的电路

2. 低压直流电源配电

在大多数的情况下，列车的每个基本单元配置一台低压直流电源，其输出端与蓄电池并联；列车上的所有低压直流电源并联供电，当一台低压直流电源故障时，列车运行不受影响；当接触网电压中断时，由蓄电池作为应急电源，保持列车客室内必要的通风，照明、车载无线装置等正常工作。

实际上，为节省车辆的初期投资，在大多数的地铁车辆上，是用一台辅助逆变器同时提供 AC 380 V 电源和 DC 110 V 电源。

3. 辅助电源系统的新动向

近年来，为降低车辆成本和备品备件的储备量，车辆制造商对辅助电源系统进行了以下的变革：VVVF 逆变器和辅助逆变器的相模块采用标准化设计，其逆变电路、相模块结构和参数完全相同，但电流定额、控制软件、输出电压(数值和波形)不同。相模块结构如图1-2-12所示，相模块电路图如图 1-2-13 所示。

为进一步降低车辆成本，每列车仅设一台辅助逆变器，当这台辅助逆变器故障时，用一台 VVVF 逆变器担负辅助逆变器的作用。

图 1-2-12 相模块结构图

1—连接螺栓，用于将电容器单元固定；

2—导电条 U，V 和 N 相到散热器上($3x$)；

3—连接螺栓，用于固定 U，V 和 N 相导电条($3x$)。

4. 蓄电池

地铁车辆通常使用免维护碱性蓄电池，正

常情况下，它与低压直流电源并联，处于浮充电状态；当接触网供电中断时，它向列车上的紧急负载，如紧急通风、紧急照明、车载无线设备等负载供电。其容量应满足向列车上的紧急负载持续供电 45 min 的要求。

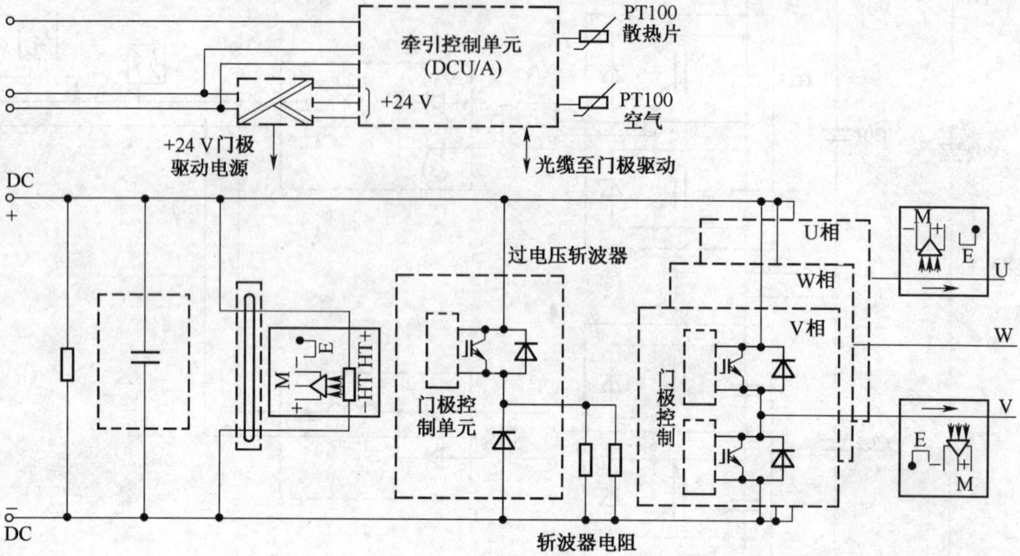

图 1-2-13　逆变器相模块电路图

第八节　电传动系统

一、直流电传动方式

长期以来地铁车辆的牵引电动机一直使用直流串励电动机，它的优点是起动力矩大、易于控制、过渡过程整流特性比较好，最初使用电阻控制方式，其主电路如图 1-2-14 所示。

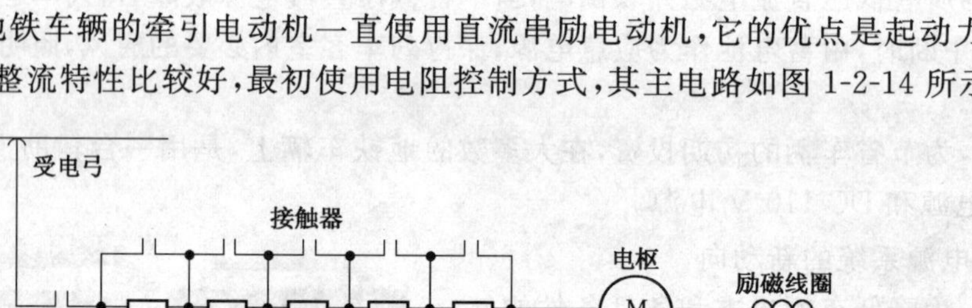

图 1-2-14　电阻控制

这种控制方式把接触网上获取的一部分电能消耗在电阻器上，必然带来散热的问题；另外，在电阻被减少的瞬间，转矩发生变化而影响乘坐舒适度，并容易产生空转。

与电阻控制同时使用的还有串并联控制方式，如把两辆动车上的 8 台牵引电动机在起动时 8 台串联，运行中改接成 4 台串联，2 组并联方式。

目前，直流电传动方式已被交流电传动方式代替。

二、交流电传动方式

随着大功率电子器件的发展，地铁车辆采用了逆变器供电控制感应电动机的交流电传动方式。在1975年欧洲首次采用电流型逆变器供电控制感应电动机的地铁车辆，其代表是德国汉堡的DT4型地铁车辆。随着德国E120型机车的批量生产，1982年在日本采用电压型逆变器供电控制感应电动机的地铁车辆就投入运营，到20世纪90年代后电压型逆变器供电控制感应电动机的交流电传动方式就被广泛地使用于地铁车辆。

1. 交流电传动方式的优点

(1)没有电刷和换向器，维护成本降低。

(2)没有因换向不良引起的故障，使可靠性提高。

(3)具有小型化，轻量化的特点。

(4)结构简单，制造成本降低。

(5)较大地提高了再生制动的速度范围，电能消耗显著降低。

上述这些优点吸引了地铁经营者，成为它广泛普及的主要原因。

2. 逆变器

逆变器供电控制感应电动机的主电路见图1-2-15。

1975年欧洲在地铁车辆上首次采用电流型逆变器供电控制感应电动机，逆变器采用逆导晶闸管，其后经过GTO(Gate Turn-off Thyristor)时代，现在新造车辆使用IGBT(Insulated Gate Bipolar Transistor)已成为主流。

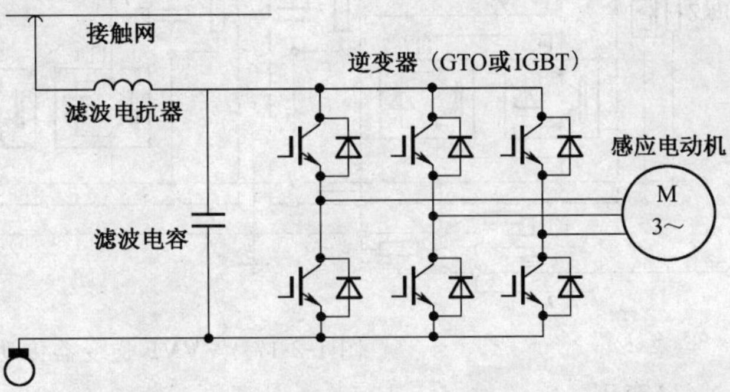

图1-2-15 逆变器控制主电路图

为了使逆变器输出电压和频率发生变化，采用了脉宽调制技术(PWM:Pulse Width Modulation)。

在现在的逆变器控制中，将从牵引电动机上的速度传感器得到的转速信息和从转矩指令上得到的转差频率信息，相加后作为逆变器频率指令进行控制。但最近已经可以使用推算速度进行控制，无速度传感器的控制逐渐实用化。

速度和控制模式的关系如图1-2-16所示。在低速区，随着速度的增加，逆变器的输出电压U变大，频率f增大，U基本上不变，在这个区域，转矩是一定的，所以叫做恒牵引力区域；此后调制率变成最大，转差频率增加，进入恒功率区域，转矩与速度成反比例地减少。在这个区域内，输出电压是一定的，频率发生了变化。当转差频率到达极限值就进入特性区域，在这个区域转矩与速度的平方成反比例地减少，在这个区域里，仅频率发生变化。

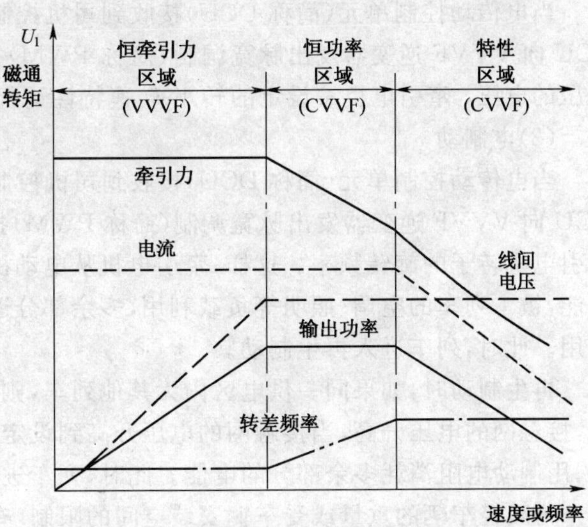

图1-2-16 速度和控制模式的关系

可以用1台逆变器向几台并联运行

的感应电动机供电。在地铁车辆上，可以从1台逆变器向1台牵引电动机供电，到用1台逆变器向8台并联运行牵引电动机供电等各种方式。当每根车轴上各装1台逆变器和1台电动机时，具有空转保护最佳，有故障时切除单元最小，输出功率下降比例最小等优点，但缺点是对编组列车而言逆变器的价格更高。

感应电动机的电流是产生旋转磁场的电流分量和转矩电流分量的矢量和。随着高速运算的微信息处理机等的开发和发展，已研究出将磁场电流分量和转矩电流分量分开，并对其进行独立地控制的矢量控制方法，目前已经得到广泛采用。

3. VVVF逆变器传动系统

图1-2-17是VVVF逆变器传动系统的实用电路图。其工作原理简述如下：

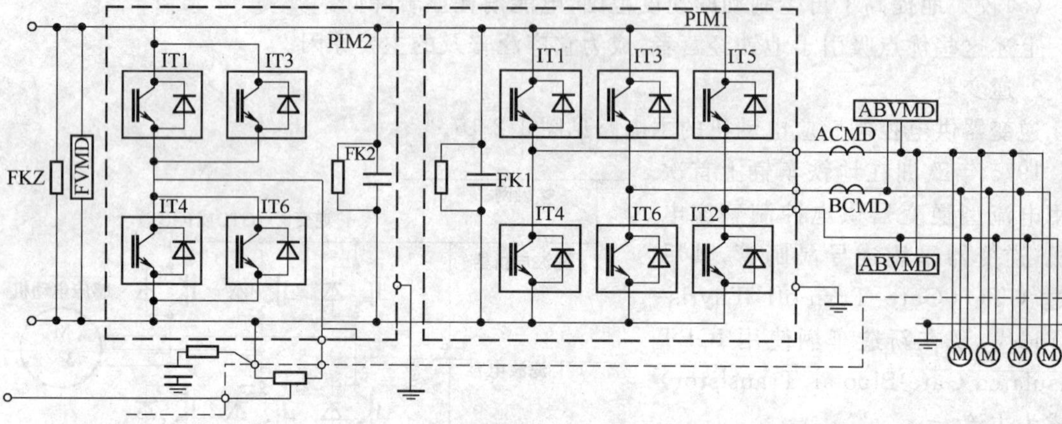

图1-2-17　VVVF逆变器传动系统主电路

(1)牵引

受电弓升起后，闭合高速开关和预充电接触器，电流通过预充电电阻向线路电容器充电，当线路电容器二端电压达到规定电压时，线路接触器闭合，预充电接触器断开，使线路电容器快速充电到接触网电压，为VVVF逆变器正常工作做好准备。

当电传动控制单元(简称DCU)接收到司机控制器或车载ATO装置发出的牵引指令后，DCU向VVVF逆变器发出脉宽调制(简称PWM)指令，VVVF逆变器向牵引电机输出变频变压的电压，牵引电机按设定的转矩-转速特性运行。

(2)电制动

当电传动控制单元(简称DCU)接收到司机控制器或车载ATO装置发出的制动指令后，DCU向VVVF逆变器发出脉宽调制(简称PWM)指令，并使VVVF逆变器的输出频率低于牵引电机转子的旋转频率。这样，牵引电机从电动机状态转入发电机状态，将列车的动能变成电能，被本列车的空调、照明等负载利用，多余部分返回到接触网，供同一供电区内的其他列车使用。此时，列车进入再生制动。

再生制动时，如果同一供电区内无其他列车，则多余部分的电能不能被其他列车利用；此时，接触网的电压升高，当接触网的电压升高到设定的最大值时，制动斩波器导通，接入制动电阻，用制动电阻消耗多余部分的电能。此时，列车进入再生制动和电阻制动的联合制动。

为减轻车辆的重量或受车辆安装空间的限制，有时将制动电阻安装在地面(牵引变电所或车站)。

制动电阻设于地面后，制动电阻的设计条件发生了较大的变化。表1-2-6比较车载和地面制动电阻的设计条件。

表 1-2-6 车载和地面制动电阻的设计条件比较

项　　目	车载制动电阻	地面制动电阻
与接触网和轨道的电阻	无关	有关
与牵引变电所的空载电压	无关	有关
与站间距离	无关	有关
与行车间隔	有关	有关
与线路坡度	有关	有关
精确控制电制动力	易于精确控制	难于精确控制
电制动失效的机率	机率很低	机率高

三、电传动控制单元(DCU)

1. 现代地铁车辆电传动控制单元的主要功能是：

(1)对 VVVF 逆变器进行脉宽调制；

(2)对 VVVF 逆变器进行保护；

(3)用矢量控制方法对牵引电机的牵引力和制动力进行控制；

(4)对制动斩波器进行控制；

(5)对线路接触器和预充电接触器进行控制；

(6)对电传动系统进行故障诊断。

电传动控制单元(DCU)与车辆总线连接，可以和中央控制单元(CCU)、电制动控制单元(EBCU)交换信息。牵引时，接收牵引指令和载荷信息，向中央控制单元(CCU)报告牵引电机发挥的转矩；常用制动时，优先使用电制动，中央控制单元(CCU)根据制动指令值和载荷计算列车所需的制动力，DCU 根据制动指令值、载荷和接触网电压，计算和控制牵引电机能发挥的电制动力，并将此信息反馈给中央控制单元(CCU)，然后中央控制单元(CCU)计算出空气制动需补充的制动力，并向电制动控制单元(EBCU)发出空气制动指令值；电传动系统发生故障时，在储存故障信息的同时将故障信息传送到中央控制单元(CCU)，并在司机台显示器上显示故障信息。

2. 脉宽调制(PWM)

脉宽调制是使逆变器的输出电压和频率按一定的规律连续地变化，控制牵引电机转矩和转速，以获得所要求的牵引和制动特性。

脉宽调制的方法多种多样，各种方法在逆变器输出电压中的谐波含量不同，系统的复杂程度也不同。地铁车辆上最早采用正弦波脉宽调制(简称 SPWM)，用脉冲宽度按正弦规律变化而和正弦波等效的 PWM 波形控制逆变电路中开关器件的通、断，使逆变器输出的脉冲电压的面积与所希望输出的正弦波在相应区间的面积相等，通过改变调制波的频率和幅值则可调节逆变器输出电压的频率和幅值。图 1-2-18 是正弦波脉宽调制及逆变器输出电压波形的示例。

图中：正弦波称调制波，等腰三角形波称载波。载波频率/调制波频率称载波比(通常为奇数)，调制波幅值/载波幅值称调幅比。载波比为整数时，称同步调制，载波比不为整数时，称异步调制。

控制作用决定于频率为 $f=1/T$，幅值 A 可调的正弦波和频率为 f_p、固定幅值 $2A_p$ 的等腰三角形，根据正弦波与等腰三角形波的交点确定开关器件的导通和关断时刻。

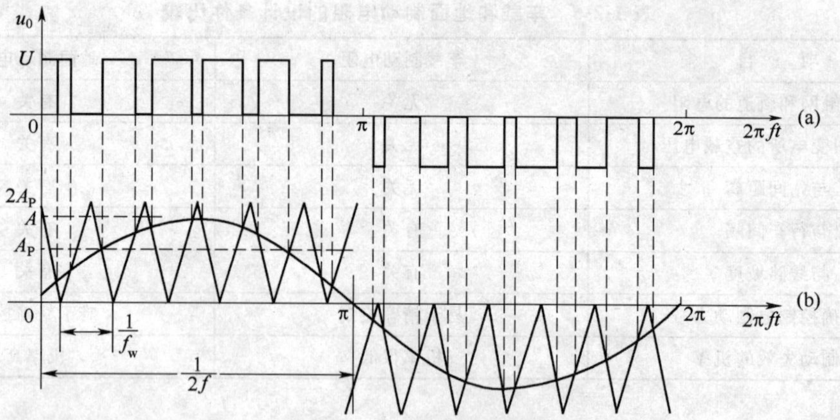

图 1-2-18　正弦波脉宽调制输出电压

(a)输出电压波形；(b)调制信号波形。

由于微处理机技术的飞速发展使得用软件生成 SPWM 波形变得比较容易，目前几乎都采用软件实现 SPWM 调制。现代地铁车辆牵引电机的控制大部分采用矢量控制，因此需采用矢量控制脉宽调制方法。其脉宽调制模式示例如图 1-2-19 所示。

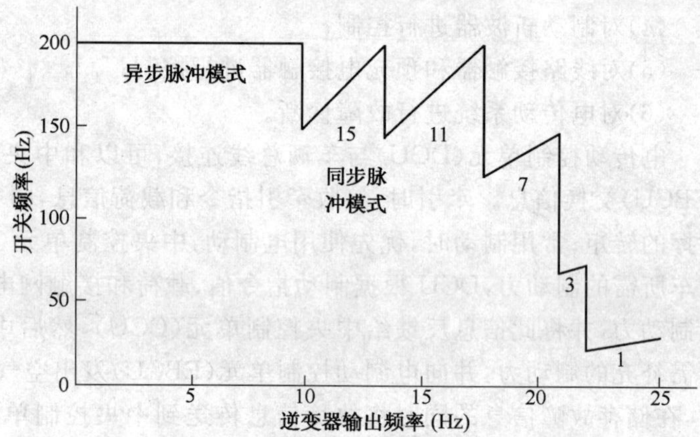

图 1-2-19　矢量控制脉宽调制模式示例

3. 矢量控制

感应电动机控制策略有转差频率控制、矢量控制、直接转矩控制。目前，大部分采用矢量控制。

矢量控制是在感应电动机上模拟他励直流电动机的转矩控制规律，将感应电动机定子电流分为励磁电流分量(I_d)和转矩电流分量(I_q)，并可独立进行控制，达到调速和转矩控制的目的。

实现矢量控制的控制系统种类较多，有磁场定向矢量控制系统、转差频率矢量控制系统、有速度传感器的矢量控制系统、无速度传感器的矢量控制系统等。

4. DCU 的诊断和保护

目前，VVVF 逆变器大多采用 IGBT 开关器件，通常 DCU 对 VVVF 逆变器提供以下的诊断和保护：

(1)输入过电流诊断和保护；

(2)输入欠电压诊断和保护；

(3)输入过电压诊断和保护；

(4)牵引电机电流诊断和保护；

(5)换流失败诊断和保护；

(6)输出相电流不平衡诊断和保护;

(7)制动电阻通风异常或制动电阻过热诊断和保护;

(8)控制电压欠压诊断和保护;

(9)器件过热诊断和保护;

(10)速度传感器异常诊断和保护;

(11)控制系统的诊断和保护。

此外,DCU 还对高速开关、线路接触器、预充电接触器等进行诊断。

第九节 列车控制和诊断

一、概　　述

现代地铁车辆控制系统分为:列车控制级;车辆控制级;设备和子系统控制级。

用列车总线和车辆总线组成的列车通信网络将 3 个控制级连接在一起,进行数据交换,实现以下的功能:列车、车辆、设备和子系统的控制功能,故障诊断功能,自诊断功能。

二、列车控制和诊断

列车控制和诊断系统具有列车和车辆控制、监视、故障诊断和故障存储功能,主要通过列车网络获取信息,并由相应的控制和诊断单元来实现。列车总线网络由具有冗余结构的列车总线和车辆总线以及相关控制单元、显示器、输入/输出接口等组成。

1. 列车和车辆控制功能

(1)牵引和制动参考值产生;

(2)冲击率和加/减速度控制;

(3)牵引控制;

(4)空气制动控制;

(5)防空转和滑行控制;

(6)辅助逆变器控制;

(7)空调控制;

(8)空气压缩机控制;

(9)车门控制等。

2. 故障诊断功能

车辆设备,如 ATO/ATP 装置、VVVF 逆变器、辅助逆变器、牵引控制、空气制动控制、空调、客室侧门、列车广播与乘客信息系统、车载无线装置、空气压缩机、高速断路器等发生故障时,可存储故障信息,并可在显示器上向司机和维修人员显示故障信息。

3. 自诊断功能

定期对车辆设备进行检测,检测结果可在显示器上显示。

三、列车管理系统

列车管理系统是以列车通信网络为骨干,以 CCU 为核心的列车控制系统。它由具有列车控制级和车辆控制级功能的多台计算机和一些专门开发的高处理速度的微机组成。列车管理系统负责列车的控制、监测和诊断,是一个完整的集成控制系统。该系统为列车各子控制系统和模块提供各种实时控制信号。列车管理系统管理以下控制单元：

(1)中央控制单元 CCU；

(2)牵引控制单元 DCU；

(3)电子制动控制单元 EBCU；

(4)空调控制单元 ACU；

(5)车门控制单元 EDCU；

(6)辅助逆变器控制单元；

(7)乘客信息系统 PIS；

(8)输入输出(I/O)设备；

(9)司机室显示器(MMI)。

四、列车监控系统

列车监控系统为列车驾驶、维护检查、性能测试及辅助设备控制提供业务支持，是一个具有信息采集、记录和显示功能的系统。用于对列车主要设备的运行状态和故障进行自动信息采集、记录和显示，兼有对列车辅助设备的控制功能，并可通过便携式测试单元 PTU 将数据读出和打印。列车监控系统对以下设备的状态进行监视并对部分设备进行控制。

(1)VVVF 逆变器系统；

(2)辅助电源系统；

(3)空气制动系统；

(4)空调系统；

(5)客室电动门；

(6)司机室侧门信号；

(7)列车广播设备和乘客信息系统；

(8)网压、网流及高速断路器(含 HB、BHB)的分/合状态；

(9)司机控制器及其他控制信号；

(10)紧急报警信号；

(11)ATO 信号及车载 ATP 给出的接点信号。

第十节　乘客信息系统

一、概　　述

乘客信息系统(PIS)是向旅客提供到站、换乘、乘客须知等信息服务。乘客信息系统包括列车广播系统、视频显示系统和紧急对讲 3 个子系统。

二、广播系统

广播系统具有以下功能：

(1)行车指挥中心(OCC)通过车载无线装置向乘客进行广播；

(2)司机对乘客的广播；

(3)自动广播(报站)；

(4)司机室对讲；

(5)发出关门提示声。

为实现上述功能,系统由以下设备组成:

(1)车载无线装置;

(2)麦克风(话筒);

(3)广播控制器;

(4)语音存储器;

(5)扬声器。

三、视频显示系统

1. LED 显示系统

LED 显示系统通常用于图文显示和列车运行线路闪光地图显示。

(1)图文显示器

图文显示器可设于列车车头外部上方、车体外部两侧和车内两端或两侧,主要用于:

①显示列车车次号、下一站和终点站站名;

②显示乘客须知和广告。

(2)闪光地图

闪光地图通常设于车门上方,可显示:

①列车运行线路、运行方向;

②列车到达车站、下一站和终点站站名;

③车门开门位置;

④沿线换乘线路和换乘车站。

列车到达车站、下一站站名显示与列车自动报站同步,使聋哑人和盲人都能得到相同的信息。

2. LCD 显示系统

(1)LCD 显示系统通常用于广告、文娱、体育、新闻、天气预报等报道。其信息源有两种:

①列车自带播放器播放;

②地面视频信息编辑中心通过无线发送信息,车载无线装置接收该信息后在 LCD 显示屏上显示。

(2)当采用第二种信息源时,系统比较复杂,主要的设备有:

①专用无线天线;

②无线网卡;

③车载无线局域网处理机;

④播放控制器;

⑤分屏器;

⑥LCD 显示屏。

四、乘客紧急报警

在紧急情况下乘客可以通过按压紧急按钮(EAB),并通过按钮旁的对讲器与司机通话。主要的设备有:

(1)监听扬声器;

(2)麦克风(话筒);

(3)紧急按钮;

(4)呼叫指示器;

(5)对讲指示器;

(6)收听指示器;

(7)复位按钮。

实际上,乘客信息系统是将上述 3 个子系统作为一个整体设计的,并通过车辆总线(MVB)对其进行控制。

第十一节　新型轨道车辆——直线电机车辆简介

一、概　　述

直线电机车辆于 1986 年在温哥华 Skytrain 线开始商业运行,至今世界上已有 9 座城市、约 200 km 开通运营;广州地铁 4 号线、5 号线、6 号线及 7 号线都采用直线电机车辆,1 号线大学城段(约 14 km)于 2005 年底开通。

目前所有的直线电机车辆均采用直线感应电动机,车轮起承载和导向的作用。

1. 与传统的旋转电机车辆相比,直线电机车辆具有如下优点:

(1)牵引力和制动力与轮轨间的黏着条件无关,因此,它不受气候条件的限制,最大可通过80‰的坡道。

(2)无需齿轮传动装置,轮对相对于转向架构架的偏转自由度增加,更易通过小半径(50 m)的曲线。

(3)直线电机为扁平形状,因此,车辆高度可降低 200 mm 左右,减少隧道的断面和土建费用。

(4)由于它可通过大的坡道和小半径的曲线,线路选择自由度增加,减少大规模的拆迁和土建费用。

2. 直线电机车辆的缺点是:

(1)直线电机的效率和功率因数较低,因此牵引能耗比旋转电机大。

(2)为维持直线电机定子和反应板(轨)之间间隙符合规定的值,维护工作量较大。

(3)全线的反应板(轨)和直线电机费用大于相同数量旋转电机与齿轮传动装置的费用。

(4)反应板(轨)在轨道中间不可能完全连续布设,当一台直线电机下无反应板(轨)时,不仅这台直线电机不能发挥牵引力或电制动力,而且由同一台 VVVF 逆变器供电的另外直线电机的牵引力或电制动力也会较大地减少。

直线电机车辆与旋转电机车辆有很多相同之处,它们都包含有车体,转向架,电力传动系统,空气制动系统,列车控制和通信网络,列车信息系统,通风和空调系统,辅助系统等子系统。其主要差别在牵引电机、转向架及电力传动的控制。

二、直线电机

直线感应电动机,其外形如图 1-2-20 所示。

通常的旋转感应电动机由定子和转子两大部分组成,定子主要由机壳、铁芯、三相绕组组成;转子主要由鼠笼和铁芯组成,将旋转感应电动机沿轴向切开并平坦地展开,便形成了直线感应电动机，其定子安装于车辆转向架上，转子安装于轨道中间，称之为反应板(轨)，反应板(轨)主要有导电体(铝或铜)和导磁体(电工钢)组成，导电体相当于转子的鼠笼，导磁体相当于转子铁芯，图 1-2-21 是旋转电机的转子，图 1-2-22 是直线电机的反应板示意图。

图 1-2-20　直线感应电动机

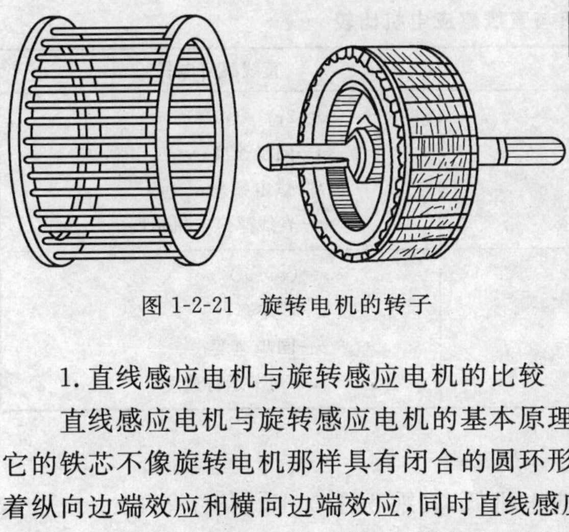

图 1-2-21　旋转电机的转子

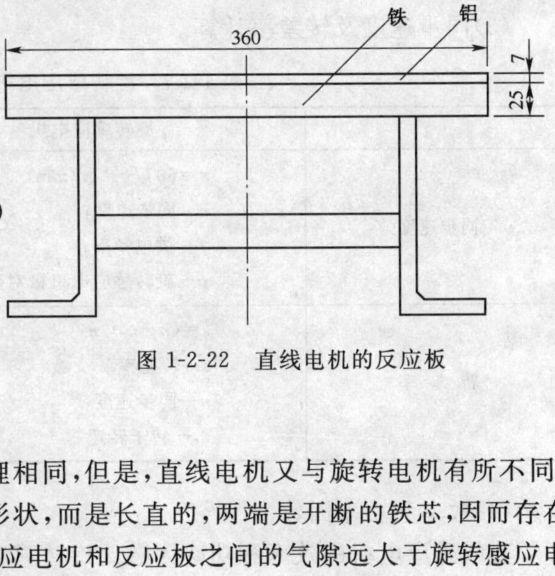

图 1-2-22　直线电机的反应板

1. 直线感应电机与旋转感应电机的比较

直线感应电机与旋转感应电机的基本原理相同，但是，直线电机又与旋转电机有所不同，它的铁芯不像旋转电机那样具有闭合的圆环形状，而是长直的，两端是开断的铁芯，因而存在着纵向边端效应和横向边端效应，同时直线感应电机和反应板之间的气隙远大于旋转感应电机定子与转子之间的气隙，因此，它们之间存在着诸多的差别。

(1)等效电路图

图 1-2-23 是旋转感应电机的等效电路图，图 1-2-24 是直线感应电机的等效电路图。

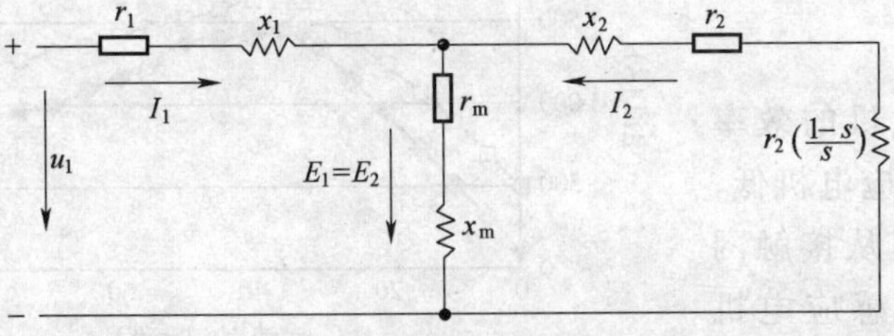

图 1-2-23　旋转感应电机等效电路图

在图 1-2-24 中用 R_e 反映边端效应在次级上消耗的功率所对应的等效电阻。

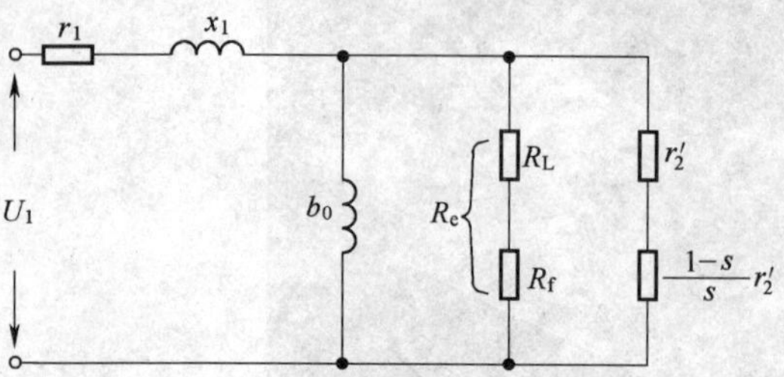

图 1-2-24　直线感应电机等效电路图

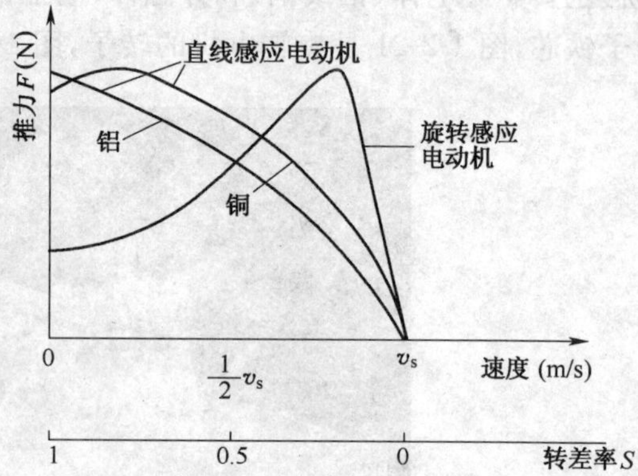

图 1-2-25　旋转感应电机和直线感应电机推力(转矩)—转差率特性

(2)机械特性

图 1-2-25 是旋转感应电机和直线感应电机在定频定压时的转矩(推力)—转差率特性。

(3)同步速度及转差率计算

表 1-2-7　旋转感应电机与直线感应电机比较

	旋转感应电机	直线感应电机
同步速度	$n=60f/p$　(r/min) n—同步速度； f—供电频率； p—旋转感应电机极对数	$v=2\tau f$　(m/s) v—同步速度； f—供电频率； τ—直线感应电机极距
转 差 率	$s=(n-n_r)/n$ s—转差率 n—同步速度 n_r—转子转速	$s=(v-v_r)/v$ s—转差率； v—同步速度； v_r—列车运行速度

(4)效率和功率因数

直线感应电机的效率和功率因数比旋转感应电机低，其乘积在 0.45 以下。

(5)转差率

直线感应电机的转差率在 0.15 以上，不能在 0.1 以下正常工作。

(6)牵引电流

由于直线感应电机的效率和功率因数比旋转感应电机低，因此，牵引电流(列车从接触网取得的电流)比旋转感应电机大。图 1-2-26 比较了广州地铁 1 号线车辆一个基本单元(T_C 车

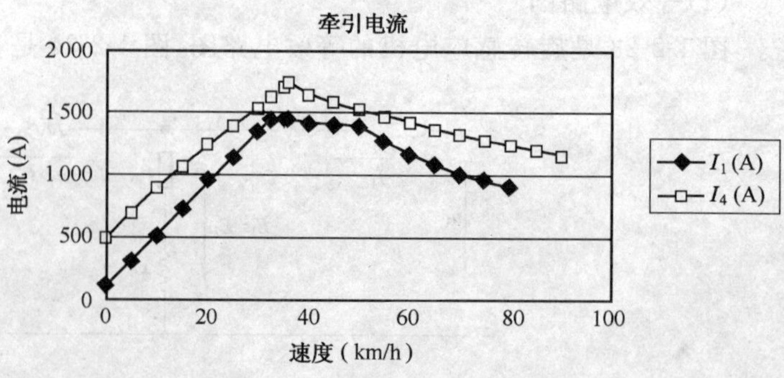

图 1-2-26　牵引电流比较

$+M_P$ 车+M 车)和 4 号线四辆编组列车(二者的载客量基本相同)的牵引电流。

I_1——广州地铁 1 号线车辆一个基本单元的牵引电流;

I_4——广州地铁 4 号线四辆编组列车的牵引电流。

2. 反应板(轨)

反应板(轨)属直线感应电机的一部分,是直线感应电机的二次导体。它由导电体和导磁体组成,沿线路敷设在轨道的中间,如图 1-2-27 所示。

反应板(轨)型式、所用的材料、制造方式不完全相同,表 1-2-8 汇集现有的反应板(轨)的型式。

表 1-2-8 反应板(轨)的型式

型　式	平板型、外罩型、镶嵌型
制造方式	爆炸焊、压入、热滚压
导电体材料	铝板、铜板
导磁体材料	A3(Q235)钢、硅钢片

图 1-2-27 敷设在轨道中间的反应板(轨)

3. 直线电机气隙大小及影响因素

直线电机气隙的大小,直接影响直线电机的推力、吸力及效率。因此要严格管理影响气隙的因素,表 1-2-9 汇集了这些影响气隙的因素及限制值。

表 1-2-9 影响气隙的因素及限制值

	影响气隙的因素	限制值		影响气隙的因素	限制值
1	直线电机安装误差	1.0 mm	6	反应板的挠度	1.0 mm
2	直线电机支持系统的挠度和列车载荷造成的沉降	1.0 mm	7	钢轨的沉降	1.5 mm
3	维修周期之前的车轮磨耗	1.0 mm	8	维修周期之前的钢轨磨耗	1.0 mm
4	气隙的余裕	2.0 mm		总计(空车时)	10.0 mm
5	反应板安装误差	1.5 mm			

4. 直线电机气隙调整原则

(1)当车轮磨耗或镟轮后使气隙变小时,调整直线电机的悬挂高度,使气隙达到规定值。

(2)当轨道磨耗使气隙变小时,调整反应板高度,使气隙达到规定值。

三、转 向 架

直线电机车辆由于直线电机产生的推力,无需通过齿轮装置传递,所以直线电机车辆不要齿轮传动装置,这样转向架构架和轮对之间便无任何约束存在,轮对相对于转向架构架旋转的自由度增加了,便于轮对在通过曲线时保持径向的位置,即径向转向架。

1. 径向转向架的优点

(1)减少通过曲线时的摩擦及尖叫声;

(2)在保持相同的轮轨作用力和安全性的前提下,曲线通过速度可提高25%以上。

2.径向转向架的分类

(1)自导型径向转向架

利用通过曲线时轮轨间的蠕滑力,使轮对趋于径向的转向架。

(2)迫导型径向转向架

利用外力,使轮对趋于径向的转向架。

迫导型径向转向架能通过更小的半径的曲线。

3.直线电机悬挂方式

直线电机悬挂方式对转向架的结构和轮对的导向能力有很大的影响。目前,直线电机有3种悬挂方式:构架悬挂、轴箱悬挂和车轴悬挂,3种悬挂的比较如表1-2-10所示。

表1-2-10 3种悬挂方式

项　目	车轴悬挂	轴箱悬挂	构架悬挂
载重量影响	无	无	有
簧下重量	大	大	小
适合于转向架型式	迫导型径向转向架	迫导型径向转向架	自导或迫导型径向转向架
直线电机承受的加速度	大	大	小
适合于直线电机重量	轻	轻	重

图1-2-28是直线电机构架悬挂的示例。

图1-2-28 直线电机构架悬挂

四、电传动控制

电传动控制对旋转感应电机而言,主要包括VVVF逆变器的脉宽调制和对电机的矢量控制。对直线电机而言,还需增加:

(1)对反应板导电体差别控制;

(2)对气隙变化控制;

(3)无反应板时的控制。

第三章　地铁供电系统

第一节　概　　述

一、地铁供电方式

地铁的供电电源要求安全可靠，通常由城市电网供给。目前，国内各城市对地铁及城市轨道交通的供电一般有 3 种方式，即分散供电方式、集中供电方式、分散与集中相结合的混合供电方式。

分散供电方式是指沿地铁线路的城市电网(通常是 10 kV 电压等级)分别向各沿线的地铁牵引变电所和降压变电所供电。其前提条件是城市电网在地铁沿线有足够的变电站和备用容量，并能满足地铁牵引供电的可靠性要求。如早期的北京地铁采取的就是这种供电方式。

集中供电方式是指城市电网(通常是 110 kV 或 66 kV 电压等级)向地铁的专用主变电所供电，主变电所再向地铁的牵引变电所和降压变电所供电，地铁自身组成完整的供电网络系统。近几年新建的地铁系统多采用集中供电方式，如上海、广州、深圳地铁等。

分散与集中相结合的供电方式是上述两种供电方式的结合，可充分利用城市电网的资源，节约投资，但供电可靠性不如集中供电方式，管理亦不够方便。

集中和分散两种不同供电方式的比较如表 1-3-1 所示，分散与集中相结合的供电方式优缺点介于两者之间。

表 1-3-1　地铁供电方式的比较

供电方式	优　　点	缺　　点
集中供电方式	1. 供电可靠性高，受外界因素影响较小； 2. 主变电所采用 110 kV/35 kV 有载自动调压变压器，并有专用供电回路，供电质量好； 3. 地铁供电可独立进行调度和运营管理；检修维护工作相对独立方便； 4. 可提高地铁供电的可靠性和灵活性； 5. 牵引整流负荷对城市电网的影响小； 6. 只涉及城市电网几个 220 kV 变电站的增容改造，工程量较小，相对易于实现	投资较大
分散供电方式	1. 投资较小； 2. 便于城市电网进行统一规划和管理	1. 因同时受 110 kV 和 10 kV 电网故障影响，故受外界因素影响较多； 2. 10 kV 电网直接向一般用户供电，引起的故障概率大，可靠性较低； 3. 与城市电网的接口多，调度和运营管理环节增多，故障状态下的用电转换不方便； 4. 牵引整流机组产生的高次谐波直接进入 10 kV 电网对其他用户的影响较大； 5. 要求城市电网的变电所应具有足够的备用容量，以满足地铁牵引供电的要求；涉及较多 110 kV 变电站的增容改造，工程量较大

对于某一城市究竟应采用哪种供电方式，需要根据地铁和城轨交通用电负荷并结合该城市电网的具体情况进行分析。若该城市的电力资源缺乏，变电站较少，采用分散供电方式时由于需要新建多个地区变电站而使投资增大，在此情况下采用集中供电方式就比较合适。该供电方式具有管理方便、供电可靠性相对较高等优点。若城市的电力资源较丰富，沿地铁和城轨交通线路的地区变电站较多且容量也足够给地铁和城轨交通供电，则采用分散供电方式可节约建设资金。当城市电网的情况介于上述两种情况之间时，可考虑采用分散与集中相结合的供电方式。

由于我国目前大多数地铁和城轨交通均采用集中供电方式，故本文将以集中供电方式为主介绍地铁的供电系统和设备。

二、中压供电网络的电压等级

国外地铁和城市轨道交通的中压供电网络一般有 33 kV、20 kV、10 kV 等 3 个电压等级。国内现有地铁和城市轨道交通的中压供电网络有 35 kV、33 kV、10 kV 电压等级。北京和天津的地铁和城市轨道交通的中压供电网络采用了 10 kV 电压等级；上海地铁 1 号线的中压供电网络中牵引供电网络采用 33 kV 电压等级、动力照明供电网络采用 10 kV 电压等级；广州地铁 1 号线的中压供电网络采用了 33 kV 电压等级；深圳地铁 1、4 号线和南京地铁南北线的中压供电网络均采用 35 kV 电压等级。我国电力系统并未推荐过使用 33 kV 电压等级，上海、广州地铁采用此电压等级有其特殊历史原因，其他城市很少采用。

不同电压等级的中压供电网络有不同的特点：

(1)35 kV 中压供电网络：输电距离和容量大、电能损失小、设备可实现国产化，但设备相对体积大、产品价格高、国内无环网开关柜产品。目前国内城市配电网拟取消 35 kV 电压等级，但国内地铁和城市轨道交通的中压供电系统仍在使用。

(2)20 kV 中压供电网络：输电距离和容量适中、电能损失较小、设备可完全实现国产化、设备体积小、产品价格适中、国内有环网开关柜产品。国外地铁和城市轨道交通大量采用，但国内地铁和城市轨道交通尚未使用此电压等级。

(3)10 kV 中压供电网络：输电距离和容量小、电能损失大、设备可完全实现国产化、设备体积小、产品价格低、国内有环网开关柜产品。国内城市配电网大量使用，部分国内地铁和城市轨道交通也使用此电压等级。

表 1-3-2 不同电压等级的中压供电网络的比较

序号	项 目	35 kV	20 kV	10 kV
1	输电容量	大	中	小
2	输电距离	大	中	小
3	电能损耗	小	较小	大
4	设备价格	高	中	低
5	设备国产化	国产	国产	国产
6	设备体积及占地面积	大	中	小
7	国内生产环网柜	无	有	有
8	国内城市电网应用	拟取消	有，很少	广泛应用
9	国内地铁及城轨应用	有	无	有
10	适用标准	国家标准	国际标准	国家、国际标准

中压供电网络既可采用牵引和动力照明同用一个供电网络的方案，即牵引、动力照明混合网络；也可以采用牵引和动力照明供电网络相对独立的两个供电网络方案，即牵引供电网络、动力照明供电网络。由于电费在地铁和城轨交通的运营成本中占很大比例，从长远的角度考虑，中压供电网络宜选择较高的电压等级，亦即 35 kV 或 20 kV 为优选方案。

三、地铁供电系统的组成

地铁供电电源通常取自城市电网，通过城市电网一次电力系统和地铁供电系统实现输送或变换，然后以适当的电压等级供给地铁各类设备。

根据用电性质的不同，地铁供电系统可分为两部分：由牵引变电所为主组成的牵引供电系统和以降压变电所为主组成的动力照明供电系统。

牵引供电系统主要由主变电所、牵引变电所、接触网、电力监控、供电缆网等组成。提供地铁车辆的牵引动力电源。

动力照明供电系统主要由降压变电所、低压母线排、配电设备、线缆、用电设备等组成。提供地铁机电设备动力电源和照明电源。

此外，还应设置地铁应急电源系统，如小型发电机、EPS 电源、UPS 电源等。

四、牵引供电系统的制式

城市轨道交通和地铁的牵引供电系统通常均采用较低电压的直流供电制式，主要原因是：

(1)由于直流制供电无电抗压降，因而比交流制供电的电压损失小；

(2)电网的供电范围(距离)、电动车辆的功率都不大，均不需太高的供电电压；

(3)城市轨道交通和地铁的供电线路都处在城市建筑群之间，供电电压不宜过高，以确保安全；

(4)直流制供电的对象，即早期使用的直流牵引电动机和近期采用的变频调速异步牵引电动机均具有良好的起动和调速特性，可充分满足电动车辆牵引特性的要求。

基于上述原因，世界各国城市轨道交通的供电电压均在 550～1 500 V 之间，其中间档级很多，这是由各种不同交通形式、不同发展历史时期造成的。现国际电工委员会拟定的电压标准为：600 V、750 V、1 500 V 等 3 种，后两种电压为推荐值。我国国标亦规定为 750 V 和 1 500 V，不推荐 600 V 电压等级。

我国北京地铁采用的是 750V 直流供电电压，上海地铁、广州地铁、深圳地铁等均采用的是 1 500 V 直流供电电压。究竟应选择哪种电压等级，这涉及供电系统的技术经济指标、供电质量、运输的客流密度、供电距离、车辆的选型等。必须根据各城市的具体条件和要求，通过综合技术论证后决定。

近年来，由于交流变频调速技术的发展，车辆的牵引电动机已逐步采用结构简单、运行可靠、价格低廉的鼠笼式交流异步电动机替代原先的直流电动机。在城市轨道交通中采用交流变频调速异步牵引电动机是一项新技术，也是牵引动力的发展方向，具有非常广阔的发展前景。通常采用的“交—直—交”(AC-DC-AC)变频调速方式，尽管在电动车辆上采用的是交流异步电动机，但其接触网架线供电电压还是直流的。从供电的角度分析，仍然还可认为是属于直流供电制式的扩大运用范畴。

第二节　牵引供电系统

一、牵引供电系统的组成

图 1-3-1 表示地铁和城轨交通牵引供电系统的各组成部分的示意图。

图 1-3-1 中，从发电厂(站)经升压变压器、高压输电网、区域变电站至主变电所，通常被称为“一次(外部)供电系统”。主变电所可以由电力系统部门直接管理(如采用分散式供电的情况)，也可归属于地铁或城市轨道交通单位管理(如采用集中式供电的情况)。

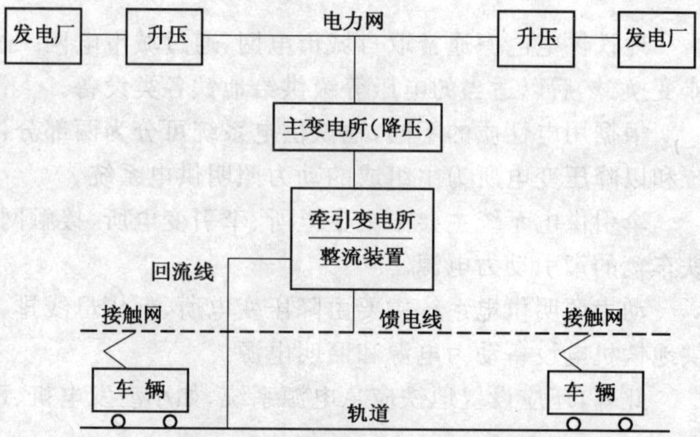

图 1-3-1　牵引供电系统示意图

主变电所(属于地铁或城市轨道交通单位管理时)、牵引变电所、整流装置、馈电线路、接触网、走行轨道、回流线等统称为“牵引供电系统”。城市电网的三相高压交流电 110 kV(或 220 kV)经主变电所降低为 10～35 kV 作为牵引变电所的进线电压。牵引变电所再将 10～35 kV 电压变成适合电动车辆应用的低压直流电。馈电线将牵引变电所的直流电输送到沿车辆走行轨架设的接触网(或接触轨)上。电动车辆通过其受流器与接触网(或接触轨)的直接接触而获得电能。走行轨道构成牵引供电回路的一个组成部分，回流线将轨道回流返回牵引变电所。

二、主变电所

(一)概述

地铁主变电所将城市电网的高压 110 kV(或 220 kV)电能降压后以 35 kV 或 10 kV 的电压等级分别供给牵引变电所和降压变电所。为保证供电的可靠性，地铁线路通常设置两座或两座以上主变电所。主变电所由两路独立的电源进线供电，内部设置 2 台相同的主变压器。根据牵引负荷和动力负荷的不同情况，主变压器可采用三相三绕组的有载调压变压器或双绕组的变压器。采用有载调压变压器在电源进线电压波动时二次侧电压维持在正常值范围内。

(1)主变电所为地铁线路的总变电所，承担整条地铁线路的电力负荷的供电。

(2)可根据负荷计算确定在地铁线路上设置的主变电所数量。

(3)每座主变电所设置 2 台主变压器，由城市电网地区变电站引入两路独立的 110 kV 专用线路供电，两回路同时运行，互为备用，以保证供电的可靠性和供电质量。进线电源容量应满足远期时其供电区域内正常运行及故障运行情况下的供电要求。

(4)低压 35 kV 侧采用单母线分段接线，两段母线间设母联断路器，正常运行时母联断路器打开。

(5)正常运行时每座主变电所的两路 110 kV 电源和 2 台主变压器分列运行。通过 35 kV 馈出电缆分别向各自供电区域的负荷和动力照明负荷供电。

(二)主变电所的主要设备

1.主变压器

高压侧电压为 110 kV,低压侧电压为 35 kV(或 10 kV)。

主变压器容量应能满足正常运行时,每台变压器容量承担其所供区域内的全部牵引负荷和动力照明的供电。当发生故障时,应满足如下条件:

(1)当一台主变压器发生故障时,另一台主变压器应能满足该供电区域高峰小时牵引负荷和动力及照明一、二级负荷的供电。

(2)当一座变电所因故解列时,剩余主变电所应能承担全线的动力和照明一、二级负荷及牵引负荷。

主变压器容量的选择应考虑近期实际负荷和远期发展的需求。单台容量大约在 20～40 MV·A范围,主要考虑相邻变电所故障解列时应满足向该段牵引负荷越区供电的要求。

2. 110 kV GIS组合电器

主变电所采用 110 kV 全封闭六氟化硫组合电器设备。SF_6 气体绝缘的金属封闭开关设备,简称 GIS(Gas Insulated metal-enclosed Switchgear)。GIS 是由各种开关电器:断路器 GCB、隔离开关 DS、接地开关 ES、母线、现地汇控柜 LCP 以及电流互感器 CT、电压互感器 VT 和避雷器 LA 等组成的电力设备,具有结构紧凑、抗污染能力强、运行安全、外形美观、设备占用空间小等特点。主要技术规格如下:

(1)额定电压:110 kV。

(2)最高工作电压:126 kV。

(3)额定绝缘水平:

①额定雷电冲击耐受电压(峰值):相对地 650 kV;
断 口 650 kV+100 kV(隔离开关);
断 口 650 kV(断路器)。

②额定 1 min 工频耐受电压(有效值):耐受电压 275 kV;
断 口 315 kV(隔离开关);
断 口 275 kV(断路器)。

(4)SF_6 气体零表压时耐受电压(相对地):$1.3\times126/\sqrt{3}$ kV(5min)。

(5)局部放电量(1.1 倍相电压下):

①气隔绝缘子:小于 3 PC;

②整体 GIS:小于 10 PC。

(6)额定电流:2 000 A。

(7)额定热稳定电流及持续时间:40 kA/3 s。

(8)额定动稳定电流:100 kA。

(9)额定频率:50 Hz。

(10)相数:3。

(11)断路器操动机构和辅助回路的额定电压:直流 220 V。

3.主变电所二次设备

(1)主变压器保护

①SR745 数字式变压器管理继电器,用于变压器保护、控制、接口、测量和监测。可实现以下功能:

a. 主变内部故障时的纵差保护，保护动作跳主变两侧；

b. SR745 低压侧过流元件和 MIV 电压继电器配合，组成低压侧复合过流，依次跳本侧及主变两侧；

c. 按负荷起动风扇回路；

d. 联跳电容器回路；

e. 用于 2 号主变时，作主变及线路的纵差保护，动作跳主变两侧。

②MIF 数字式馈线管理继电器(装于 110 kV 侧)，用于主变压器保护、接口、测量和监测。可实现以下功能：

a. 同 MIV 电压继电器共同组成 110 kV 复合电压过流保护，第一时限跳本侧，第二时限跳两侧；

b. 同 MIV 电压继电器共同组成 110 kV 零序过流方向保护，第一时限跳本侧，第二时限跳两侧；

c. 监视零序，保护动作经 0.3～0.5 s 跳主变两侧；

d. 过负荷保护，发信号及闭锁有载调压开关。

③MIV 电压继电器，共 2 台：

a. 一台装于 110 kV 侧，实现：同 MIF 共同组成复合电压过流保护，第一时限跳本侧，第二时限跳两侧；同 MIF 共同组成零序过流方向保护，第一时限跳本侧，第二时限跳两侧；零序过压保护保护动作经 0.3～0.5 s 跳主变两侧。

b. 另一台装于 35 kV 侧，实现：利用 SR745 的过流保护功能共同组成复合电压过流保护，依次跳本侧及主变两侧。

(2)线路保护

配置 L90 线路差动继电器，实现线路保护要求。

L90 光纤纵差保护用于跳闸输出的 A 型继电器动作时间小于 4 ms，用于信号输出的快速 C 型继电器动作时间小于 0.6 ms。

L90 与电力监控系统的接口采用数字通信方式，实现控制、监视、测量和保护动作信号的数据交换。L90 光纤纵差保护的 3 个通信口，可以独立或同时运行。L90 具备完善的在线自检功能，在正常运行时一直进行自检，但不影响任何保护功能，如检出异常则发出告警信号并闭锁保护。

4. 环网电缆(110 kV 电缆，35 kV 电缆，1 500 V 直流电缆)

环网电力电缆选用低烟、低卤、低毒、阻燃电缆；敷设于重要场所的电缆则选用无烟、无卤、无毒、阻燃电缆。

(1)敷设条件：布置于隧道(或地面)及变电所内电缆支架上或敷设于地面电缆沟槽的电缆支架上，可敷设于可能短时积水的电缆沟内。

(2)材料要求：

①电缆应具有低烟、低卤、阻燃等特性，部分电缆还应同时考虑防水、防紫外线要求。

②电缆的防水、防潮性能应满足：电缆样品在水中浸泡 72 h 后，去除绝缘层外面的复合层后，用肉眼观察，绝缘层外表面应是干燥的。

③电缆燃烧时的阻燃性能、低烟或无烟、无毒性能应满足相关规定的技术要求。

④电缆具有防白蚁性能，按照 GB/T 2952.38《电线电缆白蚁试验方法》中击倒法的规定进行测试，测试结果要求为：KT_{50}应不大于 250 min。

⑤电缆的绝缘电阻应满足 GB 12706—1991 的规定。交联聚乙烯绝缘在最高额定温度下，绝缘电阻常数 K_i 应不小于 3.67 MΩ·km。

(3)电缆敷设要求

地铁电缆种类多、数量大、敷设空间条件恶劣。电缆敷设是否达到要求，不仅影响供电系统的可靠性，而且还影响故障发生率和事故范围。

①上下行环网电缆分别敷设在线路两侧，电缆支架上的电缆按电压等级由高到低分层敷设以减少相互间的干扰，特别是电力电缆与弱电电缆应保持>0.5 m 的间距要求。

②变电所电气设备多、相互间连线密集，因此应在设备室下设置电缆夹层以便于电缆敷设。电缆夹层设置进人孔，其位置和数量应满足电缆敷设和后期运营维护的要求。

③在车辆段、停车场内，电缆采用在电缆沟内敷设方式，由于车辆段、停车场的管线多，设置电缆沟要注意与其他管线的协调。

④在电缆敷设施工完成后，应严格封堵预留管、孔、洞，减少小动物进入设备房造成事故的可能及控制火灾蔓延范围。

三、主变电所向牵引变电所供电的接线方式

供电系统的安全性、可靠性是地铁正常运行的重要保证。为此，牵引变电所均由两个独立的电源供电，考虑到地铁线路分布范围广，通常需要在沿线设置多个牵引变电所。向牵引变电所供电的接线方式有多种方式，现归纳成以下几种典型形式：

1. 环形供电接线方式

环形供电接线方式如图 1-3-2 所示。

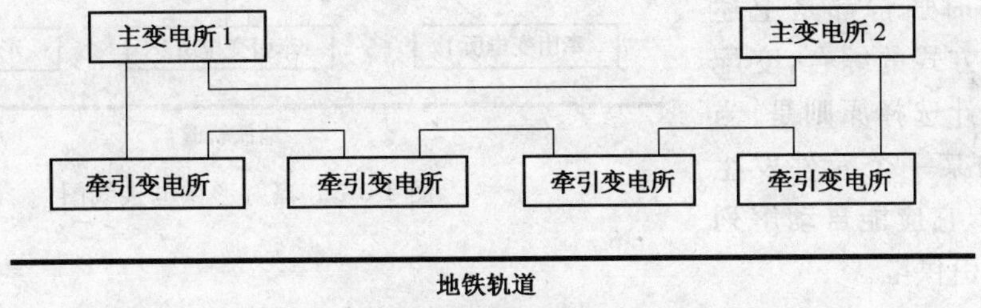

图 1-3-2　环形供电接线图

优点：供电线路工作可靠。如果一个主变电所或一路输电线发生故障，均不导致中断牵引变电所的工作。

缺点：投资较大。

2. 双边供电接线方式

双边供电接线方式如图 1-3-3 所示。

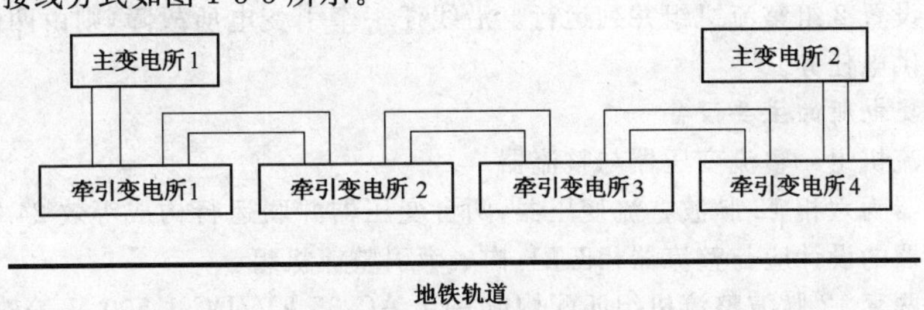

图 1-3-3　双边供电接线图

优点：双路供电线路，每路均按输送功率计算，工作可靠。

缺点：投资较大。

3. 单边供电接线方式

单边供电接线方式如图 1-3-4 所示。

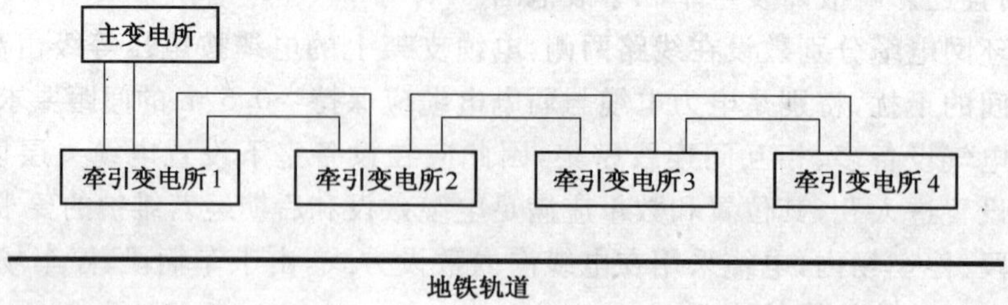

图 1-3-4　单边供电接线图

优点：设备相对较少，投资小。

缺点：单边供电的可靠性不如环行供电和双边供电方式。为提高可靠性，仍应采用双路输电线供电。

4. 辐射形供电接线方式

辐射形供电接线方式如图 1-3-5 所示。

优点：接线简单，投资小。

缺点：若主变电所发生故障，则将全线路停电。

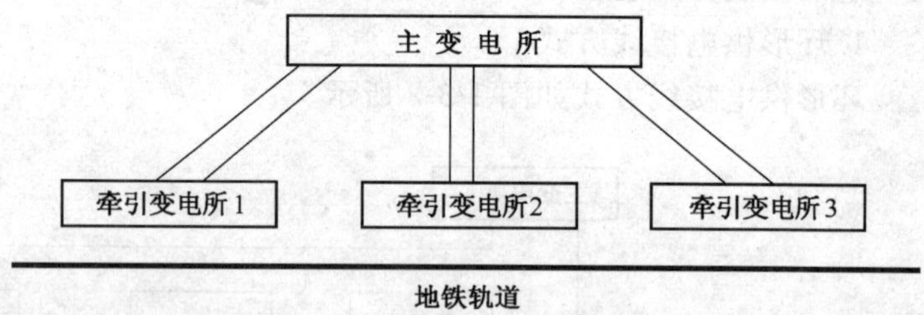

图 1-3-5　辐射形供电接线图

实际应用时通常都是上述某些典型接线方式的综合，变配电接线图的设计选择原则是：当供电系统中的某一个元件发生故障或损坏时，它应能自动解列而不致破坏牵引供电。

四、牵引变电所

(一)概述

牵引变电所将地铁主变电所(或城市电网区域变电所)送来的 35 kV 电能经过降压和整流变成车辆牵引所要求的直流电能。牵引变电所的容量和设置的距离是根据牵引供电计算的结果，并经过经济技术分析比较后决定的。变电所的间隔一般为 2～3 km，牵引变电所按其所需的总容量设置 2 组整流机组并列运行。沿线任一牵引变电所故障，则由两侧相邻的牵引变电所承担其供电任务。

(二)牵引变电所的主要设备

1. 牵引整流机组—整流变压器与整流器

单台变压器为六相 12 脉波整流变压器，两台变压器并联运行构成等效 24 脉波整流变压器。整流变压器的设计应与整流器相匹配，构成牵引整流机组。

地铁采用两套 12 脉波整流机组匹配构成一套 AC 35 kV/DC 1 500 V 等效 24 脉波整流机组。单机组 12 脉波整流电路由两个三相全波整桥并联组成。每台整流变压器的二次绕组有一个星形绕组和一个三角形绕组，分别向两个三相整流桥供电。因为整流变压器二次侧星形绕组和三角形绕组相对应的线电压相位错开 30°，于是可以得到两个三相整流桥并联组成的 12 脉波整流电路。当供给两台 12 脉波整流器的整流变压器高压网侧并联的绕组分别采用 ±7.5°外延三角形联接时，两套整流器并联运行即可构成 24 脉波整流。图 1-3-6 是 12 脉波电路及其矢量图。

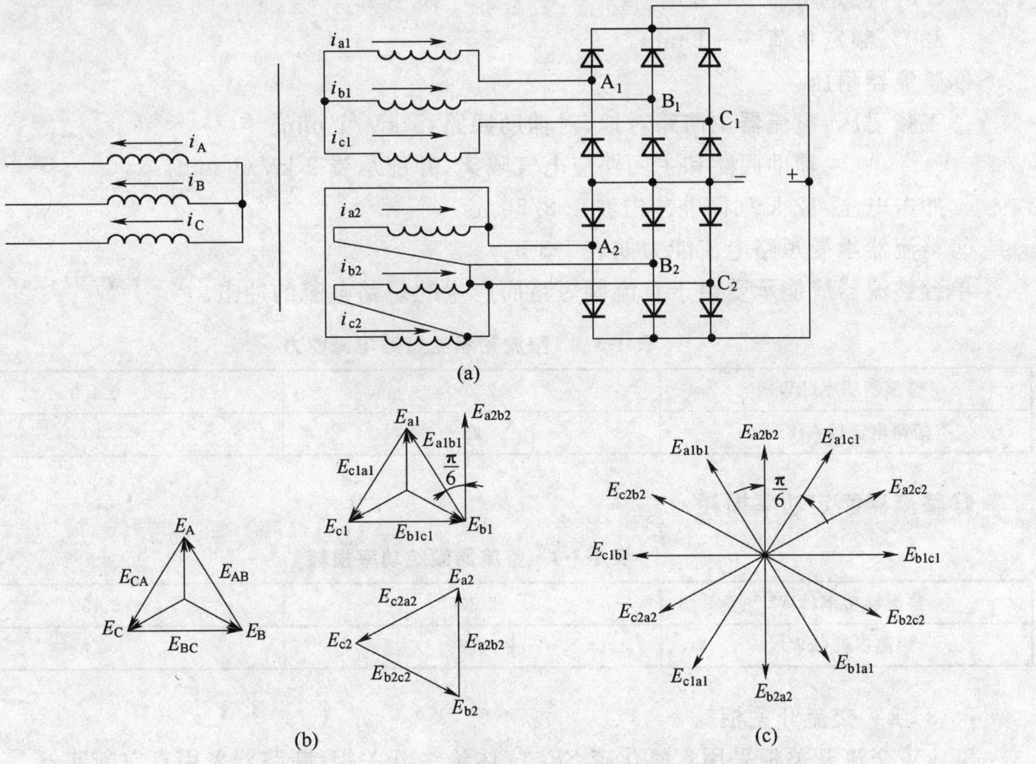

图 1-3-6　12 脉波整流电路及其矢量图

(a)12 脉波整流电路图；(b)变压器原、副边电压矢量图；(c)整流换相顺序图。

(1)电路特点：

①各整流桥按顺序相互不干扰，当不考虑重叠角时各桥臂整流管的导电时间为$\frac{2\pi}{3}$，输出直流电流为二个并联桥整流电流之和。

②各绕组线电压相位错开$\frac{\pi}{6}$，直流输出电压波顶在时间上重合，也错开$\frac{\pi}{6}$，因此总的直流输出电压便有 12 相脉波。

考虑到牵引负荷的特殊性，整流变压器与整流器应具有相应的过载能力，其过载能力应符合 GB 3859 Ⅵ类负荷标准。

(2)整流器技术参数及性能特点：

①额定频率：50 Hz。

②额定交流电压：1 180 V。

③直流标称电压：1 500 V。

④直流最高电压：1 800 V。

⑤额定电流 1 467 A(2 200 kW)/2 300 A(3 450 kW)。

⑥直流空载电压≤1 670 V。

⑦整流器负荷性质：反电动势、再生。

⑧整流器负荷类型：Ⅵ级(GB 3859)

100%额定负荷——连续；

150%额定负荷——2 h；

300%额定负荷——1 min。

⑨整流器耐压

工频耐压：整流器主回路对地、对辅助回路：5 kV/1 min。

辅助回路和主回路应电气隔离，并能承受 2 kV/1 min。

冲击电压：12 kV(标准冲击波 1.2/50 μs)。

⑩整流器承受短路电流能力如表 1-3-3：

单台整流器应能承受由于直流侧短路而产生的短路电流的冲击。

表 1-3-3 整流器承受短路电流能力

整流器功率(kW)	2 200	3 450
短路电流(kA,2 s)	25	40

⑪整流器额定功率损耗。

表 1-3-4 整流器额定功率损耗

整流器功率(kW)	2 200	3 450
短路损耗(kW)	≤5	≤8

2. 35 kV 交流开关柜

35 kV 交流开关柜采用六氟化硫 SF_6 气体绝缘开关柜，断路器采用真空断路器。

(1)主要技术参数如下：

①额定电压：35 kV。

②额定电流：1 250 A。

③动稳定电流(峰值)：63 kA。

④稳定电流(3S)：25 kA。

(2)额定绝缘水平：

①对地、相间及普通断口工频耐压值：85 kV。

②隔离断口间的绝缘工频耐压值：95 kV。

③对地、相间及普通断口冲击耐压值(峰值)：185 kV。

④隔离断口间的绝缘冲击耐压值(峰值)：215 kV。

⑤额定短路开断电流：25 kA。

⑥额定关合电流(峰值)：63 kA。

⑦分、合闸机构和辅助回路的额定电压：DC 220 V。

3. 1 500 V 直流开关柜

直流开关柜采用户内式。直流进线柜及直流馈电柜采用手车式直流快速开关，负极柜开关为手动隔离开关。

主要技术参数如下：

①额定电压：1 500 V。

②最高工作电压：1 800 V。

③额定电流：3 150 A、4 000 A。

4. 继电保护与测控装置

微机继电保护装置采用多功能测控保护单元，并采用多 CPU 结构方式，以实现监控、保护、通信等功能。

(1)微机继电保护装置应满足可靠性、选择性、灵敏性、速动性的要求。

(2)35 kV 交流开关柜(XZ2 型)采用 REF542＋和 REL551 智能控制/保护单元。与电力监控系统(变电所综合自动化系统监控网络)的接口采用数字通信方式，使用光纤接口或 RS485 接口，实现控制、监视、测量、保护动作信号的数据交换，并可实现保护定值的修改和切换。通信规约应满足电力通信系统的通信接口要求，对前置机的通信响应时间不大于 1 s。

(3)各种微机型继电保护装置都应配置时钟元件，并与变电所综合自动化系统实现时钟同步对时。所有输出的信息都带有时标(ms 级)并能上传。

(4)各种微机型继电保护装置的软硬件都应采取必要的抗干扰措施，实现高抗干扰性。

(5)应具有在线自检功能，同时监测硬件和软件，当检测到内部故障即发出报警信号。

(6)各种微机型继电保护装置都应具有可靠的硬件闭锁功能，以保证在任何情况下不误动，只有在保护区内发生故障，才允许开放跳闸回路。

(7)各种微机型继电保护装置都应具有自复位电路，因干扰而造成的“死机”应能通过复位电路恢复正常工作。

(8)REF542＋和 REL551 智能控制/保护单元所有的保护设定参数、状态数据、实时时钟信号及其他主要动作信号均储存在非易失性存储器中。在外部电源故障或失电时，上述各种数据、信号不应丢失。并在外部电源恢复时，应能恢复其正常功能、重新正确显示和输出。

(9)各种微机型继电保护装置的输入输出均可扩展并具有 PLC 编程特性。

(10)各种微机型继电保护装置均采用多 CPU 处理方式，控制、保护、通信等功能应采用不同的 CPU 进行处理。

(11)各种微机型继电保护装置的控制输出采用继电器接点方式。

(12)微机型继电保护装置应能将故障信息存储并送往电力监控系统。

(13)微机型继电保护装置的输入输出均具有过压、过流保护措施。

5. 防雷与过电压保护

电气设备在运行中承受的过电压包括雷电过电压和内部操作过电压，因此应采取下述保护措施：

(1)地面牵引变电所直流馈线出口处设置避雷器，限制雷电波的入侵，保护牵引变电所的设备。

(2)在接触网由地面进入隧道处设置避雷器，限制雷电波的入侵，保护地下牵引变电所的设备。

(3)牵引变电所的 35 kV 母线设置避雷器。

(4)地面牵引变电所应考虑防雷措施，要求防雷接地电阻≤10 Ω。

6. 接地系统

(1)设计原则

①地铁车站由于受到地形的限制，供电系统单独作一个接地网相当困难，且很难满足接地电阻的要求。故接地应采用综合接地系统方案，使全线形成统一的高低压兼容、强弱电合一的接地系统。以满足车站内各类设备的工作接地、安全接地和防雷接地的功能要求。

②每个车站单独设置一个高低压兼容、强弱电合一的综合接地网，接地网的接地电阻≤0.5 Ω(或1 Ω)。设置强电设备接地母排和弱电设备接地母排，两种接地母排各自通过绝缘导线(2根以上)分别引接至综合接地网。强、弱电电气设备中需接地的设备通过接地线分别接至强、弱电接地母排上。在有牵引变电所的车站，接触网的接地线接到变电所强电设备接地母排上。

③接地系统应满足以下要求：

a. 保护运营人员和乘客安全，防止电击；

b. 保护轨道交通设备、设施，防止其损坏；

c. 保护弱电设备，防止电磁干扰；

d. 当接地系统设计与杂散电流腐蚀防护设计发生矛盾时，应优先考虑接地安全。

(2)接地网实施方案

①采用综合接地系统，每个车站设置一个综合接地网。综合接地网可由两部分构成：

a. 利用车站基础的桩基、承台、基础梁内的钢筋组成自然接地体；

b. 在变电所周围设置人工接地体。

②强电系统在电缆夹层中设接地端子排，用于变压器的中性点接地，各机电设备的保护接地；在设备房的侧墙上敷设接地扁铜干线，用于汇接变电所设备的接地线；弱电系统在设备房中设接地端子排并与接地引出线可靠连接。

③沿地铁线路电缆支架上敷设一条贯通的接地扁钢，供沿线区间电气、通信、信号等机电设备安全接地。

第三节 供电系统接触网

一、接触网概述

城市轨道交通供电系统接触网是延轨道架设的特殊供电线路，将变电所的电能转送给车辆。目前，主要采用的供电制式有两种：

1. DC 750 V供电制式：该供电制式主要用于第三轨的牵引网，在地铁系统的运用具有悠久的历史和很强的生命力，世界上早期修建的地下铁道大多采用了这种类型的牵引网，如伦敦、纽约、莫斯科地铁等。一些特别重视城市景观的城市，或是既有线路采用了第三轨的牵引网，为统一制式起见，至今仍然还在采用这种方式，如北京、新加坡、温哥华、台湾等。

2. DC 1 500 V供电制式：该制式的经济性和良好的运行状况，以及架空接触网技术的成熟，在重视功效和经济效益的城市轨道交通系统中被大量采用，得到广泛认可。香港虽然在许多方面沿用英国模式，但在城市轨道交通供电制式的选型上由于第三轨占用了隧道中旅客逃生通道等原因而做出与当时的英国截然不同的选择。日本的城市中，虽然早期有少量的DC 750 V第三轨供电的城市轨道交通线路，但是后期却大量、普遍地在城市轨道交通线路中采用了DC 1 500 V架空接触网。

在国内各城市已建地铁线路采用的供电制式及接触网类型主要有：

1. 20世纪60年代至80年代建成的北京地铁1、2号线均采用上接触式低碳钢接触轨，电压 DC 750 V；为统一制式起见，后期建成的北京城铁 13 号线、八通线，以及正在建设中的地铁 4、5、10 号线，仍采用上接触式低碳钢接触轨，电压 DC 750 V。

2. 上海市轨道交通 1 号线和 2 号线在隧道内采用的是弹性支座有补偿简单悬挂接触网，地面上采用架空全补偿链形悬挂接触网，电压 DC 1 500 V；3 号线、莘闵线等均采用架空全补偿链形悬挂接触网，电压 DC 1 500 V。

3. 广州地铁 1 号线采用架空全补偿链形悬挂接触网，电压 DC 1 500 V；2 号线和 3 号线在隧道内则采用刚性悬挂接触网，地面上采用架空全补偿链形悬挂接触网，电压 DC 1 500 V；4 号线采用下接触式钢铝复合接触轨，电压 DC 1 500 V。

4. 深圳地铁 1 号线采用架空全补偿链形悬挂接触网，电压 DC 1 500 V。

5. 武汉轻轨采用下接触式钢铝复合第三轨，电压 DC 750 V。

6. 大连轻轨采用架空全补偿链形悬挂接触网，电压 DC 1 500 V。

7. 重庆轻轨采用与跨座式车辆配套的侧接触式 T 形汇流排刚性接触网，电压 DC 1 500 V。

8. 天津滨海快速轨道交通线采用架空全补偿链形悬挂接触网，电压 DC 1 500 V；天津地铁 1、2 号线则仍沿用上接触式低碳钢接触轨，电压 DC 750 V；为统一制式起见，3 号线也沿用上接触式低碳钢接触轨，电压 DC 750 V。

9. 南京地铁 1 号线隧道内采用钢性悬挂接触网，地面和高架采用架空全补偿链形悬挂接触网，电压 DC 1 500 V。

二、接触网类型

城市轨道交通用的接触网有 3 大类型：第三轨类接触网，架空柔性接触网和架空刚性接触网。

(一)第三轨接触网

第三轨接触网仅用于城市轨道交通中的地铁，全封闭的城市铁路和轻轨等线路，因其牵引供电线路中的导电轨沿线路在车辆的走行轨旁设置而被形象地称为“第三轨”。第三轨距走行轨中心距离约为 1.4 m，距轨面高度约 0.44 m（具体数据要根据机车集电靴设置参数而定），由接触导电轨、端部弯头、防爬器、隔离开关和防护罩等组成，并用绝缘子支撑。与之相配合，车辆采用集电靴受流。

一般地，根据车辆集电靴与导电轨的接触受流方式的不同，车辆接触受流方式分为上接触式、侧接触式和下接触式，对应的第三轨也就称为“上接触式第三轨”、“下接触式第三轨”和“侧接触式第三轨”，如图 1-3-7 所示。

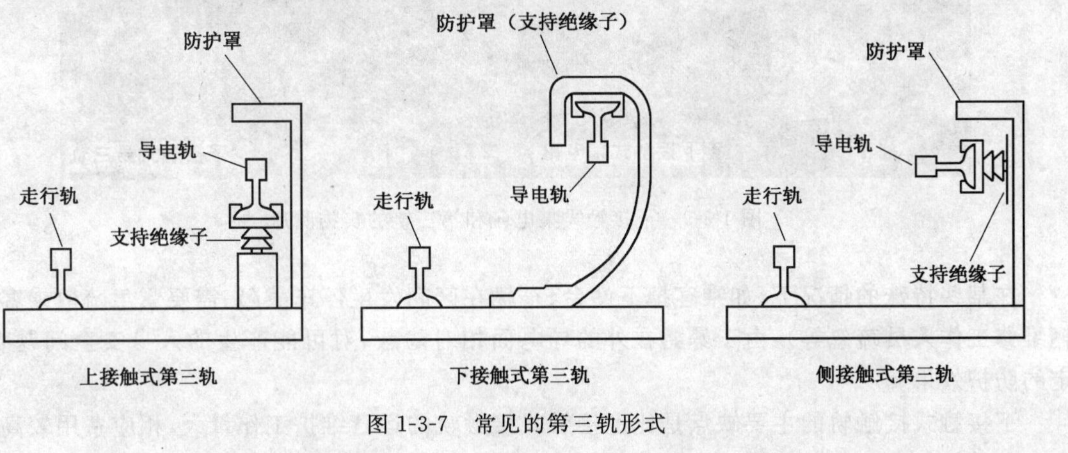

图 1-3-7　常见的第三轨形式

1. 上接触式

上接触式接触轨直接放在支持绝缘子上，安装于走行轨的一侧，车辆的集电靴从接触轨上表面取流。接触轨的上方和一侧有防护罩保护，对人员接近和冰雪侵扰有一定防护作用。

上接触式接触轨的结构简单，造价低廉，其导电轨直接放置于支持瓷绝缘子上，导电轨重量对结构的稳定有利，日常检查也一目了然，维护工作量小，机械故障的可能性也小。

上接触式的主要优点是结构稳定可靠、维护方便、造价低，但由于导电面几乎全部暴露在外，在人身安全防护、美观、耐候性等方面低于下接触和侧接触式。正是由于这一缺点，英国的有关部门在 20 世纪 60 年代后期决定除既有线路外，在新建的城市轨道交通线路中不再使用这一方式，如 1987 年 8 月开通的英国伦敦港口住宅区轻轨(DLR)线路，就改用了侧接触式接触轨。如图 1-3-8 所示。

图 1-3-8 上接触式第三轨的北京城铁线路和侧接触式第三/四轨的英国 DLR 线路

2. 下接触式

下接触式接触轨向下安装在特殊的防护罩的内侧，防护罩集防护和支持功能为一体，安装在走行轨的一侧。接触轨的上方和两侧都被防护罩屏蔽，车辆的集电靴从接触轨下表面取流。其优点是相对安全、美观、耐候性较好。如图 1-3-9 所示。

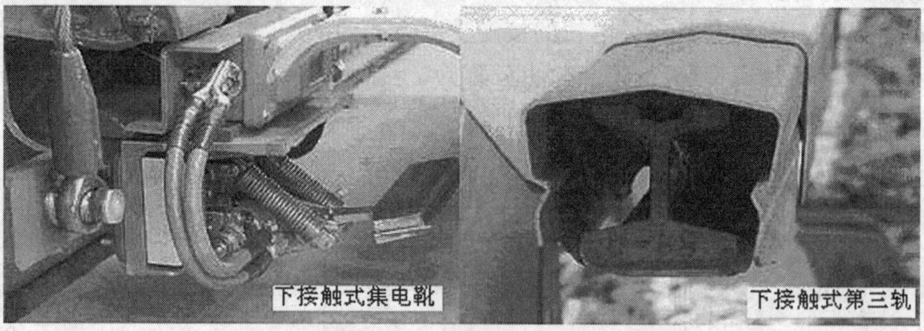

图 1-3-9 下接触式集电靴和第三轨的实物照片

在某些特殊的情况下(如乘客掉下站台、车辆在区间发生停车故障、需要紧急疏散乘客、车辆维修工作人员疏忽等)，由于暴露在外的导电面相对隐蔽，对可能产生的人身安全问题有一定的防护效果。

下接触式接触轨的主要缺点是比上接触式接触轨的运营维护工作量大，相应费用较高。

下接触式接触轨向下安装在防护罩的内侧，接触轨重量对于整体结构起不到稳定作用，因此对防护罩的结构有特殊要求，否则其变形可能会引起接触轨的变形，进而影响到车辆的受流。在检查维护时，必须打开防护罩才能观察到接触轨机械连接和电气接续部件的状态。

3. 侧接触式

侧接触式接触轨类似于上接触式接触轨，都是安装在瓷绝缘子的上部，主要区别是接触轨外形不同，对着车辆受流器的侧立面较为平直。主要优缺点也与上部受流方式基本相同。

与上述两种受流方式相比，侧面受流方式有两个较突出的优点：一是接触轨的终端弯头向侧面外弯，不占下部空间，离积雪较远，也不占上部空间，容易处理与车体的距离关系；在线间距较宽的道岔区，它可以顺道岔导曲线延伸，缩短道岔区的无电区长度。二是它所受到的受流器侧向压力较为稳定，不会因为受流器脱轨而对接触轨和支架产生过大的侧向推力，运行更加安全可靠。

侧接触式接触轨主要在德国、英国等少数国家采用，我国目前没有运营经验和车辆受流器的生产运用经验。重庆城市交通单轨线路采用的侧面受流刚性接触网与侧接触式接触轨不是同一概念，这种侧面受流刚性接触网型式自日本引进，电压采用 DC 1 500 V。图 1-3-10 为单轨铁路侧面受流刚性接触网的示意图。

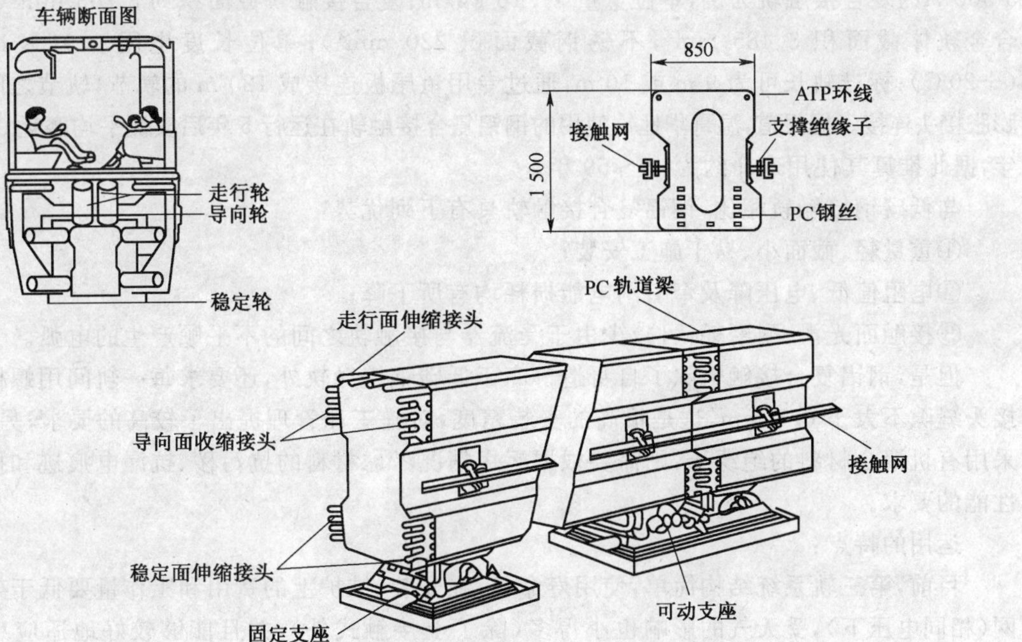

图 1-3-10 单轨铁路侧面受流刚性接触网示意图

4. 导电(接触)轨使用的材料

常用的导电(接触)轨材料分为低碳钢和不锈钢—铝合金复合材料两种类型，其形状见图 1-3-11。

(1)低碳钢接触轨

北京地铁的上接触式接触轨使用我国自行生产的 JU-52 型渗铝低碳钢接触轨(钢号为 0.5Al)，单位重量 51.36 kg/m，单位长度电阻为 1.91×10^{-5} Ω/m(＋15℃)，标准制造轨长 12.5 m 的接触轨在隧道外焊接成 50～75 m 长度的轨节(在隧道内轨节长度可以加倍)，轨节之间做成轨缝式膨胀接头，构造简单，维护简便，运行 30 年来上表面仅磨耗 3～5 mm，约占接触轨截面的 6%，运行反映良好。

(2)不锈钢—铝合金复合接触轨

简称“钢铝复合接触轨”或“复合接触轨”。由于低碳钢接触轨电阻率高，压降大，20 世纪 70 年代以来，国外开始研究导电性能优越的铜接触轨和使用耐磨性好的钢材与导电性好的铝合金材料构成复合接触轨来取代低碳钢接触轨。由于铜接触轨的使用受到了成本和资源的限制，因此，成本相对低廉，资源相对充裕的钢铝复合接触轨得到了较广泛的应用。

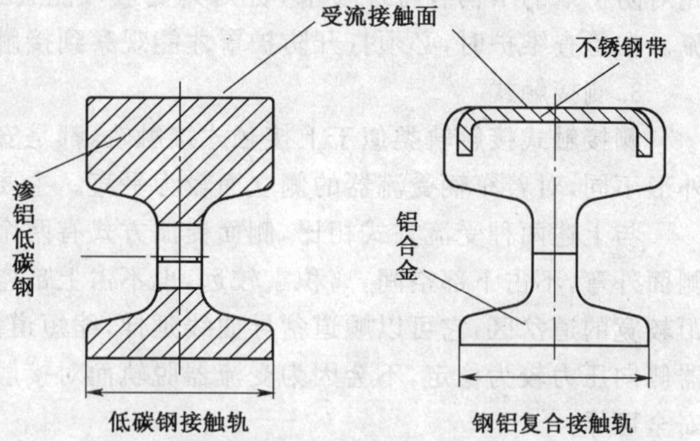

图 1-3-11 低碳钢接触轨与不锈钢—铝合金复合接触轨

复合接触轨采用 6 mm 厚的高硬度不锈钢带与铝合金轨体压合。目前采用这种复合接触轨的城市有巴塞罗那、旧金山、底特律、温哥华、多伦多、曼谷、哥本哈根等城市。以载流量 3 500 A的复合接触轨为例，单位重量 11.16 kg/m；复合接触轨截面积约 3 705 mm²(其中，铝合金轨体截面积 3 485 mm²，不锈钢截面积 220 mm²)；单位长度电阻 0.91×10^{-5} Ω/m (+20℃)；标准轨长可为 9 m 或 10 m，通过专用鱼尾板连接成 120 m 的轨节，轨节之间用专用膨胀接头连接。据报道，温哥华地铁使用的钢铝复合接触轨在运行 5 年后实测平均磨耗 0.04 mm/年，据此推算其使用寿命约为 40～50 年。

与低碳钢接触轨相比，钢铝复合接触轨具有下列优势：

①重量轻、截面小、易于施工安装；

②电阻值低、电压降及牵引网电能损耗均有所下降；

③接触面光滑、耐磨耗，可减少由于受流器与接触轨之间的不平顺产生的电弧。

但是，钢铝复合接触轨除了自身造价高于低碳钢接触轨外，还要求每一轨间用螺栓连接的接头缝隙不大于 0.1 mm，这是很高的安装精度，对施工和管理提出了较高的要求；另外，如果采用有机聚合材料的绝缘子，则需要根据运用情况考虑材料的抗污秽、抗漏电痕迹和抗老化等性能的要求。

运用的特点：

目前，第三轨系统结构简单，使用寿命长，在安装、维护上的费用和工作量要低于架空接触网(相同电压下)，受天气的影响也小得多(除了上接触式外)，并且能够较好地适应小尺寸隧道。另外，还有一个有争论的优点在于对视觉的影响上，一些人认为接触网暴露在地面上的部分影响了城市景观。

由于第三轨系统距地面很近，无法做到全方位的人员接近防护是一个主要的缺点。电力操作规程所规定的断电标志(打开断路器，有明显的断路点，挂地线)在第三轨系统实行存在困难，对日常维护或紧急情况下的旅客疏散造成困难。也正是由于距地面很近的原因，设备在国内还存在易窃易损的可能。另外，第三轨系统在运行轨道岔处必须留出间隙，在某些环境下会出现列车中断运行的情况，需要使用跳线电缆临时搭接或其他列车救援。再者，由于直流电场的吸附作用和距地面很近的原因，第三轨系统中的绝缘器件容易被污染，加之自然风和雨水无法对绝缘器件产生自洁作用，需要经常清扫，否则极易发生绝缘闪络事故，影响行车。

由于接触轨的不连续性，受流器在滑入接触轨时会受到冲击，当列车速度过高时，冲击力较大，严重时会损坏受流器，因此，采用接触轨受流方式时列车的最高运行速度较低。根据英国的研究，采用第三轨的列车运行极限速度为 160 km/h。在国内，采用第三轨的北京地铁列车运行极限速度为 90 km/h。

接触轨系统的结构简单，刚性固定、维护工作量小，故障率低，最常见故障为支持绝缘子污秽、裂纹或损坏，无需配备专用的接触轨系统抢修机械。由于接触轨系统的零部件种类少，作业面也低，因此，抢修作业程序也较为简单，通常是停电后，在确定损坏的绝缘子位置后，即可进行更换。

(二)柔性架空接触网

二次世界大战前，架空的电气化线路设计开始使用。第一条从伦敦利物浦大街到圣菲尔德的线路全部完工于 1948 年，采用 DC 1 500 V 电压。到 20 世纪 70 年代，DC 1 500 V 架空接触网占了新建城市轨道交通的 70%以上，而采用接触轨的城市轨道交通不足 30%。

在早期的城市轨道交通中，供电系统的整流设备大多数采用水银整流器，其反向冲击电压水平仅能满足 750 V 电压的要求，初期的电力半导体器件也很难达到 1 500 V 电压的要求。到了 70 年代，高电压的电力半导体器件制造技术已经成熟，这样就为采用 1 500 V 电压等级创造了条件。同样，架空接触网也是受到机械工业的影响，早期的发展受到一定程度的制约，此时接触轨由于安装相对简单、实用、易于实现而被许多国家采用。随着技术的不断进步，接触网从设备的安全可靠、降低造价到易安装、易维护、少故障等方面都有了本质上的飞跃，90 年代以后包括我国在内的很多国家和地区纷纷提出了针对架空接触网的“少维修，无维修”的口号，加上其相对接触轨而言在人身安全方面的优越条件，后期修建的地下铁道多数采用了 DC 1 500 V 架空接触网方式。

1. 柔性架空接触网悬挂种类

柔性架空接触网在电气化铁道中得到了广泛的应用，适用于城市轨道交通的架空式接触网的悬挂类型大致可分为两大类：半补偿弹性简单悬挂方式、全补偿简单链形悬挂方式。

(1)半补偿弹性简单悬挂

半补偿弹性简单悬挂接触网由支柱(基础)、支持装置、定位装置、接触线(吊索)、补偿装置等组成。

半补偿弹性简单悬挂接触网结构简单，导线的弹性均匀性较差，弓网关系不易匹配，不适用于较高速度行车，因此在城市轨道交通中的车辆段场所的停车线、出库线、月修线、不落轮镟库线、静调线、吹扫线等场地使用较多。半补偿简单悬挂接触网在单股道线路上是通过腕臂上的三角形吊弦悬挂一根接触线，在库内的各种线上是通过各个悬挂点上的三角形吊弦悬挂一根接触线(Ris120)，在多股道线路上则通过软横跨下部定位绳上的滑轮三角形吊弦悬挂一根接触线(Ris120)。图 1-3-12给出了简单悬挂方式接触网示意图。

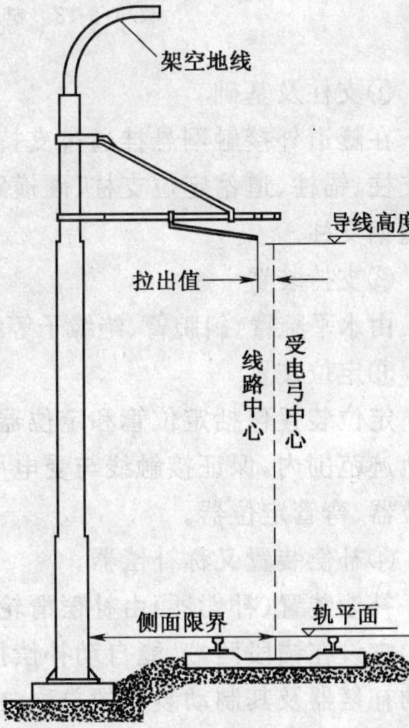

图 1-3-12 简单悬挂接触网示意图

(2)全补偿简单链形悬挂接触网

正线柔性全补偿简单链形悬挂接触网在技术上是成熟的，经济上是相对合理的，目前还没有更理想的形式来取代。全补偿简单链形悬挂接触网的弹性均匀，受流质量好，稳定性较好，弓网关系匹配也较好，适用于较高速度行车，但其结构占用的空间较大，在隧道内使用时需要增加一定的土建工程量（其结构高度根据隧道结构的不同大约是在 235 mm 到 375 mm 之间）。图 1-3-13 则给出了链形悬挂方式在隧道内外的实际悬挂示意图。全补偿简单链形悬挂接触网是由支柱（基础）、支持装置、定位装置、接触悬挂、补偿装置等组成。

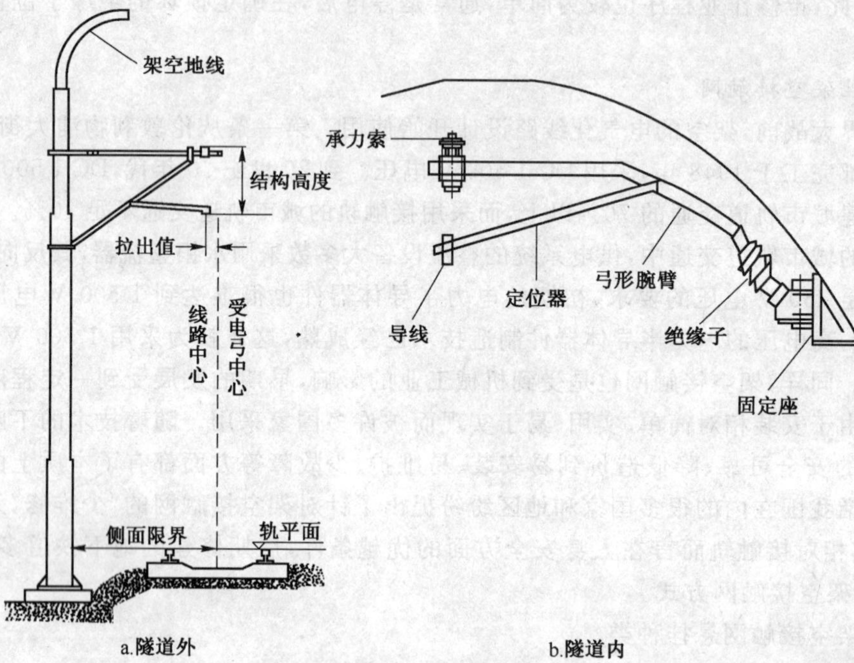

图 1-3-13　链形悬挂方式在隧道内外的实际悬挂示意图

①支柱及基础

在隧道外接触网悬挂通过支持装置：支柱及基础固定。按其在接触网中的作用可分为中间支柱、锚柱、道岔定位支柱、硬横跨支柱等几种。目前，在城市轨道接触网系统中采用 H 型、圆型钢支柱。

②支持装置

由水平腕臂、斜腕臂、绝缘子等组成，其作用是支持接触网悬挂，并将力传给支柱和建筑物。

③定位装置

定位装置包括定位管和定位器。其功用是固定接触线的位置，使接触线在受电弓滑板运行轨迹范围内，保证接触线与受电弓不脱离，并将接触线的水平负荷传给支柱，定位器有直管定位器、弯管定位器。

④补偿装置又称补偿器。

补偿装置（补偿器）由补偿滑轮、补偿绳、杠杆、坠砣杆和坠砣组成。

它设在锚段两端，能自动补偿接触线或承力索内的张力，它是自动调整接触线或承力索张力的补偿器及其制动装置的总称，由滑轮和坠砣组成。其作用是温度变化时，线索受温度影响而伸长或缩短，由于补偿器坠砣的重量作用，可使线索沿线路方向移动而自动调整线索张力，使张力恒定不变，并借以保持线的弛度满足技术要求。

在隧道内接触网悬挂通过底座，支持装置（腕臂、绝缘子），定位装置（定位器）固定。在DC 1 500 V供电方式中，接触网系统在正线股道上一般采用双接触线（Ris120），单或双承力索（TJ-150），0～4根辅助馈线（TJ-150），1根架空地线（TJ-120）。

在隧道中，为了进一步降低隧道的工程造价，充分利用隧道顶部的空间，许多城市在隧道内的接触网悬挂方式上还采用了结构占用空间较小的弹性支座有补偿简单悬挂。图1-3-14(a)为隧道内的弹性支座有补偿简单悬挂示意图。

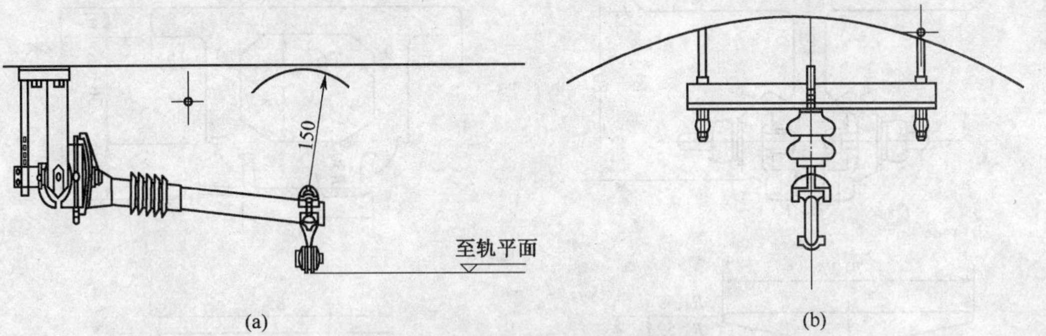

图1-3-14　隧道内的弹性支座有补偿简单悬挂和刚性悬挂方式
(a)弹性支座有补偿简单悬挂接触网；(b)架空刚性悬挂接触网。

2.接触网的主要设备及其特点

为了保证工作人员的作业方便及人身安全，将接触网在电的方面分成独立的区段。绝缘器两端的接触线当开关闭合时都能带电；当隔离开关打开时，独立的区段中则没有电，便于在该独立区段中进行停电作业。

(1)双沟式银铜接触线

目前，在城市轨道交通供电系统架空柔性接触网里都采用Ris的银铜接触线，截面积120 mm²。此种含0.1%银合金的接触线具有：一是耐温好，大幅度提高了接触网系统的抗退火、抗短路能力（接触网系统能承受最大不退火短路电流为40 000 A，20 ms，末端不退火短路电流为15 000 A，60 ms），克服了铜接触线软化现象；二是抗拉强度好，Ris120额定张应力也高于同类铜接触线，在接触线截面积磨损20%后，其额定张应力仍然维持在正常的架设张应力范围之内；使用寿命长，大大提高了运营的可靠性。

(2)分段绝缘器

为均匀分配接触网负荷和故障维修处理的需要，接触网需分成若干个供电区域，设置分段绝缘器。分段绝缘器可分隧道外单线和隧道内双线，前者在车辆段内的各个电分段的线路上，后者用于正线需要电分段的线路上。

(3)隔离开关

隔离开关与分段绝缘器配合使用，使接触网达到灵活供电。按其功能可分带接地刀闸和不带接地刀闸的隔离开关。按其操作系统分手动和电动。

(4)避雷器

在雷击地区为有效保护接触网和整个牵引供电系统的正常供电，通常在车辆段、地面正线和隧道口装有阀式避雷器和羊角避雷器。

（三）刚性接触网悬挂

刚性悬挂接触网结构比较简单，由悬挂装置、绝缘子、汇流排等组成。刚性悬挂方式相当于安置在隧道顶部的接触轨（见图 1-3-14(b)架空刚性悬挂接触网）。因此，刚性悬挂方式同时具有接触轨和接触网所具有的优点，在 20 世纪 70 年代后期被许多国外的城市所采用。图 1-3-15就是国内外在城市轨道交通中使用的刚性接触网的类型。

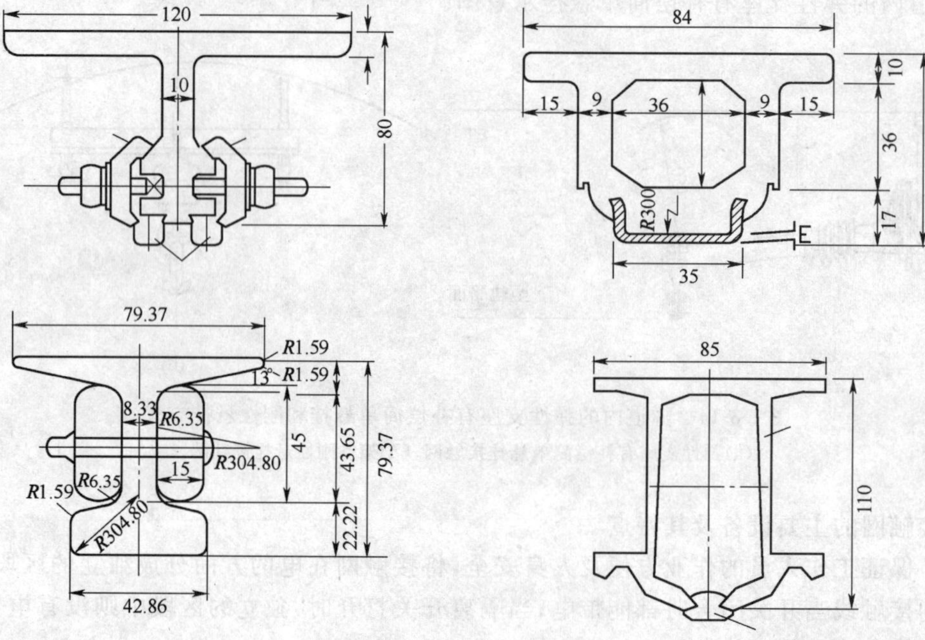

图 1-3-15　国内外城市常见的刚性接触网类型

刚性悬挂接触网经过十几个国家 40 多条地铁的运营，在设计上不断改进，目前已经臻于完善。刚性悬挂试验段在广州地铁 1 号线运行近 5 年，广州地铁 2 号线已经正式使用，受流质量较好。刚性悬挂的国产化率可达到 96％以上，工程造价低于柔性悬挂接触网，在隧道内使用仍能保证较宽的受电弓所需要的空气绝缘间隙，长隧道区间不需要预留接触网下锚空间，汇流排载流截面大、温升小，没有事故断线之虞，不需要辅助馈线，结构稳定可靠，零件种类少，维护简单易行。所以，尽管刚性悬挂在我国使用的时间不长，运营经验不多，在制造、施工、设计等方面都还有值得改进之处，但其总体优势得到了业界的肯定，正在许多新建城市轨道交通项目中得到推广，目前开通的南京地铁 1 号线也在隧道中采用了刚性悬挂方式。图 1-3-16 为南京地铁 1 号线的刚性接触网实物图。

图 1-3-16　南京地铁 1 号线的刚性悬挂接触网

三、三类接触网的优缺点

刚性架空接触网与接触轨一样具有结构简单、事故影响范围小、运营维护工作量小等优点，但由于其作业面较高，运营维护仍须配备专用的维护检修车辆。

两种供电制式的比较，柔性架空接触网适合列车高速运行。在法国，使用简单悬挂接触网的列车最高试验速度达到 160 km/h,链形悬挂时列车的最高试验速度达到 500 km/h;我国在秦沈客运专线上,使用链形悬挂时列车最高试验速度达到 321 km/h,在天津滨海线上,使用链形悬挂的城市轨道列车最高试验速度也达到了 115 km/h。同时,由于带电部分高出运行轨面 4 m 以上,安全性好,并且可以按照电力操作规程的规定,确保有明显断电标志(降下车辆的受电弓,与带电的接触网脱离),便于紧急情况下的处置。

另外,由于在高空架设,自然风和雨水能够对绝缘子产生自洁作用,相对减少了绝缘子的清洁工作量。

但是,柔性架空接触网结构复杂,零部件多,且有断线之虞;接触线磨耗快,换线周期短;在隧道内,张力补偿下锚要求高,在地面或高架桥上会对城市景观造成一定影响。柔性简单链形架空接触网的接触导线和承力索均带张力,接触网发生短路故障时存在断线隐患,其支持部件除承受各类线索的垂直荷载外,还要承受线索张力引起的各类水平荷载及断线冲击荷载,部件发生故障的几率相对较大。一旦发生断线事故,影响范围较大,同时由于检修作业为高空作业,需要的人员多,抢修和恢复比较困难,需要专用检修设备,

表 1-3-5 是对 DC 750 V、接触轨(第三轨)供电方式和 DC1 500 V、架空接触网供电方式比较的汇总。

表 1-3-5 各种接触网特点对比表

供电电压	DC 750 V/1 500 V			DC 1 500 V		
接触网类型	接触轨(钢铝复合接触轨)			架空接触网		
接触/悬挂方式	上接触	下接触	侧接触	刚 性	柔 性 旋转腕臂链形悬挂	柔 性 弹性底座简单悬挂
适合安装位置	地下、地面、高架桥面的钢轨侧面			地下钢轨上方隧道顶部	地下钢轨上方隧道顶部,地面、桥面钢轨上方支柱等支持结构	
车辆受电方式	集 电 靴			受 电 弓		
允许速度(km·h)	80			80～120	140	
供电安全性	高	高	高	高	高	高
供电可靠度	高	高	高	高	高	高
正常情况下的全方位人身防护	无法做到	无法做到	无法做到	可以做到	可以做到	可以做到
维修工作量	基本相当			基本相当		
使用寿命(年)	40	40	40	20	20	15
接触网造价	160 万元/km	160 万元/km	/	120 万元/km	150 万元/km	/
是否要求增加隧道净空	无	无	无	无	有,与隧道截面形状有关	无
对突发事件旅客疏散的影响	有	有	有	无	无	无
对城市景观影响	无	无	无	/	有	/
变电所间距	小/大			大		
变电所总价	高/低			低		
能源损耗	大/中			中		
车辆购置费	低/略高			中		
综合造价	基本相当			基本相当		

根据资料，架空接触网和接触轨(第三轨)二者对土建建筑及限界，以及直接工程投资、运营维护的要求如下：

1. 设备选型及安装方式不同

架空接触网安装机车上部，接触轨安装在机车底部侧面，二者安装支持结构、隔离开关、分段设备等技术参数及构造截然不同。

2. 电分段布置不同

架空接触网电分段布置在有牵引变电所的车站一端附近；接触轨电分段布置在有牵引变电所的车站两端，即在线路惰性侧布置电分段。

3. 限界要求不同

架空接触网安装在机车顶部，占用结构净空约为接触线上方 450 mm 安装净空；接触轨安装在机车底部侧面，占用结构净空约为 500 mm×500 mm 的安装净空。

架空接触网隔离开关安装行车方向右侧线路边缘的侧墙或立柱上，3 台隔离开关占用安装净空为 5 000 mm(长)×4 500 mm(高)×600 mm(厚度)；接触轨隔离开关采用隔离开关柜，需要安装在车站两端设备房内，所需设备房的面积约为 35 m^2，同时还要敷设相应的电缆。

4. 直接工程投资

架空柔性悬挂接触网直接工程投资约为 150 万元/条·公里；架空刚性悬挂接触网直接工程投资约为 120 万元/条·公里；接触轨(钢铝复合轨)的工程投资约为 160 万元/条·公里。

5. 运营维护

接触轨(第三轨)的运营维护主要集中在清洗、更换支持绝缘子，调整和处理接触轨(第三轨)的不平顺和弯头、防爬器上，检查和防止零部件、电缆的被盗，绝缘防护罩的损坏，以及线路两侧防护栅栏的被盗和损坏等；

架空悬挂接触网的运营维护主要集中在清洗、更换支持绝缘子，调整和处理接触悬挂，检查和更换磨耗到位的接触线等。

在供电线路的大修周期上，架空悬挂接触网(刚性悬挂除外)的大修周期明显要短于接触轨(第三轨)。

因此，有的资料认为，上述两种供电制式从运营维护来看，其所需的运营维护费用基本相当，只是维护工作的侧重点有所不同而已。

第四节　动力照明系统

一、降压变电所

(一)概述

设置降压变电所的目的是为车站和区间的通信、信号等设备提供动力、照明。该降压变电所可单独设置，或与直流牵引变电所合并构成牵引、降压混合变电所。

1. 降压变电所的设置

地铁各车站宜根据负荷情况设 1 座或 2 座降压变电所，并尽可能位于负荷中心。当车站仅设 1 座降压变电所时，应将该变电所设于车站重负荷(冷水机组)端，并视负荷分布情况在车站另一端设置低压配电室。

2. 负荷分类和供电要求

地铁的动力照明用电按供电负荷的性质及重要程度，划分以下等级：

(1)一级负荷:消防系统、防灾报警、信号、通信、设备监控、控制中心、售检票、事故风机、排风/排烟机及相关风阀、应急照明、屏蔽门、防淹门、主水泵、变电所自用电等。

一级负荷平时由两路互为备用的独立电源供电,末端切换以实现不间断供电。应急照明还应设置蓄电池作为备用电源。

(2)二级负荷:自动扶梯、电梯、一般照明、节电照明、设备及管理用房照明、出入口及导向标志灯箱、通风机、污水泵等。

二级负荷平时由两路互为备用的独立电源供电,当地铁电网只有一路电源时,允许其从电网中切除。

(3)三级负荷:空调机、冷水机组及其配套设备、电热设备、广告照明、清扫机械等。

三级负荷平时由一路电源供电,若该电源发生故障时,可中断供电;当变电所只有一路电源时应将其从电网中自动切除。

(二)降压变电所的运行方式

正常运行时,10 kV(35 kV)母联断路器打开,两路电源分列运行,同时供电。当任一回路退出运行时,母联断路器自动闭合,由另一回路电源维持供电。

每座变电所内设 2 台动力变压器,分别供给车站和区间的动力、照明等负荷。正常运行时,2 台变压器应分列运行,同时供电。

(三)控制方式

变电所内的控制方式采用远方-当地两级控制方式,通过全所综合自动化系统,实现所内信号的显示、电气的测量、设备间的联动和联锁。

电力监控系统在变电所内设控制信号盘,在控制信号盘上配置与便携式计算机的接口,以便在调试、维护或通信通道故障时进行监控。0.4 kV 系统两回路进线开关、母联开关及三类负荷总开关均采用远方-当地两级控制方式。

(四)继电保护与自动装置

降压变电所设置的继电保护应符合可靠性、安全性、选择性和速动性的要求。继电保护装置采用微机型保护装置。

1. 主要保护

(1)10 kV(35 kV)进、出线开关

纵联差动保护、过流保护、零序电流保护、失压保护。

(2)10 kV(35 kV)母联开关

电流限时速断保护、零序电流保护。

(3)动力变压器

电流速断保护、过流保护、过负荷保护、零序电流保护、温度保护。

2. 自动装置

(1)10 kV(35 kV)母联开关设自动投入装置。

(2)交流自用电的两路电源设自动投入装置。

(五)降压变电所的主要设备

1. 动力变压器

选用户内干式变压器。要求损耗小、噪声低、耐潮、防火、体积小。线圈为环氧树脂浇注。变压器应预留强迫风冷条件。

主要技术参数:

(1)额定电压:10 kV(35 kV)/0.4 kV;

(2)额定频率:50 Hz;

(3)相数:3;

(4)连接组别:D,yn11;

(5)绝缘水平:LI170AC70/LIOAC3;

(6)线圈绝缘耐热等级(高压/低压):F/F 级。

2. 35 kV 组合电器柜

35 kV 组合电器柜(ZX2 型)的结构如图 1-3-17 所示。

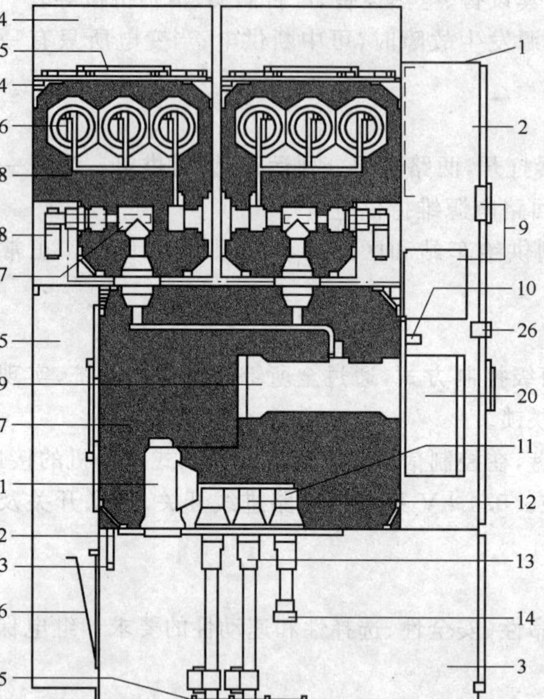

1—柜体封板;2—控制室;3—电缆室;
4—综合压力释放通道;5—电缆室压力释放通道;
6—压力释放板;7—断路器室;8—母线室Ⅰ和/或Ⅱ;
9—控制和保护单元 REF542+;10—密度传感器;
11—电缆或测试接口;12—电缆插口;13—电缆插头;
14—避雷器;15—断路器室和母线室Ⅰ和Ⅱ压力释放盘;
16—母线;17—三工位开关;18—三工位开关操作机构;
19—真空断路器;20—断路器操作机构;
21—带电容分压的电流/电压组合式传感器;
22—主接地体;23—柜间连接;24—干燥剂袋;
25—电缆底板;26—电容式电压指示器测试插口。
▇—气室中的绝缘气体。

图 1-3-17　35 kV 组合电器柜(ZX2 型)结构图

3. 交流盘

采用单母线接线型式,由变电所引入两路 0.4 kV 电源。

4. 直流电源装置

由充电机盘和蓄电池盘构成,主要包括充电机、铅酸免维护蓄电池组、电压调整装置、馈线开关(或熔断器)、测量仪表等。装置设有与 SCADA 进行通信的接口。

充电机盘采用单母线接线型式,电源为交流 0.4 kV。正常情况下,提供变电所直流用电,同时对蓄电池接线浮充电。

5. 钢轨电位限制装置

设置钢轨电位限制装置的目的是为了防止钢轨电位上升对人身的伤害。

钢轨电位限制装置是在室内安装的专用设备,由短路器(或接触器)、测量和操作回路、SCADA(电力监控)信号接口模块、保护装置、防凝露加热器、状态显示设备等组成。

钢轨电位限制装置内的短路器,当钢轨与地之间电位差大于 90 V 时,发出警报信号,短路器闭合，相关保护装置动作。

钢轨电位限制装置的技术参数不应低于以下数值：

(1)装置动作电压调节范围：DC 60～160 V；

(2)装置动作时间：0.05～0.15 s；

(3)动作频率：30次/小时；

(4)承受短路电流：200 ms时为60 kA；

(5)额定操作电流：AC 220 V，8A。

(六)电缆的选择与敷设

(1)电缆(线)均采用铜芯缆(线)。

(2)电力电缆与控制电缆，在地下车站采用低烟无卤阻燃电缆，在地面车站可采用低烟阻燃电缆。为消防、应急照明供电的电缆，明敷时采用低烟无卤耐火铜芯电缆或矿物绝缘耐火铜芯电缆。重要信号的控制电缆宜采用金属屏蔽。

(3)芯线截面应满足载流量、允许电压降、热稳定的要求。要考虑工作环境和敷设方式需折减的影响。

(4)电缆(线)敷设方式有：沿桥架、支架、吊架、线槽敷设；电缆沟内或直埋敷设；穿保护管明或暗敷设等。

(5)构筑物中电缆引至电气柜、盘或控制柜的开孔部位，电缆贯穿隔墙、楼板的孔洞处，均应实施阻火封堵。

(七)降压变电所过电压保护与接地

(1)变电所35 kV两段母线各设1台避雷器。

(2)车辆段降压变电所屋顶周边设避雷带。

(3)在一般情况下，接地电阻选取≤0.5 Ω。在特殊情况下，亦可考虑选取≤1 Ω。

(4)变电所电缆夹层内设接地母排与接地网的接地引出线相连接，供所内电气设备的工作接地和安全接地用。动力照明低压系统接地型式采用TN-S制。

(八)降压变电所设备布置

每座降压变电所内一般设有开关柜室(或按车站具体情况分为35 kV开关柜室和0.4 kV开关柜室)、控制室、检修室和储存室。

开关柜室设有35 kV开关柜、35 kV/0.4 kV动力变压器、0.4 kV开关柜、钢轨电位限制装置等。35 kV开关柜可依据变电所开关柜室的具体情况采用单列或双列布置；0.4 kV开关柜应尽可能采用双列布置形式；动力变压器也应尽可能与0.4 kV开关柜并列放置。一般情况下，钢轨电位限制装置设于开关柜室内。

控制室设有控制信号盘、交流盘、直流充电机盘和蓄电池盘。通常均采用单列布置形式。

二、低压动力照明配电系统

低压动力配电系统和低压照明配电系统简称低压动照系统。低压动照系统作为供电系统的一个重要部分，起着为各种低压电气设备如：动力设备、照明设备、控制设备等，提供和分配电能以及为人们操作用电设备提供人身和设备安全保护作用。

1.我国常用低压配电系统，按主干线的构成可分为：放射式、树干式、链式。见表1-3-6。

表 1-3-6 常用低压配电系统接线方式

名　称	接　线　示　意　图
放射式	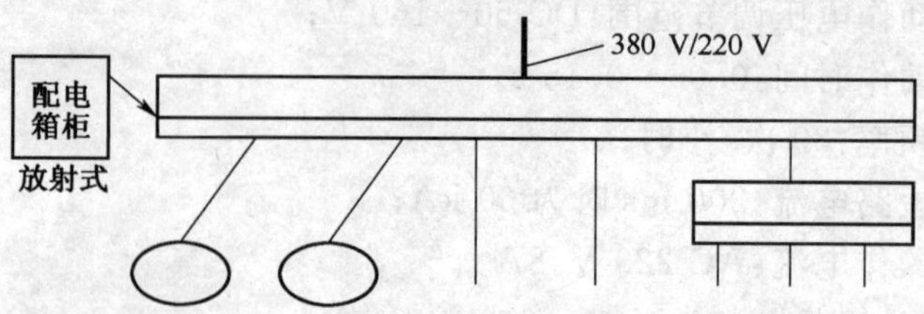
树干式	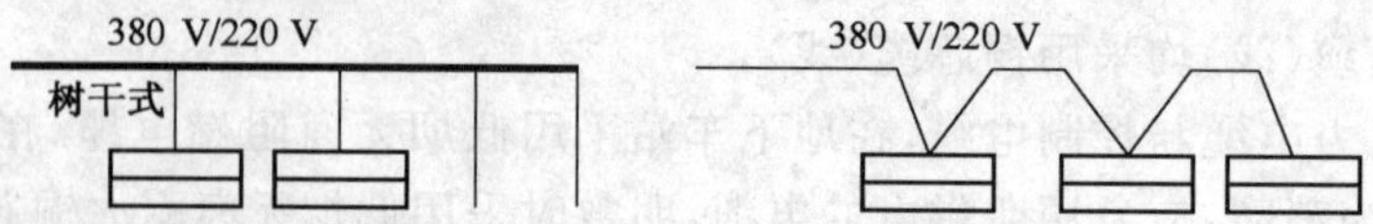
链　式	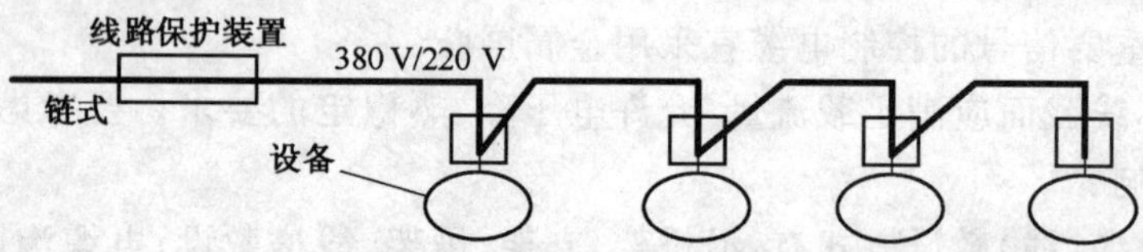

(1)采用放射式低压配电系统的优点是配电主线路故障互不影响，供电可靠性较高，配电设备集中，检修比较方便，但系统投资较高。一般在下列情况下采用：

①容量大、负荷集中或重要的用电设备；

②需要集中联锁起动、停车的设备；

③有腐蚀性介质和爆炸危险等场所不宜将配电及保护起动设备放在现场者。

(2)采用树干式低压配电系统的优点是配电设备及主线路材料消耗较少，系统投资较少，系统灵活性好，但主线路故障时影响范围大；一般用于用电设备的布置比较均匀、容量不大、不是很重要又无特殊要求的场合。

(3)链式低压配电系统的特点与树干式相似，适合于距配电设备较远而彼此相距又较近的不重要的小容量用电设备，并且链接的用电设备一般不超过 3 或 4 台。

2. 按电源系统的接地型式，低压配电系统可分为：TN 系统、TT 系统、IT 系统，其中 TN 系统又可分为 TN-S、TN-C、TN-C-S 系统，各系统接线示意图如图 1-3-18、图 1-3-19、图 1-3-20、图 1-3-21、图 1-3-22 所示。

(1)TN 系统

①TN-S 系统：整个系统的中性导体和保护导体是分开的。

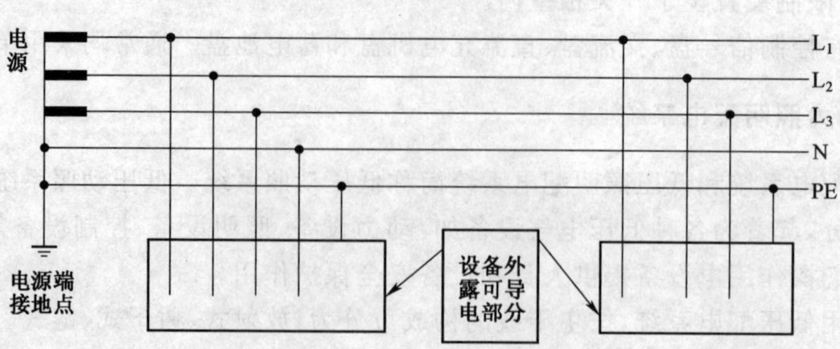

图 1-3-18 TN-S 系统

②TN-C 系统：整个系统的中性导体和保护导体是合一的。

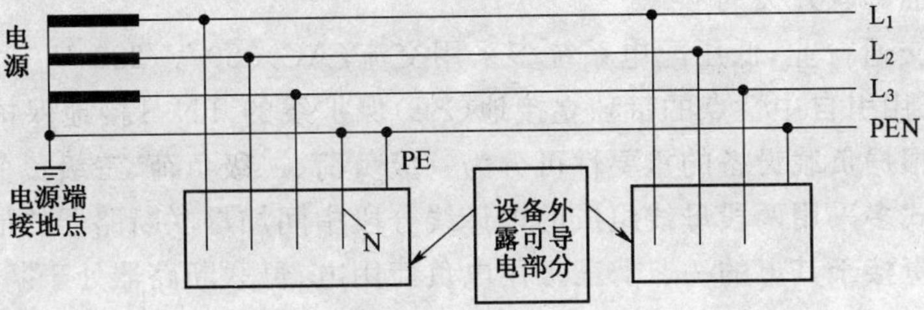

图 1-3-19　TN-C 系统

③TN-C-S 系统：系统中一部分线路的中性线和保护导体是合一的。

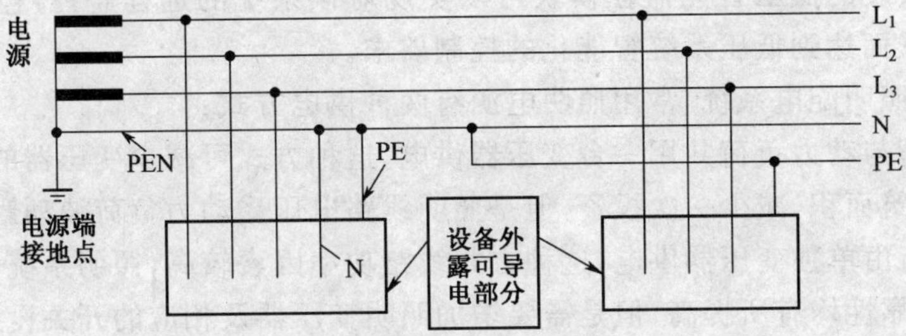

图 1-3-20　TN-C-S 系统

(2)TT 系统

电源端有一点直接接地，电气装置的外露可导电部分直接接地，此接地点在电气上独立于电源端的接地点。

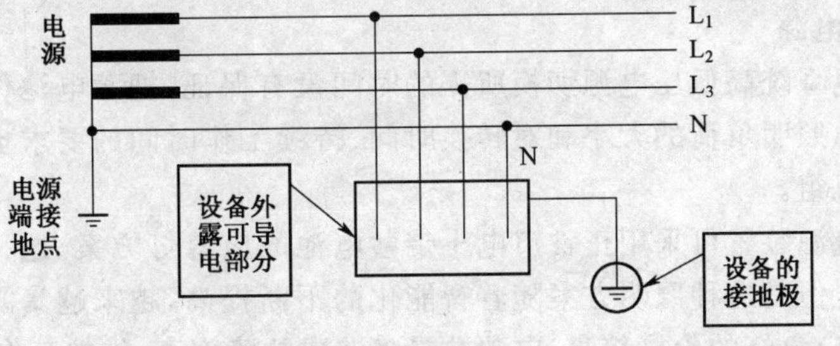

图 1-3-21　TT 系统

(3)IT 系统

电源端的带电部分不接地或有一点通过阻抗接地，电气装置的外露可导电部分直接接地。

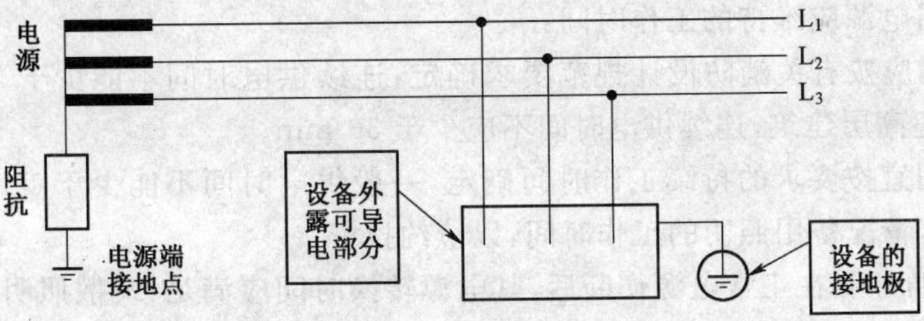

图 1-3-22　IT 系统

根据供电变压器的台数以及所带负荷的重要性等级，低压配电系统又可分为：单母线制、双母线分段中间加母联开关的形式。

在我国轨道交通行业，低压配电系统多采用交流（AC）380 V/220 V 三相四线制，中性点直接接地，保护采用引自中性点的带独立接地（PE）保护线的 TN-S 接地保护系统。由于轨道交通其供电负荷根据负载设备的重要性可分为一级负荷、二级负荷、三级负荷，因此，低压配电系统的主接线形式多采用两段母线组成的单母线分段中间加母联断路器的形式。正常运行时每段母线各自负责接于其上的一、二、三级用电负荷用电，母联断路器处于断开状态；当任意一路低压进线电源（故障）失压时，进线断路器跳闸，两段母线上的三级负荷总断路器自动跳闸后，低压母联断路器经检测后自动合闸投入，由另一段母线向供电范围内的一二级负荷供电。其控制方式可采用现场就地控制和远程控制。低压配电柜是组成低压配电系统中的重要设备之一，通过其上安装的低压智能监控模块可以实现对该系统的远程监控，包括对系统进行遥测、遥信、遥控，从而达到低压系统智能化的控制要求。

3. 我国低压照明配电系统，常用照明电源有两种供电方式：

(1)照明负荷与动力负荷共用一台变压器供电，这种方式可减少变压器的数量以及节省高压配电设备和建筑面积，减少一次投资，但是照明线路电压受动力负荷波动影响较大。

(2)照明负荷由单独变压器供电，这种方式线路功率因素较高，照明系统电压比较稳定，照明质量和照明可靠性均有所提高，但是需要增加照明变压器及相应的开关设备而使投资加大。

4. 根据照明的种类，一般将照明分为：正常照明、应急照明、值班照明、警卫照明和障碍照明。

在地铁项目中，由于特殊的环境条件及安全等要求，应急照明显得尤为重要。应急照明是区别于正常照明的一种照明分类，它包括疏散照明、备用照明和安全照明。其中疏散照明属于消防照明设施，备用照明应根据不同的场所、要求区分其负荷性质。

(1)应急照明电源

①考虑到配电系统高低压电源切换所需的时间没有保证，把蓄电池作为应急备用电源是必要的。根据应急照明负荷的大小和对转换时间、持续工作时间的要求也可选用独立于正常电源的柴油发电机组。

②应急照明电源装置可采用正常市电＋带蓄电池的应急灯方案，这种方案的优点是对布线没有特殊要求。但是这种照明方案随着智能化的不断提高，越来越暴露出一些难以克服的缺点。例如：单个应急灯的价格较高；电池数量多造成故障率高，维护工作量大；不能用计算机进行监控等。由于以上缺点，自带电源的应急照明系统在轨道交通中的应用已越来越少。

③有条件的工程应急照明电源装置可采用正常市电＋EPS 集中电源的方案，这种方案在轨道交通中的应用较多。

④应急照明电源应维持的工作时间：

a. 疏散照明应按有关消防设计规范要求确定，连续供电时间不能少于 20 min，对于高度超过 100 m 的超高层建筑，连续供电时间不应少于 30 min。

b. 备用照明宜按要求的持续工作时间确定，一般供电时间不能少于 1 h。不宜按战时人防要求考虑正常情况备用照明的工作时间，以节约投资。

c. 此外，应急照明在正常电源切断后，其电源转换时间应满足：疏散照明≤15 s，备用照明≤15 s，安全照明≤0.5 s。

(2)回路组织和控制

①火灾应急照明设备应采用专用的供电回路；每个防火分区应有独立的应急照明回路。

②在采用分散供电时，在各层应设置专用火灾应急照明配电箱或专用消防配电箱；并应在配电箱处实现两个独立电源(或双回线路)的自动切换。

③疏散照明采用带蓄电池的应急照明灯时，正常供电电源可接自本层(或本区)的分配电箱的专用回路，或接自本层(或本区)的专用消防配电箱。

④火灾应急照明应能在火灾确认后，切断有关部位的非消防电源同时自动投入工作。根据工程不同要求可采用消防值班室控制的应急照明的模式，也可采用分散就地控制的模式。

⑤平时不使用的疏散照明应在消防值班室，或配电室集中控制。

⑥备用照明为正常电源的一部分，同时使用时应分别配置配电线路和控制开关；备用照明仅在事故状态时使用，在正常电源故障时应自动投入工作。

⑦疏散照明和备用照明回路宜分开。

⑧为便于管理和控制，楼梯间照明可采用竖向配电，接入应急照明电源。

(3)线路敷设和保护

①火灾应急照明的线路应按消防配电线路的要求敷设。

②火灾应急照明系统的分支线路不应跨越防火分区，分支干线不宜跨越防火分区。

③火灾应急照明采用的导线应满足消防规范的要求。

④疏散照明、备用照明的回路上不应设置插座。

⑤应急照明不应使用调光装置。

⑥火灾应急照明的电源不应装设漏电保护，当线路发生接地故障时，宜设单相接地报警装置。为保护消防人员安全，火灾疏散照明在规范允许的持续工作时间后可予以切除。

(4)应急照明布置

①应按规范要求布置火灾应急照明，保护足够的照度和可视距离。

②疏散指示照明的布置应保证火灾时防火卷帘、防烟垂壁等设备工作后仍保持有效，火灾疏散标志照明，最低照度不应低于 0.5 lx。

(5)新光源的应用

①应急照明灯具应推广使用节能新光源。

②选用自发光型疏散指示照明时，应保证在环境背景亮度下的可视距离；

③自发光型指标照明在重要建筑和场所，不能代替火灾疏散照明，仅可作为辅助的疏散照明。

第五节　杂散电流防护

一、概　　述

地铁和城市轨道交通的牵引供电系统是以走行轨为回流通路的直流牵引供电系统。由于钢轨与大地之间不是绝缘的，即使采用了绝缘措施，由于运营环境(如道床表面脏污、导电粉尘覆盖、积水等)和其他方面的原因，走行轨很难完全绝缘于道床结构。因此钢轨不可避免地向道床及其他结构(如地下金属管道、钢筋等)泄漏电流，亦即由钢轨回流至牵引变电所的电流中必有部分经大地流回牵引变电所。这部分电流因大地土壤的导电性质、地下金属管道位置的不同，分布面很广也很分散，一般称之为“迷流”或“杂散电流”。杂散电流对土建结构钢筋、地下金属管道及设备金属外壳产生电化学腐蚀，即“杂散电流腐蚀”。如果情况严重，将威胁地铁基础结构的安全和设备系统的可靠运行。对这种有害的腐蚀，应进行防护和治理。

图 1-3-23 为杂散电流的回流途径示意图。

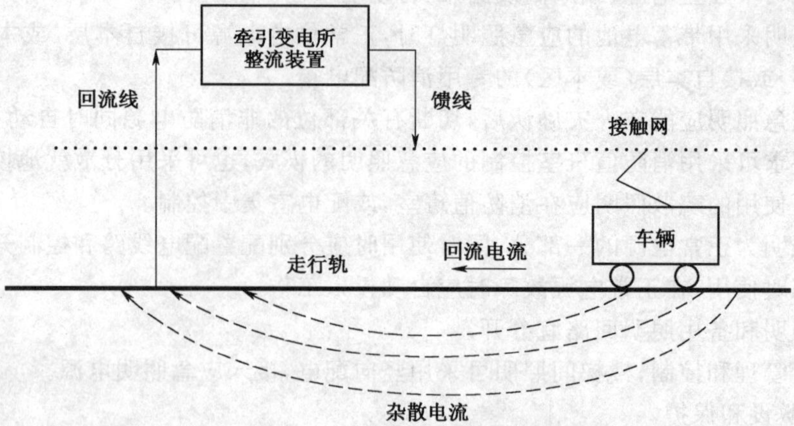

图 1-3-23 杂散电流回流途径示意图

二、杂散电流防护的设计原则和技术措施

1. 设计原则

杂散电流防护应按“以防为主、以排为辅、防排结合、加强监测”的原则进行设计。

(1)防——隔离和控制所有可能的杂散电流泄漏途径，减少杂散电流进入轨道交通的主体结构、设备及可能与其相关的设施。

(2)排——设置杂散电流的收集和排流系统，提供杂散电流返回至牵引变电所负母排的电阻较小的金属通路，可将杂散电流尽量限制在本系统内部，防止杂散电流继续向外泄漏，以减少腐蚀。

(3)测——设置完备的杂散电流监测系统，用于监测杂散电流的大小，为运营维护提供依据。

2. 技术措施

杂散电流防护是综合性工程，涉及相关专业较多，各专业、工种均需紧密配合，共同协作进行杂散电流的防护。在设计中可采用以下技术措施：

(1)降低回流系统阻抗，确保畅通的牵引回流通路。

(2)直流设备和轨道、屏蔽门等设备采用绝缘法安装。

(3)为保护整体道床内结构钢筋不受杂散电流腐蚀，减少杂散电流扩散，利用整体道床内结构钢筋的电气连接，建立主要的杂散电流收集网。

(4)在条件允许的情况下，尽可能增强整体道床与隧道、桥梁结构间的绝缘措施。

(5)利用地下隧道、车站结构钢筋的电气连接，建立辅助的杂散电流收集网。

(6)牵引变电所应预留排流装置和孔洞，以便将来轨道绝缘降低、杂散电流加大时，及时安装排流装置，使收集网(主收集网和辅助收集网)中的杂散电流有畅通的电气回路。

(7)车辆段及维修基地轨道的引入线与正线间、库内钢轨与库外钢轨间设单向导通装置。

(8)车站及车辆段维修基地设钢轨电位限制装置。

(9)由外界引入地铁内部和由地铁内部引出的金属管线均应进行绝缘处理后方可引入或引出。

(10)建立杂散电流监测系统,该系统由参考电极、轨道电位测试端子、排流网电位测试端子、主体结构钢筋电位测试端子、杂散电流综合测试装置等设备构成。

杂散电流监测系统通过在每个车站及其两侧附近区间道床、隧道沉降缝附近设参考电极,测量结构钢筋与混凝土介质之间的电位差,参考电极与测量端子通过信号电缆引至变电所测量端子排,用便携式微机测量设备进行测量。

3. 原理示意图

杂散电流防护及接地系统原理示意图如图 1-3-24 所示。

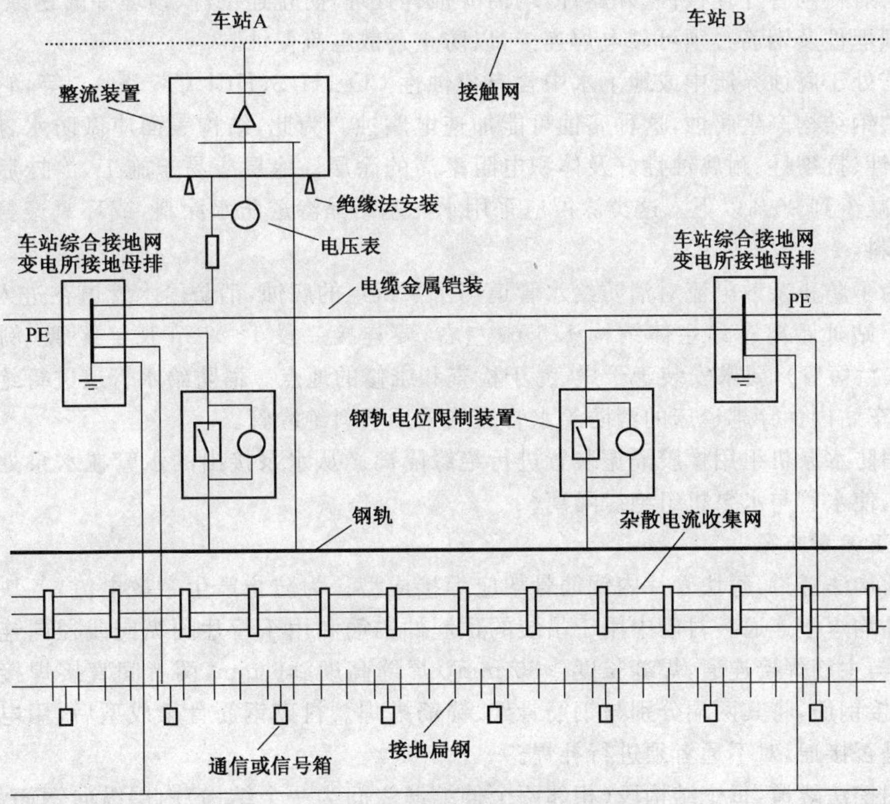

图 1-3-24 杂散电流防护及接地系统原理示意图

三、杂散电流防护的主要施工方案

杂散电流防护的设计和施工应遵照《地下铁道杂散电流防腐蚀技术规程》(CJJ 49—1992)相关规定。对区间隧道的不同施工方法,如盾构法隧道、明挖法隧道、矿山法隧道等均应采取不同的杂散电流防护施工方案。

盾构法区间隧道防杂散电流(迷流)采用的施工方案是先将每块管片内钢筋进行电气连通,并通过金属垫片将电气连接点良好引出。以后在隧道管片的拼装中再通过螺栓和螺母将各隧道管片中钢筋全部进行电气连通,形成一个"等电位的法拉第网",对地铁杂散电流进行电气屏蔽,以防止杂散电流向外泄漏和对地铁基础结构、地下金属管线的腐蚀。对采用其他施工方法的区间隧道的杂散电流防护施工方案,其电气设计原理基本相同,只是在具体施工方法上有所不同。

1. 杂散电流防护施工的基本要求

(1)将管片内钢筋焊接连通成“等电位体”。环、纵两方向通过螺栓和垫圈将每块管片、每环管片连成一体,形成“法拉第网”,以达到杂散电流防护要求。

(2)接触网、排水管、消防水管、轨旁电话、扬声器等设备,均采用打膨胀螺栓的方法进行固定。在施工时必须避开管片结构的主筋。

(3)在预留螺栓孔中设置遇水膨胀密封垫圈,既有利于防水,又不至于影响金属垫片与预埋件的连接接触,保证防止杂散电流的扩散。

(4)所有衬砌管片连接件、外露件,均需要镀锌处理,防止连接件、预埋件的锈蚀,并且所有连接件、预埋件及钢筋必须可靠电焊连接,以防止杂散电流侵蚀。

(5)若处于腐蚀介质中或地下水中含有侵蚀性 CO_2、H_2S、HCl、Cl^-、$SO_4{}^-$ 等,它们会对混凝土结构、钢结构产生腐蚀,这种腐蚀可能加速电腐蚀。为此,结构表面应做防水、防腐涂层。采用抗渗性、抗裂性、耐腐蚀性好及体积电阻率高的涂层。涂层应易于施工,涂抹后管片渗透系数 k 应减少到 20% 以下。这类涂层应采用水泥基结晶渗透防水涂料,或环氧聚氨酯混合专用防水涂料。

(6)为了防止杂散电流对消防给水管道与水泵机组的腐蚀,消防给水管道在进入地铁车站前,即在车站外距离车站主体结构 1.5 m 左右,要连接一段 1~2 m 长绝缘管(例如硬塑料 PVC-U 法兰短管),要求安装于干燥、易于检查和维修的地点。消防给水管道进行绝缘后方可进入地铁车站内。穿越道床的消防给水管道均采用塑料绝缘管。

(7)消防水泵机组用橡胶隔振装置进行绝缘隔离。从水泵接出的水管在水泵处安装一段短绝缘管,使水管与水泵机组绝缘隔离。

2. 施工参考方案

(1)盾构法隧道:每块管片内钢筋骨架应焊接成型。为防止产生杂散电流,各块衬砌中钢筋、钢构件均焊接连通。衬砌中用于吊装的预埋件锚筋和用于管片间纵向或径向连接的预埋件锚筋均与主筋焊接连通,焊缝长度≥30 mm,焊缝高度≥6 mm,两者间直接焊接有困难时可另加连接钢筋,将其两端分别与钢筋骨架、锚筋搭焊。衬砌钢筋骨架成型后,用电桥检验钢筋、垫圈是否接通,对不通者须进行补焊。

(2)明挖法隧道:每个结构段(相邻两个伸缩缝之间为一个结构)内层纵向钢筋、横向钢筋应电气连接,若有搭接的情况须进行搭接焊,搭接长度不应小于钢筋直径 10 倍;双面焊时,搭接长度不应小于钢筋直径 5 倍,焊缝高度不小于 6 mm。每个结构段两端第一排或第二排横向钢筋与内层所有纵向钢筋焊接;每隔 5 m 将内层横向钢筋与内层纵向钢筋全部焊接。在车站与隧道结构缝两侧的中墙和侧墙引出结构钢筋的连接端子(亦即杂散电流收集网的连接端子)。结构缝两侧的连接端子采用铜绞线跨接。沿线路方向,在距车站两端 75~100 m 的上、下行间隧道中墙(或内侧墙)分别引出供检查用的测量端子。

(3)矿山法隧道:连接端子和测量端子的制作和安装与明挖法隧道相同。矿山法隧道杂散电流的防护只针对内衬墙远离防水层结构的钢筋提出焊接要求。连接端子和测量端子的间距、位置可参照明挖法隧道确定。

第四章 自动扶梯及垂直电梯

第一节 概 述

一、国外电扶梯发展

电梯是垂直运行的电梯(通常也简称为电梯)、倾斜方向运行的自动扶梯、倾斜或水平方向运行的自动人行道的总称。有了电梯,摩天大楼才得以崛起,现代城市才得以长高。据估计,截至 2002 年,全球在用电梯约 635 万台,其中垂直电梯约 610 万台,自动扶梯和自动人行道约 25 万台。电梯已成为人类现代生活中广泛使用的人员运输工具。人们对电梯安全性、高效性、舒适性的不断追求推动了电梯技术的进步。

1. 垂直电梯

1852 年美国纽约杨克斯(Yonkers)的机械工程师奥的斯先生(Elisha Graves Otis,1811 年～1861 年)发明了世界第 1 台安全升降机。

1889 年 12 月,奥的斯公司在纽约的第玛瑞斯特大楼成功安装了 1 台直接连接式升降机。这是以直流电动机为动力的世界第 1 台电力驱动升降机,从此诞生了名副其实的电梯。

1902 年,瑞士迅达电梯公司开发了自动按钮控制的乘客电梯。

1946 年,奥的斯公司设计了群控电梯,1949 年首批群控电梯安装于纽约联合国大厦。

1967 年,晶闸管用于电梯驱动,交流调压调速驱动控制的电梯出现。

1976 年,日本富士达公司开发了速度为 10.00 m/s 的直流无齿轮曳引电梯。

1977 年,日本三菱电机公司开发了可控硅-伦纳德控制的无齿轮曳引电梯。

1979 年,奥的斯公司开发了第 1 台基于微处理器的电梯控制系统 Elevonic 101,从而使电梯电气控制进入一个崭新的发展时期。

1983 年,三菱电机公司开发了世界第 1 台变压变频驱动的电梯。1990 年,三菱电机公司又首次将变频驱动系统用于液压电梯。变压变频控制的电梯出现,由于其良好的调速性能、舒适感和节能等特点迅速成为电梯的主流产品。

1988 年,富士达公司应用模糊理论和人工智能技术开发的电梯群控管理系统“FLEX8800”系列商品化。

1988 年,奥的斯公司发布了 REM,它是一个可以远程监测电梯性能的计算机诊断系统,电梯远程监控系统逐渐成为各大公司提高服务的手段。1989 年,奥的斯公司在日本发布了无机房线性电机驱动的电梯。1992 年,奥的斯公司在日本东京附近的 Narita 机场安装了穿梭人员运输系统。穿梭轿厢悬浮于一个气垫上,以保证平滑、无声地运行,运行速度可达9.00 m/s。后来,奥的斯公司又在奥地利、南非以及美国其他一些地区安装了该系统。

1993 年,三菱电机公司在日本横滨地区 Landmark 大厦安装了 12.50 m/s 速度的超高速乘客电梯,是当时世界速度最快的乘客电梯。超高速电梯往往用于电视塔、超高大厦等具有标志意义的建筑中。

1996 年,交流永磁同步无齿轮曳引机驱动的无机房电梯出现,电梯技术又一次革新。由于曳引机和控制柜置于井道中，省去了独立机房，节约了建筑成本，增加了大楼的有效面积，提高了大楼建筑美学的设计自由度。这种电梯还具有节能、无油污染、免维护和安全性高等特点。

1996 年，迅达电梯公司推出 Miconic10™ 目的楼层厅站登记系统。该系统操纵盘设置在各层站候梯厅，操纵盘号码对应各楼层号码。乘客只需在呼梯时登记目的楼层号码，就会知道应该去乘梯组中哪台电梯，从而提前去该电梯厅门等候。待乘客进入轿厢后不再需要选层，轿厢会在目的楼层停梯。由于该系统的操作便利性及结合强大的计算机群控技术使得候梯和乘梯时间缩减。

1996 年，奥的斯公司引入 Odyssey™ 集垂直运输与水平运输的复合运输系统的概念。该系统采用直线电机驱动，在一个井道内设置多台轿厢。轿厢在计算机导航系统控制下，可以在轨道网络内交换各自运行路线。该系统节省了井道占用的空间，解决了超高层建筑电梯钢丝绳和电缆重量太大的问题，尤其适合于具有同一底楼的多塔形高层建筑群中前往空中大厅的穿梭直驶电梯。

1997 年，通力电梯公司在芬兰建造了当今世界行程最大(350 m)的地下电梯试验井道，实际最大行程 330 m，理论上可测试 17.00 m/s 速度的电梯。

2000 年，奥的斯公司发布 Gen2 无机房电梯。它采用扁平的钢丝绳加固胶带牵引轿厢，钢丝绳加固胶带(外面包裹着聚氨酯材料)柔性好。无齿轮曳引机呈细长形，体积小，很容易安装在井道顶部侧面的钢梁上。

电梯在驱动控制技术方面的发展经历了直流电机驱动控制，交流单速电机驱动控制，交流双速电机驱动控制，直流有齿轮、无齿轮调速驱动控制，交流调压调速驱动控制，交流变压变频调速驱动控制，交流永磁同步电机变频调速驱动控制等阶段。

19 世纪末，采用沃德-伦纳德系统驱动控制的直流电梯出现，使电梯的运行性能明显改善。20 世纪初，开始出现交流感应电动机驱动的电梯，后来槽轮式(即曳引式)驱动的电梯代替了鼓轮卷筒式驱动的电梯，为长行程和具有高度安全性的现代电梯奠定了基础。20 世纪上半叶，直流调速系统在中、高速电梯中占有较大比例。

电梯在操纵控制方式方面的发展经历了手柄开关操纵、按钮控制、信号控制、集选控制等过程，对于多台电梯出现了并联控制、智能群控。

如今，世界各国的电梯公司还在不断地进行电梯新品的研发、维修保养服务系统的完善，力求满足人们的对现代建筑交通日益增长的需求。

2. 自动扶梯

1899 年 7 月 9 日，第 1 台奥的斯-西伯格梯阶式(梯级是水平的，踏板用硬木制成，有活动扶手和梳齿板)扶梯试制成功，这是世界第 1 台真正的扶梯。

1922 年，奥的斯公司制造了世界上第 1 台现代化自动扶梯。1974 年，奥的斯公司在荷兰阿姆斯特丹国际机场安装了 200 m 长的自动人行道，当时在欧洲是最长的自动人行道。

1985 年，三菱电机公司研制出曲线运行的螺旋型自动扶梯，并成功投入生产。螺旋型自动扶梯可以节省建筑空间，具有装饰艺术效果。1991 年，三菱电机公司开发了带有中间水平段的大提升高度自动扶梯。这种多坡度型自动扶梯，在大提升高度时可降低乘客对高度的恐惧感，并能与大楼楼梯结构协调配置。

20 世纪 90 年代末，富士达公司开发了变速式自动人行道，即自动人行道以分段速度运行，乘客从低速段进入，然后进入高速平稳运行段，再后进入低速段离开。这样提高了乘客上下自动人行道时的安全性，缩短了长行程时的乘梯时间。

2002 年 4 月 17～20 日，三菱电机公司在第 5 届中国国际电梯展览会上展出了倾斜段高速运行的自动扶梯模型。可铰接伸缩的驱动齿条结构在运行时可使梯级的间隔发生变化，从而使速度也产生变化。其倾斜段的速度是出入口水平段的速度的 1.5 倍，这样既缩短了乘客的乘梯时间，也提高了乘客上下扶梯的安全性与平稳性。

二、国内电扶梯发展

据统计截止至 2004 年年底，我国在用电梯 52.732 9 万台，每年还以约 9 万～10 万台的速度增长。电梯服务在中国已有 100 多年历史，而我国在用电梯数量的快速增长却发生在改革开放以后，目前我国电梯技术水平已与世界同步。

100 多年来，中国电梯行业的发展经历了以下几个阶段：

(1)对进口电梯的销售、安装、维保阶段(1900～1949 年)，这一阶段我国电梯拥有量仅约 1 100多台；

(2)独立自主，艰苦研制、生产阶段(1950～1979 年)，这一阶段我国共生产、安装电梯约 1 万台；

(3)建立三资企业，行业快速发展阶段(自 1980 年至今)，这一阶段我国共生产、安装电梯约 40 万台。

目前，我国已成为世界最大的新装电梯市场和最大的电梯生产国。

2004 年，中国电梯行业电梯年产量首次突破 11 万台。中国电梯行业自改革开放以来第 3 次发展浪潮正在掀起。第 1 次出现在 1986～1988 年，第 2 次出现在 1995～1997 年。我国电梯年产量增长里程碑见表 1-4-1。

表 1-4-1　我国电梯年产量增长里程碑

年　份	里 程 碑	实际年产量/万台	年　份	里 程 碑	实际年产量/万台
1983	突破 5 千台	0.51	2001	突破 4 万台	4.67
1986	突破 1 万台	1.13	2002	突破 6 万台	6.20
1993	突破 2 万台	2.41	2003	突破 8 万台	8.45
1998	突破 3 万台	3.02	2004	突破 11 万台	约 11.2

据 1999 年《电梯世界》杂志统计资料显示，发达国家电梯保有量一般在 30 台以上/万人，瑞典等国家电梯保有量甚至达到 120 台以上/万人，全球电梯保有量估计也已达到 10 台以上/万人。而截止到 2004 年底的统计数据显示，我国已经使用登记的在用电梯数量为 527 329 台(不含港澳台地区)，电梯保有量仅约有 4 台/万人。在当今中国经济飞速发展，人民群众物质追求不断提高的背景下，中国电梯保有量与世界平均水平的巨大差距，导致我国电梯数量每年的增长速度都超过了 20%。2003 年我国新投用电梯为 81 332 台，增长速度约为 23.50%；2004 年我国新投用电梯为 99 930 台，增长速度约为 23.38%；而就目前掌握的信息看，近年这一增长态势仍将延续。

受这一潜力巨大的市场吸引，世界所有知名电梯品牌纷纷涉足中国市场，目前占世界电梯市场份额较大的电梯品牌企业，均已在中国独资或合资建立了制造工厂，并纷纷将各自诸如无机房电梯、永磁同步无齿轮曳引机、智能电梯控制系统和电梯远程监控系统等最新技术投入中国市场，以增强其市场竞争力。巨大的市场也造就了巨大的工厂生产量，年产量上万台的电梯企业数量逐年增加。中国既营造了全球最大的电梯市场，也已经成为世界最大的电梯制造基地。与此同时，价格的优势，也使中国制造的电梯走出国门，从 2003 年中国电梯对外贸易首次出现设备数量的"顺差"，到 2004 年中国电梯出现对外贸易额上的顺差，电梯出口到 85 个国家和地区，出口量为进口量的 3.8 倍，体现当今中国电梯制造业及其产品已经走向成熟。中国电梯生产情况及进出口情况如图 1-4-1、图 1-4-2 所示。

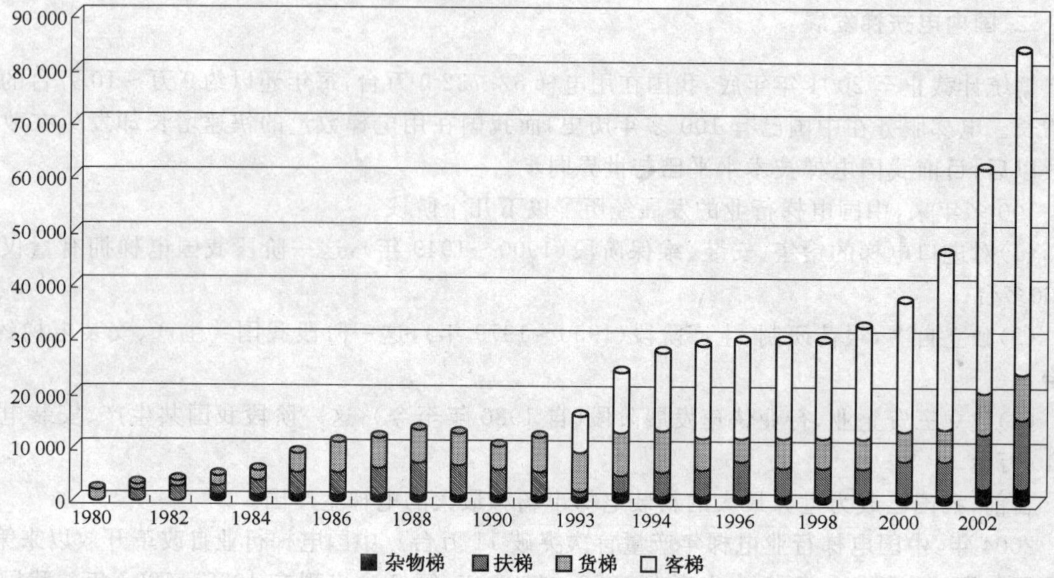

图 1-4-1　中国电梯生产情况

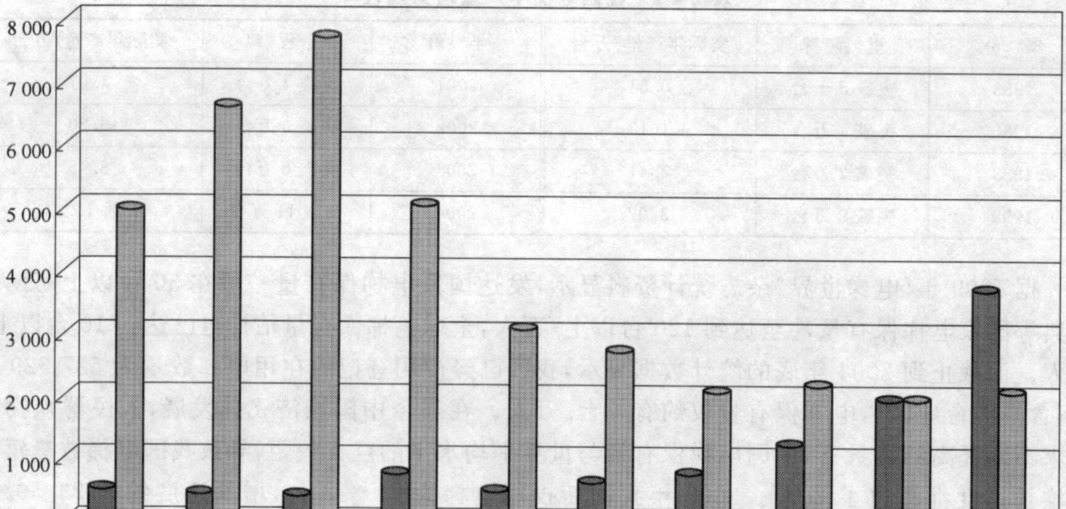

图 1-4-2　中国电梯进出口情况

1900 年，美国奥的斯电梯公司通过代理商 Tullock & Co. 获得在中国的第 1 份电梯合同——为上海提供 2 台电梯。从此，世界电梯历史上展开了中国的一页。

1931 年，曾在美国人开办的慎昌洋行当领班的华才林私人在上海常德路 648 弄 9 号内开设了华恺记电梯水电铁工厂，从事电梯安装、维修业务。该厂成为中国人开办的第 1 家电梯工程企业。

1935 年，位于上海的南京路、西藏路交口的 9 层高度的大新公司（当时上海南京路上四大公司——先施、永安、新新、大新公司之一，今上海第一百货商店）安装了奥的斯公司的 2 台轮带式单人自动扶梯。这 2 台自动扶梯安装在铺面商场至 2 楼、2 楼至 3 楼之间，面对南京路大门。这 2 台自动扶梯被认为是我国最早使用的自动扶梯。

截至 1949 年，上海各大楼共安装了进口电梯约 1 100 台，其中美国生产的最多，为 500 多台；其次是瑞士生产的 100 多台，还有英国、日本、意大利、法国、德国、丹麦等国生产的。其中丹麦生产的 1 台交流双速电梯额定载重量 8 t，为上海解放前的最大额定载重量的电梯。

1951 年冬，党中央提出要在北京天安门安装 1 台我国自己制造的电梯，任务交给了天津（私营）从庆生电机厂。4 个多月后，第 1 台由我国工程技术人员自己设计制造的电梯诞生了。该电梯载重量为 1 000 kg，速度为 0.70 m/s，交流单速、手动控制。

1967 年，上海电梯厂为澳门葡京大酒店制造出直流快速群控电梯，载重量 1 000 kg，速度 1.70 m/s，4 台群控，这是上海电梯厂最早生产的群控电梯。

1971 年，上海电梯厂试制成功我国第 1 台全透明无支撑自动扶梯，安装在北京地铁。1972 年 10 月，上海电梯厂大提升高度（60 多米）自动扶梯试制成功，安装在朝鲜平壤市金日成广场地铁。这是我国最早生产的大提升高度自动扶梯。

1976 年 12 月，天津市电梯厂制造了 1 台直流无齿轮高速电梯，提升高度 102 m，安装在广州市白云宾馆。1979 年 12 月，天津市电梯厂生产了第 1 台集选控制的交流调速电梯，速度 1.75 m/s，提升高度 40 m，安装在天津市津东饭店。

1976 年，上海电梯厂试制成功总长为 100 m，速度为 40.00 m/min 的双人自动人行道，安装在北京首都国际机场。

至 1979 年建国 30 年间，全国生产安装电梯约 1 万台。这些电梯主要是直流电梯和交流双速电梯。国内电梯生产企业约 10 家。

1980 年 7 月 4 日，中国建筑机械总公司、瑞士迅达股份有限公司、香港怡和迅达（远东）股份有限公司 3 方合资组建中国迅达电梯有限公司。这是我国自改革开放以来机械行业第 1 家合资企业。该合资企业包括上海电梯厂和北京电梯厂。中国电梯行业相继掀起了引进外资的热潮。

1985 年 8 月，中国迅达上海电梯厂试制成功 2 台并联 2.50 m/s 高速电梯，安装在上海交通大学包兆龙图书馆。北京电梯厂生产了中国第 1 台微机控制的交流调速电梯，载重量 1 000 kg，速度 1.60 m/s。

1988 年 12 月，上海三菱电梯有限公司引进技术生产了中国第 1 台变压变频控制电梯，载重量 700 kg，速度为 1.75 m/s，安装在上海市静安宾馆。

1989 年 2 月，国家电梯质量监督检验中心正式组建。经过几年发展，中心采用先进方法进行电梯的型式试验并签发证书，目的是保障在国内使用的电梯的安全性能。1995 年 8 月，中心建成电梯试验塔。塔高 87.5 m，有试验井道 4 个。

1994 年 10 月，亚洲第 1 高、世界第 3 高的上海东方明珠电视塔落成，塔高 468 m。该塔配置奥的斯公司电梯、自动扶梯 20 余部，其中装有中国第 1 台双层轿厢电梯，中国第 1 台圆形轿厢三导轨观光电梯（额定载重量 4 000 kg）和 2 台 7.00 m/s 的高速电梯。

1998 年 10 月 28 日，位于上海浦东的金茂大厦落成，它是中国最高的摩天大厦，世界第 4

高。楼高420米,88层。金茂大厦配置电梯61台,自动扶梯18台。2台三菱电机公司额定载重量2 500 kg、速度为9.00 m/s的超高速电梯是目前我国额定速度最快的在用电梯。

2002年5月,世界自然遗产——湖南张家界武陵源风景区安装了号称世界最高的户外电梯、世界最高的双层观光电梯。

2004年5月,贵州省黄果树瀑布景区安装的大提升高度自动扶梯正式向游人开放。该项目选用4台日本三菱A型自动扶梯,单台提升高度为38.4 m,跨度达73.37 m。

第二节 自动扶梯

一、自动扶梯分类

1. 按驱动装置位置分类

(1)端部驱动自动扶梯(或称链条式),驱动装置置于自动扶梯头部,并以链条为牵引构件的自动扶梯。

(2)中间驱动自动扶梯(或称齿条式),驱动装置置于自动扶梯中部上分支与下分支之间,并以齿条为牵引构件的自动扶梯。一台自动扶梯可以装有多组驱动装置,也称多级驱动组合式自动扶梯。

2. 按牵引构件型式分类

(1)链条式自动扶梯(或称端部驱动式),以链条为牵引构件、驱动装置置于自动扶梯头部的自动扶梯。

(2)齿条式自动扶梯(或称中间驱动式),以齿条为牵引构件、驱动装置置于自动扶梯中部上分支与下分支之间的自动扶梯。

3. 按自动扶梯扶手外观分类

(1)全透明扶手自动扶梯,扶手带只用全透明钢化玻璃支撑的自动扶梯。

(2)半透明扶手自动扶梯,扶手带用半透明钢化玻璃及少量撑杆支撑的自动扶梯。

(3)不透明扶手自动扶梯,扶手带采用支架并覆以不透明板材支撑的自动扶梯。

4. 按自动扶梯梯路线型分类

(1)直线型自动扶梯,扶梯梯路为直线型的自动扶梯。

(2)螺旋型自动扶梯,扶梯梯路为螺旋型的自动扶梯。

5. 自动人行道分类

(1)踏步式自动人行道,由一系列踏步组成的活动路面、两旁装有活动扶手的自动人行道。

(2)钢带式自动人行道,在整根钢带上覆橡胶层组成的活动路面、两旁装有活动扶手的自动人行道。

(3)双线式自动人行道,由一根销轴垂直放置的牵引链条构成来回两分支、在水平面内的闭合轮廓,以形成一来一回2台运行方向相反的自动人行道。两旁皆有活动扶手装置。

二、链轮式自动扶梯的基本结构

链轮式端部驱动自动扶梯是目前使用较多的一种,多用于商场等单台提升高度不高于20 m的场合。如图1-4-3所示。

1. 桁架及导轨

自动扶梯桁架倾角一般为30°～35°,一般由方钢和角钢焊接而成。由于桁架为设备承重的主体，挠度应小于1‰，因此其结构设计、材料及焊接质量至关重要。出于制造、运输、安装需要，扶梯桁架被分为梯头段、梯尾段及中间段，中间段由若干标准段及一个调整段组成。每两段桁架间由6～8组螺栓进行可靠连接。

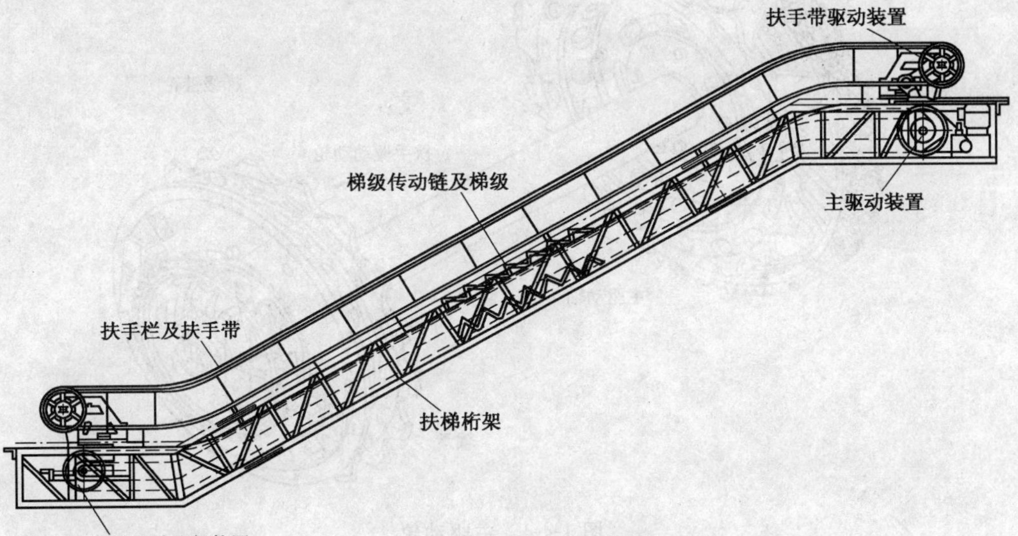

图1-4-3 链轮式自动扶梯

导轨系统由导轨支撑、主导轨、副导轨组成。主导轨为梯级链导轨，主要承载梯级链，是导向导轨。副导轨为梯级轮导轨，是梯级从动轮导轨。

2. 主驱动系统

主驱动系统由驱动曳引主机、主驱动链条、主驱动轮系统组成。

驱动曳引机由鼠笼式电机及齿轮箱组成。对于大提升高度扶梯，单台曳引机无法提供足够的动力时，可采用多台曳引机轴连驱动。

曳引主机通过主驱动链带动主驱动轮运转，主驱动轮带动梯级链轮及扶手驱动轮，梯级链轮及扶手驱动轮驱动梯级链及扶手带上下运行。如图1-4-4所示。

3. 扶手带驱动系统

扶手带驱动系统由扶手带传动机构、胀紧力调节机构、扶手带反向机构组成，如图1-4-5所示。扶手驱动轮通过传动机构带动扶手带主动轮运转，胀紧力调节机构通过调节扶手带的胀紧力可以微调扶手带运行速度，使扶手带以比梯级快0～+2%的速度运行。

4. 梯级链反向及胀紧装置

在扶梯下端梯级链带动梯级由反向导轨返回。在长期运行后，由于梯级链弹性形变而拉长，为保证设备正常运行，必须在扶梯下端设置胀紧机构保证梯级链的张力。胀紧装置如图1-4-6所示。

5. 梯级链及梯级

梯级链由链节、滚轮、连杆组成。链节为弹性钢材料；滚轮为有机聚合物材料，滚轮轴承采用耐磨免润滑工艺；连杆用于保证两侧梯级链间距，并固定梯级上端带动梯级运行。

梯级主体采用铸铁或铸铝材料整体成形，表面喷黑或抛光处理；梯级轮采用与梯级链轮相同的有机聚合物材料、免润滑工艺。

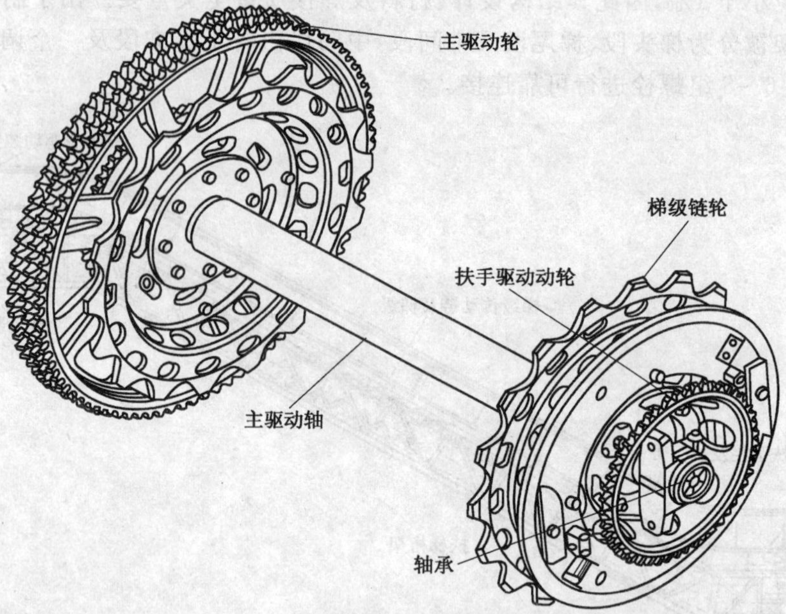

图 1-4-4　主驱动轮

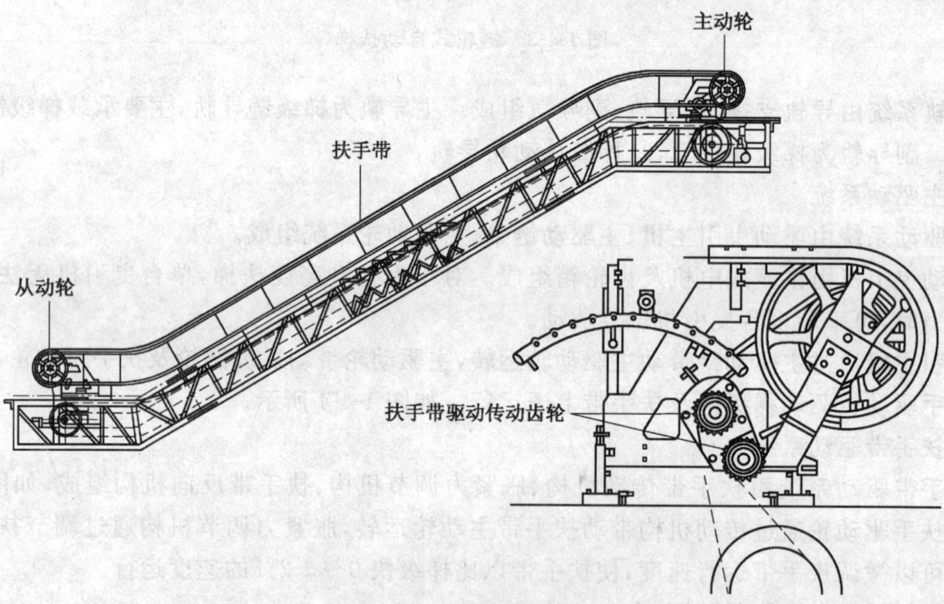

图 1-4-5　扶手带驱动系统

6. 扶手栏及扶手带

扶手栏由支架、内衬板、裙板、外包板、盖板及扶手带导轨组成(采用透明扶手栏的扶梯不包含内衬板、外包板,而采用厚度大于 6 mm 的钢化玻璃作为支撑)。扶手带采用锦纶或帆布做内衬、橡胶为外层、中间用钢板或钢丝进行加强和张紧,破断载荷要求大于 25 kN。在扶手带驱动系统带动下沿扶手带导轨与梯级同步运行,同步误差在 0～＋2%范围内。

7. 润滑系统

自动扶梯润滑系统对主驱动链、扶手带驱动链及梯级链进行实时润滑,确保扶梯平稳运行，降低运行噪声，减少部件磨损，延长设备运行寿命。

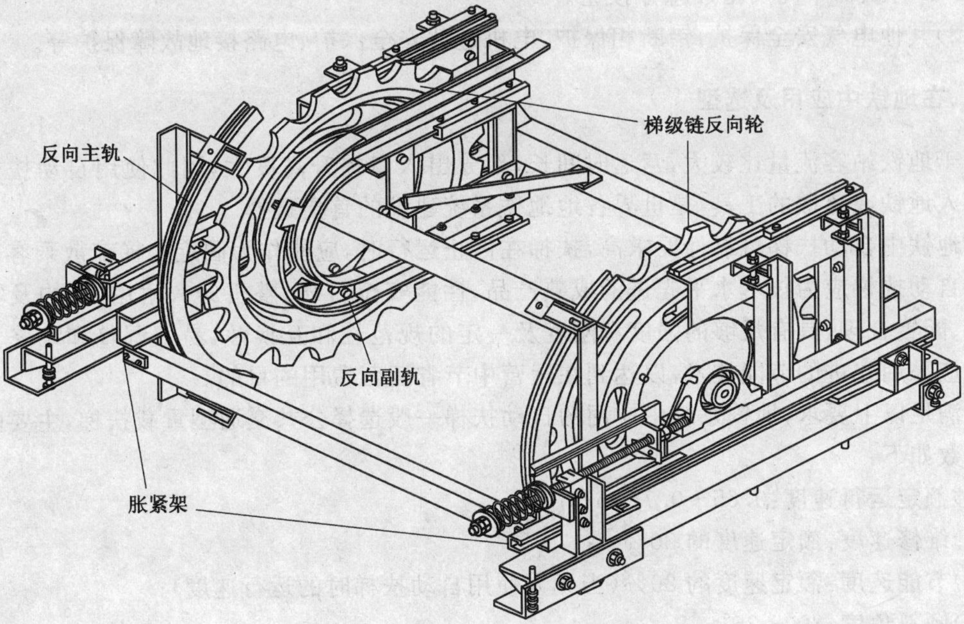

图 1-4-6　胀紧装置

8. 电气控制系统

电气控制系统包括主控制柜、操纵面板、检修控制盒及各种安全保护开关。节能型扶梯还包含变频器、进入感应装置，在无人乘梯时扶梯停止或以低速运行，当感应到有人进入扶梯时扶梯加速到正常速度。

9. 安全保护系统

安全保护系统对于扶梯的安全运行及检修人员的安全至关重要。

安全保护系统包括以下几个部分：

(1)主机安全装置：在主机电机风扇壳下方装有安全开关，当盖上风扇壳时开关接通，扶梯可以运行；当取下风扇壳用手轮盘车时开关断开，切断电源，扶梯不能启动。

(2)主驱动附加制动器：该装置位于主驱动轮，在主驱动轮上装有转速检测装置，当扶梯下行速度超过设定时，该装置动作通过机械摩擦制动主驱动轮，并通过电气开关使扶梯停机。

(3)梯级链断裂保护装置：该装置位于胀紧架上。

(4)扶手带断带保护装置：该装置位于下平台转弯部分。

(5)扶手带入口保护：当扶手带入口处卡入异物时，触发开关，扶梯停机。

(6)梳齿板异常抬起安全保护：该装置位于梳齿板两侧。

(7)梯级塌陷保护：该装置位于上下平台转弯处及中段。

(8)梯级运行意外抬起保护：该装置位于上下平台转弯处。

(9)裙板安全保护：该装置位于上下平台转弯部分、中段每 10 m 间隔安装 1 个，当裙板发生变形时触发开关，扶梯停机。

(10)主驱动链断链保护：该装置位于上平台维修空间主驱动链上方。

(11)楼层板安全保护：该装置位于上下平台楼层板下方，当楼层板被抬起时开关切断电源，扶梯不能启动。

(12)急停按钮:该装置位于上下平台内侧圆弧盖板,上平台左侧、下平台右侧。提升高度大于 12 m 时扶梯中间要增加急停按钮。

(13)其他电气安全保护:错断相保护、电机过载安全保护、电路接地故障保护等。

三、在地铁中应用及选型

由于地铁站客流量比较大,营运时间长,部分出入口提升高度大,因此使用自动扶梯作为乘客出入地铁或疏散的工具,是世界各地地铁系统建设的首要选择。

在地铁中自动扶梯可靠性要求高,扶梯在停止运行时,应能作为固定楼梯疏散乘客。因此选用的自动扶梯应为技术水平先进的成熟产品,性能安全可靠,整机经久耐用,结构及零部件应设计、配置合理,具有足够的强度和刚度及一定的规范性和互换性,易于调整和维修。特别是扶梯应采用先进的节能技术,以达到在运营中节省运营费用的目的。

为满足以上要求,地铁系统中应用的自动扶梯一般选择公共交通型重载扶梯,主要的参考技术参数如下:

(1)额定运行速度:0.65～0.75 m/s;

(2)维修速度:额定速度的 20%;

(3)节能速度:额定速度的 20%(当无人使用自动扶梯时的运行速度);

(4)倾斜角度:30°～35°;

(5)名义宽度:1 000 mm;

(6)理论输送能力:5 000～15 000 人/小时;

(7)水平梯级:上端四级,下端三级,导向行程段距离应至少为 1.2 m;

(8)平均无故障时间:2 500 h(即小于 3 次/年);

(9)主要部件寿命:桁架、导轨、主驱动系统大于 20 年;梯级链、扶手带驱动装置、扶手带、梯级链滚轮和梯级滚轮、主驱动链、扶手带驱动链大于 10 年。

其他符合 GB 16899—1997《自动扶梯和自动人行道的制造与安装安全规范》的各项要求。

四、与其他专业的接口

1. 土建结构接口

(1)自动扶梯井道宽度、跨距及上下标高要符合设计要求;

(2)中间支撑标高及距离要符合设计要求;

(3)上下基坑及中间支撑预埋钢板符合要求。

2. 装修接口

(1)楼层板与地面装修接口(标高应当一致);

(2)外包板与楼梯或扶梯下方的设备房外墙装修接口;

(3)控制柜外置的自动扶梯设备房空间应符合 GB 16899—1997《自动扶梯和自动人行道的制造与安装安全规范》要求。

(4)出入口侧墙装修与自动扶梯的接口应符合 GB 16899—1997《自动扶梯和自动人行道的制造与安装安全规范》要求。

3. 低压动照系统接口

低压动照系统应向自动扶梯提供符合要求的动力电源接口及维修、照明用电。

4. 排水系统接口

自动扶梯基坑要求能够将进入的水排空，保持基坑干燥，因此排水系统应向自动扶梯提供可靠的排水设施。

5. 火灾报警系统(FAS)接口

在发生火警时自动扶梯应能立即停止运行，作为固定楼梯疏散乘客，因此自动扶梯应提供火灾报警控制停梯功能。

6. 综合监控系统(EMCS)接口

设备综合监控系统要求能够观测到自动扶梯的各种运行状态，以便及时处理自动扶梯故障及意外，因此自动扶梯应提供与综合监控进行数据通信的接口。

第三节　垂直电梯

一、电梯的分类

1. 按用途分类

(1)乘客电梯，为运送乘客设计的电梯，要求有完善的安全设施以及一定的轿内装饰。

(2)载货电梯，主要为运送货物而设计，通常有人伴随的电梯。

(3)医用电梯，为运送病床、担架、医用车而设计的电梯，轿厢具有长而窄的特点。

(4)杂物电梯，供图书馆、办公楼、饭店运送图书、文件、食品等设计的电梯。

(5)观光电梯，轿厢壁透明，供乘客观光用的电梯。

(6)车辆电梯，用作装运车辆的电梯。

(7)船舶电梯，船舶上使用的电梯。

(8)建筑施工电梯，建筑施工与维修用的电梯。

(9)其他类型的电梯，除上述常用电梯外，还有些特殊用途的电梯，如冷库电梯、防爆电梯、矿井电梯、电站电梯、消防员用电梯等。

2. 按驱动方式分类

(1)交流电梯，用交流感应电动机作为驱动力的电梯。根据拖动方式又可分为交流单速、交流双速、交流调压调速、交流变压变频调速等。

(2)直流电梯，用直流电动机作为驱动力的电梯。这类电梯的额定速度一般在 2.0 m/s 以上。

(3)液压电梯，一般利用电动泵驱动液体流动，由柱塞使轿厢升降的电梯。

(4)齿轮齿条电梯，将导轨加工成齿条，轿厢装上与齿条啮合的齿轮，电动机带动齿轮旋转使轿厢升降的电梯。

(5)螺杆式电梯，将直顶式电梯的柱塞加工成矩形螺纹，再将带有推力轴承的大螺母安装于油缸顶，然后通过电机经减速机(或皮带)带动螺母旋转，从而使螺杆顶升轿厢上升或下降的电梯。

(6)直线电机驱动的电梯，其动力源是直线电机。

3. 按速度分类

电梯无严格的速度分类，我国习惯上按下述方法分类。

(1)低速梯，常指低于 1.0 m/s 速度的电梯。

(2)中速梯，常指速度在 1.0～2.0 m/s 的电梯。

(3)高速梯,常指速度大于2.0 m/s的电梯。

(4)超高速,速度超过5.0 m/s的电梯。

随着电梯技术的不断发展,电梯速度越来越高,区别高、中、低速电梯的速度限值也在相应地提高。

4.按电梯有无司机分类

(1)有司机电梯,电梯的运行方式由专职司机操纵来完成。

(2)无司机电梯,乘客进入电梯轿厢,按下操纵盘上所需要去的楼层按钮,电梯自动运行到达目的楼层,这类电梯一般具有集选功能。

(3)有/无司机电梯,这类电梯可变换控制电路,平时由乘客操纵,如遇客流量大或必要时改由司机操纵。

5.按操纵控制方式分类

(1)手柄开关操纵,电梯司机在轿厢内控制操纵盘手柄开关,实现电梯的起动、上升、下降、平层、停止的运行状态。

(2)按钮控制电梯:是一种简单的自动控制电梯,具有自动平层功能,常见有轿外按钮控制、轿内按钮控制两种控制方式。

(3)信号控制电梯,这是一种自动控制程度较高的有司机电梯。除具有自动平层,自动开门功能外,尚具有轿厢命令登记,层站召唤登记,自动停层,顺向截停和自动换向等功能。

(4)集选控制电梯,是一种在信号控制基础上发展起来的全自动控制的电梯,与信号控制的主要区别在于能实现无司机操纵。

(5)并联控制电梯,2~3台电梯的控制线路并联起来进行逻辑控制,共用层站外召唤按钮,电梯本身都具有集选功能。

(6)群控电梯,是用微机控制和统一调度多台集中并列的电梯。群控有梯群的程序控制、梯群智能控制等形式。

6.其他分类方式

(1)按机房位置分类,则有机房在井道顶部的(上机房)电梯、机房在井道底部旁侧的(下机房)电梯,以及机房在井道内部的(无机房)电梯。

(2)按轿厢尺寸分类,则经常使用"小型"、"超大型"等抽象词汇表示。

(3)此外,还有双层轿厢电梯等。

7.特殊电梯

(1)斜行电梯,轿厢在倾斜的井道中沿着倾斜的导轨运行,是集观光和运输于一体的输送设备。特别是由于土地紧张而将住宅移至山区后,斜行电梯发展迅速。

(2)立体停车场用电梯,根据不同的停车场可选配不同类型的电梯。

(3)建筑施工电梯,是一种采用齿轮齿条啮合方式(包括销齿传动与链传动,或采用钢丝绳提升),使吊笼作垂直或倾斜运动的机械,用以输送人员或物料,主要应用于建筑施工与维修。它还可以作为仓库、码头、船坞、高塔、高烟囱的长期使用的垂直运输机械。

二、曳引式电梯的基本结构

曳引式电梯是垂直交通运输工具中使用最普遍的一种电梯,其基本结构如图1-4-7所示。

1.曳引系统

曳引系统由曳引机、曳引钢丝绳、导向轮及反绳轮等组成。

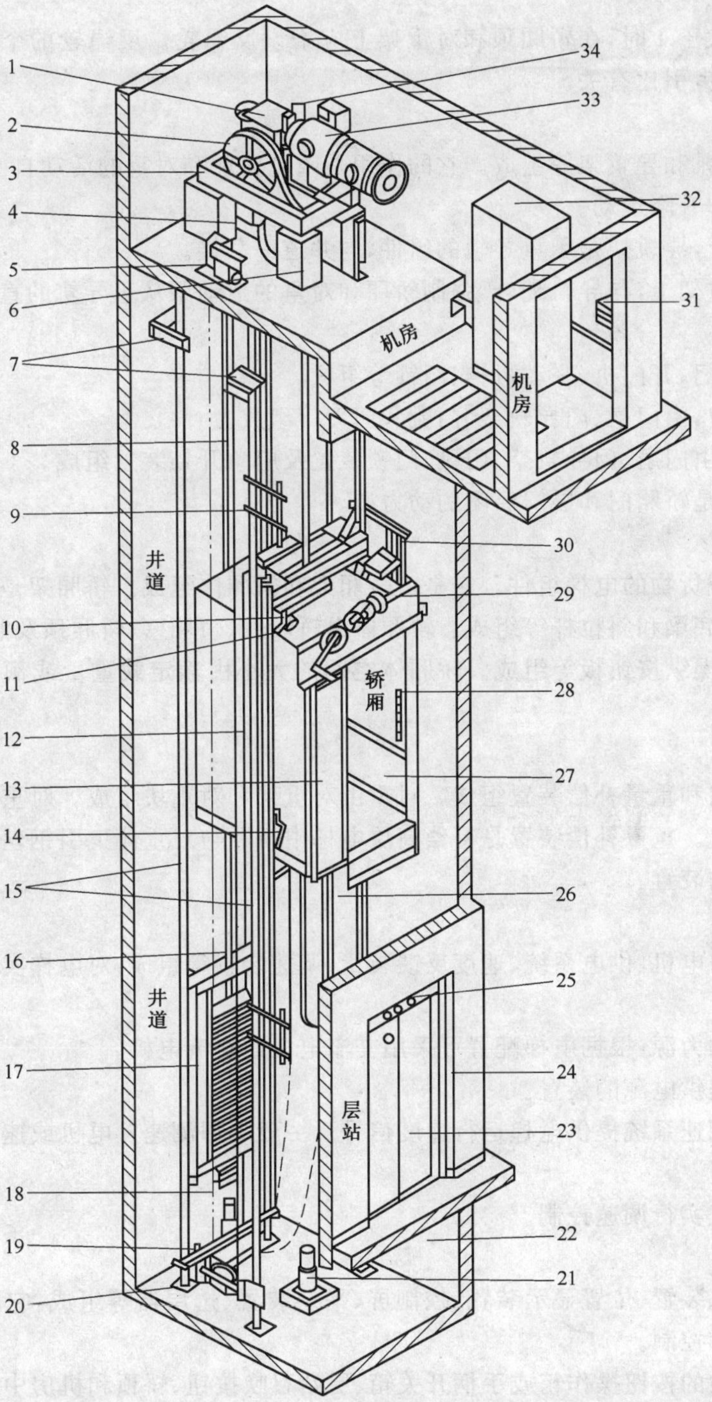

1—减速箱；
2—曳引轮；
3—曳引机底座；
4—导向轮；
5—限速器；
6—机座；
7—导轨支架；
8—曳引钢丝绳；
9—开关碰铁；
10—紧急终端开关；
11—导靴；
12—轿架；
13—轿门；
14—安全钳；
15—导轨；
16—绳头组合；
17—对重；
18—补偿链；
19—补偿链导轮；
20—张紧装置；
21—缓冲器；
22—底坑；
23—层门；
24—呼梯盒；
25—层楼指示灯；
26—随行电缆；
27—轿壁；
28—轿内操纵箱；
29—开门机；
30—井道传感器；
31—电源开关；
32—控制柜；
33—曳引电机；
34—制动器。

图 1-4-7　电梯的基本结构剖视图

曳引机由电动机、联轴器、制动器、减速箱、机座、曳引轮等组成，它是电梯的动力源。

曳引钢丝绳的两端分别连接轿厢和对重(或者两端固定在机房上)，依靠钢丝绳与曳引轮绳槽之间的摩擦力来驱动轿厢升降。

导向轮的作用是分开轿厢和对重的间距，采用复绕型时还可增加曳引能力。导向轮安装在曳引机架上或承重梁上。

当钢丝绳的绕绳比大于1时，在轿厢顶和对重架上应增设反绳轮。反绳轮的个数可以是1个、2个甚至3个，这与曳引比有关。

2.导向系统

导向系统由导轨、导靴和导轨架等组成。它的作用是限制轿厢和对重的活动自由度，使轿厢和对重只能沿着导轨作升降运动。

导轨固定在导轨架上，导轨架是承重导轨的组件，与井道壁联接。

导靴装在轿厢和对重架上，与导轨配合，强制轿厢和对重的运动服从于导轨的直立方向。

3.门系统

门系统由轿厢门、层门、开门机、联动机构、门锁等组成。

轿厢门设在轿厢入口，由门扇、门导轨架、门靴和门刀等组成。

层门设在层站入口，由门扇、门导轨架、门靴、门锁装置及应急开锁装置组成。

开门机设在轿厢上，是轿厢门和层门启闭的动力源。

4.轿厢

轿厢用以运送乘客或货物的电梯组件。它是由轿厢架和轿厢体组成。轿厢架是轿厢体的承重构架，由横梁、立柱、底梁和斜拉杆等组成。轿厢体由轿厢底、轿厢壁、轿厢顶及照明、通风装置、轿厢装饰件和轿内操纵按钮板等组成。轿厢体空间的大小由额定载重量或额定载客人数决定。

5.重量平衡系统

重量平衡系统由对重和重量补偿装置组成。对重由对重架和对重块组成。对重将平衡轿厢自重和部分的额定载重。重量补偿装置是补偿高层电梯中轿厢与对重侧曳引钢丝绳长度变化对电梯平衡设计影响的装置。

6.电力拖动系统

电力拖动系统由曳引电机、供电系统、速度反馈装置、调速装置等组成，对电梯实行速度控制。

曳引电机是电梯的动力源，根据电梯配置可采用交流电机或直流电机。

供电系统是为电机提供电源的装置。

速度反馈装置是为调速系统提供电梯运行速度信号。一般采用测速发电机或速度脉冲发生器，与电机相联。

调速装置对曳引电机实行调速控制。

7.电气控制系统

电气控制系统由操纵装置、位置显示装置、控制屏、平层装置、选层器等组成，它的作用是对电梯的运行实行操纵和控制。

操纵装置包括轿厢内的按钮操作箱或手柄开关箱、层站召唤按钮、轿顶和机房中的检修或应急操纵箱。

控制屏安装在机房中，由各类电气控制元件组成，是电梯实行电气控制的集中组件。

位置显示是指轿内和层站的指层灯。层站上一般能显示电梯运行方向或轿厢所在的层站。

选层器能起到指示和反馈轿厢位置、决定运行方向、发出加减速信号等作用。

8.安全保护系统

安全保护系统包括机械和电气的各类保护系统，可保护电梯安全使用。

机械方面的有:限速器和安全钳起超速保护作用;缓冲器起冲顶和撞底保护作用;还有切断总电源的极限保护等。

电气方面的安全保护在电梯的各个运行环节都有。

三、在地铁中应用及选型

在地铁系统中垂直电梯除了供盲人、手动轮椅者等残疾人使用外,还可供老、弱、病人及车站工作人员使用。电梯按乘客自助使用设计,提升高度不高,层站一般设置为 2～3 层,通常在地铁出入口及站台站厅之间各设置 1 台垂直电梯。由于地铁中使用的垂直电梯提升高度不高,因此选用低速电梯或液压电梯。

近年来由于低速无机房电梯技术的应用成熟,且地铁车站的空间比较紧张,因此无机房电梯以其占用空间小、无污染的优势在地铁系统中的应用也日益广泛。

地铁需长时间面向公众运营,所以配置的电梯应能满足地铁运营环境的各种要求。电梯的技术水平应是先进的、成熟的;性能应是安全可靠的。结构及零部件应设计和配置合理,并具有一定的规范性和互换性,以易于调整和维护。电梯的整机质量水平应能满足设备经久耐用的要求。电梯应具有较高的安全性和先进性,要满足各项技术规格的要求。

为满足以上要求,地铁系统中应用的垂直电梯一般选择液压电梯或无机房电梯,参考的主要技术参数及选项如下:

1. 无机房电梯技术指标

(1)额定载重量:1 000 kg。

(2)额定速度:(上升及下降)均为 1 m/s。

(3)开门方式及尺寸:中分两扇密封自动门(层门及轿门),开门宽度不小于 1 100 mm。

(4)轿厢尺寸:不小于 1 600 mm×1 400 mm(宽×深)。

(5)操作控制方式:集选控制。

(6)平层精度:±5 mm 范围内。

(7)平衡系数:0.4～0.5。

(8)开门时间:4 s。

(9)噪声:机房噪声<75 dB(A);运行中轿厢内噪声≤50 dB(A);开关门过程噪声≤55 dB(A)。

(10)再平层功能:当静止的电梯往下偏离层站大于 10 mm 时,系统自动用低速上升,回复至正常停层为止。

(11)可靠性:电梯起、制动运行 60 000 次中发生失效(故障)次数,应不超过 2 次,每次修复时间不应超过 1 h。

(12)操作系统特性:采用微机控制,有故障自动诊断系统。能明确指示故障部位,包括供电断错相、超越上极限、悬吊机构失效、电梯上行及下行超速、门连锁故障、楼层信号故障等。故障排除后恢复原始状态。

(13)速度控制方式:主机及门机均采用 VVVF 变频调速控制。

(14)门保护装置:电梯的门内范围设有红外线光幕保护+机械触板式门保护装置。

(15)操作按钮:轿厢内及各层站厅门所设操作按钮上符号或数字应清晰易辨。厅门召唤箱操作板设于大厅面对电梯的右侧,基站召唤箱上应有钥匙开关,该开关用以接通控制电源,地铁车站内各操作按钮应符合残疾人(包括轮椅和盲人)使用要求。

(16)信号装置:每层厅门及轿厢内均设有光电楼层显示装置,指示信号应清晰明亮。

(17)消防迫降功能:在发生火警时电梯应停在基站,开门并停止运行。

(18)应急电源:电梯应配备紧急电源驱动装置。

特殊情况下,轿厢门应能在轿厢内用手打开。

(19)电梯应至少有如下安全装置:

①供电系统断相、错相保护。

②撞底缓冲器。

③超越上、下限位及上极限位置保护。

④限速器——安全钳系统联动超速保护装置,限速器、安全钳动作电气保护装置及限速器绳断裂或松弛保护装置。

⑤层门和轿厢门的电气联锁装置。

⑥紧急操作装置和停止保护装置:停电或电气系统发生故障时,应有一定光亮度的轿厢照明,并能使轿厢慢速移动至下端站。轿顶、底坑应装有非自动复位的红色停止保护开关。

⑦当工作载荷到达100%时,电梯处于满载直驶状态;当载荷到达110%时,电梯会发出声、光警示,电梯不能关门及运行,直至载荷降至合适为止。

2. 地铁车站所设电梯应具有方便残疾人使用的功能装置

(1)电梯轿厢内除设普通操纵箱外,还在左侧壁(面向门内)设一符合残疾人使用标准的副操纵箱,操纵箱上设有警铃按钮和对讲机以及其他各种按钮,均为适应残疾人使用(包括轮椅和盲人)。

(2)电梯轿厢内设语音报站装置,并设与车控室相联的轿内对讲机。

3. 其他选项

为了增强站厅、站台的通透性,可采用透明轿厢和透明井道的电梯。即除控制柜和操纵箱以外的轿厢壁板和电梯门及厅门,均用12mm厚的夹层钢化安全玻璃制成,四周和中间骨架由不锈钢制成。

四、与其他专业的接口

1. 结构土建接口

(1)电梯井道尺寸及标高要符合设计及国标GB 7588—2003要求;

(2)预留孔洞要符合设计要求;

(3)基坑及主机梁预埋钢板符合设计要求。

2. 装修接口

(1)电梯机房应符合设计及国标GB 7588—2003的要求;

(2)厅门地坎与地面装修接口(标高应当高于地面装修完成面2~3 mm);

(3)厅门门套与外墙装修接口;

(4)外呼面板与外墙装修接口;

(5)预留孔洞的封堵要求。

3. 低压动照系统接口

低压动照系统应向垂直电梯提供符合要求的动力电源接口及维修、照明用电接口。

4. 给排水系统接口

垂直电梯底坑要求能够将进入的水排空,保持基坑干燥,因此给排水系统应向垂直电梯提供可靠的排水设施。

5. 火灾报警系统(FAS)接口

在发生火警时垂直电梯具备消防迫降功能,因此电梯应提供消防迫降接口给 FAS 系统。

6. 综合监控系统(EMCS)接口

设备综合监控系统要求能够观测到垂直电梯的各种运行状态,以便及时处理电梯故障及意外,因此垂直电梯应提供与综合监控进行数据通信的接口。

第四节 其他梯型

在地铁系统中不适宜安装自动扶梯和电梯的地方,为方便残疾人轮椅出入地铁,部分楼梯还会加装楼梯升降机。如图 1-4-8 所示。

图 1-4-8 楼梯升降机

楼梯升降机采用钢缆驱动沿轨道上下运行。在不运行时轮椅平台可折叠放置,以减少占用空间。楼梯升降机由轮椅平台、驱动机与牵引系统、轨道系统、输送缆 4 个主要部分组成。

第五章 屏蔽门系统

屏蔽门(Platform Screen Door,简称 PSD)是 20 世纪 80 年代出现的一种先进的现代化地铁工程设备系统。当地铁列车到达车站和离站出发前,该设备能够自动进行活动门的开、关门控制。

屏蔽门是新型的轨道交通设备,它综合了力学、机械学、电子学、控制论、计算机技术、传感技术、人工智能、系统工程等多种学科领域的知识。目前,国际上有英国西屋公司、法国法维莱公司、日本 NABCO、奥地利 IFE 等几家公司能生产该种产品。产品经过十几年的应用,以它较高的可靠性,在世界上越来越多的国家和地区得到应用。

第一节 概 述

屏蔽门是安装于站台上,用以将站台区域与轨道区域隔离开来的一系列门组成的屏障。该系统沿地铁站台边缘安装设置(参见图 1-5-1),将列车与地铁站台候车室隔离开来,除了能防止人员跌落轨道,为乘客提供一个舒适、安全、美观的候车环境,提高地铁的服务水平外,还能隔断区间隧道内热空气与车站内空调风之间的热交换,使车站成为一个独立的空调场所,以显著降低车站空调的运行能耗,同时减少列车运行噪声和活塞风对车站的影响。

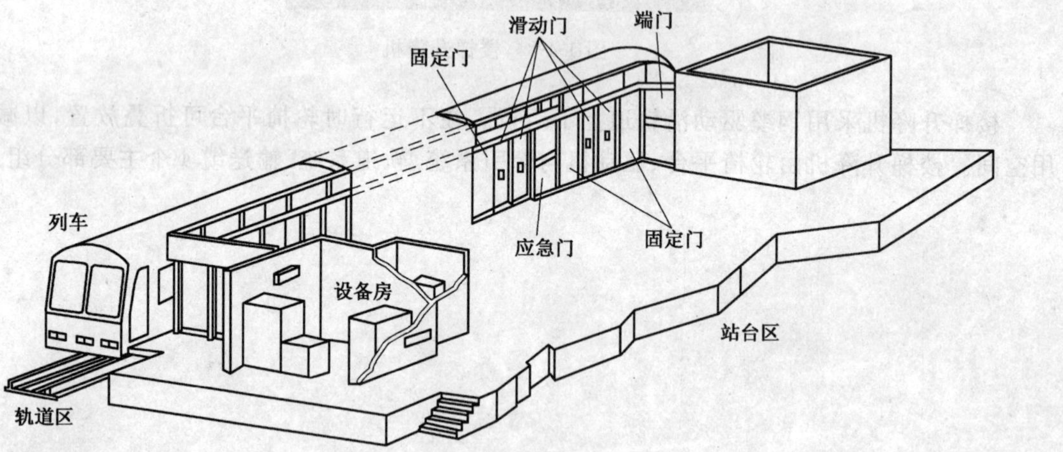

图 1-5-1 车站屏蔽门系统设备分布图

一、屏蔽门系统分类

从应用场合封闭形式、具体结构、供电方式、控制方式、门体型材等方面,屏蔽门系统的种类可分为以下几种类型:

(一)从封闭形式上分类

从屏蔽门系统应用场合的密封形式,可以分为全高封闭式屏蔽门和半高敞开式安全门。

1. 全高封闭式屏蔽门

全高封闭式屏蔽门是一道自上而下的玻璃隔墙和滑动门(全高 3 m 以上)，沿着车站的站台边缘和两端头进行设置(参见图 1-5-2 和图 1-5-3)，从而将站台乘客候车区与列车进站停靠区域分隔开。这种屏蔽门系统的主要功能是增加安全性、节约能耗以及加强环境保护。如新加坡的 NEL 线、香港的机场线、哥本哈根、英国伦敦 JLE 线、马来西亚吉隆坡地铁线、深圳地铁一期工程、广州地铁 2 号线等。

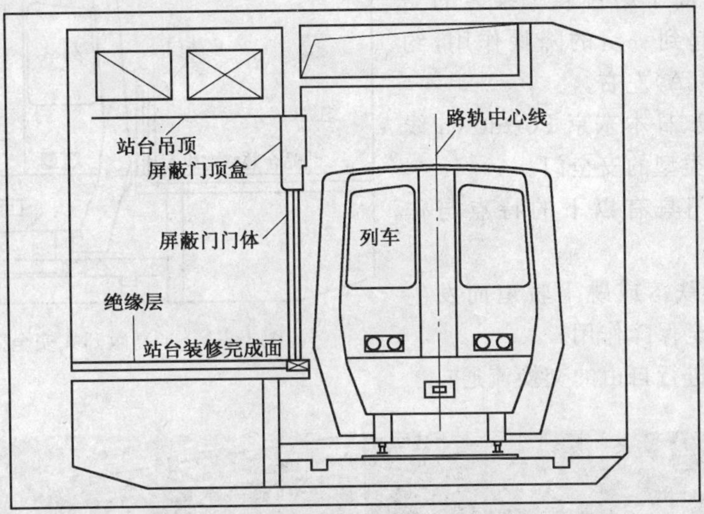

图 1-5-2　全高封闭式屏蔽门剖面图

图 1-5-3　全高封闭式屏蔽门工程实例图

全高封闭式屏蔽门具有以下的特点与作用：

(1)在于良好地隔断区间隧道与车站内空调风之间的热交换，显著降低车站空调的运行能耗，起到节能作用，这也是全高封闭式屏蔽门和半高敞开式安全门最显著的功能区别；

(2)起到防尘挡烟的环保作用，为乘客营造一个安全、舒适的候车环境；

(3)防止乘客跌落或跳下轨道而发生危险，起到安全保障的作用；

(4)滑动门根据列车车门状态进行同步开启与关闭；

(5)当发生事故时，乘客能通过应急门进行紧急疏散；

(6)为地铁车站的装饰起到美观的作用。

2. 半高敞开式安全门

半高敞开式安全门是由一道上不封顶的玻璃隔墙和滑动门或不锈钢篱笆门(半高式)组成,高度约 1.2～1.5 m(参见图 1-5-4 和图 1-5-5),其安装位置与全封闭式屏蔽门基本相同,高度比全封闭式屏蔽门低矮,空气可以通过安全门上部流通。这种屏蔽门主要起到隔离作用,提高了站台候车乘客的安全。同时也还能起到一定的降噪作用,约可降低噪声 10 dB(A)左右。

在法国巴黎线、日本东京 Portdown 线等,就安装有这种类型的安全门。

半高式安全门具有以下的特点与作用:

(1)防止乘客跌落或跳下轨道而发生危险,主要起到安全保障作用;

(2)空气能够进行自由的交换流通;

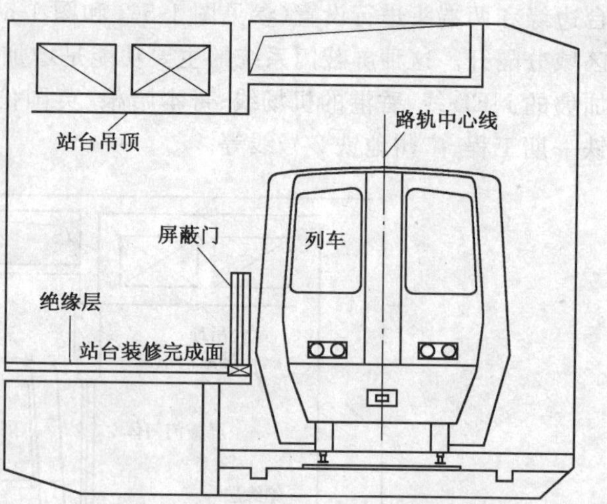

图 1-5-4 半高敞开式安全门剖面图

图 1-5-5 半高敞开式安全门工程实例

(3)滑动门能根据列车车门状态进行同步开启与关闭;

(4)设计与安装更为简化与方便,适合地面站、高架站或正在运营地铁线路的加装;

(5)当发生事故时,乘客能方便地进行紧急疏散;

(6)也能为地铁车站的装修装饰起到美观的作用。

(二)从结构上分类

按屏蔽门的具体结构,可分为上部悬吊式和下部支撑型。

1. 上部悬吊式

上部悬吊式是整个屏蔽门系统的重量完全由上部悬挂结构所承受的安装方式,通过上部组件悬吊装置将屏蔽门的门体、门机系统以及钢结构等部件重力载荷传递给站厅底板上,并且屏蔽门对站台板没有垂直方向的载荷作用。这种结构方式的主要特点:

(1)该结构方式利用土建的承载能力,无需屏蔽门系统设置由地面至顶梁的承重立柱,使得屏蔽门机械受力部件减少,简化了屏蔽门系统的结构设计与安装;

(2)因车站土建结构沉降会导致屏蔽门结构受破坏,故该结构在门体底部设计要考虑包容性设计；

(3)在满足限界要求的前提下，可适当将屏蔽门系统向轨道侧移动，相对减少屏蔽门与列车之间的距离，有利于地铁系统安全。

2. 底部支撑型

底部支撑是指屏蔽门系统的重量由安装在站台底板上的屏蔽门立柱（主立柱和门立柱）以及下部安装支撑来承受并将重力载荷传递给站台板的支撑方式，在设计上需注意校核受力部件的强度与刚度。这种结构方式的主要特点：

(1)站台板土建设计时，需考虑屏蔽门系统的重力载荷；

(2)屏蔽门上部与站厅底板连接机构的设计必须考虑土建可能引起的沉降对设备造成的影响；

(3)屏蔽门系统钢架结构的设计必须考虑能承受系统自身重力和外界环境的各种载荷，安装后系统整体不得侵入设备限界。

(三)从供电方式分类

屏蔽门系统的供电电源方案主要有集中供电和分散供电两种。两种方案各具特色，在地铁屏蔽门项目中均有应用。两种供电方式的工作原理如下。

1. 集中供电

集中供电系统电源由单/三相隔离变压器、整流器、蓄电池组、UPS 等设备组成，分为驱动电源与控制电源两部分。

参见图 1-5-6，电源自动切换箱输出两路三相 380 V 电源，分别经三相隔离变压器和整流器至两路 110 V 的直流母线，两路直流母线分别馈出 5 个供电回路，以交叉方式（可保证如果其中一路电源线路故障时，每节车厢的车门所对应的 5 个屏蔽门中还会有 4 个门可正常动作）送至站台，向屏蔽门驱动装置供电。两路三相 380 V 电源互为备用，当其中一路电源故障时，

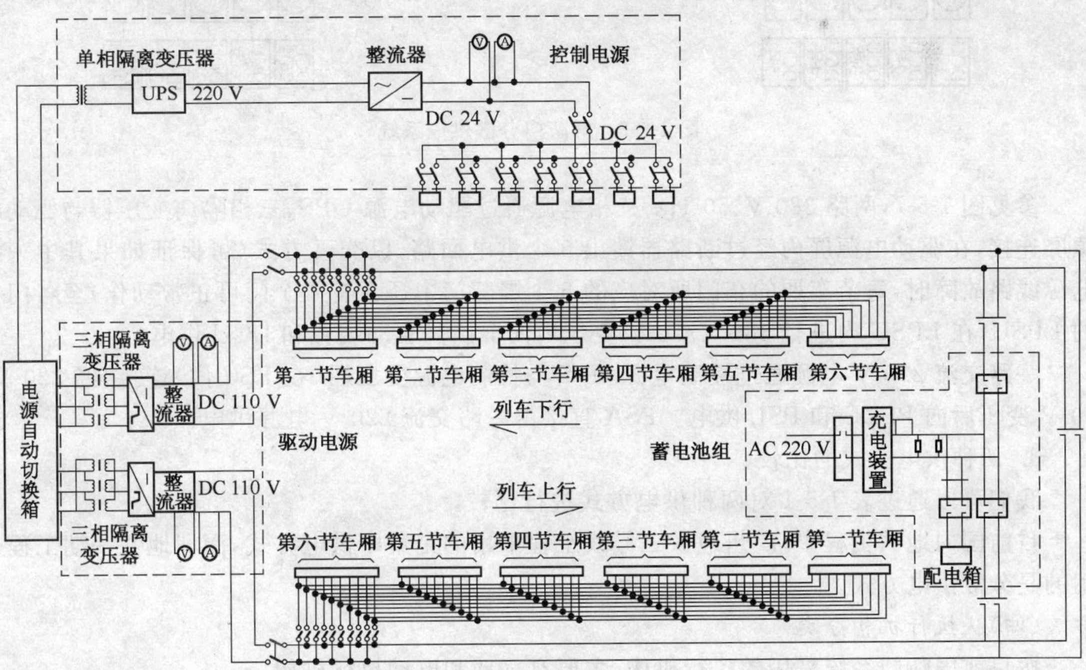

图 1-5-6　屏蔽门集中供电系统

系统会自动切换到另一路电源同时驱动两侧屏蔽门；当两路交流电源均发生故障时，UPS 电源系统会自动切入，保证整个系统的运行。

电源自动切换箱会输出一路单相 220 V 电源，经单相隔离变压器、UPS 和整流器后，向 PSC、PSL、PSA 和 DCU 等控制设备部件供电。当系统电源发生故障时，UPS 系统可保证控制设备部件的连续工作。

2. 分散供电

分散供电系统电源由驱动电源 UPS，控制电源 UPS、驱动电源屏、控制电源变压器、LPSU 等设备组成。

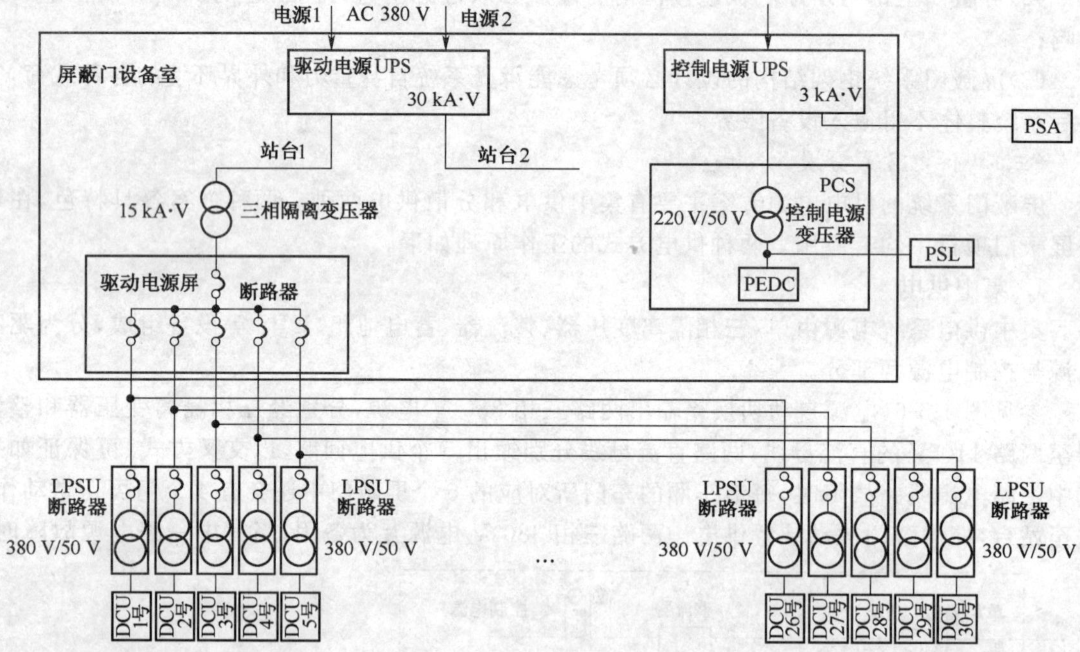

图 1-5-7 屏蔽门分散供电系统

参见图 1-5-7，两路 380 V、50 Hz、三相电源通过驱动电源 UPS、三相隔离变压器与驱动电源屏连接，在驱动电源屏内经过断路器馈出 5 个供电回路，以交叉方式(可保证如果其中一路电源线路故障时，每节车厢的车门所对应的 5 个屏蔽门中还会有 4 个门可正常动作)至各门机的 LPSU，在 LPSU 内进行 380 V/50 V 变压后向屏蔽门驱动装置和 DCU 供电。

一路交流 220 V 电源通过控制电源 UPS 与控制电源变压器(在 PSC 内)连接，经 220 V/50 V 变压后向 PEDC 和 PSL 供电。PSA 直接由一路交流 220 V 电源供电。

3. 两种供电方式的比较

我们可以通过表 1-5-1 对两种供电方式进行比较。

目前国内地铁工程中，广州地铁二号线工程采用的是集中供电方式，深圳地铁一期工程采用的是分散供电方式。

(四)从执行机构分类

按目前屏蔽门系统采用的执行机构，主要有气动和电动执行机构。

表 1-5-1 集中供电和分散供电比较

比较项目	集中供电	分散供电
优点	由于门机的驱动电源是直接从设备室引出，所以在设备房内对驱动电源参数能直接监控	从屏蔽门设备房向站台屏蔽门送出的是 380 V 交流电，故供电线路的压降和损耗与集中供电相比要小；对设备室的面积要求也比较低；总体性能要优于集中供电方式
缺点	变压整流装置容量大，占用设备室的面积大；供电线路的压降和损耗也比较大；且一旦变压整流装置发生故障，会导致整侧门体无法动作，影响面要较分散供电方式大	由于在屏蔽门设备房内很难对门机的电源参数进行检测，且布线稍微复杂；由于每 5 个对应门机都有一套变压整流装置，相对来说，整流装置故障率可能会高一些，但影响面小

1. 气动执行机构

屏蔽门气动执行机构的控制系统可以是由典型的"可编程控制器＋传感器＋气动元件"组成。

气动执行机构是由气缸组成，以压缩空气为工作介质，控制系统由各种气动控制阀(如压力阀、方向阀和速度阀)组成。早在 20 世纪 30 年代初，气动技术就已经成功地应用于自动门的开闭。相对于机电传动机构，气动执行机构的系统构造简单，成本低，但是因为滑动门门体较重，对气缸的输出力要求高；且气源设备占地面积大，空气有压缩性，气缸的动作速度易受负载的变化而变化，速度调节较困难，响应时间相对较长；气缸在低速运动时，稳定性不够，定位精度不高。

在目前已经安装的屏蔽门系统中，以气动执行机构方案的屏蔽门系统占较少的比例。新加坡地铁最早使用的屏蔽门系统就采用气动执行机构方案。

2. 电动执行机构

在电动执行机构中，对电机的性能要求较高，因为在整个开关门过程中，电机一直处于速度不断变化的过程中，所以要求电机要有比较好的调速性能，而且要快速响应性好、调速精度高。一般应选用执行类直流电机或交流变频调速电机等机械特性好的电机，并且电机应具有比较小的飞轮转矩以及较小的传动比，以减小其动态工作特性中的机械时间常数，来获得良好的跟随特性。在门关闭的过程中，应严格控制门体速度及关门力度，避免因此夹伤乘客，还要充分考虑电机在整个行程中的启动及制动过程。目前已建的屏蔽门项目中广泛采用直流电机作为驱动机构，直流电机具有下述特点：优良的调速特性，调速平滑、精确、方便和范围宽广；过载能力大，能承受频繁地冲击负载；可以实现频繁的无级快速启动、制动和反转。因此特别适合于精确调速、范围宽广的屏蔽门自动控制系统。

直流电机又分为有刷直流电机和无刷直流电机，表 1-5-2 对两种类型的直流电机进行比较。

表 1-5-2 有刷与无刷直流电机比较

比较项目	有刷直流电机	无刷直流电机
优点	技术简单成熟，价格便宜	无换向器元件，克服有刷直流电机由于换向火花所引起的转矩波动与电磁干扰等问题，可靠性高，几乎无需维修
缺点	控制方式损耗较大，在碳刷处易生成碳晶，控制精度不高并且寿命不长，影响效率和可靠性，维修和保养工作量大	对电机的制作要求比较高，价格比较贵

(五)从机械传动方式上分类

在从机械传动执行机构角度出发,又能分为滚珠螺杆式传动和同步齿形带式传动。

1. 滚珠螺杆式传动

滚珠螺杆式传动是近几年发展起来的一门传动技术,它的结构比较紧凑、直观、闭锁机构与传动系统可以做成一体,工作也比较可靠,对于已经模块化的产品,安装和更换都能够满足要求,且故障率低。传动零部件中,特别是滚珠螺杆一旦磨损,将影响到传动精度,须整体更换,且日常的维修保养工作量要比同步齿形带大。滚珠螺杆式传动机示意如图 1-5-8 所示。

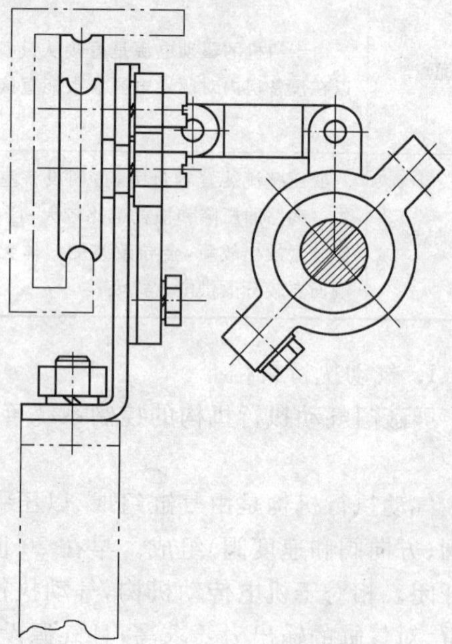
图 1-5-8 屏蔽门滚珠螺杆式传动机构示意图

2. 同步齿形带式传动

相对于滚珠螺杆式传动执行机构,同步齿形皮带传动自成系统,结构紧凑,安装便捷、容易调节、免维护、调换零部件方便、无需润滑的特点,可以吸收因遇障碍物而产生的冲击载荷,高可靠性,运行噪声更低,使用寿命长。同步齿形带采用橡胶、尼龙织物和缆芯线混和材料,其质量、老化程度等将影响到系统的可靠性和工作寿命。一般认为同步齿形带式的传动精度要比滚珠螺杆低。

图 1-5-9 屏蔽门皮带传动机构示意图

二、屏蔽门系统的特点

(一)增强安全性

安装屏蔽门后,屏蔽门将站台与隧道区间隔离开来,避免乘客被列车活塞风(列车活塞效应造成近±500 Pa 的风压)吹吸的潜在危险隐患,避免了乘客探头张望和随车奔跑的现象,防止乘客因车站客流拥挤或其他原因跌落轨道,可以避免无关的工作人员进入隧道区间。为乘客营造一个安全、舒适的候车环境,也保证了行车安全与列车高效、快捷、安全运营。

(二)节能功效

设置全高密闭形式的屏蔽门系统后,地下车站空间与列车运行空间完全隔开,避免了地下车站大量空调冷气通过隧道的散失,降低了地下车站空调通风系统的运行能耗,可节约空调通风系统 20%的电能,也减少了列车所散发出的热量进入候车区。减少了站台区与轨行区之间冷热气流的交换，降低冷量消耗，达到空调节能的目的，其次是减少空调设备容量，相应地减少了空调机房土建面积与投资。

我国地域辽阔，各地在修建地铁时，采用的环控方案不尽相同。南方地区以广州为例，年平均气温和年最热平均气温都较高，土壤温度全年为 25 ℃，日夜温差小，四季变化不明显，因此单纯利用土壤储冷以及通风排热是不可能的。与广州地理位置相似的还有深圳、香港和新加坡，都是全年通过空调来进行环控调节。在这些地区安装屏蔽门之后，将能够大量地减少能耗。我国北方地区，以北京为例，夏季日间气温可高达 35 ℃ 以上，但日夜温差大，可利用土壤的储冷来克服白天的高温。因此在该地区可以不采用空调进行环控。在这些地区，安装屏蔽门系统对于节能影响不大。

中间地区的气候特点介于两地区之间。如上海地区，可以采用在 5～10 月开空调进行环控，这些地段的地铁车站安装屏蔽门系统后的节能效果介于南方地区和北方地区之间。

（三）降低人工成本

安装屏蔽门后，可以减少甚至不需要站台接车人员，可以节省人工成本，减少地铁的日常运营管理费用。

（四）环保作用

在列车行驶的过程中会产生噪声和尘埃，在安装屏蔽门系统之后，站台屏蔽门在站台和轨道之间形成一个物理屏障，可以较大地降低地铁候车站厅中的噪声。对于安装全高密闭形式屏蔽门系统的地铁车站，能够有效地降低约 20～25 dB(A)的噪声值；安装了半高或非全密闭形式屏蔽门的地铁车站，噪声值也能减少 10～15 dB(A)。这会给乘客提供一个更加舒适安静的候车环境。活塞风经常把轨道上的垃圾和灰尘带至站台，设置屏蔽门后可将垃圾和灰尘拒之于屏蔽门外，使站台能保持一定的舒适度和清洁度。

（五）提高城市形象

屏蔽门系统是一种新型装置，自动化程度高，能够增加乘客的安全感，对于塑造国际化大都市的形象也很有帮助。

（六）设备造价投入

安装屏蔽门系统使工程初期投资增加，运营后增加屏蔽门维修费用。例如：目前香港地铁公司正在它的 30 座车站的 74 个站台上安装了屏蔽门系统，总投资达到 20 亿港元；悉尼地铁的 Wynyard 车站和 Town Hall 车站共有 14 个站台，安装屏蔽门初期投资需要 1 310 万澳元，年维持费用约 134 万澳元。另外，由于增加了屏蔽门系统，每年地铁车站的维修费用也相应增加。

其次，在那些侧式站台上，安装了屏蔽门系统会使站台显得狭长。为满足乘客候车时心情舒适的要求，对这些站台还必须作特殊的装修处理，使站台显得明亮、宽敞，这也会增加成本。

第三，地铁隧道壁面上安装着广告灯箱，这有着很好的广告效应与收入。但安装屏蔽门之后，虽然屏蔽门大都为透明钢化玻璃，但仍会使广告效应下降，从而影响广告收入。

三、屏蔽门系统实例

目前，有很多国际化大都市的地铁站已经安装该系统并且投入运营使用当中，包括英国、法国、德国、澳大利亚、新加坡、马来西亚、日本等，如图 1-5-10。我国也已有香港地铁、广州地铁、深圳地铁、重庆轻轨安装了屏蔽门系统，上海、天津和北京等城市也将进行安装。

正因为屏蔽门系统具有安全性、降低能耗、减少噪音、提高城市形象等众多优点，相信在今后的国内城市地铁发展中，屏蔽门系统将会得到更充分的利用。

英国朱比利线

新加坡樟宜机场线

香港机场快线

巴黎地铁(半高安全门)

图 1-5-10　国内外屏蔽门系统工程实例图

第二节　屏蔽门系统结构

屏蔽门系统是典型的机电一体化设备，它由机械和电气控制两部分构成。在产品设计、生产制造和安装调试过程中，均需注意屏蔽门系统的设备安全可靠、性能稳定、互换性强。

一、屏蔽门系统的机械部分

屏蔽门系统机械部分包括门体结构和门机系统设备。

(一)门体结构

屏蔽门均由若干档屏蔽门组成，每档屏蔽门均包含以下部分：

1. 钢架结构

(1)组成部分

包括上部预埋件、高度调节装置、横梁、立柱、门立柱、绝缘衬垫等。钢架结构是完整的受力构件，通过该结构，可以把屏蔽门所受到的荷载传递给土建结构。它是屏蔽门的垂直荷载、水平风荷载(隧道通风系统产生的风压、列车运行的活塞风压)以及乘客挤压力和地震力等荷载主要受力构件。在立柱顶部装有万向调节伸缩装置(如活节螺栓或活塞式套筒)，该装置能有效吸收土建顶梁不平度误差，并消除顶梁及站台面的不均匀沉降对屏蔽门系统的影响。

(2)技术要求

①钢结构部件表面必须进行整体防腐蚀处理，以满足地铁工作环境下 30 年防腐寿命要

求。

②从外观美观考虑，立柱和支柱的表面外包材料应与门体框架材料相一致，采用不锈钢或铝合金等型材。

③钢结构绝缘材料的选用应同时满足绝缘、机械强度及耐老化的要求，确保屏蔽门整体与站台绝缘。

④作为整个屏蔽门的支撑骨架，以承受门体的全部重量和外力，即满足负载条件的要求。

⑤屏蔽门系统设计与安装上，以站台中心线为基准，沿站台纵向方向居中对称布置，并且在土建结构允许的变形范围内，不能侵入设备限界。

⑥安装调节方便，能够多自由度地调节钢架位置，以保证所有屏蔽门位于同一个垂直平面内。

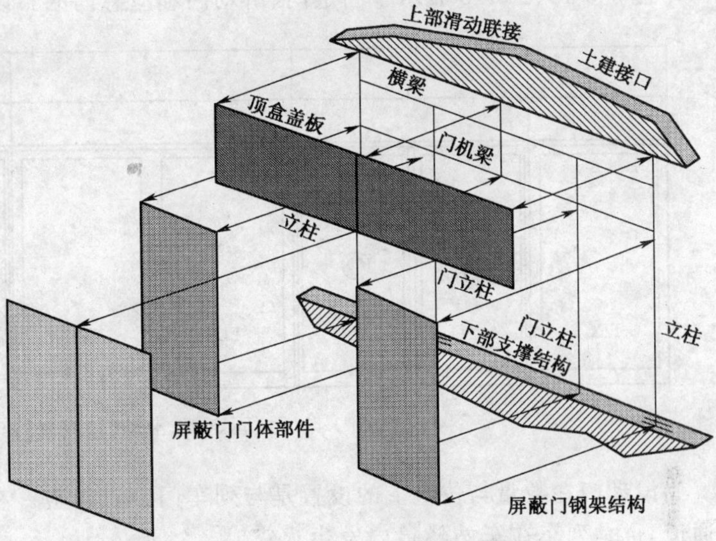

图 1-5-11　屏蔽门结构简图

⑦在现场安装时，各构件的连接不允许焊接等明火施工。

⑧所有连接螺栓和定位螺栓均有可靠的防松设计，安装调整后应仔细检查防松是否可靠。

2. 屏蔽门顶盒

(1)组成部分

包括安装框架、前后盖板、橡胶垫、连接件、内置门驱装置、门控单元、配电端子箱、滑动门导轨、闭锁机构。

(2)技术要求

①钢结构部件表面必须进行整体防腐蚀处理，以满足地铁工作环境下 30 年防腐寿命要求。

②盖板材料的选择与制造工艺满足车站装修与地铁环境的要求，前盖板可上翻至足够的开度，并设支撑装置，方便门驱系统安装调试和维护检修。后盖板的外形结构尺寸与安装需满足限界的要求。

③顶盒部分是滑动门的吊点和固定门支柱的上支点，与滑动门连接的连接件应可靠，满足受力要求，且在活塞风作用下，不产生振动和噪声，能够承受滑动门的重量和负载条件下的外力作用。

④对顶盒内置的各种机电部件提供良好的密封保护，包括防水和屏蔽电磁波，以保证门控单元正常工作。

⑤滑动门导轨保证滑动门平稳运动、阻力小。

3. 屏蔽门门体单元

包括固定门、应急门、端门、滑动门、手动开锁机构、闭门器、气密材料等。

(1)屏蔽门门体单元组成

在站台的纵向方向上，屏蔽门以有效站台中心线为基准居中对称布置。屏蔽门系统的门体由固定门(FIX)、滑动门(ASD)、应急门(EED)及端门(MSD)几部分组成，其中端门是设置在站台两端位置。

图 1-5-12、1-5-13 展示了固定门、滑动门和应急门的布设。

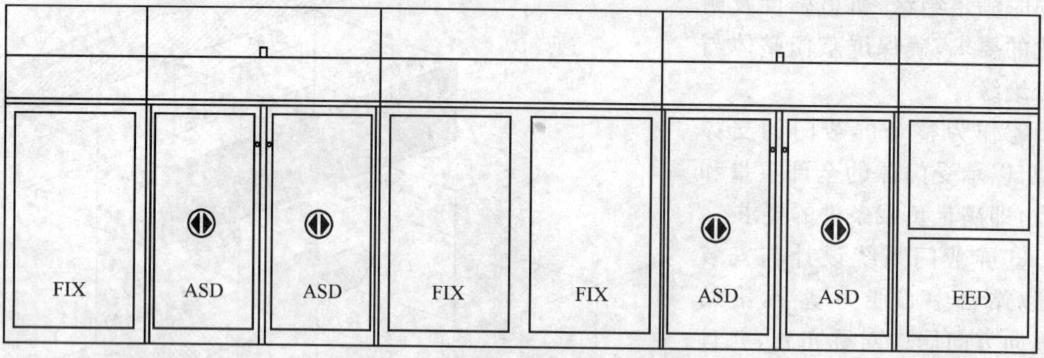

图 1-5-12　固定门、滑动门、应急门布置图

滑动门在数量与位置上的设置是与列车门一一对应。在正常运行时，它是乘客上下车的通道，也是列车在车站隧道内发生火灾或故障时，乘客的疏散通道。

图 1-5-13　固定门、滑动门、应急门分布图

滑动门具有自动、测试和隔离 3 种控制模式，站台人员可通过操作滑动门在站台侧设置的钥匙开关实现 3 种模式的控制操作：正常状态下，滑动门处于自动模式；测试模式是维修人员检修时使用的；隔离模式是在门单元发生故障时，供站台工作人员使用，将故障的门单元隔离出系统，不再参与整个系统的运作，以减少对系统和乘客的影响。在测试和隔离模式下，滑动门不再接受系统级和站台级控制信号的控制，并旁通关闭和锁紧信号。在滑动门轨道侧外也设有开门把手，当系统级控制和站台级控制失效时，乘客可从轨道侧用开门把手将门打开。

与置于顶盒内的闭锁机构联动，在滑动门关闭后，闭锁机构可防止外力作用将门打开，但在非正常运营模式和紧急运营模式时，站台工作人员或乘客可手动打开滑动门，实现解锁，即每档滑动门在轨道侧均可用把手，在站台侧均可用手动解锁钥匙对门进行开/闭操作，该手动解锁钥匙孔的设置位置应能防止无关人员的损坏。

两对滑动门之间的屏蔽结构由固定门组成，固定门是不能打开的。

应急门是当列车进站的停车误差超过了设计时所考虑的停车精度误差，而列车又刚好不能再进行位置调整时的疏散通道(其中包括列车未完全进站或未完全出站发生的意外情况)。

应急门、端头门配有安全的通用门锁，车站工作人员可用钥匙在站台侧开启应急门。轨道侧设有开门推杆，推杆与门锁联动，列车司机通过广播指导乘客在轨道侧推压开门推杆将门打开，门打开后未到达全开位置时，能通过闭门器自动复位关闭并锁定，也能通过闭门器向站台侧旋转 90°平开固定。应急门到达全开位置时，也能通过闭门器保持全开稳定。

端门的结构和应急门一样，只是端门设置在站台两端，与靠站台而设的屏蔽门垂直接壤，并与它们一起与设备房外墙构成一个全封闭的屏蔽系统。

滑动门、应急门和端头门的闭锁机构应工作可靠，在关闭状态下都能够进行自锁，能防止在站台侧用外力打开。

(2)屏蔽门门体材料

①门体型材

屏蔽门是地铁车站占用面积最大、最醒目的设备，因此，对屏蔽门外表的装饰材料及加工工艺应有严格的要求。屏蔽门的型材通常采用经表面处理后铝合金挤压型材或直接使用奥氏体系列不锈钢。

对于铝合金型材，一般采用可热处理的强化型的变形铝合金，具有密度小、强度高、导电性能良好等特点。其中主要型号是 LD31(即 6063 合金)。LD31 具有中等强度，良好的塑性和优良的可焊性、抗蚀性，无应力腐蚀倾向，可阳极氧化，适合作建筑装饰型材及各种需要良好耐蚀性要求的结构件。

如果用 LD31 制造屏蔽门门体，则要先对其进行阳极氧化处理，然后对其表面进行氟碳喷涂或静电喷涂等防腐措施。它的最大优点是可以根据不同需要来选择所需喷涂的颜色。

采用不锈钢材料制作屏蔽门门体，一般采用奥氏体系列不锈钢(如 304L、316 等材料)。奥氏体不锈钢的韧性、塑性及工艺性能，相对于其他类型不锈钢来说都比较好，且硬度适中，焊接性能较强，表面抗污力强。但在焊接过程中，奥氏体不锈钢可能会出现晶间腐蚀，所以要采用较好的焊接工艺来预防或减少晶间腐蚀及应力腐蚀。其中的 304L，国内牌号为 00Cr18Ni10，抗晶间腐蚀及应力腐蚀性能优越，焊后可不进行热处理，且其室温机械性能，无论硬度、强度或其他各项机械性能指标均优于 LD31。

②门体玻璃采用钢化玻璃，钢化玻璃厚度、玻璃和门框的粘贴材料与粘贴方法均需满足设计负荷要求和安全规范的要求。

③门体密封部件(如门缘胶条、导靴板、密封刷)，需具有良好的气密性能，满足泄漏量指标，以隔离噪音和阻止站台与轨道之间空气及热量的对流，提高环控效率，且要求具有阻燃、低烟、无毒、耐老化、减振、耐磨等。

(3)门体技术要求

①滑动门有障碍物检测装置，障碍物的探测是通过对比预测的电机电流和从门速度曲线上测量的电机电流实现的。DCU 的微控制器计算障碍力度，如果障碍力超过配置软件设定的最大值，障碍物探测程序就会启动。检测障碍物的厚度不大于 10 mm。

②门体部件的设计考虑互换性，以减少安装时间和简化维修备件的种类。

③门体的制作精度：对角线误差≤1 mm，平面度公差≤1.5 mm。

④滑动门下部导靴与地坎之间的间隙不得大于 2 mm。

⑤滑动门解锁后的人工开门力和阻止滑动门关闭的力≤150 N。

⑥滑动门的开启时间为 3.0～3.5 s 之间，关闭时间为 3.5～4.0 s 之间。

⑦为避免滑动门关闭时撞击乘客可能造成的有害结果，每扇滑动门运动的最大动能宜≤10 J。

⑧在滑动门关闭过程中，最后 100 mm 行程为慢速爬行区，此时每扇滑动门运动的最大动能≤1 J。

⑨滑动门打开时的运行阻力，除计入滑动门重力作用在运行导轨上而产生的摩擦阻力外，还应计入给定风压作用在滑动门上而产生的位于上下导轨处的摩擦阻力。

4. 下部支承结构

(1)下部支承结构组成

屏蔽门下部支承结构包括踏步板、固定支座、绝缘衬垫、调节装置、下部预埋件等。

(2)下部支承结构技术要求

①下部支承结构部件表面必须进行整体防腐蚀处理，以满足地铁工作环境下 30 年防腐寿命要求。

②踏步板表面有防滑齿形槽，具有足够的耐磨性能和防滑要求。踏步板是屏蔽门安装的基准面，并与站台装修面等高。该部件安装应保证其水平度和垂直度，前后踏步板的安装应确保滑动门滑动自如，并能承受乘客荷载(乘客活动区域按 9 人/m²、75 kg/人计算)。

③整个下部支承结构通过下预埋件与站台牢固联结，下部预埋件和调节装置应能够吸收站台板土建结构的施工误差。

④通过下部支承结构，保证屏蔽门与下部预埋件的可靠连接，并和站台绝缘。

屏蔽门机械部分主要技术要求见表 1-5-3。

表 1-5-3　屏蔽门机械部分技术要求

要求项目	参考数据	注释说明
环境条件	环境温度：－20℃～＋40℃ 相对湿度：95％～100％ 满足防潮、防湿、防尘、防水及防震的要求	
使用寿命	30 年，每周 7 天，每天连续运行 18 h	
负载条件	人群荷载：1.5 kN/m	距站台面 1.1 m
	风压：±900 Pa	
	冲击载荷：2 800 N(在 0.08 s 时间内)	
	地震力：±0.1 g	
	门体无破坏，且弹性变形量≯10 mm	
	疲劳应力：±500 N/mm²	
总体布置	以站台中心线居中对称布置	
探测障碍物	滑动门关闭时，能够探测到的最小障碍物厚度为 10 mm	
关门力与运动动能	阻止滑动门关闭的力≤150 N；每扇滑动门运动的最大动能宜≤10 J	确保人不被夹伤
人工解锁力	滑动门解锁后的人工开启力≤150 N	
开关门时间	滑动门开启时间为 2.5～3.5 s 之间，关闭时间为 3.0～4.0 s 之间	开关门时间均为可调
承受土建结构最大变形量	屏蔽门能够承受的土建结构最大变形量为 35 mm	
噪声级	在列车全速通过时由车辆活塞风作用所发出的振动噪音目标值≤70 dB(A)	距屏蔽门 1 m、站台地面 1.5 m 高处所测得
屏蔽门门体与站台土建结构绝缘	500 V 直流试验电压下，门体与大地的绝缘电阻＞0.5 MΩ	

(二)门机系统

1.门机系统组成

以同步齿形带式传动为例,门机系统主要由门控单元(DCU)、直流无刷电机及减速箱、驱动皮带、电磁闸锁、模式开关、就地供电电源单元、指示灯和控制线路等组成。

(1)门控单元(DCU)

DCU是门机系统的核心,DCU内装有一个微处理器,是存储数据、电机速度曲线和软件的存储单元,并具有自诊断功能,微处理器提供脉宽调制(PWM)驱动信号,只要根据需要在DCU中设定电机的目标运行曲线,DCU便会在速度、转矩、工位等各个参数上驱动控制电机按照所设定的曲线参数进行工作。在此控制方式下DCU将监测电机的电动势、电流和位置,实现电机的四象限运行,从而对滑动门的整个运行过程进行制动和加速控制。

(2)传动装置部分

以皮带传递为例:屏蔽门系统的直流无刷电机的转轴与减速箱直接连接,直流无刷电机属于一种短时间周期性动作的设备,它必须在规定周期内完成开/关门动作,响应精度要求高。电机在关门阶段一般经过加速、速度保持、减速、低速保持、制动5个阶段。

(3)驱动装置部分

每侧站台的DCU可采用CAN BUS总线与PEDC连接,构成分布式控制网络。在屏蔽门打开前,屏蔽门单元控制器(PEDC)或站台就地控制盘(PSL)向该侧站台DCU发出的OPEN和ENABLE硬线指令,电磁闸锁开始解锁,当DCU确定门已经解锁时,将驱动直流无刷电动机通过减速箱带动驱动皮带。皮带拖动门挂板(挂板内装有滑动轮)实现滑动门开门,门完全打开后停留在打开位置,直至PEDC或PSL取消“开门”命令,门才会关闭并将保持在“关闭和锁紧”状态。

(4)锁紧装置

每道滑动门单元均有一套电磁式门锁紧装置(即电磁闸锁),闸锁上装有4个开关,两个是锁闭监测安全开关,这两个安全开关用于证实锁是否已经可靠闭合锁紧,另外两个是应急安全开关,用以证实滑动门是否因滑动门的手动解锁装置动作而打开过。

2.门机系统技术要求

(1)门机系统内的各执行与控制部件性能需稳定可靠。

(2)系统满足正常运行模式、非正常运行模式和紧急运行模式的控制要求。

(3)传动装置需具备皮带张紧力的调节功能,以消除皮带打滑的隐患。同步齿形带采用阻燃、低烟、无毒材料,皮带的使用寿命不小于8年。滚动轴承实际使用寿命不低于30年。蜗轮蜗杆减速箱的实际使用循环次数不少于100万次。

(4)门的驱动系统运行平顺、易于调换,无窜动等现象,能够保证两扇滑动门同步、稳定运动、开/闭曲线可调。屏蔽门系统的闭锁机构工作可靠,在关闭状态下自锁,能防止站台侧外力作用下打开滑动门。

二、屏蔽门系统的电气部分

电气部分包括电源供电系统和电气控制系统。

(一)电源供电系统

屏蔽门电源供电系统主要分为驱动电源和控制电源。

供电系统原理图如图1-5-14所示。

1. 驱动电源

驱动电源由双电源自动切换箱、驱动电源 UPS1、驱动电源屏及其他相关设备组成。由低压配电系统提供的两路独立的 380 V、50 Hz、三相的交流电源通过驱动电源 UPS1 与驱动电源屏连接，为两侧站台的滑动门提供驱动电源。不间断电源的 AC 380 V、50 Hz 的三相输出与驱动电源配电盘连接，每个站台配置一个配电盘。电源按照逻辑顺序配电给 6 个 LPSU，因此单一供电电路的故障只会影响一个屏蔽门单元。每个滑动门单元的门机内包括一个 LPSU，LPSU 接收来自配电盘的 AC 380 V、50 Hz 的三相电源，并通过变压器把它就地转化为适合门控单元的电压的电源。另外，LPSU 还包括一个断路器作为供给 DCU 电源的保护及隔离。当输入的两路 380 V 交流电源都发生故障或其他异常情况时，驱动 UPS 将采用蓄电池供电。蓄电池容量满足断电后开关屏蔽门 3～5 次的要求。

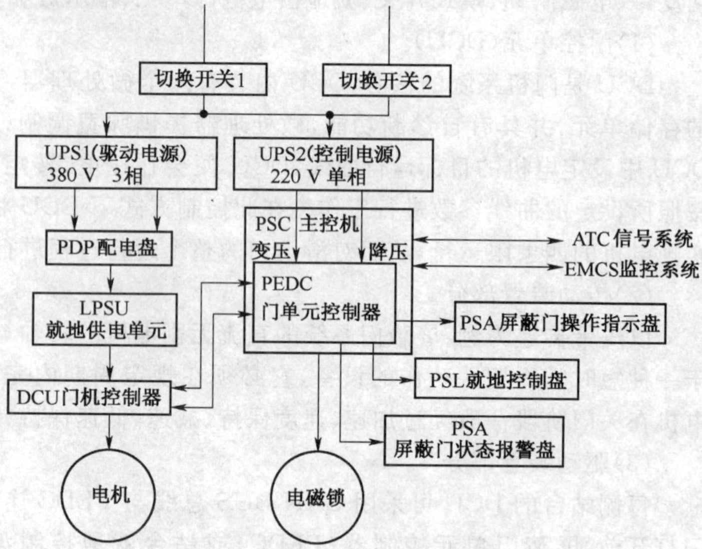

图 1-5-14 屏蔽门系统供电原理图

2. 控制电源

为提高电源质量，控制设备采用 UPS 不间断电源供电。控制电源 UPS 包括 UPS 以及蓄电池组。UPS 为双重在线式不间断电源，能够监视电源装置的输出电压、电流，并能监视电源装置正常运行状态和故障状态，具有自动电池监控及放电测试功能。控制 UPS 电源容量能保证 PSC、PSA、PSAP、PSL 持续工作 0.5 h，确保系统断电后对屏蔽门的控制。

(二) 电气控制系统

1. 屏蔽门的系统控制模式

屏蔽门系统包含四种运行模式：即系统级控制、紧急操作控制、站台级控制和手动操作控制方式，以便达到屏蔽门系统运行与安全的要求。其中手动控制具有最高的优先权，系统级控制具有最低的优先权。可以归纳为 6 个控制级别：

(1) 远程自动控制(系统级)；

(2) 紧急操作(车站级)；

(3) 紧急控制(站台级)；

(4) 站台端头控制(站台级)；

(5) 就地控制(门级)；

(6) 单个 PSD/EED 手动操作(门手动级)。

2. 系统级控制模式

在正常运行模式下，系统能自动或经列车司机确认后对屏蔽门进行的开/关门进行操作的自动控制方式。滑动门在接受列车司机或 ATC 发出的操作指令，通过 DCU 进行自动控制，来执行开/关门操作。

当列车进入车站停靠在允许误差范围内的停车位置时，信号系统发出一个“开门”命令；此开门命令经过 PSC 送到每个应该打开的屏蔽门单元的 DCU 上，从而控制电机驱动门体做开门动作。当所有 ASD(滑动门)/ EED(应急门)打开时，DCU 会将检测装置检测到的“门已打开”的状态信息经 PSC 反馈给信号系统及 EMCS 系统；当列车要离开车站时，信号系统发出“关门”命令至 PSC，PSC 会将关门命令发送至每个应该关闭的屏蔽门单元的 DCU，从而控制电机驱动屏蔽门开始关门。当所有屏蔽门关好以后，DCU 会将检测装置检测到的“门已关闭并锁紧”的信号反馈至信号系统及 EMCS 系统。当信号系统收到关闭并锁紧信号以后，才会发出开车命令。如果在整个控制过程中任何一个屏蔽门单元出现故障，PSC 会将 DCU 及其他设备反馈给它的故障信号发送至 PSA 进行声光报警，并可将故障信息显示在 PSA 显示器上，还可以通过固有的串口进行故障信息的下载。

在此情况下，站台屏蔽门通过信号系统受列车的车门控制及连动，当列车停车位置超出停车精度范围时，列车车门及站台屏蔽门皆不能开启。在站台屏蔽门尚未关妥前，列车也不能正常启动。

3. 站台级控制

站台级控制是列车司机通过站台 PSL 对屏蔽门进行的开关门动作的控制操作。当系统级控制不能正常实现时，如信号系统故障，或主控机 PSC 对门机控制器 DCU 控制失败等故障下，列车司机在站台端门处 PSL 就地控制盘上进行开/关门操作，实现屏蔽门的站台级控制操作。

4. 手动操作

手动操作是站台工作人员或乘客对屏蔽门进行的操作。当屏蔽门控制系统自身发生故障时，只能采用手动操作开/关滑动门，即在轨道侧通过把手，在站台侧用钥匙开/关滑动门。应急门和端门均可手动操作，即在轨道侧通过把手、在站台侧用钥匙开/关应急门和端门。

5. 屏蔽门电气控制系统组成

完整的屏蔽门电气控制系统是由以下部件组成(以标准车站为例)：

主控机(PSC)、站台端头就地控制盒(PSL)、门机单元控制器(PEDC，每个 PSC 含有两个 PEDC)、屏蔽门控制开关(PCS)；操作指示盘(PSA)、屏蔽门状态报警盘(PSAP)、声光报警装置、模式开关(自动/旁路/测试)、测试开关、门机控制器(DCU)、安全继电器、总线网络和硬线控制线路等组成，以每个车站为单位构成一个完整的监控系统。

(1)主控机(PSC)

主控机(PSC)是屏蔽门控制系统的核心，采用先进的工业控制计算机。它安装在屏蔽门设备室内。

①为提高本系统的可靠性，主控机主要部件如微处理器采用设备冗余技术：即具有双 CPU，一主一备；总线网络接口板也采取一主一备的结构方案。

②具备与信号和 EMCS 监控系统的通信功能，能接收和发送信号系统以及 DCU、PSL 等内部设备的各种控制信号和状态信号。

③存储重要数据的存储器采用闪存，对供电系统重要参数进行检测和显示，对故障进行实时记录，并具有足够存放数据和软件的存储单元，以确保系统能够正常高速运转，准确接收各控制点的控制信息，系统具有运行监视控制功能和自诊断功能。

④主控机操控简单，可通过 PSA 上的人机界面进行故障诊断调试，并留有与便携式计算

机的接口，可连接便携式计算机实现对系统进行编程、数据及程序下载、参数修改等编程控制功能。

⑤PSC 中的 PEDC 是可整体更换的单元，便于修理，可维护性强。

⑥具备抗震、防尘、防潮及抗电磁干扰性能，IP 等级应满足在地铁环境条件下正常运行的要求。

(2)就地控制盘(PSL)

根据列车运行的需要，可以在站台靠列车行进方向的一端或两端设置 PSL。其布设位置应与列车正常停车时驾驶室的门相对应。

①站台端头就地控制盘(PSL)与单元控制器 PEDC 和门机控制器 DCU 之间均采用硬线连接，包括开门信号、关门信号、滑动门关闭锁紧等关键信号。

②PSL 具有抗震、防尘、防潮及抗电磁干扰要求，IP 防护等级应满足在地铁环境条件下正常运行的要求。

③如设置两个 PSL 时(列车有双向运行需求)：这两个 PSL 具有同等优先级，当操作其中任意一个 PSL 时，另一个将失去控制作用。

④如设置两个 PSL 时，PSL 的控制功能与信号系统的方向电路连锁，即与列车行进方向相反的 PSL 无法控制屏蔽门的开关门动作。

(3)门机控制器(DCU)

门机控制器(DCU)是滑动门电器的控制装置，是门机系统的核心，每个滑动门均配置一个 DCU，并安装在门体上部的顶盒内。

①DCU 具有抗震、防尘、防潮、抗电磁干扰及抗静电干扰的功能，满足在地铁环境条件下正常运行的要求。

②DCU 内装有一个微处理器，是存储数据、电机速度曲线和软件的存储单元，并具有自诊断功能，微处理器提供脉宽调制(PWM)驱动信号，只要根据需要在 DCU 中设定电机的目标运行曲线，DCU 便会在速度、转矩、工位等各个参数上驱动控制电机按照所设定的曲线参数进行工作。

③DCU 能对监测电机的电动势、电流和位置进行监视和控制，实现电机的四象限运行，从而对门的整个运行过程进行制动和加速控制，以及关门受阻时的防夹控制。

④DCU 内还配置模式(自动/旁路/测试)开关控制输入接口和手动开/关门开关控制输入接口，以及门状态指示灯、两路冗余网络总线接口、用于连接 PSL、PEDC 的硬线接口。并提供声光告警装置的 I/O 接口、提供开/关门指令的接口，并对相邻 EED 的开关状态信号进行检测。

⑤门机控制器 DCU 与单元控制器 PEDC 之间采用硬线及冗余的总线连接，可以将屏蔽门的各种状态信息(开/关门、故障等)传送至主控机(PSC)。

(4)声光报警装置

声光报警装置分别设置在每档屏蔽门顶盒面板上。

(5)模式、测试开关

①模式开关位于每档屏蔽门的上方，具有自动/旁路/测试选择功能，当模式开关处于“旁路”状态时，该档屏蔽门与整个屏蔽门控制网络脱离；

②测试开关能向 DCU 发出开/关门指令，用于对该档屏蔽门进行测试；并且利用测试开关，能够对屏蔽门故障时发出的告警声进行消声。

(6)屏蔽门状态报警盘(PSAP)

PSAP 布置在每个车站的站台监控亭内;具有声光报警器,且有消声功能,能够对屏蔽门系统的状态进行实时监控。

(7)操作指示盘(PSA)

操作指示盘(PSA)是布置在车站控制室或站台监视亭内,它具有足够的存储单元,并通过网络接口连接至 PSC。其 MMI 中文人机界面能显示各档屏蔽门的开关状态和故障信息,并可通过 PSA 内置的编程/调试接口实现对系统进行编程、数据及程序下载、参数修改等编程控制功能。

(8)屏蔽门控制开关(PCS)

PCS(屏蔽门控制开关)位于车控室内,由持有相应钥匙的车控室人员控制,可以对屏蔽门的开关门动作进行控制。

(9)现场总线

现场总线(fieldbus)是用于过程自动化、制造自动化、楼宇自动化等最底层的现场设备或现场仪表互联的通信网络,是现场通信网络和控制系统的集成,这项技术已经得到广泛的开发应用。

屏蔽门控制系统是屏蔽门系统中比较重要的组成部分,现场总线技术在屏蔽门控制系统中起到关键的作用。屏蔽门控制系统采用网络技术,按照控制系统向分散化、网络化、智能化发展的要求,把挂接在网络上、作为现场总线节点的各设备,连接为网络集成式的全分布控制系统,以实现对屏蔽门的控制功能、参数修改、报警、显示、监视等综合自动化功能。

屏蔽门控制系统所采用的网络在其拓扑结构上应是总线型的局域网,网络图如图 1-5-15 所示。其中 PSC(中央接口盘,也称主控机)、PSA (远方报警盘)以及每个 DCU(门单元控制器)都是挂接在总线上的一个网络结点。其总线结构及网络协议应采用公开、规范的通用形式,以便完成与 EMCS(机电设备监控系统)系统之间的接口,确保它们可同时传送数据,并能共享系统的信息。

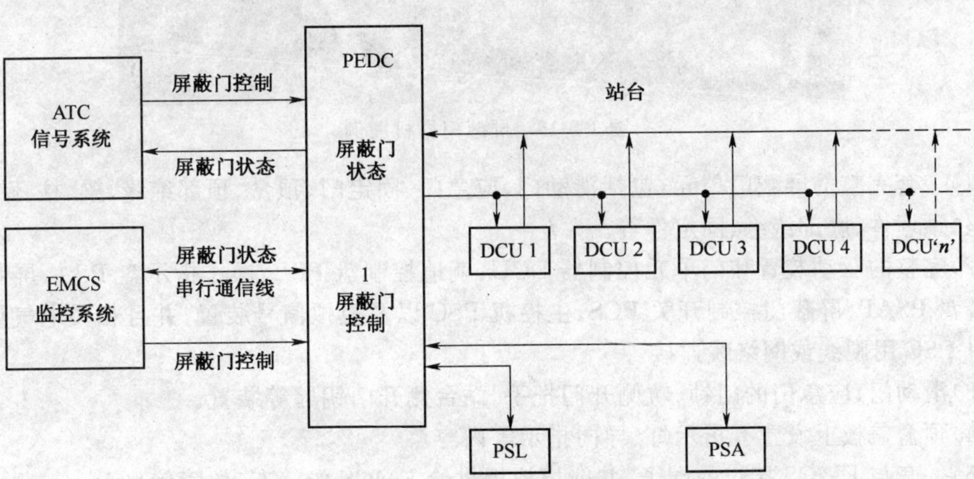

图 1-5-15　屏蔽门系统网络图

总线型结构的网络可以保证网络上任何一个结点发生故障都不会影响整个网络其他结点的正常运行,并可以通过网络对屏蔽门进行全程控制、运行参数修改、声光报警等功能。

屏蔽门控制系统对一些重要的控制节点的命令以及状态信息也要采用硬线方式进行传输,充分利用其高可靠性及抗干扰性能,保证整个控制系统信息传输的可靠性。像 PSC 与信号系统、PSC与PSL(站台端头控制盒)之间,以及屏蔽门的开门、关门命令的发送及反馈,均要采用硬线传输。

第三节　屏蔽门样机试验

一、样机试验目的

屏蔽门的样机试验是为了检验生产供货厂商所提供的产品设计、生产质量、产品性能是否达到合同技术规格的要求,为后续批量生产合格的屏蔽门设备打下良好的基础。

二、样机试验模型组成

样机试验应是一套完整的屏蔽门系统,以带传动屏蔽门为例,它包括以下组成部分,如图1-5-16。

图 1-5-16　屏蔽门样机图例

(1)一套完整的屏蔽门单元,包括滑动门、应急门、固定门、顶盒、顶部绝缘、梁、柱、踏步板、支承座、预埋件、底部绝缘、固定件等。

(2)完整的驱动装置和门单元控制器DCU、就地控制盘PSL、操作指示盘PSA、屏蔽门状态报警盘PSAP、屏蔽门控制开关PCS、主控机PSC以及模拟信号装置,并且相关电气设备与主控机PSC用硬线或网络线连接。

(3)滑动门、应急门的门锁、轨侧开门把手,站台侧开门钥匙等装置。

(4)顶盒盖板上设置有指示灯、导向指示等内容。

(5)一套与EMCS接口的端子,并能模拟提供给EMCS的状态、故障信息。

(6)一套现场的询问/诊断装置。

三、屏蔽门样机试验内容

1. 100万次样机寿命试验

从屏蔽门样机组建安装完毕并检查合格后,即可进行100万次样机寿命试验。样机每天

24 h 不间断运行，直至完成 100 万次的开/关循环周期。

在测试过程中，定期对滑动门开关门循环次数进行统计，每运行 10 万次后，进行预防性维保计划，进行模仿维保服务检查。每运行 25 万次后，检查运动曲线，以确认屏蔽门的性能是否受到影响，并对手动开门力、关门力、绝缘电阻以及系统其他各种功能进行检查。

寿命测试后，将设备拆卸下来，检查各主要运动件磨损情况。以皮带传动系统为例，需对门头内的电磁锁、电机/减速箱组件、导槽、驱动皮带、门吊挂滚轮及轴承、DCU 门单元控制器、惰轮以及滑动门下部导靴等，检查其磨损和/或性能减退迹象。试验中如发生因重要零部件损坏而更换，则试验重新开始。PSC 能够监视并自动记录故障。

2. 密封试验

设置一个密封气囊，以样机门体作为气囊的其中一面。密封气囊必须保证完好无气体泄漏，气囊的顶面、底面以及其他 3 面必须是密封的，用灯光进行目测，应无光线透过。空气泄漏的唯一途径为样机门体。密封气囊应设置在样机的站台侧。在气囊的一侧连接有两条气管，其中一条用于向气囊内加气压，该气管将通过压力计（流量计）与储气罐相连接。测力计通过另一条气管单独与气囊连接，用以测量气囊内的气压，如图 1-5-17 所示。

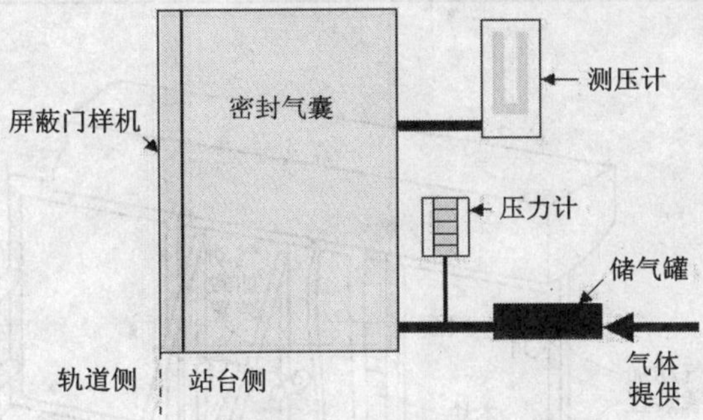

图 1-5-17 屏蔽门样机密封试验示意图

图 1-5-18 屏蔽门样机试验图例

通过向密封气囊内加气，直到气囊内的气压达到 10 Pa，将气流率减少到使气囊内的气压保持不变的最少流量。保持该气流率 10 min，保证气囊内的气压恒定在 10 Pa。如果气囊内的气压改变，则相应调整气流率。当气流率和气压均稳定不变时，记录气流率。具体的试验过程以及数据的处理及换算均参照国标 GB/T 15226—1994 进行。屏蔽门样机试验图例如图 1-5-18所示。

通过密封试验对屏蔽门进行空气渗透性和风抗力的测试，以保证空气渗漏在所有操作条件下不会引起明显的气流或啸声。在 10 Pa 的压力条件下，每平方米的空气泄漏量不应大于 $12.2\text{m}^3/\text{m}^2 \cdot \text{h}$。

3. 载荷度试验

载荷试验是用于检测隧道通风产生的风压差、乘客载荷以及列车隧道风压对屏蔽门的影响。地铁环境下可能存在的载荷情况如表 1-5-4（数据仅供参考）。

在样机的两侧表面放置一个特殊气囊及相应加载设备，按照上表提供的负载条件的工况进行加载测试。以下对部分载荷测试进行说明。

图 1-5-19 是本试验中模拟风压载荷加在屏蔽门全高样机上的布置图，利用密封充气气囊模拟地铁现场的风压载荷，将均匀分布的载荷加在屏蔽门样机上。气动加载装置 1 与 2 是模拟左侧屏蔽门单元对本样机的反作用力，同理气动加载装置 3 与 4 是模拟右侧屏蔽门单元对

本样机的反作用力。

表 1-5-4　地铁环境载荷情况表

	风压类型	风压大小	加 压 方 式
站台侧载荷	风压载荷	900 N/m²	利用密封充气气囊将均匀分布的载荷加在屏蔽门样机上
	乘客挤压线性载荷	1 500 N/m	在离装修完成面 1.1 m 垂直高度，通过气动加载装置向滑动门、固定门以及应急门的整个长度施加线性载荷
	冲击载荷	2 800 N	在门体前面连接一个冲击球，冲击球自由悬挂时，撞击点离装修完成面 1.1 m 高度
	复合载荷 1 静载＋乘客挤压载荷	900 N/m²＋1 500 N/m	两者叠加
	复合载荷 2 风压载荷＋冲击载荷	900 N/m²＋2 800 N	两者叠加
轨道侧载荷	风压载荷	900 N/m²	利用密封气囊将均匀分布的载荷施加在屏蔽门样机上

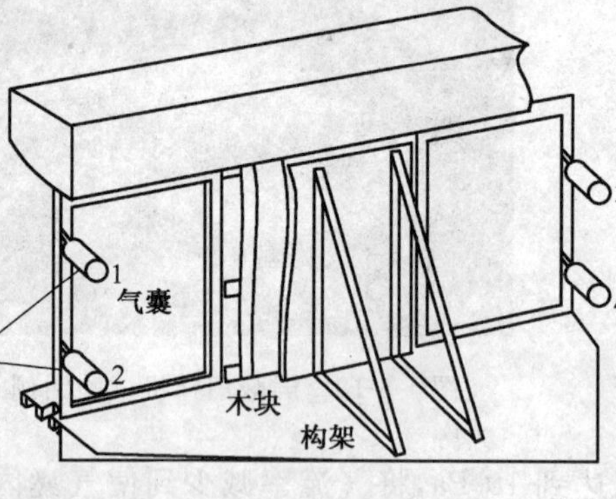

图 1-5-19　风压载荷试验布置图

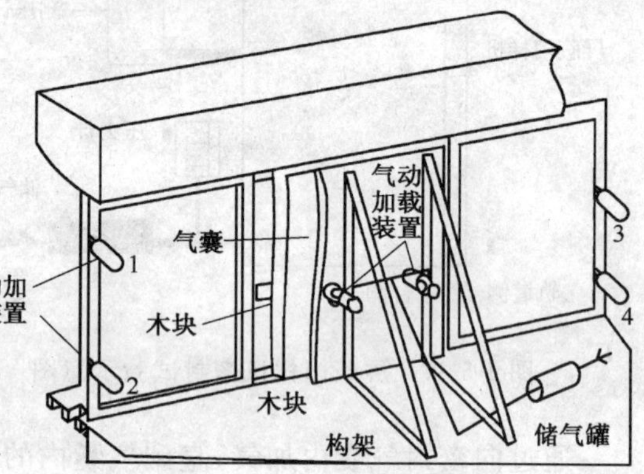

图 1-5-20　复合载荷试验布置图

图 1-5-20 是本试验中模拟风压载荷和乘客挤压线形载荷的布置图，利用密封充气气囊模拟地铁现场的风压载荷，将均匀分布的载荷加在屏蔽门样机上。气动加载装置 1、2、3、4 是模拟相邻屏蔽门单元对本样机的反作用力。气动加载装置 5 和 6 是向一个与样机门单元等长、宽度为 100 mm的木块施加载荷，将线性载荷施加在站台旁全长的滑动门、固定门和应急门上，以模拟乘客挤压线形载荷。

冲击载荷试验如图 1-5-21 所示，在站台侧的屏蔽门前连接一个冲击球，其自由悬挂时撞击点离装修面 1.1 m 高。冲击球的重量与球体提升高度必须满足在 0.08 s 时间内对门体产生 2 800 N 的冲击力。

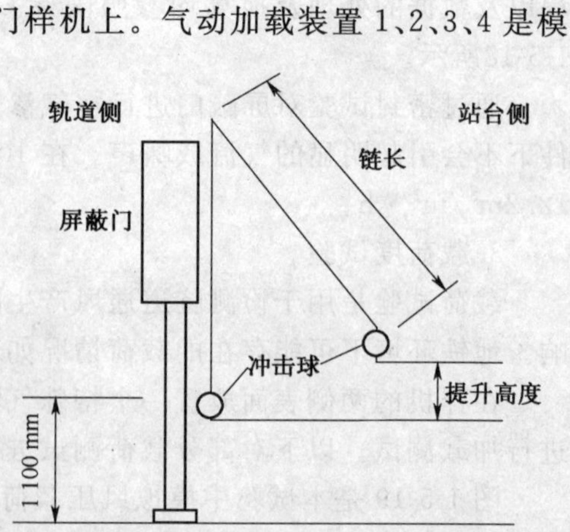

图 1-5-21　冲击载荷试验布置图

用电位传感器或线性电压位移传感器测量屏蔽门各种载荷情况下的变形量，图 1-5-22 为传感器的位置布置图，将这些传感器通过信号调节器连接到数据采集器上，通过专业软件处理后得出变形量数据。

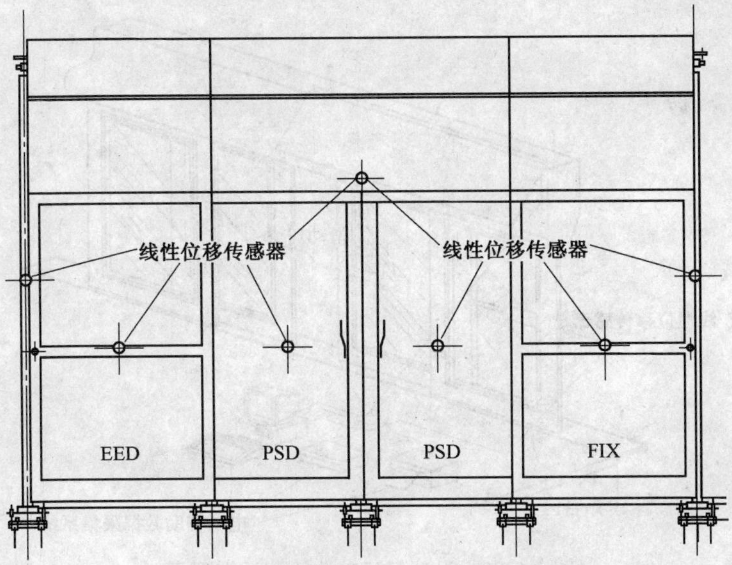

图 1-5-22　载荷测试位移传感器分布图

以上试验在对安装钢化玻璃的屏蔽门系统在联合加载情况下，屏蔽门各框架元件的最大弹性变形量与静止状态相比不得超过±10 mm，任何部分都不应有损毁现象。一旦从门体上除去所有载荷后，屏蔽门恢复到正常状态下，门体将恢复到原有位置±1 mm 的范围内。

4. 噪声测试

用噪声计测量样机开关门时的噪音水平。

(1)闭盖状态下，噪音级别不应超过 70 dB(A)。此时不包括解锁和闭锁动作。

(2)开盖状态下，解锁和闭锁动作进行时噪音级别不超过 75 dB(A)。

5. 滑动门运行动能试验

为确保乘客通过屏蔽门过程中不被门体夹伤，规定屏蔽门以最大速度运行时，每扇活动门最大动能不超过 10 J。在最后 100 mm 关门行程中，每扇门动能不超过 1 J。

6. 滑动门运行曲线试验

在滑动门门体上连接一个线性位移传感器，并连接一个记录器和数据登录器，通过一个数据传递和信号调节设备连接到电脑上，准确地计算出门的运动曲线，包括速度、动能、位移、加速度、冲击力和关门力度，后两项数据需采用测压元件测量力度，如图 1-5-23 所示。

7. 关门力试验

检测滑动门在关门加速完成时，阻止其关门的力的大小。

在滑动门打开的状态下，在两扇门之间放置一个夹紧力检测仪，夹紧力检测仪连接到数据采集器。给屏蔽门发出门关闭模拟信号，让门撞击夹紧力检测仪，并记录数据采集器所采集到的滑动门撞击夹紧力检测仪的力度，如图 1-5-24 所示。单扇滑动门的阻止关门力应低于 150 N。

8. 手动开门力试验

手动开门力试验是衡量滑动门、应急门和端门运动阻力大小的指标：使应急门解锁所需的力度不能大于150 N，推动滑动门、应急门和端门所需的力度不能超过150 N；使滑动门、应急门和端门继续开启的力度不能超过150 N。试验包括以下内容：

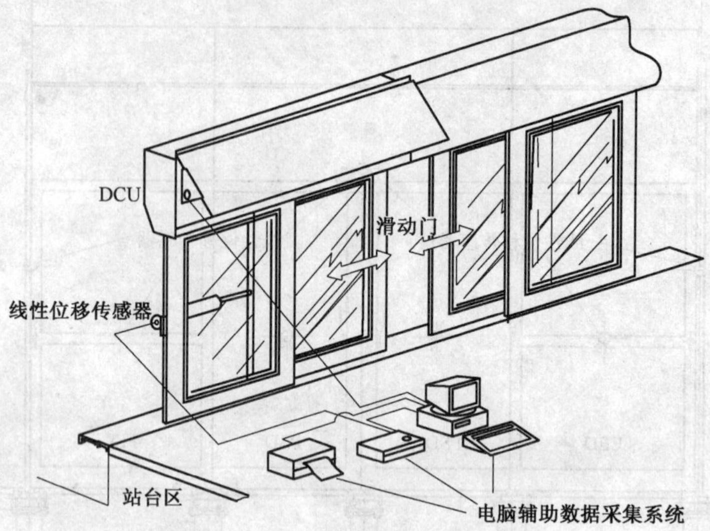

图 1-5-23　滑动门运动曲线测试布置图

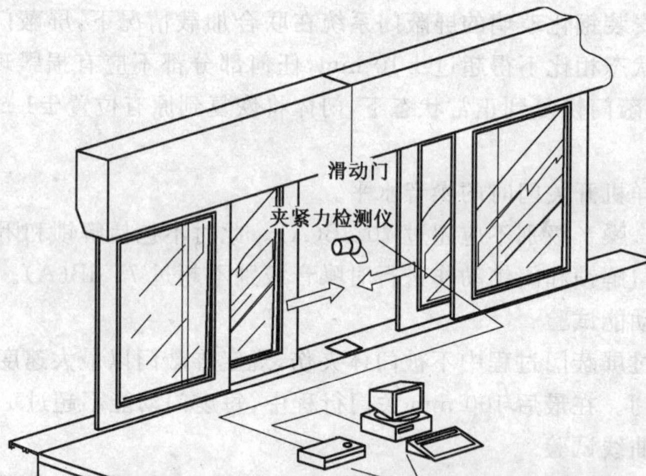

图 1-5-24　滑动门关门力试验示意图

(1)滑动门部分

切除系统电源后，在滑动门完全关闭和锁紧的情况下，通过从轨道侧操作滑动门紧急解锁装置，或者用钥匙从站台侧打开滑动门，用手提测力计测量操作解锁装置所需的力度。门解锁后，把门稍微推开，再从站台侧手动强制操作，用手握测力计来测试将滑动门由关闭位顶开到设计净开度时各个不同位置所需的力。

(2)应急门与端门

在门完全关闭和锁紧的情况下，从轨道侧操作应急门的推杆，或用钥匙从站台侧把门打开，用手握测力计来测试推动门体所需的力度；并继续把门推到全开位置，测试把门体完全推开所需的力。

9. 开/关门时间试验

通过滑动门运行曲线同时对开/关门时间试验进行测试。

10. 电磁兼容试验

EMC测试在“最小系统”进行，最小系统代表屏蔽门系统的一个门单元，即包括一个门机，控制电缆，电机和开关，PEDC，PSA和PSL及供电系统的最小系统。

11. 绝缘电阻试验与绝缘强度试验

(1)绝缘电阻试验

在正常试验大气压条件下，检测屏蔽门的门体顶部与底部的绝缘电阻是否达到所规定的值。用万用表测量屏蔽门各部件是否可靠连接。用500 V兆欧表测量门体对相互短接的各底部支座和顶部转接件间的绝缘电阻，绝缘电阻应大于0.5 MΩ。

(2)绝缘介电强度试验

门体绝缘介电强度检测：用工频耐压试验台在屏蔽门门体和相互短接的各底部支座和顶部转接件间施加1 500 V(有效值)电压1 min，应无破坏性放电或闪络。

12. 模拟信号控制滑动门动作试验

由信号系统仿真器模拟外部接口信号，向屏蔽门系统提供硬线门控制信号(比如开门和关门)和屏蔽门的监控(比如开门，ASD/EED关门，和ASD/EED互锁解除)。

13. 电源影响试验

该试验包括根据EMC控制计划改变电源输入最大和最小限值，电压变化，压降和电压中断。

14. 应急电源供电试验

这项测试是模拟屏蔽门系统电源断电后，将电源转为UPS关闭并连接相当于标准车站单元门的负荷。30 min后，进行3次完全开/关循环。

15. 高、低温及湿度试验

高、低温试验测试在规定温度和湿度的环境室内进行。将每个设备放置在室内，且温度上升或下降到规定的水平并允许1 h的温度平衡。进行一个简单的性能检查来证明这些设备在测试下能发挥其功能。

16. 系统其他功能试验

测试包括根据规格检验屏蔽门系统的操作和功能。此外，这些测试还包括故障模拟，并检查系统故障逻辑是否正确记录信息和是否按要求触发警告灯。

第四节 屏蔽门的接口

一、屏蔽门与土建专业的接口

1. 屏蔽门与车站主体建筑专业的接口

(1)在OTE风道侧墙底部与站台板边缘处，屏蔽门预埋件的安装方式、安装位置和载荷要求需要按照上/下预埋件设计图来进行预埋件施工，在浇注前，预埋件的定位要精确，焊接固定要牢靠；浇注过程中注意预埋件周围的混凝土严实度，预埋件的工作面不能被混凝土掩埋。

(2)站台屏蔽门周围不应设置地漏等孔洞。

(3)车站主体建筑专业应向屏蔽门系统提供车站有关的结构图、平面图、剖面图和部分详图。

(4)OTE 风道应严格按照施工图纸进行施工,确保三维尺寸的施工准确度,避免因土建施工误差引起屏蔽门设备的结构变更。

(5)在站台端门处,土建端门横梁与端门墙需要按照施工图进行施工,确保结构强度和尺寸满足施工图的技术要求。

(6)站台屏蔽门系统设备 2 m 范围内,包括站台绝缘带与门槛的接口、各绝缘单元间的接口、绝缘带与墙体的接口、绝缘带与非绝缘带区的接口,均需按照施工图的施工要求与技术标准作绝缘处理。

(7)站台侧屏蔽门地槛(包括端门)前 2.3 m 范围内,并沿站台有效范围,站台板装修层(100 mm)以下的结构板上分段敷设绝缘层和绝缘带,确保屏蔽门的绝缘性能与装修层绝缘性能。

(8)屏蔽门设备房的通风应保持通畅,需设置有进风口和出风口,有空调冷却或通风系统。

2. 屏蔽门与车站装修专业的接口

(1)站台地面装修层的标高与屏蔽门地坎的施工标准一致,可略低于地坎 3～5 mm,确保屏蔽门应急门正常开启与关闭。

(2)站台地面盲带需远于应急门的开度进行敷设,如在应急门的开度内敷设,盲带面的高程与地坎平齐或略低于地坎,确保屏蔽门应急门正常开启与关闭。

(3)注意天花吊顶与屏蔽门前上盖板之间需保持一定的间隔,天花吊顶的支架也不能进入该间隔内,确保两者之间不产生爬电而导致故障。

(4)站台端门处的土建装修端门收口需按照端门接口装修图进行施工。

二、屏蔽门与其他相关设备的接口

1. 屏蔽门与车辆的接口

对应车辆的编组方式、列车长度、列车车门布置与尺寸,屏蔽门的布置采用沿站台边缘对称布置的方式。应确保列车在正常停车精度范围内(±300 mm),滑动门与列车门一一对应,保证乘客安全、迅速地上下车。

屏蔽门的门体布置设计应满足列车停站位置和停车误差的要求。

2. 屏蔽门系统与轨道专业的接口

屏蔽门系统钢结构设备,应严格依照控制基准点(控制基标)进行安装,轨道专业的铺轨与调线调坡稳定应在屏蔽门钢结构安装前完成。因屏蔽门是站台上所有机电设备与轨道车辆接触最紧密的系统设备,故为确保屏蔽门系统设备不侵入设备限界,控制基准点的准确度和轨道铺轨稳定是前提条件。

另外,屏蔽门钢结构需与轨道进行等电位连接,考虑在接触网断线后与门体接触,屏蔽门结构能将此时所产生的故障电流引入轨道,同时也使屏蔽门与车体等电位,确保乘客接触屏蔽门和车体的时候,不会产生触电的危险。

3. 屏蔽门系统与低压配电系统的接口

车站低压配电系统向屏蔽门系统提供一类负荷,即两路独立的三相 380 V、50 Hz 的交流电源,屏蔽门系统与低压配电系统的接口为车站屏蔽门设备室内双电源切换箱的输入端。

4. 屏蔽门系统与信号系统的接口

信息交接点为中央接口盘(PCS)的端子排。信号专业为屏蔽门系统提供屏蔽门开、关控制信号；屏蔽门专业向信号专业提供门状态信息。

侧式和岛式站台的屏蔽门控制系统分别与上下行信号系统配合，分别控制两侧站台的屏蔽门；两岛式站台的屏蔽门控制系统分别与上下行信号系统及事故线接发车作业配合，分别控制四侧屏蔽门；两岛一侧式站台屏蔽门控制系统分别与上下行信号系统及事故线接发车作业配合，分别控制五侧屏蔽门。每侧屏蔽门的控制完全独立，相互之间不设置互锁，考虑到车站低压配电系统为屏蔽门系统安排的电源容量有限，对于两岛式站台及两岛一侧式站台，为了防止超过两侧站台的屏蔽门同时开关，对来自信号系统的开关门命令作出逻辑处理，保证不同时对第三侧的屏蔽门发出开关门命令。

5. 屏蔽门系统与设备监控系统的接口

屏蔽门系统与设备监控系统的信息交接点在屏蔽门系统的中央接口盘(PCS)的通信接口端子排上。电气接口采用RS485/422接口标准，接口标准应满足EMCS的通信要求。屏蔽门系统向机电设备监控系统专业提供门状态、故障信息。

第六章 环 控 系 统

地铁环控系统即空调和通风系统，其设置的目的是为了地铁隧道、站厅和站台层及设备管理用房的环境控制及通风。在火灾工况时及时排烟，并通过对站厅和站台层及设备管理用房的温度和湿度控制，为乘客和运营工作人员提供一个舒适的环境，也为满足各类地铁设备运行要求提供保证。

第一节 环控系统概述

地铁环控系统一般采用屏蔽门制式环控系统或闭式环控系统。屏蔽门制式系统即：站台和轨行区分开，车站为独立的制冷、除湿区，因此有安全、节能和美观等优点。由于屏蔽门的隔断，屏蔽门制式环控系统形成了两个相对独立的系统——车站空调通风系统和隧道通风系统。

(1)车站空调通风系统：包括公共区空调通风系统（兼排烟、含出入口空气幕，俗称大系统）、车站设备及管理用房空调通风系统（兼排烟，俗称小系统）和制冷循环水系统。

(2)隧道通风系统：包括区间通风（活塞风和机械通风 TVF 系统）和站台排热系统（又称 UPE/OTE 系统）。

环控系统运行可分为正常工况运行、阻塞工况运行和火灾工况运行 3 种模式，根据外界气候条件的变化，正常工况可分为空调期运行和非空调期运行。

空调期是指地铁车站环境仅靠通风已不能满足车站环境的设计要求的季节。在此期间，当室外空气焓值大于空调回风焓值时，关闭全新风阀，空调新风阀打开，空调系统按最小新风量运行。当室外空气焓值小于空调回风焓值时，打开全新风阀，关闭回风阀，空调系统按全新风空调运行，全部回风排至室外。

非空调期（亦称为通风期）是指室外空气温度小于空调送风温度，车站制冷、供冷水系统停止运行，空调系统进入全通风运行模式。

一、隧道通风系统

(一)活塞风和机械通风 TVF 系统

区间隧道活塞风与机械通风系统（TVF 系统），简称区间隧道通风系统（兼排烟、阻塞工况通风和早晚换气、排除空气异味、改善空气质量）。列车正常运行时，利用列车产生的活塞风与室外空气进行置换，排除区间隧道内余热、余湿。对不设隔墙的两站区间，正常运行工况也需采用机械通风方式，从车站两端的活塞风井进风，使用 TVF 风机排风。当发生火灾时，列车停在区间隧道内，则开启火灾区两端的 TVF 风机、射流风机，提供新风，诱导乘客撤离火灾现场。根据列车火灾部位决定排烟方向，最小的气流速度为 2 m^3/s。当列车被阻塞在区间隧道时，视情况开启 TVF 风机，保证列车空调器能正常工作。正常情况下，每日地铁运营前 0.5 h 和运营结束后 0.5 h 运作风机，作早晚清洁通风用，排除空气异味，改善空气质量。

（二）站台排热系统

站台排热系统（又称 UPE/OTE 系统），用于车站范围内屏蔽门外站台下排热和车行道顶排热。UPE/OTE 风机兼容排烟功能，正常工况每日从地铁运营开始至运营结束期间一直运作，是长期运作风机，在高峰时使用高档运转，在低峰时使用低档运转；列车阻塞工况，风机仍然运作，列车火灾工况，视火灾位置风机关停或运作。

二、车站空调通风系统

（一）空调通风系统的分类

公共区空调通风系统（兼排烟、含出入口空气幕），简称大系统，由多种设备组成，实现不同功能。根据处理空气来源，公共区空调通风系统可分为直流式系统、循环式系统和混合式系统。

直流式系统所处理的空气全部为新风，经处理后送入室内，然后全部排出室外。适用于不允许采用回风的场合。

循环式系统所处理的空气全部来自空调房间内，没有新风补充，用于密闭空间且无法或不需要采用新风的场合。

混合式系统是前两者的综合，目前应用最为广泛。即可以较多的节约能源，又能满足卫生标准要求。它又有两种模式：一次回风系统和二次回风系统。在地铁车站空调通风系统中还有一种常用模式——变新风比系统，这种系统是在一次回风系统的基础上发展起来的。

1.一次回风系统

一次回风系统的工作流程原理见图 1-6-1。

通过新风与回风的混合，一次回风系统有效减少了全新风带来的能量损失，保证了空调室内的卫生标准，且系统构造简单，是目前应用最为广泛的空调系统之一。对于夏季只作降温用的空调系统，如果对送风温差没有限制，允许直接用机器露点送风，采用一次回风系统更为合理。

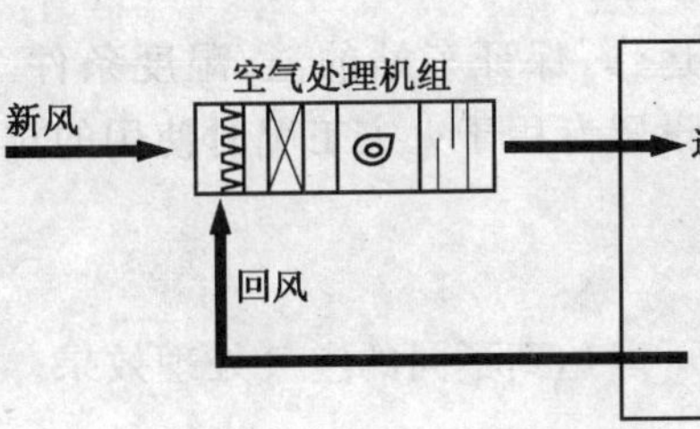

图 1-6-1 一次回风系统工作原理图

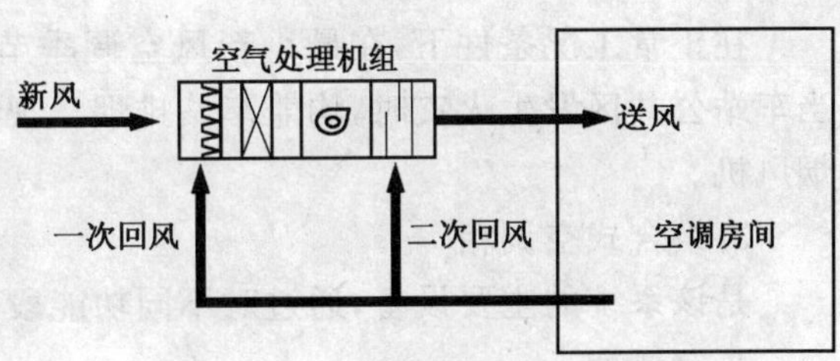

图 1-6-2 二次回风系统工作原理图

2.二次回风系统

二次回风系统的工作流程原理见图 1-6-2。

二次回风系统中的回风分为两部分：一次回风和二次回风，一次回风与新风混合后，经盘管进行处理，处理后的空气与二次回风进行二次混合再送入空调房间内。

二次回风系统构造比一次回风系统稍复杂，通常应用在室内温度场要求均匀、送风温差小、风量较大而不采用再热器的空调系统。此外，对于洁净度要求较高的净化车间，因其送风量大而换气次数较高，往往也采用二次回风系统。

3. 变新风比系统

根据不同的季节和环境要求，一次回风系统中的新风比有不同的要求。为适应室外环境参数多变的要求，一般宜采用变新风比系统。变新风比系统即在回风系统中设置回风机，回风管路的风阻力由回风机承担，减少送风机风压，其流程原理如图 1-6-3。

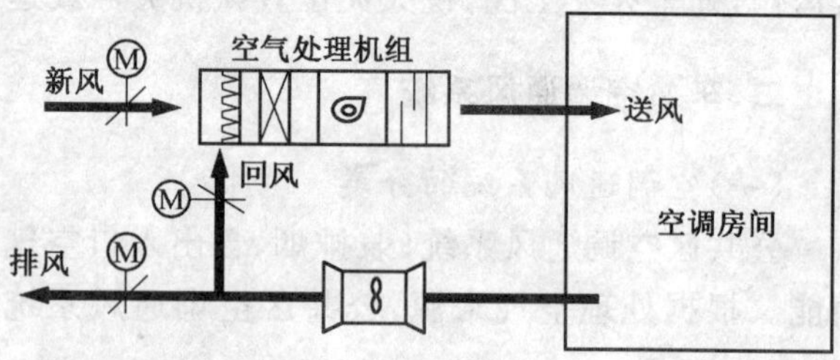

图 1-6-3　变新风比系统工作流程图

在最小新风量季节(夏季和冬季)，回风机只作回风用。此时，关闭排风阀，新风阀与回风阀全开；在冬季过渡季节，回风机的风量有一部分排至室外。此时，调整排风阀、新风阀和回风阀的各自开度，以控制新风比；在夏季过渡季，此回风机则完全作为排风机，此时关闭回风阀为保持房间一定正压，回风机的风量应小于送风机的风量，一般应是保证系统最小新风比时所要求的回风量。最小新风量是根据用途、环境要求和人数等计算得出，当系统的最小新风比较大时，则回风机的风量不应小于总送风量的 70%。

采用变新风比系统的地铁环控系统，回风机(也称为回排风机)有高低速两种运行工况。在火灾工况时，关闭回风阀，回风机转换为高速运行工况，排除火灾区的烟雾。

(二)地铁车站公共区空调通风系统

图 1-6-4 为常见的一个地铁车站公共区空调通风系统的工作流程原理图，它采用的是变新风比系统。

1. 空调新风机/全新风机

在最小新风空调季节时，空调新风机运作，向车站乘客提供必要的新风量，保证车站乘客新风的供给。全新风机在全新风空调和通风季节时，与空调箱串联运作，保证车站公共区的通风量。

2. 回排风机(兼排烟风机)

在正常工况条件下，在最小新风空调季节与空调箱联合运作，保证车站的温、湿度条件。当车站公共区发生火灾时，均兼车站排烟。视不同情况，也可设置专用于火灾工况时使用的排烟风机。

3. 组合式空调箱

是该系统的主要设备，通过对不同功能段的选择和组合，可以达到不同的空气处理效果。

4. 空调期

具有一定温度和湿度工况的空气从混合室进入空调机组，首先经过过滤段进行初效过滤，除去空气中含有的尘粒；然后经过表冷器，表冷器盘管中通过的冷冻水通过表冷器表面的翅片和肋管与空气进行全面的热湿交换。通过控制表冷器中冷冻水的流量及温度，可以达到降温除湿、等湿降温等不同的空气处理效果。经过表冷器处理后的空气经过风机段风机的增压，再经过消声段的消声降噪，进入送风管路，通过设置在风管上的送风口，送至车站公共区，排除公共区产生的余热和余湿，以保证公共区舒适的空气环境。

5. 非空调期

水系统停止运作，室外新风经过过滤段、表冷器，经送风机增压，再经过消声段和送风管路，从送风口送至车站公共区作通风运行。

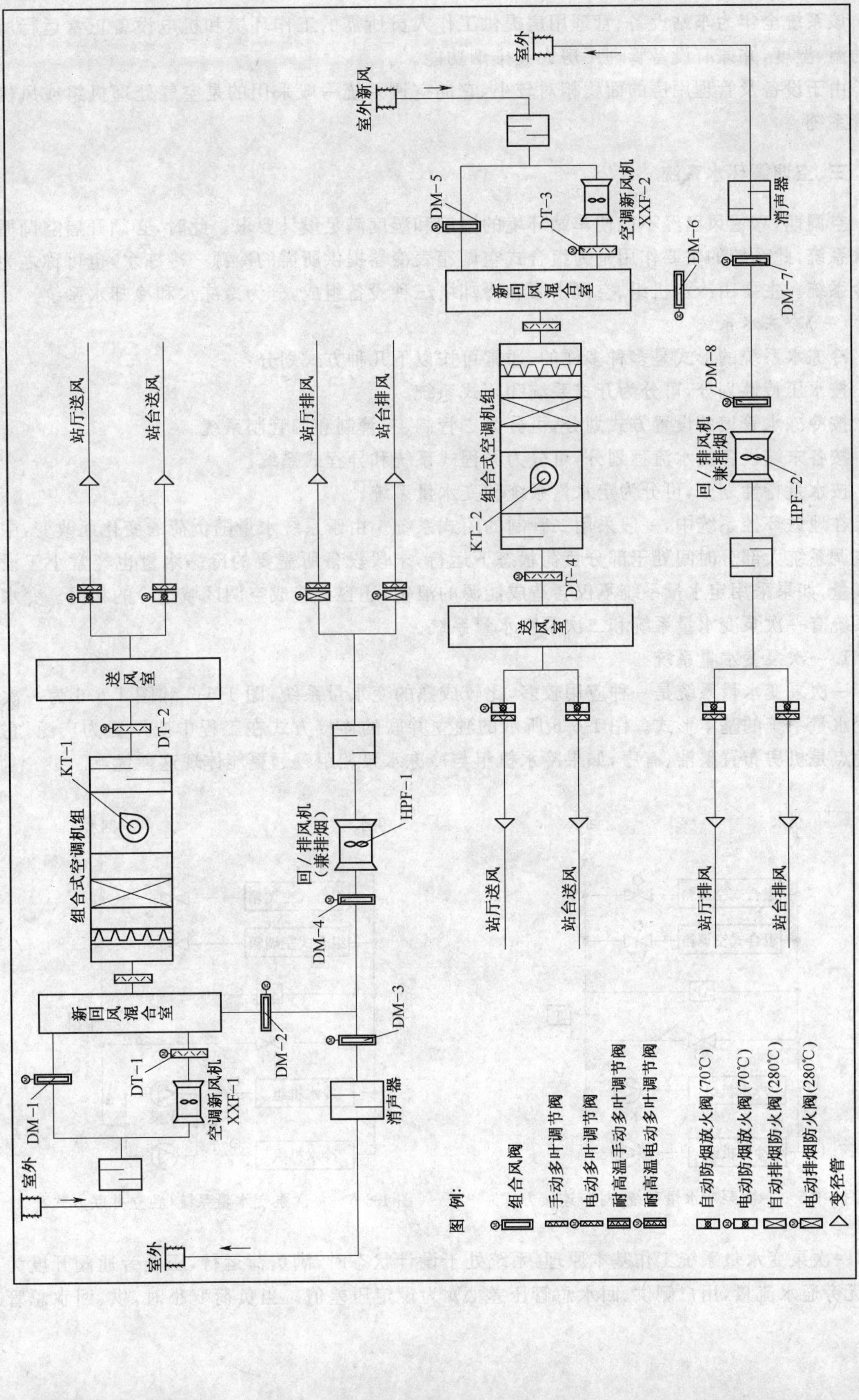

图 1-6-4 地铁车站公共区空调通风系统的工作流程原理图

(三)设备及管理用房通风系统

该系统全年为车站设备、管理用房提供工作人员所需的工作环境和机电设备正常运行所需的温、湿度,并兼有设备管理用房火灾排烟功能。

由于设备及管理用房的面积相对较小,它的空调系统一般采用的是空气处理机组或风机盘管系统。

三、空调循环水系统

空调期,靠通风已经不能使车站环境的温度和湿度满足设计要求。此时,必须开启空调循环水系统,此系统的主要作用是为组合式空调箱表冷器提供所需的冷源—冷冻水,也可称之为制冷系统。主要由冷水机组、空调水泵和冷却塔三种设备组成,分为冷冻水和冷却水系统。

(一)冷冻水系统

冷冻水系统的形式是多种多样的,通常可按以下几种方式划分:

按水压特性划分,可分为开式系统和闭式系统。

按冷冻水管道的设置方式划分,可分为二管制、三管制和四管制系统。

按各末端设备的水流程划分,可分为同程式系统和异程式系统。

按水量特性划分,可分为定水量系统和变水量系统。

在地铁环控系统中,一般采用二管制的闭式系统。由于系统水量随负荷的变化而改变,中央空调系统大部分时间处于部分负荷状态下运行,末段设备所需要的冷冻水量也经常小于设计流量,如果采用定水量系统不仅会造成能源的浪费,还容易造成空调区域过冷的状况。变水量系统有一次泵变水量系统和二次泵变水量系统。

1. 一次泵变水量系统

一次泵变水量系统是一种应用较多,比较成熟的变水量系统,图 1-6-5 和图 1-6-6 为一次泵变水量系统的基本形式。图 1-6-6 所示的独立并联的连接方式在工程中应用更为广泛,它的优点是机房布置整洁、有序,如果冷水机组与冷冻水泵相距较远更能体现这种优点。

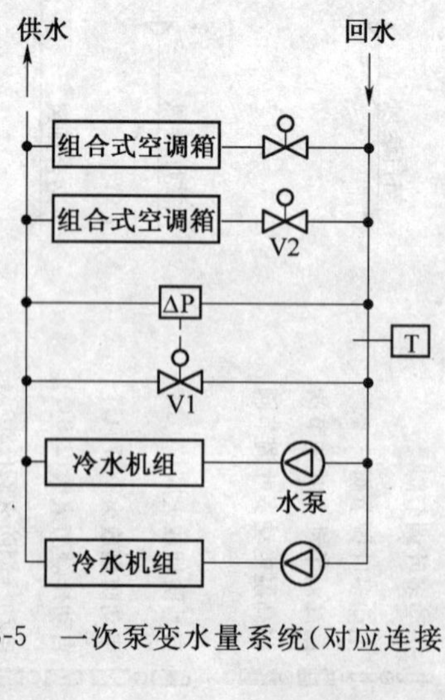

图 1-6-5 一次泵变水量系统(对应连接方式)

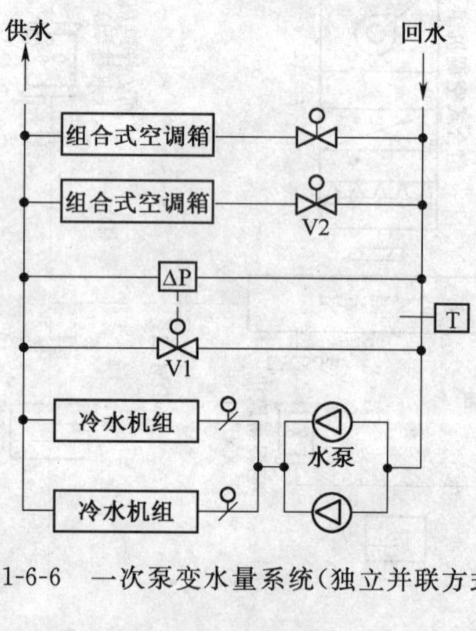

图 1-6-6 一次泵变水量系统(独立并联方式)

一次泵变水量系统工作基本原理:系统处于设计状态时,满负荷运行,压差旁通阀开度为零,无旁通水流量,用户侧供、回水总管压差 Δp 为设定压差值。当负荷变小时,供、回水总管压差升高，压差控制器自动开启旁通阀，部分冷冻水从旁通阀直接进入回水管，保持冷水机组的水量不变。相反，负荷加大时，供、回水总管压差减小，旁通阀开度关小，流入旁通阀的冷冻水量减少，直至供、回水总管压差升高到设定值。

2. 二次泵变水量系统

二次泵系统比一次泵系统更为复杂，它的基本原理见图 1-6-7。系统中设置了初级泵和次级泵，初级泵用于克服冷水机组、初级泵及其管路附件的阻力，次级泵用于克服 AB 平衡管以上的环路阻力。通过设置平衡管解决了冷水机组与用户侧两端水量控制不同步的问题。压差旁通阀控制方式与一次泵系统相同。因此，V1 阀的最大旁通量为 1 台次级泵的流量。

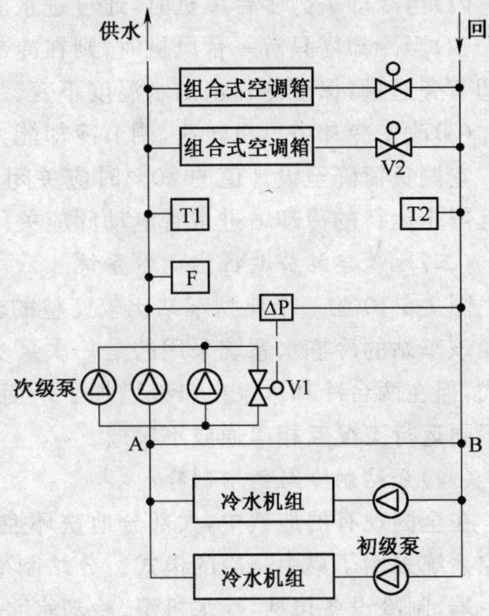

图 1-6-7 二次泵变水量系统

二次泵系统相比一次泵系统最大的优点是能显著的节约水泵的耗电量，当冷冻水量大的时候，应当采用此系统。

(二)冷却水系统

1. 冷却水系统组成

冷却水用于冷水机组冷凝器和压缩机的冷却，使用后水质不会受到污染。根据供水方式的不同，冷却水系统可分为直流式供水系统和循环式供水系统两种。

在中央空调系统中，最为常用的是机械通风冷却循环系统。这种系统能有效控制冷却水流量、温度、压力等参数，适用于自动控制程序较高的冷水机组。

冷却水系统由冷却塔、冷却水泵等设备组成，图 1-6-8 和图 1-6-9 示出了最基本的机械通风冷却循环系统的原理图。

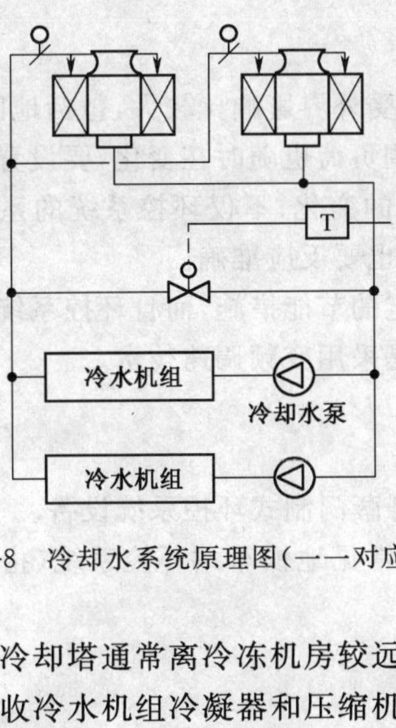

图 1-6-8 冷却水系统原理图(一一对应连接)

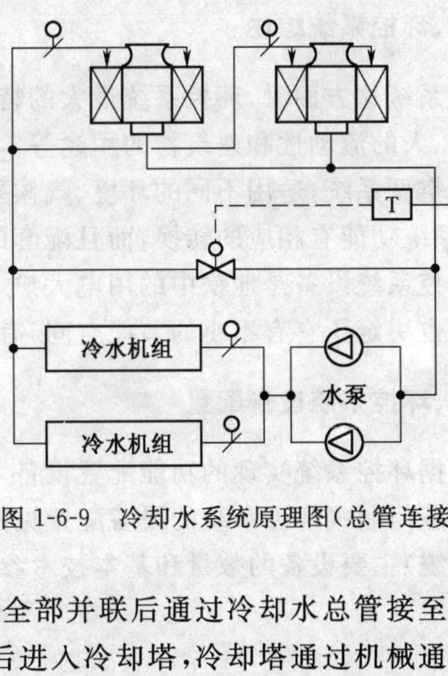

图 1-6-9 冷却水系统原理图(总管连接)

由于冷却塔通常离冷冻机房较远，一般是冷却塔全部并联后通过冷却水总管接至冷冻机房。水吸收冷水机组冷凝器和压缩机散发出的热量后进入冷却塔，冷却塔通过机械通风的方式将水温降低，温度降低后的水经过冷却水泵的加压再次送入冷水机组，形成循环。

2.冷却水系统运行工况

与冷冻水一样，冷凝器中冷却水的温度应保持恒定。当冷水机组低负荷运行时，对吸收式冷水机组，如冷却水水温过低，会造成溶液结晶的事故；对离心机组，会引起电动机冷却液流动不畅，使得电动机局部过热被烧毁。因此，需采取一定的措施保证冷却水进水温度为设定值。一般有以下几种措施：

(1)当冷却塔为多台风机时，通过进水温度控制风机的台数。

(2)当冷却塔只有一台风机时，则在冷却水进、出水总管上设置旁通电动阀，通过总进水温度调节旁通量，保证冷却水出水温度不变。

(3)改变冷却塔风机转速，调节冷却能力。

空调负荷降至设计值的50%时应关闭一台冷水机组，相应的冷却水泵和冷却塔也关闭，并且停止运行的冷却塔进水管电动阀应关闭，否则会造成冷水机组冷却水进水温度过高。

(三)地铁车站公共区空调水系统

图 1-6-10 为一个典型车站比较完整的公共区空调水系统原理。

该车站的冷冻水系统采用的是一次泵变水量系统，冷却水系统采用的是一一对应的连接方式，但在两台冷却水泵出口处增加了平衡管，并在平衡管上设置蝶阀，可以使两台冷却塔根据不同运行工况互相串通或不串通。

(四)分站制冷与集中制冷

在全国现有的地铁中，大部分地铁环控系统都是采用分站制冷的模式，广州地铁 2 号线的环控系统采用了集中制冷的模式。分站制冷模式一般是将每个车站的冷冻机房设置在站厅层的一端，制冷设备包括：冷水机组、冷却水泵和冷冻水泵均布置在机房内，冷却塔则放置在机房对应地面处。集中制冷模式是几个站的冷量在一个冷冻机房里集中供应，相应的制冷设备也集中放置。分站制冷模式管路短，冷量损失少，但每站冷冻机房占用的面积大，冷水机组总的配置台数比集中供冷模式相应增加。集中制冷模式管路长，冷量损失大，优点是可节约冷冻机房面积，冷水机组配置台数相应减少。

四、环控系统综述

从系统这方面看，环控系统最大的特点是：环控系统受外界影响比较大，包括地区环境、季节气候、人的流动性和建筑物的用途等。而且一天中空调负荷也随时在变化，要设置一个健康舒适的空调系统，适用不同的环境、气候要求和空调负荷的变化，不仅环控系统的系统组成要合理，系统功能有相应的转换，而且配套的控制系统同样也要反应准确。

环控系统设备是地铁中的用电大户，有必要采取一定的节能措施，而且环控系统负荷多变的特点也决定了它有不小的节能空间，有效的一个方法是采用变频调速技术。

五、环控系统设备配置

根据环控系统实现的功能配置设备，本文着重介绍屏蔽门制式环控系统设备。

屏蔽门制式环控系统的设备配置见图 1-6-11。一个常见地铁车站环控系统（指单制冷和通风系统）主要设备的数量和基本技术参数见表 1-6-1。

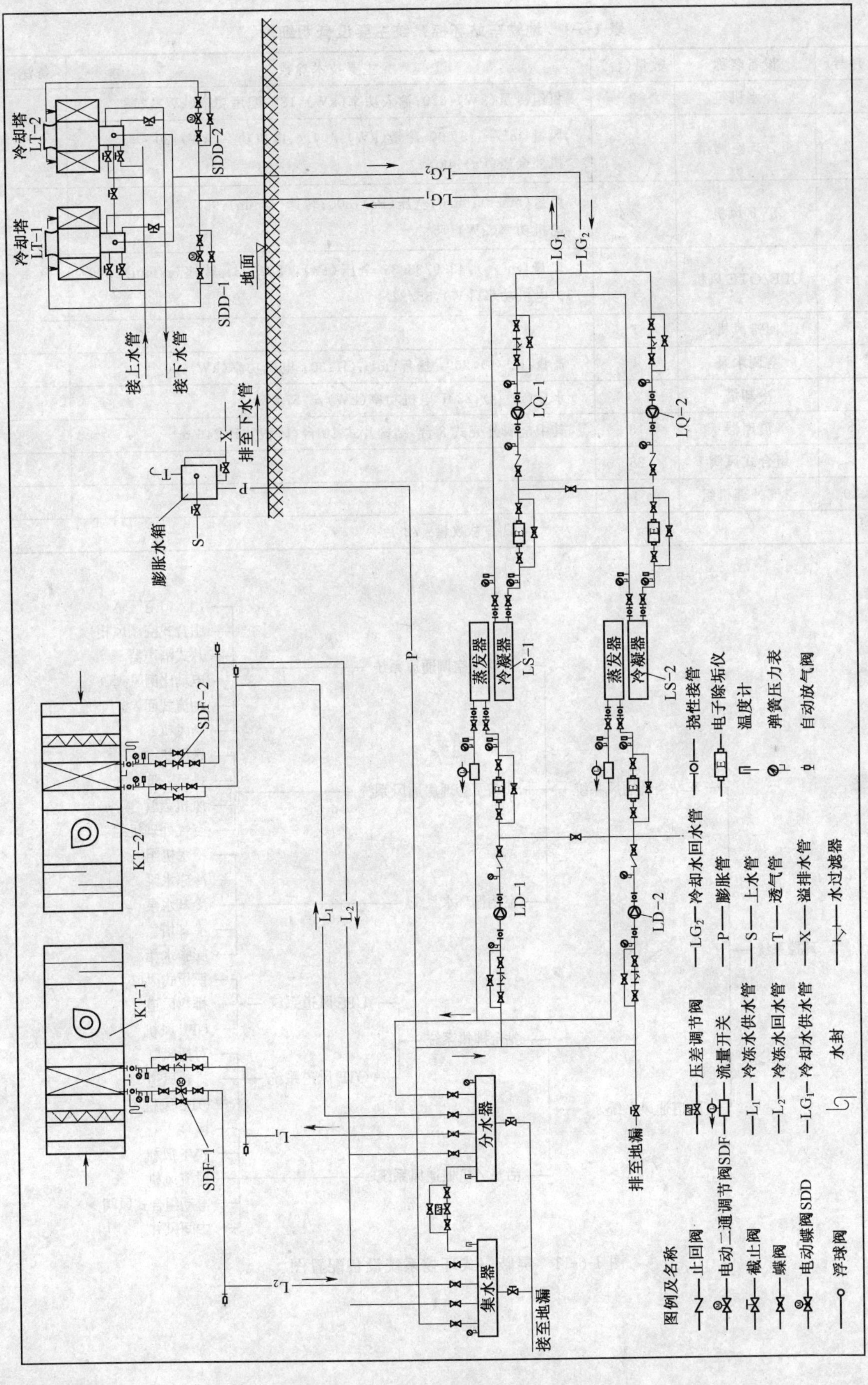

图 1-6-10　车站公共区空调水系统原理图

表 1-6-1　地铁车站环控系统主要设备明细表

序号	设备名称	数量(台)	主要技术参数	备注
1	冷水机组	2	机组冷量(kW):870;输入功率(kW):182;配用功率(kW):218	
2	组合式空调箱	4	风量(m^3/h):5 000;冷量(kW):404.4;电机功率(kW):30 机外余压(Pa):420	
3	TVF 风机	2	风量(m^3/s):55.0;全压(Pa):800;转速(r/min):985 电机功率(kW):75	
4	UPE/OTE 风机	2	风量(m^3/s):43.9/33.3;全压(Pa):680/393;转速(r/min):960/730;电机功率(kW):55/22	
5	回排风机	7		
6	空调水泵	4	流量(m^3/h):209;扬程(mH_2O):30;电机功率(kW):30	
7	冷却塔	2	水量(m^3/s):220;电机功率(kW):5.5/4	
8	消声器	18	其中金属外壳式 8 台,结构片式 10 台,体积共计 346 m^3	
9	组合式风阀	28		
10	空气处理机组	3		
设备总数量:72 台				

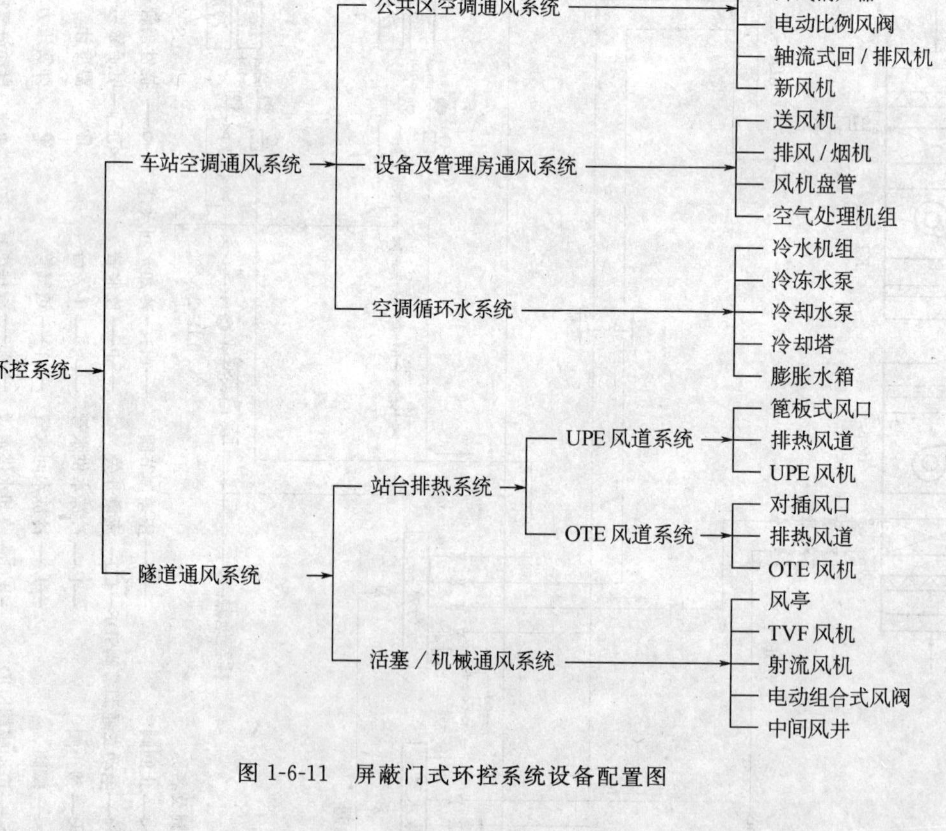

图 1-6-11　屏蔽门式环控系统设备配置图

第二节 冷水机组

冷水机组是环控系统主要设备，其主要作用是为空调系统提供冷源。

一、冷水机组分类

1. 按制冷压缩机型式分类

(1)开启式；

(2)半封闭式；

(3)全封闭式。

2. 按制冷压缩机类型分类

(1)往复活塞式；

(2)离心式；

(3)螺杆式；

(4)涡旋式。

3. 按机组功能分类

(1)单冷式机组；

(2)制冷及电加热兼用的机组；

(3)制冷及热泵制热兼用机组，包括热泵制热和电加热制热同时使用的机组及热泵制热和电加热装置切换使用的机组。

4. 按制冷运行放热侧热交换方式分类

(1)水冷式—水热源；

(2)风冷式—空气热源；

(3)蒸发冷却式。

地铁环控系统中常用的冷水机组一般有两种：螺杆式单冷冷水机组和离心式单冷冷水机组。

二、冷水机组结构和特点

1. 螺杆式单冷冷水机组的结构和特点

螺杆式冷水机组主要由以下部件组成：压缩机、电机(一般与压缩机结合)、蒸发器、冷凝器、经济器和机载控制柜。螺杆式冷水机组外形见图1-6-12。

螺杆式冷水机组性能稳定、故障率低，效率高，一般每台机组设有两台以上压缩机，便于根据环境负荷需要进行调节，节约能源，也方便用户在冷水机组运行情况下对其中有故障的压缩机进行修理。通过调节压缩机，螺杆式冷水机组不仅在满负荷运行时具有最优的效率，在部分负荷时也能高效率运行，且结构紧凑，体积小，节约机房面积。

图 1-6-12 螺杆式冷水机组外形图

2. 离心式单冷冷水机组的结构和特点

离心式冷水机组主要由以下部件组成：压缩

机、电机(一般与压缩机结合)、蒸发器、冷凝器、经济器和机载控制柜。离心式冷水机组外形见图 1-6-13。

单台机组制冷量在 300～500 t 以上的冷水机组一般采用离心式压缩机。为避免发生喘振,离心式冷水机组有正常工作的工况范围的限制,因此,效率相对低于螺杆式冷水机组,部分负荷调节相对不方便、故障率高,适用于需制冷量大的空调制冷系统。

在地铁环控系统中,它可以与螺杆式冷水机组配合使用。

图 1-6-13 离心式冷水机组外形图

三、冷水机组一般技术要求

1. 结构要求

地铁用冷水机组安装在地下机房内,为节省机房面积,要求机组尺寸小,维修、清洁空间紧凑。

2. 运行效率要求

螺杆式冷水机组大多数运行时间为部分负荷运转,机组应有利于提高部分负荷运行时的 COP 值,并有利于压缩机之间互为备用。

3. 自我保护功能要求

机组须具有各种自动保护功能:吸气压力过低保护;排气压力或温度过高保护;油温过高保护;防冻保护;电机温度过高保护;油位过低保护;压缩机电流过大保护;压缩机故障停机;冷水不流动停机;过小负荷停机;防止机组重复启动保护;冷水量过低停机;自动关机保护;低压、缺相和断电保护等。

4. 显示与监控要求

机组配备电脑控制和相应软件,配备中文或图形化液晶显示屏,显示机组运行参数,包括冷水进出水温度、冷却水进出水温度、蒸发压力、冷凝压力等,同时显示每台压缩机累计运行时间和故障诊断信息。

5. 与空调水泵、冷却塔的联锁功能

要求冷水机组能实现对冷却水泵、冷冻水泵和冷却塔连锁控制功能。

冷水机组与冷却水泵、冷冻水泵和冷却塔的连锁控制顺序:

开螺杆式冷水机组→开冷却泵→开冷却塔→开冷冻水泵→压缩机启动;

关螺杆式冷水机组→压缩机停→关冷冻水泵→关冷却塔→关冷却水泵。

6. 通信接口要求

主要指冷水机组与车站设备监控系统(简称“EMCS”)的接口。冷水机组应配备与 EMCS 相一致的通信协议。完成对冷水机组、冷却塔、冷冻泵、冷却泵的启停控制,并将相关设备的运行状态、故障状态以通信方式反馈给 EMCS。此外,通过通信接口还需反馈信息给 EMCS,如设备手动/自动状态、水温、压力、流量等信息。

7. 其他接口

(1)冷水、冷却水接管管径;

(2)冷水机组基础尺寸;

(3)机组外形尺寸、维修清洁空间尺寸。

四、冷水机组检测

1. 检测标准

常用冷水机组检验标准：

(1)JB/T 8654　《容积式和离心式冷水(热泵)机组安全要求》

(2)GB/T 10870　《容积式和离心式冷水(热泵)机组性能试验方法》

(3)GB/T 18430.1　《蒸气压缩循环冷水(热泵)机组工商业用和类似用途的冷水(热泵)机组》

(4)JB 4330　《制冷和空调设备噪声的测定》

(5)GB 7022　《容积式压缩机噪声声功率级的测定—简易法》

(6)ARI Standard 550/590《Water Chilling Packages using the Vapor Compression Cycle》

(7)JB 4330　《噪声测试标准》

(8)JB/T 6917　《制冷装置用压力容器》

(9)JB/T 3548　《制冷用 R12、R22、R502 热力膨胀阀》

2. 检测项目及指标要求

冷水机组的检测项目主要有以下几项：

(1)绝缘电阻检测

电源电压小于 500 V 机组，其带电部位和非带电部位之间的绝缘电阻应符合以下要求：

二次电路对地(即对金属框架和壳体)绝缘电阻应大于 1 MΩ；

母线对地绝缘电阻不小于 5 MΩ，对封闭式机组其绝缘电阻不小于 10 MΩ。

(2)机组名义供冷性能检测

机组的制冷量不应小于名义规定值的 95%；

名义工况的制冷性能系数不应小于机组名义值的 92%；

冷水、冷却水的压力损失不应大于名义规定值的 110%；

冷水、冷却水的流量与额定名义值的偏差不得大于±5%。

(3)机组部分负荷性能检测

在 GB/T 18430.1 标准规定工况下按 100%、75%、50%和 25%负荷工况测定部分负荷性能特性。

(4)机组噪声检测

机组噪声声压级不能高于合同要求值(各类冷水机组噪声声压级一般在 80～88 dB(A)之间)，一般要求机房噪音声压级不能超过 90 dB(A)，否则，应进行机房噪声治理。

(5)机组振动检测

冷水机组振动值应≤25 μm。

第三节　组合式空调箱

一、组合式空调箱分类

1. 按结构型式分类

(1)卧式；

(2)立式；

(3)吊挂式；

(4)混合式。

2.按箱体材料分类

(1)金属；

(2)玻璃纤维增强塑料(简称玻璃钢)；

(3)复合材料；

(4)其他。

3.按结构型式分类

(1)通用机组；

(2)新风机组；

(3)变风量机组；

(4)净化机组；

(5)其他。

二、组合式空调箱的结构和特点

组合式空调箱是一种组合式空气处理设备，一般由以下功能段组成：混合风段、初效过滤段、表冷挡水段、风机段、消音段和送风段。根据不同需要，组合式空调箱也可在不同部位增加中间段或加热段。组合式空调箱的外形见图1-6-14。

图 1-6-14　组合式空调箱外形图

各功能段主要部件：

初效过滤段——初效过滤器；

表冷挡水段——表冷器(盘管)；

风机段——风机、电机、轴承、皮带；

消声段——消声器；

混合风段和送风段——风阀和传动执行机构。

三、组合式空调箱一般技术要求

1.机组结构要求

(1)机组各功能段有足够的强度，在运输、启动、运行及停止后不出现凹凸变形。

(2)机组的检修门严密、灵活，开启及锁紧功能良好。

(3)机组设排水口，凝结水排放流畅，无溢出和渗漏。

(4)机组横断面上气流不应产生短路。

(5)机组应留测孔和测试仪表接口。

(6)过滤段、表冷段、送风段设置检修门，并在箱体内设有 24 V 低压照明灯。

2.机组各功能段性能及技术要求

(1)箱体：箱体应有一定的强度、刚度和保温性能，箱体应有 380 V、50 Hz 风机电源接线盒，风机轴承加油孔应引至箱体面板上。

(2)初效过滤段：空气过滤器的过滤效率和阻力应符合以下要求：对>5 μm 的大气尘粒直径的计数过滤效率应在 40%~80%范围内，且过滤器的初阻力应<50 Pa，过滤器的进风断面风速均匀度应大于 80%。

(3)表冷挡水段：其迎面风速应控制在约 2.5 m/s，且风速均匀度应大于 80%，底部装凝结水排水管和水封装置，表冷段应设挡水板，防止机内出现过水现象。

(4)风机段：内设双进风离心风机和驱动电机，并用弹簧减振器固定；轴承运行寿命>20 000 h；确保皮带散热。

(5)消声段：消声段减噪量≥12 dB(A)，要求出口噪声≤75 dB(A)。

(6)送风段和过滤段配置多叶型风口，要求送风口静压比≥75%。

3. 控制接口要求

(1)控制接口在组合式空调箱控制柜中实现。

(2)车站控制是确保在不同运行工况时，对空调机组和相应风阀的运行状态进行控制和显示。在正常工况下，显示空调机组和相应风阀运行状态；在事故工况下，根据要求对机组进行开/关控制。

(3)机组需向 EMCS 系统提供标准电信号接点。

4. 其他技术接口要求

(1)机组过滤段压差报警装置要求提供电流信号接口。

(2)机组电源线引出机外，要求 380 V/50 Hz 电源。

(3)箱体内设有 24 V 低压照明灯。

(4)机组外形尺寸、维修空间尺寸和基础尺寸。

(5)机组静止重量及运转重量。

(6)表冷器进/出水管管径。

四、组合式空调箱检验

1. 检验标准

常用组合式空调箱检验标准：

(1)JB 10891	《空气处理机组安全要求》
(2)GB/T 14294	《组合式空调箱》
(3)GB/T 1236—2 000 idt ISO 5801	《工业通风机用标准化风道进行性能试验》
(4)GB/T 14295	《空气过滤器》
(5)GB 9068	《采暖通风与空调设备噪声声功率级测定—工程法》
(6)JB/T 4292	《盘管技术条件》
(7)JB/T 9064	《盘管耐压试验与密封性检查》
(8)GB/T 14296	《空气冷却器与空气加热器》
(9)JB/T 7246	《冷暖通风设备外观质量》

2. 检验项目及指标要求

(1)安全性测试

绝缘电阻测试：带电部位与壳体之间的绝缘电阻>2 MΩ；

风机配用电机应具有缺相保护功能。

(2)启动与运转试验

机组在额定电压条件下能正常启动和运转。

机组在额定电压条件下启动,稳定运行 5 min,切断电源,停止运转,至少反复进行 3 次;零部件应无松动、杂音、发热等异常现象。

(3)风量及风压检测

额定风量和全压在国标 GB/T 14294 规定条件下,风量实测值不低于额定值95%,全压实测值不低于额定值 90%;功率实测值不超过额定值 10%。

(4)机组漏风率检测

整机漏风率:在机内静压 700 Pa 条件下漏风率≤3%。

(5)机组供冷量检测

机组实测供冷量不低于额定供冷量的 95%;由于气候和试验台限制,工厂测试一般都是在机组干工况条件下测试,无法检测机组的供冷量。可采取检查由国家权威部门出具的盘管检测报告中的制冷量来判定机组的制冷量。

(6)机组噪声检测

额定风量下,组合式空调箱出口噪声声压级不超过合同要求值。

(7)机组振动检测

风机转速大于 800 r/min,机组振动速度不大于 2.8 mm/s。

(8)表冷器及盘管耐压性能检测

表冷器水压试验压力为设计压力 1.5 倍,允许偏差±0.02 MPa,保持压力≥3 min 或气压试验压力为设计压力的 1.2 倍,允许偏差±0.02 MPa,保持压力≥1 min,无渗漏。

(9)机组冷凝水排除能力检测

按根据计算得出的冷凝水量向水盘中注水,机组排水顺畅,机组无渗漏,凝水盘四周无溢水现象。

第四节 风 机 设 备

一、风机设备分类

在地铁中,按风机用途可以分为:TVF 风机、UPE/OTE 风机、射流风机、回排风机、排烟风机、空调新风机、送风机等。

二、TVF 风机

(一)TVF 风机的结构和特点

TVF 风机主要由以下部件组成:动叶片、轮毂、静叶片、电动机、轴承、集流器、整流罩、防喘振环。除此之外,TVF 风机还配有耐高温软接和减振器等配件。TVF 风机外形如图1-6-15。

TVF 风机也属轴流式隧道风机范畴,它的最大特点是可以正转、反转。在火灾和阻塞工况时可以根据需要启

图 1-6-15 TVF 风机外形图

动正转或反转。

(二)TVF风机叶片及轮毂材料

为抵制地铁隧道里的列车活塞风的冲击,TVF风机应具备一定的强度,曾经发生过地铁TVF风机叶片断裂的事故。叶片和轮毂一般采用ZL104、ZL114A和ZL116几种铝合金铸造。

(三)TVF风机一般技术要求

1. TVF风机结构要求

(1)由于风机设置在地下机房内,要求风机结构紧凑,且风机整体设计应考虑风机的拆卸维修,连接风机的软接管、基础固定螺栓均可灵活拆卸。

(2)风机叶片、轮毂、导流罩采用铝合金材料并经氧极化处理,以提高抗腐蚀性要求。

(3)风机外壳及电机座、集流器、防喘振环经热镀锌处理或耐腐蚀涂装处理。

2. TVF风机基本性能要求

(1)风机在火灾工况时能满足在280 ℃条件下,持续有效运行0.5 h。

(2)风机在常规运行情况下,设计使用寿命年限≥20年,第一次大修前安全运转时间≥24 000 h。

(3)设置防喘振环后必须保证风机正转、逆转工况下避免因风机失速引起的喘振。

3. TVF风机主要部件技术要求

(1)叶轮

风机动叶片采用高强度铝合金材料压力铸造,动叶片为对称机翼形,叶片角度可调。

动叶端部与机壳之间径向间隙应均匀,径向单侧间隙应小于叶轮直径0.5%,并保证在280℃高温条件下受热膨胀后的正常运行。

风机在组装过程中,叶轮应进行静平衡、动平衡测试,静平衡先于动平衡。

(2)电机

风机叶轮由电机直联驱动,电机选用风冷、鼠笼型全封闭湿热型,耐高温280℃、0.5 h,绝缘等级H,防护等级IP55;电源接线盒和轴承加油孔设于机壳外便于操作处。

采用380 V、50 Hz电源,在风机各种运行工况下,电机的功率因数应不小于0.85,并应满足在$4I_e$启动电流时,在14 s内完成启动和60 s内完成正逆转切换。

所有电机在近轴承盖处均装有温感探头。所有电机在每根相线上均装有热敏电阻。

(3)其他配件技术要求

与风机配套的减振器和紧固螺栓,风机本体与风管连接或基础固定处,均安装耐高温橡胶软接和隔振垫,软接需耐高温280℃、0.5 h。隔振垫能保证风机在长期运行的条件下,隔振效率达到95%以上。

4. TVF风机自我安全保护功能

(1)电机具有缺相保护功能。

(2)风机轴承设置温度传感器及具有报警功能。

(3)风机为防止运作失速喘振,必须安装防喘振环。

5. TVF风机与风阀联锁功能

风机与风阀联锁,即阀位状态由正反转控制柜自行采集,接入联锁电器中,正反转控制柜中预留足够的阀位接口。

在风机启动时,需先开启风机风阀,再启动风机;

在风机停机时，需先停止风机，再关闭风机风阀。

6.控制接口要求

(1)每台风机应配有双电源切换控制柜及正反转控制柜，与 EMCS 控制和供电接口在此两个控制柜完成。

(2)双电源切换控制柜及正反转控制柜功能要求内容：

①双电源切换控制柜包括双电源切换、配电控制；正反转控制柜包括软启动器、制动及换向切换三部分，由运行、正转、逆转、制动模块和 PLC 可编程序控制器组成，所有操作顺序都是由 PLC 程序控制，风机从正向全速运行切断电源到制动停车，再从停车到逆向起动全速运行的累计时间小于 60 s。

②风机正、反转在正反转控制柜内完成，正反转控制柜中配置 24V 电源及中间继电器，EMCS 向风机提供 DC 0～24 V 信号控制风机正反转和停止。

③风机的安全保护报警电源由正反转控制柜提供。

④风机的正反转控制柜需向 EMCS 提供接口，开关量信号为干接点形式，模拟量信号为 4～20 mA。需提供的接点接线端子包括启停、正转、反转控制及手动/远程切换状态反馈、轴承温度显示、故障报警、综合报警等。

⑤75 kW 及以上的电机不能直接启动，应采用软启动器。

⑥具有就地和远程操作功能，为 EMCS 系统提供的信号或参数要引到 EMCS 柜内端子排。

⑦双电源切换控制柜和正反转控制柜防护等级与低压配电柜防护等级相同，即应在 IP40 以上。

(3)FAS 控制优先功能

由于 TVF 风机是火灾工况时隧道排烟的主要设备，根据消防要求，TVF 风机与消防报警(FAS)的接口应独立设置并具有优先权，以便 TVF 风机在发生火灾时做出迅速反应。

7.其他技术接口

(1)应提供各种型号风机运转时噪声频谱分析，以便配用消声器。

(2)对结构专业提供风机荷载点的静荷载和动荷载，并提供安装尺寸要求。

(3)电机电源接线盒尺寸满足供电专业提出的接线要求。

(四)TVF 风机检验

1.检验标准

常用 TVF 风机设备检验标准：

(1)GB/T 3235　《通风机基本形式尺寸参数及性能曲线》

(2)GB 10080　《空调用通风机安全要求》

(3)JB/T 6445　《通风机叶轮超速试验》

(4)GB/T 1236—2000 idt ISO 5801　《工业通风机用标准化风道进行性能试验》

(5)GB/T 2888　《风机和罗茨鼓风机噪声测量方法》

(6)JB/T 8689　《通风机振动监测及其限值》

(7)JB/T 7246　《冷暖通风设备外观质量》

(8)GB/T 13274　《一般用途轴流通风机技术条件》

(9)GB 755　《旋转电机定额和性能》

(10)JB/T 6444　《通风机包装通用技术条件》

(11)JB/T 6886 《通风机涂装技术条件》

(12)JB/T 9101 《通风机转子平衡》

(13)JB 4363 《隧道轴流式通风机》

(14)JB/T 10213 《通风机焊接质量检验》

(15)JB/T 10214 《通风机铆焊件技术要求》

(16)JB/T 8690 《工业通风机噪声限值》

(17)GA 211 《消防排烟风机耐高温试验方法》

2. 检验项目及指标要求

(1)叶片材质的金相分析报告

检查叶片材料成分是否符合标准要求。

(2)叶片强度试验报告

叶片抗拉强度为22.4 kg/mm^2,硬度为70～75;延伸率为2%(指叶片采用ZL104型铝合金材料铸造)。

(3)通风机焊接质量检验报告

生产商应对所有TVF风机焊缝进行检查,焊缝表面光滑,外部不应有成串的或网状的气孔存在。

(4)通风机叶轮超速试验

TVF风机在110%额定转速下运转超过2 min,焊缝、铆钉无裂缝、松动等现象,叶轮各部件尺寸变形量不超过标准要求值,叶轮温升<10℃。

(5)通风机空气动力性能试验

在规定的风机全压条件下,所对应的流量偏差≤±5%;

在规定的流量条件下,所对应的风机全压≤±5%;

在接近最高效率点处,工况点实际效率与给定值负偏差<3%;

风机系统静压比≤75%;

风机正转工况下的风量、风压和功率与逆转基本一致,风机正、逆转按圆面积计算的全压效率>76%。

(6)风机噪声检测

按JB/T 8690标准测试TVF风机正、反转额定工况下的噪声频谱值,各频率的噪声声压级和计算得出的声功率级应满足合同的要求。

(7)风机振动检测

在支撑轴承处的通风机外壳相应部位测得的垂直和水平两个方向的振动速度均方根≤1.8 mm/s。

(8)通风机正、反转试验

风机在14 s内应能从启动达到额定转速,从正转到反转切换时间<60 s。

(9)通风机外观质量检验

三、UPE/OTE风机的主要特点

(一)性能特点

地铁中UPE/OTE风机属于长期运行风机,考虑节能,一般要求UPE/OTE风机按圆面积计算的全压效率≥84%。

根据运行工况要求,UPE/OTE 风机有单速和双速风机两种。双速 UPE/OTE 风机具备高速和低速两种工况,在两种工况下都处于高效率运行。在运行时,受正反两个方向的活塞风冲击,一般应考虑有背压从－250 Pa 到＋150 Pa 时仍可继续正常运行。

(二)测试

UPE/OTE 风机的测试、检验基本与 TVF 风机相同。为确保运行的稳定，比 TVF 风机增加一项对 UPE/OTE 风机压力波动的测试，以评价 UPE/OTE 风机抗活塞风冲击的能力。

四、射流风机的主要特点

(一)运行特点

区间隧道出入线、存车线、渡线和折返线处发生列车阻塞工况或火灾工况时,根据列车所在位置和火源位置,射流风机配合区间两端 TVF 风机正转或逆转运行,进行气流组织。

(二)结构特点

1. 可逆转射流风机包括风机本体、两端管式消声器(每端长度为 $2D$);本体的结构与 TVF 风机基本相同。

2. 可逆转射流风机一般安装在区间隧道顶板下方,为方便安装并防止或减少风机振动影响,风机出厂时,除风机本体和消声筒外,还应随机配备减振器、紧固件和吊装支架等。

(三)射流风机检测

1. 主要检测标准

除上述 TVF 风机的检测标准外,还包括 ISO 13350《射流风机性能测试方法》

2. 测试项目

(1)安全性测试;

(2)叶轮超速试验;

(3)射流风机振动检测;

(4)射流风机耐高温检测报告;

(5)射流风机噪声检测;

(6)射流风机逆转试验;

(7)射流风机推力试验;

(8)射流风机流量试验;

(9)输入功率测定和效率计算。

第五节　空调水泵

地铁中的空调水泵包括冷水泵和冷却水泵,一般采用单级单吸清水离心泵。冷却水泵为冷水机组与冷却塔之间冷却水的循环提供压力,冷水泵则为冷水机组和组合式空调箱之间的冷冻水循环提供压力。

一、空调水泵分类

按工作原理和结构,空调水泵可分为以下几大类,具体见图 1-6-16。

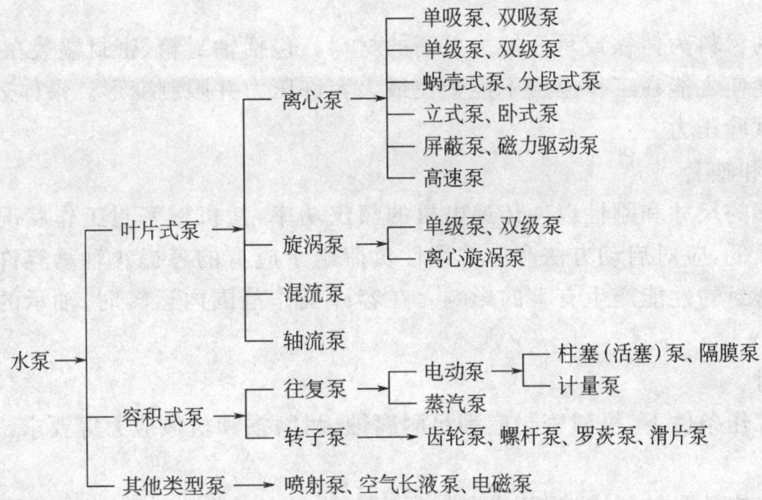

图 1-6-16　空调水泵分类图

二、空调水泵结构和特点

空调水泵主要由以下部件组成:叶轮、轴承、电机和机械密封等,空调水泵外形见图 1-6-17。

在地铁环控系统中常用的空调水泵为离心卧式单级泵,具有结构可靠、通用性强;检修方便和耐压能力强等优点。

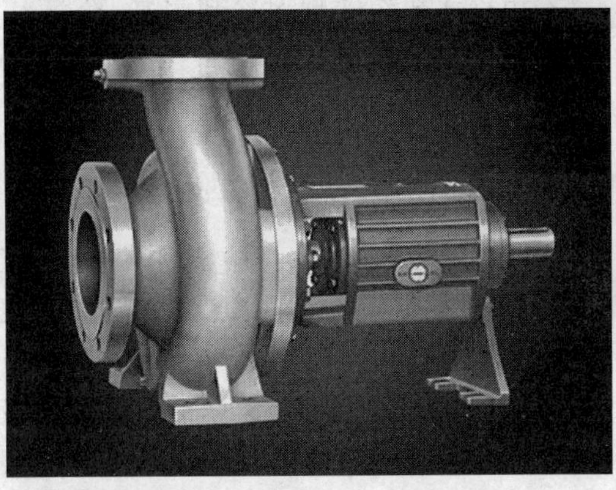

图 1-6-17　空调水泵外形图

三、空调水泵一般技术要求

(一)结构要求

冷水泵和冷却水泵安装在地下机房,要求水泵结构紧凑、运转平稳、噪声低;冷水泵和冷却水泵均应自带底座和减振器。

水泵应设计为不需移动吸入和排出连接管即可更换部件,完成所需的拆卸操作。

(二)空调水泵基本运行条件

在正常工作条件下,冷冻水泵输送的水温为 7℃～12℃的水,该循环为闭式循环;冷却水泵输送的水温为 30℃～35℃的水,该循环为开式循环。

地铁中空调水泵的最高使用压力一般为 1.2 MPa。

(三)水泵各部件技术要求

1. 电机

配置的电机应有良好的绝缘和密封性能,采用三相鼠笼式异步电机,电机的绝缘等级为 F 级,防护等级为 IP55。电源额定电压为 380 V/50 Hz。

2. 叶轮

叶轮制造材料应为不锈钢或青铜。确定静止件和旋转件之间的运行间隙时,应考虑工作条件和这些零件所使用材料的性能。

3. 承压件

水泵泵壳的材料为铸铁或承压能力更高的材料。包括轴封箱、密封端盖在内的压力壳体，须有适当的厚度使之能在工作温度下经受住最大容许压力并限制变形。泵体还应适合于环境温度下的水压试验压力。

4. 轴、轴承和轴套

轴应有足够的尺寸和刚性以便传递电机的额定功率，使机械密封工作状况不良和卡住的危险程度降至最低，应对启动方法和有关惯性负荷给予应有的考虑。轴承容许的转子轴向位移不得对机械密封的性能产生有害的影响。在容许工作范围内运转时，轴承的基本额定寿命应大于 30 000 h。

5. 机械密封

在给定的工作条件下，机械密封应满足耐腐蚀、耐磨损和机械应力等要求。

6. 联轴器

电机与泵由挠性联轴器连接，两半联轴器应有效固定以防止相对于轴的周向和轴向移动。如果将联轴器各个零件组装在一起作平衡，那么须用永久性的显著标记表示其正确的装配位置。必须提供合适、固定的联轴器防护罩。

(四)技术接口要求

(1)电源 380 V、50 Hz，电机电源接线盒尺寸满足供电专业电源接线要求。

(2)由冷水机组实现对冷却水泵、冷冻水泵和冷却塔连锁控制功能。

(3)水泵安装基础尺寸。

(五)空调水泵检验

1. 检验标准

常用空调水泵设备检验标准：

(1)GB/T 16907　　《离心泵技术条件(I)类》

(2)GB 3216　　《离心泵、混流泵、轴流泵和旋涡泵试验方法》

(3)GB 5661　　《轴向吸入离心泵 机械密封和软填料用的空腔尺寸》

(4)GB 5662　　《轴向吸入离心泵(1.6 bar)标记、性能和尺寸》

(5)GB 10889　　《泵的振动测量与评价方法》

(6)GB 10890　　《泵的噪声测量与评价方法》

(7)GB/T 13006　　《离心泵、混流泵和轴流泵汽蚀余量》

(8)GB/T 13007　　《离心泵效率》

2. 检验项目及指标要求

(1)离心泵壳承压试验

对承压零件(泵体、泵盖和密封端盖包括它们的紧固零件在内)进行试验压力为基本设计压力 1.5 倍的水压试验，使用冷清水进行，保持压力时间至少 30 min，无可见泄漏。对整台装配好的泵进行试验压力为额定压力 1.5 倍的水压试验，填料、机械密封等辅助配件不产生变形。

(2)离心泵机械密封元件的密封性试验

对装配好的整台泵进行密封性试验。

(3)离心泵轴和叶轮的材质分析报告

生产厂家提供所用材料的材质报告。

(4)NPSHR(必需汽蚀余量)

NPSHR(必需汽蚀余量)应取以下4个流量点的数值:最小连续稳定流量、介于最小流量和额定流量之间的流量、额定流量和110%额定流量。汽蚀余量最好用闭式回路试验,但也可用吸入阀节流或改变入口井液位的方法。

(5)离心泵的运行特性试验

运行特性试验至少有5个工况点的完整性能试验数据,通常为零流量、最小连续稳定流量、介于最小流量与额定流量之间的流量、额定流量和110%额定流量,并满足表1-6-2的要求。

在运行试验时,应附加检查轴承温度、密封泄漏的情况。

表1-6-2 离心泵运行特性试验允许波动值

测定量	最大允许波动幅度 %	
	B级试验台	C级试验台
流 量	±3	±6
扬 程		
转 矩		
功 率		
转 速	±1	±2

效率:水泵的效率应不低于GB/T 13007《离心泵效率》规定值,如用户有更高要求,则不能低于用户要求值。

(6)离心泵的振动测量

根据GB 10889《泵的振动测量与评价方法》标准规定,多叶片叶轮卧式泵的振动烈度极限要求如表1-6-3。

表1-6-3 多叶片叶轮卧式泵的振动烈度

转速 n(r/min)	轴中心高为 h_1 时最大均方根振动速度值(mm/s)	
	$h_1 \leqslant 225$ mm	$h_1 > 225$ mm
$n \leqslant 1\,800$	2.8	4.5
$1\,800 < n \leqslant 4\,500$	4.5	7.1
注:对卧式脚座安装泵,h_1 是与泵脚相接触的底座表面和泵轴中心线间的距离。		

(7)离心泵的噪声测量

满足GB 10890标准中对离心泵噪声级别评定要求,如用户有规定,则测得的泵测量表面平均A声级不能高于合同要求值。

第六节 冷 却 塔

一、冷却塔分类

1. 按结构型式分类

(1)圆形冷却塔;

(2)方形冷却塔。

2.按水流方向分类

(1)横流式；

(2)逆流式。

3.按冷却塔噪声标准分类

(1)普通型；

(2)低噪声型；

(3)超低噪声型；

(4)工业型。

二、冷却塔的结构和特点

冷却塔由风机、电机、减速器、塔体、布水器、填料、进出水管和支架等组成。冷却塔外形见图 1-6-18。

图 1-6-18　冷却塔外形图

冷却塔的主要功能是对冷水机组的冷却水进行降温处理，即冷却水在塔内与空气进行热湿交换而得到降温，从而将冷水机组通过冷冻水循环、机组内部制冷剂循环、冷却水循环而吸收的热量转移至室外空气中。

从冷水机组冷凝器出来的冷却水（一般为 35℃），送至冷却塔喷水口，经过布水器，流过冷却塔内部的填料层，与室外空气进行热湿交换（一般降温至 30℃），然后在集水盘中汇集，通过水管及冷却水泵的增压，进入冷水机组内部，对从机组压缩机出来的制冷剂进行冷却降温，然后重复上述循环。

三、冷却塔一般技术要求

(一)外观结构要求

(1)要求结构紧凑、体量小。

(2)宜采用双风机或双速电机等技术措施，达到节能运行、夜间降噪、减小飘水。

（二）基本性能要求

(1)在标准设计工况条件下，按水温降对比法求出的冷却塔实测冷却能力与设计冷却能力的百分比不得小于90%。

(2)地铁用冷却塔一般采用低噪声型或超低噪声型，冷却塔噪声不得超过GB 7190.1静型/超静型冷却塔的噪声指标。

(3)应控制冷却塔的飘水率，不允许有明显的飘水现象。

(4)对有阻燃要求的冷却塔，玻璃钢的氧指数不低于28。

（三）冷却塔各部件技术要求

1.塔体

冷却塔上下塔体均为聚酯玻璃钢，其增强材料为中碱无捻粗纱布和玻璃纤维毡，应符合相应的规定；基体为不饱和聚酯树脂，应符合GB/T 8237的规定。

塔体材料固化度(%)	91.4
塔体材料巴氏硬度	53
塔体材料抗弯强度(MPa)	132

为确保冷却塔的强度，塔体各个部位的厚度一般应满足以下要求：

冷却塔壁板厚≥6 mm；

冷却塔风筒壁厚≥8 mm；

冷却塔集水盘厚≥10 mm。

2.风机

风机特性参数应符合设计工况要求。

风机叶片采用铝合金叶片，要求强度可靠。

风机组装前，风机叶片应作静平衡试验，叶片平衡后应定位、编号。

风机传动系统采用皮带传动型式时，皮带轮应与风机同时进行静平衡试验。

风机叶片距塔体内壁之间的间隙应保持均匀，其值宜不大于$0.08D$(D为风机直径)。

3.电机

电机宜采用封闭式，对电机的接线匣进行防水密封等处理，电机防护等级不低于IP55。

电机应具有缺相保护功能。

4.填料

填料材料应选用冷却效率高、通风阻力小的阻燃材料。

填料安装时要求间隙均匀、顶面平整、无塌落和叠片现象，在2.94 kN/m^{2}泵压条件下填料片不得穿孔破裂。

（四）技术接口要求

1.与冷水机组的联锁控制功能

由冷水机组实现对冷却水泵、冷水泵和冷却塔连锁控制功能。

2.与供电技术接口要求

冷却塔电源线引出机外，要求380 V、50 Hz三相电源。

3.其他技术接口要求

(1)冷却塔的外形和基础尺寸、静止重量和运转重量。

(2)冷却塔进/出水管径、补给水管径。

(3)冷却塔对水质的要求。

(4)冷却塔噪声指标。

四、冷却塔检验

1. 检验标准

(1)GB 7190.1 《玻璃纤维增强塑料冷却塔第一部分:中小型玻璃纤维增强塑料冷却塔》

(2)GB/T 8237 《玻璃纤维增强塑料(玻璃钢)用液体不饱和聚酯树脂》

(3)GB 3096—1993 《城市区域环境噪声标准》

(4)GB 50050—1995《工业循环水冷却设计规范》

2. 检验项目要求

(1)热力性能试验

按水温降对比法求出的实测冷却能力与设计冷却能力的百分比(η_{st})不小于 90%。

(2)噪声检测

冷却塔噪声应满足 GB 7190.1 规定,并通过环保部门的验收。

(3)风机耗电量和耗电比检测

按 GB 7190.1 检测和计算,风机耗电比(a)不应大于 0.04 kW·h/m³。

(4)空塔风量检测

空塔风量不应小于设计值。

(5)外壳材料检测

主要检测参数应满足 GB 7190.1 标准的要求。

(6)风机和电机传动机构的检查

风机叶尖距塔体壁之间的间隙应保持均匀,其值不宜大于 0.008D(D 为风机直径)。电机宜采用封闭式,传动减速机构无异常振动和声响。

第七节 组合式风阀

一、组合式风阀分类

按风阀叶片的运动方式分为 4 类:

(1)对开式多叶风阀。

(2)平行式多叶风阀。

(3)菱形叶片风阀。

(4)蝶阀。

二、组合式风阀的结构和特点

组合式风阀是由底框架、多个单体多叶风阀、传动件、角行程电动执行机构等部件采用标准件紧固而成,主要用于区间活塞通风和机械通风系统中。通过风阀的启闭,来完成机械风和活塞风的转换。即正常工况时,活塞风阀打开,机械风阀关闭,区间利用列车运行活塞风进行通风换气;当区间发生阻塞或火灾工况时,活塞风阀关闭,TVF 风机启动,与其相连的机械风阀联动开启,对区间进行机械通风,使阻塞区间温度达标或火灾工况时协助有效排烟。

组合式风阀的外形见图 1-6-19。

图 1-6-19 组合式风阀外形图

三、组合式风阀一般技术要求

(一)结构要求

(1)单体风阀组合形式应灵活多变,可为一字形横排组合、一字形纵排组合和纵横同时排列组合,具有外形平整,运输、安装、拆卸方便等特点。

(2)单体多叶风阀一般采用多叶对开式,轴端采用含油轴承,启闭灵活可靠。风阀叶片全闭时,应有良好的密封性能。

(3)组合风阀各组合连接处应紧固、可靠。其外观涂层应美观、光洁。

(4)风阀所有部件、连接件包括连杆、紧固件等均应能防腐、防潮。

(二)基本性能要求

(1)安装于地铁、隧道等地下通风工程的组合风阀应能耐高温与阻燃。其组合式风阀电动执行机构、密封件、润滑油脂应能在 0.5 h 内耐高温 280℃,该时间段内风阀可以改变运行状态。

(2)单体风阀组合后,气流有效流通面积应不小于 80%。

(3)组合风阀抗疲劳特性:应能在周期性活塞风压冲击下,零部件不会出现松动及变形。

(4)风阀的开启可采用全开和全闭两种状态,也可采用风阀开启度可调的形式。风阀全开、全闭和风阀开启角度可通过执行机构的辅助开关输出信号,达到显示开、闭位置。

(5)组合风阀叶片的启闭控制形式应既可电动也可手动,当由阀门电动装置控制时,其转动应平稳,反馈信号应正确。

(6)组合式风阀电动执行机构设置转矩保护装置(堵转保护装置)。当叶片轴承受的扭矩大于最大许用扭矩时,执行机构转矩保护装置动作,切断电源,使电动执行机构输出轴停止转动。

(7)一台角行程执行机构控制一台联动组合式风阀,启闭全程时间 25 s。

(8)电动执行机构采用硅酸铝防火材料作包裹处理,达到耐高温 280 ℃、0.5 h。

(三)控制接口要求

(1)组合风阀启闭可由就地控制箱(含双电源切换)内完成;

(2)EMCS 根据环控专业提供的在就地控制箱(含双切换电源)接口监控相关组合风阀开、关及故障运行状态。

(3)风阀全开、全闭、开启角度时可通过执行机构的辅助开关输出信号(6.3 V),达到显示开、闭位置和开启角度。

(4)由风机实现对风阀的连锁。

(5)风阀的启闭参照环控系统编制的正常工况、阻塞工况和火灾工况区间通风控制模式执行。

(四)其他技术接口要求

(1)风阀为一级负荷设备,由动力专业引双电源给其供电。

(2)风阀电动执行机构要求 AC 220 V、50 Hz 电源。

(3)风阀的尺寸依据土建预留孔洞的尺寸来确定,并充分考虑预留执行机构的安装空间。

四、组合式风阀检验

(一)检验标准

(1)JB/T 7228 《风量调节阀》

(2)JB/T 8219 《工业过程测量和控制系统用电动执行机构》

(3)GB 2423 《电工电子产品基本环境试验规程》

(4)GB/T 1236 idt iso 5801 《工业通风机用标准化风道进行性能试验》

(5)Q/YG BYJ 002 《风量调节阀》

(6)Q/YG BYJ 001 《TKJ 系列电动执行机构》

(二)检验项目及指标要求

1.组合式风阀对角线公差及法兰平面的平面度检查

整台风阀装成后,各面的对角线长度之差应不大于表 1-6-4 的规定。

表 1-6-4 组合式风阀对角线公差检查表 (mm)

对角线长度	≤1 000	>1 000~1 500	>1 500~2 000	>2 000
两对角线之差	1.5	2.0	2.5	3.0

整台风阀装成后,风阀两端法兰平面的平面度公差应符合表 1-6-5 的规定

表 1-6-5 组合式风阀平面度公差检查表 (mm)

风阀端面的长度	≤1 000	>1 000~1 500	>1 500~2 000	>2 000
公差值	2.0	2.5	3.0	3.5

2.组合式风阀全开时过风面积比

单体风阀组合后,气流有效流通面积应不小于 80%。

3.组合式风阀漏风率测试

风阀全闭时,在静压为 1 000 Pa、气流速度 10 m/s 条件下,普通型风阀的空气泄漏率不大于 2%,密闭型风阀的泄漏率不大于 0.5%。

4.组合式风阀阻力系数测试

通过改变风阀的开度测量风阀前后的静压差及其对应的风量,以风阀开度为横坐标、风量比为纵坐标绘制阻力特性曲线。风阀全开时阻力系数≤0.79。

5.组合式风阀最大驱动扭矩检测

组合式风阀的最大扭矩应符合表 1-6-6 的规定。

表 1-6-6　组合式风阀的最大扭矩

风阀高 mm	风阀宽 mm					
	≤500	>500～750	>750～1 000	>1 000～1 250	>1 250～1 500	>1 500～1 800
≤500	5.0	6.0	7.5	10.0	13.0	15.0
>500～750	5.5	7.5	10.0	13.5	17.0	20.0
>750～1 000	7.0	9.0	13.0	17.0	21.0	25.0
>1 000～1 250	8.0	12.0	16.0	21.0	25.5	30.0
>1 250～1 500	10.0	15.0	19.0	24.0	31.0	35.0
>1 500～1 800	13.0	18.0	22.0	27.0	33.0	40.0

注：上表摘自 JB/T 7228—1994。

6. 组合式风阀启闭全程时间检测（重复 3 次）

风阀从全闭到全开时间（风阀两侧静压差为 1 000 Pa 开始）为 25 s。

风阀从全开到全闭时间（全闭结束时风阀两侧静压差为 1 000 Pa）为 25 s。

7. 组合式风阀所用材料、密封件、涂料及电动执行机构耐温、耐湿性能测试

将需检测的材料及部件放入加热箱中加热，加热温度和持续时间按 280 ℃、0.5 h，并重复 3 次。在加热过程中电动执行机构能照常动作，密封件无变形和粘连等现象。

8. 组合式风阀绝缘电阻检测

使用 220 V 电源的接线柱与金属框架等导线之间应有良好的绝缘，绝缘电阻应大于 2 MΩ。

第八节　消　声　器

一、消声器分类

常见的消声器从原理上分有阻性、抗性、有源消声等；从吸声结构形式可分为：阻性（用吸声填料）和共振式（微穿孔板）或两者相结合（如图 1-6-20）。阻性对中高频消声效果较好，共振式可以针对某些频率，结合时用共振式针对低频消声。

阻性片式消声器　　共振式消声器　　复合式消声器

图 1-6-20　消声器分类图

在地铁中一般用阻性片式消声器，按结构不同阻性消声器又可分为：金属外壳式消声器和结构片式消声器。

二、消声器的结构和特点

地铁环控系统用消声器(消声片)采用镀锌钢板、镀锌穿孔板、离心玻璃棉、玻璃布和角钢组合而成,如图 1-6-21。

1. 金属外壳式消声器

金属外壳式消声器采用"田"字形组合结构,在现场组装成整体。具有运输、装卸、现场安装方便,损伤概率低等优点。在地铁中,金属外壳式消声器一般安装在TVF、UPE/OTE 风机和回排风机等的进出口和系统管道上,用于消除风机产生的噪声。组合好的金属外壳式消声器外观见图 1-6-22。

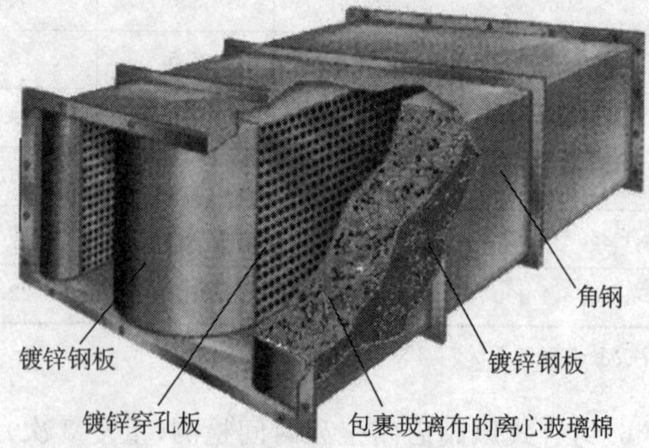

图 1-6-21 消声器结构图(地铁用消声器)

2. 结构片式消声器

结构片式消声器由消声片组合而成,安装在建筑风道内,主要用于消除列车、列车活塞风产生的噪声,以及用于对 TVF 风机和 UPE/OTE 风机的二次消声等。根据现场条件和实际需要决定结构片式消声器的分拆程度,组合好的结构片式消声器外观见图 1-6-23。

图 1-6-22 金属外壳式消声器外形图

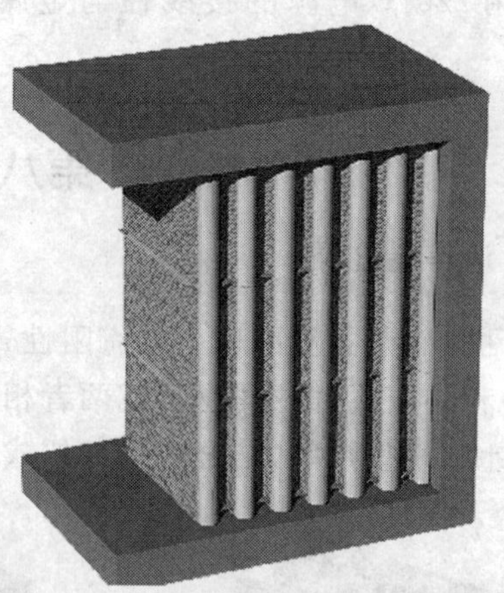
图 1-6-23 结构片式消声器外形图

三、消声器一般技术要求

1. 结构要求

(1)消声器连接牢固、无松动及开焊现象;表面平整、无锈蚀、无毛刺,咬口搭接均匀;

(2)消声护面板穿孔材料采用镀锌穿孔板,以防止锈蚀,穿孔率为 23%;

(3)消声片内部消声材料采用不燃性材料,符合 280℃、0.5 h 烟气通过的运行要求,具有良好的防潮、防湿性能;

(4)消声器具有惰性、防潮、防虫等特性;

(5)消声器内不含有任何易燃、可燃物质和有害、有毒物质。

2. 基本性能要求

(1)通过消声器的空气流量满足总体设计要求；

(2)消声器外形尺寸、声学性能(动态插入损失)和空气动力性能(阻力损失)满足总体设计要求；

(3)消声器能承受 2 000 Pa 内外压差；

(4)消声器正常工作寿命 20 年，寿命期内消声量下降不超过 4～5 dB(A)；

(5)控制消声器断面风速，风速标准达标值：

①通风亭格栅风口 2.5 m/s

②混凝土风道或通风井 8 m/s

③UPE/OTE 管道 ＜10 m/s

④送回/风干管 ＜10 m/s

⑤送回/风支管 4 m/s

⑥空调风口 2.5 m/s

(6)噪声标准达标值

经过消声器降噪后，地铁噪声应符合对内(车站公共区和车站设备管理用房)噪声要求和对外界《城市区域环境噪声标准》(GB 3096—1993)的噪声要求(背景噪声除外)。在不同的城市，环境噪声标准要求也可能不同，可根据具体情况而定。

①环控设备正常运行时，传至站厅、站台公共区噪声 ≤70 dB(A)

②环控设备传至设备与管理用房的工作、休息室 ≤60 dB(A)

③环控机房内噪声值 ≤90 dB(A)

④通风风亭传至地面风亭外噪声：

a. 在交通干道路两侧：昼间 70 dB(A)

夜间 55 dB(A)

b. 在二类混合、商业中心区：昼间 60 dB(A)

夜间 50 dB(A)

3. 技术接口要求

(1)金属外壳消声器是与轴流风机前后的变径以法兰形式联结，因此变径的法兰需根据消声器的法兰制作和配钻。

(2)结构片式消声器需设置在土建支承台阶上，并预埋泄水管。为防止噪声旁通泄漏，安装完毕后需作封堵工作和全面检查。

(3)风机前后采用金属片式消声器。TVF 风机气流方向可正可逆，消声片两端都可能成为迎风端，故消声片两端可采用圆形呈对称式；其他 UPE/OTE 风机、回/排风机和新风机，气流方向为单向流动，故消声片迎风端可采用圆形。

四、消声器检验

1. 检验标准

(1)GB/T 4760 《消声器测量方法》

(2)《通风空调安装技术实用手册》 通风空调工程分项工艺标准

(3)GB 3096 《城市区域环境噪声标准》

(4)GB 3222 《城市环境噪声测量方法》

(5)GB 50299 《地下铁道工程施工及验收规范》

(6)JB/T 6891 《风机用消声器技术条件》

(7)JB 4364 《风机配消声器性能试验方法》

2.检验项目及指标要求

对消声器的检验,出厂检验主要检查消声器的外观质量和尺寸,待现场安装完成后,再对消声效果和系统阻力进行检查评价,并应通过环保部门的验收。

第九节 变频调速技术在地铁环控系统中的应用

随着技术的日益进步,变频调速技术越来越多地运用到各个领域。环控系统变频调速技术应用的基本原理是通过改变设备的转速,使环控系统中的流量改变,以适应不同环境、不同工况的要求,达到使用要求和节能的目的。

环控系统是一个完整的系统,全面考虑系统控制和系统节能是比较恰当的。本文简单介绍变频调速技术在地铁环控系统中的应用。

一、应用变频技术的主要优缺点

(1)节能

地铁环控系统应用变频技术最主要的优点是节能。一般的空调系统采用变频后,可节电30%~60%,用电量庞大的地铁环控系统设备采用变频技术的优势更为明显,也是大势所趋。

(2)延长设备寿命。

(3)实现软启动/停止,减小对电网的冲击,有效地保护了设备。

(4)更准确地调节空调区温、湿度。

(5)设备投资有所增加,但能从节能收益中较快获得回报。

二、冷冻水系统的变频调速

(一)冷冻水系统变频调速变流量节能原理

监测冷水机组供回水温度、供回水流量和供回水总管间的压差。将冷冻水回水温度作为控制量,将回水温度的实测值与给定值进行比较,PLC将此差值进行PID运算和控制。回水温度实测值小于给定值时,意味着空调负荷减轻,变频器控制水泵转速降低,减少冷冻水供水量;反之,增加冷冻水供水量,使冷冻水回水温度趋近于给定值。

(二)冷冻水系统变频调速控制方案

空调冷冻水循环系统一般由若干台冷冻泵组成。采用变频调速时,根据变频器的设置台数有一台变频器和全变频两种方案。

根据系统的运行模式,冷冻水系统变频调速控制系统有可分为一次泵变频调速控制系统和二次泵变频调速控制系统。

1.一次泵变频调速控制系统

在地铁环控系统设计中,一般每台冷水机组配置两台冷冻水泵,其中一台为备用泵,备用泵与工作泵间采用切换运行。采用变频调速时,一般一台变频器控制一台工作泵,备用泵不单独设置变频器。这种系统模式可称为一次泵变频调速控制系统,它的控制系统原理见图

1-6-24。

一次泵变频调速控制系统中，在供回水总管中设置电动旁通阀，检测供回水总管的压差Δp，将Δp实测值与设定值进行比较，控制系统根据比较值调整变频器输出频率与电压，控制冷冻水泵的转速。当空调负荷减少时，Δp升高，压差传感器检测出压差的变化趋势后，控制系统自动调整冷冻水泵的工作频率降低，使冷冻水量减少。相反，Δp下降时，控制系统自动调整冷冻水泵的工作频率升高，使冷冻水量增加。

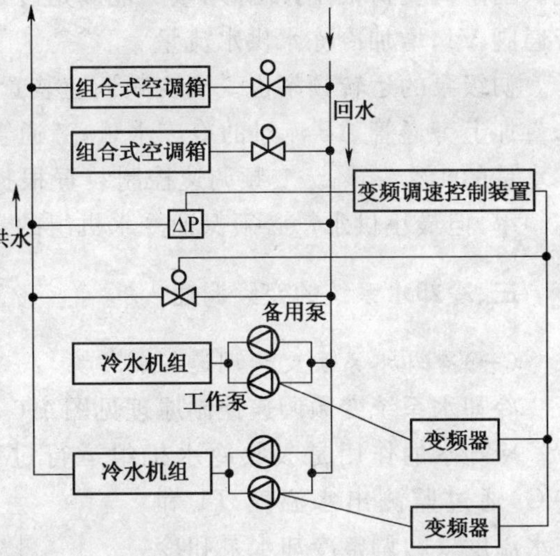

图 1-6-24　一次泵变频调速控制系统图

在控制系统中应设置最小流量(应大于冷水机组最小流量的要求)。当冷冻水供水流量过小时，控制系统自动打开旁通阀，加大冷水机组的冷冻水供水量。旁通阀的开度取决于控制系统的检测和计算的数值。

在控制系统中还应设置冷冻水泵的最低频率和最高频率，最低频率一般应设置在25～30 Hz之间，最高频率即水泵电动机的工作频率，通常设置在45 Hz左右。

多台工作冷冻水泵并联运行的时候，这些水泵宜采用相同规格和型号，控制系统宜将全部水泵在相同频率下运行。各台泵之间的切换方法如下(假设为3台工作水泵并联运行，一台变频器控制一台水泵)：

(1)先启动1号泵，进行恒温度(差)控制；

(2)当工作频率上升至设定的切换上限值(通常可小于50 Hz)时，启动2号泵，1号泵和2号泵同时进行变频调速，实现恒温度(差)控制；

(3)当工作频率又上升至切换上限值时，启动3号泵，3台泵同时进行变频调速，实现恒温度(差)控制；

(4)当3台泵同时运行，而工作频率下降至设定的下限切换值时，可关闭1号泵，系统有2台泵处于变频调速状态；

(5)当两台泵同时运行，而工作频率再次下降至设定的下限切换值时，再关闭2号泵，使系统进入单台运行状态。

2. 二次泵变频调速控制系统

二次泵变频调速控制原理见图 1-6-25。

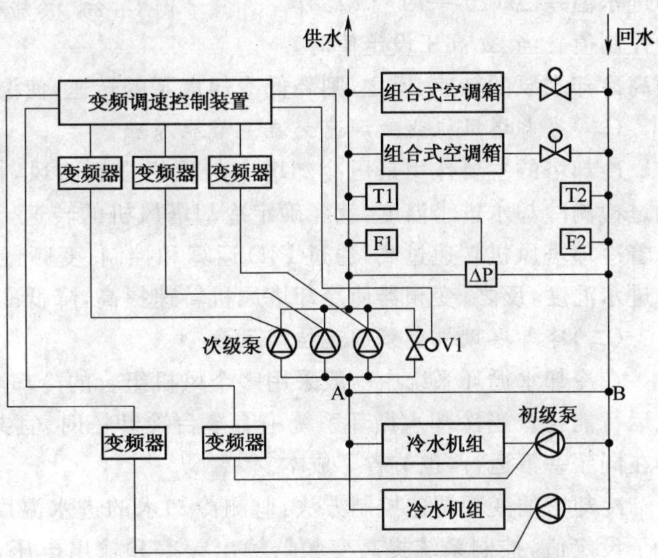

图 1-6-25　二次泵变频调速控制系统图

二次泵系统中，用户负荷的冷

冻水由次级泵直接供给，通过检测供回水总管的温度 $T1$、$T2$ 和水量 $F1$、$F2$，变频调速控制装置决定次级泵的台数和运行频率，其变频调速的基本原理和各次级泵之间的切换方法如前所述。当空调负荷很小，冷冻水量不能满足冷水机组的最低水量要求时，变频调速控制装置开启旁通阀 V1，增加冷冻水供水流量。

初级泵的运转频率也受到变频调速装置的控制。冷冻水的供水量应该是用户负荷的冷冻水量加上旁通管 AB 流过的冷冻水量，旁通管 A 流至 B 中的水量控制在一台冷水机组额定冷冻水量的 1%～5%。变频调速控制装置根据上述方法计算得出的冷冻水量控制初级泵的运转频率，但最小供水量必须保证冷水机组的最小冷冻水量要求。

三、冷却水系统的变频调速

（一）冷却水系统变频调速控制方案

冷却水系统变频调速控制原理见图 1-6-26。

冷却水的作用是吸收冷水机组运行过程产生的热量。设定冷却水进出水温度（35℃、30℃）通过监测出水温度 $T1$ 和进水温度 $T2$，调整冷却水泵和冷却塔风机的运转频率。当出水温度 $T1$ 低于设定值时，变频调速控制系统将冷却水泵的转速降低；当出水温度 $T1$ 高于设定值时，提高冷却水泵的转速。

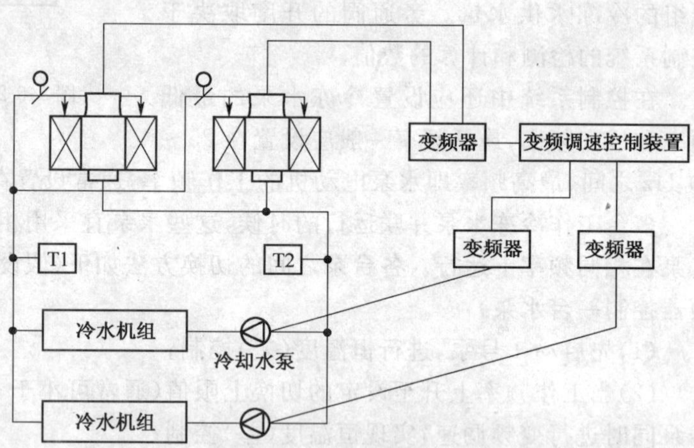

图 1-6-26 冷却水系统变频调速控制系统原理图

变频调速冷却水系统的配置与冷冻水系统相类似，采用一台冷水机组配置一台冷却水泵和一台变频器。一般以出水温度 $T1$ 和进水温差 $\Delta t(\Delta t=T1-T2)$ 作为控制值。当 Δt 高于设定值时，提高冷却水泵的转速，反之，则降低冷却水泵的转速，使温差回到设定值。

（二）冷却塔风机变频调速变流量节能原理

冷却塔的主要作用是用冷却塔上的风机强制吹风，将吸热后的冷却水温度降至设定值。通过检测冷却水进水温度，就能确定冷却塔风机的转速，当冷却水温度实测值低于设定值，意味着冷却塔风机转速过高，通过 PID 运算和控制，变频器调整冷却塔风机转速降低，提高冷却水进水温度，反之，变频器使冷却塔风机转速提高，降低冷却水进水温度。

（三）冷却塔风机变频调速控制方案

在冷却水循环系统中一般采用多个风机组合的冷却塔，通过减少运行风机的台数，可以降低运行能耗。当冷却水循环系统中有多台冷却塔时，宜共用 1 台变频器，即保证了全部风机都在同频率下运行，也节省了成本。

冷却塔的变频调速控制方法：监测冷却水的进水温度（通常设定值为 35℃），当进水温度高于设定值，控制系统提高变频器输出频率和输出电压，使风机转速增加，反之，降低风机转速。如果风机转速已经很低，冷却水温度仍低于设定值，可将其中的一台风机停止运行。

采用变频调速控制的空调系统，最高运行频率都在 35 Hz 左右，不仅节约了大量能源，电机运行噪声也大幅度降低，使冷却塔满足环保的要求。

四、变风量系统

地铁环控系统中的风系统有：隧道风系统、车站公共区空调通风系统、设备管理用房空调通风系统。其中隧道风系统中的站台排热系统的 UPE/OTE 风机通过高低速两种工况变换运行，从而达到节能的目的；本文主要叙述的是车站公共区空调通风系统中的变风量系统。

（一）变风量空调送风系统的工作原理

变风量空调系统是在保证送风参数相对稳定的情况下，随着空调房间内热、湿负荷的变化，采用改变送风量的方法来保证室内所要求的空气参数不变。既可以减少空气处理机消耗的能量，也可减少风机运转时所消耗的能量。

空调室冷量按下式计算：

$$Q = c\rho G(t_n - t_s)$$

式中 c——空气的质量热容[kJ/(kg·K)]；

ρ——空气密度(kg/m³)；

G——送风量(m³/s)；

t_n——室内温度(℃)；

t_s——送风温度(℃)；

Q——吸收(或送入)室内的热流量(kW)。

从上式可以看出，如果把送风温度设为常数，改变送风量 G，可以得到不同的 Q 值，来维持室温不变。

（二）变风量空调系统模式

变风量空调系统的模式有很多种，包含单风道简易变风量系统、周边热水采暖和变风量的组合系统、周边定风量和内区变风量的组合系统、有单区定风量的变风量系统、再热式或双风道变风量系统和室内设置的热水采暖的变风量系统。

上述各变风量空调系统模式适合于不同的环境和场合。对于相对湿度无严格要求、系统只需同时加热或同时冷却的场合，采用单风道简易变风量系统比较合适。

（三）变风量系统末端装置

变风量末端装置的主要作用是根据空调房间内温度的变化，自动改变送入房间的风量。变风量末端装置目前有许多种类，不同种类在其控制原理和构造上存在明显区别，应用范围也不一样。单风道型变风量末端装置是目前我国应用较多的一种末端装置。其结构简单、工作可靠，控制也比较容易，由圆形进气管、蝶形风阀、风阀执行器及联动装置、箱体及与控制配套的电气元件和测量元件(如风量、温度传感器及控制器)组成。结构如图 1-6-27。

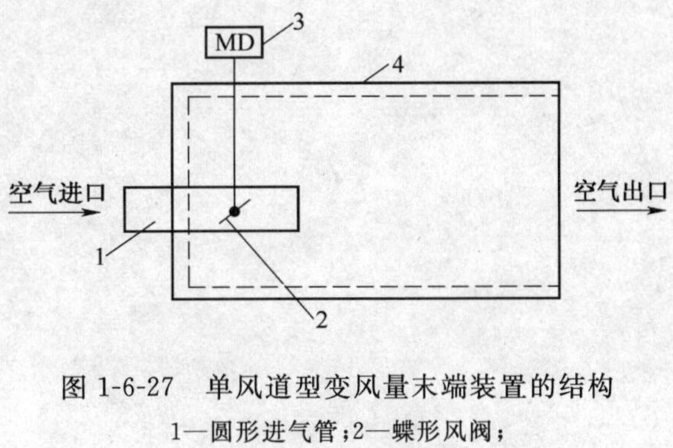

图 1-6-27 单风道型变风量末端装置的结构

1—圆形进气管；2—蝶形风阀；

3—风阀执行器及其联动装置；4—箱体。

（四）变风量系统控制风量的方法

控制风量的办法大致有以下 3 种：风机性能曲线的自适应性、风机入口导向叶片控制和用变频调速技术控制风机转速。其中最后一种方法能有效降低能量消耗，风量调节范围宽，并能实现风机的软启动，有效降低风机噪声，但一次费用较高。

五、变频调速环控系统应用

根据目前环控系统设计的实际情况，一般较易出现冷负荷估算值偏大、设计人员提高冷负荷指标和环控系统设备选型容量偏大几种现象。因此，在环控系统中运用变频调速技术是有必要的。不仅在新设计的系统中可以采用此项技术，针对系统运行出现的问题，经过分析也可采用变频调速技术将整个系统运行调整到最佳状态。不论是在新系统还是在旧系统中运用变频调速技术，应将系统中各子系统运行的安全性和可靠性放在首位。在编制控制方案时，必须考虑以下几点：

(1)运行工况必须满足冷水机组的要求，应在它允许的范围内变频；

(2)对设备的保护措施必须有效，并严格控制设置的参数；

(3)运行方案必须实现最优化的节能数值。

根据上述几点要求，应满足：冷水机组冷冻水供水温度不能设置过低(7℃)；冷水机组冷冻水供水流量不能超过该主机规定的范围；冷却水进出水温度必须受到控制(进水 30℃，出水 35℃)；冷水机组运行状态不宜频繁改变等。在编制控制程序时，围绕冷水机组这几点主要的要求，设置冷冻水控制子系统、冷却水控制子系统和冷却塔风机控制子系统的控制参数和保护参数。并设定冷却水泵、冷冻水泵和冷却塔风机变频器运行频率的上限值为 45 Hz、下限值为 30 Hz。

总而言之，要在地铁环控系统中运用变频调速技术，需要暖通空调专业与监控专业的密切配合。暖通空调专业要根据地区环境、用户需求等具体情况制订出最佳的环控系统运行模式，提出在各子系统中运用变频调速时应采用的必要的保护措施和控制的具体参数要求，以保证系统运行的可靠性和稳定性；监控专业根据暖通空调专业的要求编制控制方案、程序。这样才能在保障系统运行的前提下，通过运用变频调速技术，环控系统的运行达到最优化的节能效果和最舒适健康的空调环境。

第七章 通信系统

第一节 系统概述

地铁通信系统的任务是建立一个视听链路网，为地铁列车的运行、地铁内的工作人员和乘客提供多种传输信息服务，保证运营控制中心对车站及车上旅客进行高层次的控制（例如：控制中心的值班员可通过有线、无线设备对行进中列车上的旅客发布重要通知；也可通过有线广播子系统对某个车站发布重要信息等）。

通信系统允许运营、管理及维修人员或其他系统设备通过传输诸如语音、数据、图像等信号在一定的距离内进行通信。这些通信的服务范围包括运营控制中心、车站、车辆段、站内及沿线。

通信系统不是单一的系统，而是多个独立的子系统的组合。这些子系统在设计上能够协调地工作，在不同的运营环境下能正确地相互作用。各子系统能对自身的故障进行检测和报警，从而确保整个通信系统运行的可靠性。

通信系统由传输、无线、公务电话、专用电话、电视监控、有线广播、时钟、电源等子系统和光、电缆、集中告警终端等组成。传输子系统、时钟子系统除了为各通信子系统提供服务外，还要为地铁的其他设备系统提供相应的服务。传输和无线两个子系统内部还分为：为地铁运营服务的专用通信网和为城市公众通信引入地铁内的公众通信网两部分。

第二节 传输子系统

传输子系统包括专网和公网两部分。

一、传输子系统专网

传输子系统专网的主干网是一个基于光纤的传输系统。它是最重要的子系统之一，因此它应具有可靠的、冗余的、可扩展的、可重组的、灵活的（能适应多种类型业务的接口）等特点。子系统除了传输通信系统所需的语音、数据、图像等各种信息外，还可以传输电力监控（SCADA）、自动售检票（AFC）、自动列车监控（ATS）、防灾报警（FAS）、机电设备监控系统（EMCS 或 BAS）、办公自动化（OA）等其他系统的信息。

传输子系统专网的光纤环路是采用双光纤、双向通道的保护方式。传输线路是由架设在隧道两侧的充油光缆组成的环路网络。子系统具有自愈功能：传输子系统的工作环路光纤发生断路或传输设备发生故障时，可自动判断并切换到备用环路光纤或自动脱离故障设备，不会造成业务中断，并能发出故障报警信息。主用环路和备用环路自动切换的时间应在相关通信行业标准所限定的范围内；主、备用环路之间的切换也不影响正在工作中用户的正常使用。

传输子系统的制式很多，但主要采用的是 OTN 制式。

开放的传输网络（OTN）是比利时西门子公司开发的专用通信传输系统，它采用时分复用技术(TDM),用 OTN 的节点机和光缆构成环路传输网络,目前可提供 36 Mbit/s(OTN-36)、150 Mbit/s(OTN-150)和 600 Mbit/s(OTN-600)及更高的传输容量。

OTN 本质上也属同步数字传输方式,但具有独特的传输速率和帧结构,由于这种独特的工作原理,使 OTN 系统对各种业务“开放”,它几乎兼容现行所有标准的各种宽带和窄带的业务,如:低速和高速数据,话音、高保真度音频、局域网和视频等。在特殊条件下,它还能处理各种专用通信规程的业务。各种业务的接入是通过分布在 OTN 环路上的节点机的接口卡来实现的。

OTN 可提供的接口有:

1. 低速数据接口:19.2 kbit/s、64 kbit/s、RS422、RS485(例如:ATC 通道)等;

2. 2B+D(例如:数字电话通道);

3. E1(例如:AFC 的传输通道);

4. 10 M/100 M 以太网(例如:EMCS、SCADA、OA 的传输通道)等。

OTN 的优点是:

1. 采用多节点的光纤环型网,提高了系统的可靠性;

2. 网络结构中进行了特殊的设计,从而增强了网络管理和集中维护的功能;

3. 采用异步复用方式,实现了窄带业务和宽带业务的综合传输,提供了各种业务接入的接口,组网灵活;

4. 能根据业务的需求,灵活分配 OTN 环路上所占用的带宽,使资源得到了有效、合理的应用。

OTN 的缺点是:

1. 传输制式不符合统一的国际和国内标准,为此,需配备专用的维护用测试仪器,将来城轨交通通信网的扩展将受到这种传输制式的制约;

2. 目前尚无国内厂商与西门子公司合作生产的设备,不符合城轨交通建设的设备国产化政策。

尽管存在上述问题,但其网络的高可靠性、综合业务传输、接口品种齐全、组网的灵活性、安装调试工作量小及维护管理简便等诸多优点,又因城轨交通通信系统是相对独立和封闭的系统,受到城轨交通建设者的青睐。

OTN 系统在国际和国内的城轨交通中已得到广泛的应用,如:英国曼彻斯特地铁、荷兰阿姆斯特丹地铁、鹿特丹地铁、土耳其安卡拉地铁、中国香港九广铁路、广州地铁 1 号线和上海地铁 2 号线、深圳地铁 1、4 号线、南京地铁 1 号线等,并在高速公路、石油(天然气)管道、供水管道、机场、铁路车站、工矿企业、政府部门等多种场合中应用。

图 1-7-1 光纤配线柜

在 OTN 的安装机房内,总有与之配套的光纤配线箱和音频配线箱，以便于各类线缆的连接和分配。如图 1-7-1、图 1-7-2 所示。

图 1-7-2 音频总配线柜

二、传输子系统公网

传输子系统公网通常采用具有综合业务接入能力、容量大的 SDH(同步数字体系，它是一个将线路传输、复接及交换功能融为一体的综合信息传输网络）光缆传输子系统。SDH 设备广泛用于各种电信运营商的通信传输系统，它运行稳定、质量可靠，维护工作量小，国产化程度高、价格低廉。在地铁传输公网子系统结构一般采用 2.5 G 容量的传输环路，每个环路采用双纤单向通道“1＋1”保护结构，传输设备的关键部件均采用双备份配置，每个车站的 SDH 设备配置成 ADM(分插复用器）运用型式，以方便各站业务的传输。

传输子系统公网的传输线路由架设在地铁隧道两侧的充油光缆组成环路网络（与专网光缆分设）。传输子系统公网的工作环路在光纤发生断路故障时可自动判断并选择备用光纤环路继续工作；环路中的传输设备发生故障时，传输环路能自动脱离故障设备继续工作，并能发出故障报警信息。主环路和备用环路自动切换的时间不大于 50 ms，主、备用环路之间的切换不影响正在工作中用户的正常使用。

传输子系统公网具有接入下列接口的能力，以满足地铁内引入业务对传输的要求：

(1)标准 E1 电接口；

(2)10 M/100 M/1 000 M 以太网电接口；

(3)多种音频和低速数据（小于 2 Mbit/s)接口；

(4)STM-1(155 Mbit/s)电接口/光接口；

(5)STM-1 ATM 光接口；

(6)STM-4(622 Mbit/s)光接口。

传输子系统公网为地铁的门禁系统提供 10 M/100 M 以太网传输通道。

传输子系统公网为地铁的乘客资讯系统提供千兆以太网传输通道。

近期，在建设城域网采用的传输制式中，一种称为 MSTP 的方案正在考虑实施中。MSTP 是指基于 SDH 平台，同时实现 TDM、ATM、以太网等多种业务的接入、处理和传送，能提供统一网管的多业务节点。

MSTP 建设方案是介于传统的"SDH＋ATM"方案与未来全光智能网络之间的一种目前现实可行的城域网建设方案。MSTP 明显地优于 SDH，主要表现在多端口种类，灵活的服务提供，支持 WDM 的升级扩容，最大效用的光纤带宽利用，较小的带宽管理等方面。由于它是基于现有的 SDH 传输网络，所以它可以很好地兼容现有的技术，保证了现有的投资。又由于 MSTP 可以集成 WDM 技术，能够保证网络的平滑升级，故它是城市轨道交通采用传输制式的可选用方案之一。

第三节　无线子系统

无线子系统包括专网和公网两部分。

一、无线子系统专网

无线子系统专网是地铁通信系统重要的组成部分，它分为运营线路无线通信子系统和车辆段运用库(列检库)无线通信子系统两部分。其主要任务是：提供方便、快捷、可靠的话音和数据通信，实现地铁的集中调度指挥，同时可为列车上的乘客提供必要的信息服务。

1. 运营线路无线通信子系统

运营线路无线通信子系统通常采用 800 MHz TETRA 数字集群方式，其主要功能有：

(1)提供地铁运营线路固定人员和流动人员之间的无线话音通信服务，并能在调度台进行相应通话内容的录音存储；固定人员包括：列车调度员、环控调度员、电力调度员、维修调度员、公安值班员和各车站值班员等；流动人员包括：列车司机、运营人员、维护人员和现场人员等。

(2)提供调度台和装于机车上的车载台之间的无线数据通信业务，并能进行相关信息的数据存储。

(3)实现调度台值班员对列车上乘客的无线广播，并能进行相关话音内容的录音存储。

(4)实现有线和无线用户之间的通话。

运营线路无线通信子系统由装于 OCC 通信综合设备房内的无线数字交换机、操作维护终端、服务器及其他附属设备和装于行车调度指挥中心的无线调度台组成；同时地铁沿线各车站通信设备房安装无线基站或中继器。无线场强覆盖通过架设隧道两侧的漏泄同轴电缆、站厅/站台的隧道天线来实现。交换机通过传输子系统的 E1 接口与各基站连接(E1 接口同时可传送基站的网管信号)；中继器通过漏泄同轴电缆或射频同轴电缆与基站相连，中继器网管信号通过传输子系统的 RS422 接口与控制中心相连；另外，装于车辆段的无线铁塔可供车辆段范围内的无线场强覆盖之用。

该子系统专网提供运营控制中心的行车调度员、环控调度员、公安值班员、维修调度员对诸如列车司机、运营人员、维护人员和现场人员等无线用户分别实施无线通信；车辆段值班员对段内的无线用户实施无线通信；以及相应的无线用户之间必要的无线通信。同时还具有相应的呼叫、广播、录音、存储、显示、检测和优先权等功能。

2. 车辆段运用库无线子系统

车辆段运用库无线子系统通常采用 450 MHz 同频单工对讲方式。在车辆段列检值班员室安装同频单工固定台一台，各列检人员则配置同频单工的便携台，可满足车辆段内列检工作的业务需求。

二、无线子系统公网

无线子系统公网是一个天线分布系统，它主要包括耦合器接口前端设备 POI(各类移动通信的接入设备)、漏泄同轴电缆(收、发各一根)、干线放大器、功分器、吸顶天线等，为 GSM、DCS1800、CDMA 以及未来的 3 G 等移动通信在地铁内提供覆盖功能。

1 900 M 的网络建设为地铁内提供"市话通"的覆盖功能。

第四节 公务电话子系统

该子系统包括程控交换机设备；与程控交换机相连的电话分机分布在运营控制中心、办公室、车站、设备室、车辆段及所需电话的其他区域。系统具有交换、计费功能，可实现国内、国际长途直拨，同时还具有识别非话业务能力和 2B＋D 交换接续、与分组交换网连接、会议电话、自我诊断、维护管理、新业务等功能，并能与市公用电话网相连。

程控交换设备一般安装在控制中心的通信机械室内，通过传输通道可对各个车站放装 30～60 台(或更多)程控电话分机。在大的地铁网内，根据业务需求，还可逐渐建设多处程控电话分局(或模块局)，这些交换局应构成一个地铁系统的电话交换网并与当地的电信电话交换网联网工作。

交换机应配置一套计费系统，可对本局呼叫及出局呼叫进行计费。

地铁公务程控交换设备应具有以下主要功能：

一、电话交换功能

(1)交换机内部(含模块局)用户呼叫及出、入局呼叫；

(2)具有国内、国际来、去话呼叫功能；

(3)对地铁内部及国内、国际长途有权用户的计费功能；

(4)具有特服呼叫功能，且能将"119"、"110"等重要特种业务呼叫自动接至市消防局、市公安接警台。

二、程控交换机的新业务及非话业务

(1)能提供窄带 ISDN 的 2B＋D 等新业务的交换和接续，并具有向宽带 ISDN 过渡性能；

(2)具有自动识别用户传真、数据等非话业务的功能，并能保证此类业务接续的连续性；

(3)具有与公网分组交换网相连的接口，并能提供接口标准的技术指标。

三、程控交换机的复原方式

(1)普通用户之间的呼叫为互不控制，但根据需要可设置：主叫控制、被叫控制和互不控制等方式；

(2)地铁用户呼叫市话特种业务时，视 PTT 要求确定复原控制方式。

四、程控交换机的号码处理和电路的选择、释放

(1)能接受和储存有效号码不小于16位主、被叫号码,且具有号码位数增加的能力;

(2)能根据所接受号码、入中继线的类别进行分析,以满足确定呼叫类别、路由选择方案、被叫号码长度、计费费率或建立特种接续的要求;

(3)能根据需要对接受的号码进行增删、转译,并适应今后网络改变对号码增、删、转译的能力;

(4)能采用多种方式将接受的号码全部、部分地传送到对端局。

五、程控交换机的操作维护功能

(1)满足国标规定的交换机人机命令输入、输出方式;

(2)满足国标规定的告警输出要求;

(3)满足国标规定的用户权限管理;

(4)具有集中维护、集中监控功能;

(5)具备信息查询功能;

(6)具备自动计费功能;

(7)具备详细的联机帮助。

六、程控交换机具有与移动通信接入的功能

第五节 专用电话子系统

专用电话子系统是为列车运营、电力供应、日常维护及防灾抢险提供指挥工具的专用通信设备,它必须具备高度的安全性、可靠性,并要求操作方便、简捷。根据运营和业务性质,专用电话子系统主要包括调度电话、局部电话、区间电话(轨旁电话)和站间行车电话。

一、调度电话

调度电话是用于控制中心调度员和各车站(含车辆段)值班员、供电值班员、防灾值班员、维修值班员等有关人员之间的专用电话通信。根据调度业务的不同,一般设下列4种调度电话:列车调度电话、电力调度电话、环控调度电话和维修调度电话。调度电话设备由控制中心调度设备主系统与各车站(含车辆段)调度电话分系统组成,这些设备可为控制中心的指挥人员,如行调、电调、环调、维调等提供专用的直达通信。调度设备主系统和分系统之间的传输通道由数字传输子系统提供,其接口可以是数字接口,也可以是模拟接口。

二、局部电话

局部电话能提供车站(含车辆段)的值班员与本地作业人员之间的呼叫通话,用户包括车站(车辆段)值班员和本站主要设备机房的值班人员。局部电话设备主要由车站(车辆段)调度分系统(又称:调度分系统主机或车站电话总机)、值班员控制台和用户电话机构成。值班员控制台和用户电话机通过音频电缆接入本站的调度分系统中。调度电话分系统安装于车站的通信机械室内,值班员控制台安装于车站的车控室内。局部电话可为站内有关部门提供与车站值班员之间的直达通话,同时局部电话用户之间也可相互拨打。例如:大型车站有几个站台监

控亭，每个监控亭内均装有一台局部电话，这样站台值班人员可通过该电话互通信息，也可向车控室的值班人员通报站台上发现的各种情况。

三、站间行车电话

站间行车电话是相邻两车站之间的行车专用电话，车站值班员可以利用站间行车电话呼叫相邻车站的值班员；车站值班员专用的站间行车电话的呼叫和通话功能，由值班员局部电话控制台与车站调度总机共同完成。站间行车电话的通道一般由光、电传输系统提供，音频电缆回线提供备用通道。站间行车电话具有多方向呼叫功能，例如：两条地铁的交汇站具有四方向呼叫功能，起始站、终点站和车辆段信号楼值班员只有单方向呼叫功能，中间站具有两方向呼叫功能，而两条地铁线的联络线站具有三方向的呼叫功能。

四、区间电话

区间电话用户属于相邻车站间的局部电话用户，它安装在隧道区间里（每隔约 150 m，在上、下行隧道各安装一台），可接入相邻车站的调度分系统或公务电话系统（通过两位转换开关倒换），提供区间作业人员与车站值班员和有关局部电话用户间的通话及对外联系之用，也可作为区间事故救援呼叫用。区间电话主要由区间电话机（又称轨旁电话）和区间电话机箱组成。

五、专用电话子系统的主要功能

1. 调度总机通话功能

（1）调度电话采用一套主系统和多套分系统组成，主系统可提供本地用户接口、模拟中继接口、数字中继接口、2 M 接口等，主系统根据需要还可通过 NO. 7 号信令与公务交换机相连。

（2）控制中心的各系统中心调度员与各站（段）对应系统的分机可直接呼叫通话。

（3）控制中心的各系统中心调度员之间可直接呼叫通话（不同的调度系统分机之间不允许直接呼叫通话，但控制中心调度员可通过调度台拨号转接实现其相互通话）。

（4）同一调度系统中的用户之间可以允许通话，但其通话等级低于控制中心调度台值班员。

2. 调度总机选叫功能

（1）调度台呼叫分机时可采用单呼、组呼、全呼等呼叫方式。分机呼叫调度台时可区分紧急呼叫和一般呼叫。

（2）调度台具有强插和强拆功能，即当调度员呼叫的用户忙时，可强行插入通话或拆除正在进行的普通通话业务。

（3）分机呼叫调度台时，按热线方式，无须拨号，摘机即通。

（4）调度台具有显示功能。调度台有声光显示呼叫的分机号码及中文站名，以示区别。用户呼叫正在通话的调度台时，调度台可显示正在呼入的用户号，并具有自动回叫功能。调度台强插、强拆时，可显示出被叫用户的忙闲状态。

3. 调度总机的录音功能

调度员与分机用户的通话及各调度员之间的通话能在控制中心以数字压缩方式自动记录在多信道录音设备上，录音启动方式为话音自动启动。

4. 车站值班员控制台功能

（1）车站值班员控制台可实现对站（段）内直通电话机的呼叫（单呼、组呼、全呼）。

(2)车站值班员可通过车站值班员控制台与相邻的车站值班员控制台相互直接呼叫,值班台可显示对方站名。

5.维护管理功能

(1)在控制中心调度总机处设置专用电话子系统维护台。维护台可对控制中心的调度总机和车站的调度总机进行集中网络管理、故障管理、配置管理和安全管理。

(2)调度主系统提供与时钟系统的接口,统一管理时间。

调度交换机如图 1-7-3 所示,有线调度控制台如图 1-7-4 所示。

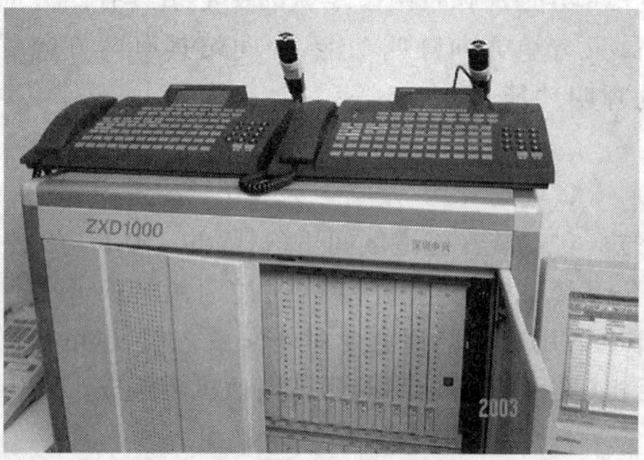

图 1-7-3　调度交换机

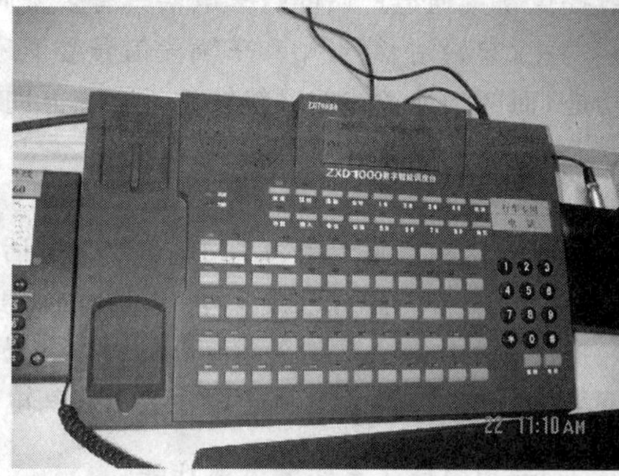

图 1-7-4　有线调度控制台

第六节　电视监控子系统

电视监控子系统是调度员和车站值班员实时监视列车运行、提高行车指挥效率、掌握客流大小和流向、保证行车安全和旅客人身安全的通信工具。各级操作员可通过电视监控子系统观察现场情况;通过调度中心录像机记录下来的现场信息,方便地进行追踪和分析;站台监控亭值班员也可通过电视监视器监视本站台屏蔽门的开关状态。当车站发生灾情时,电视监控子系统可作为防灾调度员指挥抢险的指挥工具。电视监控子系统设备由前端摄像机(一体化球形摄像机、枪形定焦摄像机)、监视器、调度指挥中心与车站的视频矩阵、网络管理器、网络控制器、录像设备等组成。

一、调度指挥中心监控系统

1.网络管理器

接收来自本地控制键盘和监控终端的视频请求并送给网络控制器,实现联网和远程控制。

2.视频切换矩阵

输入各车站上传的图像,并给控制中心调度员提供输出视频。

3.控制键盘

控制前端摄像机图像的放大、缩小、水平、垂直转动等动作。

4.彩色监视器

为控制中心的值班员显示矩阵所输出的图像。

5.数字硬盘录像机

保存现场的图像,供资料查找。

6.管理维护终端

即一台计算机,负责管理、维护并提供系统的数据输出。

7.系统软件

系统软件有:系统配置软件、系统管理软件等。

二、车站监控系统

1.网络控制器

(1)接收来自本地控制键盘和监控终端的控制请求,控制矩阵工作。

(2)接收来自网络管理器的远程控制请求,控制矩阵工作。

(3)翻译控制命令为各种模拟切换矩阵能够接收的指令。

2.视频切换矩阵

输入本车站站台、站厅传来的图像,为本站值班员提供图像,并给控制中心提供需上传的图像。

3.调度员控制键盘

控制前端摄像机图像的放大、缩小、水平、垂直转动等动作。

4.彩色监视器

为车站值班员(包括列车司机)显示矩阵所输出的图像。

5.画面处理器

将车站站台的两副固定的图像二合一显示在司机专用的彩色监视器上,为列车司机提供本站台的图像。

6.一体化变焦球形摄像机

安装在各车站的站厅层,监视站厅内的现场,为系统提供全方位、可变焦的图像。

7.枪形定焦摄像机

安装在各车站站台层的前、后两端,监视站台乘客上下列车进出情况、站台上的客流情况和屏蔽门的开合情况,为系统提供固定的现场情况。

三、电视监控的系统功能

(1)车站值班员通过控制键盘可选择显示任意两幅本站图像,两副图像可循环显示。

(2)站台监控厅监视器显示本站站台的图像。

(3)站台监视器(安装于司机停车位)显示本侧站台二合一图像。

(4)调度员通过控制键盘可选择调入任意一幅图像至本台专用监视器或公用监视器,公用显示器可人工选择或自动显示同一车站的全部图像,也可显示不同车站的任何图像。

(5)控制中心调度值班员和车站值班员所调用的图像具有不同的显示方式,可人工选择监视,也可按不同的编程规律作自动循环显示。

(6)每条地铁线路的调度员可利用本调度台上的监视器显示本条线上车站的图像,公用监视器可显示所有车站的图像。

(7)控制键盘可控制一体化球型摄像机,可实现调焦、旋转、定点等功能。

(8)优先级:当控制中心和车站同时控制相同的一体化球机图像进行选择监视时,环控(防灾)调度员具有最高控制权,向下依次为:列车调度员、车站值班员、公安值班员。

(9)控制中心和车站值班员所监控的图像,相互独立:控制中心调度员可选择每个车站上传的图像并自由显示,车站值班员可任意选择本站的所有图像,两者互不干扰。

(10)二合一/四合一功能:同一站台的两台摄像机的图像经画面处理器合为一幅图像。而岛式站台上共有四台摄像机,也可合为一幅图像。

(11)数字硬盘长时间录像:控制中心调度员可对车站上传的图像长时间进行数字录像,硬盘存储。

(12)信息显示:系统具有字符叠加功能,每一幅图像都应具有时间、日期、地点等信息显示,系统可将摄像机的地址、时间信息叠加在图像上,并能随图像送至控制中心及车站综合控制室。

(13)集中维护管理:维护管理终端具有与调度员相同的监控功能,可对系统信息集中管理,对设备的工作状态、图像质量、优先级控制等重要参数进行设置与监控。

第七节　有线广播子系统

广播子系统是车站值班员和控制中心调度员对车站办公用房和站内旅客进行公共语音广播的主要设备,需要时可对车站旅客公共区播放背景音乐。当车站发生火灾等灾害时,广播子系统可以兼做消防广播,对车站所有区域进行旅客疏导广播。控制中心调度员可对全线各车站进行广播,车站值班员只能对本站进行广播。

一、广播子系统的构成

广播子系统由控制中心广播设备、车站广播设备和车辆段广播设备 3 部分组成。其主要设备有:广播机柜、功率放大器、控制设备、车站播音控制盘、站台播音控制盘、扬声器、CD 机、噪感器、音柱、播音盒和录音装置等。控制中心广播设备经由传输子系统提供的设备和通道分别连接至各车站的广播设备及车辆段的广播设备,进行微机联网,通过数字、音频传输通道,实现全线广播系统设备的遥控、遥测功能。

控制中心至车站及车辆段的广播信道采用 7 kHz 宽带音频通道,控制信道采用 64 kbit/s 以下的低速数据通道。

广播设备的安装位置如下:控制中心通信综合设备房内装有中心广播控制机柜一台、录音机一台、维护终端一套;控制大厅各调度台上装有播音控制台一台。各车站通信设备房装有车站广播机柜一台,车控室、站台监控厅装有车站播音控制盘和站台播音控制盘各一台,车控室还装有 CD 机一台。各车站站厅、站台层的天花吊顶上每隔 5 m 左右装有吸顶式扬声器一只;站台的停车位两端各装了噪感器一只;办公区的相关房间内装有壁挂式扬声器。车辆段运用库安装了广播控制机柜一台,运转值班室装有播音控制盒一台,运用库四周墙壁上装有 15 W 音柱多台,房柱下部安装了播音盒(通话柱)。

二、广播子系统的主要功能

1. 话筒语音广播

(1)控制中心调度员通过播音控制盘可对车站进行语音广播;

(2)车站值班员通过播音控制盘可对本站进行语音广播;

(3)站台监控亭播音控制盘可对本站台进行话筒语音广播;

(4)车辆段值班员可对运用库、检修库进行话筒语音广播;

(5)车辆段的现场工作人员可通过播音盒进行语音广播。

2.语音合成广播

控制中心调度员和车站值班员通过播音控制盘可对车站进行语音合成广播。

3.音乐广播

车站值班员可对本站播放CD音乐,CD音乐信源能接入车站播音控制盘进行人工控制播放。

4.广播选择功能

(1)控制中心调度员通过播音控制盘可对全线车站进行广播:可选择任一车站、一组车站、全部车站或上述车站区的组合;

(2)车站值班员通过播音控制盘可对本站进行广播:可选择任一广播区、几个广播区或全部广播区进行广播;

(3)站台监控亭值班人员可对本站的站台广播区(左、右线)进行有选择的广播。

5.控制中心调度员播音控制盘的显示和编程广播功能

(1)调度员的播音控制盘有广播显示功能,可显示全线车站的广播状态,包括正常、故障状态、广播区、信源等;

(2)调度员的播音控制盘有广播编程功能,可对全线任一车站、广播区进行组合编程广播。

6.车站值班员播音控制盘的编程广播功能

车站值班员的播音控制盘有广播编程功能,可对车站任一广播区进行组合编程广播。

7.车辆段运转值班员播音控制盘的广播显示和编程广播功能

(1)车辆段运转值班员播音控制盘有广播显示功能,可显示段内各广播区的状态,包括正常状态、故障状态、广播、信源等;

(2)可对段内任一广播区进行组合编程广播;

(3)现场工作人员可通过安装在库内四周墙上的播音盒插入询问应答播音。

8.优先级功能

(1)各条线的调度员只能对本线内的车站进行广播,但环控调度员可对所有线路的车站进行广播;

(2)当控制中心调度员、车站调度员同时对某一广播区进行广播时,环控(防灾)调度员具有最高广播优先级,向下依次为:列车调度员、总调度员、车站值班员和站台值班员(也可根据需要调整各工种的优先级)。

9.多路平行广播

各车站广播机柜设备内的音频汇接模块含有8×8的电子开关矩阵,可以使信源和广播区任意连接,当多个不同的优先级控制对不同的广播区同时操作时,可以使不同的信源对不同的广播区同时接通,实现平行广播。

10.功放故障诊断与切换

各车站的功放检测模块能够对本站的各功率放大器进行检测,即发出切换信号,控制切换单元进行切换。当功放恢复正常时,能够自动复位到正常状态,以保证系统的正常运行,也可通过人工进行切换。

11.监听与监视功能

控制中心调度员可选择监听各车站广播区的工作状态和广播内容;车站值班员可监听本

站广播区的工作状态和广播内容；车辆段运转值班员可监听库内广播区的工作状态和广播内容。调度员(或值班员)可通过液晶显示屏判断各站或各路广播设备的工作状态。

12. 噪声检测功能

安装在站台层天花吊顶上的噪声检测器(噪感器)可检测本站台范围的噪声大小，正常广播音量应大于环境噪声 8～10 dB。当噪声增大至 60 dB 以上时，广播声压级应大于噪声 15 dB。

13. 广播录音功能

控制中心广播控制设备内的录音装置，能够自动记录中心级的所有广播内容，包括日期、时间信息及用户信息，记录的方式为一周循环录音。

14. 集中维护管理

可对系统(包括车辆段的广播设备)进行集中维护管理，对全线设备进行故障信息收集，显示包括故障定位、故障类型、故障统计等故障管理的信息并能控制功放的开启。

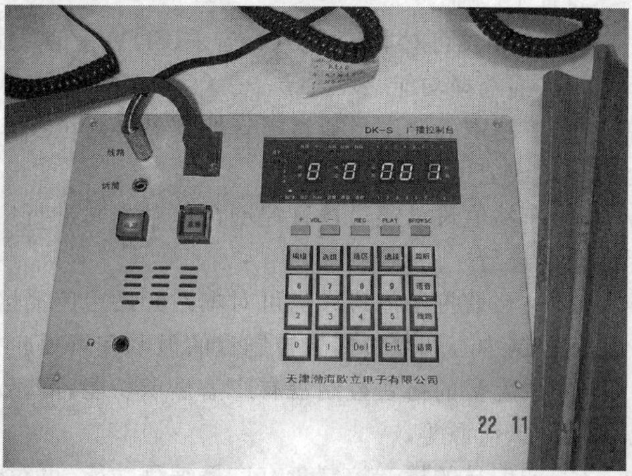

图 1-7-5 车站广播控制盘

控制中心设备具有系统报警的输出接口。系统报警时，报警信号能引至相关的值班室。车站广播控制盘如图 1-7-5 所示。

第八节 时钟子系统

时钟子系统能提供统一的时间信息，为地铁运营管理、工作人员和乘客提供标准的时间，除为通信系统内的有关子系统提供高精度的时间信号外，还为 EMCS、AFC、ATC 等其他系统提供统一的标准时间。提供标准时间的接口处在控制中心通信综合机械室的一级母钟的输出端。

一、系统构成

时钟子系统主要由设在控制中心的一级母钟、设在各车站的二级母钟和各型子钟构成。中心一级母钟和车站二级母钟之间通过传输子系统提供的通道连接。一级母钟向二级母钟提供标准时间的校准信号。由一级或二级母钟提供的时标信号来校准各子钟，从而使全线的子钟所显示的时间达到统一。

二、系统功能

1. 中心母钟具有接收 GPS、CCTV 标准时间校准信号的功能，并与自身的信号源同步后产生高精度的基准时间信号，为时钟子系统提供统一的时间信号源(标准计时精度≤±0.1 秒/年)。

2. 系统正常工作时，GPS 信号源作为主用；当接收 GPS 信号失误时，系统自动切换到 CCTV 信号源；当上述两种信号源均发生故障时，系统将依靠自身的高精度晶体振荡器继续工作(一级母钟的自身计时精度≤±0.1 秒/天)。

3.二级母钟脱离一级母钟的时间校准信号时可独立工作(二级母钟的自身计时精度为≤±0.2秒/天);子钟脱离母钟的时间校准信号时也可独立工作(子钟的自身计时精度≤±0.3秒/天);一级母钟和二级母钟均可带子钟工作;各类时钟的供电电压均为交流 220 V,且由所连的母钟供给。

4.母钟显示年、月、日、星期、时、分、秒。

5.指针式子钟显示时、分,数字式子钟显示年、月、日、时、分、秒。

6.系统具有集中管理和维护功能:可进行网络管理、故障管理、性能管理、配置管理和安全管理。

三、系统设备

1.一级母钟安装在控制中心的通信机械室,它包含:晶体振荡器、标准时间信号接收单元(含 GPS 和 CCTV 接收装置)、子钟驱动单元、传输接口和维护终端。

2.二级母钟安装在各车站的通信机械室内,它包含:晶体振荡器、子钟驱动单元和传输接口。

3.子钟分为:单面子针式子钟、双面子针式子钟和数字式子钟,分别安装在各车站的站台层、站厅层和车站(含车辆段)的办公室、值班室等。

第九节　电源子系统

电源子系统为通信系统设备提供专用的不间断电源(UPS),以保证在市电中断时,各通信子系统仍可正常工作一段时间。备电时间为:控制中心的通信设备为 4 h,车站的通信设备为 2 h。

一、系统构成

电源子系统由 UPS 电源设备、配电设备、蓄电池组构成。控制中心、各车站和车辆段的通信机械室内的主要配置为:UPS 不间断电源一套;免维护蓄电池一组(含电池柜);输入、输出配电盘各一台,可实现对各类通信设备、外围设备及终端计算机的统一供电。

二、系统功能

1.能对通信各子系统进行不间断供电。

2.输出具有短路保护,能连续供应 220 V 交流:当负载发生短路时,UPS 启动 3 ms 的屏蔽限流程序。若短路仍然存在,则切换至旁路供电并等待下线开关跳闸。当相应的开关跳闸后,过载消失,UPS 会在 10 s 后由旁路切换回逆变器运行。

3.具有本地工作状态、告警显示等显示面板的功能:UPS 电源子系统能在其主机的显示面板上显示其工作状态、告警信息。

4.具有集中维护管理功能

(1)UPS 电源子系统能在控制中心集中监视全线各站 UPS 电源设备的交流部件(输入电源、输出电源)、整流部件、免维护蓄电池的电压;

(2)故障发生时,控制中心有声、光告警信号,同时能向上一级告警终端发送故障信息并提

供信息格式,接口类型为 RS232 串行接口;

(3)UPS 电源子系统的重要工作板(一旦发生故障会引起系统停止工作)的告警,在告警显示上有专门的提示,以便维护人员能迅速判定故障,进行处理。

5.系统具有冷启动功能

即使在没有市电的情况下也能启动,此时负载由电池通过逆变器供电,前提是电池开关必须先闭合。

6.系统具有缓启动功能

整流器/充电器的输出电压是斜坡、缓慢上升的,可以避免开机时对电网的冲击。

7.抗负载突变功能

当负载由 0～100%跃变时,有电池的情况下,电压的瞬间变化在±2%以内。无电池情况下,电压的瞬间变化为±2%～±6%,并都可在 20 ms 内恢复到±1% 。

第十节 其他设备

一、光缆与电缆

地铁有线通信利用隧道壁上架设的光、电缆将通信设备连成一个系统。光缆又分为专网与公网两部分。

隧道光缆采用铝塑护套钢带纵包铠装层绞式充油光缆;管道光缆采用双面涂塑皱纹钢带护套光缆。隧道电缆采用屏蔽性能好、抗电磁干扰能力强的铝塑护套皱纹钢带铠装充油电缆;管道电缆为金属护套市话电缆。

光、电缆均具有阻燃、防潮、低烟、低毒、防白蚁等性能。

专网光缆用在地铁控制中心和车站传输设备之间的数字传输。光缆敷设方式为:隧道内采用支架架设,车站内采用桥架敷设,车辆段采用管道敷设。

电缆主要用在车站与车站之间以及车辆段内的电话传输。电缆的敷设方式与光缆相同。

公网光缆用于对外公众通信引入的租赁业务上。

二、通信系统集中告警终端

1.概述

地铁通信系统各种设备种类较多,车站通信机房均为无人值守。为了加强对设备的集中维护,提高通信网络的管理水平,使维护管理人员能及时、准确、迅速地获得各子系统通信设备的运行状态信息,并根据故障发生的地点和位置及时进行设备维修,故设置通信集中告警系统。集中告警系统的开发商协调各子系统的供货商的接口并接收各子系统的网管终端发送的告警信息,汇总到集中告警终端里来。

2.系统组成

通信集中告警终端由集中告警终端(含快速以太网卡)、集中告警软件、打印机、信息采集设备(包括以太网交换机、RS232/RS422 接口转换器)、声音报警器、电源分配盘和相应的配线及附件等组成。

3.系统功能

(1)告警信息接收和存储功能

集中告警终端通过局域网与通信传输子系统、公务电话子系统、无线子系统、专用电话子系统、广播子系统、时钟子系统、电视监视子系统、电源子系统(以下简称通信各子系统)网管终端相连,能 24 h 不间断地接收通信各子系统网管终端发送的告警信息并妥善保存。

(2)告警信息显示、打印及声音告警功能

集中告警终端接收到通信各子系统的网管终端发送的告警信息时,集中告警终端的喇叭发出声音告警,在集中告警终端的显示屏上醒目显示出告警的子系统和告警发生地点及有关说明信息。打印机实时地打印出每条告警信息来。

(3)集中告警终端校时功能

集中告警终端能接收时钟子系统发送的标准时标信息,并可根据该时标信息校准集中告警终端系统的时间。

(4)系统工作状态检测功能

集中告警终端和各子系统网管终端可随时检测局域网和对方的工作状态,并在集中告警终端界面上显示出来。

(5)集中告警终端自检功能

集中告警终端具有自检功能,能对自身的网卡和串口进行检测并显示出它们的工作状态。

(6)告警信息查询、统计、汇总及打印功能

集中告警终端能够在不影响接收告警信息的情况下对各子系统的告警信息进行查询、统计、汇总、显示,并可对查询、统计、汇总结果进行打印输出。

(7)告警信息备份功能

集中告警信息存储数据库具有两种备份方式:程序自动备份和人工备份,两种方式可由系统管理员人工设置。

(8)操作权限管理功能

对集中告警终端操作受权限限制,不同级别的权限具有不同的操作范围,系统可设系统管理员、普通操作员和参观者三个级别权限,系统管理员权限最高,普通操作员权限居中,参观者权限最低。

第八章 信号系统

第一节 概 述

一、概 述

城轨交通信号系统通常采用列车运行自动控制系统即 ATC(Automatic Train Control)系统，ATC 系统就是对列车运行全过程或一部分作业实现自动控制的系统。其特征为：列车通过获取的地面信息和命令，控制列车运行，并调整与前行列车之间必须保持的距离。

列车运行自动控制系统是保证列车按照空间间隔运行的技术方法，它是靠控制列车运行速度的方式来实现的。

列车运行自动控制 ATC(Automatic Train Control)系统包括 3 个子系统：

(1)列车自动监控系统 ATS (Automatic Train Supervision)；

(2)列车自动防护系统 ATP(Automatic Train Protection)；

(3)列车自动驾驶系统 ATO (Automatic Train Operation)。

ATS 为 ATC 系统的上层管理部分，负责监督、控制协调列车运行，根据客流与实际运行情况，选定并维护运行图，自动或人工调整停站或区间运行时间，并与管理信息系统和旅客向导系统接口。

ATP 为整个 ATC 系统的安全核心，负责列车间的安全间隔、超速防护及车门控制。

ATO 需在已装备 ATP 子系统的条件下使用，负责自动控制列车车速、调整列车运行、形成平滑控制牵引力和制动力的指令、在一定精度范围内对位停车等。它有利于列车节能并提高旅客乘坐的舒适度和减轻司机的劳动强度。

3 个子系统通过信息交换网络构成闭环系统，实现地面控制与车上控制结合、现地控制与中央控制结合，构成一个以安全设备为基础，集行车指挥、运行调整以及列车驾驶自动化等功能为一体的列车自动控制系统。

二、列车自动控制系统(ATC)分类

1. 按闭塞布点方式：可分为固定式和移动式。固定闭塞方式中按控制方式，又可分为速度码模式(台阶式)和目标距离码模式(曲线式)。

2. 按机车信号传输方式：可分为连续式和点式。

3. 按各系统设备所处地域可分为：控制中心子系统、车站及轨旁子系统、车载设备子系统、车场子系统。

三、固定闭塞 ATC 系统

固定闭塞 ATC 系统是指基于传统轨道电路的自动闭塞方式，闭塞分区按线路条件经牵引计算来确定，一旦划定将固定不变。列车以闭塞分区为最小行车间隔，ATC 系统根据这一特点实现行车指挥和列车运行的自动控制。固定闭塞 ATC 系统又可分为速度码模式和目标

距离码模式，如图 1-8-1，图 1-8-2 所示。

1. 速度码模式(台阶式)

如北京地铁和上海地铁 1 号线分别引进的英国西屋公司和美国 GRS 公司的 ATC 系统均属此类模式 ATC 系统，该系统属 20 世纪 70～80 年代的产品，技术成熟、造价较低，但因闭塞分区长度的设计受限于最不利线路条件和最低列车性能，不利于提高线路运输效率。固定闭塞速度码模式 ATC 是基于普通音频轨道电路，轨道电路传输信息量少，对应每个闭塞分区只能传送一个信息代码，从控制方式可分成入口控制和出口控制两种，从轨道电路类型划分可分为有绝缘和无绝缘轨道电路两种。

以出口防护方式为例，轨道电路传输的信息即该区段所规定的出口速度命令码，当列车运行的出口速度大于本区段的出口命令码所规定的速度时，车载设备便对列车实施惩罚性制动，以保证列车运行的安全。由于列车监控采用出口检查方式，为保证列车安全追踪运行，需要一个完整的闭塞分区作为列车的安全保护距离，限制了线路通过能力的进一步提高和发挥。能提供此类产品的公司有：英国 WSL 公司、美国 GRS 公司、法国 ALSTOM 公司、德国 SIEMENZ 公司等。

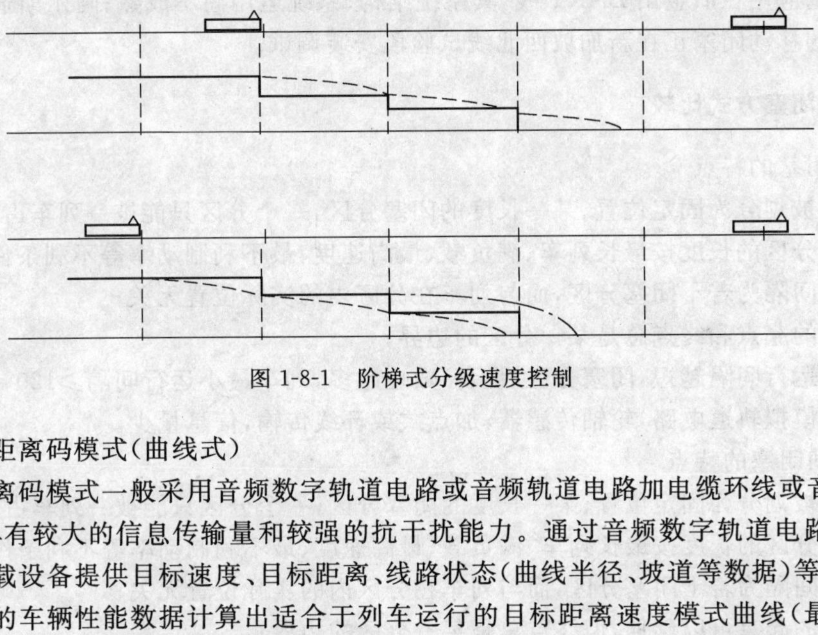

图 1-8-1　阶梯式分级速度控制

2. 目标距离码模式(曲线式)

目标距离码模式一般采用音频数字轨道电路或音频轨道电路加电缆环线或音频轨道电路加应答器，具有较大的信息传输量和较强的抗干扰能力。通过音频数字轨道电路发送设备或应答器向车载设备提供目标速度、目标距离、线路状态(曲线半径、坡道等数据)等信息，车载设备结合固定的车辆性能数据计算出适合于列车运行的目标距离速度模式曲线(最终形成一段曲线控制方式)，保证列车在目标距离速度模式曲线下有序运行。不仅增强了列车运行的舒适度，而且列车追踪运行的最小安全间隔缩短为安全保护距离，有利于提高线路的通过能力。如上海地铁 2 号线引进美国 US&S 公司、明珠线引进法国 ALSTOM 公司和广州地铁 1、2 号线及深圳地铁 1 号线引进德国西门子公司的 ATC 系统均属此类。

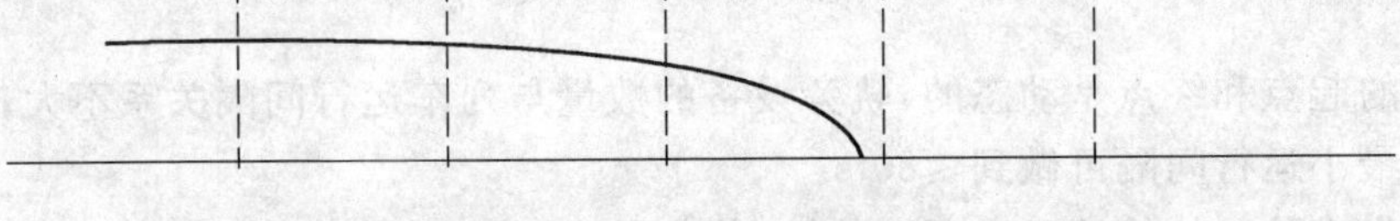

图 1-8-2　目标距离速度控制

音频数字轨道电路一段曲线式控制模式也称为准移动闭塞。

四、移动闭塞 ATC 系统

移动闭塞方式的 ATC 系统通常采用无线通信、地面交叉感应环线、波导等媒体，向列控车载设备传递信息。列车安全间隔距离是根据最大允许车速、当前停车点位置、线路等信息计算得出，信息被循环更新，以保证列车不间断收到即时信息。

移动闭塞 ATC 系统是利用列车和地面间的双向数据通信设备，使地面信号设备可以得到每一列车连续的位置信息，并据此计算出每一列车的运行权限，动态更新，发送给列车，列车根据接收到的运行权限和自身的运行状态，计算出列车运行的速度曲线，实现精确的定点停车，实现完全防护的列车双向运行模式，更有利于线路通过能力的充分发挥。

移动闭塞 ATC 系统在武汉轻轨有阿尔卡特公司提供设备的应用实例，在建线也有采用移动闭塞制式的，如广州 4 号、5 号线等，国外能提供此类系统的公司有：阿尔卡特公司交叉感应电缆作为传输媒介的 ATC 系统，在加拿大温哥华“天车线”和香港 KCRC 西部铁路等应用，技术比较成熟，但交叉感应轨间电缆给线路日常养护带来不便；美国哈蒙公司基于扩频电台通信的移动闭塞应用在旧金山 BART 线，其系统结构、系统运用尚不成熟；阿尔斯通公司基于波导传输信息的移动闭塞正在新加坡西北线试验段安装调试。

五、三种闭塞方式比较

1. 固定闭塞的特点

(1)线路被划分为固定位置、某一长度的闭塞分区，一个分区只能被一列车占用；

(2)闭塞分区的长度按最长列车、满负载、最高速度、最不利制动率等不利条件设计；

(3)列车间隔为若干闭塞分区，而与列车在分区内的实际位置无关；

(4)制动的起点和终点总是某一分区的边界；

(5)要求运行间隔越短，闭塞分区(设备)数也越多，列车最小运行间隔≥120 s；

(6)采用模拟轨道电路，轮轴传感器，加点式或环线传输，信息量少。

2. 准移动闭塞的特点

(1)线路被划分为固定位置、某一长度的闭塞分区，一个分区只能被一列车占用；

(2)闭塞分区的长度按最长列车、满负载、最高速度、最不利制动率等不利条件设计；

(3)列车间隔为若干闭塞分区，而与列车在分区内的实际位置无关；

(4)制动的起点可以延伸，但终点总是某一分区的边界；

(5)要求运行间隔越短，闭塞分区(设备)数也越多，列车最小运行间隔≥100 s；

(6)采用报文式数字轨道电路，辅之环线或应答器，信息量较大。

3. 移动闭塞的特点

(1)线路没有固定划分的闭塞分区，列车间隔是动态的，并随前一列车的移动而移动；

(2)列车间隔是按后续列车在当前速度下所需的制动距离，加上安全余量计算和控制的，确保不追尾；

(3)制动的起点和终点是动态的，轨旁设备的数量与列车运行间隔关系不大；

(4)列车最小运行间隔可做到≤80 s。

(5)采用先进的通信的地—车双向传输，信息量大，易于实现无人驾驶。

第二节 ATC系统基本技术要求

一、基本要求

1.完整的列车自动控制系统(简称ATC系统),技术先进、符合国内外轨道交通信号技术发展方向,具有良好的运行经验,工作稳定可靠,具有较高的性能价格比和国产化率。

2.信号系统应具有高的安全性和可靠性,并能保证连续不间断地工作,系统中凡涉及行车安全的设备必须满足故障-安全的原则,主要行车设备的计算机系统必须采用多重冗余技术,所有安全系统设备必须具有权威机构的安全认证。

3.为满足总体要求,保证行车间隔的需要,信号系统需按初期、近期、远期行车间隔,终端站和区域折返站的折返能力、车辆段与正线的联络线进出能力相适应。

4.系统应采用国际通用标准的计算机技术、网络技术、数据传输技术。传输频带、传输速度、调制解调方式及误码率等指标均应符合国际通用标准。

5.系统硬件和软件应按标准化功能模块进行设计,以便于在线路及站场发生变化时能对系统进行修改和功能扩展。

6.系统应具有较完善的自检和自诊断功能,应能进行实时监督和故障报警。

7.为提高系统的可用性,系统应具有灵活的控制模式。系统应具有降级使用和后备模式。

8.信号系统采用控制中心、车站自动控制和人工控制相结合的方式。人工控制的进路优先级高于自动控制的进路。

9.系统应满足内部及其与其他系统(如车辆、旅客信息、综合监控等)的接口安全、正确和可靠。

10.为适应城轨交通高密度、多交路、不间断运营的特点,信号系统必须是一个安全、完整、先进、高效的列车自动控制系统(ATC),系统要求功能完善,可靠性高,可维护性好,可用性强。

二、运营要求

1.列车进路控制

列车进路控制包括控制中心的自动控制和调度员人工控制、ATS车站分机的自动控制和车站值班员人工控制,通过CI子系统可以办理自动进路及自动折返进路。

2.列车运行调整

列车运行偏离运行图较小时,应能自动实现列车运行调整;偏离运行图较大时,应能提示调度员进行人工调整;ATS子系统故障恢复后,应具有自动或辅助调度员使系统尽快投入运营的能力。

3.进、出车辆段作业

列车进、出车辆段能力应与正线行车间隔相适应。

列车应按正方向运行进、出车辆段,根据需要,列车可以在车辆段出入线上反方向运行。系统应具有对进、出段列车与正线列车运行的顺序优先判断能力,其主要原则是保证正点的在线列车优先。

4.列车运行及定点停车

系统根据线路条件、道岔状态、前方列车位置,控制列车以系统确定的安全速度运行或在目标点及必须停车的地点前方停车。

5. 折返作业

在保证行车安全的条件下，允许列车以规定速度实现自动折返作业。对于有多条折返线的车站，应选择最佳折返线路作为经常使用的模式。

6. 反方向运行

全部折返线、渡线、车站存车线、车辆段出入线、与其他线路的联络线均按双方向运行。

当列车反方向运行时，系统应具有联锁和 ATP 防护功能。

7. 特殊联锁功能

根据地铁运营作业特殊需要，系统应具有以下特殊联锁功能：

(1)扣车、提前发车及站台紧急关闭功能；

(2)排列自动进路及自动折返进路功能；

(3)停稳控制功能；

(4)道岔区段列车占用/空闲检测设备故障时道岔单独操纵功能。

8. 现地控制

在每个正线车站，系统应设置独立的扣车/终止扣车、提前发车、紧急关闭/取消紧急关闭的现地控制盘，包括有关按钮和相应表示灯，满足紧急情况下的应急使用。

9. 降级使用和后备模式

当系统某一局部设备故障或特殊需要时，应具有降级使用功能。

系统应具有相应的后备模式，包括实现自动站间闭塞。

在使用自动站间闭塞行车时，系统至少能够满足工程初期的列车追踪间隔时间要求。

10. 驾驶模式

系统应具有 ATO 模式(自动驾驶模式)、ATP 模式(ATP 速度监控下的人工驾驶模式)、限速人工驾驶模式、非限制人工驾驶模式，以及自动折返模式。

(1)ATO 模式(自动驾驶模式)

在模式开关处于"ATO 模式"位置时采用此模式。在此模式下，列车的启动、加速、巡航、惰行、制动、精确停车、开关门及折返等由车载信号设备控制，不需司机操作。进入 ATO 驾驶模式后，若系统设备正常，没有人工干预，则此驾驶模式维持不变。

打开车门由列车自动控制，但仅在车载信号设备给出车门释放信号时才允许操作。车载信号设备仅在列车停准在站台(停车窗内)时才给出允许信号。

在该驾驶模式下，司机可选择自动关门或人工关门，一旦停站时间结束，车门自动或人工关闭，司机按压 ATO 启动按钮或 ATO 自动启动，列车离站。

车载信号设备连续监控列车速度，并在超过预定速度时实施常用制动。在超过最大允许速度时实施紧急制动。

(2)ATP 模式(ATP 速度监控下的人工驾驶模式)

在模式开关处于"ATP 模式"位置时采用此模式。在此模式下，列车的速度、监控、运行及制动在车载信号设备限制下由司机操作。

开关车门由司机人工控制，但开车门仅在车载信号设备给出门释放信号时才允许操作。

车载信号设备连续监控列车速度，并在超过最大允许速度时实施紧急制动。

(3)限速人工驾驶模式

模式开关处于"限速人工驾驶模式"位置时采用此模式。在此模式下，列车的速度、监控、运行及制动由司机操作，车载信号设备仅对列车特定速度进行(如 25 km/h)超速防护。

车载信号设备提供允许开门信号，开关车门由司机人工控制。

车载信号设备在列车超速(如大于 25 km/h)时实施紧急制动。

(4)非限制人工驾驶模式(ATP 切除)

模式开关处于“非限制人工驾驶模式”位置时采用此模式。在此模式下，列车的速度、监控、运行及制动由司机操作，没有 ATP 防护。

此模式在车载信号设备故障或特殊运行需要时使用。此时，车载信号设备对牵引、制动等的控制功能失效。

进入此模式要求司机对 ATP 切除进行特殊手续的操作。

(5)折返模式

折返模式包括无人自动折返、ATO 自动折返、ATP 模式下的折返。

第三节 ATS 子系统

一、构成要求

1.控制中心控制室设置要求

(1)行车调度工作站，其中调度长工作站、调度员工作站，各调度工作站在硬件和软件上应具有相同的结构，控制功能可以互为备用。调度工作站人—机界面对话窗口应包括以下几部分：列车监控、联锁控制、时刻表/运行图编辑与管理、列车调度管理、系统设备监测、车辆管理、线路管理、职责和授权、报警及报表等，并在相应的对话窗中可对对应的控制对象进行监控。

(2)运行图显示终端，用于显示计划/实际列车运行图。

(3)彩色激光网络打印机，用于运行图打印；激光网络打印机，用于数据报表打印及故障报警打印。

(4)控制中心显示屏。

2.控制中心信号设备室设置

有关的 ATS 控制中心主机、通信处理机、数据库服务器、系统接口、维修/管理工作站等设备，以及控制中心电源设备。

3.控制中心时刻表/运行图编辑工作室设置

时刻表/运行图编辑工作站及相应打印设备。

4.控制中心模拟/演示室设置

培训/演示工作站及打印机。

5.ATS 系统设备包括控制中心设备和车站设备

正线设备集中站、车辆段信号设备室和派班室设置相应的 ATS 车站设备。在车辆段信号控制室和派班室分别设置 ATS 终端工作站。

二、功能要求

ATS 子系统在 ATP、ATO、CI 子系统的支持下完成对全线列车运行的自动管理和监控，应具备以下基本功能：

(1)能够采集轨旁/车载 ATP/ATO 及联锁设备提供的列车位置、进路状态、列车识别、列车运行状态以及信号设备运行状况等监督列车运行的基础信息，并发送列车运行控制及调整命令。ATS对全线的信息采集、控制周期应满足要求。

(2)根据联锁表、计划运行图及列车位置,自动生成、判断、输出进路控制命令,传送到联锁设备,设置列车进路,控制车站的进路。

进路控制平时由控制中心计算机自动控制,运行需要时应具备:

①由控制中心调度员发出控制命令,控制车站的进路。

②由车站值班员在车站操作工作站上进行进路的控制。

③当控制中心ATS(含通道)故障时,可由ATS车站设备根据车站时刻表及列车识别号自动地进行进路的控制。

(3)列车识别号跟踪、传递功能

①列车识别号由列车表号、车次号、车组号、目的地号组成。

②系统能自动完成正线控制区段内的列车识别号跟踪,车辆段应实现车组号的连续追踪。

③列车识别号由控制中心ATS根据运行图及车—地双向信息交换自动生成,且列车识别号随着列车的走行,自动跟踪,并可由调度员人工修改包括设定、删除、移位、变更。在列车识别号因故丢失情况下,计算机应能根据运行图,列车位置及时间自动推算并自动设置列车识别号,并能通过车—地双向通信进行校核。

(4)列车识别号显示功能

①表号和车次号随着列车的走行,从一个车次窗向另一个车次窗移位、显示。当列车到达终端站(即折返站),折返作业完成后,列车跟踪系统按照实施运行图自动找出新列车识别,新列车识别显示在该列车现在位置的折返轨或股道窗上。

②对于将退出服务的列车(回段列车),系统继续跟踪列车的识别号,在车辆段库线的车次窗内显示列车的车组号,便于车辆段工作人员了解列车在车辆段库线上的分布情况。

(5)时刻表/运行图编辑和管理功能

①在计算机辅助下完成基本列车时刻表/运行图的编制。

②基本运行图编制完成后,按不同种类(包括平日、节假日、特殊情况等),存入数据库内,以备调度员随时调用。

③每天运行前由调度员调出一个基本运行图,经确认或修改后,即成为当日的计划运行图,并在显示终端上显示。

④调度工作站和运行图显示终端上,应将当时的计划运行图、实迹运行图用不同颜色在一个画面上显示和打印。

(6)列车计划与实迹运行图的比较功能和计算机辅助自动调整及人工调整功能

可由调度员设置时间偏差标准值,当列车运行发生偏差时自动发出偏差报警。根据列车实际的偏离情况,应能自动生成调整计划供调度员参考。当偏离时间在一定范围内时,系统能够对单列车或多列车进行自动或人工调整,而当偏离时间超过规定范围后,以起始站或终到站为基点对所有列车自动按等间隔运行原则生成调整计划,经调度员确认后对全线列车进行调整。

自动调整手段包括:

①自动调整列车区间走行时分,实现ATS的无级调整。

②自动调整列车停站时分,控制列车出发时刻。

③生成等间隔运行计划。

④应具备线路平面交叉点的自动调整功能,合理会车。

调度员人工调整手段包括：

① 对有关列车实施"扣车"、"提前发车"或"跳停"。

② 改变列车在区间的走行时分、停站时分。

③ 对计划运行图进行在线修改，包括对单列车或多列车，甚至所有列车进行"时间平移"，增加或取消运行计划线，改变列车的始发站、终到站及始发时间，调整列车的出、入车辆段时间等。

(7)列车运行及信号设备的监视和报警功能

通过控制中心显示屏及调度工作站显示器，能对车辆段线路及进路状态，正线车站及区间轨道区段、道岔、信号机、列车识别号、在线列车运行状态、命令执行情况及系统设备状态等进行监视。当列车运行或信号设备发生异常时，控制中心计算机自动地将有关信息在调度工作站上给出报警及故障源提示。

报警发生时必须有明确显示并需对故障和事件发生的地点、时间、内容进行记录。调度员需确认故障状态，故障恢复情况及时分。

(8)故障情况下的降级处理

①控制中心 ATS 故障：ATS 车站设备根据车站时刻表、列车识别号、列车位置等信息自动地进行进路及发车时刻的控制。

②ATS 车站设备故障：联锁设备可以建立自动进路及自动折返进路。

③基于联锁设备功能的人工进路控制和信号机控制，以及按站间闭塞行车。

(9)控制车站发车计时器，向司机提供发车时刻早晚点提示。正常情况下，列车在站台停车后，按系统给定站停时分倒计时，显示距计划时刻表的发车时间，为零时指示列车发车。

(10)提供与旅客乘车有关的信息，如列车到达本站时间、终到站、列车通过预告等。

三、ATS 接口

1. 与通信系统接口

ATS 子系统与通信系统的接口，信息传输方式采用电子工业协会 EIA 标准接口方式。

(1)传输通道

通信系统可以为 ATS 子系统提供以下通道：

①控制中心至各设备集中站及车辆段主、备传输通道(点对点)。

②相邻设备集中站(含车辆段)之间主、备传输通道(点对点)。

③控制中心至各设备集中站及车辆段维修信息通道(点对点)。

④车辆段至各设备集中站主、备传输通道(点对点)。

⑤提供控制中心至车辆段信号楼 10 Mbit/s 以太网通道。

(2)时钟

通信系统为 ATS 子系统提供时钟校准信号，将标准时钟脉冲信息传送给 ATS 主机。

(3)无线通信

①ATS 向控制中心调度指挥无线通信系统传送实时变化的车次号、车组号、乘务组号信息；

②列车的出、入段信息；

③列车所处的车站和线路的位置信息等。

(4)广播

ATS 向车站广播提供列车接近、到站和离去条件，作为列车预报的自动广播触发信号。

2. 与电力监控系统(SCADA)接口

根据需要,可以实现与电力遥控系统的接口,用于实现牵引供电的状态显示功能。

3. 与防灾报警系统(FAS)接口

根据需要,可以为 FAS 系统提供列车位置信息、时刻表信息以及信号系统可提供的其他信息。

4. 与设备监控系统(BAS)接口

根据需要,当列车在隧道内停留超过一定时间时,ATS 子系统应将有关信息传送至 BAS 系统。

5. 与综合自动化系统接口

若采用综合自动化系统,应统一考虑与通信、SCADA、FAS、BAS 等的接口。

6. 与控制中心显示屏接口

控制中心计算机系统与控制中心显示屏接口,信息传输方式采用电子工业协会 EIA 标准接口方式。

7. 与综合旅客向导显示盘接口

ATS 车站设备与综合旅客向导显示盘接口,信息传输方式采用电子工业协会 EIA 标准接口方式。

8. 与现地控制盘接口

采集现地控制盘上有关按钮(如扣车/终止扣车)的状态信息,并给出相应表示。

第四节 ATP 子系统

一、构成要求

1. ATP 子系统由车载设备和轨旁设备组成。

2. ATP 子系统必须满足故障-安全原则。应采用高可靠性、高安全性硬件结构和软件设计,以及采取必要的硬件、软件冗余措施,即 ATP 计算机系统应采用二取二或三取二结构。ATP 计算机系统与相邻有关系统间的通信通道应具有故障-安全功能并有热备冗余。

3. 闭塞设计应确保系统满足编组、行车间隔的要求。折返站的折返能力和车辆段的出入段能力应与正线行车间隔相适应。并满足联锁系统及其他系统(如牵引供电系统)接口对闭塞设计的要求。

4. ATP 子系统应能实现最佳行车间隔。

5. 如果采用基于数字轨道电路的闭塞系统,正线区间线路,车站正线、折返线、存车线均装设无绝缘轨道电路。道岔区段也可装设有绝缘轨道电路。轨道电路分路灵敏度应满足要求。

6. 如果采用基于无线通信技术的闭塞系统,其车—地连续双向通信设备宜采用无线传输方式。

7. 基于无线通信的闭塞系统,当采用以轨道电路为后备列车检测设备时,正线区间线路,车站正线、折返线、存车线均装设无绝缘轨道电路。道岔区段也可装设有绝缘轨道电路。并应满足轨道电路分路灵敏度要求。

8. 基于无线通信的闭塞系统,当采用以计轴设备为后备列车检测设备时,正线区间线路,车站正线、折返线、存车线均装设计轴设备。

9. 所有列车均装设车载 ATP 设备。车载 ATP 设备应具有热备冗余,除车载 MMI(司机盘、有关操作按钮、指示灯)外,主、备车载设备互为冗余自动转换。转换时间应不影响列车正常运行或司机正常驾驶为原则(无扰切换)。

10. 应有试车线路设置与车载 ATP 设备试验有关的地面设备。

二、功能要求

1. 列车检测设备能连续地对线路的占用/空闲进行安全可靠检测。

如果采用轨道电路作为列车检测设备,在道床条件允许变化范围内满足调整状态,保证可靠分路和车载设备可靠接收 ATP 信息,工作频率的选择和分配应能防护牵引电流电气干扰及相邻轨道区段的干扰。

2. ATP 地面设备能够向车载设备发送必要的速度、距离、线路条件等信息,以供车载设备确定列车运行的最大安全速度,提供列车间隔保护及超速防护,在列车超速时提供最大常用制动或紧急制动,保证列车运行安全。

3. ATP 子系统应能根据联锁设备提供的区间运行方向,确定相应的列车运行方向,保证前行与后续列车之间的安全间隔,满足正向运行时的行车间隔和折返间隔,并能对列车的反向运行提供 ATP 防护。

4. 所有正线车站站台线路、折返停车线、存车线、转换轨应通过车—地双向通信,实现列车的停稳控制功能。

5. 只有列车停在站台区域,并满足 ATO 对停车精度要求的情况下或者由司机按压强行开门按钮后,ATP 子系统允许 ATO 子系统向列车发送开车门命令,并应确保车—地信息的安全传输。在站台车门已关闭后,才允许启动列车。

6. 列车在车站站台停车误差超过±0.5 m,ATP 子系统将实施保护,不允许开车门,并给出表示。若停车误差大于 0.5 m,而小于一定距离,则要求能人工驾驶列车前进或后退以校正停车精度。

7. 车载 ATP 设备应在下列驾驶模式中对列车实施监控:

(1)ATO 模式(全自动驾驶模式);

(2)ATP 模式(ATP 速度监控下的人工驾驶模式);

(3)限速人工驾驶模式;

(4)自动折返模式(无人或有人)。

8. 车载 ATP 设备应具有下列功能:

(1)速度检测:采用两套独立的速度测量系统,对速度信息输出必须相互校验,并实行断路检查;

(2)设备故障(包括地—车通信中断)时实施紧急制动及报警;

(3)接近防护速度时预报警,超过最高允许速度时实施常用制动或紧急制动,以及常用制动率不足时自动转换为紧急制动;

(4)列车运行方向的检测和监督;

(5)列车非正常移动的检测并实施紧急制动;

(6)监控车门的开启及监督其关闭状态;

(7)向车载 ATO 传送有关信息;

(8)系统自检、自诊断、故障报警和列车运行数据的记录及传送至车站/控制中心 ATS 功能;

(9)系统实时记录并存储操作、运行数据、ATP 信息(报文信息),并且通过外接 PC 可实现图形输出和其他可读格式输出;

(10)应具有人工和/或自动轮径磨耗补偿功能。

9. 车载 ATP、ATO 设备人—机界面显示屏,其显示和操作内容应至少有:

(1)列车实际运行速度;

(2)ATO、ATP、自动折返模式下,列车的最高允许速度;

(3)目标距离/速度;

(4)驾驶状态(动力运行、惰行和制动)以及驾驶模式(ATO、ATP、限制/非限制人工及自动折返等)表示;

(5)列车折返(含有关指示器和按钮);

(6)紧急制动的实施;

(7)列车停车精度状况;

(8)自动关门和人工关门的转换和表示;

(9)车门控制及门状态表示;

(10)强制开门的控制、表示及信息的记录;

(11)发车及驾驶命令、紧急制动的启动及表示;

(12)空转/打滑状态;制动力不足、失效;

(13)车载 ATP、ATO 设备故障表示;

(14)驾驶员有关数据的输入及修改(乘务组号、车辆号、目的地号等);驾驶员身份确认;

(15)人工轮径补偿时的数据输入;

(16)投入运营之前的日检操作输入及检查结果输出;

(17)下一站站名、目的地站名;

(18)自诊断命令的输入及诊断结果输出;

(19)车载存储数据的输出及故障信息的自动输出。

10. 在正线区段,司机可根据线路、设备状态及运营要求,以任一种驾驶模式驾驶列车运行。在车辆段列车仅能按限速人工驾驶模式或非限制人工驾驶模式运行。驾驶模式之间的切换应符合安全、高效、操作简单的原则。

三、ATP 与车辆接口

车载 ATP、ATO 设备和车辆控制设备间的接口包括机柜、控制及表示单元、速度测量系统、天线等设备的安装接口和列车控制及表示的信息接口。

为实现对列车实时、有效、精确的控制,车载信号系统与列车的牵引、制动以及控制、表示系统(包括车门控制、表示)之间应进行有机的结合,并满足相应的技术指标要求。应对以下几方面作充分的考虑:

(1)制动力的建立时间要求;

(2)制动力的线性指标,特别是低速情况下制动力的可控性;

(3)对电制动的要求;

(4)牵引谐波及车载其他设备产生的电磁波对信号设备的干扰;

(5)设备本身及控制过程中的速度及测距偏差;

(6)空转/打滑的防护;

(7)人—机界面的完整、实时及可操作性。

第五节 ATO子系统

一、构成要求

(1)ATO子系统由车载设备和轨旁设备组成。

(2)ATO子系统是实现列车自动驾驶功能的系统,应采用高可靠性的硬件结构和软件设计。

(3)正线区间线路,车站正线、折返线、存车线适当位置装设车—地双向通信设备。

(4)ATO子系统设备可分布设置于设备集中站,也可以集中设置于控制中心。

(5)所有列车均装设车载ATO设备。

(6)试车线路设置与车载ATO设备试验有关的地面设备。

二、功能要求

(1)ATO子系统在ATP子系统的安全保护下,并根据ATS的指令,能够完成对列车的启动、加速、巡航、惰行和制动的控制,实现列车的自动驾驶,确保达到规定的行车间隔及旅行速度。

(2)根据不同的条件选择最佳的运行工况,确保列车按照运行图运行,达到节能及自动调整列车运行的目的。

(3)在ATO模式(自动驾驶模式)下,可以根据ATS的调整指令,调整区间走行时间,满足区间实际走行时间与规定值的误差要求。

(4)在ATS监控范围内,所有正线车站站台线路、折返停车线、存车线、转换轨均应通过车—地双向通信,将列车的有关信息传送至ATS系统。

(5)利用地面传感器、信标、环线或其他措施实现列车在车站的定点精确停车。在ATO模式(自动驾驶模式)下,列车在车站站台的停车,满足停车精度要求,以及满足车站端线(折返线、临时停车线)的有效长度对保护区段长度的限制要求。

(6)经ATP子系统允许后,向列车发送开车门命令。在站台车门已关闭后,才允许启动列车。

(7)ATO子系统应具备实时连续的自诊断功能,包括车载ATO设备的自检测、故障报警记录并实时传送中央ATS的功能。

(8)与ATS和ATP子系统结合,高效经济地实现列车自动驾驶、自动折返。

第六节 CI子系统

一、构成要求

(1)CI子系统由联锁计算机、车站值班员工作站、室外设备及驱动接口等设备组成。

(2)CI子系统是保证列车运行安全,实现轨道电路、道岔、信号机之间正确联锁关系的系统,必须满足故障-安全原则。应采用高可靠性、高安全性硬件结构和软件设计,以及采取必要的硬件、软件冗余措施。CI子系统间及与相邻有关系统间的通信应具有故障-安全功能,通信通道具有热备冗余。

(3)正线各车站综合控制室均设置现地控制盘，按站场布置设置扣车/提前发车、紧急关闭/取消紧急关闭的现地控制，包括有关按钮和相应表示灯。

(4)正线 CI 子系统设备可集中设置于设备集中站，也可以集中设置于控制中心。

二、功能要求

1. 保证列车运行安全，实现列车进路上轨道区段、道岔、信号机之间的正确联锁关系，对于来自操作设备的错误操作，应具备有效的防护能力。

2. 实现基本联锁功能应遵循的原则包括：

(1)根据进路的始端、终端办理进路。

(2)进路的锁闭分为预先锁闭和接近锁闭。预先锁闭应在进路选通，有关联锁条件具备时构成。接近锁闭在信号开放，进路的接近区段占用时构成。

(3)能够办理引导进路的锁闭。

(4)锁闭的进路应能随着列车的正常运行，使各轨道区段分段自动解锁，各轨道区段原则上应满足三点检查后，延时 3 s 后自动解锁。

(5)能够办理取消进路、人工解锁、引导进路解锁。

(6)防护道岔的信号机关闭后，未经再次办理，不得重复开放。但当正线办理了自动进路后，应使该进路保持锁闭，信号机随着列车的运行自动变换显示。

(7)信号机的开放应检查红灯灯丝完好。信号机应具有灯丝监督和转换功能，信号机开放后应能不间断地检查灯丝良好状态。若灯丝断丝，应自动关闭(经常以允许信号显示为定位的信号机，当允许信号灯丝断丝时，信号机灭灯)。

(8)道岔能够单独操纵或随进路的排列而自动选动，单独操纵应优先于进路自动选动。

(9)联锁道岔可以进路锁闭、区段锁闭和人工锁闭。

(10)道岔转换完毕时，应自动切断道岔动作电源。道岔一经启动应能转换到规定的位置。当因故被阻，在规定时间(如 15 s)内不能转换到规定位置时，应自动切断道岔启动电路，并有报警，道岔经操纵应能转回原位。

(11)道岔转辙机的电机电路发生故障时，应自动切断道岔启动电路。

3. 具有下列其他功能：

(1)对所有的进路应进行防护，在对正常进路防护的同时，能根据地铁特殊的安全要求为有关的禁止信号建立保护进路并予以防护。

(2)能够建立自动进路及自动折返进路。

(3)能在车站操作工作站上对该车站控制范围内的道岔实行单独操作和单独锁闭，对列车开放引导进路，对轨道区段、道岔、信号机等实施封锁，禁止通过其排列进路。

(4)正线双方向运行时，区间运行方向转换应符合故障-安全原则。

(5)能利用车站操作工作站或控制中心调度员工作站进行站间的临时限速设置。

(6)能向 ATP 子系统提供信号机状态、列车进路的设置情况、保护进路(或区段)的建立、临时限速、站台紧急关闭以及区间运行方向等信息。

(7)车站联锁设备与 ATS 子系统结合，实现车站和控制中心的两级控制。

(8)根据运营要求，实现自动或人工办理进路，其中人工控制分为控制中心人工控制和设备集中站人工控制，自动分为控制中心自动控制、设备集中站 ATS 自动控制和联锁设备控制。

(9)通过控制中心调度员与车站值班员办理授权手续后，可进行车站与控制中心二级控制权的转换。在控制权的转化中和转化后，未经人工介入各进路的原自动控制模式不变。在特殊情况下，车站可进行强行站控。

(10)实现车站正方向出站(或出站兼防护)信号机的人工关闭，对应每一个出站(或出站兼防护)信号机均应能办理扣车作业。

(11)在每个车站的综合控制室、站台设紧急关闭按钮。当按下紧急关闭按钮后，应防止列车进入站台或在站台内移动，并须经人工确认后才能恢复。

(12)当 ATP 功能丧失时，联锁设备至少应能按照自动站间闭塞方式行车。

4. 系统具有自检、自诊断和故障报警功能。

5. 控制中心(集中式)或车站(分布式)操作工作站，用于在联锁级控制情况下，对本联锁区运行列车进行监控。工作站人机界面应按车站站场显示，主要包括轨道、道岔、信号机、进路、故障报警(声光)等状态，并在相应的对话窗中可对对应的控制对象进行操作。

6. 在联锁操作工作站上，应具备操作员身份认证及记录功能，能对不同的操作人员赋予相应的职责、权利，以确保对设备的正确控制，防止非法操作。合法操作应有防止误操作措施。

7. 对于由人工确保安全的操作命令，必须具有相应的安全操作手段。

8. 系统操作命令、所有信息的状态变化及故障记录应保存适当的天数，并能打印输出。

三、CI 接口

1. 与规划线路联络线接口

排列至规划线路联络线的进路，应满足正线与规划线路相互敌对照查条件。与规划线路联络线的接口采用安全通信方式。

2. 与紧急关闭按钮接口

采集各站紧急关闭按钮状态，一旦按压紧急关闭按钮，CI 子系统设备应立即控制 ATP 子系统向接近站台、站台和离去站台区域的相关列车发送紧急停车 ATP 信息，并须经人工确认后才能恢复，如有地面信号机，还应切断信号开放电路。

第七节 试车线路信号设备与培训设备

试车线路，装设与正线相同的 ATP、ATO 室内设备、轨旁设备、试车线工作站及控制盘。试车线设备应能完成车载设备的所有 ATP 及 ATO 的静、动态功能测试。

一、设备组成

试车线室内及现场设备包括：

(1)ATP/ATO 计算机设备。

(2)试车线工作站。

(3)ATP/ATO 轨旁设备。

(4)电源设备。

(5)室内外电线路。

二、试车线设备功能

试车线的控制工作站应有多种试验模式，包括：

(1)模拟站间运行及折返作业[包括中间为车站,两端进行站后折返作业(包括无人/有人驾驶自动折返、ATP 监督下的人工驾驶模式折返),及两端为车站,中间为区间线路,对车载信号系统进行速度等级的 ATP 功能、ATO 全自动驾驶试验]。

(2)ATO 精确停车试验。

(3)车门试验,允许开左侧、右侧、双侧车门。

(4)常用和紧急制动试验(包括制动距离)。

(5)车—地双向通信及驾驶模式之间转换等功能试验。

三、培训设备

1. 在培训中心设置 ATP、ATO、CI 子系统的室内及室外模拟设备,作为培训之用。

2. 培训中心培训设备应有完整的 ATP、ATO、CI 子系统的模拟,能对其进行功能演示,用于培训在日常和紧急情况下如何操作系统,培训信号维修人员熟悉并掌握 ATP/ATO 子系统(包含车载设备、车—地通信设备)及 CI 子系统的功能,发现和处理故障的能力,考核维修人员的工作水平,供参观人员了解系统的组成及功能,也对培训列车驾驶员有一定作用。

第九章 综合监控系统

第一节 概 况

在地铁机电设备各系统智能控制的基础上，通过接口硬件和软件的开发，许多专业设备已纳入到综合监控范围内，如电梯、扶梯、环控设备、给排水设备通过对其智能接口的开发，已实现了设备的远程监视、控制及智能化管理功能。

在以前的地铁设备工程中，各系统是分立的，每一系统均有自己的网络、网络传输、工作站和软件。而系统集成即是在各分立系统的基础上发展起来的，利用同一的网络资源，统一的计算机硬件及软件平台，达到系统联动、方便管理、节省工程投资的目的。

在地铁设备工程中，从技术的角度来说，可以纳入集成系统的专业很多，如设备监控系统、防灾报警系统、电力监控系统、车站广播系统、闭路电视监控系统、屏蔽门系统、自动售检票系统、时钟系统、信号系统、乘客资讯系统等。但目前国内地铁行业集成系统纳入的专业比较少，深圳地铁一期工程采用设备监控系统（EMCS）、防灾报警系统（FAS）、电力监控系统（SCADA）“三合一”的集成系统，2004 年年底投入使用，经过近 2 年的试运行，达到了预期的目标。广州地铁三号线采用主控系统，把设备监控系统（EMCS）、防灾报警系统（FAS）、电力监控系统（SCADA）、屏蔽门系统、防淹门系统纳入集成系统，同时互联了广播系统、闭路电视系统、车载信息系统、车站信息系统、自动售检票系统、信号系统、时钟系统。北京城轨交通 13 号线虽然只有一个地下站，但它是国内地铁行业最早采用集成系统的工程，其集成系统是在电力SCADA系统平台的基础上，纳入机电设备监控系统（EMCS）和防灾报警系统（FAS）。

国外发达国家地铁自动化已发展到较为成熟的水平，其综合自动化监控系统有的把主系统和辅助系统分开集成，有的全部集成在一起，目前开始向建立多条线路集中监控系统方向发展。

采用集成系统有以下几方面的优点：

（1）提高地铁运营管理的自动化程度。在集成系统下，各子系统的信息互通，在特殊工况下，需要多个专业互相联动时，可以自动实现，避免由人工分别启动各个子系统；同时地铁运营人员可以通过集成系统收集信息和综合处理信息，提高行车和救灾调度工作的效率。

（2）采用集成系统可以降低运营的维修成本。在分立系统下，各个自动化系统操作平台与管理软件彼此独立且数量多，造成各自动化系统之间互相不通信，维护人员全面掌握难度很大。

（3）采用集成系统可以优化设备配置，降低工程投资。通过对集成系统设备的优化配置，可以减少中央及车站级的操作员工作站、服务器、网络接口设备的投入。

（4）采用集成系统可以有效地利用通信骨干网的带宽。在分立系统中，各个子系统均配备骨干网的接入设备，这种接入方式造成网络带宽被分隔，不能集中使用；在集成系统中，整个系统采用统一的通信途径，只要为每个车站配备一个带宽足够的通信端口，即可满足各个子系统的远程通信要求，其带宽和利用效率远大于分立系统的通道。

下面通过对地铁工程机电设备监控系统(EMCS 系统)、防灾报警系统(FAS 系统)、电力监控系统(SCADA 系统)3 个自动化系统的介绍,阐述系统集成的组成。

第二节　机电设备监控系统

机电设备监控系统(EMCS)是从楼宇自控系统(BAS)的概念引申而来,楼宇自控主要是针对大楼的环控设备进行自动控制,地铁行业的 EMCS 系统除了对环控设备进行监控外,还增加了其他一些设备系统。一个典型车站的 EMCS 系统控制的对象通常包括:环控系统(冷水机组、冷却水泵、冷冻水泵、冷却塔风机、空调机组、空气处理机、风机盘管、新风机、送风机、回排风机、TVF 风机、射流风机、U/O 风机、联锁风阀、电动防火阀、全电动防火阀、二通调节阀、压差调节阀、温度传感器、湿度传感器、压力传感器、流量传感器、压差传感器等);给排水系统(水泵、电动蝶阀);照明系统(照明回路、事故照明);人防门系统;电梯系统;自动扶梯系统;屏蔽门系统。还有一些设备也会逐步纳入机电设备监控系统,所以机电设备监控系统(EMCS)已是一个比较成功的集成系统。如果以 EMCS 系统为基础,纳入更多的其他系统,则可以成为一个典型的地铁综合监控系统。

地铁 EMCS 系统由设置在控制中心的中央级监控系统、设置在各个车站车控室的车站级监控系统及就地级监控设备组成。

系统网络结构分为车站监控系统局域网,地铁骨干网和 OCC 控制中心局域网。车站局域网与 OCC 控制中心局域网均采用冗余的高速以太网,局域网之间通过骨干网进行数据和命令的传输。

一、EMCS 系统组成

(一)中央级监控系统

EMCS 中央级监控系统由中央级局域网络组成,网络内包括主、备监控工作站、主备服务器、档案管理计算机、打印机服务器、通信转换接口、打印机、大屏幕显示系统等设备。EMCS 中央级监控系统设备在集成系统中也可作为其他系统的设备来使用。

1. 中央级局域网:采用高速工业以太网,网络冗余配置,采用 TCP/IP 协议,通信速率 10(Mbit/s)/100(Mbit/s),通信介质为同轴电缆或五类双绞线。中央级局域网把控制中心的所有 EMCS 设备联系起来,通过地铁骨干网实现中央级局域网与车站 EMCS 局域网的连接。

2. 中央级监控工作站:在控制中心配置 2 台监控工作站,执行 EMCS 系统监控和数据采集功能,主要用于环控调度人员的日常环控设备操作、监视和调度管理工作。

3. 服务器:采用冗余的两台服务器,实现全线数据的管理。

4. 维护工作站:主要供维护工程师在控制中心从事全线 EMCS 系统软件的维护、组态、运行参数的定义、系统数据库的维护及用户操作画面的修改、增加,故障的检查和资料查询等,实现 PLC 系统程序及各监控站流程图、数据库等远程上载、下装、监视及修改功能,满足远程系统维护的要求。

5. 打印机:实现事件打印、报表打印和日常维护管理打印功能。事件打印机用于操作记录、事故记录、报警记录、测量数据的实时打印,报表打印机用于各类数据报表的定期打印,同时还有图表的输出打印。

6. 大屏幕系统:可与其他系统共用,用于显示全线各站被监控设备的工作状态,便于调度人员及时了解设备状况。

7.不间断电源:在控制中心设置不间断电源,保证EMCS系统供电电源的稳定可靠。

(二)车站级监控系统

车站级监控系统建立在开放的、高可靠性的冗余交换以太网上,局域网上设有车站监控工作站(车站服务器)、车站控制器(主控PLC)及综合后备控制盘(IBP)。车站级监控系统主要监控隧道及车站的通风系统、空调大系统、空调小系统、冷水系统、照明系统、给排水系统等设备;监测公共区、设备室等地点的温湿度;并配置与屏蔽门、人防密闭隔断门、自动扶梯、电梯、FAS系统的数据接口,对上述设备进行监控;同时在车站控制室设置综合后备控制盘(IBP),实现紧急状态下对环控设备的手动模式控制。网络由一台车站监控工作站进行管理,信息通过打印机打印。EMCS系统同时将站内其他系统,如FAS、SCADA系统的有关数据纳入监控范围,EMCS系统和站内其他系统一起同车站服务器按Client/Server结构方式构成集成系统,各系统之间数据交换通过局域网进行,所有过程数据共享在软件服务器中。

1.车站局域网:采用高速工业以太网,网络冗余配置,采用TCP/IP协议,通信速率10(Mbit/s)/100(Mbit/s),传输介质为光纤、同轴电缆或5类双绞线。车站局域网把车站的所有EMCS设备连接起来,并通过地铁骨干网实现与中央级局域网的连接。

2.车站级监控工作站:负责正常及事故情况下对车站各系统设备的监视、管理、控制指令的发出。监控工作站接入冗余车站局域网,并通过地铁骨干网与中央级EMCS监控工作站通信,接受并执行中央级EMCS监控工作站发出的控制命令,并将设备运行状态信息上传到中央级监控工作站。同时车站监控工作站接收和处理由EMCS控制器上传的设备运行状态和数据,并向EMCS控制器下达对设备的控制指令。

3.车站控制系统:采用硬件冗余的大型PLC产品,组成EMCS系统控制网络,对设备进行监视、控制和管理。车站控制系统的主控站PLC接受来自中央监控站和车站监控站的控制命令、控制模式、设定值的更改和其他关联参数的修改信息,并通过连接在车站冗余控制网络上的就地控制器,实现对车站所属设备和区间隧道通风设备按照一定控制策略进行开停控制、联锁控制、模式控制、优化控制等控制功能,以及设备运行状态、数据采集和管理功能,并实时将这些状态信息送到车站服务器中。在主控站主、备PLC中配备具有大容量数据存储空间的处理器,将站内设备信息备份在存储器中,以提供过程数据存储的可靠性。当通信网发生故障时,所有控制器能保持独立操作,并暂时存储未上传至车站控制室的设备状态信息。当通信设备恢复运行后,控制器可即时将信息上传,保证系统的连续性。

4.综合后备控制盘(IBP):设置在车站控制室,作为车站监控工作站的后备设备,可以对隧道通风系统、车站环控大系统和小系统设备进行监控,是在紧急情况下使用的按键式模拟监控盘。当发生火灾或列车阻塞,同时车站监控站或通信网络发生故障时,作为系统操作备用,由车站值班员按不同的事故区域和性质在IBP盘上启动对应的运行模式,向EMCS控制器(PLC)发出相应的控制模式命令。

5.车站控制网:车站PLC控制器与就地PLC控制器及变频器之间采用开放式工业控制网络Control Net,该网络是一种高速确定性网络,通信速率为10 Mbit/s,通信介质为特种电缆用于有苛刻要求应用场合的信息传输。为保证EMCS系统数据和控制指令传输的可靠性。控制网络宜采用双冗余网络配置。

6.打印机:实现本车站操作记录、事故记录、测量数据等事件打印和各类数据报表的定期打印和图表的输出打印。

7. 不间断电源：在车控室设置不间断电源，保证 EMCS 系统供电电源的稳定可靠。

（三）就地级设备

根据机电设备的设置情况，在被控设备附近设置就地级监控设备和就地控制柜等。

1. 冗余 PLC 控制器：在环控机房配置冗余 PLC，每台 PLC 配主备 CPU 模块、电源模块、通信模块，确保控制的可靠性。实现对车站、隧道通风系统和空调大、小系统设备的监视、控制及管理。

2. 就地控制器：配置 PLC 控制器，通过冗余接口连接车站冗余控制网络，并通过可编程通信接口与 FAS 控制器、屏蔽门主机、冷水机组控制器、电扶梯、照明控制系统通信，实现对各种设备的运行控制和监视功能。

3. 传感器及执行机构：在地铁车站设置的传感器类型有：室内温湿度传感器、风管式温湿度传感器、水管温度传感器、压差传感器、流量传感器、二通调节阀、旁通调节阀，用于采集环境控制所需的各类参数。

二、EMCS 系统功能

（一）中央级功能

1. 控制与调节功能

根据地铁运行环境及车站其他系统的监控要求，确定并修改全线隧道及车站通风空调系统的运行模式，并把相关运行模式下载给车站，使车站设备按给定的模式运行；对车站机电设备实行模式和时间表控制。

根据通风空调系统提供的环控工艺要求，对区间隧道通风系统设备进行正常模式控制及灾害模式控制。

中央级监控工作站应具有良好和灵活的人机界面，使监控人员可监视全线各车站的通风空调、给排水、电扶梯、照明、屏蔽门、人防门等系统的运行状态及对相关设备进行控制。

2. 报警功能和安全体系

操作员站应具备完善的报警功能，可将报警信息进行分类、筛选、重组织，建立一个报警系统。同时还具有 FAS 系统灾害报警下各系统启动火灾模式，进行连锁联动，组成全系统的安全体系。

3. 历史数据功能

系统可对历史数据记录进行处理、裁剪、分析和统计，具有点趋势图、日志、事故追记等功能。

4. 文件处理、归档及报表功能

系统具有对各类文件的处理功能，对各类数据和文件进行归档，并可制作各类用户所需报表，具备图形打印、文件打印和报表打印功能。

5. 组态功能

系统具有组态功能，可在操作员站对全系统构成及功能设置按工程需求灵活组态，也可修改组态，完善系统运行。

6. 系统维护

各级操作员站具有自诊断功能，诊断到板级。可设置操作权限，设置安全锁，保证系统安全。

7. 开放性

系统具有良好的开放性，应提供 ODBC 和 OPC 接口，可在操作站窗口中运行外系统的应用程序及画面。

8. 软件功能

由系统组态、人机界面、打印管理、数据集中管理和I/O通信5个方面组成。

(1)系统分别面向工程应用和二次开发提供两级组态功能。工程应用组态为一个运行于工程师站的软件包，是用户应用环境的组态工具，该工具主要包括以下内容：系统硬件设备和参数配置；实时数据库生成；控制方法组态；图形画面生成；报表生成等。应用开发组态提供一系列面向应用开发的组态工具，以便于加入和扩展新的应用功能。

(2)人机界面功能

是运行在WindowsNT平台上的实时监控软件，其主要功能包括图形显示和会话；遥控操作；成组趋势显示；报警等功能。

(3)打印管理

是运行在WindowsNT操作系统上，以Excel报表制作软件为基础，配以专门的动态数据定义组态平台，接受系统服务器打印命令和数据。

(4)服务器数据集中管理：服务器数据管理软件运行在服务器上，包括以下应用软件模块：数据通信模块；实时数据库管理模块；历史数据库管理模块；事件信息管理模块；计算模块；数据访问服务模块；商用数据库功能等。

(5)I/O通信

I/O服务软件用于各子系统的数据通信，系统可接入不同的通信链路。

(二)车站级功能

(1)监视功能

监视各系统设备运行状态和参数。

(2)控制与调节功能

具有PID调节控制功能、逻辑控制和模式控制功能。控制器根据环境参数对环控系统设备进行运行工况的转换，并进行最优化的控制，达到节能运行的目的。

(3)报警处理功能

监控工作站具有声光报警、报警画面自动弹出、报警确认和处理功能；将车站被控设备运行状态、报警信号及测试点数据及时送至控制中心，并接受控制中心的监控指令和运行模式。

(4)自诊断功能

对系统及网络具有在线监视、自诊断、自恢复及在线修改功能，并可显示网络负荷情况。

(5)系统还具有运行指导功能、开发与培训功能、操作密码保护功能。

(三)就地级功能

(1)就地控制箱中的I/O模块连接被控设备、传感器和执行器，实现状态信息的采集、监视和控制信号的输出。

(2)就地级控制器通过车站控制网与车站主控PLC通信，接受控制指令并对现场设备进行就地控制，同时将设备运行状态和参数传送到车站主控PLC。

第三节 防灾报警系统

一、防灾报警系统组成

防灾报警系统(FAS)用来探测包括地铁车站、区间隧道、车辆段等与地铁运营有关建筑和设施的火灾信息，并发出火灾报警，启动有关防火、灭火装置，目的是保障地铁正常有序的运营，避免或降低灾害情况下造成的人员和财产损失。

防灾报警系统（FAS）由火灾触发器件、火灾报警控制装置、火灾警报装置以及火灾联动控制装置组成。在地铁建筑物和设施发生火灾后，由火灾触发器件感知，传送信息到控制装置，控制装置启动相关警铃、闪光灯等报警设备，同时启动防排烟及灭火系统等设备，并联动控制卷帘门、门禁、广播、闭路监控等其他专业系统设备，启动各种消防装备，指挥人员疏散，控制火灾蔓延。

火灾触发器件包括自动和手动两种报警装置，自动报警装置通常指火灾探测器，常用的探测器有感烟探测器、感温探测器、火焰探测器等；手动报警装置主要是手动报警按钮，如果被监视现场发现火情，可以通过手动报警按钮快捷准确地向火灾报警控制器通报火警。

火灾报警控制装置是火灾自动报警系统的心脏，是系统运行的指挥中心，担负着整个系统监视、报警、控制、显示、信息记录和档案存储等功能。正常运行时，自动监视系统的运行状态和故障诊断报警；有火灾时，接受探测器、手动报警按钮的报警信号，并将其转换成声光报警信号，指示报警部位、记录报警信息、通过自动灭火控制装置启动自动灭火设备和消防联动控制设备。

防灾警报装置是火灾发生时以声、光、语音等形式给人以警示的一种消防设备，常用的有警铃、警笛、声报警器等。

消防控制设备是用以对气体灭火设备、水消防设备、防排烟设备、防火卷帘门等消防设施进行联动控制的设备。

在地铁系统中，防灾报警系统一般为两级管理、三级控制模式。两级管理为在地铁中央控制中心设置消防指挥中心，在各车站、车辆段、主变电所等处设置防灾控制室作为车站级消防控制中心。三级控制为主控制级、分控制级及就地级消防控制。

1. 主控制级

在防灾控制中心配备 2 台互为备用的消防工作站，通过专用网络卡与控制中心局域网联网，作为局域网的网络节点。工作站由通用型工业控制机作为主机，外接 ZIP 驱动器、UPS 电源等设备。每台控制主机通过一套通信控制器环入整个 FAS 网，这样保证主机作为网络的 1 个节点。

2. 分控制级

车站分控制级由火灾报警分机、图形监视计算机（GCC）、打印机、消防联动柜、紧急电话主机等构成。防灾报警分机通过总线与现场设备相连组成所辖站点的火灾报警子系统，同时各防灾报警分机均作为 FAS 网络的一个节点，与其他站点及防灾指挥中心进行通信和信息交换。

火灾报警子系统通过 RS232/485 通信接口与本站点内的 EMCS 进行信息交换，当火灾信息确认后，FAS 向 EMCS 发出火灾报警信息和消防控制模式，通过 EMCS 和 FAS 直接控制的消防设备，实施消防处理。

车站 GCC 设备由通用型工业控制机作为主机，与防灾报警分机采用 RS232 接口连接，GCC 不作为全线报警网络的一个节点，它的故障不会对全线网络和车站级报警回路造成影响。

在车站消防控制室设置消防控制柜，用于消火栓泵、消防泵、回排风机、TVF 风机、U/O 风机、组合式空调箱等火灾工况下运行设备的直接手动控制，联动柜采用硬联线方式直接连接所控制设备的控制回路。

每个车站设置一套独立的消防电话网路，隧道内的电话插孔及相邻的主变电所纳入车站消防电话网络中。

3. 就地级

就地级包括各类探测器件，如感烟探测器、感温探测器、就地监视控制模块等。负责感知现场信息并传送到车站分控制器及接受车站控制命令控制现场设备。

4. FAS系统网络

中央消防控制指挥中心操作工作站与各车站火灾报警控制器之间通过FAS专用网络接口组成FAS系统独立的环网。火灾报警控制器与中央操作工作站直接通信，不受其他系统网络负荷和设备故障的影响，网络通信方式响应速度较快，安全可靠。

二、防灾报警系统功能

地铁防灾报警系统的功能分为中央级功能和车站级功能。

(一)中央级功能

FAS中央级功能主要是监视地铁全线各车站、区间隧道、控制中心大楼、车辆段、主变电站等下属所有区域的火灾报警、消防联动和故障情况。在火灾发生时承担全线防灾指挥中心功能。

1. 通过火灾报警网络接受并储存全线消防设备运行状态信息，远程监视就地级消防设备的运行状态。主机通过显示画面和数据表格提供现场的监视信息。

2. 接受全线车站、车辆段、主变电站、控制中心的火灾报警信息并显示报警部位，控制中心声光报警系统发出声、光火灾警报信号。打印机实时打印火灾报警发生的时间、地点、火灾类型等。通过网络向火灾所属区域的消防设备发布命令，指令进入火灾报警处理模式。

3. 存储记录功能：存储事件记录和操作人员的各项操作记录。包括火警监视、故障状态、设备维修等信息记录。

4. 系统编辑功能：在线编辑功能，具有全线的维护人员通过工作站添加系统设备或直接在现场编辑，自定义设备。离线编辑功能，现场设备的定义和参数修改可在办公室的电脑上完成，经编译转换后，到现场发送到火灾报警控制器上。

5. 历史档案功能：将报警、事件等信息记录归档处理。操作人员可根据要求随时进行信息的查看和打印输出。

6. 网络自诊断功能：FAS主机具有网络自诊断功能，可及时判断网络故障的位置及原因，并按事件方式进行报警。

7. 与其他子系统的协调配合功能：

(1)防灾指挥中心设置了与市消防局联系的专用外部电话，并设置消防调度电话总机，各车站设置消防调度电话分机。

(2)防灾指挥中心、各车站设置与列车司机联系的无线电话。

(3)在发生火灾时，防灾指挥中心将广播系统强制转入消防广播状态。

(4)在消防控制中心设置与闭路电视监视系统的切换装置和显示终端，当地铁发生火灾时，切换为防灾监视。

(二)车站级功能

FAS系统车站级功能主要有监视、报警、控制以及其他系统的联动等。

1. 监视及警报模式

在正常情况下，设在各车站的防灾报警分机通过探测器和信号输入模块，对火灾状态和消防设备的运行状态进行实时检测。同时 FAS 系统对其内部的部件状态也进行实时检测。通过火灾报警网络连接的各控制器和通信网络也在进行自动监测。所有的监测信息都将传送到控制中心的消防监控工作站，并通过控制中心的综合监控网络形成实时信息，供整个综合监控系统共享。在火灾发生后，通过自动和手动确认火灾信息，进行报警。

2. 网络通信功能

各防灾报警分机通过环形光纤，构成全线 FAS 报警网络系统。各站点的分机均为该网络上的节点，各分机具有与防灾指挥中心信息交换的功能。同时，各分机之间也具有信息交换的功能，特别是相邻站之间可相互进行火灾报警的信息传送，使得当某一站发生火灾报警时，相邻车站也可同时接受到此火灾报警信息，并根据此信息及时进行行车组织和必要的救灾措施。

3. 监控功能

(1)对气体灭火系统的监视

防灾报警分机接受气体灭火系统的 5 个反馈信号(即预报警、火灾确认、系统故障、气体释放、手动/自动状态)，监视气体灭火系统保护区内的防火阀动作，通过 LCD 显示屏和显示面板上的 LED 显示，并上送至防灾指挥中心。

(2)对防火卷帘门的监控

疏散通道的防火卷帘门按下列控制程序进行控制：

①感烟探测器动作后，控制防火卷帘门下降至地(楼)面 1.8 m。

②感温探测器动作后，控制防火卷帘门下降到底。

③用作防火隔断的防火卷帘门在探测器动作后，控制防火卷帘门下降到底。

以上控制和卷帘门位置信号将在 LCD 和显示面板上的 LED 显示，并被传送到防灾指挥中心。

(3)对其他消防设备的监控

①火灾确认后，通过接口命令 EMCS 系统切断非消防电源，该控制信号将在防灾报警分机的 LCD 和控制显示模板上的 LED 显示，并传输到防灾指挥中心。

②监视防火阀、消防泵的运行状态，其位置状态信号将在防灾报警分机的 LCD 和控制显示模板上的 LED 显示，并传输到防灾指挥中心。

③监视破玻按钮和消防栓泵的状态，在接受破玻按钮动作信号后，自动发出控制命令，启动消防加压泵，并监视加压泵的运行信号，点亮破玻按钮上的指示灯。该控制和位置状态信号将在防灾报警分机的 LCD 和控制显示模板上的 LED 显示，并传输到防灾指挥中心。

4. GCC 的功能及配置

GCC 功能与中央控制中心的功能完全相同，但其显示和控制的范围仅限于所管辖的站点范围内，作用范围仅限于本站和相邻站。

(三)就地级现场设备的功能

1. 智能型光电感烟探测器

(1)自诊断及历史记录功能：探测器持续不断地进行自诊断，以提供重要的维护保养数据。其结果自动更新并存储到探测器的存储器中。结果及数据可在防灾报警分机、GCC 和便携机上显示和查看。

(2)内置微处理器 CPU 能独立运行：如果探测器与回路控制器之间的通信故障超过 6 s，

则该回路中的所有探测器转为独立运行模式。这个回路的作用就像传统报警接受电路一样，每个探测器继续采集并分析其周围的信息，如探测器周围达到预先设定的烟雾浓度，则探测器报警。

(3)能对环境自动补偿：探测器中的传感元件能对因灰尘、潮湿、老化等因素引起的长期缓慢变化做出相应的调整，既环境补偿。

(4)能设置早期警告和预报警值：预报警功能在有可能发生火灾时预先通知管理人员进行调查，在确认确实发生火灾之后才进入全报警状态。探测器的灵敏度范围为 0.2%～1.15% 烟雾度/米，预报警值可根据报警设定值的 75%设定。

(5)具有自动昼、夜灵敏度调整功能：探测器可通过编程设置不同的灵敏度在昼/夜期间自动切换。在夜晚没有人员活动等因素影响，探测器周围环境中的粉尘和烟雾的浓度降低，可自动调整探测器的灵敏度。

(6)具有稳定性：探测器的微处理器(CPU)设在探测器的探头内，底座不带电路板，并采取防水、防潮、防腐蚀等处理措施。

(7)火灾探测器可通过控制器远程调整有关参数：FA3 控制主机提供的强大网络功能，可在网络的任意节点对全线的控制器进行访问并通过其对站点报警网络的所有智能型设备进行参数的下载和查看。

(8)探测器具有除尘报警功能：探测器所独具的相对环境补偿功能包括脏污补偿。同时，当探测器的脏污检测达到预定值时，探测器将报告脏污报警，提醒维修人员。当脏污达到最大设定值时，系统将发出故障信号，并在误报之前自动隔离探测器。

(9)火灾探测器便于维修和安装，可直接拆卸。

2. 手动火灾报警按钮：是防灾报警系统用来以手动的方式监视报告火警。

3. 破玻按钮：破玻按钮正常保持在断开状态。当玻璃被击碎时，开关释放通过 CT1 模块向回路控制器发送一个报警信号，同时可直接启动消火栓泵(引入管电动蝶阀)。玻璃片上有一层塑料保护膜防止玻璃片伤人和四处溅落。

4. 感温电缆：感温电缆及感温电缆监视模块设置在站台板下的电缆廊道，为不可恢复型感温电缆，按正弦波布置。每段长度为 100 m 左右，监视电缆是否超过额定温度，超过额定温度时报警。报警额定温度为 70℃±2℃。

5. 消防联动控制柜：在车站控制室设置消防控制柜，用于消火栓泵(引入管电动蝶阀)、消防泵、回排风机(兼排烟风机)、TVF 风机、UPE/OTE 风机、组合式空调箱、变风量空调器、小系统回排风机及送风机等火灾工况下运行的设备直接手动控制的消防联动控制柜。该消防柜采用硬联线的方式直接作用与所控制的消防设备的控制回路上。

6. 声报警器音响效果达到 98 dB。它可发出比警铃更为容易接受的音响效果。

7. 消防通信：每个车站设置一套独立的消防电话网络，由消防电话主机、固定电话分机、插孔电话构成，消防电话主机设置在各分控制级的综合控制室。

8. 在各车站、OCC 大楼的综合控制室、值班室、消防水泵房、气体消防气瓶间、高低压配电室、通信设备室、信号设备室、环控电控室、屏蔽门设备室和通风空调机房等重要设备间设置消防直达通话话机。消防分机一经提起，主机上即有声光信号显示及分机地址显示，在主机按下该电话的选择按钮，主、分机即可通话。当主机需与分机联络时，按下主机上的分机选择按钮，分机有声信号通知接听。

9. 在隧道内的适当位置设置一定数量的电话插孔。当手提式电话插入插孔，主机上即有声光信号及地址显示，在主机上按下相应的选择按钮，即可通话。电话插孔面板有“消防电话”字样。

第四节　电力监控系统

一、概　　述

电力监控(SCADA)采用主站系统，设在DCC控制中心，实现信息互通、资源共享。OCC控制中心的电力调度负责指挥和监控全线(包括主变电所)供电系统的正常运行和事故处理。电力监控系统实现对全线各变电所和接触网的开关等设备进行统一控制和监视，通过数据采集、信号反馈，随时了解全线供电设备的运行情况，及时准确地完成各种操作，对故障报警和各种运行事故迅速作出判断并进行准确处理，确保供电系统和设备的安全可靠运行。从而实现供电系统各种变电所的无人值守，提高系统的可靠性、工作效率和现代化管理水平，减少运营费用。

电力监控系统的设计方案主要包括系统的规模、网络结构、设备配置、数据流向、远动通道、设备选型和接口划分等内容。设计中须充分考虑系统的安全性、可靠性、可扩展性和先进性。同时还要考虑系统的总体投资和可实施性，以达到最佳的性价比。

二、系统构成

电力监控(SCADA)系统的构成包括：设在OCC控制中心主站的电力监控调度系统、设置在各变电所的综合自动化系统、设在车辆段供电车间的电力监控复示系统及主控系统的高速数据传输通道等。由其实现对全线各变电所、接触网等供电设备的运行实时监控和数据、图像采集(遥控、遥信、遥测、遥调、遥视)等功能，完成对变电所、接触网电气事故分析和供电设备按状态维护、维修的调度管理。

1. 主站系统

主站系统以局域网为架构，按照ADS(Autonomous Decentralized System)模式配置主机、工程师工作站、大屏幕显示、Web工作站、视频监控服务器等设备。ADS模式代表了目前SCADA产品的最新技术标准，提高了设备利用率，自律分布使每个网络节点均可单独成活，提高了系统的自愈合功能。

局域网络采用双以太网构成，主要监控设备按冗余原则配置。网络节点(与运行系统相关的计算机)按功能和地域分布。监控主机完成系统数据库、通信接口的管理，调度员的日常控制、监视和调度管理，现场数据的归档、统计、报表、检索、维修计划等内容。系统的监控主机采用双重配置，互为热备。工程师工作站用于生成、修改和管理系统实时数据库、历史数据库以及用户画面，定义、修改系统运行参数和维护、开发系统程序等。

车辆段的供电车间设置电力监控供电复示系统，继电保护工作站、设备管理工作站、并通过网络与控制中心进行数据通信。供电复示系统用于监视全线变电所设备、接触网设备的运行情况，使供电维护人员及时了解现场事故信息，提高处理事故的效率，缩短停电时间，完成维修调度作业计划的发送和接收。继电保护工作站完成统计、分析事故跳闸数据及整定值管理。设备管理工作站获取系统设备运行的详细资料，判断运行设备的状态并预测其寿命，建立供电系统设备、设施的管理档案，从而实现对供电系统设备实施状态检修。

Web工作站完成对远程访问的管理，相关部门的管理人员、维护人员或系统供应商在远方对系统进行在线访问、维护、修改，使系统信息共享方便，维护及时、有效。

系统设置视频监控，监视并记录变电所的安全以及设备的运行情况，并提供事后分析事故的图像资料，同时还有防火、防盗功能。

2.变电所综合自动化系统

设置在变电所内的综合自动化系统采用集中管理、分散控制模式，设备由控制信号盘内的通信控制器、网络接口设备、总控单元，安装于各开关柜内的测控保护单元和所内通信网络等部分组成。

3.数据传输通道

电力监控(SCADA)系统的数据传输通道利用传输系统的高速数据传输通道。电力监控系统通信接口采用大容量、高速传输的数据接口，采集众多的现场参数(包括视频信号等)应用分组交换技术和路由技术，使通道的可靠性和可用性更为增强，以后新的子系统接入、监控对象的增加等扩展可更为轻易地完成。

三、控制中心电力监控系统主要功能

1.远方监控功能

系统可对被控站内设备顺序全面集中实时监控。

(1)遥控功能：实现对所内某一开关或装置进行状态控制(单独控制)和对所内和所间一系列开关或装置按预定顺序进行状态控制(程序控制)。

(2)遥信功能：实现对被控对象的位置信号、事故信号、预告信号进行实时采集并发出声光信号提示报警。

(3)遥测功能：对供电设备的有关电量(电流、电压、功率、电度等)进行实时检测。

(4)遥调功能：实现对主变电所内有载调压变压器进行有级调节。

(5)不对位操作功能：在被控站执行端撤出运行时，调度员可在显示屏幕上进行人工对位操作。主接线显示画面和模拟盘上的显示符号自动对位。

2.用户画面显示功能

操作员工作站用户画面种类和要求：

(1)进入调度系统后自动显示地铁供电系统示意图。

(2)系统构成图：包括调度所设备、被控站设备、通道等在内的整个系统的配置。

(3)交直流系统图：显示交流系统图和直流系统图。

(4)被控站主接线和接触网线路图：显示被控站的主接线、接触网线路和设备的运行状态。

(5)程控显示画面：在主接线图中用鼠标点中程控操作菜单后，将显示该站的程控项目窗口。

(6)遥测曲线画面：显示 2 h 之内各遥测量(包括电流/电压、有功功率/无功功率)的趋势曲线。

(7)电度量直方图：显示 24 h 之内的有功电度量和无功电度量。

(8)日、月、年报报表：用表格的形式显示一日(月、年)内的有功电度量和无功电度量，及依此计算出的功率因数。报表能进行手动修改。

(9)极值统计日(月、年)报报表、操作记录报表、事件记录报表等。

3.制表打印功能

系统对调度员的操作、事件发生信息、测量值按时间顺序进行整理统计，形成事件记录、操作记录、日(月、年)报报表、越限记录等。报表可随时显示打印和定时打印。

4. 电量趋势曲线和电度量直方图显示功能

系统具有电量趋势曲线显示功能，可显示 2 h 内的趋势曲线；系统具有电能直方图显示功能，可显示 24 h 内的有功电度和无功电度统计量。

5. 模拟盘显示功能

模拟盘上显示有变电所主接线和接触网线路图，并以光带形式表示其供电状态。模拟盘上配有站名显示灯和事故显示灯。

6. 防电磁干扰

系统具有防电磁干扰能力。

7. 调度管理自动化功能

通过数据文档管理功能，自动建立生产管理报表。

8. 在线自检自恢复功能

系统对软/硬设备的状态进行实时检测。在故障情况下，实现互备设备的自动切换(包括主备通道的切换)。当软件因某些原因处于死机状态下，应能自动恢复系统运行。

9. 在线维护功能

系统应以友好的人机界面提供软件维护手段。在维护工作站终端上，可对系统参数、现场工作数据、显示画面等进行方便的在线修改。

10. 安全保护措施

系统设置了 3 级口令，以保护程序运行的可靠性。

(1)第一级：操作员级，键入口令后，可进入遥控操作状态，进行调度管理工作。

(2)第二级：工程师级，键入口令后，可对软件实现在线编辑。

(3)第三级：系统员级，键入口令后，可对系统程序进行编程和修改。

四、变电所综合自动化系统的主要功能

该综合自动化系统设置在变电所内，采用集中管理、分散控制模式。设备由控制信号盘内的通信控制器、网络接口设备、总控单元、安装于各开关柜内的测控保护单元和所内通信网络等部分组成。

变电所综合自动化系统实现对各变电所、接触网设备进行实时控制和数据采集。其功能是监视供电系统设备的运行情况，及时掌握和处理供电系统的各种事故、报警事件，保证供电的可靠性、安全性。

利用 PLC 监控单元实现对变电所各种设备的控制、监视、逻辑闭锁、电流、电压、功率、电度测量；实现保护的安全并联跳闸功能。

1. 上位 PLC 监控单元主要功能

(1)管理各下位监控单元；

(2)接收来自控制中心主机或当地维护计算机的控制命令，并传送变电所操作、事故、预告信息至控制中心主机或当地维护计算机；

(3)实现变电所自动装置的功能；

(4)与控制信号盘上液晶显示器通信；

(5)变电所内、所间 35 kV 开关联跳功能。

2. 下位监控单元主要功能

(1)接收上位 PLC 监控单元发送的对开关设备的控制命令，通过输出继电器发出开关的

“分”“合”闸命令；

(2)采集和显示开关设备的位置信号、所内设备运行的保护信号、预告信号，实现信号的接收、显示、传送；

(3)采集相关电流、电压、功率、电度等测量数据，并传送到上位 PLC 监控单元；

(4)与计算机继电保护接口功能；

(5)变电所内 35 kV 开关联跳功能。

3. 液晶显示器及事故、预告音响功能

(1)液晶显示器与上位 PLC 监控单元采用数字通信，应能显示所内故障、预告信号、下位监控单元运行状态等内容；

(2)所内任何事故、预告信号均发音响信号，音响在一定时间内自动消除，时间可调。此功能可根据不同情况，设置为投入和撤销两种方式。

4. 被控站维护计算机功能

(1)具备对变电所 PLC 监控网络的编程功能，实现对各 PLC 软件的日常维护；

(2)当外部通信通道故障时，可利用维护计算机实现对变电所内各种设备的控制、监视、测量、数据显示及事件统计功能；

(3)维护计算机主要用户画面包括：

①变电所主接线：显示开关设备运行位置、试验位置、当地位置、接地开关位置，电流、电压、功率测量值等数据；

②警报画面：显示事件发生的时间、柜号、性质等内容；

③电流、电压曲线图；

④所内各监控单元运行状态图。

(4)维护计算机上设置控制屏蔽“软”按钮，实现安全操作，降低误操作的发生概率。

五、系统基本性能指标

1. 控制站

(1)遥测综合误差：1.5%；

(2)事件顺序记录站间事件分辨率：20 ms；

(3)遥信变位传输到主站时间：≤3 s；

(4)遥控命令选择、执行或撤销传输时间：≤2 s；

(5)数据传输误码率：在信噪比为 17 dB 的情况下，不大于 10^{-5}；

(6)控制中心平均无故障时间不小于 10 000 h；

(7)信息传输速率不小于 2 400 bit/s；

(8)双机自动切换时间小于 30 s。

2. 被控站

(1)遥测变送器精度：±0.5%；

(2)事件顺序记录站内事件分辨率：10 ms；

(3)上位 PLC 扫描时间：＜ 4 ms/1 kbit；

(4)下位监控单元扫描时间：＜8 ms/1 kbit；

(5)PLC 网络通信速度：≥78 kbit/s；

(6)装置平均无故障时间不小于 10 000 h。

第五节 集成系统

在机电设备监控、电力监控、防灾报警3个系统中，各系统均包括监控主站、网管工作站、档案管理工作站、维护工作站、实时服务器、历史服务器、打印机服务器、网络及网络接口、大屏幕、打印机等设备，而且各系统均采用专用的人机界面软件、组态软件和应用软件。

在分立系统中，各系统工作站、服务器、打印机等大量设备，在地铁控制中心及车控室等空间有限的地方，将占据很大的宝贵空间。如果每个工作站设置1名监控人员，将会造成控制室人满为患，不利于工作效率的提高。由于各系统均采用专用软件，将造成运营的维护成本提高，且对运营人员的要求提高，运营维护人员需要掌握多种软件，才能满足运营需要。

在分立系统中不易实现各系统之间的自动联动，在需要系统之间联动时，只有依赖人工操作，所以自动化程度不高。如在车站发生火灾时，火灾报警系统需要把火灾信息自动传送到机电设备系统，由机电设备系统启动相应的通风设备进行防排烟，同时启动灭火装置进行灭火，火灾报警系统还需要与闭路电视监控系统、车站广播系统、防火卷帘门系统、门禁系统、消火栓系统等其他系统联动，在分立系统情况下，各系统的联动需要人工操作，而在集成系统下，各系统可以实现自动联动。

采用集成系统，可以避免分立系统以上的弊病。下面以FAS、EMCS、SCADA 3系统的集成，来简单介绍集成系统的组成及特点。

一、集成系统硬件配置特点

在地铁设备工程中，由EMCS、FAS、SCADA 3个子系统组成的集成系统分为中央级监控系统层、车站级监控系统层、就地设备系统层，在中央级监控系统层，3个系统运行在中央级局域网上，在中央级配置中央级服务器、历史服务器、工作站、打印机、大屏幕、交换机、路由器等设备，3系统共用以上设备，特别是中央级工作站，可以同时作为3系统的工作站，为满足地铁运营管理需要，一般在中央级设置3个工作站，分别为EMCS、FAS、SCADA中央监控工作站。

车站级监控系统同中央级一样，3个系统也是运行在车站局域网上，EMCS系统通过主控PLC连接到局域网；FAS系统通过火灾报警控制器连接到车站局域网，SDADA系统通过工业控制器连接到车站局域网上，在车站控制时，3系统可以共用工作站、打印机、交换机、路由器等设备。

就地设备系统层，3系统分别设置各自的智能设备。集成系统的分界点一般在车站级监控系统。

二、集成系统软件特点

系统集成的核心是构建接入多厂家设备并满足最终用户需求的自动化系统，所以集成系统必须采用一个成熟的开放系统作为系统集成的软件平台，各个子系统通过接口无缝的接入到开放系统中，构成可实现用户需求的自动化系统。系统软件平台一般分3层构件，第1层为接口层，专用于数据采集和与外部系统或设备的数据交换，执行必要的规约转换和信号量程变换。第2层为数据处理层，专用于数据管理和高级应用功能，以一个实时数据库为核心，实现实时数据处理、事件处理和通知、内部计算和历史数据存档。第3层为人机接口层，专用于各级操作员对系统的监视和控制。

在城市轨道交通项目中，集成系统是通过构建平台化的接口框架，开发出多种通用和专用的子系统和设备的接口驱动程序，实现子系统和设备的无缝接入。

集成系统的软件平台都是建立在操作系统之上的，而软件平台应具有开放的体系结构，即在各应用程序之间的接口关系上，采用公共信息模型，面向对象技术和构件技术的有机结合，以实现不同应用程序的相互操作和无缝连接。

在集成系统中，运行在同一台计算机上的监控软件可以互不干扰的处理多个专业的功能，并根据用户的需要灵活地切换人机界面。

第十章 乘客资讯和导向标识系统

第一节 乘客资讯系统概述

随着时代的发展，地铁文化的丰富，现代地铁不再仅仅只是一项交通工具，它更多的是作为社会沟通与文化传播的窗口，为人们的出行、购物、娱乐、广告、通信等提供一个多样化的信息空间。乘客资讯系统(Passenger Information System，即 PIS)在此要求下应运而生。

PIS 系统是基于 SDH 多业务接入的端到端 IP 数据和音、视频广播的系统级技术。该系统利用数字电视技术与网络基础相结合，正常状态下以播放列车运行信息、广告、其他交通工具运行信息为主，紧急状态下中断其他信息的播出，发布各种救援和疏散通告，而且可以让乘客通过触摸屏自行查询气象信息、换乘信息、车站周边情况、新闻等各种资讯，为广大乘客提供一个便利的信息平台，同时也给地铁运营商带来新的商机。

一、PIS 系统基本要求

与地铁工程的供电、信号等基础系统相比较，PIS 系统是一项锦上添花的工程，它不仅体现了社会、科技的日新月异，也使得地铁文化更加融入到人们的生活当中。新的需求也对 PIS 系统提出了不同于其他系统的要求：

1. 注重系统的科学化、合理化，无论从终端设备布置、软件体系开发及发布的资讯内容等方面充分考虑以人为本的要求，具备为乘客服务，便于操作人员管理、使用等特点。

2. 应考虑不同城市环境、不同地铁车站地理环境状况，甚至是不同的地域文化的等特色，合理、有效地分布终端显示设备，规划信息显示，形成一套简洁完善的地铁乘客资讯系统。

3. 信息的显示具有良好的优先级控制和分区控制，满足紧急情况下的需要。

4. 采用模块化的整体设计，各部件尽量遵从标准化、系列化和组合化的原则，可以根据使用需求进行灵活调整。

5. 车站视频及 LED 设备的显示效果应满足国家有关标准。

6. 充分考虑地铁通信、导向标识等系统的接口设计确定显示终端数量和位置，做到既充分满足乘客的需求，及时得到所需讯息，又不与其他系统设备发生冲突和干扰。

7. 系统应对数据处理提供良好的容错性。即使外部运行环境临界异常，仍能正常工作。

8. 系统软件应具有可扩展性、兼容性，软件界面设计应充分考虑运营维护人员的便利。

9. 播出的广告节目应具备一定的专业制作水准。

二、PIS 系统概况

1. PIS 系统功能

PIS 信息发布系统包含信息发布系统及信息查询系统，操作员通过中心(OCC)和车站子系统的控制，在指定的时间，将指定的信息显示给指定的人群。PIS 系统的总体功能主要体现在下述几个方面。

(1)实时信息显示

PIS 主要功能之一为实时显示各种信息。该系统采用同屏幕多区域信息并行发布的形式,使屏幕不同区域的信息可根据数据库信息的改变而随时更新,实现实时多区域的动态信息发布。如图 1-10-1 所示即为 PIS 终端设备 PDP 屏显示的画面。

图 1-10-1 PIS 终端设备 PDP 屏显示

从该图可以看出屏幕被分为若干个区域,不同区域可按不同的设置播放不同的信息。这些信息可以是以下内容:列车运行信息、乘车安全须知、换乘信息、股市行情、外汇牌价、天气预报、政府公告、临时通告和紧急通告、列车航班表、各类生活资讯、娱乐节目、转播电视台节目等等,每个区域可独立进行设置。实时信息的更新可以采用自动的方式或由操作员人为干预完成。通过中心信息管理工作站,操作员可以即时编辑指定的提示信息,发布至指定的终端显示屏,设定实时信息以特别信息形式或者紧急信息形式发放显示,设置发放信息的优先级等。

(2)紧急疏散功能

在地铁内,紧急情况下如何及时疏导乘客,保证乘客人身安全,已日益成为地铁行业关注的一个重要问题。为此 PIS 系统提供了系统应急功能——紧急灾难告警模式。通过 PIS 系统与消防、公安、监视系统等紧密结合,预先设置多种紧急灾难告警模式(如火警、恐怖袭击等)及参数,一旦发生紧急情况,立即中断正常信息发布,通过声音和图像的形式,提醒乘客紧急避险,指示正确的疏散通道。

(3)完美的广告发布平台

PIS 系统除了能为乘客提供了必要的乘车信息和各类资讯外,还为地铁运营商提供了一个广告发布平台。它引入了多媒体动态广告广播,可以播出自制的图片、文字广告和电视视频广告,播出方式多样,可以与其他各类信息并行,从而吸引到更多的乘客的注意力,提高地铁的运营效益。

(4)综合信息发布功能

PIS 系统提供信息查询功能,乘客可通过触摸屏等查询终端进行多种信息的检索。如地铁公司宣传信息、地面交通资料、电子地图、网络广告信息、车船航班票价讯息、旅游信息、酒店及宾馆资料等等,为乘客的生活、出行提供指引。

(5)时钟显示功能

PIS 系统可以与时钟系统接口，读取该系统的时钟基准，同步整个系统所有设备的时钟，并在播出各类信息的同时以全屏或指定子窗口方式显示多媒体时钟。时钟显示方式可以为数字方式，也可以是模拟时钟方式。

(6)对终端显示设备具有广泛的兼容性

为更好地适应系统的扩容和变化，PIS 系统能够良好地兼容多种终端显示设备，包括视频双基色 LED 屏，视频全彩 LED 屏、双基色 LED 条屏、触摸屏、PDP 屏等，而且 PIS 系统也能良好地支持 LCD 显示器、投影仪、CRT 显示屏、电视墙等各种当前的多媒体显示设备。

(7)全数字传输功能

整个 PIS 系统从中心信号采集开始即采用全数字方式，所有信息经过视频流服务器处理和 IP 网关封包，转换成 DVB-IP 数据包，通过传输网络发送至各车站，车站显示设备显示控制器将数据解码，转换成数字 DVI 视频信号进行显示。

(8)友好的操作界面及完善的播放机制

PIS 系统软件应具备友好的操作界面，使用户只需要通过简单的操作即可建立美观的信息发布界面，并能够得到所见即所得的效果。

PIS 系统各站点信息的发布采用集中控制和自动播出的方式，设立标准的时间表播放机制，包括周时间表、日时间表、节日时间表等等，系统根据预先设定的时间表自动播放多种日常信息，不需要有人值守，从而避免人为操作失误，减少人员配置。

(9)多语言支持功能

多媒体信息显示系统能够同时支持简体中文和英文等。可以播放预定义的中英文信息，紧急信息可以优先覆盖预定义的播放信息。紧急信息可以手动清除。

(10)网管功能

为了确保系统的正常运行和维护，PIS 系统还具有网管功能，提供远程管理控制，可实时监控各终端显示节点的状态，并自动生成网络故障统计报表，以确保系统正常的运转。

2. 系统支持的信息类型

乘客资讯系统支持的信息类型有以下 5 类：

(1)紧急灾难信息

火警、台风警报、洪水警报等；

紧急站务警告信息，如停电等；

有关乘客人身安全的临时信息(如图 1-10-2 所示)；

逃逸、疏散方向指示信息。

(2)列车服务信息

列车时间表；

列车阻塞等异常信息；

下班车的到站时间；

特别的列车服务安排信息。

(3)乘客引导信息

动态指示信息；

地铁服务中止信息；

换乘站换乘信息；

地面交通指示信息。

图 1-10-2　有关乘客人身安全的临时信息

(4)一般站务信息及公共信息

日期、时钟显示信息；

票务信息；

公益广告；

公告信息；

天气/新闻/股市等信息；

地面公共交通汽车接驳信息；

公安提示(如小心扒手)。

(5)商业信息

各类商业广告、商业宣传信息。

3. 系统信息显示的优先级

PIS 系统每一类的信息具备不同的显示优先级，高优先级的信息优先显示，相同优先级的按照先进先出的规则显示。如图 1-10-3 为不同时间状态下 PIS 系统的显示画面。具体的优先级规则要求如下：

信息类型的优先级按由高到低排列如下：紧急灾难信息、列车服务信息、乘客引导信息、一般站务信息及公共信息、商业信息。

低优先级的信息不能打断高优先级的信息。

高优先级的信息可以打断低优先级的信息。

对于同等优先级的信息，后来的信息能够打断当前播放的信息。

紧急灾难信息是最高优先级信息，可以中止打断其他所有优先等级的信息。

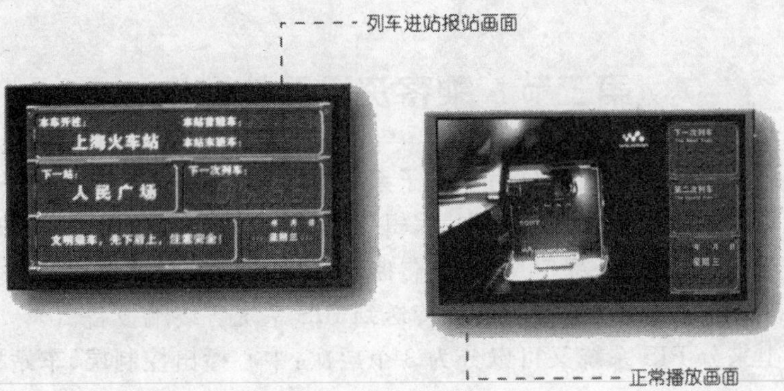

图 1-10-3　不同时间状态下 PIS 系统的显示

4. 媒体信息及信息显示方式

PIS 系统可实现多种不同媒体以各种不同的显示方式出现。

(1)文本显示

支持多种文本格式的显示、录入和保存，这些文本包括纯文本、TXT 文件、Word 文件、Excel 文件、RTF 文件、ASIIC 文件格式、HTML 文件格式。

支持多语种文字的显示，支持简体中文、繁体中文、英文的显示。

用户可以自定义文字的显示属性，如加边、加影、字体、大小等的设置。

支持多种文字显示方式：底行滚动、闪烁、淡入淡出等。

(2)动画和图像显示

支持 TGA 动画图像序列的导入和播出。

支持 FLASH 动画的播出。

支持图片格式的导入和播出，如 JPG，TGA，BMP 等图片格式。

支持多种播出图片方式：滚屏、淡入淡出、滑像、溶像等效果。

可调节图片的大小、长宽比。

(3)视频播放

支持多种视频媒体格式，包括 MPES-2、MPEG-1、MPEG-4 等。

视频窗口的位置和缩放可自定义。

支持多种信号源：DVD 播放机、VCD 播放机、有线电视端子、数字电视 DVB 接口等。

(4)时钟显示

支持数字式时钟显示和模拟式时钟显示。

用户可调整时钟的位置、大小。

用户可自定义模拟时钟的指针、表盘样式、颜色。

如图 1-10-4 为融合了多种媒体信息的显示画面。

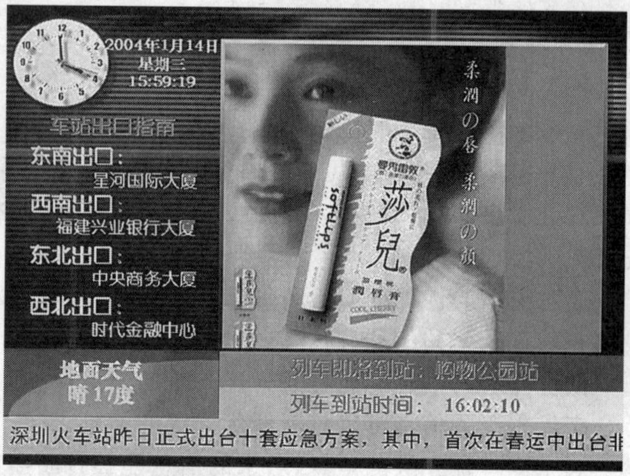

图 1-10-4　多种媒体信息的显示

第二节　乘客资讯系统结构

乘客资讯系统设备组成方式可分为中心子系统、车站子系统、广告制作子系统、网络子系统等几个部分。广告制作子系统负责制作、编辑广告，并将完成后的广告片通过骨干网发送至中心子系统，中心子系统搜集外部信息源、广告制作子系统等处传来的信息，经编辑制作后通过骨干网传送到车站子系统，经车站子系统传送到 PIS 系统各终端设备。

从控制结构上来分 PIS 系统又可以分为 3 个层次：中心播出控制层、车站播出控制层和车站播出设备。

PIS 系统结构见图 1-10-5。

一、中心子系统(OCC)

中心子系统是 PIS 系统的核心部分，对外它采集整个 PIS 系统需要的外部信息资源，如地面交通路况、股票信息、天气预报等，对内它将所需的信息以及列车运行状况等进行整合、编辑以供使用，此外它还负责视频流的转换、播出控制、网络管理、PIS 系统设备工作状态的监控等工作。

中心子系统的主要设备有：中心服务器、视频流服务器、中心操作员工作站、播出控制工作站、数字电视(DVB-IP)设备、中心网管站等。图 1-10-6 为中心子系统设备盘，集中摆放了服务器、视频流服务器等设备，其他操作员工作站等设备另行设置在工作台上。

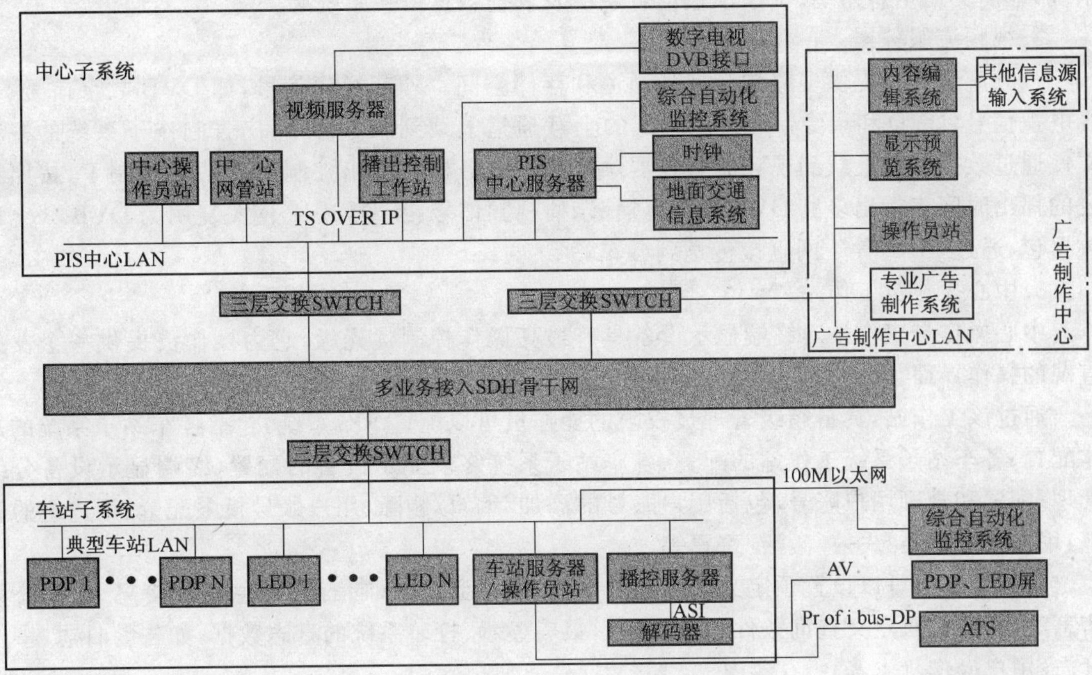

图 1-10-5 PIS 系统结构图

1. 中心服务器

中心服务器是整个 PIS 系统的管理中心和信息交换中心，它的作用主要体现在下述几个方面：

管理整个 PIS 系统，包括所有工作站、用户的登入、登出，用户账号名称、密码、权限，共享冲突仲裁，中心公共信息的发布、编辑、保存等等。

实时监控 PIS 系统所有工作站、终端显示设备的运行状况，智能判断 PIS 系统设备故障并提供告警信号，创建并导入车站子系统、广告中心子系统的各种运行日志，包括告警日志、事件记录、用户操作记录、分类信息的播放日志、外部系统导入/导出信息记录等。

保存各种系统数据，包括系统工作模式、工作参数、自动维护程序的运行参数、系统结构配置文件、用户配置信息、各种日志信息及中央级公共发布信息等。

同步整个 PIS 系统各节点设备的时钟信号。

磁盘空间维护，具备日志数据自动导出备份、自动删除及可用存储空间报警等功能。

图 1-10-6 中心子系统设备盘

负责 PIS 系统与外部系统的接口管理，外系统主要包括综合监控系统（如 BAS、信号 ATS）、时钟系统，地面交通信息系统、气象预报信息系统及其他数据信息系统等。

2. 视频流服务器

视频流服务器提供多路网络视频通道和存储空间。外部视频信号，如DVB数字信号、有线电视信号、DVD和录像带通过服务器的上载通道上载到服务器中，广告制作子系统的视频文件通过数据网关上载到视频流服务器。视频流服务器在播出控制工作站的控制下，按照预定的播出时间表播出多路DVB ASI直播/录播视频信号，经DVB-IP网关复用为DVB over IP数据包，通过SDH骨干网直接传送到各车站。

3. 中心操作员工作站

中心操作员工作站对终端显示设备具有最高操作控制优先级，它为操作员提供一个友好直观的操作界面。

通过该工作站，具备超级管理员权限的操作员可以配置PIS系统，包括各车站子系统的总体配置、各车站子系统工作站的配置、各车站子系统终端显示设备的配置、终端显示设备分组管理；配置和管理用户账号，包括用户账号的添加/编辑/删除、用户账号权限配置、用户组的管理、用户账号冻结/失效/激活/重置等。

中心操作员可以设置预定义的中心公共信息，如紧急灾难信息、紧急疏散信息、地铁公益信息等，并根据自定义查询条件、排列顺序，报表显示、打印系统的日志数据，如告警日志、事件日志、用户操作日志等。

具备相应权限的用户还可通过中心工作站，控制PIS系统中某一个/某一组/全部终端显示设备的打开和关闭，实时显示中心子系统指定的信息，或进入紧急告警状态或中心信息直播状态。

4. 播出控制工作站

播出控制工作站对乘客资讯系统所有播出设备(包括中心的视频服务器、视频切换器、上载录像机、车站终端显示设备等)，进行集中播出管理。

播出控制工作站提供成套定时播出功能，对所有设备的开机、关机，播出列表的编制、播出的启动通过网络进行统一管理，从而可以达到各车站无人运行职守的目的，降低人为操作带来的失误和故障。如夜间停播时，播出控制工作站自动将第二天各站点需要的播出列表发送到各站点播出控制工作站，进行播出准备。

5. 数字电视设备

数字电视设备可以采用DS3信道直接播出，也可以采用MPEG-2 over IP的方式通过TCP/IP网络播出。需要注意的是，一定要保证MPEG-2数据流的QoS，不可以出现顺序错误。采用MPEG-2 over IP在地铁系统中可以节约传输信道，同时便于实现复杂的功能。

数字电视(DVB-IP)设备是将视频服务器以MPEG-2 DVB-ASI标准的MPEG-2进行IP封包，转换到可在标准IP网络上传输的数字信号设备，它支持多路复用，同时提供多个媒体流通道进行传输，可完全满足对单个车站和所有车站IP广播的需求，是PIS系统中IP多播方式的核心技术和设备。

6. 网络设备

中心子系统实际上是基于以太网构架组成的，其核心是一台具有三级交换功能的网络交换设备。

二、车站子系统

车站子系统主要负责管理车站内的PIS系统，它集中监控本车站内的PIS系统设备，接收中心子系统的数据，并分发至车站内的PIS系统每一显示终端，除此还负责外部系统数据的导入、导出，控制站内PIS系统每一显示终端的信息发布和站务信息的编辑保存。

PIS系统车站子系统设备主要包括：车站服务器，车站操作工作站，显示控制器及各类显示终端。

1. 车站服务器

车站服务器上行与中心服务器进行数据传输，下行则集中管理本站内的所有车站操作员站、显示控制器、终端显示设备。它的部分工作与中心服务器相类似，如管理本站内的PIS系统设备，实时监控站内所有工作站终端设备，创建、导入显示控制器的日志数据，磁盘空间维护，站内PIS与外部系统的接口管理等，此外它还具备一些其他的作用：

(1)与中心服务器实时进行本车站内各种PIS系统设备配置数据的同步。

(2)从中心服务器、广告制作子系统接收控制命令和数据，集中转发至站内的终端显示设备，进行解释执行。

(3)定时向中心服务器上传本车站设备所有的日志数据。

(4)具有网络流量控制机制，车站服务器在任意设定的一非网络繁忙时间，向显示控制器发布时间表和播放节目数据。这一功能可避免显示控制器在网络繁忙时从车站服务器下载数据量庞大的信息流，造成网络拥堵，影响系统其他功能的正常执行。

(5)自动从中心服务器读取时钟信息，作为车站子系统的时钟基准。

(6)提供一定的存储空间，用于存储和实时播出从中心子系统视频流服务器实时下载的视、音频素材。

2. 车站操作员站

车站操作员站为PIS系统提供车站级控制功能，它的功能与中心操作员工作站相同，但只为本站PIS设备提供服务，可以看作是一个缩小化的中心操作员工作站。与中心操作员站不同的是，它采用了地图式的监控界面，将站内各终端设备显示为地图上的一个节点，直接显示本车站内所有终端显示设备的工作状态及故障告警位置，使操作员站更便捷、直观。

3. 显示控制器

PIS系统采用各种不同的显示终端设备，故存在着对应的显示控制器，如等离子显示控制器、LED显示控制器、触摸屏、LCD显示控制器等，所有显示控制器的功能基本上一致，作为车站播出设备控制层，它具备以下功能：

(1)每一个或一组终端显示设备配备一个显示控制器，以实现每一个或每一组终端显示设备可靠自主的显示独立指定的内容，并智能地处理各种异常情况。

(2)根据终端设备的不同，支持不同格式文件的显示，如LED显示控制器支持文本动画、图像动画、AVI影视文件、数字时钟的显示，而PDP屏具备MPEG-2影视文件、各种常用文件格式文件、网络视频流、网页、模拟时钟的显示等。

(3)支持动态分屏播放模式。屏幕的子窗口结构、布局配置、分辨率等能够根据时间表的预先设定，动态地改变。布局的改变不需要重新启动机器。

(4)支持8个以上的子窗口分屏播放模式，每一个分屏子窗口能够被单独进行设置，能够独立播放各自的节目序列，且能够播放所有系统支持的节目类型。

(5)具有容错功能，当网络发生故障时，显示控制器仍能正常工作。播放实时更新信息的子窗口立即切换显示疏导信息或默认的指定信息，原来播放本地缓冲文件内容(如广告节目)的子窗口能继续正常播放。

(6)显示控制器可以预先下载存储多个时间表，系统自动根据时间表的更新情况、生效时间、失效时间，选择正确的时间表进行解释播放。

(7)显示控制器还提供网络接口，通过 TCP/IP 协议，跟车站服务器进行通信和数据交换。

(8)显示控制器根据时间表将一天/一周任意划分成各个时段，针对每一时段设置成任意指定的分屏布局。

(9)播放的信息能根据不同的优先等级进行播放，根据预定义的规则，高优先级的信息中止打断正在播放的低优先级信息优先进行播放。

(10) 每天自动触发系统自动维护程序，自动删除无用的节目数据，自动导出上传并删除显示控制器中的各种日志数据。

三、广告制作子系统

广告制作子系统主要用于广告节目的制作和播放(如广告片、风光片和宣传片，并可承接地铁以外的一些广告制作)，水平可达到一般地市级电视台播放的效果。它提供直观方便的界面供业务人员/广告制作人员制作广告节目、编辑广告时间表、控制指定的显示屏或显示屏组播放显示指定的时间表，并将制作好的素材经审核通过后通过网络传输到控制中心和各车站进行播出。

广告制作子系统采用局域网构架，包括两台高端视频合成工作站、两台非编工作站(其中一台兼任审片/管理工作站)、一个广告制作系统服务器以及相关的周边设备。两台非编工作站，一台作为视频包装工作站，另一台作为辅助视频包装工作站。这些设备通过高速专用网络设备与海量磁盘阵列连接，并实现素材共享，如图 1-10-7 所示。

图 1-10-7　广告制作子系统

1. 视频包装工作站和辅助视频包装工作站

视频包装工作站和辅助视频包装工作站用于对广告节目和自办节目进行粗编和串编，并可通过录像机进行节目的上载，视频编码采用 MPEG-2 的格式。

2. 高端视频合成工作站

该工作站用于高质量节目的精编和合成，视频编码采用无压缩的格式，能提供最高的视频质量。广告节目编辑完成后，可通过视频电缆传输到控制中心的 PIS 中心视频服务器进行播出。

3. 海量磁盘阵列

采用海量磁盘阵列可存储所有广告制作子系统编辑设备的视频素材。

4. 广告制作子系统服务器

广告制作子系统服务器具有可扩展性，以备将来业务发展的需要。其数据库应具备一定的容量，文件以帧的形式储存在服务器里，通过内部数据库 SQL 跟踪调用，各工作站可以通过类似指针的形式调用素材，同时有一个“集成的服务器自动控制”在后台管理素材在采集、编辑和播放平台间的流动。任何工作站都可以同时访问服务器。

5. 广告审片/广告管理工作站

本工作站用于广告管理人员对编辑完成的广告片进行审批，审批合格后方可进行播出。且该工作站提供了完备的广告业务管理软件，可对各站点播出的广告进行统计，包括播出时段、播出次数等，并可对广告合同实施管理。

6. 其他

另外广告制作子系统还提供了预览广告效果用的 PDP、LED 等显示屏和显示控制器及与外部视频信号源接口的 DVD 机、摄像及打印机等设备。

第三节　乘客资讯系统终端设备

乘客资讯系统终端显示设备主要由各种不同大小规格的 PDP 屏、LED 显示屏及触摸式查询机等组成。按设备各自特点、可视化效果及 PIS 系统的整体效果与需求，这些终端设备的位置和作用也不一样。

一、PDP 屏

PDP 屏全名 Plasma Display Panel，即等离子显示器，如图 1-10-8 所示。它具有视角宽、寿命长、刷新速度快、光效及亮度高、易制作大屏幕、工作温度范围宽等很多优良特性。地铁 PIS 系统中主要采用 42 英寸、50 英寸两种规格的 PDP 屏，一般设置在站台层候车区，对大型重要车站也可考虑在站厅层乘客停留时间较长的地方增设 PDP 屏。它主要提供乘车信息，并可同屏幕提供广告、天气情况、时钟等多种信息，其广告收视效果比固定的大型广告牌生动、灵活。

图 1-10-8　PDP 屏(等离子显示器)

1. PDP 屏工作原理

PDP 屏是一种利用气体放电的显示装置。它由两片玻璃组成，两片玻璃内部排列在一起的近百万个等离子管构成显示屏，每个等离子对应的每个小室内都充有氖氙惰性气体。在等离子管电极间加上高压后，封在两层玻璃之间的等离子管小室中的气体产生紫外线，激励平板显示屏上的红绿蓝三基色荧光粉发出可见光。每个等离子管作为一个像素，其明暗和颜色的变化产生各种灰度和色彩的图像，与一般的显像管发光很相似。等离子体技术工作机理类似普通日光灯，其图像由各个独立的荧光粉像素发光综合而成，因此图像鲜艳、明亮、干净而清晰。

2. PDP 屏的特点

从技术原理看，由于 PDP 屏幕中发光的等离子管在平面中均匀分布，这样显示图像的中心和边缘完全一致，不会出现扭曲现象，实现了真正意义上的纯平面。由于其显示过程中没有电子束运动，不需要借助于电磁场，因此外界的电磁场也不会对其产生干扰，具有较好的环境适应性。等离子显示器具有体积小、重量轻、无 X 射线辐射的特点。同时，其高亮度、大视角、全彩色和高对比度的特点使其显示图像清晰、色彩鲜艳、感受舒适，显示效果理想，且机身厚度仅 8～10 cm，便于在公共场所进行安装、使用。

为适应多种不同信号的要求PDP还配有各类接口方式。它除了可以连接DVD、录像机、摄像机等视听设备外,还可以连接个人电脑、电子游戏机,通过外置的机顶盒和调谐器可以连接有线电视、卫星电视和数字高清晰度电视等不断扩展的多媒体信号源,为PIS系统与外界多媒体信息的交流提供了便利条件。

但是PDP显示器的结构也存在一些弱点。因为等离子显示为平面设计,而且显示屏上的玻璃极薄,表面不能承受太大或太小的大气压力,更不能承受意外的重压,所以在安装和使用中需加强防护。由于等离子显示器的每一颗像素都是独立自行发光,与普通显示器使用的电子枪相比,耗电量比同等规格的LCD要大许多,直接提高了运营成本,而且PDP屏在使用寿命上比LCD要差一些。

二、LED显示屏

LED显示屏是由LED器件采用单元模块化结构按阵列排列组成的显示屏幕,其屏体大小可按PIS系统的要求灵活拼制,与PDP屏相比,其设置要灵活得多。因为规模大小设置灵活、工作稳定、寿命长、功耗低,且具有高清晰度、色彩鲜艳、视角大等优点,所以常用于各种场合,大至机场、户外大型广场,小到各种设备的显示屏上都能找到它的踪迹。

1. LED屏技术要求

LED屏应满足防尘、防燃烧、防腐蚀的要求,并进行对应的防护处理。外框经过阳极化处理,防高温。尤其是设置在室外的LED屏,更要注意加强防水措施的设置。LED屏需设置过流、短路、断路、过压、欠压等电气保护措施,电源部分可采用开关电源保护措施。

2. LED屏的设置

由于LED显示屏具有全彩色、双基色等不同颜色模式,且其大小在一定程度上可任意组合,所以能够按照乘客的需求及视觉模式效果设置在不同的地点。在PIS系统中LED显示屏基本上可划分为室内全彩屏、室内双基色屏、室外双基色屏和条屏4种不同的类型如图1-10-9、图1-10-10、图1-10-11所示,后三者可考虑分别安装在车站出入口、车站闸机群上方、楼梯、扶梯和下行自动扶梯口等人员流动快的区域,正常时提供资讯,紧急状态下配合广播、导向标志等系统提供紧急信息、疏散人群。而全彩屏因为其色彩效果较好,造价、运行费用相对要高,可考虑安排在人流多或较重要的车站,以提供更加丰富的资讯。

图1-10-9 全彩屏

一般一个车站应选用同一品牌的LED显示屏(全彩、室内/室外双基色、条屏),考虑相同的接口方式,有利于PIS系统软件的开发和集成。

图1-10-10　室内双基色屏

图1-10-11　闸机上方条屏

三、触摸式查询机

PDP屏和LED屏都是运行人员向乘客单方面发步信息的渠道,作为这两者的补充,触摸式查询机走进了地铁的PIS系统中。它提供一个交互式的界面便于乘客随时查询所需的信息。触摸式查询机一般设置在乘客付费区之外,可考虑设置在自动售票机附近,既便于设备的摆放,也比较醒目。

1. 触摸式查询机的基本功能

触摸式查询机作为一个互动系统已广泛应用于银行、交通、邮电等公共场所。运营者可将各种资讯信息放至查询系统中,如地铁宣传信息、网络广告信息、政府公告、电子地图信息、点播信息、交通信息、机场信息、旅游信息等等,为使用者提供便捷的资讯。触摸式查询系统可基于B/S应用模式,采用动态网页方式响应乘客的查询请求,作为PIS系统的终端设备之一,查询机系统软件应具备如下功能:

(1)支持简体版、繁体版、英文版本;

(2)不对屏进行触摸操作时,查询机播放视频广告;

(3)对屏触摸操作时,能互动地显示和查询至少40类100 000条信息;

(4)具备视频VOD功能;

(5)进行触摸操作时,画面刷新速度小于1秒/幅;

(6)提供电子地图形式指示地理位置,出口等信息。

2. 触摸式查询机工作流程

触摸查询机的工作流程如图1-10-12所示。

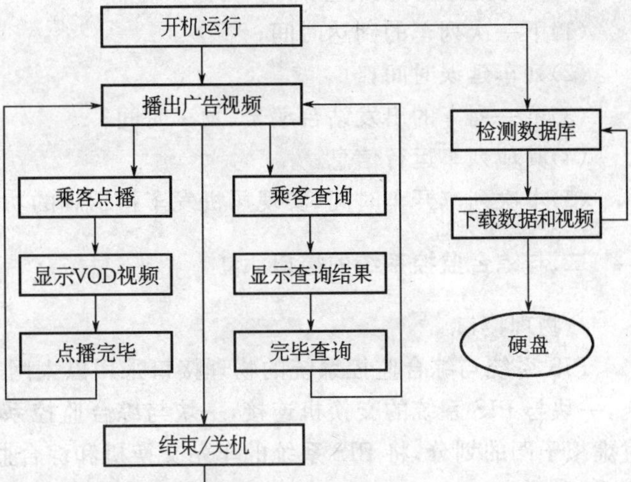

图1-10-12　触摸查询机的工作流程图

3. 触摸式查询机主要技术参数

(1)SGS智能红外触摸屏,分辨率1 024×768;

(2)任一点触摸寿命≥5 000 万次，使用寿命 10 年以上，一次校正永不漂移，防静电、防辐射、防腐蚀、抗撞击、抗拍打、抗刮伤、安全程度高；

(3)工控机主板；

(4)屏幕刷新率：100 MHz；

随着电子、计算机等技术的不断发展，新技术、新产品不断产生，PIS 系统终端设备的选择也会更加多样化。对地铁建设而言，新的事物、新的技术会使 PIS 系统在使用安装等各方面日益简单、优化，但也容易使已安装的设备落后于时代的发展。所以在 PIS 系统设备选型时，除了考虑设备必须是通过国家相关规范、规定并认可使用的产品外，还应选择技术先进、性能稳定、智能化程度高、易于扩展的产品。

第四节　乘客资讯系统接口

从某种角度来看，乘客资讯系统好像是一个邮递员，它接收了地铁内外不同系统的各种信息，经过其自身处理后以不同的方式提供给使用者，所以 PIS 系统的资源越多，提供的信息量也就越大，也就能提供更好的服务。下面主要介绍一下 PIS 与地铁中其他系统的接口关系。

一、与 ATS 系统的接口

1. 物理接口

PIS 系统与 ATS 系统的物理接口采用 PROFIBUS-DP 从站。在 PIS 的车站服务器中安装有 PROFIBUS-DP 从站接口卡，选用 PCI 总线插卡。

传输方向为单向传输，从 ATS 到 PIS。

2. 功能需求

通过预先定义好的命令帧格式，PIS 可以检测接收 ATS 发送过来的命令，显示播放一些行车信息。车站操作员可以预先设定各种 ATS 命令的响应处理，如 ATS 发送来列车阻塞时，系统自动将此信息解释传输至各站台显示屏显示。

PIS 系统主要接收响应的 ATS 命令有：

(1)下一次列车的到达时间；

(2)列车延误时间；

(3)下一列车的出发站台编号、发车时间；

(4)其他列车运行信息；

(5)本次列车开车时间(实现司机发车指示牌的功能)；

二、与综合监控系统的接口

1. 物理接口

PIS 系统与综合监控系统的物理接口采用以太网 TCP/IP 接口。车站服务器安装两块网卡，一块与 PIS 系统的交换机连接，一块与综合监控系统车站以太网的交换机连接；也可以通过虚拟子网的划分，将 PIS 系统的车站交换机和综合监控系统的车站交换机直接相连，实现可控通信。

2. 功能需求

PIS 检测接收综合监控系统发送过来的命令，显示播放指定的一些站务信息和紧急信息。

由综合监控系统发送给 PIS 的信息有：

(1)灾难警报信息；

(2)一般站务信息，如："A 出入口电梯维修暂停使用"等信息；

(3)紧急站务信息；

(4)一些提前定义的触发播放信息；

(5)站内环境温湿度信息；

(6)站外环境温湿度信息；

(7)非正常运营模式信息；

由 PIS 反馈给综合监控系统的信息有：

(1)PIS 系统的设备状态信息；

(2)PIS 系统的工作状态信息。

三、与时钟系统的接口

PIS 系统与时钟系统的物理接口采用 RS422。在 PIS 的中心服务器中安装有 RS422 接口卡，实现 PIS 与时钟系统数据通信。

在中心子系统由中心服务器从时间系统读取时间同步信息。从时钟系统到 PIS 进行单向传输。

四、其他接口

其他接口包括如下：

(1)与网络系统的接口：接入地铁骨干网系统；

(2)与地面交通信息系统的接口；

(3)与数字电视系统的接口；

(4)与气象信息系统的接口；

(5)与证券系统的接口等等。

第五节　导向标识系统

一、概　　述

地铁车站中的导向标识系统具有两重性：一是具有指令性交通标识的作用；第二，具有引导性标识公共设施符号标识的功能。地铁车站作为交通建筑的一种，在客观上要求使用者能够快速移动，并能最大限度地减少使用者在其中的无效停留时间，所以科学合理地使用标识系统，也是提高地铁服务质量、体现管理水平的重要手段。

导向标识系统的运用在人们的生活中随处可见。其设备从小型的不锈钢、塑材标志，到大型灯箱、采用反光材质、太阳能节能措施的标识牌等等，各种类型、材料、大小不一，从普通的到采用高科技技术的，各式各样、五花八门，但标识系统总的发展趋势是朝着更加科学合理化、人性化、节能化的方向前进，随着时代、文化地域的不同而呈现不同的特色。

二、导向标识系统设置原则

导向标识系统设置的合理性包含两方面的内容，第一，标识必须设置在地铁车站最科学的位置，并能为使用者提供在此位置最需要的信息；第二，合理设置的标识应能“主动”地为使用者提供其所需的信息，而非使用者寻找标识来获取其所需信息。前者建立在行为学、地下空间环境心理学等基础理论之上，而后者则建立在人体环境工程学的基础理论之上。地铁系统的导向标识设置原则如下：

(1)车站服务标识应设置在乘客最需要引导的位置，内容与设置位置相对应，为乘客提供在该位置满足其行为的最需要的信息。

(2)以选择目的地、行动、确认目的地各个阶段的信息需求进行系统化的综合设计。

(3)导向标识应设置在通道及人流通行区域的中心线，并与人流方向相垂直；在导向标识的宽度范围内，禁止设置商业广告及其他与服务标识内容无关的任何设施。

(4)导向标识系统的设置以进站乘车、下车出站以及站内换乘等行为为基础，并兼顾市民使用车站内部设施、观光及过街等行为在不同位置的信息需求。

(5)在人流的交叉点、分流点以及人流的转向处，必须设置相应的导向标识。

(6)辅助导向标识、提示与警告标识等宜平行客流方向设置，且在距此类标识一定的范围内，不应布置广告。

(7)在售票处、检票口、出口、站台等人群流动必须停顿处以及卫生间、公用电话等设施处，设置相应的定位标识以及与此相关的地面信息标识。

(8)地铁车站必须设置独立供电的防灾导向标识系统，由紧急出口导向与紧急出口定位标识组成，紧急出口导向标识应尽可能采用单向导向标识。

(9)消防标识应考虑地铁所在城市的特点，不仅符合国家相关规程、规范要求，还应遵守所在城市的相关消防规定。

(10)组合标识中最重要的信息应布置在标识的中央；同一标识信息的种类不宜过多。

三、导向标识系统的分类

1.按标识体系分：

(1)导向标识：指标识系统中引导旅客前往进站口、乘车、出站、购票、线路、检票口、出站口、紧急出口等地点及行车方向、换乘导向标识的标识板。

(2)定位标识：指标识系统中的地铁站标识、站名标识、补票定位标识、洗手间、电话、银行、站务室、警务室、电梯、紧急出口等所在位置的标识板。

(3)信息标识：指出口关闭时间表、列车时刻表、运营网络图、行程路线图、运营时刻表、运营线路资费图、乘车位置标识、线路标识色等。

(4)提示标识：指标识系统中的通行提示、注意、禁止吸烟、禁止奔跑、禁止危险品、禁止饮食、禁止携带动物、报警设施等标识板。

2.按安装方式分：

(1)悬挂式；

(2)贴附式；

(3)镶嵌式；

(4)柱立式。

3.按照明方式分：

(1)内部照明式：指通过配电后，采用日光灯、LED 等光源在标识内部直接或间接照明的导向标志灯箱、消防应急标识等。

(2)非照明式：指不通过配电，采用不发光、蓄能自发光或反光形式的标识板。

4. 按设置位置分：

(1)站内标识；

(2)各出入口标识；

(3)地面引导标识。

四、国内外地铁导向标识系统的比较

1. 标识的设置比较

表 1-10-1　站台标识的设置比较

	日　本	台　湾	香　港	深　圳
站域信息标识（地图与图表形式）	普遍设置，近年来以简洁易读的图表形式为主。便于乘客选择楼梯及出口	普通车站不设；换乘站与大型车站设置简洁易读的图表形式。便于乘客选择楼梯及出口	一般不设。便于车站运营管理，有多个出口检票机的车站，不利乘客使用	普遍设置，为简洁易读的图表形式，便于乘客选择楼梯及出入口
导向标识	普遍设置。根据人流组织的需要，将出站乘客引导至不同的自动扶梯或楼梯	普通车站不设，换乘站与大型车站根据需求设置以引导乘客至不同的方向	一般不设。只设自动扶梯及楼梯的定位标识	普遍设置
行车方向标识	全部设置。站台编号	全部设置；站台编号	全部设置；站台编号。对换乘乘客尤其是同站台的换乘十分方便，适合香港主要的换乘模式	全部设置；站台不编号
特殊乘客标识	全部设置。体现了对弱势群体的关爱	全部设置	不设置。与列车的构造相关	全部设置
标识最小宽度（mm）	不小于 600	不小于 900	360，根据理论研究，该尺寸的标识视距范围有限	不小于 900
本线线路图	全部设置；一般在站台侧墙与列车行车方向平行设置，利于乘客阅读；中视距标识	全部设置。一般在站台侧墙与列车行车方向平行设置，利于乘客阅读，中视距标识	全部设置。一般在站台立柱垂直设置，不利乘客阅读。近视距标识	全部设置。一般在站台侧墙与列车行车方向垂直设置。中视距标识

表 1-10-2　站厅标识的设置比较

	日　本	台　湾	香　港	深　圳
站域信息标志及出口信息标识	全部设置；设置于站厅层计费区面向出口检票机人流第一次分流前，并且两者集中设置	全部设置。设置于站厅层计费区面向出口检票机人流第一次分流前，并且两者分设	全部设置	全部设置
公共设施标识	导向与定位标志同时设置	导向与定位标识同时设置	只设置定位标识	只设置定位标识
车站空间定位图	普通车站不设。大型车站及换乘站必须设置。便于乘客更加直观确定现在位置及目的地	普通车站不设。大型车站及换乘站必须设置。便于乘客更加直观确定现在位置及目的地	少数车站设置	极少设置，车站结构较为简单、明了

2. 标识色彩

表 1-10-3　标识色彩

	日　本	台　湾	香　港	深　圳
线路色彩	红、橙、黄、绿、青、兰、紫等	红线、蓝线、绿线、棕线	绿色、红色、蓝色、橙色	绿色
导向标识本体色	灰黑底	灰黑底黄字	灰黑底白字，灰黑底绿字	黑底白字
辅助导向标识	黄底黑字	蓝、黄、黑	灰黑底、白字	
线路标识	空心彩圈，实心线	实心线	实心彩圈	无

3. 标识设计技术参数

表 1-10-4　标识设计技术参数

	日　本	台　湾	香　港	深　圳
远视距标识	20～30 m	30 m		20～25 m
中视距标识	4～5 m	4～5 m		5 m
近视距标识	1～2 m	1～2 m	1～2 m	1～2 m
悬挂高度	2.2～2.5 m	2.5～3.0 m	2.35 m	2.35～2.5 m
标识的最小宽度	600 mm	900 mm	360 mm	900mm
图形符号	日本国家标准；部分选用美国标准	ISO 标准	企业标准部分选用 ISO 标准	中国国家标准；部分选用 ISO 标准，并兼顾香港乘客习惯
同一导向标识连续设置的间距	40～50 m	50～60 m		40 m

第十一章 地铁安防门禁系统

第一节 安防门禁系统的发展

一、前 言

随着当今社会科学技术的日新月异、信息技术飞速发展，门禁系统已在社会的各个应用层面得到了广泛的应用。在地铁运营需求的推动下，为加强地铁运营管理和地铁设备、地铁站务人员的管理，为提高地铁管理者的工作效率和管理区域内的安全程度，门禁系统已被广泛应用在地铁运营管理当中。在地铁工程建设中，门禁系统也成为了地铁机电设备系统建设中的重要工程投资。目前，门禁系统作为地铁安全防范系统中的极其重要的一部分，在地铁运营管理中，在车站和运营管理控制中心等重要地方防止乘客、来访人员等非地铁管理人员从通道和出入口进入设备管理房或者轨行区，保障地铁设备安全和人员安全，控制和限制不法分子在地铁车站的作案范围和减少损失起到了重要作用。

门禁系统是一种综合性的多学科的集合，它涉及电子、机械、光学、计算机技术、通信技术、生物统计学等诸多新技术领域。在数字技术、网络技术和感应卡技术飞速发展的今天，门禁系统的技术得到了飞跃式的发展。近年来，智能门禁系统也由于其自身的优势，已成为了新型的现代化安全防范管理系统。它集微机自动识别技术和现代安全管理措施为一体，成为解决重要部门出入口实现安全防范管理的有效措施。通过门禁系统的应用极大地提高了管理者的工作效率和管理区域内的安全程度，它在安全性，方便性，易管理性等方面的特点使门禁系统的应用也越来越广泛，已在社会的各个层面得到了应用，如银行、宾馆、机房、军械库、机要室、办公间、智能化小区、工厂、会议签到、公园出入口验证、机场/地铁设备房进出管理和人员安全管理等。同样，门禁系统在地铁安全管理中也已超越了单纯的门道及钥匙管理，已经逐渐发展成为一套完整的出入口安全管理系统，它与闭路电视监控系统(CCTV)、防入侵报警系统等一起共同构筑一套完整的地铁安全防范系统。同时，它在车站工作环境安全、人事考勤管理等行政管理工作中，为提高地铁车站站务人员的工作效率和管理区域内的设备安全和人员安全程度发挥着巨大的作用。

二、安防门禁系统的发展及其现状

门禁系统，英文：Entrance Guard System，又称出入口控制管理系统。在何处放行某些人，拒绝某些人，何时要发出警报，记录出入的过程，以达到安全防范的目的，是门禁系统最基本的功能。门禁系统的发展是随着人类社会的发展一起进步的。随着社会的不断发展和人们安全意识的提高，从剩余价值的产生，人们有了自己的财产和物业，为了保护自己的产业不受他人的侵犯，开始人们用杠棒或木插将门锁起。人类从有看家护院的意识起，就有了最初的出入口控制概念，门禁也就随之产生了，从此衍生了铁锁和暗锁等传统门锁设备。

随着现代化经济建设和管理的发展，各种酒店、宾馆、写字楼、智能大厦、政府机关和企事业单位、高级物业管理部门、机场/地铁设备和站务综合管理等，对门禁系统的需求发生了重大的变化，其核心是对门锁及其开启、关闭实现智能化管理以及人员考勤管理等，形成门禁控制管理系统。门禁控制系统自20世纪80年代开始产生，由于其技术的实用性很快得到迅速发展。较早前有磁卡门禁系统，用磁卡控制锁，但由于磁条存储的信息量小，磁卡与读卡器之间容易产生机械磨损，并且读卡器的刷卡口容易被人为破坏，它的安全性和可靠性便受到限制。随着智能IC卡应用技术的发展，接触式智能IC卡和密码键盘门禁系统越来越被人们重视和使用。在门禁应用过程中接触式智能IC卡(如IC卡，磁卡，条码卡，TM卡等)其本身不可克服的缺点成了它进一步发展的绊脚石，如接触磨损、难以维护、基础设施投入大、安全级别低等。随着信息业和服务业的全球化，社会对信息载体的便携性、高安全性及容易使用等方面提出更高的要求，于是非接触式智能卡(非接触式ID卡、非接触式可读写IC卡)以其无机械磨损、容易维护、方便使用、安全性能高等优点，成为智能卡发展的新军而备受业界瞩目。所谓非接触式门禁系统，指的是智能感应卡或生物识别智能体等和读卡器相距一定的距离时就可以感应识别数据。随着感应卡技术、生物识别技术的发展，门禁系统也得到了飞跃式的发展，从而出现了感应卡式门禁系统，指纹门禁系统，虹膜门禁系统，面部识别门禁系统，乱序键盘门禁系统等各种技术的系统，为适应远距离感应的要求，国内还出现了有源卡、微波卡远距离感应门禁系统，它们在安全性，方便性，易管理性等方面都各有特长，门禁系统的应用领域也越来越广。

随着计算机的快速发展，门禁控制系统逐渐开始由计算机来管理和控制，门禁系统也由单个的门禁控制发展到网络的计算机控制，门禁的管理功能也日见增多，系统的安全性日益完善。今天的在线网络门禁系统已经广泛采用计算机中央控制管理，门禁控制器采用智能分布式处理技术，网络通信广泛采用RS485/422总线、TCP/IP、远程调制解调器等方式，门禁软件的管理功能也更加强大。当今应用于门禁系统的识别技术通常有：条形码、图形ID、磁条形码、韦根式、感应式、智能码、生物辨识等，其中感应式门禁和生物辨识门禁已成为门禁应用的两大趋势。这些门禁系统所采用的技术及所能达到的安防级别互不相同。例如：光学技术应用于条形码及图形ID系统中以辨别储存在条形码及图形ID中的信息；电磁技术则应用于磁卡门禁系统中，当持卡人刷磁卡时系统将读取允许进入的磁特性；韦根技术极为巧妙，仍属电磁学的范畴；感应式技术通常使用的频率一般在110～125 kHz，频率越强，感应式门禁系统的读卡距离越远，随着技术的不断完善，频率为13.56 MHz感应式门禁系统的读卡距离已可达到将近1 m，这种门禁系统已有了许多其他的应用领域，例如：停车场、各种收费系统等。当然最安全的门禁系统应是能辨识人体生物特征，而不是辨识人所持物体特征的系统，例如：利用人体独有的生物特征的生物辨识系统可辨识指纹和瞳孔结构，这将是门禁系统的最高境界，但价格极为昂贵，难以为广大用户所接受。相比之下，技术较为成熟和完善价格较为合理的仍是感应式门禁系统，许多专家预测将来很长一段时期内感应式门禁系统将取代其他门禁(如：电磁门禁系统等)成为门禁市场的主导。

第二节　门禁系统应用技术

一、门禁系统控制原理

门禁系统属公共安全管理系统范畴。在建筑物内的主要管理区、出入口、电梯厅、主要设备控制中心机房、贵重物品的库房、设备房等重要部位的通道口，根据不同的功能管理要求，安装门磁开关、电控锁、读卡机、控制器等控制装置。智能门禁系统主控网络一般采用RS485/422总线控制方式与各相关控制装置实现数据通信，在网络型门禁系统中，由TCP/IP协议转换控制器实现数据转换,在中心控制室计算机网络系统实现管理监控。系统能够对各通道口的位置、通行对象及通行时间等实时进行控制或设定程序控制,实现建筑物内主要管理区域的公共安全管理。

门禁系统作用在于管理人群进出管制区域,限制未授权人士进出特定区域,并使已授权者在进出上更简捷。系统可用感应卡、指纹、密码等,作为授权识别,取代用钥匙开门的方式,所读取的识别参数经由控制器判断分析并通过控制机编程,记录进出人士时间日期,并可与防入侵警报系统或闭路电视系统接口,以达致最佳管理效果。

以应用较为广泛的感应卡式门禁系统为例,通常一张感应卡中有IC芯片、感应线圈及电容元件等。感应卡为发射应答端,而感应式卡片阅读机(读卡器)为接收端,类似发电机,持续发送频率,当卡片靠近卡片阅读机(读卡器)发射频率的范围内时,卡片内的线圈会接受此频率并产生能量,此能量储存在电容器内,当能量到达激磁的状态时,会将卡片中IC芯片上所烧录的密码发送给卡片阅读机(读卡器)辨识过后,读卡器应答产生电压或电流信号,通过通信网络和门禁控制器输入输出控制,输出到电控磁锁,达到控制开门和锁门的目的。

二、智能网络门禁系统的构成

门禁系统常规设备主要由门禁主控设备(控制器)、门禁读卡器、门禁卡片、电控锁、电源和相关门禁应用设备、计算机网络、门禁软件等组成。

1. 门禁主控设备

门禁主控设备——控制器是门禁系统中的硬件核心部分,每个控制器具有CPU和一定容量的存储器,由一台微处理机和相应的外围电路组成,它负责整个系统的输入、输出信息的处理和储存、控制等,能独立完成一个或多个门的控制,它验证门禁读卡器输入信息的可靠性,并根据出入规则判断其有效性,如若有效则对执行部件发出动作信号。控制器一般自带备用电池,不因掉电而丢失系统设置的数据,电磁兼容性符合相应标准。控制器的选取,要注重它的稳定性、可靠性及以后扩展的方便性。

2. 门禁读卡器

读取门禁卡片中的数据或生物特征信息,并将这些信息传送到门禁控制器。当前市场上的门禁读卡器品类众多,用户可以根据应用要求选择不同类型的读卡器:磁卡读卡器、韦根式读卡器、感应式读卡器、免持式读卡器、遥距式红外线读卡器,也可选用数字密码键盘开锁。

3. 门禁卡片

门禁系统的开门电子钥匙,这个“钥匙”可以是磁卡、IC卡、ID卡和其他相关功能的卡片。

磁卡:优点是成本较低;一人一卡,可联微机,有开门记录。缺点是卡片、设备有磨损,寿命较短;卡片容易复制;不易双向控制。卡片信息容易因外界磁场丢失,使卡片无效。

射频卡:优点是卡片与设备无接触,开门方便安全;寿命长,理论数据至少10年;安全性高,可联微机,有开门记录;可以实现双向控制;卡片很难被复制。缺点是成本较高。

4. 电控磁锁

门禁系统的执行部件,电控磁锁通常在断电时呈开门状态,以符合消防安全要求。按照门的类型(如木门、玻璃门、金属防火门等)及其单向和双向开门的特点和不同技术要求可选取不同类别的电控磁锁,主要有电磁锁、阳极锁、阴极锁等类型。

5. 门禁软件

负责门禁系统的监控、管理、查询等工作。管理人员可通过门禁软件对通道门的状态、门禁系统控制器的工作情况进行监控管理，并可调整扩展完成巡更、考勤、人员定位等功能。

6.电源和相关门禁应用设备

电源是负责整个门禁系统的能源，是一个非常重要的组成部分(门禁系统如若无电源，整个门禁系统如同瘫痪状态)。其他门禁应用设备如出门按钮，适用于对出门无限制的情况。

7.门磁

用于检测门的安全/开关状态等。

8.计算机网络

基于客户机/服务器模式的计算机网络门禁系统，一般有服务器、门禁工作站、交换机、其他网络链接设备等构成拓扑结构，是门禁系统应用软件的载体，通过信息共享、信息处理和控制实现全系统的集中操作和管理。

三、门禁系统的技术应用的基本要求

门禁控制系统作为高科技安全设施，在技术应用和设计原则上应遵循系统的可靠性、安全性、功能性和经济性结合、开放性和拓展性结合、先进性和实用性结合、标准化和结构化等基本要求。

1.可靠性

门禁安防系统以预防损失、预防犯罪为主要目的，因此必须具有极高的可靠性。一个门禁安防系统，在其运行的大多数时间内可能没有警情发生，因而不需要报警，出现警情需要报警的概率一般是很小的，但是如果在这极小的概率内出现报警系统失灵，常常意味着灾难的降临。因此，门禁安防系统在设计、施工、使用的各个阶段，必须实施可靠性设计(冗余设计)和可靠性管理，以保证产品和系统的高可靠性。

另外，在系统的设计、设备选型、调试、安装等环节上都严格执行国家或行业相关标准，以及公安部门有关安全技术防范的要求。

2.安全性

门禁及安防系统是用来保护人员和财产安全的，因此系统自身必须安全。这里所说的高安全性，一方面是指产品或系统的自然属性或准自然属性，应该保证设备、系统运行的安全和操作者的安全，例如：设备和系统本身要能防高温、低温、湿热、烟雾、霉菌、雨淋，并能防辐射、防电磁干扰(电磁兼容性)、防冲击、防碰撞、防跌落等，设备和系统的运行安全还包括防火、防雷击、防爆、防触电等；另一方面，门禁及安防系统还应具有防人为破坏的功能，如：具有防破坏的保护壳体，以及具有防拆报警、防短路和断路等。

3.功能性和经济性

随着人们对门禁系统各方面要求的不断提高，门禁系统的应用范围越来越广泛。人们对门禁系统的应用已不局限在单一的出入口控制，而且还要求它不仅可应用于智能大厦或智能社区的门禁控制、考勤管理、安防报警、停车场控制、电梯控制、楼宇自控等，还可与其他系统联动控制等多种控制功能。在实现先进性、可靠性前提下，达到功能和经济的优化设计。

4.开放性和扩展性

门禁系统应选择开放性的平台，具有多种通信方式，为实现各种设备之间的互联和整合奠定良好的基础，另外还要求系统应具备标准化和模块化的部件，有很大的灵活性和扩展性。系统可提供符合国际的软件、硬件、通信、网络、操作系统和数据库管理系统等诸方面的接口和工具，使系统具备良好的灵活性、兼容性和可移植性。系统在容量和功能上不仅能满足目前用户的需求，而且也易于扩展以保障用户今后的扩容和升级。

5. 标准化和结构化

系统的结构配置设计依照国家有关标准，达到结构化、标准化和模块化，综合体现门禁系统应用的先进技术。

6. 先进性和实用性

系统具备完备的功能和实用水准，系统设置强调实用化；符合有关规范的要求，使用简捷，操作方便；充分体现系统管理的模式和特点；各应用系统的开发，应做到功能完善、使用方便、切合实际、运作高效；系统在满足可靠性和实用性前提下保持技术的先进性。

第三节　门禁系统在地铁运营管理中的应用

在地铁运营管理中，为提高地铁车站站务人员的工作效率和管理区域内的设备安全和人员安全，门禁系统在地铁领域的应用已突显了它的重要位置。地铁具有线路长、车站多、管理人员少等特点，控制指挥中心（OCC 大楼）、车辆段及各车站为地铁运营的核心控制管理区域，大部分房间为无人值班。为确保地铁正常、安全运营，保证授权人员在受控情况下方便地进入设备管理区域，防止非授权人员进入限制区，特别在车站、控制指挥中心、车辆段等主要的设备管理用房或重要管理区域和通道口设置门禁系统。

一、地铁门禁系统设计和系统构成

根据地铁环境特点和地铁运营管理需求，地铁门禁系统在系统设计和系统构成、系统功能，以及系统设备的硬件技术要求上均具有它的特殊性。它具有门禁系统一般性，也有适用于地下铁道环境要求和地铁运营管理的特殊性。对于门禁系统来说，一个车站通常有几十个门禁点构成一个区域门禁网络系统，各车站既自成体系，又同时接受控制中心的指令，由控制中心实现对全线各站门禁系统的集中统一管理，形成远程、多点、多级控制管理的大型网络门禁系统。在车站与车站之间、车站与控制中心之间的门禁数据通信与地铁其他系统如通信、信号、监控等系统共享网络（骨干网）资源。

（一）系统总体设计

地铁门禁系统由车站级门禁系统和以门禁服务器为核心的门禁管理系统构成。主要对车站和控制中心（OCC 大楼）、地铁车辆段等的管理用房和设备用房等进行安全防范和人员进出管理。门禁系统网络示意图如图 1-11-1。

控制中心门禁系统设备主要为门禁服务器，为提高它的安全性，设置一主一备双机热备份服务器，为方便运营管理，通常设置在 OCC 大楼控制中心控制室内。门禁服务器安装门禁系统软件与安全集成管理系统服务器软件，并根据运营需求和应用要求配置相应的数据库软件等。该服务器又作管理工作站用，管理整个系统的运行，对整个安全网络的资源、规则进行配置和定义。主备服务器具有相同的功能，但同一时刻只有一台服务器发出指令。门禁服务器将地铁沿线各车站的门禁系统联网，实现门禁系统集中管理。管理范围包括：门禁控制、报警联动、考勤管理等。同时，对各个工作站、操作员、持卡人的权限和级别进行设置。服务器具有备份功能，在主服务器发生故障时，系统会立即自动启动备用服务器。安全集成管理系统具有数据自动定时备份功能，可将数据备份到网络的文档服务器上，或自动刻录到光盘上。该机器由监控中心的高级管理人员使用。

车站和车辆段门禁系统为相对独立的车站级门禁系统，主要为车站门禁工作站，安装门禁功能软件与安全集成管理系统工作站软件，车站工作站根据运营管理需求通常设置在车站站长室或者车站控制室中，监控管理门禁控制器、读卡器、开门按钮、电控锁等安全防护实体，工作站用于所有警情的处理，在发生警情时，系统能自动弹出预先编好的提示信息，通知操作员处理警情的方法和步骤。车站级工作站的权限由中央级门禁服务器来授权与管理。

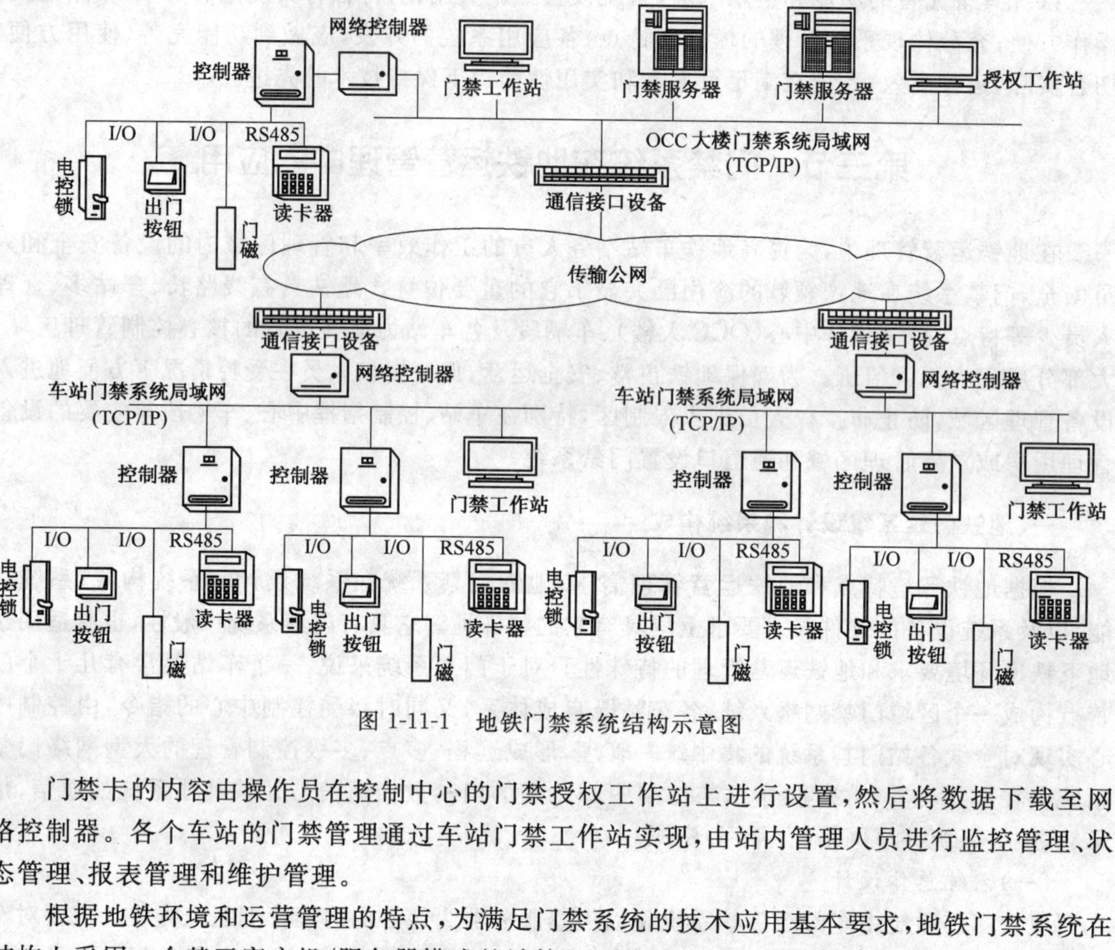

图 1-11-1　地铁门禁系统结构示意图

门禁卡的内容由操作员在控制中心的门禁授权工作站上进行设置，然后将数据下载至网络控制器。各个车站的门禁管理通过车站门禁工作站实现，由站内管理人员进行监控管理、状态管理、报表管理和维护管理。

根据地铁环境和运营管理的特点，为满足门禁系统的技术应用基本要求，地铁门禁系统在结构上采用一个基于客户机/服务器模式的计算机网络系统，通过信息共享，信息处理和控制实现全系统的集中操作和管理。系统采用分布式控制和集中监控管理的运行方式，在网络发生故障时，分布在车站级的网络控制器仍能继续按照预先设定程序对出入口进行监控管理。

（二）系统构成

地铁门禁系统与一般楼宇建筑门禁系统的区别在于能实现远程、多点、多级控制管理，增加远程通信和数据同步设备，主要由门禁控制中心服务器、车站工作站网络控制器、读卡控制器、读卡器、门禁卡片、电控锁、UPS电源和相关门禁应用设备、计算机网络通信设备、门禁软件等组成。

1. 门禁服务器

控制中心门禁服务器负责全线各站系统信息的通信，配置、维护、管理整个系统的运行，对整个安全网络的资源、规则进行配置和定义。管理范围包括：门禁控制、消防联动、报警联动等。同时，对各车站工作站、操作员、持卡人的权限和级别进行设置。其硬件技术参数要求较高，可根据地铁不同的运营管理要求配置。

2. 车站门禁工作站

门禁工作站负责车站级门禁系统的管理，监控管理本车站门禁控制器、读卡器、开门按钮、电控锁等安全防护实体，安装门禁工作站软件，负责车站门禁点的出入管理、警情处理等，通过工作站软件或车站网络控制器实现与控制中心门禁系统的数据同步，其工作站的操作权限由控制中心门禁服务器来授权、配置与管理。

3. 门禁控制器

系统控制器是门禁系统中的硬件核心部分，负责整个系统的输入、输出信息的处理、储存和控制等。由于地铁门禁系统是远程、多点、多级控制管理的大型网络门禁系统，由网络控制器和读卡控制器实现分级控制。

网络控制器内置 CPU 处理器(32 位或 64 位)、插入式扩展存储 RAM 芯片(1～16 MB)，取代了大部分原来需要在工作站上的操作，能够跨网进行直接控制。所有控制信息包括设置参数、持卡人记录、准入等级、准入时间表和所有其他与系统有关的操作数据均从工作站下载至网络控制器，由网络控制器完成与控制中心服务器的数据传输和数据同步。

4. 读卡控制器

支持控制一个或多个门禁点，可监控一个或多个读卡器或读卡器/键盘，多个输入和输出，用于门禁点上的门磁、出门按钮和门锁控制等。所有操作参数包括时间、用户码、卡格式以及其他参数都存储于读卡控制器的存储芯片中，对系统的状态如 AC 电源、电池电压、读卡器和辅助 I/O 保险丝等进行监控，技术人员可通过控制器上的状态 LED 可直接判断所有输入输出、AC 掉电、电压过低、保险烧坏、通信状态等信息。

5. 读卡器

为提高地铁运营管理的工作效率，门禁系统与地铁售检票系统(AFC)、停车管理系统等实现“一卡通”管理，要求提供的读卡器能兼容读取国际标准化协会制定的 ISO14443TYPEA、TYPEB、ISO15693 标准的非接触式智能卡，与地铁售检票系统、停车管理系统等使用的感应卡读卡相互兼容。

6. 门禁卡片

为提高地铁运营管理的工作效率和安全管理的程度，采用与 AFC 系统、停车管理系统相互兼容、安全性高的感应式 IC 卡。

7. 电控磁锁

为满足地铁消防安全要求，地铁设备房和管理用房通常安装防火门窗，大型设备房安装双开门，管理用房一般安装单开门，在门禁系统的电控磁锁的采用上必须注意与防火门的安装接口问题，宜采用电控阴锁，易实现电子钥匙和机械钥匙的双重管理，在断电时呈开门状态，以符合消防安全要求。

8. 门禁控制软件

地铁门禁系统是远程、多点、多级控制管理的网络门禁系统，控制软件由服务器软件和工作站软件构成，分别由系统支撑软件如操作系统、数据库软件、数据表软件、门禁系统控制软件等组成。工作站软件功能实现车站级门禁系统的监控、管理、查询等工作；服务器软件功能实现各车站系统信息的通信，配置、维护、管理整个网络门禁系统的管理和运行，通过信息共享、信息处理和控制实现全系统的集中操作和管理。

二、地铁门禁系统功能

为适应地铁环境特点及其运营管理要求，地铁门禁系统在结构上是基于 Client/Server 工作模式的远程、多级控制管理的大型网络系统，在系统的应用功能上通过信息共享、信息处理和控制实现全系统的集中操作和管理。

系统软件功能具有智能门禁系统的一般功能，同时体现地铁门禁系统的功能特点：

1. 系统用户权限设置

系统具有建立、取消系统操作用户和操作员操作权限管理功能：

(1)系统只允许授权用户登录指定的服务器或客户机，并只可访问被授权的内容，进行授权范围内的操作。系统具有操作员管理功能，创建、更改或删除操作员的用户名、密码，并分配或修改操作员的管理权限。所有操作过程均能存储在门禁系统管理服务机中，有权限的操作员所访问的信息和事件会显示在报告或事件记录中，具有查证功能，可以查实每一用户的每一操作。

(2)操作员权限在整个系统的管理计算机通用。无论操作员登录到系统中的哪一个门禁管理客户终端，都会具有相同的权限。

(3)操作员权限不只适用于数据库的访问，还能扩展到根据门禁点、平面图和工作组分区。如果根据门禁点分区，当前登录的操作员将无法看到没有分配他权限的门禁点的任何信息，即使是报警信息，也只能看到分配了他权限的报警信息。

(4)操作员还可以根据系统日志分区。当前登录的操作员只能创建和打印那些基于他们权限内的系统日志的报表。

2. 人员注册发卡管理和持卡人管理功能

在控制中心设置安装授权工作站及其相应授权管理软件、人像制卡系统软件等，对站务人员、控制中心管理人员等门禁系统使用者进行登记、发卡、授权(使其生效)；人员变动时使其失效；遗失登记，重新补卡，使旧卡失效，注册来访卡、黑名单管理等。系统可对门禁卡片写入卡中用户数据如卡号、用户名、工号、有效日期、部门、授权级别、卡有效状态、个人彩照等信息。

在控制中心服务器或授权工作站上进行持卡人的管理：

(1)卡的信息都能下载并保存在网络控制器里。

(2)持卡人管理功能允许授权操作员创建新的持卡人，系统在创建持卡人信息时，可以现场捕捉图片或从 EXCEL 格式的员工信息文件导入到门禁系统数据库里，也能够将门禁系统的持卡人信息导出到 EXCEL 文件。

(3)可对持卡人的信息和进门权限进行分配或修改。

(4)系统在数据库里分配多个栏目用于存储持卡人信息，这些栏目可以由管理员根据需要自定义。

(5)系统允许对持卡人进行搜索，搜索方式可以由操作员来选择，当然，操作员只能搜索或查看权限内的持卡人记录。

(6)操作员至少可按以下内容进行搜索：卡号、持卡人姓名(姓或名)、工作组、头衔、地址、联系电话(固定电话、手提电话、寻呼机)、员工号、车的信息(车牌号，颜色，车型)等。

(7)搜索功能不应限于输入完全匹配的信息。操作员可以只输入信息的开头部分便可以进行搜索。

(8)如果系统中不只一个持卡者满足搜索的要求，操作员能够看到所有满足条件的所有记录，从中选取要找的那一个。

(9)可以在任何一台门禁工作站上调用查看持卡人照片，以便本地管理员对本站员工照片进行校对。

3. 实时监测设备状态

由于地铁线路长、车站多，通信故障点多等特点，控制中心系统对通信线路和报警输入具有完全的自动监测能力，能够自动报告通信线路发生故障的具体位置，以及报警输入线路被短路、断路等。

可直接在中心监视所有设备(控制器、门禁点、输入点、输出点)的状态。

在设备层的控制器，所有输入、输出、通信、电源、保险的状态都佩带LED指示灯，显示就地设备的状态或故障情况。发生报警时，在控制中心和门禁工作站同时自动弹出报警界面和电子地图，提醒值班人员；系统也可以通过链接联动功能与防盗报警系统的联动，如接到防盗报警信号后，封锁相关区域的通道门，打开灯光等。

4. 自动恢复功能

在地铁运营管理中，系统数据安全尤为重要。当供电电源中断恢复供应后，所有门禁系统设备能即时自动根据设定程序重新启动。在通信信道故障时，数据暂存本地，一旦通信信道恢复正常，可以自动传输未传数据。

控制器具有通信实时监控和锂电池数据保护能力，即使控制器掉电也不会使控制器内的数据库丢失。即使控制器与电脑的通信中断，系统仍能正常运作，在通信恢复正常后，自动将本地暂存的信息传送到中心。控制器内置看门狗电路，一旦发现数据错乱，即刻自动复位，使系统具有高度安全性和稳定性。如果控制器发生故障，读卡控制器可以自动转入用户码开门模式作为应急开门措施。

5. 区域、时间区和门禁级别设定

对已注册的卡片通过门禁软件设定其活动区域，即持卡人可以或不可以通过哪些门或通道；系统可以定义256个时间表，每个时间表可设定16个时间区域，每个时间区域精度可达到分钟为单位。设定控制器对持卡人的出入时间限制，哪些卡片在什么时间可以或不可以通过哪些门或通道，以及设置允许通行时间内的控制模式。系统将时间区与区域结合，即形成门禁级别，将门禁级别分配给持卡人，即实现了持卡人在什么时间允许进入哪些区域的权限定义。

6. 时间进程程序功能

系统具有设定时间进程程序功能。当某个设定的时间到达后，系统应该可以设定某些事件自动发生。例如，可以定义运营(6:00～23:00)和非运营时间(23:00～6:00)，在非运营时间，任何人如果进入售票中心，就会启动系统报警，而在运营时间，员工可以刷卡出入而不报警。

这些设定的事件除了可以通过时间表自动触发外，也可以通过操作员指令或系统的其他事件触发。触发的时间表可以通过操作员自由定义，可以设置在什么时候执行，是执行一次或每天都执行或每周执行或每月执行或者是在假日执行。而且，系统能够处理节假日，限定进入时间，限定事件在特定时间发生等。

7. 控制模式授权设定

设定控制器对持卡人的出入时间限制，哪些卡片在什么时间可以或不可以通过哪些门或通道，以及设置允许通行时间内的控制模式。系统可定义128个节假日，可以按任一时间来定义一段时间区域，时间区域的数量不小于100个。

8.记录存储

系统将自动存储所有的修改操作,存储按照管理需求所设置的时间段内的操作日志、通行记录等。通行记录内容包括:时间、区域、人员卡号、进入方式等。

9.入侵检测报警

有非法入侵及撬门情况发生时,将会触发门状态感应器,控制器会将报警信息传送到门禁工作站和控制中心,提示有关值班人员;当门开启后长时间未正常关闭,在门禁工作站也会提示报警。这些报警检测可以通过软件进行设防/撤防。

10.系统报警提示功能

当门禁系统内某个门被强行闯入时,系统发生报警。车站内的门禁工作站上有声音提示操作员,并通过电子地图在屏幕上显示报警点信息。当前端硬件设备被破坏或系统通信故障时,中央级门禁工作站上显示报警点信息。

系统应该具有高级报警管理功能。并显示下列信息:

(1)报警优先级,系统可以将不同的报警设成具有不同的优先级。

(2)报警出现的时间和日期。

(3)引起报警的系统构件名称。

(4)引起报警的系统构件当前的状态。

系统为操作员提供报警处理的操作指导,帮助操作员如何进行报警的消除和处理。这些报警处理指导文件包含文字说明、图像、多媒体文件或以上3种形式的任意组合。

当报警发生后首先出现对话框,由操作员决定是否需要显示操作指导。

11.中心控制开锁

在必要时,通过门禁控制中心鼠标点击发出指令,遥控开启指定的门锁。当发生火灾时,可由控制中心发出指令打开所有火灾区域的出入口门锁;当发生失窃情况,控制中心可向指定区域发出指令封锁所有的出入口门锁。

12.电子地图显示

系统管理软件可以通过动态的电子地图实时显示系统内设备状态、门的开/关状态、人员进出等情况。

动态电子地图将所有需要监视的门禁点、报警点、各个控制点的状态显示在一级或多级电子地图上,并且可以在地图上通过鼠标进行开门、关门、设防、撤防、开灯、开车库等实时控制。在发生报警时,会自动弹出相应的电子地图。

用户可方便地生成、编辑电子地图。地图可由AutoDesk AUTOCAD(R14/2 000)工程图纸文件(*.dwg,*.dxf,*.dwz)或其他图形文件(*.jpeg,*.jpg,*.bmp,*.wmf,*.pcx等)自动转换而成,并提供图形编辑工具调整地图。

受控门读卡操作或报警发生时,以指定的比例显示以报警点为中心的地图区域,弹出与操作、报警有关的信息。由操作员填入处置措施和处理结果后关闭窗口。

各受控门、报警按钮等操作对象均以图标的形式表示在地图的相应位置,各种对象的静态属性应能以电子标签的方式在选中时自动显示,这些静态属性至少应包括对象的位置、标号编号、状态等。

图标提供的控制、图案、命令按钮或楼层平面图缩放按钮可以连接执行任意的缩放,图标的颜色根据实时状况改变和闪烁。

13. 信息查询及报表打印

系统将异常事件信息记录在门禁服务器的数据库中，管理人员可从历史记录中检查并定期打印自动分类报表。

在车站站长室、控制中心、票务室人员可通过对系统工作站的操作实现对数据的汇总和打印。

通过输入卡号或姓名等资料可查找某人、某个时间段或某些人在什么区域，或者某个/某些区域有哪些人，并且将异常时间信息记录在门禁服务器的数据库中，管理人员可及时准确地查找到相关人员，并可通过监视画面及时处理各种情况，可从历史记录中检查并定期打印自动分类报表。

系统可对所有输入事件、报警事件、故障事件及其他事件等都保持有完整的记录。系统除了提供上百个预先定义的报告类型外，它还可以根据用户的要求从历史记录中选取特定的事件来生成报告。报告可根据日期、时间、门组、事件类型、单独或持卡人组等多种条件分类查询，并生成报表。报告的输出形式可以是屏幕显示、打印机打印，或生成一个文件以备日后使用或为其他管理工作提供数据。报告可以存为一个模板文件，方便将来生成相同款式的报告。

14. 数据库管理

采用的数据库和数据库接口为开放式的，保证系统数据的管理和分布操作，并及时备份数据。

数据库是一个多平台、开放式系统，并具有高度的可靠性和良好的可扩充性，具备完善的数据库管理功能和强大的检索功能；支持大数据量的加载；具有多线索机制和线索优先级机制；支持数据库引擎分组；具有逻辑内存管理的能力。

15. 系统数据的安全和备份

系统管理采用用户账户登录操作管理，实行分级的操作权限，可以保证管理人员的合法操作，杜绝人为的非法登录、错误操作而引起的系统故障。

系统支持可达 999 个用户，每用户具有不同级别和不同的操作密码(999 种操作员操作级别)。系统将根据每个用户的级别显示允许出现的信息，操作授权的应用模块，控制规定的设备。用户由登录直到登出的所有操作，都将产生一个记录到事件日志库中，使得管理员可以随时了解操作员的工作情况。

服务器可以实时了解各工作站的登录/注销情况，可以断开与工作站的连接。可以向所有工作站广播信息。工作站之间也可以互相进行网上对话。

系统配置两台系统服务器，采用双机热切换互为备用的冗余方式，当在系统主服务器出现故障的情况下，不需要人为操作，自动启动备用服务器，以保证系统的不间断运行，提高系统的可靠性。系统具有数据自动定时备份功能，可将数据备份到网络的文档服务器上，或自动刻录到 CDRW 光盘上。

16. 指导、帮助菜单

采用标准的 Windows 帮助菜单格式，只需一个按键即可调出具有上下文联系的联机帮助。操作人员可以直观方便地掌握系统的操作，减少使用系统软件所需的用户培训量。

17. 事件触发响应功能

系统具有设定时间进程程序功能和设置联动的功能，即当某个设定的时间到达后或者车站某个事件(如火灾)发生后，系统可以与其他系统发生联动，如与火灾报警系统联动、与 CCTV 系统控制联动等。

18. 考勤功能

考勤功能通过考勤软件实现。考勤管理系统软件是集人事、考勤管理于一身的管理软件。在员工上下班集中的通道口，以员工配带的员工卡在门禁控制点上的读写数据为基础，系统提取数据库原始数据，结合车站站务人员管理的考勤规则设置，通过计算机分析处理，为站务管理提供考勤结果，并提供在线查看和打印，实现考勤管理。

第十二章　自动售检票系统

自动售检票(Automatic Fare Collection,简称 AFC)系统作为城市轨道交通综合自动化系统不可缺少的重要组成部分,是体现和衡量轨道交通科技含量、自动化水平、信息化水平的重要标志。目前,自动售检票系统已广泛应用于我国的地铁、轻轨、风景旅游区、公园、体育场馆、展览馆、影剧院、车站、轮渡、工厂、学校等场所。自动售检票系统融计算机技术、信息技术、电子技术、电气自动化控制技术、精密制造技术、机械制造于一体,具有很强的智能化功能以及先进的财务统计功能、交易转账功能和计算机财务报表功能,强大的数据查询功能,灵活的票种、票价设置,严格的操作权限管理等,它可以克服过去人工售检票模式中固有的速度慢、财务漏洞多、出错率高、劳动强度大等缺点,我国目前城市轨道交通地铁和轻轨使用的自动售检票(AFC)系统组成基本相同。均由中央计算机系统、车站计算机系统、车站 AFC 终端设备、票卡构成。主要区别在票卡介质和车站自动售检票终端设备上。

第一节　概　述

目前大多数地铁自动售检票系统是以非接触式 IC 卡为车票介质,高度安全、可靠、保密的自动售检票计算机网络系统,是地铁运营的核心子系统。

本系统采用完全封闭的运行方式和计程、计时的收费模式,集计算机、网络、通信、自动控制、非接触式 IC 卡、大型数据库、机电一体化、模式识别、传感、精密机械加工等多种高新技术于一体,通过高度安全、可靠、保密性能良好的自动售检票计算机网络系统和各种 AFC 终端设备,完成地铁/轻轨中的自动售票、检票、计费、收费、单程票回收、现金稽查、客流收费统计,售检票设备监控,车票初始化、个人化、分发、回收、循环、退票、挂失、报废,系统密钥的生成和管理,票务清算结算等地铁票务运营的全过程、多任务自动化管理。

整个 AFC 系统可以分为彼此相对独立又紧密联系的 3 个层次:中心 AFC 系统、车站 AFC 系统及票卡,每个级别只直接向其上级传送数据,高级别直接向下一级发布控制命令及运营参数。如果通信发生故障,各级特别是售检票设备均能够独立正常运行。

第二节　AFC 系统构成

一、系统概述

1. 系统组成

系统组成如图 1-12-1 所示。

整个 AFC 系统由 3 个部分组成:中心 AFC 系统、车站 AFC 系统及票卡,同时,中心及车站系统又由应用系统和相关的终端设备组成。

(1)中心系统

负责 AFC 系统在中心的业务处理和管理,它是 AFC 系统的核心部分,包括卡库存管理和卡初始化、材料库存管理、黑名单生成、票价方案管理、运营管理和用户管理等模块，其终端设备主要有卡初始化机。中心系统主要实现以下功能：

①对地铁AFC系统内的所有设备进行监控；

②各种运营及票务参数的生成，实现系统运作、收益及设备维护集中管理功能；

③所有票卡的初始化；

④对系统数据进行集中采集、统计及管理功能；

图1-12-1 AFC系统构成

⑤与公交"一卡通"系统、银行等外部系统的数据交换及财务清算功能。

(2)车站系统

运行在各车站，负责AFC系统在各个车站的业务处理，如售卡、充值和进出站、挂失、退卡等业务处理，同时负责车站卡和现金的管理。车站的终端设备主要有票务处理机、自动售票机、自动增值机、进出站闸机和自动验票机、手持验票机等。车站系统主要实现以下功能：

①对当前车站AFC系统内的所有设备进行监控；

②采集并上传售检票的交易、设备工作状态和维修等信息；

③储存由中心AFC系统下载的运营和设置参数，并下载到所有售检票设备；

④具备售检票设备及运营的收益管理功能；

⑤生成及打印车站全天的运营报表；

⑥售票、充值、自动检票、挂失等业务功能。

(3)票卡

分单程票、储值票两种，作为电子车票使用，可挂失、退票，并有黑名单处理方式。

2.应用系统软件

运行在OCC票务中心和车站计算机系统中，负责OCC票务中心和车站AFC的管理业务，主要功能模块如下：

库存管理模块：各种实物的出入库登记管理；各种与维修有关的材料、配件等的库存管理；对运营中的卡和营收现金按照操作员和设备等进行流水台账登记等。

票务管理模块：与票务有关的业务处理，如交易查询；特殊交易(挂失余额、信用交易等)的确认；卡种类及其属性的设置；卡特殊名单(黑名单、特惠名单)的制定；运营站点的登记、划分(线路，区域)；票价方案的制定等。

运营管理模块：与运营有关的管理，如设备种类；运营模式；对参与运营的系统和设备及其参数进行注册登记；实时监控下属系统设备的运行情况，发送控制命令，模式控制信息等；运营参数下载，运营数据的人工采集处理；状态查询与分析等。

结算管理模块：对账务进行汇总处理，包括账务基本信息管理；日常交易账务处理；运营统计分析等。

通信服务模块：系统之间，系统与终端设备之间，系统与系统外部(如交通一卡通、银行系统)之间的通信和数据交换。

清算服务模块：对交易今昔功能实时汇总和清算，交易稽核(如失效，重复，错误，不连续等判断)；分级(三级)汇总；特殊业务处理(如挂失交易处理，退款记录预生成等)；数据有效备份恢复处理等。

运营分析模块：与客流、卡流通、财务有关的分析。

系统维护模块：对当前系统的参数，编码及用户及权限等进行维护。

3. 系统软件

地铁 AFC 系统软件作为应用系统软件的支持软件，装于中心及车站计算机系统中，主要包括以下几种：

(1)操作系统软件；

(2)数据库开发工具；

(3)网管软件；

(4)防病毒软件。

4. AFC 系统硬件设备

(1)AFC 终端设备

终端设备指能完成特定的与卡处理有关的 AFC 系统具体业务的专用设备，因此终端设备一般能对卡进行读写处理。主要的终端设备包括：

①自动售票机：自助式出售单程票，可使用硬币和纸币；

②自动增值机：自助式对储值票进行充值，可使用纸币和银行卡转账方式；

③闸机：用于出入站的检票，又分为入站闸机、出站闸机、出入站闸机和特殊通道闸机等；

④票务处理机：用于辅助人工处理有关票务方面的事务，基本上涵盖除票卡初始化业务外的所有业务，如售票、充值、挂失、退卡、检票、验票和特殊化业务处理等；

⑤卡初始化机：对票进行初始化和再初始化，又分：单程票(筹码式)初始化机、普通储值票初始化机、记名储值票(卡式)初始化机(打印个人信息)；

⑥卡清分机：按照给定条件对单程票(筹码式)进行分检，条件可以动态制作；

⑦验票机：检查票上余额和最近 10 次交易记录。

(2)计算机网络设备

目前地铁 AFC 系统所需的各种计算机和网络设备，包括以下几种：

①小型计算机；

②微机服务器；

③微型计算机；

④磁盘阵列、磁带机；

⑤打印机；

⑥网络交换机；

⑦路由器；

⑧UPS。

(3)AFC 终端设备关键部件

为保证系统的可靠性、安全性及稳定性，目前售检票设备中关键的设备部件(如：闸机机芯、纸币识别器、纸币钱箱、硬币处理单元、硬币补充箱、硬币回收箱、IC 卡出卡机、单程票 IC 芯片、IC 卡读写器等)大多采用进口。

二、系统说明

1. 总体结构

AFC 系统总体结构如图 1-12-2 所示。

2. 各层次功能说明

(1)中心 AFC 计算机系统

①接收所有车站 AFC 系统上传的业务数据并给予集中储存，如票务数据、收益数据和维护数据等；

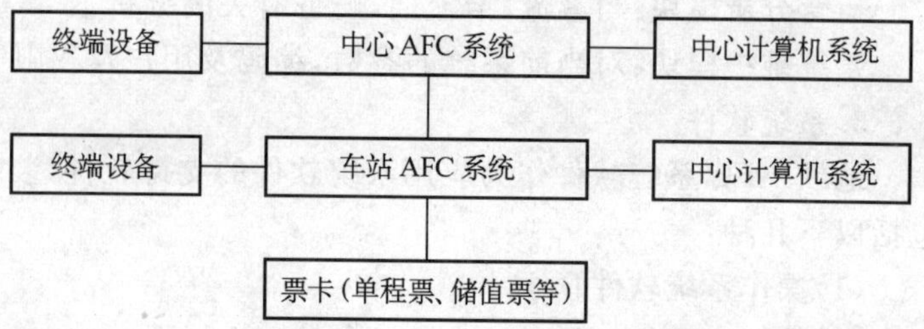

图 1-12-2　AFC 系统总体结构

②中心的票卡管理；

③提供票卡基本信息管理和票卡跟踪机制，制定黑名单、特殊名单的生成规则和生成黑名单、特殊名单，并下达到车站 AFC 系统；

④保持整个 AFC 系统内部以及与外部地铁通信系统之间的时钟同步；

⑤制定票价表和执行细则，并下达到各车站 AFC 系统；

⑥账务统计、结算管理、交易稽核和异常数据处理；

⑦接受外部报警信息，并向各车站 AFC 系统发送相关的信息和命令；

⑧实时监视各个车站 AFC 系统及其售检票设备的运行情况，具有管理、控制和诊断功能；

⑨处理和提供与 AFC 运营业务有关的统计分析报告；

⑩分票种对进出站客流差异进行统计和分析；

⑪提供系统维护功能，如参数维护、数据维护、设备维护等，包括车站 AFC 系统的维护工作；同时提供有关数据的软盘拷贝(输入输出)功能；

⑫处理行车调度指挥中心和地铁其他专业与 AFC 系统有关的业务；

⑬在车站计算机出现故障时，中心计算机可以直接控制车站售检票设备；

⑭提供对外系统的信息交换，如一卡通和银行。

(2)车站 AFC 计算机系统

①数据采集、存储与上传：接收、储存各售检票设备上传的业务数据(运营数据、交易数据)，根据 AFC 系统运营的需要将业务数据上传中心 AFC 系统；

②接收中心 AFC 系统送来的控制命令和指令信息，按照要求给予存储或发送到相应的售检票设备中；

③查询与当前车站票务运营有关的信息；

④车站的票卡、设备与现金管理；

⑤实时监视本车站 AFC 系统的售检票设备和网络运行情况，具有控制和故障诊断功能；

⑥处理和提供与车站运营业务有关的统计分析报告；

⑦提供车站 AFC 应用系统的维护功能(如参数维护、数据维护、设备维护)和重要数据的软盘拷贝(输入输出)功能。

(3)中心与车站的 AFC 终端设备

①独立或联网工作，处理特定的业务，如初始化、售票、增值、特殊业务处理等；

②交易数据存储，并与上级(中心，车站)进行数据交换；

③多种工作方式下工作，如正常、暂停、维护、降级等；

④紧急状态下，接受车站或中心控制命令；

⑤通过网络下载安装及更新设备软件；

⑥自诊断及本地维护功能；

⑦提供外接控制软件及硬件接口(RS232)；

⑧友好人机界面；

⑨在上级 AFC 系统(车站或中心)监控下工作，并上传各种运营信息。

三、AFC 系统业务描述

1. 卡初始化：普通、个性化等；
2. 售卡：销售、代售；
3. 充值：现金、转账、信用、时间段和计数等；
4. 检票：入站、出站(普通、信用、时间段和计数等)；
5. 其他特殊业务：退卡、挂失、记名、标志处理、特殊现金处理等。

四、系统安全性说明

AFC 系统的安全性需要通过主机/网络、操作系统/数据库和应用软件 3 个层次得到保证。

1. 主机/网络

主机采用防火墙、操作系统和文件系统等安全策略保证系统安全。

在网络方面，充分利用操作系统和应用软件系统的安全控制，使用口令和访问控制，对外部访问者通过防火墙进行安全检查，保证网络安全。同时还加强系统安全方面的管理，如明确人员职责和网络访问级别、定期对系统数据进行备份、加强硬件系统的物理保护等。

2. 操作系统/数据库

操作系统和数据库通过以下方式保证数据访问、存储和交换的安全性：

(1)身份验证：通过符合工业标准的身份验证方法负责确认试图登录的任何用户的身份。

(2)授权：通过权限设置定义用户的权利和允许访问的类型(例如文件的读/写权限)。

(3)安全审核：负责监视并记录各种与安全性有关的事件。

(4)安全设置：通过安全配置工具实现包括安全策略、访问控制、事件日志、组成员(受限的组)、网际协议 (IP)的安全策略和公钥策略的设置。

(5)存储数据的保护：通过文件加密系统、数字签名、数据备份确保存储数据的合法性和完整性。

3. 应用软件

应用软件通过以下几个方面满足安全需求：

(1)身份识别的确认：应用软件应能识别进入者的身份，并确认它是否为合法用户的身份。只有当身份识别与确认都正确的，才允许该用户进入系统。

(2)访问控制：根据允许访问的系统资源的类别以及其访问操作类型不同，应用软件将用户划分为不同的用户类别，并规定相适应的权限确认机制。

(3)审计：用户使用应用程序进行的有关操作都有完整的记录，并采取相应的安全措施，将非法用户驱逐出系统。

(4)完整性：应用软件能够判别进入到系统中数据的真实性和有效性，通过校验码等手段保证数据的完整性。

(5)密钥管理：AFC 系统采取有效的密钥管理措施，通过密钥本身的安全机制和标准密钥算法(如 DES、3DES),有效地保证了系统的安全性能,其中包括有密钥生成、存储、分配、更换、保管、使用和销毁的全过程。同时保证密钥不能被窃取,即使被窃取,也会因窃取而自行销毁或失去它应有的价值。

五、地铁 AFC 系统性能说明

1. 系统处理能力

(1)构成能力:多层结构(≤9 层),设置灵活(大部分配置和程序可中心下载),节点容量大(可容纳≤10 亿个终端设备);

(2)交易处理能力:中心 AFC 系统>50 万笔/小时,车站 AFC 系统(PCSERVER)>20 万笔/小时;

(3)交易上传时间(正常情况下):设备至车站<10 s,车站至中心<30 s;

(4)命令反应能力(正常情况下):<3 s;

(5)多级实时汇总,结算灵活,时间短,出账延迟时间最大<30 min;

(6)存储能力:与硬件和数据库有关。

2. 操作与维护

(1)统一、标准的图形化操作界面和风格,操作简单,易学易用;

(2)提供在线帮助;

(3)岗位化权限管理,能根据人员及其所在岗位的特点进行权限控制;

(4)参数化安装配置:统一的安装和灵活的参数配置,方便系统的统一管理;

(5)数据一致性维护:提供基本系统的复制功能,确保系统与子系统之间基本信息的一致性。

六、AFC 主机系统

主机系统是地铁 AFC 系统的重要组成部分,它与网络系统、售检票终端设备共同构成地铁 AFC 系统的硬件整体骨架。应考虑初期、近期与远期日客流规模、日高峰期客流规模以及地铁远期增加线路的情况,对中心主机系统和车站主机进行合理配置。

1. AFC 主机系统总体结构

整个系统按地理位置进行划分:AFC 中心主机系统(Center Computer,即 CC)和各自车站主机系统(Sub- Station Computer,即 SC)两部分构成,CC 和 SC 之间通过地铁网络提供的专用线路实现局域网络之间的互连。

2. AFC 中心主机系统

中央主机系统是整个系统的核心部分,由中心主机(小型机)、各种管理工作站、通信服务器、网管工作站、数据存储系统和打印机、UPS 等几部分组成。

3. AFC 车站主机系统

AFC 车站主机系统由车站主机(服务器)、管理工作站、监视工作站、打印设备等组成。

七、AFC 网络通信系统

地铁 AFC 网络系统由 3 部分组成:中心主机网络系统、车站主机网络系统和骨干网路传输系统。

1. AFC 网络总体结构设计

AFC 系统通过网络传输,将中心 AFC 系统、车站 AFC 系统、自动售票机、半自动售票机、进出闸机和自动增值机等终端设备连接起来。车站 AFC 主机完成交易数据处理、上传和控制信息(如黑名单)的下传。终端设备完成交易数据的采集,由车站 AFC 主机管理,它通过车站局域网络联结,并通过专用骨干网络将交易数据转发到 AFC 中心主机。

2. AFC 中心局域网络结构设计

AFC 中心作为整个网络的核心点,担负着 AFC 交易数据的汇聚点、AFC 系统控制核心点的作用。因此,AFC 中心网络的结构必须设计为具有在设备单点故障时能够及时转换至正常设备的能力,即设备接入端口的备用。故采用以下措施:

(1)核心路由器冗余

线路接入设备的核心路由器能够实现备份的可靠性保证。

(2)交换设备冗余

配置两台核心交换机设备,同时通过在服务器中配置两块以太网卡,进行冗余连接。在一块网卡或以太网交换机出现故障时,能够自动的起用备份的链路,保持链路的畅通。

(3)中心局域网通过在路由器中配置多个同步串口卡,并连接 DTU 设备(如 RAD 同步 MODEM)与地铁通信骨干网提供的 E1 接口相连接。

3. 车站星型网络设计

车站网络结构设计的重点在于满足数量众多的车站售检票设备、查询设备等终端设备的接入设计。采用堆叠交换机作为所有终端的接入设备,通过交换机的上连端口连接车站路由器接入 AFC 中心网络。

4. 网络设备的选型设计

由于 AFC 中心局域网交换机的选择的较高要求、端口数量和可管理性,在中心局域网中选用中型企业核心级三层交换机。

在各个地铁车站,由于车站的接入设备较多,且对数据通信线路的要求不高,因此选用低端入门级交换机为售检票终端设备提供接入和管理。

骨干网接入是该网络系统的关键部分,因为它提供了数据汇总的通道,它的扩展能力应满足远期 AFC 中心网络系统为新增车站 AFC 系统提供接入的需求。

八、AFC 系统终端设备

根据不同的应用分类,AFC 终端设备主要分为以下几种:

(1)入站闸机:用于乘客从车站非付费区进入付费区的合法性检查,主要功能有车票合法性检查、入站信息登记、允许或禁止旅客通行以及相关的业务统计和设备部件状态监视等,能与车站 AFC 应用系统进行网络通信和数据交换。

(2)出站闸机:用于乘客从车站付费区进入非付费区的合法性检查,主要功能有车票合法性检查、出站信息登记、车费扣除、允许或禁止旅客通行以及相关的业务统计和设备部件状态监视等,能与车站 AFC 应用系统进行网络通信和数据交换。

(3)出入站兼用闸机:具有入站闸机和出站闸机的两套不同用途功能,具有用途方式的选择功能。

(4)特殊通道闸机:专为方便残疾人士等特殊人员设置的专用检票收费通道,具有入站闸机和出站闸机的两套不同用途功能。

(5)票务处理机:辅助票务员与乘客之间有关票务的处理,主要功能有:售票、退票(储值票)、补票(单程票)、挂失(记名储值票)、充值(储值票)、验票以及相关的业务统计和设备部件状态监视等，能与车站AFC应用系统进行网络通信和数据交换。

(6)自动售票机：用于乘客自助式购买车票(单程票)，能与车站AFC应用系统进行网络通信和数据交换。

(7)自动增值机：用于乘客自助式补充车票(储值票)金额，能与车站AFC应用系统进行网络通信和数据交换。

(8)自动验票机：用于乘客自助式检查车票上与交易有关的信息，能与车站AFC应用系统进行网络通信和数据交换。

(9)IC卡初始化机：用于对外购卡进行初始化，处理为地铁车票和对需初始化的车票进行再处理，主要功能有IC卡分区、基础信息写入以及相关的业务统计和设备部件状态监视等，能与CC进行网络通信和数据交换。

第三节　终端设备基本要求及功能

AFC系统终端设备包括闸机、自动售票机、自动增值机、票务处理机、自动验票机、IC卡初始化机、单程票清分机及票卡。

一、闸　机

闸机安装在地铁车站付费区与非付费区的分界处，为乘客提供快速的通过服务。闸机的设计应符合乘客右手持票的习惯。

按照安装位置和功能的不同，闸机可分为三种类型，即进站闸机、出站闸机和双向闸机。出站和双向闸机具备单程票回收的功能。其主要功能如下：

1. 工作方式：闸机可设置为进站、出站、双向、自由通行(免检)、紧急放行、维护维修等6种工作模式。

2. 可以将闸机通道的闸门设置为常开或常闭状态。

3. 闸机应能完成验票、检票、计费、收费、回收等业务功能。

4. 闸机可通过乘客显示器、闸机通行方向指示器、乘客通行状态指示器、优惠票/报警指示器、蜂鸣器等提供正确的引导信息。

5. 单程票回收机构应能分隔多张单程票，并依次进行处理，同时回收有效单程票，从单程票退票口退出无效单程票。

6. 通过通行识别系统，应可判断乘客的通过行为是否有效或合法，并及时发出相应的告警或提示信息。

7. 能完成以下通行监控功能：

①闸机通道内有没有乘客或物体；

②持有效车票乘客正常通过闸机通道；

③持无效车票乘客进入闸机通道；

④有效识别无票乘客的跟进行为；

⑤有效识别乘客在闸机通道内滞留情况。

8. 当闸机出现掉电和紧急等异常情况时，闸机闸门应能处于打开状态并保持，且允许乘客自由出站通行。

9. 闸机具有紧急按钮接口，可以控制闸机打开闸门并一直保持到该紧急信号解除为止。

10. 车站计算机可以通过网络发送命令，使闸机进入紧急状态，直到车站计算机发送命令使闸机退出紧急状态为止。

11. 通过紧急按钮方式控制的优先级要高于通过网络命令方式。

12. 闸机能实时与上级 AFC 系统进行网络通信，接受上级 AFC 系统的命令及上传闸机的自诊断和监测信息和交易数据。当发生网络故障时闸机能按设定的方式和参数脱机运行。

13. 闸机具有检测和自诊断功能，当闸机检测到读写器、阻挡机构、显示单元、回收机构异常情况发生时，会及时将故障信息报告给车站计算机。并根据故障类型决定闸机进入降级运行或暂停运行。

14. 闸机具有维护管理功能，便于维护人员对闸机进行维护操作，如更换票箱、设置维护参数、故障诊断等。

二、自动售票机

自动售票机安装在地铁车站的非付费区内，用于乘客自助式购买单程票。可接受人民币硬币、纸币并出售票，同时具备硬币找零功能；自动售检票具备触摸屏及乘客显示器，显示地铁线路及票价、操作提示等信息。乘客操作面板标有操作流程，在纸币入口、硬币入口、取票口、退币口有明显提示；自动售票机上设置招援按钮，当乘客需地铁管理人员帮助时使用，并在设备故障时提醒乘客使用招援按钮；自动售票机暂停使用时也有明确的提示。其主要功能如下：

1. 能在正常服务模式、暂停模式、维修模式下工作。

2. 乘客可以通过人机对话方式自助实现购买单程票。设备应能完成对纸币和硬币的自动识别处理，硬币找零，自动出票，招援等基本业务功能。

3. 设备具备能同时接收纸币和硬币方式。

4. 乘客可以中止交易，中止时如果乘客已经投入纸币或者硬币，“原币奉还”乘客投入的纸币和硬币。

5. 整机状态显示器显示设备所处的工作模式和收费方式。

6. 设备能实时与系统进行网络通信，接受系统的命令及上传设备自诊断和监测信息和交易数据。当发生网络通信故障时设备能按设定的方式和参数脱机运行，并可保存最近交易记录。网络通信恢复正常后，可自动将没有上传的交易记录上传给系统。

7. 设备具有检测和自诊断功能，当检测到纸币识别器、硬币识别器、单程票出票机构、维护单元发生异常情况时，及时将信息报告给系统，并根据信息类型决定设备进入降级运行或暂停运行。

8. 设备具有维护管理功能，便于维护人员更换钱箱，补充硬币，回收硬币，补充单程票，设置维护参数，故障诊断等。

9. 硬币处理单元应具有硬币的防伪识别、缓存、分拣、找零、补充、回收等功能。

10. 纸币处理单元应具有防伪识别、缓存、叠放回收等功能。

三、自动增值机

自动增值机安装在非付费区内，接受人民币或银行卡为乘客提供地铁储值卡增值服务；自动增值机具有触摸屏及乘客显示器，显示充值操作步骤等信息，有详细的用户操作指引；在未完成交易前，乘客可按取消按钮中止正在进行的交易。当乘客增值操作步骤之间的间隔超过所规定的时间，自动增值机将自动中止交易。中止交易后，自动增值机将乘客的储值票卡、纸币或银行卡退还给乘客。自动增值机主要功能如下：

1. 自动增值机具备接收人民币纸币、银行卡对储值票进行增值处理的功能，具备以下几种工作方式：

(1)同时识别、接收纸币和银行卡；

(2)只接收纸币：出现以下之任一情况时，自动增值机自动转换为只接收纸币方式：

①银行卡接收、传动机构出现故障；

②银行卡通信模块出现故障；

③银行卡读卡器出现故障；

④银行卡加密处理模块出现故障；

⑤银行卡金属键盘出现故障；

⑥网络故障、中断；

⑦银行数据处理中心出现故障；

⑧上级 AFC 系统发送命令只接收纸币。

(3)只接收银行卡：出现以下的情况之一时，自动增值机自动转换为只接收银行卡方式：

①纸币识别器出现故障；

②纸币钱箱内纸币数量超过最大极限值；

③上级 AFC 系统发送命令只接收银行卡。

2. 数据处理：完成正常交易信息、错误信息、黑名单卡信息、维护信息等所有数据的入库和上传。

3. 单据打印功能：能打印出成功交易(包括纸币增值、银行卡转账增值)的相关信息，单据信息包括交易类型(纸币或银行卡转账)、金额、时间等。

4. 状态检测和自诊断：在开机运行、发生故障及维修操作时，可以通过检测和自诊断完成以下处理：

(1)检测储值票处理单元；

(2)检测纸币处理单元；

(3)检测银行卡处理单元；

(4)检测银行处理单元；

(5)检测打印机单元；

(6)检测网络通信；

(7)检测电源情况；

(8)检测维护维修单元；

(9)更新状态记录表；

(10)记录事件日志，并通知上级 AFC 系统；

(11)当增值机检测到异常情况发生时，能及时将设备码、部件码及其对应的故障码报告给上级 AFC 系统，使工作人员能及时处理；

(12)当增值机被非法入侵时，立即报警并把报警信息发送给上级 AFC 系统；

(13)当增值机检测到部件错误时，能根据实际情况自动进行工作方式和状态的转换；

(14)增值机具备一定的自恢复能力。

5. 维护维修单元，实现维护功能。

6. 设备特别设有现金区，用于保证纸币钱箱的安全。纸币钱箱放于售票机的现金区内，现金区的门上加设机械密码锁。操作人员必须使用密钥开启现金区的安全门。

四、票务处理机

地铁各车站的票务处都配备票务处理机，票务员使用票务处理机处理地铁储值票、单程票；票务员通过票务处理机进行车票发售、验票、增值、挂失、退票、补票、车票故障处理和乘客咨询、处理乘客投诉、记录票务管理、罚款等人工处理业务。必要时，能提供一次发售多张车票(如单程票)；票务处理机配置了操作员显示界面和乘客显示界面，显示必要的车票及现金信息；票务处理机具备相应的安全措施防止非法使用，在操作员班次结束时，自动生成班次报告以及现金收益报告，并上传至上级 AFC 系统；票务处理机各模块之间充分考虑与票务操作台的综合设计，所有模块尽可能减少占用操作台空间. 同时，保证了操作员操作时的方便性以及各模块的可维护性。其主要功能如下：

1. 票务处理机提供非付费区服务方式和付费区服务方式。

2. 票务处理机能完成售票、验票、补票、增值、更新、替换、挂失、正常退票、退余额等业务功能。

3. 可通过命令，从相应的卡仓中，将方形卡逐张或连续输出，并可根据系统要求，对储值票进行读写，并自动将读写不成功的卡回收至回收卡槽中。

4. 票务处理机可根据系统命令，将票仓中的单程票逐一或连续输出。并可根据系统要求，对单程票进行读写，并将读写不成功的单程票回收至废票仓中。

5. 票务处理机上处理的任何业务结果可根据需要打印乘客单据。

6. 票务处理机通过网络将车票处理信息、收支金额、设备状态、故障以及操作记录等信息上传到上级 AFC 系统，同时接收下传的系统参数、黑名单、时钟同步、授权、应答等信息。

五、自动验票机

自动验票机放置在地铁车站的非付费区内，为乘客提供票卡自动查验服务。能显示车票的查询结果，并显示储值票卡最近 10 次的交易记录；所有显示的信息可用中英文显示。其主要功能如下：

1. 车票查询功能：验票机对车票的有效性进行检查。

2. 对有效的车票，在乘客显示器上显示如下内容：

(1)车票类型；

(2)车票剩余金额或剩余次数(仅对计次票)；

(3)车票使用有效期。

3. 对无效的车票，在乘客显示器上显示以下内容：

(1)提示无效票；

(2)提示处理方法。

4. 交易查询功能：验票机所显示的历史交易数据的个数可通过参数进行设置。

5. 在乘客显示器上所显示的每条历史交易记录数据包括以下内容：

(1)扣费时间；

(2)扣费金额。

6. 显示功能：验票机的乘客显示器的安装位置应便于乘客读取信息，能显示中、英文及数字；如果显示屏单页不能显示出所有需显示的内容，则应在验票机上设置换页功能，方便乘客换页；验票机还应有指示灯或其他方法指示设备所处工作状态；验票机也应有声音提示装置。

7. 检测和自诊断功能：设备能检测票卡读/写器是否正常。

六、单程票初始化机

IC卡初始化机是对采购回来的非接触IC卡（单程票卡和储值票卡）按照要求进行初始化和打印特殊标识和信息的设备。其主要功能如下：

1. 能分别运行于正常运行、测试模式或关闭模式下。

2. 通信模块正常和非正常时，能分别运行在联网工作方式和独立运行方式下。

3. 初始化功能：能对单程票进行初始化操作，按要求写入各种信息。

4. 监控功能：可检测出夹票、票箱已满、供票盒已空等状态信息，检测到上述状态信息后，设备将暂停工作，等待操作员处理。

5. 数据处理功能：可通过网络将车票初始化、分拣等操作结果、设备状态、故障以及操作记录等信息上传到中心AFC系统中，同时接收中心AFC系统下传的系统参数设置、时钟同步、授权、应答等信息。

6. 自诊断功能：能进行设备通信状态监测、设备内部各模块及主要故障点的传感器检测、动作监测及功能测试；能使用测试票测试设备整体协作功能；能查询设备内部存储数据、时间、软件版本及设备编号；能设置系统模式及设备复位；能可通过外接数据接口上传或下传系统参数、运营数据及更新软件；根据级别察看有关下达参数及上传数据的情况。

七、非记名卡初始化机

非记名卡初始化机是对非记名卡按照要去进行初始化和打印特殊标识和信息的设备。其主要功能如下：

1. 运行方式：通信模块正常和非正常时，能分别运行在联网工作方式和独立运行方式下；

2. 由计算机系统进行控制，并通过网络接口与中心AFC计算机联网；

3. 批量初始化功能：能对储值票进行初始化操作，按要求写入各种信息；

4. 监控功能：可检测出夹票、码票盒已满、供票盒已空等状态信息，检测到上述状态信息后，设备将暂停工作，等待操作员处理；

5. 数据处理功能：通过网络将车票初始化状态、设备状态、故障以及操作记录等信息上传到中心AFC系统中，同时接收中心AFC系统下传的系统参数设置、时钟同步、授权、应答等信息；

6. 自诊断及维护功能：设备自检及状态查询；

7. 统计功能：初始化数据统计；

8. 自动供票，自动读写储值票初始化数据，自动计数，自动码票。

八、记名卡初始化机

记名卡初始化机是对记名卡按照要去进行初始化和打印特殊标识和信息的设备。其主要功能如下：

1. 运行方式：通信模块正常和非正常时，能分别运行在联网工作方式和独立运行方式下；

2. 由计算机系统进行控制，并通过网络接口与中心AFC计算机联网；

3. 初始化功能：能对储值票进行初始化操作，按要求写入各种信息；

4. 票面打印功能：能根据特殊要求打印票面内容；

5. 数据处理功能：通过网络将车票初始化状态、设备状态、故障以及操作记录等信息上传到中心 AFC 系统中，同时接收中心 AFC 系统下传的系统参数设置、时钟同步、授权、应答等信息；

6. 统计功能：初始化数据统计；

7. 自诊断及维护功能：设备自检及状态查询。

九、单程票清分机

单程票清分机用于地铁各车站 AFC 的票务运营，该设备可清分两种类型的车票：用于清点、分拣合法或非法的单程票；单程票清分机具有用于显示有关操作信息及清分车票的参数、数量等状况的显示界面。操作面板标有操作流程，加票入口及两个出票口都有明显标识。其主要功能如下：

1. 工作方式：能分别在“清分单程票”和“清点票数”工作方式下工作；

2. 清分功能：对单程票进行清分操作，按要求装箱；

3. 监控功能：可检测出夹票、票箱已满、供票盒已空等状态信息，检测到上述状态信息后，设备将暂停工作，等待操作员处理；

4. 数据处理功能：保持独立运行方式，关机后所有数据自动清零；

5. 自诊断功能：设备自检及部件状态查询。

十、硬币清分机

硬币清分机用于地铁各车站 AFC 的票务运营。该设备对多种规格混装的硬币进行清分。

硬币清分机具有用于显示有关操作信息及清分硬币的参数、数量等状况的显示界面。操作面板标有操作流程，加币口及硬币出口有明显标识。其主要功能如下：

1. 工作方式：能分别在“定量清分工作方式”和“连续清分方式”的工作方式下工作；

2. 清分功能：对硬币进行清分操作，按要求装箱；

3. 数据处理功能：保持独立运行方式，关机后所有数据自动清零；

4. 自诊断功能：设备自检及部件状态查询。

十一、票　　卡

目前地铁 AFC 系统车票大多采用 IC 卡，并设计有多个票种。其中储值票和员工票 IC 卡要求大存储容量和高安全性，采用与公交“一卡通”卡兼容的 CPU 卡，而其他票种的 IC 卡要求低成本，采用存储卡。目前地铁主要采用车票票种的外形、芯片技术以及使用方式要求见表 1-12-1：

1. 主要票卡种类

(1)储值票

分记名储值票和不记名储值票，记名储值票可挂失，并可以享受信用消费和信用增值以及其他特殊服务，但不能转让和退还，不记名储值票可回收。对于这两种储值票还至少可设置 16 种不同的类型，包括成人储值票、学生储值票及老人储值票，储值票可与城市公交系统通用。

(2)员工票

与记名储值票类似，只是在进出地铁检票设备时具有更多的选择，即：可通过 AFC 中心系统设置为采取扣钱方式,或采取计次方式,或采取不做交易任何记录的方式等。

(3)单程票

只限于在地铁使用,而且只能一次性使用,可通过自动售票机和票务处理机出售。在乘客出站时单程票被出站闸机回收,并被写上回收信息。

(4)出站票

出站票是一种专用于出站的车票,与单程票完全相同。当乘客的车票被损坏或丢失时,乘客将无法通过出站闸机,在此情况下乘客必须到票务处理机领取(车票自然损坏)或购买(车票丢失或被损坏)一张出站票出站。出站票内含有车站信息,只能在本站使用。出站后回收,并清除标志。

表 1-12-1　目前地铁主要车票票种的外形、芯片以及使用方式要求

票　种	芯片技术		外　形		回收	回收方式		押金
	CPU 卡	存储卡	符合 ISO 7816 的卡式	圆形筹码式		自动	人工	
不记名储值票	√		√		是		√	有
记名储值票	√		√		否			
员工票	√		√		是		√	无
单程票		√		√	是	√		无
出站票		√		√	是	√		无
放行票	√		√		是		√	无
计次票		√	√		否		√	否
计次纪念票		√	√		否			
定值纪念票		√	√		否			
测试票	√	√	√	√	是	√	√	无

2.票卡处理流程

(1)初始化

所有车票都必须经过 IC 卡初始化机初始化后才能使用,已回收的车票可以进行再初始化。初始化的过程包括:

①写入密钥;

②应用数据区(文件)初始化(如写票类型、有效日期等)。

(2)售票

售票是指将已初始化的车票经过处理后以一定方式销售给乘客使用的过程。售票处理主要根据车票类型和乘客要求,向车票写入有关的信息,如写票值、写使用有效期、写售票设备号等。售票方式一般有:

①人工售票:通过票务处理机辅助票务员售票,同时还可以进行挂失、退票、补票等特别处理;

②自动售票:乘客自助购买单程票;

③代售:委托代理机构销售已赋值的不记名储值票卡。

(3)检票

检票指乘客乘坐地铁时的进出检票处理,检票又分入站检票和出站检票。

(4)增值

在自动增值机或票务处理机上,将金额、累计积分、卡余额及增值记录等数据写入卡中。

(5)验卡

在自动增值机或票务处理机上查询余额,显示车票类别、发售日期、车票金额和累计金额等信息。

(6)卡挂失(只适用于记名储值票卡)

将挂失卡号和乘客信息输入计算机。该挂失的记名储值卡将在解锁前不能使用。

(7)退卡

系统记录卡类型、卡号、卡中余额、实退金额等信息,回收的卡交结算管理中心销毁或清除数据循环使用。

(8)换卡(只适用于无表面个人化处理的储值票卡)

在满足参数给定的条件的前提下,旧卡经过合法性验证后,可将卡内全部数据读出,写入新卡中。在将新卡交付给乘客的同时,回收旧卡,并交结算管理中心统一处理。

(9)回收及循环

单程票通过出站闸机检票回收和初始化,再经过自动售票机或票务处理机重新赋值(售票)后投入循环使用;储值票在售出后可通过增值方式循环使用,或退卡再经重新赋值售票后重新使用。

第四节 运营模式

在 AFC 系统实际运营过程中会出现各种特殊情况,运营管理者根据不同的现场情况,需要对系统或设备的整体和局部进行业务流程的调整和修正,如系统的紧急疏散处理、出站检票时不检查乘坐时间、不检查反退标识、免费乘车等。AFC 系统通过设置运营模式判断和决定系统执行流程。

一、正常模式

正常情况下的运营模式。

二、测试模式

维护人员进行设备调试、测试和维护,一般有操作人员设定。

三、关闭模式

当管理计算机发出关闭命令或操作人员通过键盘控制关闭时,设备自动切换到关闭模式。进入关闭模式时,IC 卡初始化机先保存和处理相关信息,然后进入待机状态,此时可关闭设备电源。

四、降级模式

1. 列车故障模式

当地铁列车出现运营故障,使部分车站暂时中止运营服务时,暂停服务的车站需要将 AFC 设备设置到“列车故障模式”。在列车故障模式情况下,已经购买单程票的乘客,可以在一段时间(时间段通过中心计算机设置)内继续使用该车票,乘坐符合票值的车程。

2. 进站免检模式

在乘客拥挤的情况下,可以允许乘客不通过闸机检票而快速进入地铁乘车。此时 AFC 系统设置为"进站免检模式",可分为:

(1)对某个车站的车票实行免检

在这种情况下,所有未编上进站信息的储值票、纪念票或者乘次票等,系统均自动认为有指定车站的车票,出闸机将自动扣除相应的车费,而单程票则检查购票车站,如果是指定车站,则不检查进出站次序,并回收。

(2)对所有车站的车票实行免检

在这种情况下,对所有车票都不检查进出站次序,储值票将被扣除最短车程票、程次票被扣除一次、单程票被回收且不检查票值。

3. 乘车时间免检模式

如果由于地铁公司的原因,引起列车延误或者乘客进站后系统停留的时间超过系统设置的乘车时间,为了使这部分乘客不受影响地正常离开车站,系统将设置"乘车时间免检模式"。在这种情况下,出站闸机不检查车票上进站时间信息,但仍然检查车票的票值,所有车票按正常方式扣值。

若设备时钟出现故障,系统自动避免给车票时间及日期方面的检查,无需设置时间及日期的免检模式。

4. 车票日期免检模式

如果由于地铁公司的原因导致车票过期,系统设置日期免检模式,在此模式下允许过期的车票继续使用。

5. 车费免检模式

如果由于某个地铁车站由于事故或者故障而关闭,导致列车越过该站后才停车,系统将设置"车费免检模式"。被设置"车费免检模式"的车站,其出站闸机将不检查车票的余值,回收所有的单程票,对于储值票则扣除最少的车费。

6. 紧急放行模式

在紧急放行模式下,车站内所有闸机将不对车票进行处理,同时闸机的闸门全部打开,方面乘客紧急疏散。在紧急放行模式时,乘客不需要使用车票,可自由离开车站。

7. 混合模式

在发生多种模式并存的时候,AFC 系统应根据参数进行组合控制。

第五节　接口关系与管理

一、与公交一卡通系统的接口

地铁中心 AFC 系统具备与公交"一卡通"结算中心的一卡通系统的软件与硬件接口。

地铁 AFC 系统可区分地铁储值票和公交一卡通卡所形成的交易。

地铁中心 AFC 系统保存在所有地铁发生的 AFC 数据(也包括与公交"一卡通"相关的数据),同时将所有与"一卡通"有关的交易数据传送到"一卡通"清算中心系统,进行财务的结算和清分。

地铁的中心 AFC 系统将接受部分由"一卡通"系统下达的"一卡通"系统控制参数。有关的交易数据及参数标准由“一卡通”管理中心确定及提供。

二、与银行系统的接口

OCC 票务中心系统具备与银行系统软件与硬件接口。

自动增值机具备：能读/写符合 ISO7810、7811、7812 标准的磁条卡，能读/写 1,2,3 磁道。

三、与供电系统的接口

1. 基本说明

动力系统给 AFC 系统提供独立的双回路自动切换配电柜。

2. 物理接口

分界点：配电柜开关。

功能要求：一级负荷 50 Hz、220 V/380 V 双回路自动切换，独立配电柜。

四、与通信系统的接口

1. 与时钟子系统的接口

接口界面：通信系统配线架；

物理接口：RS422；

功能要求：通信系统为 AFC 系统提供准确的时钟信息。

2. 与传输子系统的接口

(1)车站接口

接口界面：通信系统配线架；

接口方式：RJ48C，120 Ω 平衡双绞线；

功能要求：提供符合 AFC 系统的传输通道；

通道速率：点对点，E1(2 Mbit/s)。

(2)OCC 接口

接口界面：通信系统配线架；

接口方式：RJ48C，120 Ω 平衡双绞线。

五、与监控系统(EMCS)的接口

1. 在 EMCS 的控制面板上，预留 AFC 系统设备的招援指示灯和闸机紧急按钮的位置；

2. 在 EMCS 控制面板的进线槽内预留 AFC 设备的线缆引入 EMCS 控制面板。

第十三章　地铁维修基地机电设备

第一节　车辆维修基地

一、车辆维修基地的用途

车辆维修基地是地铁车辆停放、保养和修理的主要场所。根据功能设计，一般由地铁车辆的停放设施、日常维护检查设施、定期检修设施等组成。

二、车辆检修设备配置

为了保证地铁车辆处于良好的运用状态，根据车辆检修规程，需要对车辆定期进行修理或临时抢修，在车辆基地配备了相应的检修、检测设备及工装。一般设备分为标准通用设备和专用设备。

标准通用设备主要包括桥式起重机在内的起重机，普通车床、钻床、折弯机、冲床等一般机加工设备，电焊机、切割机等焊割设备以及工具车、叉车、电瓶车等运输设备。

三、专用设备主要包括如下：

1. 特种牵引运输设备

(1)公铁两用车

公铁两用车如图 1-13-1 所示。

图 1-13-1　公铁两用车

该类设备用于短距离的室内、外调车、牵引作业，牵引动力来自汽油、柴油发动机或靠蓄电池驱动的电动机。轨道行走采用钢轮引导和胶轮驱动或钢轮引导和驱动方式，可由司机直接驾驶或遥控。一般牵引吨位为一列地铁车辆空载重量。目前国外如德国 Windhoff BMGH 公司、国内如英科铁道机械有限公司等均有产品。

(2)移车台

移车台用于将车辆或转向架等部件在各工作区域轨道间进行横向转移,如图 1-13-2 所示。

图 1-13-2 移车台

(3)轨道机车

轨道机车如图 1-13-3 所示。

图 1-13-3 轨道机车

轨道机车用于地铁车辆调车作业、抢险救援。该设备的牵引功率一般选择在 300 kW 至 600 kW 之间,最高运行速度要求在 50 km/h 以上,机车由于在隧道内使用,故对发动机的废气排放有较高要求。目前除了内燃机车外,蓄电池电力机车也有应用。

2. 升降设备

(1)架车机

架车机用于同时同步提升 n 节不解钩的列车单元组,以便对列车车体下部的机械、电气部件进行维修、保养和更换。根据其安装在轨面位置分为地下架车机和地上架车机,按可否移动分为固定式架车机和移动式架车机，目前主要使用的是安装在地下的固定式架车机和放置在地面上的移动式架车机，如图 1-13-4、图 1-13-5 所示。移动式架车机分为全移动式和半移动式。

图 1-13-4　地下固定式架车机

图 1-13-5　地面移动式架车机

(2)落轮机

落轮机是车辆在不推出转向架的情况下，在专门的台位上进行轮对更换的工艺装备。该设备主要由升降台(落轮平台)、行走小车、行走驱动机构、液压系统及电控系统等组成，如图 1-13-6所示。

图 1-13-6　落轮机

图 1-13-7　转向架架修机

(3)转向架架修机

它用于将转向架升起方便下部检修，如图 1-13-7 所示。它的基本原理同前述固定式架车机。

3. 清洗设备

(1)列车清洗机

列车清洗机通常布置为贯通式，使用专用洗涤剂、循环水和清水刷、冲洗列车外部前、后端和侧壁。如图 1-13-8 所示。

图 1-13-8　列车清洗机

该设备主要具备如下功能：

①自动清洗列车前后两端面，两侧面外表面的功能。

②自动侧洗与手动端洗相结合的功能。

③各工位手动调试的功能。

④全系统流程工况显示及故障显示功能。

⑤完善的系统保护功能，发生故障时系统能够紧急停机，同时进行声光报警和故障内容显示。

⑥选择水清洗和加入洗涤液清洗的功能。

(2)转向架清洗机

用于对待修的转向架进行冲洗作业。如图 1-13-9 所示。

图 1-13-9　转向架清洗机

转向架清洗机用于清洗地铁车辆转向架上的污迹、油渍。一般清洗机采用通过式结构。

请洗机工作时用一往复式地面输送机从两端缓缓地将转向架或其解体后放在小车上的零部件送入机内清洗，也可以使转向架通过清洗室不进行任何清洗过程。清洗通常采用高压冷、热清水和洗涤液反复冲洗，随后用压缩空气吹干。主要技术指标如下：

轨距：1 435 mm

机架形式：门式

清洗方式：喷洗

喷射压力(泵后压力)：1.0～1.25 MPa

洗液加温：蒸汽加温 70～80℃

工作能力：5～6 min/台

进、出料(被洗工件)方式：清洗室两端

输送机速度：清洗工件(爬行)时 1.94 m/min

运送被洗工件(快速)时：5.82 m/min

输送行程距离：40.5 m(含通过清洗室长度 10.5 m)

装机功率：104.5 kW

电源：50 Hz 交流电，380(1±10%)V(三相四线制)

风源：经过滤的干燥空气，风压为 0.5～0.8 MPa

(3)超声波清洗机

超声波清洗机是地铁检修中精密零部件清洗的专用设备，它主要由超声波信号发生器、换能器及清洗槽组成。清洗的基本原理就是超声波信号发生器产生高频振荡信号，通过换能器转换成每秒几万次的高频机械振荡，在清洗液(介质)中形成超声波，以正压和负压高频交替变化的方式在清洗液中疏密相间地向前辐射传播，使清洗液中不断产生无数微小气泡并不断破裂，即所谓“空化效应”。气泡破裂时可形成 1 000 个大气压以上的瞬间高压，产生一连串的爆炸释放出巨大能量，对周围形成巨大冲击，从而对工件表面不断进行冲击，使工作表面及缝隙中的污垢迅速剥落，从而达到工件表面净化的目的。

目前超声波清洗机的品种很多，在选用上需考虑以下因素：

①超声波功率密度：功率密度越高，空化效果越强，清洗效果越好，清洗速度越快。对于难清洗的工件宜采用大功率密度，对于精密工件宜采用小功率密度。

②超声波频率：频率越低，空化越好，频率越高，折反射效果越好。对于简单表面宜采用低频，对于复杂表面及深孔盲孔宜采用高频(20 kHz/28 kHz/40 kHz/80 kHz/0.8 MHz)。

③清洗温度：超声波在 40℃～50℃时空化最好。温度越高，越有利于污物分解，但当温度达到 70℃～80℃以后，便影响超声波发挥作用，降低清洗效果。

④清洗时间：清洗时间越长效果越好，特殊材料除外。

⑤清洗溶液(介质)的种类：根据对象不同，选择不同的参数，以达到最好的清洗效果。

(4)高压冲洗机

高压冲洗机作为列车自动清洗机的辅助清洗设备，用于对列车自动清洗机无法清洗到的隐蔽部位开展冲洗作业。如图 1-13-10 所示。

4. 特种加工设备

(1)不落轮车轮车床

用于列车或车辆上的轮对不解体情况下进行轮缘踏面的整修。如图 1-13-11 所示。

数控不落轮车轮车床用于对磨损或擦伤的地铁车辆、调车机车的车轮踏面、轮缘、制动盘进行修正，同时还适用于地铁车辆的单个转向架的踏面和轮缘修正。它的最大优势在于无需对车辆进行拆卸解列作业的条件下，能够在最短的时间内对车轮的踏面、轮缘的磨耗进行检测、判断和切削，最大限度地减少车辆临修的时间和成本，并可保证车辆高效益的使用。

图 1-13-10　高压冲洗机

图 1-13-11　不落轮车轮车床

不落轮车轮车床的基本构架是由两个左右对称的床身及一个导向横梁组成。导向横梁与两个床身刚性地连接，组成一个刚性的整体式结构。床身为全钢高强度肋形结构，并带有坚固的水泥基座，通过调平楔垫安装在地坑内。在导向横梁上，安装有经热处理和校形的支撑刀具滑动托架的钢滑板。在机床上方安装有带有自动转换(入位、抽回)的可动轨以保证钢轨的连续性，以便于列车在可动轨上通过。可动轨的入位和抽回由液压缸来控制。轨道与车床电绝缘，在闭合位置时可动轨与固定轨形成等电位连接。

该机床主传动采用浮动的摩擦传动系统，数控刀架具有 X、Z 两个方向的运动，机床具有轮对定位测量、直径测量、磨损测量等多种测量系统，可自动确定刀架与工件的加工位置，并确定出必需的切削深度，完成刀架和测量功能的自动循环过程。机床设有压下装置，对于轴负重较轻的车辆可通过压下装置增大摩擦力，保证最大的切削深度，同时还可以通过压下装置加工单个轮对，扩展了机床的使用范围。

(2)轮对压装机

用于组装新的车辆轮对。如图 1-13-12 所示。

轮对压装机是地铁检修轮对组装的专用设备。具备自动控制轮对压装，保证轮对内侧距在 1 mm 误差范围，可压装制动盘，并自动记录压装曲线，自动检测轮对组装数据的功能。

图 1-13-12　轮对压装机

5.检测、试验设备

(1)探伤设备

无损探伤设备是利用磁场、射线、超声波等物理方法在不破坏零部件的情况下对其进行缺陷检查的常规设备，如轮轴荧光磁粉探伤机、马蹄形探伤仪、超声波探伤仪等，如图 1-13-13、图 1-13-14、图 1-13-15 所示。

图 1-13-13　轮轴荧光磁粉探伤机

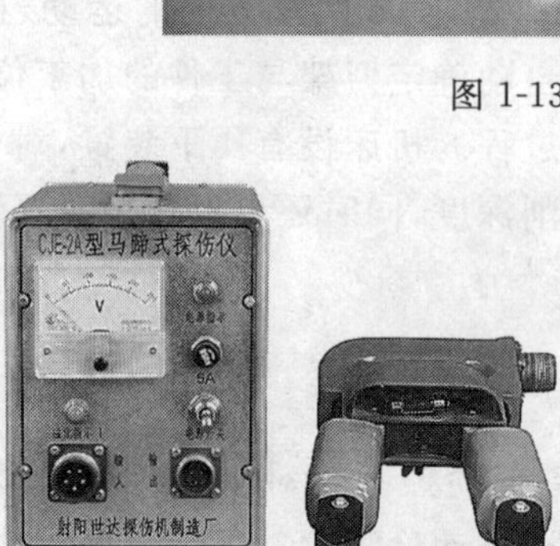

图 1-13-14　马蹄形探伤仪

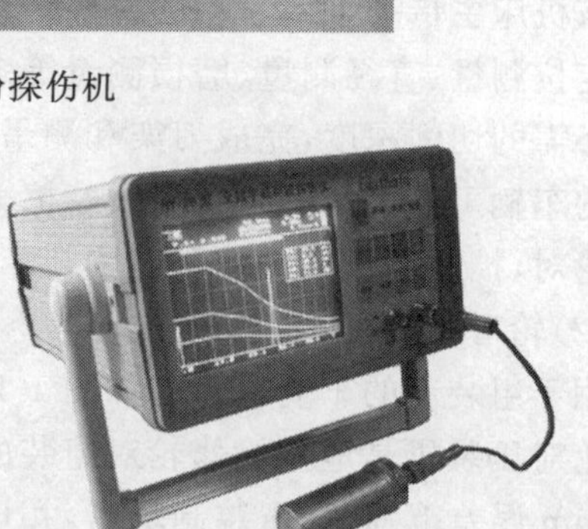

图 1-13-15　超声波探伤仪

轮轴荧光磁粉探伤机是专门用于检查轮对轮轴表面上的裂缝。它通过外加复合磁场的磁化，轮轴表面轴向和径向的磁化强度从小到大同时增加。当磁悬液喷涂到轴身后，如果表面损伤，导磁率变化，磁粉聚集于损伤处，在日光灯下可观察到明显的伤痕形状。

(2)专用试验设备

①地铁车辆静调电源柜

该配电柜用于从地面向处于静态调试的列车提供电源，如图 1-13-16 所示。

图 1-13-16　地铁车辆静调电源柜

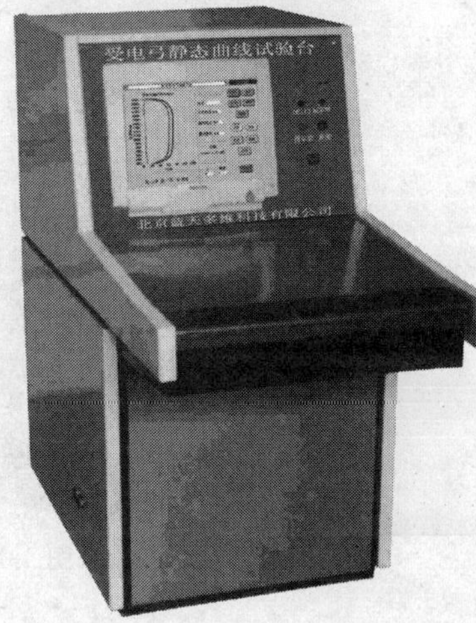

图 1-13-17　地铁车辆受电弓试验台

②地铁车辆受电弓试验台

地铁车辆受电弓试验台如图 1-13-17 所示。

③地铁车辆转向架综合试验台

地铁车辆转向架综合试验台 1-13-18 所示。

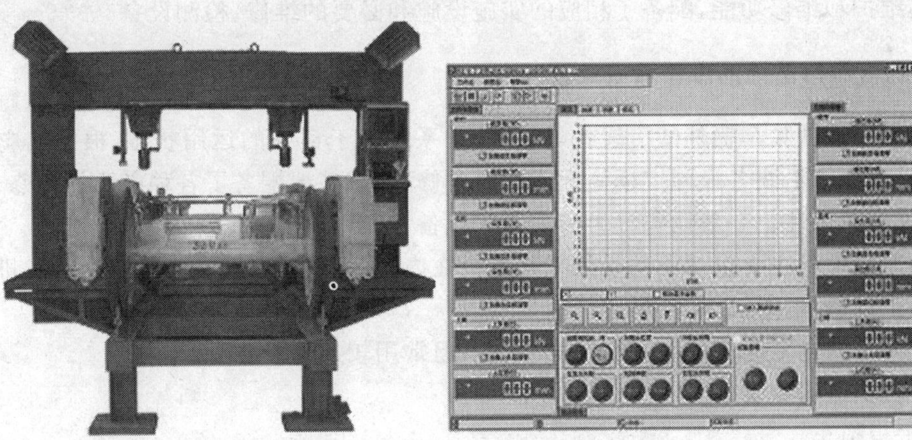

图 1-13-18　地铁车辆转向架综合试验台

地铁车辆转向架综合试验台是针对地铁车辆转向架综合性能检测的试验设备，可进行各种模拟载荷测试，实时的进行各种数据的测量和控制，其试验结果直接影响地铁车辆转向架的使用寿命和安全系数，是保障地铁车辆的安全可靠运行不可缺少的试验检测设备。

④地铁车辆减振器试验台

地铁车辆减振器试验台是针对地铁车辆减振器运行过程中的缓冲性能检测的试验设备，可进行多通道载荷位移测试，实时的进行各种数据的测量控制，试验结果可以直接检查出地铁车辆减振器缓冲性能，是保障地铁车辆安全可靠性所不可缺少的试验检测设备。如图 1-13-19 所示。

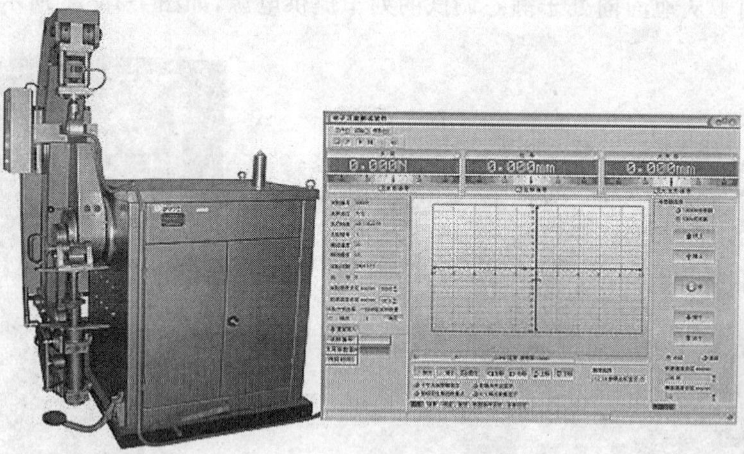

图 1-13-19　地铁车辆减振器试验台

第二节　综合维修基地

一、综合维修基地的用途

综合维修基地是地铁沿线固定设备的日常检查和维修机构所在地。主要集中了供电、通信、信号、接触网、轨道、环控、给排水、消防、监控、自动售检票、屏蔽门等专业检修部门。该基地按照其维护和维修功能，配备了相应的实施设施和必要的维修、检测设备。

二、综合维修基地的维修设备配置

为了保证地铁除车辆外的沿线各建筑、设备系统处于良好的运用状态，根据相应的维护、检修规程，对地铁沿线各设施定期修理或临时抢修，在该基地配备了各种必要的检修、检测、试验设备、仪器及工装。一般设备分为标准通用设备和专用设备。

标准通用设备主要包括电动悬挂式起重机在内的起重机，普通车床、钻床、折弯机、冲床等一般机加工设备、电焊机、切割机等焊割设备。

由于涉及的各专业多，专用设备种类繁多，但常用较大型设备有：

1. 特种轨道运输设备

(1)平板拖车

轨道平板拖车主要用于运输施工的钢轨等物资，如图 1-13-20 所示。除了一般平板拖车外，还根据施工需要，在车体上安装有起重机等装置，方便现场施工吊装作业。

(2)轨道车

轨道车用于地铁线路施工维修运输和调车时的牵引作业，如图 1-13-21 所示。车内空间较大，可乘载 6 人以上施工人员及常用施工工具，因有载人要求，通常车内装饰、密封隔音要求较高，并安装有空调。

图 1-13-20　轨道平板拖车

图 1-13-21　轨道车

2. 专用检测、试验设备

常用大型设备和仪器有

(1)轨道检测车

轨道检测车是检查轨道病害，消除事故隐患、指导线路维修、提高线路平顺性、保障行车安全而研制的大型动态检测设备如图 1-13-22 所示，它具备线路轨道几何状态检测、钢轨波浪磨

图 1-13-22　轨道检测车

耗检测、钢轨断面检测功能。目前国内地铁应用的轨道检测车主要有以下特点：

①采用惯性基准测量原理和无接触测量方法，应用伺服跟踪、光电、陀螺、数字滤波等新技术；采用传感器—模拟信号处理—数字信号处理组成的捷联式综合补偿测量系统。

②应用车载计算机局域网实时处理轨道状态信息。

轨检车检测系统实现了轨道几何状态数据的实时采集和处理，自动完成数据的修正、滤波和几何参数的合成，在计算机屏幕上显示几何参数波形图和里程、速度等信息，摘取超过标准的几何参数的峰值、长度和位置，并能对超限处所进行编辑整理；获取曲线起终点位置、曲线长度、半径、平均超高和加宽等曲线要素信息；可以根据用户需要选择打印波形图和轨道状态报告表。

③检测功能强、测量精度高

轨检车检测项目包括：

a. 轨道几何参数[高低、轨向、水平(超高)、三角坑、曲率、轨距等]；

b. 车辆动力参数(车体垂直和水平振动加速度)；

c. 列车的运行速度和里程位置；

d. 线路的里程标和百米标、道岔、道口、桥梁等线路标志。

(2)接触网检测车

接触网检测车是用于检测地铁接触网技术参数的专用车辆，如图1-13-23所示。该车车顶中部设有观察楼，并配有探照灯和摄像头，用于检测过程中观察弓网接触情况。车顶安装检测受流弓和受流用瓷套管及车内检测室内安装有接触网检测设备台。根据需要，检测车可自带走行动力。因检测需要对走行部要求较高，以满足检测车接地、测速、轮轨关系、车辆振动、检测补偿等技术要求。

图 1-13-23 接触网检测车

(3)隧道设备限界检测车

该设备用于对隧道内设备侵限情况进行动态检查。它由设备限界检测装置和轨道平板拖车组成。如图1-13-24所示。检测装置的外形轮廓符合地铁隧道设备限界尺寸，当遇到超限物体时，装置的活动门被触动，引发警报器和警灯报警，检测人员可以及时确定侵限物体位置。

图 1-13-24 隧道设备限界检测车

(4)轨道探伤车或钢轨超声波探伤机

轨道探伤车和钢轨超声波探伤机都是用于对钢轨进行探伤检查的设备。

如图 1-13-25、图 1-13-26 所示。

图 1-13-25　轨道探伤车

图 1-13-26　钢轨超声波探伤机

3. 专用检修设备

(1)钢轨打磨车

钢轨打磨车是用来对地铁干线、道岔等处的钢轨顶部和侧面进行技术性磨修的线路维护专用设备，如图 1-13-27 所示。钢轨打磨车技术的应用，通过在新铺线路上开展预防性打磨及时消除了碾皮、长波、焊缝等缺陷，在已运营线路上及时消除了起皱等缺陷，使得线路的维护费用和检修频率大大降低，还因消除了钢轨表面疲劳金属和修整了钢轨轮廓从而改善了轮轨接触关系。钢轨打磨车在国内应用时间不长，设备基本从国外进口，比较有名的生产厂家有美国的 HTT 公司、奥地利 SPINO 公司。

图 1-13-27　钢轨打磨车

(2)接触网检修作业车组

接触网检修作业车组由接触网检修作业车和接触网检修辅助作业车组成如图 1-13-28、图 1-13-29 所示。接触网检修作业车自带动力，可单独用于地铁接触网上部设施的安装、维修和抢险工作，也可作为牵引车，与辅助作业车连挂组成作业车组，作业车上安装有紧线柱和紧线装置，辅助作业车上安装有线盘支架和线盘轴制动器，可共同完成张力放线工作。车组均装有旋转式升降作业平台和液压吊机，为施工作业提供便利条件。

图 1-13-28 接触网检修作业车

图 1-13-29 接触网检修辅助作业车

(3)钢轨切割、焊接及后处理设备

作为轨道检修设备，切割、焊接设备种类较多，由于地铁基本采用无缝线路，因此轨缝焊接设备是必备工务装备。如图 1-13-30、图 1-13-31 所示。

图 1-13-30 钢轨切割机

图 1-13-31　钢轨焊接机

第二篇

地铁设备监理的招标投标及前期准备

第一章　设备监理简述

第一节　设备监理的产生和必要性

一、设备监理是一项新制度

对工程建设项目实行建设监理制是我国工程建设领域中项目管理体制中的一项重大改革。自1988年建设部提出实施建设监理制以来，我国的监理事业经过十多年的探索与实践，已经取得了迅猛发展。1998年3月1日起施行的《中华人民共和国建筑法》又为建设监理制度奠定了法律基础。但设备监理制度却是近年来我国在建设领域实行的一项新制度。上海市从1994年开始试行工程设备监理制，为在全国推行设备监理制取得了一定的实践经验。原水利部等国务院部委自20世纪90年代中、后期亦开展了设备监理的试行工作。国家质量监督检验检疫总局、国家经济贸易委员会、国家发展改革委员会于2001年11月1日联合发布了《国质检质联[2001]174号》文件及附件《设备监理管理暂行办法》，其目的是为了保证重点项目的顺利实施，加强对建设项目重要设备设计、制造、检验、安装、调试等过程的监督和管理，保证设备质量和投资效益，促进设备监理活动的规范有序和健康发展。

《设备监理管理暂行办法》相关条款明确规定了下列建设项目的重要设备应当实施设备监理：

(1)使用国家财政性资金的大中型基本建设项目和限额以上技术改造项目。

(2)涉及国内生产安全及国家法律、法规要求实施监理的特殊项目。

(3)国家政策性银行或者国有商业银行规定使用贷款需要实施监理的项目。

因此，上述国家大中型基本建设项目、限额以上技术改造项目等所需的用于满足工业生产工艺流程、形成生产能力的主要设备，以及国家重点信息系统的重要硬件及支持其运行的配套应用软件等的设计、采购、制造、安装、调试过程必须要纳入到设备监理的范围内。

二、设置设备监理的必要性

实施设备监理的必要性是由设备工程本身的特点即设备工程技术的复杂性和重要设备在建设项目中的重要性，以及我国当前工程建设项目的具体情况决定的。

1.重点工程项目和技术改造项目的实施需要突出设备监理

我国每年投资于重点工程项目和技术改造项目的资金相当巨大，据有关方面统计，大型工业项目中设备投资通常占工程项目总投资的40%至55%；工业技术改造项目的设备投资所占总投资的比例更大，可达到70%。工程项目的建设周期、整体质量和投资效益，在很大程度上取决于工程的成套设备的设计方案和设备选型是否合理，设备制造质量是否符合设计和工艺文件要求，以及安装调试是否达到预定的技术指标等。为确保投资设备的质量和国家资金得到更有效地使用，对设备的设计、制造、安装、调试进行监理是十分必要的。

2.设备工程的专业多样性和技术复杂性需要专业化的工程设备监理

对于建设工程来说，土建工程具有较多的共性，而设备工程在不同行业、不同工业领域则差别很大。尤其大型工业项目涉及的设备品种多、数量大，技术含量高，具有跨学科、跨行业的特点。重大工程项目通常均是多系统、多专业、多接口的大型复杂工程，技术要求高，参建单位多，协调工作量大。需要拥有(各类)专业齐全、实力雄厚并具有丰富工程经验的监理公司承担设备监理工作，才能确保重大工程项目的顺利完成。

3. 工程设备监理弥补了土建监理的不足

以往的工程建设监理均包含了设备监理的内容。由于建设监理通常是以建筑(土建类专业)为主的监理公司，而随科学技术日新月异的飞跃发展，各种设备技术水平和复杂程度也大大提高，建设监理(土建类专业为主)难以涵盖各种专业设备监理的要求。因而，近年来出现的工程设备监理是科技发展的新生事物，它的出现正好弥补了土建监理的不足之处。

4. 国家投资的重大工程项目需要由政府直接管理工程转变为社会监理

在计划经济时代，国家投资的重大工程项目均由政府采用行政干预的方法进行强化管理(如成立"工程指挥部")，这对促进施工进度、保证设备质量也发挥了一定的积极作用。但随政府管理职能的转变，其中大部分具体的监督和管理任务需转为由社会上的设备监理公司承担。

三、设备监理与建设(土建)监理的区别与联系

通常建设项目都包括建设工程和设备工程两个组成部分，这两个组成部分是不可分割的，又是相互补充的。因此，监理工作也包含了建设(土建)监理和设备监理两部分，两者之间既有区别又有联系。

对于不同类型的建设项目，建设监理与设备监理在项目管理中的地位也有所不同。在生产性项目中，通常设备工程起主要作用，项目的投资、工期和最终结果在较大程度上由设备工程决定，这类项目中土建工程起辅助作用。因而，生产性项目的监理以设备监理为主，以建设监理为辅。在非生产性项目(如公共建筑、民用住宅等)中，建筑工程起主要作用，故应以建设监理为主。尽管这些非生产性项目中也包括一些设备(如给排水、采暖、通风、空调、照明等)，但这些设备是为了建筑物能更好地发挥使用功能而设置的，一般不需要成套专业设备，因而对于常规设备通常可以不实行专业设备监理，若业主决定实行设备监理，也仅是对建设监理的补充。另外一些项目，如水电站、地铁、城轨交通等建设项目中的建筑工程和设备工程相对均衡，因而建设监理和设备监理所起的作用大致相同，可同时设置建设监理和设备监理。

1. 设备监理与建设监理的区别

(1)监理对象不同

从在建设项目中的地位、任务、作用和监理的目的、手段、方法来看，设备监理和建设监理并没有实质性的区别，两者最主要的区别在于监理的对象不同。建设监理的对象是建筑工程施工过程，其中也包括设备的安装过程，但仅限于设备安装过程中的土建工程部分；设备监理的对象则是设备的设计、制造、检验、储运、安装、调试等过程。在设备安装过程中与建设监理之间是上下工序的关系，即设备监理负责设备安装过程中土建施工完毕后的设备安装工作。

在有些项目的管理中，两者之间的关系往往也存在交叉和搭接，并且建设监理机构对一些基建工程中的简单的普通的设备，也可自行负责相应设备的监理。但复杂的专业化的设备则需请专业的工程设备监理机构进行监理。

(2)时间和空间跨度不同

若建设监理也同时承担了设备的安装监理工作，由于建设监理对设备的关注主要限于设备到达现场之后的检验与安装过程，其工作的空间往往仅限于工地现场，如果此时发现设备有

问题，则只能对设备进行维修和改造，设备本身的质量问题不能得到根本解决。而设备监理则是在从设备设计开始直至设备安装调试完毕的全过程中对设备进行监理，即设备监理存在于设备形成的全过程，其时间跨度和空间跨度都远远大于建设监理。只有这种全过程的监理才能保证设备工程按质按量地完成。

在设备安装工程中，建设监理和设备监理的监理对象在设备安装环节上似有重叠，但事实上两者在该环节的监理对象并不完全一致，建设监理的对象是与设备安装相关的土建工程部分，而设备监理则着重于其后的设备安装和调试工作，两者互补的业务内容构成了完整的设备安装工程的监理工作。

由此可见，设备监理和建设监理之间在工作对象、工作范围和工作过程上存在较大差异，因此两者所需的专业知识和监理人员也有很大不同。

2.设备监理与建设监理的联系

(1)监理内容和方法

尽管建设监理与设备监理的对象不同，但两者的工作内容和方法是基本相同的。即两者都是对所监理对象的工作过程实施“四控两管一协调”的监督和管理，并通过规范的切实的监督控制管理，使建筑施工和设备采购、安装工程在资金预算内如期、高质量地完成。两种监理都是整个建设项目管理工作的组成部分，都是由专业监理单位的专业监理人员进行的。

(2)同一建设项目中两者的关系

建设监理与设备监理都是为提高工程建设的投资效果以及按国际惯例办事而产生的，它们在建设项目管理中虽然分工不同，但其目的和工作性质都是相同的，并且既有各自的优势，也彼此相互补充。如果一个建设项目中既有建设监理又有设备监理，两者需由建设项目计划来衔接和统一，它们必须密切配合、协调一致，服从整个建设项目的管理要求，按照统一的建设项目计划开展工作，并将各自的监理对象的投资、工期和质量控制在建设项目计划所规定的标准之内。若建设监理和设备监理“各自为战”，就必然导致工程施工中的混乱和失控。这是不允许的。

第二节　设备监理的定义和特点

一、设备监理的定义

设备监理是指依法设立的设备监理单位，接受项目法人或建设单位的委托，按照双方签订监理合同的约定，根据国家有关法规、规章、技术标准，对设备形成的全过程和(或)最终形成的结果，包括重要设备的设计、采购、制造、检验、储运、安装、调试等过程的质量、进度和投资等实施监督和控制，以保障工程设备按时按质达到规定的要求。设备工程项目相关单位关系图如图 2-1-1 所示：

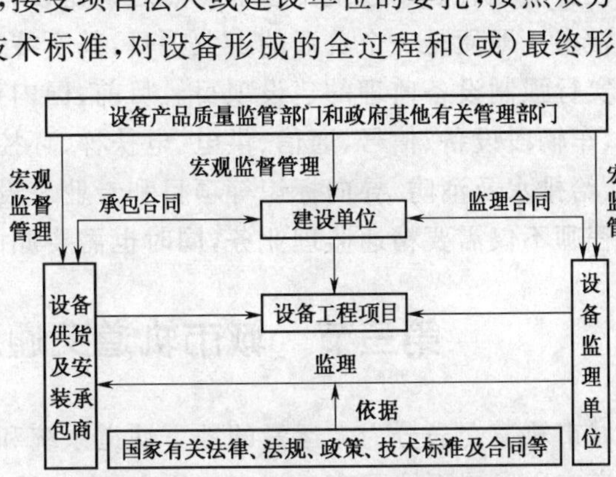

图 2-1-1　设备工程项目相关单位关系图

设备监理不同于政府机构的行政监督，虽然在设备工程的各个过程和环节是否符合国家有关政策法规及相关法律的要求上，设备监理和行政监督具有一定的共性，但两者之间有明显的差别。政府部门对项目的监督是由政府职能和项目特点所决定的。政府从维护社会公共利益这一职能的角度出发不仅要对项目决策、规划、设计进行监督,还应对项目参与各方及其在项目实施过程中的行为进行监督,其行政监督具有强制性与法令性。而设备监理单位是独立的社会中介服务机构,具有法人资格并取得相应监理资质。设备监理从事的是一种工程咨询活动,它不具备上述政府职能和特点,而是受建设单位委托,根据国家有关法规、规章、技术标准和合同规定的技术、经济要求,综合运用法律、经济、组织和技术手段,在设备工程的各工作阶段,对设备的供货商和安装调试承包商履行合同的行为进行监督、约束和协调,以确保合同约定内容和规定目标的实现。设备监理必须公正地维护业主与承包商双方的合法权益。与政府的行政监督相比较,设备监理的工作更加深入和具体,需达到对工程日常细节活动进行监督的程度。

二、设备监理的特点

监理是工程咨询行业在经济、技术、法律和组织方面提供的高智慧咨询服务,在业主招标并签署委托服务合同后对工程项目的承包商及生产活动进行监督、控制、指导和协调。设备监理除具有一般的监理共有的一些特点外,还有其自身的特点。

1. 时空跨度大

一些行业监理的工作一般都有明确的地点或地域划分,且主要限于工程项目实施阶段的某个部分,介入项目的时间也相对较少。而设备监理的对象在时间分布上涉及建设项目前期工作、设备设计、采购、制造、安装和调试工作;在空间分布上遍及设备供货商或制造商的发运地或生产地、设备运输的线路、设备储存地、设备安装和调试地等,其时空跨度与一般建设监理比较相对大得多。

2. 协调工作量大

由于设备工程的参与方众多,涉及的单位、部门、各承包商的组织机构和工作特点、方法、目标各有差异;设备系统不同项目专业之间、设备系统与土建工程间存在大量接口;同一系统设备在项目实施中不同过程或同一过程中不同承包商间亦存在关联事项,因此在设备工程的实施过程中各参与方之间经常会发生各种各样的矛盾和冲突,尤其是地铁的设备安装调试工程,由于施工地点狭小、工作环境恶劣,多单位施工的矛盾和冲突就更为突出。为保证设备工程的顺利进行,设备监理必然就要做大量的协调工作。

3. 设备的类别及涉及的专业繁多

设备工程有别于建筑工程的特点之一是设备形成过程的成果——设备的类别和对应的专业非常多。即便是一个普通的工业项目,其所涉及的设备种类和专业也是非常庞杂的,更何况国家实行强制设备监理的建设项目。目前,国内正在建设的地铁工程中设备系统一般就包括车辆、车辆段设备、信号、通信、供电、电扶梯、环控与通风、屏蔽门、设备监控、防灾报警、自动售检票、给排水及消防、导向标识等项目和专业。设备监理需要专业对口的监理工程师,亦即监理工程师不仅需要精通监理业务,同时也需要渊博的专业知识和实际的工程经验。

第三节 城市轨道交通及其设备监理的现状

城市轨道交通分为大运量的地下铁道系统和城市快速铁路、中运量的轻轨交通系统。城市轨道交通发展至今已有100多年历史,充分显示了其较大的运输能力、较高的准时性和速达性能、较高的安全性、节省城市土地、减少城市污染等优越性,已成为解决城市交通拥挤的必然选择。当前我国城市轨道交通发展十分迅速，我国已有20多个城市正在建设或规划建设地铁等城市轨道交通项目。根据建设部质量安全司2005年6月的统计，全国试运行、试运营和正式运营的城市轨道交通线路总长达422.52 km，其中地铁187.52 km，轻轨235 km；正在建设并将于近期投入运行的线路总长是287 km，其中地铁211 km，轻轨76 km。截止到2006年6月份，全国已开通城市轨道交通的城市有北京、上海、广州、天津、深圳、大连、重庆、武汉、南京、长春等10个城市20条线路，投入运营线路总长474.5 km。

我国除早期修建的地铁(如北京1号线、2号环线等)项目外，各城市的城轨工程项目(地铁及轻轨)近年均设置了设备监理。根据不完全的统计资料，截止到2006年1月，国内各城市地铁设备监理的概况如表2-1-1。

表2-1-1 我国主要城市轨道交通工程的设备监理概况

序号	地铁或轨道交通工程名称	完成情况	设备监理(咨询)单位	
			全线设备项目监理(咨询)	部分设备项目监理(咨询)
1	北京京通线4个车站及区间机电设备	完成		北京地铁监理公司
2	大连快速轨道交通线路通信、信号、自动售检票系统设备	完成		北京地铁监理公司
3	天津地铁1号线设备监理	完成	北京地铁监理公司	
4	上海地铁1号线、1号线延伸段设备监理	完成	上海地铁咨询监理科技有限公司	
5	上海地铁2号线、2号线张江延伸段设备监理	完成	上海地铁咨询监理科技有限公司	
6	武汉市轨道交通1号线一期工程设备监理	完成	上海地铁咨询监理科技有限公司	
7	重庆高架轻轨较场口—新山村线路一期工程全线设备施工图设计、车辆监造及设备安装工程监理	完成	上海地铁咨询监理科技有限公司	
8	广州地铁2号线供电系统、接触网设备监理	完成		铁四院监理公司
9	广州地铁2号线信号、通信系统设备监理	完成		铁路第三勘察设计院
10	广州地铁2号线自动售检票系统(AFC)设备监理	完成		广州地铁监理公司
11	广州地铁2号线屏蔽门、电扶梯、电梯设备监理	完成		广东省建设工程监理公司(广东省建筑设计研究院)
12	广州地铁2号线环控、低压设备、给排水、FAS、BAS设备监理(2站2区间为一个标段)	完成		广州地铁监理公司、广东重工设计院、中南电力设计院监理公司等
13	广州地铁3号线供电系统、接触网设备监理	进行中		天津新亚太监理公司
14	广州地铁3号线通信、信号、自动售检票系统(AFC)设备监理	进行中		铁一院监理公司

续上表

序号	地铁或轨道交通工程名称	完成情况	设备监理(咨询)单位	
			全线设备项目监理(咨询)	部分设备项目监理(咨询)
15	广州地铁3号线屏蔽门设备监理	进行中		铁四院监理公司
16	广州地铁3号线电扶梯、电梯设备监理	进行中		广东省建设工程监理公司(广东省建筑设计研究院)
17	广州地铁3号线环控、低压设备、给排水设备监理(4站4区间为一个标段)	进行中		广东重工设计院、中南电力设计院监理公司等
18	深圳地铁一期工程车辆及机电设备监理	完成	铁科院(北京)工程咨询有限公司	
19	天津滨海线快速轨道交通工程中山门西段工程车辆监造及机电设备监理	进行中	铁科院(北京)工程咨询有限公司	
20	天津滨海线快速轨道交通工程一期工程机电设备监理	完成	铁科院(北京)工程咨询有限公司	
21	南京地铁南北线一期工程接口管理服务	完成	铁科院(北京)工程咨询有限公司	
22	南京地铁南北线一期工程机电设备安装及车站装修监理	完成	铁科院(北京)工程咨询有限公司	
23	南京地铁一号线系统总联调咨询服务	完成	铁科院(北京)工程咨询有限公司	
24	深圳地铁一期工程系统总联调咨询服务	完成	柏诚公司	
25	沈阳地铁1号线一期工程车辆监造及机电设备监理	进行中	铁科院(北京)工程咨询有限公司	
26	成都地铁1号线一期工程机电系统设计咨询	进行中	北京城建设计研究总院有限责任公司与铁科院(北京)工程咨询有限公司联合体	
27	北京地铁5号线自动售检票系统工程监理	进行中		铁科院(北京)工程咨询有限公司
28	重庆高架轻轨较场口—新山村线路一期工程车辆关键设备—转向架监理	完成		铁科院(北京)工程咨询有限公司
29	天津滨海快速轨道交通工程车辆项目咨询	完成	铁科院(北京)工程咨询有限公司	
30	最高时速120 km/h城市快速轨道车辆项目咨询	完成	铁科院(北京)工程咨询有限公司	
31	杭州地铁1号线车辆及相关工作技术咨询	进行中		铁科院(北京)工程咨询有限公司
32	深圳地铁3号线车辆及牵引供电制式专题研究(咨询)	完成		铁科院(北京)工程咨询有限公司
33	深圳市地铁3号线及国道205深圳段改建工程施工管理咨询服务	进行中	铁道科学研究院深圳研究设计院	
34	广州市轨道交通4号线(除大学城专线段)、5号线车站设备项目管理服务	进行中	广州穗诚地铁设计顾问有限公司	

第二章 地铁设备监理的招标

第一节 设备监理招标的前期准备工作

一、进行设备监理招标必须具备的前提条件

(1)招标人已经依法成立；

(2)编制工程项目建议书；

(3)项目的可行性研究报告已经审查批准；

(4)向上级建设主管部门申请工程建设项目立项并获批准，已办理报建手续；

(5)工程建设资金已经落实；

(6)项目初步设计及概算已审批；

(7)招标计划包括招标范围、招标方式和招标组织形式等已核准，招标公告、招标文件已完成；

(8)招标所需的其他条件已经具备。

二、提出设备监理的设置模式

根据我国已建或在建地铁建设项目对机电设备系统进行设备监理的具体实施情况，一般设备监理的设置模式采用下述两种方案。

1. 方案一：招聘一家设备监理单位

招聘一家设备监理单位，负责全线所有设备系统的设备采购招标、设备制造、安装调试、系统调试与联调、试运行、质保期的保修等全过程设备监理工作。深圳地铁一期工程车辆及机电设备系统监理、沈阳地铁1号线一期工程机电设备监理等均采用该监理设置模式。

(1)该方案的优点

①监理单位进行全线全过程监理工作，使其具有连续性。

由于监理单位进行全过程监理，使设备系统各阶段的监理工作衔接紧密，能充分做好各阶段监理事项的事前准备和事后交接。各系统设备的专业监理人员，由于参与全过程监理工作，熟悉相关系统的特点和难点，使其开展工作具有更好的主动性和深入性。

②监理工作模式具有更好的规范性和统一性。

虽然监理单位的工作内容、方法均应在监理服务合同授权的工作范围内对设备系统项目实施“四控两管一协调”，但不同监理单位开展监理工作的模式和工作方法及具体要求等有各自的特点。选用一家监理单位进行全过程监理，可使监理单位在与建设单位进行沟通和对各系统设备承包商进行监督管理过程中，其工作模式、规定要求、沟通联系方式等具有统一性，进而达到对全线设备系统进行监理的规范性。

③监理单位少，便于协调和管理。

选用一家监理单位，管理接口相应减少。在工程实施过程中，特别是在设备系统接口设计和设备安装过程中，由一家设备监理单位统一协调管理各设备供货商和承包商，降低出现差错

的概率,减少不同监理单位之间的协调,为提高协调管理效率提供了前提条件。

④招标工作量小。

招聘一家设备监理单位比招聘多家设备监理单位招标工作量大为减少。

(2)该方案的缺点

①具备设备系统专业齐全、工程实践经验丰富、综合实力强的设备监理单位较少;可供建设单位(业主)选择的机会小。

②若只有一家监理单位,则工作中可能缺少竞争性。

2.方案二:招聘多家设备监理单位

分别招聘几家监理单位,各自承担相应的设备采购和设备安装调试的监理任务,由建设单位(业主)负责协调和统一管理。广州地铁建设项目一般采用该模式。

(1)该方案的优点

①由于对设备监理单位不强调专业齐全的综合实力,可供建设单位选择的监理单位较多。

②由于招标要求监理单位仅承担地铁工程设备系统中的部分专业设备或工程部分阶段的监理,中标的监理单位在针对性专业方面实力较强。

③在同一工程中不同的监理单位具有竞争性。

(2)该方案的缺点

①如非全过程监理,工作不具备连续性,设备系统各阶段的衔接需做好充分的交接。

②如非一家监理,工作模式就难以具有更好的规范性和统一性。

③监理单位多,管理接口多,矛盾和冲突几率多,设备系统内部和设备系统与土建工程等各方的协调和管理工作量加大。

④招标工作量加大。

建设单位通过分析比较,应在招标前根据设备工程的具体情况确定设备监理的设置模式方案。

三、我国目前由建设单位委托第三方对设备工程进行管理服务的类型

我国目前由建设单位委托第三方对设备工程进行管理服务的类型主要有3种,即项目管理、工程技术咨询和设备监理。因此,建设单位在对设备工程管理服务进行招标时也按3种模式进行。下面分述3种服务管理类型的区别和关系。

1.项目管理

项目管理是一种以项目为对象的系统管理方法,是把各种知识、技能、手段和技术应用于项目中,以达到人们预期的目标。项目管理对项目目标的实现具有巨大的潜力。我国项目管理的应用是从工程建设领域的探索开始的,随着项目管理技术的发展和人们对项目管理认识的逐步深入,项目管理的应用领域也逐渐拓宽。我国于2001年7月推出了《中国项目管理知识体系》(C-PMBOK)文件,对项目管理理论和应用的发展起到推动作用。项目管理涉及的知识领域和技术方法一般包括整合管理、范围管理、时间管理、费用管理、质量管理、人力资源管理、沟通与信息管理、采购管理、风险管理、基于计算机网络的项目管理技术。

工程建设项目的实施,往往需要决策层、管理层和执行层共同完成。为此,建设单位(业主)需要根据国民经济和市场的需要确定项目功能和项目方案,评审并成立项目,筹措资金,创造建设条件;对项目的执行进行工程设计招标与发包,设备及材料采购招标与发包,设备安装招标与发包,工程监理招标与发包,并从事项目整个实施过程中业主方的项目管理。

有些工程项目的建设单位通过项目管理服务招标，将项目管理工作授权给专业的项目管理(咨询监理)单位承担，由其完成对设备工程的设计、设备采购和安装调试任务的统一管理或部分项目管理任务。该模式的优点一是克服了"项目上马建班子，项目建成散摊子"的问题，易于总结积累项目建设管理经验；二是可使业主集中精力筹划、决策项目中的重大问题，大量减少建设单位的一般管理人员。

由专业的项目管理中介单位进行设备工程项目管理服务，其特点是受托方必须代表和协助业主(委托方)按合同约定的服务范围和内容对设备工程进行全部或部分项目管理，并将业主利益放在首位，为业主方争取最大利益。

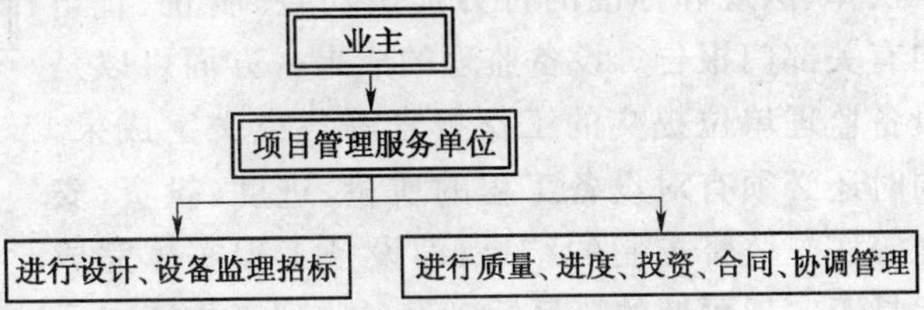

图 2-2-1 项目管理服务模式结构图

该设备工程的项目管理服务模式结构一般如图 2-2-1。项目管理商是否进行设备供货商、安装承包商的招投标工作，需按业主授权范围进行。

2. 工程技术咨询

某些工程建设项目在设备工程实施中通过招投标方式选择工程咨询单位为工程项目提供技术咨询服务，诸如专题调研、方案评价、可行性研究、设计评估审查、施工方案咨询、设备系统调试咨询、运营管理咨询等。上述工作都是咨询单位在接受业主委托后按合同约定单方面进行的工作，咨询单位凭借自身专业理论优势和丰富的工程实践经验，最大限度地为业主服务。咨询成果一般采用报告形式交付业主，咨询成果与建设项目的最终结果可以没有直接关系。工程技术咨询服务在设备工程项目中的作用如图 2-2-2。

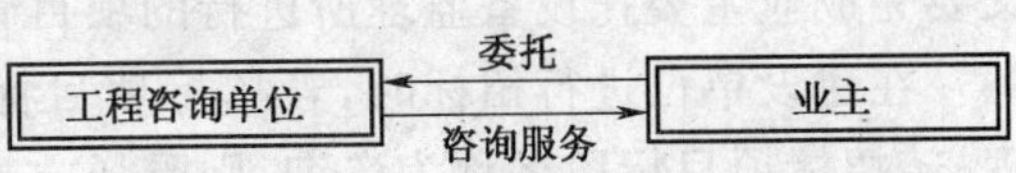

图 2-2-2 工程咨询服务结构图

3. 设备监理

设备监理是工程咨询体系的一个分支，属于项目管理的范畴，我国实行设备监理制度是在建设项目设备工程管理和工程咨询方面实现与国际惯例的接轨。设备监理与前述项目管理和工程技术咨询既有共性，又有区别。

其共性表现为：

(1)设备监理具有工程咨询的各种性质，是工程咨询行业在经济、技术、法律和组织方面提供的高智慧咨询服务工作。

(2)设备监理单位是属于咨询行业的独立法人单位，在经济上自负盈亏，自担风险。行政上不依赖于业主和承包商。

(3)设备监理单位对自身承担的监理任务可以采用项目管理方法。同时，若业主将全部或部分建设项目管理任务委托给监理单位，监理单位将代理业主执行全部或部分项目管理任务。

其区别主要表现为两点：

其一，设备监理在工程建设中的地位应是独立于业主和承包商的第三方，在监理业务执行中，按国家、地方规定的法律、法规、规范、质量标准和委托监理服务合同开展工作，维护业主和承包商双方的合法权益。设备监理的工作性质主要表现在它的规范性、专业性、公正性和独立性。

其二，设备监理的主要任务是对设备工程项目的建设任务参与者即设计、设备供应和施工承包商的合同履约情况进行监督与管理，按业主授权开展以进度、投资、质量和安全为目标的控制工作及合同与信息管理、组织协调工作。设备监理一般具有对工程规模、设计标准和使用功能的建议权；组织协调的主持权；对设备形成的重要过程、关键部位等质量控制进行见证、检验、审核，对材料和工程质量的确认权与否决权；实施进度和工期的确认权与否决权；工程价款支付和结算的确认权和否决权。对承包商违反国家法律、法规和标准的行为提出劝告、制止、直至向有关部门报告。设备监理的成果一方面可以是设备监理单位提交的工作报告等各类文字成果，同时还必须有对设备工程的质量、进度、投资、安全等实施监督控制的结果，即设备工程实体完成后是否实现预期的总目标。设备监理工作特点示意见图 2-2-3。

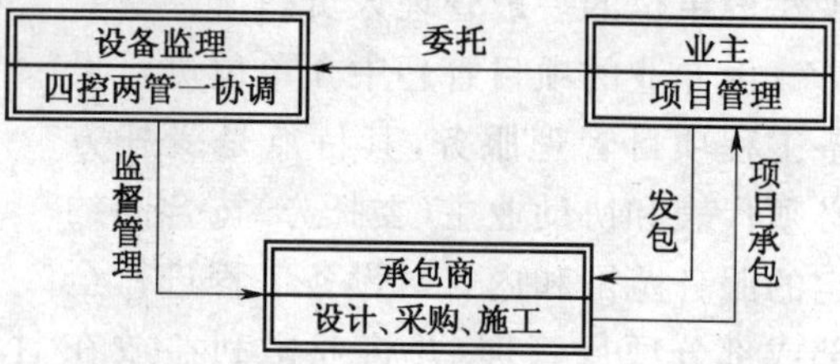

图 2-2-3　设备监理工作特点及工作关系图

需要特别指出的是，建设单位（业主）在对设备工程管理服务进行招标时，所委托的服务范围和工作内容并不是完全按照项目管理、工程咨询和设备监理来截然区分的，往往在进行项目管理或工程咨询招标时，所委托的管理咨询服务内容在设备工程的某个阶段也包含部分设备监理工作的内容，例如：要求进行设备监造；而在进行设备监理招标时，在招标文件中制定的招标范围、任务及要求中，在设备工程的某些阶段又涉及部分建设项目管理或咨询任务，例如，要求进行设计阶段的咨询工作等。此时设备监理既要对所监理的设备工程项目进行监督管理，又要完成业主委托设备监理所进行的项目管理或咨询工作。

在建设单位进行招标时，若招标项目标段名称为项目管理，则受托方责任人称为项目经理；若招标项目标段名称为咨询，则受托方责任人为总咨询师；若招标项目标段名称为设备监理，则受托方责任人为总监理工程师。

四、划分设备监理招标标段，确定监理服务时间

1. 设备监理标段划分

如前所述，建设单位应在了解并研究经国务院或相关政府部门批准建设的，由设计单位提交的“可行性研究报告”和“初步设计”等有关技术资料的基础上，根据设备工程规模和实际情况，确定设备监理招标方案和监理模式。

若建设单位拟招聘一家设备监理单位实施设备系统的全过程监理工作，则设备监理仅为 1 个标段，监理服务范围应包括车辆及机电设备各系统从采购招标直至保修的全过程监理服务。

若建设单位拟根据机电设备系统工程的不同专业、工程量大小或不同阶段招聘多家监理单位，则需划分监理标段。地铁车辆及机电设备系统一般包括车辆、供电、通信、信号、环境控制、自动扶梯和电梯、屏蔽门、自动售检票、监控、防灾报警、给排水及消防、车辆段及其他基地设备等系统，就目前地铁工程委托多家设备监理的情况，一般监理标段划分分为按设备系统单独划分、按相近专业划分、仅设置设备安装工程监理、按土建标段设置土建施工和常规设备安装监理等几种情况。某些专业性强并涉及先进技术或专项技术的交钥匙系统工程常按系统招聘监理单位。设备监理标段划分明确后，招标范围和监理服务内容应相应确定。

随着我国建设监理事业的发展和与国际接轨速度的加快，近两年来，由第三方对工程建设项目进行管理服务已从单纯监理拓宽到项目管理和工程技术咨询服务。因此，在阐述设备监

理招标的标段分类时，把项目管理和工程技术咨询内容也包含在内。建设单位在进行招标工作时，需根据设备工程项目的特点、业主管理模式、委托第三方进行管理服务类型等具体情况选用不同的模式和不同的服务范围，确定不同的招标标段。目前常采用的分类主要有以下几种。

(1)地铁设备工程全线全过程监理。如:深圳地铁一期工程车辆及机电设备监理;沈阳地铁1号线一期工程车辆监造及机电设备监理;上海地铁1、2号线设备监理。

(2)地铁单设备系统全过程监理。如:广州地铁3号线电扶梯、电梯设备监理;北京地铁5号线自动售检票系统工程监理;广州地铁3号线屏蔽门设备监理。

(3)地铁多设备系统全过程监理。如:广州地铁2号线环控、低压设备、给排水、FAS、BAS设备监理;广州地铁2号线供电系统、接触网设备监理;广州地铁3号线通信、信号、自动售检票系统(AFC)设备监理;大连快速轨道交通线路通信、信号、自动售检票系统设备监理。

(4)部分区段机电设备全过程监理。如:北京京通线4个车站及区间的机电设备监理;天津滨海线快速轨道交通工程中山门西段工程车辆监造及机电设备监理。

(5)某阶段设备工程监理。如:重庆高架轻轨较场口—新山村线路一期工程车辆监造及设备安装工程监理。

(6)全线全过程项目管理或咨询服务。如深圳市地铁3号线及国道205深圳段改建工程施工管理咨询服务;成都地铁1号线一期工程机电系统设计咨询(含工程项目管理)。

(7)部分区段或多系统项目管理或咨询。如:广州市轨道交通4号线(除大学城专线段)、5号线车站设备项目管理;深圳地铁3号线车辆及牵引供电制式专题研究(咨询)。

(8)单系统项目管理或咨询。如:杭州地铁1号线车辆及相关工作技术咨询;南京地铁1号线系统总联调咨询服务。

2. 工期策划

建设单位应根据相关政府部门批准的"可行性研究报告"和"初步设计"资料对拟建工程中设备系统工程进行工期策划。工期策划应确定地铁工程的开工、竣工的工期总目标，并对车辆和机电设备系统的设备供货、设备安装、系统调试及试运行等主要工期进行初步策划，以对拟招标的设备监理确定其服务期限。

五、确定招标方式和招标机构

建设单位(业主)应根据批准建设的地铁或城市轨道交通工程中设备工程的具体范围、规模标准和对潜在设备监理投标人情况的了解程度等诸多因素确定采用公开招标或邀请招标的招标方式。

建设单位若具有编制招标文件和组织评标的能力，可自行办理招标事宜，并向有关政府监督部门备案。是否具备自行招标能力，应按政府相关部门的标准进行衡量。例如:深圳市建设局在《深圳市建设工程自行招标管理办法》中明确，办理自行招标应向建设主管部门或者有关行政管理部门报送下列证明材料:

(1)项目法人营业执照、法人证书或者项目法人组建文件;

(2)专业技术人员名单及有关证书;

(3)近5年从事的同类工程建设项目施工许可证和评标报告;

(4)招标机构的人员组成及基本情况;

(5)招标机构中业务人员参加过招标投标法律培训的证明材料。

建设单位也可自行选择招标代理机构，委托具有资格的招标代理机构办理招标事宜。

六、调查和了解潜在的设备监理单位实力情况

建设单位(业主)在招标前应进行必要的“市场调查”，了解各城市轨道交通(地铁和轻轨)设置设备监理的有关情况；认真调查潜在的设备监理单位实力情况及其工程实践经验，必要时可邀请潜在的设备监理单位进行技术交流，了解他们对开展本工程设备监理工作的思路、方法和建议，为将来进行设备监理招标时作为参考。

七、编制设备监理招标文件

按《中华人民共和国招标投标法》相关规定，作为招标人的建设单位应负责编制设备监理“招标文件”。包括招标计划、招标公告、对投标人资格预(后)审文件、招标标书等。

八、拟订设备监理服务合同的主要内容

建设单位还应事先拟订设备监理服务合同的主要条款内容，或编制合同的初稿，以作为招标文件的组成部分，同时为合同谈判做好准备工作。

第二节　设备监理招标

地铁工程设备监理的招标必须符合《中华人民共和国招标投标法》和有关招标投标的法律法规要求。

一、设备监理招标工作程序

设备监理招标工作程序应按招标投标法规定进行，其工作流程图与第二章描述相同。现将设备监理招标工作程序概述如下：

(1)招标人——建设单位编制招标计划，报主管部门审查核准；

(2)确定招标方式，自行办理招标事宜或与招标代理机构办理委托手续；

(3)编制设备监理招标文件和评标细则，并报招标投标管理机构审定；

(4)进行市场调查，发布招标公告或发出投标邀请书；

(5)对潜在投标人进行资格预审，确定投标人名单(或资格后审)；

(6)出售招标文件；

(7)组织现场踏勘或投标人自行安排现场踏勘；

(8)组织投标人进行答疑，以书面形式发送各投标人；

(9)接受投标人的投标文件；

(10)在公告或邀请函中规定的时间、地点公开开标；

(11)由评标委员会依据招标文件确定的评标标准和方法对投标文件评审，招标人可要求投标人对投标文件进行澄清、答辩和介绍；

(12)依据评标原则及程序确定中标人，招标人将评标结果报招标投标管理机构备案；

(13)向中标人发送中标通知书，向其余投标人发中标结果通知书；

(14)招标人与中标人进行合同谈判并签订合同。

二、目前进行监理招标的几种评标方法

1. 评标的一般程序

(1)熟悉招标文件和评标办法；

(2)投标文件的符合性审查；

(3)投标人的资信、业绩评审；

(4)监理大纲或监理方案评审；

(5)商务报价评审；

(6)询标澄清投标文件的疑问或答辩评审；

(7)根据评标办法对投标文件进行评分；

(8)完成评标报告，推荐中标候选人。

2. 目前在建设工程中进行招标投标时常采用的评标方法

(1)经评审的最低投标价法：一般技术含量较低、规模较小的工程可采用最低投标价法，但要通过适当提高履约保证金的形式，防止低价抢标。

(2)综合评估法：是对所有通过初步评审和详细评审的投标文件的评标价、财务能力、技术能力、管理水平以及业绩与信誉进行综合评分，由高至低排序，得分最高的3个投标人依次为中标候选人和后备中标候选人。

(3)双信封评标法：是投标人将投标报价和工程量清单、合同用款估算表单独密封在一个报价信封中，其他商务和技术文件密封在另一个信封，在开标前同时提交招标人，从而消除了技术部分和投标报价的相互影响。招标人首先进行商务技术标书的开标和评审；然后进行报价信封的开标和评审。值得注意的是，在具体评标办法中，各地对双信封评标法中的中标候选人确定标准不尽相同。

①一种标准为商务技术标书的开标和评审按通过和不通过进行评比。然后对通过商务技术标书评审的投标人进行报价信封的开标和评审，报价按百分制打分，以报价得分由高到低依次推荐中标候选人和后备中标候选人。

②一种标准为对通过初步评审和详细评审的投标文件的商务技术部分进行打分，并依次排名。然后招标人在监督机关或公证机关的监督下打开报价信封，评标委员会对投标报价进行综合评估，若报价在招标人规定的上下限之间则视报价有效。在报价有效的投标人中，招标人按技术排名先后选择中标单位。

③再一种是对通过符合性审查的商务技术标书进行评分，评分结果被视为入围后，进行价格评审并确定实际评标总价，以实际评标总价为基础计算价格性能比并由低到高排序，比值低的投标人推荐为第一中标候选人。

④首先对通过评审的商务技术部分打分，再对投标报价评分，然后按其规定的权重比例进行综合评分，评分高的为中标候选人。

(4)合理低价评标法：业主预算值下浮后作为业主标底，在大于或小于标底的一定百分比内(例如85%－105%)的投标报价平均值进行复合，再下浮一定百分比(例如5%)作为评标基准价。投标报价等于评标基准价时得满分，每高于评标基准价一个百分点扣分(例如2分)，每低于评标基准价一个百分点扣分(例如1分)，中间值按比例内插。对投标人的管理水平、财务能力、技术能力、业绩及信誉不再进行评分，前移到资格预审阶段。

(5)计分法：即百分法。评审指标一般设置监理大纲、项目监理机构和人员素质、企业信誉

及业绩、监理手段和办公检测设备、监理费报价等几大类。指标采取百分制的方法统计。监理费报价每高于比较价一个百分点，在基本分基础上减分。计分时对评委的评分去掉一个最高分和一个最低分后进行算术平均为该投标人得分，得分最高的投标人为第一中标人。

(6)抽签法：某些城市或地方结合本地工程建设中招投标的实际情况提出了改变招标惯例的作法，对建设工程实行预选投标人制度，对投标人不再进行资格预审，在符合投标报名条件的建设工程预选承包商和设计监理单位名录中采用抽签方式确定中标人(技术特别复杂、施工有特殊技术要求的工程除外)。

自从招标投标法实施以来，我国许多建设业主或招标代理机构，往往借鉴选择施工单位时采用的方式，在监理开标时采用与施工开标相同或相近的程序和方法。由于设备监理属于知识密集型的专业技术和管理服务，监理提供的服务对整个工程项目的质量、工期和费用有着至关重要的影响，选择监理单位时应该更多关注投标单位是否具有较高的专业技术水平、丰富的工程经验、准确的判断能力、良好的合同意识和较强的管理能力。因此，业主选择监理单位与选择施工单位的原则应该不一样。业主在选择施工单位时首先考虑的是价格因素；而选择监理单位则应突出监理行业的技术性特点，充分考虑监理的评标特殊性，不宜以服务费用报价作为评标的最主要因素和评标依据。如果将价格引入监理招标，这不仅会使监理单位在编制投标书时过多地关注财务报价，而且容易忽视监理招标本身应该侧重的方面，甚至引发监理企业之间的恶性竞争，造成监理服务质量下降。

为了规范建设监理市场行为，维护建设工程项目监理招标投标当事人的合法权益，加强招标、评标程序化、法制化管理，指导建设工程监理招标评标工作，按照公开、公平、公正和科学合理的原则选择工程监理中标单位，不少省、市、地方和行业部门均根据《中华人民共和国招标投标法》、《评标委员会和评标方法暂行规定》(国家七部委发布的12号令)以及地方关于建设工程招标投标管理办法等制定了本地区的《工程建设监理招标投标管理实施办法》，对监理的评标办法做了规定。鉴于综合评估法或双信封评标法，可最大限度地减少人为因素，因此，在各地方规定的监理评标办法中，采用或推荐的评标办法为综合评估法、双信封评标法和百分计分法。3种方法均体现了一个共同特点，即选择监理单位重点考察监理企业的信誉及业绩；监理方案和监理(管理)大纲的科学严谨性和系统性；监理单位的专业技术水平、管理水平；监理机构设置和监理工程师的职责权力配置以及监理手段、方法、计划是否科学严谨、合理可行；监理工程师的资质、能力和工程经验等技术性和信誉度指标，监理(管理)费的竞争性应是评标因素之一，但监理费报价不作为主要的评标依据。

例1:《浙江省重点建设工程监理招标综合评标示范办法》(修改稿)中规定：评标委员会应对通过符合性审查的投标书，根据评标细则对以下3部分内容分别进行分析评分。

(1)资信、业绩评审5～20分；

(2)监理组织大纲评审25～50分；

(3)商务报价评审15～30分，其中监理服务费报价分为28分。评标价等于最佳报价值，得满分28分。投标人的综合得分为以上3部分得分的总和。

例2:《武汉市建设工程项目监理招标评标办法》规定：评审指标一般设置监理大纲、项目监理机构、企业信誉及业绩、办公检测设备、监理费报价等5大类。指标采取百分制的方法统计。各指标分值作如下分配：

(1)监理大纲(30分)；

(2)项目监理机构(39分)；

(3)企业信誉及业绩(17 分);

(4)办公检测设备(4 分);

(5)监理费报价(10 分),投标报价低于比较价,为废标。每高于比较价一个百分点,在基本分基础上减 1 分。

评标方法采用百分法。计分时对评委的评分去掉一个最高分和一个最低分后进行算术平均为该投标人得分,得分最高的投标人为第一中标人。

例 3:《丽水市建设工程监理招标投标实施办法》规定:评标方法应在招标文件中确定,一般应采用计分的方法,对投标文件中的监理大纲、监理业绩、人员素质、监理手段、监理取费等进行全面评审。主要评议内容和分值分配:

(1)监理规划或监理大纲 15～20 分;

(2)人员素质:总监人选及专业配套 15～30 分;

(3)职称、年龄结构及上岗证 10～15 分;

(4)监理取费 10～20 分;

(5)检测设备 5～10 分;

(6)监理业绩 5 分,总分值以 100 分计。

评分办法:去掉一个最高分和一个最低分,取余下分数的平均分即为投标单位的得分。评标得分最高的投标人,即为中标人。

三、招标文件中通常规定的监理费报价方式

目前进行监理招标时,招标文件规定的监理服务费的报价方式通常有 4 种:

1. 自由报价法

由投标人根据对招标项目提供监理服务的成本和能接受的利润及效益,自由提出本合同拟提供的服务的单价、每个单项的小计、整个投标的总价。招标文件中通常明确"投标人不得低于企业成本价报价"。

2. 固定费用法

招标人在招标文件中,按相关文件规定和建设工程的具体情况计算监理费率,对招标项目的监理服务费给出固定价格。投标人对招标文件中给定的价格能否接受,成为投标人最终是否参与投标,是否对招标文件进行实质响应的前提。

3. 浮动费用法

即参考价法。由业主根据国家有关规定和市场情况,拟定投标参考价,投标人应参照此价格进行投标。一般在招标文件中规定投标报价基本分和最高分值,核准后的投标报价低于投标参考价格的一定百分比时,投标价格分增加;高于投标参考价格的一定百分比时,投标报价分减少。有些业主则明确投标人可根据自身人员、设备等投入的实际情况,在参考价基础上进行不超过一定百分比的降价投标,并且不接受投标参考价以上的投标价。

4. 最佳报价值法

也有采取最佳报价值方法的,即:符合性审查通过的投标的评标价去除一个最高价和一个最低价后的算术平均值,即为最佳报价值。评标价与最佳报价值对比,评标价每低于最佳报价值一个百分点,扣相应分;评标价等于最佳报价值,得满分;评标价每高于最佳报价值一个百分点,扣相应分,其扣分的数值要高于评标价低于最佳报价值时的扣分数值。

第三节　设备监理招标文件的基本内容

设备监理的招标文件作为投标人编制投标文件的依据和招标人与中标人签订监理服务合同的基础，应阐明招标工作依据的规则和程序，所监理设备工程的范围、性质，监理服务的工作内容和要求，告知订立合同的条件等内容。

一、设备监理招标文件的基本内容

(1)投标人须知；

(2)工程概况；

(3)招标范围、任务及要求；

(4)投标文件的格式及内容；

(5)合同格式及主要条款；

(6)评标办法；

(7)招标投标廉政规定等有关招标文件的其他规定。

以上所列仅是招标文件的基本格式和主要内容，招标人可根据招标工程的特点和具体情况进行调整和补充。

二、地铁工程设备监理招标文件示例

现摘录某城市地铁工程设备监理招标文件的格式和主要内容，仅供参考。

《设备监理招标文件》

第一卷　招标说明

投标邀请书

投标须知前附表

第一章　投标须知

一、总则

1.1　招标人(单位)

1.2　招标代理机构

1.3　项目名称

1.4　招标内容

1.5　招标方式及招标组织形式

1.6　资金来源

1.7　服务工期

1.8　投标人的合格条件及审查方式

1.9　招标投标文件所需资料的获得：

- 招标人提供的资料；
- 投标人自行收集的资料；
- 投标人不得将招标人提供的资料用于其他项目，不得复制、转让。

1.10　考察现场

二、招标文件

1.11 招标文件的内容

- （文件列出了招标文件包含的内容目录）

除招标文件目录中包含的内容外，招标人在招标期间发出的补遗文件和其他有效函件，均是招标文件的组成部分。

- 投标人应认真阅读招标文件中所有的规定、条款、格式、规范和图纸等，并按招标文件的规定与要求编写投标文件，如果投标文件与招标文件的规定和要求不符，由此带来的一切后果投标人应自行负责。……如果投标文件没有对招标文件做出实质性响应。则该投标文件将被拒绝。
- 投标人应认真检查招标文件是否完整，若发现缺页等，应及时向招标人提出，以便补齐。
- 无论是否参加投标，任何人应将招标文件视为需要保密的文件。

1.12 招标文件的澄清和解答

要求澄清招标文件的投标人，应按招标文件中规定的地址以书面(传真或信函)的方式通知招标人和招标代理机构。如果需要，凡在投标截止日十五(15)天前递交的需澄清的问题，招标人均将予以答复。招标人的答复将提交给所有已购买招标文件的投标人。

1.13 招标文件的修改

- 在投标截止日期十五(15)天之前，招标人可能会因种种原因，以发出招标文件的补遗文件的形式对招标文件进行补充和(或)修改。
- 招标文件的补遗文件将以书面(传真或信函)的形式发给所有获得招标文件的投标人。投标人收到招标文件的补遗文件后，应立即以书面(传真或信函)的形式通知招标人，确认已经收到补遗文件。
- 为了使投标人在准备投标文件时能有合理的时间将招标文件的补遗文件的内容考虑进去，如果招标人认为需要延长投标截止日期时，会以书面(传真或信函)形式通知投标人。

三、投标文件的编制

1.14 投标文件的语言

1.15 投标文件的组成

投标人应按招标文件规定的格式、内容和要求编写投标文件。

投标人还必须提供包括投标文件相应文字内容的电子文件的光盘。

1.16 投标有效期

1.17 投标保证金

- 投标人在递交投标文件前，按投标须知前附表规定的数额提交投标保证金，此保证金是投标文件的一个组成部分。
- 未提交投标保证金的投标文件，招标人将按不符合招标文件要求而予以拒绝。
- 未中标的投标人的投标保证金应尽快退还，……中标人的投标保证金将在其与招标人签订合同协议书，并按招标文件的要求提供了履约保证金后予以退还。

……

1.18 投标文件的份数和签署

- 投标人……向招标人递交投标文件，……当正本与副本不一致时，以正本为准。

- 投标文件应由投标人的法定代表人或其授权代理人签署。
- 投标文件的任何一页都不应出现涂改、行间插字或删除。如果出现上述情况，不论何种原因造成，均需由投标文件签字人在改动处签名并盖章。
- 每个投标人只能递交一份投标文件。……

四、投标文件的递交

1.19 投标文件的密封和标记

1.20 投标截止时间

1.21 迟到的投标文件

- 招标人在第1.20条规定的投标截止时间以后收到投标文件，将原封退回投标人。

1.22 投标文件的更改与撤回

- 在送交投标文件以后，在规定的投标截止时间之前，投标人可以更改或撤回投标文件，但必须以书面形式提出，并经授权的投标文件签字人签署。……
- 投标文件的更改应同样按照投标文件送交规定的要求进行编制、密封、标记和发送。……

五、开标与评标

1.23 开标

- 招标人将按投标须知前附表中规定的时间和地点，对所有收到的合格投标文件进行开标。参加开标的投标人代表应持委托书及本人身份的有效证件签字报到以证明出席。
- 开标由招标代理机构主持，邀请招标投标管理机构和有关部门的人员参加。
- 开标会议的程序。

1.24 投标有效性界定标准

- 开标时，有下列情况者投标文件将被拒绝：

(1)逾期送达的投标文件；

(2)投标截止时间之后，投标人要求撤回的投标文件；

(3)招标文件规定的其他情况。

- 投标文件有下列情况之一者将视为无效：

(1)未按规定密封的；

(2)未按规定装订成册的；

(3)授权委托书不合法的；

(4)投标文件封面、投标文件未按规定加盖投标人印鉴及未经法定代表人或授权代理人签字和盖章的；

(5)投标文件中的关键内容字迹模糊、无法辨认的；

(6)投标文件没有正本的；

(7)两个或两个以上的投标报价，且未注明何者有效的；

(8)招标文件规定的其他情况。

- 投标人的法定代表人或其授权代理人应在开标记录上签字确认。
- 开标记录应经监督管理部门代表签字后存档备查。

1.25 符合性审查(说明：本项目采用的是对投标人“资格后审”方式)

- 审查投标人的资质条件是否符合招标文件要求。
- 通过符合性审查的条件：

(1)投标文件按照招标文件规定的格式、内容和要求提交了所有的文件，并且投标文件的内容字迹清晰可辨；

(2)投标文件上法定代表人或其授权代理人签字齐全；

(3)投标文件内标明的投标人与资格证明材料的法人一致；

(4)按照招标文件的规定提供了投标保证金；

(5)按照招标文件的规定提供了法定代表人资格证明书，授权代理人的还应提供法定代表人授权委托书；

(6)招标文件规定的其他符合性审查要求。

- 如果投标文件实质上不符合招标文件的要求，招标人将予以拒绝，并且不允许投标人通过修正和撤消其不符合要求的差异而使之成为符合要求的投标文件。

1.26　投标文件的澄清与答辩

- 为了有助于投标文件的审查、评价和比较，招标人可以要求投标人澄清其投标文件。有关澄清的要求或答复，应采用书面(传真或信函)的形式，但投标人不应寻求、提出或被允许更改投标报价或投标文件实质内容。……
- 评标过程中，招标人将邀请投标人在其投标文件中指定的项目总监理工程师亲自介绍投标文件要点，解答评委的提问。……开标当天，将以抽签形式决定投标人参加答辩的先后顺序。

1.27　详细评审

对合格的投标文件，评标委员会应根据招标文件规定的评标标准和评标办法，对其技术部分和商务部分作进一步的详细评审、比较；通过详细评审后，将对各投标人的投标进行综合评分，并按各投标人得分的高低进行排序。

1.28　推荐中标候选人

评标委员会应向招标人提出书面评标报告，推荐1～3名中标候选人，并排序。评标委员会及各位委员应在评标报告上签字，评标宣告结束。

1.29　定标

招标人根据评标委员会的推荐意见和招标文件的相关规定确定中标人。

1.30　评标过程的保密

- 公开开标后，直到宣布授予中标人合同为止，凡属于审查、澄清、评价和比较投标文件的有关资料和有关授予合同的信息都属于保密范围，均不得向投标人或与该过程无关的其他人泄露。
- 投标人在投标文件的审查、澄清、评价和比较以及授予合同过程中，对招标人施加影响的任何行为，都可能将导致其投标文件被拒绝。
- 从开标至工程开工，招标人或招标代理机构均不得将投标人的投标资料向任何第三方泄露，除非征得投标人的书面同意。

1.31　错误的修正

招标人将对确定为实质上符合招标文件要求的投标文件进行校核，看其是否有计算上或累计上的错误。……

六、合同的授予

1.32　合同的授予标准

本合同将授予其投标文件在实质上响应招标文件要求且根据本工程评标办法产生的中标人。

1.33　招标人有权向中标人提出修改意见

招标人……对工程规模、方案等做出局部修改完善，对此，该投标人不得拒绝。……

1.34　中标通知书

- 在投标有效期内，招标代理机构将以书面形式下达中标通知书，投标人在收到中标通知书后，应立即以书面形式告之招标人。
- 中标通知书将成为合同文件的组织部分。

中标通知书下达后，招标人应及时通知未中标的投标人。

1.35　合同的签署

……合同协议书由双方法定代表人或其授权代理人签署并加盖公章后生效。

六、其他

1.36　投标人在投标过程中的行为

投标人在投标过程中不得有任何不正当的商业行为，也不能采取任何方式向招标人施加压力或干扰，否则其投标将被拒绝。

1.37 履约担保

- 在与招标人签订合同的十四(14)天内，中标人应……向招标人提交履约保证金。
- ……如果中标人不按上述的规定提交履约保证金，将构成对合同的违约，招标人有理由废除对该投标人的授标，并没收其投标保证金。招标人可以将合同授予名列第二的投标人

1.38 投标人应承担投标过程中所涉及的一切费用。……

第二章　工程概况

2.1　项目说明

2.2　工程概述

……

2.2.1　线路

2.2.2　轨道

2.2.3　车辆

2.2.4　供电(含接触网)

2.2.5　通信

2.2.6　信号

2.2.7　防灾报警系统(FAS)

2.2.8　设备监控系统(EMCS)

2.2.9　自动售检票系统(AFC)

2.2.10　车辆段及综合基地

2.2.11　通风、空调与采暖

2.2.12　自动扶梯和电梯

2.2.13　运营控制中心(OCC)

第二卷　招标内容

第三章　招标范围、任务及要求

3.1　招标范围

3.2　设备监理任务(须详细说明)

3.3　设备监理要求(须详细具体说明各阶段要求)

3.3.1　全线设备系统管理

3.3.2　设计咨询服务

3.3.3　设备采购

3.3.4　车辆监造

3.3.5　设备安装、调试

3.3.6　车辆和各设备系统预验收

3.3.7　综合联调

3.3.8　试运行

3.3.9　试运营

3.3.10　竣工验收

3.4　设备监理服务形式

本工程设备监理服务实行分阶段全过程监理;按有关规定和工程需要实行旁站监理。

3.5　监理人员及监理设备配置要求

3.6　设备监理与土建监理的关系

3.7　设备监理分包

第三卷　评标办法

第四章　评标标准、程序和方法

4.1　原则

根据《中华人民共和国招标投标法》和国家《工程建设项目施工招标投标办法》、《评标委员会和评标方法暂行规定》,组成评标委员会并拟定下列评标办法,在整个评标过程中,邀请市监察局等有关部门参加。

4.2　评标委员会的组成

评标委员会由招标人按国家有关规定负责组建。

整个评标过程在评标委员会主任委员主持下进行,评标委员会以外的任何人不得干扰、干涉评标工作。

4.3　评标方法

- 评标程序为:评标准备、初步评审、介绍与答辩、详细评审、推荐中标候选人。
- 本项目采用综合评价法,评标委员会应按监理大纲、投标人与项目组综合实力和投标报价进行综合评审打分,满分为100分。具体评标打分的权重分配如下:

(1)监理大纲

(2)投标人的综合实力及监理机构人员配备

(3)投标报价

……

第四卷　合同

第五章　合同格式(合同协议书)

第六章　通用条款

第七章　特殊(专用)条款

第五卷　投标文件

第八章　投标文件格式及内容

8.1　投标文件格式

8.2　投标文件组成与内容

投标人应按下述内容和顺序编制投标文件：

8.2.1　封面

8.2.2　投标文件目录

8.2.3　法定代表人资格证明书

8.2.4　法定代表人授权书

8.2.5　监理单位概况

投标单位据实、客观、简明扼要地以文字、图表等形式说明。

8.2.6　投标书

8.2.7　投标文件内容

投标文件除按本招标文件第三章招标范围、任务及要求依常规必须符合外，要突出如下内容(但不限于)：

①监理大纲：……

②投标人业绩及对本项目的支持

③监理机构：……

④监理服务费投标报价

第九章　附件

投标人附件是投标文件的组成部分，可另成册。主要的投标人附件如下：……

第六卷　廉政规定

第十章　设备监理招投标廉政规定

为加强工程建设中的廉政建设，规范工程建设招标投标双方的各项活动，防止发生各种谋取不正当利益的违法违纪行为，保护国家、集体和当事人的合法权益，根据国家有关工程建设的法律法规和廉政建设责任制规定，特制定本规定。

第一条　招投标双方的责任

第二条　招标人的责任

第三条　投标人的责任

第四条　违约责任

第三章　地铁工程设备监理的投标工作

第一节　设备监理单位的资质等级划分

一、设备监理单位的资质要素

设备监理单位是指具有企业法人资格和取得相应等级《设备监理单位资格证书》的从事设备工程技术和管理咨询服务业务的社会组织。设备监理单位属于独立的社会中介服务机构，与行政机关无行政隶属关系或其他经济利益关系。设备监理单位应具备相应的资质要素。

1.监理人员素质

监理单位是智能型企业，监理单位的产品是高智能的技术服务。监理的工作性质决定了监理单位对人员的高素质要求。尤其设备监理是一个新兴行业，承担着重大的技术和经济责任，设备监理人员既要具备工程技术或工程经济方面的专业理论知识，还要有一定的组织协调能力，同时需有丰富的工程建设实践经验及良好的职业道德，设备监理师应是一种复合型人才。监理人员素质一般包括：

(1)人员资格

监理工程师是一种执业资格。随着我国监理制度的不断完善和规范化，监理工程师持证上岗日趋严格和完善，监理工程师应首先通过由建设部组织的全国考试取得《监理工程师资格证书》，并经注册取得《监理工程师岗位证书》，才能具有监理工程师相应的责任和权力，这也是国际上通行的做法。

为了加强对建设项目设备工程质量的监督管理，保证设备工程质量和投资效益，提高设备工程监理人员素质，规范设备工程监理活动，人事部、国家质量监督检验检疫总局决定在设备工程领域建立注册设备监理师制度，并于 2003 年 10 月 29 日发布了《注册设备监理师执业资格制度暂行规定》、《注册设备监理师执业资格考试实施办法》和《注册设备监理师执业资格考核认定办法》。2005 年 9 月由国家质量监督检验检疫总局组织，全国首次注册设备监理师执业资格考试在全国同步进行，考试合格者由国家人事部和国家质检总局发放《中华人民共和国注册设备监理执业资格证书》。注册设备监理师作为设备监理活动的主体是国际上的普遍做法。国家对设备监理行业实行执业资格制度，将其纳入全国技术人员执业资格证书制度的统一规划，标志着设备监理注册上岗的严肃性和逐渐实现规范化要求并与国际接轨的必然性。

(2)专业技能

监理人员应具备较高的设备设计、制造、检验、安装调试等工程技术或经济专业知识，包括理论知识和实际运用技能。一般来说，从事监理工作的人员应具有大专以上(含大专)的学历，监理单位的负责人应具有高级专业技术职称，以满足设备监理行业对专业技能的需求。

(3)组织协调能力

鉴于设备监理行业的特点和对监理项目开展“四控两管一协调”监督管理工作的需要，监理人员应具备较强的组织协调能力。通过监理人员对工程实施过程中各参建单位间矛盾、冲突的沟通协调和工程接口的管理，以及对设备工程项目有效的物流协调，达到对工程进度、质量、投资和安全文明施工的有效控制，顺利实现工程的预期目标。

(4)职业道德

工程建设监理(包括设备监理)是建设领域里一项高尚的工作。为确保监理事业的健康发展，保证公平、公正、科学、守法地完成监理任务，监理工程师应具有良好的职业道德和工作纪律，在任何时候，维护职业的尊严、名誉和荣誉。

(5)身体健康

根据监理行业的特点和工作性质，需要设备监理工程师深入工程现场开展工作，安装阶段对安装工程还需进行旁站监理和巡检，以保证工程质量满足合同要求，因而要求监理工程师具备良好的身体条件，这是监理工程师执行监理任务的前提条件。

2. 专业配套能力

在现代化建设中，任何一项工程建设，其生产工艺、建设规模均涉及广泛的学科专业，特别是设备工程，涉及的专业不但广泛，而且科技含量高。对于监理单位，按照其从事的监理业务范围，配备的专业监理人员是否齐全，在很大程度上决定了监理单位监理能力的强弱。因此，根据所承担的监理任务要求，配备专业齐全的监理人员，是专业配套能力的基本要求。

3. 监理单位的技术装备

监理单位的技术装备也是其资质要素之一。工程建设监理不但是一门管理性的专业，还有必要的验证性和具体的工程建设实施行为，一定的技术装备应是进行科学管理的辅助手段。综合国内外监理单位技术装备需求，一般包含：计算机、工程测量仪器和设备、检测仪器设备、交通及通信设备、照相摄像设备等。某些大型、或特殊专业使用的、或昂贵的技术装备，可由业主提供或委托有该设备的单位代为检测、试验。

4. 监理单位管理水平

管理是一门科学，对于企业来说，管理包括组织管理、人事管理、财务管理、设备管理、生产经营管理、科技管理、档案信息管理等多方面内容。一个管理水平高的监理单位，应制订并严格执行科学的健全的规章制度，使监理单位的各项工作置于规范化、科学化、法制化的管理之下。

5. 监理单位的经验和业绩

一般情况下，监理单位从事监理工作的年限越长，承担监理的工程项目就可能越多，监理经验就会随之越丰富。同时，监理业绩是监理单位监理能力大小、水平高低的重要体现，也是一个监理单位人员素质、专业配套能力、技术装备状况和管理水平以及监理经历的综合反映。因此，监理经历和业绩是确定监理单位资质的重要因素之一。

6. 监理单位要有一定的注册资金和经济实力。

二、设备监理单位的资质划分

设备监理单位的资质等级分为甲、乙两级，各级别设备监理单位除应符合前述的设备监理单位定义的基本要求外，还应具备下列条件。

1. 甲级设备监理单位应具备的条件

(1)由持有效注册的《中华人民共和国注册设备监理师执业资格证书》的有关专业工程技术人员作为机构技术负责人。

(2)持有效注册的《中华人民共和国注册设备监理师执业资格证书》的工程技术人员不少于30名，且专业配套。

(3)具有与所承担的设备监理业务相匹配的必要的设施和设备。

(4)有完善有效的设备监理质量管理体系。

(5)注册资金不少于500万元人民币。

(6)有固定的工作场所。

(7)有监理同类设备工程的相关业绩。

甲级设备监理单位可监理工程专业中的一、二类设备工程的所有设备工程。

2. 乙级设备监理单位应具备的条件

(1)由持有效注册的《中华人民共和国注册设备监理师执业资格证书》的有关专业工程技术人员作为机构技术负责人。

(2)持有效注册的《中华人民共和国注册设备监理师执业资格证书》的工程技术人员不少于10名,且专业配套。

(3)具有与所承担的设备监理业务相匹配的必要的设施和设备。

(4)有完善有效的设备质量管理体系。

(5)注册资金不少于300万元人民币。

(6)有固定的工作场所。

(7)有监理同类设备工程或从事同类设备工程工作的类似业绩。

乙级设备监理单位可监理工程专业的二类设备工程的所有设备工程,或一类设备工程中的专项设备工程。

第二节　设备监理投标的前期准备工作

一、招标活动启动前的准备工作

1. 关注和跟踪国内各城市地铁建设的规划和实施情况

投标人首先应对国内各城市地铁建设的意向、规划,政府部门对地铁建设是否立项、地铁工程是否进入实施队段进行密切关注和跟踪。一旦该城市修建地铁工程进入实施阶段,即可有针对性地进一步加强关注工作。

2. 投标人应注重企业在机电设备方面技术上的积累、工程经验的总结和人才的引进及培养。

(1)城市轨道交通(含地铁)的车辆及机电设备系统一般含车辆、供电系统、通信系统、信号系统、环控系统、电梯扶梯、屏蔽门、监控系统、消防系统、给排水系统、自动售检票系统、车辆段设备等,设备监理主要涉及的专业有车辆、供电、机械、通信、信号、自动控制、计算机、供暖通风与空调、给排水等专业,投标人应对涉及地铁设备工程的相关专业的技术进行深入研究和系统整理,以提高该领域的技术水平,以雄厚的技术实力迎接地铁工程设备监理的需求和挑战。

(2)投标人应对本企业在相应的建设监理、工程设计、咨询、项目管理等相关服务项目中的实践经验进行系统的条理化的总结。对以往工程实践中的成功经验上升到理论与实践结合的高度,用以指导今后的工作。对以往的不足之处、体会和教训也需进行总结,使设备监理工作的实施更好地满足业主和工程需求。

(3)投标人应在本单位加强人才的引进和培养,并注重人员的继续教育,使本单位的监理人员不断提高自身素质和业务水平,成为具备设备监理所需的持证上岗的合格的设备监理师。为地铁工程设备监理的投标工作做人才储备。

3. 对已通过政府立项的工程积极主动与建设单位(业主)联络沟通

(1)通过联络沟通，可了解设备工程概况、工期和质量要求，以及建设单位(业主)对设备监理的要求等。

(2)主动向建设单位(业主)介绍本单位的实力情况，在类似工程中的设备监理业绩、工程实践经验等，以增加双方的了解。

(3)如有机会，可向建设单位(业主)提出本单位对承接此设备工程的初步的监理思路、方法和建议，以及针对拟被监理设备工程项目的特点，提出设备监理工作的重点、难点，及相应的解决措施。

二、招标公告发布后应积极开展准备投标的各项工作

(1)根据招标公告发布的招标信息确认对招标条件是否接受，若拟参与投标则按招标公告所明确的招标文件获取办法购取招标文件。

(2)投标人在收到招标公告信息后，应针对招标项目的性质、数量、招标范围和服务要求、实施地点和时间，广泛收集准备参加投标的工程项目的有关技术资料，认真了解该工程的概况，熟悉该工程"初步设计"等关键资料，为下步工作创造必要的条件。

(3)对于采用资格预审的招标活动，投标人应按资格预审公告要求中规定的时间、地点报名并递交资格预审申请文件。

资格预审文件一般包括：

①法定代表人或其授权代表签名(或签章)，并加盖公章的资格预审申请书；

②法定代表人签名(章)，并加盖公章的参加本项目投标的法人授权书；

③法人营业执照及经营范围(复印件)；

④申请人公司情况介绍及 ISO 质量管理体系的材料(复印件)；

⑤银行或资信评级机构出具的资信证明(复印件)；

⑥近 3 年由会计师事务所审计的财务审计报告、财务报表；

⑦投标申请人从事类似工程服务经验及其人员配置情况材料；

⑧拟提供的服务说明。

在招标人对资格预审文件进行审查，并向通过资格预审的申请人发出书面通知后，投标人方可参加投标并购买招标文件。

三、购买招标文件后立即进入编写投标文件的投标工作实质阶段

编写投标文件是进行投标工作的实质阶段。投标人必须成立投标文件编写班子，组织有经验的人员参加编写工作，必要时聘请相关专家，共同分析招标项目的服务范围、任务和要求，以达到投标文件在实质上响应招标文件要求。同时可在投标文件中针对招标范围内的服务内容和设备工程项目的特点，提出设备监理工作的重点、难点，解决措施和工作思路，并依据自身的工程经验，向建设单位(业主)提出工程建设的合理化建议。

第三节　设备监理投标文件的编制

一、编制投标文件的注意事项

本文在前述的"招标投标的法律制度"中已对编制投标文件的基本要求进行了阐述，编制

投标文件的几点注意事项如下：

(1)投标人在对招标文件进行深入研究和充分理解的基础上，对招标人在招标文件中所提出的各项要求和条件，必须进行百分之百的实质性响应，不得使用含糊不清或易使人产生误解的词汇，以此表明投标人全面满足招标要求的意愿，同时表示出认真科学的工作态度和对承担此工程项目的诚意，使招标人对投标人的服务宗旨满意。

若在投标文件的编制过程中，对招标文件的某些要求、规定或条件，特别是对委托服务的工作内容、职责有不明确之处，必须在提交投标文件截止之日前，及时向招标人提出澄清要求，以便全面响应招标文件的所有条款、条件和规定。

(2)针对招标人对投标人的资质要求和委托服务事项，在投标文件中充分展现自身的人才和技术优势、工程经验和业绩；投标人在财力、物力上承受风险的能力；投标人决策层对项目执行机构的切实支持和依托；投标人健全的组织机构、完善的质保体系、独特的企业文化和严格的管理制度对项目实施的有力保障等。在表述中，既要实事求是地提供投标人完整的资质证明文件，又要进行充分说明和展示，可把以往承担的项目和评价以一览表形式表示，一目了然，使招标人对其实力充分满意和放心。

(3)认真编写监理方案或监理大纲。针对拟承担的设备工程项目委托监理服务内容，设计监理工作的总构想、总策划，向业主展示其承担设备监理任务的能力、条件和成熟的思路。特别要针对设备工程的不同阶段和多目标性，提出切实可行的监理方法和措施，以及基于丰富实践经验基础上的科学规范化的工作流程，以增强投标的实力与中标的把握。

(4)针对本工程项目的特点，向招标人提出积极和有创意的建设性意见，包括本设备工程各专业系统的特点、难点和工程各阶段管理、咨询或监理工作重点及相应措施等，以充分体现投标人对将要承担工程项目的深刻认识和理解。基于自身的技术实力和丰富的工程实践经验，在未中标之前，就为招标人出谋划策，使招标人有所受益。如能得到评标委员会的肯定，必然增大中标的可能性。

(5)投标人的组织机构、项目经理或总监理工程师、总咨询师及主要人员配置、办公设施等必须满足招标文件的要求。在工程项目管理与国际接轨，实行项目经理负责制或总监理工程师负责制的今天，项目负责人和主要人员的资质及条件是否完全按招标文件提出的要求配置，组织机构是否设置合理和完善、是否专业配套齐全，办公设施是否完备，是受托人能否圆满完成委托任务的重要前提和保证。因此，只有满足了所承担项目任务的前提条件，才能使招标人对其增强信心。

(6)基于对设备工程项目的概况和特点、招标范围、任务及要求的充分了解，认真分析、仔细研究完成委托服务工作所需要的成本，提出恰当的投标价格，做到既有一定的经济效益，又能被招标人所接受。鉴于评标方法主要为经评审的最低投标价法和综合评估法，只要不是低于成本报价竞标，低价投标往往中标的几率增大，因此这往往是决定投标成功与否的关键。

(7)编制投标文件必须严格按招标文件要求进行。投标文件的编写内容、文件格式和封装等各项要求均需符合招标文件规定，以免造成废标。以下再次明确编制投标文件的相关基本要求：

①按照投标人须知要求填写的投标函格式、投标报价表。

②按照投标人须知要求出具的资格证明文件，证明投标人是合格的，而且中标后有能力履行合同。

③按照投标人须知要求出具的证明文件，证明投标人提供的服务是合格的高质量的服务，

且符合招标文件规定。

④按照投标人须知规定提交的投标保证金。

⑤投标文件采用的语言、格式、内容、编写顺序、份数、签署、密封和标记、电子文件等均应按招标文件的要求编制。

⑥在提交投标文件截止日前送达。

二、投标文件的格式

投标文件的格式和内容必须按招标文件的要求进行编制。

根据所监理、技术咨询或项目管理的设备工程的不同工作内容和不同特点，投标文件的格式也可能各不相同。但一般情况下，均由技术卷、商务卷、价格卷 3 部分组成。现选取其中 2 种格式摘录如下，供参考。

1. 格式 1(监理)

(1)技术卷

①工程概况；

②组织机构及其管理模式；

③承担本设备监理工作的优势和工作思路；

④设备监理大纲和实施方案；

⑤本监理工作的重点、难点分析以及相应的对策和措施；

⑥内外接口管理要点及实施方案；

⑦质量、进度、投资、安全控制方案；

⑧合同及信息管理方案；

⑨组织协调方案；

⑩各阶段监理工作成果体现方式、检查方式和评价标准；

⑪服务承诺；

⑫对本项目监理服务工作的其他建议。

(2)商务卷

①投标书；

②投标报价说明及分解；

③法人代表资格证明书；

④法人代表授权委托书；

⑤投标保证金复印件；

⑥法人营业执照副本复印件(加盖公章)；

⑦行业资质证书复印件(加盖公章)；

⑧资信和财务状况；

⑨涉及诉讼的情况及其他需要说明的问题；

⑩投标人业绩及其证明材料；

⑪项目组织机构和管理模式；

⑫本项目拟订的人员组成表；

⑬主要监理人员简历表；

⑭其他服务承诺。

2. 格式 2(施工管理咨询服务)

(1)技术卷

①项目概述;

②项目执行计划;

③工程施工管理服务工作 ;

④质量及安全保证措施;

⑤文档管理和信息管理;

⑥对本工程重点、难点的理解及合理化建议;

⑦响应偏差及说明表;

⑧工程管理和办公自动化系统。

(2)商务卷

①投标人基本情况表;

②企业法人营业执照影印件(加盖单位公章);

③企业资质证书影印件(加盖单位公章);

④公司组织架构及质量体系认证;

⑤法人代表证明书及其身份证影印件(加盖单位公章);

⑥法人代表授权委托书原件及代理人身份证影印件(加盖单位公章);

⑦投标单位业绩表及相关证明资料影印件(加盖单位公章);

⑧投标单位在最近五年内涉及诉讼或仲裁的资料;

⑨投标人拟投入本合同的人员情况表;

⑩施工管理咨询服务机构人员履历表。

(3)价格卷

①投标人的承诺函。

②投标报价书。

③编制说明。

④分项报价书。

⑤费用分解表:

a. 人员费用分解表;

b. 交通住宿费用分解表;

c. 办公费用分解表;

d. 工程管理和办公自动化系统报价。

第四节　地铁与城市轻轨设备工程管理投标文件示例

现就设备监理、工程咨询、项目管理三种设备工程管理服务类型,分别摘录三例投标文件实例,以供参考(仅摘录技术卷和商务卷)。

示例一:某地铁全线设备工程《设备监理投标文件》

(一)技术卷

1. 工程概述

1.1　工程概况

1.2　建设工期安排

1.3　投资总额及技术经济指标

1.4　工程内容和主要技术标准(分专业列出)

2. 组织机构及管理模式

2.1　组织机构

2.1.1　组织机构设置及人员配置原则

(1)组织结构科学合理

(2)有明确的管理目标和责任制度

(3)配置合格的监理人员

(4)保持相对稳定,根据实际需要进行调整

2.1.2　组织机构人员配备方案

2.2　管理模式

2.2.1　监理人员职责划分

- 总监理工程师主要职责;
- 总监理工程师代表主要职责;
- 各系统负责人主要职责;
- 专业监理工程师主要职责;
- 进度控制工程师主要职责;
- 投资控制工程师主要职责;
- 质量控制工程师主要职责;
- 安全控制工程师主要职责;
- 合同管理工程师主要职责;
- 信息管理工程师主要职责。

2.2.2　组织机构的管理方案

2.3　监理设施及设备配置

3. 承担本设备监理工作的优势和工作思路

3.1　承担本设备监理工作的优势

3.2　承担本设备监理工作的工作思路

3.2.1　在监理工作中必须坚持的原则

- 坚持公正、独立、自主的原则;
- 实施权责一致的原则;
- 实施总监理工程师负责制的原则;
- 实施认真监理、热情服务的原则;
- 实施综合效益的原则。既对业主负责,谋求最大的经济效益,又要对国家和社会负责,取得最佳的综合效益。

3.2.2　选派有经验的总监、组建强有力的监理服务机构

3.2.3　编制监理管理文件

- 编制全线机电设备系统的《监理规划》;
- 编制机电设备各系统的《监理实施细则》;

- 编写设备监理工作程序和内、外部管理制度；
- 编写关键节点、路径、进度衔接要求；
- 工程接口的协调和管理。

3.2.4　基本任务及措施

3.2.5　工作规范化管理

3.2.6　处理好与土建监理的关系

4. 设备监理大纲和实施方案

4.1　监理依据

- 《建设工程监理规范》(GB 50319—2000)；
- 监理服务合同；
- 业主与设计单位、承包商、承包商与分包商签订的有关合同文件；
- 国家、行业和地方其他有关工程建设的标准、规范、规程和法律、法规、政策、规定等；
- 合同指定使用的技术规范、工程质量检验评定标准、试验规程等；
- 经业主批准的设计图纸及设计文件。

4.2　监理服务范围及主要内容

4.2.1　监理服务范围

4.2.2　监理服务主要工作内容及职责

4.3　监理的工作要求

4.3.1　全线设备系统管理

4.3.2　设计咨询服务

4.3.3　设备采购

4.3.4　设备安装调试

4.3.5　系统总联调

4.3.6　试运行和试运营

4.3.7　设备质保期维保服务

4.4　监理工作目标

4.4.1　质量方针与质量控制目标

4.4.2　进度控制目标

4.4.3　投资控制目标

4.4.4　安全控制目标

4.5　监理实施方案

4.5.1　组建项目监理机构

(1) 组建监理组织机构应达到的目标

- 以提高工程管理效率为第一宗旨；
- 组织机构满足工程的实际需要，力争达到组织机构与设备标段划分、业主的对口管理相适应；
- 组织机构的设置应有利于监理人员岗位职责的明晰化、均衡化，充分调动全体人员的工作积极主动性。

(2) 加强组织机构的管理

- 严格对监理组织机构的监管；

- 实行项目总监理工程师负责制；
- 运行质量管理体系；
- 严格执行监理工作制度。

4.5.2 编制监理规划、监理实施细则

监理规划应是指导监理工作和编制实施细则的纲领性文件。监理服务合同签订后，本投标人将立即依据合同条款，按建设工程监理规范规定的内容和要求，在总监理工程师主持下编制监理规划。……

在监理工作的各阶段，本监理机构将结合各机电系统的专业特点编制详细具体、具有可操作性的监理实施细则，并经总监理工程师批准实施。……监理实施细则在实施过程中将依据工程实际情况及时进行补充、修改和完善。监理规划和监理实施细则我们将呈报业主。

4.5.3 制订监理工作程序

4.5.4 建立监理规章制度

4.5.5 质量、进度、投资、安全控制措施

(1) 质量控制

- 质量控制内容；
- 质量控制方法。

(2) 进度控制

- 进度控制内容；
- 进度控制方法。

(3) 投资控制

- 投资控制内容；
- 投资控制方法。

(4) 安全控制

- 安全控制要求；
- 安全控制措施。

(5)“四控”保证措施

- 组织措施；
- 技术措施；
- 经济措施；
- 合同措施；
- 组织协调。

4.5.6 合同管理与信息管理

信息、合同管理是监理单位的基础性工作，是做好质量、进度、投资、安全控制的保障。努力做好工程的信息、合同管理工作，可为业主提供高质量的服务。

4.5.7 与业主的沟通和合作

4.5.8 工程接口管理和协调工作

地铁工程是一个高技术水平的大型综合性工程。其工程管理的特点及难点就是其专业系统多、设计和参建单位多、工程接口多、建设工期紧、协调工作量大。……接口管理和组织协调难度大，这也正是监理工程师应重点关注的工作内容。

认真做好接口管理工作，应制定相应的协调工作管理办法，完成各设备系统及子系统之间

以及设备系统与土建系统间的合同界面和接口责任划分，明确各方的相互关系、各方职责、配合任务等。工程中产生的各种涉及质量、进度、投资、安全、环保等问题，均可通过协调解决。协调工作是地铁工程建设的润滑剂，是保证工程质量和进度的有力手段。

5. 本监理工作的重点、难点分析以及相应的对策和措施

5.1 监理工作的重点在于过程控制

5.2 各工程阶段监理工作的重点及控制点

5.2.1 前期准备阶段

(1) 监理单位准备工作

(2) 协助业主所做工作

5.2.2 设计阶段

5.2.3 设备招标投标阶段

5.2.4 设备采购阶段

- 设备采购质量控制的重点工作；
- 设备采购进度控制的重点工作；
- 设备采购投资控制的重点工作。

5.2.5 安装阶段

- 安装工程质量控制的重点工作；
- 安装工程进度控制的重点工作；
- 安装工程投资控制的重点工作；
- 安装工程安全控制的重点工作。

5.2.6 设备调试阶段

5.2.7 设备验收阶段

5.3 各专业系统工程特点、难点和监理措施

按专业分析各专业系统设备安装工程的特点、难点，监理工作对策和相应的措施。

6. 内外接口管理要点及实施方案

6.1 工程接口类别与划分

6.1.1 接口的划分

(1) 按系统划分

- 设备/设备系统的接口；
- 设备/土建系统的接口；
- 土建/土建系统的接口。

(2) 按性质划分

- 管理接口；
- 合同接口；
- 技术接口；
- 物理接口。

6.1.2 各设备系统之间的接口关系

6.1.3 各设备系统与土建之间的接口关系

6.2 工程接口管理工作要点

6.3 工程接口管理的作用

6.3.1 保证工期
6.3.2 提高管理效率，控制系统质量
6.3.3 优化接口管理，减少工程变更、节省投资
6.3.4 统筹规划，明确责任和任务
6.3.5 提供科学决策的客观环境
6.4 工程接口管理组织机构和职责划分
6.4.1 接口管理组织机构
6.4.2 接口管理组织的职责划分

- 业主；
- 设计单位；
- 监理单位；
- 承建、承包商。

6.5 设备安装阶段的工程接口管理实施
6.5.1 编制工程接口管理程序
6.5.2 编制工程接口管理手册
6.5.3 实施工程接口管理的保障措施
7. 质量、进度、投资控制方案
7.1 质量控制方案
7.1.1 质量控制目标
7.1.2 质量控制原则
7.1.3 质量控制措施
7.1.4 质量控制方法(事前控制、事中控制、事后控制)
7.2 进度控制方案
7.2.1 进度控制目标
7.2.2 进度控制方法
7.2.3 进度控制程序
7.2.4 进度控制措施
7.3 投资控制方案
7.3.1 投资控制目标
7.3.2 投资控制程序
7.3.3 投资控制方法及措施
7.3.4 设备变更的控制
8. 合同及信息管理方案
8.1 合同管理
8.1.1 合同管理目标
8.1.2 合同管理依据
8.1.3 合同管理内容
8.1.4 合同管理方法
8.1.5 合同管理程序

- 工程变更程序管理要点；

- 工期延期程序管理要点；
- 费用索赔程序管理要点；
- 合同争议的调解；
- 违约的处理。

8.2　信息管理

8.2.1　信息管理目标

8.2.2　信息管理基本原则及主要任务

8.2.3　信息分类

8.2.4　信息管理流程

8.2.5　信息管理制度

- 规范信息联络渠道和授权名单；
- 文件接收处理；
- 文件发放。

8.2.6　本工程管理信息系统

- 系统采用的网络技术及管理平台；
- 广域网；
- 局域网；
- 管理信息平台的构成。

9. 组织协调方案

9.1　组织协调工作目标

9.2　组织协调工作原则

9.3　组织协调工作方法

9.3.1　组织协调工作关系图

9.3.2　协调工作实施程序

9.3.3　工程接口的管理协调工作

9.3.4　施工安装阶段的协调工作

9.4　组织协调的保障措施

9.4.1　确定总监的总协调地位

9.4.2　建立监理协调工作的相关制度

- 外部协调工作制度；
- 内部协调工作制度；
- 监理回访制度。

10. 各阶段监理工作成果体现方式、检查方式和评价标准

10.1　各阶段监理工作成果体现方式(列表说明)

10.2　监理工作成果的检查方式

10.3　监理工作成果的评价标准

11. 服务承诺

12. 对本项目监理服务工作的其他建议

(二)商务卷

(1)投标书；

(2)投标报价说明及分解;

(3)法定代表资格证明书;

(4)法定代表授权委托书;

(5)投标保证金复印件;

(6)法人营业执照副本复印件(加盖公章);

(7)监理资质证书复印件(加盖公章);

(8)涉及诉讼的情况报告及其他需要说明的问题;

(9)投标人业绩及其证明材料;

(10)项目组织机构及管理模式;

(11)本项目拟定的人员组成表;

(12)主要监理人员简历表;

(13)其他服务承诺。

示例二:某地铁设备工程单系统《技术咨询服务投标文件》

(一)技术咨询服务工作大纲

1. 技术咨询服务工作的依据

2. 技术咨询服务工作的范围

3. 技术咨询服务工作的主要内容、研究深度

4. 技术咨询服务工作的流程、方法、措施

4.1 咨询项目组织构架

咨询项目组织构架如图 2-3-1 所示。

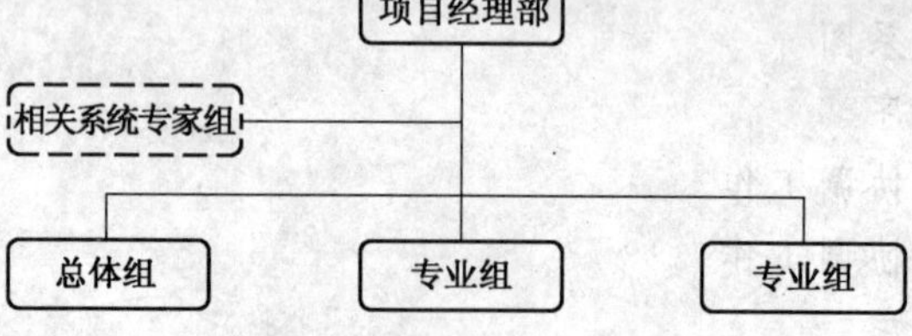

图 2-3-1 咨询项目组织架构图

说明:本项目实行项目经理负责制。项目经理对咨询工作全面负责,项目副经理全面配合项目经理的工作,各咨询组在项目经理的领导下开展工作。总体组协助项目经理把握咨询工作的进展和审查咨询服务联系单和咨询服务报告,并对咨询工作提出建议;相关系统专家组负责咨询设备系统与其他相关系统的接口技术咨询;各专业组负责相关专业系统的专业技术咨询工作。

4.2 工作流程

见图 2-3-2。

4.3 工作方法

4.3.1 采用重点深入研究和综合研究相结合的方法。

项目部将根据技术咨询服务工作范围进行综合研究后,向业主提出在各阶段的工作细则、技术咨询意见和报告。此外,项目部将和业主共同商定咨询服务过程中,不同阶段需要重点深

入研究的专题，进行深入系统分析研究，提出重点技术咨询报告。

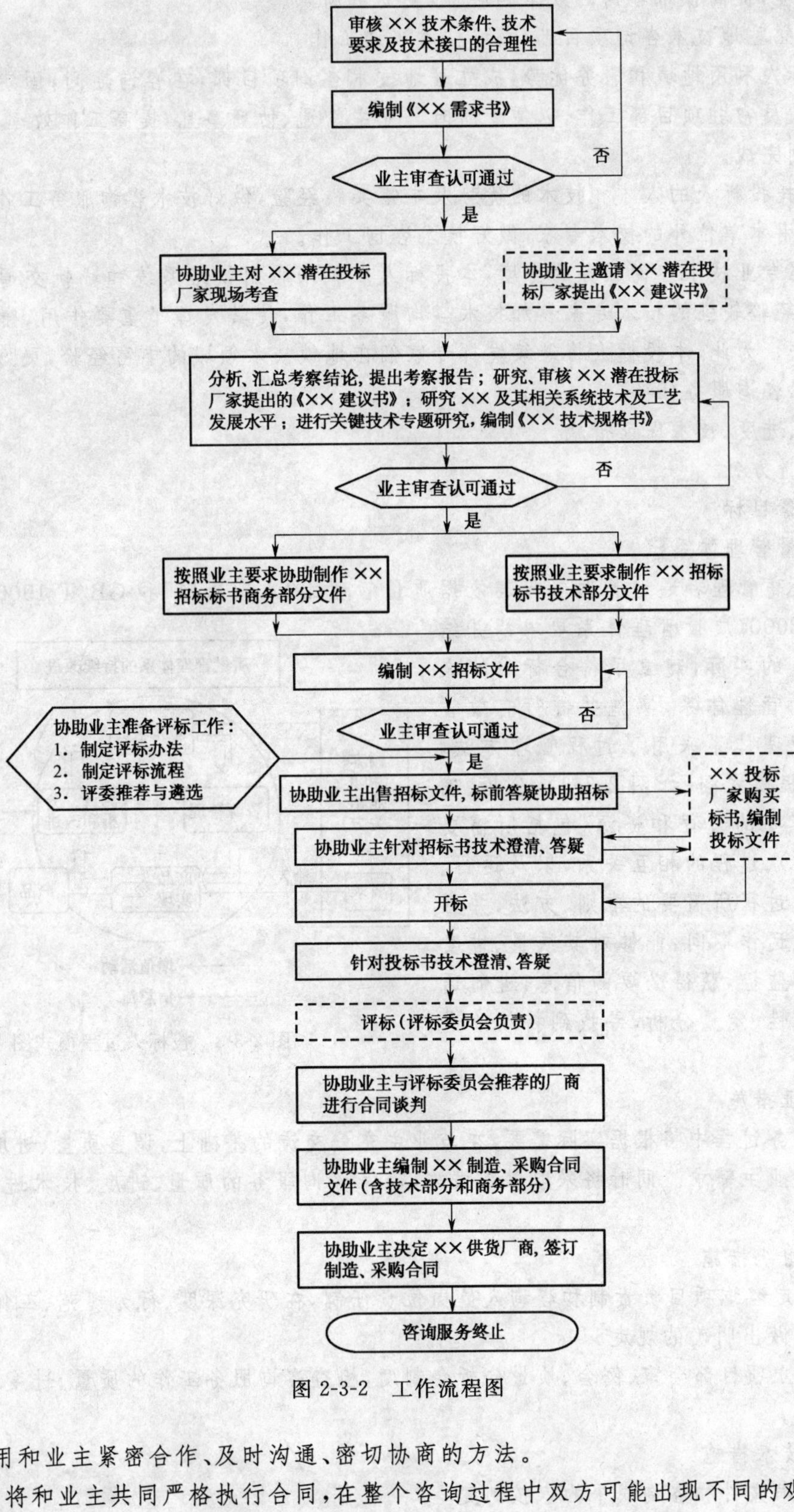

图 2-3-2 工作流程图

4.3.2 采用和业主紧密合作、及时沟通、密切协商的方法。

项目部将和业主共同严格执行合同，在整个咨询过程中双方可能出现不同的观点、看法和分歧，技术咨询项目部以"工程利益第一"和"业主利益至上"原则开展工作，及时沟通，密切协商，妥善处理，提高技术咨询的效率和质量，使业主满意。

4.3.3 建立驻地技术咨询项目部，做好技术咨询工作。

本投标人利用地域和服务优势，成立驻地技术咨询项目部，在咨询期间，固定技术咨询人员和工作人员常驻项目部工作，以便于随时与业主沟通、协商事宜，提高工作效率，确保技术咨询工作顺利完成。

4.3.4 依托投标人的人才和技术的优势及丰富实践经验，做好技术咨询服务工作。

4.3.5 聘用本单位外的技术专家，做好技术咨询工作。

为加强专业技术咨询服务的力度，本投标人多年来聘用铁路系统和城轨交通系统知名度较高、实践经验较强的技术专家参加技术咨询服务工作，使其发挥了重要作用，得到了广泛的赞许和好评。为此，本投标人将继续发挥专家们在地铁技术领域的丰富经验，更好地完成委托的项目技术咨询服务任务。

4.4 质量、进度、技术保证措施

4.4.1 质量方针

4.4.2 质量目标

4.4.3 质量管理体系

公司最高管理者通过管理者代表依据质量管理的"八项原则"和 GB/T 19001—2000 idt ISO 9001:2000《质量管理体系要求》，并结合咨询项目的实际，建立了符合标准的文件化的质量管理体系，实施并进行有效管理。质量管理体系采用了过程管理方法，即：运用过程模式图（如图 2-3-3），分析、确定公司所需要的过程和资源（包括所需要的外包过程）、过程的相互关系，以及运行、指导和控制过程所需要的准则、方法，并且确保在过程运作期间，能够对其质量、进度进行测量和监控，获得必要的信息，进而通过充分的定性、定量分析，寻找到持续改进的机会。

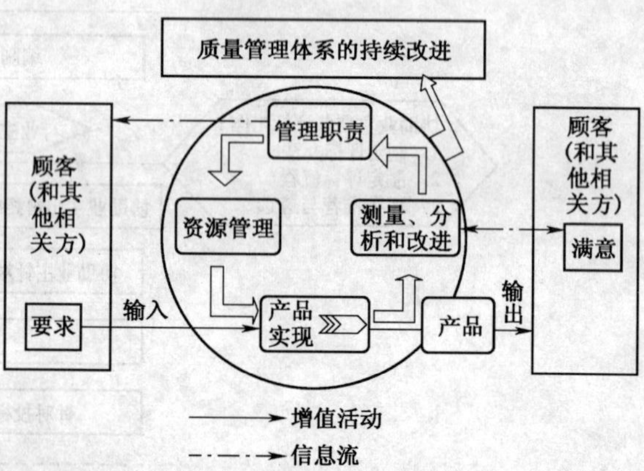

图 2-3-3 投标人过程模式图

4.4.4 保证措施

咨询服务过程中将根据实际需要，在与业主充分交流的基础上，调整质量、进度计划，以便更好地满足业主需求。同时将采取以下措施，确保咨询服务的质量、进度、技术进行控制和保证。

4.4.4.1 组织措施

(1) 制定咨询项目负责制和咨询人员岗位责任制，在研究深度、行为规范、工作流程、责任范围等方面做出明确的规定。

(2) 建立项目部会审、例会、质量分析会制度，检查咨询服务工作的质量、进度和技术保证措施的落实。

4.4.4.2 技术措施

(1) 技术文件和咨询成果的审核制度

咨询过程中所有技术文件和成果必须经过审核。对于一般性的技术文件,由专业组包括组长在内的两人审核,组长签署审核意见;对于跨专业技术问题,必须由项目总体组审核,组长签署意见;对于影响项目服务质量水平和业主满意程度的重大技术文件和项目成果,则依照咨询公司有关控制程序,由公司总工程师组织评审、审核。

(2) 咨询服务联系单的信息沟通制度

咨询服务联系单是咨询工作开展的记录和与业主交流信息的载体,同时也是对咨询质量、进度和技术进行追溯的依据。凡是项目部提交业主的正式文件,必须由项目经理签发咨询服务联系单。同时我部收到的自业主传递来的联系单或书面批示,也作为咨询工作的开展依据,同时也是业主满意度测量的依据。

5. 技术咨询服务成果的清单

6. 技术咨询服务进度表及成果提交时间

7. 拟派技术咨询服务负责人及主要技术咨询人员简历

8. 合理化建议

(二)附件

示例三:某地铁车站设备《项目管理服务投标文件》

(一)技术卷

B0 投标人声明

B1 技术规格书

1. 本投标人的技术优势与业绩

2. 投标所采用的方案

B1-1 服务通用及专用要求响应表

B1-2 工况条件及服务关系响应表

B1-3 服务内容、责任及要求响应表

B2 项目管理建议书

1. 项目管理总则

2. 项目管理目标

3. 项目管理计划

3.1 协助业主进行设备采购招标工作

3.2 制定设计联络进度计划、进行设计控制

3.3 制定接口协调计划

3.4 制定车站设备软、硬件生产进度控制计划

3.5 合同、信息管理及图纸、文件提交计划

3.6 车站设备出厂试验控制计划

3.7 设备运输和仓储计划

3.8 项目沟通计划

4. 项目管理职责

5. 系统质量控制

5.1 设备制造质量控制

5.2 设备安装调试质量控制

5.3 质量控制原则

6. 系统投资控制

6.1 项目管理工作

6.2 对供货商的项目管理工作

6.3 投资控制管理工作要点

7. 进度控制

7.1 进度控制目标

7.2 进度控制内容

7.3 进度控制方法

8. 进度计划

9. 服务规划及实施方案细则

9.1 项目管理服务规划

9.2 项目管理服务实施方案细则

10. 管理机构设置及人员安排

10.1 组织机构设置及人员配备原则

10.2 组织机构人员配备方案

11. 设施、设备等配备

12. 设计联络

12.1 设计联络会

12.2 设计确认

12.3 设计资料保存

12.4 设计建议

13. 系统内部接口管理

13.1 接口管理的作用

13.2 接口管理的工作要点

13.3 接口管理实施保障措施

14. 系统外接口管理

14.1 接口相关各方的职责

14.2 接口管理工作要点

15. 样机试验

15.1 工作范围

15.2 样机试验目的

15.3 工作程序及要求

16. 接口试验

17. 设备监造

18. 到货管理

18.1 设备到货前的管理

18.2 设备到货管理

19. 开箱检查

19.1 开箱检查程序及内容

19.2　缺损处理

20. 安装督导管理

20.1　安装督导程序

20.2　项目管理商在供货商安装督导工作中的管理事项

21. 现场调试

22. 系统联调(车站设备系统联调)

22.1　本投标人负责的工作

22.2　应注意的关键问题

23. 大联调(轨道交通系统大联调)

24. 系统试运行

25. 系统验收

26. 索赔管理

27. 系统管理及操作人员培训

B3　项目执行计划书

1. 项目执行计划书综述

1.1　概述

1.2　本项目计划的工作任务分解

2. 设备招标计划

3. 设计联络计划

4. 接口协调计划

5. 设备生产监造计划

5.1　概述

5.2　设备生产管理注意点

5.3　设备监造管理注意点

6. 图纸、文件提交计划

6.1　图纸、文件提交内容

6.2　图纸、文件提交要求

7. 设备供货、运输、仓储计划

8. 设备安装、调试、试验计划

9. 项目实施过程中月、季、年度计划

B4　设计联络建议书

1. 概述

2. 项目设计联络计划

3. 设计联络会工作内容

3.1　设计联络

3.2　产品设计审查

4. 各设备系统设计联络会安排和设计联络建议

B5　设备监造实施方案

1. 一般设备监造实施方案

1.1　一般设备监造工作程序

1.2 一般设备监造工作内容
1.3 一般设备监造实施计划
1.4 一般设备监造业主配合
1.5 一般设备监造工作难点
2. 主要设备监造实施方案
2.1 主要设备监造工作程序
2.2 主要设备监造工作内容及措施
2.3 主要设备监造实施计划
2.4 主要设备监造业主配合
3. 样机验收
3.1 样机验收工作流程
3.2 样机验收工作内容
3.3 样机验收业主配合

B6 系统内、外部接口描述及实施方案建议
1. 系统各子系统与传输系统的接口关系
2. 系统各子系统之间的接口关系
3. 系统与外部系统的接口关系
4. 各子系统之间的接口管理细则和规则
4.1 接口管理工作目标
4.2 接口管理的主要方法
4.3 接口管理的针对性措施
5. 接口出现问题之后的解决方案
5.1 接口出现问题之后的处理原则
5.2 接口出现问题后的处理流程
5.3 接口出现问题后的管理工作内容
5.4 接口出现问题之后的解决措施和方法

B7 接口试验方案建议
1. 接口试验目的
2. 接口试验计划(时间、地点要求、内容)
3. 接口试验依据
3.1 接口相关设计文件
3.2 车站设备供货合同文件
3.3 业主文件
3.4 相关规范标准(包括但不限于)
4. 接口试验前提条件
4.1 接口试验仪器及工具
4.2 接口试验前提条件
5. 接口试验各子系统的配合内容
6. 处理接口问题的办法
6.1 处理接口问题的方法

6.2　接口试验处理接口问题工作流程

7. 接口试验评定

7.1　接口试验过程记录

7.2　接口试验结果评审

B8　系统内联调方案建议

1. 内联调简述和联调目的

2. 内联调条件(包括联调工具准备)

2.1　调试用图纸文件的准备

2.2　车站系统联调要求正式电源供电

2.3　设备安装和单机调试完成

2.4　调试用仪器仪表工具

3. 内联调组织计划(时间安排、组织安排、业主配合内容)

4. 内联调各子系统配合的内容

5. 内联调程序(程序及工作程序)

6. 内联调接口处理原则

6.1　组织管理的原则

6.2　协调沟通的原则

6.3　指导的原则

6.4　处理问题公平、公正的原则

7. 联调安全措施

8. 联调故障和事故处理

9. 联调总结评估

B9　各阶段的项目管理重点及主要目标

1. 概述

2. 设计和设计联络

2.1　设备项目管理的职责

2.2　设备项目管理的目标

2.3　设备项目管理的工作重点

3. 样机测试检验和联调

3.1　本阶段设备项目管理的目标

3.2　本阶段设备项目管理的重点

4. 设备监造

4.1　本阶段项目管理的职责与目标

4.2　本阶段项目管理的重点

5. 设备出厂检验和到货验收、清点移交

(以下各阶段均阐述本阶段项目管理目标及重点)

6. 设备安装阶段

7. 子系统设备调试

8. 系统联调

9. 大联调

10. 试运行和验收

10.1 试运行

10.2 验收

11. 总结

B10 文件图纸管理办法的建议

1. 概述

2. 文件图纸的管理目的和各方责任

2.1 文件、图纸含义

2.2 编制《文件图纸管理办法》的目的和适用范围

2.3 文件图纸管理的权利和责任

3. 文件图纸的编码及收发

3.1 文件图纸的统一代码

3.2 文件图纸的编制要求

3.3 文件的传递

3.4 文件的接收

3.5 文件的审批

3.6 文件的更改

4. 文件图纸档案管理

4.1 文件、图纸文件的种类及管理要求

4.2 工程项目资料的归档要求

4.3 文件保管

4.4 文件图纸借阅

4.5 销毁

4.6 计算机化管理

5. 文档中心资源配置

5.1 机构及人员

5.2 有关设备(硬件)配置

5.3 软件

6. 档案管理工作的难点和解决措施

B11 质量控制方法

1. 质量保证的标准

2. 对设备供货商质量的控制方法

3. 质量评估体系

4. 质量审核程序

B12 到货及清点移交仓储管理

1. 明确职责,制定管理工作的计划、程序

2. 设备备包装、运输、装卸过程的管理措施

2.1 制订设备包装、运输、装卸的基本要求

2.2 主要的质量、进度管理工作

3. 到货、清点移交、储存的管理工作

3.1 到货过程的管理工作

3.2 设备储存的管理工作

3.3 开箱清点交货确认

3.4 设备缺陷的处理工作

B13 培训建议书

1. 概述

2. 培训的对象和目标

3. 培训的组织和安排

3.1 培训的分组

3.2 培训方式

3.3 培训的内容

3.4 培训的具体内容

4. 培训的时间安排

5. 使用的培训设施

6. 培训的材料和文件

7. 培训地点

8. 授课人员的要求

9. 课程的评估方法

10. 培训的组织及管理

10.1 培训计划的制定

10.2 培训计划的落实

11. 培训的完成

B14 质保期服务

B15 项目管理和服务责任

B15-1 项目管理组织机构

1. 公司对项目的支持

2. 组织机构设置及人员配备原则

3. 组织机构及人员配备方案

4. 项目经理简介

5. 项目组织机构人员的职责

6. 管理工作制度

6.1 工作会议制度

6.2 内部工作制度

7. 主要项目管理人员资历情况

8. 委派本项目专家成员名单

9. 主要项目人员资格、业绩及相关的证明材料情况

10. 主要项目人员简历表

11. 人员更换

12. 项目管理机构办公设备配置情况

12.1 主要办公设备配置

12.2 项目项目管理机构配备的特殊工器具

B15-2 项目管理计划及工作内容

1. 项目管理计划

1.1 进行项目管理的目的和意义

1.2 制定项目管理计划

1.3 项目管理工作的动态管理

2. 项目管理的工作内容

2.1 设计管理

2.2 进度控制

2.3 项目计划

2.4 质量控制

2.5 接口管理

2.6 包装、发运、装卸和储存

2.7 图纸文件控制

2.8 安装调试控制

2.9 成本控制

2.10 联络会议

2.11 验收

B15-3 责任范围

1. 设备采购招标阶段

1.1 本投标人的责任

1.2 本阶段业主的责任

2. 货商合同谈判阶段

2.1 本投标人的责任

2.2 本阶段业主的责任

3. 设计联络阶段

(以下各阶段均标明本阶段本投标人的责任和业主的责任)

4. 产品设计阶段

5. 产品制造阶段

6. 车站设备之间接口协调阶段

7. 车站设备与其他相关系统设备之间接口协调阶段

8. 设备监造阶段

9. 试验阶段

10. 出厂检验阶段

11. 到货、仓储、开箱检查阶段

12. 安装阶段

13. 现场调试阶段

14. 车站设备联调

15. 大联调

16. 试运行阶段

17. 验收阶段

18. 培训阶段

19. 设备质量保证期阶段

20. 文件管理

B16 服务承诺书

B17 质量保证体系

1. 质量管理体系

2. 质量方针与目标

3. 质量保证的标准及措施

4. 质量评估体系

5. 质量审核措施

5.1 业主对我项目部的审核

5.2 我项目部的内部审核

5.3 审核记录

5.4 质量审核程序

6. 组织措施

6.1 公司为项目部提供充足的资源支持

6.2 组建强有力的项目管理队伍

6.3 实行项目经理负责制

6.4 加强项目管理工作管理

6.5 严格执行项目管理制度

B18 各阶段业主配合的条件

B19 业绩清单

1. 已完成的同类工程项目

2. 正在进行的同类工程项目

3. 业主评价

B20 其他(合理化建议)

(二)商务卷

A1 投标书

A2 招标文件之修改补充文件确认函

A5 对合同条款的响应一览表

A6 资格证明文件

A6-1 资格声明

A6-1-1 投标人资格声明

附件1 授权函

附件2 本投标人过去五年中已完成的和正在进行的与所投项目或类似工程的详细情况和已完成的工程业主出具的证明、业主评价

A6-1-2 联合体成员的资格声明

A6-1-3 投标人(贸易公司作为代理)的资格声明

A6-2 联合体成员的授权函

A6-3　法定代表人授权书

A6-4　法定代表人证明书

A6-5　近三年的财务报表

A6-6　保险证明

A6-7　银行(或资信评级机构)资信证明

A6-8　履约信用证书及其他证书

A7　投标人诉讼史

A8　保函格式

A8-1　投标保证金承诺函格式

A9　服务费承付书

A9-1　交易服务费承付书

A9-2　中标服务费承付书

A10　退还投标保证金说明

第五节　设备监理大纲

设备监理大纲(监理方案)是设备监理单位对所承接的设备工程项目开展监理工作的总策划,是监理单位为获得监理任务在投标阶段编制的设备工程监理方案性文件。设备监理大纲作为设备工程项目监理投标文件的一部分,向建设单位(业主)展示如何对所投标的设备工程开展监理工作,展示其承担设备监理任务的能力和条件,以达到业主对设备工程监理成果的要求,其最终目的是要使业主信服,采用本监理单位制定的监理方案,即能实现业主的预期目标。因此,设备监理大纲是监理单位投标文件中十分重要的内容。在设备工程监理中,监理大纲是项目监理机构开展监理工作的指导方针,也是制定设备监理规划的大纲。

一、设备监理大纲的编制依据

(1)设备工程项目监理的招标文件,其中主要是设备工程项目概况和业主所要达到的监理目标和要求;

(2)国家和政府相关法规与政策;

(3)国家和行业有关的技术规范、规程、标准;

(4)政府管理部门批准的文件。

二、设备监理大纲的主要内容

(1)工程概况:工程名称、建设单位、本项目地点、工程总投资、工期、设计单位、工程规模和监理期限等。

(2)监理工作的依据、目标和范围:

①质量控制、进度控制、投资控制、安全控制目标;

②监理的工作阶段划分;

③监理工作范围及工作内容。

(3)监理组织机构及人员配置。

(4)质量控制、进度控制、投资控制、安全控制方案。

(5)合同管理、信息管理的任务。

(6)组织协调工作。

(7)其他技术服务。

(8)拟提交给业主的监理文件清单。

(9)其他需说明的问题。

现将某单位对地铁工程全线设备监理投标文件中的《监理大纲》目录摘录如下,供参考。

《监理大纲》目录

第一章 工程概述

1. 工程概况

2. 工程内容及主要技术标准

3. 总体设计方案

3.1 设计运输能力

3.2 车辆、机电设备系统

4. 工期策划与投资估算

第二章 监理依据、任务及要求

1. 监理工作依据

2. 监理范围、任务

3. 设备监理内容

3.1 全线设备系统管理

3.2 设计咨询服务

3.3 设备采购

3.4 车辆制造

3.5 设备安装、调试

3.6 车辆和各设备系统预验收

3.7 综合联调

3.8 试运行

3.9 试运营

3.10 竣工验收

4. 监理工作目标

4.1 质量总目标

4.2 进度总目标

4.3 投资总目标

4.4 安全文明施工和环境保护总目标

第三章 设备监理工作方案及重点、难点和特点分析

1. 监理工作方案

1.1 监理工作程序

1.2 监理规章制度

1.3 监理组织机构

1.4 工程质量、进度、投资、安全控制措施

1.5 工程信息、合同管理工作
1.6 工程协调工作
2. 各阶段设备监理重点工作
2.1 前期准备阶段
2.2 设备招投标阶段
2.3 设备采购、制造阶段
2.4 设备安装阶段
2.5 设备调试阶段
2.6 验收阶段
3. 工程难点、特点分析
3.1 大型复杂工程
3.2 工程技术要求高
3.3 关键工序多、质量监控点多
3.4 影响工期的不定因素多
3.5 接口管理和组织协调难度大
3.6 设备采购制造选型的特点
4. 各专业系统工程特点和监理重点
4.1 车辆专业
4.2 供电系统
4.3 信号系统
4.4 通信系统
4.5 自动售检票系统
4.6 自动扶梯和电梯
4.7 通风与空调系统
4.8 给排水及消防系统
4.9 防灾报警系统(FAS)、机电设备监控系统(BAS)
4.10 车辆段及综合基地检修设备
4.11 运营控制中心
第四章 车辆监理工作方案
1. 招标阶段
2. 设计阶段
2.1 初步设计阶段控制要点
2.2 技术设计阶段控制要点
2.3 施工图设计阶段控制要点
2.4 设计阶段监理工作的方法及措施
3. 制造阶段
3.1 主要部件和子系统
3.2 监造工作的方法及措施
4. 列车试验与验收阶段
5. 联调试运行阶段

第五章　设备系统管理方案

第六章　监理机构组织及管理方案

1. 监理机构组织

1.1　监理组织机构的配置原则

1.2　监理组织机构

2. 人员配备

2.1　车辆及机电设备监理人员配置表

2.2　人员配置情况及特点分析

3. 管理方案

3.1　组织机构的管理目标

3.2　组织机构的管理方案

3.3　监理工程师岗位职责

第七章　质量、进度、投资控制方案

1. 质量控制目标、方法与措施

1.1　工程质量监理目标

1.2　工程质量控制的原则

1.3　工程质量控制

1.4　质量控制的具体措施

1.5　进行严格的过程控制

2. 进度控制的目标、方法及措施

2.1　进度控制的目标

2.2　进度控制的监理方法

2.3　进度控制程序

2.4　进度控制的具体措施

3. 投资控制的目标、方法与措施

3.1　设备工程投资控制目标

3.2　设备工程投资的特点

3.3　投资控制监理工作程序

3.4　工程投资控制的监理方法

3.5　工程投资控制的措施.

第八章　安全文明施工和环境保护控制方案

1. 监理目标

2. 控制方法

3. 事故处理程序

4. 控制措施

4.1　组织措施

4.2　经济措施

4.3　技术措施

5. 安全文明施工和环境保护的过程控制

5.1　事前控制

5.2 事中控制
5.3 事后控制
第九章 合同及信息管理方案
1. 合同管理目标
2. 合同管理依据
3. 合同管理内容
4. 合同管理方法
4.1 管理宗旨
4.2 综合管理
5. 合同管理程序
5.1 工程变更管理要点
5.2 工程延期管理要点
5.3 费用索赔管理要点
6. 信息管理
6.1 信息管理的目的
6.2 信息分类及标识
6.3 信息管理办法
6.4 信息管理制度
第十章 组织协调方案
1. 组织协调工作目标
1.1 组织协调几方关系的工作重点
1.2 监理在组织协调工作中应注意的几项原则
2. 组织协调的主要方法
2.1 组织协调工作关系图
2.2 监理协调工作实施程序
2.3 加强工程接口管理工作
2.4 加大施工安装阶段协调工作力度
2.5 组织协调工作措施
3. 组织协调的针对性措施
3.1 确定总监的总协调地位
3.2 建立监理协调相关制度
3.3 监理内部协调制度
第十一章 监理工作成果体现、检查方式及评价标准
第十二章 自备的检验、检测设备
1. 自备仪器设备类型及说明
1.1 本项目自备仪器设备类型
1.2 自备仪器设备有关说明
2. 本工程拟配备仪器设备
3. 自备监理仪器和设备的管理
3.1 校核和检验

3.2 保管与使用

第十三章 服务措施及承诺

1. 监理服务措施

1.1 运行质量管理体系

1.2 公司为监理部提供充足的资源支持

1.3 组建强有力的监理队伍

1.4 选派合格的总监理工程师

1.5 配置合格的监理人员

1.6 实行项目总监负责制

1.7 加强监理工作管理

1.8 严格执行监理制度

2. 监理单位承诺

第十四章 监理服务工作建议及合理化建议

1. 对监理服务工作的其他建议

2. 对工程的合理化建议

第四章　设备监理委托服务合同

第一节　设备监理合同及其主要内容

设备监理合同是一种委托合同，应属于经济合同范畴。设备监理合同必须按合同法的规定确定合同的内容，同时需具有设备监理的特性。

一、设备监理合同概念

设备监理合同是业主（建设单位）与设备监理单位之间为了委托对重要设备的招标、设计、采购、制造、安装、调试、质保等过程的质量、进度、投资、安全实施监督，明确双方权利义务关系的协议。

二、设备监理合同的主要特征

1. 设备监理合同具有委托性

设备监理合同的主体是合同中明确的责任、权利、义务的双方当事人，即业主和监理单位，设备监理单位与业主通过委托合同确定委托与被委托关系。签订合同双方的权利义务的指向对象是监理服务，而非设备工程项目。订立设备监理合同除应符合有关法律、法规和规章规定的条件外，设备监理单位主要是根据业主委托的监理范围、任务、要求等按业主授权实施监理行为。

2. 与设备工程合同协调履行

尽管设备监理合同对设备监理单位赋予了监理的权利和义务，但这种权利的享有和义务的履行又以第三方与业主之间存在的合同关系（采购合同、安装合同、设计合同等）为前提，必须通过对向业主提供产品或服务的第三方（承包商）进行监督才能进行，并不是设备监理单方面可以实现的。根据监理委托合同的授权，设备监理单位与承包商应是监理与被监理关系。在设备工程成果形成过程中，承包商对设备工程项目负责，设备监理则需承担监理责任。因此，设备监理合同应与设备采购合同、安装合同、设计合同等协调履行。

3. 设备监理合同当事人双方地位平等

设备监理合同是有偿的合同。虽然设备监理单位根据业主的委托实施监理，必须维护委托人的权益，但监理单位不是业主的代理人，而是独立的当事人，在受业主委托后成为设备工程项目中独立于业主和承包商的第三方。监理单位不仅要依据合同监理，更要依据法律规范和行业规则、职业道德进行监理。

三、设备监理合同类型

设备监理委托合同常见的是按支付方式和合同内容进行分类。

1. 按支付方式分类

(1)人月（或以时间为基础的）合同

这一合同广泛用于一般性计划和可行性研究、设计、详细设计、技术援助等监理(咨询)活动。

(2)总付合同

总付合同在谈判时常以估算的人力和其他工作投入为基础,确定总付金额。这类合同的总付金额一旦经协商完毕,支付费用中就不再另添加投入费用。

(3)百分比合同

这类合同以设备建设投资额为基数,与确定的百分比相乘,得出监理(咨询)服务费的数额(一般按工程总价和工程等级区分监理取费率标准)。

(4)成本加固定酬金合同

成本即为监理单位为开展工作而支出的人员和物资费用,而且需按规定的时间进度完成该设备工程项目。酬金是双方协商确定的金额。如设备工程需增加人员以按原定期限完成任务时,则通常应增付增加人员的费用,不得增加酬金或利润。

2. 按合同内容分类

(1)设备工程前期监理咨询合同;

(2)设计监理合同;

(3)设备采购制造监理合同;

(4)安装调试监理合同;

(5)设备工程全过程监理合同。

四、设备监理合同文件组成及主要内容

根据国家质量监督检验检疫总局、国家经济贸易委员会、国家发展改革委员会于2001年11月1日联合发布的国质检质联[2001]174号文《设备监理管理暂行办法》第七条规定:设备监理合同中应当明确监理的范围、内容和标准,合同双方的权利和义务,监理费用的计取与支付,违约责任及其争议处理方式等。

1. 设备监理合同文件组成

采用招标方式订立的设备委托监理合同通常包括以下文件:

(1)设备委托监理协议书;

(2)中标通知书;

(3)合同通用条款;

(4)合同专用条款;

(5)双方共同签署的补充与修正文件。

2. 监理服务合同主要内容

(1)合同协议书;

(2)监理服务范围及主要工作内容;

(3)双方(业主与监理单位)的权利与义务;

(4)双方(业主与监理单位)的责任;

(5)违约责任;

(6)合同管理的有关事项(合同的生效、终止、争议、变更、暂停与中止);

(7)监理服务的报酬与支付;

(8)双方约定的其他事项。

五、设备监理委托合同双方当事人的责任、权利和义务

1. 双方当事人义务

(1)监理的义务

①组建监理机构并指派总监理工程师和监理人员。

②制定监理规划和监理实施细则。

③遵守国家有关法律、法规和技术标准，依照监理合同，公正地进行监理活动，参与设备形成过程中的质量、进度和投资控制。认真、负责地完成合同约定的监理范围内的监理任务。在履行合同义务期间，按合同约定定期向业主报告监理工作。

④在履行合同义务期间，应认真、勤奋地工作，为业主提供与其水平相适应的监理(咨询)服务，公正维护各方的合法权益。

⑤在监理(咨询)工作完成时，应将业主提供的设施和物品按合同约定时间和方式交还业主。

⑥为委托人和被监理单位保守商业秘密和技术秘密。

(2)业主的义务

①向监理单位支付预付款。

②负责工程建设的所有外部关系的协调，为监理工作提供外部条件。

③提供相关工程资料。

④设置业主代表并对监理的要求及时做出书面答复和决定。

⑤应将授予监理的权限、权利及监理机构成员的分工及时书面通知承包商。并在签订的合同中予以明确。

⑥向监理提供必要的监理办公用房、通信设施等条件。

2. 双方当事人权利

(1)监理的权利

①获取监理费用的权利。

②索取开展监理业务必要资料、设备的权利。

③索赔的权利。

④设备监理委托合同授权范围内行使合同规定的权利，一般包括：

a. 选择工程总承包人的建议权和工程分包人的认可权。

b. 对工程建设有关事项包括工程规模、设计标准、规划设计、生产工艺设计和使用功能要求，向业主的建议权。

c. 工程设计中的技术问题，按照安全和优化的原则，向业主的建议权。

d. 审批工程施工组织设计和技术方案，按照保质量、保工期和降低成本的原则，向承包人提出建议，并向业主提出书面报告。涉及项目变更，事前与业主商定，按规定办理变更事项。

e. 工程建设有关协作单位的组织协调的主持权，重要协调事项应事先向业主报告。

f. 征得业主同意，发布开工令、停工令、复工令，但应事先向业主报告，如在紧急情况下未能事先报告，则应在 24 h 内向业主做出书面报告。

g. 工程上使用的材料和设备工程质量的检验权。对于不符合设计要求和合同约定及国家质量标准的材料、构配件、设备，有权通知承包人停止使用。对不符合规范和质量标准的工序、分部分项工程和不安全施工作业，有权通知承包商停工整改、返工。

h. 设备制造和工程施工进度的检查、监督权及工程实际竣工日期提前或延期的签认权。

i. 在工程承包合同约定的工程价格总额内，工程款支付的审核和签认权，以及工程结算的复核确认权与否决权。未经设备监理工程师确认，业主不支付工程款。

j. 负责审查工程变更，办理变更手续，会同业主审核后发布变更令。

k. 有权督促、检查承包商向业主提交各阶段及全套竣工图，并按业主归档要求和建设工程文件归档整理规范进行档案资料的归档整理及移交。

l. 工程项目质量事故的调查权和处理建议权。

m. 合同争议的调解权，当双方争议由政府建设行政主管部门调解或仲裁机构仲裁时，提供佐证的事实材料。

(2)业主的权利

①监理单位调换总监理工程师须事先经业主同意。

②业主有权依据合同对监理机构的工作进行监督检查，有权要求监理单位提交监理工作月报及监理业务范围内的专项报告。

③业主发现监理人员未按监理合同履行监理职责，或与承包人串通给业主或工程造成损失的，业主有权要求更换监理人员，直到终止合同并要求监理单位承担相应的赔偿责任或连带赔偿责任。

3. 双方当事人责任

(1)监理的责任

①监理单位的责任期即设备委托合同有效期。在监理过程中，如果因设备工程建设进度的推迟或延误而超过合同约定的日期，双方应进一步约定相应延长的合同期。

②监理单位在责任期内，应当履行约定的义务。如因监理单位过失而造成了业主的经济损失，应向业主承担赔偿责任。

③承包商应对违反合同规定的质量要求和完工时限承担责任，监理单位应承担失察责任。因不可抗力导致委托监理合同不能全部或部分履行，监理单位不承担责任。

④监理人员应自觉遵守法律、法规，自觉遵守监理规范，严防腐败、渎职、失职行为发生。如被监理的设备系统出现重大安全、质量事故，监理单位负有连带责任。

⑤监理单位向业主提出赔偿要求不能成立时，监理单位应当补偿由于该索赔所导致业主的各种费用支出。

(2)业主的责任

①业主应当履行委托监理合同约定的义务，如有违反则应承担违约责任，赔偿给监理单位造成的经济损失。监理单位处理委托业务时，因非监理单位原因的事由受到损失的，可以向业主要求补偿损失。

②业主如果向监理单位提出赔偿的要求不能成立，则应补偿由该索赔所引起的监理单位的各种费用支出。

业主严重违约时，监理单位可终止合同，但至少提前 2 个月通知业主。

六、设备委托监理合同示例

现以某监理单位承担某地铁工程车辆及机电设备系统工程监理的《监理服务合同》为例，说明设备监理合同一般应包含的主要内容，以供参考。

《监理服务合同》

一、监理服务合同协议书

二、监理服务合同通用条件

1. 定义与解释

1.1 定义

1.2 解释

2. 监理单位的义务

2.1 服务形式与范围

2.2 正常的、附加的和额外的服务

2.3 尽职尽责和妥善行使权力

2.4 职员

2.5 业主财产

2.6 保密

3. 业主的义务

3.1 支持与协助

3.2 资料

3.3 决定

3.4 代表

3.5 授权通知

3.6 设施和物品

3.7 服务人员

4. 监理单位的权利

5. 业主的权利

6. 责任和保障

6.1 监理单位的赔偿责任

6.2 业主的赔偿责任

6.3 赔偿的期限

6.4 赔偿的限额

6.5 保障

6.6 保险

7. 协议书的生效、终止、变更、暂停与中止

7.1 协议书的生效

7.2 服务时间和期限

7.3 协议书的终止

7.4 协议书的变更

7.5 协议书的暂停与中止

7.6 转让和分包

7.7 额外的服务

8. 监理服务的报酬与支付

8.1 报酬
8.2 支付
8.3 货币
9. 其他
9.1 语言和法律
9.2 奖励
9.3 利益矛盾
9.4 版权
9.5 通知
9.6 考察
9.7 专家的聘请
10. 争端的解决

三、监理服务合同专用条件

1.1.1 项目
1.1.2 工程
6.1 监理单位的责任赔偿办法
6.2 业主的赔偿责任
6.4 赔偿的限额
7.2 监理服务的时间和期限
7.4.4 物价变动的补偿办法
8.2.1 监理酬金支付延迟的补偿办法
8.3 支付监理酬金的货币种类
9.1 语言和法律
9.2 奖励与惩罚
10. 争端的解决

附件A:车辆及机电设备系统监理部的构成及服务范围

1. 监理服务的形式
1.1 服务形式
1.2 组织机构及监理人员
2. 监理服务范围及主要内容
2.1 服务范围
2.2 准备阶段监理服务内容
2.3 主要监理服务内容(车辆除外)
2.4 车辆主要监理服务内容
3. 监理服务的依据
4. 有关进口设备的技术服务
5. 其他

附件B:业主的支持与协助

附件C:监理服务的报酬与支付

1. 监理酬金的计算

2. 监理酬金的支付

3. 附加监理服务或额外监理服务的报酬与支付

附表1 车辆及机电设备系统监理范围与内容

附表2 车辆及机电设备系统各阶段监理服务费率及监理费

附表3 预计各专业分阶段投入的基本监理人数

第二节 监理合同的签订程序

一、通过招投标方式签订监理合同的工作程序

为了使各监理单位进行公平竞争，确保工程项目的质量、进度和投资得到有效的控制，建设单位通常通过招投标方式（含公开招标和邀请招标）择优选定监理单位。国家要求必须采用招标的项目工程应当遵守国家的有关规定。

建设单位首先成立招标机构自行招标或委托招标代理机构按招标程序办理招标事宜，编制招标文件，发出招标公告或投标邀请书；招标机构对申请投标的各监理单位（投标人）进行资格审查；组织各投标人进行现场答疑，解答招标文件中的各项疑点；投标人研究招标文件、申请投标、确定投标策略、编送投标书；开标、议标、审查标书、确定中标单位、发出中标通知书；建设单位与中标单位签订监理合同。

二、通过协商委托方式签订监理合同的工作程序

若非《招标投标法》中规定的强制招标范围的建设项目，建设单位除通过招投标方式选择监理单位外，也可以通过直接与几家设备监理单位商议等方式，确定一家资质条件和信誉较好、有较好监理方案的合适的监理单位，通过委托的方式签订监理合同。

其基本工作程序为：

(1)在协商阶段，业主通过直接与某监理单位就项目监理等事宜进行协商，直至达成共识。

(2)业主签发“项目设备监理委托函”。其主要内容有：

①表达建设单位委托监理单位进行项目监理的意愿。

②委托监理的工程项目名称。

③委托监理的范围和主要内容。

(3)双方进一步商讨合同条件，修改、补充、确认合同条件。

(4)签署设备监理合同，也可以双方签署一份监理协议书，将合同条件列为附件。

三、合同谈判的基本工作程序

(1)建设单位（业主）已在编制的招标文件中明确拟定了监理服务范围、监理主要工作内容、监理服务要求、监理人员配置要求、监理服务期限要求及合同条款等内容。监理单位在投标文件中，对招标文件上述内容均做出了实质性的响应。监理单位中标后，招标文件就可作为双方签订监理合同条款的基础。

(2)先由准备签订合同双方中的一方（业主方或监理方）参照相关文件拟定出“设备监理委托服务合同”的初稿，提交对方征求意见，为合同谈判做好准备工作。

(3)经过充分准备后，双方代表选择合适的时间、地点进行合同谈判。

(4)通过多次反复磋商和讨论，在双方按互惠互利原则对合同的内容和条款取得一致意见

的基础上，完成“设备监理委托服务合同”修正稿，双方各自呈交单位法人代表审查认可。

(5)在中标通知书发出之日起30日内双方按法定程序正式签订合同，并按相关规定在监理单位提交合同履约保函后，合同生效。

第三节 FIDIC合同条件简介

（业主/咨询工程师标准服务协议书及合同条件）

一、FIDIC合同条件简介

FIDIC是“国际咨询工程师联合会”的法文缩写(Federation Internationale des Ingenieurs Conseils)，于1913年成立。FIDIC本意是指联合会这个独立的国际组织，但习惯上也已泛指FIDIC条款或FIDIC方法。

FIDIC是被世界银行认可的国际上最有权威的国际咨询服务机构，总部设在瑞士洛桑，其会员在每个国家只有一个，即该国的咨询工程师协会。1995年经国务院外事办公室批准，中国咨询工程协会代表我国参加了国际咨询工程师联合会。目前已拥有50多个会员国，分属4个地区性组织，即亚洲太平洋地区成员协会(ASPAC)，欧洲共同体成员协会(CEDIC)，非洲成员协会集团(CAMA)和北欧成员协会集团(RINORD)。

FIDIC成立90多年来，对国际上实施工程建设项目，以及促进国际经济技术合作的发展起到了重要作用。FIDIC专业委员会编制了一系列规范性合同条件，构成了FIDIC合同条件体系。其中最著名的有《土木工程施工合同条件》(红皮书，即通常所称的FIDIC条件)、《电气与机械工程合同条件》(黄皮书)、《业主与咨询工程师标准服务协议书》(白皮书)、《设计—建造与交钥匙工程合同条件》(桔皮书)等。它们不仅被FIDIC会员国在世界范围内广泛使用，也被世界银行、亚洲开发银行、非洲开发银行等世界金融组织作为实施项目的合同和协议范本，这些条件具有国际性、通用性和权威性，其合同条款公正合理、职责分明、程序严谨、易于操作，为实施项目进行科学管理提供了可靠的依据，有利于保证工程质量、工期和控制成本，使业主、承包人以及咨询工程师等有关人员的合法权益得到尊重。因此，世行等国际金融组织大都要求使用其贷款的项目必须采用FIDIC制定的招标采购程序和标准合同条件，同时需通过FIDIC认可的咨询监理机构对贷款项目的实施过程进行有效的监督，有效提高了贷款项目的履约率。这些金融组织在其贷款项目中强制采用咨询(监理)工程师的做法极大地推动了咨询(监理)制度的普及和咨询(监理)事业的发展。此外，FIDIC专业委员会还编制了许多规范性的出版物，包括用于工程项目管理的其他有关标准文件和应用指南，如《业主与咨询工程师项目管理协议书国际范本及通用规划》、《为工程服务的独立咨询工程师使用指南》等，可帮助业主更好地选择咨询工程师，使咨询工程师更全面地了解业务工作范围和根据指南进行工作。FIDIC还要求咨询工程师遵守职业行为准则，以提高为业主和社会服务的质量。因此，系统地学习和掌握FIDIC出版的各种合同条件，掌握现代化项目管理、合同管理理论和方法，不仅有助于提高我国工程项目的管理水平，而且有利于我国在项目管理的模式上与国际接轨。

二、业主/咨询工程师标准服务协议书及合同条件简介

《业主/咨询工程师标准服务协议书及合同条件》是FIDIC制定的重要文件之一。国际咨询工程师联合会所制订的合同标准文本或标准协议条件实际上分成两大系列。

第一个系列即FIDIC合同文件系列。它主要适用于工程建设中承包方和发包方双方之

间权利和义务的确定，但同时也强调了工程师在其中的地位和作用。该系列的标准合同文本如著名的“黄皮书”—《电气与机械工程合同条件》、“红皮书”—《土木工程施工合同条件》等。

另一个系列即IGRA系列。其全称是国际咨询协议书通用规则（International General Rules of Agreement），它主要适用于工程建设中委托单位与咨询工程师之间双方权利和义务的确定。其主要的协议书范本有“白皮书”—《业主/咨询工程师标准服务协议书》、《国际咨询协议书通用规则—用于项目管理的业主与咨询工程师之间的协议书》等。

1990年出版的《业主/咨询工程师标准服务协议书》，介绍了全过程全面的咨询委托业务，比较切合我国目前的监理业务，本节介绍其主要内容及其应用时应注意的事项。

1.“业主/咨询工程师标准服务协议书”的主要内容

(1)前言

它说明了本协议书的应用范围，如这些条款可被推荐应用于决策阶段的可行性研究、实际与施工管理、项目管理等。

(2)协议书

协议书是双方当事人对委托内容达成共同一致意见的确认。由于协议书文件内容的丰富、全面，所以协议书本身就非常简单。

协议书由下列文件组成：

①中标通知书。

②业主/咨询工程师标准服务协议书条件（第一部分标准条件和第二部分特殊应用条件）。

③附件，即：

附件A——服务范围；

附件B——监理提供的职员、设备、设施和其他人员的服务；

附件C——报酬的支付。

(3)第一部分——标准条件

标准条件共有8节44条，它们是定义和解释；咨询工程师的义务；业主的义务；职员；责任和保险；支付；一般规定；争端的解决。

其中责任这一节应引起注意，条文规定当咨询工程师违反了他对业主的责任，则咨询工程师应向业主负责赔偿。支付赔偿的金额有两条限制，一是这类赔偿仅限于因违约造成的可合理预见到的损失或直接经济损失的数额；二是支付赔偿的最大数额可在第二部分特殊应用条件中加以规定。

(4) 第二部分——特殊应用条件

第二部分的内容必须专门商定，用填充的方法表达出来。以反映不同的服务类型和服务内容。

特殊应用条件共分A、B两类内容：

A类为参阅第一部分条款内容，共有10条，它们均与标准条件的条款编号相对应。如项目名称、责任期限、赔偿限额、酬金支付的时间以及仲裁规则等。

B类为附加条款，即标准条款中所没有的，但又必须说清楚的一些问题可在附加条款中予以说明。如设备监理中，若需要赴外地制造厂进行设备检查或预验收，则监理工程师差旅费的支付方式及金额的确定就需要在附加条款中加以说明。

2.“业主/咨询工程师标准服务协议书”条件的应用说明

(1)3份附件

在协议书的组成部分中除第一部分和第二部分外还有 3 份附件，即附件 A、B、C。其主要内容如下：

附件 A：监理服务范围

①建设前期阶段

协助业主进行可行性研究、制定调研计划、组织市场调查、针对产品进行技术经济分析、选择厂址（工地）、做好环保与安全卫生技术工作、提供调研报告供业主决策、参与设计任务书的编制。

②设计阶段

协助业主选择设计单位、组织评选设计方案、审查扩充设计、施工图和概预算。

③设备采购与制造阶段

协助业主制定招标计划，编写标书，审查投标单位资格，评审投标书，提出决标评估意见，参与合同谈判，完善承包合同，对关键设备的制造厂进行质量保证体系审查，对设备关键零部件的制造、安装调试、包装、储运等环节进行全面的质量控制。

④安装施工阶段

协助业主选择设备安装单位、审查施工安装单位的质量保证体系和施工组织设计。派驻专业监理工程师进驻安装现场进行质量、进度、投资三方面的监督管理，定期提供各种信息，组织施工单位对工程进行监督验收和竣工初验，协助业主组织竣工验收。

⑤试运行阶段

参与调查试生产（试运行）中暴露出来的工程质量问题，确定质量责任，及时督促责任单位处理解决。

附件 B：业主提供的服务

①提供办公室和必须的办公用品。

②提供驻地监理办公用的通讯设备。

③给驻地监理人员在生活、交通、食宿等方面提供方便。

附件 C：监理服务的报酬及支付

①根据有关规定或双方商定，按被监理工作量的________%提取监理费。

②在委托监理合同生效之日起十日内，支付监理费总额的________%，金额为________元。监理费余额，每月第一周内支付________元。

③监理费总额，在完成竣工验收后结清。

④附加或额外服务的报酬及支付可按工程项目实际情况另议。

(2)“业主/咨询工程师标准服务协议书”条件应用时的注意事项

FIDIC 合同条件对咨询工程师的专业责任有明确的规定，并以重要注意事项的形式予以表示。

国际咨询工程师联合会认为一个咨询工程师，如果超出他的职权范围，而涉足其他专业领域，就会使他不必要地承担难以防范的责任，甚至还会造成过失、违反合同的责任。

如果咨询工程师认为，他的技术咨询内容必须超出附件 A 的服务范围，他可在事前征得业主的书面同意，安排这类服务，并应由业主支付这类服务的费用。

咨询工程师应避免对其不具备资格的事项提出咨询意见，这样做对业主与本人都极有好处。

国际咨询工程师联合会认为如情况许可的话，可以把下列内容列入第二部分特殊应用条件中去："咨询工程师的服务将不包括任何非技术性的服务，特别是全面的法律、会计、发行债券与保险的审议服务；关于安全管理、施工管理及合同管理等有关涉及进行工程项目建设的服务；咨询工程师也不能成为承包商的承保人或保证人。"当然，如果协议中在服务范围内已确定某项服务内容，或监理公司中具有这方面的人才，那么也可以包括不属技术性质的服务内容。

第五章　设备监理的组织机构

第一节　设备监理机构及组建步骤

一、组织和组织结构的概念

1. 组织

所谓组织，就是为了使系统达到它的特定的目标，使全体参加者经分工与协作以及设置不同层次的权力和责任制度而构成的人员的组合体。它包含3层意思：

(1)目标是组织存在的前提；

(2)没有分工与协作就不是组织；

(3)没有不同层次的权力和责任制度就不能实现组织活动和组织目标。

2. 组织机构

组织内部各构成部分和部分之间所确立的较为稳定的相互关系和联系方式，称为组织结构。组织结构的基本内涵为：

(1)确定组织结构与职权的关系；

(2)确定组织结构与职责的关系；

(3)向组织各个部门或个人分派任务和各种活动的方式；

(4)协调各个分离活动和任务的方式。

二、设备监理机构

通常，每一次设备监理任务都是由监理单位为了完成这个任务而专门成立的一个临时性的设备监理组织(下称"设备监理机构")完成的。该设备监理机构的任务是一个项目，但不是建设项目，也不是建设项目的任何一部分，而是设备监理项目。此设备监理项目的负责人为总监理工程师，相当于一个项目经理。总监理工程师并不是一个专职的专业技术人员，他的工作与工程师的工作完全不同，他是一项设备监理任务(临时的、一次性的任务)和设备监理机构(临时机构)的负责人。

设备监理机构的组织一般有两个需要解决的问题，一是在设备监理任务确定之后如何从监理单位原有组织机构中形成该项设备监理任务的组织机构和人员；二是这个设备监理机构本身的组成和人员搭配。

第一个问题实际上是怎样从监理单位原先稳定的组织中分离出一个实施临时性任务组织的问题。从监理单位这种常规组织中产生设备监理机构的基本形式有：直线制监理组织机构、职能制监理组织机构、直线职能制监理组织机构和矩阵制监理组织机构等。

第二个问题基本上是一个团队问题。无论采用哪一种监理机构的组织方式，对于每一个设备监理任务都一定要形成一个设备监理的任务团队。这个团队的任务是进行项目的设备监理，其具体工作由设备监理工程师完成，团队中总监理工程师的主要任务是管理这个团队。

三、监理机构组织设计的基本原则

组织设计应遵循以下基本原则：

(1)职务分工原则

使每个人的工作实现预定程序上的专门化、系统化，以提高工作效率。

(2)责权一致原则

组织中每一个人的工作都是一种职能，为了使个人能履行其职能，需要授予相应的权限作为履行职能的手段，同时个人也必须担负起履行职能的责任。

(3)指挥统一原则

避免出现指令多元化现象，上级对下级的指挥必须统一。

(4)管理幅度(跨度)适当原则

一个管理者或领导者能有效地直接指挥与领导下一层次的人数是有限的，这个极限就是管理幅度，幅度的客观存在导致组织结构的横向划分及管理层次的增加。

(5)才职相称原则

每项工作都可以确定完成该工作所需要的知识技能。监理组织中人员职务的确定，应使每个成员能够做到他现有或可能有的才能与其职务上的要求相适应。

(6)效率原则

监理组织设计必须将效率原则放在重要地位。应使组织结构中每个部门和成员为了统一的目标，组合成最适宜的结构形式，实行最有效的内部协调，办事简捷而正确，减少扯皮和重复，并且具有灵活的应变能力。

四、组建设备监理机构的步骤

监理单位组织设备监理机构的一般步骤如下：

1. 确定设备监理目标

设备监理目标是设备监理组织机构设立的前提，应根据设备监理委托服务合同中确定的监理目标，组建满足工程需要的设备监理组织机构。

2. 确定工作内容

根据监理目标和监理合同中规定的监理任务，明确列出设备监理工作内容，并进行分类组合。对监理工作进行分类组合，应以便于设备监理目标控制为目的，并考虑设备监理项目的规模、性质、工期、工程复杂程度以及监理单位自身技术业务水平、监理人员数量、组织管理水平等。

如果进行项目实施阶段的全过程监理，监理工作可按设计阶段、采购制造阶段、安装调试阶段、保修阶段分别归类和组合；如果只进行施工阶段监理，可按质量、进度、投资、安全控制目标进行归类和组合。

3. 组织机构设计

(1)确定组织结构形式

由于设备工程项目规模、性质、建设阶段等的不同，可以选择不同的监理组织结构形式以适应设备监理工作需要。组织结构形式的选择应考虑有利于项目合同管理，有利于控制目标，有利于决策指挥，有利于信息沟通。

(2)合理确定管理层次

监理组织结构中一般应有 3 个层次：

①决策层：由总监理工程师及其助手组成。要根据工程项目的监理工作特点和内容进行科学化、程序化决策。

②中间控制层(协调和执行层)：由专业监理工程师和子项目监理工程师组成。具体负责监理规划的落实、目标控制及合同实施管理，属承上启下管理层次。

③作业层(操作层)：由监理员、检查员等组成，具体负责监理工作的操作。

(3)制定岗位职责

岗位职务及职责的确定，要有明确的目的性，不可因人设岗。根据责权一致的原则，应进行适当的授权，以承担相应的职责。

(4)选派监理人员

根据监理工作和任务，选择相应的各层次人员，除应考虑监理人员个人素质外，还应考虑总体的合理性与协调性。

(5)制定工作流程和考核标准

为使监理工作科学、有序进行，应按监理工作的客观规律性制定工作流程，规范化地开展监理工作。此外，还应制定监理工作考核标准，包括考核内容、考核标准要求、考核时间等，对监理人员的工作进行定期考核。

第二节　设备监理机构的组织形式

监理组织形式应根据设备工程项目特点、设备工程项目承包模式、业主委托的任务以及监理单位自身情况确定。常见的监理组织形式如下：

一、直线制监理组织机构

这种组织形式是最简单的，其特点是组织中各种职位是按垂直系统直线排列的。它适用于监理项目能划分为若干相对独立子项目(子系统)的大、中型建设项目。总监理工程师负责整个项目的规划、组织和指导，并着重整个项目范围内各方面的协调工作。子项目(子系统)监理组分别负责该子项目的目标值控制，具体领导现场专业监理工程师或专项监理组的工作。

这种组织形式的主要优点是机构简单、权力集中、命令统一、职责分明、决策迅速、隶属关系明确。缺点是实行没有职能机构的"个人管理"，这就要求总监理工程师博览各种业务，通晓多种知识技能，成为"全能式"人物。

按子项分解的直线制设备监理机构的组织形式如图 2-5-1 所示。

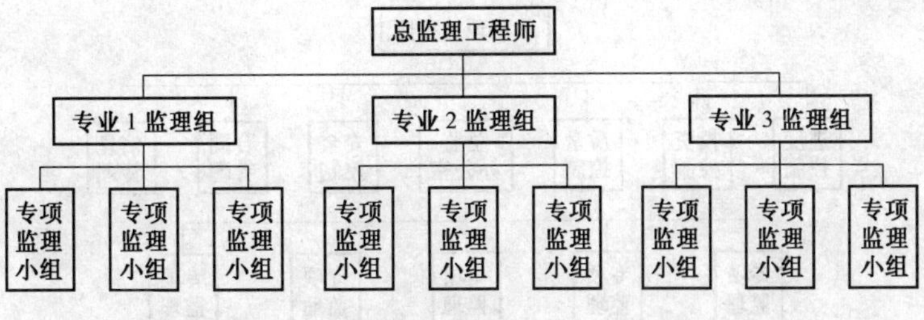

图 2-5-1　按子项分解的直线制监理组织形式

另外,还可按工程建设阶段分解设立直线制监理组织形式。此种形式适用于大、中型以上建设项目,且承担包括设计和设备采购、安装调试等全过程的设备监理任务。其设备监理机构的组织形式如图 2-5-2 所示。

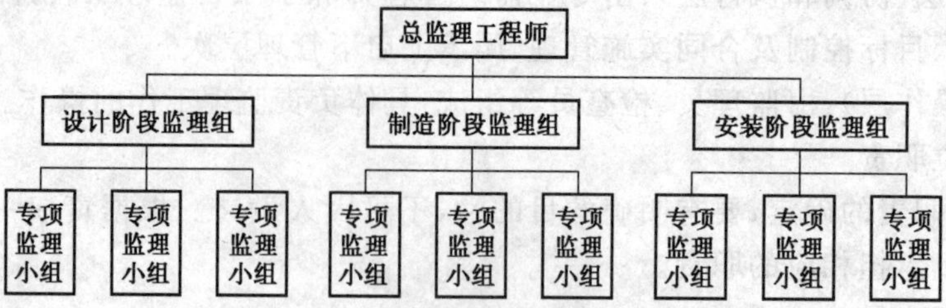

图 2-5-2 按建设阶段分解的直线制监理组织形式

二、职能制监理组织机构

职能制监理组织形式,是总监理工程师下设一些职能机构,分别从职能角度对基层监理组织进行业务管理。这些职能机构可以在总监理工程师授权的范围内,就其主管的业务范围向下层下达命令和指示。此组织形式适用于工程项目在地理位置上相对集中的工程。

这种组织形式的主要优点是目标控制分工明确,能发挥职能机构的专业管理作用,专家参加管理,提高管理效率,减轻总监理工程师负担。缺点是多头领导,易造成职责不清。

其设备监理机构的组织形式如图 2-5-3 所示。

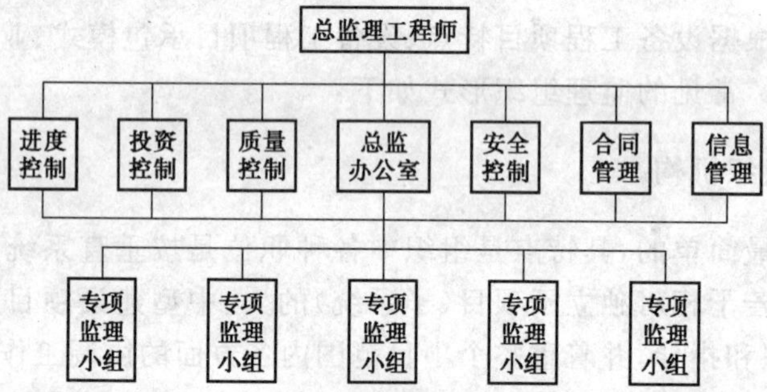

图 2-5-3 职能制监理组织形式

三、直线职能制监理组织机构

此种机构形式是吸收了直线制和职能制组织形式的优点而构成的一种组织形式。其主要优点是集中领导、职责清楚,有利于提高工作效率。缺点是职能部门与指挥部门易产生矛盾,

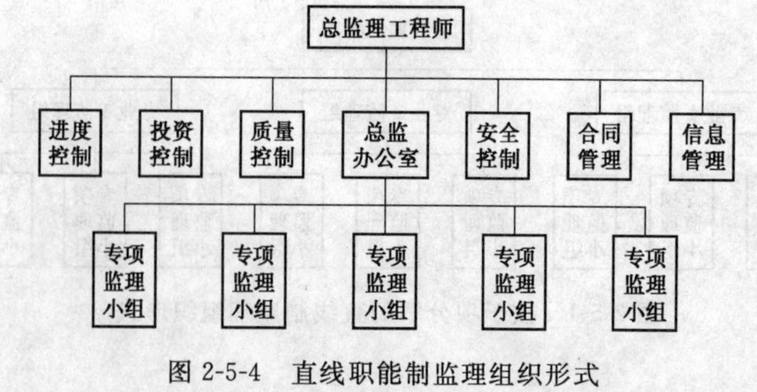

图 2-5-4 直线职能制监理组织形式

信息传递线路长，不利于互通情报。

其设备监理机构的组织形式如图 2-5-4 所示。

四、矩阵制监理组织机构

矩阵制监理组织机构是由纵横两套管理系统组成的矩阵形组织结构，一套是纵向的职能系统，另一套是横向的子项目系统。

这种形式的优点是加强了各职能部门的横向联系，具有较大的机动性和适应性；把上下左右集权与分权实行最优的组合；有利于解决复杂难题；有利于监理人员业务能力的培养。缺点是纵横向协调工作量大，处理不当会造成扯皮现象，产生矛盾。

其设备监理机构的组织形式如图 2-5-5 所示。

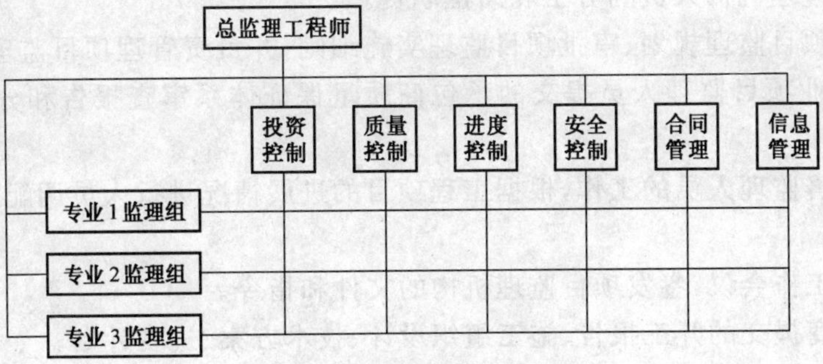

图 2-5-5 矩阵制监理组织形式

第三节 设备监理机构的人员配备

设备监理组织机构的人员配备要根据工程特点、监理任务及合理的监理深度和密度，优化组合，形成整体高素质的监理组织。

一、项目监理组织的人员结构

项目监理组织要有合理的人员结构才能适应监理工作的要求。合理的人员结构应包括以下两方面内容：

1. 要有合理的专业结构；

2. 要有合理的技术职务、职称结构。

二、监理人员数量的确定

1. 确定因素

(1)工程建设强度：指单位时间内投入的工程建设资金的数量，它是衡量一项工程紧张程度的标准。工程建设强度＝投资/工期。

一般投资费用可按工程预、概算或合同价计算，工期根据进度总目标及其分目标计算。显然，工程建设强度越大，需要投入的监理人力就越多。工程建设强度是确定监理人数的重要因素。

(2)工程复杂程度。

(3)工程技术要求高低。

(4)监理单位的业务水平。

(5)监理组织结构和任务职能分工。

2. 确定监理人员的方法

按各类监理工程师不同的岗位职责，合理选择并安排符合要求的监理人员。

第四节 主要设备监理人员的岗位职责

一、总监理工程师的岗位职责

1. 总监理工程师是监理公司派驻现场履行监理合同的全权代表，全面负责项目监理工作。

2. 确定项目监理机构人员的分工和岗位职责。

3. 主持编写项目监理规划、审批项目监理实施细则，并负责管理项目监理机构日常工作。

4. 审批各专业项目监理人员提交的承包商质量保证体系审查报告和分包商资质审查报告。

5. 检查和监督监理人员的工作，根据工程项目的进展情况进行人员调配，对不称职的人员应调换工作。

6. 主持监理工作会议，签发项目监理机构的文件和指令。

7. 审定承包商提交的开工报告、施工组织设计、技术方案、进度计划。

8. 审核签署承包商的申请、支付证书和竣工结算。

9. 审查和处理工程变更。

10. 主持或参与工程质量事故的调查。

11. 调解建设单位与承包商的合同争议、处理索赔、审批工程延期。

12. 参加建设单位召开的工程例会，定期组织召开工程协调会。

13. 组织编写并签发监理月报、监理工作阶段报告、专题报告和项目监理工作总结。

14. 审核签认分部工程和单位工程的质量检验评定资料，审查承包商的竣工申请，组织监理人员对待验收的工程项目进行质量检查，参与工程项目的竣工验收。

15. 主持整理工程项目的监理资料。

16. 总监理工程师可任命总监理工程师代表派驻现场，总监理工程师代表主持日常的监理工作，并负责完成总监理工程师委派的职责范围内的工作。

二、专业监理工程师岗位职责

1. 负责编制本专业的《监理实施细则》，报总监理工程师批准实施。

2. 根据业主要求协助其做好本专业项目工程的设备和施工招标工作。

3. 负责本专业监理工作的具体实施。

4. 审查本专业设备系统的设计文件、设计图纸、应用软件的总体设计方案并提出审查意见，协助业主力求实现完善功能的优化设计。

5. 负责本系统设备的到货开箱验收，并协助办理移交手续。

6. 参加本专业项目施工前的设计交底和图纸会审。

7. 审查承包商提交的施工组织设计、施工方案和施工总进度计划、系统调试大纲、质量标准及涉及本专业的各项计划、方案、申请，并向总监提出报告。

8. 核查进场材料、设备、构配件的原始凭证、检测报告、合格证等质量证明文件及其质量情况，根据实际情况认为有必要时对进场材料、设备构配件进行平行检验，合格时予以签认。

9. 负责对安装施工过程的监督管理。

10. 负责本专业分项工程及隐蔽工程验收。

11. 负责对本专业项目施工单位、施工现场的协调工作。

12. 定期向总监提交本专业监理工作实施情况报告，对重大问题及时向总监汇报和请示。

13. 根据本专业监理工作实施情况做好监理日记。

14. 负责本专业项目工程计量工作，审核工程计量的数据和原始凭证。

15. 审查工程变更和设计变更。核查索赔事项。

16. 参加本专业项目工程初验和竣工验收，并提出验收意见。

17. 负责本专业监理资料的收集、汇总及整理，参与编写监理月报。

18. 负责本专业项目的工程结算的审查。

19. 组织、指导、检查和监督本专业监理员的工作，人员需要调整时，向总监提出建议。

三、驻地监理员岗位职责

1. 在总监及专业监理工程师指导下，协助开展现场监理工作，行使检查和发现问题的职能。

2. 检查承包商投入工程项目的人力、材料、主要设备及其使用、运行状况，并做好检查记录。

3. 按设计图及相关标准，对承包商的施工工序进行检查和记录，对加工制作及工序施工质量的检查结果进行记录。

4. 复核或从施工现场直接获取工程计量的有关数据并签署原始凭证。

5. 承担旁站监理工作，发现问题及时指出，并向专业监理工程师报告。

6. 做好监理日记和有关的监理记录。

第五节 设备监理组织机构示例

现摘录某设备监理组织机构形式的实例，供参考。该设备监理组织形式通过在某地铁全过程设备监理的具体实施，证明其满足了工程的需要，为全面有效地履行监理合同提供了切实的符合工程需求的组织保证。该设备监理单位被评为优秀参建单位。

该监理单位的组织机构在设备采购、制造阶段和安装阶段有所不同。

一、设备采购制造阶段组织机构

设备采购制造阶段组织机构如图 2-5-6 所示。

二、设备安装阶段组织机构

设备安装阶段组织机构如图 2-5-7 所示。

三、设备监理组织机构设置原则

1. 根据地铁设备工程不同专业、不同系统，设置专业监理分部，配置不同的专业监理工程师。如地铁车辆及机电设备系统工程包括车辆、供电、通信、信号、防灾报警、设备监控、自动售检票、通风与空调、采暖、给排水及消防、屏蔽门、控制中心、电梯及自动扶梯、车辆段综合基地等系统，所以对应设置了各系统监理分部，配置各相关专业监理工程师。

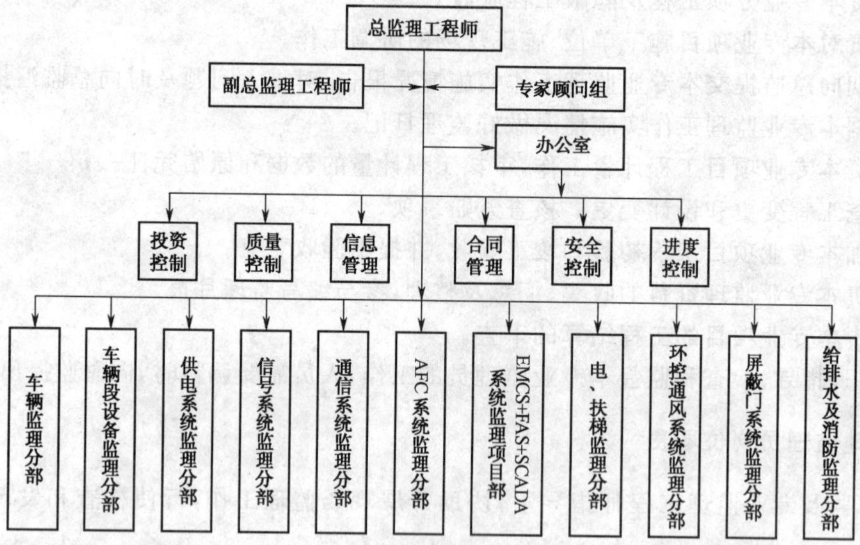

图 2-5-6　设备采购制造阶段组织机构图

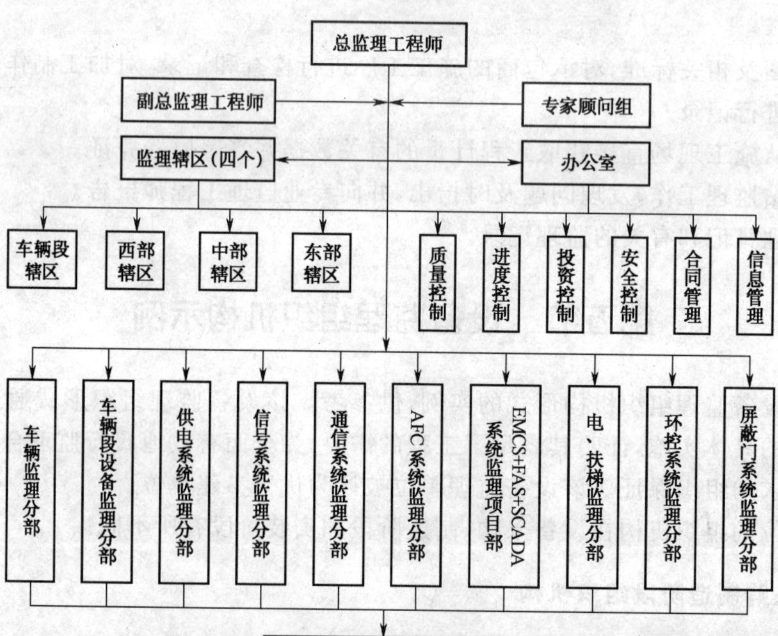

图 2-5-7　设备安装阶段组织机构图

2. 根据监理工作的性质来确定机构的具体组织形式：监理工作主要从事工程项目的“四控两管一协调”(即质量、进度、投资、安全控制，合同管理、信息管理，工程协调)工作。为此设置了质量控制、进度控制、投资控制、安全控制、合同管理、信息管理的专职人员，负责督促、协调和横向管理各监理分部专业监理工程师的工作，同时负责组织各监理分部监理工程师检查承包商的各项工作。

3. 根据地铁工程的性质决定监理组织机构的具体形式：地铁工程具有规模宏大，系统复杂，建设周期长的特点，客观上需要强有力的组织、调度、协调机构。针对此工程特点，选择了直线性监理组织机构，加强了总监、总监代表的管理力度，便于工程指令的直接下达和管理工作。为强化总监的决策正确性，成立了专家顾问组，负责为总监提供决策依据和建议，同时为监理工作提供技术支持。

4. 根据国家的法律、法规、标准及当地政府的有关条例。在我国有关法律、法规中，对监理工程师的职责、权限、处罚条例均有明确规定，据此在监理组织机构中，配备人员数量足够、业务能力强、符合相关要求的监理工程师。

5. 根据业主的要求。业主在招标文件中，对监理工程师的工作范围、内容、总监及专业监理工程师的资历均有明确的要求。按此组建的监理机构及配备的监理人员应满足业主的相关要求。

6. 根据工程的不同阶段，将派遣不同人数、不同专业的监理人员，以保证满足设备工程的需要。例如在设备招标阶段，派遣专家协助业主编制招标文件；在设备安装阶段，派遣现场经验丰富、年富力强、协调能力强的监理工程师；在设备调试阶段派遣的人员中，既有组织、协调能力强的监理工程师，又有业务精湛的专家等人员。

7. 根据设备工程不同阶段的工程特点，对监理组织机构的形式进行适当调整，以适应工程中监理工作的需求。在设备安装阶段按二级矩阵模式监理体系设置：第一级由总监理工程师领导下的监理部办公室（含各技术管理工程师）、4 个监理辖区、10 个专业系统监理分部、1 个专家顾问组组成。第二级机构由驻地监理组组成。在设备安装阶段成立的监理辖区按地域划分，监理辖区设辖区总监代表，主持辖区监理工作。辖区总监代表对总监理工程师负责。各驻地监理人员直接处理设备安装、施工中发生的各类协调事项，重大事项立即向上级部门请示汇报，并按批示进行及时处理。此种监理模式对设备安装阶段的监理工作发挥了积极有效的作用，得到了业主和承包商的充分肯定。

第六章 设备监理规划

第一节 设备监理规划的作用和编写要求

设备监理规划是设备监理单位在与业主签订监理合同并收到设计文件后，由总监理工程师主持，在监理大纲的基础上根据监理合同的要求，以及进一步收集相关设备工程信息和实际调查后编制的。监理规划经监理单位技术负责人审核批准后实施，并报业主备案，成为设备监理单位履行监理合同，全面开展监理工作的指导性文件。

一、监理规划的作用

1.指导监理单位的项目监理机构全面开展监理工作

设备工程项目监理的任务是对设备工程的承包商及其生产活动进行监督管理，协助业主实现工程项目的建设总目标。实现总目标是一个系统过程，包括制定计划、建立组织、配备人员、进行有效领导、实施目标控制等，尤其对参建单位多、约束条件多、目标多、时间长、系统复杂的地铁设备工程，更需要事先对监理任务做好全面的系统的科学的工作规划和安排。监理规划应是指导监理工作的纲领性文件，起着指导监理单位内部自身业务工作的功能。制定并有效执行设备监理规划，是监理单位全面履行监理合同的关键，也是监理单位节约监理成本，提高监理效益的保证。

2.是政府主管部门对监理单位实施监督管理的重要依据

政府主管部门对监理机构进行管理的重要内容，就是对监理机构的监理工作进行检查和评比、考核，以认定监理单位的水平，掌握监理机构经营活动的动态情况。对监理规划的检查，是政府主管部门监督、管理和指导监理活动的重要依据，同时按照监理规划对监理工作的实施进行检查也是获取监理机构经营情况的重要途径。

3.是业主检查监理机构开展监理工作实效的主要依据

业主将设备工程项目的监理任务委托给了监理单位，其目的是要获取满意的监理效果，使设备工程项目承包商的工作结果达到预期的工程总目标。为此，业主有权监督监理单位执行监理合同的情况。监理规划应当能够全面而详细地为业主定期或不定期检查监理工作提供依据，它是业主确认监理单位是否履行监理合同的主要说明性文件。

4.是监理单位内部考核的依据和重要存档资料

监理单位为了加强管理，提高监理效率，必须对内部的管理实行制度化、规范化、科学化，并加强工作考核，经内部主管负责人审批的监理规划应是考核工作的主要依据。

同时，监理规划的内容应随工程进展而不断完善和补充，它在一定程度上真实反映了工程项目监理的全貌，是最好的监理过程记录，因此是监理单位重要的存档资料。

二、设备监理大纲、设备监理规划、设备监理实施细则的区别

设备监理大纲、设备监理规划、设备监理细则是进行设备监理工作过程中形成的 3 个主要

文件，是随着监理工作的开展而体现的不同策划层次的系列性文件，它们既相关联又有区别。监理大纲和设备监理规划的结构有一些差别，但在主要内容组成上基本一致，即：根据本工程项目的建设工况和监理工作范围、工作内容，明确监理工作目标、项目组织机构和人员配置、监理机构人员岗位职责、工作程序、工作方法及措施、工作制度和资源配置等。两者主要区别在于编制时间和其中内容的翔实程度不同。而监理细则是依据监理规划编制的专项监理工作的操作性文件。监理规划和监理细则均需在监理工作开展过程中不断修改、补充和完善。

表 2-6-1 监理大纲、监理规划、监理实施细则的区别

文件名称	编制对象	编制时间	作用
监理大纲	项目整体	招标阶段编写监理投标文件时制定	对拟承揽的设备工程监理工作的总策划，目的是使业主信服，进而中标
监理规划	项目整体	签订委托监理合同和收到设计文件后制定	指导监理工作的纲领性文件，起"初步设计"的作用
监理实施细则	具体专业系统	落实各设备系统监理责任后制定	具体实施各专业项目监理工作的操作性文件，起"施工图设计"作用

三、设备监理规划的编写依据

1. 设备工程项目监理合同

设备监理合同中监理工作范围和监理内容是监理规划编制的核心依据；合同明确的对监理机构和监理工程师的授权与义务是编制监理规划的基本界限；监理合同对监理成效的要求是监理规划要达到的基本目标。

2. 设备工程项目承包合同

设备工程项目承包合同是设备监理的客体。设备监理规划必须与设备工程承包任务计划同步，为实现设备监理对承包商的生产活动进行动态跟踪监督，工程项目承包合同中业主和承包商双方的权利和义务及承包商履行工程承包合同的标准应是设备监理规划设定监督标准的重要依据。

3. 政府管理部门批准的相关文件

建设项目可行性研究报告、立项批文和规划部门确定的规划条件等政府管理部门核准的文件是编制监理规划的前提和约束条件。

4. 工程建设方面相关法律、法规与政策

国家、地方和部门关于建设项目及与设备有关的法律、法规与政策是编制监理规划应遵循的基本准则和约束条件。对涉外或跨国设备项目的监理，设备所在国或国际通用法规也是编制监理规划的重要依据之一。

5. 国家和(或)行业有关的技术规范、标准

编制监理规划必须遵循有关技术规范、质量标准和经济参数等基本准则。在进行设备设计、采购、制造和安装调试等过程的监督控制中，要求承包商严格按国家和(或)行业技术规范、质量标准进行承包活动。

6. 经批准的工程设计文件

应包括设计方案、初步设计、施工图设计，工程实施情况，重大工程变更等。

7. 设备监理大纲

监理大纲是编制监理规划的基础和指导文件，监理规划应在监理大纲的约束下编制，又是

监理大纲的展开和深化。监理大纲中涉及的项目组织计划;拟派出的主要监理人员、设施和监理规章制度;进度、质量、投资、安全文明施工控制方案;合同信息管理措施、监理工作程序;定期向业主提交的监理工作阶段性成果和监理效果承诺等内容都是监理规划编写和深化的依据。

8. 设备工程项目的外部环境调研资料

外部环境是影响设备工程的重要因素,也是影响设备工程项目监理规划的重要因素。在编制设备监理规划过程中要充分考虑自然因素(工程地质、工程水文、区域地形、自然灾害等)、社会因素(政治局势、社会治安等)、经济因素和市场因素(建筑市场状况、材料设备厂家、各参建单位、交通通信及公用设施、能源和后勤供应、金融市场等)对设备工程活动及监理活动带来的不确定性和风险,以体现设备监理规划的客观性和在执行设备监理规划中的可调整性,确保在设备监理的约束和指导下实现工程项目的监理目标。

四、设备监理规划编写的有关要求

1. 监理规划的基本内容应力求统一。

为达到监理工作规范、统一、制度化的要求,监理规划的基本组成内容应按《建设工程监理规范》GB 50319—2000 中 4.1.3 条"监理规划应包括以下主要内容"进行编写。

2. 设备监理规划的具体内容应具有针对性。

监理规划的基本组成内容应当力求统一,但各项内容要有针对性。因为设备监理规划是指导一个特定设备工程项目监理工作的技术组织文件,而所有工程项目都具有单件性和一次性的特点,所以其具体内容应适用于该设备工程项目。而且,不同的监理单位和不同的总监理工程师对一个具体工程项目在监理思想、理念、方法和手段上都有各自的独到之处。因此,不同设备工程的监理规划均应有其具体的针对性和特点。

3. 监理规划应由总监理工程师主持,专业监理工程师参加编制。

4. 监理规划应当把握住工程项目运行的脉搏。

由于监理规划是针对某一个具体工程项目制定的,而工程的动态性很强,导致监理规划的可变性。因而必须把握工程项目运行的脉搏,及时修正、补充和完善,只有这样才能实施对这个项目的有效管理。

5. 监理规划应进行审核。

项目监理规划在编写完成后,需要进行审核并经批准后实施。监理单位的技术主管部门是审核单位,其负责人应当签认。同时需提交业主确认并监督实施。

第二节 设备监理规划的基本内容

一、设备工程项目概况

在概况中除说明本项目名称、地点、规模、主要组成部分、项目参与方、工期、工程总投资外,还需分项详细说明项目的工程量和主要特点。

二、设备监理的范围和工作内容

1. 设备监理工作的范围

指依据招标文件规定设备监理单位所承担的设备监理任务的工作范围。应具体说明监理机构的责任:如对设备采购招标的监理、设备制造的监理、安装施工的监理、工期的管理、接口协调和设备调试的监理、软件测试的监理、设备系统预验收及竣工验收的监理、合格工程量的审核签证等。一般应按照设备监理单位所负责监理的设备工程的具体内容确定。

2.设备监理的工作内容

应依据委托监理服务合同,确定具体的设备监理工作内容。

三、设备监理工作的目标

设备监理工作的目标包括:设备工程质量目标(如工程质量达到合格或业主要求的其他标准等)、进度目标(如按期完成设备工程的全部工作)、投资目标(如在概算或预算以内完成工程)、安全管理目标、合同管理目标等。

四、设备监理依据

设备监理的依据主要有:

(1)工程建设方面的法律、法规和有关政策;

(2)政府有关部门批准的建设文件;

(3)设备工程合同和设备监理合同;

(4)与本工程相关的各类标准、规范等。

五、设备监理组织机构、人员配备和职责划分

设备监理的组织机构形式通常以图形和文字形式说明。可绘出组织机构的简单示意图,并说明设备监理机构的人员安排和具体责任划分。应说明主要监理人员的资格情况,同时着重介绍总监理工程师的情况。

六、设备监理工作程序

设备监理工作程序(或流程)是设备监理工程师在进行具体的设备工程项目监理工作时所应遵循的基本工作程序。一般采用流程图的形式表示。

七、设备监理的方法和措施

设备监理的方法和措施主要是针对质量、进度、投资这三大控制目标和合同管理、信息管理以及组织协调等监理工作的主要内容制定的。此外还应根据设备工程的具体情况和监理合同的内容要求制定其他相关的方法和措施。

1.质量控制的方法和措施

(1)确定质量控制的目标。

(2)拟定质量控制的工作程序。

(3)制定质量控制的措施,包括组织措施、技术措施、经济措施和合同措施。

(4)绘制质量控制表格。

2.进度控制的方法和措施

(1)确定进度控制目标及进行目标分解,主要包括总进度计划和根据总进度计划的分解计划,其中分解进度计划包括设备工程项目分阶段的进度计划和各子项目进度计划。

(2)拟定进度计划控制的工作程序,主要包括进度控制工作细则的编制,分解进度计划及

其审核，监督进度计划的实施、偏差分析及纠偏措施。

(3)制定进度计划控制的措施，包括组织措施、技术措施、经济措施和合同措施。

(4)绘制进度控制的图形及表格。

3. 投资控制的方法和措施

(1)确定投资控制目标及进行目标分解，主要包括总投资计划和根据总投资计划的分解计划，其中分解投资计划包括按时间分解的投资计划和按各子项目分解的投资计划等。

(2)拟定投资计划控制的工作程序，主要包括工程投资控制工作细则的编制，投资计划的编制与其审核，投资偏差分析及纠偏措施。

(3)制定投资控制的措施，包括组织措施、技术措施、经济措施和合同措施。

(4)绘制投资控制表格。

4. 合同管理的方法和措施

(1)确定设备工程项目的合同组成及其结构(时序合同结构或层次合同结构)。

(2)拟定合同管理的工作程序。

(3)对合同执行情况进行反馈与分析。

(4)调解合同争议并处理好索赔。

(5)绘制合同管理表格。

5. 信息管理的方法和措施

(1)确定信息的组成、结构和信息流程图。

(2)制定信息管理工作制度和工作程序。

(3)制定信息管理措施。

(4)绘制信息管理表格。

6. 组织协调的方法和措施

(1)分析设备工程项目的各个利益方及其相互关系。

(2)分析并拟定针对每个利益方的协调方案。

(3)拟定组织协调的工作程序。

(4)制定组织协调的措施。

(5)绘制组织协调工作表格。

八、设备监理工作制度

设备监理工作制度包括：设备监理机构内部的工作制度和设备工程项目各个过程的监理工作制度。

九、设备工程项目监理机构的资源配置

这里所指的资源是设备监理单位为所投标的项目准备投入的各类交通设施、办公设施、通信设施、生活设施和检验检测设备等。

十、设备监理效果承诺

根据招标文件的要求，主要在质量、进度、投资、安全等方面的承诺。

十一、需提供给业主的文件清单

设备监理单位应明确工作中向业主提供阶段性的监理文件和文件清单。

十二、其他需要说明的问题

如设备监理单位针对本工程项目的具体特点所提出的相应措施或建议。

第三节 设备监理规划示例

现摘录某监理单位针对某地铁设备工程编写的设备监理规划目录，供参考。

《设备监理规划》

1. 工程概况
1.1 项目规模及目标
1.2 项目投资
1.3 项目工期
1.4 项目参建单位
1.5 车辆及机电设备系统工程概况(按专业系统分别阐述)
1.5.1 车辆
1.5.2 车辆段设备
1.5.3 供电系统(含接触网)
1.5.4 信号系统
1.5.5 通信系统
1.5.6 自动售检票系统
1.5.7 屏蔽门
1.5.8 自动扶梯和电梯
1.5.9 综合监控系统(EMCS+FAS+SCSDA)
1.5.10 环控系统
2. 监理工作范围、依据和目标
2.1 监理工作范围
2.2 监理依据
2.3 监理目标
3. 监理服务内容
3.1 车辆监理主要服务内容
3.1.1 招标阶段
3.1.2 设计阶段
3.1.3 驻厂监造阶段
3.1.4 调试及验收阶段
3.1.5 试运行和保修阶段
3.2 机电设备监理服务内容

3.2.1　设计阶段
3.2.2　设备采购和国内制造阶段
3.2.3　安装调试和验收阶段
3.2.4　试运营及保修阶段
4. 监理组织
4.1　监理组织机构
4.2　监理人员配置
4.3　监理人员职责
5. 监理工作方法及措施
5.1　质量控制措施
5.1.1　设计阶段质量控制
5.1.2　设备采购阶段质量控制
5.1.3　设备制造阶段质量控制
5.1.4　安装调试和试运营阶段质量控制
5.2　进度控制措施
5.2.1　设计阶段进度控制
5.2.2　设备制造阶段进度控制
5.2.3　安装调试阶段进度控制
5.3　投资控制措施
5.4　安全控制措施
6. 设备监理管理程序
6.1　编制说明
6.2　目录
第一分册　设备设计及制造阶段
第二分册　设备安装及调试阶段
第三分册　通用程序
7. 监理工作制度
7.1　监理工作会议制度管理办法
7.2　文件资料管理制度
7.2.1　文件编写格式要求
7.2.2　监理部各部门收发文及资料编号规定
7.2.3　声像资料和电子文件管理实施细则
7.2.4　监理报告管理办法
7.2.5　档案管理制度
7.2.6　往来文件收发制度
7.2.7　文件资料管理办法
7.3　监理工程师职业道德守则
7.4　监理工程师的工作原则和责任
7.5　监理工程师的工作纪律
8. 监理设施

8.1　办公设施

8.2　影像器材

8.3　交通工具

附件一:机电设备进度计划(P3 软件)管理规范

附件二:办公室技术管理工作实施草案

第七章　项目风险管理与监理的责任

第一节　项目风险与风险管理

一、项目风险的概念

1. 风险的定义

风险始终伴随着人类的活动，它是无处不在的。进行任何社会、经济活动都存在风险。目前，对风险的定义有很多种，如：风险是指对发生某一损失的不确定性；风险是指损失出现的机会和概率；风险是一种无法预测的、实际后果可能与预测后果存在差异的倾向等。由此可见，风险的基本特征是不确定性和损失，其定义可简洁为：风险是意外损失或损害发生的可能性。该定义包括了以下几个层次的含义：

(1)风险是一种潜在的可能性和客观存在，人们事前无法确认其在何时何地发生。

(2)风险一般是人们所不希望发生的事件或活动的结果。

(3)事件或活动的结果与事前的预期存在不一致和偏差，结果偏离预想越大，风险就越大。

由此可知，风险概念是由不确定性造成的负面效应所引发的，它是一种客观存在。例如工程项目的建设和管理其风险就通常包含经济风险、技术风险和环境风险，不可能有零风险的项目选择。这就要求我们正视风险，研究风险，确定风险管理目标，建立风险管理的体系。

2. 风险的主要特征

(1)客观性

风险是独立于人类的主观意志之外的客观存在，不以人的意志而转移。人们只能在有限空间和时间内改变风险存在和发展的条件，降低其发生的概率和损失程度，而不可能根治、消除风险。

(2)普遍性

风险存在的普遍性指风险无时不在，无处不有，渗入到了人类社会生活的方方面面。

随着生产力水平的提高，科学技术的发展使人类社会走向文明，消除了一些风险，但又造成了新的风险。在当今市场经济条件下，企业面临着的是自然风险、市场风险、技术风险、政治风险的威胁；个人面临失业、疾病、意外事故等风险；所有的工程项目也必然面临着各种各样的风险。风险无论是对单位、企业、个人，甚至国家都是普遍存在的。

(3)具体风险的偶然性

风险尽管是客观的、普遍的，但就某一具体风险而言，其发生却是偶然的，是一种随机现象。在风险发生之前，人们是无法准确测定、预期其发生的时间、地点、损失的程度等。这是由于任何风险的发生都是各种因素综合作用的结果，而这些因素在风险发生之前，相互间无任何必然联系，许多因素出现的本身就是偶然的。

(4)大量风险发生的规律性

个别风险事件的发生是偶然的、无序的。但是，通过对大量风险事件的观察和综合分析，风险的发生却呈现出明显的规律性。在一定条件下，利用数理统计方法和概率论，对大量独立的风险事件进行统计处理，可使人们较为准确地把握大量相互独立风险的运行规律。据此就可构造出风险分布模型，这种模型便成为风险估测的基础。可以比较准确地反映风险的规律性。

(5)风险的可变性

风险是随环境和条件的变化而不断转化的。这种转化包括：风险质的转化、量的转变，某些风险在一定的空间和时间范围内消失，新的风险的产生等。

(6)风险的相对性

风险总是相对活动主体而存在的。人们对风险事件都有一定的承受力，但这种能力因活动、活动主体和时间而异。同样的风险，对于不同的主体所造成的影响各不相同。对于工程项目，人们的承受力常常受收益的大小、投入的大小以及项目活动主体的地位和所拥有的资源等因素的影响。

3. 风险因素

风险因素是指引起或增加风险事件发生的机会或扩大损失幅度的条件，是风险事件发生的潜在原因和基础，只有当每一风险因素的作用时间、方向、强度以及各种因素的作用顺序等必须都达到一定的条件时，才能引发风险。对风险的控制，实际是对引发风险事件的风险因素的控制。

风险因素一般可以分为以下几种：

(1)客观风险因素，又称物质风险因素，是指有形的，并能直接影响事物物理功能的因素。如地震造成房屋的倒塌、设备本身的设计缺陷造成其功能不完善等。

(2)道德风险因素，是指与人的品德修养有关的无形因素，即指由于个人品行不良或缺点，如工作上不负责任等，促使风险事件发生，以致引起社会财富损毁或人身事故的原因和条件。

(3)心理风险因素，是指与人的心理状态有关的无形因素，即由于人的不注意、不关心、侥幸或存在依赖等心理，以致增加风险事故发生的概率和损失幅度的因素。如监理人员或制造、储运、安装等承包人员的麻痹思想等。

设备工程项目的风险来源于与项目相关的各个方面。从减少风险因素之间相关性的角度可将风险划分为技术性风险和非技术性风险。技术性风险包括设计技术、制造技术、工艺技术等；非技术性风险包括自然与环境风险、政治与法律风险、经济风险、组织协调风险、合同风险、人员风险、材料风险、设备风险、资金风险等。在众多的风险因素中，技术因素、人员因素、设备因素、材料因素和环境因素是引发风险事件发生的 5 个基本因素。

4. 风险事件与后果

风险事件是指由于风险因素相互作用导致的任何事件或行动目标发生偏移的事件。例如汽车翻车事故，可能是恶劣的气候条件、能见度低、超速、驾驶人员饮酒、麻痹思想或反应能力差、汽车设计缺陷或制动器失灵等多方面的因素互相作用的结果。

根据前面对风险的定义，风险事件发生对目标造成的影响一般是负面的，在此也将项目的风险限定为对项目目标的实现有负面影响的事件。

二、项目风险管理

1. 基本概念

风险管理和目标控制是项目管理的两大基础。项目的风险管理是一个辨识确定和分析度量项目风险，对潜在的意外损失进行评估、预防和控制，选择、管理风险处理方案的过程。风险管理是对项目目标的主动控制，其目的是通过有效的管理去避免项目风险的发生，或减少不可避免风险事件发生后给项目带来损失，以确保项目进度和投资达到计划目标，质量满足合同要求，设备制造和安装、调试安全顺利进行，环境达标。

2.项目风险管理的目标

项目风险管理的目标可以定义为：通过风险识别、风险量化，合理地使用多种管理方法、技术手段，对项目活动涉及的风险进行有效的防范和主动控制，创造条件，尽量扩大风险事件的有利结果，妥善地处理风险事件造成的不利后果，以最少的成本，安全、可靠地实现项目的总目标。

由此可见，项目风险管理的目标应与项目的总体目标相一致，应是一个明确的、可以控制的层次化的目标系统。成功的项目经理应该能有效地控制风险，做到最小化风险及最大化机会，始终明确地把工作重点放在成功实现项目总目标上。

一般情况下项目的目标通常分解为工期目标、费用目标、质量目标、环境目标和安全目标等等，因此可将项目风险划分为进度风险、费用风险、质量风险、环境风险和安全风险等。工程建设项目由于其规模大、周期长、生产的单件性和复杂性等特点，在实施过程中存在的不确定因素比一般产品生产具有更大的风险，因此进行风险管理就尤为重要。

3.项目风险的管理程序

项目风险管理实际上是贯穿在项目实施过程中的一系列管理步骤，其管理程序可以表述为编制风险管理规划、风险识别、风险估计、风险应对、风险监控等5个过程。科学的项目风险系统管理模式可使项目管理者主动“攻击”风险，实现有效的风险管理，达到项目成功机会最大化的目的。

(1)编制风险管理计划

风险管理计划的编制是风险管理的第一步，也是项目风险管理中非常重要的一步。风险管理计划的编制过程是规划和设计如何进行项目的风险管理活动的过程。风险管理计划应在项目风险管理过程中进行动态调整和完善。它主要包括：已识别的风险及其描述、风险发生的概率、风险应对的责任人、风险防范对策、行动计划及处理方案、应急计划、项目保险安排等等。

(2)风险识别

风险识别就是采用系统化的方法，识别特定项目整个过程中已知和可预测的风险。一般是根据项目的性质，从潜在的事件及其产生的后果和潜在的后果及其产生的原因来检查风险。风险识别的方法通常有风险识别问询法(座谈法、专家法)、财务报表法、流程图法、现场观察法、相关部门配合法和环境分析法。常用方法是建立“风险条目检查表”，收集、整理项目可能的风险并充分征求各方意见形成项目的风险列表，帮助项目管理者估算风险的影响。例如：方案或关键设备选用不当，设计错误或缺陷，采购管理不善而引起的风险；工序衔接不当、工程接口考虑不周、窝工停工、变更等引起的工期延长、费用增加的风险；供货商或分包商选择不当引起的风险；监理不力引起的风险；施工安装缺陷达不到指标而引起的风险等。

(3)风险估计

风险估计包含风险估计和风险评价两层含义，即对风险进行定性分析与定量分析。

① 风险估计是预测风险发生的概率和所产生的后果。风险发生概率可以用数学模型、统计方法和人工估计进行分析。风险的影响力是指风险发生后对项目的工作范围、时间、成本、质量的影响。

② 风险评价则是评估风险程度以及确定风险是否可容许的全过程。风险评价主要应针

对提高成本情况的发生所带来的危险和后果的可能性和严重性进行,应确定该风险的经济意义及处理的费/效分析。风险评估的常用技术是定义风险的参照水平,如果某风险落在临界点上,可以利用性能分析、成本分析、质量分析等来判断项目是否继续;如果风险的组合所产生的问题超出了一个或多个参照水平值时,就终止该项目工作。

风险定性与定量分析的目的是识别项目的重大风险并进行重点管理,即风险管理的重点目标就是那些发生概率大且影响力大的事件。

(4)风险应对

经过风险分析,确定了项目中存在的风险以及这些风险发生的概率,确定了这些风险对项目的后果和可探测度,并排出风险的优先级,在此之后就应根据风险性质和项目对风险的承受能力制定相应的防范计划,即进行风险应对策略研究。

制定风险应对策略主要考虑以下四个方面的因素:可规避性、可转移性、可缓解性、可接受性。对于应"规避"或"转移"的风险,在项目决策与计划时必须加以考虑。

制定应对风险策略的程序和方法主要包括风险自留、风险消减、风险规避和风险转移4种。

(5)风险监控

风险监控就是要建立风险的全过程监控机制,跟踪识别风险,时刻监督风险的发展与变化情况。因为,制定风险应对策略后,风险并不会即行消失,仅可能在项目执行过程中增大或减弱。风险监控包括4方面工作,其一:判断一个预测的风险是否发生,跟踪已识别风险的发展变化情况,包括在整个项目周期内风险产生的条件和导致后果的变化,衡量风险消减计划需求。其二:追踪项目风险的状况,进行风险再估计,监视残留的风险,确认新的风险。其三:执行风险降低计划,根据整个项目生存周期评估实施风险计划的效力,根据风险的变化情况及时调整修改风险应对计划,以保证风险计划的实施。对于已发生过和已解决的风险应及时从风险监控列表中调整出去。其四:收集可用于将来进行风险分析的信息。风险监控的目的包括监视项目风险状况;检查风险对策是否有效,监控机制是否运行;不断识别新的风险并制定对策。

三、设备监理工程师的责任风险

监理工程师在监理过程中需要承担委托监理合同和承包合同赋予的相关责任。承担责任意味着就要承担相应的风险,对于监理工程师责任风险的清楚认识和有效防范是项目风险管理的一项重要内容。

设备监理工程师的责任风险是由设备监理的工作特征决定的,其特征主要有四点,其一:监理工作是一项具有委托性的,基于自身专业技术的咨询服务;其二:监理工作的成效受主观能动性的影响较大;其三:监理工作成果是集体行为的产物;其四:监理工作的责任巨大。由此引发监理工程师的责任风险如下所述。

1.行为责任风险

监理工程师的行为责任风险来自三个方面:

(1)监理工程师违反了监理委托合同规定的职责义务,超出了业主委托的工作范围,从事了自身职责外的工作,并造成了工程上的损失,就可能因此承担相应的责任。

(2)监理工程师未能正确地履行监理合同中规定的职责,在工作中发生失职行为。

(3)监理工程师由于主观上的无意行为未能严格履行自身的职责,并因此造成了工程的损失。

2.工作技能风险

监理工作是基于专业技能基础上的技术服务，在实际工作中，往往监理工程师尽管按监理合同中业主委托的服务范围履行了工作职责，但由于其本身专业技术水平和能力的限制，可能并不一定能取得预期的效果，并未发现本该发现的问题和隐患。当今科学技术日新月异，新材料、新工艺、新技术层出不穷，并不是每一位监理工程师都能及时、准确、全面掌握所有的相关知识和技能，因此，无法完全避免这一类风险的发生。

3.技术资源风险

监理工程师在业主授权范围内开展监理工作时，即使在工作中并无行为上的过错，仍然有可能承受由技术、资源而带来的工作上的风险。众所周知，某些工程上质量隐患的暴露需要一定的时间和诱因，利用现有的技术手段和方法，并不可能保证所有问题都能及时发现；同时，由于人力、财力和技术资源的限制，监理工程师虽然进行设备制造的监造和验收，对设备安装过程的隐蔽工程和关键工序进行旁站和巡检，但无法对工程实施过程中的所有部位和环节的问题都能及时进行全面细致的检查，因此需要正视这方面的风险。

4.管理风险

监理组织管理保证的基本条件应是明确的管理目标、合理的组织机构、细致的职责分工、有效的约束机制。如果管理机制不健全，即使有高素质的人才资源，监理工程仍可能面对较大的风险。这种管理上的风险主要来自以下两个方面：

(1)监理单位与监理机构之间的管理约束机制：项目监理机构为监理单位为履行委托服务合同而派出的驻地机构，由于监理工程的特殊性，往往远离本部。一方面，监理单位必须按建设监理规范要求实行总监负责制，让总监理工程师放手工作，履行其职责；另一方面，也要对总监理工程师的工作行为进行必要的监督和管理，即监理单位和总监之间应建立完善、有效的约束机制。否则就存在着管理上的漏洞和风险。

(2)项目监理机构的内部管理机制：监理机构中各个层次的人员职责分工必须明确，沟通渠道必须有效，并建立相应的考核检查制度。如果总监理工程师不能在监理机构内部实行有效的管理，则由于管理缺陷使监理人员不能恪尽职守的风险是无法避免的。

5.职业道德风险

监理工程师在运用其专业知识和技能为所监理的工程服务时，应遵循其职业道德，以其公正廉洁、认真勤奋的实际行动在社会公众中自觉树立良好的职业形象。监理工程师对工作必须持科学严谨的态度、能够明确表达自身意见、客观和公正地处理问题；必须廉洁自律，勇于承担对社会、对职业的责任，在工程利益和社会公众的利益相冲突时，优先服从社会公众的利益；在监理工程师的自身利益和工程利益不一致时，必须以工程利益为重。如果监理工程师在工作中不负责任，甚至为谋求私利而损害工程利益，就必然会因此而面对相应的风险。

6.社会环境风险

随着我国建设工程项目管理和工程咨询方面逐步与国际接轨，监理重要性越来越得到显现，社会对监理工作寄予很高的期望，这无疑对监理事业的继续发展产生了积极的推动作用。但同时社会上一些人对监理的认识也存在一定偏差，有可能形成一种对监理的健康发展不利的社会环境。例如某些人认为监理工程师应对工程质量或安全问题承担全部责任，若工程中发生了质量或安全问题，首先要追究监理工程师的责任。但事实上，承包商的工作属于承包性质，承包商与业主签订的工程承包合同中明确规定了其有责任为业主提供一个质量合格的产品或工程，监理作为第三方接受业主的委托来监督和管理承包商认真履行承包合同，亦即监理工程师的重要职责应该是及时发现或预防工程质量问题，避免工程留下质量和安全隐患，而不是承担或分担工程的质量安全责任。监理工程师在工程实施过程中所做的任何工作并不减少和免除承包商的任何责任。实践证明，推行监理制，可以使工程质量和施工安全更有保证，但监理工程师的工作不能替代承包商来担保工程不出现质量和安全问题。如果要求监理工程师承担过大的质量和安全责任，甚至以工程中是否出现工程质量问题或以工程实体质量的好坏来评价和衡量监理的工作成效，则可能会产生适得其反的效果。

第二节 项目风险管理对策

项目风险管理的对策包括风险规避、风险转移、风险缓解和风险接受。在项目风险管理过程中，应根据最能控制产生风险事件的发生方、最能对已发生的风险进行有效的控制方、不可控制风险的承担方、接受风险方对风险的承受力、风险转移后是否面临新的风险等诸多项目的具体情况来选择其中的某一种对策或某几种对策的组合。

一、项目风险管理对策

1.风险规避

风险规避即通过变更项目计划消除风险或风险的触发条件，由规避项目风险因素来达到规避可能产生的潜在损失或不确定性，使目标免受影响。风险规避实质上就是拒绝承担风险。如拒绝签订合同或终止合同就是风险规避的一个简单例子，但风险规避更多的是针对那些可以规避的特定风险而言。通常，风险规避与签约前谈判有关，但它也可以应用于项目实施过程中所做的决策。应该说，风险避免是一种好的策略。

2.风险转移

风险转移是项目风险管理中广泛采用的一项对策。所谓风险转移，即不消除风险，而是将项目风险的结果连同应对的权力转移给第三方（第三方应知道这是风险并有承受能力）。转移风险并不会减少风险的危害程度，在某些情况下，转移风险也可能会造成风险的显著增加，这是因为接受风险的一方有可能并没有清楚地意识到将要面临的风险，并且不具备承担转嫁风险的能力。

风险转移包括工程保险方式和合同转移方式。在工业发达国家和地区，风险转移是工程风险管理对策中采用最多的措施，而工程保险和工程担保是风险转移的两种常用方法。合同转移则是指通过签订或协商方式将项目风险转移给其他非保险方，由各个主要参与方共同承担项目风险。

3.风险缓解

风险缓解即风险消减，它是将风险事件的概率或结果降低到一个可以接受的程度。缓解或降低所面临风险的一种方法是与其他方分担风险。

风险缓解措施通常有：

(1)通过教育和培训来提高雇员对潜在风险的警觉，使其能识别并避免不安全因素和特定的风险。

(2)采取一些降低风险损失的保护措施。

(3)建立使项目实施过程前后保持一致的系统，建立各种应急计划等。

(4)对人和财产提供保护措施,加大这方面的硬件投入。

4.风险接受

风险接受即风险自留,是指项目的业主不改变项目计划,而考虑当风险成为现实后如何应付,风险自留是一种重要的财务性管理技术,由自己承担风险所造成的损失,而风险接受的程度是由其所处的金融环境和可能的损失所决定的。风险自留对策分计划性风险自留和非计划性风险自留两种。计划性风险自留是指风险管理人员有意识地不断地降低风险的潜在损失。非计划性风险自留是指风险管理人员没有认识到项目风险的存在,因而被动地承担风险。风险管理人员应通过减少风险识别失误和风险分析失误,从而避免这种非计划风险自留。

显然,当风险量不大、造成损失较小、重复性较高的风险最适合于风险自留,或没有合适的策略应付风险时则余留风险。很多人倾向于选择风险转移政策,但不是所有风险都是可转移的,或是将这些风险转移是不经济的,对于这些风险就不得不自留。

二、监理工程师责任风险的防范机制

监理工程师在承担监理责任的同时也要承担相应的责任风险,所以应加强风险意识,提高对风险的警觉和防范,以减少和控制责任风险。由于造成监理工程师责任风险的原因是复杂的、多方面的,所以在清楚地认识这些风险存在及其危害的基础上,可按其不同的责任属性进行归类,根据不同情况采取相应的对策:

1.严格履行合同

这是防范监理行为风险的基础。监理工程师必须具有牢固的合同理念,对设备工程项目各阶段的合同进行认真严肃的管理。监理工程师应对监理工作中涉及的所有合同的条款做到心中有数,按合同条款要求处理合同履行中的各项事宜。在业主授权委托的范围内,正确地行使监理合同中赋予的权力,合理地运用自身的专业技能,认真为业主服务,不要超越业主的委托范围去工作。

2.提高专业技能

专业技能是监理工程师提供监理服务的必要条件,因而从客观上要求从业者不断学习新知识、认真总结经验,努力提高自身的专业技能和素质,锻炼自己的组织协调能力,努力防范由于技能不足而带来的风险,否则就无法适应现代工程建设的需求。

3.提高管理水平

监理单位和监理机构内部的管理机制是否健全,运作是否有效,是发挥监理工程师主观能动性、提高工作效率的重要保证,也是防止管理风险的重要环节。监理单位必须结合所承担的工程的具体情况,明确监理工作目标,制定行之有效的内部管理约束机制,尤其在监理责任的承担方面,需要明确的界定,对机构内所有成员的责任均需落实到位。在提高监理工程师工作责任感的同时,通过建立相关的管理制约机制,将这方面的风险置于有效的控制之下。

4.加强职业道德约束

(1)对监理工程师应该遵守的职业道德做出明确的界定;

(2)加强对监理工程师的职业道德教育,使遵守职业道德成为自觉的行动;

(3)需要健全相关的监督机制,例如,监理行业协会的监督作用。

5.完善法律体制

不断完善法律、法规,并理顺现有法律的关系;责任来源于法律,应做到有法必依,执法必严;政府有关部门应自觉执法行政,提高执法水平,并在社会上积极宣传有关监理的法律法规,使社会能对监理工程师承担的责任有正确的认识。

6. 推行职业责任保险

我国加入世界贸易组织后，监理工作与国际接轨，通过市场手段来转移监理工作的责任风险势在必行。监理工程师对因自身工作疏忽或过失造成合同对方或其第三方的损失而承担的赔偿责任投保，赔偿损失由保险公司支付，索赔的处理过程由保险公司来负责，这在国际上是一种通行的做法，对于保障业主及监理工程师的利益起到了很好的作用。但采用此方法仅是通过市场手段来转移监理工程师的职业责任风险，而与监理工程师专业范围无关的责任风险则不能通过保险来解决。我国建立工程担保和保险制度现已进入了实质运作阶段，2003 年 4 月上海某保险公司就正式推出了“建设工程监理责任险”。

第三节　项目风险管理应用实例

现摘录某咨询监理单位拟定的某地铁工程项目风险管理计划，供参考。

《项目风险管理》

1. 项目风险分析的必要性

地铁工程项目作为集合经济、技术、管理、组织各方面的综合性社会活动，它的特点是规模大、专业多、技术复杂、持续时间长、参加单位多、与环境接口多样，在各个方面都存在着不确定性。这些风险容易造成工程项目实施的失控，如工期延长、成本增加、计划修改等，最终导致工程经济效益降低。因此，对地铁工程项目实施风险管理具有重要意义。

项目风险管理是指根据项目环境及自身特点的深入分析，识别、分析以及对项目风险做出积极反应的系统过程。通过主动和系统地对项目风险进行全过程识别、评估、监控，达到降低项目风险、减少风险损失的目的。风险管理强调对项目目标的主动控制，对工程实现过程中遭遇的风险或干扰因素做到防患于未然，以求避免和减少损失。

对本工程项目拟引入项目风险管理，采用系统化管理方式，将总体、各系统、车站等设计单位都统一纳入风险管理组织内，单项设计单位选择既统筹考虑各单位专业、行业的技术优势和丰富经验，又有针对性地通过适当的分包商选择来降低工程技术管理风险和提高抗击风险管理能力。

2. 风险因素分析

风险管理规划一般通过会议的形式制订，会议参加人员应包括项目经理、分包单位及任何与风险管理规划和实施的相关者。勘察设计总包风险管理规划将针对整个项目设计的生命周期制定如何组织和进行风险识别、风险评估、风险量化、风险对应计划及风险监控的规划。

为有效掌握项目过程中的风险因素，风险识别与评估应作为日常性工作定期开展，具体开展要求如下：

(1)全面周详、综合考察原则，具体项目具体分析。

(2)经济合理原则，以最小的投入换取最大的收益。

(3)科学计算、科学管理原则。

(4)系统化、制度化、经常化原则。

根据某咨询监理单位《城市轨道交通项目投资风险分析》课题研究成果，轨道交通工程设计阶段排序前 5 位的风险因素见表 2-7-1。

表 2-7-1 轨道交通工程设计阶段排序前 5 位的风险因素

表 1 发生概率		表 2 对项目的影响程度	
排序	风险因素	排序	风险因素
1	线路方案(线路走向、站点布置、敷设方式)	1	线路方案(线路走向、站点布置、敷设方式)
2	融资方案	2	融资方案
3	结构方案	3	政府主管机关
4	勘察设计咨询单位	4	勘察设计咨询单位
5	建筑方案	5	结构方案

设计阶段风险因素根据暴露程度大小排序见表 2-7-2。

表 2-7-2 设计阶段风险因素暴露程度大小排序表

排序	风 险 因 素	暴露程度
1	线路方案(线路走向、站点布置、敷设方式)	36.00
2	融资方案	32.33
3	结构方案	28.60
4	勘察设计咨询单位	28.43
5	设计概预算	27.61
6	政府主管机关	26.58
7	运输能力及行车组织方案	26.11
8	设备系统方案	25.99
9	业主单位	25.03
10	建筑方案	24.47
11	工程筹划方案	24.45
12	单位间的配合与协调	21.90
13	车辆方案	20.43
14	专业间的配合与协调	20.18
15	设计监理单位	19.39
16	车辆段方案	19.39
17	外部相关单位及利益群体	18.15

3. 风险应对计划

3.1 制定风险应对计划

基于风险识别与评估成果,必须及时采取有效的措施预防风险发生或降低其发生危害,通常的有效措施是拟订风险应对计划并检查执行。风险应对计划是为降低设计管理风险的负面效应制订风险应对策略和技术手段的过程。风险应对计划依据风险管理计划、风险排序、风险认知等依据,得出风险应对计划、剩余风险、次要风险、合同协议以及为其他过程提供的依据。风险应对计划应对风险发生情况下的特殊情况提出处理预案,明确相应的指挥决策系统、现场控制、技术支援、后勤保障等细节,提高风险应变能力。

3.2　风险监控

风险监控就是要跟踪识别的风险，识别剩余风险和出现的风险，修改风险管理计划，保证风险计划的实施，并评估消减风险的效果。风险监控依据风险管理计划、风险应对计划、附加风险识别和分析、项目审计，利用核对表、定期项目风险评估、净值分析、附加风险应对计划和独立风险分析，得出工作计划、纠正计划、项目变更请求、风险应对计划更新等成果。

3.3　风险管理工作流程

本项目风险管理工作流程如图 2-7-1 所示。

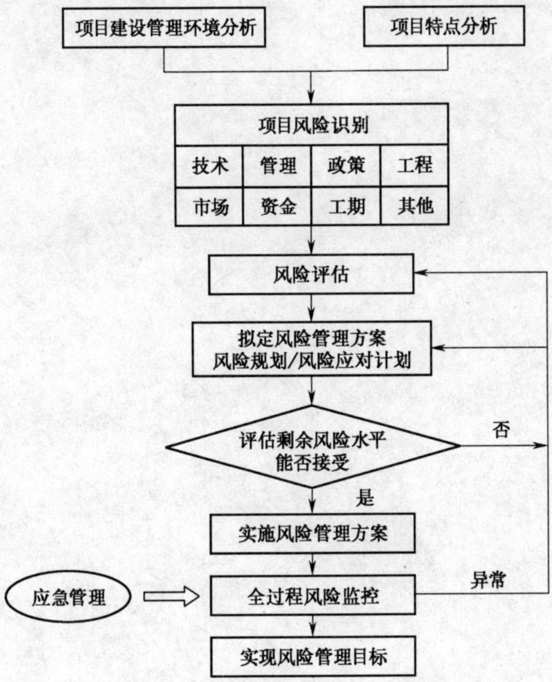

图 2-7-1　风险管理工作流程

风险管理目前主要以定性分析为主，本项目将全面贯彻风险意识，将风险管理工作制度化，在设计例会中定期分析当前风险管理状况，分阶段开展风险管理专题讨论，以加强风险预见能力，及时采取有效应对措施，提高本项目风险管理能力。

第三篇

设备采购及安装招标阶段的监理

第一章 招标阶段的前期准备

第一节 概 述

招标阶段设备监理的主要工作特征是为业主提供咨询服务与技术支持，属于项目管理及咨询类服务。目前，国内各城市的地铁公司对设备招标阶段采用不同的建设管理模式。对于技术力量较强、专业人员齐全、在建项目较少的地铁公司，设备招标由业主直接负责，不再另请社会咨询公司协助招标。对于采用小业主、大社会管理模式的地铁公司，招标阶段的工作通常委托有一定能力的社会咨询公司负责，或者委托监理公司进行全过程的监理。

地铁车辆及机电设备系统投资大、种类繁多，技术先进，涉及的专业近 30 个，部分设备系统技术达到国际领先水平。作为为业主提供技术支持的设备监理需配备既熟悉招标程序又要精通专业的监理工程师，对本专业的技术发展水平、发展方向、各技术方案的优缺点、技术难点等有充分的了解，且各专业应配备齐全，并应配备一定数量的商务专家负责设备招标工作。

地铁设备系统包括车辆（总体、牵引、制动、机械）、车辆段检修设备、电扶梯、通信、信号、计算机软件、硬件、强电、弱电、接触网、消防、屏蔽门、环控、给排水及消防等十几个系统，20 多个专业。在招标阶段，质量控制的主要工作为所招标的设备满足功能及技术要求；进度控制的主要工作为招标进度满足工程需要，各设备系统招标进度满足相互关联设计的需要，满足土建结构设计的需要；投资控制的主要工作为所招标的设备系统控制在概算内，避免缺漏和重复采购。

地铁工程是一项市政工程，由政府投资、银行贷款或融资建设。国家及各级政府对招标工作出台了一系列的法规和规定，用以约束招标行为。因此，作为咨询服务和技术支持的监理不仅对专业技术有深入的了解，而且对国家及政府的相关规定应及时研究，以便招标工作符合国家及政府的相关要求。

设备采购及安装招标阶段主要包括各地铁公司的考察、调研，设备系统的发展状况，潜在承包商的竞争实力，设备系统的标段划分，招标文件的编写，招标通告，投标商备标编写投标文件，评标，合同谈判，签订合同等项内容。

第二节 前期准备工作

设备招标是地铁工程建设的开始阶段，对于一项大型工程的设备监理，在介入工程项目时，人员的配备、监理制度的制定、有关工程资料的收集等方面监理公司均需投入大量的人力、物力、财力，为提供高水平、高效率的监理工作做好前期准备工作。

一、有关资料的收集

在监理介入项目之前及前期工作中，应把较大的精力放在资料的收集、研读和理解中。所收集的资料应包括有关工程项目方面的工程资料，有关地铁设备系统的技术参考资料及国家和政府相关的法律法规及规定，以便监理对地铁设备系统有一个总体的了解，也为后期的监理工作做好资料方面的准备。部分资料是地铁公司无偿为监理单位提供，部分资料需监理单位自己购置，部分资料是监理在考察、调研中收集的。通常，所收集的资料包括如下部分：

1. 国家批准的地铁设备工程项目建设文件，包括国家关于地铁工程建设的规划、可行性研究、立项审批文件等。

2. 初步设计。

3. 有关设备工程的法律法规。设备采购及安装招标工作是一项政策性非常强的工作，国家及各级政府均制定了相应的法律、法规和规范用以约束和规范招投标工作。其中包括《中华人民共和国招标投标法》、《中华人民共和国建筑法》、《工程建设项目工程范围和规模标准规定》、《工程建设项目施工招标投标办法》、《机电产品国际招标投标实施办法》、《机电产品进口管理办法》、国家 7 部委关于《评标委员会和评标方法暂行规定》、《工程建设项目货物招标投标办法》等规定。

4. 设备工程建设有关规范、技术标准等。

5. 其他类似设备工程的各种有关资料，如国内其他城市地铁工程建设的设计文件、招标文件、相关的技术资料，以及有关设计、施工、供货单位的资料等。

二、工程计划的编制

工程计划包括总工期计划、年度计划、设备采购及安装招标计划等。总工期计划应包括设备招标完成时间、设备到货时间、电通时间、设备调试时间、运营演练时间和地铁运营开通时间，并应确定里程碑时间。年度计划应确保里程碑工期的完成，确保总工期计划的完成。设备采购及安装招标计划应综合考虑招标准备周期、设备制造周期、对土建结构设计稳定的影响、设备系统间相互关联的影响、设备安装调试周期等因素，并应考虑外界因素及潜在风险对招标的影响。总工期计划应满足政府对工程开通时间的要求。各工期计划做到切实可行，并留有风险余地。

三、技术方案的论证

地铁设备工程是一项复杂的系统工程，各种新技术也在不断引进、应用。一个城市建设地铁，通常根据城市的特点选择相应的设备系统，提出相应的技术方案。有时，对一个设备系统的技术方案其优势和劣势很难对比清楚，需监理、设计人员和业主经多次对比论证才能确定，有时需聘请相关专家进行技术方案的论证，报请有关政府领导批准才能实施。重大技术方案确定将对地铁建设投资、招标方案、运营安全、运营成本及技术先进性产生重大影响。

重大技术方案通常包括车辆的选型、供电制式的选择、信号模式的选择、节能型设备的选择、为乘客服务设备系统的选取等。设备监理应为业主提出咨询意见，并参与相关的技术讨论和论证。

四、制定相应的管理办法

地铁设备所包含的系统多、设备种类多、投资大，且大部分为政府投资。招标行为应符合国家及地方政府的要求及规定，并避免腐败等行为发生及规范招标行为，在招标工作开始前，应制定相应的招标管理办法，以规范设备采购、安装招标工作。相应的管理办法和工作程序包括：

1. 设备招标采购管理办法；

2.零星设备招标采购管理办法；
3.车辆及机电设备招标工作程序；
4.车辆及机电设备招标评定细则；
5.支付办法。

第三节　调研、考察

招标前期阶段的调研及考察的目的主要为了解国内地铁公司的运营情况，主要设备厂家的技术经济实力和国外地铁的发展情况。

一、调研考察准备

调研考察通常有一定的针对性，要了解一定的事情，达到一定的目的。因此，在调研考察前应做好相应的准备工作。调研考察人员通常由设计、监理和业主等相关人员组成，大部分为专业考察，部分为综合考察。专业考察由相关专业人员组成，综合考察由相关参建单位的领导组成。在调研考察前，应收集与考察有关的问题和需要了解的事项，应根据被考察的对象编制调研考察大纲。调研考察大纲的编写应包括考察目的、人员组成、时间安排、考察重点、考察组人员分工等，并应准备充足的照相机等设备。

二、国内地铁公司的调研考察

国内地铁公司的调研考察是调研考察的重点，主要是学习、交流的一个过程。在运营方面，需要了解设备供应厂家、设备运用情况和出现的问题，各种故障对运营带来的影响。在建设方面，需要了解标段划分情况、招标文件的编写情况及评标办法，如何评出优秀的供货商或承包商参加地铁工程的建设。国内地铁工程的建设有很多相似之处，很多经验可以相互借鉴，在后续的工程建设和运营管理方面也需要相互沟通了解信息。监理在调研考察期间应主动与业主对口专业的工程师沟通，处理好相互之间的关系，为日后工作打好基础，也让对方了解监理公司的实力，为监理公司争取监理项目打好基础。

三、设备生产厂家的调研考察

设备生产厂家的调研考察主要针对主要设备生产厂家、集成商、安装商进行考察调研。了解目前国内生产厂家的生产实力，技术更新发展情况，市场竞争情况，设备主要功能、性能、技术参数，并注意收集相关的资料。应现场考察生产厂家的工装设备、检验仪器、人员素质、质量保证、生产能力、注册资金、特许生产证明等。

四、国外考察

国外考察主要了解国外地铁行业的发展趋势、新技术、新工艺、新材料的发展应用情况等。国外考察的对象主要为地铁公司和车辆、信号、自动售检票等设备系统或主要部件供应商。为建设模式、招标模式、国外设备的选择收集信息。

五、考察报告

调研考察结束后，监理应根据考察大纲及考察实际情况及时编写考察报告。考察报告应尽量详细，并与所收集到的资料及所拍摄的照片一并存档，供后续工作使用。

第四节 设备系统标段划分

设备系统标段划分，指的是将设备系统的设计、供货、安装及调试分为哪几个标段进行招标，是指导设备系统招投标工作的重要依据，决定了设备系统的建设模式。在制定标段划分方案的时候应基于国内外设备市场资源情况和相关的法律、法规，结合各地地铁建设项目的具体情况，从投资、进度、管理和风险及可实施性等方面综合分析，并与设计、咨询、项目管理、监理、招标代理等的招标工作内容一并统筹考虑。通常在确定设备系统招标模式时，总是与地铁公司的管理模式和建设模式相结合。对于需要承包商进行融资或业主无技术人员参与建设管理的地铁公司通常采用总承包的模式由总承包商负责建设，属于交钥匙工程；对于业主技术人员较少、建设管理经验较缺乏的地铁公司可以采用系统总承包的模式；对于业主技术人员实力较强，建设管理经验丰富的地铁公司可以采用单项设备采购的模式。不论哪种建设模式，设备系统标段划分都是一项综合性较强的工作，应从多方面比较利弊，正确取舍。本节主要是依据相关工程经验，结合目前国内地铁采用的设备系统招标模式，对地铁设备系统标段划分提出一些原则和思路，供读者参考。

一、设备系统招标模式分类

地铁车辆及机电设备招标的标段划分通常包括如下几种模式：

1. 车辆及机电设备总承包模式；
2. 系统设计、设备制造、设备集成和安装调试总承包模式；
3. 系统设备制造、集成和安装调试总承包模式；
4. 系统设备制造、集成、调试总承包模式；
5. 单类设备制造、安装调试招标模式；
6. 单类设备制造单独招标模式。

上述几种模式从名称上已基本概括了标段所包含的主要招标范围。

车辆及机电设备总承包模式实质上是将设备系统委托给总承包商全盘负责建设，建设方对设备系统的管理相对简单，对总承包商的要求比较高，一般要求总承包商不是某类设备的制造商。这种模式操作成功的前提是总承包商必须对整个地铁设备系统非常熟悉，有过类似的业绩，并在业界有一定的声誉。

系统设计、设备制造、设备集成和安装调试总承包模式，指的是承包商负责某个系统的设计、部分设备制造、部分设备的采购集成和系统的安装和调试。

第三种模式与第二种模式的区别是这种模式的招标范围不包括系统的设计，系统设计由总体设计单位或总体设计单位的分包单位负责。

单类设备制造、安装调试招标模式是把某类设备单独划分出来采购，并由设备制造单位负责设备的安装和调试。

最后一种模式是在第五种模式的基础上，从招标范围中去除了设备的安装和调试，承包商只负责供货，但要配合设备安装和调试并提供运营技术培训服务。

目前，国内的各地铁公司采用的模式都不是上述几种模式中单一的一种，而是针对各专业系统的特点和具体情况，分别采用不同的模式，我们可以称之为综合招标模式。在制定设备系统招标模式时，重点要理顺四项接口关系，分析四项基本内容：

四项接口关系为：

(1)系统设计、设备采购、设备安装及调试和设备系统集成之间接口的紧密程度；

(2)土建设计和施工与设备之间的技术接口和时序关系；

(3)各设备系统之间的技术和工期接口；

(4)设备与设备系统施工图设计的技术和工期接口。

四项基本内容为：

(1)设备市场资源情况，包括：安装商资源、制造商资源、工程服务类资源等；

(2)设备系统概算分析；

(3)建设方设备系统管理资源的投入和管理模式；

(4)国内各城市地铁建设的经验和运营效果。

二、各设备系统标段划分常用模式分析

设备系统采用综合招标模式时，考虑到设备专业性较强的特点，一般不将独立的设备系统捆绑在一起招标，本小节将根据上述的四项接口关系和四项基本内容分析各设备系统常用的标段划分模式的优缺点，以形成比较。

1. 弱电类设备系统

弱电类设备系统包括以下几个专业系统：通信系统、信号系统、监控系统、防灾报警系统、门禁系统、AFC 系统、乘客资讯系统等。

通信系统、信号系统和设备监控系统都由若干个子系统组成，这几个系统相对复杂、接口多、技术更新快、调试难度大，一般采用系统设备制造、集成和安装调试总承包模式，总包商负责整个系统的整合和调试。还有一种做法是将系统安装分离出来，待设备确定、施工图完成后招标，这种模式的优点是安装工程量清单相对稳定，避免了产生大量工程变更的风险。

防灾报警系统因对承包商的消防资质有要求，且与监控系统的接口不是很多，可单独划分为一个标段，由具有消防设计和安装资质的单位负责整个系统的优化设计、设备制造、集成和安装调试。

AFC 系统的重点也是在于整个系统的设计、开发和整合，目前国内这方面的资源已经慢慢发展起来，虽然开发的系统不是非常完善，但基本能满足地铁的使用要求。因此，可在国内公开招具有地铁 AFC 系统开发、整合业绩的承包商负责整个系统的设计、设备制造、设备集成和安装调试。这样，既降低了成本也减少了业主的管理协调工作量。

门禁系统主要体现在与防灾报警系统、设备监控系统、车站装修及设备房门的接口，系统本身相对简单，技术比较成熟，可由一个承包商负责设备采购、集成、安装和调试工作。也可以包含在通信系统或设备监控系统标段内。

乘客资讯系统的设计要求人性化，美观和便捷，它的完善可为地铁锦上添花。乘客资讯系统显示的信息大部分来自于通信系统和信号系统。因此，它的标段划分模式一般可采用以下两种：独立标段，即乘客资讯系统承包商负责整个资讯系统的设计、设备制造、集成和安装调试，并协调与通信系统的接口。另一种是把它划入到通信系统，作为通信系统子系统中的一个，可由通信系统总承包商分包给别的单位设计、制造和安装调试或由其自行设计、采购、集成和安装，最后与通信系统一并调试。

设备监控系统，在楼宇建设中也称之为 BAS 系统，其作用主要是对车站设备的监控。监

控系统本身技术较为成熟，但监控系统所监控的设备数量和种类较多，与车站设备接口较多，协调工作量较大，设备联调工作量大。一种方式是将设备监控系统单独作为一个标段，由一个设备集成商负责设备采购、集成、安装调试。另一种方式是将设备监控系统和防灾报警系统、电力监控系统、主控系统及其他弱电系统合并一个标段，由一个设备集成商负责几个弱电系统的设备采购、集成、安装调试等工作。

自动化集成系统是目前新兴的一个名词，它指的是将上述部分弱电系统组合在一起，实现集成控制，包括的具体范围根据业主的需求而定。将部分弱电系统组合目的有两个：一是，这些系统的重点都在于系统控制模式的设计和控制软件的开发，系统中设备的接口相对紧密，总承包有利于统一管理；另一个原因是，可通过总承包商对几个系统的集成，满足运营的一些控制集成需求，成为建设的亮点。但我们也应该认识到，对新控制模式和控制软件的开发，有一定的风险性，最终总集成商未必能实现业主的需求，没有起到总集成的作用。

2. 供电系统

供电系统主要包括 3 大部分：高中压输变电系统、低压动力照明、牵引供电；其中低压动照也称为常规设备系统中的一部分。

(1)高中压输变电系统

高压系统指的是主变电所及进线线路，因主变电所必须满足供电局供电系统的接口要求，可由当地供电局属下的安装公司负责设备安装及电缆的敷设，主要设备的采购可放入到安装施工合同范围内，也可由业主直接向制造单位采购。

因主变电所相对比较独立，中压输变电系统一般不与主变电所捆绑一起招标，但它的标段划分模式基本与主变电所相同。

(2)牵引供电系统

根据受电制式的不同，牵引供电的施工和设备及材料的采购可单独划分标段，也可与轨道进行组合招标。如果牵引供电采用的是接触网型式，可将其单独划分为一个标段，该承包商负责接触网系统的安装和全部设备及材料的采购，如牵引供电采用的是接触轨的型式，则与轨道组合在一起招标，接触轨和轨道的安装由同一个承包商负责，减少了施工接口，占用轨行区的时间会缩短，节约了工期。

3. 常规设备系统

通风空调、给排水、水消防、低压动力照明等设备安装，由于其相互间的接口较多，其与装修的接口较多，占用车站公共区的空间及时间较多，通常将其按车站、区间划分标段由一个承包商负责安装，并由其作为车站、区间的管理商负责地盘管理。常规设备采购的模式一般分为甲供和乙购两种，甲供就是由业主通过公开招标的方式直接与制造商签订设备采购合同，乙购则由设备安装单位负责采购。各地铁应用比较多的是甲供和乙购两种方式的结合，把对系统影响比较大的重要设备列为甲供，其他的小型设备和材料交与安装单位采购，即乙购。

另一种模式是，所有的设备交由安装单位负责采购，即我们所说的总承包模式。总承包模式相当于交钥匙工程，减少了业主招投标和合同管理的工作量，但也有它的缺点，主要有以下几点：

(1)设备质量。目前国内设备市场总的来说比较混乱，总包单位采购设备往往注重价格，设备质量很难保障。

(2)设备的统一性。常规设备系统的安装一般分为几个标段招标，各标段由不同的安装单位施工，几个标段承包商采购的设备不能够统一品牌，不利于运营统一管理，备品备件也不能互为备用。

(3)设备招标时序。采用分设备采购的模式,可配合土建及设备系统施工图设计进度,待设计参数和数量基本稳定后,分时间段采购;总包模式只能依据初步设计中的设备技术参数和数量一次性招标,从而会产生大量的设备变更。

(4)设备供货商的选定。总包模式下的设备供货商的选定是关系到设备质量的重大问题,依据现行的招投标法,很难控制总包单位选上一流的设备品牌。

4.机械设备系统

屏蔽门、电扶梯等机械设备按目前国内招标惯例,由一家承包商负责系统设备供货、安装、调试的总包模式,采用这种模式主要是考虑到这几种设备的安装技术要求比较严格,各厂家生产的设备有不同的特点,厂家负责安装和调试有利于保证质量。

三、设备采购标段划分原则

对招设备制造商的模式来说,虽然设备系统专业性较强,各自有各自的特点,但在标段划分时,可以考虑以下几个通用原则:

1.相同类别的设备尽量划分为一个标段。

根据目前设备市场资源情况,有些厂家可生产整个系统所有种类的设备或大部分该系统的设备,但基本上每个厂家都有自己的优势产品和特点,为了将优秀的设备资源为地铁所用,建议相同类别的设备放在同一个采购标段。

2.依据工程进度需要,充分考虑设备的招标时序要求。

配合土建及设备系统施工图进度,设备技术参数基本稳定后招标有利于减少设备变更。

3.一些有特殊要求的设备和系统采用单独一个标段招标。

比如:污水处理设备和气体灭火系统等,因其有自身的特点,对承包商有特殊资质要求,且相对比较独立,因此可分别采用一个标段招标。

4.量比较小,概算费用少的小型设备和配件与别的类似设备一起组合采购,不单独划分采购标段。

5.优化管理资源。

针对各地铁的建设管理模式,减少业主招投标和合同管理工作量。

四、甲控设备及材料供应商的评定

部分设备及材料对设备系统影响比较大,可将其列为甲控设备及材料,由业主控制其供货商、供货数量和价格。甲控设备及材料的供货商评选常用下述两种办法。

一种是由业主直接指定2到3家生产厂家,由安装承包商与其中一家签订采购合同,价格由业主与甲控设备或材料的生产厂家商谈,对所有安装承包商为统一的价格。

另一种由业主采用评选的方式确定甲控设备或材料的生产厂家,评选的方式与招标方式类同,需要花费一定的精力和时间才能确定生产厂家。无论采用何种方式确定甲控设备或材料的生产厂家,均需在设备安装招标之前确定,以便设备安装投标商报价投标。

五、乙购关键设备及材料的采购

在设备安装标段中,交于安装承包商采购的一些重要的设备或材料,为保证其质量、便于运营维修,通常将其列为乙购关键设备及材料。乙购关键设备及材料与甲控设备及材料的重要区别在于:前者的价格由安装承包商在投标时统一考虑,业主对价格不控制也不调整。乙购关键设备及材料的采购办法需在安装招标文件中明确。依据相关的招投标法和相关的经验,有利于业主控制乙购关键设备及材料质量的采购办法有两种:

一种是由安装承包商在投标时提供 2~3 家设备材料生产厂家作为“建议的设备及材料供应商”;评标时将对各投标人所报的“建议的设备材料供应商”所供设备材料就其主要技术参数、性价比和供应商实力等因素进行评分,该分值计入投标人技术标得分;在安装承包合同的合同谈判过程中,投标人应逐一将选择的“建议的设备材料供应商”报业主审定认可,最后将业主审定认可的“建议的设备材料供应商”写入设备安装合同中。

另一种是安装承包商在投标时针对每类关键设备及材料提供一家设备及材料生产厂家作为“建议的设备及材料供应商”;评标专家依据评分细则逐个评定,该分值计入投标人技术标得分。同样,业主在合同谈判过程中对“建议的设备及材料供应商”有最终的审定权利。

六、地铁设备采购标段划分发展趋势

地铁设备采购标段划分的发展趋势是向多样化发展,它包含两方面的含义,一是各城市地铁建设采用的标段划分方案均不一样,各自有各自的特点;另一方面是同一条地铁建设,不同设备系统应用不同的标段划分方案。这也是地铁设备技术不断创新、发展和地铁建设日渐成熟、理智的必然结果。

在把握大原则的前提下,我们应该开拓思路,不拘泥于形式,结合设备系统新的发展动向,选择最适合的标段划分方案。

第五节 技术交流

根据批准的标段划分和招标计划,业主应组织监理、设计人员有计划的与潜在投标商进行技术交流。技术交流的目的是了解目前地铁设备各系统的发展情况及潜在承包商的竞争实力,为编写各设备系统的招标文件做好准备。技术交流应包括如下几项内容:

1. 各系统的目前水平和发展方向;
2. 潜在承包商的竞争实力;
3. 主要设备系统潜在承包商的技术建议书;
4. 可编写“技术问卷”、“产品性能问卷及性能考评标准”、“工作建议征集书”等咨询了解潜在承包商的状况和技术发展状况;
5. 国产化的实施方案;
6. 主要设备系统的研发、产品设计、制造周期;
7. 各标段之间的物理接口和技术接口界面建议。

技术交流是了解目前设备系统技术发展和潜在供货商实力的一个很好的机会,监理应尽可能的参加技术交流会,并做好会议记录及收集相关的资料。

第二章　招标阶段的监理

第一节　概　　述

一、设备工程招标投标的概念

招标投标是市场经济条件下进行大宗货物买卖、工程建设项目的发包与承包，以及服务项目的采购与提供时所采用的一种交易方式。它的特点是，单一买方设定包括功能、质量、期限、价格为主的标的，约请若干卖方通过投标进行竞争，买方从中选择优胜者并与其达成交易协议，随后按合同实现标的。目前，国家要求工程建设推行项目法人责任制度、招标投标制度、工程监理制度、合同管理制度，招标投标制度是推行其他三项制度的重要保障。

设备工程招标，是指招标人用招标文件将委托的工作内容和要求告知有兴趣参与竞争的投标人，让他们按规定条件提出实施计划和价格，然后通过评标比较选出信誉可靠、技术能力强、管理水平高、报价合理的可信赖单位，以合同形式委托其完成。工程投标，是指各投标人依据自身能力和管理水平，按照招标文件规定的统一要求递交投标文件，争取获得实施资格。属于要约和承诺特殊表现形式的招标和投标是合同的形成过程，招标人与中标人签订明确双方权利、义务的合同。

为了规范招标投标活动，保护国家和社会公共利益以及招标投标活动当事人的合法权益，提高经济效益，保证项目质量，全国人大于 1999 年 8 月 30 日颁布了《中华人民共和国招标投标法》(以下简称《招标投标法》)。该法将招标投标活动纳入了法制管理轨道。该法主要内容包括通行的招标投标程序、招标人和投标人应遵循的基本规则、任何违反法律规定应承担的后果和责任等。该法明确表明，招标和投标活动属于当事人在法律规定范围内自主进行的市场行为，但必须接受政府行政主管部门的监督。在《招标投标法》中明确规定，3 种情况：大型基础设施、公用事业等关系社会公共利益、公众安全的项目，全部或者部分使用国有资金或者国家融资的项目，使用国际组织或者外国政府贷款、援助资金的项目，在实施工程项目建设，包括项目的勘察、设计、施工、监理以及与工程建设有关的重要设备、材料等采购都必须进行招标。

地铁设备工程是地铁建设工程的一部分，属于《招标投标法》要求必须进行招标的范畴，因此在工程项目的实施中必须按照国家对建设工程的管理要求执行。

二、地铁设备工程招标特点

地铁设备工程的招标，涉及到地铁设备系统的设计、采购、安装调试等各环节内容。该工程的招标具有其他设备工程的性质，但又有其自身的特点。地铁设备工程采购招标的特点可以概括如下几方面。

1. 招标的标的物具有特殊专业性

地铁工程设备系统采购的标的物，多为专用设备，技术含量高，生产工艺复杂，必要时中标人尚须做出特殊的技术设计方案和专门的生产工艺方案。同样，由于设备系统的专业性，要求从事系统设备设计、制造、安装的承包单位具有相应的资质和业绩。

2.招标的设备及配套工程质量标准具有特定性

地铁工程所需设备系统及配套工程的质量标准,因设备系统的专业性而要求其具有特定性。设备的生产、安装质量标准不仅要满足通用的国际标准、国家标准、部颁标准、行业标准、企业标准,还要求系统设备质量标准达到特定的共认性,以利充分发挥设备在系统应用过程中的特定功能效益。

3.招标的设备生产制造安装等活动具有较长周期性

地铁系统设备由于地铁土建施工周期长及其功能的专业性、质量的特定性,往往会派生出中标人签订合同后,自合同生效之日起开始运作至完工需要较长的时间。在较长合同履行期限中,由于工程设计等诸多因素变化往往会引起当事人之间对合同中相关条款的变更要求。

4.招标设备品种多、金额大,招标设备系统服务内容广泛、形式和计价方式多样性

地铁工程系统设备招标订购品种多,单品种数量少,但是单套设备的金额或单个订单设备总金额高,生产企业占用资金数额大,投标报价需考虑风险因素多。

5.地铁设备工程的设备形成过程具有监督性

地铁设备系统的设备虽然有一部分采用了市场上提供的常规通用设备,但是尽管如此,由于地铁设备系统工程的专业性和配套性,以及系统可靠性要求,设备系统中的单个设备性能需要服从整个系统的性能要求。因此,即使采用了常规通用设备,也需要在其形成过程对其与系统衔接之接口参数和可靠性进行检查。这种必要的监督检查不仅是存在于设备系统的安装和调试过程中,也存在于设备的设计、制造,乃至运输及仓储过程中。

6.地铁设备招标采购合同的多重性

地铁系统设备采购活动,包括常规中小型设备采购和专用工业设备采购两大类。两种类型的设备采购招标有其共同点,又有其不同点。首先,采购招标人运用招标手段,引入竞争机制,确认优秀的常规中小设备的销售商提供的常规中小型通用设备的投标行为,而签订供货买卖合同;其次,采购招标人采购专用设备时,由于专用设备制造技术复杂、设备生产周期和寿命周期长,标的金额高,中标者须进行专门设计和生产工艺制造。因此,兼有买卖合同和承揽合同的双重性。

三、有关招标、投标相关规定

(一)招标的相关概念

1.招标定义:招标是指在一定范围内公开货物、工程或服务采购的条件和要求,邀请众多投标人参加投标,并按照规定程序从中选择交易对象的一种市场交易行为。

2.招标人:指依照招投标法的规定提出招标项目、进行招标的法人或其他组织。

3.招标代理:招标人有权自行选择招标代理机构,委托其办理招标事宜。招标代理机构是依法设立从事招标代理业务并提供服务的社会中介组织。

4.《招标投标法》规定的招标方式

《招标投标法》第十条规定"招标分为公开招标和邀请招标。公开招标,是指招标人以招标公告的方式邀请不特定的法人或者其他组织投标。邀请招标,是指招标人以投标邀请书的方式邀请特定的法人或者其他组织投标。"

(1)公开招标,招标人需在指定的报刊、电子网络或其他媒体上发布招标公告,吸引众多的企业单位参加投标竞争,招标人从中择优选择中标单位的招标方式。公开招标针对的是一切潜在的对招标项目感兴趣的法人或其他组织,招标人事先不知道投标人的数量。

(2)邀请招标,也称选择性招标,由招标人根据供应商、承包商、设计、监理单位等的资信和业绩,选择有限数目的特定的法人或其他组织(一般不能少于3家)发出投标邀请书,邀请他们参加投标竞争。邀请招标事先已知道投标人的数量。采用邀请招标方式的前提条件,是对市场供给情况比较了解。

(3)招标公告和投标邀请书的内容均需包括以下事项:

①招标人的名称和地址;

②招标项目的性质;

③招标项目的数量;

④招标项目的实施地点;

⑤招标项目的实施时间;

⑥获取招标文件的办法。

5.招标投标的法律性质

招标投标的目的在于选择中标人,并与之签订合同。招标投标中主要的具体法律行为有招标行为、投标行为和确定中标人行为。

(1)招标行为的法律性质是要约邀请。依据合同订立的一般原理,招标人发布招标公告或投标邀请书的直接目的在于邀请投标人投标,投标人投标之后并不当然要订立合同,因此,招标行为仅仅是要约邀请,一般没有法律约束力。招标人可以修改招标公告和招标文件。由于招标行为的特殊性,招标(采购)机构为了实现招标的效率及公平性等原则,在对招标文件进行修改时需遵循一些基本原则,如各国政府采购规则都规定,修改应在投标有效期内进行,应向所有的投标商提供相同的修改信息,不得在此过程中对投标商造成歧视。

(2)投标行为的法律性质是要约行为。投标文件中包含有将来订立合同的具体条款,只要投标人承诺(宣布中标)就可签订合同。作为要约的投标行为具有法律约束力,表现在投标是一次性的,同一投标人不能就同一投标进行一次以上的投标;各个投标人对自己的报价负责;在投标文件发出后的投标有效期内,投标人不得随意修改投标文件的内容和撤回投标文件。

(3)确定中标人行为的法律性质是承诺行为。招标机构一旦宣布确定中标人,就是对中标人的承诺。招标人和中标人各自都有权利要求对方签订合同,也有义务与对方签订合同。在确定中标结果前,双方不能就合同的内容进行谈判。

(二)招标的实施

1.招标程序

招标程序是招标人依法实施招标活动的法律行为的过程。招标程序包括招标前的准备、招标公告或投标邀请书、资格预审、发售招标文件及开标、评标和中标等程序。招标程序示意图如图3-2-1所示。

2.招标文件

(1)招标文件的作用

招标文件是招标人向投标人提供的为进行投标工作所必须的文件。招标文件的作用在于:阐明需要采购货物或工程的性质,通报招标工作将依据的规则和程序,告知订立合同的条件。招标文件既是投标商编制投标文件的依据,又是招标投标活动当事人的行为准则和评标的重要依据,同时也是招标人与中标人签订合同的基础。因此,招标文件在整个招标过程中起着至关重要的作用。招标人应本着公平互利的原则,务必使招标文件严密、周到、细致、内容正确。

(2)招标文件的基本内容

《招标投标法》第十九条规定:“招标人应当根据招标项目的特点和需要编制招标文件。招标文件应当包括招标项目的技术要求、对投标人资格审查的标准、投标报价要求和评标标准等所有实质性要求和条件以及拟签订合同的主要条款。国家对招标项目的技术、标准有规定的,招标人应当按照其规定在招标文件中提出相应要求。”

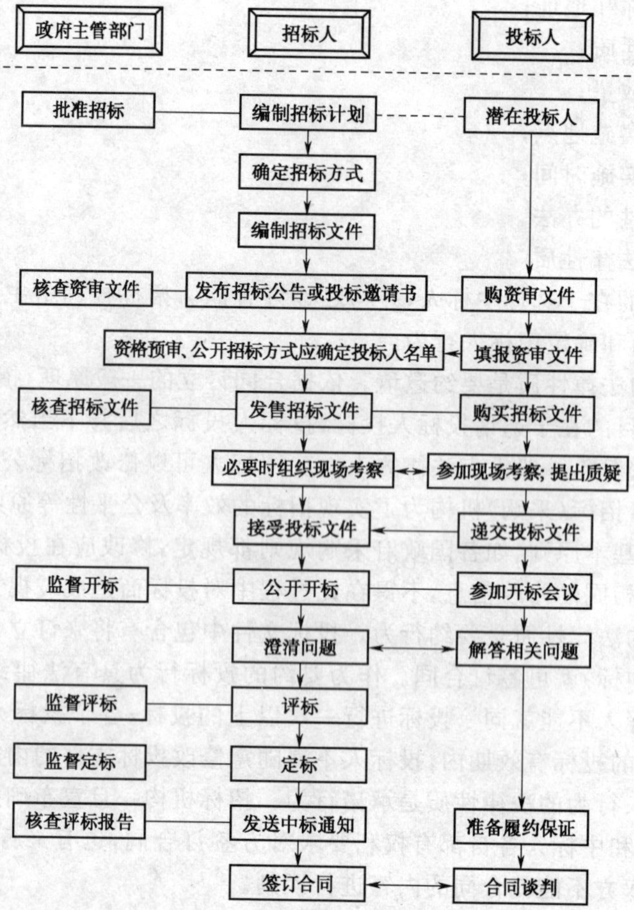

图 3-2-1　招标程序示意图

招标文件是招标人向供应商或承包商提供为编写投标所需的资料并向其通报招标投标将依据的规则和程序等项内容的书面文件。招标文件一般应包括下列内容:

①投标人须知。这是招标文件中反映招标人的招标意图,每个条款都是投标人应该知晓和遵守的规则的说明。

②招标项目的性质、数量(工程量)。

③技术规格。招标项目的技术规格或技术要求是招标文件中最重要的内容之一,是招标项目在技术、质量方面的标准。

④招标价格的要求及其计算方式。投标报价是招标人评标时衡量的重要因素。

⑤评标的标准和方法。评标时只能采用招标文件中已列明的标准和方法,不得另定。

⑥工期要求。交货、竣工或提供服务的时间。

⑦投标人应当提供的有关资格和资信证明文件。

⑧投标保证金的数额或其他形式的担保。

⑨投标文件的编制要求。

⑩提供投标文件的方式、地点和截止时间。

⑪开标、评标的日程安排。

⑫主要合同条款。合同条款应明确将要完成的工程范围、供货、安装或服务的范围、招标人与中标人各自的权利和义务。除一般合同条款之外，合同中还应包括招标项目的特殊合同条款。

在招标文件要求提交投标文件截止时间至少 15 日前，招标人可以以书面形式对已发出的招标文件进行必要的澄清或修改，该澄清或修改的内容为招标文件的组成部分。

3. 对潜在投标人进行资格审查

《招标投标法》第十八条规定："招标人可以根据招标项目本身的要求，在招标公告或者投标邀请书中，要求潜在投标人提供有关资质证明文件和业绩情况，并对潜在投标人进行资格审查；国家对投标人的资格条件有规定的，依照其规定。招标人不得以不合理的条件限制或者排斥潜在投标人，不得对潜在投标人实行歧视待遇。"

资格审查程序是为了在招标投标过程中剔除资格条件不适合承担或履行合同的潜在投标人或投标人。对潜在投标人的资格进行审查，是招标人的一项权利，可以保障招标人的利益，促进招标投标活动的顺利进行，缩减招标人评审和比较投标文件的数量。

资格审查可分为资格预审和资格后审。资格预审是在招标前对潜在投标人进行的资格审查；资格后审是在投标后（一般是在开标后）对投标人进行的资格审查。无论是预审还是后审，都是主要审查潜在投标人或投标人是否符合下列条件：

(1)具有独立订立合同的权利；

(2)具有圆满履行合同的能力，包括专业、技术资格和能力，资金、设备和其他物质设施状况，管理能力，经验，信誉和相应的工作人员；

(3)(3 年内)没有与骗取合同有关的犯罪或严重违法行为。

目前，在招标程序中，招标人经常采用的是资格预审程序，并且专门发布资格预审公告。资格预审公告一般应包括以下内容：招标人的名称和地址；招标项目的性质和数量；招标项目的地点和时间要求；获取资格预审文件的办法、地点和时间；对资格预审文件收取的费用；提交资格预审申请书的地点和截止时间；资格预审的日程安排。

4. 招标人的保密义务

为了保证招标投标活动的公平和公正，《招投标法》规定了招标人的保密义务：招标人不得向他人透露已获取招标文件的潜在投标人的名称、数量以及可能影响公平竞争的有关招标投标的其他情况。招标人设有标底的，标底必须保密。

(三)投标

1. 投标人的权利及义务

投标是投标人为响应招标，依据招标文件的要求，以订立合同为目的的参与竞争的法律行为。

投标人是响应招标、参加投标竞争的法人或者其他组织。依法招标的科研项目允许个人参加投标的，投标的个人亦属投标人。

(1)投标人的权利

①在公开招标时，投标人通过资格预审后，有权购买（或领取）招标文件；

②潜在投标人有权参加招标人组织的项目现场踏勘，并提出质疑，请求招标人澄清；

③投标人有权根据招标文件载明的项目实际情况，在中标后将中标项目的部分非主体、非关键性工作进行分包，但应当在投标文件中载明(《招标投标法》第三十条)；

④投标人可由两个以上法人或者其他组织组成一个联合体，以一个投标人的身份共同投标(《招标投标法》第三十一条)；

⑤投标人有权在开标会之前获知招标人的评标方法和定标规定。

(2)投标人的义务

①投标人取得投标资格时，应向招标人交纳投标保证金；

②投标人应在招标文件要求提交投标文件的截止时间前，将投标文件送达投标地点；

③投标人不得相互串通投标报价，不得排挤其他投标人的公平竞争；

④投标人不得与招标人串通投标，损害国家利益、社会公共利益或他人的合法权益；

⑤禁止投标人以向招标人或者评标委员会成员行贿的手段谋取中标。投标人不得以低于成本的报价竞标，也不得以他人名义投标或以其他方式弄虚作假，骗取中标。

2.投标文件的编制

(1)编制投标文件的基本要求

《招标投标法》第二十七条规定："投标人应当按照招标文件的要求编制投标文件。投标文件应当对招标文件提出的实质性要求和条件作出响应。"投标人购买招标文件后，应仔细阅读招标文件的投标项目要求及投标须知，在同意并遵循招标文件的各项规定和要求的前提下，提出自己投标文件。

①投标文件应对招标文件提出实质性要求和条件作出响应。符合招标文件的所有条款、条件和规定且无重大偏离与保留。

②投标人应对招标项目提出合理的价格，严格按照招标文件的要求填写"开标一览表"、"投标价格表"等。

③投标人的各种商务文件、技术文件等应依据招标文件要求备全。一般的商务文件包括：资格证明文件(营业执照、税务登记证、企业代码以及行业主管部门颁发的等级资格证书、授权书、代理协议书等)、资信证明文件(包括保函、已履行的合同及用户意见书、中介机构出具的财务状况书等)。技术文件一般包括投标项目方案及说明等。

④投标人还应有整套的售后服务体系，其他优惠措施等。

⑤投标人须按招标人的要求进行密封、装订，按指定的时间、地点、方式递交投标文件。

投标人应以合理报价、优质产品或服务、先进的技术、良好的售后服务为成功中标打好基础，同时还应认真包装投标文件，如标书的印刷、装订、密封等，以给评委良好印象。

(2)投标文件的构成

投标人编写的投标文件应包括下列部分：

①按照投标人须知要求填写的投标函格式、投标报价表；

②按照投标人须知要求出具的资格证明文件，证明投标人是合格的，而且中标后有能力履行合同。

③按照投标人须知要求出具的证明文件，证明投标人提供的货物及其辅助服务是合格的货物和服务，且符合招标文件规定；

④按照投标人须知规定提交的投标保证金。

(3)投标人编制投标文件的时间要求

《招标投标法》第二十四条规定："招标人应当确定投标人编制投标文件所需要的合理时

间;但是,依法必须进行招标的项目,自招标文件开始发出之日起至投标人提交投标文件截止之日止,最短不得少于20日。”

招标人应根据有关招标项目的具体情况确定提交投标书的合理的截止日期。对于依法强制招标的项目招标有效期至少为20日。

(四)开标、评标、定标

《招标投标法》第三十七条规定:“评标由招标人依法组建的评标委员会负责。依法必须进行招标的项目,其评标委员会由招标人的代表和有关技术、经济等方面的专家组成,成员人数为5人以上单数,其中技术、经济等方面的专家不得少于成员总数的2/3。”为保证评标活动依法进行并遵循公平、公正、科学、择优的原则,国家发改委等七部委于2001年7月5日联合制定和发布了12号令《评标委员会和评标方法暂行规定》,为开标、评标、中标活动提供了法律依据。

1.开标

开标时间和地点应当在招标文件中确定,如遇招标文件发售后对原招标文件做了变更或补充等特殊情况,开标时间可以暂缓或推迟;开标由招标人主持,邀请所有投标人参加;开标时应由工作人员当众拆封、宣读、记录开标过程并存档备查。

2.评标

(1)评标委员会

由招标人依法组建的评标委员会负责评标活动,向招标人推荐中标候选人或根据招标人的授权直接确定中标人。

评标委员会的人员构成要求应符合法定的规定,且评标委员会的专家应当从省级以上人民政府有关部门提供的专家名册或招标代理机构的专家库内相关专家名单中确定。其成员名单一般应于开标前确定,并在中标结果确定前应保密。评标委员会成员应当客观、公正地履行职责,遵守职业道德,对所提出的评审意见承担个人责任。

(2)评标:评标程序一般分为初步评审和详细评审。

①初步评审的规定:

招标人设有标底的,标底应当保密,并在评标时作为参考。

评标委员会应当根据招标文件规定的评标标准和方法,对投标文件进行系统地评审和比较,并进行排序。招标文件中没有规定的标准和方法不得作为评标的依据。

a.评标委员会可以书面方式要求投标人对投标文件中含义不明确、对同类问题表述不一致或者有明显文字和计算错误的内容作必要的澄清、说明或者补正。澄清、说明或者补正应以书面方式进行并不得超出投标文件的范围或者改变投标文件的实质性内容。

b.评标委员会应当审查每一投标文件是否对招标文件提出的所有实质性要求和条件作出响应。

c.投标人的报价由评标委员会认定该投标人以低于成本报价竞标,其投标应作废标处理;投标人未能在实质上响应的投标,应作废标处理;因有效投标不足3个使得投标明显缺乏竞争的,评标委员会可以否决全部投标。投标人少于3个或者所有投标被否决的,招标人应当依法重新招标。

②详细评审的规定:

经初步评审合格的投标文件,评标委员会应当根据招标文件确定的评标标准和方法,对其技术部分和商务部分作进一步评审、比较。评标方法包括经评审的最低投标价法、综合评估法或者法律、行政法规允许的其他评标方法。

a. 经评审的最低投标价法一般适用于具有通用技术、性能标准或者招标人对其技术、性能没有特殊要求的招标项目。能够满足招标文件的实质性要求，符合招标文件规定的技术要求和标准，并且经评审的最低投标价的投标，应当推荐为中标候选人。根据经评审的最低投标价法完成详细评审后，评标委员会应当拟定一份“标价比较表”，连同书面评标报告提交招标人。

b. 不宜采用经评审的最低投标价法的招标项目，一般应当采取综合评估法进行评审。根据综合评估法，最大限度地满足招标文件中规定的各项综合评价标准的投标，应当推荐为中标候选人。衡量方法可以采取折算为货币的方法、打分的方法或者其他方法。需量化的因素及其权重应当在招标文件中明确规定。根据综合评估法完成评标后，评标委员会应当拟定一份“综合评估比较表”，连同书面评标报告提交招标人。

书面评标报告应由评标委员会全体成员签字，并抄送有关行政监督部门。

评标和定标一般应在投标有效期结束日（提交投标文件截止日）30 个工作日前完成。

（五）定标

评标委员会推荐的中标候选人应当限定在 1～3 人，并标明排列顺序。中标人的投标应当符合下列条件之一

1. 能够最大限度满足招标文件中规定的各项综合评价标准；

2. 能够满足招标文件的实质性要求，并且经评审的投标价格最低；但是投标价格低于成本的除外。

使用国有资金投资或者国家融资的项目，招标人应当确定排名第一的中标候选人为中标人。排名第一的中标候选人放弃中标、因不可抗力提出不能履行合同，或未能在招标文件规定的期限内提交履约保证金，招标人可以确定排名第二的中标候选人为中标人，若因前款规定的同样原因不能签订合同的，招标人可确定第三名中标候选人为中标人。

中标人确定后，招标人应当向中标人发出中标通知书，同时通知未中标人。招标人和中标人应当自中标通知书发出之日起 30 日内，按照招标文件和中标人的投标文件订立书面合同。

中标通知书对招标人和中标人具有法律约束力。中标通知书发出后，招标人改变中标结果或者中标人放弃中标的，应当承担法律责任。

第二节　招标工作程序

一、招标工作流程

招标工作流程如图 3-2-2 所示：

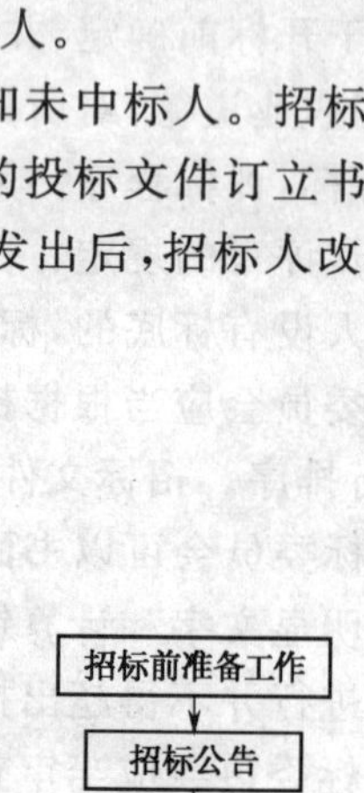

图 3-2-2　招标工作流程图

二、招标前准备工作

1. 申请招标

招标人确定设备采购标段划分方案，报上级主管部门批准。属于设备安装工程，报建设主管部门批准，并到建设招标市场备案。

2. 准备招标文件

招标人按批准的标段划分方案编制招标文件，完成后应报行政主管部门核查，车辆、信号等国家规定国产化率要求的招标文件应报国家发展与改革委员会审查。

3. 发布招标公告或投标邀请书

招标公告是指采用公开招标方式的招标人(包括招标代理机构)向所有潜在的投标人发出的公告。招标公告应当通过国家指定的报刊、信息网络或者其他媒体发布。投标邀请书是指采用邀请招标方式的招标人，向3个以上具备承担招标项目的能力、资信良好的特定法人或组织发出投标邀请通知，邀请特定的符合资质的投标人应邀投标的文书。需要进口免税的设备招标需在商务部网站上发布招标公告，设备安装占主导地位的标段招标需在当地建设主管部门的招标网站上发布公告。

4. 资格预审

对于公开招标的项目，招标人可以对投标人进行资格预审。招标投标法规定："招标人可以根据招标项目本身的要求，在招标公告或投标邀请书中，要求潜在投标人提供有关资质证明文件和业绩情况，并对潜在投标人进行资格审查；国家对投标人的资格条件有规定的，依照其规定。招标人不得以不合理的条件限制或者排斥潜在投标人，不得对潜在投标人实行歧视待遇。"

需要资格预审的招标项目的资审文件需报行政主管部门核查，车辆等国家有规定准入条件的招标项目需符合国家的规定。资格条件可以在发布招标公告时同时发布，潜在投标人需填报资审文件，由招标人或招标代理机构负责审查，只有资格审查通过的潜在投标人才可以购买招标文件。

5. 发售招标文件

招标文件编写完成后，报行政主管部门核查。车辆、信号等系统招标文件按国家规定报国家发展与改革委员会审查。核查或审查通过后，在招标公告指定的时间、地点发售。招标投标法规定"招标人应当确定投标人编制投标文件所需要的合理时间；但是，依法必须进行招标的项目，自招标文件开始发出之日起至投标人提交投标文件截止之日止，最短不得少于20日。"

6. 组织现场考察

为便于投标商对工程有一个全面的了解，招标人可以组织投标商对工程现场进行考察。

7. 召开标前会议

对于投标商对招标文件有较多质疑问题的招标项目，招标人可以召开标前会议，统一解答投标人的质疑，并以会议纪要的形式发送给所有的投标人。招标投标法规定："招标人对已发出的招标文件进行必要的澄清或者修改的，应当在招标文件要求提交投标文件截止时间至少15日前，以书面形式通知所有招标文件的收受人。该澄清或者修改的内容为招标文件的组成部分。"

8. 接受投标文件

招标人或招标代理机构在招标文件规定的时间、地点接受投标人递交的投标文件。在招标文件要求提交投标文件的截止时间后送达的投标文件，招标人应当拒收。

三、开标、评标

1. 开标的时间、地点

开标的时间、地点在招标文件中明确，开标时间通常与投标截止时间相同或延后30 min，开标地点与投标文件递交地点相同。

2. 出席开标

招标人、招标代理机构、投标人、政府监督人员应出席开标。投标人法人代表或授权人应签字确认其参加开标，开标组织人员应查验投标人参与开标代表的身份证明及委托授权书。

3. 开标程序

开标由招标人主持。开标时，首先由投标人或者其推选的代表检查投标文件的密封情况，确认投标文件密封良好，封套书写符合招标文件的规定。然后，由开标主持人以投标文件递交的先后顺序逐个开启投标文件。开标主持人在开标时，要朗读每个投标人的名称、投标价格及开标一缆表中其他内容。在宣读的同时，开标工作人员应对所宣读的内容进行记录。所有投标文件开启及宣读完毕后，由开标工作人员将开标记录打印，由参加开标的投标人签字确认。如聘请了公证人员，则由公证人员确认开标结果。

4. 组建评标委员会

由招标人负责组建评标委员会。招标投标法规定："依法必须进行招标的项目，其评标委员会由招标人的代表和有关技术、经济等方面的专家组成，成员人数为 5 人以上的单数，其中技术、经济等方面的专家不得少于成员总数的 2/3"；"前款专家应当从事相关领域工作满 8 年并具有高级职称或者具有同等专业水平，由招标人从国务院有关部门或者省、自治区、直辖市人民政府有关部门提供的专家名册或者招标代理机构的专家库内的相关专业的专家名单中确定；一般招标项目可以采取随机抽取方式，特殊招标项目可以由招标人直接确定"；"与投标人有利害关系的人不得进入相关项目的评标委员会；已进入的应当更换。"

为避免评标专家名单外泄，评标专家抽取尽量靠近开标时间，对外地专家应留有适当的路程时间。对技术复杂、涉及专业多、招标标的大的项目，评标专家人数应相对增加。

评标委员会可设主任 1 名，负责协调、管理评标工作，但评标委员会主任不参加评标打分。

评标委员会根据所评标项目情况，可分设技术组及经济组，分别对投标文件的技术卷及商务卷和价格卷进行评审。

5. 评标

开标后，由招标人将投标文件移交给评标委员会，评标委员会全权负责评标工作。

6. 初评

评标委员会首先根据评标办法或评标细则对投标人的资格进行审查，对投标文件的符合性条款进行审查，只有通过资格及符合性审查的投标文件才能进入到详细评审阶段。对于未通过资格及符合性条款审查的投标文件，应由评标委员会主任或组长签字说明原因。

7. 投标文件的澄清及说明

在评标过程中，评标委员会可以要求投标人对投标文件进行澄清和说明。招标投标法规定："评标委员会可以要求投标人对投标文件中含义不明确的内容作必要的澄清或者说明，但是澄清或者说明不得超出投标文件的范围或者改变投标文件的实质性内容。"

8. 答辩

对于招标文件有规定的要求投标人的投标项目经理及主要负责人进行答辩的，评标委员会可以事先准备答辩问题由答辩人抽取或现场随机提问，评标委员会根据答辩人的回答情况给以评分。

9. 详评

评标委员会根据招标文件的评标办法或招标人制定的评标细则对投标文件进行评审和比较，各评委独立打分，然后按评标办法计算出各投标人的技术、商务和价格得分及综合得分。

10. 评标报告

评标报告由评标委员会主任或组长负责编写，经全体评标委员会讨论通过并签字确认。

评标报告一般包括如下内容：

(1)招标公告刊登的时间、购买招标文件的单位名称；

(2)开标日期、地点；

(3)投标人名单；

(4)投标报价以及调整后的评标价；

(5)价格评标基础；

(6)评标的原则、标准和方法；

(7)评标过程、初审结果、详审评分、综合评分等；

(8)评标委员会推荐的中标候选人及排序；

(9)与中标候选人技术及商务谈判的重点等。

评标结束后，评标报告报送招标人或招标代理机构，评标过程纪录(各评委的打分、综合打分的计算及投标文件)由招标代理机构封存备查。

四、中标、合同签订

1. 中标人的确定

招标人根据评标委员会提出的书面评标报告和推荐的中标候选人确定中标人。招标人也可以授权给评标委员会直接确定中标人。

2. 澄清

评标结束后，招标人可要求中标候选人对其投标文件进行进一步的澄清。招标投标法规定："在确定中标人前，招标人不得与投标人就投标价格、投标方案等实质性内容进行谈判。"

3. 公示

中标结果确定后，应按相关要求进行公示。

4. 中标通知书

公示结束后，由招标人或招标代理机构向中标人发中标通知书。

5. 中标结果通知书

由招标人或者招标代理机构向未中标的投标人发中标结果通知书。

6. 合同谈判

中标通知书发出后，招标人应与中标人进行合同的技术和商务谈判。

7. 合同签订

合同谈判结束后，由招标人与中标人签订合同。招标投标法规定："招标人和中标人应当自中标通知书发出之日起 30 日内，按照招标文件和中标人的投标文件订立书面合同。"

第三节　招标文件的编写

招标文件内容包括投标邀请、投标人须知、主要合同条款、用户需求书、投标文件格式等内容。

一、投标邀请

投标邀请是招标文件的第一部分内容，是向潜在投标商提出要约。投标邀请应包括如下内容：

1. 招标编号、招标货物及服务的内容和数量；

2. 合格投标人的基本资格；

3. 购买招标文件的时间、地点及价格；

4. 投标文件的递交时间、地点及履约保证金的金额；

5. 开标时间、地点及要求；

6. 招标人(招标代理机构)联系方式。

二、投标人须知

投标人须知包括招标说明及对投标人的要求，一般包括如下内容，编写具体的招标文件时，应根据招标内容、方式等对下列条款进行增加或删减：

1. 项目说明

包括项目概况、资金来源、招标范围、合同的签订、招标要求、招标文件的使用范围、本次招标程序的特殊说明等内容。

2. 定义

指对招标文件的专用用语进行范围定义。

3. 合格的投标人和合格的货源

指对投标人和投标人所提供货物的来源要求。

4. 投标费用

指投标人在投标过程中所发生的费用承担方式，除设计招标外，投标费用通常由投标人自己承担，招标人不负责投标费用。

5. 招标文件的构成

指招标文件构成的内容。

6. 招标文件的澄清

指投标人对招标文件的疑问需要招标人进行澄清的方式和时间的要求。

7. 招标文件的修改

指招标人对招标文件修改的条件、方式及时间要求。

8. 招标语言和计量单位

指招标文件所使用的语言及计量单位。

9. 投标语言及计量单位

指规定投标文件所使用的语言及计量单位。

10. 投标文件的组成

指投标文件所包含内容的要求。

11. 投标文件格式

指对投标文件编写的格式、装订顺序、装订要求及规格、页码编排、图纸等格式的要求。

12. 投标报价

指对投标人投标总价、分项报价的要求。

13. 投标货币和汇率

指投标报价的货币要求，如有进口货物或服务，指进口货物或服务转换成所要求的投标货币的汇率要求，如固定汇率或浮动汇率。

14. 投标人资格的证明文件

指投标人应提交证明其有资格参加投标和中标后有能力履行合同的文件；包括营业执照、生产许可、质量认证、财务、技术和生产能力、组织机构等。

15.证明货物的合格性和符合招标文件规定的文件

指投标人应提交证明其拟供的合同项下货物和服务的合格性符合招标文件规定的文件；包括拟提供货物主要技术指标和性能的详细说明、备品备件、专用工具、仪器仪表及工期进度表的说明，分包方案、运输方案、质量保证计划、培训计划、项目管理计划及设计联络和设计审查方案、检查验收方案等内容。

16.投标保证金

指投标保证金的金额、有效期、方式及投标保证金被没收的条件及退还的时间。

17.投标有效期

指招标文件规定的投标文件有效的期限。

18.投标文件的式样和签署

指对投标文件正本、副本、电子文件数量、印刷、签署、修改的要求。

19.标前会议和现场考察

指投标人在编写投标文件期间，由招标人召开的所有投标人参加的答疑、澄清会议及到工程现场进行的考察。

20.知识产权

指投标人所提供的货物及服务的报价应包括所含的知识产权的费用，应保证业主免受第三方提出侵犯其任何专利、注册的设计、版权、商标或商品名称或其他知识产权工业设计权的起诉及索赔。

21.保密

指投标人对招标人所提供资料的保密规定。

22.投标人知悉

指投标人应对工程有了充分的了解，避免投标人在中标后提出因招标文件未提供工程的其他信息的索赔。

23.备选方案

对于所招标内容包含较多子系统或招标标的额较大、分包商较多时，招标人通常要求投标人提出子系统或分包商的备选方案，供招标人选择。

24.投标文件的密封和标记

指对投标文件包装、密封及标识要求。

25.投标截止时间

指投标文件递交的最晚时间要求，通常投标截止时间与开标时间相同或提前 30 min。

26.迟交的投标文件

指对投标截止时间后递交投标文件的处理办法。

27.投标文件的修改和撤销

指对投标文件修改和撤销的时间和方式的规定，在开标后，投标人不得对投标文件进行实质性的修改，在投标有效期内不得撤销投标文件，否则没收投标保证金。

28.开标

指开标时间、地点、方式及开标内容和程序。

29.评标机构和评标办法

介绍评标机构的组成及评标办法。

30.投标文件的澄清及与招标人和招标代理机构的联系

指在评标过程中评标委员会要求投标人对投标文件的澄清，以便于评标委员会的评标打分；在开标后至授予合同期间，投标人与招标人或招标代理机构联系的规定。

31.投标文件的符合性审查

指评标委员会根据招标文件符合性条款，审查投标文件是否满足符合性条款的要求，如不满足，该投标文件将作为废标处理，不再进行详细的评分。

32.投标文件技术部分和商务部分的评审

指评标委员会根据评标细则对投标文件的技术部分和商务部分进行详细的评审，部分重要设备的招标为确保投标商所投标设备的质量、性能及承包商的履约能力，要求技术、商务评审分数在一定的标准以上时，才进行价格的评审。

33.货币

指对投标报价货币的要求。

34.投标文件的价格评审

指评标委员会对投标报价的修正方式，评标价的计算方式，及价格得分的计算方法。

35.综合评分

根据技术部分、商务部分及价格的得分确定各投标人的综合得分及排序方法。

36.推荐中标候选人和中标人的确定

指评标委员会根据综合评分推荐中标候选人的数量及排序方法；招标人对中标人确定的办法。

37.与招标人和招标代理机构的接触

指投标人在评标期间与招标人及招标代理机构接触的规定。

38.资格后审

指在邀请招标中，由评标委员会对投标人的投标资格进行审查。

39.合同授予标准

指合同授予的标准及中标人违约的处理办法。

40.授标时更改采购货物数量的权力

指招标人在签订合同时对招标范围在规定的幅度内进行更改的权利及投标人应保证单价不变的义务。

41.接受和拒绝任何或所有投标的权力

指招标人保留在授标之前任何时候接受任何投标，或拒绝所有或任何投标，以及宣布所有或任何投标文件无效的权力，对受影响的投标人不承担任何责任，也无义务向受影响的投标人解释采取这一行动的理由。

42.中标通知书

指中标通知书的发放方式。

43.签订合同

指在中标通知书发放后，中标人与招标人签订合同的时间要求。

44.履约保证金

指中标人在收到中标通知书后递交履约保证金的金额、期限、时间、方式的要求及不递交履约保证金的处理办法。

45.招标结果通知书

指对未中标的投标人通知招标结果。

46.招标代理服务费、公证费

如果招标代理服务费或公证费由中标人承担，应说明费用的计算办法及付款方式。

三、合同条款

在招标文件中应将合同的主要条款列入其中，以便于投标人对招标文件有充分的了解及合同执行的详细要求。同时，减少合同谈判内容及缩短谈判时间。合同条款应包括如下内容：

1.合同协议书

合同协议书应包括合同价格、合同签订的时间、地点及合同构成文件及解释顺序，合同双方的承诺、合同生效条件及时间、合同正本、副本的数量等及合同双方签字盖章、联系方式、银行账号等。

2.通用合同条款

通用合同条款包括如下条款：

(1)定义及解释；

(2)适用性；

(3)来源地；

(4)标准；

(5)合同文件和资料；

(6)知识产权；

(7)履约保证金；

(8)检验和测试；

(9)包装；

(10)交货和单据；

(11)产权与风险转移；

(12)保险；

(13)运输；

(14)伴随服务；

(15)备品备件；

(16)保证；

(17)付款；

(18)价格；

(19)合同变更与修改；

(20)转让和分包；

(21)不可抗力；

(22)争端的解决；

(23)主导语言；

(24)适用法律；

(25)通知；

(26)税和关税；

(27)合同生效和签约地。

3. 合同专用条款

合同专用条款是对合同通用条款的进一步解释、说明和补充,合同专用条款编号应与合同通用条款相对应,如果专用合同条款与通用合同条款有矛盾,以专用条款为准。

四、用户需求书

用户需求书是对所招标货物的数量、技术规格、功能、性能、尺寸等进行详细的要求,同时提出供货及服务范围、分项报价表、设计联络和设计审查、检查、试验和验收、技术文件和图纸、卖方人员在工程现场的有关规定、买方派团组的有关规定、培训、监理工程师、项目执行时间表、专用检测、试验设备等详细要求和规定。用户需求书通常由设计单位负责编写,由业主组织监理等单位进行审核。

五、投标文件格式

投标文件格式指对投标人在编写投标文件时的格式、装订分册的要求、每册所包含内容的要求等。通常情况,投标文件分为价格卷、商务卷和技术卷 3 部分。

1. 价格卷:包括投标书、开标一览表、投标保证金(银行保函或投标保证金递交证明)和投标报价表。

2. 商务卷:商务卷根据招标文件的要求按顺序提交相关资料,包括如下内容:

(1)对合同条款的响应一览表。

(2)担保函和联合体协议书格式:

①担保函格式(如果有)。

②联合体协议书格式(如果有)。

(3)投标人的资格证明文件:

①说明;

②关于资格文件的声明函;

a. 投标人的资格(实力)声明;

b. 关键系统/部件制造商的资格声明;

c. 关键系统/部件制造商出具的授权函;

d. 贸易公司(作为商务代理)的资格声明(如果有);

e. 投标人法人授权书;

f. 近三年的财务报表;

g. 银行资信证明;

h. 保险证明。

(4)履约保证金保函格式(中标后开具)。

(5)预付款和进度付款保函。

①预付款银行保函格式;

②进度款银行保函格式。

(6)投标人诉讼史。

(7)项目管理有关格式。

(8)其他。

3. 技术卷：包括对招标文件用户需求书的响应及相关的一些技术附件。

(1)技术规格建议书。

(2)技术偏差表。

(3)工期计划表，包括、交货计划、设计和设计联络时间表、设备和材料制造时间表、出厂检验时间表、装运时间表、技术文件交付时间表、培训时间表等。

(4)运输方案(对于有特殊运输要求的设备)。

(5)分包方案(如果有)。

(6)设计联络/设计审查方案。

(7)测试、检查与验收方案。

(8)质量保证计划。

(9)培训计划。

(10)项目管理计划。

(11)招标文件要求提供的、或投标人认为有必要提供的其他文件。

第四节　评标办法及评标细则

一、评标办法

评标办法是招标文件的一部分，应符合国家及地方政府有关的规定。评分办法是评定设备标的重要因素，在制定时要结合目前市场上设备的综合质量水平，并对应招标文件中的相应条款。避免引起投标人投诉。

二、评标办法的分类

1. 常用的评标办法

目前，国内招标最常用的评标办法有以下几种：

(1)最低投标报价法。

(2)经评审的最低投标报价法。

包括经评审的最低投标价 1-A 法，经评审的最低投标价 1-B 法和二次平均法。

(3)抽签定标法。

(4)综合评估法。

包括综合评估 2-A 法，综合评估 2-B 法。

2. 评标办法的选用

(1)评标办法的选用原则

①对于技术含量不高与其他物品关联度不强的招标项目，如简单商品、半成品和原材料等标准产品采购项目的评标，通常采用经评审的最低投标报价法评标。

②招标设备造价较高并且技术相对较复杂，要综合考虑造价和设备质量、工艺、技术、服务等以保证设备制造的质量，通常采用综合评标法。采用综合评标法，技术标占部分评分分值，能够加强投标方对施工方案、工艺、技术参数的重视，有利于制造过程的管理和控制；把技术标与商务标结合起来，可以合理地综合评审造价与技术方案、措施之间的联系，杜绝由于盲目压价而导致的技术方案与造价不相符合。

(2)经评审最低投标价法的特点

①当工程项目较小，设备制造工艺、技术要求一般时，用最低投标价法评标可以简化评标过程，降低工程造价。

②利用经评审最低投标价法有可能使投标时投标单位盲目的压价，制造过程中没有采取有效的措施降低造价，而是以用劣质的设备及材料、低劣的工艺技术等方法压低成本，造成设备质量低劣，违背了最低报价法的初衷。而且，国内大多数企业并不具备个体成本的真实数据，在进行此类评标办法规定的报价时，往往会比较盲目，报出自己无法承受的低价，导致招标失败，造成招标人的损失。所以，在不具备周边环境支持的情况下（企业有自己的可靠成本，招标人也能找到比较准确的社会平均先进成本作为决策依据），不建议采用最低投标价法。

(3)综合评标法的特点

①技术标占部分评分分值，能够加强投标方对技术方案、工艺、技术参数的重视，有利于制造过程的管理和控制。

②把技术标、商务标与投标报价结合起来，可以合理地综合评审造价与技术方案、措施之间的联系，杜绝由于盲目压价而导致的技术方案与造价不相符合。

③由于不是价格最低就可以中标，因此要对每份有效的投标文件进行评审，加大了评审的工作量，评审时间较长。

④由于定标标准复杂，人为干扰的因素较多，因此有可能造成作弊、腐败现象出现（但可以通过加强人员管理避免）。

⑤由于基准价一般的计算依据是报价平均值或者是标底价格加投标价格的平均值，可能存在无法反映真实竞争水平的情况发生，业主可能会增加投入。另外，在不设标底价（也有地区叫做拦标价）的情况下，很难预防投标单位联合起来“围标”。

三、综合评标法

地铁设备采购招标评标办法通常采用综合评标法，即综合考评投标商的技术、商务、报价等因素，综合得分最高的为第一中标候选人。采用综合评标法应事先取得有关部门的批准。

综合评标法的评标办法一般包括下列条款，编写具体的评标办法可根据所招标内容的特殊性进行条款的增减。

(1)总则：包括评标办法制定的依据、评标人员的守则、评标委员会的权利及解释权；

(2)评标依据：指评标依据的内容及评审制度；

(3)评标机构：指评标委员会的组建方式、组成人员结构及选定方法；评标委员会的职责、招标人的职责等；

(4)评标步骤：指评标内容和顺序，包括资格审查、符合性审查、技术评审、商务评审、价格评审、综合评分、推荐中标候选人等；

(5)评标过程：指各评标内容的具体要求；

(6)评分标准及评标因素权重的设定：评标因素权重指技术、商务、价格等所占总分数的比例，评分标准指技术、商务部分采分点及每个采分点的分值和评标价的评分方法。

下面列举某地铁公司在进行地铁设备采购招标时的评标办法作为范例：

××地铁公司××设备采购评标办法

1. 总则

1.1　××地铁××工程项下的××采购，采取国内公开招标方式选择设备供货商，为保证招标工作的“公平、公正、科学、择优”，根据《中华人民共和国招标投标法》《评标委员会和评标方法暂行规定》等国家相关工程建设招标投标的法律、法规的有关规定，结合××地铁××工程建设特点，制定本评标办法。

1.2 所有参加评标人员必须遵守国家和地方政府制定的有关工程招标投标的法则、规定，遵守有关工程招标投标的保密制度。

1.3 评标委员会有权拒绝被确定为非实质性响应的投标，投标人不能通过修正或撤回不符之处而使其投标成为实质性响应的投标。

1.4 本评标办法的解释权属××地铁有限公司。

2. 评标依据

2.1 评标工作严格执行国家和地方政府颁布的有关法律法规，评标的依据是招标文件、招标文件的补遗文件、投标文件及其投标人对评标委员会询标的澄清文件以及本评标办法。

2.2 实行独立评审制。任何人不得干预、影响评委独立打分及评审。

3. 评标机构

3.1 评标机构为依法组建的本项目评标委员会，评标委员会成员由招标人代表和有关专家构成，负责完成评审工作。评标委员会的专家按照国家有关法规和管理条例、并结合本项目的特点选定。

3.2 评标前，评标委员会成员和有关的工作人员应掌握《中华人民共和国招标投标法》及国家和有关部门颁发的相关法律法规的要求，必须掌握本项目招标文件的有关要求和规定。有关人员还应了解国家有关部门关于城市轨道交通项目设备采购政策的有关要求。

3.3 评标委员会的职责：

(1) 根据本评标办法，对投标人的投标文件进行评审，完成本项目的评标工作；

(2) 编写评标报告，向招标人报告评标意见，并推荐中标候选人。

3.4 招标人的职责：

(1) 批准本评标办法；

(2) 根据本项目评标委员会的评标报告最终确定中标人。

4.评标步骤

评标过程将按以下几个步骤进行：

(1) 资格审查；

(2) 符合性审查；

(3) 技术和商务评审；

(4) 国产化评审(国家发展与改革委员会有要求的设备系统)；

(5) 价格评审；

(6) 综合评分；

(7) 推荐中标候选人。

5.评标过程

5.1 资格审查

符合性审查前，评标委员会将审查投标人(包括所投设备主要部件/系统供应商)的财务、技术和生产能力。资格审查的过程主要是按照招标文件的规定，审查投标人提交的资格证明文件和其他招标人和招标机构认为必要的、合适的资料。如果投标人没有通过资格审查，将不对投标人进行进一步的评审。

5.2 符合性审查

根据招标文件的有关规定，评标委员会审查投标人的投标文件是否实质性响应了招标文件的要求，且没有重大偏差。

实质上响应招标文件要求的投标是投标文件按照招标文件规定的格式、内容和要求提交了所有的文件，投标文件的内容字迹清晰可辨，且投标文件与招标文件要求的全部主要条款、条件和规格相符，没有重大偏差的投标。对关键条文的偏差、保留或反对，例如关于投标保证金、履约担保、合同条款、主要技术指标、工程进度时间表、货物检验验收规定、项目管理责任、质量保证、供货范围等的重大偏差将被认为是实质性的偏离。

投标人对招标文件的条件、条款的细微偏差不影响投标文件的有效性。细微偏差是指投标文件在实质上响应了招标文件的要求，但在个别地方存在漏项或者提供了不完整的技术信息和数据等情况，并且补正这些遗漏或者不完整不会造成对其他投标人不公平的结果。

投标人不得通过修正或撤销其投标文件中不符合要求的偏差从而使其投标成为实质上响应的投标。

只有符合性审查合格的投标才可进入下一步技术和商务评审。

5.3 技术和商务评审

除上述的符合性审查外，评标委员会将对投标文件的技术部分和商务部分进行评审，以确定投标是否满足招标文件技术和商务的要求。

对于投标文件中不构成实质性偏差的微小的不正规、不一致或不规则，评标委员会可以接受，但这种接受将影响该投标人的得分。

只有在技术上和商务上满足招标文件相关要求的投标才可进入下一步骤的国产化方案评审(国家发展与改革委员会有要求的设备系统)。

在技术和商务评标时，评标委员会将对比招标文件中的相应要求，审查投标人的投标。

5.4 国产化评审(国家发展与改革委员会有要求的设备系统)

除上述的评审外，评标委员会将审查投标人的国产化方案。评标委员会主要审查国产化率及实施措施的可操作性，评标委员会将根据供货方案等，分析各部件、各系统的国产化进程和价格，最终经过计算得到本合同的国产化率。

只有所提供投标设备的国产化率达到招标文件要求的投标才可进入下一步骤的价格评审。

5.5 价格评审

评标委员会将对通过上述符合性审查、技术和商务评审和国产化审查(国家发展与改革委员会有要求的设备系统)步骤的投标进行价格评审和比较。

对投标报价进行算术校核时，算术错误将按以下方法更正：

(1) 如果总价与数量乘单价的积而得到的总价不一致，则以单价为准修正总价；

(2) 如果用大写数值与用数字表示的数值不一致，以大写数值为准；

(3) 如果投标人不接受对其错误的更正，其投标文件将被拒绝，其投标保证金将被没收。

计算评标总价时，以货物到达××地铁车辆段/仓库/工地的到货总价和服务总价为依据。

5.6 综合评分

在完成上述符合性审查、技术和商务评审、国产化评审(国家发展与改革委员会有要求的设备系统)和价格评审步骤后，评标委员会将根据规定的评标标准，对通过上述审查的投标做进一步的详细评审、比较，对各投标人的投标进行综合评分，并对各投标人按得分的高低进行排序。

5.7　推荐中标候选人

评标委员会将向招标人提出书面评标报告，按投标人的综合评分向招标人推荐1～3名中标候选人，并对推荐的中标候选人排序，综合评分得分最高的投标人为第一中标候选人，次高者为第二中标候选人，依此类推。如出现投标候选人的综合评分相同的情况，评标价格低的投标人排序在前。

5.8　确定中标人

本合同将授予评标委员会推选出的第一中标候选人，并且该投标人经进一步审查能满意地履行其合同义务。

如果第一中标候选人作为中标人没有按照规定与招标人签署合同，或没有按规定提供履约保证金，或招标人发现该投标人存在有不利于合同执行的其他情况，招标人将取消该中标决定。在此情况下，招标人可将合同授予第二中标候选人，依此类推。

5.9　投标文件的澄清及与招标人和招标机构的联系

如需要，在评标期间评标委员会可要求投标人对其投标文件进行澄清，投标人将按通知的时间、地点指派专人进行答疑和澄清，投标人的澄清答复应以书面形式提交，但不得寻求、提供或允许对投标价格或实质性内容做任何更改。

从开标后至授予合同期间，任何投标人不得擅自就其投标文件有关的问题主动与评标委员会、招标人和招标代理机构进行联系。

投标人试图对评标委员会的评标、比较、或招标人授予合同的决定进行任何影响，都可能导致其投标被拒绝。

6. 综合评分标准及评标因素权重的设定

评标委员会对所有实质上响应招标文件要求的投标分别从“商务”、“技术”、“国产化方案（国家发展与改革委员会有要求的设备系统）”和“价格”4个方面进行评审并按照“综合打分法”方式打分，打分实行百分制。各评标因素的权重分配如下：

(1) 商务评审(××分)

主要评审(但不限于)以下方面内容：

① 投标人生产投标货物的业绩；(××分)

② 投标人的质量体系认证情况和资格情况；(××分)

③ 投标人财务经营状况和银行资信情况；(××分)

④ 投标人的生产实力；(××分)

⑤ 付款条件的偏差情况；(××分)

⑥ 分包方案(如果有)；(××分)

⑦ 其他商务条款。(××分)

(2) 技术评审(××分)

根据所招标设备的特点及招标文件的要求列出各部分的分值。

(3) 国产化评审(国家发展与改革委员会有要求的设备系统)(××分)

根据国产化方案、实施可行性及国产化率分别列出分值。

(4) 价格评审(××分)

① 计算投标人的评标价格

评标委员会对通过资格审查、符合性审查、技术和商务评审、国产化评审(国家发展与改革委员会有要求的设备系统)的所有投标人的投标报价按照招标文件的要求,在同一基础上进行相应调整并作比较,调整后的价格作为投标人的评标价格,按照相应的价格打分公式进行打分。

价格调整的原则是:

a. 投标人的报价必须包含招标文件要求的供货范围内所有内容。

b. 投标人必须根据招标文件要求列出供货范围内设备和服务的清单和价格。投标人报价如有不重要的漏项,则须将其他投标人报价中该项价格的最高价加计入该投标人的投标总价。

c. 如投标人的报价包含了招标范围之外的内容,则超出部分应予以剔除。

② 计算评标基准价

a. 当实质性响应招标文件要求的投标人为 5 家以上(不含 5 家)时,评标基准价为排除所有核准后的评标报价中的一个最高评标价格和一个最低评标价格外的其他投标人的评标价格的算术平均值。

$$p_{\text{评标基准价}} = \frac{p_1 + p_2 + \cdots + (p_n) - (p_{\min} + p_{\max})}{n-2}$$

其中:

$p_{\text{评标基准价}}$——评标基准价;

$p_1, p_2, \cdots p_n$——通过资格审查、符合性审查、技术和商务评审、国产化评审的所有投标人的评标价格;

$p_{\min}$——所有通过资格审查、符合性审查、技术和商务评审、国产化评审的评标价格中的最低评标价格;

$p_{\max}$——所有通过资格审查、符合性审查、技术和商务评审、国产化评审的评标价格中的最高评标价格;

n——通过资格审查、符合性审查、技术和商务评审、国产化评审的所有投标人数量。

b. 当实质性响应招标文件要求的投标人为 5 家以下(含 5 家)时,评标基准价为所有投标人的评标价格的算术平均值。

$$p_{\text{评标基准价}} = \frac{p_1 + p_2 + \cdots p_n}{n}$$

③计算各投标人的价格评审得分

每高出评标基准价 1%扣 1 分,直到价格分扣完为至,每低于评标基准价 1%加 0.5 分,最高加分为 5 分。评标价格在上述各个区间得分计算采用直线插值法,计算评标价格与评标基准价百分比时保留百分数小数点后两位。

四、评标细则

为规范和方便评标专家的评标,招标人或招标代理机构通常根据评标办法制定相应评标细则,评标细则不得与评标办法相冲突。评标细则对所有的投标商应予以保密。对于通用设备或简单设备,可以不制定评标细则,评标委员会根据评标办法进行评标。

评标细则是评标办法的细化,是在评标办法的框架下明确技术及商务采分点的详细评分办法,通常给出具体的评分规定。在制定评标细则时应考虑避免各评标专家评分的离散性,又要考虑给评标专家一定的评审空间。

第三章 有关招标投标的法规

第一节 《中华人民共和国招标投标法》

一、《中华人民共和国招标投标法》简介

为了规范招标投标活动，保护国家利益、社会公共利益和招标投标活动当事人的合法权益，提高经济效益，保证项目质量，《中华人民共和国招标投标法》(以下简称《招标投标法》)由第九届全国人大常委会第十一次会议于 1999 年 8 月 30 日通过，并由中华人民共和国第二十一号主席令公布，自 2000 年 1 月 1 日起施行。“招标投标法”共分六章，六十八条，其中第一章总则；第二章招标；第三章投标；第四章开标、评标和中标；第五章法律责任；第六章附则。

《招标投标法》是社会主义市场经济法律体系中非常重要的一部法律，是整个招标投标领域的基本法，一切有关招标投标的法规、规章和规范性文件都必须与《招标投标法》相一致。

二、《招标投标法》部分条款介绍

1. 强制招标范围

《招标投标法》第三条规定“在中华人民共和国境内进行下列工程建设项目包括项目的勘察、设计、施工、监理以及与工程建设有关的重要设备、材料等的采购，必须进行招标：

(1)大型基础设施、公用事业等关系社会公共利益、公众安全的项目；

(2)全部或者部分使用国有资金投资或者国家融资的项目；

(3)使用国际组织或者外国政府贷款、援助资金的项目。

前款所列项目的具体范围和规模标准，由国务院发展部门会同国务院有关部门制订，报国务院批准。法律或者国务院对必须进行招标的其他项目的范围有规定的，依照其规定。”

该条款明确了强制招标范围内的工程建设项目需进行全过程的招标，包括项目的勘察、设计、施工、监理以及与工程建设有关的重要设备、材料等的采购。通过规范的招标投标活动，以法律的约束来保证工程质量，提高资金使用效益，消除滋生腐败行为的基床，使工程建设项目得以顺利进行。

2. 招标方式

《招标投标法》第十条规定：“招标分为公开招标和邀请招标。公开招标，是指招标人以招标公告的方式邀请不特定的法人或者其他组织投标。邀请招标，是指招标人以投标邀请书的方式邀请特定的法人或者其他组织投标。”

第十一条规定：“国务院发展计划部门确定的国家重点项目和省、自治区、直辖市人民政府确定的地方重点项目不适宜公开招标的，经国务院发展计划部门或省、自治区、直辖市人民政府批准，可以进行邀请招标。”

第十七条规定：“招标人采用邀请招标方式的，应当向 3 个以上具备承担招标项目的能力、资信良好的特定的法人或者其他组织发出投标邀请书。投标邀请书应当载明第十六条第二款规定的事项。”

第十六条第二款："招标公告应当载明招标人的名称和地址、招标项目的性质、数量、实施地点和时间以及获取招标文件的办法等事项。"

(1)公开招标和邀请招标的主要区别：

①发布信息的方式不同。公开招标采用公告的形式发布，邀请招标采用投标邀请书的形式发布。

②选择的范围不同。公开招标针对的是一切潜在的对招标项目感兴趣的法人或其他组织，招标人事先不知道投标人的数量；邀请招标则针对已经了解的特定的法人或其他组织，事先已经知道投标人的数量。

③竞争的范围不同。公开招标使所有符合条件的法人或其他组织都有机会参加投标，招标人拥有充分的选择余地，容易获得最佳招标效果；邀请招标是一种有限竞争的招标方式，投标人的数目有限，招标人拥有的选择余地相对较小，有可能提高中标的合同价或将某些在技术上或报价上更有竞争力的供应商或承包商遗漏。

④公开的程度不同。公开招标中，所有的活动都必须严格按照预先指定的程序标准公开进行，大大减少了作弊的可能；邀请招标的公开程度则逊色一些，产生不法行为的机会也就相对增加。

⑤时间和费用不同。由于邀请招标的投标人相对较少，使整个招标投标的时间大大缩短，并节约招标投标费用，提高效率。公开招标的程序从发布公告，投标人作出反应直至签订合同，均有时间上的要求并需准备众多文件，因而耗时较长，费用较高。

由此可见，两种招标方式各有千秋。在实际中，各国或国际组织的做法也不尽一致。有的把自由裁决权交给了招标人，由招标人根据项目的特点，自主采用公开或邀请方式，只要不违反法律规定，最大限度地实现了"公开、公平、公正"即可。

(2)对国家重点项目和地方重点项目在招标方式上的要求

国家重点建设项目，是指从国家大中型基本建设项目中由国务院发展计划部门和国务院有关主管部门确定的对国民经济发展有重大影响的骨干项目。地方重点建设项目，指从地方大中型基本建设项目中由省、自治区、直辖市人民政府确定的对本地区经济发展有重大影响的骨干项目。这类项目大多属于基础设施、基础产业和支柱产业项目，或是高科技并能带动行业技术进步的项目。为保证重点项目的工程质量和工期要求及对重点建设项目的管理，《招标投标法》第十一条对其招标投标方式做了明确规定。

第一，1996年发布施行的《国家重点建设项目管理办法》规定，国家重点建设主体工程的设计、施工、监理、设备采购，由建设项目法人依法公开进行招标，择优选定中标单位。《招标投标法》进一步确认了这项制度，国家重点项目和地方重点项目进行公开招标，在竞争性上更具优势，更能体现招投标制度的目的和宗旨。

第二，不适宜公开招标的重点项目，经批准可进行邀请招标。在某些特定情况下，如由于项目技术有特殊要求，或涉及专利权保护，或受自然环境资源限制，新技术或技术规格事先难以确定等原因，可供选择的具备资格的投标单位数量有限，难以实行公开招标方式，则可采用邀请招标。由于邀请招标中投标人的数目有限，公开性、竞争性都远不及公开招标，为防止产生内幕操作甚至给重点工程建设带来损失，宜由重点项目确定部门行使对邀请招标的监督权。

(3)邀请招标方式的基本要求

按照国内外的通常做法，采用邀请招标方式的前提条件，是对市场供给情况和供货商或承包商情况比较了解。在此基础上，还需考虑招标项目的具体情况：一是招标项目的技术新而且复杂或专业性很强，只能从有限范围的供货商或承包商中选择；二是招标项目本身的价值低，招标人只能通过限制投标人数来达到节约和提高效率的目的。因此，邀请招标在实际中有其较大的适用性。

在邀请招标中，为了防止招标人有可能故意邀请一些不符合条件的法人或其他组织作为其内定中标人的陪衬的假招标现象发生，《招标投标法》对邀请招标的对象的能力和资信所具备的条件做出了明确限定，并提出了对邀请投标范围为 3 家的最低限度的要求，以保证适当程度的竞争性。招标人应向尽量多的法人或其他组织发出投标邀请书。

为了提高效率和透明度，投标邀请书必须按第十六条第二款中的要求载明必要的招标信息，以使供货商或承包商了解招标的条件是否为他们所接受及如何参与投标等招标事宜。

3. 对潜在投标人的审查

《招标投标法》第十八条规定："招标人可以根据招标项目本身的要求，在招标公告或投标邀请书中，要求潜在投标人提供有关资质证明文件和业绩情况，并对潜在投标人进行资格审查；国家对投标人的资格条件有规定的，依照其规定。"

潜在投标人，是指知悉招标人公布的招标竞争的供货商或承包商。资格审查可分为资格预审和资格后审。是否进行资格审查及资格审查的要求和标准，招标人应在招标公告或投标邀请书中载明，这些要求和标准应平等地适用于所有的潜在投标人，否则最终会限制竞争。招标人应按照载明的要求和标准，对按要求提交有关资格审查文件和资料的潜在投标人做出审查决定并告知审查结果。

4. 招标文件的编制

《招标投标法》第十九条规定："招标人应当根据招标项目的特点和需要编制招标文件。招标文件应当包括招标项目的技术要求、对投标人资格审查的标准、投标报价要求和评标标准等所有实质性要求和条件以及拟签订合同的主要条款。

国家对招标项目的技术、标准有规定的，招标人应当按照其规定在招标文件中提出相应要求。

招标项目需要划分标段、确定工期的，招标人应当合理划分标段、确定工期，并在招标文件中载明。"

第二十条规定："招标文件不得要求或者标明特定的生产供应者以及含有倾向或者排斥潜在投标人的其他内容。"

第二十三条规定："招标人对已发出的招标文件进行必要的澄清或者修改的，应当在招标文件要求提交投标文件截止时间至少 15 日前，以书面形式通知所有招标文件收受人。该澄清或者修改的内容为招标文件的组成部分。"

第二十四条规定："招标人应当确定投标人编制投标文件所需要的合理时间；但是，依法必须进行招标的项目，自招标文件开始发出之日起至投标人提交投标文件截止之日止，最短不得少于 20 日。"

(1)招标文件的主要内容

《招标投标法》中明确了招标文件的主要内容，大致可分为 3 大部分，一为关于编写和提交投标文件的规定，其目的是尽量减少符合资格的供货商和承包商由于不明确如何编写投标文件而处于不利地位甚至投标遭到拒绝的可能性；二为关于投标文件的评审标准和方法，这是为了提高招标过程的透明度和公平性；三为技术要求、投标报价、合同的主要条款，其中主要是商务性条款，有利于投标人了解中标后签订合同的主要内容，明确双方各自的权利和义务。其中技术要求、投标报价要求和主要合同条款等内容为实质性要求。

(2)编制投标文件的时间

促进参与竞争的一个重要因素是给投标人有充分的时间来编写投标文件。这一时间的长短因项目不同而不同，取决于各种因素，需由招标人根据项目具体情况确定提交投标文件的截止日期。但对依法强制招标的项目招标有效期至少为 20 日。

5.投标文件的相关编制要求

《招标投标法》第二十七条规定："投标人应当按照招标文件的要求编制投标文件。投标文件应当对招标文件提出的实质性要求和条件作出响应。招标项目属于建设施工的，投标文件的内容应当包括拟派出的项目负责人与主要技术人员的简历、业绩和拟用于完成招标项目的机械设备等。"

第二十八条规定："投标人应当在招标文件要求提交投标文件的截止时间前，将投标文件送达投标地点。……投标人少于 3 个的，招标人应当依照本法重新招标。……。"

第二十九条规定："投标人在招标文件要求提交投标文件的截止时间前，可以补充、修改或者撤回已提交的投标文件，并书面通知招标人。补充、修改的内容为投标文件的组成部分。"

第三十三条规定："投标人不得以低于成本的报价竞标，也不得以他人名义投标或者以其他方式弄虚作假，骗取中标。"

上述条款明确了投标人购买标书后，必须认真仔细阅读标书的投标项目要求及投标须知，对招标文件的要求作出实质响应；对招标项目提出合理的价格，高于市场价格难以被接受，低于成本报价将被作为废标；投标人的各种商务文件、技术文件等应依据招标文件要求备全，缺少任何必须文件的投标将被排除中标人之外；投标文件若在截止时间后送达，招标人将拒收。

6.开标、评标和中标的相关规定

《招标投标法》第三十四条规定："开标应当在招标文件确定的提交投标文件截止时间的同一时间公开进行；开标地点应当为招标文件中预先确定的地点。"

第三十五条规定："开标由招标人主持，邀请所有投标人参加。"

第三十七条规定："评标由招标人依法组建的评标委员会负责。

依法必须进行招标的项目，其评标委员会由招标人的代表和有关技术、经济等方面的专家组成，成员人数为 5 人以上单数，其中技术、经济等方面的专家不得少于成员总数的 2/3。……与投标人有利害关系的人不得进入相关项目的评标委员会，已经进入的应当更换。……"

第四十条规定："评标委员会应当按照招标文件确定的评标标准和方法，对投标文件进行评审和比较；设有标底的，应当参考标底。评标委员会完成评标后，应当向招标人提出书面评标报告，并推荐合格的中标候选人。

招标人根据评标委员会提出的书面评标报告和推荐的中标候选人确定中标人。招标人也可以授权评标委员会直接确定中标人。"

第四十一条规定："中标人的投标应当符合下列条件之一：

(1)能够最大限度地满足招标文件中规定的各项综合评价标准；

(2)能够满足招标文件的实质性要求，并且经评审的投标价格最低；但投标价格低于成本的除外。"

第四十六条规定："招标人和中标人应当自中标通知书发出之日起 30 日内，按照招标文件和中标人的投标文件订立书面合同。招标人和中标人不得再行订立背离合同实质性内容的其他协议。"

上述条款对招标投标活动中的开标时间地点和要求、评标委员会的组成及评标标准和方法、中标人的确定方式和中标条件、合同的订立时间和要求均做了明确的规定。必须严格执行。

7. 招标的相关保密规定

《招标投标法》第二十二条规定："招标人不得向他人透露已获取招标文件的潜在投标人的名称、数量以及可能影响公平竞争的有关招标投标的其他情况。招标人设有标底的，标底必须保密。"

第三十七条规定："……评标委员会成员的名单在中标结果确定前应当保密。"

第三十八条规定："招标人应当采取必要的措施，保证评标在严格保密的情况下进行。……"

8. 法律责任

《招标投标法》在第五章"法律责任"中对招标投标活动中的招标人、招标代理机构、投标人、评标委员会、中标人各自应承担的法律责任进行了明确的规定。所有违反《招标投标法》的规定进行的招标活动，中标均无效；必须进行招标的项目而不招标的，或以任何违法行为参与招标投标活动的，视情节轻重给予罚款、处分直至追究刑事责任。

第二节　《中华人民共和国合同法》

一、《中华人民共和国合同法》简介

为了保护合同当事人的合法权益，维护社会经济秩序，促进社会主义现代化建设，《中华人民共和国合同法》于 1999 年 3 月 15 日由第九届全国人民代表大会第二次会议通过，中华人民共和国第 15 号主席令公布，自 1999 年 10 月 1 日起施行。

《中华人民共和国合同法》(以下简称《合同法》)共二十三章，四百二十八条。其中第一至八章为总则，第九至二十三章为分则。总则各章分别为：第一章　一般规定；第二章　合同的订立；第三章　合同的效力；第四章　合同的履行；第五章　合同的变更和转让；第六章　合同的权利义务终止；第七章　违约责任；第八章　其他规定。

《合同法》1999 年 10 月 1 日起施行，《中华人民共和国经济合同法》、《中华人民共和国涉外经济合同法》、《中华人民共和国技术合同法》同时废止。

二、《合同法》总则简介

本节对合同法总则中的相关条款进行介绍。

1. 合同的概念及《合同法》的基本原则

《合同法》第二条：本法所称合同是平等主体的自然人、法人、其他组织之间设立、变更、终止民事权利义务关系的协议。

第三条：合同当事人的法律地位平等，一方不得将自己的意志强加给另一方。

第四条：当事人依法享有自愿订立合同的权利，任何单位和个人不得非法干预。

第五条：当事人应当遵循公平原则确定各方的权利和义务。

第六条：当事人行使权利、履行义务应当遵循诚实信用原则。

第七条：当事人订立、履行合同，应当遵守法律、行政法规，尊重社会公德，不得扰乱社会经济秩序，损害社会公共利益。

第八条:依法成立的合同,对当事人具有法律约束力。当事人应当按照约定履行自己的义务,不得擅自变更或者解除合同。

依法成立的合同,受法律保护。

在上述条款明确了合同法的基本原则应为平等、自愿原则;公平、诚信原则;遵守法律、维护社会公共利益原则;对当事人具有约束力的原则。

2.合同的订立

(1)合同的形式

《合同法》第十条规定"当事人订立合同,有书面形式、口头形式和其他形式。法律、行政法规规定采用书面形式的,应当采用书面形式。当事人约定采用书面形式的,应当采用书面形式。"

(2)合同的内容

《合同法》第十二条规定:合同的内容由当事人约定,一般包括以下条款:(一)当事人的名称或者姓名和住所;(二)标的;(三)数量;(四)质量;(五)价款或者报酬;(六)履行期限、地点和方式;(七)违约责任;(八)解决争议的方法。

当事人可以参照各类合同的示范文本订立合同。

(3)要约、承诺

《合同法》第十三条规定:"当事人订立合同,采取要约、承诺方式。"

①要约

《合同法》第十四条:"要约是希望和他人订立合同的意思表示,该意思表示应当符合下列规定:(一)内容具体确定;(二)表明经受要约人承诺,要约人即受该意思表示约束。"

发出要约的一方为要约人,要约发向的对方为受要约人。要约是一种法律行为,即在要约规定的有效期内,要约人要受到要约的约束。要约必须以要约人与他人订立合同为目的。要约人负有与受要约人签订合同的义务,一旦受要约人对要约予以承诺,要约人与承诺人之间的合同订立过程即完成,由此,要约人开始受订立合同的约束。

《合同法》第十五条:"要约邀请是希望他人向自己发出要约的意思表示。寄送的价目表……招标公告……等为要约邀请。"要约邀请是当事人订立合同的预备行为。要约邀请人无须对自己的行为承担法律责任。此点是与要约的根本区别。

《合同法》第十六条规定:"要约到达受要约人时生效。……"

合同法还在第十七条和第十八条关于要约的撤回、撤销条款中明确了要约的撤回在要约发生法律效力之前,即在要约到达受要约人之前或者与要约同时到达受要约人;要约的撤销在要约发生法律效力之后,但在受要约人发出承诺通知之前。在第十九条和第二十条分别明确了要约不得撤销和要约失效的情形。

②承诺

《合同法》第二十一条规定:"承诺是受要约人同意要约的意思表示。"

第二十二条:"承诺应当以通知的方式做出,但根据交易习惯或者要约表明可以通过行为作出承诺的除外。"

第二十三条:"承诺应当在要约确定的期限内到达要约人。……"

第二十五条:"承诺生效时合同成立。"

第二十六条:"承诺通知到达要约人时生效。承诺不需要通知的,根据交易习惯或者要约的要求做出承诺的行为时生效。"

上述条款对承诺的方式、期限、生效做了明确的规定。

合同法第二十七条至二十九条对承诺的撤回、超期和迟延做了规定。其中撤回的通知应在承诺通知到达要约人之前或与承诺通知同时到达要约人。

《合同法》第三十条规定："承诺的内容应当与要约的内容一致。受要约人对要约的内容做出实质性变更的，为新要约。有关合同标的、数量、质量、价款或者报酬、履行期限、履行地点和方式、违约责任和解决争议方法等的变更，是对要约内容的实质性变更。"

(4)合同成立的时间和地点

《合同法》第三十二条规定："当事人采用合同书形式订立合同的，自双方当事人签字或者盖章时合同成立。"

《合同法》第三十四条规定："承诺生效的地点为合同成立的地点。"；第三十五条规定"当事人采用合同书形式订立合同的，双方当事人签字或者盖章的地点为合同成立的地点。"

上述条款对合同的成立和成立时间及地点做了明确规定。合同法还在第四十二条和第四十三条中对缔约过失责任进行了法律规定，凡当事人在订立合同过程中给对方造成损失的应承担损害赔偿责任。

根据合同法，在招标投标活动过程中，招标人和投标人的法律性质如下：

①招标行为属于要约邀请。从发出招标公告开始至投标截止日期为止，这段期间属于要约邀请阶段，在此期间内，招标人在不违背诚信原则的前提下，可以对招标文件进行补充、修改，甚至撤销招标公告。根据合同法，发出要约邀请的一方一般不承担法律责任。对于招标而言，招标人无法保证投标人中标，招标人也不对投标人在投标中的损失承担赔偿责任。这种损失可算做是投标人的商业风险。

②投标人针对招标人发出的招标公告所做出的投标行为则应视为要约。因为，投标人提交的投标文件具备以下两点条件：第一，内容具体确定，且对招标文件的实质性响应；第二，在投标文件中，投标人所列举的条款在中标后将写入合同，在整个项目的实施过程中，投标人都要受这些条款的约束。在投标过程中，招标文件要求提交投标文件的截止时间即开标时间应为要约的生效时间。要约在生效之前可以撤回，招标人在此期间对招标文件的补充、修改或撤回应属于要约的撤回。要约生效以后，即对要约人产生约束，自开标之日起至确定中标人之前，投标人不得补充、修改或撤回投标文件，否则将会承担法律责任。

③中标通知书即为招标人对投标人要约的承诺。根据《合同法》规定，承诺生效时间为中标人收到中标通知书的时间。中标通知书对招标人和中标人均具有法律约束力。

3.合同的效力

(1)合同生效

《合同法》第四十四条规定："依法成立的合同，自成立时生效。法律、行政法规规定应当办理批准、登记等手续生效的，依照其规定。"

合同成立和合同生效是有效合同有机结合的两个方面。合同成立是合同生效的前提条件，合同生效是合同成立的必然结果。合同法在相应条款中还对限制民事行为能力人、无代理权人、法定代表人和负责人超越权限、无处分权人订立合同的效力做了具体规定。

(2)合同的无效和部分无效

《合同法》第五十二条规定"有下列情形之一的，合同无效：(一)一方以欺诈、胁迫的手段订立合同，损害国家利益；(二)恶意串通，损害国家、集体或者第三人利益；(三)以合法形式掩盖非法目的；(四)损害社会公共利益；(五)违反法律、行政法规的强制性规定。"

合同法在第五十四条中规定：(一)因重大误解订立的；(二)在订立合同时显失公平的合同，或一方以欺诈、胁迫的手段或者乘人之危，使对方在违背真实意思的情况下订立的合同，当事人一方有权请求人民法院或者仲裁机构变更或者撤销。

第五十六条：无效的合同或者被撤销的合同自始没有法律约束力。合同部分无效，不影响其他部分效力的，其他部分仍然有效。

第五十七条：合同无效、被撤销或者终止的，不影响合同中独立存在的有关解决争议方法的条款的效力。

合同法还在第五十八条、五十九条中对无效合同或者被撤销合同的法律后果进行了具体规定。

4.合同的履行

合同的履行是《合同法》的核心内容，也是合同当事人订立合同的根本目的。

《合同法》第六十条规定："当事人应当按照约定全面履行自己的义务。当事人应当遵循诚实信用原则，根据合同的性质、目的和交易习惯履行通知、协助、保密等义务。"

第六十一条规定："合同生效后，当事人就质量、价款或者报酬、履行地点等内容没有约定或者约定不明确的，可以协议补充；不能达成补充协议的，按照合同有关条款或者交易习惯确定。"

上述条款为合同法对合同履行的原则和合同条款空缺的规定。

合同法在第六十二条至七十六条中，分别就合同履行中的如下内容进行了明确：

(1)合同中有关质量、价款或报酬、履行地点、履行期限、履行方式、履行费用的负担等合同内容约定不明确，又不能达成补充协议的法律适用；

(2)合同中规定执行政府定价或者政府指导价的法律规定；

(3)合同履行中关于债务履行变更的规定；

(4)合同履行中当事人互负债务时的抗辩权；

(5)债务提存和债务人提前履行债务或部分履行债务的规定；

(6)合同履行中债权人的代位权和撤销权；

(7)合同生效后，当事人不得因姓名、名称的变更或者法定代表人、负责人、承办人的变动而不履行合同义务。

5.合同的变更和转让

《合同法》第七十七条规定："当事人协商一致，可以变更合同。法律、行政法规规定变更合同应当办理批准、登记等手续的，依照其规定。"

第七十八条规定："当事人对合同变更的内容约定不明确的，推定为未变更。"

上述条款明确了合同变更的法律规定和合同变更需遵循的法定形式，否则合同变更不生效。

合同法在第七十九条至九十条中，分别对如下内容进行了明确：

(1)合同的转让：包括债权人将合同的权利全部或者部分转让；债务人将合同的义务全部或者部分转移。

(2)法律、行政法规规定转让权利或者转移义务应当办理批准、登记等手续的，依照其规定。

(3)合同当事人合并、分立后的债权债务关系。

6.合同的权利义务终止

《合同法》在第九十一条至第一百零六条对合同的权利义务终止、合同解除、债务人对标的物提存、债权人免除债务或债权债务同归于一人的情况进行了明确的法律规定。下列条款应予注意。

第九十六条:"……规定解除合同应当办理批准、登记等手续的,依照其规定。"

第九十七条:"合同解除后,尚未履行的,终止履行;已经履行的,根据履行情况和合同性质,当事人可以要求恢复原状、采取其他补救措施,并有权要求赔偿损失。"

第九十八条:"合同的权利义务终止,不影响合同中结算和清理条款的效力。"

7.违约责任

《合同法》第一百零七条规定:"当事人一方不履行合同义务或者履行合同义务不符合约定的,应当承担继续履行、采取补救措施或者赔偿损失等违约责任。"

违约责任制度是保障合同履行的重要措施,否则合同的法律约束力就会丧失。该条款明确了合同当事人违约应承担的违约责任和承担的方式。

合同法在第一百零九条至第一百二十二条中对违约事项和赔偿方式等进行了法律规定:

(1)一方未支付价款或者报酬的;一方不履行非金钱债务或者履行非金钱债务不符合约定的;质量不符合约定的;当事人一方不履行合同义务或者履行合同义务不符合约定,给对方造成损失的应承担违约责任。

(2)当事人可以约定支付违约金或违约损失赔偿额的计算方法及定金担保。

(3)因不可抗力不能履行合同的,根据不可抗力的影响,部分或者全部免除责任,但法律另有规定的除外。当事人迟延履行后发生不可抗力的,不能免除责任。

(4)当事人一方违约后,对方具有采取适当措施防止损失扩大的义务。

(5)当事人双方都违反合同的,应当各自承担相应的责任。

(6)当事人一方因第三人的原因造成违约,应向对方承担违约责任。

(7)因当事人一方的违约行为,侵害对方人身、财产权益的,受损害方有权选择依照合同法要求其承担违约责任或者依照其他法律要求其承担侵权责任。

8.合同法与其他法律对合同规定的关系

合同法在总则第八章中对涉外合同适用法律、工商行政管理部门和其他有关行政主管部门对合同的监督处理、对合同争议的解决方式等内容进行了明确规定。同时明确"其他法律对合同另有规定的,依照其规定。""本法分则或者其他法律没有明文规定的合同,适用本法总则的规定,并可以参照本法分则或者其他法律最相类似的规定。"在分册中,包括了承揽合同、建设工程合同、运输合同、技术合同、委托合同等章节。

第三节 国家及政府部门有关设备工程发包的规定

近年来,国家及政府相关部门出台了一系列的法律法规,以规范工程建设项目和设备物资采购的招标投标活动和各种行为,使其在市场经济条件下健康发展。

一、《中华人民共和国建筑法》

为了加强对建筑活动的监督管理,维护建筑市场秩序,保证建筑工程的质量和安全,促进建筑业健康发展,《中华人民共和国建筑法》(以下简称《建筑法》)由中华人民共和国第 91 号主席令发布,自 1998 年 3 月 1 日起施行。

《建筑法》明确规定"建筑工程的发包单位与承包单位应当依法订立书面合同,明确双方的权利和义务。发包单位和承包单位应当全面履行合同约定的义务。不按照合同约定履行义务的，依法承担违约责任。""建筑工程发包与承包的招标投标活动，应当遵循公开、公正、平等竞争的原则，择优选择承包单位。"

二、《工程建设项目招标范围和规模标准规定》

为了确定必须进行招标的工程建设项目的具体范围和规模标准，规范招标投标活动，根据《招标投标法》第三条的规定，经国务院批准，《工程建设项目招标范围和规模标准规定》(以下简称《规定》)由国家发展改革委员会于2000年5月1日发布第3号令，自发布之日起施行。

《规定》第二条至第六条明确了被纳入招投标范围的工程建设项目：

(一)关系社会公共利益、公众安全的基础设施项目，包括煤炭、石油、天然气、电力、新能源、交通、信息网络、道路，以及其他基础建设项目；

(二)关系社会公共利益、公众安全的公用事业项目，包括供水、供气、供电等市政工程项目和科学、教育、文化、体育、旅游、商品住宅等项目；

(三)使用国有资金投资项目；

(四)国家融资项目；

(五)使用国际组织或者外国政府资金的项目。

《规定》在第七条中明确"本规定第二条至第六条规定范围内的各类工程建设项目，包括项目的勘察、设计、施工、监理以及与工程建设有关的重要设备、材料等的采购，达到下列标准之一的，必须进行招标：(一)施工单项合同估算价在200万元人民币以上的；(二)重要设备、材料等货物的采购，单项合同估算价在100万元人民币以上的；(三)勘察、设计、监理等服务的采购，单项合同估算价在50万元人民币以上的；(四)单项合同估算价低于第(一)、(二)、(三)项规定的标准，但项目总投资额在3 000万元人民币以上的。"

上述条款明确了纳入招投标范围的五大类工程建设项目和必须进行招标的具体标准。

三、《招标公告发布暂行办法》

为了规范招标公告发布行为，保证潜在投标人平等、便捷、准确地获取招标信息，根据《中华人民共和国招标投标法》，国家发展改革委员会制定了《招标公告发布暂行办法》，并由国家发展改革委员会令第4号于2000年7月1日颁布，自颁布之日起实施。

《招标公告发布暂行办法》中明确"国家发展与改革委员会根据国务院授权，指定《中国日报》、《中国经济导报》、《中国建设报》、《中国采购与招标网》(http://www.chinabidding.com.cn)为发布依法必须招标项目的招标公告的媒介。其中，依法必须招标的国际招标项目的招标公告应在《中国日报》发布。""本办法适用于依法必须招标项目招标公告发布活动。"

四、《工程建设项目自行招标试行办法》

为了规范工程项目招标人自行招标行为，加强对招标投标活动的监督，根据《招标投标法》和国务院有关精神，国家发展与改革委员制定了《工程建设项目自行招标试行办法》，并于2000年7月1日由国家发展与改革委员会令第5号发布及施行。

该办法规定招标人自行办理招标事宜，应当具有编制招标文件和组织评标的能力，具体包括：

1. 具有项目法人资格(或者法人资格)；

2. 具有与招标项目规模和复杂程度相适应的工程技术、概预算、财务和工程管理等方面专业技术力量；

3. 有从事同类工程建设项目招标的经验；

4. 设有专门的招标机构或者拥有 3 名以上专职招标业务人员；

5. 熟悉和掌握招标投标法及有关法规规章。

五、机电产品进口管理办法

为发展对外贸易，贯彻国家产业政策，维护市场秩序，优化进口结构，促进国民经济发展，依据《中华人民共和国货物进出口管理条例》和中华人民共和国所缔结或者参加的国际条约、协定的有关规定，《机电产品进口管理办法》由对外贸易经济合作部、海关总署、国家质量监督检验检疫总局 2001 年第 10 号令联合发布，自 2002 年 1 月 1 日起施行。

《机电产品进口管理办法》第三条规定“本办法所称机电产品，是指机械设备、电气设备、交通运输工具、电子产品、电器产品和仪器仪表等及其零部件、元器件。”

第十一条规定：“限制进口的机电产品，国家规定有数量限制的，实行配额管理；没有数量限制的称为特定机电产品，实行许可证管理。”

第十五条规定：“进口特定机电产品主要采用国际招标方式采购。进口单位应当向外经贸部申领《机电产品进口许可证》，并持《机电产品进口许可证》向海关办理通关手续。”

六、《中华人民共和国政府采购法》

为了规范政府采购行为，提高政府采购资金的使用效益，维护国家利益和社会公共利益，保护政府采购当事人的合法权益，促进廉政建设，《中华人民共和国政府采购法》(以下简称政府采购法)由中华人民共和国主席令第 68 号公布，自 2003 年 1 月 1 日起施行。招标投标是《政府采购法》的核心内容。

《政府采购法》第二条规定：“在中华人民共和国境内进行的政府采购适用本法。……”

对于采购方式，《政府采购法》第四条规定：“政府采购工程进行招标投标的，适用招标投标法。”第二十六条规定“……公开招标应作为政府采购的主要采购方式。”在第二十九条中还规定了可以采用邀请招标方式的两种采购。

第十七条规定：“集中采购机构进行政府采购活动，应当符合采购价格低于市场平均价格、采购效率更高、采购质量优良和服务良好的要求。”

七、《工程建设项目施工招标投标办法》

为了规范工程建设项目施工招标投标活动，根据《中华人民共和国招标投标法》和国务院有关部门的职责分工，国家发展与改革委员会等七部委审议通过了《工程建设项目施工招标投标办法》，并通过 30 号令联合发布，自 2003 年 5 月 1 日起施行。该办法明确了工程施工招标投标活动的各项规定和要求。

《工程建设项目施工招标投标办法》第三条规定：“工程建设项目符合《工程建设项目招标范围和规模标准规定》(国家发展与改革委员会令第 3 号)规定的范围和标准的，必须通过招标选择施工单位。任何单位和个人不得将依法必须进行招标的项目化整为零或者以其他任何方式规避招标。”

第八条规定依法必须招标的工程建设项目，应当具备下列条件才能进行施工招标：

(一)招标人已经依法成立;

(二)初步设计及概算应当履行审批手续的,已经批准;

(三)招标范围、招标方式和招标组织形式等应当履行核准手续的,已经核准;

(四)有相应资金或资金来源已经落实;

(五)有招标所需的设计图纸及技术资料。

第二十条规定资格审查应主要审查潜在投标人或者投标人是否符合下列条件:

(一)具有独立订立合同的权利;

(二)具有履行合同的能力,包括专业、技术资格和能力,资金、设备和其他物质设施状况,管理能力,经验、信誉和相应的从业人员;

(三)没有处于被责令停业,投标资格被取消,财产被接管、冻结,破产状态;

(四)在最近 3 年内没有骗取中标和严重违约及重大工程质量问题;

(五)法律、行政法规规定的其他资格条件。

第二十四条规定:"招标人根据施工招标项目的特点和需要编制招标文件。招标文件一般包括下列内容:(一)投标邀请书;(二)投标人须知;(三)合同主要条款;(四)投标文件格式;(五)采用工程量清单招标的,应当提供工程量清单;(六)技术条款;(七)设计图纸;(八)评标标准和方法;(九)投标辅助材料。"

第三十六条规定:"投标人应当按照招标文件的要求编制投标文件。投标文件应当对招标文件提出的实质性要求和条件做出响应。投标文件一般包括下列内容:(一)投标函;(二)投标报价;(三)施工组织设计;(四)商务和技术偏差表。"

八、国务院办公厅关于进一步规范招投标活动的若干意见(国办发[2004]56 号)

该意见是针对招投标活动中存在的一些不容忽视的问题,妨碍了《招标投标法》的实施,扰乱了市场经济秩序,滋生了腐败现象,为整顿和规范市场经济秩序,创造公开、公平、公正的市场经济环境,加强和改进招投标行政监督,进一步规范招投标活动而提出的。由国务院办公厅于 2004 年 7 月 12 日颁布并实施。

该意见共提出以下几点:1. 充分认识进一步规范招投标活动的重要意义;2. 打破行业垄断和地区封锁,促进全国市场统一;3. 实行公告制度,提高招投标活动透明度;4. 完善专家评审制度,提高评标活动公正性;5. 规范代理行为,建立招投标行业自律机制;6. 积极引入竞争,进一步拓宽招投标领域;7. 依法实施管理,完善招投标行政监督机制。

九、《政府采购货物和服务招标投标管理办法》

为了规范政府采购当事人的采购行为,加强对政府采购货物和服务招标投标活动的监督管理,维护社会公共利益和政府采购招标投标活动当事人的合法权益,财政部制定了《政府采购货物和服务招标投标管理办法》,并由财政部 18 号令公布,自 2004 年 9 月 11 日起施行。财政部 1999 年 6 月 24 日颁布实施的《政府采购招标投标管理暂行办法》(财预字[1999]363 号)同时废止。

十、《机电产品国际招标投标实施办法》

为了规范机电产品国际招标投标活动,保护国家利益、社会公共利益和招标投标活动当事人的合法权益,提高经济效益和资金使用率,保证招标投标质量和产品质量,建立公开、公平、公正、诚信、择优的国际招标投标竞争机制和评标原则，商务部制定了《机电产品国际招标投标实施办法》，于2004年11月1日由商务部2004年第13号令公布，自公布之日起30日后施行。该办法对机电产品国际招标投标事项进行了明确规定。

该实施办法第四条规定：机电产品国际招标投标一般应采用公开招标的方式进行；根据法律、行政法规的规定，不适宜公开招标的，可以采取邀请招标，采用邀请招标方式的项目应当向商务部备案，邀请招标应当按照本办法规定的操作程序进行。

机电产品国际采购应当采用国际招标的方式进行；已经明确采购产品的原产地在国内的，可以采用国内招标的方式进行。应当通过国际招标方式采购的，不得以国内招标或其他方式规避国际招标。

第八条规定下列机电产品的采购必须进行国际招标：

(一)关系社会公共利益、公众安全的基础设施、公用事业等项目中进行国际采购的机电产品，具体范围见附件一；

(二)全部或者部分使用国有资金投资项目中进行国际采购的机电产品；

(三)全部或者部分使用国家融资项目中进行国际采购的机电产品；

(四)使用国际金融组织或者外国政府贷款、援助资金(以下简称国外贷款)项目中进行国际采购的机电产品；

(五)政府采购项目中进行国际采购的机电产品；

(六)其他依照法律、行政法规的规定需要国际招标采购的机电产品。

第九条中明确了可以不进行国际招标的11种情况，其中第四种为“一次采购产品合同估算价格在100万元人民币以下的。”

第十一条规定：“……机电产品国际招标活动中所需专家必须由招标机构及业主在招标网上从国家、地方两级专家库中采用随机抽取的方式产生。……”

第二十一条规定：“评标依据除构成废标的重要商务和技术条款(参数)外，还应包括：一般商务和技术条款(参数)中允许偏离的最大范围、最高项数，以及在允许偏离范围和条款数内进行评标价格调整的计算方法，一般参数的偏离加价一般为0.5%，最高不得超过1%。……”

第二十二条规定：“机电产品国际招标一般采用最低评标价法进行评标。因特殊原因，需要使用综合评价法(即打分法)进行评标的招标项目，其招标文件必须详细规定各项商务要求和技术参数的评分方法和标准，并通过招标网向商务部备案。所有评分方法和标准应当作为招标文件不可分割的一部分并对投标人公开。”

第二十七条规定：招标人或招标机构在收到招标文件备案复函后，除应在国家指定的媒体以及招标网上发布招标公告外，也可同时在其他媒体上刊登招标公告。

招标文件的公告期即招标文件的发售期，自招标文件公告之日起至投标截止日止，不得少于20日，对大型设备或成套设备不得少于50日。

第四十一条规定：“在评标结束后，招标机构应当在招标网进行评标结果公示，公示期为7日。”

第五十四条规定：“对于依法必须招标的项目，主管部门应当在公示结果公告后3日内通过招标网出具《评标结果备案通知》。招标机构凭《评标结果备案通知》向中标人发出中标通知书，并将结果在网上通知其他投标人。”

第五十六条规定：“中标产品来自国外或港、澳、台地区的，由招标人按照国家有关规定办理进口手续。”

第六十九条规定："本办法自发布之日起30日后施行。自本办法施行之日起，原《机电产品国际招标投标实施办法》、《关于在"中国国际招标网"开展国际招标业务的通知》、《机电产品国际招标评标结果公示及质疑投诉办法(试行)》、《机电产品国际招标评审专家聘用管理办法》、《机电产品国际招投标评审专家网上随机抽取办法》同时废止。"

十一、《工程建设项目货物招标投标办法》

为了规范工程建设项目的货物招标投标活动，保护国家利益、社会公共利益和招标投标活动当事人的合法权益，保证工程质量，提高投资效益，国家发改委等7部委审议通过了《工程建设项目货物招标投标办法》，并通过第27号令发布，自2005年3月1日起施行。该法对货物招标投标办法的适用范围和具体要求进行了明确规定。

该办法第二条规定"本办法适用于在中华人民共和国境内依法必须进行招标的工程建设项目货物招标投标活动。前款所称货物，是指与工程建设项目有关的重要设备、材料等。"

第五条规定：工程建设项目货物招标投标活动，依法由招标人负责。

工程建设项目招标人对项目实行总承包招标时，未包括在总承包范围内的货物达到国家规定规模标准的，应当由工程建设项目招标人依法组织招标。

工程建设项目招标人对项目实行总承包招标时，以暂估价形式包括在总承包范围内的货物达到国家规定规模标准的，应当由总承包中标人和工程建设项目招标人共同依法组织招标。双方当事人的风险和责任承担由合同约定。……

第九条规定："依法必须进行招标的工程建设项目，按国家有关投资项目审批管理规定，凡应报送项目审批部门审批的，招标人应当在报送的可行性研究报告中将货物招标范围、招标方式(公开招标或邀请招标)、招标组织形式(自行招标或委托招标)等有关招标内容报项目审批部门核准。项目审批部门应当将核准招标内容的意见抄送有关行政监督部门。"

第十一条规定：国务院发展改革部门确定的国家重点建设项目和各省、自治区、直辖市人民政府确定的地方重点建设项目，其货物采购应当公开招标；有下列情形之一的，经批准可以进行邀请招标：(一)货物技术复杂或有特殊要求，只有少量几家潜在投标人可供选择的；(二)涉及国家安全、国家秘密或者抢险救灾，适宜招标但不宜公开招标的；(三)拟公开招标的费用与拟公开招标的投资相比，得不偿失的；(四)法律、行政法规规定不宜公开招标的。

国家重点建设项目货物的邀请招标，应当经国务院发展改革部门批准；地方重点建设项目货物的邀请招标，应当经省、自治区、直辖市人民政府批准。

第十六条规定："……资格预审一般适用于潜在投标人较多或者大型、技术复杂货物的公开招标，以及需要公开选择潜在投标人的邀请招标。……"

第二十一条规定：……招标人应当在招标文件中规定实质性要求和条件，说明不满足其中任何一项实质性要求和条件的投标将被拒绝，并用醒目的方式标明；没有标明的要求和条件在评标时不得作为实质性要求和条件。对于非实质性要求和条件，应规定允许偏差的最大范围、最高项数，以及对这些偏差进行调整的方法。

国家对招标货物的技术、标准、质量等有特殊要求的，招标人应当在招标文件中提出相应特殊要求，并将其作为实质性要求和条件。

第二十三条规定："招标人允许中标人对非主体货物进行分包的，应当在招标文件中载明。主要设备或者供货合同的主要部分不得要求或者允许分包。"

第二十五条规定：招标文件规定的各项技术规格应当符合国家技术法规的规定。

招标文件中规定的各项技术规格均不得要求或标明某一特定的专利技术、商标、名称、设计、原产地或供应者等，不得含有倾向或者排斥潜在投标人的其他内容。如果必须引用某一供应者的技术规格才能准确或清楚地说明拟招标货物的技术规格时，则应当在参照后面加上"或相当于"的字样。

第三十一条规定：对无法精确拟定其技术规格的货物，招标人可以采用两阶段招标程序。

在第一阶段，招标人可以首先要求潜在投标人提交技术建议，详细阐明货物的技术规格、质量和其他特性。招标人可以与投标人就其建议的内容进行协商和讨论，达成一个统一的技术规格后编制招标文件。

在第二阶段，招标人应当向第一阶段提交了技术建议的投标人提供包含统一技术规格的正式招标文件，投标人根据正式招标文件的要求提交包括价格在内的最后投标文件。

第五十三条规定："必须审批的工程建设项目，货物合同价格应当控制在批准的概算投资范围内；确需超出范围的，应当在中标合同签订前，报原项目审批部门审查同意。项目审批部门应当根据招标的实际情况，及时做出批准或者不予批准的决定；项目审批部门不予批准的，招标人应当自行平衡超出的概算。"

各省、市、地方政府为贯彻国家有关招标投标等法律法规，均制定了相应的建设工程招标投标管理办法或规定，对规范招标投标活动，依法开展招标投标的一系列工作起到了政府指令和监督管理的作用。某些城市或地方结合本地工程建设中招投标的实际情况提出了一些新的尝试，如深圳市于 2004 年 4 月 2 日颁布实施的《关于进一步加强建设工程施工招标投标管理的若干规定(试行)》深府[2004]67 号文中规定，深圳建设工程实行预选承包商制度。今后对参加招投标的承包商不再进行资格预审，只有进人预选承包商名录的企业才可以进行投标，否则，建设单位不得将其作为投标人或承包商；甲方不得派人进评标委员会；建设工程实行低价中标。对于个别技术特别复杂、施工有特殊技术要求的工程，由市建设行政主管部门组织专家论证，提出意见报市政府办公会议批准后，可以采用综合评估法，但商务标计分权重不得少于总分的 50%；特殊工程发包中的应急建设工程(指为完成重大政治、外事或国际性活动急需配套建设的工程)应当在符合投标报名条件的建设工程预选承包商名录中采用抽签方式确定中标人；领导干预招投标要追究责任。

第四章 FIDIC合同条件

第一节 FIDIC合同条件简介

在国外,由于长期处于市场经济激烈竞争状态,在合同管理方面积累了数百年的经验,逐渐形成了一整套规范化的各类合同文本,其目的是从招投标开始起,就对设备采购、工程施工等活动做出指导,使双方在充分了解、协商一致、平等互利的条件下通过公平竞争取得各自合理的位置。例如美国建筑师协会(AIA)就制订了协议书和合同条件两份一套的合同文件。后经美国建筑承包商联合会总部签署认可,在美国国内全面推行,经过多年不断的修订补充,目前已形成30多个文件,在国际上也较著名。再如英国土木工程师协会(ICE)与咨询工程师协会、土木工程承包商联合会共同组成联合机构,专门研究工程建筑方面的合同文件与管理。国际咨询工程师联合会(FIDIC)就是在1995年开始参考了英国ICE合同文件,制订了《通用施工合同条件》,它的出现满足了日益广泛开展的跨国建筑承包业的需要,使工程建设过程不断国际化,形成了所谓的国际惯例。

FIDIC下属许多专业委员会,如业主咨询工程师关系委员会(CCRC);土木工程合同委员会(CECC);电气机械合同委员会(EMCC);职业责任委员会(FLC)等。各专业委员会编制了许多规范性的文件,如《工程总承包合同条件》、《生产设备和设计一施工合同条件》等,同时还编制了相应的"应用指南",如《土木工程施工合同条件应用指南》等,这些合同和协议文本,条款内容严密,对履约各方和实施人员的职责义务做了明确的规定;对实施项目过程中可能出现的问题也都有较合理规定,以利遵循解决。该会制订的《土木工程合同招标评标程序》等承包商标准资格预审表、招标程序、咨询项目分包协议等都有很实用的参考价值,在国际上受到普遍欢迎,得到了广泛承认和应用。为适应国际工程业和国际经济的不断发展,FIDIC对其合同条件不断修订、调整、再版或出版新的合同标准格式,以令其更能反映国际工程实践,更具有代表性和普遍意义,更加严谨完善,更具权威性和可操作性。例如:被誉为"土木工程合同的圣经"的红皮书,就分别出版了四版,并对第四版又多次修改和增补;FIDIC于1999年又出版了四份新的合同标准格式的第一版:(1)《施工合同条件》(新红皮书);(2)《永久设备和设计—建造合同条件》(新黄皮书);(3)《EPC交钥匙项目合同条件》(银皮书);(4)合同的简短格式。FIDIC编制的一系列规范性合同条件虽不是法律,也不是法规,但它是一种国际惯例,被世行等国际金融组织作为国际招标时的通用合同条件和实施项目的合同文件范本。FIDIC作为被世界银行认可的国际上最有权威的国际咨询服务机构,其众多的出版物对提供国际接触通道,促进使用标准程序、制度和合约发挥了重要作用,推动了全球范围内高质量、高水平的工程咨询服务业的发展。

第二节 《电气与机械工程合同条件》简介

FIDIC电气机械合同委员会编制和修订了《电气和机械工程合同条件》,1987年编制了第三版,1988 年订正发行。该书简称“黄皮书”,主要用于电气及机械工程(包括现场安装)的合同,共包括序言、第一部分通用条件、第二部分专用条件 3 部分,还附有投标书和合同协议书的标准格式。本合同条件是 FIDIC 出版的系列文献之一,是国际公认与通用的权威性文件。

一、序　　言

当本序言的各条目填写完毕后,本序言、通用条件、规范、图纸、价格表及其他文件便可组成一个以第一部分通用条件为基础的合同文件。如果还不能满足要求,则须填写第二部分专用条件。序言内容格式如下:

开工日期:1.1.1 款(i)

开工日期为＿＿＿＿＿＿＿＿＿＿＿＿

雇主:1.1.12 款

雇主为＿＿＿＿＿＿＿＿＿＿＿＿＿＿＿

工程师:1.1.15 款

工程师为＿＿＿＿＿＿＿＿＿＿＿＿＿

竣工时间:1.1.35 款

从开工日期算起的竣工时间为＿＿＿＿＿＿＿＿＿＿＿＿＿＿

承包商的利润:1.6 款

有权享有利润的百分比为＿＿＿＿＿＿＿＿＿＿＿＿＿＿＿

主导语言:5.1 款

采用＿＿＿＿＿＿(主导语言)的版本享有优先权。

日常通讯:5.2 款

日常通讯的语言为＿＿＿＿＿＿＿

进度计划:12.1 款

进度计划必须以＿＿＿＿＿＿＿＿＿＿的格式提交。

服务:14.3 款

在现场供应的服务项目有:

a.电＿＿＿＿＿＿＿＿＿＿

b.水＿＿＿＿＿＿＿＿＿＿

c.汽油＿＿＿＿＿＿＿＿＿＿

d.其他服务项目＿＿＿＿＿＿＿＿＿＿

雇主的设备:14.4 款

在雇主的管理下,下列设备可供承包商使用＿＿＿＿＿＿＿＿＿＿

工作时间:18.3 款

正常工作的小时数为＿＿＿＿＿＿＿＿＿＿

竣工拖延:27.1 款

如果未能按竣工时间完工,雇主有权按以下方式减少合同价格:

每日的百分比＿＿＿＿＿＿＿＿＿%。

最高百分比＿＿＿＿＿＿＿＿＿%。

进一步的误期:27.2 款

雇主从承包商处得到的最高限额的补偿为＿＿＿＿＿＿＿＿＿＿

支付条件:33.1 款

除第 33 条规定外,支付条件为________________

外币支付:35.1 款

外币支付应按以下方式办理________________

汇率:35.3 款

用于本合同的汇率为________________

暂定金额的支付:36.4 款(b)

适用于暂定金额的百分比应为________________

最大的赔偿责任:42.2 款

承包商对雇主最大的赔偿责任应为________________

工程保险:43.1 款

工程保险范围中免赔限额不应超过________________

43.1 款(a)

应投保的附加风险为________________

第三方责任:43.3 款

承包商为第三方责任保险的金额不应少于________________

因雇主违约而终止时的支付:46.3 款

在终止时雇主支付的附加总额不应超过________________

劳务,材料和运输:47.1 款

费用变化调整的计算方法为________________

致雇主和工程师的通知:49.2 款

雇主接收通知的地址为________________

工程师接收通知的地址为________________

通用的法律:51.1 款

适用的法律为________________

仲裁使用的程序法:51.2 款

仲裁使用的程序法为________________

仲裁的语言和地点:51.3 款

仲裁的语言为________________

仲裁的地点为________________

由上面序言内容格式可见,序言是采用填充方式作为项目具体内容的补充和注解,其中条款的编号与合同条件第一部分通用条件的条款编号相对应。

二、合同的通用条件、专用条件和合同协议书

1. 合同的第一部分:通用条件

通用条件共分 31 节 51 条 196 款,主要内容有:1. 定义及解释;2. 工程师和工程师代表;3. 转让与分包;4. 合同文件;5. 承包商的义务;6. 雇主的义务;7. 劳务;8. 工艺及材料;9. 工程、运送或安装的暂停;10. 竣工、11. 竣工检验;12. 移交;13. 移交后的缺陷;14. 变更;15. 设备的所有权;16. 证书与支付;17. 索赔;18. 外币和汇率;19. 暂定金额;20. 风险和责任;21. 对工程的照管和风险的转移;22. 财产损害和人员伤害;23. 责任的限度;24. 保险;25. 不可抗力;26. 违约;27.

费用和法规的变更;28.关税;29.通知;30.争议与仲裁;31.法律及程序。

(1)关于工程师

从上可看出,工程师和工程师代表放在第二节,可见工程师其地位的重要性,这里的工程师就是我们现指的监理工程师。条件规定工程师应根据合同规定履行自己的职责,承包商应遵循工程师根据本条件做出的决定和指示,承包商只有在收到书面确认后,此类决定或指示方能生效。

(2)几份证书

①检验证书:当设备制造结束并经检验通过,工程师应向承包商颁发一份检验证书或在承包商的检验证书上签字以表示认可。

当工程的任何区段或工程通过了检验,工程师应向承包商的雇主颁发一份检验证书。

②移交证书:当工程根据合同要求已经竣工并通过了竣工检验,承包商应在准备移交前不早于14天向工程师申请移交证书,工程师应在收到申请后28天内向承包商颁发移交证书,同时将一份副本呈交雇主,并说明准备移交的日期,雇主应接受工程。

③缺陷责任证书:一旦工程移交、该工程就进入了所谓缺陷责任期,即保修阶段,缺陷责任证书一般为一年;当商定的缺陷责任期已终止,承包商也已履行了弥补和修复工程在试生产中出现的任何缺陷和损害义务时,工程师应在28天内向承包商的雇主颁发一份缺陷责任书。

④最终支付证书:在缺陷责任证书颁发后28天内,承包商应向工程师申请最终支付证书,同时还应附有一份最终结算单,该结算单应详细提供所有工程设备的价格和根据合同所做的工作,以及价格的增减和有权得到的附加款项等内容。工程师应根据合同要求确认承包商是否已完全履行了其合同中规定的义务,开具的款项是否正确,当确认无误时应在收到申请通知28天后向雇主颁发最终支付证书同时将副本送交承包商。

2.合同的第二部分:专用条件

专用条件分为A项和B项两部分,A项共有15条,主要是对应第一部分通用条件中的某些条款,做出进一步的说明或替代解决办法。

如工程师的职责,根据合同条件,工程师应履行合同中规定的职责,一般说来工程师履行职责时无须事先得到雇主的批准。但如果在履行某些职责时,必须得到雇主事先同意的,则对这些职责应在第二部分中加以阐明。如拒收、下达停工令等较为敏感性的问题需要双方协商后做出说明。

再如缺陷责任期,通用条件规定缺陷责任期为一年,但如工程项目标的大、技术复杂,则一年的缺陷责任期显然不够,就可在第二部分中填上所需的年限作为替代解决。

专用条件中的B项是不为通用条件所概括的特殊条款内容,这些内容因事而异,经双方商定,就可用为专用条件的一部分。

3.合同协议书

协议书是双方当事人就合同内容、取得一致意见后对双方权利、义务的承诺,合同协议书本身简单明了,但具有法律效力的不仅是合同协议书本身,而是组成协议书的一组文件,即:①中标函;②序言;③合同条件第二部分——专用条件;④合同条件第一部分——通用条件;⑤规范;⑥价格表;⑦雇主的图纸;⑧承包商的图纸;⑨投标书。

三、电气与机械工程合同条件应用说明

这是一份适用性相当广泛的合同条件,它包括了电气、机械设备的采购、设计、制造、安装、

调试、验收、保修等工程实施各阶段中双方当事人的权利和义务。同时它特别强调了工程师在其间的地位、作用和责任。

这也是一份内容相当丰富的合同条件，就其内容来说，大致可分为权义性条款、管理性条款、技术质量条款、经济性条款和法律法规条款等5类。

1. 权义性条款

在合同条件中，规定了双方当事人应承担的义务和风险，又能分享一定的利益，明确双方的权利和职责。如承包商的义务这一节就有18款内容。8.1款中规定承包商应按照合同，细心勤勉地对工程设备进行设计、制造、运到现场、安装、检验和运行，并在竣工期限内完成工程，还应提供全部必要的装备、监督和劳务。8.2款指出承包商按甲方提供的图纸要求，对基准线和参考标高进行放线，工程师对任何放线的检查不应解除承包商对放线准确度的责任。

如17条雇主的义务。雇主应按规定提供设备进口许可证、道路通行证、设备制造国的法律及关税的资料等。对工程师来说，除了在第2条有8款专门提到工程师和工程师代表的职责和权力外，还在其他款项中多次提到了工程师的作用和权力。如4.1款分包，没有工程师的事先同意，承包商不得将工程的任何部分分包出去。6.4款规定工程师有权在承包商的基地检查工程任何部分的全部承包商的图纸。12.2款，没有工程师的批准，不得对进度计划作实质性的变更。

第33条支付，在收到承包商提出的付款申请后14天内，工程师应向雇主送交一份支付证书，说明支付的款额，同时将副本送交承包商，工程师有权对支付证书进行必要的修正或更改。

2. 管理性条款

4.1款：承包商不得将整个工程分包出去。

6.1款：承包商应将图纸样品和模型提交工程师批准、签字或认可。如果工程师在收到材料28天内没有表明态度，上述材料即被认为得到批准。

18.4款：在正常的工作时间之外或在当地公认的休息日，不得在现场进行任何工作。

23.1款：工程师可随时指示承包商暂停工程的进行；暂停准备运往现场的设备；暂停安装已运到现场的设备。

3. 技术质量条款

6.6款：承包商应提供操作和维修手册及修建工程的图纸。

19.2款：承包商应给予工程师充分的机会去检查、测量和检验现场上即将封盖或掩蔽的任何工作。

20.2款：在设备制造期间，工程师有权对根据合同提供的全部工程设备、材料和工艺进行检查、研究和检验。

28.5款：如果工程未能通过检验，工程师或承包商可要求重复此类检验。

4. 经济性条款

第10款：承包商在收到中标函28天内按所要求的金额取得履约保证。在缺陷责任证书颁发后14天，将此履约保证退还给承包商。

24.1款：承包商因对工程设备进行保护、保障和保险而致的附加费应加到合同价格中。

31.1款：承包商有权对工程或设备制造中因变更或改动得到必要的费用。

第33条：当承包商提交了工程已完成的证明材料可向工程师申请支付。

35.1款：应按序言中的规定支付外币。

第40条：由于财产损害或人身伤害所引起的损失、开支或索赔。属承包商的责任，由承包商负责。如属雇主的责任，则由雇主负责。

第 43 条：承包商应为工程雇员及第三方进行投保。

第 45 条：因承包商违约，工程师可通知其采取补救措施，或终止合同，并支付应付给承包商的结存金额。

第 46 条：因雇主违约，应向承包商支付因损害造成的金额，如合同终止时承包商有权将其设备运离现场。

5. 法律法规条款

第 5 条：合同所采用的主导语言及合同文件的优先次序就是法规。

第 15 条：承包商应遵守工程所在国及设备制造国的法律法规。

第 16 条：承包商应保障雇主在设备、商标、版权等方面避免侵犯任何专利和知识产权。

第 48 条：雇主应支付由于进口工程设备所引起的各种税收。

第 50 条：争议与仲裁。

第 51 条：法律及程序。

第四篇

设备制造阶段的监理

第一章　设备制造阶段的监理细则及监理月报

第一节　设备制造阶段监理细则概述

在设备采购合同签订后，项目监理机构应根据监理规划的要求，并结合设备采购合同及所监理设备的专业特点，由专业监理工程师负责组织编写设备制造阶段的监理实施细则，由总监理工程师批准实施。它是在监理规划的基础上，对监理工作“做什么”、“如何做”的更详细的说明和补充。监理实施细则应做到详细具体、具有可操作性，做到“写你所做，做你所写。”

对于地铁工程，由于其设备系统复杂、种类繁多、技术先进、专业性强，通常由近百家设备制造厂家提供设备，设备生产厂家遍布国内各地，部分关键设备由国外生产厂家提供。根据地铁工程的特殊性，大部分设备是根据各城市的特殊要求而设计生产的非标准的专业设备(如地铁车辆、通信、信号等设备系统)，少部分为标准的通用设备(如电梯、扶梯、车辆段维修用的天车、叉车、工程车等)；部分设备在生产厂家组装、调试完成后运到现场(如变压器、开关柜等)，部分设备需到现场进行组装、调试(如组合式风阀、冷却塔等)；部分设备系统以设备为主(如接触网、风机等)，部分设备系统以软件开发为主(如监控系统、门禁系统等)；部分关键设备需全过程地驻厂监造(如地铁车辆、屏蔽门等)，部分设备需在关键工艺流程进行驻厂监造(如环控系统设备)，部分设备进行巡检既可(如通用设备)。

设备制造阶段通常包括产品设计联络及设计审查、样机制造及验收、设备制造前的准备、设备制造、出厂验收、运输、到货开箱验收及仓储等。有的设备系统只包括其中部分阶段，或各阶段重要性差别很大。因此，在编写设备制造阶段的监理实施细则时，应充分考虑所监理设备的特殊性及监理合同、设备采购合同的具体要求，制定出符合国家规范要求、符合所监理设备的实际情况、操作性强、按监理合同要求所配备的监理人员能适应的监理实施细则。

第二节　设备制造阶段监理细则包括的内容

设备制造阶段的监理细则是在监理规划的基础上进行编制，所包括的内容应符合有关监理规范及相关的要求。设备制造阶段的监理细则通常包括如下内容：

一、概　　述

1. 工程项目概况：工程项目是指使用该设备的工程项目，包括工程名称、地点、规模、投资额、施工周期等内容。能够让监理准确地了解设备到货的时间、安装的要求、运行的环境、使用特点等。

2. 系统设备组成：包括所监造设备系统的介绍，设备名称、设备功能参数、设备数量、设备特点等。

3. 监理依据：包括国家、地方政府有关监理方面的规范要求；

标准:国际标准、国家标准、行业标准、企业标准等;

与工程相关的设计文件及图纸;

业主与供货商签订的采购合同;

监理合同,监理管理程序。

二、监理工作流程

监理工作流程是用流程图将设备制造阶段监理主要工作内容按逻辑关系表达出来,具有直观、简便的效果。

三、监理工作要点及目标

1.质量控制:质量控制包括分包商资质的审查、产品设计审查、制造工艺方案的审查、主要外购件的检查、设备制造关键工序的检验、样机验收、型式试验、出厂验收、运输方案的审查、到货开箱验收等。

分包商资质审查包括:注册资金、营业范围、质量认证、生产规模、设备条件、技术水平、检验手段、生产管理水平、产品的技术符合度、生产供货能力及售后服务等。

产品设计审查:审查产品设计的各项功能及性能指标是否能达到合同规定的技术要求,审查非标准设备的设计图纸及设计文件、资料是否符合设计任务书的要求,审查产品设计所依据的各种资料、数据、标准、规范是否正确可靠,是否符合国家和行业的有关规定,审查采用的技术和工艺是否合理、先进、成熟。

制造工艺方案的审查:设备生产制造工艺方案通常为制造方的保密资料,监理在审查时应注意保密及不侵犯供货商的知识产权。审查的内容包括如下:产品总图、重要部件及组件总图,主要加工精度、特点、特殊要求,质量指标,工艺路线安排,主要生产加工设备的性能及功能,产品质量检验关键项、点设置及检验标准与方法,产品出厂试验大纲及新产品型式试验大纲。

主要外购件的检查:审查外购件产品质量证明资料,对外购件进行外观检查。

设备制造关键工序的检验:在设备制造关键工序进行旁站见证,对关键工序质量进行检查。

样机验收:监理根据合同及有关规定,编写样机验收大纲,组织进行样机验收,根据验收结论,编写样机验收报告。

型式试验:监理应旁站型式试验全过程。

出厂验收:供货商根据出厂试验大纲进行自检,监理根据自检情况确定出厂验收大纲,对重要设备主要功能、技术参数进行复测,合格后方准许出厂。

运输方案的审查:对超重、超限的设备应审查其运输方案,必要时应押运。对温度、湿度、振动有特殊要求的设备应审查其包装方案及运载工具,必要时应设置临时测量记录仪器设备。

到货开箱验收:由监理组织交货方和接货方对设备的数量和外观情况进行清点和检查。

仓储:根据设备对仓储条件的要求,检查仓储环境是否满足要求。

2.进度控制:设备制造阶段的进度控制要点是设备供货能满足整个工程的进度要求和合同工期要求。供货商应根据合同及工程工期要求编写设备制造总工期计划及月度计划和月度计划完成情况,监理审核批准实施。监理应根据批准的总进度计划及月度完成计划分析项目进展情况,采取合适的纠偏措施,保证设备按计划制造完成。如整个工程工期计划改变,应及时修正总进度计划。在设备制造阶段,如属于小型常规设备,则主要控制设备的到货时间;如属于大型的或非标准设备，应控制其设计周期、原材料进厂时间、外购件进厂时间、关键工序的加工能力、样机试验不合格返工的风险、设备运输时间等关键节点。为避免对现场仓储的压力，同时应避免设备提前到货。

3. 投资控制：按合同要求支付预付款和进度款，控制由于功能扩充、技术更新、数量增加而导致设备采购款超过概算，对于由于其他设备及土建接口参数的改变而造成供货商的索赔进行事先控制。

4. 合同管理：合同是采购方和供货方的法律依据，监理应参与合同条款的制定，应熟悉国家有关合同的法律法规及合同的相应条款。应对合同进行编号管理，便于查阅。对合同的补充协议、变更、索赔应有专人管理。当合同执行双方发生合同纠纷时，监理应根据国家的法规及有关规定处理合同纠纷。

5. 组织协调工作：监理应协调供货商与业主之间的关系，应协调供货商与承包商之间的关系，应协调供货商与设计之间的关系。妥善处理各种矛盾，确保设备保质保量完成。

四、监理工作的方法及措施

1. 组织措施：建立健全监理组织，配备合格的数量满足要求的专业监理人员，完善职责分工及有关的制度，落实质量、投资、进度控制的职责。

2. 技术措施：主要是运用监理人员的技能，在设备制造的主要环节进行审核控制，保证设备制造的质量、投资、进度满足工程的需要。

3. 经济、合同措施：按合同的相关条款，采用相应的经济措施，对不满足合同要求的设备给予供货商相应的经济处罚，对优于合同要求的设备给予相应的奖励等措施，促使供货商及时提供满足合同要求的优质、保量的设备。

五、监理工作管理制度

包括监理日志制度、工作会议制度、资料管理制度等。

第三节　设备制造阶段监理月报

监理月报主要是将本月设备进展情况及下月监理工作重点进行汇总，报业主传阅了解设备制造情况。也是监理部对一个月监理工作进行总结汇总，找出设备所出现问题的原因，确定下一个月监理工作重点。

设备制造阶段监理月报通常包括如下内容：设备概况；本月设备制造进度情况，本月设备制造形象进度，制造进度存在的问题及原因分析；设备制造质量情况，设备制造质量存在的问题及原因分析；设备制造投资完成情况；设备变更情况；本月监理工作情况；下月监理工作重点。

由于所监理的设备的复杂性差别较大及设备制造阶段监理的工作内容差别较大，因此，在编写监理月报时，应根据所监理设备的特点进行适当删减。

第四节　设备制造阶段监理实施细则举例

下面列举××地铁屏蔽门系统制造阶段的监理实施细则，供参考。

屏蔽门(PSD)系统
设备制造阶段　监理实施细则

一、概述

1.工程项目概况

××地铁工程共计××个车站，地下站为××座，地面高架站为××座，线路全长××km，设车辆段一座及控制中心一座。

××地铁工程概算为××亿元人民币，2003年6月进入设备安装阶段，2004年底开通试运营。

2.系统设备的概况

屏蔽门布置在站台的边缘，站台上布置屏蔽门的主要目的是隔断区间隧道内热空气与车站内空调风之间的热交换，使车站成为一个独立的空调场所，以显著降低车站空调的运行能耗，同时减少列车运行噪声和活塞风对车站的影响，防止人员跌落轨道产生意外事故，为乘客提供一个安全、舒适、美观的候车环境，提高地铁的服务水平，也是地铁的重点形象工程之一。

××地铁工程中××座车站共有47侧屏蔽门。屏蔽门系统由钢架结构、顶盒、门体组合、下部支撑结构、门机、电气控制系统和供电系统7大部分组成。每个车站为单位构成一个完整的监控系统，系统内部的连接有网络总线和硬线两种连接方式。

××地铁工程屏蔽门系统设备合同为总包合同，总包商为××公司，负责提供设备的制造、运输、安装、验收和维修保养服务。

根据设备工期总计划的安排，××地铁工程项目中的47侧屏蔽门，要求在240天左右的时间安装调试完毕，因此屏蔽门的生产制造应满足设备安装供货的要求，并按安装进度要求逐步供货。

3.监理依据

监理主要依据为国家、地方和行业有关的法律法规，相关的标准、规范、技术条件、设计文件及图纸以及屏蔽门系统工程总包合同、监理合同，主要包括如下内容：

(1)国家和有关部委颁布的相关法规：

①《中华人民共和国建筑法》；

②《中华人民共和国产品质量法》；

③《中华人民共和国合同法》；

④《建设工程质量管理条例》；

⑤《建设监理条例》。

(2)国际、国家及有关部委颁布的相关技术标准

①GB 50157 地下铁道设计规范；

②GBJ 9 建筑结构荷载规范；

③GBJ 11 建筑抗震设计规范；

④GB 7106 铝门窗强度标准；

⑤GB 9963 钢化玻璃；

⑥GB 1220 常用不锈钢的化学成分及力学性能；

⑦IEC 60529 保护等级(IP规范)；

⑧IEC 61000 电磁兼容性；

⑨ISO 3095 噪音等级；

⑩GB 6459 金属覆盖层 醋酸盐雾试验(ASS 试验)；

⑪EJ 187 焊接磁粉探伤标准；

⑫GB/T 15226 建筑幕墙空气渗透性能检测方法；

⑬GB 4171 高耐候性结构钢化学成分及机械性能；

⑭GB 5216 保证淬透性结构钢的化学成分及硬度值、淬透性指标、冲击值及热处理。

(3)工程技术文件和合同：

①《××地铁机电设备监理规划》；

②《××地铁车辆及机电设备系统工程监理合同》；

③《××地铁屏蔽门系统设备采购合同》；

④《××地铁工程初步设计》；

⑤《××地铁工程屏蔽门系统施工图纸》。

(4)监理管理程序

①设备采购支付程序；

②设备制造进度控制程序；

③设备制造工艺方案报审程序；

④设备制造关键工序检验程序；

⑤设备制造主要外购件报验程序；

⑥设备分包商资质报审程序；

⑦设备变更管理程序；

⑧设备索赔程序；

⑨设备验收管理程序；

⑩设备监理管理程序(通用表式)。

二、制造阶段监理工作流程

屏蔽门系统设备制造阶段的监理工作，主要从设计联络开始，经过对厂家产品设计的审查、质保体系检查、原材料检验、电气元器件及部件检验、生产工序工艺检查、出厂试验等。

屏蔽门系统设备制造阶段监理工作流程如图 4-1-1 所示。

三、监理工作控制要点及目标值

本着“严格监理、热情服务、秉公办事、一丝不苟”的监理宗旨，屏蔽门系统工程监理的目标是监理方充分行使业主所赋予的权利，利用自身的专业优势，调动工程参建各方的积极性，使屏蔽门系统工程在质量、工期和投资满足业主与承包方签订的合同要求，达到质量优、进度快、投资省、效益高的目的。屏蔽门系统在设备制造阶段，按质量、进度、投资几方面来对项目进行控制，并依据合同约定的试验检测项目为主，配合抽验检查，严格对设备的原材料试验、系统设备的性能试验、样机验收以及设备首批出厂验收检验予以审核确认。

1. 质量控制

(1)设备制造前期准备阶段：

①审查屏蔽门系统分包商的资质

对分包供货商的设备、工艺、质量进行必要的审查，了解其质量保证体系状况、生产供货能力，管理人员、技术人员与生产操作人员的人力资源状况，以及本系统的核心设备加工工艺状况等，以保证其提供的产品和服务质量达到合同要求。

审查内容包括对分包商工厂的生产规模、设备条件、技术水平、生产供货能力、产品检验手段、产品质量保证体系、生产管理情况、产品的技术符合度、产品售后服务质量等。对于不合格的分包商，取消其资格。

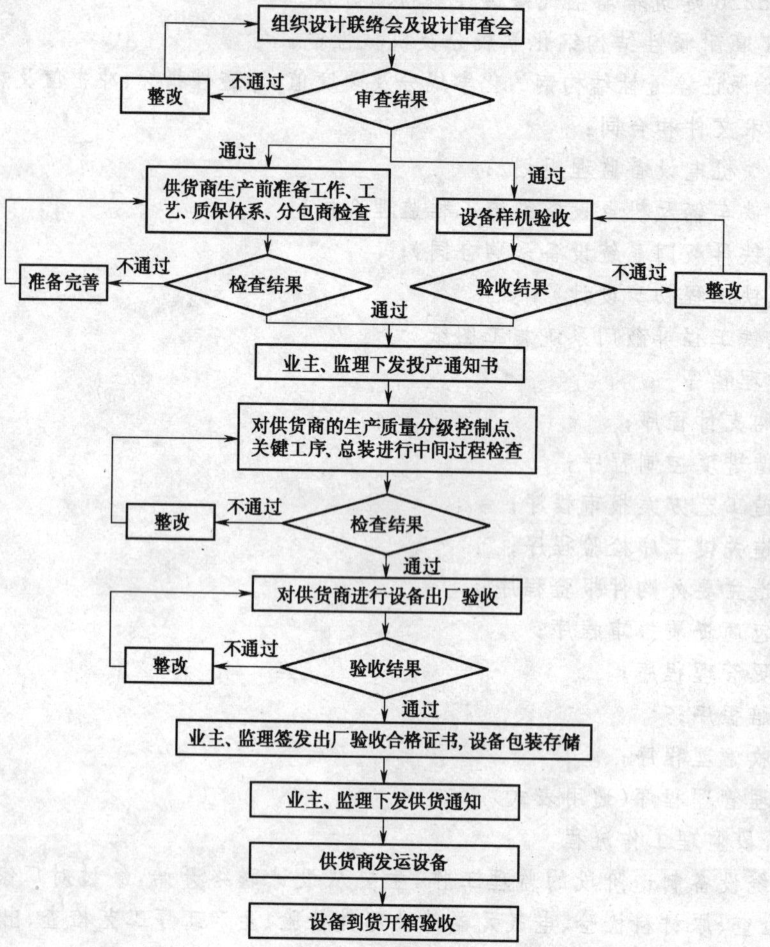

图 4-1-1　屏蔽门系统制造阶段监理工作流程

检查的具体内容和要求包括：

参加产品的配套供货商要有2年以上的类似业绩和相关工程经验，并在合作过程中未发生过质量问题；

有较大的生产规模，生产能力能满足工期进度要求，并能按期供货；

主要生产设备、加工工艺、检测设备能满足生产产品的精度和质量要求；

通过ISO国际质量认证，同时检查产品生产许可证；

特殊工艺的生产操作人员必须具备相关的上岗证；

生产的产品从原材料进厂到产品出厂、包装、运输有一整套完整的质量保证体系和科学的检测手段，并认真执行该产品的国家标准或行业标准。

屏蔽门系统需要审查的主要部件分包商有：

屏蔽门钢架结构部分、应急门、固定门、端门、地坎支架、绝缘材料、钢化玻璃、门机、电气控制系统和供电系统等分包商。以上部件的供货厂商分布在国内和国外，总承包商提交完整的分包供货厂商资质证明材料交由监理审核，必要时需对相应厂家进行考察，国外的分包供货厂家可由监理在境外设计联络阶段进行考察审核。

②签认需要进口的部件

签认进口的部件包括：门机部分、门机驱动装置、门机锁紧装置（电磁锁）、闭锁传感器、电气控制系统、门机控制器 DCU（含声响告警装置）、门单元控制器 PEDC、就地控制盘 PSL、屏蔽门状态报警盘 PSAP、屏蔽门操作指示盘 PSA、屏蔽门控制开关 PCS 等。

③监督样机的厂内调试和整机性能试验

在样机调试和测试前，应检查试验所使用的仪器、仪表和检测工具的计量认证。各类试验仪器、仪表均须具有经国家计量管理部门检验在有效使用期内的计量合格证。其型号、规格及测量精度范围应符合标准要求。

样机设备的各种性能指标需按照合同和相关技术规格书的要求，进行各项指标的试验调试和系统性能试验，所测得的性能指标均应符合合同技术要求。如果现场实测数据未能达到合同要求，应要求供货商对相应部分的设计进行优化和改进，直至性能指标符合合同要求。

供货商需提交屏蔽门样机的试验大纲、自检报告、检测报告等资料交由监理进行审查，对不符合要求的部分，供货商应根据要求进一步补充完善。监理负责编制"设备样机验收大纲"，提交业主审定认可，在样机验收前一周交供货商进行准备工作。

④样机验收

按照屏蔽门样机验收大纲，对规定的项目逐项进行检查和检测试验，业主与监理等参加样机验收的人员对文件审查及样机现场检测试验结果进行评议和讨论，参与样机的整机性能全过程试验，对该阶段的所有测试和检查记录进行审查。对样机生产（试制）中存在的问题进行分析，并对供货商提出整改要求。样机验收结束后，监理负责编写"屏蔽门设备样机验收报告"，对样机验收是否合格做出判断结论。对样机验收合格的设备可向供货商签发"设备样机验收合格证书"。

当屏蔽门样机验收通过后，该系统的设备已具备投产条件。待投产前技术准备工作检查通过后，即可正式投产。

⑤设备生产图纸的审查与确认

根据合同的规定，供货商需提供主要设计图纸和文件，报监理批准后，方可投入生产。

在生产图纸和文件的审查或抽查过程中，供货商应及时对有问题的部分进行改善，并将最终正式版本图纸提交监理盖章确认后，方可根据该图纸进行设备的生产与组装。

⑥项目资料的收集与整理

收集屏蔽门系统项目产品相关的标准、规范和技术文件；建立和完善质量监控体系；编写监理过程中的各项监理用表、验收报告，使监理工作程序化、标准化和规范化。

确定屏蔽门系统设备的质量控制点，明确屏蔽门设备各部件的技术要求以及质量标准。

(2)设备制造阶段

①投产前技术准备条件的检查

合同产品批量投产的前提是：合同产品的样机应按屏蔽门工程项目合同、技术规格书及相关技术文件进行设计制作与安装，进行试验检测合格并出具检测报告，在试验过程中发现有不足之处应立即对相关部分进行设计改进，为批量生产合格的屏蔽门设备打下基础。

合同产品批量投产一般应具备的条件：

a. 产品的质量保证计划通过审查；

b. 产品设备生产图纸及相关技术文件(包括生产工艺文件)通过审查;

c. 样机验收合格,监理签发"屏蔽门设备样机验收合格证书";

d. 用于产品试验的装备、检测设备和仪器仪表精度、可靠性等应满足生产图纸及零部件要求;

e. 生产调度、技术支持、仓储条件、包装、运输计划的安排及特殊加工工艺已准备完毕;

f. 设备产品的出厂试验大纲已通过产品技术审查会的审查;

g. 关键工艺工序的生产操作人员已具备相关的资质证明。

待样机验收及生产前准备条件审查通过后,由监理按安装工期策划签发投产通知单,供货商方可进行合同设备的正式投产。

②质量保证体系运转情况的检查

检查供货商质量保证体系的运转情况。要求制造商抽查重要部件原材料的物理及化学性能,检查质量保证书、材料成分测试检验报告等关键质量证明资料。供货商的质量自检体系应健全完善,有关检查记录和试验报告要齐全,包括原材料、外协外购件的进厂验收、入库、储存、保管和发放。

③部件制造质量控制

供货厂商须对部件制造的质量进行自检,并提供相应的检验记录;监理对部件制造过程进行抽检,按相应的质量控制点进行。

④出厂验收

按照合同的约定,在屏蔽门设备制造完成后,应对设备的状态、功能和性能进行全面的检查、试验,以证实其已完全达到相关标准及技术规格书的要求。监理应对供货商编写的出厂试验大纲(项目、标准、方法)进行审查、批准,对供货商提供的自检报告和检测报告进行审核。

根据合同设备产品技术条件,审核供货商提供的设备和主要部件(包括国外厂家提供)的质量检测报告、产品合格证书、出厂检验报告和相关附件是否齐全,按验收大纲组织出厂验收。只有验收合格后,设备才能运往安装现场。

⑤设备到货

审查设备包装、运输、装卸及仓储方案,统筹施工进度与设备到货时间;组织设备现场交货,会同各方对设备外观进行检查,对设备数量(含专用工具、备品备件、易损件等)进行清点,并对随机所附之产品合格证、技术资料、图纸进行验收、存档,做好记录,协助办理设备移交手续;检查设备存储场所的条件和环境,督促保管部门对设备进行定期检查。

2. 进度控制

设备制造的进度控制以屏蔽门系统项目总进度计划为基准,以确保总工期的实现为目标。监理应依据承包合同中对设备制造的进度要求,并结合现场实际情况对供货商的工作实施监理。通过对分项、分阶段进度计划的审查批准,确保设备制造进度满足工期要求。

(1)审核供货商制定的屏蔽门系统设备生产制造阶段进度计划,确认设备制造进度安排。

(2)审核设备供货商提出的设备制造进度的分项目标和阶段性目标,作为设备制造过程中不同阶段的进度控制的标准。

(3)选择设备制造进度控制的重点,必要时派出人员对影响设备制造进度的关键项点进行重点监理。

(4)要求供货商每月提交月度设备生产报告,并对实际进度与计划进度进行比较,如发现实际进度滞后于计划进度,应及时分析原因,并制订补救措施,保证设备供货满足设备安装工期的要求。

3.投资控制

工程建设项目投资的有效控制是工程项目监理工作的重要组成部分。所谓工程建设项目投资控制，就是要把工程项目的投资控制在批准的投资限额以内，随时纠正发生的偏差，以保证项目投资管理目标的实现。

严格执行双方签订的《屏蔽门(PSD)项目工程系统承包合同》中所确定的合同价格和规定的合同款支付方法。

认真审核供货商提报的样机及系统设计进度付款、设备到货付款等付款申请，严格按合同控制付款额度和进度。对不符合合同文件约定的支付申请不予审核。

在项目实施过程中，主动进行监理，作到事前控制，对设备系统合同执行过程中各有关方面发生的纠纷和争议进行调解，尽量采取有效措施进行补救，尽量避免索赔事件发生。如若发生索赔事件，则应认真按有关规定秉公办理。

处理由于变更、修改设计和索赔引起的费用增减应坚持合理、公正，严格审核。

4.合同管理

合同管理是控制工程质量、进度和造价的重要依据。监理依据法律规定和合同的约定，代表业主对供货商的行为实施监督管理。监理要认真研究每一项合同条款，在工程的全过程中一丝不苟地执行。

5.组织协调工作

针对本合同的特点，努力做好工程实施各阶段中出现的涉及业主、设计、供货商、分包商之间的协调工作，加强信息沟通，及时处理好各方面出现的问题，力争做到目标一致、密切配合、高质量地按时完成合同任务。

四、监理工作的方法及措施

根据《车辆及机电设备系统工程监理合同》、《车辆及机电设备系统工程监理规划》的要求，在设备的采购制造阶段，认真执行前述的工作内容，进行设备生产制造的质量控制，设备生产工期的进度控制，设备生产厂的付款申请的审查，作好信息管理及合同管理工作，协调好业主、供货商、设计等各单位之间方方面面的工作，其具体工作方法及措施如下：

1.组织措施

(1)由于屏蔽门系统属于机电一体化设备系统，主要控制系统为国外引进，门体等部件为分包商供货，××地铁工程屏蔽门系统，技术含量高，可借鉴经验不多，为保证屏蔽门系统工程的顺利实施，监理部安排具备丰富的地铁工程专业经验、技术业务能力和项目组织协调能力强的监理工程师负责屏蔽门系统工程的监理工作。屏蔽门监理分部设主任监理工程师1名，机电监理工程师1名，控制监理工程师1名，机械加工监理工程师1名，文档等工作由监理部办公室负责。专业配套齐全，管理人员数量满足需要，而且成员专业结构、职称结构配备合理，参与屏蔽门监理工作的管理人员都是长期从事工程施工、设计、管理和监理工作的专业技术人员，在地铁工程车辆及机电设备系统工程的监理过程中积累了丰富的经验。

(2)屏蔽门项目的具体监理工作由屏蔽门监理分部主任监理工程师来组织与安排，对分部各成员进行职责分工，制定质量监督制度，落实质量控制责任，对屏蔽门项目现场监理工作实行技能管理，确保质量控制和质量分目标的实现。严格履行屏蔽门项目监理合同，并向监理部总监负责。监理部的决策层在制定项目组织机构的管理质量方针、质量目标以及质量管理体系(含规章制度)的基础上，对屏蔽门监理分部组织机构履行合同的情况进行检查、监督、指导和帮助,促进工程监理管理和目标的实现。

(3)根据屏蔽门项目监理工作的特点,及各阶段的监理工作重点,以及国家和省、市有关法规的要求,为确保监理工作目标的顺利实现,监理部对内部管理制度予以补充、完善,并在日常的监理管理工作中,严格遵照执行。管理制度包括:组织机构内部工作制度;针对监理管理对象的监理工作制度;实行全员岗位责任制;廉政执业制度等。其次,还将通过规章制度来保证监理人员的稳定性,如监理人员请假制度、薪酬制度、奖罚制度来保证监理人员的工作积极性。

2.技术措施

(1)协助完善质量保证体系,严格事前、事中、事后的质量检查。

(2)编制工程质量控制点,包括重点部位、关键工序等,加强控制点的监控,并控制好现场制造设计变更质量。

(3)试验:监理人员要加强对各种材料、构配件、设备的送检和抽查工作。

(4)指令性文件:监理通过书面指令对供货商进行质量控制,用以指出设备制造过程中发生或可能发生的质量问题,使得供货商加以重视或修改。

(5)加强与相关单位的沟通和协调,建立业主、供货商、分包商、监理、设计协调会制度,使发生的问题能及时沟通和协调解决。

(6)微机管理:在设备质量控制上将所收集数据和文件资料输入微机进行统计,建立本专业技术资料档案管理制度,分析制定措施。

3.经济、合同措施

(1)熟悉设备采购合同内容,掌握各方面责、权、利的具体规定并予以认真落实,严格按照供货合同来正确处理各方面在工程项目实施过程中产生的问题。

(2)在规定的时间内及时提出和处理各类问题:如索赔、开工、停工令的发布、付款申请的审查等。定期对合同执行情况进行检查分析,提出改进措施,定期编写合同管理报告。

(3)按合同支付条款的要求审核供货商提交的进度付款单,把设备质量与设备进度款支付挂钩,设备质量不合格的、不符合合同规定质量要求的拒付设备款。只有达到质量目标要求的,才给予支付。

(4)严格执行监理部合同管理的其他相关制度。

五、监理工作管理制度

1.监理日志制度

监理日志是监理人员必备的专用手册,是监理工作的重要资料,每个监理人员应逐日逐项认真填写,特别是涉及变更设计、会议决定、上级指示、有关质量、进度、投资的事项都应详细写入日志。

2.工作会议制度

(1)按规定参加召开的有关工程项目的各种会议。

(2)适时召集协调会,对重大问题进行协调。

3.资料管理制度

(1)监理部设立专职技术资料管理员。

(2)监理与业主、供货商和分包商之间的有关工程质量、进度和费用的一切往来函件和报表均应分类编号归档保存。监理应督促供货商在合同规定时间内,向业主提交完整、准确、清晰的图纸、资料和各类档案。

(3)合同文件中规定的“技术资料归档范围”内的资料必须齐全并一式3份,一份分项工程验收时交监理部存档；一份供货商自留；另一份竣工验收时供货商将所有的资料整理分类后装订成册，作为竣工档案资料。

(4)资料必须保证其完整性、准确性和有效性。

(5)技术资料的收发应执行签收登记手续。

(6)技术资料应随时分类整理、存档。

第二章　产品设计联络及审查

第一节　设 计 联 络

设计联络是设备采购合同签订后产品设计阶段的重要工作，是合同双方及相关设计单位之间的沟通、联络过程，其目的是进一步完善合同设备功能、技术参数及性能指标要求，明确合同设备与其他系统设备及土建的技术接口。

设计联络可分两方面进行，一方面为简化和加速设计联络的过程，在不改变合同原则的前提下设计单位和供货商之间可以直接就相关设备技术参数问题进行交流、沟通，其形成的技术文件必须抄送监理备案；另一方面是按合同规定的时间和内容要求定期召开设计联络会，一般重要的技术问题应放在设计联络会中讨论决定。两者之间的主要区别是设计联络会必须产生一定的会议成果。监理在设计联络过程的工作主要在于第二方面。

一、设计联络会工作内容

1. 解决在合同谈判技术澄清阶段的遗留问题，进一步明确业主的需求。

2. 完善合同技术规格书中的设备功能要求。

3. 明确设备与土建接口：一类为设备结构的接口，如业主应向供货商提供设备平面布置图以及现场设备运输方式、安装环境等资料，便于设备供货商开展设备总体设计；另一类为设备安装接口，如供货商应向业主提供设备外形安装尺寸、设备重量、安装要求、基础预埋件要求、预留的沟槽孔洞要求，设备包装后尺寸、设备储存要求等资料，使业主在组织与土建设计接口时做好配合，并考虑设备到货后的储存条件，以便于对仓储工作及早做好准备。

4. 明确合同设备与相关系统设备之间的接口：

硬件接口：明确接口的连接方式、数量和必要的说明。

软件接口：明确传输量是开关量或是模拟量，采用的通信协议和规约等。

5. 非标设备的选型。通过设计单位与供货商的沟通，双方确认设备的型号、规格、数量等。主要体现在通风空调系统和低压配电系统中。非标设备的选型是一项繁杂的工作，如在设计联络会中不能完成此项工作，也可在产品设计审查中进一步完成。

二、设计联络会

设计联络会由业主代表或监理主持、总体设计单位主谈，业主、供货商、监理、总体设计单位及系统设计单位参加，必要时亦可以邀请有关专家参加。供货商负责会务组织，设计单位负责会议纪要整理及编写工作。

为使设计联络会能取得实际效果，在召开前应进行必要的技术准备和组织策划工作。设计联络会召开的时间和内容应按合同规定，同时应满足工程设计和产品设计的进度要求。设计联络会工作程序如下：

1.会议议题准备

(1)由业主、监理和设计组成“联络筹备小组”,负责商讨并组织合同设备项目的设计联络工作。

(2)联络筹备小组向各有关单位发出征集设计联络会议题的通知。

(3)各有关单位按征集通知要求,填写《设计联络会议议题表》,并按通知中要求的时间传送到监理方,监理汇总整理后交联络筹备小组讨论确定会议主要议题内容,并拟定出设计联络会的《会议议程》。

2.会务准备

(1)设计联络会地点一般应安排在供货商(设备生产厂家)所在地。如果因故安排在其他地方举行,供货商应事先派遣会务组进行会务的组织筹备工作。

(2)会议主持单位(监理)应按合同的规定时间提前将参加设计联络会人员的名单通知供货商,以便供货商进行会务准备工作,包括安排会议场所、住宿、交通等。

3.会议召开程序

(1)会议主持单位(监理)向有关单位发出会议通知,通知中说明设计联络会的召开时间、地点、参会单位及人员和会议的主要议题内容。

(2)按会议议程的安排对有关议题进行讨论和审议。

(3)设计单位负责整理编写《会议纪要》,经与会代表签认后,由总体设计单位签署分发给与会各单位执行,并将《会议纪要》复印件送交业主及监理存档备案。

(4)根据设备系统的特点,设计联络会可按合同规定分几次召开。

(5)供货商按照合同及设计联络中确认的《会议纪要》进行产品设计。

第二节　产品设计审查

产品设计审查安排在设计联络之后,主要是审核供货商的产品设计是否符合合同及设计联络会确认的《会议纪要》的要求,确保样机或批量生产设备的性能和功能符合要求。产品设计审查一般由业主和监理共同负责,由监理牵头组织并负责产品设计审查的具体工作。产品设计审查可由监理和业主主审,设计单位参加,设计单位须明确相关设计部分的技术要求。

一、产品设计审查工作程序

1.设计审查流程图

设计审查流程见图4-2-1。

2.设计审查工作程序

设计联络会由业主代表或监理主持,业主、供货商、监理、总体设计单位及系统设计单位参加。供货商负责会务组织,监理负责会议纪要整理及编写工作。设计审查也是采取会议的方式,工作程序与设计联络会基本一致,得出的结论应由参加审查会议代表签字确认,由供货商按会议审查的意见对产品设计进行修改。

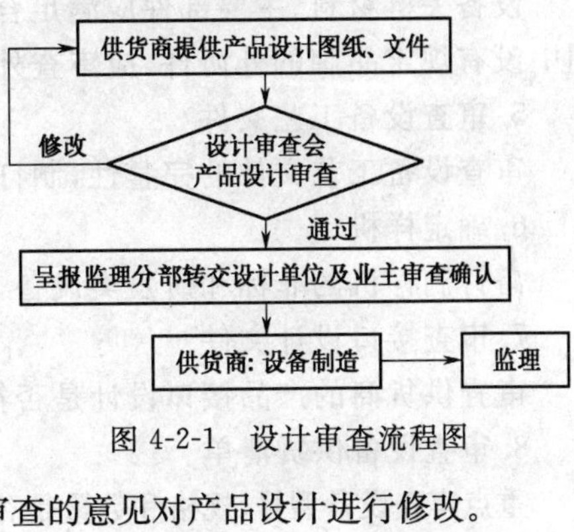

图4-2-1　设计审查流程图

二、产品设计审查会中供货商应提供的技术文件

1.设计任务书(设计规格书);

2.产品技术条件;

3.主要设计图纸及设计文件；

4.产品设计依据的技术标准；

5.产品工艺文件；

6.产品试验大纲；

7.接口设计文件；

8.设备供货清单。

三、产品设计审查的主要工作内容

1.审查产品设计任务书(设计规格书)

供货商通过用户需求分析后拟定的设计任务书必须全面充分满足用户的需求。监理应重点审查设计任务书提出的各项功能及性能指标是否达到设备合同所规定的技术要求。

根据设计任务书制订的产品技术条件，必须满足设备合同及相关技术标准所规定的各项技术要求。

产品技术条件是设备产品的关键技术文件。在拟订设计方案、选择元器件配置、进行设计计算、图纸设计和编制工艺方案、试验大纲、质量保证计划等均须满足技术条件的要求。

产品技术条件审查的依据是：

(1)是否满足设备合同技术规格书的要求；

(2)是否符合国家有关标准、规范的要求；

(3)是否符合设计联络会各方确认的《会议纪要》的要求。

2.审查主要设计图纸及设计文件

主要审查该产品设计是否达到技术条件的要求；设计文件是否正确、完整地表达了产品设计的原则、思路、特点和要点。

3.审查产品设计依据的技术标准

审查产品设计依据的各种技术标准、规范、数据是否正确可靠，是否符合国家和行业的有关规定。如采用内控的企业标准，则应审查该企业标准是否优于国家及行业标准。

4.审查设备关键材料、主要部件及外协件。

设备关键材料、主要部件应满足合同要求，外协件的产地和品牌应与采购合同一致，对合同中没有规定品牌的外协件，应审查外协件供应商的资质，并给予意见。

5.审查设备工艺文件

审查设备工艺文件的完整性，制订的工艺流程、工艺方案是否满足产品设计的要求。

6.确定样机

需订制样机的非标和研发类设备，在产品设计审查中应确定样机型号和技术参数等。

7.审查接口设计文件

审查供货商的产品接口设计是否符合合同及在设计联络会中明确的接口要求。

8.审查设备供货清单

重点审查设备型号、规格和数量是否符合设计要求。一般的非标设备招标时都是采用初步设计进行招标，合同中设备供货清单可能会与最终的投产清单有差别，可按相关程序办理设备变更。

9.审查产品试验大纲

在产品设计审查中，供货商可提供设备样机试验大纲和出厂试验大纲供审查会讨论、审查。这项内容也可放置在后续工作中。

四、修改产品设计的审查

1. 供货商完成产品设计的修改工作后，应呈报监理并转交设计单位及业主审查确认。如有必要可再组织召开设计审查会对修改后的产品设计进行审查。

2. 修改产品设计审查的主要内容：

审查供货商是否已按产品设计审查会所提出的修改意见对产品设计进行修改，修改后的设计各项功能及性能指标是否已能满足规定的技术要求。

3. 如果采用设计审查会方式进行产品修改设计的审查，则应由参加会议的代表对修改设计审查结论进行签字确认。

4. 设计单位及业主应将对产品设计的审查确认意见及时以文件形式函告监理。

第三节　设计联络及设计审查重点分析

设计联络的主要工作是围绕系统设计、方案设计与设备供货商进行沟通、完善，因此以相关设计单位为主。产品设计审查主要针对产品的设计，产品设计审查主要以监理及业主为主。根据研发类设备和非标设备的不同特点，本节将结合具体的设备实例分析设计联络及产品设计审查的工作重点，由实例推广到整个地铁的设备系统，供读者参考。

一、研发类设备设计联络及产品设计审查工作重点

研发类设备属于新型产品，在合同设备招标时，用户需求相对不完善，设计联络工作因此显得尤为重要。设计联络及产品设计审查应进一步明确设备功能、性能和技术要求要求的前提下，还应充分考虑设备性能的稳定性和可靠性。在设计联络及产品设计审查中，业主、设计单位和监理根据设备采购合同及相关标准技术要求审查供货商提供相关的设计文件和资料，同时供货商也根据在产品设计中遇到的不明确问题和技术难点与业主和监理共同商议，最终达成共识，作为指导供货商产品设计的文件之一。讨论和审核业主、设计单位、监理或设备供货商提出新的技术要求或更改设备采购合同的相关技术要求是设计联络及产品设计审查的工作重点，可邀请该行业的专家给予意见，权衡各方观点后确定最佳方案。如涉及合同费用的变更，应按设备变更管理程序进行合同变更。

在地铁机电设备中，AFC 系统设备是研发类设备的典型代表，该系统中的闸机、票务处理机、自动售票机、自动增值机和自动验票机等设备的功能、运行、管理和控制模式以及设备外形等都可以根据业主的需求进行设计。下面以自动增值机为例，分析设计联络及产品设计审查的工作重点和容易产生争议的难点。

自动增值机设计联络及产品设计审查的重点是审核设备功能和性能，设备功能包括：工作方式、增值操作、显示、储值卡处理、纸币处理、数据处理、网络通信、检测、自诊断和维护操作。设备性能包括：纸币、银行卡、储值票、可靠性、数据、接口和设备结构等。

1. 自动增值机的主要功能审核

(1)工作方式

①正常工作方式

正常情况下可通过接收纸币和银行卡两种方式实现对储值卡的增值。当接收到上级系统的控制命令，可转换为只接收纸币方式或只接收银行卡方式。

②只接收纸币增值方式

出现以下情况之一时，应自动转换为只接收纸币方式：银行卡读卡器出现故障时；银行卡加密处理模块超过最大极限值时。

③只接收银行卡增值方式

出现以下情况之一时，应自动转换为只接收银行卡方式：纸币识别器出现故障；纸币钱箱数量超过最大极限值时。

④暂停状态

当接收到上级系统的暂停、维修等命令后，应能自动转换为暂停状态。

(2)增值操作

①显示储值卡入票口

可根据乘客显示器的提示，在入票口放入储值卡。

②卡内余额显示及需增值提示

显示卡内余额，同时提示乘客可以使用纸币或银行卡进行增值。

③纸币增值

乘客放入纸币并确认，如果投币金额与卡内余额总值不超过上限额，向储值卡写入增值金额，退出储值卡提示乘客增值完成。在未支付足够金额前，乘客可按取消按钮终止增值操作；乘客任何一步操作超时(参数可设置)，则自动终止当前交易。

④银行卡增值

乘客放入银行卡，乘客显示器提示用户输入银行卡密码及转账金额，如果转账金额与卡内余额的总值不超过上限额，再经银行处理模块确认后向储值卡写入增值金额，退出储值卡，提示乘客增值完成。在未支付足够金额前，乘客可按取消按钮终止增值操作；乘客任何一步操作超时(参数可设置)，则自动终止当前交易。

⑤增值上、下限额

增值的上、下限额可通过网络从上级 AFC 系统下载。

(3)显示

①前面板提示

操作提示；乘客各操作部件的指示：触摸屏、乘客显示器、储值票卡入口位置、入币口位置、银行卡入口位置等。

②乘客显示器

中英文双语显示；显示增值操作信息、卡内余额、已投入金额信息；提供“交易取消”、“交易确认”等功能按钮；设备故障、关闭或暂停服务时应能显示相关信息。

③维护显示器

显示维护操作的界面；操作指引信息；错误提示信息。

(4)储值卡处理

①有效性检查

密钥合法性；票种合法性；黑名单；有效期；余额。

②余额显示

验证为有效后，乘客显示器显示车票余额。

③增值交易过程储值卡处理

在乘客取消或完成增值交易前，所插入的储值卡不能退回或取出。

(5)纸币处理

①纸币识别

至少可识别 10 种纸币类型;纸币放入方向不影响其检验的正确性;不符合识别参数指标的纸币和假币退还给乘客。

②暂停服务状态纸币处理

暂停服务或关闭时投币口将不接收任何纸币。

③银行卡转账处理

当自动增值机暂停或关闭时,银行卡读写器应拒收银行卡。

(6)数据处理

①数据的入库和上传

应能完成所有数据的入库和上传:正常交易信息;错误信息;黑名单卡信息;维护信息等。

②日志信息的更新

日志处理是将不同软件模块送来的信息进行分类和转换,然后保存到本地的日志信息库中。对于重要事件的信息,则通过网络模块立即向后台监控机发送。

(7)网络通信

①与上级 AFC 系统保持联网运行方式。

②实时上传设备状态、运营、维护等信息。

③能接收上级 AFC 系统下载的管理控制参数和命令(应答、控制、查询信息等),并将它们转送到相应的软件模块。

④检测到网络出现异常时能及时报送。

⑤与上级通信中断时,本地应至少能保存 100 000 个(7 个工作日交易记录总数)交易记录数据;网络恢复正常后能将未上传的交易记录上传给上级 AFC 系统。

(8)检测和自诊断

①检测和自诊断内容

在开机运行、发生故障及维修操作时,可以通过检测和自诊断完成以下处理:检测储值卡处理单元;检测纸币处理单元;检测银行卡处理单元;检测网络通信;更新状态记录表;记录事件日志、并通知上级 AFC 系统。

②检测异常处理

当检测到异常情况时,会及时将设备码、部件码及其对应的故障码报告给上级 AFC 系统。

(9)维护操作

①前/后门维护

设备应设计成前/后门维护结构,并能在前/后门维护两种方式中切换。

②合法维护验证和非法维护报警

维护人员应在维护门上的门禁验证权限后打开机械锁,开门后有设备验证维护人员员工编号和维护级别权限。如果检测到门已经打开而没有合法的维护人员信息,自动增值机应立即报警。

③现金区报警点控制

对进入现金区应有 2 个报警点的控制:进入现金区的密码验证;操作机械锁的时间限制。

④维护操作显示

维护人员可根据维护显示屏上的信息,按照操作指引进行。

⑤维护分类

维护应分日常维护和专业维护两类，权限应有高低之分。

⑥维护对内部零部件结构的要求

内部零部件采取模块化结构，可以拉出、推入，以方便维护或维修。

⑦维护记录

设备应记录维护人员的员工编号、时间、操作内容、钱箱内的现金数量等信息，并实时传送到上级 AFC 系统报告该次操作。

2. 自动增值机主要性能审核

自动增值机主要性能技术指标见表 4-2-1。

表 4-2-1　自动增值机主要性能技术指标

序号	审核项目		技术指标	备注
1	纸币	识别钱币面值	RMB￥100、50 元	第四、五套人民币
2		真钞接受率	≥98%	
3		首次阅读成功率	≥98%	
4		单张纸币识别时间	≤4 s	
5		纸币钱箱容量	≥2 000 张	
6		缓存区可缓存纸币张数	≥15 张	
7	银行卡	可接受的银行卡类型	符合 ISO 7810、7811、7812 标准的磁卡条	可读 1、2、3 磁道
8			符合 ISO7816 标准的 IC 卡	
9	储值票	可接受的储值票种类	符合 ISO/IEC14 443 TypeB, TypeC 标准的非接触式 IC 卡	
10		储值票读写时间	≤300 ms	
11		储值票出票时间	≤2 s	
12	可靠性		MCBF≥70 000 次；MTTR≤30 min	
13	数据	交易数据保存	100 000 条	
14		存储黑名单容量	30 000 条	
15	接口	储值票卡读/写模块与控制主机接口	RS232	
16		储值票卡传送机构与控制主机接口	RS232	
17	票据打印机与控制主机接口		RS232	
18		网络接口	10/100Base-T 以太网接口	
19	设备结构	设备尺寸	长×宽×高	
20		设备重量		
21		机箱不锈钢板厚度	≥2～2.5 mm	
22		外壳防护等级	不小于 IP3L1(GB 4942.2—1993)	
23		触摸屏抗撞击力	通过 UL544Clause55.2 抗撞击测试	

3.自动增值机审核重点

在上面两小节中，假设在设备采购合同中对设备功能和设备性能等要求相对比较完善的前提下，阐述了自动增值机的主要功能和性能审核，在本小节主要讨论在设计联络及产品设计审查过程中容易产生争议的审核重点。

自动增值机位于站厅的醒目位置，每天面对大量的乘客，因此设备外形结构和设备操作是主要的审核重点，其次是维修和管理等。

(1)设备外形及结构

主要指的是自动增值机的外形结构和颜色要美观，与车站的装修风格协调，尺寸适中，便于乘客操作。

(2)增值操作

①增值机界面

前面板上储值票卡入口位置、入币口位置和银行卡入口位置的设置应醒目，方便操作；同时，触摸屏上显示的几种操作界面要简洁、清晰，颜色应明快、淡雅。

用户界面是否按中/英文分别设计，是否设置中/英文转换按钮。

②操作流程的设计

操作流程图的设计应简洁，尺寸原则上应尽量大。

采用现金和银行卡增值时，增值金额的等级设定和最大增值金额的设定。一般来说，设定的转账金额比现金增值金额等级相对较少，最大转账金额则大于现金增值时的最大增值金额。比如：转账金额可设置为50元、100元、150元、200元、250元、300元、350元、400元、450元和500元几个等级，500元即为最大转账金额。

单据打印按钮是否设置成可选择按钮，在默认状态下不打印单据，乘客可根据选择按钮选择打印单据。将银行卡取出后一般不再有任何反应。

乘客采用银行卡增值时，如输入三次密码不对或设备故障时，是否吞卡应与合作银行商定后确定。

③操作信息提示

增值机的操作流程是否设置为单向不可逆，即：乘客投币或确认转账金额后，正常情况下不可退回到上一步操作，重新投币或重新确认转账金额。如设置成单向不可逆，应增加取消按钮，乘客可通过此按钮取消当前操作。

当某操作乘客的等待时间＞2 s时，应在显示屏上提示“请等待”信息。

④帮助信息提示

增值机上一般应设置招援按钮，当乘客操作出现设备故障时，在屏幕上提示乘客使用招援按钮。在招援按钮旁应有使用说明；招援按钮的位置应远离操作区。

(3)增值机管理

①纸币识别

增值机识别哪几类纸币，纸币识别器的湿度指标最好能达到95%，以免在潮湿的气候下纸币识别器无法正确识别纸币，影响乘客给储值卡增值。

②钱箱模式和容量

叠式钱箱故障较少，纸币较为整齐，易于清点，钱箱既可通过传感器来检测，也可通过计数器来检测。

在表4-2-1中，钱箱的容量设置为≥2 000张，实际应用中略显偏大，在设计联络及查品设计审查时,可经各方讨论后确定。

③增值机状态显示

在自动增值机的正面顶部的明显位置设置设备状态提示信息。

④储值卡挂失的实时生效问题,黑名单如何实现立即生效。

⑤UPS的设置

最好采用分散式在线的UPS,UPS的支持时间一般为15～30 min。

(4)增值机维修

①设备维修权限设计

自动增值机是否在维修门外设置门禁控制验证权限。

②维修信息提示

在自动增值机的正面顶部的中间设置维修牌的挂钩。

以上对自动增值机的审核重点的分析具有一定的代表性,可供读者参考,在签订设备采购合同和设计联络及产品设计审查时,业主、监理等对此也应给予充分关注。在审核上述重点指标时应结合每个地区、每项工程自身的特点,不能一概而论。但是,通过分析我们可以看出类似自动增值机这种面对乘客的设备,在产品设计时都应本着以人为本的原则进行,如:乘客操作快捷、方便,信息提示全面、醒目,维护操作简单等都体现了这个精神。

二、非标设备设计联络及产品设计审查工作重点

非标设备就是根据地铁工程需要量身订制的设备。有可能同一种设备数量很多,每台设备的技术参数都不完全一致,但非标设备与研发类设备不同,属于成熟产品,设备的功能和性能基本相同。在地铁各设备系统中,非标设备占较大比重,其中通风空调系统和低压配电系统设备是典型代表。非标设备的设计联络及产品设计审查过程实际上也可以说是系统设计的完善过程。在设备供货商未确定前,设计单位设计所需要的许多设备技术参数及设备接口问题都不能完全确定,通过设计联络及产品设计审查,设计单位与设备供货商的沟通,此类问题应基本解决,因此系统设计也趋于完善。同时,合同设备的技术参数也完全稳定,可以作为投产的最终依据。因此,对非标设备而言,完善设备技术参数、明确设备接口是设计联络及产品设计审查需解决的主要问题。

技术参数指的是设备的主要性能指标值,关系到整个系统的运行,也是设计人员比较关心的问题。在初步设计时,设计人员计算出系统参数,以此参数的范围为依据,根据某设备生产厂家的产品样本选定设备,也就是通常所说的设备选型。由于不同品牌的同类设备的技术参数一般会略有区别,设备招标确定的设备供货商与设计单位设备选型时参考的设备供货商不一定相同,因此,有必要对设备技术参数及数量进行整理和完善,避免投产设备清单与设计施工图和采购合同清单出现差异。设备技术参数的完善是设计联络阶段的一项重要工作,主要由设计单位与设备供货商共同协作完成。该项工作量大、繁琐,对设备合同的执行影响较大,监理应积极参与。

接口审查是设计联络及产品设计审查阶段的另一项重要工作。接口审核工作涉及到多专业、多单位,容易出现漏项和产生争议。为使设计联络及产品设计审查会取得好的效果,监理在此之前要做好充分的准备,并督促相关单位提出相应的技术接口要求,在设计联络会议中商议解决。

下面以环控系统中的TVF风机为例,具体分析设计联络及产品设计审查工作中的审核

重点。

1. TVF 风机技术参数审查

以某地区为例，结合设计标准和设计计算说明 TVF 风机技术参数的审核。

(1)TVF 风机相关设计标准

①温湿度标准

正常工况区间隧道最热月日最高平均温度≤35℃；

列车阻塞在区间隧道内时，列车周围空气温度<40℃。

②风速标准

通风亭格栅风口 3 m/s。

混凝土风道或通风井 3～6 m/s。

③出入口和通道

若车站出入口通道长度>30 m，设空调送风系统。

若车站出入口通道长度>30 m，车站内走道长度>20 m 且无直接自然通风时，设置机械排烟系统。

(2)区间隧道模拟计算结果

①正常工况

小于 1 km 长度的区间隧道内气流量为 75～90 m^3/s；

1.2～1.5 km 长度区间隧道内气流量为 95～109 m^3/s；

1.8～1.9 km 长度区间隧道内气流量为 100～112 m^3/s。

正常运行工况下应考虑区间远期最热月日最高平均温度是否受存车线等其他因素的影响，如果影响到区间温度不满足<35℃要求，则需运作对应的 TVF 风机以满足温度要求。对无活塞风可利用的区间隧道也应采用机械通风方式，即从车站两端活塞风井进风，使用中间风井的 TVF 风机排风。

②阻塞工况

当列车因延误或车辆发生故障等特殊原因导致阻塞于车站或区间，这时列车活塞风已不存在，为保证列车空调机组冷凝压力不至过高，影响机组正常运转，要求列车周围空气温度低于 40℃，必须对阻塞区间采用机械通风方式。

通过模拟计算，当列车阻塞在区间时，通过开启相应的 TVF 风机以及相关区间的射流风机，能够满足列车阻塞工况的要求。

③火灾工况

列车在区间隧道内发生火灾时，原则上应尽一切可能驶往前方最近车站进行乘客疏散和消防救援，但由于某种原因列车发生火灾停在区间隧道内，则根据 GB 50157—1992《地下铁道设计规范》通风排烟速度按单洞区间隧道断面排烟速度不小于 2 m/s 计算。

通过模拟计算，当列车在区间发生火灾时，通过开启/关闭相应的 U/O 风机和 TVF 风机以及相关区间的射流风机，能够满足火灾工况的要求。

(3)设备选型

根据上述的设计标准计算出 TVF 风机主要的技术参数，即风量和风压。依据计算得出的风量(m^3/s)、全压(Pa)，可在一定范围内选定设备技术参数，也就是设备选型。从而得出 TVF 风机的全部技术参数包括：转速(r/min)、余压(Pa)、风机效率、电机功率(kW)、噪声(dB)等，这些参数基本由设备生产厂家提供。

其他环控系统设备的选型基本步骤基本相同。

(4)技术参数审核

设计联络及产品设计审查阶段的技术参数审查是对设备选型的进一步完善，除了设备的技术参数满足设计的要求外，监理应把握合同中对设备的一些原则性要求，以免降低设备的品质。同时，当合同中设备技术参数相互矛盾的时候，要正确的取舍。比如，TVF风机的效率与噪声，从设备制造的技术上来说，这两项技术参数是对立的，如果其中有一项技术参数的值要求过高，就有可能导致另一项技术参数的水平下降，此时，监理应能根据目前设备制造的技术水平，提出合理建议，使这两项参数达到最佳比例状态。

2. TVF风机设备接口审查

(1)与土建的接口

①风机本体部分

TVF风机安装在各车站的活塞/机械通风机房内，风机上的防振架与预埋在混凝土基础上的钢板采用4只底脚螺栓连接；TVF风机基础一般采用两条条形基础，一般18号TVF风机基础尺寸可设置为：450 mm(宽度)×1 400 mm(长度)×600 mm(高度)。条形基础预埋钢板尺寸可为：250 mm×1 200 mm×20 mm。

②就地控制柜部分

控制柜采用金属膨胀螺栓直接固定在地面，地面应平整牢固；电源进线处接地牢靠；控制柜周围留有空隙，正面不小于800 mm。双电源控制柜、正反转控制柜的地脚安装尺寸可设置为700 mm×400 mm。

③设备的运输

TVF设备体积大，且不可以拆分，土建预留的吊装孔尺寸必须大于TVF风机设备的外形尺寸。

(2)与供电专业接口

①风机配用电机采用380 V/50 Hz三相电源，220 V/50 Hz、AC 220/DC 24 V两组控制电源；两组电源接入双电源切换启动控制柜，双电源切换启动控制柜与正反转制动控制柜相接，正反转制动控制柜向风机提供电源。电源进线方式一般为上下进线，地铁中功率为70～90 kW的TVF风机的电源进线一般采用3×120 mm^2+1×70 mm^2。

②控制柜设有DC 24 V的低压照明，照明插座设在控制柜中。

(3)与EMCS专业接口关系

控制柜向EMCS系统发送反馈信号并接受EMCS系统的控制指令，信号以无源接点提供。车站(EMCS)输入输出信号包括：正转运行信号反馈、反转运行信号反馈、停止信号反馈、车站(EMCS)正转起动控制、车站(EMCS)制动可逆起动控制、车站(EMCS)停止控制、现场/远程控制工作信号反馈、故障信号反馈、轴温报警反馈、风阀开信号反馈、风阀关信号反馈。

总的来说，与EMCS的控制接口要结合设备系统的运行模式，运行模式不同技术接口也有所区别。

(4)与FAS专业接口关系

控制柜向FAS系统发送反馈信号并接受FAS系统的控制指令，信号以无源接点提供。FAS输入输出信号包括：正转运行信号反馈、反转运行信号反馈、停止信号反馈、FAS正转起动控制、FAS制动可逆起动控制、FAS停止控制、故障信号反馈。

在有些地铁中，FAS系统为单独的一套完整系统，FAS系统单独接受设备的相关信号反馈,但 FAS 系统对设备的控制仍然是通过 EMCS 系统来实现的,只是当 FAS 系统与 EMCS 系统控制指令产生冲突的时候,FAS 具有优先权。

三、设备主要部件及材料的审核

主要是依据合同条款的要求,审核设备供货商设计产品时是否采用了与合同要求一致的主要部件及材料,包括品牌、产地、型号和规格等。一般来说,研发类设备产品设计采用的主要部件与合同要求比较容易出现差异,原因也是多方面的,各方可根据对行业目前状态的了解,分析利弊,提出建议。

本文的设计联络及产品设计审查的重点分析对复杂的地铁设备系统来说,只是冰山一角,只能作为一点点提示。监理人员只有在工作当中不断学习,丰富自己的知识,才能真正做好设计联络及产品设计审查工作。

第三章 样机验收

样机验收主要的目的是验证产品设计、生产工艺、工装设备、检测手段、外购件及主要原材料、人员资质是否满足合同及相关标准的要求；对不符合要求的项目按合同规定进行整改，确保批量生产的产品满足合同及相关标准的要求。

按照常规做法，研发类设备需制订样机，非标设备可视具体情况而定，标准设备可不制订样机，最终由业主决定并写入设备采购合同中。

样机验收工作由业主和监理共同负责，也是监理在设备设计阶段的重点工作。

第一节 样机验收工作程序

一、样机验收工作流程图

样机验收工作流程图如图 4-3-1 所示。

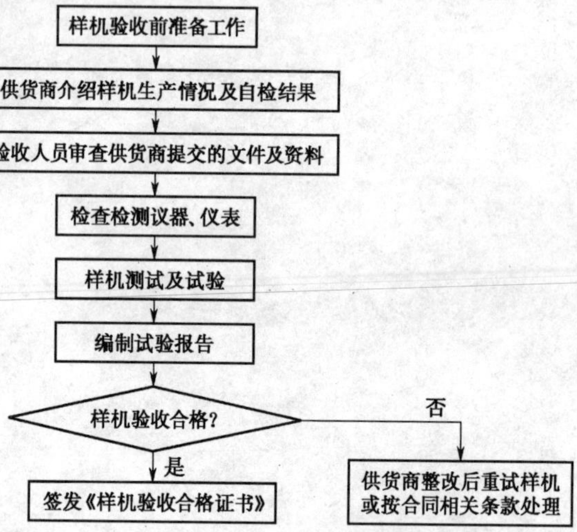

图 4-3-1 样机验收流程图

二、样机验收前的准备工作

1.供货商向监理递交以下文件资料及计划安排

(1)试验大纲：通过设计审查会审查认可的设备样机试验大纲。

(2)自检报告：供货商按样机试验大纲完成设备样机自检的试验报告。

(3)检测报告：若供货商不具备设备样机某些项目试验的条件，则可委托相关权威检测机构进行检测试验。在此情况下，供货商应出具该权威检测机构的检测报告。

(4)供货商对样机试验及验收工作的日程安排。

2.监理进行的工作

(1)对供货商提交的上述文件进行审查，如不符合要求，则应要求供货商进一步补充完善。

(2)监理负责编制“设备样机验收大纲”,并交业主审定认可。

“设备样机验收大纲”应包括以下内容：

①样机验收的主要依据；

②样机验收工作程序及方式；

③样机验收的项目内容；

④样机试验报告测试数据记录格式。

(3)监理应在样机验收前一周将经业主审定认可的“设备样机验收大纲”预先提交供货商进行准备工作。

(4)完成设备合同要求的其他事项,包括对供货商加工的主要零部件质量进行抽检,审核外协件、外购件质量证明材料及对分供商资质的确认等。

(5)检查样机试验验收准备工作的进展情况,确定并通知供货商进行样机验收的具体时间、参加人员等有关事项,以便供货商进行工作安排。

三、设备样机验收工作程序

1.监理工程师负责组织并主持设备样机的验收工作。参加样机验收的人员为监理与业主代表,必要时亦可邀请设计单位或有关专家参加。

2.供货商向验收人员介绍以下内容

(1)设备样机生产(试制)情况总结。

如属于开发研制的设备产品,则其样机必须按合同规定要求提供国家相关权威检测机构的检测报告或型式试验报告。

(2)采用的关键技术和主要工艺方案。

(3)对采用新技术、新工艺、新材料情况的说明。

(4)质量保证体系及对外协件、外购件的质量控制措施。

(5)设备样机供货商自检试验结果。

3.相关文件的审核

供货商应提供以下文件资料供监理及业主代表审核：

(1)样机设计文件:包括设计任务书(设计规格书)、产品技术条件、试验(测试)大纲、技术设计说明及采用的相关技术标准和规范等(注:这些文件资料均已通过设备产品技术设计审查会审查)、样机的主要生产图纸及重要生产工艺文件说明。

(2)进货检验、工序检验及产品最终检验的质量检验记录文件。

(3)关键质量问题控制的过程记录。

4.现场检查

(1)生产设备状况；

(2)生产人员上岗资格；

(3)生产环境。

5.试验仪器、仪表的检查

试验前,验收人员应检查试验使用的仪器、仪表和检测工具等设备。各类试验仪器、仪表应具有国家计量管理部门检验在有效使用期内的计量合格证。其型号、规格及测量精度范围应符合标准要求。

6. 现场测试

按照样机验收大纲规定的项目逐项进行检查和检测试验，并记录。在检测试验过程中可核对供货商自检报告中的有关数据。参加测试人员应对检测试验现场记录数据进行签认。

7. 参加样机验收人员可对文件审查及样机现场检测试验结果进行评议和讨论，对样机生产（试制）中存在的问题进行分析并对供货商提出整改要求。

8. 样机通过验收的判断依据

(1)验收大纲中规定的检测试验项目，全部合格。

(2)通过样机生产（试制）已达到验证设计图纸、验证关键技术和生产工艺的目的。

(3)样机的各项功能、性能参数指标均已达到产品技术条件的要求，亦即符合合同及相关技术标准及规范的要求。

9. 样机验收结束后，监理负责编写"设备样机验收报告"，对样机验收是否合格作出判断结论，呈报业主认可。

10. 对验收合格的设备样机可向供货商签发"设备样机验收合格证书"。

11. 如果样机试验中发现尚存在缺陷，则应要求供货商限期改进。供货商原则上应在规定的期限内完成整改工作，如有特殊情况需要延期，则应征得监理及业主的同意和认可。必要时还须经验收人员复验合格后，才能重新进行样机验收。

12. 如果样机验收未能通过，则应按设备合同中相关条款处理。

13. 样机验收通过后，表明该合同设备已具备投产条件，待投产前技术准备工作检查通过后，即可正式投产。

第二节　样机验收大纲

样机验收大纲是指导样机验收的关键文件，由监理编写。样机验收大纲中对样机验收的目的、依据、工作程序及方法、验收项目及内容和如何得出样机验收结论作出明确规定。本节主要讨论样机验收大纲应包含的内容和编写格式。

一、样机验收的目的

验证产品设计、生产工艺、工装设备、检测手段、外购件及主要原材料、人员资质是否满足合同及相关标准的要求。

对不符合要求的项目按合同规定进行整改，确保批量生产的产品满足合同及相关标准的要求。

二、样机验收的主要依据

1. 设备采购合同；

2. 合同设备产品技术条件；

3. 相关技术标准及规范。

三、样机验收工作程序及方法

1. 文件审查；

2. 现场检查；

3. 现场测试。

四、样机验收项目及内容

1. 文件检查及审核

(1)设计文件

审查设计文件的完整性，包含图纸版面是否符合国标规定、图纸签署是否齐全、零部件图是否齐全。

审查技术文件是否符合合同及相关标准的要求，所使用的标准是否有效。

(2)工艺文件

审查工艺文件的完整性；

审查工艺流程的合理性；

审查关键工艺是否满足设计文件的要求。

2. 主要分供商资质审查

按合同要求对设备主要部件的分供商资质进行检查。

3. 重要部件、材料的检查

检查的基本要求：

合同要求的重要部件(外协件)的质量证明文件、合格证、相关的检验文件；

重要材料的化学成分及物理性能检验报告；

重点检查进口部件的进口证明、报关单、出厂合格证。

4. 型式试验报告审查

审查与样机同类型设备的型式试验报告，如是研发设备则必须做型式试验。

5. 质量检验文件

工艺流程质量控制文件：检查制造工艺流程质量控制点检验文件是否完整、有效。

样机试验自检报告：供货商完成样机制作后应进行自检。供货商应提供自检试验报告；报告中的试验内容应不少于合同要求，各项试验的参数应符合合同及相关标准的要求。

五、现场检查

1. 生产设备状况；

2. 生产人员上岗资格；

3. 生产环境；

4. 检验、测量仪器、仪表，试验设备状况、标定有效期、精度。

文件审查及现场检查通过后进行现场测试验收。

六、现场测试

1. 测试目的

按照验收大纲对样机各项功能、参数、指标进行测试，验证供货商的产品设计、工艺设计、工装设备、人员技能等所生产出的设备是否符合合同要求。

2. 测试程序

测试按以下程序进行：仪器、仪表检查→试验人员资质检查→测试前样机检查→测试过程监督并记录测试数据→整理、计算测试数据→得出测试结果。

3.试验装置、仪器、仪表的检查

供货商测试所使用的仪器、仪表精度应符合国家标准规定，并应在国家计量检测部门标定的有效期限内。

如采用性能测试装置测试，该测试装置应经过国家有关部门的鉴定，并在有效使用期限内。

供货商应出示测试仪表、仪器标定证书，测试装置鉴定报告供监理工程师检查。测试所用仪器、仪表的规格、型号和出厂号与标定证书中一致。

4.测试前样机检查

样机的重要部件检查：由分供商提供的重要部件铭牌上标明的品牌、规格、型号应与合同规定的一致。供货商自行生产的重要部件，应使用合同规定的材料制作。

5.样机测试

测试由供货商按照审查合格的测试大纲进行具体操作并记录测试原始数据，监理人员监督。

6.测试数据的整理

测试数据的整理、测试结果的计算按相关标准规定的公式进行。

七、样机验收结论

根据文件审查的审查结果、现场检查结果和样机现场测试的测试结果作出样机验收结论。

第三节 样机验收用表格

样机验收用表格是指在样机验收时使用的表格。监理在样机验收前应针对设备采购合同和相关标准的要求将样机验收用表格准备齐全，以便样机验收工作的顺利进行。样机验收用表格按用途一般分为两种，即：样机测试用表格和样机检查用表格。

一、样机测试表格

样机测试用表格应根据各类设备的不同情况设定。供货商一般都有自己的一套测试记录用表格，考虑到各个项目的测试要求和测试项目有所不同和统一规范的原则，监理可根据项目实际情况制定一套更加完整和规范的表格，以备在样机测试时使用，并可作为测试结果附于样机验收报告之后。

1.样机测试表格的基本内容

地铁设备种类繁多，各类设备样机测试方法和测试重点相差甚远，但样机测试用表格的基本内容大致相同，一般包含以下内容：测试项目、测试采用标准及相关文件、测试采用仪器、测试评定标准、测试结果和测试评定。

(1)测试项目

测试项目的确定主要依据相关的标准和设备采购合同的规定。一般在设备采购合同的技术规格书中对测试项目会做详细的规定，但在设计联络及产品设计审查过程中有可能对测试项目进行变更。对非标产品而言，除检测标准和合同中要求的项目外，还应重点测试在设备采购合同或在设计联络及产品设计审查中明确规定的高于国家标准的技术要求。

(2)测试采用标准及相关文件

即相对每项测试项目所采用的国家标准、设备采购合同、设计联络及产品设计审查形成的各方确认的相关文件等。

(3)测试采用仪器

即按相关标准规定,测试项目应采用的仪器、仪表。

(4)测试评定标准

测试评定标准是样机测试表格中的关键,主要阐述评判各测试项目的指标。制定的依据是相关标准、设备采购合同、设计联络及产品设计审查形成的各方确认的相关文件等。

(5)测试结果

指的是经检测后得到的具体的测试数据或检验结果,原始测试数据应保留备查。

(6)测试评定

根据测试结果与测试评定标准的对比,判定每项测试项目是否合格。

2.样机测试表格范本

为更加清楚的说明样机测试用表格,以地铁环控系统冷水机组的样机测试表(见表 4-3-1)为例,以供参考。

由于某些特殊测试项目的测试数据繁多,且与别的测试项目的记录格式相差甚远,为更加详细的记录,此类测试项目的记录表格可单独另订并可参照相关的标准附表或设备生产厂家的产品测试记录单。

表 4-3-1　冷水机组样机测试记录表

序号	测试项目	测试标准	测试仪器仪表	测试达标要求	测试结果	测试结论	
						合格	不合格
1	机组运行稳定性检查	JB 8654—1997	检查	机组在带载运转无异常现象,不发生喘振、运行可靠			
2	绝缘电阻检测	JB 8654—1997	兆欧表	额定电压三相交流 10 000V 时,绝缘电阻≥10 MΩ			
3	制冷量测试	GB/T 18430.1—2001	性能试验装置	大于名义制冷量的 95%			
4	输入功率及电流测试	GB/T 18430.1 —2001	性能试验装置	不大于名义功率的 110%			
5	冷冻水流量测试	GB/T 18430.1—2001	性能试验装置	冷冻水流量波动范围在±40%之间			
6	冷却水流量测试	GB/T 18430.1—2001	性能试验装置	冷却水流量波动范围在+40%~-10%之间			
7	冷冻水压力降测试	GB/T 18430.1—2001	性能试验装置	不大于名义规定值的 115%			
8	冷却水压力降测试	GB/T 18430.1—2001	性能试验装置	不大于名义规定值的 115%			
9	制冷性能 COP 值	GB/T 18430.1—2001	性能试验装置	不小于名义规定值的 92%			
10	机组振动测试	GB/T 18430.1—2001	振动仪	≤25 μm			
11	机组噪声检测	JB/T 4330	噪声仪	A 声压级不大于合同规定值			
12	机组外观质量检查	JB/T 7246	检查	机组内与制冷剂和润滑油接触的表面应保持洁净、干燥、机组外表面均应清洁,涂漆表面应光滑。管路附件安装应横平竖直,美观大方			
13	机组外形尺寸检查	设备采购合同	卷尺测量	实测机组长宽高与名义规定值的偏差在±1%之内			

注:表中的名义规定值指的是设备采购合同的技术规格书中要求的设备技术参数值。

二、样机验收用表格

相对样机测试用表格来说，样机验收用表格的范围更广，监理可以根据实际需要制定不同用途的表格，以便样机验收工作的顺利完成。在工程实际中比较常用的3种表格为：仪器、仪表检查表格、样机重要部件检查表格和技术资料检验表格。样机验收用表格的一个重要作用是方便监理进行样机验收工作，但监理也可根据实际情况决定是否将其作为样机验收报告的附件。

1. 仪器、仪表检查表格

仪器、仪表关系到样机测试数据的准确性，检验仪器、仪表是样机测试前的前提工作。监理根据相关标准对应各测试项目制定仪器、仪表检查表，可更清晰地检查仪器、仪表是否符合标准的规定。

仪器仪表检查记录表的内容一般包括：仪器仪表名称、仪器仪表用途、仪器仪表精度规定、采用标准和检查结果等。监理可视各设备供货商的具体测试条件增加或减少仪器仪表检查记录的内容。随着科技的进步，测试条件越来越先进，一般的生产厂家针对设备的主要性能测试都设有一套专门测试装置，测试装置应通过国家权威部门的检验。监理应检查测试装置的检验合格证，首次在工厂进行测试时宜进一步检查测试装置的设计文件、检验文件等相关资料。

以冷水机组样机测试仪器仪表检查纪录表(表4-3-2)为例，以供参考。

表4-3-2　冷水机组测试仪器仪表检查记录表

序号	仪器仪表名称	仪器仪表用途	仪器仪表精度规定	采用标准	是否在检测有效期内	检查结果	
						合格	不合格
1	玻璃水银温度计、热电偶、电阻温度计、半导体温度计、温差计	测量温度	冷凝器、蒸发器制冷剂的进出口温度：准确度为：±0.1℃；冷水、冷却水温度：准确度为：±0.1℃；压缩机吸气温度、流量节流装置前的温度：准确度为：±0.1℃；其他温度：准确度为：±0.2℃	GB 10870—1989			
2	弹簧管式压力表、U形管压差计、压力传感器、水银柱大气压力计	测量压力	所有压力测量仪表，其绝对压力读数或压差读数的准确度为±1%以内；用水银大气压力计测量大气压时，读数应作温度修正，或向当地气象局询问大气压值；U形压差计的玻璃管内径不小于6 mm	GB 10870—1989			
3	液体计量容器、流量节流装置、液体流量计	测量流量	冷水、冷却水、制冷剂液体的流量准确度为测量流量的±2%以内；流量节流装置的压差读数应不小于250 mm液柱高度，设计、制造、安装与计算应符合GB 2624的规定	GB 10870—1989			
4	功率表	测量电机输入功率	指示式为0.5级精度，积算式为1级精度	GB 10870—1989			
5	转矩转速仪	测量轴输入功率	准确度为测定轴功率的±1.5%以内；测得的功率，对于带传动应乘以0.965	GB 10870—1989			
6	转速计数器、转速表、闪光测频仪	测量转速	准确度为测定转速的±1%以内	GB 10870—1989			
7	声级计	测量噪声	应使用Ⅰ型或Ⅰ型以上的声级计	GB/T 3785			

注：上述部分测试仪器仪表也可以检查测试装置的设计文件、检验文件等相关资料的方式进行检查。

2.样机重要部件检查表格

样机的重要部件是关系到设备质量的重要因素，一般在设备采购合同中对其产地、品牌和型号等几个方面都有明确规定。在样机验收时对重要部件的检查可从两个方面进行：文件检查和实物检查。将这两方面的检查结果综合反映到样机重要部件检查表格中，使得各方人员能对样机重要部件的质量有个更清晰的了解。本节仍以冷水机组重要部件检查一览表(见表4-3-3)为例，以供参考。

表 4-3-3　冷水机组重要部件检查一览表

序号	部件名称	规格、型号	品牌	产地	产地(进口)证明文件		供货商自检结果		检查结果	
					有	无	合格	不合格	合格	不合格
1	压缩机									
2	电　机									
3	微电脑(PLC)									
4	显示屏									
5	蒸发器									
6	冷凝器									
7	电子膨胀阀									
8	温度传感器									
9	压力传感器									

第四节　样机验收报告

样机验收报告是对样机验收工作的总结，由监理编写。

一、样机验收报告包含的内容

样机验收报告内容包括以下部分：

1.设备名称：

型号规格；

产品编号；

主要技术参数。

2.验收时间。

3.验收地点。

4.参加单位及人员。

5.样机验收主要依据。

(1)设备采购合同及变更；

(2)合同设备产品技术条件；

(3)合同设备样机验收大纲；

(4)相关技术标准及规范。

6.样机验收工作内容：

(1)文件审查(逐项列出审查结果)；

(2)现场测试(逐项列出审查结果)。

7. 需要改进的事项。

8. 设备样机验收结论。

二、样机验收报告编写

样机验收报告是评判样机的最终结论，监理应综合各方面的检查情况，实事求是地对样机作出评论。编写样机验收报告应遵循客观、准确和全面地原则。

客观——即不以个人的主观意向或映象评价样机质量，做到以数据说话，以事实为依据。

准确——主要是指样机测试数据的准确和真实，监理不仅要在测试前检查测试仪器、在测试过程中监督供货商采用的测试方法，测试完成后还应校核、整理测试数据，将准确、真实的测试数据反映到样机验收报告中。

全面——说明的是样机验收不仅仅是样机测试，而是对样机质量的全面检查，包括检查样机主要部件和材料、供货商的质量管理体系、生产设备情况和相关人员资质等。应此，样机验收报告不能只包括测试数据方面的内容，还应包括各方面的检查结果。

最后，针对样机验收存在的问题，应进行分析，要求供货商改进，如果出现严重质量事故，应尽快反映到各相关部门，以便采取补救措施，避免影响工程进度。

三、样机验收报告范本

以环控系统冷水机组为例，进一步说明样机验收报告的编写格式。

冷水机组样机验收报告

样机验收时间：××××年××月××日至××月××日。

验收地点：××××××公司(生产工厂)。

参加单位和人员：

××××××地铁公司：

××××××公司(设备监理)：

××××××公司(供货单位)：

验收情况：

1. 冷水机组样机描述

冷水机组的型号：30 HXC 250A 型。

冷水机组额定技术参数为：制冷量：870 kW；电机输入功率：182 kW；噪声：85 dB(A)；冷水压降：51 kPa；冷却水压降：45 kPa；试验压力(制冷剂/水侧)：1.85/1.15 MPa；制冷性能系数：4 780 W/kW；外形尺寸：3 924 mm×1 015 mm×2 060 mm。

2. 文件资料的审查

审察××××××公司(生产工厂)自检及相关文件，包括：

(1)冷水机组质量保证书；

(2)冷水机组主体技术文件、设计方案；

(3)自检报告；

(4)相关类型冷水机组型式试验报告；

(5)压力容器质量检验报告、合格证书；

(6)冷水机组进口压缩机证明文件；

(7)冷水机组其他主要部件品牌和原产地证明文件;

(8)冷水机组装配质量检验记录。

经审查,上述文件齐全,符合合同及相关技术标准要求,可以指导生产。

3.试验所用仪器、仪表检查

经检查,检测仪器、仪表、性能试验装置均经过国家检测单位的认证并在检定有效期内,符合合同及国家的规定。

4.现场测试

按合同要求,对冷水机组(30HXC250A 型)进行测试。测试项目和测试结果如下(详见:《测试报告》):

(1)冷水机组外观质量和外形尺寸检查

机组内与制冷剂和润滑油接触的表面洁净、干燥、机组外表面均清洁,涂漆表面应光滑。管路附件安装应横平竖直,美观大方。

冷水机组外形尺寸测试结果为:3 920 mm×1 010 mm×2 057 mm;长、宽、高尺寸误差均在±10 mm 以内,满足合同及相关标准要求。

(2)冷水机组安全性能测试

绝缘电阻测试结果为:100 MΩ≥10 MΩ,满足合同及相关标准要求。

机组其他安全性能检查,主要检查生产单位提供的相关类型冷水机组型式试验报告,根据报告冷水机组安全性能满足相关标准的要求。

(3)冷水机组全负荷供冷性能测试

①制冷量测试

测得制冷量为:866 kW≥870×95% kW,满足标准要求。

②输入功率测试

测得输入功率为:187 kW≤182×110% kW,满足标准要求。

③冷水压力降测试

测得冷水压力降为:50 kPa≤51×115% kPa, 满足标准要求。

④冷却水压力降测试

测得冷却水压力降为:48 kPa≤45×115% kPa, 满足标准要求。

⑤制冷性能系数测试

计算得出的制冷性能系数为:4 631 W/kW≥4 780×92% W/kW, 满足标准要求。

(4)冷水机组部分负荷性能测试

按标准要求,冷水机组部分负荷的测试分别测试 75%负荷工况点、50%负荷工况点和 25%负荷工况点下的制冷量,分别计算出各工况点制冷性能系数,将上述制冷量和制冷性能参数参数与额定值进行比较,并绘制出部分负荷性能曲线,与合同中的冷水机组部分负荷曲线比较。

经比较,冷水机组部分负荷性能测试满足合同及相关标准的要求。

(5)冷水机组振动测试

测得冷水机组振动值为:17 μm≤25 μm,满足标准要求。

(6)冷水机组噪声测试

测得冷水机组噪声值为:83.6 dB(A)< 85 dB(A),满足合同要求。

(7)冷水机组自动保护功能测试

按合同要求,主要检测冷水机组以下的几项自动保护功能:

冷冻水出水温度过低保护；

吸气压力过低和排气压力过高保护；

经测试，冷水机组能在上述几种情况下，自动跳闸，实现自动保护功能，满足合同及相关标准的要求。

【样机验收结论】

此台冷水机组样机验收检验资料齐全、详实，经测试，各项技术指标满足合同及相关标准的要求。因此，建议冷水机组样机出厂验收给予通过。

附：冷水机组测试报告(应包含各项测试得出的原始数据)。

第五节　样机验收工作重点

样机验收作为监理在设备设计阶段的重点工作，应充分引起监理工程师的重视。在实际操作过程中监理应起到核心作用。本节根据地铁工程实际经验和各类地铁设备的特点，总结了样机验收工作的检查重点以及样机验收过程中常见的问题。

一、样机验收检查重点

1.研发类设备样机验收检查重点

对研发类设备而言，样机验收非常关键，通过样机验收可验证研发设计的样机是否能实现业主需要的基本功能，产品的结构、电气、安全和控制等方面是否能达到相关标准的要求。同时，研发类设备的样机验收也是设备不断完善的一个过程。根据研发类设备的复杂程度，样机验收有可能需要进行两次或多次，第二次或第三次样机验收主要针对前次需整改的问题。研发类设备相对非标设备而言，测试参照的标准比较少，主要依据业主提出的用户需求书上的要求检验，因此，样机验收工作的重点应放在检验设备使用功能上，其次是设备性能、主要零部件和材料的检查等方面。本节将结合 AFC 系统设备的样机验收实例详细阐述。

AFC 系统设备，一般包括：闸机、票务处理机、自动售票机、自动增值机、自动验票机。

(1)闸机

按照闸机的不同用途，闸机可分为：入站闸机、出站闸机和双向闸机，鉴于这三类闸机有许多地方相似，本文只对入站闸机具体阐述。

①入站闸机样机功能测试

表 4-3-4　(入站)闸机功能测试记录表

<table>
<tr><th rowspan="2">序号</th><th colspan="3" rowspan="2">测　试　项　目</th><th rowspan="2">测试结果</th><th colspan="2">测试结论</th></tr>
<tr><th>合格</th><th>不合格</th></tr>
<tr><td>1</td><td rowspan="5">工作方式</td><td rowspan="5">正常工作方式</td><td>(1)闸机接受乘客检票，允许持有效车票的乘客在规定的时间内通过闸机</td><td></td><td></td><td></td></tr>
<tr><td>2</td><td>(2)持无效车票的乘客试图通过闸机时，闸门关闭</td><td></td><td></td><td></td></tr>
<tr><td>3</td><td>(3)对非法通过行为予以声光报警</td><td></td><td></td><td></td></tr>
<tr><td>4</td><td>(4)记录使用有效车票而未通过的乘客次数，当达到参数设置的最大次数时，闸机应拒收或处理车票</td><td></td><td></td><td></td></tr>
<tr><td>5</td><td>(5)在闸机规定的时间内(可调整)，若乘客仍未通过闸机则自动取消进入资格</td><td></td><td></td><td></td></tr>
</table>

续上表

序号	测试项目			测试结果	测试结论	
					合格	不合格
6	工作方式	暂停工作方式 禁止乘客进入站，闸机关闭闸门，拒绝读写车票				
7	工作方式	测试及维修工作方式 禁止乘客通行，闸机不接受乘客使用的各种车票				
8	工作方式	紧急状态工作方式 紧急情况发生时闸机不检查车票，闸门打开允许乘客自由通行				
9	设定闸门状态	常开工作方式	(1)无乘客通过时闸门敞开；接受有效票后保持打开状态，允许乘客在规定的时间内(可调整)通过。在闸机规定时间内，若乘客仍未通过闸机则自动取消进入资格			
10	设定闸门状态	常开工作方式	(2)接受到无效车票时，闸门保持打开但当乘客进入时闸门应关闭			
11	设定闸门状态	常开工作方式	(3)接受到黑名单卡时，鸣长音，报警灯点亮			
12	设定闸门状态	常开工作方式	(4)接受到优惠卡时，鸣两短音，优惠灯点亮且保持闸门打开，允许乘客通过			
13	设定闸门状态	常开工作方式	(5)对员工票不检查返退回标志			
14	设定闸门状态	常开工作方式	(6)对接待票不检查返退回标志，不扣款			
15	设定闸门状态	常开工作方式	(7)非有效车票而乘客进入非刷卡等待区时，闸门立即关闭并报警，受阻乘客离开通道后闸门自动开启且消除报警			
16	设定闸门状态	常开工作方式	(8)对非法通行予以声光报警，具体包括： ①跟进时能进行声光报警； ②出站方向有人试图通过，应有声光报警并关闭闸门； ③乘客滞留通道时报警			
17	设定闸门状态	常闭工作方式	(1)无乘客通过时闸门关闭；接受有效票后打开闸门，允许乘客在规定的时间内(可调整)通过。在闸机规定时间内，若乘客仍未通过闸机则自动取消进入资格			
18	设定闸门状态	常闭工作方式	(2)接受到无效车票时闸门保持关闭，乘客显示器提示“无效票，请与售票问讯处联系”			
19	设定闸门状态	常闭工作方式	(3)接受到黑名单卡时，鸣长音，报警灯点亮，保持闸门关闭			
20	设定闸门状态	常闭工作方式	(4)接受到优惠卡时，鸣两短音，优惠灯点亮且打开闸门，允许乘客通过			
21	设定闸门状态	常闭工作方式	(5)对员工票不检查返退回标志			
22	设定闸门状态	常闭工作方式	(6)对接待票不检查返退回标志，不扣款			
23	设定闸门状态	常闭工作方式	(7)非有效车票而乘客进入非刷卡等待区时，进行声光报警，受阻乘客离开通道后消除报警			
24	设定闸门状态	常闭工作方式	(8)对非法通行予以声光报警，具体包括： ①跟进时能进行声光报警； ②出站方向有人试图通过后应有声光报警并关闭闸门； ③乘客滞留通道时报警，安全传感器未挡住时关闭闸门			

续上表

序号	测试项目			测试结果	测试结论	
					合格	不合格
25	检票	提示检票 显示允许使用的提示，读写区有明显的指示				
26	检票	进站检票 密钥合法性、票种合法性、有效期、黑名单、票状态、余额或乘次、入站地址编码、入站时间、闸机编码及置返退回标识				
27	信息提示	车票信息	(1)可通过乘客显示器显示车票信息			
28	信息提示	车票信息	(2)对有效车票进站时显示请通过和卡内余额			
29	信息提示	车票信息	(3)对无效车票，显示“无效票，请与售票问讯处联系”			
30	信息提示	乘客通行显示	(1)乘客通行状态指示器分别安装于两边面板，指示闸机的通行方向及是否可用			
31	信息提示	乘客通行显示	(2)显示允许通行及禁止通行两种标志，并不可同时显示			
32	信息提示	乘客通行显示	(3)乘客通行指示器只在刷卡时点亮，且两种状态不得同时显示			
33	信息提示	乘客通行显示	(4)详细显示情形见显示内容对应列表(表 4-3-6)			
34	信息提示	紧急、维护或停机显示 闸机处于紧急、维护或停机时，可由乘客显示器和闸机通行状态显示器同时显示相关信息				
35	信息提示	声光报警提示 由警示灯和蜂鸣器实现。通过警示灯的不同颜色或闪烁方式、蜂鸣器的不同声音提示发生的不同情况。 详细报警提示见报警情况列表(表 4-3-5)				
36	信息提示	维护门	(1)闸机应安装维护门，操作员可以方便打开维护门对闸机进行维护			
37	信息提示	维护门	(2)打开维护门时，闸机自动转入暂停服务模式			
38	监控乘客通行	检测和记录乘客通过数量和过程 检测和记录通过闸机通道的乘客数和乘客通过过程，判断乘客和行李通过的合法性				
39	监控乘客通行	监测、控制并调整闸门动作 能有效判断闸门动作是否会伤及乘客，并控制和调整闸门机构的动作				
40	监控乘客通行	闸门处安全监控 闸门附近设立安全传感器，并能准确检测安全区人员情况。只要安全区有物体，闸门均应处于开启状态；如果有物体超时滞留在闸机安全区，闸门保持开启状态并给出报警提示				
41	检测和诊断	检测信息内容 至少检测以下信息：闸门状态、读写模块状态、各控制模块的工作状态、网络通信状态				
42	网络及通信功能	紧急设定功能 当紧急情况发生时可通过 AFC 系统或车站综控室的紧急按钮设为紧急方式				
43	网络及通信功能	设定网络时间 可通过网络设定时间、日期				

续上表

序号	测　试　项　目		测试结果	测试结论	
				合格	不合格
44	网络及通信功能	设定进出站顺序 可通过网络设定进出站顺序			
45		设定闸门状态 可从上级 AFC 系统设定闸机闸门为常开或常闭状态			
46		网络通信 能实时与上级 AFC 系统进行网络通信，接收上级命令(如计价方案、黑名单等数据)及上传闸机的自诊断信息和交易数据			
47		网络故障闸机运行 网络故障时，闸机能按照设定的方式和参数脱机运行，并可连续保存最近 7 天的交易记录(不少于 60 万条)。网络恢复后，闸机可自动将没有上传的交易记录上传			

分析表 4-3-4，我们可以得出入站闸机样机验收的功能检验可从闸机的 7 大项、23 分项、47 小项功能进行(可根据用户需求增加、减少或调整)，由此也可得出闸机的主要功能关系，见图 4-3-2。

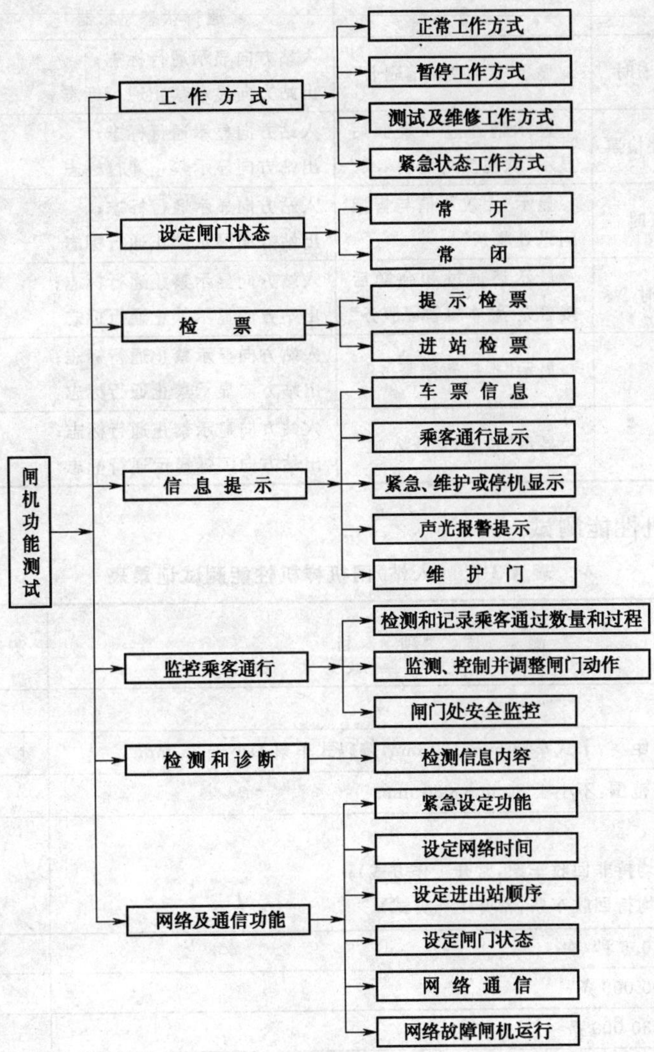

图 4-3-2　闸机主要功能关系图

表 4-3-5 报警情况列表(入站闸机)

序号	报警前提	报警内容	报警形式
1	非法通行	非有效票时乘客进入非刷卡等待区报警	报警灯闪烁,蜂鸣器短音鸣叫,两侧通行状态指示器闪烁显示禁止通行标志,乘客显示器显示“请稍候…”,直至乘客退出通道
2		当有乘客跟进时报警	报警灯闪烁,蜂鸣器短音鸣叫,两侧通行状态指示器闪烁显示禁止通行标志,乘客显示器显示“请稍候…”,直至乘客退出通道
3		出站方向有人进入通道报警	报警灯闪烁,蜂鸣器短音鸣叫,两侧通行状态指示器闪烁显示禁止通行标志,乘客显示器显示“请稍候…”,直至乘客退出通道
4		滞留通道时报警	报警灯闪烁,蜂鸣器短音鸣叫,两侧通行状态指示器闪烁显示禁止通行标志,乘客显示器显示“请稍候…”,直至乘客退出通道
5	内部错误	闸机检测到内部错误时报警	两侧通行状态指示器闪烁显示禁止通行标志,乘客显示器显示“本机暂停服务”

表 4-3-6 显示内容对应列表(入站闸机)

序号	显示前提	显示内容		
		乘客显示器	通行状态显示器	乘客通行指示器
1	闸机可用但无刷卡时	显示“欢迎使用请刷卡”	入站方向显示通行标志; 出站方向显示禁止通行标志	不亮
2	持有效车票入站处检票	显示请通过和余额后显示“欢迎使用请刷卡”	入站方向显示通行标志; 出站方向显示禁止通行标志	绿灯点亮
3	持无效车票检票时	显示“无效票请与售票问讯处联系”	入站方向显示通行标志; 出站方向显示禁止通行标志	红灯点亮
4	未通过达最大时	显示请通过和余额后接着显示“本机暂停服务”	入站方向显示禁止通行标志; 出站方向显示禁止通行标志	红灯点亮
5	暂停	显示“本机暂停服务”	入站方向显示禁止通行标志; 出站方向显示禁止通行标志	不亮
6	紧急	显示“紧急,禁止入站”	入站方向显示禁止通行标志; 出站方向闪烁显示通行标志	不亮

②入站闸机样机性能测试

表 4-3-7 (入站)闸机样机性能测试记录表

序号	测试项目	测试结果	测试结论	
			合格	不合格
1	功耗≤500 W			
2	读写器最大读/写距离:卡式车票 60～100 mm,筹码式车票不小于 25 mm			
3	读写器最大读/写范围:不小于 80 mm×80 mm			
4	通过速率 ≥60 人次/分钟(均持非回收车票,常开工作方式); ≥40 人次/分钟(均持回收车票,常开工作方式)			
5	闸机开关门速度:0.5 秒/次			
6	交易数据存储:600 000 条			
7	存储黑名单容量:30 000 条			
8	可靠性:MCBF≥100 000 次,MTTR≤30 s。			

续上表

序号	测试项目		测试结果	测试结论	
				合格	不合格
9	外观检查	外形尺寸测量			
		线缆标识：①线缆标识；②标识方法			
		部件标识：①危险电压标识；②操作规程标识；③设备内部结构标识			
10	电气安全检查	机箱内壁装走线槽，36 V以上的电源和信号线分别置于不同的线槽内			
		电源端与箱体应具有 5 MΩ 以上的绝缘要求			
		设备对地漏电流的最大值 3.5 mA			
		结构上的各个金属件与接地螺母/螺钉/组件间的流通电阻实测值≤0.01 Ω			
		供电系统中无超过 24 V 裸露接线端子			

③入站闸机主要零部件检验

设备的主要零部件是保证设备运行稳定和设备寿命的重要条件，一般在设备采购合同对其品牌、产地和规格型号有明确规定，在设计联络和产品设计审查时也有可能根据实际情况对设备的主要零部件变更、增加或减少。表 4-3-8 列出了闸机的主要零部件(其中 1～6 项为重要部件)，样机验收时应重点检查。

表 4-3-8　(入站)闸机样机主要零部件检查表

序号	部件名称	规格型号	品牌	产地	产地(进口)证明文件		供货商自检结果		检查结果	
					有	无	合格	不合格	合格	不合格
1	闸机机芯									
2	工控机									
3	车票读写器									
4	通行传感器									
5	开关电源									
6	螺线管电磁铁									
7	6 串口扩展卡									
8	检测传感器									
9	过流保护器									
10	液晶显示屏(维护显示器)									
11	液晶显示屏(进/出站乘客显示器)									
12	闸机机壳、机架									
13	接插件									
14	维护控制器									
15	乘客显示控制单元									
16	单程票回收机构									

(2)自动售票机

①自动售票机功能测试

自动售票机是乘客采用自助式购票的设备,这也是它的主要功能,围绕此项功能,自动售票机样机验收主要检验以下 10 大项功能:

工作方式——自动售票机应具备的几种工作方式及工作方式之间的转换。

售票操作——指的是乘客购票的操作流程,根据操作流程自动售票机相关的响应以及辨认并处理误操作。

显示——自动售票机应显示的相关信息内容,显示的模式以及针对运行模式和操作模式的变化进行自动更新。

单程票处理——自动售票机对单程票的处理步骤,对单程票的有效性检查和读/写,以及检测票箱已空并将空状态发送报警信息。

纸币识别——自动售票机识别纸币的种类,识别后的处理以及暂停服务和关闭时能拒收纸币。

硬币处理——自动售票机的硬币识别和分拣功能,硬币找零功能,硬币主控单元对识别、分拣、找零、补充等所有步骤的协调和控制并对系统的相关设置进行报警。

钱箱更换——钱箱的设置,工作人员更换钱箱的步骤,自动售票机对钱箱的检测和对非法更换钱箱报警。

数据处理——自动售票机能与上级 AFC 系统保持联网运行方式,通信中断能存储数据的数量和数据的上传。

检测和自诊断——自检和自诊断模块能诊断设备的故障部件和故障原因以及处理内容。

维护——日常维护和专业维护的内容,维护过程钱箱安全保障,非法维护报警及维护信息显示和维护信息的记录。

在自动售票机样机验收时应将以上功能具体化,在此本文不再累述。

②自动售票机样机性能测试

纸币——自动售票机识别纸币类型和面值,识别时间,识别器缓存区可缓存纸币的张数和纸币钱箱的容量。

硬币——识别硬币的类型和面值,硬币找币的面值,循环找零钱箱、备用找零钱箱和硬币补充箱存储硬币的面值和数量,以及硬币回收箱的存储硬币数量。

单程票——单程票的类型和检验标准,单张票的处理时间和读写时间,废票箱、储票箱和加票箱的单程票储存容量。

交易数据——交易数据存储数量。

功率——自动售票机的最大允许耗电量。

售票速度——检测最低平均售票速度。

发售时间——检测最大发售时间。

可靠性——MCBF≥70,000 次,MTTR≤30 s。

在自动售票机样机验收时,对以上各项性能应具体化并有详细的数据,在此不再累述。

③自动售票机主要零部件检验

自动售票机的结构比较复杂,而且一般来说用户对它的运行可靠性要求比较高,根据各部分结构的重要程度可以将其主要零部件分为重要部件和一般部件。

重要部件包括:纸币识别器、纸币钱箱、单程票出票器、硬币模块、硬币回收箱、单程票读写器、直流电源模块、红外触摸屏、单程票出票机构(含控制器)、员工卡读写器。

一般部件包括:多串口卡、工控机、乘客显示器、接插件、交流漏电保护开关、维护单元、机箱、单程票出票机构控制板、单程票出票机构传感器板、维护单元主控板、维护单元接口板、智能钱箱箱座电路板。

2. 非标设备样机验收检查重点

非标设备属于成熟产品,其功能比较稳定,具体技术参数和性能根据各项目的要求而有所不同。因此,对非标设备而言,样机验收重点应放在测试其性能和技术参数上,其次是检验其主要零部件和材料等方面。如果在产品上采用了新研发的部件,型式试验合格后方可使用。

在地铁设备中,环控系统设备是典型的非标产品,由于其相关的测试标准比较齐全,如果厂家的测试条件能满足标准的要求,样机验收工作应该是有章可循的。下面,以环控系统设备中的 TVF 风机和组合式空调箱设备为例来分析非标设备的样机验收检查重点。

(1)TVF 风机设备

设定 TVF 风机额定参数(正反转)为:流量(Q):66 m^3/s; 全压(H):900 Pa; 电机输出功率(N):90 kW; 风机转速(n):980 r/min; 电机型号:Y315M-6; 静压(P_{st}):675 Pa; 静压比(η_{st}):70%; 全压效率(η):76%。

①TVF 风机性能测试

TVF 风机性能测试详见表 4-3-9—TVF 风机设备测试记录表

表 4-3-9 TVF 风机设备测试记录表

序号	测试项目		测试标准	测试仪器仪表	测试达标要求	测试结果	测试结论	
							合格	不合格
1	正风方向空气动力性能	流量 Q m^3/s	GB1236—2000idt ISO 5801:1997	空气动力性能测试装置	波动范围≤±5% 62.7～69.3 m^3/s			
2		全压 P(Pa)			波动范围≤±5% 855～945 m^3/s			
3		静压 P_{st}(Pa)			>675 Pa			
4		静压比 η_{st}			≥70%			
5		全压效率 η			≥76%			
6		电机输出功率 N(kW)			<90 kW			
7	反风方向空气动力性能	流量 Q m^3/s			波动范围≤±5% 62.7～69.3 m^3/s			
8		全压 P (Pa)			波动范围≤±5% 855～945 m^3/s			
9		静压 P_{st}(Pa)			>675 Pa			
10		静压比 η_{st}			≥70%			
11		全压效率 η			≥76%			
12		电机输出功率 (kW)			<90 kW			
13	样机正、反风方向切换时间测试		合同技术规格书	秒表	风机从正向全速运行切断电源到制动停车,再从停车到逆向启动全速运行的时间累计<60 s			

续上表

序号	测试项目	测试标准	测试仪器仪表	测试达标要求	测试结果	测试结论	
						合格	不合格
14	样机启动时间检测	合同技术规格书	秒表	风机从启动达到额定转速的时间<14 s			
15	叶轮超速试验（详见表 4-3-10）	JB/T 6445—1992	超速试验台测速仪游标卡尺	叶片、轮毂等不得有裂纹，螺栓不得有松动；叶轮尺寸变形量$\leqslant 0.5/1\,000$；叶轮温升<10 K			
16	正转噪声测试（详见表 4-3-11）	GB/T 2888—1991	声级计	进口/出口：107dB(A)/105 dB(A)			
17	反转噪声测试（详见表 4-3-11）	GB/T 2888—1991	声级计	进口/出口：107dB(A)/105 dB(A)			
18	通风机振动测试	JB/T 8689—1998	振动检测仪	在支撑轴承处的通风机外壳相应部位测得的垂直和水平两个方向的振动速度均方根$\leqslant 1.8$mm/s			
19	样机耐温性能检查	合同技术规格书		样机全机能耐高温 280℃，0.5 h			
20	样机防喘振试验	合同技术规格书	空气动力性能测试装置	设置防喘振环后必须保证风机正转、逆转条件下全性能避免因风机失速引起的喘振			
21	样机焊接质量检查	GB 10080—1988	检查	焊缝表面光滑，外部不应有成串的或网状的气孔存在			
22	样机外观质量与清洁度检查	JB/T 7246—1994	检查	样机表面应清洁、平整、无磁伤、划痕、及锈斑；漆层牢固、色泽均匀一致，无起泡、缩皱和剥落现象			
23	样机外形尺寸检测	合同风机图纸	卷尺	各部分尺寸应在允许误差范围内			

从表 4-3-9 中可以看出，TVF 风机主要的性能是空气动力性能（包括正转和反转）。根据相关的工程经验，噪声也是 TVF 风机一项非常重要的技术指标，噪声数据不仅关系到对风机设备本身质量的评定，也是配置消声器的重要依据。因此，应保证噪声数据的准确。应该注意的是：

a. 空气动力性能一般在空气动力性能测试装置上进行测试，监理此时应检查供货商的测试装置是否通过有关部门的鉴定，测试时相关仪表的显示是否正确，且应校核得出的测试数据是否相互矛盾。

b. 噪声测试对测试场地要求比较高且容易受外部因素影响，监理不能因客观条件困难而放松要求，供货商仍应严格按照标准的要求进行测试，并应保证仪器的精确和有效。

表 4-3-10　叶轮超速试验原始记录表

<table>
<tr><td rowspan="5">测试说明</td><td colspan="4">测试前叶轮的焊缝、铆钉、轮盖、轮毂等无裂纹及松动现象</td></tr>
<tr><td colspan="4">试验转速为额定转速的 110%，运转时间不得小于 2 min</td></tr>
<tr><td>样机型号</td><td>DTF(R)18 号</td><td>试验时间</td><td>时　分至　时　分</td></tr>
<tr><td>最高工作转速</td><td>980 r/min</td><td>试验转速</td><td>1 078 r/min</td></tr>
<tr><td>采用标准</td><td>JB/T 6445—1992</td><td>环境温度</td><td>℃</td></tr>
</table>

<table>
<tr><th>序号</th><th colspan="3">项　目</th><th>试前实测</th><th>试后实测</th><th>尺寸和位置变形量</th><th>标准值</th><th>评定</th></tr>
<tr><td>1</td><td rowspan="10">正向运转</td><td colspan="2">焊　缝</td><td></td><td></td><td></td><td>无裂纹</td><td rowspan="10"></td></tr>
<tr><td>2</td><td colspan="2">铆　钉</td><td></td><td></td><td></td><td>不得松动，无裂纹</td></tr>
<tr><td rowspan="2">3</td><td rowspan="2">叶轮外缘直径(mm)</td><td>1-1</td><td></td><td></td><td></td><td rowspan="4">尺寸变形量≤0.5/1 000</td></tr>
<tr><td>2-2</td><td></td><td></td><td></td></tr>
<tr><td>4</td><td rowspan="2">轮盖进口直径(mm)</td><td>3-3</td><td></td><td></td><td></td></tr>
<tr><td>5</td><td>4-4</td><td></td><td></td><td></td></tr>
<tr><td>6</td><td colspan="2">叶片垂直度(mm)</td><td></td><td></td><td></td><td>(图样公差)</td></tr>
<tr><td>7</td><td colspan="2">轴流叶轮外径(mm)</td><td></td><td></td><td></td><td>≤0.5/1 000</td></tr>
<tr><td rowspan="2">8</td><td colspan="2">轴流叶轮叶片安装角度</td><td></td><td></td><td></td><td>(图样公差)</td></tr>
<tr><td colspan="2">叶轮温度(℃)</td><td></td><td></td><td></td><td>温差≤10℃</td></tr>
<tr><td>9</td><td rowspan="10">反向运转</td><td colspan="2">焊　缝</td><td></td><td></td><td></td><td>无裂纹</td><td rowspan="10"></td></tr>
<tr><td>10</td><td colspan="2">铆　钉</td><td></td><td></td><td></td><td>不得松动，无裂纹</td></tr>
<tr><td rowspan="2">11</td><td rowspan="2">叶轮外缘直径(mm)</td><td>1-1</td><td></td><td></td><td></td><td rowspan="4">尺寸变形量≤0.5/1 000</td></tr>
<tr><td>2-2</td><td></td><td></td><td></td></tr>
<tr><td rowspan="2">12</td><td rowspan="2">轮盖进口直径(mm)</td><td>3-3</td><td></td><td></td><td></td></tr>
<tr><td>4-4</td><td></td><td></td><td></td></tr>
<tr><td>13</td><td colspan="2">叶片垂直度(mm)</td><td></td><td></td><td></td><td>(图样公差)</td></tr>
<tr><td>14</td><td colspan="2">轴流叶轮外径(mm)</td><td></td><td></td><td></td><td>≤0.5/1 000</td></tr>
<tr><td>15</td><td colspan="2">轴流叶轮叶片安装角度</td><td></td><td></td><td></td><td>(图样公差)</td></tr>
<tr><td>16</td><td colspan="2">叶轮温度(℃)</td><td></td><td></td><td></td><td>温差≤10℃</td></tr>
</table>

<table>
<tr><td rowspan="2">测试人员</td><td rowspan="2"></td><td rowspan="2">结论</td><td>合格</td><td rowspan="2"></td></tr>
<tr><td>不合格</td></tr>
</table>

注：此表摘自 JB/T 6445—1992。

表 4-3-11　TVF 风机噪声测试记录表

产品名称			型号规格							
测试日期			测试地点							
试验仪器										
测试人员										
测试依据	GB/T 2888—1991									
原始记录	测点号	L_{PA} dB(A)	倍频程频带声压级(dB)							
	1									
	2									
	3									
	4									
	5									
	6									
	平均值									
计算结果	L_{WA} dB(A)		倍频程频带声功率级(dB)							

注：此表适用于正反转噪声测试。

②TVF 风机主要零部件及材料检验(表 4-3-12)

表 4-3-12　TVF 风机样机主要零部件、材料检查表

序号	部件(材料)名称	规格型号	品牌	产地	产地(进口)证明文件		供货商自检结果		检查结果	
					有	无	合格	不合格	合格	不合格
1	电机									
2	叶片材质									
3	轮毂材质									
4	减振垫									
5	软接									
6	轴温报警装置									

(2)组合式空调箱设备

设定组合式空调箱的额定技术参数为：风量：50 000 m^3/h；机外余压：643 Pa；机内损失：567 Pa；全压：1 210 Pa；总安装功率：30 kW；出口噪声：66 dB(A)；冷量：550 kW；电机转速：1 460 r/min；盘管排数：6 排；盘管波纹板片间距 3.15 mm：机组由 7 个功能段组成。

①组合式空调箱性能测试

组合式空调箱性能测试详见表 4-3-13 组合式空调箱设备测试记录表。

表 4-3-13 组合式空调箱设备测试记录表

<table>
<tr><th rowspan="2">序号</th><th rowspan="2" colspan="2">测试项目</th><th rowspan="2">测试标准</th><th rowspan="2">测试仪器
仪表</th><th rowspan="2">测试达标要求</th><th rowspan="2">测试结果</th><th colspan="2">测试结论</th></tr>
<tr><th>合格</th><th>不合格</th></tr>
<tr><td>1</td><td colspan="2">额定风量测试</td><td rowspan="4">GB/T
1236—2000</td><td rowspan="4">性能测试装置</td><td>风量≥50 000×95% m^3/h</td><td></td><td></td><td></td></tr>
<tr><td>2</td><td colspan="2">机组全压测试</td><td>全压≥1210×90% Pa</td><td></td><td></td><td></td></tr>
<tr><td>3</td><td colspan="2">电机输入功率测试</td><td>输入功率≤30×110% kW</td><td></td><td></td><td></td></tr>
<tr><td>4</td><td colspan="2">机组漏风量测试</td><td>漏风量≤50 000×3% m^3/h</td><td></td><td></td><td></td></tr>
<tr><td>5</td><td colspan="2">表冷器耐压性能测试</td><td rowspan="2">GB/T
14294—1993</td><td>检漏水槽、气源、压力表、秒表</td><td>2.8 MPa压力保持10 s,压力表显示无明显压降,表冷器无渗漏</td><td></td><td></td><td></td></tr>
<tr><td>6</td><td colspan="2">机组凝结水排除能力测试</td><td>水流量计、秒表</td><td>根据计算得出的冷凝水量向水盘中注水,机组排水顺畅,机组无渗漏,凝水盘四周无溢水现象</td><td></td><td></td><td></td></tr>
<tr><td>7</td><td colspan="2">机组噪声检测</td><td>GB
9068—1988</td><td>噪声仪</td><td>机组出风口噪声≤66dB(A)</td><td></td><td></td><td></td></tr>
<tr><td>8</td><td colspan="2">机组振动检测</td><td rowspan="4">GB/T
14294—1993</td><td>接触式测振仪</td><td>振动速度≤4mm/s</td><td></td><td></td><td></td></tr>
<tr><td>9</td><td colspan="2">机组隔热性能检测</td><td></td><td>0.68 W/m² ℃<k<1.47 W/m² ℃</td><td></td><td></td><td></td></tr>
<tr><td>10</td><td colspan="2">制冷量检测</td><td></td><td>制冷量≥550×95% kW</td><td></td><td></td><td></td></tr>
<tr><td>11</td><td colspan="2">机组外观质量检查</td><td>检查</td><td>机组外表应无明显划伤,锈斑和压痕,表面光洁,喷涂层均匀,色调一致,无流痕,气泡和剥落;机组应清理干净,箱内应无杂物</td><td></td><td></td><td></td></tr>
<tr><td>12</td><td rowspan="4">机组安全性能测试</td><td>泄漏电流</td><td rowspan="4">GB
10891—1989</td><td>电流表</td><td>≤5 mA</td><td></td><td></td><td></td></tr>
<tr><td>13</td><td>绝缘电阻</td><td>兆欧表</td><td>≥2 MΩ</td><td></td><td></td><td></td></tr>
<tr><td>14</td><td>电气强度</td><td>耐压测试仪</td><td>在耐压测试仪 1 500 V,1 min 电击下,机组外壳及金属部件无闪络,无击穿</td><td></td><td></td><td></td></tr>
<tr><td>15</td><td>防触电保护</td><td>检查</td><td>机组外壳、操作旋钮及类似零件的轴不应带电</td><td></td><td></td><td></td></tr>
<tr><td>16</td><td colspan="2">机组各功能段尺寸检查</td><td>合同机组图纸</td><td>卷尺测量</td><td></td><td></td><td></td><td></td></tr>
</table>

② 组合式空调箱主要零部件及材料检验(表 4-3-14)

表 4-3-14 组合式空调箱样机主要零部件、材料检查表

<table>
<tr><th rowspan="2">序号</th><th rowspan="2">部件(材料)名称</th><th rowspan="2">规格型号</th><th rowspan="2">品牌</th><th rowspan="2">产地</th><th colspan="2">产地(进口)证明文件</th><th colspan="2">供货商自检结果</th><th colspan="2">检查结果</th></tr>
<tr><th>有</th><th>无</th><th>合格</th><th>不合格</th><th>合格</th><th>不合格</th></tr>
<tr><td>1</td><td>入口风阀</td><td></td><td></td><td></td><td></td><td></td><td></td><td></td><td></td><td></td></tr>
<tr><td>2</td><td>初效过滤段压差报警装置</td><td></td><td></td><td></td><td></td><td></td><td></td><td></td><td></td><td></td></tr>
<tr><td>3</td><td>初效过滤段过滤器</td><td></td><td></td><td></td><td></td><td></td><td></td><td></td><td></td><td></td></tr>
</table>

续上表

序号	部件(材料)名称	规格型号	品牌	产地	产地(进口)证明文件		供货商自检结果		检查结果	
					有	无	合格	不合格	合格	不合格
4	表冷段底盘和凝结水盘									
5	表冷段水封装置									
6	风机段风机									
7	风机段电机									
8	风机段电机轴承									
9	传动皮带									
10	风机段风机减振器									
11	送风段出口风阀									
12	送风段检修门									
13	中间段检修门									
14	中间段照明装置									
15	铜管									

二、样机验收常见问题

样机验收工作是控制设备质量的第一步，根据工程经验，监理在此阶段会碰到许多技术上的或协调上的问题，在此稍作总结，以供参考。

1. 关于测试条件

(1)系统设计未稳定

系统设计未稳定，对产品的部分技术要求未完全明确，导致样机验收工作滞后及造成样机验收不全面，从而需要进行第二次、第三次样机验收。

(2)测试场地

有些项目的测试对场地要求比较高，比如噪声测试，包括对场地的大小和周边环境都有具体要求，而现阶段大部分工厂的空间都有限，设置的测试场地达不到标准的要求。

(3)测试仪器

在样机验收时，有时供货商提供的测试仪器不符合标准要求或未经检测部门检测，对不符合标准要求的测试仪器应予以拒绝，但因此会耽误了样机验收的时间。

2. 关于测试结论

测试结论是对样机质量的综合评价，也是样机验收的关键。虽然在相关标准和合同中有规定的达标值，但监理对样机的评价不能仅看一个数据，而应结合各个方面综合评定。一般来说，样机验收测试结果未通过有以下几个原因：第一，供货商制作的样机指标未达到相应标准的要求；第二，合同中对设备的某项指标或某项功能要求是目前该行业中很难做到的；第三，合同中对设备技术参数的要求相互矛盾，根据理论计算，设备如达到其中一项技术参数的要求则另一项就不能达标。对第一种情况，监理应要求供货商整改并根据合同相关条款给予惩罚，且应分析原因，针对样机整改方案给予意见。第二种情况主要是因为供货商在投标时为了中标，承诺的设备功能和设备参数值过于严格，根据目前该行业技术水平较难达到。这种情况在研发类设备上体现得较为明显，由于各方经验欠缺，使得制定的研发类设备的功能需求有不切合实际的地方，最终体现在样机验收工作中。最后，合同或投产清单中的设备技术参数相互矛盾则主要是因为设计联络及产品设计审查工作不够完善，产生的漏洞。

对后两种情况，监理对样机的评价就相对复杂，除了将检验结果和测试数据如实反映，更为重要的是分析原因，阐述利弊，提出自己的观点和看法。

总而言之，样机验收是一项既严谨又考验监理技术水平的工作，严谨就是要严格依照合同及相关标准实施样机验收，但又不能教条化，要依据专业知识和工程特点灵活处理遇到的问题，使样机成为指导批量生产的依据，达到制作样机的目的。

第四章　设备制造前期的监理

第一节　监理工作会议

在设备采购合同签订后，设备采购合同已明确了业主和供货商的权利和义务，在合同的相关条款中也明确了监理的权利和义务，为使监理尽快进入设备制造的监理工作，应及时召开第一次监理工作会议。

监理工作会议由总监理工程师主持，参加会议的单位及人员应包括：

1. 业主负责人及业主相关部门的负责人、业主项目组成员；
2. 设计单位代表；
3. 供货商负责人及项目经理、主要生产技术人员；
4. 专业监理工程师及质量、进度、投资、安全管理等综合管理监理工程师。

会议地点可选择在业主所在地或供货商所在地，会议的具体会务工作由供货商负责，所需费用已包含在设备采购合同中。

一、第一次监理工作会议的内容

1. 业主对监理单位的授权；
2. 总监理工程师对项目监理分部的授权；
3. 明确业主、监理、设计、供货商的联络方式和渠道；
4. 介绍地铁概况；
5. 介绍监理部的组织机构、监理人员组成情况、监理部职能部门的职能分工；
6. 对“设备监理管理程序”进行说明；
7. 供货商介绍履行本合同项目的组织机构、项目经理、人员安排情况；
8. 供货商介绍履行本项目的前期准备情况、总进度计划安排及质量保证计划等内容；
9. 对供货商配合监理的工作及监理的工作、生活、交通条件提出要求（该项费用已包含在设备采购合同中）；
10. 对供货商履行本合同的人员安排及实施计划进行评议，并提出要求。

二、授　　权

（一）业主对监理的授权

监理是受业主的委托，代表业主对工程建设进行监督、管理。监理与承包商（供货商）的监理与被监理的关系是通过业主与承包商（供货商）签订的供货、安装等承包（供货）合同明确的。为规范监理工程师的责任和义务，明确承包商（供货商）为监理提供条件的责任和义务，业主应将对监理的授权以书面形式通知承包商（供货商）。通常业主授权书格式如下：

关于向××地铁工程
车辆及机电设备监理授权的函

各承包商(供货商):

××地铁公司委托××监理公司负责××地铁工程车辆及机电设备的采购、制造、安装调试、试运营等全过程监理。××地铁工程所需各项设备的采购合同签订生效后,按照国家有关监理的规定,合同执行中的事项均由××监理公司××地铁监理部(总监理工程师:×××)负责监理。我司各专业项目的业主代表与承包商之间与合同有关的联系活动均应通过监理工程师进行。我司授予监理工程师的权利见附件《监理工程师的权利》。

附件:监理工程师的权利

抄送公司各部(室)

主体词:授权　监理工程师

××地铁有限公司

年　月　日

附件:

监理工程师的权利

根据××地铁工程××××监理合同,我司授予××监理公司××地铁监理部以下权利:

1.监理工程师有权对承包商的施工组织设计和技术方案,按照保质量、保工期和控制投资的原则进行审查,并提出审查意见。

2.监理工程师有权检查设备加工、安装及调试人员的资质和实际工作的能力。在项目实施过程中,如发现承包商方人员工作不称职,监理工程师可要求更换有关人员。

3.监理工程师有权审查分包商的资质,经监理工程师批准后,承包商方能与分包商签订分包合同。

4.监理工程师有权协助业主协调与项目有关单位之间的配合和合作。

5.监理工程师有权对影响设备质量的诸因素实施控制:

(1)审查承包商的质量保证体系;

(2)明确各阶段的质量控制目标和要求,加强对设备制造、安装、调试过程的质量控制;

(3)对隐蔽工程进行检查;

(4)对各阶段验收文件的审查或确认。

6.监理工程师有权对工程进度实施控制:

(1)审查或批准项目各级进度计划;

(2)检查进度计划执行情况;

(3)发布开工令。

7.监理工程师有权对已完成工程量进行确认,计量结果作为工程费用支付的依据。

8.监理工程师有权对各类工程款项支付予以审查:

承包商按合同规定的付款方式填写付款申请报告,监理工程师审查付款单据、付款条件是否符合规定,签署审查意见后报业主批准。未经监理工程师审查确认的付款申请报告,业主予以拒绝支付。

9.工程变更:

业主或承包商要求变更,监理工程师按有关规定办理。

10. 安全与事故：

(1)监理工程师有权审查承包商在设备安装、调试中的安全措施，检查安全措施落实情况，对安全隐患发出安全措施整改通知单，限期改正。

(2)有质量事故的调查权和处理建议权。

11. 索赔：

在项目实施过程中，发生索赔要求时，须首先向监理工程师提出，按本项目合同相关条款及有关规定办理。

(二)总监理工程师对专业监理工程师的授权

地铁工程车辆及机电设备是一个庞大的系统，包含车辆、通信、信号、供电、环控、屏蔽门、电扶梯、车辆段设备、设备监控、防灾报警、气体消防、水消防、给排水等设备系统，十几个专业。通常按专业类别划分成十几个监理分部，各监理分部负责本专业系统的监理任务。为明确监理分部的岗位职责，合理使用监理权利，承担本身的监理义务，总监理工程师应将监理分部的权限以书面形式通知承包商。通常总监理工程师对专业监理工程师的授权格式如下：

××地铁监理部

关于对××分部监理人员授权的通知

承包商(供货商)：

根据国家有关监理的规定，我监理部对××分部监理人员授权如下：

×××(分部主任)全权负责××监理分部的工作，×××、×××(监理工程师)协助分部主任负责具体工作。各项监理工作按业主批准的《设备监理管理程序》执行。

特此通知。

××地铁监理部

总监理工程师：

年 月 日

抄送：××地铁有限公司

三、地铁概况

××地铁工程的投资约在100亿元人民币左右，通常包括设计、监理、咨询、道路交通疏解、地下管线迁移、土建工程、设备采购、车站装修、设备安装等数百个合同，相互合同之间均有牵掣。作为设备供货商不仅要根据合同满足地铁工程对设备功能的要求，还要提供设备尺寸满足土建施工图设计要求，还要满足与其关联设备系统的接口要求。设备系统的供货应严格按照地铁总工期的策划进行准备，并按年度工期计划和实际工期进度进行调整。因此，作为地铁工程设备供货商不仅要根据供货合同完成设备的设计、制造准备、生产、供货等要素，还要了解地铁工程的其他项目的进展情况，以便更好地按时完成供货任务。

因此，业主在介绍地铁概况时应包括如下内容：

1. 所在城市的轨道交通发展规划，近期的发展目标，已经完成建设的轨道交通情况。

2. 土建招标情况，土建施工进度，洞通、轨通、电通等关键里程碑工期计划。

3. 土建施工图的进展情况，工期要求。

4. 与其关联设备的招标情况，进展情况。

5.业主的希望等。

四、设备监理管理程序

在设备设计及制造阶段，设备监理管理程序通常应包括如下程序：

1.第一次监理工作会议召开程序。

2.承包商质量体系审查程序。

3.设计审查管理程序。

4.产品设计审查管理程序。

5.设计联络及设计联络会工作程序。

6.设备样机验收工作管理程序。

7.设备采购支付程序。

8.设备投产前技术准备工作检查程序。

9.设备制造进度控制程序。

10.设备制造工艺方案报审程序。

11.设备制造关键工序检验程序。

12.设备制造主要外购件报验程序。

13.设备制造计量支付程序。

14.设备出厂验收程序。

15.设备变更管理程序。

16.设备开箱检查移交程序。

设备采购制造包含的监理管理程序较多，很多设备供货商第一次接触到监理，对监理的职能还很陌生。因此，在第一次监理工作会议上，总监理工程师应代表监理部对"设备监理管理程序"做较为详细的说明，包括每个监理管理程序的适用范围、监理流程、填写要求等，以便于供货商对"设备监理管理程序"有一个较为详细的了解，便于后期的执行。

五、供货商的总进度计划及质量保证计划

1.总进度计划编制

(1)项目概述及编制依据；

(2)项目总进度计划；

(3)完成计划的保证措施；

(4)本项目现阶段情况；

(5)存在的问题及建议。

项目进度计划应包括设计阶段、设计联络、设计审查、样机制造、样机验收、主要原材料、外购件的采购，工艺准备，生产制造、试验、出厂验收、设备运输等主要阶段，并用横道图绘制。

2.项目组织机构及人员安排

项目组织机构应包括组织机构图、项目经理及主要技术、商务负责人的简历、资格、业绩，各阶段人员安排。

3.项目管理制度

项目管理制度应包括公司对项目的管理和项目内部的管理。

4. 质量安全保证体系

质量安全保证体系文件应包括：

(1)质量体系；

(2)设计控制；

(3)文件控制；

(4)采购控制；

(5)生产过程控制；

(6)出厂试验；

(7)现场控制；

(8)改正措施；

(9)装卸、储存、包装及发运；

(10)质量纪录；

(11)质量证书；

(12)质量保证期。

第二节　供货商质量保证体系检查

一、ISO 9000 族标准和质量认证概述

ISO 9000 族标准是国际标准化组织(ISO)在 1994 年正式颁布的一套质量管理和质量保证国际标准，是指由 ISO/TC176(国际标准化组织质量管理和质量保证技术委员会)制定的所有国际标准。该标准族可帮助组织实施并有效运行质量管理体系，它不受具体行业或经济部门的限制，可广泛适用于各种类型和规模的组织，以提高组织的运作能力，增进国际贸易，使自己的产品进入国际市场并可从世界各地采购到满足期望的产品。

1. 2000 版 ISO 9000 族标准的主要特点

(1)标准更具有通用性；

(2)以"过程方式"为标准结构，逻辑性更强；

(3)提出了质量管理 8 项原则并在标准中得到了充分体现；

(4)允许删减；

(5)更加强调管理者作用，特别是最高管理者的作用；

(6)持续改进，不断追求；

(7)强调质量管理体系的有效性和效率；

(8)主张文件化适度；

(9)强调顾客的满意程度是评价组织业绩的重要手段；

(10)术语准确，语言精炼，便于使用；

(11)ISO 9001 与 ISO 9004 是协调一致的成对标准；

(12)充分考虑与其他体系的兼容性。

2. 8 项质量管理原则

ISO/TC176 为了让组织的管理者成功地领导和运作一个组织，针对所有相关方的要求，实施并保持持续改进其业绩的管理体系，做好质量管理工作，确保质量目标的实现，明确了 8 项质量管理原则。其中，以顾客为关注焦点和持续改进是质量管理的两个基本点(目标)，领导

作用是质量管理的关键,其他 5 项原则是达到以顾客为关注焦点和持续改进的途径方法。8 项质量管理原则为:

(1)以顾客为关注焦点;

(2)领导作用;

(3)全员参与;

(4)过程方法;

(5)管理的系统方法;

(6)持续改进;

(7)基于事实的决策方法;

(8)与供方互利的关系。

3. 质量管理体系基础

ISO 9000:2000 版标准的第二章"质量管理体系基础"中规定了 12 条。这 12 条基础即体现了 8 项质量管理原则,又对质量管理体系的某些方面作了指导性说明。质量管理体系基础包括:

(1)质量管理体系的理论说明;

(2)质量管理体系要求与产品要求;

(3)质量管理体系方法;

(4)过程方法;

(5)质量方针和质量目标;

(6)最高管理者在质量管理体系中的作用;

(7)文件:文件类型主要包括:质量手册、质量计划、规范、指南、程序、记录等;

(8)质量管理体系评价:包括质量管理体系过程的评价、质量管理体系审核、质量管理体系评审、自我评定;

(9)持续改进;

(10)统计技术的作用;

(11)质量管理体系和其他管理体系所关注的目标;

(12)质量管理体系与优秀模式之间的关系。

二、供货商须提交的审查文件

地铁设备供货商通常在招标资格预审时要求通过 ISO 9000 认证,在对供货商质量体系审查时,主要审查供货商 ISO 9000 质量认证的执行情况。对国家要求的强制认证项目,要检查 3C 认证,3C 是英文名称"China Compulsory Certification"(中国强制性产品认证制度)的英文缩写,也是国家对强制性产品认证使用的统一标志。供货商质量体系的审查通常在供货商所在地进行,供货商应提交下列文件供监理审查:

1. 质量手册;

2. 质量体系程序文件;

3. 质量体系内审、管理评审及质量认证公司的评审记录;

4. 合同项目的组织机构,岗位职责,人员配备,资源;

5. 合同项目的质量保证计划、管理制度;

6. 合同项目的质量保证体系网络图;

7. 合同项目的设计质量控制文件；

8. 合同项目的关键工序的质量控制文件。

三、监理审查程序

监理对供货商提交的文件应逐项审查，审查提交文件的完整性和有效性，并重点审查如下内容：

1. 审查质量体系覆盖合同项目的范围和状况；

2. 审查供货商质量体系内审、管理评审及质量认证公司的评审记录；

3. 审查"质量手册"中的质量方针、质量目标、组织机构、职能部门的职责范围；

4. 审查"质量体系程序文件"所包含的质量要素是否处于受控状态；

5. 审查合同项目的质量保证计划的内容，质量管理网络的建立及现状；

6. 项目管理人员、操作人员的资质审查。

四、监理审查情况的评价及认可

监理对供货商提交的质量体系方面的文件按程序进行审查后，应对下列 5 项内容给出监理评价：

1. 质量体系认证的检查评价；

2. 质量体系程序文件执行的评价(包括设计质量控制程序文件和制造过程质量控制程序文件)；

3. 质量管理制度的完整性和可靠性；

4. 质量记录的准确性；

5. 合同项目的受控状态。

对审核结果应填写"供货商质量体系评价表"，经总监理工程师审核认可后，报业主备案。

第三节　设备分包商的审查

地铁工程中很多大型的、重要的设备是由主导生产厂生产部分主要部件和整体设备组装，部分部件由专业生产厂家分包生产。由分包厂家生产的部件的性能、质量、供货进度往往制约整体设备的性能、质量和供货。因此，应对分包厂家进行审查。通常，对分包商采用资料审查，对比较重要的部件分包商进行实地考察。

一、分包商的提出

分包商的提出通常有下列形式：

1. 在投标文件中供货商提出的分包商；

2. 由供货商采用招标确定的分包商；

3. 由业主采用招标确定的分包商；

4. 由业主和供货商共同采用招标确定的分包商；

5. 由业主推荐候选分包商；

6. 在供货商招标后由供货商指定的分包商。

二、供货商提供分包商的资料

供货商提供分包商的资质证明资料应包括如下几项：

1. 营业执照；
2. 资质证书；
3. 从事特殊专业许可证明；
4. 企业质保体系证明材料；
5. 企业技术、财务、业绩状况及说明资料；
6. 近几年承担类似工程概况；
7. 分包商管理机构图及主要责任人履历表；
8. 本项目经理及主要人员履历表。

三、监理的审查

对于采用招标方式确定的分包商，监理主要负责核实分包商的实际投入是否与投标文件一致。对于在供货商招标中，在供货商投标文件中提出的分包商有备选方案时，通常应选择主选分包商，如对主选分包商不满意时，可选择备选分包商，但应提出充分理由通知供货商。对于分包商资格有异议的，监理应负责调查、核实。

对于非招标确定的分包商，监理应重点审查。对重要分包商，监理应对分包商进行实地考察，并对供货商提供的分包商资料进行审查和核实。审查和核实的重点应包括：

1. 营业执照：营业范围是否包括本工程类别、注册资金是否满足要求、年审是否通过；
2. 资质证书：资质证书是否涵盖本工程、年审是否通过；
3. 从事特殊专业许可证明：特殊专业的许可证明是否涵盖本工程；
4. 企业质保体系证明材料：质保体系证书年审是否通过、是否涵盖本工程；
5. 企业技术、财务、业绩状况及说明资料：主要审查分包商技术能力、财务状况是否良好，分包商承担其他工程的数量、规模，判断分包商企业是否在正常运营；
6. 近几年承担类似工程概况：了解、判断分包商承担本工程的经验和能力；
7. 分包商管理机构图及主要责任人履历表：了解分包商管理、运作方式；
8. 本项目经理及主要人员履历表：了解分包商对本工程投入的人员是否满足分包合同的要求。

四、分包商资格的报审与批准

由供货商填报“分包商资格报审表”，经专业监理工程师审核通过后，报总监理工程师批准。

五、分包合同的审核

对分包商资格审核通过后，监理应对供货商和分包商的分包合同进行审核，主要审核分包合同是否包含如下条款：

1. 分包合同中有关质量、进度等应与业主与供货商签订的合同中相应条款一致；
2. 业主提供的图纸、工程资料、工程管理要求等，供货商应将与分包商有关的图纸、资料及要求等无条件的转交分包商；

3.分包合同中应包括业主与供货商签订的合同条款中规定的保护业主利益的条件；

4.分包合同中应包括业主与供货商签订的合同条款中规定的与分包商有关的监理工程师的权利和义务；

5.分包商的工作由供货商直接管理，但对质量、进度等有关重要问题应得到监理工程师的认可和批准。

第四节 设备制造工艺方案的审查

供货商在设备制造之前应编制设备制造工艺方案，统筹设备制造的全过程。设备制造工艺方案是进行制造管理的指导性文件。对技术复杂的或采用新技术、新材料、新工艺的设备应编制专项制造工艺方案。

设备制造工艺方案应根据设备制造的要求，在不侵犯供货商知识产权的前提下，供货商应提供必要的详尽资料以满足业主和监理工程师对制造过程进行质量监督。设备制造工艺方案应包括如下内容：

1.产品技术设计确定的产品总体布置图和总图，重要部件和组件总图；

2.产品的主要精度及其特点，特殊要求；

3.产品试制及正式制造阶段的质量指标；

4.新产品生产组织形式和工艺路线安排；

5.主要生产设备的性能及功能(包括设备制造、检验、测量和试验设备)；

6.外委托加工或外购的重要零部件的关键工序；

7.产品质量检验关键项、点设置及检验标准和方法。

供货商应在设备制造前一个月编制完成设备制造工艺方案，并填写“设备制造工艺方案报审表”，一并报监理审核。监理应审核“设备制造工艺方案”的完整性和可行性，如需补充完善的，交供货商补充完善后再报。监理审核通过后，报总监理工程师审批。

对于具有试验性质或制造条件因素造成与原设计有较大出入者，监理应邀请设计单位、业主共同参加审核，以确定是否满足设计要求。

监理应根据审批后的“设备制造工艺方案”确定分级质量控制点，并与供货商协商后报总监理工程师批准，报业主备案。

第五节 生产前技术准备的检查

为确保设备生产质量，在重要设备及非标准设备投产前，监理应组织对供货商设备生产前技术准备的检查。检查前，监理应编制“设备投产前技术准备工作检查大纲”，检查大纲应包括检查项目、内容、检查工作方式、记录表格。监理应在进行检查前一周将检查大纲提交给供货商进行准备。

供货商根据监理提交的检查大纲应逐项进行准备，包括汇报内容和文件资料。

一、供货商介绍的内容

供货商介绍的内容应包括：

1.生产进度计划的安排；

2.关键生产设备、工装设备的性能、加工精度等能否满足合同设备生产工艺的要求;
3.生产图纸及相关技术文件是否已通过产品设计审查或设备样机生产验证合格;
4.工装设备、工模具及生产工艺文件的准备;
5.外供件、外协件、配套元器件及材料的准备;
6.主要原材料、外供件、外协件的质量证明文件;
7.用于产品试验的装备、检测设备、仪器仪表准备情况;
8.关键工序操作人员的资质情况;
9.质量保证体系的运转情况;
10.生产调度、技术支持、仓储条件、包装、运输计划的安排及特殊加工工艺的准备等。

二、供货商提交的资料

供货商提交的资料应包括:
1.设备产品技术性能参数;
2.设备生产图纸及相关技术文件(包括生产工艺文件);
3.设备样机验收合格证书(如果有的情况);
4.主要外购件(包括模块及元器件)、外协件、材料供应清单;
5.产品质量保证计划;
6.设备产品出厂试验大纲;
7.关键材料材质检验报告及其他技术资料。

三、监理的检查

监理应根据供货商的汇报及所提交的资料对供货商生产前的技术准备进行检查评价,并对制造人员、质量目标文件、质量管理体系分别做出评价。

1.人员:监理应抽查供货商承担任务人员的技术资质与条件是否符合合同要求,经监理审查认可后方可上岗。对于特殊制造、工序、检验和试验人员应检查相应的资格证和上岗证。

2.质量目标文件:供货商在开始制造前必须制定一套相应的质量目标文件,质量目标主要应是与设备质量有关的关键质量要素,如性能、适用性、安全性、可靠性等。目标要具体明确,反映设备合同的需要,同时体现先进性、创造性和可行性。质量目标文件一般采用半定量方式,要便于检查、证实。在检查时应注意以下几点:

(1)质量要求应全面反映设备合同的需要;
(2)“要求”包括合同、制造厂内部的要求;
(3)对特殊规定定量化要求,包括公称值、额定值、极限偏差和允差等;
(4)质量要求应使用功能性术语表达并形成文件。

3.质量管理体系:审查供货商质量管理体系文件,了解体系的运转情况,查看针对设备所制定的设备检验计划,查看为设备检查所使用的仪器仪表和测试手段的准备等,检查质量管理体系中的组织机构,以保证设备质量处于受控状态。

监理根据检查结果填写“设备投产前技术准备工作检查评审表”报总监理工程师批准,按设备合同规定的时间由总监理工程师向供货商签发“设备允许投产通知书”,供货商即可按通知书要求的时间投产制造。

第五章　设备制造过程的监理

第一节　设备制造过程监理的分类

设备制造过程的监理一般分为驻厂监造和见证点监理。

驻厂监造指监理在设备生产制造期间常驻生产现场，有固定的办公场所，每天需对制造现场进行巡视检查，见证点的项目也较多，旁站监理的项目也较多，是对整个设备生产过程的质量、进度、投资等进行全面监理的一种监理模式。驻厂监造适用于技术先进、制造难度高、加工工艺复杂、价格比较昂贵、在运营中其故障影响严重等设备。对于一些批量较大的重要设备通常也采用驻厂监造的监理方式。采用驻厂监造的地铁设备通常包括地铁车辆、电扶梯、屏蔽门、防淹门、变压器等设备。驻厂监造需要一定数量的监理人员常驻生产现场，在工厂所在地需要临时设置办公、生活设施，因此，监理费用较高。

见证点监理指监理人员在设备生产制造期间某些特殊环节到生产现场进行监理。见证点的设置与所监理的设备及生产现场位置有关。通常，较重要的设备见证点设置较多，生产现场距离工程现场较近的设备见证点设置的较多。采用见证点监理的设备通常包括环控系统设备、供电系统设备、自动售检票设备、车辆段检修设备、国外进口设备等。见证点监理的时间较短，通常为几天时间。因此，见证点监理的费用相对驻厂监造的监理费用低。

第二节　质量控制点的设置

根据质量控制点的重要程度和特点，通常分为文件见证点（R 点）、现场见证点（W 点）、停止见证点（H 点）和日常巡检（P 点）。

文件见证点（R 点）：指需要进行文件见证的质量监理点。供货商提供的文件（如原材料、外购件等合格证明，技术文件、材质证书、检验记录、试验报告等）供监理进行审查，审查的时间、地点可预先约定。

现场见证点（W 点）：指对于复杂的关键的工序、测试、试验要求进行旁站监理的质量监理点。对于现场见证点，制造方必须提前通知监理，监理应尽量安排。如果监理未在约定的时间内到达现场见证和监理，供货商可认为监理已认可，并自行检验，合格后转入下道工序，但应做好记录。

停止见证点（H 点）：指对于重要工序节点、隐蔽工程、关键的试验验收点必须在监理人员的监督下进行，并对结果进行确认的质量监理点。对于停止见证点，制造方必须提前通知监理，监理必须到场，如不到就应等待。

日常巡检（P 点）：指监理人员在生产车间了解加工人员执行工艺规程情况、工序质量状况、各种程序文件的贯彻情况、零部件的加工及组装试验情况、不合格品的处置情况以及标识、包装和设备发运情况。

质量控制点的设置应充分了解设备的生产工艺流程、设备的重要程度、生产厂家设备制造经验、技术水平等综合因素确定。在编制监理细则中应明确质量控制点的设置，报业主备案，并应抄送设备供货商，设备供货商应按监理细则设置的质量控制点的要求配合监理的工作。

表 4-5-1～表 4-5-5 为地铁设备制造过程监理质量控制点的通常设置。

表 4-5-1　主变压器(油浸变压器)质量控制点

生产程序	监控点	检　查　内　容	检查方式	备　注
原材料采购	R		审查检验报告	
硅钢片剪裁叠装	R/P	剪裁平整、不得有毛刺、叠装整齐	审查车间记录	
高压线圈绕制	R/P	绝缘良好、包扎平整紧密、线圈绕制均匀	审查车间记录	
低压线圈绕制	R/P	绝缘良好、包扎平整紧密、线圈绕制均匀	审查车间记录	
分接开关采购	R		审查出厂报告及合格证	
KP 插头	R/P		审查出厂报告及合格证	
总装配	W		现场监理	参加一次
绝缘油	R	全分析	审查化验报告	
出厂验收	H	按“出厂验收大纲”内容验收	参加出厂验收	参加首批

表 4-5-2　110 kV 二次设备质量控制点

生产程序	监控点	检　查　内　容	检查方式	备　注
电气配件采购	R		审查检验报告	
软件老化	R		审查检验报告	
监控保护屏	R	应符合生产工艺要求	审查车间记录	
系统屏生产	W	应符合生产工艺要求	现场监理	抽　检
系统屏测试	H		现场监理	参加第一批
监控系统老化	R		审查车间记录	
出厂验收	H	按“出厂验收大纲”内容验收	参加出厂验收	参加首批出厂验收

表 4-5-3　110 kV GIS 组合电器质量控制点

生产程序	监控点	检　查　内　容	检查方式	备　注
筒体制造	R	焊缝探伤	审查检验报告	
断路器制造	R		审查试验报告	
SF_6 气体	R		检查合格证书	
附件进货	R	GS、ES、CT、PT、避雷器	审查试验报告	
整体组装	R	检查组装作业	检查车间记录	
出厂验收	H	按“出厂验收大纲”内容验收	参加出厂验收	参加首批出厂验收

表 4-5-4　整流器质量控制点

生产程序	监控点	检　查　内　容	检查方式	备　注
元件及结构件进货检验	R		审查检验报告	
组装检验	R	参照检验规程	审查车间记录	
电连接检验	R	参照检验规程	审查车间记录	
配线检验	R	参照检验规程	审查车间记录	
耐压试验	W	参照试验大纲	参加工厂试验	
功能试验	W	参照试验大纲	参加工厂试验	
老化试验	W	参照试验大纲	参加工厂试验	
工艺检验	R	参照工序检验规程	查看检验记录	
出厂验收	H	按“出厂验收大纲”内容验收	参加出厂验收	参加首批出厂验收

表 4-5-5 电缆质量控制点

生产程序	监控点	检查内容	检查方式	备注
铜杆进货	R	外观、电性能、机械性能	审查检验报告	
绝缘材料进货	R	抗拉强度、伸长率、电性能、硫化时间、焦烧时间	审查检验报告	
拉丝	R	外观、伸长率、直径	审查车间记录	
绞线	R	外观、节距、绞向	审查车间记录	
化学交联	W	内外屏蔽及绝缘结构、热延伸	现场监理	抽检
阻燃低卤层	R	宽度、厚度、氧指数	审查车间记录	
钢带铠装	R	节距	审查车间记录	
外包护套	R	结构尺寸、火花耐压	审查车间记录	
出厂验收	H	按“出厂验收大纲”内容验收	参加出厂验收	参加首批出厂验收

第三节　主要外购件的检查

设备所需的主要外购件是构成设备的组成部分，其质量的好坏将直接影响到未来设备的质量、性能，因此，需要事先对其质量进行严格监理。

目前，设备制造的发展趋势是往专业化生产方向发展。很多设备生产厂家只生产部分主要部件，负责设备的组装和检验，大部分部件采用外购。如低压柜生产厂家只生产柜体及少部分部件，大部分采用采购专业生产厂家的部件，由其负责组装、调试、检验；车辆的牵引系统、制动系统、内装、空调等均由专业生产厂家提供，车辆制造厂负责车体等部分设备的加工制造，负责车辆的组装、调试、验收等主要工作；设备监控系统集成商主要负责软件的开发、系统的集成、调试，监控单元、传感器、控制器等均实行从专业生产厂家采购。

外购件采购分两种方式，一种为分包方式，一种为直接采购。分包方式采购主要适用于数量大、价值高、专业性强、需要专门设计的部件；直接采购通常适用于价值不高、市场上可直接购买的部件。对于重要的外购件，业主通常采用甲控方式来保证外购件的质量。

供货商在采购外购件前，应向监理提交“外购件采购计划表”。在采购计划表中，应列明外购件的名称、型号、规格、数量、生产厂家名称等，并同时提交生产厂家的资质材料、产品质量证明材料、检验报告等文件供监理审查。如果是合同内规定的外购件，监理主要审查供货商提交的采购计划是否符合合同规定的要求，规格、型号是否满足产品设计的要求。如果是合同内没有明确规定的外购件，监理应重点审查分供商的资质材料、产品质量证明材料、检验报告等。

在监理审查通过后，供货商可以按提交的计划进行采购。外购件到货后，供货商按要求进行验货自检，自检合格后，向监理提报“设备制造主要外购件报审表”，报审表中应附上数量清单、质量证明文件、自检结果等资料，监理如果认为需要现场检验，则需到工厂现场确认。监理主要审查外购件的出厂合格证、质量保证书、试验报告、使用说明书等，对某些重要的性能可进行复查检测，对发放许可证的设备应查看许可证的编号等，对线缆等材料应按规定抽取样本送专门检测机构进行检验。

检查合格后，监理应签署审查意见，供货商可按计划进行组装生产。

第四节　主要、关键零部件加工过程及关键工序的监理

一、主要关键零部件加工过程的监理

主要关键零部件由设计人员按产品质量特性分级划分的，并列出清单作为设计技术文件。如果没有清单，监理应会同设计人员共同协商确认主要关键零部件的清单。根据主要关键零部件的清单，生产厂家的检验部门需向监理提交主要关键零部件的质量检验计划，监理编制相应的监理计划。计划的内容应包括质量控制和进度控制，工艺流程图，每道工序的质量特性值和时间要求，选择监理方式，选定检测仪器，确定验收标准等。

主要关键零部件的加工过程的监理通常采用旁站监理方式。加工完成后，监理应填写主要关键零部件监检记录表。

二、关键工序的监理

在设备制造过程中，在划分的具有单一的可独立完成的作业工序里，对产品质量的形成有重要作用的工序称之为关键工序。关键工序可以是零部件加工过程、试验过程、设备的组装过程。关键工序可以是现场见证点监理，也可以是停止见证点监理。在设备制造的准备阶段，监理、业主和供货商应协商确定关键工序点。对于通用的、技术难度较小的设备，可以不设关键工序。对于重要的设备，特别是采用新技术、新工艺的研发设备，关键工序通常设置较多。对于需要驻厂监造的设备，由于监理人员常驻现场，关键工序可以和监理计划统筹考虑设置。关键工序确定后，供货商应制定生产计划关键工序时间表，以便监理和业主进行安排。

供货商通常在关键工序作业前 7 天，预先通知监理，并准备好相关资料、检测仪器设备，落实检验安全措施等。

根据关键工序的性质，必要时可邀请业主和设计共同参加关键工序的见证。在关键工序见证前，供货商应向监理提供本关键工序之前的各质量检验合格记录和本关键工序技术文件，包括技术要求、质量标准等。监理经审查认为资料齐全后，可以开始对关键工序进行见证。监理比照关键工序技术文件的具体要求，对作业情况进行核查，关键工序作业完成后，供货商检验人员对关键工序的质量进行检测和试验，合格后，供货商、监理及业主、设计共同签认“设备制造关键工序见证表”，关键工序的监理工作完成。

第五节　设备总装过程的监理

设备总装是指设备各部件生产、检验合格后在生产工厂进行设备的总组装。设备总装过程是设备质量形成最关键的过程，也是影响设备工期的最主要过程。设备总装过程包括部件组装、调试、测试、整机型式试验或例行试验。设备组装完成后，进行设备的出厂验收。

地铁设备系统根据其自身的特点，设备的总装在不同的地点完成。如车辆、变压器、低压柜、风机等设备在工厂完成组装、测试，设备本身具有完整的功能，整机设备运抵现场。部分设备在工厂只完成部件的生产、测试，运抵安装现场后再进行组装、测试、调试。如设备监控系统、通信系统、信号系统等设备。在现场完成组装总装的设备，在工厂只进行部件的出厂验收，到现场后进行部件的开箱检查，然后进行安装、调试。其总装过程与现场安装调试合为一体，该总装过程的监理属于设备安装调试阶段的监理。本节只介绍在工厂完成总装设备的监理工

作。

在设备总装前，监理应审查待总装的零部件的检查验收情况，外购件验收到货情况，总装用的原材料、元器件是否已检查验收合格，总装工艺设备是否已调试完成，符合有关规定，调试、测试仪器设备是否合格，是否在有效检测期限内，总装人员是否具有相应的上岗资质，总装车间的环境是否符合要求。

对于需要驻厂监造的设备，所有设备总装过程应采用旁站监理；对于采用阶段性检查的设备，首件设备的总装过程应采用旁站监理，其余设备总装可以采用文件监理和抽查方式进行监理。在进行旁站监理过程中，应重点检查总装顺序、总装工具、中间检测是否符合工艺文件的要求，外形尺寸检测控制是否符合图纸的要求，对设备总装过程的中间保护是否已实施，设备调试、测试是否符合技术文件的要求。

对于未按要求进行设备的总装，总装调试、检测未达到技术文件的要求，监理可以要求总装暂停，待整改完成后再进行总装。

第六章　设备出厂验收

第一节　概　　述

设备出厂验收所指的设备大到成套设备(如车辆、供电系统配电柜、通信的广播子系统、信号的电源子系统、车辆段洗车机、环控的风机等),也可以小到设备部件(如通信系统的板卡、信号系统的光电缆、供电系统的电缆、屏蔽门的门框部件等),严格按照设备供货合同检验的具体要求来进行出厂验收。所检验的合同设备产品数量应根据合同有关条款的规定或现场测试前由双方协商约定来进行。

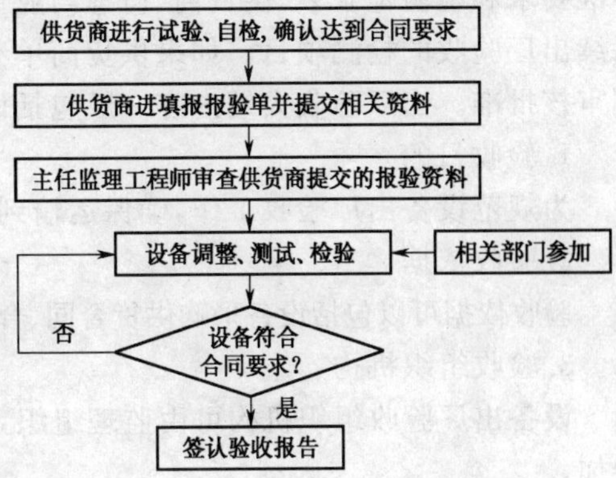

图 4-6-1　设备出厂验收流程图

设备出厂验收是指按照合同的约定,监理对所生产设备的状态、功能、性能进行全面检查、试验,以证实产品能否完全达到合同规定标准及技术规格书要求的过程。验收合格后,设备产品方可运抵安装现场使用。若验收不合格,应责令供货商进行修复或返工,再次自检合格后申报监理进行复检,检验合格后方可提供使用。设备出厂验收的工作流程如图 4-6-1 所示。

第二节　出厂验收前的准备工作

在进行设备出厂验收前,必须做好相应的准备工作,包括供货商对产品设备的自检;供货商、监理与业主共同制定出厂验收大纲。在完成这两部分的准备工作后,方可进行设备出厂验收。

一、供货商自检

不同的检验分别代表了不同权益方的利益。供货商自检代表的是生产方(乙方)的利益。监理与业主的验收和定检是代表了甲方的利益。在所有设备产品生产制造、组装、调试完成后,供货商必须先对产品进行自检。按照设备合同规定的标准和技术规格书的要求,供货商制定出厂检验验收项目。自检项目以出厂检验验收项目为准,自检结果必须符合产品设计及技术规格书的要求。在全部检验合格后,供货商填写自检验收报告,并填报《设备出厂检验申请单》向监理申请进行出厂验收。此过程是对设备制造过程进行质量监理,是以设备制造质量验收和质量评定为中心进行的。如供货商尚未进行自检,监理有权拒绝其申请要求,并责令其进行自检。

供货商在申报《设备出厂检验申请单》的同时,还需准备以下相关技术文件以备检查:

1. 设计文件,包括设计任务书、技术条件、设计说明及采用的相关技术标准和规范;
2. 出厂检验验收项目及设备出厂自检报告;

3.出厂检验标准及检验记录表；

4.验收过程所执行的相关技术标准和规范；

5.原材料的规格、产地、制造厂、检验标准、质量保证书及检验报告；

6.设备生产质量检验文件、各工序的质量检验记录、关键质量问题解决过程的记录；

7.产品图纸、重点工艺的说明文件及产品出厂合格证；

8.外协件、外购件供应商资质文件与质量保证体系证明文件及检验记录；

9.如有样机的系统设备，需提供设备样机验收合格证书。

二、制定出厂验收大纲

根据设备合同规定标准及技术规格书要求，并结合供货商提交的出厂检验验收项目、检验标准要求和检验记录表，供货商、监理与业主共同制定出厂验收大纲，特别是检测内容规定了后续出厂验收的检测项目。如果供货商单独编制出厂验收大纲，则需要通过监理与业主的共同审核批准。出厂验收大纲内容一般包括以下几方面内容：

1.验收目的

为规范设备出厂验收工作，确保运输到现场的设备功能、性能等满足要求。

2.验收依据

验收依据可以包括设备采购供货合同、合同设备产品技术条件、相关标准及规范等相关文件。

3.验收组织机构

设备出厂验收组织机构可由监理组织，业主相关部门、设计、安装单位及供货单位的代表参加。

4.出厂验收项目及内容

(1)文件审查

文件审查包括对相关生产图纸及重要工艺文件说明、设备生产质量检验文件、按合同和相关技术标准所提供的技术文件、关键质量问题解决过程记录等。

(2)主要材料及外购件审查

审查主要材料、外购件的产地、品牌及主要技术指标是否满足合同技术要求，并审查外购件的原生产单位出厂检验报告及供货商进厂检验记录。

(3)设备外观、接口及变更复核

检查设备外观情况、外形及安装尺寸，与其他设备的接口情况、设计变更的落实情况。

(4)试验仪器、测量仪表检查

检查试验仪器、仪表是否按计量法的有关要求送检，具备质检证书并在有效期内。

(5)现场检验与测试

①根据合同有关条款的规定或现场测试前由双方协商约定的数量，任意抽检合同设备产品进行现场检查和测试。

②按设备出厂验收大纲中规定的检验项目，对设备进行逐项检查、测试和试验，确定产品检测项目合格评定标准，检测项目包括设备外观检查、功能测试、性能指标试验、组装检验以及相应设备特定检验项目等。

(6)出厂验收检验及测试数据记录

对照审核供货商提供的设备出厂自检试验报告，参与测试的验收人员需认真严格地对设备出厂进行试验测试，并对现场测试纪录数据进行签认，测试纪录包括测试条件、测试项目、测试标准、测试数据结果与测试结论。

(7)检查合同设备主要外供件、关键材料的质量控制方式。

5.出厂验收结论

设备出厂验收组织机构的成员对待验设备分别进行验收文件资料审查和现场检测及测试,对所有审查结果进行签认,经过讨论后形成会议纪要,如实记录遗留问题、解决措施及设备出厂验收结论,最后验收小组成员签认《设备出厂检验表》以及相关检验记录。如验收小组同意设备出厂,则设备的发运需等候监理的发货通知。

第三节 出厂验收

按照合同的约定与项目的进展情况,在供货商完成设备制造与完成产品自检后,为确保检验的公正性、维护甲方的合理利益,监理和业主以检查为手段,完成对供货商根据技术要求、标准编写的出厂验收大纲(项目,方法,标准)进行审查、批准。待供货商提供的设备部件质量检测报告、产品合格证书、自检报告和检测报告等相关附件审核通过后,由监理组织设备出厂验收组,按照《设备出厂验收大纲》编制的验收项目,共同对产品设备的状态、功能和性能进行全面的检查、试验,对文件质量体系进行审核,以证实其已完全达到合同规定标准及技术规格书的要求。

只有当设备验收结论合格通过后,才能出厂运往安装现场或业主指定的地点。如未能通过验收,责令供货商进行修复甚至返工,再次自检合格后申报监理及业主代表进行复检。

在设备出厂前,监理应督促供货商按合同中的规定,执行产品的包装、装卸、储存及发运。监理应当检查供货商对待运设备采取的防护和包装措施,并应检查是否符合运输、装卸、储存的要求,相关的随机文件、装箱单和附件是否齐全。至此,便完成了设备制造过程的最终验收。

第四节 不合格品的处理

在出厂验收过程中,对设备产品进行现场随机抽样检测及测试,如发现所抽取的设备不合格,则需采取下述处理措施:

一、验收合格界定范围内的不合格品处理

在出厂验收过程中,如发现少量不合格产品或文件不合格项,并属于验收大纲中界定的验收合格允许范围内时,监理督促供货商对其做好标识、记录、隔离和处理。对有争议的问题进行评价和处置,必要时要会同设备出厂验收组成员一道讨论做出决定。

设备出厂验收组成员应要求供货商对不合格问题采取措施,及时消除已发现的不合格产品或完善文件不合格项。同时供货商应按照程序文件规定,及时填写“不合格品处理报告”和“纠正措施记录”,并按规定要求存档备查。

二、验收合格界定范围外的不合格品处理

当验收过程中发现大量不合格产品或文件不合格项时,并超出验收大纲中界定的验收合格允许范围内,则该批次产品需进行返工处理,还应对照相应规定重新进行自检和检验,直至符合要求合格后则予放行。供货商同样要及时填写“不合格品处理报告”和“纠正措施记录”,并存档备查。

三、分析不合格品产生原因

当不合格品产生后，应对产生不合格品的原因进行科学分析，并督促供货商对这些原因进行整顿改造，确保产品质量。

造成设备产品不合格的原因可能包括以下方面：

(1)外购材料、加工工序、方法、工具、设备或设施存在缺陷、故障、误操作、控制不适当等；

(2)产品文件质量体系或程序文件不当或不完善；

(3)生产计划安排不当；

(4)员工缺乏培训、工作环境不适当等。

四、制定处置措施和纠正措施

由供货商质检部门根据验收小组的意见制定对不合格品的处置措施，并严格遵照合同或有关规定执行。

对大批量的不合格品应该采取必要的纠正措施，分析不合格的类型，及时对产生问题的原因予以改进，并对改进效果予以验证，对于效果不显著或无效的纠正措施，应及时修订或完善纠正措施，以达到有效消除产生不合格品的原因。供货商质检部门对效果显著的纠正措施应及时整理，适时纳入有关规定中(质量保证手册、程序文件、工艺文件、制造指导书)。

第五节　编制出厂验收报告

出厂验收报告由监理工程师编写，报总监理工程师审批。如出厂验收合格，由总监理工程师签发出厂验收合格证书。出厂验收报告中应包括下述内容：

1. 设备生产情况介绍：包括设备名称、型号、规格、生产单位、设备生产完成时间等；

2. 设备出厂检验验收目的、时间、地点、参加验收组织机构人员；

3. 文件资料检查、试验仪器与测量仪表检查、现场检验与测试情况；

4. 验收项目的检测结果(包括复检数据)；

5. 遗留问题、解决措施、复检结果及验收结论。

下面列举××地铁工程环控系统风机设备出厂验收报告，以供参考。

××地铁工程环控系统风机出厂验收报告

×年×月×日～×月×日，在供货商所在地进行了××地铁工程环控系统风机设备的出厂验收。参加单位和人员有：

业主单位代表：××××××

监理单位代表：××××××

供货商单位代表：××××××

验收情况如下：

一、文件资料的审查

1. 风机配用电机出厂检验报告

风机配用电机入厂检验报告

耐高温软接合格证、产品质量保证书

耐高温软接入厂检验报告

减振器合格证、产品质量保证书

减振器入厂检验报告

铸造铝合金材质报告

铸造铝合金材质入厂复验报告

2. 制造质量检验报告

回排风机 Wolter 叶片进口证明

风机叶片压铸记录

风机叶片热处理记录

力学性能试验报告

风机叶片射线探伤报告

叶轮装配检验记录

叶轮动平衡试验报告

3. 风机检验、试验报告

风机装配检验记录

风机机械运转试验报告

风机空气动力性能试验报告

风机噪声检测报告

二、试验所用仪器、仪表检查

经检查，检测仪器、仪表、性能试验装置均经过国家检测单位的认证并在检定有效期内，符合合同及国家的规定。

三、监理工程师抽样

按合同要求，验收方对此批出厂的风机设备进行抽样测试；抽得的风机如下：

系统编号	设备名称	设备型号	设备出厂编号
HPF-4	大系统回排风机	DTF-Ⅱ-12.5	×××
P1-1	回排风机	DTF-8	×××
XF-1	空调新风机	DTF-5	×××
S6-1	送风机	DTF-4.5	×××

四、现场测试

按合同要求出厂验收对抽检风机设备做以下测试：外观质量检查；安全性测试；风量、风压、全压效率、输入功率检测；噪声检测；振动检测。测试结果如下（详见：《××地铁工程环控系统风机设备出厂验收现场测试报告》）：

1. DTF-II-12.5 型大系统回排风机

(1)高速工况

主要额定参数：风量 55 180 m^3/h；全压 800 Pa；全压效率 78%；电机功率 20 kW；风机声功率级（进口/出口）111/102 dB(A)。

测得：额定风量 55 180 m^3/h 所对应全压为 804 Pa；全压效率 79%；轴功率 15.6 kW；风机声功率级（进口/出口）100.6/101.5 dB(A)；振动为 1.2 mm/s，满足合同及标准的要求。

(2)低速工况

主要额定参数：风量 41 937 m^3/h；全压 462 Pa；全压效率 78%；电机功率 11 kW；风机声

功率级(进口/出口)105/96 dB(A)。

测得:额定风量 41 937 m^3/h 所对应全压为 464 Pa;全压效率 79%;轴功率 7 kW;满足合同及标准的要求。

经检查风机安全性能、风机外形尺寸及外观质量满足合同及相关标准的要求。

2. DTF-8 型回排风机

主要额定参数:风量 21 840 m^3/h;全压 350 Pa;全压效率 75%;电机功率 4 kW;风机声功率级 91 dB(A)。

测得:额定风量 21 840 m^3/h 所对应全压为 353 Pa;全压效率 76%;轴功率 3 kW;风机声功率级(进口/出口)87.9/88.3 dB(A)满足合同及标准的要求。

经检查风机安全性能、风机外形尺寸及外观质量满足合同及相关标准的要求。

3. DTF-5 空调新风机

主要额定参数:风量 9 010 m^3/h;全压 171 Pa;全压效率 71%;电机功率 1.1 kW;风机声功率级(进口/出口)90/81 dB(A)。

测得:额定风量 9 010 m^3/h 所对应全压为 178 Pa, 全效率 72%,轴功率 0.6 kW;风机声功率级(进口/出口)80.9/80.6 dB(A)满足合同及标准的要求。

经检查风机安全性能、风机外形尺寸及外观质量满足合同及相关标准的要求。

4. DTF-4.5 送风机

主要额定参数:风量 4 306 m^3/h;全压 264 Pa;全压效率 75%;电机功率 1.1 kW;风机声功率级 82 dB(A)。

测得:额定风量 4 306 m^3/h 所对应全压为 272 Pa;全压效率 75%;轴功率 0.4 kW;风机声功率级(进口/出口)80.7/80.2 dB(A)满足合同及标准的要求。

经检查风机安全性能、风机外形尺寸满足合同及相关标准的要求。

五、存在的问题及整改措施

1. 抽检的 DTF-4.5 送风机叶轮表面有裂纹,通过对其叶片、轮毂做渗透检验,得以确定:叶片表面裂纹较浅,轮毂表面裂纹较深,DTF-4.5 送风机叶轮质量不合格。按合同要求,监理再次抽检两台同类型风机的叶轮,仍然有较浅裂纹。因此,监理要求厂家对 5 号以下风机的叶轮全部拆下、返工。经返工后的叶轮表面缺陷全部消除,为合格产品。

2. NO.5 以下风机电源线保护套管(塑料)仅为风机美观而设置,并不影响风机耐温要求(电源线及防拉管为耐高温线、管),但亦采用金属保护套管并采用硬固定为宜。

【验收结论】

此批××车站小系统风机设备各项技术参数、性能指标基本符合国家有关标准及合同的规定,满足使用要求,抽样试验数据与厂方自检测试数据基本相符,检验资料齐全,符合合同及有关标准的规定。鉴此,××车站小系统风机设备出厂验收给予通过。

附:1.《××地铁工程××站小系统风机完工资料》

2.《××地铁工程××站小系统风机设备出厂验收现场测试报告》

第七章　设备包装、运输、存储

地铁机电设备(成套设备或设备部件)在通过出厂验收后,由生产供货商负责对设备进行包装,当供货商收到监理按合同和工程工期要求发出“设备供货通知单”后,开始发货、运输至工地交付安装单位保管并准备安装为止。供货商对设备运输存储应建立台账,以便于进行检查、核对。

第一节　产品包装

一、产品包装的概念

产品包装是在物流过程中为保护设备部件产品品质,便于运输、装卸、搬运、储存、保管、数量清点、陈列和携带,防止货物在转运中损坏或变质,且不易丢失或被盗,为各方面提供了便利,按一定技术方法采用容器、材料及辅助物等将物品包封并予以适当地封装和标识的工作总称。简言之,包装是包装物及包装操作的总称,本节中所指的包装是运输包装(即外包装)。在设备采购中,甲乙双方究竟采用何种运输包装,应在合同中具体予以明确。

在运输包装上有时要涉及包装标识的问题。包装标识是指在商品的包装上书写、压印、刷制各种有关的标识,以便识别货物,有利于装卸、运输、仓储、检验和交接工作的顺利进行。包装标识按其用途可分为运输标识、指示性标识和警告性标识 3 种。

1. 运输标识:又称唛头,是由一个简单的几何图形和一些字母、数字及简单的文字组成。其主要内容包括:

(1)目的地的名称或代号;

(2)收、发货人的代号;

(3)件号、批号。

此外,有的运输标识还包括原产地、合同号、许可证号;设备的名称、品目号、箱号、使用的站点名称;设备毛重/净重(公斤);尺寸(长×宽×高,以厘米计)等内容。凡重达 2 t 及以上的包装,卖方应在每件包装箱的两侧用英文或中文,用相宜的运输标识标明“重心”和“吊装点”,并根据设备的特点和运输的不同要求,以清晰字样在包装箱上注明“小心轻放”、“勿倒置”、“防潮”等标识,以方便装卸和搬运。

运输标识内容繁简不一,由买卖双方根据商品特点和具体要求商定。

2. 指示性标识:是指提示人们在装卸、运输和保管过程中需要注意的事项,一般是以简单、醒目图形和文字在包装上标出,故有人称其为注意标识。

3. 警告性标识:又称危险货物包装标识,是指凡在运输包装内装有爆炸品、易燃物品、有毒物品、腐蚀物品、氧化剂和放射性物等危险货物时,都必须在运输包装上标明用于各种危险品的标识,以示警告,使装卸、运输和保管人员按货物特性采取相应的防护措施,以保护设备和人身的安全。

二、设备采购合同包装条款:

包装是货物说明的重要组成部分,包装条件是买卖合同中的一项主要条件。按照某些国家的法律规定，如卖方交付的货物未按约定的条件包装，或者货物的包装与行业习惯不符，买方有权拒收货物。

1.包装条款内容：

设备合同的包装条款需对设备包装内容予以明确制定，包装条款一般包括包装材料、包装方式、包装规格、包装标识和包装费用的负担等内容。

2.包装条款注意点：

为定制合理的包装条款，利于合同的履行，在商订包装条款时，需要注意下列事项：

(1)要考虑设备的特点和不同运输方式的要求，考虑有关国家的法律规定和客户的要求，便于各环节有关人员进行操作。

(2)对包装的规定要明确具体，一般不宜采用"海运包装"和"习惯包装"之类的术语。

(3)明确包装由谁供应和包装费由谁负担。关于包装费用，一般包括在合同价之中，不另计收。但也有不计在合同价之内而规定由买方另行支付的。究竟由何方负担，应在包装条款中做出明确的规定。相应的责任方应负责安排运输和支付运费，以确保按合同规定的交货期交货。

三、地铁机电设备包装基本要求

1.设备的采购需经受多次的装卸和搬运，包括长途海运、空运和陆运。为此，在设备的运输、包装方面必须采用良好的防湿、防潮、防尘和防震等保护措施。

2.根据设备对储存条件有特殊要求的特点，应在设备包装上打印特殊标识，做好相应的防潮湿、防雨淋、防尘、防日晒、防振动及防高温、防低温、防泄漏、防锈蚀、防爆、防毒、须屏蔽等措施，重心吊装明确，并进行隔离存放。部分设备对放置形式还有要求，如直立放置、水平放置、架空放置等。

3.运输人员应根据包装标准和合同规定的特殊运输包装条款，在装货点或卸货点监装监卸，判断材料包装是否符合设备合同产品包装规定，随机资料及包装是否符合要求等。

4.大件货物应带有足够的货物支架或包装垫木，特别是大型成套设备部件。

第二节 产品运输

当供货商收到监理的发货通知、并确认包装合格后，供货商可准备将货物运送到现场(买方所在地)交货地点。

一、搬运装卸

根据合同规定和工程惯例，地铁机电设备产品可进行单件包装搬运(即单件逐件货物作业，如电气控制箱柜)、集装搬运(指将货物集零为整后再行装卸搬运的方法，如洗车机、电扶梯、变压器成套设备)，也可以散装搬运(指对大宗货物通常采用的散装、散卸方法，如电缆支架部件)。

在搬运过程中可以采用吊装吊卸法(也称垂直装卸法)和滚装滚卸法(也称水平装卸法)，并严格按照包装标志和搬运要求进行装卸，不得损伤设备。任何设备进行起重装卸作业时，必须严格按照《起重作业基本安全规范》、《超重型车辆操作规程》来进行作业。地铁车辆设备吊装如图 4-7-1 所示。

地铁设备可通过车站通风孔洞吊装、车站出入口搬运和轨道车运输等方式进入地铁车站。

图 4-7-1　地铁车辆设备吊装图

二、设备运输

地铁机电设备必须按照政府发布的安全规范，从设备形态类别、运输距离、运输成本、包装方式、仓储要求、设备装卸与安装位置、工期要求、沿途线路、设备运输所需设施情况和社会运输能力等因素多方面考虑来制定运输方案，包括运输方法、路线。

1. 运输方法种类：

一般设备常用运输方法有：铁路运输、公路运输、水路运输和航空运输。其中铁路运输和水路运输适合长途运输，能运输大而重的设备，运输成本便宜，但灵活性差；公路运输受到汽车载重量及公路、桥梁/涵洞等的载重、限高、限宽等因素的影响，使运输的设备在重量与体积上都受到限制。而航空运输适合小件设备的运输，运输时间短但价格高。

无论采用何种运输方法，都应遵循相应的运输规则、运输管理规定。各种运输方法应注意以下几点：

(1)对铁路运输，应考核铁路的运输能力、装卸设施、仓库及储存设施，可能发生的季节性阻塞等。

(2)公路运输时，除运费外，还应说明公路等级、道路及桥梁的宽度、通过能力、可能移交给项目的养路责任等。并考虑现有公路的承受能力与阻塞可能性，是否需要扩建或新建道路。

(3)对于水路运输，需要了解港口设施的详细资料，包括水深、起重能力、停靠港船只的吨位、仓库设施、保管费用、运输条件、安全等。还需应考虑河流及运河的宽度、深度、可使用船舶的装载能力及其他有关问题。

2. 设备采购合同运输条款：

在买卖双方签订采购合同中，必须明确系统设备运抵施工现场的所有工作的责任方，并在合同条款中提供供货工期要求，必要时需规定相应的运输方案内容。

目前国内大部分的设备供货商基本上都是采用直接委托或招标方式选择良好、专业化的物流公司完成设备的运输任务。

3. 设备运输方案

选择合理的设备运输方案是确保设备采购合同顺利执行的重点之一，只有设备完好无损、按期运抵设备安装现场，才能为后续的设备安装、调试阶段做好准备工作，确保工程按期保质保量顺利完成。设备运输方案的注意事项可参考下列几点：

(1)选择安全、合理、经济的运输方式和运输途径,采用最短路径运输。

(2)按照项目合同及采购进度计划要求,拟订运输计划,应重点提出大型关键设备的运输安排,包括运输前的准备工作、运输时间、运输方式、运输线路承载能力、通过能力与相应技术指标、车辆荷载配备选用及布载规定、设备捆扎方式、沿途排障方式、人员安排等。

(3)根据关于承运实力、运输条件、服务、信誉的考察以及运费的谈判,落实运输单位。如使用几家运输单位或几种运输方式组合起来运输设备时,要注意运输中的交接,以防止设备丢失或错运地点。

(4)注意对装载的设备进行可靠的加固,以防止运输过程中因受到惯性力、离心力、重力和干扰力(在运输中加减速、刹车、爬坡、下坡、转弯、颠簸、晃动会产生这些力)的作用引起设备移动而造成损失。

(5)对于有特殊运输要求的设备应采取特别的措施保障设备的运输安全,督促物流公司制定运输安全技术保障措施,如超限设备运输必须考虑专门的运输工具和特殊技术措施。由于超限设备运输具有临时性、一次性和多接口的显著特点,要加强管理和协调,采用先进技术,降低实施费用,做到安全可靠,万无一失。

(6)检查供货方的运输计划和货运文件的准备情况,督促其建立设备到货台账及运输状态报告。

三、地铁车辆、内燃机车、主变压器等设备特殊运输分析

地铁工程中的大型设备包括地铁车辆、内燃机车、主变压器等,这些设备造价高,体积庞大,重量都以数吨、甚至数十吨计。如地铁A型车尺寸为L(22 800 mm)×W (3 100 mm)×H (3 855 mm),重达39 t,属于大件运输二级,且设备的运输质量要求高,在运输中造成的任何损伤在今后都有可能成为地铁运营的安全隐患,设备的运输也有可能涉及到限界安全等重大问题。因此该类设备的运输必须严格按照相关的招标文件、《通用合同条件》、《施工技术条件》、运输程序、安全措施的要求来进行设备的装车、捆扎、行驶及卸车。主变压器穿越山区公路如图4-7-2所示,运输车组过桥如图4-7-3所示。

图 4-7-2 主变压器穿越山区公路

图 4-7-3 运输车组过桥

运输方案的设计除传统的运输过程设计外,还要汇集设备供货商和用户的双方面要求,既要熟悉各个大型设备的不同运输特点,又要了解设备安装要求。由于大型设备运输具有临时性、一次性和多接口的显著特点,要加强管理和协调,采用先进技术,降低实施费用,做到安全可靠,万无一失。

设备的运输必须考虑专门的运输工具和特殊技术措施，根据设备的主要运输数量、重量、体积规格、运输距离、运输路线、环境等因素特征来选择具体的运输方案，以确保运输质量为优先，兼顾时间性和可得性的运输方案。大型设备的装车、捆扎、行驶及卸车需有独立的专项施工组织设计，注意事项包括：

(1)在制定大型设备运输方案时，不但要考虑机车牵引额定功率、承载能力、最大扭矩，还要从爬坡能力和转弯半径等指标考虑来选用运输设备，包括载重运输牵引车、平板挂车、轨道牵引车、轨道平板车等；还包括选用吊装设备的吊车、叉车、手扳葫芦、千斤顶等其他主要工机具。所选用的工机具机动性能、使用性必须可靠、良好，严禁任何的超负荷作业。运输方必须安排经验丰富的管理人员和指定的专业人员进行操作，确保运输的顺利进行。

(2)运输路线主要从安全、可靠的角度考虑，针对大型设备在运输中可能经过的各条道路桥梁的宽度、承重、路边障碍物，转弯处的角度，道路的坡度等必须进行多次的运输沿线实地踏勘以采集详细可靠数据，在此基础上选用先进的运输装备，对超高、超宽、超长设备部件设计最安全、优良的运输线路，尽量减小对社会交通的影响。运输路线还应保证快捷、畅通和良好的道路通行能力，还应考虑备选线路，以防不测。最终选择的运输路线需及时提前报相关主管部门进行批准。在大型设备运输过程中，车速应在规定范围内行驶。

(3)在大型设备运输和吊装前，需详细了解设备的外形结构，对重心、吊点、承重底座等运输数据和吊装运输注意事项进行研究核实。对运输中涉及的一切运输工具和附件进行选型和测试，并进行动载和静载实验，吊装机械使用前需先进行了检修和保养，对吊钩进行无损探伤试验，吊索和绑扎材料由国家质量检验权威机构检测后出具质量证书。车辆设备装车如图4-7-4所示，车辆设备车辆段吊卸如图 4-7-5 所示。

图 4-7-4　车辆设备装车图

图 4-7-5　车辆设备车辆段吊卸图

(4)为了验证大型设备运输方案的可靠性，需提前掌握道路和桥涵的荷载等级、宽度和坡度以及路面的黏着系数，并确定是否存在高空障碍物或限高要求。方案设计上最大限度地分散对路桥的载荷作用，注意对挂车的受力与变形的核算。分析道路的通过能力时，对道路进行重载实验以检验道路的承受力，并进行模拟试运输和试吊装；以检验大型设备的尺寸对运输和吊装的影响，彻底消除事故隐患，确保运输方案的可行性。

(5)大型设备就位后必须保证设备重心在车辆承重轴心上，设备的纵向中心线应与车辆的纵向中心线对正，不得偏离倾斜，利用国际上惯用的捆扎工具导链和专用钢丝绳及卸扣，并结合实际采取不同方式的捆扎，确保大型设备固定的牢固性、可靠性与稳定性。在运输中，为确保处理沿途线缆高度对设备造成的限制，还要准备特制的专用顶升杆，在有空中线缆时顶起障碍，保证设备顺利通过。

(6)在大型设备卸车时，检查货物的支撑架是否按运输程序要求的位置摆放，检查货物支撑的延伸部分是否稳固的落在撑架上。其中地铁车辆、内燃机车和主变压器等大型设备一般在地铁车辆段进行吊卸，吊卸时必须在硬质地面上进行。

(7)需占用地铁轨道运输的大型设备，在运输方案上要严格遵守和执行地铁公司有关规定，并在运营部门的指导下进行运输工作；提前向车务有关部门提报运输行车计划和申请，经批准后方可进行运输；运输过程中服从地铁运营部门管理，按批准的运输行车时间运输和返回，确保行车设备的安全；严格遵守运输时间，及时出车，按时返回。

(8)需占用地铁轨道运输的大型设备，需确认接触网的导线高度和侧面限界，保证车辆上的设备在运输过程中与接触网导线保持规定的安全距离，不损坏导线或刮伤导线。运输沿线必须停电，并挂接地线设专人防护。运输过程中牵引车应慢速行驶，途中平板车前后要设专人防护，防护人员要按规定携带防护旗帜和信号灯，并且要有无线电对讲机随时和司机保持联系。运输过程中设专人监视接触网和运输货物的安全距离，发现问题立即停车，确保接触网设备安全。运输过程中发现其他不安全因素也应及时停车处理，在确保行车和人身、设备安全的情况下方可继续运输。

(9)变压器通过轨道运输经过站台搬运到指定的设备房内。在变压器装卸过程中，现场做好对站台装修地面和设备房其他设施的保护，避免刮伤，用铁皮或钢板铺垫以减少摩擦。卸运设备时必须采用晃绳固定保证设备安全，必须由专人指挥，其他人员必须服从统一指挥。

第三节 设备仓储

设备部件的储存包括设备在未发运前、到货后待检设备存放、设备检验合格后的入库存放，以及检验后不合格的设备暂存及其他必要的储存。

地铁机电设备的储存既要考虑设备的安全，又要考虑环境条件(如温度和湿度)的影响，因此应规定设备的适宜的储存设施，并定期对储存的设备进行检查，以便及时发现可能出现的情况。储存区域应保持清洁，所有的在储设备都必须具有完好的标识。对易受温度、湿度等因素影响的设备，应确保对其采取适当的措施，以免损坏。

下面从仓库设施、环境、产品码放、搬运、装卸、出入库账务、仓库管理员和安全等方面来阐述设备仓储管理。

一、设备仓库设置管理

1. 库房内应干燥，地面平坦、整洁，仓库大门、窗户应完好，并对所配备锁匙、库门开启装置实行专人管理。

2. 仓库灯光应足够，能满足仓库夜间操作需要，仓库电源线不得有裸露现象。

3. 仓库应配备足够的消防器材(消防栓 1 个/200 m^2)，定期检查有无失效，仓库的消防器材应放在容易发现、拿取的位置。

4. 库内应划黄线标明库位、垛位、道路等，库内通道应畅通，不得有物品阻碍车辆通行。

5. 仓库应具备进、出货的装卸平台，便于出入库操作。

6. 每个仓库应有仓库平面图，且注明库内产品分布、仓库平面结构、仓库面积。

7. 库内应具备装卸工装卸时的垫板，具备装卸必备的工具：推车，叉车等。

8. 仓库地面应保持无灰尘、无碎屑、纸屑等杂物，库内应具备清洁工具（扫帚、墩布、垃圾箱等），各仓库的推车、扫把等工具应集中摆放在固定、合理的位置，不得随意乱扔。

9. 产品每垛标识齐全，更换应及时、准确（型号、数量），每垛货位的标识字迹清楚，格式统一，标识牌的悬挂位置一致。

二、在库产品管理

1. 如在同一大库内存放有多家供货商的产品，则应将各家供货商的产品分开摆放，清楚标识。同一家供货商的设备产品严格按照规格、型号分开摆放。对于零散产品，必要时设置产品周转箱，以节省在库码放面积。

2. 产品严格按照标高码放，不得超高、倾斜。同一垛位里不得混放型号相似或相近的产品。检查库内产品有无变形现象，若发现有变形现象应减少堆码层数。易受潮的仓库底下应垫上托板或薄膜，灰尘较大的仓库顶层应加盖防尘物料。

3. 产品码放建议留有 5 距（墙距 0.2 m，垛距 0.2 m/2 垛，灯距，柱距，顶距），以便于有突发事件抢救产品。

三、设备搬运、装卸管理

1. 搬运作业时应轻拿轻放，不得抛、扔产品，不得打开产品扣手。

2. 装卸货过程中，不得直接踩在产品上，应垫上垫板，保护产品设备部件的完好。

3. 在出入库过程中，对产品的外观质量进行检查，保证出入库产品质量。

四、安全管理

1. 入库人员严禁携带烟火，非仓库管理人员、搬运作业人员，严禁进入库区。

2. 对长时间存放在库内的货物应定期检查（有无虫害、变形、受潮等），库内消防设施应齐全。

3. 仓库大门、窗户应完好，及时锁门、关窗。

4. 库内危险品应单独存放，并标识清楚，对于有的危险品，必要时可放在经常能看到的地方（如油漆等）。

5. 库内的电源线不得裸露，严格用电管理。

第八章　设备到货开箱验收

第一节　概　述

设备到货开箱验收是指供货商按照设备供货通知单要求的日期，将设备运抵指定位置，由监理组织对设备进行开箱清点、验收、设备现场移交工作。其中所指的设备可以是设备供货商供应的设备材料或由承包商采购的设备材料。开箱验收工作包括业主代表、设备供货商、安装承包商、监理等各方对设备外观进行检查，对设备数量(含专用工具、备品备件、易损件等)进行清点，并对随机所附之产品合格证、技术资料、图纸进行验收、存档，做好开箱验收记录，协助办理设备移交手续，检查设备存储场所的条件、环境等管理状况，督促保管单位对设备进行定期清点检查。

第二节　设备开箱前准备工作

一、确定设备卸货场地

在设备发运前，设备供货商或安装承包商应将设备运输到达开箱移交现场的具体日期和时间及时通知监理，并通知安装承包商联系确定设备卸货场地(即开箱清点检查和移交的地点)，并设置防雨设施。可选择设备安装地点、临时周转场地、临时仓库等处。如果选择设备安装地点，则安装承包商还应事先完成设备基础的复测及安装场地的清理工作。

设备的卸货由供货商负责，开箱验收后的搬运工作由安装承包商负责。安装承包商应协助供货商卸货。对于大型设备，安装承包商应提前准备卸货工具，如吊车、叉车等。

二、参与验收的各方人员

由监理组织各方参加设备开箱检查和承办移交，邀请参与验收的各方人员包括设备供货商、安装承包商、总包商、监理、业主代表等。

三、准备《设备开箱检查移交记录》

设备开箱检查移交记录表格需包括以下内容：

1. 设备合同号、设备名称、型号规格、数量、产品包装方式等。
2. 设备生产单位、设备接管单位、开箱移交日期。
3. 附件及配套情况栏(按装箱单检查)及其他情况说明。
4. 参加单位及代表签名栏。

四、准备《备品、备件及专用工具移交清单》

设备供货商提供的备品备件及专用工具移交给运营单位，开箱验收程序与设备开箱验收程序相同，相应的移交记录为《备品、备件及专用工具移交清单》。由安装承包商采购的设备及材料的备品备件及专用工具的开箱验收及移交参照上述程序执行。如果安装承包商在设备安装过程中需使用供货商提供的专用工具，由安装承包商向运营单位办理借用手续，用后归还。

五、准备《设备随箱文件移交清单》

在设备办理移交过程中，还需核对设备供货商与安装承包商所提交随箱技术文件与相关资料。产品合格证由运营单位接收，安装工程竣工验收时，由运营单位提交给安装承包商附于竣工文件中。

六、二次开箱设备

对于需要二次运输的设备，为便于设备的二次运输及保证设备二次运输不损害设备，在设备运抵现场后只进行设备包装的外观检查及箱数清点后移交给安装承包商。安装承包商负责设备的二次运输。设备运抵安装现场后，由监理组织设备的二次开箱验收。二次开箱验收前，首先检查设备的外包装是否有破损或受到水浸，如外包装完整，则按设备开箱程序进行设备开箱验收。如外包装出现破损等情况，开箱后根据设备损坏的情况分析原因，分清设备本身原因和二次运输对设备造成损坏的原因，划分设备供货商及安装承包商承担的责任。如属于设备供货商的责任，由设备供货商返修或重新提供设备；如属于安装承包商的原因，则由安装承包商承担相应的费用。

第三节　设备开箱检验

一、设备开箱验收

1. 对设备供货商供应的设备材料开箱验收

(1)地铁机电设备中，某些工程项目的设备采购供货与安装是不同的两家承包商，则设备材料应根据设备采购供货合同，分批在指定地点进行设备验收交接。设备交接必须在业主代表、监理、设备总包商、设备供货商、安装承包商代表参与下进行。安装承包商对设备包装、设备名称、规格型号、数量以及随附的文件进行严格检查，发现不符、遗漏或损伤，应当场指出。如均符合要求，交接后的设备运输及仓储由安装承包商负责。

(2)随附的文件包括产品清单，产品出厂合格证、各主要部件及整机的产品监测报告、原产地证明文件等。如属于消防产品，还应附上国家指定监测部门出具的消防监测报告及本地消防部门出具的允许使用的证明文件(需符合供货合同的要求)。

(3)如对开箱检验无异议，业主代表、监理、设备总包商、设备供货商、安装承包商代表应在开箱检验记录上签字确认，此后设备及其配件由安装承包商保管，备件及随附文件交业主保管。根据施工需要移交部分随附文件给安装承包商。

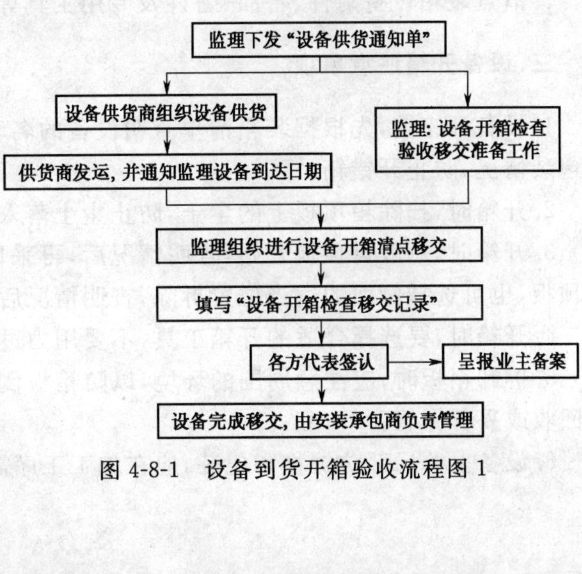

图 4-8-1　设备到货开箱验收流程图 1

(4)设备从仓储地提货装车到安装

现场的运输由安装承包商负责。对已由安装承包商提取运至现场的设备、材料，或者已由业主向安装承包商移交的设备、材料，均由安装承包商负责现场保管。在设备到货不经过仓库而直接运输到工地的情况下，安装承包商同样有责任保管这些设备，保管工作必须保证完好无损。

设备到货开箱验收的工作流程如图4-8-1所示。

2.由设备供货商负责安装的设备材料

由设备供货商负责安装的设备开箱验收程序与上同，不同点是设备移交单位与接收单位为同一单位，即设备供货商。

设备到货开箱验收的工作流程如图4-8-2所示。

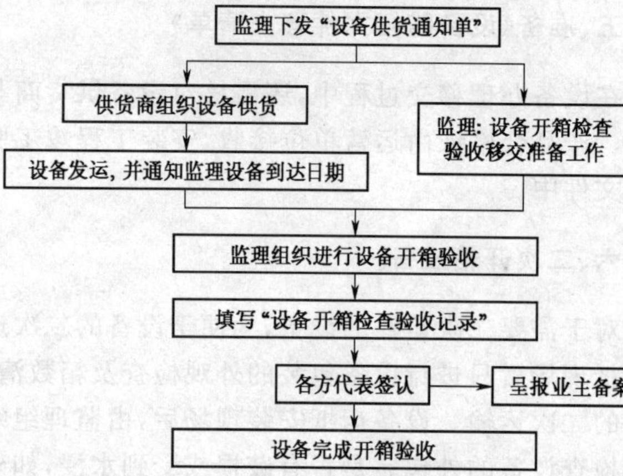

图4-8-2 设备到货开箱验收流程图2

二、检验、清点内容

监理组织参与各方有关人员按采购合同要求和装箱单开箱检验，检查设备外观的完好程度、锈蚀情况，据装箱清单检查零件规格型号、部件数量、随箱附件、备品备件等是否齐全。开箱清点检验的内容如下：

1.检查外观包装情况，看包装箱(包括内包装)是否按照合同要求予以规范包装，包装是否有损坏的地方。

2.设备外观检查(有无损坏、缺陷、锈蚀等情况)，如有缺陷，损伤和锈蚀，可进行拍照取证，按合同有关规定处理。

3.根据装箱单核实到货设备的名称、型号、规格与数量，必要时应对照设备图纸进行检查。

4.检查设备随箱附件，按照设备装箱单检查随箱的技术文件，如产品出厂合格证、技术说明书、质量保证书、设备图纸、用户使用手册(若为进口设备，还应有商检证明文件)、安装技术要求资料等。

5.清点装箱设备附件、备品、备件及专用工具等。

三、设备开箱注意事项

1.设备开箱前，先根据装箱清单查明设备的名称、型号和规格，检查设备的箱号和箱数以及包装情况，防止开错箱。

2.开箱时，扫除箱顶板上的尘土，防止尘土落入设备内。

3.开箱时，一般自顶板开始，查明情况后，再采取适当方法拆除其他箱板。如不便首先拆开顶板，也可选择侧面的适当位置拆除，查明情况后再进行开箱。

4.开箱时，要选择合适的开箱工具，不要用力过猛，以免损坏箱内设备。

5.拆卸箱板时，应注意周围的环境，以防箱板倒下碰伤周围设备或人员；拆下的箱板应及时回收或妥善保管。

6.设备上的局部防护物和包装，应在施工工序需要时拆除，不得过早拆除，以免设备受损。

四、填写并签认相关记录和清单

由监理负责，如实根据现场检查情况填写《设备开箱检查移交记录》、《设备备品、备件及专用工具移交清单》和《设备随箱文件移交清单》，如发现损坏、锈蚀、零部件短缺等问题，应拍照或用其他方法做好记录，作为向供应商及有关部门交涉索赔的依据，并注意设备采购合同中规定的索赔期限。

参与设备开箱的各方代表对监理所填写的《设备开箱检查移交记录》、《设备备品、备件及专用工具移交清单》和《设备随箱文件移交清单》进行确认后，并共同在开箱检查表格和移交清单上签字，经各方代表签字确认的移交文件需呈交业主备案。

第四节　设备移交与仓储保管

一、设备移交

设备完成开箱验收后，可根据合同条款，设备由安装承包商直接保管（原包移交）或存放在业主的仓库并由业主负责对设备进行仓储管理。如安装承包商从业主仓库领取设备部件，还需进行开箱检查、数量清点等。

移交给安装承包商的设备二次运输、装卸及仓储保管均由安装承包商负责。安装承包商应根据供货商先前提出的仓储条件来提供设备储存场地或库房。

相应的备品、备件、专用工具及随箱文件经检查无误后，应移交给业主运营部门，由业主运营部门签收后负责保管。安装承包商在安装施工中若需要其中的某些专用工具和技术文件，则应向业主运营部门办理借用手续，用毕归还。

二、设备仓储保管

在设备及零部件完成移交后，保管单位需采取妥善措施对设备进行保管，从仓库设施、环境、产品码放、搬运、装卸、出入库账务、仓库管理员和安全等方面做好设备仓储管理。

三、设备在开箱验收后的移交需注意

1. 设备开箱后，一般不得露天放置，特别是地铁机电设备的控制部件、执行机构等部件，以免设备损伤和受风雨灰砂侵害，需及时入库。

2. 暂时不能投入安装的设备零部件、附件，可重新装箱，或搁置在仓库料架上，并做好相应标签标识。

3. 设备上的小型仪表、易碎部件、易丢失的小零件，均应单独收藏保管，作好标签标识以免混淆和丢失。

4. 设备入库后应及时建立设备零部件的出入库账务（包含设备名称、数量、状况、在库情况等信息），实行物料领用登记制度，对设备零部件进行动态管理。

第九章 设备制造阶段的监理工作总结

设备制造阶段的监理工作总结可参照以下格式与内容进行编写：

1.工程概况

阐述本工程设备制造阶段的工作范围、工程量、工程特点、工期要求、设备制造进度、工作重点、难点等情况。

2.设备制造阶段监理组织机构和监理人员

介绍本阶段的监理组织机构、所配备的监理人员数量、专业配置等。

3.设备制造阶段监理工作执行情况

对设备制造阶段的监理工作执行情况进行整体概括性总结。

3.1 设备制造前期准备工作及监理工作程序化规范化情况

包括编制监理管理程序；编制和修改完善《设备制造监理细则》；审核设备供货商的项目实施计划、设备供货商的资质文件及质保体系审查；定期及根据工程需要随时召开设备制造阶段的监理工作例会等。

3.2 设备制造进度及进度控制情况

3.2.1 设备制造进度

根据实际设备制造情况对制造进度进行汇总，并对照工程项目供货计划进行比较，总结进度的实际状况。

3.2.2 设备制造进度控制工作

包括设备投产令、审核总进度计划、年进度计划、月进度统计；进度滞后采取的纠偏措施和建议、协调工作等。

3.3 设备制造质量及质量控制情况

3.3.1 设备制造质量

对设备质量进行说明，监督设备供货商重视设备制造的质量管理与控制工作。

3.3.2 设备制造质量控制工作

包括对设备分包商的资质文件、质保体系审查；样机制作及验收（包括型式试验）；投产前技术准备工作检查；设备制造关键工序检验；设备制造主要外购件报验；设备制造中间检查；出厂验收；设备制造中发现的问题及处理情况和建议等。

3.4 设备制造阶段投资及投资控制情况

3.4.1 设备投资情况

设备制造阶段投资完成状况，与计划完成情况的对比，与投资概算的对比。

3.4.2 设备投资控制工作

包括对设备制造款支付申请的审核；月形象进度折合投资的审核；设备变更的审核；投资台账；对投资失控的分析、纠偏措施及建议等。

3.5 设备制造阶段合同及资料管理情况

3.5.1 合同补充协议签订情况

介绍本工程在合同执行过程中所增加的合同补充协议签订的情况、补充协议执行状况等。

3.5.2 设备变更情况

介绍本工程在合同(包括补充协议)执行过程中所增加的设备变更项目、范围内容、变更价、设备变更执行状况等。

3.5.3 监理进行合同管理情况

包括补充协议评审情况;设备变更的审核、评审情况;对合同变更后的监督执行等。

3.5.4 监理进行信息资料管理情况

包括收集工程信息、标准、技术资料和监理资料;收、发文管理;编制监理月报;编写会议纪要、考察报告等。

4.对设备制造阶段监理的工作经验、体会进行总结

根据设备制造监理工作过程,对该阶段工作的内容、经验和体会进行归纳总结,特别是对工作重点、难点部分的总结,用以指导后期的监理工作。

5.设备制造照片

为清晰的反映所监造设备的实际情况,可选择典型的设备照片附于监理工作总结后面。

第五篇

设备安装阶段的监理

第一章　设备安装阶段的监理细则及监理月报

监理细则是指导监理工程师开展具体监理工作的重要依据，编制安装阶段的监理细则应以监理规划为依据，根据各类设备安装工程的特点，围绕"四控两管一协调"，以质量控制为核心的原则，制定出监理工作目标，明确监理工作内容，阐述监理工作方法，突出各种设备安装的特点和难点，要做到详细具体、操作性强。

在设备安装阶段，监理根据国家建设工程监理规范、相关的国家标准、规范、行业标准、设备安装承包合同、相关设计文件的要求以及监理合同，对承包商所承包的整个系统设备安装工程进行"四控两管一协调"工作，主要有：

1.对承包商签订的分包合同进行审核。

2.审查承包商编制的施工组织设计及技术方案。

3.对系统工程所需要的甲控乙购设备、材料质量进行控制，对进场设备、材料进行检查、验收。

4.根据需要可将关键部件、重要材料送有资质的部门进行质量见证送检。

5.对承包商和业主签订的合同进行管理以及进行信息管理。

6.对合同款项的支付进行严格审核，对工程变更严格把关。

7.协调承包商与业主之间、承包商与承包商之间的有关争议和纠纷，进行各系统设备之间接口的协调以及设备安装与土建、装修之间接口的协调。

8.对于隐蔽工程要进行旁站监理，对关键部位进行见证点监督。

9.协助业主组织设计单位、承包商等进行施工图图纸会审及施工图设计交底。

10.定期召开工程例会，不定期召开专题会，及时协调施工过程中的各类问题。

11.熟悉各系统设备之间的接口，审核设备安装措施和设备安装单机调试大纲。

12.审核设备安装调试用的机具和检测仪器。

13.进行各工序检查、验收。

14.组织设备安装竣工初步验收。

15. 了解设备安装环境要求及加强成品保护。

为了在设备安装阶段使监理工作有序的进行，监理工程师应根据监理规范的要求、依据监理规划以及承包合同、经审核批准的施工组织设计、施工技术方案，编制相应的设备安装监理细则，整理编写监理月报，务必使整个安装过程处于可控状态。

第一节　监理细则的作用

一、对项目监理的作用

1.监理细则由专业监理工程师负责编写，总监理工程师审批。通过对监理细则的编写，可使专业监理工程师增加对工程的认识程度，使他们更加熟悉施工图纸、相关技术标准、规范。为即将开展的监理工作做好准备。

2. 监理细则是指导监理工作开展的文件，监理工程师应按监理细则的要求做好监理工作。

对于地铁设备系统，各专业监理人员人数较多，为避免各监理人员监理尺度、内容等因人而异，对监理工作产生漏项或监理过度，要求监理人员严格按监理细则实施监理工作。在监理过程中，如发现监理细则与实际情况发生冲突，应及时修正和完善监理细则。

二、对承包商的作用

1. 能起工作联系单或通知书的作用。因为，除了强制性要求的验收内容（如隐蔽工程）外，承包商不清楚还有哪些工序监理人员必须到场。而细则中通过质量控制点设置的安排，可让承包商在相应的质量控制点到来前及时通知监理方，做好相应的准备工作。

2. 为承包商起提醒作用。主要是提醒承包商注意质量通病，使之为预防通病出现应采取相应的措施。同时，提醒承包商对施工中可能出现的问题要采取相应的应急措施。

三、对业主的作用

监理方将一份切合工程实际的监理实施细则提供给业主，通过监理实施细则对监理措施具体、全面的叙述所体现的监理水平，消除业主对监理人员素质的怀疑。让业主放心，有利于取得业主对监理的信任与支持。

第二节　设备安装阶段监理细则包括的内容

本节简要介绍设备安装阶段监理细则应包含的主要内容，并对其做相应的解释，以作为编制设备安装阶段监理细则的参考。设备安装阶段的监理细则是在整个系统工程监理规划的基础上进行编制，所包括的内容应符合有关监理规范、标准及合同的要求。通常包括如下内容。

一、概　　述

1. 工程内容及概况：工程是指使用该设备的工程项目，包括工程名称、设备安装的地点、规模、投资额、施工周期以及周边环境、运输条件等内容。能够让监理准确地了解设备安装的要求、到货的时间、运行的环境、使用特点等。

2. 设备系统概况：包括所安装项目设备的系统介绍、设备名称、设备功能参数、设备数量、设备特点等。

3. 里程碑工期：主要介绍系统设备安装工程的主要工期、关键工期以及竣工工期。

4. 项目投资情况：包括系统工程安装项目的总投资额以及工程款的支付办法。

5. 参建单位介绍：介绍参建单位的主要情况。

6. 工程特点：主要介绍施工条件环境、作业点、工期情况以及设备安装调试量、设备种类和技术难度等。

二、监理依据

监理细则的编制依据主要包括国家和地方、行业的有关法规、标准、规范及工程建设的有关设计文件、合同文件及资料。

1.《设备安装合同》；

2.《监理合同》；

3.设备安装设计文件及设备安装施工图；

4.相关技术规范及标准；

5.监理规划；

6.其他相关资料。

三、监理工作流程

1.监理工作流程图

监理工作流程是用流程图将整个系统设备安装过程监理从事的主要工作内容按逻辑关系表达出来，具有直观、简便的效果。

2.监理工作主要内容

(1)组织设备安装承包商，业主、设计单位参加，进行设备安装施工图纸会审。

(2)组织设计单位向设备安装承包商进行的设备安装设计图纸交底会。

(3)审查设备安装承包商根据工程设计要求以及国家有关的质量管理规定，制定的施工组织设计方案(包括施工组织、施工安全、施工方案、管理制度、施工计量及施工质量保证体系等有关施工质量控制措施的全过程)。

(4)审核安装承包商申报的原材料、部件、器件、设备采购清单；对施工进场的原材料、部件、器件、设备进行审查并对质量进行确认；对进场的安装机具、检测仪器设备、运输设备等的质量进行审查。

(5)审核土建施工部分及设备安装现场环境条件是否满足设备安装的要求，并协助业主进行协调，使安装承包商具备进场安装的条件。

(6)参加甲供设备到货开箱验收，审核和跟踪监控设备的二次搬运工作。

(7)进行各安装工序的检查、验收，检查施工日志，各种安装施工技术记录、开箱检查记录等原始记录。

(8)按照设备变更管理程序对现场工程变更进行审查，对设备安装工程量变更的确认，严格控制因各种原因产生变更而造成的工程费用的变化，做到取费根据合理、责任分明、审批手续完备。

(9)负责工序检查、隐蔽工程检查验收，有关的设备安装工程、设计的变更和工程施工质量、安全及质量事故处理，行使质量和施工安全的监督权和否决权。

(10)组织单项设备和子系统的调试、竣工初步验收，参加竣工验收。

四、监理工作要点及目标

1.设备安装阶段监理工作的要点

本阶段监理的主要工作是根据业主与承包商签订的安装承包合同进行设备安装工作的质量控制、进度控制、投资控制及安全控制。

2.设备安装阶段监理的控制目标值

(1)质量控制目标：用单位工程和分项工程的合格率表示计划完成的工程质量等级。

(2)进度控制目标：用里程碑工期目标、试运营工期目标表示计划完成进度控制目标的实现。

(3)投资控制目标：按设备安装工程招标、支付、变更等或项目控制计划完成投资控制目标的实现。

(4)安全控制目标:用重大安全事故、一般安全事故发生率作为安全控制的目标值。

(5)环境保护及文明施工:环境保护的项目及控制的目标值、文明施工控制的目标值。

五、安装阶段质量控制

1.安装工程的主要内容

主要介绍系统设备车站及区间安装工程范围概要、系统设备控制中心的工程范围概要。

2.安装工程的接口界面

主要介绍系统设备与常规安装承包商的施工界面、与土建结构的接口界面、与其他设备系统之间的接口界面。

3.安装工程的质量控制

主要对监理项目管理、安装工程前期准备、布线工程的质量控制、箱柜安装的质量控制、质量控制点、旁站监理记录表等方面的监理工作要点进行介绍。

六、安装阶段的进度控制

设备安装阶段的进度控制要点是设备安装能满足整个工程的进度要求和合同工期要求。承包商应根据合同及工程工期要求编制设备安装总工期计划及月度计划和月度计划完成情况,监理审核批准实施。监理应根据批准的总进度计划及月度完成计划分析项目进展情况,采取合适的纠偏措施,保证设备按计划完成安装。如整个工程工期计划改变,应及时修改总进度计划。

七、安装阶段的投资控制

按合同要求支付预付款和进度款,根据合同在规定的时间内完成安装后,对该阶段完成的设备进行检查,并检查有关记录,根据检查结果审查及签署承包商进度付款申请,并报业主。

严格审核现场工程变更,根据现场实际发生的工程量、设备变更数量审核承包商提报的变更,严格审核工程量及设备价格等。

八、合同及信息管理

合同是建设单位和安装单位为完成商定的设备安装调试工作的法律依据,监理工程师应熟悉国家有关合同的法律法规及合同的相应条款。应对合同进行编号管理,便于查阅。对合同的补充协议、变更、索赔应有专人管理。当合同执行双方发生合同纠纷时,监理工程师应根据国家的法规及有关规定处理合同纠纷。

在整个监理过程中,监理工程师要收集施工过程中各种有关质量、进度、投资、安全及合同等各方面的信息,进行综合管理。

九、组织协调工作

监理应协调承包商与业主之间的关系,应协调承包商与承包商之间的关系。妥善处理各种矛盾,确保设备安装工程保质保量按计划完成。

十、监理工作的方法及措施

根据监理合同及监理规划的要求,在设备的安装阶段,认真执行上述的工作内容,进行设备安装阶段的质量控制、进度控制、投资控制、安全控制，作好信息管理及合同管理工作，协调好业主、承包商、设计等各单位之间方方面面的工作，其具体工作方法及措施如下：

1. 组织措施：建立健全监理组织，配备合格的数量满足要求的专业监理人员，完善职责分工及有关的制度，落实质量、进度、投资、安全控制的职责。

2. 技术措施：主要是运用监理工程师的技能，在设备安装的主要环节进行审核控制，保证设备安装的质量、投资、进度满足工程的需要。

3. 经济、合同措施：按合同的相关条款，采用相应的经济措施，对不满足合同要求的设备给予承包商相应的经济处罚，对优于合同要求的设备给予相应的奖励等措施促使承包商提供满足合同要求的优质、保量、及时的服务。

十一、安全文明施工

安全防护与文明施工，承包商必须严格遵守国家、地方政府颁布的有关安全生产及文明施工的规定，监理工程师进行定期的检查和不定期巡检。

第三节　设备安装阶段监理月报包括的内容

监理月报主要是将本月工程进展情况及下月监理工作重点进行汇总，报业主传阅了解工程情况，也为监理对一个月监理工作进行总结汇总，找出工程所出现问题的原因，确定下一个月监理工作重点。

设备安装阶段监理月报主要包含的内容和格式，现已某地铁工程设备监理月报为例说明：

1. 设备工程概况

主要介绍设备安装工程的规模及内容。

2. 本月工程概况

主要介绍本月工程的进度，设备到货及安装情况以及安装过程中发生的重要问题、质量事故以及解决的办法等内容。

3. 本月工程形象进度

可用表 5-1-1 的形式表示。

表 5-1-1　×××工程形象进度月报表

填报部门__________　________年________月

序号	合同名称	合同号	开累占合同总额%	主要形象进度	形象进度文字说明

4. 工程进度情况

主要介绍本月的工程进度情况。

(1)设备安装招标进度情况

主要介绍设备安装的招标情况以及分包情况。

①已完成设备安装招标情况；

②正在进行设备安装招标情况。

(2)设备安装进度情况

①本月设备到货情况

主要介绍甲供设备及甲控乙购设备的到货进度。

②本月设备安装情况

主要介绍甲供设备及甲控乙购设备的安装情况。

(3)存在的问题

主要介绍本月安装过程中安装遇到的问题及甲供设备的问题。

5.设备安装工程质量情况

主要介绍安装过程中设备的到货情况、分包商资质审查情况、主要外购材料验收情况、隐蔽工程验收情况、关键工序验收情况、初步验收情况及存在的问题。

(1)到货情况

主要介绍到货设备的质量情况。

(2)分包商资质审查情况

主要介绍安装分包商资质的审查情况。

(3)主要外购材料的验收情况

主要介绍甲控乙购设备、材料的质量情况。

(4)隐蔽工程验收情况

主要介绍本月设备安装过程中的隐蔽工程验收情况及旁站监理情况。

(5)关键工序验收情况

主要介绍本月设备安装过程中关键工序的验收情况。

(6)初步验收情况

主要介绍根据合同及国家有关标准、规范对设备安装工程的初步验收情况。

(7)存在的问题

主要介绍本设备安装工程所有存在的问题。

6.设备安装合同投资完成情况

主要介绍设备安装合同本月折合投资情况及下月投资计划的展望。

(1)本月设备安装工程投资情况

主要介绍本月安装工程的验工计价及支付情况,如表 5-1-2 所示。

表 5-1-2　×××工程投资月报表

填报部门＿＿＿＿＿＿　＿＿＿＿＿年＿＿＿＿＿月

序号	合同号	合同名称	本次支付	本年共支付	开累	开累占合同%

(2)下月投资计划

主要预测下月计划验工计价的内容及支付情况。

7.设备安装工程变更情况

主要介绍本月设备安装过程中的变更情况,如表 5-1-3 所示。

表 5-1-3　×××工程变更确认统计表

填报部门＿＿＿＿＿　＿＿＿＿＿年＿＿＿＿＿月

序号	工程名称	合同编号	变更内容	工程造价增加（万元）	工程造价减少（万元）	备注

8.安装承包商施工活动资料

主要介绍安装承包商本月的施工人员情况、现场施工机械到位情况及进场的主要设备、材料情况。如表 5-1-4 所示。

表 5-1-4　×××地铁×××安装工程安装承包商活动资料情况表

一、施工人员到位统计表		
人员、工种 / 项目名称	管理人员	生产人员
二、施工现场机械到位统计表		
设备名称 / 项目名称	×××设备	×××设备
三、主要设备、材料统计表		
设备名称 / 项目名称	×××设备	×××材料

注：由于每个设备系统安装需要的人员、设备、工具、工种、材料差别较大，因此本表格仅供参考。

9.承包商提出的问题及监理的答复和指示

主要介绍安装过程的安装承包商提出的各类问题以及监理解决的办法、协调的情况等，如表 5-1-5 所示。

表 5-1-5　承包商提出问题处理表

序号	合同名称	合同号	问题内容	提出时间	监理答复	落实情况

10.监理方监理活动资料

主要介绍本月监理机构的人员情况及当月所发生的和工程有关的重大事情。

11. 监理与业主的联系情况

主要介绍监理机构与业主的联系情况，如表 5-1-6 所示。

表 5-1-6　监理与业主联系表

序号	收发日期	文件内容	发文单位	收文单位

12. 承包商与监理的联系情况

主要介绍承包商与监理的联系情况，如表 5-1-7 所示。

表 5-1-7　承包商与监理联系表

序号	收发日期	文件内容	发文单位	收文单位

13. 监理工作执行情况

主要介绍本月监理机构所做的各项具体工作。

14. 下月监理工作的重点

主要介绍下月监理工作控制的重点及要点。

由于所监理设备的复杂性差别较大及设备安装阶段监理的工作内容差别较大，因此，在编写监理月报时，应根据所监理设备的特点进行适当删减。

第四节　设备安装阶段监理实施细则举例

下面列举某地铁工程综合监控系统设备安装阶段的监理细则，供参考。

综合监控系统设备安装阶段　监理细则

一、概述

1. 工程内容及概况

××地铁工程共计××个车站，地下站为××座，地面高架站为××座，线路全长××km，设车辆段一座及控制中心一座。

××地铁工程概算为××亿元人民币，2003 年 6 月进入设备安装阶段，2004 年底开通试运营。

2. 集成系统

集成系统是由软件、硬件、网络、接口组成的综合监控网络系统，支持多服务器、多总站接入，支持 ODBC、OPC 标准；软件平台支持其他系统接入，集成系统可实现以下总体功能：画面监视管理、实时控制、报警和安全体系、历史数据、文件处理及归档报表、组态功能、系统维护功能、开放性功能。EMCS(车站设备监控系统)系统是集成系统的核心。

(1)EMCS 系统

××地铁工程的 EMCS 系统包含在综合监控集成系统之中,分中央级、车站级和现场级三级对机电设备进行监控,在中央级、车站级进行系统管理。

①中央级 EMCS 系统

中央级的功能主要通过集成系统的网络与共享设备实现,对全线车站设备的综合监视和管理,配备 EMCS 系统工作站、服务器等。

②车站级 EMCS 系统

车站级 EMCS 系统将对各车站及 OCC 的通风空调系统设备、给排水设备、自动扶梯、电梯、车站公共区照明、广告照明、车站事故照明电源、人防密闭隔断门等机电设备进行全面、有效的自动化监控及管理。

③现场级 EMCS 系统

系统配置就地 PLC 控制器,通过冗余 Controlnet 接口连接车站冗余控制网络,实现对车站机电设备的运行控制和监视功能。

④自动化维修车间

由维修计算机、交换机、光缆收发器、不间断电源、打印机、综合工作台及与 SCADA 复示系统共用的局域网组成,实现 EMCS 系统网络维修及设备管理功能。

(2)SCADA(电力监控)系统

电力监控 SCADA 系统由设置在 OCC 中央控制室的主站监控系统、设置在各变电所内的综合自动化子系统及设置在车辆段综合维修中心的自动化维修车间内的复示系统以及连接系统的通信通道构成,电力监控主站连接在 100 M bit/s 的 OCC 局域网上,变电站综合自动化系统连接在车站 100 M bit/s 局域网上。

(3)FAS 系统

防灾报警系统(FAS)包括中央控制大楼、各车站、区间、车辆段和两座主变电所及其有关建筑物的防灾报警主机、分机、探测器和消防装置控制单元等,借助于通信传输网完成系统的信息流通和控制功能。FAS 管理体制为防灾控制中心(主控级)和车站、变电所或车辆段综合控制室(分控级)两级管理模式;控制方式为中心监控、车站监控和就地控制三级控制模式。FAS 中还包括防灾通信(电话、广播和闭路监视电视),与 EMCS、消防等系统密切相关的接口等设备。

3. 里程碑工期

综合监控系统安装工程

××××年×月～××××年×月　　完成设备安装工程;

××××年×月～××××年×月　　完成单个子系统通电调试及竣工测试;

××××年×月～××××年×月　　完成系统总联调及运营演练;

××××年×月　　开通试运营。

4. 综合监控系统项目投资情况

综合监控系统总价:×××人民币。

5. 各参建单位介绍

系统总承包单位及综合监控设备供应商:——有限公司;

A 分包安装承包商:——有限公司;

B 分包安装承包商:——有限公司;

C 供货分包商:——有限公司;

D供货分包商:——有限公司。

6.工程特点

(1)施工条件差、作业点多、交叉作业多、工期紧,质量要求高,设备复杂技术含量高,设备安装调试量大、设备种类多、安装技术难度大。

(2)地铁施工场地狭窄,净空不高,各系统的各种管线均要在这有限的空间内敷设;施工涉及共××座车站、一个车辆段、一个控制中心和全线隧道区间,施工作业的场点多。

(3)××××年底是××地铁工程的关门工期。所有地铁项目的十几种的设备安装调试都必须为实现这一目标而努力。综合监控系统安装工期只有短短半年时间,设备安装、调试工作量均很大。

(4)综合监控系统涉及到设备监控、防灾报警、电力监控、门禁系统、乘客资讯、大屏幕等项目,而每个项目又由若干个分系统、独立的设备等构成,故其设备品种十分繁杂。综合监控系统具有技术难度大、精度高,施工和调测困难多等特点。

(5)调试特点:综合监控系统与其他系统接口多,调试工作量大,技术高,难度大。

二、监理依据

1.有关设计及合同文件

(1)《监理合同》;

(2)《监理规划》;

(3)《建设工程监理规范》;

(4)综合监控系统设备采购合同;

(5)综合监控系统设备采购服务合同;

(6)综合监控系统施工图。

2.有关法规、标准及规范

《地下铁道设计规范》	GB 505175
《100 M bit/s(100BASE-X)以太网标准》	IEEE 802.3u
《国际串行通讯标准》	EIA RS-232-C
《建筑与建筑群综合布线系统工程设计规范》	GB/T 50311
《工业计算机系统安装环境条件》	ZBN 18-001
《民用建筑电气设计规范》	JGJ/T 16
《采暖通风空调调节设计规范》	GBJ 19
《电气设备用图形符号》	GB/T 5465
《建筑设计防火规范》	GBJ 16
《人民防空工程设计防火规范》	GB 50098
《高层民用建筑设计防火规范》	GB 50045
《低压配电设计规范》	GB 50054
《房屋建筑CAD制图统一规则》	GB/T 18112
《地下铁道工程施工验收规范》	GB 50299
《电气安装工程电气设备交接试验标准》	GB 50150
《UTP电缆芯线定义》	EIA/TIA-T 568B
《建筑与建筑群综合布线系统工程验收规范》	GB/T 50312
《工业自动化仪表工程施工及验收规范》	GBJ 93

《工业控制用软件评定准则》　GB/T 13423

《消防联动控制设备通用技术条件》　GB 16806

《电气装置安装工程接地装置、施工及验收规范》　GB/T 50169

《电气装置工程盘、柜及二次回路接线施工及验收规范》　GB/T 50712

《工业计算机监控系统抗干扰技术规范》　CECS 81:1996

《建设工程施工现场供用电安全规范》　GB 50194-1993

《施工现场临时用电安全技术规范》　JGJ 46-1988

《建筑施工安全检查标准》　JGJ 59-1999

《铁路电力施工规范》　TB 10207

三、监理工作流程

1. 监理工作主要内容

(1)组织设计单位与设备安装工程承包商之间的设计交底工作。

(2)审查工程承包商根据工程设计要求，以及国家有关的质量管理和质量保证法制定的施工组织设计方案(包括施工组织、施工安全、施工方案、管理制度、施工计量及施工质量保证体系等有关施工质量控制措施的全过程)。

(3)检查施工日志，各种安装施工技术记录，隐蔽工程记录和开箱检查记录、施工调度日报等原始记录。

(4)按照设备变更管理程序对设计变更进行审查，对设备安装工程量变更的确认，严格控制因各种原因产生变更而造成的工程费用的变化，做到取费根据合理、超概责任分明、审批手续完备。

(5)负责工序检查、隐蔽工程检查验收，有关的设备安装工程、设计的变更和工程施工质量、安全事故处理，行使质量和施工安全的监督权和否决权。

(6)组织单项设备和子系统的调试、竣工验收，相关设备安装工程的质量评级活动。

2. 监理工作流程图

监理工作流程图如图5-1-1所示。

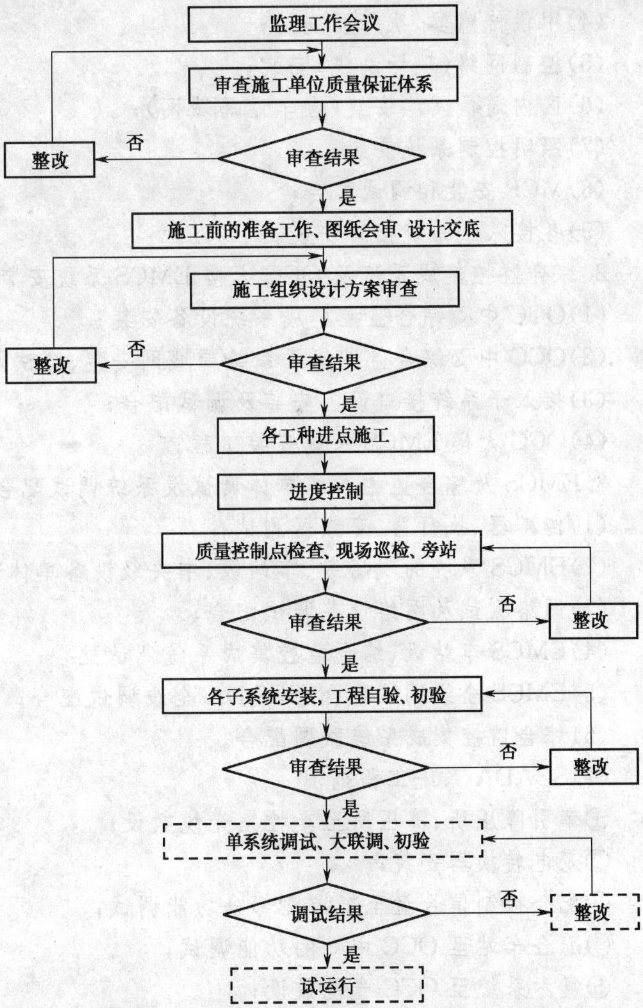

图5-1-1　设备安装阶段监理工作流程图

四、监理工作的要点及目标值

1. 监理工作的要点

综合监控系统监理工作的要点主要包括：

(1)设备供货商的出厂验收、到货开箱验收；

(2)控制设备供货商的设备到货时间；

(3)控制设备安装商的安装质量；

(4)协调设备安装商与车站地盘管理商的关系；

(5)控制设备安装设计变更；

(6)控制设备调试质量。

2. 监理工作目标值

(1)质量控制目标：分项工程的合格率100%；单位工程的合格率100%。

(2)进度控制目标：综合监控系统工期满足总工期要求。

(3)投资控制目标：综合监控系统的投资控制在概算内。

(4)安全控制目标：人员伤亡率控制在0.02%，杜绝重大伤亡事故发生。

五、安装工程内容及接口

1. 安装工程的主要内容；

(1)EMCS系统自用金属线槽和走线管安装；

(2)电线、电缆敷设及接配线；

(3)控制箱柜及变频器接线安装；

(4)甲供传感器、执行器安装；

(5)控制网络(现场总线)安装；

(6)区内通信网络安装(含车站局域网)；

(7)照明控制系统安装；

(8)MCP安装和调试配合；

(9)各接入子系统接口安装。

2. 综合监控集成系统及OCC大楼EMCS系统安装工程范围

(1)OCC中心综合监控集成系统设备安装；

(2)OCC中心综合监控集成系统局域网安装、测试及调试配合；

(3)接入子系统接口设备安装及调试配合；

(4)OCC大楼EMCS系统安装工程；

3. EMCS及综合监控系统单体调试及系统调试配合工程范围

(1)传感器、执行器、变频器测试；

(2)EMCS系统的现场级、车站级、中央级设备单体调试配合；

(3)网络测试及网络设备调试配合；

(4)EMCS车站级、综合监控集成系统调试配合；

(5)EMCS全线调试配合、SCADA全线调试配合；

(6)综合监控集成系统联调配合。

(7)SCADA系统工程范围

①牵引降压所、降压所至车控室光缆敷设；

②光电转换器安装；

③配合控制信号盘至车控室部分功能调试；

④配合车站至OCC中心的功能调试；

⑤复示系统至OCC光缆敷设；

⑥复示系统设备安装；

⑦配合复示系统功能调试；

⑧SCADA 主站监控系统设备安装。

4. 安装工程的接口界面

(1)与常规安装承包商的施工界面

空调冷水机组使用的电动二通调节阀阀体由车站常规安装承包商负责安装，本包安装承包商配合，电动二通调节阀执行器由本包安装商负责安装，车站常规安装承包商配合。

(2)系统总包商的施工界面

EMCS 系统及综合监控集成系统的系统结构设计、系统设备的调试(包括现场级控制器、车站级、中央级)、网络配置、软件组态、软件安装、软件功能的调试、接口调试等系统调试由系统总包商完成，系统总包商与 EMCS 安装承包商的物理界面在 PLC 箱柜端子排。

安装承包商配合系统总包商调试，配合的内容包含但不限于各种运行状态下的设备状态观测和记录、排错、回路试验、组态校对，采取信号的模拟和测量的手段。

(3)与 35 kV 安装承包商的施工界面

界面位置：在车站变电所控制室内 SCADA 系统控制信号盘接线端子。

说明：EMCS 安装承包商负责控制信号盘接线端子至车站综合控制室的连接。

(4)EMCS 系统与其他系统的接口

EMCS 在 OCC 控制中心和各车站与各系统以硬线接口或通信接口的方式接口，接口之间的连接由安装承包商负责。

(5)通信接口

EMCS 系统与通信、信号、屏蔽门、电扶梯、FAS 和冷水机组等在控制中心(OCC)和车站有 RS485、RS422 或 RS232 的通信接口。

接口之间的连接由安装承包商负责。

①EMCS 与通信系统接口界面

接口位置：接口位置在通信设备室的数据分配架 DDF 端口。

接口说明：在控制中心(OCC)，EMCS 系统与通信系统的同步时钟有接口，同步时钟系统给定的时钟信号，同时由 EMCS 系统通过网络下载到全线相关车站的 EMCS 监控工作站，使系统的时钟与全线其他系统保持一致。

EMCS 系统通过通信系统提供的主干网形成自己的广域网，通信系统在控制中心(OCC)和车站的通信设备室提供二个以太网接口。EMCS 系统的局域网，通过通信转换接口接入到给定的端口，端口由通信系统提供。

通信系统提供的接口为：二个 100M 以太网接口，符合 IEEE802.3 标准。

②EMCS 系统与低压配电系统接口界面

接口位置：在低压配电室(或低压变电所)、蓄电池室内照明配电箱柜端子排；与事故照明接口在蓄电池室内事故照明配电箱端子排；在环控设备用房内，环控就地控制箱柜及风、水阀附近配电箱柜端子排；在环控电控室、车站控制室、控制中心(OCC)以及现场的供电电源箱的出线开关上。

接口说明：EMCS 系统与低压配电系统接口为硬线接口和通信接口。

③EMCS 系统与通风空调系统接口界面

接口位置：在冷水机组控制器的通信接口和外接硬线端子排；在各类传感器和电动调节阀安装位置接线端子上；各类风机风阀水阀接口在设备现场低压配电箱柜接线端子上。

接口说明:EMCS系统在冷水机房配置就地控制器来对冷水系统设备进行控制,通过冷水机组控制屏的数据接口实现与冷水机组内部的信号交换。

④EMCS系统与给排水系统接口界面

通过给排水控制箱接线端子实现对给排水设备的监控。

⑤EMCS系统与自动扶梯、电梯系统接口界面

接口位置:在自动扶梯、电梯控制箱柜的数据接口。

接口说明:按照图纸要求组网,接入车站以太网。

⑥EMCS系统与FAS系统接口界面

接口位置:在车站控制室、OCC大楼综合控制室的FAS控制器通信接口端子。

接口说明:车站级EMCS系统与FAS系统的接口为串行接口RS232;中央级EMCS系统通过控制中心以太网与FAS控制中心系统进行通信。

⑦EMCS系统与屏蔽门系统接口界面

接口位置:屏蔽门控制室(设备室)屏蔽门主机的通信端口。

接口说明:屏蔽门的信号,通过通信接口接入到EMCS系统,EMCS对屏蔽门的信号实现监视和提供时钟功能。

⑧EMCS系统与人防密闭隔断门系统接口界面

接口位置:在人防密闭隔断门附近的接线盒端子排。

接口说明:EMCS系统与人防密闭隔断门系统的接口为硬线接口。

⑨EMCS系统与信号系统接口界面

接口位置:在控制中心(OCC)EMCS主机RS485或RS422端口。

接口说明:信号系统向EMCS系统发送阻塞信息,当EMCS接收到阻塞信息后进入阻塞模式运行,根据事先预定的模式,控制相关的设备。

(6)MCP盘与其他系统接口界面

接口位置:在车站综合控制室综合后备盘上。

接口说明:各专业负责布线至车站控制室,EMCS安装承包商负责安装接线及调试配合。

(7)SCADA系统与信号系统界面

接口位置:在控制中心(OCC)SCADA主机RS485或RS422端口。

接口说明:SCADA系统向信号系统发送电力信息。信号系统监视电力信息,作为行车调度的参考依据。

六、安装工程的质量控制

1.质量控制总则

(1)在车站和OCC各分部工程施工时,对主要的、关键的工序及隐蔽工程采取见证(包括文件见证或现场见证)、停工待检、旁站监理等方式跟踪进行质量检查,分项工程完工后进行中间验收。发现问题当即口头指出并发书面整改通知,整改后进行复查、复验,然后签证允许进行下一分项工程施工。

(2)严格审查设计变更申请,根据其内容的重要程度及增加费用的数额按建设单位授权进行审查或核批。

(3)实施质量奖罚,达到质量优良者按合同规定提请业主支付奖金,如不符合合同规定要求,拒付工程款并扣质量保证金。

(4)根据乙供材料管理程序,审查乙供材料供货厂商资质,检验报告、试验大纲、试验报告

及其他技术文件资料。

(5)审查甲供设备的到货计划,向供货方发出发货通知,会同业主、总包商、供货方、安装商进行开箱检查,做好记录。

(6)甲供设备的现场保管和维护,承包商在清点完到货设备后,应建立设备材料清单,工程完成之后,与业主代表办理剩余物品移交手续。

(7)对于需利用轨道运输的大件设备,一般利用晚间在车辆段的工程车装卸平台卸装,承包商应对其运输设备负全责保管和维护。

(8)承包商在进行任何与其他承包商设备,管线有直接关系的安装或调试活动前的三天,应书面通知监理工程师和相关各方,以便其作好正确的维护和保管工作。因承包商不及时通知而造成的所有直接损失由承包商无条件予以赔偿。

(9)施工材料的现场保管和维护,未经业主或驻地监理工程师许可,承包商不得在站内任何房间或区域堆放材料。

(10)承包商应负责材料存放的防火、防盗、防潮等措施。不得由于存放和维护措施不当而造成材料的变形、变质。安装完毕的管线,预埋的管线承包商应予以维护,因承包商原因而造成其他系统的管线毁坏将由承包商负责复原。若因此而造成工期延误由承包商赶工补偿。

(11)对施工质量及竣工资料组织竣工初步验收,对整个工程(包括本体工程、辅助设施及通道障碍清理等)完成情况及质量进行全面检查,对竣工草图及验收文件资料进行审查,如发现缺陷和问题督促施工单位整改,完成后提出质量评估报告并提交建设单位进行竣工验收。

(12)参加竣工验收,对验收中发现的问题,继续督促施工整改。最后参加工程质量评定及竣工交接。

2.安装工程前期准备质量控制

(1)审查承包商编制的施工组织设计及施工技术方案,审查承包商提交的施工设施、设备运输方案。

(2)检查承包商的设备仓储条件。

(3)组织设计单位向安装承包商进行施工图交底工作。

(4)督促承包商检查预留管孔、沟槽、设备安装基础等是否符合设计要求,发现与设计不符,应及时提出,并与土建装修承包商协商处理。

(5)检查承包商进场安装机具的种类、数量及功能是否满足施工要求。

(6)督促承包商检查施工场地,确定是否具备入场施工条件。

(7)检查承包商对各级安装施工人员进行有关安装工艺质量等方面的上岗培训情况。检查相关人员的培训证及资质证书。

(8)组织设备材料的开箱检验及移交工作,检查到场设备的数量、质量状况及随附的文件资料是否齐全。

(9)检查承包商货物的运输与保管状况,运输及保管工作必须保证货物完好无损。设备在搬运和安装时应采取防震、防潮、防止框架变形和漆面受损等安全措施。当产品有特殊要求时,还应符合产品设计文件的规定。

(10)审核承包商的测试及调试配合方案,重点检查传感器、执行器、变频器的测试方案。

(11)考察乙供关键材料制造厂家的资质情况及技术装备水平,了解设备、材料的质量,以保证设备、材料及构配件的质量。

(12)对新材料的应用,应事先对技术鉴定及有关试验和实际应用报告进行审查确认并经有关单位批准。

3. 布线工程的质量控制

(1)检查电缆托架的施工工艺。

(2)钻孔深度不得太深、太大，不得歪斜。

(3)管材：钢管应符合 GB/T 3091—1993 标准，镀锌层厚度大于 80 μm，名牌产品。

(4)管道支、吊、托架：所有管道支、吊、托架均须做热镀锌防腐处理，热镀锌层厚度不小于 80 μm，其紧固件均采用不锈钢材料。

(5)金属线槽：线槽选用热镀锌金属线槽。支架材料应平直，无显著扭曲，全部配件应进行防腐处理。金属线槽应加隔板以便控制与信号线分开。线槽产品应经国家的线槽专业质量检测机构检测与认证。其结构应满足强度、刚度及稳定性要求，符合生产厂给出的允许荷载要求。符合国家标准。线槽的偏差、板厚符合标准要求。

(6)工业以太网双绞线电缆：应符合工业以太网超五类双绞线对通信电缆的技术要求，保证 100 Mbit/s 速率的正常通信。应为阻燃耐火电缆。电缆应带屏蔽层、4 对线。

(7)光缆及附件：具有钢护带。光纤芯数为 4 芯以上。最小动态弯曲半径不能小于护套外径的 20 倍。有良好地抗拉伸和抗侧压性。光缆采用热熔方法接续，要选用优质附件及材料。

(8)其他辅助材料：控制箱柜的安装材料要求采用不锈钢膨胀螺栓固定，电缆标牌及线号为环保型产品，标志清晰、美观、永久牢固。

(9)电缆在线槽上敷设：线槽安装应牢固，保证横平竖直。在有坡度的建筑物上安装时，应与建筑物有相同坡度。电缆线槽水平敷设时，直负荷曲线选取最佳跨距进行支撑，跨距一般为 1.5 m，垂直敷设时，其固定点间距不宜大于 2 m。金属线槽应有可靠的电气连接并接地。电缆线槽内每根电缆隔 50 m 处，电缆的首段、尾端及转弯处应标记，注明电缆编号、型号、规格、起点和终点，标示方法得当。控制线与信号线在同一竖井或线槽内敷设时，应分别在竖井的两侧敷设或采取隔离措施。线槽距离地面的高度，不宜低于 2.5 m。线槽需要外涂防火漆，在线槽穿越墙体或楼板时需要进行防火封堵。

(10)电缆光缆在管道内敷设：从线槽、支架引至设备、墙外表面或屋内行人容易接近处和其他可能受到机械损伤的地方，电缆应有一定机械强度的保护管保护，采用电缆穿管敷设方式。管道内部应无积水且无杂物堵塞。穿电缆时不得损伤保护层，采用无腐蚀性的润滑剂〈粉〉，管道表面的防腐层应完好。电缆管长度在 30 m 以下时，管内径不应小于电缆外径的 15 倍。导线在管内不得有接头和扭结，其接头应在接线盒内连接。导线穿入钢管后，在导线出口应有护口保护导线。电缆终端头与电缆接头的制作应严格遵守制作工艺规程，电缆终端头应按设计安装在指定位置，带电部分对地净距离应满足室内配电装置最小安全净距的要求。并牢固地固定在支架或框架上。电缆芯线连接时，其连接管和线鼻子的规格应与线芯规格相符。控制电缆终端头可采用塑料电缆端头套管方式，电缆接头应有防潮措施。电缆敷设前必须进行绝缘电阻试验，电缆线路的相位相序应与电网相符。光缆穿墙或穿楼层时，要加带护口的保护钢管，并且要用阻燃的填充物将管子填满。

(11)网络电缆及光纤的敷设：除遵守综合布线系统验收规范(GB/T 50312—2000)有关条款外应还能满足下列条件：管道内或地面线槽阻塞或进水影响布线，应疏通管槽、清除水污后布线。应检查光纤连接器极性保证信号输出。有信号干扰，检查消除干扰源，检查缆线的屏蔽导线是否接地，线槽内并排的导线是否加隔板屏蔽，电缆和光缆是否进行隔离处理，室内防静电地板是否良好接地等。各类跳线、接线排、信息插座、光纤插座等型号规格，数量应符合设计要求，其发射、接收标志明显。屏蔽接地线截面、色标应符合规范规定;接地端连接导体应牢固可靠。光纤敷设时可用人工或机械牵引,但要注意导向和润滑。光纤垂直敷设时,应特别注意承重问题,一般每两层要将光纤固定一次。光纤熔接处应加以保护和固定。非屏蔽4对电缆弯曲半径为电缆外径的4倍,屏蔽4对电缆弯曲半径为电缆外径的10倍,光缆弯曲半径为电缆外径的20倍。

(12)钢管敷设的技术要求

①室内配管的一般要求:配线工程的支持件固定牢靠,线路在经过建筑物的伸缩缝及沉降缝处应有补偿装置,在跨越处的两侧应将导线固定,并留有适当裕量。埋入墙或混凝土内的管子,离表面的净距不应小于15 mm。进入落地式控制柜的电线管路,排列应整齐,管口应高出基础面不小于5 mm。

②电线管路弯曲半径:明暗配时均不应小于管外径的6倍,当埋设于地下或混凝土楼板内时,不应小于管外径10倍。

③在TN-S系统中,金属电线管和金属盒〈箱〉必须与保护地线〈PE线〉有可靠的电气连接。明配钢管应排列整齐,固定点的距离应均匀,间距符合规定要求。钢管进入接线盒及配电箱时,管口露出盒(箱)应小于5 mm。明配管应锁螺母或护圈帽固定,露出锁紧螺母的丝口为2~4扣。钢管敷设需要外涂防火漆,在钢管穿越墙体或楼板时需要进行防火封堵。钢管与设备连接时,应将钢管敷设至设备内,当不能直接进入时,应在钢管出口处加保护软管引入设备,金属软管长度不宜大于2 m,管口包扎严密。在顶棚内敷设时,采用金属管、金属线槽布线,吊顶内金属软管长度不宜大于0.8 m。

(13)接地装置:接地装置的材质及型号、规格应符合设计规定。接地体与接地母线焊接应牢固,并做防腐处理;

(14)接地引入线与母线连接应采用气焊,搭焊长度不得小于200 mm,并不得损伤芯线。焊接处应做防腐处理。接地引入线保护套管与隧道穿墙管法兰盘连接应绝缘,绝缘电阻应大于100 MΩ。接地引入线在保护套管内不得有接头。隧道穿墙管严禁与隧道结构钢筋接触。接地引入线、室内接地线、工作(联合)地线及保护地线与设备连接应符合设计规定,严禁接地线代替电源线。接地盘端子连接应紧密。

4.箱柜安装的质量控制

本系统所有设备和线路的施工及验收参见《工业自动化仪表工程施工及验收规范》GBJ 93—1986、《地下铁道工程施工及验收规范》GB 50299—1999、《建筑电气工程施工质量验收规范》、《电气装置安装工程施工及验收规范》、综合布线系统验收规范GB/T 50312—2000及设计图纸中有关要求,以下条款作为补充。

(1)PLC控制柜的安装:机柜安装应牢固,高度尽量与低压控制柜一致,垂直偏差度应不大于3 mm,柜面标示完整清晰,漆面如有脱落应在验收前予以补漆。机柜内的PLC控制器安装牢固,端子配线正确,接触紧密,各种零件不得脱落或碰坏。

(2)PLC控制箱的安装:控制箱定位合理(方便维修、不与其他专业冲突),安装牢固端正、其垂直偏差不应大于2 mm。固定方法按施工现场条件而定,宜采用预置膨胀螺钉。安装的具体位置应综合考虑周围环境的美观、操作的方便与屏蔽效果。箱体开孔合适;切口整齐。暗配电箱箱盖紧贴墙面;零线经汇流排连接;无绞接现象;油漆完整;箱内外清洁;箱面标牌正确;箱盖开关灵活;器件、回路编号齐全;端子排接线整齐;PE线安装明显牢固。控制箱相关控制回路安装完毕后,先用万用表检测线路通断,再用500 V兆欧表对线路进行绝缘测量。

(3)基础型钢应可靠接地,盘柜的接地应该牢固良好。装有电器设备的可开启的盘、柜门应该以软导线与接地的金属构架可靠地连接。配电屏、柜体的基础型钢应平直，其偏差每米不大于 1 mm，全长不应大于 5 mm，柜体应安装牢固。配电屏的上方不应敷设管道，屏底座周围应采取封闭措施，并能防止鼠、蛇等小动物进入箱内。

(4)二次回路接线必须按设计图施工，接线正确，连接可靠，电缆芯线和所配导线的端部均应标明其回路编号，编号应为永久性标志，导线绝缘良好，不应有接头，盘内配线截面应符合设计要求，敷设时应有合适的裕量。

(5)引进柜内的控制电缆应排列整齐，避免交叉，电缆型号、规格应符合设计要求。电缆固定牢靠，不得使所接的端子排受到机械应力。电缆头一般宜固定于最低端子排 150～200 mm 处。电缆应按设计编号要求挂牌，挂牌应为永久性标志。所有二次回路应经通断检查、耐压试验及模拟试验合格后，方可正式投入使用。

(6)温、湿度传感器的安装：房间温湿度传感器位置应远离门窗冷热源和风管开口处，房间、风管的温湿度传感器应安装于所检测位置的敏感点。装于公共区吊顶处传感器的导线需由钢管引下，并用角钢支架固定，软管长度不得超过 1 m。温度传感器与工艺管道垂直安装时，其轴线应与工艺管道轴线垂直相交，温度传感器安装在易受冲击的地方时，应采取防护措施。在工艺管道拐弯处，宜逆着介质流向，温度传感器轴线应与工艺管道轴线相交。传感器应全部浸入介质中。温湿度传感器的信号线在高电磁干扰区域采用屏蔽线，与 AC 220V 电源线之间至少保持 15 cm 的距离。

(7)二通阀的安装接线：传感器接线应连接正确，导电良好，电缆线型号符合设计要求，剥离绝缘层不应损伤线芯，多股线芯端头宜用烫锡或接线片，采用接线片时，接线片和连线应压接或焊接，焊锡应为无腐蚀性焊药。执行器的位置合理，满足工作条件，测试检查方便。

(8)电磁流量计的安装接线：信号电缆必须固定安装，型号规格、长度应符合设计要求。接地环材质、安装要求应符合设计要求与产品使用说明书要求。产品在安装时，必须正确接地，接地方式应符合设计要求或产品使用说明书要求。传感器接线应连接正确，导电良好，电缆符合设计要求，剥离绝缘层不应损伤线芯，多股线芯端头宜用烫锡或接线片，采用接线片时，接线片和连线应压接或焊接，焊锡应为无腐蚀性焊药。

(9)SCADA 电力监控设备安装及电缆敷设

屏、盘、柜、控制台及其二次回路接线等安装工程应按照已批准的设计和国家现行的有关标准、规范进行施工。

屏、盘、柜、控制台等单独或成列安装时，其垂直度、水平偏差以及各类柜、屏面偏差和柜、屏间接缝的允许偏差应符合表 5-1-8 的标准。

表 5-1-8 屏、盘、柜等安装的允许偏差表

项目		允许偏差(mm)	项目		允许偏差(mm)
垂直度		≤1.5	盘面偏差	相邻两柜边	≤1
水平偏差	相邻两柜顶	≤2		成列柜面	≤5
	成列柜顶部	≤5	柜、屏间间隙		≤2

调度台上显示器、键盘等的安放位置应便于操作。

屏、盘、柜等安装在振动场所，应按设计要求采取防振措施。

(10)二次回路接线应符合下列要求：

①按图施工，接线正确。

②导线与电气元件间采用螺栓连接、插接、焊接或压接等，均应牢固可靠。

③屏、盘、柜及其二次回路接线等内的导线不应有接头，导线芯线应无损伤。

④电缆芯线和所配导线的端部均应标明其回路编号。编号应正确，字迹清晰且不易脱色。

⑤配线应整齐、清晰、美观，导线绝缘应良好，无损伤。

⑥每个接线端子的每侧线宜为1根，不得超过2根。对于插接式端子，不同截面的两根导线不得接在同一端子上；对于螺栓连接端子，当接两根导线时，中间应加平垫片。

⑦引入屏、柜内及其二次回路接线等的电缆应排列整齐，编号清晰，避免交叉，并应固定牢固，不得使所接的端子排受到机械应力。

⑧铠装电缆在进入各类屏、盘、柜等后，应将钢带切断，切断处的端部应扎紧，并应将钢带接地。

⑨使用静态保护、控制等逻辑回路的控制电缆，应采用屏蔽层并按设计要求的接地方式接地，数据传输光(电)缆应该按新产品的技术规定，对其屏蔽层进行可靠接地。

⑩屏、盘、柜内的电缆芯线，应按垂直或水平有规律地配置，不得任意歪斜交叉连接。备用芯长度应留有适当余量。

⑪强、弱回路不应使用一根电缆，并应分别成束分开排列。

⑫设备、电缆安装用的紧固件，应用镀锌制品，并应采用标准件。

⑬设备及其二次回路接线等及内部设备与各构件间连接应牢固。

⑭监控系统盘、柜交流零线和保护地线应分别引接地线与接地网连接，接地应牢固良好，满足设计要求。

⑮二次回路接线施工完毕在测试绝缘时，应有防止弱电设备损坏的安全技术措施。

⑯安装调试完毕后，建筑物中的预留孔及电缆管口，应做好封堵。

5. 质量控制点

质量控制点如表5-1-9所示。

表5-1-9　质量控制点表

阶段	项目	内　容	方式
施工前检查	器材检验	外观检查； 型式、规格、数量； 电缆电气性能测试； 光纤特性测试	P
	安全、防火要求	消防器材； 危险物堆放； 防火措施	P
设备安装	交接间、设备间、设备机柜	规格、外观；安装垂直、水平度；油漆不得脱落，标志完整齐全；各种螺栓必须紧固； 抗振加固措施； 接地措施	W
	配线部件及8位模块式通用插座	规格、位置、质量； 各种螺栓必须拧紧； 标志齐全； 安装符合工艺要求； 屏蔽层可靠接地	W

续上表

阶段	项目	内容	方式
电、光缆布放（楼内）	电缆桥架及线槽布放	安装位置正确； 安装符合工艺要求； 符合铺放缆线工艺要求； 接地	P
	缆线暗敷（包括暗管、线槽、地板等方式）	缆线规格、路由、位置； 符合布放缆线工艺要求； 接地	H
电、光缆布放（楼间）	架孔缆线	吊线规格、架设位置、装设规格； 吊线垂度； 缆线规格； 卡、挂间隔； 缆线的引入符合工艺要求	P
	管道缆线	使用管孔孔位； 缆线规格； 缆线走向	H
	埋式缆线	缆线规格； 敷设位置、深度； 缆线的防护设施的设置质量； 回土夯实质量	H
	隧道缆线	缆线规格； 安装位置、路由； 土建设计符合工艺要求	W
	其他	通信线路与其他设施的间距； 进线室安装、施工质量	P
缆线终接	8模块式通用插座	符合工艺要求	W
	配线部件	符合工艺要求	
	光纤插座	符合工艺要求	
	各类跳线	符合工艺要求	
系统调试	工程电气性能测试	连接图； 长度； 衰减； 近端串音（两端都应测试）； 设计中特殊规定的测试内容	P
	光纤特性测试	长度； 衰减	P

注：R点：为文件见证点；W点：为现场见证点；H点：为停工见证点；P点：为巡检。

七、安装阶段的进度控制

根据工程总体进度计划，监督检查承包商严格按合同工期要求组织设备安装，加强巡视和联系，注意化解由于交叉施工而导致各专业、各工种间的施工矛盾。监督检查承包商搞好文明和安全生产，重点是监督设备吊装作业和登高作业，杜绝不文明生产和事故发生。

每月督促安装承包商及时提报月度工作计划，审查承包商的实际进度与进度计划是否有偏差，如发现偏差并且影响总计划进度时，监理部立即组织有关单位、部门召开协调会，分析偏差原因，提出解决方案，及时调整分项计划，以保证在合同规定的时间内按时保质的完成安装调试任务。

严格控制主要的关键点工期：为了确保工程按期完成，监理、业主及各承包商经常研究、商量，监理要求各承包商必须采取交叉作业，加强现场组织指挥，加大投入，加班加点及增加人力来完成各专业系统设备的安装和调试工作，确保工程进度。

根据工程总体进度计划监督检查设备安装工程承包商严格按合同工期要求组织设备安装，加强巡视和联系，注意化解由于交叉施工而导致各专业、各工种间的施工矛盾。

每月安装承包商应及时提报月度工作计划，监理审查承包商的实际进度与进度计划是否有偏差，如发现偏差并且影响总计划进度时，监理工程师应组织有关单位、部门召开协调会，分析偏差原因，提出解决方案，及时调整分项计划，以保证在合同规定的时间内按时保质的完成安装调试任务。

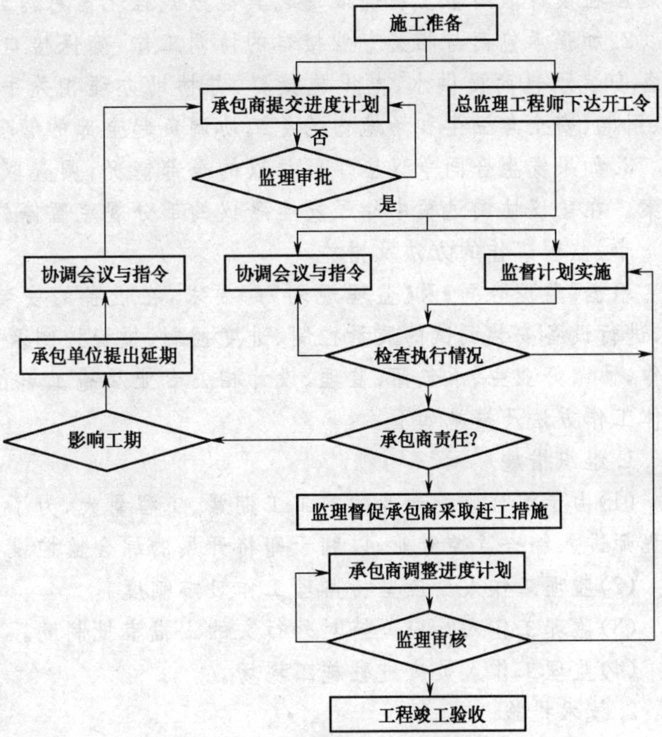

图 5-1-2　安装阶段进度控制流程图

进度控制流程如图 5-1-2 所示。

八、安装阶段的投资控制

1. 投资控制流程如图 5-1-3 所示。

2. 工程进度款支付的控制：根据合同规定在完成安装进度后，对该阶段完成的设备进行检查，并检查有关记录，根据检查结果审查及签署承包商进度付款申请，并报业主。

3. 变更的控制：对合同中必须变更的内容，应按照设备变更管理程序办理。对变更需要确定的单价和费率进行核算，原合同有报价的应按原合同进行核算；如原合同无报价的，应与业主、承包商协商解决。

4. 索赔的控制：以完全独立的调解人的身份站在公正客观的立场上，审查索赔要求的正当性，以合同为依据，公平处理索赔纠纷。依据合同及时处理索赔，应将单项的索赔尽量在合同执行过程中解决。处理索赔时必须以事实和数据为依据，故必须注意索赔论证的资料积累。同时应认真填写监理日志，记录每天可能发生的影响合同协议的事件。必须主动监理：

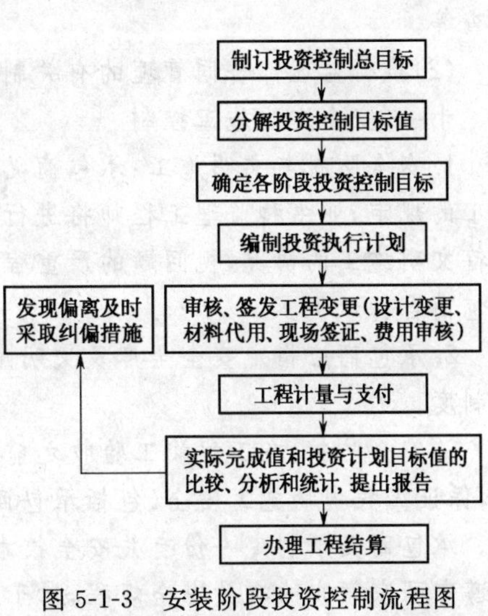

图 5-1-3　安装阶段投资控制流程图

在合同执行中，预料到可能发生的问题，采取预防措施进行补救，尽量避免索赔的发生。

九、组织协调工作

1.认真熟悉合同，明确承包商、业主及设计单位在执行合同中的责权关系，如有未确认的问题应在设计联络会上明确或通过其他方式强化信息沟通。

2.加强承包商与相关专业接口的协调工作，确保接口的一致性。协调地盘管理承包商向设备安装承包商提供水、电设施接口，并协助办理相关手续。督促承包商对施工场地内的用水、用电、安全与卫生和场地内的施工协调负起全部的管理责任。

3.如果发生合同争议应了解争议的全部情况，调查取证，及时与双方进行磋商，提出协调方案。在争议协调过程中除了发生争议的部分规定暂停外，合同的其他部分应继续执行。

十、监理工作的方法及措施

根据《监理合同》及《监理规划》的要求，在设备的安装调试阶段，认真执行前述的工作内容，进行设备安装调试的质量控制、进度控制、投资控制及安全控制，作好信息管理及合同管理工作，协调好业主、承包商、监理、设计相关专业及施工单位等各单位之间方方面面的工作，其具体工作方法及措施如下：

1.组织措施

(1)由于综合监控专业的施工工期紧、工程量大，为了严格把好质量关，安排有经验的监理工程师进入综合监控专业，以利于即将开展的综合监控设备安装调试的各项监理工作。

(2)监理工作人员应坚持监理工作日志制度。

(3)监理工作人员应坚持对外行文的汇报审批制度。

(4)监理工作人员应进驻施工现场。

2.技术措施

(1)建立本专业技术资料档案管理制度。

(2)建立业主、承包商、监理、设计协调会制度，使发生的问题能及时沟通和协调解决。

现场监理人员应随身携带必要的量测工具，对安装的设备按照技术要求进行检查，用“旁站”、“巡视”、“平行检验”等方式做好设备安装的现场监理工作。

3.经济、合同管理措施

(1)在规定的时间内及时提出和处理各类问题：如索赔、开工、停工令的发布、付款申请的审查等。

(2)执行监理部合同管理的有关制度。

十一、安全文明施工控制

1.安全防护与文明施工：承包商必须严格遵守国家、地方政府颁布的有关安全生产及文明施工的规定，业主和监理工程师将进行不定期的检查；政府相关部门发现承包商有违例施工或不符文明施工的情况，视问题的严重程度进行处置，甚至进行处罚。由此造成的一切损失，由承包商自行承担。

2.承包商应指定安全生产及文明施工的责任人，并制定一整套安全生产和文明施工的规章制度。

3.安全防护：在工程竣工验收之前的整个施工期内，承包商必须制定并实施一切必要的措施，保证工程现场施工安全(包括承包商和非承包商的人员安全)，维护工地正常生产、生活秩序。承包商必须制定一份有关安全技术组织措施的书面报告递交监理工程师批准。承包商必须遵守国家颁布的有关安全规程，对于不符合我国法律、法令、安全规程规定的事故隐患，监理工程师有权进行干预。

4. 劳动保护：凡属承包商雇用的现场工作人员，承包商必须根据作业种类和特点并按照国家的劳动保护法发给相应的劳保用品，包括但不限于安全帽、水鞋、雨衣，工作服、手套、手灯、防尘面具、安全带等。

5. 防洪和气象灾害的防护，承包商必须重视水情和气象预报，一旦发现有可能危及工程安全和人身财产安全的洪水或气象灾害的预兆时，应立即采取有效的防洪和防止气象灾害的措施，以确保工程和人身财产的安全及保证工程的按计划进行。

6. 信号或标识，这些信号装置或标识包括(但不限于)危险信号或标识；控制信号或标识；安全信号或标识；指示信号或标识。承包商应负责维护自己和业主在工程区内放置的所有信号装置或标识。若监理工程师认为承包商提供的信号或标识不能有效地保证安全，承包商必须按监理工程师的要求补充，修改或更换。

7. 安全防护规程：承包商应根据国家颁布的安全规程，结合自己的实际编印通俗易懂的适合于本工程使用的安全防护规程袖珍手册。印刷成册的手册亦应分发给承包商的全体职工以及业主和监理工程师等有关人员。安全防护规程手册的内容应包括(但不限于)：防护衣、安全帽、防护鞋袜及其他防护用品的使用；升降机和起重机的使用；钻机的使用；汽车驾驶和运输机械的使用；用电安全；金属结构安装作业的安全；机修作业的安全；压缩空气作业的安全；高空作业的安全；焊接和涂漆作业的安全和防护；意外事故和火灾的救护程序，防洪和防气象灾害措施；信号和告警知识；其他有关规定。承包商应在工程开工前组织有关人员学习防护手册，并进行安全作业的考试与笔试，考试合格的职工才准进入工作场地工作。承包商应定期举行安全会议，并指定有关管理人员、工长和安全员参加。各作业班组在班前班后对该班的安全作业情况进行检查和总结，并及时处理安全作业中存在的问题。对于危险作业，承包商应加强安全检查，建立专门监督岗，并在危险作业区附近设置醒目的标识，以引起工作人员的注意。

第二章 设备安装准备阶段的监理

在设备安装准备阶段，监理工程师主要对设备安装分包商的资质、设备安装承包商的施工组织设计和技术方案等进行审查，组织施工图纸会审和设计交底。召开第一次监理工作会议及签发开工令。

第一节 对设备安装分包商的资质核查

一、对设备安装分包商进行资质核查的内容

1. 监理工程师应核查设备安装分包商是否具有按承包合同规定完成分包工程任务的能力，重点应核查设备安装分包商特殊行业许可证、工程经验与业绩、技术实力、施工人员的技术素质、特殊作业人员的资格证以及分包商的财务资本状况等；其次核查分包商质量管理的基础工作、工程管理和质量控制的真实情况包括质量意识、质量管理情况、项目管理组织机构、人员结构、职责分工情况，以及设备安装分包商现场项目经理部的质量管理体系实施情况和项目经理的资质、质量管理水平、工作能力以及特殊专业工种、关键施工工艺等应用方面操作者的素质与能力。

2. 了解设备安装分包单位贯彻 ISO 9000 标准、设备安装单位质量管理体系建立和通过认证的情况。

3. 了解设备安装分包单位领导班子的质量意识及质量管理机构落实、质量管理权限实施的情况等。

二、设备安装施工前，设备安装单位需提报的分包单位资质核查资料及审查

1. 进行设备安装施工前，设备安装单位需向监理工程师提报设备安装项目分包单位的资质文件，监理工程师对报送的相关资料应进行认真审查，审查、控制的重点是分包单位施工组织者、管理者的资质与质量管理水平，特殊专业工种和关键施工工艺或新技术、新工艺、新材料等应用方面操作者的素质与能力。

2. 进行设备安装施工前，设备安装单位需向监理工程师提报分包单位设备安装项目经理部的质量管理体系的有关资料，包括组织机构、各项管理制度、管理人员、专职质检员、特种作业人员的资格证、上岗证、工地实验室及相关人员的资质或资格证明等。已实施“贯标”的设备安装单位，还要提交质量计划。

3. 进行设备安装施工前，监理工程师还需审查分包单位制定的设备安装施工的质量保证和安全施工措施以及用于设备安装检验的机具和检测仪器的质量证明文件。

4. 监理工程师还需对设备安装项目分包单位的实际情况进行调查核实，如果监理工程师对调查核实的结果满意，则由总监理工程师以书面形式批准该分包单位承担分包任务。总包单位收到监理工程师的批准通知后，应尽快与分包单位签订分包协议，并将协议副本报送监理工程师备案。

5.监理工程师对报送的相关资料应进行认真审核，并对实际情况进行实地检查。

6.经审查，如果设备安装单位的质量管理体系能够满足设备安装工程质量管理的需要，总监理工程师将予以确认；对于不合格的人员，总监理工程师有权要求设备安装单位限期予以撤换，并重新选派合格的人员，对体系不健全、不完善之处要求设备安装单位尽快整改、完善，并重新审查。

第二节　图纸会审和设计交底

一、图纸会审工作的内容和意义

1.图纸会审工作的概念

图纸会审是指设备安装监理工程师或建设单位组织设备安装施工单位、有接口关系的相关施工单位以及建设单位有关部门、材料、设备供货商等相关单位，在收到审查合格的设备安装施工图设计文件后，在设计交底前进行的全面细致的熟悉和审查设备安装施工图纸的活动。

2.图纸会审工作的意义

(1)图纸会审是确保设备安装质量的一个重要环节，是设备安装施工开始前，使安装施工单位熟悉设备安装施工图设计文件，领会设计意图；对设备安装施工图设计文件有疑问的地方、发现的问题、其中的错误做好记录；熟悉设备安装施工具体内容、特点；熟悉设备安装施工的施工工艺要求，施工要点、难点、容易发生的问题以及施工应注意的相关事项；掌握设备安装施工图设计文件对设备安装工程及关键工程部位的质量要求，为制定设备安装施工方案提供依据。

(2)是为解决图纸中存在的问题，减少图纸的差错，为将图纸中的质量隐患消灭在萌芽之中，确保设备安装施工质量。

(3)明确与相关设备系统或土建工程的接口关系，对于重点部位，安装承包商应对比现场实际情况与施工图是否一致，确保工程项目整体质量。

3.图纸会审工作流程

建设单位发放经审查合格的设备安装施工图设计文件；监理按要求领取设备安装施工图设计文件；监理按要求发放设备安装施工图设计文件给设备安装单位；监理单位熟悉并审核设备安装施工图设计文件；监理单位对设备安装施工图设计文件有疑问的地方、发现的问题、其中的错误做好记录；安装单位熟悉并审核设备安装施工图设计文件；设备安装单位对设备安装施工图设计文件有疑问的地方、发现的问题、其中的错误作好记录；建设单位或设备安装监理单位组织图纸会审工作会议；各参加单位按通知参加图纸会审工作会议；各与会单位（主要是设备安装监理和设备安装单位）进行图纸会审问题交流；对图纸会审最后发现的问题和疑点进行记录；形成会议纪要，设备安装单位整理会议纪要；与会单位会签。

4.图纸会审工作的内容

(1)与设备安装承包合同规定的工作范围及内容一致的设备安装施工图文件；与合同设备安装工程有接口关系的相关设计图纸和技术资料。

(2)设备安装施工图文件合法性核查：施工图纸是否经设计单位正式签署，是否按规定经有关部门审核批准，是否得到建设单位同意。

(3)图纸与说明书是否齐全，如分期出图，图纸供应是否满足需要。

(4)地下构筑物、障碍物、管线是否探明并标注清楚。

(5)图纸中有无遗漏、差错或相互矛盾之处(如:工艺管道、电气线路、设备装置等是否相互干扰、矛盾)。图纸的表示方法是否清楚和符合标准(如:预埋件、预留孔洞的表示是否清楚)等。

(6)所需材料的来源有无保证,能否替代;新材料、新技术的采用有无问题。

(7)所提出的施工工艺、方法是否合理,是否切合实际,是否存在不便于安装施工之处(如:是否考虑设备的现场运输通道、安装基础设计是否与所安装设备一致、操作通道、维护通道是否满足要求等),能否保证质量要求。

(8)施工图或说明书中所涉及的接口关系、相关责任是否明确。

(9)施工图或说明书中所涉及的各种标准、图册、规范等,承包商是否具备。

5.图纸会审监理应做的工作:

(1)应从建设单位按要求的数量领取设备安装施工图设计文件,以工作联系单的形式向设备安装施工单位发出领取设备安装施工图设计文件的通知并要求安装单位作好设备安装施工图设计文件的会审准备工作。

(2)设备安装单位领取设备安装施工图设计文件后应做好文件领取登记记录。

(3)监理工程师熟悉设备安装施工图设计文件,领会设计意图;熟悉设备安装施工内容、特点,根据各设备安装的特点对安装施工图进行有重点的核查;对设备安装施工图设计文件有疑问的地方、发现的问题、其中的错误做好记录;熟悉设备安装施工的施工工艺要求,施工要点、难点、容易发生的问题以及施工应注意的相关事项;熟悉设备安装施工图所涉及的接口关系;掌握设备安装施工图设计文件对设备安装工程及关键工程部位的质量要求。

(4)要求设备安装施工单位提交在设备安装施工图设计文件审核中发现的问题;熟悉设计对设备安装施工的施工工艺要求,施工要点、难点、施工应注意的相关事项,提交相应施工方案和施工措施。

(5)组织设备安装施工单位到现场对照设备安装施工图熟悉安装环境、安装位置、安装要求,结合实际审核设备安装施工图是否与实际相符、是否存在问题、施工是否具有可操作性;准备相应施工方案和施工措施,为图纸会审作准备。

(6)组织图纸会审工作,对图纸会审中发现的不解之处、疑点、存在的问题、错误之处进行归纳,对图纸会审纪要进行会签。

二、设计交底工作的内容和意义

1.设计交底工作的概念:设计交底是指在设备安装施工图完成并经审查合格后,设计单位就施工图设计文件(施工图及说明文件)向设备安装施工单位和设备施工监理单位作出详细的说明。

2.设计交底工作的意义:设计交底是工程建设中的惯例,是法律、法规规定的设计单位的义务,它有利于设备安装施工单位和监理单位理解、熟悉设计意图,加深其对设计文件的特点、难点、疑点的理解,发现设计文件存在的问题,掌握工程关键部位的质量要求,从而有利于确保设备安装工程施工质量。

3.设计交底工作的内容:施工图设计文件总体介绍,设计的意图说明,特殊的工艺要求,设备系统相关专业在施工中的难点、疑点、接口关系和容易发生的问题说明,对设备安装单位、相关接口单位、监理单位、建设单位等对设计图纸疑问的解释等。

4. 设备监理在设计交底中应做的工作：将图纸会审工作中整理的会审问题在设计交底前一周提交设计单位；通知设备安装单位参加设计交底会；参加设计交底会；会签设计交底会议纪要；根据职责范围，协调并监督安装单位完成设计交底会议纪要要求设备安装单位完成的工作。

5. 设计交底工作流程图如图 5-2-1 所示。建设单位：发放经审查合格的设备安装施工图设计文件；设备安装监理按要求领取设备安装施工图设计文件；设备安装监理按要求发放设备安装施工图设计文件给设备安装单位；设备安装监理及安装单位熟悉并审核设备安装施工图设计文件；建设单位或设计监理单位组织设计交底工作会议；各参加单位按通知参加设计交底工作会议；设计单位向与会单位(主要是设备安装监理和设备安装单位)进行设计交底；对图纸会审问题进行解释和回复意见；形成会议纪要，设计单位整理会议纪要；与会单位会签；设计监理单位对设备安装施工图设计存在的问题(设计变更等)进行协调并落实。

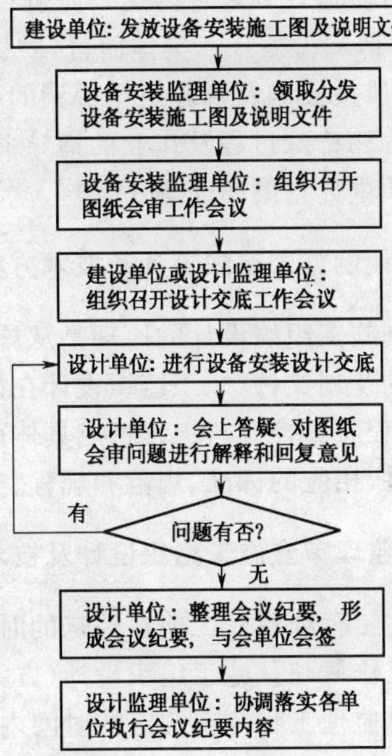

图 5-2-1　设计交底工作流程图

第三节　对施工组织设计及技术方案的审查

一、编制施工组织设计的意义

在我国现行的施工管理中，施工承包单位要针对每一特定工程项目进行施工组织设计，以此作为施工准备和施工全过程的指导文件。为确保工程质量，已贯标的承包单位在施工组织设计中加入质量目标、质量管理及质量保证措施等质量计划的内容。施工组织设计用于指导工程项目的施工。

二、施工组织设计的概念和内容

施工组织设计是针对特定的工程项目为完成预定的工程控制目标而编制的施工安排，他是施工准备和施工全过程的指导性文件，用于具体指导工程项目的施工，它是从施工部署的角度，多重于技术质量形成规律来编制全面施工管理的计划文件。它包括下列内容：编制依据；项目概况；施工单位施工项目组织机构；质量控制、进度控制及管理组织协调的系统描述；必要的进度控制、质量控制手段，检验和试验程序等；确定关键过程和特殊过程及作业的指导书；与施工过程相适应的检验、试验、测量、验证要求；施工方案；更改和完善质量计划的程序以及质量保证措施、安全保护措施、环境保护措施等。

三、项目质量计划的概念和内容

项目质量计划是项目质量策划结果的一项管理文件。它是针对特定的工程项目为完成预定的质量控制目标，编制专门规定的质量措施、资源和活动顺序的文件。它是设备安装施工单位针对特定工程项目的质量保证，是对内进行质量管理的依据。

项目质量计划包含为达到质量目标、质量要求、计划、实施、检查及处理这 4 个环节的相关内容，即 PDCA 循环。具体而言，质量计划应包括下列内容：编制依据；项目概况；质量目标组织机构；质量控制及管理组织协调的系统描述；必要的质量控制手段，检验和试验程序等；确定关键过程和特殊过程及作业的指导书；与施工过程相适应的检验、试验、测量、验证要求；更改和完善质量计划的程序等。

四、编制施工组织设计及技术方案的依据

编制施工组织设计的原理是从施工部署的角度，着重从技术质量形成规律来编制全面施工管理的计划文件，施工组织设计在内容上重点建立在将其质量目标、组织结构和人员培训、采购、过程质量控制与工程特点具体而灵活运用的基础上。其编制依据包括相关的合同、工程设计文件、相应的标准、规范和规程、工程管理制度、工程环境条件以及相关工程经验等。

五、监理审查施工组织设计及技术方案的流程

1. 在工程项目开工前在约定的时间内，承包单位必须完成施工组织设计的编制及内部自身批准工作，填写《施工组织设计(方案)报审表》报送项目监理机构。

2. 总监理工程师在约定的时间内，组织专业监理工程师审查，提出意见后，由总监理工程师审核签认。需要承包单位修改时，由总监理工程师签发书面意见，退回承包单位修改后再报审，总监理工程师重新审查。

3. 审定的施工组织设计由项目监理机构报送建设单位。

4. 承包单位应按审定的施工组织设计文件组织施工。如需对其内容作较大的变更，应在实施前将变更内容书面报送项目监理机构审核。

5. 规模大、工艺复杂的工程、群体工程或分期出图的工程，经建设单位批准可分阶段报审施工组织设计；技术复杂或采用新技术的分项、分部工程，承包单位还应编制该分项、分部工程的施工技术方案，报项目监理机构审查。

六、施工组织设计及技术方案审查的原则和应注意事项

1. 施工组织设计的编制、审查和批准应符合规定的程序。

2. 施工组织设计应符合国家的技术政策，充分考虑承包合同规定的条件、施工现场条件及法规条件的要求，突出“质量第一，安全第一”的原则。

3. 施工组织设计的针对性：承包单位是否了解并掌握了工程的特点及难点，施工条件是否分析充分。

4. 施工组织设计的可操作性：承包单位是否有能力执行并保证工期和质量目标；该施工组织设计是否切实可行。

5. 技术方案的先进性：施工组织设计采用的技术方案和措施是否先进适用，技术是否成熟。

6. 质量管理和技术管理体系，质量保证措施是否健全且切实可行。

7. 安全、环保、消防和文明施工措施是否切实可行并符合有关规定。

8. 在满足合同和法规要求的前提下，对施工组织设计的审查，应尊重承包单位的自主技术决策和管理决策。应注意如下事项：

(1)重要的分项、分部工程的施工方案，承包单位在开工前，应向监理工程师提交详细说明

及完成该项工程的施工方法、施工设备、机具及人员配备与组织、质量管理措施以及进度安排等，报请监理工程师审查认可后方能实施。

(2)在施工顺序上应符合先设备基础、后设备；先主体设备后辅助设备的基本规律。此外，施工流向要合理，要考虑使用的先后和安装的难易程度的划分，与材料、各配件的运输是否发生冲突，要考虑施工的质量保证与安全保证。

(3)施工方案与施工进度计划的一致性：施工进度计划的编制应以确定的施工方案为依据，正确体现施工方案的总体部署、流向顺序及工艺关系等，还要考虑大、中型成套设备的进场方式，设备的二次搬运方式、运输设备及时间的协调安排等。

(4)施工方案与施工平面图布置的协调一致。施工平面布置图的静态布置内容，以及动态布置内容，应做到布置有序，有利于各设备安装施工方案的实施。

第四节　设备安装施工前召开的监理工作会议

一、监理工作会议的作用

监理工作会议的作用：设备安装承包合同签订后或工程总包合同签订后，为使监理尽快展开设备安装阶段的监理工作，监理单位应尽快召开第一次监理工作会议，通过召开监理工作会议，落实设备安装阶段相关的工作程序和协调机制，以便各方顺利地履行合同，按合同要求实现工程目标。

二、监理工作会议的组织及相关参与单位

监理工作会议由项目监理机构组织，第一次监理工作会议因其重要性，因此一般由总监理工程师主持，参加会议的单位及人员应包括：

(1)业主负责人及业主相关部门的负责人、业主项目组成员；

(2)设计单位代表；

(3)设备安装单位负责人及项目经理、主要工程技术人员；

(4)专业监理工程师及质量、进度、投资、安全管理等综合管理监理工程师。

会议地点一般选择在设备安装单位现场项目部或安装现场，会议的具体会务工作由设备安装单位负责。

三、监理工作会议的内容

1. 业主对监理单位的授权；
2. 总监理工程师对项目监理分部的授权；
3. 明确业主、监理、设计、设备安装单位的联络方式和渠道；
4. 介绍地铁工程概况；
5. 介绍监理部的组织机构、监理人员组成情况、监理部职能部门的职能分工；
6. 对“设备监理管理程序”进行说明，简要介绍安装阶段“设备监理管理程序”；
7. 设备安装单位介绍履行本合同项目的组织机构、项目经理、人员安排情况；
8. 设备安装单位介绍履行本项目的前期准备情况、总进度计划安排及质量保证计划等内容；
9. 对设备安装单位配合监理工程师工作及监理工程师工作、生活设施，交通及通信设施提出要求；
10. 对设备安装单位履行本合同的人员安排及实施计划进行评议，并提出要求。

第五节　对现场条件及技术准备工作的检查

一、设备安装准备阶段的检查与协调

设备安装施工前，还需要对以下方面进行检查和协调。

1.设备安装场地与条件的检查及协调：

业主(或土建、装修承包单位)应按要求向设备安装单位移交设备安装场地，提供设备安装施工用水、电、通信等安装条件；协助设备安装单位对设备安装场地和条件包括设备房是否有漏水、渗水，设备房的屋顶、地面、墙面、预留基础、预留孔洞、预埋件等是否满足设备进场条件和设计要求；场地是否有积水、赃物，预埋的线管、线槽是否畅通，至设备的出线管口位置是否满足设计要求，设备安装面的水平度是否满足设计要求。对设备安装工程中基准线或定位尺寸按安装施工图的要求进行测量和检查。督促设备安装单位对上述条件进行认真检查，发现与设计不符，应及时提出，并与土建装修承包商协商处理，如果能满足设备进场条件的要求，则对安装现场移交进行签认并办理相关手续。

2.对设备安装单位设施平面布局及施工方案、计划进行检查。

督促设备安装单位按要求尽快完成临时建筑和设施的建设，包括监理办公及生活设施等，检查安装单位的设备、机具、仪器仪表用房，材料仓库，检查其是否满足相应的用房条件和仓储条件，布局是否合理；督促设备安装单位对施工场地内的用水、用电、安全与卫生和场地内的施工协调负起全部的管理责任，建立现场设备安装用水、用电安全管理制度和卫生管理制度，特别要督促设备安装单位完善安全文明施工的有关条款；根据现场实际情况进一步审查设备安装单位提交的施工方案、设备运输方案及材料采购计划等是否合理、安全、具有可操作性；检查设备安装单位对各级安装施工人员进行有关安装工艺质量及安全等方面的上岗培训情况，检查关键工种和关键岗位的相关人员的培训证、上岗证及资质证书；检查设备安装单位准备进场的安装机具的种类、数量及功能是否满足施工要求，检查设备安装单位施工机具、设备、实验检验仪器仪表的维护与保养状况，维护与保养工作必须保证设备处于完好无损。检查设备搬运方案，看设备在搬运和安装时是否采取防震、防潮、防止框架变形和漆面受损，轨道运输时设备是否绑扎牢固、安放平稳，是否超限界等安全措施，必要时可将装置性设备和易损元件拆下单独包装运输。当产品有特殊要求时，还应符合产品设计文件的规定。

3.审核设备安装单位编制的总进度计划，应全面、详细、准确、清楚的描述工程实施过程。按照工程进度计划编排材料、设备的使用计划，包括要求甲供设备的到货计划。工程施工进度计划分析、对策、编制说明等，要充分考虑相关接口对工期的影响。

4.根据材料采购计划，依据相关质量要求，考察乙购关键材料制造厂家的资质情况及技术装备水平，了解设备、材料的质量，以保证设备、材料及构配件的质量，满足要求后予以签认；对新材料的应用，应事先对技术鉴定及有关试验和实际应用报告进行审查确认并经有关单位批准，然后才同意使用。

5.对设备安装所需的已采购的材料、配件按设计及监理单位审批的要求进行检查，量大关键的材料应采取见证取样送检，对材料见证取样报送具有相应资质、经国家或地方计量、实验主管部门认证的质检部门进行检验。

二、设备开箱验收和设备的二次搬运

甲供设备进场前需进行设备的开箱验收，开箱验收合格方能进场、方能移交给安装单位进行安装。开箱验收主要是检查设备的外观质量，初步了解设备的完善程度，零部件、备件、设备

安装专用工具、随机技术文件是否齐全等，以便安装单位按设备要求进行安装。设备安装单位和设备安装阶段的监理工程师应参加设备开箱验收。设备开箱移交是设备供货商与设备安装单位关于设备的管理界面的移交，移交后设备安装单位对设备负有管理的责任。

由于地铁设备安装位置的特殊性以及大中型成套设备的量重体大，其设备一般安装在地下（如站台层、站厅层、地铁隧道区间等），因此大多数设备在进行安装时均存在设备的二次搬运工作。根据地铁设备的重量、体积大小、运输要求等实际情况，二次搬运工作一般分为二种，一种是设备供货商将所需设备按合同或安装要求运到指定车站地面吊装孔的位置，由安装单位进行二次搬运，用吊车将设备由地面通过吊装孔吊到站厅层，若要运到站台层，则需要用搬运工具（如叉车等）、吊装工具（如电葫芦等）将设备从站厅层至站台层的吊装孔吊到站台层；另一种为设备供货商将所需设备按合同或安装要求运到指定地点-地铁车辆段，由地铁运输工具（如平板车等）运到需要安装的车站（站台）或区间，然后用搬运工具运到设备房或其他安装地点。由于地铁设备安装地点的特殊性，设备安装时，二次搬运工作特别重要，设备二次搬运的质量是设备安装质量的重要保证。要做好设备二次搬运工作，设备安装单位在施工组织设计中要特别重视设备二次搬运方案的设计，了解设备的外形包装尺寸、重量、运输要求，现场检查二次搬运通道是否畅通、量测设备的二次搬运通道的尺寸是否满足设备外形尺寸的要求，搬运工具是否可靠、并能满足设备搬运的要求，方案要安全、合理。监理工程师应做好如下工作：

1. 在审核安装承包商的施工组织设计时应重点审核其设备二次运输工作方案，审核其安全性、合理性及可操作性。

2. 审核搬运机具性能、使用范围、工作效率、可靠性、工作质量、数量是否满足搬运的要求。

3. 做好与设备监理或设备供货商、土建承包商的协调和接口工作，协助安装单位确定并落实设备包装箱的外形尺寸、重量、起吊要求、运输要求、仓储要求以及设备二次运输工作方案，大型成套设备应采取轨道运输。

4. 协促安装商确定并落实吊装孔尺寸大小、以便确定二次搬运的运输方案，是通过地铁车辆运输还是通过吊装孔进行二次运输；当采用吊装孔搬运时，应着重检查吊车的吊装重量是否满足要求、吊车司机是否有上岗证、吊装现场是否采取相应的安全防护措施；当采取轨道运输时，应着重检查设备是否安放平稳，高度、宽度是否超限等；必须满足设备对运输的相应要求。

5. 要做好与土建承包商的协调和相关接口工作，协助安装单位确定并落实至设备房的运输通道是否畅通、通道尺寸是否满足设备运输的要求。

6. 如果设备到货后不需要立即开箱检查，则应协助安装商按设备仓储要求落实设备仓储用地，其次应办理设备带包装箱的移交手续。

三、监理机构自身的准备

应建立并完善项目监理机构的监控体系，做好监控准备工作，使之能适应设备安装工程监理的需要，这是监理工程师做好质量、投资、进度、安全控制的基础工作之一。例如，配备相应的监理人员，明确职责分工；配备所需的检测工具及安全防护用品并使之处于良好的可用状态；熟悉有关的检测方法和规程等。

四、工程开工、暂停及复工控制办法

（一）工程开工控制办法

开工条件的审查，是依法开展工程管理的需要，也是有效保证施工阶段的质量和安全控制

方法之一。

1. 审查内容

(1)业主提供的基础资料和准备工作

①施工许可证;

②向质量、安全监督机构办理监督业务手续;

③经建设行政主管部门审查批准的设计图纸及设计文件;

④水准点、坐标点等原始资料;

⑤施工场地条件已按合同约定条件,落实到位。

(2)施工单位应提供的基础资料及准备工作

①施工企业资质证书、营业执照及其他如质量体系认证证书等;

②施工单位提供的实验室资质证书(当施工单位自己承担部分或全部施工试验项目时);

③工程项目经理、技术负责人及管理人员资格证书、岗位证书,特种人员岗位证书;

④经审查批准的施工组织设计和施工方案;

⑤按施工组织设计开列进场的第一批施工机械设备已经报验通过;

⑥对业主提供的水准点和坐标点的复核工作已经完成,有复核记录,并已经完成建筑定位、放样工作;

⑦开工所需的原材料已经进场,质保资料、试验报告齐全;

⑧质保体系、安保体系机构健全,体系文件资料齐全,人员到位;

⑨临时设施搭建满足开工要求。

2. 承包商开工申请

承包商在完成必要的开工条件并在合同规定的开工期限内,即可进行开工申请报审,呈交监理工程师,申请开工。监理工程师接到承包商的开工申请后,在 48 h 内予以审核,并报总监理工程师审批。

3. 审查

总监理工程师接到开工申请后进行审查,如核验准备工作尚未满足开工要求,应批复书面意见。若是承包商的原因,责成承包商予以整改、完善;若是业主原因,则督促业主办理。

开工所需的条件均具备后,由总监理工程师签发《开工令》,并报业主备案。工程开工的发布以召开工地现场会议的方式进行。监理部应在召开会议前 48 h 通知承包商,承包商应为会议准备必要的条件。会议由业主主持,总监理工程师、监理工程师、设计单位代表、业主代表、承包商及与项目有关的人员参加。会上由业主、承包商和监理分别介绍各自驻现场的代表、机构人员及其分工;业主根据委托监理合同宣布对总监理工程师的授权,并由承包商介绍开工准备情况,监理工程师报告核实情况。总监理工程师宣布工程开工并对项目提出具体要求。

4. 开工报审流程如图 5-2-2 所示。

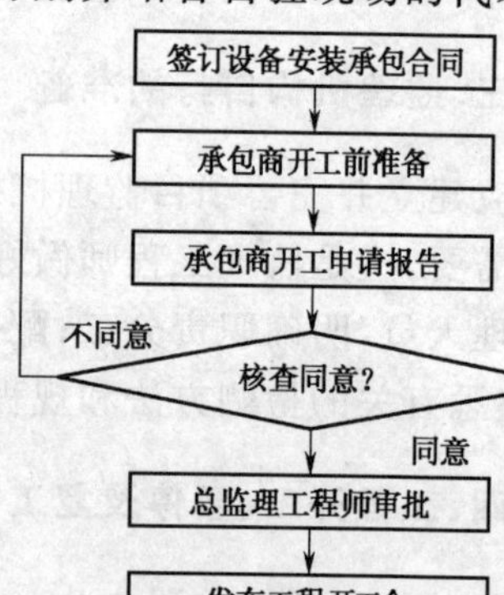

图 5-2-2 开工报审流程图

(二)工程暂停控制办法

1. 必须发布工程暂停令的事件

(1)危及工程质量及造成质量事故的事件

①未得到"开工指令",而擅自开工者;

②上道工序未经检验合格而进行下道工序者;

③已指出工程质量下降,仍未采取有效措施或采取一定措

施但效果不好，施工仍在继续者；

④擅自采用未经检验合格的材料者；

⑤擅自变更设计图纸者；

⑥擅自让未经批准的分包单位进行施工者；

⑦没有可行的实施方案，没有可靠的质量措施，擅自施工者；

⑧其他突发的自然或人为事件。

(2)危及安全的事件

①发生人的不安全行为和物的不安全状态或其他危及安全的重大事件；

②严重违反安全施工作业规则，可能造成人员伤亡或设备毁坏的事件。

(3)发生了必须暂时停止施工的紧急事件。

(4)业主要求暂停施工、且工程需要暂停施工。

2.工程暂停发布程序

(1)监理工程师接到设备安装干扰事件的信息，立即到达现场，对现场的情况进行调查、取证，并作详细记录，在调查取证的基础上，会同承包商对干扰事件产生的原因、影响及后果进行分析、记录、判断。

(2)当判断非停工整顿不能保证工程质量时，一般情况下，监理工程师应在事件发生的当天填报《工程暂停令》，并呈送总监理工程师审批，总监理工程师应根据停工原因的影响范围和影响程度，确定工程项目停工范围，在 24 h 内予以批复和按规定要求发布。《工程暂停令》应明确停工理由，停工时间、善后事项等。《工程暂停令》必须由承包商签收并抄报业主。如遇特别危急情况，监理工程师可先行口头下达工程暂停指令及应急措施，而后 48 h 以内补办《工程暂停令》，并向业主报告。承包商必须认真执行《工程暂停令》及有关要求。

(3)若非承包商原因，总监理工程师在签发《工程暂停令》之前，应就有关工期和费用等事宜与承包商进行协商，并将协商结果通报业主。

(4)承包商接到《工程暂停令》后，必须马上通知现场负责人按工程暂停令的批示全面落实执行，并应指示执行人员留存执行记录。同时，承包商应在接到通知 24 h 内，组织有关人员到达现场，与现场技术负责人及其他有关人员一道，对干扰事件进行调查分析，制订出切实可行的纠正方案及纠正措施，并在事件发生后 72 h 内上报监理工程师核批。承包商还应在正式通知现场停工后，于 24 h 内对现场停工的落实情况进行核查，并进行记录。

(5)监理工程师接到承包商上报的纠正方案和纠正措施后，应对所制订的方案和措施进行认真核查，并在收到方案和措施 24 h 内予以批复并呈报监理部、业主备案，如超过 48 h 未予批复，则视为已批准承包商的纠正方案和措施。

(6)总监理工程师在签发《工程暂停令》后，宜会同业主、承包商等有关单位按照《设备安装承包合同》的约定，协商处理因工程暂停引起的与工期、费用等有关问题。

(三)工程复工控制办法

(1)承包商接到监理工程师审批的纠正方案和措施指令后，须认真进行整改，应完全消除可能再次导致质量事故、人身安全事故的因素。同时已为继续安装施工制定了技术方案。

(2)承包商应组成由技术负责人、检验人员、班组长等参加的自检小组，对停工项目申请复工的条件进行检查，检查应逐项逐条进行，以确认是否真正具备了复工条件，检查应有记录并填写复工准备自检表，作为申请复工的验证材料。

(3)承包商自检合格后，填写《工程复工报审表》申请复工。

(4)监理工程师收到复工申请后，应于 24 h 内，对复工申请予以验证核查，如核查属实，即签署验证意见，并在收到复工申请 48 h 以内呈报总监理工程师审批。如核查结果不能复工，则对《工程复工报审表》签填继续整改意见，退回承包商继续整改。

(5)总监理工程师收到监理工程师呈报的《工程复工报审表》后，应于 48 h 以内作出批复。如同意复工，则签发《工程复工报审表》。交承包商签收执行并呈报业主备案。如承包商在递交复工申请 4 天后收不到批复，则可视为总监理工程师对复工申请已予批准，可恢复施工。总监理工程师批复的《工程复工报审表》，按分发要求分送。

第三章　设备安装阶段的监理

设备安装是设备质量形成最重要的过程之一。设备只有经过安装才能形成真正的生产运作能力，因此该过程的监理工作非常重要。

设备安装阶段监理的目标是：监理工程师应按照监理合同要求，跟踪设备安装过程，使设备局部及整体性能、运行功能及生产能力达到设计及合同的要求，使设备质量符合国家的技术规范和质量标准。

设备安装工作主要包括设备到货验收、设备基础检验、设备到场二次搬运、设备定位、设备就位、电缆敷设、综合管线敷设、网络设备综合布线、线缆连接、装配、设备运行状态和程序调整、设备系统联动程序设定、单机和成套设备运行等。

影响设备安装过程质量的因素有人员、设备、材料、方法及环境。从准备安装开始到验收结束后的全过程中都应对这5个方面的因素加以监控，以确保设备安装质量。

设备安装的前期工作也非常重要，如与土建的接口问题，前期的资料准备工作，设备安装承包商的施工技术方案、技术措施是否到位等，都要及时掌握，全面落实，才能顺利完成设备安装监理任务。

第一节　设立质量控制点

设备安装中要坚持施工人员自检，下道工序互检，安装承包商专职质检人员的专检及监理工程师的复检（或抽检），并对每道工序进行检查和记录；安装过程中使用的材料，如各种清洗剂、油脂、润滑剂、紧固件、线缆、管材等必须符合设计和产品标准的规定，有出厂合格证明及安装单位的自检报告。

在设备安装阶段，设备安装承包商应根据国家有关标准、安装验收规范、合同内约定的技术条件以及安装过程质量控制的要求，列出详细的质量控制明细表，表中应详细地列出质量控制点的名称或控制内容、检验标准及方法，报监理工程师审查；专业监理工程师在编制监理细则时也应根据设备安装合同及国家有关的法规、规范及行业标准要求，制定专业设备安装阶段的质量控制点；监理工程师通过核查、比较、分析的方法对设备安装承包商申报的质量控制明细表进行确认。设置设备安装质量控制点是保证设备安装质量的必要前提，设备安装质量控制点选择的要点一般包括以下内容：

1. 保证质量难度大、对质量影响大、发生质量问题时危害大的工序和部位；
2. 设备安装过程中的关键工序、关键环节及隐蔽工程；
3. 设备安装精度要求高、安全距离要求严、容易引起质量不稳定的工序和部位。
4. 对后续设备安装或后续安装工序质量或安全有重大影响的工序和部位。
5. 采用新技术、新工艺、新材料的安装工序和部位。

地铁设备安装过程中，根据各设备专业特点不同，在安装过程中控制的着重点也不相同，下面就在地铁设备系统中比较有代表性的专业（屏蔽门、自动售检票系统（AFC）、监控系统）

的质量控制点进行举例说明。

一、机电设备(以屏蔽门为例)质量控制的要点

屏蔽门安装质量控制点如表 5-3-1 所示。

表 5-3-1 屏蔽门安装质量控制点

序号	工序名称	控制点名称	控制等级	备注
1	站台检测			
1.1	装修承包商上、下预埋件安装	安装承包商督导	P	
1.2	装修承包商端门与横梁安装	安装承包商督导	P	
2	支架检测			
2.1	上安装支架	爬电距离、安装界限、固定牢靠	W	
2.2	下安装支架		W	
3	构架检测			
3.1	立柱	主体结构的接地;立柱与门机梁、横梁的连接牢固与绝缘处理;马达的接地;横梁、门机梁的水平度;立柱的垂直度等	W	
3.2	横梁			
3.3	门机梁			
4	地坎检测			
4.1	前后地坎	地坎导轨侧到导中线的距离;地坎安装牢靠,门体相应处的防滑措施;地坎螺栓紧固并有平垫和弹垫;相邻地坎的平整度;前后地坎的间隙等	W	
5	盖板检测			
5.1	前盖板	盖板的绝缘处理;盖板的安装固定;前盖板的导向标志;相邻盖板间距的均匀性;盖板支撑构件;盖板与门楣间隙的均匀性等	W	
5.2	后盖板			
6	滑动门检测			
6.1	左滑动门	门体内外侧设有开门装置且开门装置动作良好;标准门体与非标门体的净开度;滑动门与立柱间的密封性能;开关门状况;模式开关的安装方向一致性;手动开门解锁力;门体安装垂直度;门框与立柱	W	
6.2	右滑动门			
7	固定门检测			
7.1	固定门检测	固定门安装牢靠性;内侧密封胶的安装质量;门体安装垂直度;相邻固定门结合处的上下间距等	W	
8	应急门与端门检测			
8.1	应急门	手动开门解锁力;应急门的电气安全开关性能;门体内外侧的开门装置性能;门体开启旋转角度与自动关闭性能;解锁推杆性能;密封胶的安装质量;门框与地坎的间隙等	W	
8.2	端门			
9	线缆与线槽检测			

续上表

序号	工序名称	控制点名称	控制等级	备注
9.1	线缆	线槽线缆屏蔽层和缆线保护管的接地保护；接线端子的严密牢固；导管与线槽的敷设的整齐牢固；线槽的安装路径与安装方式的合理性等	P	
9.2	线槽			
10	电气装置检测			
10.1	UPS电气控制柜	柜(盘)及其内部所有电气设备与导管、线槽的外露可导电部分的接地可靠性与合理性；电气设备和配线的绝缘电阻值；柜(盘)安装位置分配的合理性及安装整齐可靠性；柜(盘)内的设备接地可靠性；设备部件标识清晰齐全等	W	
10.2	PDP电控柜			
10.3	PSCC控制柜			
10.4	PSA			
10.5	PSAP			
10.6	PSL就地控制盘			
11	系统调试检测			
11.1	电源及电气系统	对系统进行全面检查，检查的内容主要包括：供电模式；驱动电源的UPS电源性能；整列门体的绝缘耐压性能；PSC功能；PSL功能；PSA功能；屏蔽门的系统级、站台级和手动操作三级控制方式；通电前检查中央接口盘、配电盘及控制器底盘的接地电阻；通电前检查站台门头、变压器星形连接中性点与轨道接地电阻；根据技术规格书的要求，测试屏蔽门系统与EMCS系统的信息传输性能；PSA、PEDC故障信息检测性能等	H	
11.2	控制系统			
11.3	应急门和端门			
11.4	滑动门			

二、自动售检票(AFC)设备质量控制点

自动售检票(AFC)设备质量控制点如表5-3-2所示。

表5-3-2　自动售检票(AFC)设备质量控制点

序号	工序名称	控制点名称	控制等级	备注
1	设备安装进场前的准备			
1.1	承包商提交《施工组织设计》	审批承包商的《施工组织设计》	R	
1.2	承包商提交分包商资质资料	审核分包商的资质	R	
1.3	承包商报验工程材料/购配件	核查工程材料/购配件	R	
1.4	承包商报送的《工程开工报审表及相关资料》	审查《工程开工报审表及相关资料》	R	
2	管槽预埋			
2.1	材料进场	质量、数量等检查	P	
2.2	管槽预埋	线缆敷设施工	W	
2.3	隐蔽工程验收	管槽隐蔽前，监理进行检查与验收	H	
3	综合布线			
3.1	材料进场	质量、数量等检查	P	
3.2	线缆敷设	线缆敷设施工	W	

续上表

序号	工序名称	控制点名称	控制等级	备注
3.3	线缆敷设验收	线缆敷设完毕后,监理进行线缆敷设检查与验收	H	
3.4	机柜/配电箱安装	按照设计图纸要求进行施工	P	
3.5	配线	配线施工	P	
4	设备的运输与开箱检查			
4.1	运输	设备的站内外运输	W	
4.2	开箱检查	设备到站,现场开箱检查	H	
5	设备安装			
5.1	闸机、自动售票机、自动增值机、自动验票机			
5.1.1	准备工作	地面水平度测量;闸机安装定位基准的测量、安装孔定位尺寸测量;清理安装孔;线缆检查;按照设计图纸,将闸机的设备编号贴在相应的安装位置上	P	
5.1.2	设备固定	设备就位的正确性;线缆出线口封堵;用8个螺栓与垫片固定设备;安装完毕后,测量每3台设备之间的水平度是否满足设计要求;设备底部与地面之间缝隙用玻璃胶密封	W	
5.1.3	线缆连接	电缆线连接的正确性;网络线连接的正确性;通道互连连线连接的正确性;紧急按钮线缆连接的正确性	W	
5.1.4	设备保护	安装过程中,不得去除外壳的不锈钢保护膜;设备安装完毕后,应套上塑料袋,再套上纸箱	P	
5.2	票务处理机			
5.2.1	准备工作	清理售票问讯处的防静电地板;按照售票问讯处的平面布置图,将票务处理机的各部件就位	P	
5.2.2	线缆连接	按设计图将各部件连接起来	P	
5.3	单程票清分机			
5.3.1	设备就位	在车站AFC票务室相应位置就位	P	
5.3.2	线缆连接	电源线连接的正确性;网络线连接的正确性	P	
5.4	计算机、网络设备			
5.4.1	设备就位	按设计图纸,在相应位置就位	P	
5.4.2	线缆连接	连接相关的线缆	P	
5.5	UPS			
5.5.1	设备就位	按设计图纸,在相应位置就位	P	
5.5.2	线缆连接	连接相关的线缆	P	
6	设备安装检验			
6.1	AFC设备安装检验	AFC设备安装完毕后,进行安装质量检验	H	
6.2	计算机、网络设备安装检验	计算机、网络设备安装完毕后,进行安装质量检验	H	

续上表

序号	工序名称	控制点名称	控制等级	备注
7	站级系统调试			
7.1	AFC 设备调试		W	
7.2	AFC 系统调试		W	
7.3	站级系统调试预验	选取一个典型车站的站级系统调试进行预验收	H	
8	AFC 系统站与站之间调试			
8.1	数据的下载与上传	票价方案、黑名单等数据由中心向各车站下载正确；由各车站上传的业务数据正确	W	
8.2	时钟同步	保持整个 AFC 系统内部以及与通信系统之间的时钟同步	W	
8.3	实时监控	实时监控各车站 AFC 系统及其 AFC 设备的运行情况，具有管理、控制、诊断功能	W	
8.4	业务处理	处理并提供各种与 AFC 系统运营相关的业务、客流统计分析报告	W	
8.5	AFC 系统联调预验	对 AFC 系统联调进行检查与预验	H	

三、监控系统设备质量控制点

监控系统设备质量控制点如表 5-3-3 所示。

表 5-3-3　监控系统设备质量控制点

序号	工序名称	质量控制点	控制等级	备注
1	施工前检查			
1.1	环境要求	土建施工情况：地面、墙面、门、电源插座及接地装置；土建工艺：机房面积、预留孔洞；施工电源；地板铺设	W	
1.2	器材检验	外观检查；型式、规格、数量；电缆电气性能测试；光纤特性测试	P	
1.3	安全、防火要求	消防器材；危险物堆放；预留孔洞防火措施	P	
2	设备安装			
2.1	交接间、设备间、设备机柜	规格、外观；安装垂直、水平度；油漆不得脱落，标识完整齐全；各种螺栓必须紧固；抗震加固措施；接地措施	P	
2.2	配线部件及 8 位模块式通用插座	规格、位置、质量；各种螺栓必须拧紧；标识齐全；安装符合工艺要求；屏蔽层可靠接地	P	
3	电、光缆布放(楼内)			
3.1	电缆桥架及线槽布放	安装位置正确；安装符合工艺要求；符合铺放缆线工艺要求；接地	P	
3.2	缆线暗敷(包括暗管、线槽、地板等方式)	缆线规格、路由、位置；符合布放缆线工艺要求；接地	H	
4	电、光缆布放(楼间)			

续上表

序号	工序名称	质量控制点	控制等级	备注
4.1	架孔缆线	吊线规格、架设位置、装设规格；吊线垂度；缆线规格；卡、挂间隔；缆线的引入符合工艺要求	W	
4.2	管道缆线	使用管孔孔位；缆线规格；缆线走向	W	
4.3	埋式缆线	缆线规格；敷设位置、深度；缆线的防护设施的设置质量；回土夯实质量	H	
4.4	隧道缆线	缆线规格；安装位置、路由	W	
4.5	其他	通信线路与其他设施的间距；进线室安装、施工质量	P	
5	缆线终结			
5.1	8模块式通用插座	符合工艺要求	W	
5.2	配线部件	符合工艺要求	W	
5.3	光纤插座	符合工艺要求	W	
5.4	各类跳线	符合工艺要求	W	

注：R点为文件见证点，W点为现场见证点，H点为停止见证点，P点为日常巡检。

第二节　设备安装基础、就位及隐蔽工程的检查和质量控制

一、设备安装基础的检查和质量控制

在设备安装过程中，设备安装基础是否满足设计的要求是保证设备安装质量的一个非常重要环节。因此在设备安装就位前，必须严格控制设备安装基础的质量，对不符合要求的质量问题，通过协调或指令设备安装单位立即进行处理，直至检验合格为止。地铁工程中设备安装基础的施工存在两种方式，一种是由土建工程施工完成或由装修工程施工完成；另一种是由设备安装工程本身完成；方式不同，相应的检查和控制也不同。

1. 对由土建工程施工完成或由装修工程施工完成的设备安装基础，例如地铁工程中的AFC系统设备的设备安装基础由装修承包商施工完成，在设备安装就位前，应对其进行预控。监理工程师应组织设备安装承包商对其进行检查，检查站厅层设备安装地面的水平度、预埋件、预埋管槽的埋深、管口位置、设备预留的操作空间等是否满足设备安装的要求及设备安装施工图的要求。

2. 对由设备安装工程本身完成的设备安装基础，如地铁工程中的供电设备高压柜、直流柜、低压柜等的设备安装基础，监理工程师应对设备安装基础的施工过程进行旁站监理和平行检验，对其基础接地焊接质量等还要进行隐蔽验收。设备安装基础施工过程中，安装承包商在每道工序完成后应组织进行自检、交接检和专质检，合格后，监理工程师再进行复检。检查内容包括：预埋件材质、基础的外形几何尺寸、位置、接地电阻测量；基础表面的平面度、间距；直流柜地脚螺栓与地之间的绝缘电阻等是否满足设备安装的要求或设备安装施工图的要求；基础表面及地脚螺栓预留孔内油污、石、泥土及杂物、积水等是否清除，预埋地脚螺栓的螺纹和螺母是否保护完好，放置垫铁部位的表面是否平整；所有预埋件的数量和位置是否正确。

二、设备安装就位和调平作业的控制

设备安装基础复验合格后，设备可以进行安装就位。设备就位应按设备安装施工图的要求，正确地找出并划定设备安装的基准线，然后根据基准线将设备安放到正确位置上。例如地铁AFC系统设备闸机的就位就是以预埋的出线管中心连线为基准线就位。设备就位过程中

监理工程师主要应对安装单位的基准线测量进行控制，检查其是否符合设计的要求，并对其平稳性进行检查，防止摇晃位移；设备调平找正分为设备找正、设备初平及设备精平 3 个步骤。

1. 设备调平找正时需要有相应的的基准面和测点。

安装承包商所选择的测点应有足够的代表性（能代表其所在的测面和线），且数量也不宜太多，以保证调整的效率；选择的测点数应保证安装的最小误差。一般情况下，对于刚性较大的设备，测点数可较小；对于易变形的设备测点应适量增多。监理工程师要对安装承包商选择的测点进行检查及确认，对设备调平找正使用工具、量具的精度进行审核，以保证精度满足要求。

2. 监理工程师还应对安装单位进行设备初平、精平的方法进行审核或复验（如安装水平度的检测；垂直度的检测；直线度的检测；平面度的检测；平行度的检测；同轴度的检测；跳动检测、对称度的检测等），以保证设备调平找正达到规范的要求。

3. 设备安装的复查与二次灌浆的控制。

设备在安装定位、调平找正以后，安装承包商要进行严格的复查工作，使设备的标高、中心和水平及螺栓垫铁的紧度完全符合技术要求，并将实测结果记录在质量表格中。安装承包商经自检确认符合安装技术标准后，应请监理工程师进行检验，经监理工程师检查合格，安装承包商方可进行二次灌浆工作。

三、设备安装过程中隐蔽工程的施工控制

隐蔽工程是指将被其后续工程施工所隐蔽的分项、分部工程，隐蔽工程验收就是在隐蔽前所进行的检查验收，它是对一些已施工完成的分项、分部工程质量的最后一道检查。由于检查对象将要被其他工程覆盖，给以后的检查整改造成障碍，故隐蔽工程管理成为质量控制的重要环节。根据隐蔽工程的特点，应采取专人负责、全面检查、抽点详查、重点见证和工序交接的管理方法。隐蔽工程施工完毕后，施工承包商按有关技术规程、规范、施工图纸进行自检，自检合格后，填写《报验申请表》，附上相应的工程检查记录及有关材料证明等，报送监理及有关部门。经监理等有关部门检查合格签字确认后，准予隐蔽、覆盖，进入下一道工序施工；如果检查不合格，将签发《不合格项目通知书》，责令施工承包商整改、复查，严禁进入下一道工序施工。对重点隐蔽工程的施工或隐蔽过程派专人进行现场见证，从而有效地提高了隐蔽工程的施工质量，减少了工程质量隐患。

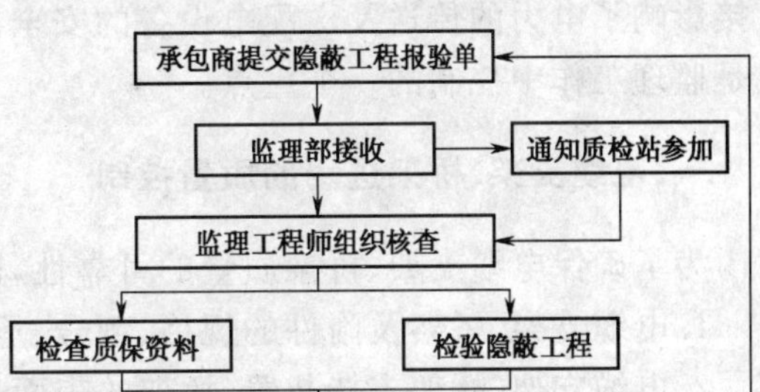

图 5-3-1　设备安装隐蔽工程施工控制流程图

1. 隐蔽工程控制工作流程图

隐蔽工程控制工作流程图如图 5-3-1 所示。

2. 检验的范围及内容

所有设备安装过程中的隐蔽工程均需检验，检验的内容是：检查上道工序完成后工程应达到的设计、工艺和标准规范规定的质量指标。

3. 检验程序

(1)承包商提交隐蔽工程报验申请表

承包商按设计要求完成所需准备隐蔽的工程，经自检合格后，填写隐蔽工程报验申请表，并将隐蔽工程自检合格证在进行下道工序 48 h 前交项目监理部。

(2)项目监理部转发隐蔽工程报验申请表

项目监理部在接到承包商提交的隐蔽工程报验申请表后，对重要的隐蔽工程通知当地质量监督检验站。

(3)监理工程师检验

监理工程师接到隐蔽工程报验申请表后 24 h 内对承包商提供的资料进行认真核查。若所呈报的资料有错误或不满足设计和规范的要求，即应退回承包商重新整理再报；如验证准确无误，在 24 h 内应及时会同当地质检站、承包商共同到现场核验。若核验不合格则指令承包商对不合格项目进行修正或重做。

(4)监理工程师签认并准予继续施工

对于检验合格的隐蔽工程，专业监理工程师/总监理工程师应在隐蔽工程报验申请表上签署合格意见，准予承包商进行下道工序的施工。

(5)特殊情况下的检验

①对于具有试验性质的或施工条件因素造成与原设计出入较大者，监理工程师应邀请设计单位的现场代表共同参加检验，以核实是否满足设计要求或在现场作出变更处理。

②当隐蔽工程不能暴露过久时，隐蔽工程的验证可由承包商专职质检工程师会同监理工程师在接到施工单位自检合格后共同执行。

③如隐蔽工程检查合格后因故停工，在工程复工前应通知监理工程师重新检查复核，如有变化应重新填写检查资料。

第三节　电力电缆敷设的质量控制

电力电缆是送电设备与受电设备之间联系的介质，电缆质量的好坏及电缆连接的可靠性直接影响了电力的传送及送配电设备的安全。因此，在施工过程中，电力电缆敷设的质量控制也是监理工作中控制的一个重点。

一、电缆支架、桥架进场的质量控制

为了确保电缆支架、桥架质量的可靠性，监理工程师应重点检查以下两点：

1. 电缆支架、桥架及附件的规格、型号、承载力、材质、耐腐蚀性符合设计要求；

2. 电缆支架、桥架支持装置、桥架的表面光滑无毛刺、耐久稳固、外观平齐、无锈蚀。

二、电缆支架、桥架安装时的质量控制

1. 两个电缆支架之间允许的最大距离，应符合设计要求。

2. 电缆支架应安装牢固，横平竖直；托架支吊架的固定方式应按设计要求进行。各支架的同层横档应在同一水平面上，其高低偏差小于 5 mm。托架支吊架沿架走向左右的偏差不应大于 10 mm。在有坡度的电缆沟内或建筑物上安装的电缆支架，应有与电缆沟或建筑物相同的坡度。电缆支架最上层及最下层至沟顶、楼板、或沟底、地面的距离，应符合设计要求。

3. 组装后的钢结构件，其垂直偏差应小于长度的 2/1 000；支架横撑的水平误差应小于其宽度的 2/1 000；对角线的偏差应小于其对角线长度的 5/1 000。

4. 梯架(托盘)在每个支吊架上的固定应牢固；梯架(托盘)连接板的螺栓应紧固，螺母应位于梯架(托盘)外侧。铝合金梯架在钢制支吊架上固定时，应有防电化学腐蚀的措施。

5. 电缆桥架转弯处的转弯半径，应大于该桥架上的电缆最小允许变曲半径的最大者。

6. 电缆支架安装完成后，确保贯穿接地，并测试接地电阻小于国家标准、规范的要求。

三、电力电缆进场质量的控制

监理首先对电缆采购过程进行质量控制，确保用于工程中的电力电缆的规格型号与设计图纸相符，电缆外观应无损伤，绝缘良好，当对电缆的密封有怀疑时，应进行潮湿判断，并且要"三证"齐全。

四、电力电缆敷设时的质量控制

1. 电缆通道畅通、排水良好。金属部分的防腐层完整。

2. 电缆放线架应放置稳妥，钢轴的强度和长度应与电缆盘重量和宽度相配合。

3. 敷设前应按设计和实际路程计算每根电缆的长度，合理安排每排电缆接头。

4. 在带电区域内敷设电缆，应有可靠的安全措施。

隧道内敷设好的电缆如图 5-3-2 所示。

5. 电缆接续制作的质量控制

(1)整个接续过程应严格按照要求制作。

(2)中间接头附近留有备用长度，为故障时的检修提供方便。中间接头两端保持 1 m 水平段，两端应固定牢靠。

(3)中间接头的两端铠装钢甲，用软铜线连接，用直径为 2～3 mm 铜线绑在钢甲上并焊牢。

(4)中间接头预留长度应弯曲自然，不得小于电缆的弯曲半径，弯曲部分不小于 2 卡固定。

图 5-3-2　隧道内敷设好的电缆

6. 电缆接头布置的质量控制：

(1)并列敷设的电缆，其接头位置应相互错开。电缆沟及机房内不应有高压电缆接头。

(2)托架上的电缆接头，应用绝缘托板托置固定，托板伸出电缆头两侧不应小于 200 mm。

7. 严格按照设计要求，将电缆敷设在相应的支架层上，电缆应平行敷设，不得紊乱。电缆应从盘的上端引出，不应使电缆在支架上及地面摩擦拖拉。电缆上部不得有铠装压扁、电缆绞拧、护层折裂等未消除的机械损伤；每隔一定的距离，必须在电缆上用字母及颜色标志相序。

8. 机械敷设电缆的速度不宜超过 15 m/min。

9. 电缆进入电缆沟、隧道、竖井、建筑物、盘(柜)以及穿入管子时，出入口应封闭，管口应封闭。

10. 电缆与热力管道、热力设备之间的净距，平行时应不小于 1 m，交叉时不应小于 0.5 m，当受条件限制时，应采取隔热保护措施。

11. 在电缆进入建筑物、隧道、穿过楼板、墙外及其他可能受到机械损伤的地方应加装有一定机械强度的保护管或加装保护罩。

12. 管道内部应无积水，且无杂物堵塞。穿电缆时，不得损伤护层，可采用无腐蚀性的润滑剂（粉）；电缆排管在敷设电缆前，应进行疏通，清除杂物；穿入管中电缆的截面应符合设计要求。

13. 在弯曲处，一定要确保弯曲半径符合有关的要求。

14. 电缆敷设完毕后，应及时清除杂物，盖好盖板。必要时，应将盖板缝隙密封。

15. 电缆固定点位置的质量控制：

(1)垂直敷设或超过 45°倾斜敷设的电缆，支架或桥架间隔小于 2 m；

(2)水平敷设的电缆，其首末两端、转弯及电缆接头的两端应设有支架或桥架；

(3)沿隧道顶板敷设的电缆，应用刚性卡固定牢固，其间距不得大于 1 m。

五、电力电缆的试验

在电力电缆敷设完成后，为了确保送电安全，施工承包商须按照国家、行业标准及规范等要求进行绝缘电阻测量、直流耐压试验、泄漏电流测量以及检查电缆线路的相位及接线，监理工程师要现场监督整个测试过程及审批测试结果。

第四节　综合管线敷设的质量控制

地铁各专业系统设备及常规设备之间的管线错综复杂，经常多个专业同时施工。因此，合理安排本阶段的施工顺序非常重要，监理工程师应及时深入现场进行协调。

一、施工顺序的控制

由于地铁设备安装是多系统、多工种、多施工承包商甚至多家监理单位的综合性工程，因此，在进行综合管线敷设时，合理的安排各家施工承包商进场作业是非常必要的。

1. 编制车站施工进度计划网络图

在施工准备阶段安排一家施工承包商（通常为车站常规设备安装承包商）编制车站施工进度计划网络图，要求各相关施工承包商提供相关的数据、进场时间、进场条件、进场人数、进场工器具等，然后由车站常规设备安装承包商统一协调安排各有关安装单位的进场时间。

2. 及时协调施工过程中的有关事宜

由于在有限的范围内，几十种设备的管线并存，经常存在各系统的管线经路冲突的问题。因此，在实际的施工过程中，监理应及时进入施工现场调查，协调各系统的管线经路。一般按下列原则进行调整：

(1)弱电管线让强电管线；

(2)临时管线让永久管线；

(3)小管线避让大管线；

(4)压力管线避让重力自流管线；

(5)可弯曲管线避让不可弯曲管线。

二、线缆、支架及桥架质量的控制

监理首先在进货渠道上对线缆、支架及桥架的质量进行控制，确保用于工程中的各种线缆、支架及桥架的规格型号与设计图纸相符，电缆外观应无损伤，绝缘良好。各种支架、桥架的高度、层数及所用材料须和设计图纸一致。

三、综合管线敷设时的质量控制

1. 严格要求施工单位按设计图纸及国家有关工艺要求施工，尽可能做到横平竖直，外观美观。

车站综合管线图如图 5-3-3 所示，冷水机房综合管线图如图 5-3-4 所示。

图 5-3-3　车站综合管线图

图 5-3-4　冷水机房综合管线图

2. 线槽宽度与高度的比例为 3∶1，在线槽中放置的双绞线应不超过 3 层。

3. 确保施工承包商在管线敷设过程中严格按照国家标准及有关规范进行，在施工过程中监理工程师应注意如下两点：

(1)熟悉管线敷设设计图纸要求，及时到施工现场进行检查。

(2)设置质量控制点，对重点部位进行重点监理。

4. 水平线槽、管线在转弯处应留有足够大的空间以保证线缆有充分的弯曲半径。

5. 在水平线槽、管线的转弯处，应有衬垫以减小拉线时的摩擦力。

6. 线缆的敷设应确保：

(1)线缆的型号、规格应与设计规定相符。

(2)线缆的布放应自然平直，不得产生扭绞、打圈接头等现象，不应受外力的挤压及损伤。

(3)线缆两端应贴有标签，应标明编号，标签书写应清晰和正确，标签应选用不易损坏的材料。

(4)线缆终结后，应有余量。交接处、设备间电缆预留长度为 0.5～1.0 m，工作区为 10～30 mm；光缆布放宜盘留，预留长度宜为 3～5 m，有特殊要求的应按设计要求预留长度。

(5)线缆的弯曲半径应符合下列规定：

①非屏蔽 4 对对绞线电缆的弯曲半径应至少为电缆外径的 4 倍；

②屏蔽 4 对对绞线电缆的弯曲半径应至少为电缆外径的 6～10 倍；

③主干对绞电缆的弯曲半径应至少为电缆外径的 10 倍；

④光缆的弯曲半径应至少为光缆外径的 15 倍。

(6)电源线与信号线、控制线应分隔布放，线缆间的最小径距应符合设计要求。

(7)在暗管或线槽中线缆敷设完毕后，宜在通道两端出口处用填充材料进行封堵。

(8)预埋线槽和暗管敷设线缆应符合下列规定：

①敷设线槽的两端宜用标志表示出编号和长度等内容。

②敷设暗管宜采用不锈钢管。布放多层屏蔽电缆、扁平缆线和大对数主干光缆时，直线管道的管径利用率为50%～60%，弯管道应为40%～50%。暗管布放4对对绞电缆或4芯以下光缆时，管道的截面利用率应为25%～30%。预埋线槽宜采用金属线槽，线槽的截面利用率不应超过50%。

(9)预埋暗管保护要求如下：

①预埋在墙体中间的最大管径不宜超过50 mm，楼板中暗管的最大管径不宜超过25 mm；

②直线布管每30 m处应设置过线盒装置；

③暗管的转弯角度应大于90度，在路径上每根暗管的转弯角度不得多于2个，并不应有S弯出现，有弯头的管段长度超过20 m时，应设置管线过线盒装置；在有2个弯时，不超过15 m应设置过线盒；

④暗管转弯的曲率半径不应小于该管外径的6倍，如暗管外径大于50 mm时，不应小于10倍；

⑤暗管管口应光滑，并加有护口保护，管口伸出部位宜为25～50 mm。

四、线缆测试的控制

所有线缆敷设完成后，施工单位均应按照国家相应的规范对所布放的线缆进行测试，所测试各项指标必须达到有关要求。

第五节　综合布线系统的质量控制

一、综合布线系统的内容和功能

综合布线系统(Premises Distributed System，简称PDS)是采用标准化的语音、数据、图像、监控设备，各线综合配置在一套标准的布线系统上，统一布线设计、安装施工和集中管理维护。综合布线系统以无屏蔽双绞线和光缆为传输媒介，采用分层星形结构，传送速率高。还具有布线标准化、接线灵活性、设备兼容性、模块化信息插座能与其他拓扑结构连接及扩充设备，

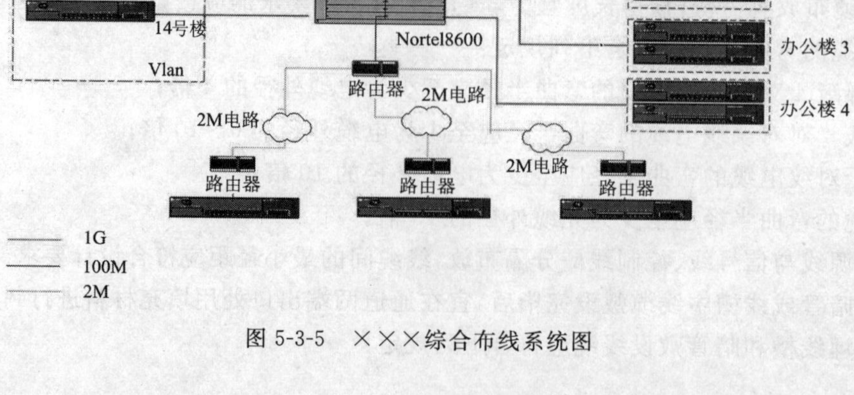

图5-3-5　×××综合布线系统图

安全可靠性高等优点，使得系统的统一管理成为可能，也使每个信息点的故障、改动或增删不影响其他的信息点，使安装、维护、升级和扩展都非常方便，并节省了费用。综合布线系统图如图 5-3-5 所示。

PDS 与智慧大厦的发展紧密相关，是智慧大厦的实现基础。智慧大厦具有舒适性、安全性、方便性、经济性和先进性等特点，一般包括：中央计算机控制系统、楼宇自动控制系统、办公自动化系统、通信自动化系统、消防自动化系统、保安自动化系统结构化布线系统等，它通过对建筑物的 4 个基本要素（结构、系统、服务和管理）以及它们内在联系最优化的设计，提供一个投资合理、同时又拥有高效率的优雅舒适、便利快捷、高度安全的环境空间。结构化布线系统正是实现这一目标的基础。

二、综合布线施工阶段的监理

1. 网络设备选型与系统集成需求分析

要根据计算机网络技术的发展情况及业主网络应用需求的变化，细化网络方案，进一步弄清用户对数据库及 Internet 应用的要求，了解用户数据量的大小、数据的重要程度、网络应用安全性、可靠性及实时性等方面的要求。了解行业应用软件对网络服务器或特定计算机系统的要求。根据业主需求、已建成的综合布线系统和资金状况等因素，确定网络选型、网络系统平台、网络服务器品牌、网络设备品牌及数量等。

2. 综合布线施工准备

审核承包商施工计划、设备材料供应计划、项目施工组织设计；组织召开设计、安装、工程承包商的协调会，做好技术交底；审核设计院、承包商的系统深化设计图；审核系统调试、验收方案和人员培训计划；检查网络工程的施工环境如土建施工情况、土建工艺、孔洞预留及施工电源、安全、防火要求等。

3. 综合布线施工监理

定期组织召开工程例会，协调各方关系和进度；组织设备材料到货开箱、验收、移交，检查设备材料的形式、规格、数量，测试电缆电气性能和光纤特性；按施工计划实施进度控制和工程量认可；协调综合布线工程与其他工程间的进度关系；监控施工质量包括管线、线槽、桥架和机柜的安装质量，电缆、光缆布放及线缆终结情况等，并对隐蔽工程验收；监督承包商对信息点逐点测试，测试符合合同要求和相关技术标准。

4. 综合布线验收

对综合布线工程的质量进行全面检验，按一定比例抽验测试电缆电气性能，包括线对、长度、衰减、近端串扰（两端都应测试）及设计中特殊规定的测试内容；测试光纤特性，如衰减、长度等；清点、交接技术文件，考核工程质量，确定验收结果。

5. 网络设备安装与系统集成调试运行

对网络设备及系统软件到货验收，监控设备安装工艺、施工进度，根据实际施工情况，协助系统集成商解决可能出现的问题，确保工程如期进行。组织单体设备性能测试、网络应用测试，包括网络应用软件配置是否合理、各种网络服务是否实现、网络安全性及可靠性是否符合合同要求等，敦促系统集成商完善在测试过程中出现的各种问题。签署认可测试报告。监督网络系统集成性能测试，包括丢包率、错包率、网络线速、碰撞统计、帧故障等，形成详细的网络性能测试报告。组织实施系统试运行。审核系统操作规程、设备管理方案。审核与确认试运行记录。

设备控制室配线架如图 5-3-6 所示，语音配线架如图 5-3-7 所示。

图 5-3-6　设备控制室配线架

图 5-3-7　语音配线架

第六节　设备安装过程中的见证测试及见证送检

目前大多数主要关键设备都是由业主(甲方)直接采购，部分设备、材料采取乙购的方式。对乙购的设备、材料根据其重要性可采用甲控乙购的方式或乙购关键材料方式进行控制，监理工程师对乙方自行购买的乙购关键材料(包括甲控乙购材料)要按国家有关标准进行见证测试及见证送捡。

一、甲供设备的质量控制

在设备安装阶段，对于甲供设备的质量控制主要采用资料审查和开箱验收两种方式。资料审查包括型式试验报告、样机验收报告、出厂验收报告、产品合格证等技术资料的审查，开箱验收主要检查到货设备的外观、数量、规格等是否满足要求。

二、乙购关键材料(包括甲控乙购材料)的质量控制

1. 工作流程图

如图 5-3-8 所示。

2. 报验范围

安装承包商用于设备安装的乙购关键材料，包括电缆、导线、各类接头、密封材料、标准件及专用紧固件、连接件、焊接材料、金属线材、钢丝绳、各类金属非金属材料及半成品等。

3. 检验程序(程序中规定的天数为参考天数)

(1)设备安装承包商在计划采购 21 天之前，向监理报送下列资料：

①设备安装材料采购计划表；

②供货商资质材料；

③材料产品质量证明资料；

④材料的检验报告；

⑤样品(必要时)。

(2)监理工程师收到申报资料后，7天内完成审查、复试，签署意见。如不合格，退回承包商重新申报，如合格则呈送总监理工程师审批。

(3)总监理工程师收到采购计划后4天内批复，承包商接到批复后，方可订货。

(4)承包商按照国家相关规范要求，在监理单位或业主(建设单位)的监督下，对进货按规定比例抽检，取样试验，并送至具备相应资质的检测单位进行检测，并将测试结果填报在工程材料报审表中，报监理工程师。

(5)监理工程师7天内完成核查、复验及签认。

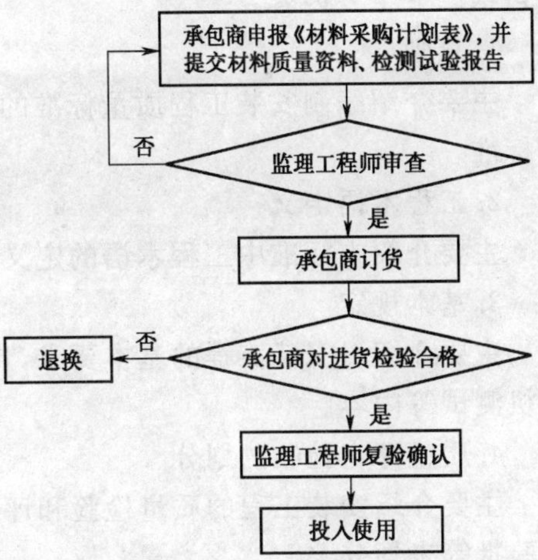

图 5-3-8 乙购关键材料的质量控制工作流程图

第七节 设备单机调试及安装质量标准

一、设备单机调试

设备的调试工作主要是各种检查和测量、静态和动态试验、冷态和热态试验、空载和有载试验、设备运行状态和程序调整、设备系统联动程序设定、单机和成套设备试运行等。

1.设备安装调试的有关审核

(1)审核安装调试承包商的资质、调试人员资格，调试指挥系统、质量管理体系、技术管理体系、安全监督体系等。

(2)审核设备安装调试所依据的技术标准及验收规范。

(3)审核承包商制定的设备安装调试技术方案，审核其经济合理性、技术可行性、安全可靠性，并提出审核意见。

(4)审核设备安装调试工作的质量责任制及质量保证和安全生产措施。

(5)审核设备安装调试用的机具和检测仪器。机具应适合安装调试设备的需要，并且保持完好。仪器应该符合规定的精确度要求，并在有效的鉴定期内。

2.实施过程的监理

单机调试监理要点：

(1)单机调试必须在安装施工完成后经施工承包商自检合格，并经监理工程师确认后方能进行；

(2)单机调试前应根据验收规范，对单机设备进行安装质量复验，符合规范要求的才可进行调试；

(3)进行调试前，应符合：设备安装与设备供货厂家要求一致；确认待调试的系统已具备调试条件，尤其是设备送电前，确认设备整体绝缘良好。

二、安装质量标准

在设备安装及单机测试阶段，为了更好的控制设备安装质量及调试质量，监理应依据相关的质量标准和规范，组织编写地铁各设备系统的安装工程质量标准。安装工程质量标准一般应包括以下主要内容：

1.总则

主要介绍编制安装工程质量标准的目的、意义、适用范围、编制的依据以及质量等级的划分标准。

2.工程术语定义

主要介绍本标准中工程术语的定义，使施工承包商能更明确的理解本标准，以便执行。

3.基本规定

主要介绍对安装工程的基本要求，包括设备材料进场、设备二次搬运、设备定位安装、设备单机测试等内容。

4.质量评定验收的划分

主要介绍安装工程的质量检验和评定验收应按单位(子单位)工程、分部工程、分项工程和检验批等来划分。

5.质量评定验收办法

主要介绍安装工程施工质量的检验、评定办法。

6.质量评定验收程序和组织

主要介绍安装工程质量评定验收的程序、人员组织、参加单位等。

7.质量标准

主要介绍对安装工程质量要求的详细内容。

第八节　设备安装工程中的工程变更管理及工程事故处理制度

一、工程变更管理

1.工程变更的内容

(1)在合同工程范围内，工程项目的增减；

(2)在合同工程范围内，工程数量的增减或价格的调整；

(3)取消合同内某项或某部分工程；

(4)更改合同工程中有关工程或材料的性质、质量、规格；

(5)更改合同工程中有关部分的标高、基线、位置和尺寸；

(6)改变合同工程中经批准的关键工程的施工顺序或时间安排；

(7)合同工程其他工程内容更改。

2.工程变更项目(项次)的划分

(1)合同内同一部位或同一原因引起的、其内容不可分割的变更为一项工程变更；

(2)同一原因引起合同内不同项目的变更，应视为一项变更；

(3)同一原因引起不同合同项目的变更，应以每个合同为一项变更；

(4)工程变更引起其他合同、其他专业的修改时，在同一申请内应另行单列此部分更改费用，供决策评估。

3.工程变更的分类

(1)工程变更按起因性质划分为：

①设计类；

②施工综合类；

③管理类。

(2)根据工程变更的影响程度和重要性，与工程变更审批权限对应，一般将工程变更分为以下几类：

Ⅰ类变更：指对合同工程中政府批准的建设规模、基本原则及重大设计方案等方面作出的工程变更，以及需通过调整工程总概算来处理其费用变化的设备变更。

Ⅱ类变更：指对已批准的主要技术方案更改，或改变合同的里程碑工期，或造成影响主要技术参数指标和使用功能、主体结构及整体布置的改变，以及一次设备变更费用增、减较大(例如 30 万元以上)的工程变更。

Ⅲ类变更：指不改变主要技术方案，不改变合同里程碑工期，不严重影响主要技术参数指标和使用功能，且一次变更合同费用增、减不大(例如 10 万元至 30 万元)的工程变更。

Ⅳ类变更：指不改变合同里程碑工期，不改变主要技术参数指标和使用功能，且一次变更费用增、减较小(例如在 10 万元以下)或合同费用不发生变化的工程变更。

(3)现场工程变更

指发生变更费用数量较少(例如 3 万元以下)的，为保证设备安装工程正常、连续施工，必须进行的现场工程变更。该变更在施工现场由施工单位、业主、监理单位、设计单位等有关各方共同签字确认实施，并在实施的同时办理相应工程变更手续。

(4)特殊情况下的工程变更

为保证工程安全施工，对于现场突发的急需的工程变更，如出现危及生命、工程、或工程毗邻财产安全的紧急情况下，监理工程师在业主授权的前提下，不必事先办理审批手续，会同业主代表组织采取必要的处理措施，可指示承包商先实施工程变更，以保证生命和财产的安全，事后再补办变更手续。

4. 工程变更管理监理方的职责

(1)接受提出单位提交的工程变更申请，完成初审并呈报业主；

(2)参与工程变更技术审查、造价审核；

(3)向承包商签发“工程变更令”；

(4)按业主批准的工程变更投资增减额，根据合同计量支付规定进行验工计价；

(5)督促承包商实施“工程变更令”的内容，建立工程变更台账；

(6)执行现场工程变更的相关程序；

(7)按业主授权会同业主代表共同处理特殊情况下的工程变更。

5. 工程变更流程图

工程变更流程见图 5-3-9。工程变更应遵守“变更申请——监理受理并初审——报业主进行技术审查——造价审核——综合审批——变更实施——计量计价——支付”的程序。除特殊情况外，未经批准无正当理由自行变更和施工的，责任单位应承担相应的经济责任和技术责任，且不予计量支付。

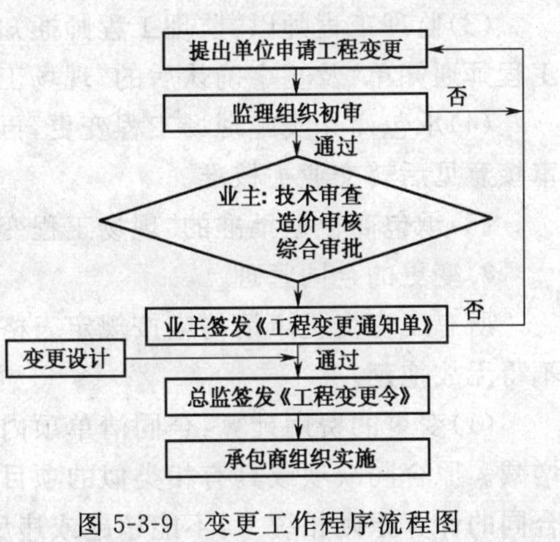

图 5-3-9　变更工作程序流程图

6. 变更工作程序

(1)提出单位向监理提交“工程变更申请单”。

申请单应填写的主要内容：

①变更的原因或依据；

②变更的内容及范围；

③变更引起的工程量及合同价款的增减；

④变更对工期、接口的影响；

⑤必要的附图及计算数据等。

(2)提出工程变更申请若需设计、承包商等相关单位配合时，在监理和业主代表组织下，各方应予积极配合。

(3)监理接到“工程变更申请单”后，应及时(如：3 日内)会同业主代表召集设计单位代表、承包商等各方根据变更情况进行初审。工程变更初审通过后，方可提交正式审批。

(4)初审通过后，监理将初审会议审核后的“工程变更工程量清单审批单”及其附件、附表连同“工程变更申请单”一起提交给业主，由业主各相关部门进行技术审查、造价审核及综合审批程序。

(5)业主审批程序通过后，向监理部签发“工程变更通知单”。

(6)监理部根据“工程变更通知单”，由总监理工程师向承包商签发“工程变更令”，并督促承包商实施。

(7)监理部合同管理工程师负责“工程变更令”的统一编号和管理。

(8)承包商按“工程变更令”实施变更工程施工。

7.现场工程变更管理程序

对根据现场实际情况发生的设备安装与调试工程项目、车站装修、甲控乙供关键材料的现场变更，且变更所发生的费用数量较少(例如 3 万元以下)，可采用现场工程变更的方式，以简化变更手续，保证工程连续有效地进行施工。

变更所发生的费用较多(例如 3 万元以上)的现场工程变更仍应按正常程序办理。

现场工程变更的工作程序：

(1)承包商提出、监理工程师认为有必要做出现场工程变更时，应由承包商填写“现场工程变更确认记录表”，监理工程师签署审核意见。

(2)监理工程师应在尽快(如 24 h 内)会同业主代表组织承包商(总包商及分包商)、设计等单位代表参加会议，讨论确定是否实施现场工程变更。如果确认实施现场工程变更，各单位代表应在“现场工程变更确认记录表”上签字确认。

(3)监理工程师以“监理工程师通知单”指令承包商立即实施现场工程变更，并将此“监理工程师通知单”及签字确认后的“现场工程变更确认记录表”抄送业主备案。

(4)承包商先实施现场工程变更，再提交“现场工程变更预算核准表”，由监理工程师提出审核意见后转交业主核准。

(5)承包商根据批准的“现场工程变更预算核准表”，办理支付手续。

8.变更的合同管理

所有工程变更申请均应按规定表格的形式填写，并按规定程序上报审批，申请变更的传递不得无故拖延。

(1)变更的费用计算：合同清单项内的变更，可按原有的项目单价计算变更后的总价，列明增减。原合同缺项或具有相类似的项目费用总构成、单项费用构成、单价构成及其费用率应与合同的计算原则相统一，不能超越或违反合同原则。

(2)在工程变更中，如不能直接采用已有的单价作为新增项目的费用计算时，则应附有该项目的“单价分析表”。

(3)工程变更时，原工程部位尚未实施，其变更部分的费用按工程变更计量、支付费用；工程变更时，若原工程部位已实施，需拆除另行施工，则应在工程变更费中增列已实施部分的工程费和工程拆除费，但费用不得重复计算。

(4)变更的计量与支付。

施工完毕经监理验收合格的工程变更项目，按已批准的费用计入当期《设备安装计量支付程序》中的“合同外完成设备安装工程量报审单”及“合同外设备安装计价表”一并计量与支付。

二、工程质量事故处理制度

1.工程质量事故处理流程

工程质量事故处理流程见图 5-3-10。

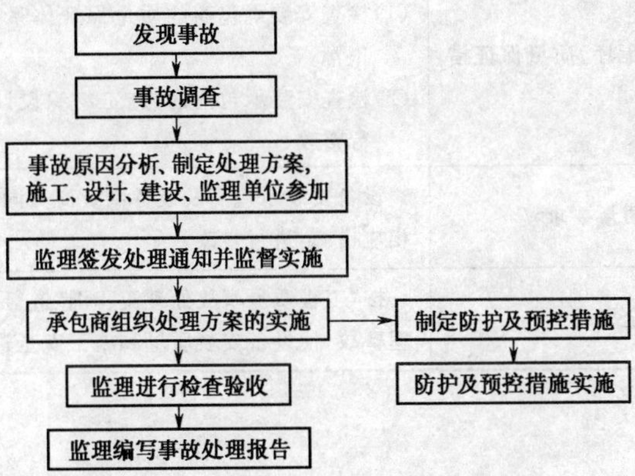

图 5-3-10　工程质量事故处理流程图

2.设备安装质量事故处理方案

设备安装质量事故处理方案如表 5-3-4 所示。

表 5-3-4　设备安装质量事故处理方案表

序号	质量事故的主要内容	处理措施	备注
1	设备安装的预留沟槽及预埋件位置、尺寸、数量与安装实际需求不符	(1)按施工图检查，如图纸错误，设计单位承担责任； (2)如土建施工有误，则应责成土建施工承包商返工； (3)如已完成交接验收，则应由安装承包商按安装实际需求进行调整； (4)如系设备变动的原因造成不符实际需求，则应由设备供货商承担责任。责成安装承包商按安装实际需求进行调整，发生的费用由设备供货商承担	必要时请设计单位参加
2	设备固定底座安装尺寸与设备安装尺寸不符	(1)按施工图纸检查，分清责任； (2)如土建施工有误，则应责成土建施工单位返工； (3)如已完成交接验收，则应由安装承包商按安装实际需求进行调整； (4)如系设备变动的原因造成不符实际需求，则应由设备供货商承担责任。责成安装承包商按安装实际需求进行调整，发生的费用由设备供货商承担	

续上表

序号	质量事故的主要内容	处　理　措　施	备注
3	设备安装不符合技术规范或违反施工工艺要求	责成安装承包商整改或返工	
4	安装承包商的外供材料、构件未经“三准(准构、准进、准用)”就投入使用	(1)追究责任,由安装承包商负责更换或退货; (2)责令安装承包商整改	
5	设备安装关键工序作业达不到质量要求或质量控制点检查未达要求	责成安装承包商提出整改措施,经监理审查,要求在限定的时间内完成	
6	设备安装隐蔽工程未经检查就进入下道工序	必须返工,严格按隐蔽工程验收办法执行	
7	设备安装与相关专业设备的接口遗漏或接口不明确	召开技术协调会,解决与相关专业设备的接口,明确接口方式、接口规约等	
8	设备安装工作执行无序,质量保证措施不得力	(1)检查安装承包商的质量保证体系执行情况,运转是否正常; (2)检查安装承包商的“施工组织设计”执行情况,要求进行整改	
9	设备单机调试未达到质量要求	设备安装承包商及设备供货商共同分析原因,积极采取相应措施,进行整改	
10	发生设备安装质量安全事故	按“工程质量事故处理流程图”进行调查分析,并通过处理事故,使设备安装质量和施工安全进一步得到保障	

第四章　设备安装接口协调及成品保护的监理

第一节　设备安装接口协调及监理

地铁设备工程是一个复杂的综合系统工程，其涉及多个独立又相互联系的系统。一般地铁工程具有线路长、站点多、车站设备数量多等特点。地铁设备系统主要包括车辆、通信系统、信号系统、自动售检票系统、供配电系统、通风空调系统、低压配电系统、给排水及消防系统、火灾自动报警系统（FAS）、车站机电设备监控系统（EMCS）、屏蔽门系统、电扶梯系统、车辆段维修设备等。其设备系统与系统之间、系统内各子系统之间、系统与外部系统之间在设备制造阶段、设备安装调试阶段均存在接口关系。接口问题的解决将直接影响上述众多设备功能的发挥乃至整个地铁设备系统能否正常、安全、高效地运转。做好接口工作，保证各个设备之间的接口功能正确是非常重要的。接口的管理、协调，其目的就是要建立一个接口的识别、协调及控制体系，辅以合理的技术方案，并最终在车站设备各系统的产品设计、试验、制造、安装、调试等各个阶段加以管理、控制、实施，以确保接口质量完好、功能正确，使各子系统设备能有效地组成一个运行可靠、功能完备的地铁设备系统。下面以某城市地铁的部分设备安装接口为例进行说明。

一、系统设备之间的安装接口

（一）各系统与通信传输系统的接口关系

1. 自动售检票（AFC）系统与传输系统的接口关系

该业务的连接通过 E1 接口实现，它通过控制中心与每个车站的点对点方式实现。

信道数量：每个车站 1 路；

接口类型：E1，RJ48，120 Ω；

传输速率：2.048 Mbit/s；

信道类型：点对点；

接口界面：由 OTN 设备 E1 接口卡引出电缆，AFC 系统根据本系统接口类型自行制作接口。

2. 信号系统（ATC）与传输系统的接口关系

信号系统（ATC）业务通过 RSXMM 模块实现控制中心至各站的 RS422 点对点星形连接。采用主、备用通道传输，在车站侧，RSXMM 模块中通过两个端口实现连接。在控制中心侧，RSXMM 模块提供 36 个端口。

信道数量：相关车站每站 2 路，一主一备；

接口类型：RS422；

传输速率：64 kbit/s；

信道类型：点对点；

接口界面：传输 DDF 架的外线侧。

3. 电力监控系统（SCADA）、设备监控系统（EMCS）、办公自动化（OA）系统与传输系统的接口关系

传输系统为 EMCS＋SCADA 提供【1＋1】的两个独立以太网通道；OA 独立占用一个以太网通道。在整个传输系统中共有 3 个以太网网络。物理接口为 RJ45 接口。

信道数量：每个车站 3 路；

接口类型：RJ45；

传输速率：10/100 Mbit/s；

信道类型：共线；

接口界面：OTN 设备以太网卡面板。

4. 防灾报警系统（FAS）与传输系统的接口关系

传输系统向 FAS 系统提供 2 根单独光纤，接口界面在传输子系统光纤配线架（ODF）的输出端。

（二）通信系统各子系统之间的接口关系

地铁各系统设备是非常复杂的系统，各个大系统之间又分为若干个有关联的子系统，下面以通信系统为例阐述以下各子系统之间的接口关系。

1. 传输系统与通信其他子系统之间的接口关系

（1）公务电话系统与传输系统的接口关系

公务电话业务通过模拟语音模块 12LVOI-P 和 12LVOI-T 实现公务电话的接入。在控制中心利用 12LVOI-P 模块连接 PBX，在各个车站利用 12LVOI-T 模块连接各个电话。

接口类型：Z 接口；

信道数量：每个车站 30 路；

接口类型：2 线；

传输速率：64 kbit/s；

信道类型：点对点；

接口界面：传输 MDF 架的内线侧。

（2）数字电话系统与传输系统的接口关系

数字电话业务的连接通过 SO-P/T 模块来实现，在控制中心利用 SO-P 模块连接 PBX 侧的用户端口，在各个车站利用 SO-T 模块连接数字电话，通过 OTN 实现点对点的连接。

信道数量：每个车站 2 路；

接口类型：SO(2B＋D)；

传输速率：144 kbit/s；

信道类型：点对点；

接口界面：传输 MDF 架的内线侧。

（3）专用电话系统与传输系统的接口关系

专用电话业务利用模拟语音接口（12LVOI-T）在每个车站和控制中心进行点对点的连接，从而实现专用调度电话的功能。

信道数量：每个车站 5 路；

接口类型：2 线；

传输速率：64 kbit/s；

信道类型：点对点；

接口界面：传输 MDF 架的内线侧；

Z 接口：中心调度主机与车站调度电话机间；

RS422：车站 OTN 与车站调度分系统间。

另外，车站的电力调度电话，利用车站和控制中心的 2LVOI-P 和 2LVOI-T 子模块，提供两条模拟语音通道进行连接。

信道数量：配电主所 1 路/所；

接口类型：2 线；

传输速率：64 kbit/s；

信道类型：点对点；

接口界面：传输 MDF 架的外线侧。

(4)广播系统与传输系统的接口关系

①广播业务通过 OTN 的 HQAUD-M/S 模块的语音通道实现。在控制中心 HQAUD-M 模块将模拟语音信息转换为数字信息，并传送到 OTN 网络上；在各个车站 HQAUD-S 模块将数字信息还原成模拟信息，通过车站的放大器，将信息播放。该业务的连接通过总线方式实现，控制中心作为主站点，各个车站作为副站点。

广播的控制通道由 RS422 接口实现，利用两个 RS422 端口实现共线的连接方式。

信道数量：语音：每个车站 2 路；控制：每个车站 1 路；

接口类型：语音：音频电缆，4 线(6.35 音频插头)；控制：RS422(四线全双工，RJ45)；

传输速率：语音：15 kHz；控制：64 kbit/s；

信道类型：共线；

接口界面：传输 MDF 的外线侧。

②广播监听业务由车站和控制中心 UNIVOICE 板卡上的 E/M 子模块建立点对点的连接来实现。

信道数量：每个车站 1 路；

接口类型：E & M 音频电缆，2 线(6.35 音频插头)；

传输速率：64 kbit/s；

信道类型：点对点；

接口界面：传输 MDF 的外线侧。

(5)电视监控系统(CCTV)与传输系统的接口关系

电视监控业务利用 VID-4-OUT/IN 模块来实现，监控的视频通道利用共线的方式实现。在控制中心的每个监视器分配 12 Mbit/s 的带宽，只有在监视器上显示的图像占用带宽，没有显示的图像不占用带宽，图像占用的最大带宽为 120 Mbit/s。

监控的控制通道利用 VID-4-0UT/IN 模块上的 RS422 接口，再通过 RS422 和 RS485 的转换器实现 RS485 接口。该业务通过共线的方式连接，各个摄像机的控制通过地址码实现摄像机的寻址。

信道数量：视频，每个车站 10 路；控制，每个车站 1 路；

接口类型：视频，BNC；控制，RS422；

传输速率：视频，10 Mbit/s，控制：64 kbit/s；

信道类型：共线。

接口界面:视频:OTN 设备视频卡面板;控制:传输 MDF 的外线侧。

(6)时钟系统与传输系统的接口关系

时钟业务通过 RSXMM 模块实现控制中心到各个车站的 RS422 共线方式连接,在 RSXMM 模块中通过两个端口实现共线连接。

信道数量:每个车站 1 路;

接口类型:RS422;

传输速率:64 kbit/s;

信道类型:共线;

接口界面:传输 MDF 的外线侧。

(7)无线集群业务与传输系统的接口关系

无线集群业务通过 E1 接口实现。E1 的连接方式为点对点的非星型连接,在每个车站提供 2 个 E1 接口,分别连接上一个车站和下一个车站,每个车站另提供 2 个 E1 接口用于备用;在控制中心提供 4 个 E1 接口,与无线交换机的 4 个 E1 接口相连。

信道数量:每个车站 2 路;

接口类型:E1,RJ48,120 Ω;

传输速率:2.048 Mbit/s;

信道类型:点对点;

接口界面:由 OTN 设备 E1 接口卡引出电缆,子系统根据本系统接口类型自行制作接口。

2.通信 UPS 电源管理数据业务

电源管理业务的实现通过 RSXMM 模块实现,建立从控制中心到各个车站的点对点的 RS422 信道的连接。

信道数量:每个车站 1 路;

接口类型:RS422;

传输速率:64 kbit/s;

信道类型:点对点;

接口界面:传输 MDF 的外线侧。

3.通信系统集中告警业务

由 OTN 网管系统 OMS 的 Central Alarm Reporter 向通信集中告警系统传送本系统告警信息。

信道数量:1 路;

接口类型:RJ45;

传输速率:10 Mbit/s;

信道类型:点对点;

接口界面:网管系统 HUB。

4.OMS 时钟同步

由时钟子系统向 OMS 提供时钟同步信号,用于 OMS 网管系统与整个地铁时钟的同步。

信道数量:1 路;

接口类型:RS422;

传输速率:64 kbit/s;

信道类型:点对点;

接口界面：OMS 服务器接口面板。

5. 无线子系统与通信其他子系统间的接口

(1)控制中心交换设备与时钟子系统的通信接口(时钟信息的数据格式由时钟厂家提供，接口类型为 RS422，速率为 9 600 bit/s)。

(2)控制中心交换设备与公务电话交换机(PABX)的接口：5 个四线 E/M 中继接口。

(3)控制中心交换设备与打印机、录音机的接口。

(4)控制中心交换设备与分组交换网的接口。

6. 时钟子系统与通信其他子系统间的接口

时钟子系统需向专用电话、广播、电视监控、电源、无线各子系统和通信系统集中告警装置提供时钟信息(接口类型为 RS422，速率为 9 600 bit/s)。

7. 其他接口

(1)专用电话子系统与公务电话子系统的接口。

(2)为实现区间电话对公务电话用户的呼叫，将各车站由传输设备提供的模拟自动电话用户板的二线接口通过区间电缆引伸到区间电话处，区间电话通过切换开关接入公务电话系统，实现对公务电话的呼叫。

(三)其他各系统之间的接口关系

地铁各系统设备之间有很多接口关系，下面以车站设备监控(EMCS)系统为例阐述以下各系统之间的接口关系。

1. EMCS 与环境控制系统的接口关系

EMCS 通过硬线接口或软接口 RS485/422 与环境控制系统各种设备连接，实现对环境控制系统设备的远程数据采集和控制。

(1)接口界面

①在各类传感器和电动调节阀执行机构安装位置接线端子上。

②各类风机风阀(包括防火阀)接口在环控电控箱柜的接线端子或就地配电箱接线端子上。

③各类空调机组设备的接口在控制箱柜的接线端子上。

④与冷水机组、冷却塔的接口在冷水机组控制器的通信接口端子上。

(2)接口说明

①EMCS 系统在冷水机组设备房配置就地控制器来对冷水系统设备进行控制，通过冷水机组控制屏的数据接口实现与冷水机组内部的信号交换，具体接口要求与冷水机组的供货商协商处理。

②EMCS 系统与通风系统的接口通过 EMCS 的控制箱与通风设备的控制柜的接线端子或控制器接线端子相连，为硬线接口。

2. EMCS 与给排水系统的接口关系

EMCS 通过硬线接口或通信接口 RS485/422 与给排水系统各种设备连接，实现对给排水系统设备的远程数据采集和控制。

(1)接口界面

①与各类水泵的接口在给排水控制箱接线端子上。

②在液位传感器接线端子上。

(2)接口说明

EMCS 系统与给排水系统的接口通过 EMCS 的控制箱与给排水设备的控制箱的接线端

子或控制器接线端子相连，为硬线接口。

3. EMCS与自动扶梯系统的接口关系

EMCS通过硬线接口或通信接口RS485/422与电扶梯设备连接，实现对电扶梯系统设备的数据采集。

(1)接口界面

在自动扶梯、电梯、楼梯升降机的控制箱的端子排。

(2)接口说明

①EMCS系统与自动扶梯、电梯、楼梯升降机系统的接口为通信接口。

②自动扶梯、电梯系统的信号，通过通信接口接入到EMCS系统，EMCS对自动扶梯、电梯系统只实现监视功能，不控制。通信接口的方式与自动扶梯、电梯系统的供货商协商处理，通信接口保证系统之间数据通信的准确可靠，并满足数据的实时性。

4. EMCS与低压照明系统的接口关系

EMCS通过硬线接口或通信接口RS485/422与低压照明配电设备连接，实现对低压照明配电系统设备的数据采集和控制。

(1)接口界面

①在环控电控室内环控电控柜的端子排；

②在照明配电室或低压配电室内照明配电箱端子排；

③在环控电控室和车站控制室的接地箱的端子排。

(2)接口说明

EMCS系统与低压配电系统接口通过EMCS的控制箱与低压配电照明设备的配电箱或电控柜的接线端子相连，为硬线接口。

5. EMCS与车站事故照明系统的接口关系

EMCS通过通信接口RS485/422与事故照明配电设备连接，实现对事故照明系统设备的数据采集。

(1)接口界面

在车站事故照明室配电柜的端子排。

(2)接口说明

事故照明系统的信号，通过通信接口接入到EMCS系统，EMCS对事故照明系统只实现监视功能，不控制。通信接口的方式与事故照明系统的供货商协商处理。

6. EMCS与屏蔽门系统的接口关系

EMCS通过通信接口RS485/422与屏蔽门设备连接，实现对屏蔽门系统设备的数据采集。

(1)接口界面

车站屏蔽门控制室的屏蔽门接线箱的通信端子排。

(2)接口说明

①EMCS系统与屏蔽门系统的接口为通信接口。

②屏蔽门的信号，通过通信接口接入到EMCS系统，EMCS对屏蔽门的信号只实现监视功能，不控制。通信接口的方式与屏蔽门的供货商协商处理。

7. EMCS系统与FAS系统的接口关系

接口界面在防灾报警主机和防灾报警分机上。防灾报警系统发出的指令应具有最高优先权，当发生火灾时，通过车站的数据接口，将火灾确认信号传给EMCS系统，EMCS启动防排烟设备及其他救灾设备，或通过消防控制室内的消防联动控制盘上的手动启动救灾设备进行救灾。

8. EMCS 与通信系统接口

通信系统提供 100M 以太网接口，符合 IEEE802.3 标准。

(1)接口界面

①在车站，接口在通信机械室的配线架端子排。

②在控制中心(OCC)，接口在通信设备室的配线架端子排。

③时钟系统接口位置在控制中心(OCC)通信设备室的时钟接口端子排。

(2)接口说明

①在控制中心，EMCS 与通信系统的同步时钟有接口，同步时钟系统给定的时钟信号，动态修改 EMCS 的工作时钟，同时由 EMCS 系统通过网络下载到全线相关车站的 EMCS 监控工作站，使系统的时钟与全线其他系统保持一致。

②EMCS 系统通过通信系统提供的传输通道，形成自己的广域网，通信系统在控制中心(OCC)和车站的通信设备室提供一个以太网接口。

9. EMCS 与信号系统接口

(1)接口界面

在控制中心(OCC)信号系统的 ATS 通信端子排。

(2)接口说明

①EMCS 与信号系统的接口为通信接口。

②EMCS 与控制中心(OCC)的信号系统通信，接收信号系统向 EMCS 传送的列车在区间隧道的阻塞位置情况和时间。

10. EMCS 与人防门系统接口

(1)接口界面

在人防门的接线盒端子排。

(2)接口说明

EMCS 系统与人防门系统的接口为硬线接口。

二、系统设备安装接口内部协调机制

1. 接口管理的作用

(1)保证工期；

(2)提高管理效率，控制系统质量；

(3)优化接口管理，减少工程变更、节省投资；

(4)统筹规划，明确责任和任务；

(5)提供科学决策的客观环境。

2. 接口管理的工作要点

系统设备间的接口管理工作可简单概括为：技术接口中图纸设计的接口审查和接口界面划分；合同接口中的接口责任划分；管理接口的接口实施过程(含工序接口)的监督管理及协调；物理接口的接口功能和结果的检查验收及各项技术接口任务完成情况的再评价。

(1)在施工图会审及设计交底过程，专列“接口质量保证”一项，有关单位重点审图，重点部分应详细、明确交底。

(2)监理在接口设计的实施与贯彻中协调好有关各方的关系。

(3)供货商、安装承包商应单列接口任务单,提出工程接口实施保证措施,并设专人负责管理。

(4)组织供货商制定各专业设备间技术接口细则和方案,明确供货商之间的技术接口责任,成文后定期检查。

(5)各专业设备间的接口在联调时出现配合问题,由监理部负责协调、修改,直至符合系统设备要求。监控各设备供货商的接口工作质量,负责督促、处理出现的接口问题。

(6)负责组织供货商编写接口测试报告,并组织供货商完成测试。

(7)建立各参建方的联络制度和必要的会议制度,做到信息沟通畅通,协调高效及时。

(8)编制接口管理工作总结。

3.接口管理实施保障措施

(1)业主强有力的支持和必要的授权;

(2)合同条款的制约;

(3)各参建方联络制度的建立并确保信息畅通;

(4)必要的会议制度,专门讨论接口问题;

(5)接口任务执行的规范化、程序化;

(6)有足够数量并胜任的监理专业人员。

三、系统设备安装与外部系统的接口协调机制

1.接口相关各方的职责

地铁工程各系统、各专业之间密切关联、相互依存,为使各专业各系统间的紧密配合和所涉及的功能及要求得到充分地保证,使整个地铁工程成为一个完善的有机整体,确保工程施工顺利地进行,必须充分了解和正确的认识地铁工程中的各种接口并明确各方职责划分,并据此做好接口管理工作。

在接口工程中,有关各方承担着不同的职责,业主是接口管理的决策部门;监理部是经业主授权,代表业主实施工程接口管理的专业实体,监理部对系统外的接口管理工作,主要责任为开展协调工作;设计总体单位是技术接口文件的制定者;涉及工程接口的设备供货商、工程承建商、系统承包商以及设备安装商,是工程接口实施的执行主体。

2.接口管理工作要点

(1)工程接口管理的实施,需要在组织体系、技术分析和合同约束上具备条件。

①组织体系:即通过高效、强力的组织体系,保证工程接口管理的权威性,顺利实施各项工程接口任务。因此在实施接口管理工作中,必须明确各方职责,确认工程接口实施过程中各参建方的责任、权利和义务。

②合同约束:是指对承包商必须提出其所承担的系统对外部相关系统的要求与配合,并且要求承包商必须在组织、技术、装备、人员上保证其所负责的工程接口任务的实施执行,全面履行承包合同。

③技术分析和技术管理:要求项目管理商对系统与外部系统的工程接口关系进行科学分析和规范化管理,制定切实可行的接口解决方案。

(2)明确车站设备系统与外部系统的接口关系(进度、管理、技术),编制车站设备系统与其他设备系统之间的接口关系表,编制各设备系统与土建之间的接口关系表。

(3)制定本系统与其他相关系统的接口细则,密切跟踪接口实施情况,按接口管理程序实施接口管理。

(4)各专业设备间在联调时出现配合问题时,由项目管理商负责协调、修改、直至符合车站设备要求。

(5)与地铁其他系统供货商进行接口配合,建立各参建方的联络制度和必要的会议制度,做到信息沟通畅通,提供双方所需相关资料。

第二节　成品保护

"百年大计,质量为本"。地铁设备安装工程是一个多系统、多工种、相互交叉作业的工程,施工周期长、施工环境恶劣(一般都是地下施工,湿度较大、温度较高),土建与设备安装有时同时进行,机电产品安装与电子设备、网络设备安装同时进行。由于上述种种因素的存在,决定了地铁工程施工成品保护养护的重要性。

一、系统设备安装完成后的成品保护及重要性

1. 成品保护的目的

施工现场随着施工进行,成品保护工作显得尤为重要。做好成品保护工作,是在施工过程中对已完工部分进行保护,否则一旦造成损坏,将会增加修复工作,带来工、料浪费,工期延长及经济损失。因此成品保护是监理管理重要组成部分,是保证施工生产顺利进行的主要环节。

2. 成品保护范围

工程一切材料、设备、成品、半成品,其中主要包括:

(1)工程设备

地铁工程设备系统的各类设备,如:变压器、高低压配电柜、各类机柜、配线架、交换机、电话机、时钟、矩阵控制器、摄像机、扬声器、通信主机、信号设备、监控设备、数据库、乘客资讯系统、网络设备、售检票设备、屏蔽门、电扶梯、空调机组、冷水机组、冷却塔等大型设备、通风机、风机盘管、综合布线等。

(2)装饰过程的工序产品

墙面、顶棚、地面装饰、石材、钢铝、门窗及玻璃幕墙、楼梯饰面及扶手、防水工程等。

(3)安装过程中的工序产品

消防箱、配电箱、插座、开关、暖气片、空调风口、灯具、设备配件等。

3. 成品保护措施的制定及实施

要求安装承包商项目经理委派专人负责,监理对成品保护进行巡查。

(1)各承包商应按地盘管理商确定的施工工艺流程组织施工,不得颠倒工序,防止后道工序损坏或污染前道工序。

(2)各承包商要把成品保护措施列入本专业施工组织设计,经项目总工审批备案(填写分项工程移交单)后认真组织执行,对于施工组织设计中成品保护措施不健全、不完善的专业不允许其施工作业。

(3)各承包商要加强本单位职工法制、规章制度、职业道德教育。教育本单位职工爱护公物,尊重他人和自己的劳动成果,施工时要珍惜已完和部分完工的工程项目,增强本单位员工的成品保护意识。

(4)各专业的成品保护措施应列入技术交底内容，必要时下达作业指导书，同时各承包商要认真解决有关成品保护工作所需的人员、材料等问题，使成品保护工作落到实处。

(5)各承包商成品保护工作的检查员，要每日不定时的对本专业的成品保护工作进行检查，并及时督促专职施工员落实整改，并做好记录，同时参加地盘管理商组织的成品保护检查及会议，并书面汇报近期以来的专业成品保护工作状态。

(6)各承包商施工人员要自觉遵守现场成品保护管理制度，禁止在本责任区域或其他专业区域内违章吸烟、用火、用电、乱涂、乱画、盗窃、大小便等行为，造成成品受损或污染。

(7)业主方制订相应的奖、惩措施，监理进行巡查，以制度形成对承包商成品保护行为的约束和保障。

二、系统设备安装完成后的成品保护的要求

1. 对本设备系统成品的保护措施

(1)暗埋管线、盒安装完毕后，在暗埋位置做出清晰的标示。

(2)在墙面抹灰、装修层施工前和施工中，对出线终端盒的面板加保护薄膜，防止污损。如发现预埋管、盒因碰撞等原因而发生位移或偏斜时，通知监理工程师，待预埋管线盒调整正确后，再进行装修层施工。

(3)对暗埋管口堵塞紧密，预留的铁线头盘好，防止其他专业施工堵塞管口或将铁线抽走。

(4)保持电缆桥架表面的清洁干净，施工完毕用塑料布遮盖电缆桥架。

(5)布放电缆、电缆接头和理顺电缆时，使用人字梯进行作业，严禁用梯子搭在电缆桥架上进行施工。

(6)所有人员利用竹梯进出人孔，严禁踩踏人孔内的电缆托架。

(7)光、电、漏缆敷设并测试后，及时用热缩帽或粘胶带密封电缆头，预留电缆在安全位置做好盘留。

(8)当管道人孔、手孔内有水时，马上采取抽水措施，严防光、电缆浸泡在水中。

(9)在轨行区进行施工并有可能污染电缆时，必须先把电缆用麻袋或塑料布包缠好，并且设专人监护，严禁以电缆做为着力点或踩踏电缆。

(10)设备房静电地板下电缆理顺、编号；恢复地板前对电缆表面进行清扫，保持电缆表面的清洁。

(11)在设备房设置 2 台灭火器，在每个房间的门口设置防鼠板；电缆引入安装完毕后，对电缆引入孔洞均予以封堵，以确保设备和电缆的安全。

(12)在正式空调和通风系统未投入使用前，设备房内使用除湿机进行除湿，以满足机房内的湿度条件，保证设备的性能不因环境因素而下降。

(13)对已安装工程成品，特别是外围设备安排专人日常巡查，确保设备性能处于良好状态，并做好周期性检查记录。

(14)在设备上部进行其他项目的施工时，用完好的塑料布将设备进行遮盖，严防重物从高处坠落，撞击设备。

(15)经常使用吸尘器、毛巾等对设备内外及机房内部进行卫生清扫，以保持设备的清洁卫生和设备性能保持稳定。

(16)除了本专业施工人员、业主和监理外，其他任何人除非得到业主或监理的书面许可，不得进入设备房内。

2. 对土建、装修和其他设备系统的成品保护措施

(1)进入车站施工，提前 3 天与车站承包商及车站监理工程师取得联系，并送达包含作业内容、作业地点、作业时间和作业人员安排的书面通知。以便其安排配合人员与采取防护措施。

(2)在车站搬运设备、材料时，根据车站现场的情况，采取铺设编织布、垫木板、草袋等形式保护好车站已施工完成的地面、设备房内地板。

(3)需要在地面、墙面开槽敷管时，征得装修承包商同意后进行，按事先画定的线位使用开槽机进行准确的开槽，不任意扩大作业面，并及时进行恢复。不随意在墙壁上打眼或进行改变、破坏房屋结构、建筑标准的施工作业。

(4)在已装修的房屋内施工作业时，所用梯子的梯脚均设橡胶垫；在墙面搭设时，上端处用软体材料如海绵等进行包扎；施工工具不随意乱放，搬移、挪动时不在地面进行拖拉，以免划伤地板、地面和墙面。

(5)在天花板上安装管线时，不得踩踏已施工完成的管线、支架、天花龙骨等。

(6)站内、室内施工现场禁止吸烟，严格明火的使用和控制。加强施工用电的管理，手持电动工具必须有漏电保护装置。

(7)站内、室内施工作业时，不随意触动与自己无关的设备、设施。在其他专业设备上方进行施工时，用塑料布对设备进行遮盖，防止灰尘等污染、损坏设备。

(8)用吸盘开启设备房内地板，需打孔的地板拿到室外，使用曲线锯按画好的尺寸进行开孔，一次完成。

(9)在已装修完成的天花板、墙壁上的开孔请装修专业配合进行，以保证不损坏天花板和墙壁。

(10)利用角钢支架避开车站内洞壁处的落水管；进行漏缆敷设时不踩踏车站区域的广告灯箱支架。

(11)进入区间施工时，保护好其他专业已施工完成管线和设备，不踩踏区间供水管线，不乱碰消防栓、信号机等其他专业已安装的设备。

(12)进入其他专业的设备房施工，服从其人员的管理和指挥，作业时严禁踩、压其他专业已敷设的地板下电缆；在其设备上方作业时，配合其管理人员采取遮盖等措施，保护设备不被污损。

(13)在区间进行施工时，保护好在同一支架上敷设的其他专业的电缆。

(14)车辆段内过轨开挖电缆沟时，开挖前沿开挖路由走向两侧分别铺设 2 m 宽的塑料彩布将道床遮盖，防止污染道碴。施工结束后，撤除防护彩布并清理附近排水沟。

第五章 设备安装工程验收阶段的监理

第一节 设备安装质量国家标准及设备安装规范

设备安装阶段，监理工作的监理依据主要包括国家和地方、行业的有关的法规、标准、规范、技术条件和业主和安装承包商签订的设备安装合同等。下面列出地铁工程主要设备系统的安装质量国家标准及设备安装规范。

1. 地铁设备安装通用规范

GB 50299—1999 《地下铁道工程施工及验收规范》

GB 50157—2003 《地下铁道设计规范》

2. 供电专业设备安装质量国家标准及设备安装规范

GB 50150—2006 《电气装置安装工程 电气设备交接试验标准》

GB 50172—1992 《电气装置安装工程 蓄电池施工及验收规范》

GB 50169—1992 《电气装置安装工程 接地装置施工及验收规范》

GB 50171—1992 《电气装置安装工程 盘、柜及二次回路接线施工及验收规范》

GB 50255—1996 《电气装置安装工程 电力变流设备施工及验收规范》

GB 50257—1996 《电气装置安装工程 爆炸和火灾危险环境电气装置施工及验收规范》

GB 50259—1996 《电气装置安装工程 母线装置施工及验收规范》

GB 50168—1992 《电气装置安装工程 电缆线路施工及验收规范》

DL/T 596—1996 《电力设备预防性试验规程》

DL/T 555—2004 《气体绝缘金属封闭开关设备现场耐压及绝缘试验导则》

DL/T 587—1996 《六氟化硫电器设备运行、试验及机修人员安全防护细则》

DL/T 618—1997 《气体绝缘金属封闭开关设备现场交接试验规程》

TB 10208—1998 《铁路电力牵引供电施工规范》

TB 10408—1987 《铁路电力牵引供电施工技术安全规则》

TB 10421—2003 《铁路电力牵引供电工程质量验收标准》

CJJ 49—1992 《地铁杂散电流腐蚀防护技术规程》

3. 通信专业设备安装质量国家标准及设备安装规范

GB/T 19000 《质量管理模式与质量保证标准》

TB 10219—1999 《铁路光缆通信同步数字系列(SDH)工程施工规范》

TB 10205—1999 《铁路通信施工规范》

TB/T 1693—1995 《铁路电话交换网自动电话交换机的信号接口》

GB/T 15837—1995 《数字同步网接口要求》

YD 5072—1998 《通信管道和电缆通道工程施工监理暂行规定》

TB 10418—2000 《铁路通信工程质量检验评定标准》

TB 10424—1993 《铁路光缆数字通信工程质量评定标准》

YDJ 38—1985　《市内电话线路工程施工验收技术规范》
YDJ 39—1990　《通信管道工程验收技术规范》
YD 5035—1997　《集群通信设备安装工程技术规范》
GB 50198—1994　《民用闭路电视系统工程技术规范》
TB 10401.1—2003　《铁路工程施工技术安全规程》

4.信号专业设备安装质量国家标准及设备安装规范

TB 10007—1999　《铁路信号设计规范》
TB 454—1963　《铁路信号名词术语》
TB/T 1122—1992　《铁路信号图形符号》
TB/T 1458—1983　《JS型塞钉式钢轨接续线》

5.自动售检票(AFC)专业设备安装质量国家标准及设备安装规范

JGJ/T 90—1992　《建设领域　计算机软件工程技术规范》
GB/T 13423—1992　《工业控制用软件评定准则》
《电气装置安装工程施工及验收规范》(1996)
GB/T 50314—2000　《智能建筑设计标准》
JGJ/T 16—1992　《民用建筑电气设计规范》
GB 50174—1993　《电子计算机机房设计规范》
GB 50052—1995　《低压配电系统设计》
YD/T 926.1—1997　《大楼通信综合布线系统》
GB 50311—2000　《建筑和建筑群综合布线系统工程设计规范》
GB 50312—2000　《建筑和建筑群综合布线系统工程施工和验收规范》

6.监控系统(EMCS)专业设备安装质量国家标准及设备安装规范

IEEE 802.3u　《100 Mbit/s(100BASE-X)以太网标准》
EIA RS-232—C　《国际串行通信标准》
GB/T 50311—2000　《建筑与建筑群综合布线系统工程设计规范》
ZBN 18-001　《工业计算机系统安装环境条件》
JGJ/T 16—1992　《民用建筑电气设计规范》
GBJ 19—1987　《采暖通风空调调节设计规范》
GB/T 5465—1996　《电气设备用图形符号》
GBJ 16—1997　《建筑设计防火规范》
GB 50098—1998　《人民防空工程设计防火规范》
GB 50045—1997　《高层民用建筑设计防火规范》
GB 50054—1995　《低压配电设计规范》
GB/T 18112—2000　《房屋建筑CAD制图统一规则》
GB 50150—2006　《电气装置安装工程　电气设备交接试验标准》
EIA/TIA-T568B　《UTP电缆芯线定义》
GB/T 50312—2000　《建筑与建筑群综合布线系统工程验收规范》
GBJ 93—1986　《工业自动化仪表工程施工及验收规范》
GB/T 13423—1992　《工业控制用软件评定准则》
GB 16806—1997　《消防联动控制设备通用技术条件》

GB/T 50169　《电气装置安装工程接地装置、施工及验收规范》
GB/T 50171—1992　《电气装置安装工程盘、柜及二次回路接线施工及验收规范》
CECS 81:96　《工业计算机监控系统抗干扰技术规范》
GB 50194—1993　《建设工程施工现场供用电安全规范》
JGJ 46—2005　《施工现场临时用电安全技术规范》
JGJ 59—1999　《建筑施工安全检查标准》
TB 10207—1999　《铁路电力施工规范》

7. 自动扶梯、电梯(机械设备)专业设备安装质量国家标准及设备安装规范

GB 7588—1995　《电梯制造与安装安全规范》
GB 16899—1997　《自动扶梯和自动人行道的制造与安装安全规范》
GB/T 10058—1997　《电梯技术条件》
GB/T 10059—1997　《电梯试验方法》
GB 10060—1993　《电梯安装验收规范》
GB 50310—2002　《电梯工程施工质量验收规范》

第二节　设备安装的检查和验收

在整个系统设备安装阶段，监理按照国家有关安装验收标准，对系统安装工程划分的单位工程、子单位工程、分部、分项工程进行逐级检验。对隐蔽工程进行旁站监理。确保系统设备在安装阶段的质量处于受控状态。

一、基本规定

1. 施工现场管理应有相应的施工技术标准，健全的质量管理体系、施工检验制度和综合施工质量评定考核制度。

2. 系统安装工程应按下列规定进行施工质量控制：

(1)进场设备、材料应具有完整的质量证明文件，如合格证、产品出厂验收证书、质量证明文件等，乙供材料需有监理签认。

(2)施工过程中所使用的安装工具、计量器具应经具有相应资质的仪器鉴定部门鉴定，且在有效期内。

(3)安装前检查承包商的相关文件及准备工作情况，填写“施工现场质量管理检查记录”。

(4)系统安装工程采用的主要材料、半成品、成品和设备应进行现场验收。凡涉及安全、性能、功能和使用寿命指标的有关产品，应进行复验，并应经专业监理工程师的检查认可。

(5)各工序应按施工技术标准进行质量控制，每道工序完成后应通知专业监理工程师进行检查。

3. 系统安装工程施工质量应按下列要求进行验收：

(1)系统安装工程施工质量应符合相应标准。

(2)系统安装工程施工质量应符合设计文件的要求。

(3)参加工程质量验收的各方人员应具备规定的资格。

(4)工程质量的验收应在施工单位自行检查评定的基础上进行。

(5)涉及系统结构安全的模块、配件以及有关材料，应按规定进行见证取样检测。

(6)检验批的质量应按主控项目和一般项目验收。

(7)对涉及结构安全和使用功能的重要分部工程应进行抽样检测。

(8)承担见证取样检测及有关结构安全检测的单位应具有相应的资质。

二、质量评定验收的划分

系统安装工程的质量检验和评定验收应按单位(子单位)工程、分部工程、分项工程和检验批等来划分。

三、质量评定办法

系统安装工程施工质量的检验、评定,按分项工程、分部工程、(子)单位工程进行。工程质量通过巡检、观察、仪器实测等方法检验,分为"合格"和"不合格"两个等级。检验和评定应执行下列规定。

1.检验批

按合同规定、规范要求或双方约定,每个检验批项目按一定比例数量进行抽检。

(1)合格

①保证项目必须符合设计要求及质量检验评定标准规定的合格要求。

②基本项目抽验的点(处、件)应符合设计要求及质量检验评定标准和合同规定。

③允许偏差项目抽验的点数中,应有80%以上(含80%)的实测值在设计要求及质量检验评定标准的允许偏差范围内。

(2)不合格

如在抽检中发现有不合格者,则应按第一次抽检数量的加倍数量进行第二次抽检,如在第二次抽检中再发现有不合格者,则应判定为不合格。

2.分项工程

合格:所含的检验批均应全部符合合格质量的规定。

3.分部(子分部)工程

合格:所含的分项工程均应全部符合合格质量的规定。

4.单位(子单位)工程

合格:

(1)所含的分部工程均应全部符合合格质量的规定。

(2)施工技术资料基本齐全。

5.当系统安装工程质量不符合要求时,应按下列规定进行处理:

(1)经返工重做或更换设备的检验批,应重新进行质量等级评定与验收。

(2)经鉴定能够达到设计要求及安装要求的检验批应予以验收。达不到设计要求但经原设计单位核算仍能够满足安全和使用功能的检验批,可予以验收。

(3)经过返修仍不能满足安全使用要求的分部工程,严禁验收。

四、质量评定验收程序和组织

本标准中质量检验的程序按检验批、分项工程、分部工程、子单位工程、单位工程依次进行。

1.检验批由监理工程师与安装承包商质量负责人共同进行质量评定和验收。

2.分项工程应由安装承包商自检合格后,监理工程师、安装承包商技术、质量负责人等进行设备安装工程质量评定与验收。

3. 分部工程和子单位工程应由安装承包商自检合格后，专业监理工程师组织业主代表、设计单位代表、安装承包商项目经理等进行设备安装工程质量评定和验收。

4. 单位工程的质量评定和验收

(1)按工程竣工初步验收和工程竣工验收两个阶段进行；

(2)总监理工程师负责组织工程竣工初步验收、业主负责组织工程竣工验收。

第六章　安装阶段的监理总结

安装阶段监理工作总结在安装阶段监理工作完成后编写，并按照监理合同约定提交给业主。安装阶段监理工作总结主要包括以下内容。

一、工程概况

项目工程概况是指使用该设备的工程项目，包括工程名称、系统组成、系统规模、设备安装的地点、设备数量、投资额、施工进度、施工周期以及周边环境、运输条件，以及与常规安装、装修承包商、各专业系统设备之间的工程接口、技术接口等内容。

二、设备安装阶段监理组织机构和监理人员

主要介绍监理机构人员组成情况，各专业监理人员的分工范围、职责权限以及组织机构图。

三、设备安装阶段监理工作执行情况

主要介绍在设备安装前期阶段监理的准备工作，对整个安装工程的质量控制、进度控制投资控制、安全控制工作，对设备安装工程安全生产文明施工以及信息管理、合同管理等工作情况。

1.设备安装前期准备工作及监理工作程序化规范化情况

主要介绍监理前期工作：包括设备监理管理程序的编制和完善监理细则情况、审核承包商施工组织设计情况、承包商质量保证体系审查情况、分包商资质审查情况、施工图会审及设计交底情况、工程开工报审的审核及总监理工程师颁发开工令的情况以及第一次工地例会的情况。

2.设备安装进度及进度控制

主要介绍安装工程的安装进度以及监理对安装工程进度的控制工作。

(1)设备安装进度

主要介绍监理审核承包商提报的年度计划、季度计划、月度计划以及周计划工作，以及介绍比较里程碑工期、大型节点工程完工日期等内容。

(2)设备安装进度控制工作

主要介绍在监理审核承包商进度计划中发现不合理情况时采取的措施。

(3)进度滞后采取的纠偏措施及建议

主要介绍在安装进度滞后时，监理采取的措施。

3.设备安装质量及质量控制情况

主要介绍监理对设备安装工作的质量控制情况。

(1)设备安装质量情况

主要介绍监理对已完工工程质量的总体评价。

(2)设备安装质量控制工作

主要介绍在施工过程中，监理对设备安装质量的控制情况，包括设备到货开箱验收情况、

设备安装外构件验收情况、进场工程材料审核验收情况、设备安装隐蔽工程及旁站监理情况、关键工序验收情况、设备安装中发现的问题及处理情况和建议等。

①设备到货开箱验收情况

主要介绍监理组织开箱检查、清点以及办理移交手续的情况。

②设备安装外购件验收情况

主要介绍监理对安装单位自行购买的外构件的到货检验、开箱验收等情况。

③进场工程材料审核验收情况

主要介绍监理对安装单位自行购买的工程材料的到货检验、开箱验收等情况。

④设备安装隐蔽工程及旁站监理情况

主要介绍监理对隐蔽工程的检验、旁站等监理工作。

⑤关键工序验收情况

主要介绍监理对关键工序控制的情况。

⑥设备安装中发现的问题及处理情况和建议

主要介绍在设备安装过程中监理发现的问题、对问题解决提出的建议以及问题处理的情况等。

4.设备系统单机调试情况

主要介绍设备单机调试过程中发现的问题，解决问题的方法、调试的结果等情况。

5.投资及投资控制情况

主要介绍安装工程的投资情况及监理对投资控制的情况，包括验工计价及支付等。

(1)设备投资情况

主要介绍安装工程投资情况。

(2)投资控制情况

主要介绍工程验工计价、现场工程变更以及支付、月度投资形象进度的审核。

6.安全生产与文明施工控制

主要介绍监理在安全生产及文明施工控制方面的工作，包括设置专门的安全工程师、审核承包商的安全生成及文明施工控制办法，定期检查承包商安全生产及文明施工控制措施的落实情况及安全事故处理情况等

7.合同及信息资料管理情况

主要介绍监理在合同及信息资料管理方面的工作，包括设置专门的信息管理工程师收集对工程有用的信息资料并进行管理及分发以及对合同变更进行控制及审核等工作。

(1)合同变更、更新情况

主要介绍整个施工过程中合同变更以及更新的情况以及对合同更新及变更的审核工作。

(2)监理进行合同管理情况

主要介绍对施工合同管理的情况、合同变更、更新情况、支付情况以及合同完成情况。

(3)监理进行信息资料管理情况

主要介绍资料的管理情况。包括收集工程信息、标准、技术资料和监理资料、收、发文管理、编制监理月报、图纸管理、收发文管理以及编写会议纪要、考察报告等。

四、工程质量评估

主要对整个工程的安装质量、单机调试、检验批、分部、分项工程等进行综合评估，对整个

安装工程合格给予说明，并指出存在的问题，并对存在的问题进行分类，同时对存在问题的落实情况进行跟踪等。

五、进行设备安装监理的经验、体会和总结

主要介绍监理工程师对进行设备安装监理工作的体会和总结，以及进行设备监理工作的得失、利弊等。

为了便于编写安装阶段监理总结，如果安装阶段为期较长，还应在年中或年末编写年中监理总结和年度监理总结，无论年中还是年末总结在编写内容上与阶段总结基本相同。

第六篇

车辆及机电设备调试阶段的监理

第一章　车辆及机电设备系统调试概述

地铁车辆及机电设备系统调试是指构成地铁设备系统的轨道工程、车辆、车辆段设备、信号、通信、供电、自动售检票(AFC)、环控通风、给排水及消防、防灾报警(FAS)、车站设备监控(EMCS)、电力监控(SCADA)、门禁、乘客资讯、电扶梯、屏蔽门等设备系统的单系统调试和系统联调。设备系统的联调是在各设备系统已完成单系统调试而达到合同技术规格书要求后进行的系统综合测试,包括相关接口功能测试、设备联动测试、车站与控制中心联动功能测试等。地铁车辆及机电各设备系统只有通过单系统调试和系统综合联调才能形成真正的生产、运作能力,并通过最后的总联调和运营综合演练,实现相关系统设备运转的最佳匹配,围绕地铁行车安全和运营管理形成一个有机的地铁设备系统整体,以满足地铁运营的需要。

地铁车辆及机电设备系统调试监理,监理工程师掌握各专业设备技术要点、功能要求,熟悉各专业设备系统有关的调试基本内容、调试基本技术,以及相关的接口界面关系和接口调试内容等是做好设备系统调试监理的关键。

第一节　车辆及机电设备系统调试内容简介

一、车　　辆

车辆现场调试是指列车运输到车辆段后的重新调试,其目的是确保列车以良好的技术状态投入运营。车辆现场调试包括列车静态调试、动态调试,以及与其他系统的联调、总联调等调试内容。部分列车的型式试验在车辆段试验线路上完成。

二、信号设备系统调试

地铁信号系统调试内容主要包括车辆段内信号系统调试和正线信号系统的调式。

1.车辆段信号设备的调式:

(1)固定信号机的调试;

(2)电动转辙机的调试;

(3)车辆段微机连锁系统的调式;

(4)试车线信号系统的调式。

2.正线信号系统的调式:

(1)车载信号设备的调试;

(2)轨道电路的调试(如果有);

(3)轨旁设备的调试。

3.控制中心信号设备的调试。

4.车站控制室信号设备的调试。

5.车辆在正线运行 ATS、ATP、ATO 调试。

6.各车站停车精度的调试。

7. 与其他相关设备系统联调。

三、通信系统设备调试

地铁通信系统由多个子系统构成，调试内容主要包括：

1. 传输系统调试：

(1)传输线路(光、电缆)的测试；

(2)光电数字传输及转换设备测试。

2. 专用调度电话调试：

(1)单体设备性能测试；

(2)设备功能测试。

3. 程控公务电话调试：

(1)设备单体性能测试；

(2)设备硬件和电源测试；

(3)数据检查与配置；

(4)操作维护网络测试；

(5)外线业务功能测试；

(6)信令系统功能测试；

(7)其他功能测试。

4. 广播设备调试：

(1)广播设备单体性能测试；

(2)广播设备整体性能调试；

(3)车站广播功能测试；

(4)控制中心(OCC)广播功能测试。

5. 时钟系统调试：

(1)时钟设备性能测试；

(2)系统自身时钟同步调测；

(3)与其他系统时钟同步联调。

6. 会议电话设备调试：

(1)设备单体性能测试；

(2)会议电话功能调试。

7. 无线通信(公网)设备调试：

(1)性能指标测试；

(2)功能测试；

(3)覆盖效果测试。

8. 电视监控子系统设备调试：

(1)摄像头、切换器、监视器等设备的性能测试；

(2)网络控制器调测；

(3)监视网络矩阵配置和测试；

(4)监视功能测试。

四、供电系统设备调试

地铁供电系统的构成具有较高的可靠性、稳定性和安全性，以保障连续不间断的供电。其设备的调试是一项技术性强、安全要求高、牵涉面广的关键性工作。

1. 主变电所设备的调试：

(1)主变压器调试；

(2)组合电器调试；

(3)主变电所二次设备及智能图像监控系统调试。

2. 牵引供电系统调试：

(1)牵引整流机组调试；

(2)交流开关柜调试；

(3)直流开关柜调试；

(4)继电保护和测控装置调试。

3. 接触网调试。

4. 动力照明系统调试。

5. 变电所间联调。

6. 电力 SCADA 调试。

五、环控设备调试

环境控制系统调试是指地铁环控系统各类设备如风机、风阀、空调箱、冷水机组等设备的通电试运行、性能参数调校、风量风速测量等。

1. 设备单机通电试运转及调试。

2. 设备系统无负荷的试运转及调试。

3. 系统带负荷的联合调试，包括：

(1)系统综合效能的测定与调整；

(2)风机性能和系统风量的测量；

(3)系统风量调整及风口风量平衡调整。

六、综合监控系统调试

综合监控系统调试包括车站设备监控系统(EMCS)调试、防灾报警系统(FAS)调试、电力监控系统(SCADA)调试、综合联调、集成系统调试；每个专业按照调试阶段划分，有就地级设备调试、车站级设备调试、中心级设备调试。

1. 设备监控系统(EMCS)调试：

(1)就地级设备(PLC)调试；

(2)车站级系统调试；

(3)车站级监控系统与中心级系统通信通道联调；

(4)中心级系统(HMI)功能调试。

2. 防灾报警(FAS)系统调试：

(1)车站各报警区域的报警探头与报警控制器设备的对点调测；

(2)车站防排烟系统设备调试；

(3)隧道感温光纤报警系统调试；

(4)系统与设备监控(EMCS)联动控制调试；

(5)车站及 OCC 防灾报警功能测试。

3. 电力监控系统(SCADA)综合联调：

(1)就地设备数据对点采集测试；

(2)变电所 SCADA 遥信、遥测、遥控功能调试；

(3)中心功能联调。

4. 综合监控集成系统调试：

(1)集成网络(硬件)调试；

(2)集成系统软件组态调试；

(3)集成系统 HMI 功能操作调试；

(4)后台管理功能调试。

七、屏蔽门系统设备调试

屏蔽门系统设备调试是整个屏蔽门系统安装调试过程的最终质量检测点。调试过程检查包括机械和电气检查、性能与功能的检测。

1. 屏蔽门系统机械及电气调试

在完成对屏蔽门通电前检测项目之后，就可以进行屏蔽门系统的通电调试工作，在对屏蔽门系统完成 144 h 通电运行后，再对下列内容进行重新测试，以确保系统的稳定可靠性：电源及电气系统；控制系统；应急门与端门；滑动门等部位进行检测。

(1)电源及电气系统调试(包括 UPS 电源、接地保护、线路绝缘、门体绝缘安装测试)。

(2)控制系统调试。

2. 屏蔽门系统联调

在完成屏蔽门系统的内部调试 144 h 测试，并完成相应的整改完善工作后，系统进入综合联调阶段。

屏蔽门系统的综合联调内容是屏蔽门与其他系统的接口功能试验，主要包括屏蔽门与 EMCS 综合监控专业的调试；屏蔽门与信号专业的联锁功能调试。

八、门禁系统设备调试

门禁系统的调试分两部分组成：车站门禁系统调试和车站系统与门禁控制中心系统联调。车站门禁系统调试主要是以网络控制器为核心的环网调试、系统接口调试和车站功能调试。调试工作包括：各系统先进行单机测试，然后子系统动态调试运行、子系统间联动联调。

1. 门禁设备通电调测，包括：

(1)电源装置的检查测试；

(2)控制器、读卡器状态调测。

2. 以车站网络控制器为核心的环网调试：

以车站网络控制器为核心的环网设备主要包括车站网络控制器、门禁控制器、读卡器、开门按钮、电控锁、其他网络设备等，调试主要是各种硬件功能测试，如数据下载、读卡器、电控锁开关门动作调校、各种工作状态调测、网络通信调试等。

3. 车站软件功能调试：

(1)通信测试；

(2)软件功能设置；

(3)门禁系统与其他专业设备系统联调，如与 FAS 系统、与 CCTV 系统，与其他关联系统联调。

(4)门禁系统车站管理功能调试。

4. 车站门禁系统与中心门禁系统通信通道调试：

通信通道调试是车站级门禁系统与 OCC 中心门禁系统通过通信专业骨干网(如 SDH 公网)联调，形成门禁系统以太网网络。

5. 中心功能调试：

地铁门禁系统在结构上是基于 Client/Server 工作模式的远程、多级控制管理的大型网络系统，在门禁中心控制系统通过信息共享、信息处理和控制实现全线各车站门禁系统的的集中操作和管理。中心系统软件功能调试就是中心系统各项管理功能的调试。

九、乘客资讯系统设备调试

乘客资讯系统调试分为车站设备通电测试、单机测试、系统功能调试、控制中心功能调试以及通信通道调试，调试的重点在于硬件和软件的稳定性和可靠性，保证系统的安全运行。

1. 车站系统调试：

车站系统调试包括车站设备通电测试、单机测试、车站系统功能调试。单机测试是检查各类电气设备(包括显示设备)是否达到绝缘、接地、距离等方面的标准与要求，对所有设备线路进行校对，确保各种电气线路正确，同时做好各类设备的清洁工作，以保证调试过程的顺利进行及设备运行后的安全可靠性。系统调试内容主要是现场设备参数设置、网络参数设置、视频质量测试、音频质量测试、软件功能测试等。

2. 系统联调：

乘客资讯系统联调主要是车站子系统与中心子系统之间功能联调，广告子系统与中心子系统之间功能联调，车站子系统与信号 ATS 系统之间联调，车站子系统与 EMCS 系统功能联调，中心子系统与通信时钟系统、EMCS 系统、数字电视系统等相关系统之间的功能联调。

3. 中心系统软件功能调试，如广告播出功能、紧急疏散功能、多区域屏幕分割功能、实时信息的显示功能、定时自动播出的功能、集中网管维护功能、全数字传输功能、维护操作功能等。

十、自动售检票系统设备调试

地铁自动售检票系统调试是设备及其系统经出厂验收到安装现场完成安装后对系统进行整体功能和性能检验。具体内容包括基本功能验证、一致性验证、性能验证等。调试的范围包括车站设备系统调试、中心系统功能联调、车站与中心系统联调。

1. 车站设备系统调试

自动售检票设备系统车站级设备调试是验证各设备的基本业务功能，重点验证系统与各设备间关联数据和运营的一致性。

(1)车站设备功能调试，包括：闸机、自动售票机、自动增值机、自动验票机、票务处理机。

(2)车站应用软件功能调试。

(3)应用软件与设备联调。

2. 中心系统联调测试：

(1)中心应用软件功能验证。

(2)初始化机功能验证。

(3)单程票清分机功能验证。

3. 车站与中心系统功能联调：

原则上在车站系统联调测试合格后进行。重点测试项目执行时中心系统下发和上传功能实现正确性、数据一致性(车站系统网络正常时中心通过车站系统转发，车站系统网络中断时中心可直接对设备进行监控)。

4. AFC 系统整体性能测试：

(1)响应速度测试，测试系统的响应速度是否符合技术规格书要求。

(2)压力测试，包括全负荷测试、极限度测试等。

第二节　车辆及机电设备系统接口概述

地铁设备系统接口是指地铁车辆、供电系统(变电所设备、接触网)、通信、信号、环控、给排水及消防、自动售检票、综合监控、乘客资讯、大屏幕、门禁、电扶梯、屏蔽门、车辆段设备等设备系统与系统之间、系统内各子系统与系统之间、相关系统与传输系统之间、设备系统与外部系统之间的接口。地铁设备系统接口关系处理与界面控制是设备系统联调和总联调的核心，也是联调工作的难度所在。接口关系处理得好与否将直接影响上述众多设备功能的发挥乃至整个地铁设备系统能否正常安全、高效地运转。接口的管理、协调，其目的就是要建立一个接口的识别、协调及控制体系，辅以合理的技术方案，并最终在车站设备各系统的综合调试及总联调阶段加以管理、控制、实施，以确保接口质量完好、功能正确，使各设备系统能有效地组成一个运行可靠、功能完备的地铁设备大系统。

地铁设备系统接口是地铁车辆及机电设备之间、系统与系统之间、设备与工程之间存在电气、机械、功能、软件、规约等方面相互关联、相互衔接的部分。正是因为设备与设备之间、系统与系统之间存在相关关联、相互衔接的接口关系，使得地铁车辆及其他各类机电设备，通过设备系统综合联调和总联调，构成一个具有性能指标高、运行可靠、功能强大的地铁设备大系统。

地铁设备接口按照其设备与设备之间、系统与系统之间、设备与工程之间存在的关系可分为系统接口(或技术接口)、工程接口。本文所描述的接口以系统接口为主要描述对象。

系统接口按照其系统与系统之间的衔接关系可分为系统内部接口和系统外部接口；按照设备之间、系统之间的电气连接、机械特性等分类又可分为硬线接口和通信接口。

系统内部接口是指地铁各专业系统设备内部系统与下位单元之间的内连接接口，内部接口调试一般在设备单系统调试时完成。系统外部接口是指地铁各专业设备系统与其相关联的外部设备系统之间的接口。

硬线接口又称为物理性接口，表示设备之间或系统之间存在着电气、机械方面的直接连接。比如监控系统控制电缆与照明低压开关柜连接，监控系统控制电缆与环控通风空调控制柜之间就存在硬线接口。通信接口表示设备之间或系统之间存在着功能、软件及通信规约等方面需互相匹配，以便协调运作的接口。比如整流变压器与整流器之间的技术参数需互相匹配，才能保证整流器机组功能的正常发挥，以达到相互匹配等；监控系统与电扶梯、屏蔽门设备之间的接口均可根据设计要求采用通信规约的方式进行数据通信。

第三节 车辆及机电设备系统接口关系

地铁车辆及各机电设备系统基于其内部接口和外部接口的复杂关系，构成地铁设备大系统。现以对称的二维矩阵表述地铁各设备系统的接口关系，见表 6-1-1。

表 6-1-1 地铁设备系统接口关系表

	车辆	供电	信号	通信	环控	综合监控	售检票	电扶梯	屏蔽门	门禁	乘客资讯	大屏幕	轨道系统	车辆段
车辆	○	●	●	●					●				●	●
供电	●	○	▲	▲	▲	●▲	▲	▲	▲	▲	▲	▲		▲
信号	●	▲	○	●		●			●		●	●	▲	●
通信	●	▲	●	○		●	●			●	●	●		
环控		▲			○	●								
综合监控		●▲	●	●	●	○		●	●		●	●		
售检票		▲		●			○							
电扶梯		▲				●		○						
屏蔽门	●	▲	●			●			○					
门禁		▲		●						○				
乘客资讯		▲	●	●		●					○			
大屏幕		▲	●	●		●						○		
轨道系统	●		▲										○	
车辆段	●	▲	●											○

说明：○表示存在内部接口；●表示存在外部接口；▲表示存在工程接口。

一、车辆设备系统接口

1. 与供电系统（牵引供电）的接口

供电系统经接触网（轨）为在轨道上的列车提供牵引动力。如供电系统采用接触网供电，车辆则采用受电弓受电；如供电系统采用接触轨供电，则车辆采用受电靴受电。车辆设计时应考虑供电系统的供电电压、电压波动范围、短路保护、过载保护、变压器的容量等。制动电阻如采用安装在地面方式，应考虑制动电阻吸收电能及散热要求。车辆受电弓与接触网应考虑最佳弓网配合关系，包括接触网拉出值、接触网高度、分段绝缘器的类型等参数。

2. 与信号接口

车载列车自动控制（ATC）系统（包括列车自动监控 ATS、列车自动防护 ATP、列车自动驾驶 ATO）由信号供货商提供，通常由车辆供货商负责协调车辆与 ATC 设备之间的技术接口，包括安装尺寸、信号与牵引、制动的配合等接口。

3. 与通信接口

无线通信设备由通信供货商提供，车辆供货商负责协调车辆与通信设备之间的技术接口，包括无线设备安装尺寸、无线天线的安装尺寸等。

4. 与屏蔽门接口

车辆与屏蔽门的技术接口一般由屏蔽门承包商负责，屏蔽门承包商根据车辆技术规格书的有关要求确定屏蔽门的技术参数，车辆供货商和信号供货商应负责精确定位停车控制，信号供货商应负责停车信号的控制及车辆与屏蔽门之间信息的传输。车辆车门与屏蔽门开关应同步。

5. 与轨道系统接口

列车在轨道上行驶，轨道系统参数(包括线路平、纵断面图、轨距、钢轨剖面图、钢轨类型、曲线半径、道岔、垂直曲线半径、坡度、超高等)必须满足地铁车辆运行要求，通常由车辆供货商负责满足车辆与轨道的接口条件。

二、供电设备系统接口

1. 牵引变电站与主变电站

主变电站通过 35 kV 馈线柜的电缆向地铁各变电站提供两路 35 kV 可靠电源，主变电站与变电站保护配置、时限整定满足设计要求，通信联系畅通。

2. 牵引变电站与接触网

向接触网供给可靠的 1 500 V/750 V 直流电源；

接触网对地绝缘满足规范要求；

在接触网故障情况下，保护应可靠动作；

走行轨回流部分及接触网接地部分的安装符合有关规范要求；

接触网与变配电的安装接口为隔离开关接线处。

3. 400 V 低压配电室与动力、照明系统

低压进线开关应能可靠工作；

对 BAS、FAS、AFC、事故照明等提供可靠 0.4 kV 电源，二路电源能实现自动投切。

4. 电力监控与变电站、接触网

主变电站、各牵引变电站和降压变电主接线图、接触网电分段示意图与电力监控中心模拟图显示相对应；

被控端的终端屏符合技术要求，接受监控中心的“三遥”命令；

远动通道满足设计要求；

沿线各站 0.4 kV 低压配电室，0.4 kV 进线开关、联络开关、三级负荷总开关应达到“三遥”的监控要求；

电力监控中心能对接触网所有电动隔离开关实现控制。

三、信号设备系统接口

1. 与通信系统接口

(1)行车调度指挥中心 ATS 与通信传输系统；

(2)行车调度指挥中心 ATS 与通信时钟系统；

(3)ATS 与无线通信；

(4)车站局域网与车站及轨旁信号设备。

2. 与车辆接口

(1)ATP、ATO 信号控制与车辆制动；

(2)牵引供电与电磁干扰防护；

(3)车次号自动追踪 PTI 与车辆；

(4)ATP、ATO 信号与控制与运行记录器；
(5)信号车载设备与车辆计算机控制信息共享。
3. 与供电接口
(1)牵引供电与信号系统电磁兼容；
(2)双路供电可靠性。
4. 与轨道接口
(1)线路电气参数与线路数据；
(2)道岔与控制；
(3)ATS 与线路灾害信息传输与处理。
5. 与运输组织接口
(1)信号制式与行车组织；
(2)运行间隔时分与信号子系统设置；
(3)ATS 系统与行车调度。
6. 与屏蔽门接口
ATP、ATO 系统与屏蔽门安全控制。
7. 与车辆段接口
(1)行车调度指挥中心系统与车辆段系统信息交换；
(2)信号控制设备与车辆段；
(3)行车调度指挥中心与综合维修基地。
8. 与综合监控系统接口
当区间发生列车阻塞或区间发生火灾时，ATS 系统与车站设备监控系统进行信息传输与处理。
9. 与乘客资讯系统接口
信号系统将列车运行信息传送到乘客咨询系统。

四、通信设备系统接口

1. 与信号系统(ATS)
(1)传输系统提供 10 /100 Mbit/s 局域网的通道和接口，传输监视与控制信息；
(2)时钟系统通过点对点低速数据(RS232 或 RS422)接口，提供标准时间信息；
(3)ATS 系统向无线通信系统提供车次信息；
(4)ATS 系统向列车广播设备提供广播起动信息。
2. 与综合电力自动监控系统(SCADA)
(1)传输系统提供点对点低速数据通道(RS232 或 RS422 接口)，传输监视与控制信息；
(2)时钟系统通过点对点低速数据(RS232 或 RS422)接口，提供标准时间信息。
3. 与机电设备监控系统(EMCS)。
(1)传输系统提供 10/100 Mbit/s 局域网的通道和接口，传输监视与控制信息；
(2)时钟系统通过点对点低速数据(RS232 或 RS422)接口，提供标准时间信息。
4. 与防灾报警系统(FAS)
(1)传输系统提供光纤或 10/100 Mbit/s 局域网的通道和接口，传输监视与控制信息；
(2)时钟系统通过点对点低速数据(RS232 或 RS422)接口，提供标准时间信息。

5. 与自动售检票系统(AFC)

(1)传输系统提供 10 /100 Mbit/s 局域网的通道和接口,传送票务数据信息;

(2)时钟系统通过点对点低速数据(RS232 或 RS422)接口,提供标准时间信息。

6. 与车辆中列车广播系统

通过音频通道与接口(300～3 400 Hz)或宽带音频通道与接口(或 7 000 Hz)将中心或车站广播信息传送给旅客。

7. 与门禁、乘客资讯系统

(1)传输系统提供 10/100 Mbit/s 局域网的通道和接口,传送门禁、乘客资讯管理信息;

(2)时钟系统通过点对点低速数据(RS232 或 RS422)接口,提供标准时间信息。

8. 与大屏幕系统接口

在大屏幕显示电视监控(通信 CCTV)画面。

五、环控系统接口

1. 与车站设备监控(EMCS)接口

(1)接受 EMCS 控制指令,按正常、列车阻塞和火灾等不同工况模式运行;

(2)控制区间和站区隧道通风系统按早、晚间运行;

(3)冷水机组的集中监控。

2. 与防灾报警(FAS)的接口

当出现火灾情况时,FAS 给 EMCS 下达灾害命令,此时可接受 EMCS 指令,强制转入灾害运行模式。

3. 与屏蔽门接口

传热系数的测量。

六、综合监控系统接口

1. 与通信接口

(1)利用通信信道构成 EMCS 系统广域网;

(2)接受通信系统的主时钟信号,以此作为全线 EMCS 系统的同步信号时钟。

2. 与信号接口

当区间出现列车阻塞或区间发生火灾时,ATS 主机与 EMCS 监控主机之间互通信息,并进行相应处置控制。

3. 与 FAS 接口

当区间发生火灾或车站某区域发生火灾时,FAS 主机向 EMCS 主机传递灾害命令,EMCS 强制相关设备按灾害模式运行。

4. 与屏蔽门接口

监视屏蔽门的开关状态,并对故障进行报警。

5. 与人防密闭隔断门接口

监视人防门开关到位的状态,并能对错误开关状态进行报警。

6. 与供电低压照明接口

(1)按地铁运营时间所制定的运行时刻表,对车站的工作照明、节电照明、广告照明进行控制;

(2)监视车站事故照明电源的运行状态,并可进行故障报警。

7.与自动电扶梯接口

监视自动扶梯的运行状态。

8.与给、排水接口

监视并控制车站及区间的各种水泵(包括排水泵,废水泵,污水泵,集水泵等)和电动蝶阀的运行状态,并对设备故障及危险水位进行报警。

9.与环控接口

(1)控制车站通风空调系统在正常、列车阻塞、火灾等不同工况模式下运行;

(2)控制隧道通风系统(包括区间及站区)在早、晚间运行,正常、阻塞运行和火灾事故等不同工况下的运行;

(3)对冷水机组设备进行集中监控;

(4)对空调风系统的变频器进行监控和故障报警。

七、自动售检票系统接口

1.与供电接口

(1)供电系统在车站设备监控室和行车调度指挥中心主机房等处设置相应的配电盘,配电盘提供漏电保护;

(2)AFC系统所有设备的电源插座距安装点不应超过1 m;

(3)所有设备电源连线都应配有接地线,设备的接地线应确保接入当地的接地装置。

2.与通信接口

(1)主干网接口

①通信系统为AFC系统的中心计算机系统和每个车站计算机系统之间提供64 kbit/s以上的专用通道及备份通道,且具有自动接转功能;

②通信系统负责提供有关的网络接入设备;

③可采用TCP/IP协议。

(2)时钟接口

①采用RS422适配口,速率不低于1 200 bit/s;

②通信信息码可由双方协商。

(3)与防灾报警接口

防灾报警系统的声光报警设备接入AFC系统的中心和车站的监控房(如中心机房和车站设备监控室),并处于明显位置。灾害状态时,闸机的闸门全部处于开门状态。

八、电扶梯设备系统接口

1.与综合监控系统接口

(1)电扶梯控制柜的通信接口RS232或RS422、干式触点与EMCS提供的终端盒连接,扶梯状态信号能可靠传送到车控室显示屏上;

(2)自动扶梯上的旅客紧急停止信号,能在车控室显示屏上显示和报警,引起车站工作人员注意;

(3)车控室灾害警报系统能有效停止车站所有自动扶梯的运行(或全部上行);

(4)垂直电梯轿厢内对车站控制室的警报信号,能有效的显示和报警。

2. 与供电接口

(1)电扶梯运行所需的供电容量符合设计要求；

(2)电扶梯与供电的接口在电扶梯配电盘接线处。

3. 与结构接口

(1)电扶梯井道符合设计要求；

(2)电扶梯安装用吊钩应由结构承包商预埋。

4. 与装修接口

(1)地面标高由装修承包商提供；

(2)电扶梯安装完毕后，由装修承包商负责回填装修。

九、屏蔽门设备系统接口

1. 与信号系统接口

屏蔽门子系统与信号子系统的关系为从属关系，活动门的开/关动作，由信号或司机发出的开/关门指令控制，同时再将活动门的状态信息返回给信号系统。

2. 与综合监控 EMCS 接口

屏蔽门当前所处的状态信息通过通信接口传输到车站设备监控系统并显示。

十、门禁系统接口

1. 与综合监控系统接口

(1)当 FAS 发出防灾报警信号给门禁系统，火灾区域设备房电控锁断电开门；

(2)综合监控(主控)系统 HMI 显示门禁控制状态。

2. 与通信专业接口

(1)传输系统提供 10/100 Mbit/s 局域网的通道和接口，传送门禁管理信息；

(2)时钟系统通过点对点低速数据(RS232 或 RS422)接口，提供标准时间信息。

十一、乘客资讯系统接口

1. 与综合监控系统接口

在乘客资讯信息发布屏幕显示环控信息、报警信息等。

2. 与通信系统接口

(1)传输系统提供 10/100 Mbit/s 局域网的通道和接口，传送乘客资讯管理信息；

(2)时钟系统通过点对点低速数据(RS232 或 RS422)接口，提供标准时间信息。

3. 与信号接口

与信号系统 DTI 设备接口，在乘客资讯信息发布显示列车到站出站时间。

第二章　设备调试阶段监理细则

第一节　设备调试监理工作内容

地铁机电设备调试阶段监理细则是在各专业设备系统进入调试阶段前编制，用以指导设备调试监理活动的技术、经济、组织和管理的综合性文件。它是根据监理合同规定范围和建设单位的具体要求，由项目总监理工程师负责组织，专业监理工程师参加编制。在设备安装阶段监理工作的基础上，综合调试阶段设备系统的具体情况，广泛收集工程信息和资料，综合监理的具体条件制定的指导其调试监理开展工作的技术管理文件。

设备制造阶段和设备安装阶段的监理细则是根据设备系统各专业的特点分别编制各设备系统的监理细则，设备调试阶段的监理是面对整个地铁设备系统，各设备系统调试监理细则应注意各专业接口控制要点的衔接。

调试阶段监理细则的主要内容包括地铁设备系统特点、调试特点、监理流程、监理的控制要点及目标值、监理机构及监理措施等。

一、地铁设备系统特点

设备调试阶段监理的对象是地铁设备系统的具体调试过程，包括单机调试、接口调试、系统联调、地铁车辆及机电设备系统的综合联调、设备系统投入试运行等。监理工程师首先要做的工作就是了解整个地铁车辆及机电设备系统的情况，特别要细致分析各专业设备的工程特点，列出调试中要用到的专业技术的优缺点，为编写监理的控制要点和方法措施奠定了基础，也使得监理工程师更有效地实施监理工作有了充分准备。

二、调试特点

地铁设备系统包含设备多、相关接口多、调试阶段多。在监理细则中应列明相关系统的接口关系，各调试阶段的主要内容，调试过程的参与单位，调试的重点、难点及特点。

三、调试阶段监理流程

监理流程是指进行专业调试时监理所遵循的程序。在制定监理流程时要充分考虑到地铁设备调试的实际情况，做到切实可行，简单明了。

四、调试阶段监理控制要点及目标值

调试阶段监理的控制要点包含质量控制点和进度、投资、安全等控制需要注意的事项，监理工程师应根据各专业的特点，为每个控制点确定检测标准，也就是该控制点的目标。在实施监理工作时，监理工程师通过对这些关键点的控制达到对各专业设备调试质量的控制。

1. 质量控制

(1)建立监理的检测和调试工作体系，按照规定的频率独立开展监理的检测工作；

(2)组织编制各设备系统调试质量(验收)标准；

(3)审核各设备系统调试大纲、调试质量保证计划；

(4)审查各系统测试计划、调试安全保证计划；

(5)审核承包商授权的常驻现场调试人员的资质以及其他派驻到现场的主要技术、管理人员的资质；

(6)要求承包商按照合同条件技术规范和监理程序进行调试和检验，通过旁站、巡视、检测试验和整体验收等手段全面监督、检查和控制设备系统工程调试质量；

(7)参加或主持召开调试和总联调等专题会议及工地协调例会、接口试验协调专题会议等；

(8)审查承包商实施调试的技术方案及主要方法或工艺；

(9)按规定程序发布相关的调试的工作联系单，复、停工令，监督并批准子系统调试各工序交接，签发中间交工证书等；

(10)审查承包商拟用于系统调试的仪器仪表及机械装备的性能与数量是否满足技术规范规定的工程质量标准的要求，及对仪器仪表设备的取样见证；

(11)督促承包商进行调试前的安装检查以及安装和调试工序交接；

(12)审核承包商现场调试试验室的情况及其调试试验的合法性，审核其人员资质；

(13)检查设备的接地情况和承包商的接地测试记录，并进行其他设备安全检查；

(14)旁站检查设备通电测试；

(15)主动协调与本设备调试有关的所有接口，并做好记录和备案；

(16)检验现场设备与相关子系统的接口情况，旁站各子系统之间的接口试验；

(17)组织承包商进行车站子系统设备各单项功能测试、通信通道测试、各系统内部功能联调，并检查承包商的测试和联调记录；

(18)在各系统车站功能符合合同技术规格和相关规范要求的前提下，组织承包商进行控制中心各项功能联调，并检查承包商的联调记录；

(19)检查承包商调试日志、各种调试施工技术记录、施工调度日报等原始记录；

(20)组织并督促承包商进行各系统完工测试，对各项功能和各项性能指标进行合同符合性检查，并监督承包商进行系统的72 h的连续试运行；

(21)对系统可靠性、可扩展性、适应性、系统安全性等各项性能指标进行质量和安全评估。

2.进度控制

地铁机电设备调试阶段的进度控制，主要是对调试计划的审批和计划实施过程中的监控和计划调整，保障工程调试能按照合同规定的工期顺利竣工。

(1)计划管理

①督促承包商按照工程工期要求制订设备系统调试总进度计划，并给予审查。核批承包商的调试修正计划(如果有)；

②检查承包商制定的调试计划和专项调试方案是否合理，是否适应设备调试实际情况，是否满足业主提出的调试进度要求(如果有)，避免不切合实际的调试计划，切实用科学的调试施工计划指导各系统设备的调试；

③审查承包商调试实施计划的能力以及调试时间安排的合理性。

(2)进度管理

①对各系统调试进度进行监督、检查和控制；

②预测并评估承包商实际调试进度与调试进度计划的偏差，制订调试计划的纠偏措施；

③当调试实际进度与调试进度计划有偏差时，督促承包商采取赶工措施，满足调试进度计划的要求；

④对进度目标进行风险分析，制定相应防范性对策；

⑤当发生了不可抗力事件，并造成调试进度的延误，原则上应制定不突破总工期的措施进行处理，当无法在剩余的工期内弥补时，应编写专题报告，阐述延误总工期的原因和调试需要延误的期限，以及由此导致的相关问题和对这些问题的处理办法，并报业主审定；

⑥审查承包商调试工作月(周)进度报告，定期或不定期检查承包商实际进度。

3. 投资控制

在现场调试过程中，由于建设方运营管理部门的介入，以及现场试验条件和测试环境的变化，容易产生需求变更。所以，在调试阶段，监理对变更控制是投资控制的重要内容。设备调试阶段的投资控制主要工作内容有：

(1)办理阶段性(调试阶段)支付凭证手续，会同业主审核后签发；

(2)对已经完成质量合格的工程调试内容进行准确的计量；

(3)在现场调试过程中，对业主运营部门提出的系统功能需求变更或承包商提出的合理的工程变更，给予认真审核和评估，在不超出投资概算的前提下办理变更手续，并会同业主审核后发布变更令；

(4)在系统调试施工过程中，对所有已完成的工程细目进行计量、记录，以便检查承包商提交的月度、季度结算单；

(5)办理系统调试完工测试、系统试运行支付证书手续，会同业主审核后签发。

4. 安全控制

(1)调试安全控制总则

①设备调试安全控制依据中华人民共和国建筑法，地方建设工程施工安全条例和其他法律、法规的基本原则，贯彻安全施工第一、预控为主的方针；

②设备调试安全管理目标是消灭设备调试重大质量事故、重大安全事故；杜绝人员死亡，年重伤率控制在一定的范围之内；避免重大交通事故和重大火灾事故；

③设备调试施工安全是地铁机电设备调试的重要主题，包括设备安全、人员安全，安全施工，人人有责；主管领导必须亲自抓安全，承担安全生产的重要职责；

④设备调试监理的安全控制是一个系统工程，贯穿于设备调试的全过程，是实现地铁设备调试施工安全管理目标的有力保证，监理人员必须做好安全预控工作。

(2)设备调试安全控制主要内容

①依照设备调试安全管理实施细则，制定设备调试安全控制监理管理程序及相关规章制度；

②经常进行设备调试安全教育，树立安全第一的思想，做好安全预控工作；学习安全法规、依法做好安全控制工作；

③审核承包商的设备调试安全管理文件，特别注意安全技术措施的针对性和有效性；

④督促检查承包商制订和适时修正的设备调试安全施工制度、安全防护规程或安全技术操作细则，并对这些制度和规程的执行情况进行监督检查；

⑤组织或参加设备安全事故的调查分析，组织安全实施协调会，对有关安全问题的协调处理情况向业主报告；

⑥控制人员安全，现场检查调试人员安全防护措施，现场调试安全交底，杜绝或减少人员伤亡；

⑦控制设备安全，现场检查调试施工作业人员使用的各类设备、设施、工具、材料等，不仅要保持良好的状态和技术性能，还应操作方便、灵活可靠，并具有保护操作者免受伤害的各类防护和保险装置。经常检查设备安全状态，检查设备安全防护措施等。

(3)设备调试安全控制主要方法和措施

①通过审查有关文件报表和对现场进行检查和试验，对设备调试的资源、工作全过程进行控制；

②检查承包商的安全保证体系和质量保证体系在设备调试过程中是否正常运转发挥作用，如未起作用则应发通知要求进行整改；

③检查承包商在调试阶段的安全措施的执行情况，如未能执行或不符合要求，应要求改正或停工整改；

④对照设计文件、施工图纸、技术规范等有关文件，重点抽查设备调试施工准备的控制和工序活动过程的条件控制(投入资源、工艺过程等)；

⑤监控设备调试各种工序活动后果，即设备调试的质量是否符合设备安装合同和施工图纸的要求，设备单机调试和系统调试是否达到设备采购合同的要求，如不符合则要求纠正或返工；

⑥巡检或旁站，查质量与查安全同步进行，因为质量与安全是设备项目互为因果的内容，应将安全与质量同时贯穿于监理工作的全过程；

⑦观察与测量，监理到现场首先是观察，一看有没有不安全的人和物，有没有安全标示图；二看设备调试质量如何，设备调试是否达到要求；对存在问题的判断有的需要测量，有的需要复试，有的需要复验，要用具体数据进行判断。

5.合同管理

地铁设备调试阶段的合同管理秉承各阶段合同管理的内容和方法，但设备调试更着重系统功能、设备性能符合性管理和合同变更控制管理。

6.信息管理

地铁设备调试阶段信息管理主要包括调试计划、调试大纲、调试记录、完工测试资料、调试协调会、专题会会议纪要、总联调计划、总联调实施细则、调试监理收发文件等资料的管理。

7.调试协调

监理在地铁设备调试施工阶段进行的协调工作，主要是指当系统设备调试施工过程中在各个环节以及在各个专业之间，业主、设计、承包商之间出现各种矛盾时，还有当工程调试项目与周边环境以及与工程外部相关单位出现矛盾时，系统调试质量、调试进度、调试施工安全等出现偏差时，主持或协助业主进行各种各样的协调工作，以保障地铁设备系统调试能按照合同规定顺利完成。

第二节　设备调试监理组织与管理

地铁机电设备涉及的专业多，包括车辆、供电、接触网、通信、信号、环控、监控、防灾报警、自动售检票、屏蔽门、电扶梯等系统设备，各专业设备系统调试技术含量高、专业技术性强，在调试组织管理、调试统筹安排、监理人员配备、组织架构上应本着科学的原则，根据各专业特点配备数量合适、专业性较强的专业监理工程师、安全工程师。

一、调试监理组织原则

1. 组织结构科学合理；
2. 有明确的管理目标和责任制度；
3. 调试组织成员具备相应的专业资格和承担相应工作的专业知识、管理水平、工作能力；
4. 保持相对稳定，根据实际需要进行调整。

二、调试的监理组织架构

地铁机电设备调试专业多、技术性强，各专业的技术接口多、牵涉面广，参与调试的承包商技术人员多，调试协调工作量大，监理组织架构应科学合理，应成立调试领导小组负责组织地铁各设备系统的调试组织实施。国内某地铁设备监理成立的调试组织机构如图 6-2-1 所示。

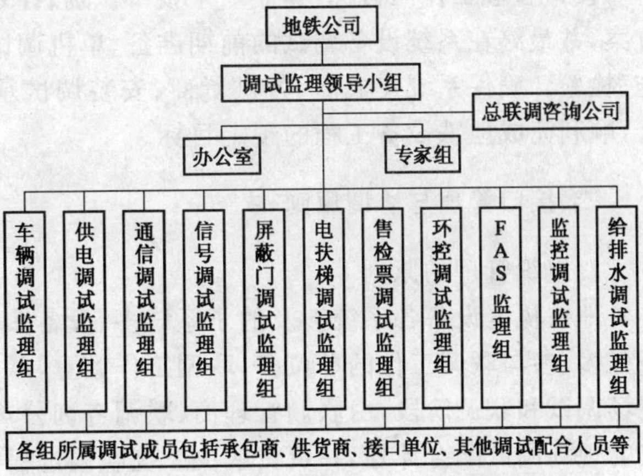

图 6-2-1 地铁设备调试监理组织机构示意图

三、调试工作的组织管理

为加强各专业调试和联调工作的管理，调试监理领导小组及各系统调试组负责地铁设备各专业系统调试和联调工作的实施。

在调试领导小组直接领导下，各系统调试组负责组织完成本专业在调试中所承担的各项调试任务。

在各系统调试组协调下，各调试组负责完成在调试实施过程中系统性能和状态、功能等的单系统调试、接口调试、综合调试等任务。由监理单位负责，各承包商、供货商的技术人员、业主单位的技术人员和运营人员参加调试和联调全过程工作。

四、调试组织阶段计划

根据地铁设备系统特点，在各专业设备按照相应的规范要求安装完成后分多个阶段完成调试、联调、总联调。

1. 第一阶段：完成调试大纲和调试计划的审核；
2. 第二阶段：承包商设备安装检查，监理安装分项验收，完成设备调试前各项准备工作；
3. 第三阶段：各专业设备单机调试、单项功能测试；
4. 第四阶段：各专业设备相关接口试验、通信通道测试；
5. 第五阶段：各专业设备系统联调、系统功能测试；
6. 第六阶段：各专业设备系统完工测试、设备投入试运行；
7. 第七阶段：地铁设备系统总联调。

第三节 调试接口管理与协调

地铁机电设备系统工程是一项高技术水平、多专业、多系统的大型市政建设工程，具有大量复杂的工程技术接口，如车站设备子系统间接口，车站设备系统与外部系统之间的接口，系统设备与土建、结构、装修间的接口等等。地铁机电设备系统工程实施进入设备调试阶段，其设备子系统之间、车站设备与外部系统之间的各种技术接口进入现场测试和试验，接口管理工作将大幅度增加，监理人员接口管理工作量也随之增大。

监理对调试接口管理与协调包括调试技术接口管理与工程接口管理和协调。由于地铁设备系统技术接口的复杂性和工程接口的繁杂性，监理人员的技术接口和工程接口管理贯穿于整个设备调试过程的始终。

一、接口管理与协调工作目标

接口管理工作的目标：建立一个接口识别、计划、协调、控制、解决的机制，辅以合理的技术方案，并最终在系统设备调试的前期准备、单机调试、接口调试、系统联合调试等各阶段加以实施、检验。确保系统集成商、各供货商、安装调试承包商、设计单位等相关单位之间的密切配合，顺利完成地铁设备工程的预定目标。

二、接口管理与协调原则

1. 组织管理的原则

地铁机电设备各系统涉及的子系统多、设备多、技术接口多、调试工作交叉进行、接口管理任务多、参与联调工作的单位多，联调工作繁重，联调的组织管理工作十分重要。在车站设备现场调试和联调阶段，由联调管理商(联调咨询公司)制定车站各系统联调方案和计划以及相应的现场调试配合计划，并负责解决系统联调过程中出现的技术问题，监理组织安排相关供货商、施工单位参与车站设备各系统联调。

2. 协调沟通的原则

在联调过程中应通过联调例会的形式进行参与联调的各系统、各单位之间的协调，解决联调中出现的问题；技术问题由联调管理商负责解决，管理问题由联调监理负责解决，涉及方案变更由业主确定。联调例会分为周例会和日例会，联调周例会主要解决联调工作中出现的重大问题，由联调工作领导小组组长负责主持，所有参与联调的单位参加。日例会由各专业调试组或以车站为单位召开，解决联调工作中的具体问题。

3. 指导的原则

了解和熟悉各系统之间的技术接口，掌握各系统通信协议内容，熟悉各系统联调内容，在联调双方出现歧义时能给出指导性意见。

4. 处理问题公平、公正的原则

处理和协调好业主、设计单位、供货商、安装调试承包商之间的关系，恪守职业道德，重合约，尊重事实，热情帮助承包商、供货商解决实际问题，调动和保障承包商、供货商的积极性。在联调接口出现问题时，作为监理方应本着公平、公正的原则对问题进行分析，分清责任。

三、接口管理与协调工作重点

1. 各相关设备供货商之间、集成商与供货商之间的关系协调；
2. 车站设备各相关系统之间的技术接口协调与管理；
3. 车站设备供货商与外部系统设备供货商之间的关系协调；
4. 车站设备与外部系统设备之间的技术接口协调和管理；

5. 供货商与安装调试承包商之间的管理协调和接口管理；

6. 业主、设计、工程承包商之间的关系协调；

7. 其他参建单位之间的关系协调。

第四节　设备调试监理措施和方法

一、监理措施

1. 组织措施

地铁设备系统调试由于参与调试的单位多，系统的技术接口多，组织与协调管理是监理的重要工作内容。监理单位应派出数量足够、专业齐全、具有丰富专业知识和协调组织能力的监理工程师负责设备调试阶段的监理，更重要的是组织参与调试的各单位技术人员进行系统调试，解决调试过程中存在的技术问题，以便进行有效的调试质量控制和进度控制。

2. 技术措施

监理人员运用监理技术和所掌握的技术信息，对调试过程中存在的技术问题提供技术支持，召开专题技术协调会进行技术分析，解决调试问题上存在的技术问题，保证设备系统调试过程的质量、投资、进度满足地铁设备整体工程的需要。

3. 经济措施

监理人员运用经济措施进行设备系统调试过程的管理，是调试质量控制和进度控制的有效辅助方法。对不满足合同要求的承包商、供货商，按合同规定进行处罚，对于优于合同要求的给予奖励。

4. 合同措施

按设备承包合同的相关条款，以及合同技术规格要求进行调试质量控制、进度控制、投资控制，采用相应的合同措施，对不满足合同技术和功能要求的设备要求承包商进行整改和优化，促使承包商提供满足合同要求的优质、保量、及时的服务。

二、监理方法

1. 旁站

旁站是对调试过程质量控制点或关键工序调试采取现场旁站的监理方法，如现场旁站各类设备上电测试、系统接地测试、通电运转等，组织设备安全检查，并记录测试过程。

2. 巡检

监理人员在对于设备调试过程应采取定期或不定期进行现场巡检，及时发现问题和解决调试存在的问题。如现场巡检各类设备的各类试验，包括机械调校、设备静态测试、动态试验、设备空载和有载试验等。

3. 抽查

监理人员对调试承包商的调试记录、测试记录等采用定期或不定期抽查的方式，及时掌握调试质量情况。

4. 测试

对于设备调试重要过程及其调试结果，监理人员应组织和参与各系统设备的重要性能参数测量和设备调试各种工序、单项功能的测试并记录结果，以相关国家规范和行业标准为依据，判断测试结果的正确性。对测试问题改进过程进行跟踪，对关键参数或重要环节监理要亲自进行测试，以保证测试数据的正确。

第三章　设备调试监理的前期准备

第一节　监理准备工作

一、监理自身准备工作

1. 建立设备调试阶段监理的检测和调试工作体系，作为现场调试监理的参照准则，以及按照规定的频率独立开展监理的检测工作。

2. 编制设备调试阶段监理工作程序，以便监理工作有章可循。

3. 建立设备调试阶段监理组织机构，配备调试阶段的监理人员，加强调试现场的协调工作。

4. 组织编制各设备系统调试的质量(验收)标准。

5. 准备监理使用的相应的检测工具及仪表。

二、做好各项审查工作

1. 审查各设备系统承包商编制提交的调试大纲、调试质量保证计划、调试工作的质量责任制度。

2. 审查各系统测试计划、调试安全保证计划和设备安全保障措施。

3. 审核承包商授权的常驻现场调试人员的资质以及其他派驻到现场的主要技术、管理人员的资质。

4. 审查承包商实施调试的技术方案及主要工艺方法。

5. 审查承包商拟用于系统调试的仪器仪表及机械装备的性能与数量是否满足技术规范规定的要求；仪器仪表应符合规定的精确度要求，并在有效的检定期限内。

6. 审查承包商在调试中采用的技术标准、技术规范以及调试相关技术资料等。

第二节　调试计划、调试大纲的编审

调试计划和调试大纲一般由承包商编写，由监理组织业主、设计、承包商参与评审。评审的主要目的是审查调试计划、调试大纲的可行性、适用性，使得设备系统调试和综合联调能按照调试计划和调试大纲循序渐进的进行。

一、调试计划的评审

调试计划是为了实现调试目标而编制的系统调试和综合联调策划，是调试实施过程的指南，是调试相关责任方协调行动的重要依据，因而制定调试月度、季度、年度调试进度计划是实现项目总工期目标的重要手段。

1. 评审依据

(1)地铁公司关于地铁建设总工期计划、工程实施年度工期计划；

(2)地铁各系统设备安装调试承包合同规定的关键节点工期计划、调试实施进度计划；

(3)实际具备设备调试条件和地铁运营开通时间的周期。

2.评审范围与内容

(1)调试进度目标是否符合业主制定的阶段工期目标和工程总工期目标以及承包商合同调试施工进度计划要求；

(2)调试进度阶段划分是否合理；

(3)调试进度计划是否满足工程进度的阶段目标及总目标，计划工期要求是否合理、可行；

(4)调试各阶段计划调试的内容和任务；

(5)调试进度计划顺利实施的前提条件；

(6)调试进度计划是否与其他设备调试计划相冲突，各种制约关系是否明确；

(7)影响调试进度计划执行的因素预测；

(8)调试进度计划的纠偏措施和方法。

3.评审工作流程

(1)评审工作内容

①督促各专业设备调试承包商编制并提交调试计划；

②现场监理工程师接受承包商调试计划及其他相关文档资料，进行初审，并把初审结果上报进度管理工程师和总监理工程师；

③进度控制工程师根据各专业设备承包商提交的调试进度计划和各专业监理工程师的初审结果判断是否组织各专业承包商、业主以及相关人员进行调试计划会审，就有冲突的调试进度计划进行协调和修改；

④总监理工程师根据整个设备工程实施进度计划的工期要求和进度工程师的审核结果判断是否进行专家会审；

⑤总监理工程师组织，业主、专家、进度控制工程师、专业监理工程师和其他相关人员参加，对各专业设备调试计划进行会审、讨论，得出会审结论，形成最终的监理意见，提交给建设单位和相关单位；

⑥建设单位组织各部门、总联调单位、运营部门对监理单位提交的会审结果进行讨论，讨论联调计划是否影响总联调和试运营计划，形成调试计划可行性意见。监理单位参与讨论，并将建设单位的调试计划可行性意见下发各相关单位组织实施。

(2)评审工作流程

调试计划评审工作流程如图 6-3-1 所示。

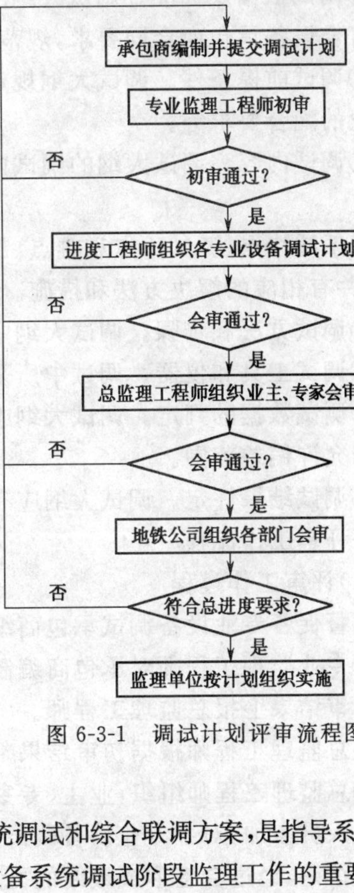

图 6-3-1　调试计划评审流程图

二、调试大纲的评审

地铁设备系统调试大纲是为了实现调试目标而编制的系统调试和综合联调方案，是指导系统调试的纲领性文件，是调试实施过程的指南。调试大纲的评审是设备系统调试阶段监理工作的重要内容。通过评审，检查和修正调试大纲与合同技术规格的不一致，进一步增强调试大纲的可行性和适用性。

1.评审依据和原则

(1)评审原则

①规范、科学的原则。调试大纲的编制、评审、批准实施应符合相关地铁规范要求，内容要

求充实，调试方法、步骤、测试数据标准要求科学合理，有明确的调试目标。

②“坚持标准、严守合同”的原则。调试大纲应符合国家相关技术政策、相关技术标准；充分考虑承包合同技术规格、技术要求及其规定的调试实施条件等要求。

③先进性和针对性原则。调试大纲应针对本系统调试的特点、重点、难点，并有相应的解决措施；针对调试选用的工具、仪器仪表先进适用、技术成熟可靠。

④可行性和适用性原则。调试大纲的调试技术方案、调试方法措施切实可行，整个大纲适用性强。

(2)评审依据

①国家和轨道交通行业的相关标准、技术规范及其他有关规定。

②各设备合同中指定使用的技术规范、工程质量检验评定标准、试验规程等。

③相关设备系统设计文件如施工图、产品设计图纸、相关的接口试验资料等。

④业主与承包商、供货商及承包商与分包商签订的有关合同文件。

2. 评审范围和内容

①调试目的。调试大纲应有明确的调试目的和系统功能实现目标。

②调试依据及标准。调试大纲应有明确的调试所采用的依据和规范标准，调试所采用的依据符合设备承包商合同要求，规范标准为相关部门发布的现行的最新标准。

③调试前提条件。调试大纲规定完成本设备系统调试需具备的前提条件，接口调试的相关专业的配合要求等。

④调试内容。调试大纲的调试内容充实，便于合同技术规格书规定的功能实现，满足用户需求。

⑤系统特点、调试重点和难点。调试大纲应有系统工程特点描述，突出系统调试的重点和难点，并有相应的解决方法和措施。

⑥调试方法和步骤。调试大纲中应有明确的切实可行的调试方法和步骤。

⑦调试工具和仪器。调试中所采用的调试工具、仪器仪表先进适用，满足调试要求。

⑧测试数据的判定。调试大纲中应有数据测试记录表格。表格中有测试数据标准要求，并标明允许偏差范围。

⑨调试结果评定。调试大纲应有调试结果的评定。

3. 评审工作流程

(1)评审工作过程

①督促各专业设备调试承包商编制并提交调试大纲。

②专业监理工程师对承包商编制的调试大纲进行初审，并把初审结果上报总监理工程师。

③总监理工程师根据初审结果判断是否进行专家会审。

④总监理工程师组织，业主、专家、专业监理工程师和其他相关人员参加，对各专业设备调试大纲进行会审、讨论，得出会审结论，经过会签形成最终的可行性意见。

⑤监理单位将调试可行性意见下发相关单位，并督促承包单位组织实施。

(2)评审工作流程图

调试大纲评审工作流程如图 6-3-2 所示。

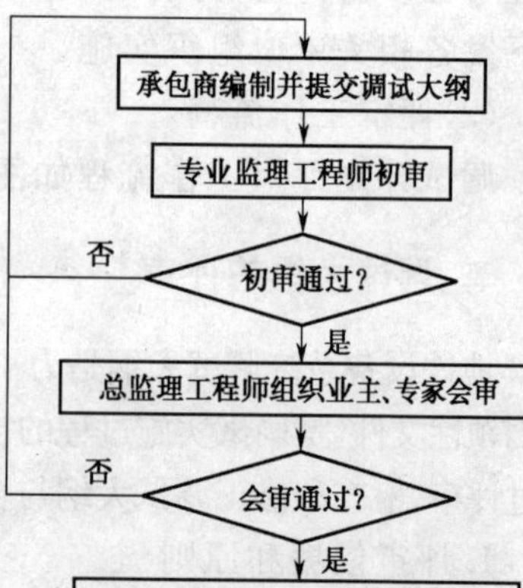

图 6-3-2　调试大纲评审流程图

第四章 车辆调试过程的监理

第一节 概 述

车辆调试工作主要是各种检查和测量、静态和动态调试、空载和有载试验、车辆运行状态和程序调整、车辆与其他系统联动程序设定、车辆与供电、接触网、信号、通信等系统联调及试运行。

一、车辆调试验收过程的划分

一般设备调试过程可以划分为单体设备调试、系统调试和系统联调3个阶段。不同阶段，具有不同的目的、不同的范围和不同的要求。同时，设备的调试又有明显的逻辑性，只有前一阶段的调试完成之后，才能进入下一阶段，否则就可能造成损失。地铁车辆也不例外，且具有它的特殊性。

列车从出厂到交付使用要经过以下过程：列车到货检查、静态调试、动态调试、冷热滑试验、在车辆段实验线上的型式试验、问题整改、预验收、联调等。

列车到货检查主要是对列车从生产厂运送到车辆段后所做的一些基础性的检查，包括检查接线是否松动，零部件是否有明显损坏及车辆外观和内装情况等。

列车到货检查合格后，再由车辆供货商进行现场再调试工作。再调试工作包括：车辆联挂检查、静态调试、动态调试。对于首列车，应按合同规定完成在车辆段实验线上的相关型式试验，试验及调试合格后，由业主和监理按照车辆预验收大纲对车辆进行预验收，预验收中发现的问题，车辆供货商应及时整改。对于短期内无法完成整改的问题，应签署备忘录，确定完成整改的时间。预验收通过后，开始与通信、信号等专业进行联调。联调合格后，车辆才能真正上线运营。

二、地铁车辆调试过程的特点

1.时空跨度大

地铁车辆调试工作从第一列车生产完成组装后，开始单车调试、半组车调试、整列车调试到最后一列车再调试验收结束，需要一至两年的时间；在空间分布上遍及车辆设计、车辆供应商或制造商的生产地或发运地、车辆运输的整个线路、车辆运用地、车辆调试的最终地点等，其时空跨度相对较大。

2.协调工作量大

由于地铁车辆工程的参与方众多，各方都有自己的特点、组织机构、活动方法及活动目标，因此各方之间在地铁车辆工程实施过程中经常会发生各种各样的冲突，包括各个过程中承包商之间的冲突，或某个过程中不同承包商之间(如总承包商和分包商之间)的冲突等，为保证车辆工程的顺利进行，车辆监理必然要进行大量的协调工作。

一般设备调试过程从设备安装完成开始，设备的调试过程需要高度的协调性。对于像地铁车辆这样大型复杂且多专业的设备而言，调试内容多、调试过程复杂、需要经培训合格的专业人员进行调试，尤其是与车辆系统接口的其他专业的调试工作，更要求高度的组织协调，否则就可能造成重大损失。

第二节　地铁车辆的运输及到货检查

一、地铁车辆运输的要求

地铁车辆的运输应选择安全、合理、经济的运输方式和运输路径。地铁车辆的运输方式一般有铁路运输、公路运输、水路运输和航空运输。铁路运输和水路运输适合长途运输，例如：深圳地铁一期工程地铁车辆的第一列车由德国制造并组装，由水路运输到深圳港口，再通过公路运输到达地铁车辆段。其余列车的制造和组装均在长春，由铁路运输到达深圳火车站，再由公路运输到达地铁车辆段。

二、地铁车辆公路运输的监理内容

1.方案审查

审查车辆公路运输承包商提交的运输方案、起重、加固方案。如：带司机室的车辆超长问题的解决方案、装车的方向性等。

2.道路考察

对车辆公路运输承包商提交的运输方案中的运输路线进行实地详细的考察，重点查看桥梁限高、横跨道路的电线、通信线缆、其他管路等的高度、转弯半径、路面宽度、路面情况、坡度情况、桥梁限载等是否符合要求。

3.旁站监理车辆的装卸

针对地铁车辆装卸难度大，车辆监理对车辆的装卸过程进行旁站监理，督促提醒运输承包商在装卸中应注意的安全事项、车辆的装车顺序及方向性，若发现问题及时提出并做好记录。

4.运输过程的监督

由于道路的限制，车辆运输一般安排在凌晨一点左右出发，夜间运输操作人员容易疲劳和因为思想上的疏忽而不按操作规程执行，车辆监理人员应进行全过程跟踪监理，如：监督操作人员的行驶速度、通过涵洞、立交桥时，派专人观察净空高度，必要时进行升降平板操作等。

5.运输安全监督

(1)督促所有参加大件运输人员必须服从运输领导小组的统一指挥，必须听从公路管理人员、公路工程技术人员的指挥。

(2)检查运输作业的工作人员必须戴安全帽、穿着反光衣，保证运输时的人身安全。

(3)督促运输承包商夜间行驶时，安装工程作业警示灯，保证夜间行驶的安全。

(4)督促运输承包商严格按照运行技术要求进行操作。

如：起步、停车要慢、禁止急刹车，运输途中要匀速前进；

下坡时速不超过 3 km/h；

不准在桥上会车、停车、换挡，时速控制在 3 km/h；

天黑视线不清，雨后路滑、晴天路面泛油小心行驶。

(5)督促承包商运输前对机具、车辆平板进行检查保养，保证作业安全。

6.车辆连挂

车辆安全运抵车辆段后，进行重新连挂，由内燃机车牵引到运用库，进行开箱检查和再调试。

三、地铁车辆的到货检查

1. 进口列车的到货检查

(1)到货检验

当车辆和材料卸于目的港/机场后，车辆监理应协助业主会同中国进出口商品检验局对货物的箱号、外观、重量和包装等内容进行初验。除中国海关或商检局照章检查的情况外，货物的密封包装不得拆开，若已拆开，车辆供货商应按业主要求重新包装好货物。

(2)开箱验货

列车运抵车辆段后，业主和车辆供货商应协同商检局按约定时间开箱进行检验。

①开箱组织

开箱的组织可以由业主验收小组组织，或委托监理组织，也可以由总承包单位组织。开箱时一般 3 方人员均须到场。对于进口车辆的开箱检查(首列车在国外制造的)，还需邀请质量监督检验检疫局派员参加。

②开箱检验

首先查看箱体外包装是否有损，如果有要做好拍照取证和文字记录，然后再开箱，按装箱单验点设备规格、型号、数量和外观质量状况是否完好，发现问题，同样要做好取证和文字记录。

③填写设备开箱检查表，写明验收结果，由各方签字确认。

2. 国内列车的到货检查

列车重新连挂后，进行车辆内外清理，监理组织相关人员按车辆采购合同检查车辆外观的完好程度、锈蚀情况，据车辆履历簿检查随车附件、备品备件等是否齐全。开箱清点检验的内容如下：

(1)车辆外观检查(有无损坏、缺陷、锈蚀等情况)，如有缺陷、损伤和锈蚀，可进行拍照签证，且合同有关方制订相应整改措施；

(2)检查车辆随车附件，按照列车履历簿检查随车的技术文件，如车辆出厂检查证明(PSI)、技术说明书、质量保证书、设备图纸、用户使用手册等；

(3)清点随车设备附件、备品、备件及专用工具等；

(4)填写并签认相关记录和清单。

由监理工程师负责，如实根据现场检查情况填写《车辆开箱检查移交记录》、《设备备品、备件及专用工具移交清单》和《设备随箱文件移交清单》，如发现损坏、锈蚀、零部件短缺等问题，应以照相或其他方法做好记录，作为向供应商交涉索赔的依据，并注意车辆采购合同中规定的索赔期限。

参与车辆开箱的各方代表对监理所填写的《车辆开箱检查移交记录》、《设备备品、备件及专用工具移交清单》和《设备随箱文件移交清单》进行确认后，并共同在开箱检查表格和移交清单上签字，经各方代表签字确认的移交文件交业主备案。

第三节 车辆调试监理

一、列车到段

地铁列车入段后首先进行再连挂，然后由车辆供货商进行系统再调试工作，调试完成后，由业主、监理进行验收，验收合格后将投入试运营。

二、列车再调试程序

列车再调试程序是新车运输到车辆段后的重新调试，其目的是确保列车良好的技术状态交付运营。监理应密切跟踪并参与全部列车到达车辆段后的车辆再调试工作，了解每列车的最初技术状态。列车再调试程序包括静态调试和动态调试两个阶段，主要包括如下内容：

1. 断电状态检查

指列车蓄电池未激活时进行列车的重新连挂编组、外观检查、线路检查、相关设备安装等作业内容。

2. 软件清单

检查软件版本并和以往进行比较，如软件升级，则应对所有的列车软件进行升级。

3. 静态时列车功能检查

指列车蓄电池激活后进行的列车静态功能的检查，主要包括司机台、副司机台的操作，牵引制动信号的检查。

4. 静态期间的高压试验

高压供电送电后对列车静态期间的高压试验，主要包括进行列车照明、空调功能的检查。

5. 动态调试

动态调试阶段是指列车完成静态调试后，在试车线上进行的动态试验，包括压缩机运行、启动联锁、EBCU 测试、牵引试验、制动系统测试、制动距离测量等。

三、车辆调试组工作内容

1. 车辆调试验收组织方案

列车到达车辆段后，车辆供货商在现场需对列车进行再调试。再调试过程中，有大量的接口工作，需要进行沟通协调、组织安排。另外，业主需要对列车进行检查和验收，及时接管车辆并保证车辆技术状态。这两者都要求有一个专门的组织机构来完成这些工作。

2. 车辆调试组人员架构

车辆调试验收工作由于涉及面广、接口多、系统复杂，需要有不同专业的技术人员参与。通常由业主建设方的车辆技术人员、运营方的车辆技术人员、车辆维修工人和监理组成。车辆调试组成员专业应涵盖车辆的主要专业，如电气工程师、机械工程师、控制工程师等。

3. 车辆调试组主要职责

(1)安排组织、制定、落实车辆供货商车辆再调试、整改、车辆预验收，信号系统的库内、试车线、正线调试计划；

(2)进行车辆预验收检查，起草预验收报告；

(3)收集、汇总、报告调试和验收检查过程中发现的问题，跟踪问题的整改进展情况；

(4)配合车辆供货商调试人员进行列车的现场调试、试验，并提供车辆合同规定的各种支持等；

(5)解决车辆调试中一般技术性问题，并与车辆供货商技术人员进行联络；

(6)对车辆惯性故障及重要技术问题进行统计分析；

(7)车辆质保期内的质量跟踪，故障统计分析以及向车辆供货商移交故障部件，收取更换的完好部件。

4. 接口关系

车辆调试组作为车辆调试验收工作的执行主体，内部需与业主各部门明确职责划分及工作流程，外部需与车辆供货商及分包商沟通协调。此外，在车辆调试验收、信号系统调试、车辆供应商的技术讨论、技术资料翻译等沟通配合过程中，调试组应作为与车辆供货商及其他部门联系的纽带。

(1)与业主内部接口关系

①就相关新车接车、连挂编组及列车静态、动态调试验收等有关作业问题，及时与调度控制中心(DCC)沟通。

②协助 DCC 对新车调试的现场安全管理、安全监控及综合技术资料交接、整理、保管。

③协助综合技术室完成随车备品备件、特殊工具的检查验收，同时协调调试过程中备品备件借用管理等。

④参与车辆调试及总联调的相关工作。

(2)与业主其他部门的工作接口关系

①起草、校核提交供货商的有关车辆技术问题书面函件。

②根据预验收大纲进行列车系统检查、测试、试验，出具现场预验收报告。

③起草车辆调试验收工作周(月)报。

(3)与车辆供货商及分包商人员工作接口关系

①新车调试期间就车辆存在问题及时与供货商售后服务人员进行沟通协调。

②调查解决车辆各系统接口问题(如乘客信息系统、车载信号系统、车辆控制系统等)，负责与车辆供货商、分包商相关工程师联系，共同进行调查分析。

③就车辆发生的惯性、疑难技术问题，召集相关车辆工程师与车辆供货商定期召开技术讨论分析会，并就相关问题制定有效的整改方案。

第五章　机电设备调试过程的监理

第一节　概　述

地铁机电设备系统调试，虽然包含了地铁相关设备如供电、接触网、通信、信号、环控、监控、防灾报警、屏蔽门、电扶梯、门禁、乘客导向等设备系统的调试，但就其调试过程而言，都首先进行的是设备单体调试，包括系统各类设备上电测试、机械调校、设备静态测试、动态试验、设备空载和有载试验、设备各种性能参数测量、系统单项功能试验、设备单体试运行等；系统各类设备运转正常，设备单体运行、单项功能测试符合设计和合同要求，再进行系统设备相关接口测试和接口功能试验；接口试验包括设备接口双方通信规约的调整和校对，通信通道测试，设备接口之间远程数据的接收和发送测试，数据采集功能和数字控制功能（单控和程控）试验等；只有接口试验符合系统设计和产品设计要求才能进行系统设备之间的联合调试。系统的联调包括车站设备相关系统之间综合测试和联合调试以及车站设备系统 HMI 功能调试，各系统车站设备与 OCC 控制中心的通信通道测试，OCC 控制中心远程数据采集和控制功能调试和系统 HMI 功能测试等。与各专业设备系统调试相对应，各系统调试的监理过程也分为设备单体调试监理、接口调试监理、系统联调监理、系统完工测试和设备试运行监理等四个阶段。监理工作的各个阶段根据各专业设备的系统特点和各专业规范与标准的不同，设置不同的调试质量控制点，监理的具体要点、范围、监理的主要任务等也不尽相同。

地铁各类设备的系统调试是各系统设备总联调的基础，现场调试过程监理工作至关重要，是调试质量控制和进度控制的关键性工作。单系统调试的质量好坏影响设备接口试验和系统联调、甚至总联调的质量和进度；接口调试是系统联调和总联调的前提条件，各系统的接口调试包括内部接口调试和外部接口调试，只有系统相关接口通信正常，传输数据正确，系统联调才能够顺利进行；只有各设备系统联调完成，并各项功能基本运行正常才能提交设备总联调；监理作为系统设备调试“四控两管一协调”的主体，在系统调试监理各项工作中必须抓好事前控制、事中控制、事后控制，采取各种有效的监理方法和工作措施，以确保良好的设备调试成果。

第二节　单系统调试监理

设备单系统调试是系统接口调试和系统联合调试的基础，是所有调试工作的第一步，也是设备质量形成的重要过程之一。设备单体调试的主要承担者是系统设备的安装承包商，各类设备供货商主要是为调试做技术支持和调试配合服务。为保证设备调试的质量、进度，安装承包商应事先做好设备调试的组织工作和技术准备工作，包括编制调试大纲、调试计划、调试组织实施方案，调试人员的培训、技术人员安排、技术交底等。在单系统调试过程中，监理是调试工作的主要组织者，负责组织和协调调试的整个过程，对单系统调试过程的质量、进度进行合理监控。

一、单系统调试有关审核

监理人员在安装承包商实施单机调试前应做好调试有关的审核工作：

1. 审核调试实施人员组织，包括调试人员资格、调试队伍的资质、调试有关的工具器及检测仪器等，检查调试人员技术培训和技术交底情况。

2. 审核安装承包商根据工期安排制定相应的现场单机调试实施计划以及调试配合计划，审查调试技术措施及其技术可行性、安全措施，并提出审查意见。

3. 审核设备调试所依据的技术标准和验收规范。

二、设置质量控制点

在单系统调试阶段，质量控制是监理工作的重点。地铁各系统设备的单系统调试过程及其监理流程基本相同，但每个专业设备调试都有不同的质量控制点。设置各类设备单体调试质量控制点及调试关键工序的质量控制是监理人员质量控制的根本工作。调试人员根据设置的质量控制点进行调试质量纠偏，监理人员根据该质量控制点进行现场检查、旁站、质量抽查，并可根据该控制点进行现场调试技术关键点的质量评定等。

三、工地例会和调试技术专题协调会

设备单系统调试是技术性较强的工作，调试过程的质量控制和进度控制相对难度较大，在调试过程中难免会碰到相关的技术难题，调试进度难于掌握的情况。监理人员组织现场调试例会和调试技术专题协调会是解决调试技术问题、调试质量控制和进度控制的有效途径。

1. 组织召开设备安装调试承包商和各类设备供货商调试动员协调会，按照既定的调试配合计划安排供货商和设备安装承包商配合调试。

2. 组织和主持定期举行的现场调试例会和调试技术专题协调会，协调调试工作中的各种矛盾，及时掌握调试进度，解决调试过程中存在的质量问题。

3. 组织、监督相关设备供货商按计划进行现场调试配合和技术支持，以保证设备调试的进度和系统产品质量。

4. 在调试的质量和进度出现偏差时，通过专题技术协调，及时采取纠偏措施和各种手段，以保证调试的质量和进度。

四、单系统调试过程现场巡检、旁站、跟踪

单系统调试过程现场巡检、旁站、跟踪是监理人员进行调试质量控制和进度控制的有效方法。

1. 现场旁站各类设备上电测试和通电运转，组织设备安全检查，并记录测试过程。

2. 现场巡检各类设备的各类试验，包括机械调校、设备静态测试、动态试验、设备空载和有载试验等。

3. 对测试问题改进过程进行跟踪，对关键参数或重要环节监理人员要亲自进行抽查测试，以保证测试数据的正确性和客观性。

4. 以设备安装调试规范和标准为准绳，给予技术指导，以使设备的质量符合系统施工图纸和设计规范要求。

五、调试结果抽查、记录确认

监理人员应对调试结果进行抽查,并记录和确认。

1.组织和参与各系统设备的重要性能参数测量和设备调试各种工序、单项功能的测试并记录结果,以相关国家规范和标准为依据,判断测试结果的正确性。

2.以设备承包合同技术规格和相关技术规范为依据,审查调试过程中的测试记录,通过现场抽查测试,检验设备关键功能工序测试,和设备单项功能试验,判断和评估检验和试验结果,确定是否可进行下一工序功能试验。

第三节　接口调试监理

设备之间和系统之间的接口调试,是接口相关各方(设备供货商)根据设备产品设计联络阶段确定的接口实施方案包括接口标准、通信规约、交换信息内容等,以及接口的现场调试方案和调试大纲进行接口双方的通信数据交换测试和接口功能调试,是进行系统联合调试的重要环节。接口调试监理也是监理人员进行设备系统工程质量控制和进度控制的重要环节,监理的主要内容包括接口调试组织、接口调试质量控制和进度控制等。

一、接口调试组织

系统接口调试是系统联合调试和地铁设备总联调的基础。接口调试的主要承担者是相关设备供货商和系统集成商,设备安装承包商和业主运营部门参与和配合相关接口调试。监理组织和协调整个接口调试过程,是接口调试质量控制和进度控制的主要承担者。业主监督调试过程,并且协调和配合调试。设计人员跟踪调试过程,协调设计中存在的缺陷问题。接口调试组织结构如图 6-5-1 所示。

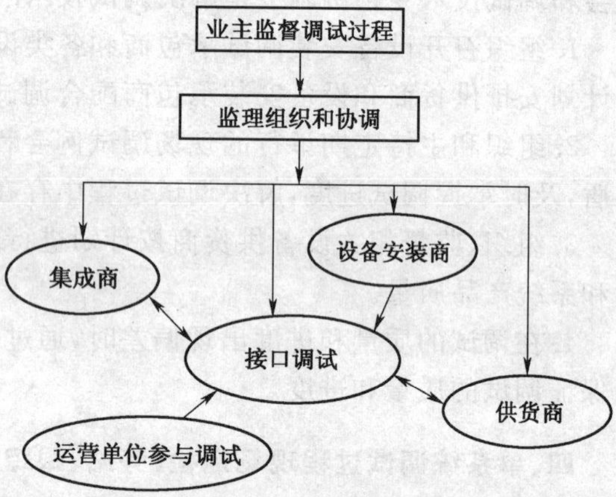

图 6-5-1　接口调试组织结构图

二、接口调试监理主要内容

1.根据工程总工期要求和系统调试计划制定相应的现场接口调试计划及详细的接口调试内容,设置各类设备接口调试质量控制点;

2.组织设备安装商、各类设备供货商、集成商等参与接口调试的单位召开接口调试协调会,按照既定的调试配合计划安排设备供货商和集成商配合调试;

3.现场监督接口调试双方按照既定的接口实施方案包括接口标准、通信规约、交换信息内容等,以及接口的现场调试方案和调试大纲进行接口双方的通信数据交换测试和接口功能调试;

4.组织和主持按期举行的现场调试例会和调试技术专题协调会,协调调试工作中的各种矛盾,及时掌握调试进度;

5.在调试的质量和进度出现偏差时,及时采取纠偏措施和各种手段,以保证接口调试的质量和进度;

6. 了解和熟悉各系统之间的技术接口，掌握各系统通信协议内容，熟悉各接口联调内容，在接口双方出现歧义时能给出指导性意见；

7. 对接口测试问题改进过程进行跟踪，对关键参数或重要环节监理工程师要亲自进行测试，以保证测试数据的正确性和客观性；

8. 以设备合同技术规格和相关技术规范为依据，审查调试过程中的测试记录，通过现场抽查测试，检验设备关键功能工序测试，和设备单项功能试验，判断和评估检验和试验结果，确定是否可进行下一工序功能试验；

9. 现场组织并见证整个接口调试过程、记录接口测试结果，接口调试过程按照接口试验方案、调试大纲或明文规定的调试规程进行；

10. 在接口试验过程中若出现接口问题如双方通信问题、数据交换不正确等应会同双方供货商现场分析接口问题原因，并检查供货商接口通信软件是否按照既定的通信规约、接口方式进行通信。若有必要可组织专题接口技术分析协调会，确定接口设计修改和优化方案，并督促实施，直至接口通信正常为止。

三、接口调试监理流程

地铁设备系统接口多而复杂，接口调试技术性强，而且必须依据调试规程中的先后顺序及步骤进行逐项调试。其接口调试监理工作也同样需根据预定的监理流程进行各项监理工作。其监理流程如图 6-5-2。

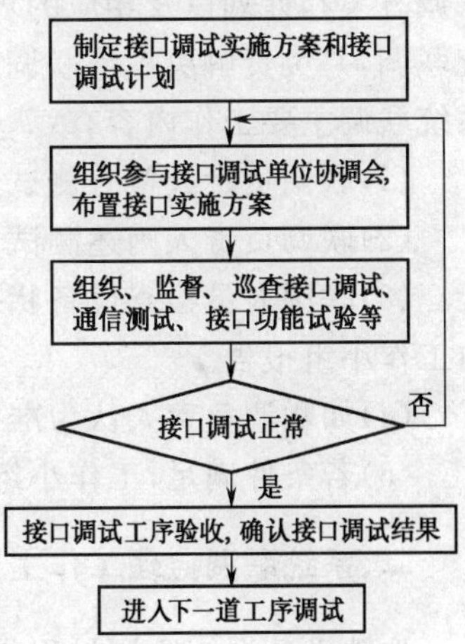

图 6-5-2　接口调试流程图

四、接口调试结果确认

监理人员对接口调试工作进行全过程组织管理和协调。组织参与调试各单位进行接口试验，要求各相关供货商记录接口调试的全过程，记录接口测试结果，并对接口测试结果进行确认和评审，并提交评审报告。

1. 接口调试过程记录

接口试验的负责方，应根据经评审确认的接口实施方案对接口试验的过程进行记录。记录双方接口通信的数据交换内容和通信结果，按照供货合同技术规格书的接口技术指标要求评定接口通信试验结果。

2. 接口试验结果评审

监理人员根据接口调试记录结果，对接口试验的过程和结果是否达到接口试验的目的进行确认，编写接口试验报告，同时评估接口试验结果对实现设备系统功能和系统联调以及综合联调有无影响。

第四节　系统联调监理

地铁机电设备系统联调是指在业主的监督管理下由监理组织参与地铁机电设备各系统联合调试的承包商（如系统集成商、各系统设备供货商、设备安装承包商等）、业主运营部门、咨询单位进行地铁机电设备各系统与内接口设备和外接口设备的综合性能测试、系统集成功能测试、系统 HMI 功能测试等。系统联调的内容包括车站设备相关系统之间综合测试和联合调试以及车站设备系统 HMI 功能调试，各系统车站设备与 OCC 控制中心的通信通道测试，OCC 控制中心远程数据采集和控制功能调试和系统 HMI 功能测试等。通过设备系统联调，实现设备系统的综合系统集成；进一步验证各系统或设备是否达到与承包商约定的合同技术规格、系统各项性能指标要求。同时检验在设备大系统工作条件下，各系统设备协同运作和系统综合性能、整体功能的实现，确保车站设备系统功能能满足合同技术规格要求，系统能完全满足设计及消防要求，保证地铁安全和舒适的运营环境。在联调监理过程中，通过客观、中立的联调检测记录和试验报告，为业主进行工程验收及地铁设备系统试运行评估提供各项技术依据。

一、系统联调组织

地铁机电设备各系统相关的子系统多、设备多；技术接口多，有系统内部设备之间的接口，子系统与其他设备系统之间的接口；参与联调工作的单位多，有系统集成商、设备供货商、各设备安装承包商、各系统设备设计单位、其他参与联调的单位等；各设备系统联调的内容多而复杂。联调工作繁重，系统联调的组织管理工作十分重要。为使地铁各设备系统联调顺利开展，宜成立各设备系统联调小组。由监理组织和协调，各联调小组负责各系统联调的实施，明确各单位调试实施人员和配合人员的职责和配合的内容，明确各参与调试人员的职责，制定各系统联调方案和计划以及相应的现场调试配合计划，组织安排相关供货商、施工单位参与设备各系统联调，并负责解决系统联调过程中出现的技术问题。监理作为系统联调负责人，组织和管理系统联调主要工作内容有：

(1)联调负责人检查测试人员、配合人员等到位情况，测试仪器/工具准备情况。

(2)联调负责人阐述测试步骤和有关安排。

(3)联调人员检查设备状态，确认所有联调设备均已送电并能正常运行，然后将检查结果向工作小组报告。

(4)如联调负责人认为准备不足或有其他因素影响测试，联调负责人应下令停止测试。

(5)若条件满足，工作小组联调负责人发布联调开始命令，测试开始。

二、系统联调监理工作主要内容

地铁设备系统联调过程是设备质量形成的重要的过程之一，各系统设备只有经过系统功能联调才能投入试运行，此过程监理工作主要内容有：

(1)制定系统联调实施方案和计划，包括详细描述试验方案、试验步骤，统一格式的空白试验表格及试验报告格式，以便于现场填写，并监督联调实施单位按照该方案和计划进行系统联调。

(2)制定系统联调质量控制点，作为监理进行系统联调质量控制和进度控制的参照点。

(3)在联调开始前，组织业主、系统集成商、设备供货商、设备安装商、设计单位等参加的协调会议。主要议题是各方对联调咨询商编制的联调文件进行澄清与确认；明确各方分工和职责；讨论系统联调需具备的工程条件及其协调问题。

(4)组织和主持召开各系统设备联调的工程协调例会，讨论和分析在系统联调过程中存在的技术问题，并督促相关承包商加以解决；协调解决在联调过程中各方的矛盾。解决联调过程中存在的质量问题、进度问题。

(5)联调工作中，对每个调试质量控制点和联调的关键工序如通信通道测试、车站与控制中心的通信测试、设备联动测试、远程数据采集和控制试验、HMI 功能测试等，通过旁站或巡检的方法进行现场调试检查和监控，并记录调试过程和测试数据，现场协调解决调试中存在的技术问题和矛盾，保证调试质量和进度。

(6)了解和熟悉各系统技术规格以及系统测试目标值，在联调各方出现技术问题和歧义时能给予指导性意见。

(7)当调试的测试数据出现偏差时，督促相关各方提出技术改进措施，并对问题改进过程进行跟踪，对关键参数或重要环节监理要亲自进行测试，以保证测试数据的正确性和客观性。

(8)协调处理在调试过程中的各种争端和纠纷。

(9)审查调试承包商提交的调试进度报告，并对相关的内容进行抽查、确认。在授权的范围内，核批调试承包商的调试进度修正计划，协调解决影响调试进度的各种问题。

(10)审查调试承包商的联调测试记录，以合同技术规格、相关设备质量验收标准和规范为准绳，判断和评估调试结果，调试合格给予签证。

(11)当完成调试大纲和系统承包合同技术规格所规定的调试和测试项目，经审查的联调测试记录符合要求，应组织系统所有项目的完工测试，测试完成提交测试报告。

(12)对调试过程和结果进行总结和评估，为系统总联调和系统试运行提供依据。

三、联调故障及事故处理

监理人员进行系统联调故障和事故处理的主要工作如下：

(1)监理人员现场检查和了解联调故障和事故出现情况，分析问题出现的原因，督促相关供货商提交问题分析和解决方案报告。

(2)审评承包商提交的联调故障和事故问题分析和解决方案报告。

(3)组织业主、系统集成商、接口相关供货商、安装承包商、设计单位以及其他相关单位召开专题协调会进行问题分析，督促承包商提交联调试验的修改和优化方案。

(4)评审相关承包商提交的联调试验的修改和优化方案。

(5)组织专题方案讨论会，确定可行的联调试验的修改和优化方案。

(6)督促和检查相关承包商按照确定的联调试验的修改和优化方案进行现场重新联调和测试，保证联调方案的贯彻与实施。

(7)编写并提交联调试验的方案修改和重新测试报告，以及重新调整和测试后对整个设备系统调试质量影响评估报告。

(8)因系统等原因造成联调不能正常进行时，确认并责成系统承包商限期完成整改；并跟踪整改过程。

(9)对联调期间所发生的一般故障，在整改完成后应进行确认，当确实符合测试条件时再进行测试。

四、系统联调总结与评估

1.联调工作总结

联调完成后，由联调项目小组填写联调测试记录表，由监理单位或联调咨询商对测试结果进行分析、总结，填写《联调成果报告》，内容包括：

(1)联调工作的完成情况；

(2)各系统设备的测试情况；

(3)联调工作中存在的不足之处和整改措施。

2.联调评估

车站设备系统内联调结束后由联调咨询商对设备系统内联调各子系统的技术、质量等进行评估，评估内容包括：

(1)对系统的功能、技术条件、技术参数的确认。

(2)对系统的安全性、可靠性、可用性及可维护性的确认与评价。

(3)对系统构成、设备配置、技术规格、技术资料的确认。

(4)对系统接口参数匹配的认证。

(5)对系统运转是否协调及是否满足各系统接口条件的评估。

(6)对设备及子系统的实际检修能力、应付突发事故能力的评估。

(7)对设备或子系统设备状态及与其他子系统配合关系和状态的认定。

(8)对设备或子系统适应总联调的可行性;初期运营可行性及适应中期及远期运营的可行性的确认和评估。

(9)判断系统的各项功能和性能指标是否已达到设计文件所提出的系统技术条件的要求。

(10)对系统的设备运行状态进行综合评估。

(11)对系统安全性、可靠性、可用性及可维护性的确认与评价。

(12)对系统内联调各子系统各阶段调试工作的评价。

(13)评估结论及对系统交付总联调和试运行的建议。

第六章　设备总联调的咨询和监理

第一节　地铁设备总联调概述

设备系统总联调是车辆、车辆段设备、供电系统(变电所、牵引供电、动力照明等)、接触网、通信系统、信号系统、监控系统(包括 EMCS 系统、主控系统、电力监控 SCADA 系统)、防灾报警系统(FAS)、屏蔽门系统、通风空调与环境控制系统、给排水系统、消防系统(水消防、气体消防、防排烟)、电扶梯系统、自动售检票系统(AFC)、乘客资讯系统、门禁系统、导向标识、轨道工程等系统之间的综合联调和模拟地铁行车及其运营演练,其目的是在各设备系统完成设备安装、单系统调试、接口调试、本系统联合调试、系统设备运转正常的前提条件下通过对所有设备系统之间的综合联调,验证各设备系统是否达到合同技术规格要求,是否能形成一个有机的设备体系,是否满足地铁运营的需要,是调试工作的最后一个试验环节。通过系统总联调,不仅可对各设备系统的功能和技术参数进行必要的认证,还可对地铁大系统各项性能指标的匹配进行测试,为下一步系统评估提供可靠的依据。

总联调主要调试各系统在正常工作状态下,各系统之间的相互干扰、相互匹配、相互协调的功能及各系统之间的相互保护功能。

一、设备系统总联调目的和意义

1. 实现地铁设备系统的综合集成

地铁相关子系统的设备,出厂前均应按规定的技术条件和参数指标进行严格的检验和测试,各项子系统所包含的接口条件也进行过功能性测试和考核。因此,仅就单项子系统而论,经出厂验收合格后即可发运到现场。然而,无数的事实表明,符合单项技术指标体系要求的子系统,未必能够顺利地构成大系统,或构成一个具有性能指标高、完全符合要求的大系统。主要原因有:

(1)地铁设备是一个多目标、复杂的大系统。在一个多目标的大系统中,当一个目标达到最优状态时,其他目标则有可能与之相同也可能相反,因为每个目标都同时达到最优状态的多目标函数几乎是不存在的。总联调的目的就在于通过对单项目标进行有条件的变换和调整,而在整个系统上谋求最优。

(2)地铁系统是由多个相互作用及匹配的设备系统构成,是一个有机的集合体,表现出很强的关联性。其特征是各系统设备间相互联系、相互作用或彼此制约。因此,在地铁设备中存在着多方位的接口关系,借助接口来实现各系统的动态调整,完成地铁设备系统的综合集成。也就是说只有经过对各系统接口关系的动态联调,才能从整体上完成地铁设备大系统的有机集成。

(3)各系统设备受专业、经验和其他因素的影响,最终往往局限于各系统目标的满足,或者虽在主观上预测它能满足大系统要求而事实上达不到,需在总联调中,经由整体设备系统到各系统的多次反馈与调整,方可认定各设备系统功能结构的完整性与合理性。

2. 实现移动设备与固定设备的最佳整体匹配

(1)尽管地铁是由多个系统组成的综合性大系统，但仅就地铁列车运行而言，则可以说线路工程是基础，列车和供电是关键，通信、信号与网络是运行和安全的保障，三者是不可分割的整体。从动态观点上来看，三者又可分为移动设备与固定设备之间的有机结合，总联调就是在系统目标协调下寻求移动设备与固定设备之间的最佳整体匹配。

(2)任何庞大而复杂的系统都需要在设计、制定技术规范、制造、安装(或施工)及测试的各个阶段特别注意各系统之间的界面。因为各系统不是单独运行，所以各系统与其他系统的界面必须检查和验证，以证实具备所需的功能及其兼容性。

(3)旅客乘坐地铁列车的安全性、舒适性及平稳性是通过地铁线路与列车的最佳匹配来取得的，线路的高平顺性及曲线半径的合理配置，可减小列车的振动和轮轨间的动力作用，使行车的安全和平稳舒适性都能得到保证，轨道和车辆部件的寿命和维修周期也随之延长；而列车的垂向、横向作用力又反过来明显地影响轨道及路基的稳定性与通过曲线的安全性，严重时将导致轨道变形、不平顺加剧直至出现严重磨损与破坏。现实中，没有不产生动力作用的列车，也没有不产生变形的线路，系统总联调的任务就是寻求二者之间的匹配。

(4)弓网匹配在常规电气化铁路运输中的矛盾并不突出，然而在低净空地铁隧道中所产生的弓网匹配问题却值得重视；除要求设计合理外，还须经总联调实现弓网的最佳匹配，尽可能地降低离线率，延长维修周期。

3. 通过安全分析提高系统安全性

地铁作为输送旅客的大运量运载工具，不允许发生危及行车安全的事故，因此系统的可靠性要求很高。但从客观上说，无论按什么方案实施的系统，在实际运行时又都必然会出现故障，因此首先要通过总联调判别可能出现的故障类别和波及范围，其次则是确定系统出现故障时能否倒向安全，及系统经维修后恢复规定功能的能力，也就是说，要确认系统是否具有高可靠性、可维修性和安全性。

(1)根据系统目标，在总联调中按实际功能分析各系统的安全性，一种是系统故障将导致行车事故，另一种则是系统故障仅影响大系统的局部功能，不致危及行车安全。对前一类应设定高可靠度，并据此确定系统部件的寿命期限，如线路轨道结构、列车走行部件、制动部件、列车运行控制系统(如 ATS、ATO、ATP)的关键部件等；至于第二类不危及行车安全的子系统，则不必要求过高的可靠度，而且还需考虑经济指标，可采取定期检修与更换的手段，以恢复规定的功能。

(2)对故障将危及行车安全的设备系统，需经总联调确认其故障倒向安全的性能。地铁的运行控制及行车指挥系统，在发生故障时必须以牺牲效率来换取列车的安全运行，这种特性应通过总联调加以检验、确定和完善。

4. 为运营提供成熟可靠的技术系统

联调测试将是系统验证和测试过程的一个重要部分。一系列的车辆联调测试，车辆、地面通信、监督控制和数据采集系统及信号联调都将在制造厂、实验基地、现场完成。这些测试将为其后进行的系统联调测试检验和验收过程和按时完成提供可靠的保证。

为保证地铁列车“安全、快速、舒适、高效”运行，采用先进可靠的信号技术实现安全、高密度行车，无疑是一项必要手段和基本措施；然而，信号系统和列车的运行特性是否满足列车控制及运行间隔的要求，也必须进一步考核和调整，诸如地面—车上信息传输，移动通信及差错控制，联锁、轨道电路及列车位置检测性能，列车运行间隔与列车加速、制动特性，微电子化信号设备的安全冗余，以及电磁兼容特性等。

系统总联调的最后过程是系统试运行，包括：进行所要求的可维修性的试运行测试，采取所要求的日常和紧急维修措施的试运行，及系统可用性和稳定性的试运行。通过系统试运行以验证系统的技术成熟性与技术可靠性。

5. 保证国产化地铁设备的顺利开通

地铁设备国产化是一项具有深远意义的战略决策，是我国地铁建设蓬勃发展的根本出路。达到地铁设备国产化率的规定要求，必须形成具有我国特色的系统总联调的自主知识产权体系，即建立拥有自主知识产权的地铁各设备系统的规范、标准、检验、试验、联调体系，才能真正实现地铁设备的国产化。

现代轨道交通的地铁车辆及机电设备国产化率要求越来越高，有些设备可能是首次应用到地铁系统中。各系统设备之间，或子系统设备之间，大量存在国产化产品和国外产品并存，为实现较高水平的国产化率，一些技术成熟的关键设备采用国产化产品，但相对于系统而言它又是首次应用，存在系统集成是否成功的风险。为此，必须进行系统总联调，以保证国产化设备的顺利开通。

6. 培训运营队伍，提供解决商务争议的技术依据

地铁系统总联调是实现地铁建设系统目标的有效措施。通过总联调认证系统运输能力，包括系统最大输送能力，最短的运行时间及列车运行间隔；通过总联调提高系统的服务质量，实现旅客乘坐的舒适性，列车运行的安全与平稳性，售检票的便捷性及车站环境的协调性；通过总联调认证系统的社会经济效益，以使投入产出目标合理，社会和经济效益明显。

地铁系统联调测试方案的指导思想是由有经验的、合格的各专业技术人员进行规定的各系统各项工作的测试、试验和调试，保证提供用于所需测试的测试仪器和试验系统的先进性、可靠性、合法性。工作将按计划进行合理的部署，协调推进，达到工程按要求开通的最终目的。业主运营部门的人员也将参与此项工作及其后的测试，运营部门的管理和技术人员通过与专业化联调队伍的合作，了解各系统性能、各系统之间的技术接口、系统达到使用功能的工作过程、系统易于出现的故障和解决故障的途径，并由此得到宝贵的实践培训。

通过总联调可验证各设备系统或设备是否达到设备承包合同约定的各项性能指标，检验在大系统工作条件下，各系统是否满足与相应承包合同规定的要求。通过客观、中立的检测记录和试验报告，为业主进行验收及索赔提供各项技术依据。

由此可见，设备总联调是地铁建设进程中的一个十分重要而不可缺少的环节，应当认真规划和安排，以便使其发挥应有的作用。

二、地铁设备系统总联调的作用

1. 对各设备系统的技术修正和完善

在完成各设备系统联调时，其结果往往只是满足这些系统的局部目标要求。由于地铁大系统是由多个互相作用和匹配的子系统所构成的，是一个有机的集合体，具有很强的关联性。各系统设备之间相互联系和彼此制约。因此在系统进行总联调时，必须按系统总联调大纲的要求，重新调整各系统的有关参数，经过由大系统到子系统的多次反馈和调整，方可认定系统结构的完整性和参数的合理性。因而，系统总联调的过程也正是对每个设备系统的不断调整，技术修正和改进完善的过程。

在调试过程中，要进一步验证各相关设备系统接口界面的协调性，进一步调整各设备系统

的有关技术参数及系统之间的接口参数；必要时需反复调整，以符合系统的总体要求。验证各相关系统接口界面的协调性，检测是否满足各接口界面的技术条件。只有通过对各设备系统接口关系的动态联调，才能从整体上完成地铁设备大系统的有机集成和对各设备系统技术指标的确认。

2. 对地铁列车运行相关系统的确认

在系统总联调过程中，地铁列车的可靠运行是核心问题，所以应当着重验证列车运行相关系统在列车不同运行速度以及在不同运营工况下(按正常运营时刻表、降级和紧急状况)的协调配合情况，并有针对性地进行动态调整，以达到预期的目标。在系统总联调中的工作重点是验证如下内容：

(1)车辆与信号控制的协调试验；

(2)车辆与屏蔽门的协调试验；

(3)列车的运行时分考核试验：进行此项试验可进一步考核和调整信号系统和列车的运行特性是否能满足列车控制和运行时间间隔的要求；

(4)验证各系统之间是否存在干扰现象，对于存在的问题采取针对性的有效措施加以解决，达到系统稳定工作的目的；

(5)验证各系统是否能达到系统设计的各项功能和性能指标；

(6)通过反复调试，验证系统是否已达到地铁列车正常运营的各项要求，和是否达到旅客乘坐地铁列车的安全性、舒适性和平稳性的基本要求。

在诸多因素中，应当首先考核上述项目的工作稳定性和可靠性。这必须经过多次重复调试和反复验证，才能达到目的。

此外，在系统总联调中，还要注意调整地铁线路与列车的匹配、弓网的匹配等问题，力求实现地铁移动设备和固定设备的最佳整体匹配。

只有通过上述项目的调整试验后，才能对地铁列车运行相关系统联调的阶段结果进行确认。

3. 对地铁运营相关系统的确认

从某种意义上说，地铁运营相关系统是地铁列车运行的后勤服务系统。地铁必须为旅客创造一个舒适、安全的地下乘车环境，而车站设备工作的可靠性和稳定性正是实现此要求的保障条件。虽然，地铁运营相关系统相对于列车运行相关系统有一定的独立性，然而当列车投入运行后，这两大部分系统之间难免也存在相互影响和相互干扰的问题。因而在进行系统总联调时，必须在列车运行相关系统投入工作的情况下，再次验证地铁运营相关系统的工作稳定性和可靠性。特别是需要着重检验移动设备和固定设备的电磁兼容性。只有通过系统总联调，才能对这些运营相关系统的功能和性能指标给予确认。

4. 对地铁车辆及机电设备大系统进行认定

通过系统总联调试验，应对地铁大系统的各项技术参数进行全面的测试，以验证中央控制系统是否达到系统设计的各项功能和性能要求，对系统的技术指标予以确认。此项测试工作为下一阶段进行系统评估提供了最终数据依据。

通过系统总联调试验，也可进一步验证地铁系统的运输能力(包括测试列车的最高运行速度和最小运行时间间隔等)，和系统的服务质量(包括乘车环境的舒适性，售检票的便捷性以及列车运行的安全性和平稳性等)。通过总联调的反复调整和不断修正改善，力求达到地铁列车“安全、快捷、舒适、高效”的运行要求。为地铁大系统的工程验收和投入试运营准备好必要的条件。

5. 实现某些子系统的特殊调试试验要求

有一些试验必须在地铁大系统总联调时才具备调试条件的，如：

环控子系统：在有列车运行的条件下，测定区间隧道及活塞风的风速。

车站设备监控（EMCS）子系统：在列车投入运行后，供电系统高压开关的操作过电压、列车受电弓拉弧和牵引主变频器工作时产生的高次谐波，都可能对EMCS监控系统产生电磁干扰而影响正常工作。因此，必须在此条件下，测试系统的抗干扰能力。

三、地铁设备系统总联调基本内容

地铁设备系统依据各设备系统之间的关联程度与接口复杂程度，可将地铁设备系统划分为车辆运行相关系统和运营相关系统两部分。

车辆运行相关系统包括：车辆、信号、通信、屏蔽门、供电、接触网、轨道、车辆段设备等系统。

运营相关系统包括：自动售检票系统、车站设备监控系统、环控系统、防灾报警系统、电扶梯、给排水等系统。

地铁设备包括很多设备系统及数量庞大的设备。为保证所有的设备系统和各类设备充分发挥应有的作用、协调配合以提供高效的系统能力，需科学、全面地构思设备总联调任务。依据各系统之间的相关性，可将总联调划分为：系统冷滑试验、系统热滑试验、列车牵引供电试验、列车运行相关系统总联调、运营管理相关系统总联调、综合运营演练等。

在总联调过程中，地铁列车的运行是核心，其他机电设备系统均应在列车运行状态下动态调整，对它们来说满足系统目标的要求主要体现在满足列车运行的要求上。

（一）冷滑试验

系统冷滑试验是地铁系统总联调的第一阶段工作。冷滑试验是对轨道系统、车辆弓网系统的初步联合调试。系统冷滑试验应有详细的调试记录，严格按照总联调大纲的要求，依据技术规格书逐项进行，并对可能发生的问题进行防范性调测，为热滑、系统调试及总联调与运营提供技术依据。

1. 车辆与轨道、限界系统联调

车辆与轨道、限界的联调主要校核车辆和轨道间的匹配，车辆与限界的匹配，应保证整个线路的轨道状态满足技术要求，各区间及站台的建筑限界和设备限界符合限界的要求。

2. 车辆与接触网系统联调

(1)在不送电的状态下，用轨道车牵引列车进行冷滑试验，检测弓网之间的匹配。冷滑试验应采用电动车辆或与电动车辆有等效检测结果的其他车辆进行。

(2)冷滑试验应检查的项目：

①接触线拉出值；

②接触悬挂有无不允许的硬点；

③吊弦线夹、定位线夹、接触线接头线夹、中心锚结线夹、电连接线夹、分段绝缘器、线岔等安装状态，有无碰弓、脱弓或刮弓的危险；

④接触线有无弯曲、扭转等现象；

⑤受电弓与定位管之间的距离，受电弓与有关绝缘子之间的距离，受电弓与有关接地体之间的距离等是否符合要求。

(3)检测车辆受电弓状态性能，接触网全线冷滑试验用接触网检测车测试接触网各种基本运行参数：如之字值、拉出值、定位坡度、导线高度、坡度等的测试记录。

(4)冷滑试验应分两次进行：第一次为低速冷滑，第二次为中速冷滑。

(5)冷滑试验发现的问题应及时进行处理，第一次冷滑试验发现的问题应于第二次冷滑试验前进行处理完毕，第二次冷滑试验发现的问题应于送电热滑试验前处理完毕。

(二)热滑试验

热滑试验应采用正式运行的车辆按不同运行速度进行试验。在供电系统具备供电的情况下，且系统经冷滑试验确认检测弓网之间、轮轨之间、限界均符合要求的条件下，接触网开始送电。用列车自身的牵引系统牵引列车进行热滑试验。热滑试验主要检测弓网之间的匹配，列车牵引与供电系统之间的相互匹配，供电系统的参数波动对列车牵引的影响，列车牵引加速、恒速、减速、电制动、再生制动对供电系统的影响，紧急状态下列车防护功能的性能，供电系统对列车紧急状态下的防护功能等。

1.热滑试验应检查的项目

(1)检查、观察接触网在带负荷情况下，各部绝缘情况，有无放电、闪络和击穿的现象发生。

(2)检查、观察接触网的弹性及坡度是否存在问题，打火花、拉电弧和离线情况。

(3)检查接触网各带电部分的零部件，有无发热和烧损。

(4)检查电连接线设置位置是否合适；网流和回流，通路是否通畅，导流是否正常，有无发热和烧损的不良导流处所。

2.热滑行试验方法

(1)按运营时的要求速度，连发二至三组列车运行。

(2)沿线各站和区间设人跟踪列车观察运行情况，发现问题做好详细记录，在列车过后，及时观察，检查网流和回流的导流关键部位的发热情况，并做好记录。

(3)对热滑行试验中发现的问题应及时进行分析和处理。

(三)列车牵引供电试验

列车牵引供电系统试验是供电系统经接触网为在轨道上的列车提供牵引电力的试验，包括供电系统负荷测试、故障测试、接触网短路测试；进一步检测列车受电的安全性、稳定性、可靠性。

1.接触网短路测试

接触网短路测试进一步验证直流牵引供电系统短路计算和设备选择的正确性；验证直流开关及保护装置整定值的准确性；验证直流牵引供电运行的可靠性和校核测试段牵引直流回路的完整性。测试内容包括：

(1)单边供电接触网远端短路测试，包括接触网对钢轨远端短路测试，接触网对架空地线远端短路测试；

(2)小双边供电情况的短路测试(去掉双边联跳)；

(3)接触网近端短路测试；

(4)越区供电短路测试。

2.列车受电试验

列车受电试验是供电系统通过接触网为列车提供牵引电力的试验，主要包括：

(1)供电系统负荷测试；

(2)供电系统故障测试；

(3)供电中断试验；

(4)列车受电短路保护测试;

(5)列车受电漏电保护测试;

(6)列车受电耐压试验;

(7)列车牵引和电制动性能试验;

(8)电磁干扰性能测试。

(四)列车运行相关系统总联调

列车运行相关系统总联调主要是车辆与轨道系统联调和车辆、信号、通信、屏蔽门设备系统之间进行联调,在系统设备正常工作状态下进行必要的重复试验及故障恢复试验。进行列车牵引性能,制动性能、供电性能、控制系统、诊断系统、空调通风性能、弓网性能、运行阻力、噪声环保、电磁干扰以及安全可靠性评估等试验;进一步调试和检验轨道结构与车辆自身系统的整体性能和整体水平,还更应侧重车辆与轨道之间的整体性能匹配,改善轮轨动力学性能;车辆与信号的调试主要包括列车自动监控(ATS)系统、列车自动防护(ATP)系统、列车自动驾驶(ATO)系统,车辆牵引、辅助系统对上述系统的干扰,车载设备与车下设备的信息传输,信号对列车的行车控制,列车的停车精度等;车辆与通信的联调主要包括乘客信息系统和无线通信。乘客信息系统由列车有线广播系统和乘客信息显示系统组成。联调的主要内容为司机对乘客的广播功能、控制中心对乘客的广播功能、司机室对司机室内部通信功能、报站功能、列车综合图文显示系统和车站地图闪光系统、电子目的地显示系统、无线通信系统等;车辆与屏蔽门联调主要是列车到站后,由列车自动驾驶(ATO)系统发出控制指令,实现屏蔽门的开/关门,完成乘客的乘降,保证安全。在非正常情况和紧急情况下能够疏散乘客等。

1. 车辆与轨道系统联调

通过车辆与轨道系统联调,主要检测内容包括轨道系统状态测试、车辆性能测试:

(1)轨道状态测试

①对全线轨道进行测量;

②检查全线轨道基础弹性均匀性;

③进行轨检车全线测试,抽查直线、曲线区段线路,检查道岔状态及尖轨静止状态密贴情况;

④轨检车全线测量轨道(含道岔)几何状态,逐组检查道岔几何状态及安装尺寸,尖轨转换前后静态与基本轨的密贴程度;

⑤逐组测量道岔转换阻力,通过测力传感元件逐组测量(手操及电操)道岔尖轨的转换阻力;

⑥选择 2 个曲线、1 组道岔进行动力测试,要求车辆以规定速度通过各测试点,进行 20 次(道岔含直、侧向)测试;

⑦对减振轨道区段不同车速下进行 30 次往复运行试验,测试轨道动力传递特性,检测减振轨道减振特性及轮轨系统振动、噪声;

⑧采用脉冲激励片对减振区段与非减振区段进行振动传递测试,对比其减振效果;

⑨查明钢轨焊接接头及轨缝处短波不平顺对轨道振动及旅行舒适度的影响;

⑩检验曲线区段的旅行舒适度;

⑪试验分析道岔区段轨道与运行条件的适应性及转换、锁闭、表示的可靠性,确认道岔与信号的连接;

⑫实测车辆以规定速度通过曲线、道岔直侧股轨道的动态性能,轮轨系统动力学参数匹配。

(2)列车性能测试：

①列车诊断系统试验；

②列车空调通风停止列车故障时车内通风性能试验；

③列车噪声、振动试验；

④列车电磁干扰试验；

⑤列车弓网性能试验；

⑥列车/轨道系统相互作用性能测试；

⑦列车运行阻力试验；

⑧列车脱轨安全性试验：列车脱轨系数试验、列车轮重减载率试验、列车横向力试验、列车挤轨量试验；

⑨列车舒适性(平稳性)试验；

⑩列车抗倾覆性能试验；

⑪轮轨噪声/系统动力学性能测试。

2. 车辆/信号/通信/屏蔽门系统联调

通过车辆与信号、通信、屏蔽门等设备系统的联调，主要检测如下内容：

(1)系统功能的测试；

(2)系统故障安全的测试；

(3)现场设备的测试，包括轨道电路与点式设备的发送器、接受器单元的测试，计算机联锁设备的测试，以及其他 ATP、ATO 现场支持设备的测试，ATS 远程终端的测试；

(4)车载设备的测试，包括车载的 ATC 设备，ATC 控制显示单元及 ATP、ATO 单元设备的测试，车/地、地/车间信息传输的测试；

(5)控制中心设备的测试；

(6)进行隧道中无线电波传播与场强分布的测试与调整，用计算机绘制场强分布图，计算复盖区内的时间地点概率、最小输入电平，看其是否与设计要求相符；

(7)试验各项呼叫通话功能，检查话音质量(话音信噪比)是否合格；

(8)对为列车广播系统提供的宽带音频通道进行传输衰耗和杂音测试，将有线广播系统、无线系统和列车广播系统连通，进行中心调度员和车站值班员对列车广播的试验；

(9)将 ATS 系统与列车广播系统的广播起动控制线连通，进行固定音源的列车自动报站广播试验；

(10)时钟系统向 ATS、SCADA、EMCS、FAS、AFC 和 OA 系统提供标准时间信息的低速数据通道连通，进行标准时间信息传输的试验；

(11)将 ATS 系统向列车无线通信系统提供车次号的通道连通，进行传送车次号、车组号、司机代码、列车进出车辆段信息、列车在线路上的位置信息的试验，并在无线通信系统的数据库中与车载台的 ID 码相对应；

(12)屏蔽门/信号系统静态调试：以信号的开/关门指令，活动门的开/关动作、活动门动作性能试验与检测；

(13)进行重复试验与故障试验；

(14)通过列车运行对屏蔽门技术性能测试与试验；

(15)检测信号系统、车站设备监控系统与屏蔽门状态信号的正确性；

(16)与信号、车站设备监控子系统进行联调，重点解决开/关门信号与活动门信号传输；

(17)列车运行时与信号、车站设备监控和屏蔽门子系统进行联调，重点解决开/关门信号与活动门信号传输；

(18)试运行期间检查屏蔽门系统运行情况、可靠性和故障情况；

(19)车辆/信号/屏蔽门系统联动测试：

①以列车信号或司机信号为指令，检查活动门的动作性能；

②模拟停车位不正确、通信中断等工况，以站台端头控制盒的指令，检查活动门的动作性能；

③检查活动门状态信息传递至信号、设备监控系统的正确性及显示情况。

(五)运营相关设备系统总联调

地铁运营相关设备系统是地铁列车运行的后勤服务系统，主要是车站设备系统、控制中心相关设备系统、自动售检票系统等。地铁必须为旅客创造一个舒适、安全、方便快捷的地下乘车环境，而相关设备工作的可靠性和稳定性正是实现此要求的保障条件。当列车投入运行后，运营管理相关设备系统之间难免也存在相互影响和相互干扰的问题。因而在进行系统总联调时，必须在列车运行相关系统投入工作的情况下，再次验证地铁运营相关设备系统的工作稳定性和可靠性。

1.车站环控设备系统运行试验

车站设备系统是指车站 EMCS、车站通风空调设备、给排水设备系统等。由 EMCS 系统模拟车站正常工况(各种空调季工况)下控制和监视下位单元设备的运行，如风机设备、空调设备、冷水系统、给排水设备、照明系统设备等，实现远程(在车控室)手动控制、组合控制、自动控制、时间表控制等。保证车站环境(如温湿度)及其自动化控制满足运营管理要求。

2.控制中心环调(EMCS)、电调(SCADA)、行调协调运营演练

控制中心环调、电调、行调协调运营演练是在列车运行时检查控制中心和车站运营管理的协调一致性。测试控制中心远程监控车站设备、隧道通风设备、变电所设备的运行，以及行车安全 OCC 指挥管理，进一步检测运营管理一致性、安全性等。

3.自动售检票(AFC)系统协调运行试验

模拟地铁运营时，自动售检票系统的售票、检票、闸机开关等，以及车站与中心各项功能测试。进一步检测自动售检票系统的可靠性、稳定性、准确性等。

4.其他站务管理综合演练

模拟地铁运营期间的站务管理，包括乘客资讯设备系统功能测试、门禁设备系统功能测试、车站广播系统功能测试、电视监控系统功能测试、其他常规站务管理演练等。

(六)消防应急系统总联调

消防应急设备系统总联调是指消防安全、非正常情况下的地铁相关设备系统参与运行、车站站务应急管理综合演练，主要包括：

1.EMCS 与 FAS 系统联动试验；

2.消防报警试验、气体灭火试验；

3.车站、区间火灾消防演练；

4.列车在区间故障、阻塞救援综合演练；

5.车站接获可疑物品应急处理综合演练；

6.大客流的人潮控制演练。

第二节 总联调咨询

地铁设备系统总联调咨询是地铁总联调咨询服务单位根据与业主签订的咨询服务合同为地铁设备系统总联调编制联调技术文件、联调报告、模拟载客环境下的总联调方案和实施计划,以及为地铁设备系统总联调提供技术支持。包括制定总联调项目执行计划、咨询项目程序及其控制、设备系统接口测试组织等。

一、总联调项目执行计划

(一)总联调咨询总体计划

根据地铁建设总工期目标和系统联调计划,以及总联调咨询服务大纲要求,为了有效控制及管理设备系统总联调,总联调咨询服务工作主要分4个阶段进行:

1.第一阶段,启动及收集地铁车辆和机电设备各系统的功能、技术规格书和合同文件阶段。其主要工作内容:

(1)编制项目启动计划,文档及技术文件交付进度计划,项目进度计划;

(2)编制总联调咨询服务计划、项目质量管理文件、质量管理手册、联调质量管理程序、文件质量管理程序和安全质量管理程序等;

(3)收集地铁车辆及机电设备各系统的用户需求及系统功能描述文件、系统技术规格书和合同文件。

2.第二阶段,审查地铁车辆及机电设备各系统调试进度和调试实施质量是否达到地铁建设总工期计划、合同技术规格书功能及设计要求。其主要工作内容:

(1)深入了解地铁车辆及机电设备各系统设计、安装调试施工情况,熟悉设备系统总联调所涉及的系统功能、技术规格和合同履行过程中形成的各种文件;

(2)审查地铁车辆及机电设备各系统是否达到合同技术规格书要求,列出各设备系统之间的接口关系图表、找出各设备系统之间的联调接口关系的缺口,并分析和编制各设备系统接口管理计划;

(3)编制地铁车辆及机电设备各系统之间的联调接口补遗,对各设备系统作缺口评估分析并提交咨询报告。

3.第三阶段,编制总联调相关文件,其主要工作内容:

(1)编制地铁车辆及机电设备系统总联调实施计划,和各设备系统之间的联调接口文件并提出咨询意见。

①管理接口文件:一般是指组织架构、程序、责任界面划分、调试顺序及工期衔接;

②硬件接口(物理接口)文件;

③信息接口文件。

(2)编制地铁车辆及机电设备总联调实施的组织管理程序(包括安全管理)、总联调大纲和各专业设备系统之间联调的实施细则等。文件内容包括联调目的、联调内容、联调遵循的标准、明确调试结果合格的具体标准要求、联调接口网络图、联调安全及应急处理程序、联调步骤、联调时间安排、联调组织及人员要求、联调所需测试设备和仪器仪表、联调过程所需的各种记录表格等。

(3)编制运营演练方案和实施计划、细则,并提供技术支持。

4.第四阶段，总联调实施阶段，其主要工作内容：

(1)协助业主组织并参加地铁车辆及机电设备各系统联调和总联调，提供全面的技术支持。

(2)针对联调过程中出现的重大技术问题，提供技术支持。

(3)编制系统联调、总联调的阶段性报告，对地铁开通前各设备系统状况和联调工作进行评估，提出开通时服务标准的建议，提出完成所有联调、总联调工作、实现各设备系统的所有功能所采取的措施。

(4)编制完成地铁车辆及机电设备各系统联调和总联调报告。

(5)对试运营和运营演练提供咨询服务。

(6)试运营前的安全评估，并提交评估报告。

(二)项目执行程序及控制

(1)根据地铁建设总工期及联调进度计划要求，制订联调总进度计划及分阶段实施计划，报业主审批后颁布实施。在执行进度计划的过程中，以定期、不定期的形式召开联调工作会议，或通过不定期检查的形式，对各阶段进度执行情况进行督促检查，对联调工作中出现的各种问题进行统一协调并报告业主，便于业主全面了解工作进度情况及存在的问题。

(2)根据联调各阶段的具体情况，在满足地铁建设总工期的前提下，负责对计划进行合理的调整和实施。

(3)在各阶段工作中，根据业主要求与合同内容，对各项咨询工作进行跟踪，并负责编写月计划执行情况报告。

(4)各阶段工作有不同的工作范围和内容，因此每个阶段的进度安排也要按各阶段的工作内容来控制。

(三)总联调启动计划

总联调咨询服务启动计划根据合同文件的要求，一般在咨询服务合同签订后20天内提交业主审核，包括以下文件：

(1)总联调咨询服务项目质量管理计划。

(2)联调质量管理计划。

(3)文件质量管理计划。

(4)安全质量管理计划。

(5)总联调咨询服务计划。

(四)设备系统接口检查

在地铁车辆及机电设备各系统联调中，不仅要检查整个设备系统的整体功能协调性、安全可靠性，更重要的是要检查各系统的外部接口的处理是否妥当。首先检查各设备系统的内、外接口，并把接口的实现和对各系统缺口分析作为联调的必备条件之一。在搜集各系统接口资料后，不仅要根据接口完成情况进行分析，还要及时对各设备系统提出咨询意见，并上报业主批准，及时下达到各责任方整改和确认。

在对各设备系统的接口资料搜集、编制、检查、整改、确认的基础上，编制地铁车辆及机电设备系统接口文件，既作为设备联调和总联调的参照工具，又为日后的运营、维护及续建工程提供参考。

(五)总联调进度计划

为验证地铁车辆及机电设备各系统之间的接口功能是否满足设计要求，检验各系统的设备在地铁正常运营和事故应急情况下能否协调，根据地铁建设总工期和联调总进度计划要求，编制总联调进度计划。根据地铁工程进展情况和各设备系统联调情况进行综合分析，在满足总工期目标的基础上，向业主提交详细的、可行的联调进度计划。

（六）模拟载客环境下的总联调计划

地铁车辆及机电设备总联调实施的目的是检验各设备系统的设备在地铁正常运营和事故应急情况下是否协调工作，各设备系统的技术参数能否满足运营的实际需要，并对运营维护人员进行现场实地培训，确保地铁顺利开通运营。

为保证模拟载客环境下的总联调的顺利实施，在组织并参与设备系统联调的同时，组织编制模拟载客运行计划、提交详细、安全可行的总联调计划，包括土建装修、常规设备、车辆及机电设备系统、运营系统、保安系统等条件具备的确认，以及总联调的总体时间计划。同时为总联调的实施提供全面的技术支持。

二、总联调咨询主要工作内容

1. 了解地铁车辆及机电设备系统工程情况，熟悉设备系统联调、总联调所涉及的功能、技术规格和合同履行过程中形成的各种文件，为各种设备系统作缺口评估分析并提交咨询报告。

2. 编制地铁车辆及机电设备各系统之间的联调接口关系文件，对接口功能的实现和接口试验完成情况提出咨询意见。

3. 编制地铁车辆及机电设备系统联调组织管理程序，联调计划、联调大纲和实施细则等分层次的文件，文件内容至少应包括联调日的、联调内容、联调应遵循的标准、明确调试结果合格的具体标准（要求），联调顺序图、联调中安全及应急处理程序、联调步骤、联调时间安排、联调组织与人员要求、联调所需的测试工具器及仪器仪表、联调过程所需的各种记录表格等。

4. 协助业主组织并参加地铁车辆及机电设备系统之间的联调，并提供全面的技术支持。

5. 针对联调过程中出现的重大技术问题，提供技术支持。

6. 编制地铁车辆模拟载客环境下运营演练方案、模拟灾害应急方案以及实施计划、细则，并提供技术支持。

7. 编制系统联调、总联调的阶段性报告，对地铁开通前各设备系统状况和联调工作进行评估，提出开通时服务标准的建议，提出完成所有联调、总联调工作，实现各设备系统的所有功能所采取的措施。

8. 依据相关标准、规范及各设备承包合同，在设备系统联调后进行试运营前负责对所有设备系统的安全、质量和系统功能进行评估，并提交安全评估报告。

三、咨询服务各阶段的工作重点及主要目标

1. 地铁车辆及机电设备各系统接口检查阶段

(1)工作重点

①检查地铁车辆及机电设备各系统之间的接口关系。

②检查各个设备系统的接口试验及接口处理情况。

(2)主要目标

①编制各设备系统的接口关系表。

②各个设备系统对接口处理情况的确认。

③向业主提交接口试验和处理情况的咨询报告。

2. 联调实施阶段

(1)工作重点

①编制各设备系统的联调文件。

②协助业主组织并参加设备系统的联调。

③提供联调技术支持。

(2)主要目标

①提交各设备系统联调的全部咨询文件。

②协助业主认真做到设备系统联调程序的落实、计划落实、组织落实、人员落实、试验设备落实、安全保障及应急措施落实等。

③协助业主完成设备系统联调实施，使得整个车辆及机电设备系统达到稳定和协调。

④编制并向业主提交设备系统联调及总联调报告。

3.模拟载客阶段

(1)工作重点

①编制运营演练的实施计划、实施细则，并提供技术支持。

②编写运营演练和总联调及试运行的评估报告。

(2)主要目标

①向业主提供总联调及运营演练的全部咨询文件。

②协助业主落实运营演练的总联调程序、计划、组织、人员、安全保障及应急措施。

③协助业主完成运营演练的实施和提供技术支持。

4.质保总结阶段

(1)工作重点

①专注各个设备系统在持续运行条件下的细微变化，评估这些变化对整个系统稳定性和安全性的影响，向业主提供咨询报告。

②编制联调咨询服务工作的总结。

③向业主提交设备系统联调工作的有关文件资料。

(2)主要目标

①对地铁车辆及机电设备运行稳定性和安全性进行评估。

②提交总结报告。

四、总联调总结与评估

总联调工作在进入完工阶段，设备系统试运营前，由总联调咨询单位组织参与总联调的相关单位(建设单位、监理单位等)对地铁车辆及机电设备系统综合联调及列车模拟载客环境下的运营演练工作进行工作总结和设备系统安全运营评估，并形成总联调总结报告和评估报告。

1.总联调工作总结

总联调工作总结是总联调咨询工作的一项重要内容。总联调工作总结是总联调过程的回顾、技术的分析和总结，总联调经验总结，为地铁车辆及机电设备投入试运营和业主运营部门的运营管理提供参考资料，以及为地铁建设的下一步工作开展提供经验总结教训和技术参考。总联调工作总结主要内容包括：

(1)地铁设备系统构成概述。

(2)设备系统综合联调完成情况和运营演练情况。

(3)各设备系统在总联调条件下的设备联合运行及其表现情况。

(4)对总联调各阶段调试工作的总结与评价。

(5)各设备系统综合联调和运营演练过程中的技术分析与总结。

(6)在设备系统综合调试和运营演练过程中存在的不足之处及其整改或改进情况。

(7)设备系统综合联调和运营演练经验教训总结。

2. 地铁设备系统安全运营评估

在地铁设备系统综合联调和运营演练结束、投入试运营前，总联调咨询单位编制和提交地铁车辆及机电设备投入试运营的可行性和安全性评估报告。为地铁运营管理提供有价值的参考资料。其主要内容应包括：

(1)地铁车辆及机电设备系统投入试运营的安全性、可靠性；设备的可用性和可维护性进行确认和评价。

(2)设备系统的实际检修能力和应付突发事故能力的评估。

(3)对设备系统适应初期运营可行性和适应中期及远期运营的可行性的确认和评估。

(4)对各设备系统在试运营条件下各项功能及性能指标是否达到设计文件的技术要求进行评价和评估。

(5)对车辆及机电设备运行状态进行综合评估。

(6)评估结论及对车辆及机电设备系统交付试运营的建议。

第三节　总联调监理

一、联调监理组织

1. 监理自身组织与管理

地铁车辆及机电设备是一个庞大的系统，涉及十几个专业系统设备，设备多、技术接口多、技术含量高，参与联调和总联调的单位多，联调工作任务繁重，为加强总联调监理工作管理，监理单位首先要有强有力的联调和总联调组织管理队伍，不但要组织好整个联调和总联调质量管理、安全管理和进度管理等工作，还要当联调和总联调出现技术难题或质量问题时给予技术支持和技术指导，确保联调和总联调工作的高质量、高效率的完成。

总联调阶段监理组织架构上宜设立专家组，负责联调和总联调的技术支持和技术指导；按专业设备系统设立联调监理组，由各专业设备监理工程师组成，负责各专业设备系统联调组织管理工作和接口协调；设立专门的安全保障小组，由各专业安全工程师组成，负责安全建议、安全预防、安全防护组织、安全检查等(包括设备安全、人员安全)工作；另外设立专职协调联络工程师、进度控制工程师、其他驻地办公室职员等，负责协调、进度控制、投资控制、信息管理以及各种管理文件、联调总结与评估文件的编写；总监理工程师负责各专业协调、人员协调、组织重要文件的审核和审批等，如图 6-6-1 所示。

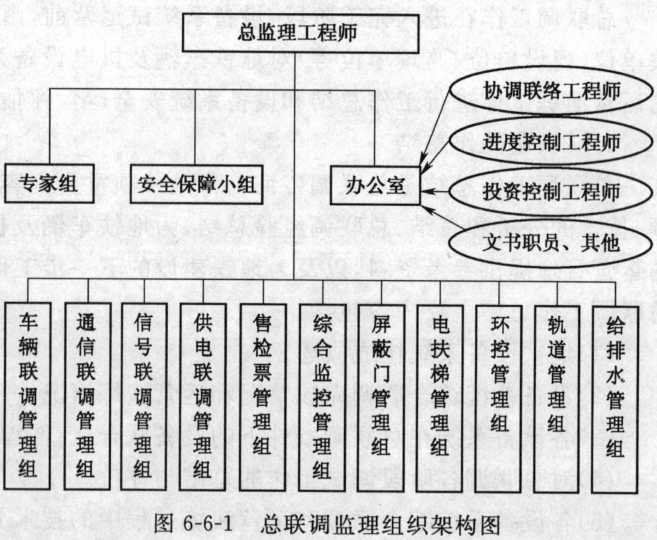

图 6-6-1　总联调监理组织架构图

2. 总联调工作组织与管理

总联调是地铁车辆及机电设备系统调试的最后环节，也是最重要的环节之一，从业主到监理单位、到各设备供货商、集成商、设备安装承包商、设计单位等所有参与联调和总联调的单位应高度重视总联调工作。从总联调工作的组织和管理上应成立总联调指挥领导小组，由业主、咨询商、设计、监理等单位负责人、专家组成员组成，全权负责总联调项目的实施，如图 6-6-2 所示。内设总指挥长和副总指挥长，总指挥长统一指挥总联调工作。下设各专业设备联调组，由专业监理工程师、各专业业主代表、咨询商专业负责人、各系统设计单位负责人、各设备系统集成商、供货商、设备安装商等调试技术人员、安全工程师组成，负责组织完成各设备系统在总联调中所承担的各项调试任务。在总联调指挥领导小组的协调下，各调试组负责完成在总联调项目实施过程中系统性能和状态综合调试任务。各调试组由专业监理工程师负责联调组织和协调，各承包商的技术人员、业主的技术人员和运营人员参加联调全过程工作。

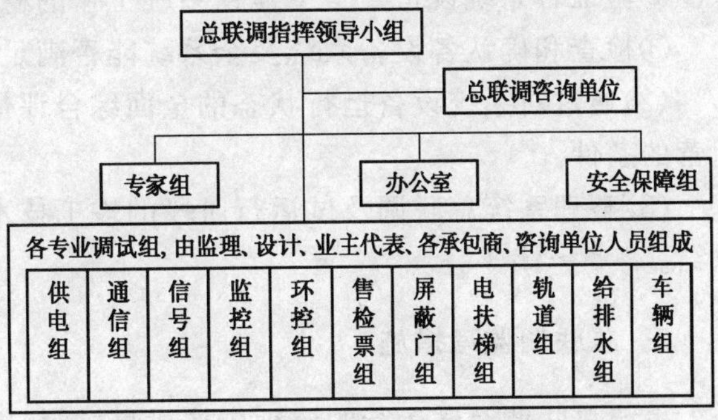

图 6-6-2 总联调工作组织架构图

二、总联调监理工作内容

1. 工作准备阶段

(1)审查和确认系统总联调咨询单位的资质，协助业主选择好系统总联调咨询单位。

(2)协助业主审查“系统总联调大纲”及其实施方案。

(3)明确各设备系统的接口关系及界面控制要求。

(4)对参与系统总联调的各设备系统单项(单系统)调试结果的检查和确认。

(5)检查准备工作的进度情况，确定是否已具备开始进行系统总联调的条件，包括：

①系统总联调组织机构、专业人员配套情况、组织管理制度建立情况；

②系统总联调进度计划及质量保证措施；

③必备的测试手段与仪器仪表等设备；

④供应商及承包商提供完备、齐全的技术资料；

⑤业主提供总联调场所和有关的技术装备；

⑥调试供电电源(包括车辆进行牵引负荷试验的供电电源)；

⑦参与系统总联调的工作人员已全部到位(包括供应商、承包商的代表及技术人员；业主的技术人员与运营人员)。

2. 总联调实施阶段

(1)明确系统总联调的工作程序，保证总联调工作按“系统总联调大纲”及其实施方案的规定正常有序地进行。

(2)对系统总联调全过程进行监理，可采用旁站、跟踪、巡回、抽检、平行检测等不同方式实施监理。

(3)对总联调中的质量监控点进行重点监理。

(4)定期组织协调会议，做好各有关单位的协调工作，确保总联调工作的顺利进展。

(5)按总联调工作进度计划进行进度控制。

(6)审查和签认系统总联调各阶段的调试试验报告。

3.试运行及技术评估阶段

(1)本阶段监理工作的重点是：

①验证系统在正常、非正常(列车晚点、阻塞、客流高峰)、灾害工况下的运行性能及安全防护性能；

②验证各系统设备及整个地铁系统工作的稳定性和可靠性；

③检查和确认各设备系统及全系统能否满足地铁运营的整体要求；

(2)通过对系统设备运行状态的全面综合评估、判断和确认设备系统是否已具备投入商业运营的条件。

(3)整理系统总联调及试运行阶段的竣工技术资料和监理工作档案，编写本阶段监理工作总结。

三、总联调监理措施

系统总联调及试运行的监理应按质量控制、进度控制等方面来制订监理措施。

1.质量控制措施

(1)认真审查总联调咨询单位提交的“系统总联调大纲”及其实施方案。明确参与系统总联调的各相关系统之间的接口关系及界面控制要求。

(2)检查参与系统总联调技术人员的专业配置和资质情况。如不符合要求，应提出建议，责成总联调承担单位及时进行充实和调整。

(3)对关键测试仪器、仪表、设备和器具的计量认证检查。

(4)实现系统总联调的重要先决条件是参与总联调的各相关系统必须已完成各单项专业系统的调试和试验，其功能和性能均已达到各专业系统设计的技术要求。因此必须严格审查和确认各专业设备系统的试验报告和调试结果。

(5)对系统总联调工作进行全过程监理，按质量监控点进行分级监理。对关键质量监控点进行旁站监理，必要时应进行测试数据记录。

(6)重点检查车辆、轨道及相关系统设备的防振降噪措施。在总联调时应将噪音控制在合同中规定的允许范围内。

(7)明确设备供货商及系统承包商在系统总联调中的责任。除按“总联调大纲”要求，负责调整有关参数以符合大系统的总体要求外，还应按合同规定，在系统总联调中，积极配合调试单位进行技术改进和完善工作，保证系统设备达到合同中规定的质量要求。

(8)从严把关、审查和签认系统综合联调时各相关系统的接口测试试验报告。

(9)签认系统总联调各阶段的调试试验报告及系统总联调的总结报告和专题报告，认真审查系统各项功能、性能等质量指标是否均已达到技术设计和技术规格书中规定的技术要求。

(10)地铁设备大系统由许多相互作用和相互匹配的相关系统构成，是一个有机的集合体，表现出很强的关联性。在地铁设备系统中存在着多方位的接口关系，应借助接口来实现各相关系统的动态调整，完成地铁大系统的综合集成。因此，明确接口界面的控制要求，和进行各相关系统之间接口关系的动态联调，对系统总联调而言是至关重要的。如果在系统技术设计时就强调系统的开放性、接口标准化和通信协议的一致性，这对系统综合总联调具有积极意义。因此，它是一项既能保证系统总联调质量又能缩短调试工期的有效措施。

2.进度控制措施

(1)在制订工程总工期计划时，应留出足够的总联调调试时间。不能因土建、设备采购、制造、运输、安装、供电等延期而压缩系统总联调所必须的调试时间。

(2)审查系统总联调咨询单位所提交的“系统总联调进度计划”。确认其可行性并能满足工程总工期的要求。

(3)对系统总联调工作进度进行动态跟踪，掌握总联调工作实际进展情况，定期和不定期地检查总联调实际工作进度并与计划进度进行比较，如出现偏差，则应采取有效措施进行调整。

(4)定期召开有关单位参加的工作协调会，及时协调解决在系统总联调工作过程中发生的各种问题，以确保总联调工作的顺利进展。

(5)及时协调各方面的关系，尤其应注意各相关系统接口处不同承包商之间的责任划分问题，力争做到相互配合和相互支持，共同努力实现工程的总目标。

第七章　地铁设备消防专项检验监理及消防演练咨询

第一节　地铁消防安全概述

地铁是构筑于地下的大容量轨道交通系统，在建筑结构上由车站（站厅、站台、设备房、管理用房）、行车隧道、车辆段（维修基地）、行车调度指挥中心等构成，是城市交通现代化的重要标志。由于地铁的建筑结构复杂、环境密闭，潮湿、通风散热条件较差、加上人员密集，一旦发生火灾等消防安全问题，扑救相当困难，往往会造成重大的人员伤亡和财产损失。所以从地铁建设消防设计、消防工程的实施、消防专项验收，到地铁运营消防安全管理，消防安全工作始终是地铁建设和运营管理的重点工作。在地铁建设消防设计阶段，设计单位的建筑设计和地铁设备系统相关消防设计需报当地政府消防部门审批，经当地政府消防部门审核同意，符合相关消防设计规范要求方可进行消防工程的实施。在消防工程实施阶段，具备消防施工资质的施工单位根据建筑施工图和设备系统设计要求，现场施工，实现地铁车站、隧道、车辆段、行车指挥中心等地铁建筑的土建和装修设计意图；通过消防设备系统的安装和调试，并经承包商的自检自测和监理单位（或建设单位）组织的消防系统专项测试，以及设备系统初步验收合格。在地铁消防专项验收阶段，当地政府消防部门根据建设单位（地铁公司）消防验收自检自验合格报告及其他消防报验材料，以及申报的消防验收申请，经现场消防专项检测验收。

地铁建设消防包括车站建筑消防和设备系统消防。地铁建筑消防指地铁车站站厅、站台、设备管理用房、行车隧道、车辆段、行车指挥中心的建筑逃生出入口、防火卷帘门、建筑装修防火材料、给排水消防、紧急逃生疏散标志系统等；设备系统消防指地铁建筑内相关消防设备如火灾自动报警系统（FAS）、化学气体灭火系统、防排烟系统、事故照明系统、固定或移动消防装置，消防供电系统、消防广播系统、列车消防装置等。

一、地铁建筑消防

1. 地铁建筑紧急疏散和逃生通道：

（1）在地铁车站站厅、站台、设备管理用房设置紧急疏散通道和紧急逃生出入口，疏散通道和逃生出入口的设置位置及其宽度、逃生疏散方向等需符合相关消防规范要求和消防设计要求。

（2）设备管理用房的设备检修通道的宽度、设备安装高度、位置等需符合相关消防规范要求和消防设计要求。

（3）车辆段和行车指挥中心（OCC）消防疏散通道和逃生出入口的设置位置及其宽度、逃生疏散方向等需符合相关消防规范要求和消防设计要求。

2. 防火分区和防火卷帘门设置：在地铁车站站厅站台及其附属建筑（如物业层）根据消防规范和设计要求设置防火分区，各防火分区之间根据消防规范要求和设计要求安装防火卷帘门，在某区域发生火灾时由火灾报警系统控制，进行火灾隔断。

3. 防火封堵和挡烟垂壁：在站厅、站台、设备管理用房的土建隔墙，在设备安装阶段预留的沟槽孔洞，在设备安装完成后应进行防火封堵，站厅站台的楼梯口应安装挡烟垂壁，以避免火灾时的烟雾蔓延。

4. 建筑装修消防材料：无论是吊顶、还是支撑柱的外装修，按相关消防设计规范要求使用铝合金等不燃材料；设备安装材料应采用低烟无卤阻燃材料，外漆防火涂料等；列车车厢座椅采用由高分子材料组成，且经过阻燃处理，有较高的安全系数。

5. 给排水消防：在车站站厅站台、隧道应设固定式消火栓系统，并设有自动灭火喷淋系统，有水喷和气喷两种，可以针对不同的火灾原因进行调控。

6. 紧急逃生疏散标志系统：在站厅、站台及其出入口、通道的醒目位置设置疏散指示标志，使疏散逃生乘客能够通过固定应急照明设施和发光装置指示标志明确出口方向，加快疏散速度。

二、地铁设备系统消防

1. 火灾自动报警系统：设置两级自动监控报警防火设施，一级设在车站，一级设在中央控制室。中央控制室与车站控制联网，通过车站现场的烟感、温感、隧道感温光纤等报警系统实现对全线消防信息的监视和消防报警，并控制消防防排烟系统。

2. 化学灭火系统：针对车站设备房，设置气体灭火系统，在车站设备房发生火灾时通过气体如高低压二氧化碳、七氟丙烷类、三氟甲烷类、气溶胶等灭火。

3. 防排烟系统：在地铁车站、隧道里，设置专门的送风排烟装置，可由火灾自动报警系统(FAS)控制，或由设备监控系统(EMCS)自动控制，设站厅火灾模式、站台火灾模式、隧道火灾模式等，当在某火灾区域发生火灾时FAS系统通过烟感或温感触发报警并启动火灾模式，或向EMCS传送火灾信号，EMCS启动并触发火灾模式，进行模式控制防排烟系统，在最短的时间内排出有毒的烟雾。

4. 事故照明系统：当发生火灾或紧急停电事故，自动启动事故照明系统；在地铁站厅和站台层的天花板上，每隔8 m左右设置一个功率60 W的固定应急照明设施，同时在站厅、出入口、通道的醒目位置设置疏散指示标志，使疏散逃生乘客能够通过固定应急照明设施指示标志明确出口方向，加快疏散速度。

5. 消防供电系统：采用两路交流电源加一路直流电源供电，列车、车站按供电分离方式进行供电。列车和车站在失去正常供电的情况下，应急照明系统可自动投入使用，应能够维持30 min以上应急照明时间。

6. 消防广播系统：在车站站厅站台设置消防应急广播系统，消防广播控制应设在车站控制室，当发生火灾报警时，车站站务人员或自动启动消防广播系统紧急广播，指示乘客疏散和逃生。

7. 地铁安防消防联动装置

(1)电视监控CCTV系统消防联动装置：地铁电视监控CCTV系统应具备消防联动功能，当某车站某区域发生火灾时，FAS系统发送火灾信号给CCTV系统，CCTV通过强切装置将摄像头指向火灾区域，在车站控制室和行车指挥中心能监视火灾情况并指挥灭火和乘客的疏散和逃生。

(2)门禁系统消防联动装置：地铁门禁系统应具备消防联动功能。当车站发生火灾时，FAS系统给门禁系统发送火灾区域信号，门禁系统在该区域的电控锁自动断电开门，并在控制中心门禁系统显示火灾发生情况和门禁系统控制情况。

三、其他消防装置

1. 固定和移动式消防装置：在车站设置固定墙式消火栓和移动式消防装置（ABC 干粉、CO2 灭火器），以便乘客在紧急状态下使用。

2. 列车紧急疏散逃生装置：

(1)紧急停车逃生装置：在每节车厢车门的上方或右侧设有紧急停车装置，当发生火灾时，紧急拉下手柄，列车停稳后，车门即可打开逃生。

(2)紧急疏散逃生门装置：在列车车头部专门设置有紧急疏散逃生门，当列车车厢内发生火灾车门无法打开时，可以通过人工开启紧急疏散逃生门，供乘客逃生。

第二节　地铁设备系统消防联动测试监理

地铁建设消防安全涉及的专业设备系统包括防灾报警系统（FAS）、气体灭火系统、设备监控系统（EMCS 控制）、防排烟系统、消防广播、供电系统、事故照明系统等。各设备系统在设备安装调试阶段侧重于本专业的设备安装和功能调试，以满足本设备合同技术规格和设计要求。例如设备监控系统（EMCS）控制防排烟系统调试，侧重于 EMCS 的模式控制功能，至于在 EMCS 的模式控制下，风系统风机的转速、风速、风量等参数是否满足消防设计要求则不在该合同要求范围；又如风机本身的调试侧重于本机的参数调校，环控模式控制下的防排烟设备的联动调试侧重于要求联动的风机的风向、风量、风速等参数测试，至于风道、混风室等地方的防火封堵、挡烟垂壁等也不在该合同的要求范围等等。所以为了地铁设备系统消防安全能顺利通过国家消防专项验收，在各设备系统完成初步验收的前提下，有必要组织专项的消防设备系统联动试验，通过模拟消防验收，模拟发生火灾情况，测试与消防安全相关的设备系统、建筑装修消防等在火灾模式控制下的送风排烟的风量、风速、报警、供电、事故照明等是否满足消防设计要求。组织消防安全相关的设备系统的联动试验，组织或协助地铁建设单位进行设备系统消防验收自检自验及其总结评估，向政府消防部门提交一份合格的消防验收自检自测报告，是地铁设备监理的重要内容之一。

一、消防联动试验目的

通过在车站和隧道模拟各种火灾工况，检验与消防相关的各种设备系统及其联动情况是否满足消防验收要求，及时发现问题、及时整改，循环测试，直至符合消防验收要求为止，同时给公安消防部门提交一份合格的地铁消防验收自检自验报告，为顺利通过政府消防专项验收打下基础。消防联动试验所验证的设备和系统主要有：

1. 车站设备系统消防联动试验：通过在车站各个防火分区放烟（冷烟或热烟）试验，模拟发生火灾。

(1)检验 FAS 系统烟感探头、温感探头、手报、隧道感温等报警情况；检验与 FAS 联动的设备系统如电视监控 CCTV 系统、门禁系统、设备监控系统（EMCS）、防排烟系统、气体灭火系统、防火卷帘等是否按设计要求联动动作。

(2)检验设备监控系统（EMCS）控制的防排烟系统是否满足环控系统设计的火灾模式要求以及各种火灾模式正确性，各种火灾工况下送风和排烟风量、风速测量是否满足消防规范和设计要求，是否有效送风和排烟。

2. 隧道防排烟系统联动试验：通过在车站隧道和区间隧道放烟试验，检验车站和相邻车站隧道风机（TVF 风机、UPE/OTE 风机、射流风机）联动动作是否满足消防规范和设计要求，是否有效送风和排烟，以及检验消防控制系统 FAS、EMCS 在控制中心的监视和控制功能情况。

3. 检验车站消防广播、消防电话、消防供电和事故照明供电是否满足消防规范和设计要求。

二、消防测试组织

地铁设备系统消防联动测试是消防专项验收的前期准备工作，从业主到监理、设备安装商、系统集成商等相关单位应高度重视。监理作为消防测试的主要组织和协调单位，宜成立以总监理工程师为组长、各消防相关专业监理工程师参与的消防联动测试监理组，负责消防联动测试的组织和协调。

1. 消防联动测试组织机构和参加单位

(1)成立消防联动测试指挥小组，组长由总监理工程师担任、组员由业主相关人员、运营管理部门车站站长、设备联调现场负责人（专业监理工程师）等组成。

(2)消防联动测试主体单位：消防相关设备系统集成商、各设备安装商。

(3)消防联动测试配合单位：业主消防验收相关责任部门、各设备系统设计单位、车站装修单位、相关设备供货商、其他咨询单位等。

2. 消防联动测试参加单位职责

(1)消防联动测试指挥小组负责整个测试和试验进程及相关人员的分工安排和紧急时人员疏散。

(2)监理负责试验的组织工作，包括通知试验各相关单位及编制进出车站通行证，控制人员进出，负责检查试验前准备工作情况。

(3)运营部门负责安全防护用具及试验用具的准备工作，包括：防烟面具、灭火用具、应急照明灯、烟盆、风速器、计时器等。同时负责车站的清场工作。

(4)业主负责与市消防验收部门或其他部门联系，保证防排烟试验工作不造成外界恐慌。

(5)各消防设备系统设计单位负责试验工作的技术支持，包括向测试人员交代烟雾的排出路径及设计排烟时间、风量、风速消防设计规范要求等内容。

(6)消防相关系统集成商是试验的实施单位，负责在车控室对风系统设备进行自动或手动控制，并记录消防测试（如报警、联动等）情况，以及问题整改。

(7)消防设备安装单位的主要职责为，在环控机房或其他重要设备附近监视设备的运行状态，负责在就地级操纵设备，保证烟雾有效排除；同时，保证车站的供电及事故照明状态正常；负责防排烟系统火灾工况下风量、风速等参数的测量；负责记录试验过程中环控设备的运行状况及试验后防火阀的复位，以及问题整改。

(8)设备供货商职责：在试验过程中，当出现设备问题时，负责快速修复设备，以及问题整改。

三、消防联动测试安全措施

1. 安全措施

(1)在地面出烟风井处，设置明显标志，以免造成不必要的恐慌。

(2)在现场配备灭火器具和应急照明灯。

(3)配置一定数量的防烟面具(供测试人员或在烟雾通道上试验人员使用)。

(4)检查消防通道上的消防疏散标志是否已完工。

(5)在人员容易跌落的地方,设置防护围栏。

2.意外情况的应对措施

(1)报警或模式启动失败的预案:如果 FAS 系统报警失败或 EMCS 模式控制失败情况下,车控室 EMCS 操作人员可立刻转换到手动控制模式。

(2)如果排烟风机不动作:通知环控机房人员就地启动排烟风机。

(3)烟雾扩散到车控室或其他房间预案;试验前,关闭气体消防系统,除车控室和环控机房外,其他房间人员撤离。

四、消防联动测试的监理

1.消防联动测试准备阶段监理主要内容

(1)制定地铁全线车站和控制中心消防设备联动试验实施方案和试验实施计划,并报业主审核评定。主要内容包括:

①消防联动试验目的。

②消防联动试验内容。

③消防联动试验前准备工作。

④消防联动试验方法及描述。

⑤消防联动试验步骤。

⑥消防联动试验测试表格。

⑦消防联动试验评定方法和标准。

(2)总监理工程师组织各专业监理工程师熟悉各消防相关设备系统的消防设计要求、熟悉国家消防专项验收程序,熟悉各设备系统消防联动接口关系及界面控制要求等。

(3)检查和确认各消防相关设备系统调试完成情况,确定消防联动试验的技术条件,包括:

①检查承包商消防联动测试人员、专业技术人员配套情况。

②必备的测试手段与仪器仪表等设备,对关键测试仪器、仪表、设备和器具的计量认证的检查。

③设备供货商、集成商、安装承包商提供完备、齐全的技术资料。

④检查各设备系统调试记录及安装工程初步验收情况等。

(4)组织业主消防验收相关部门、系统集成商、设备供货商、设备安装承包商召开消防联动测试动员会,布置消防联动测试实施方案和试验实施计划,确定开始每个车站消防联动测试的具体日期。

(5)编制消防联动测试期间车站进出施工和测试安全管理办法,编制进出车站通行证,参加测试的单位人员凭证进出车站。

2.消防联动试验实施阶段监理主要内容

(1)在每个车站消防联动测试开始前进行各种安全情况检查,包括:

①在地面出烟风井处,设置明显标志,提醒市民试验情况,以免造成不必要的恐慌。

②在现场配备灭火器具和应急照明灯。

③配置一定数量的防烟面具(供测试人员或在烟雾通道上试验人员使用)。

④检查消防通道上的消防疏散标志是否已完工。

⑤在人员容易跌落的地方，设置防护围栏。

(2)在每个车站消防测试开始前进行各种试验工具、测量仪器仪表、试验材料检查，包括：

①2 kg 烟饼。

②烟盆。

③1 桶水。

④计时器。

⑤风速测速仪。

⑥对讲机。

⑦试验人员的必备工具。

(3)检查车站各部位是否有安全隐患存在及是否有闲杂人员在场。

(4)召集参加测试和测试配合相关人员，对本次试验的人员分工、职责、注意事项进行介绍。

(5)选定放置烟饼的具体位置，督促各相关人员到达指定的地点。

(6)各种准备工作就绪，各岗位人员到位，宣布开始测试。

(7)通过点燃烟饼，督促各消防设备系统承包商在模拟火灾工况下进行功能测试、各种参数、数据测试，包括：

①车站防排烟系统设计是否合理，风量、风速是否达到消防设计要求，风口设计是否合理。

②EMCS 接收到 FAS 具体的火灾分区模式信号后，执行对应的火灾模式功能，是否启动相应的各种防排烟等设备。

③车控室内 FAS 主机接收到火灾报警信号后，发出报警声，站务人员按操作规程进行消防广播。

④检查 FAS 系统是否接收到烟雾信号进行火灾报警，并按程序启动与相关专业的接口联动。

⑤检测车站火灾报警系统(FAS)是否按设计的要求分区报警，并向设备监控系统(EMCS)传送分区模式的报警信号。

⑥EMCS 系统在接受到火灾报警信号后，是否可自动或手动的启动火灾模式。

⑦模式启动后，各风系统设备(风机、风阀、防火阀等)是否按模式要求启动或停止。

⑧火灾产生的烟雾是否可快速、有效的排除，此方面涉及到的内容有：环控风系统设计是否合理；土建隔墙、挡烟垂壁是否到位，孔、洞是否封堵等内容。

⑨记录排烟时间和试验效果；记录试验过程中环控设备的动作状态；检查各房间的窜烟情况及记录地面排风井的排烟时间。

(8)汇总责任单位记录的消防试验结果和各种数据，根据消防规范和设计要求判断测试数据、消防功能执行情况是否符合消防专项验收要求。

(9)组织召开消防测试存在问题分析会，对存在的问题要求责任单位限期整改。

(10)督促相关承包商针对问题现场整改，重复测试，直至符合消防规范和设计要

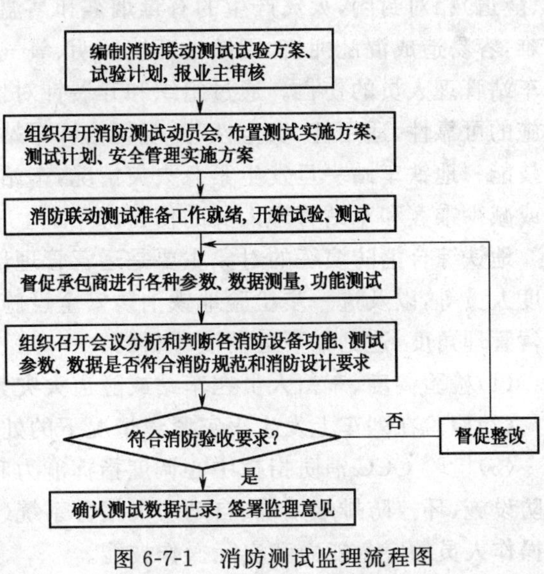

图 6-7-1　消防测试监理流程图

求，以满足消防专项验收条件。

(11)采用旁站、跟踪、巡回、抽检、平行检测等手段检查和验证承包商的测试数据，对测试的数据给予确认和签署监理意见。

3. 消防测试监理工作流程如图 6-7-1 所示。

五、消防测试总结报告

地铁车站、隧道、车辆段、控制中心等消防相关设备的消防测试结束后，由监理组织参与消防测试工作的单位：设计院(总体院和工点院)、项目管理单位(咨询单位)、业主(建设单位)、其他相关监理单位等对消防测试情况进行总结，并对消防测试的结果进行确认，形成总结报告提交业主审核并确认。作为业主申请消防专项验收的资料，同时也为地铁运营部门进行消防演练和运营安全管理提供有价值的参考资料。其主要内容应包括：

1. 车站、隧道、车辆段、控制中心消防相关设备测试过程和运行状态描述；
2. 各车站、隧道、车辆段、控制中心各消防设备测试记录的确认；
3. 对消防测试各阶段工作的总结与评价；
4. 在消防测试过程中消防相关设备在火灾或事故状态下存在的不足之处，以及整改或改进情况；
5. 消防设备提交消防专项验收的建议。

第三节　地铁消防演练咨询

一、地铁消防演练概述

地铁消防演练是在地铁车辆及机电设备系统完成总联调进入试运营阶段，通过模拟在地铁实际运营中发生火灾，对车站乘客紧急疏散、协调公安、救援、消防部门进行抢救而进行的综合消防演练，以增强地铁运营部门车站管理人员的消防紧急应对能力，提高公安消防、地铁运营、救援队伍、乘客等配合整体应对地铁突发事件的能力，确保地铁运营安全。

地铁发生火灾，电缆、装修材料、设备等燃烧会产生大量的烟雾和热量，由于地铁环境(车站、隧道)相对封闭，火灾产生的有毒烟雾和高温热量流通相对缓慢，乘客紧急救援和疏散相对困难，容易造成混乱拥挤，因缺乏环境照明、氧气存量有限，若救援疏散不及时，容易造成乘客和车站管理人员的伤亡。通过组织和开展针对性的综合消防演练，进一步检查地铁消防安全设施的可靠性、适用性、安全性等，现场培训车站管理人员的消防安全知识和实际消防应急操作技能。地铁车站一旦发生紧急火灾情况，车站管理人员能及时将乘客疏散到安全的地方，避免或减少乘客和车站管理人员的伤亡。

地铁综合消防演练的对象主要是运营管理部门人员如车站站务人员、OCC 消防指挥中心调度人员等，以及进一步检验地铁消防安全设施的可靠性和安全性能，通过综合消防演练，从运营管理角度，达到如下运营演练目的：

(1)检验调度、车站人员在车站或隧道火灾紧急状态下的应急应变能力。

(2)检验在列车上发生火灾紧急情况下的处理效率及紧急应变能力。

(3)检验 OCC 消防指挥中心调度指挥能力和车站人员对火灾事故的处理能力，检验常规消防设施、环控防排烟系统、自动防灾报警系统(FAS)和设备监控系统(EMCS)等消防设施以及操作人员的应急能力和实际操作技能。

(4)检测车站或隧道发生火灾，车站紧急疏散时间及事故对正线运营的影响时间。

(5)在演练过程中及早发现问题，及时改进和完善相关规章制度，进一步提高运营水平。

二、消防演练咨询服务主要过程和内容

1. 了解地铁消防安全设施情况，熟悉车站消防系统的功能、技术规格、所依据的消防规范，熟悉消防安全设施、消防系统调试和消防专项验收情况，了解运营管理人员的消防安全培训情况，为实行综合消防演练的可行性和安全性提供评估分析和咨询报告。

2. 编制消防综合演练实施方案、消防演练实施计划以及演练实施细则等分层次的咨询文件，内容主要包括：

(1)消防演练目的；

(2)消防演练情景描述；

(3)消防演练前提条件；

(4)消防演练组织、参与演练的部门及其职责；

(5)消防演练时间地点；

(6)消防演练所需的工具、仪器仪表等；

(7)消防演练的方案步骤；

(8)消防演练过程及其主要事项等；

(9)演练应急处理方法；

(10)消防演练安全措施；

(11)演练跟进记录等；

(12)消防演练总结评估。

3. 编制消防综合演练程序和突发事件应急预案，并协助业主按程序组织消防综合演练。

4. 参与业主消防综合演练组织、动员大会，跟踪消防演练实施细则落实情况，并做跟进记录。

5. 协助业主组织并参与消防综合演练，针对演练过程中出现的重大的技术问题、安全问题等提供全面的技术支持。

6. 在咨询服务期间，服从业主的调度、指挥，配合业主策划、管理，协调消防演练工作的实施，配合业主开展消防演练实施过程中的计划安排、技术调整和重点技术问题的决策工作。

7. 在消防演练期间、记录演练的全过程，包括车站各种消防设施的火灾工况下的运行情况、功能表现，参与消防演练人员之间的配合情况，记录消防救援时间、乘客疏散情况等。

8. 根据消防演练过程记录，对消防演练的结果、是否达到预期目标进行评估分析，并提交评估报告。

三、消防演练总结与评估

1. 消防演练总结

组织业主及各运营演练参与单位、其他消防参与单位进行消防演练总结，并形成消防、运营演练总结报告，主要包括如下内容：

(1)演练工作的完成情况；

(2)车站消防设备设施系统的表现情况；

(3)演练工作中存在的不足和整改措施；

(4)发现的问题和建议解决方法及跟进。

2.消防演练评估报告

综合消防演练结束后由消防演练咨询服务单位对消防演练的结果、是否达到预期目标进行评估分析,并提交评估报告。主要评估内容包括:

(1)对消防演练记录数据、消防设施在火灾工况下记录的运行参数等进行确认;

(2)对消防设施设备系统的安全性、可靠性、适用性的确认与评价;

(3)对消防设施设备及子系统的实际检修能力、应付突发事故能力的评估;

(4)消防演练对现场培训车站管理人员的消防安全知识和实际消防应急操作技能的确认和评价;

(5)对运营演练中车站站务人员,消防指挥中心调度对消防应急能力的评价;

(6)对消防设施设备系统适应地铁试运营的可行性;及适应中期及远期运营的可行性的确认和评估;

(7)对消防设施系统在火灾工况下的设备运行状态进行综合评估;

(8)评估结论及对系统交付试运营安全管理的建议。

第七篇

设备安装工程竣工验收及保修阶段的监理

设备安装工程竣工验收是工程管理的重要内容。实行竣工验收制度，是全面考核建设工程是否符合设计文件和相关验收标准的要求，能否交付使用、投入运营，发挥投资效益的重要环节。国家的有关法律、法规明确规定，所有建设工程按照批准的设计文件、图纸和建设工程合同约定的工程内容施工完毕，具备规定的竣工验收条件，都要组织竣工验收。通过竣工验收办理固定资产移交使用手续，可以总结工程建设经验，为提高建设项目的经济效益和管理水平提供重要依据。

在地铁建设工程中，设备安装工程竣工验收是指由地铁公司、设计单位、施工单位和监理单位，以系统或单位工程为一个单元，按照批准的设计任务书、设计文件和合同文件，以及国家、地方政府或行业颁发的施工验收规范和质量检验标准为依据，在设备安装调试合格后，对工程项目的总体进行检验、认证、综合评价和鉴定的活动。

地铁设备安装工程竣工验收包括：35 kV 变配电系统设备安装工程、接触网系统安装工程、信号系统设备安装工程、通信系统设备安装工程、屏蔽门系统设备安装工程、扶梯及电梯设备安装工程、自动售检票系统设备安装工程、综合监控系统设备安装工程、乘客资讯系统设备安装工程、门禁系统设备安装工程、导向标识系统设备安装工程、环境控制系统设备安装工程、低压配电及动力照明系统、消防及给排水系统设备安装工程、主变电所设备安装工程等。

地铁设备系统安装工程竣工验收包括 3 个阶段：设备安装工程竣工初步验收、政府专项验收和设备安装工程竣工验收。不同的验收阶段有不同的验收主体，设备安装工程竣工初步验收阶段的主体是监理单位，设备安装工程竣工验收阶段的主体是地铁公司，政府专项验收阶段的主体是政府相关部门。

对于设备采购合同，在完成并通过设备安装工程的竣工验收后，进行设备的预验收。在通过竣工验收或预验收后，并支付完成所有的工程款或设备款，进行工程竣工决算。在签发竣工验收证书或预验收证书起，工程或设备进入保修阶段。

第一章　设备安装工程竣工验收阶段的监理

第一节　设备安装工程竣工初步验收

地铁设备安装工程完成后，并先后完成了单系统的调试工作及相关系统的联合调试工作，合同内的工作内容已全部完成或基本完成，竣工资料、竣工图纸已完成，备品备件已交接完毕，由承包商申请设备安装工程的竣工初步验收。竣工初步验收工作由监理负责组织。

一、设备安装工程竣工初步验收须具备的条件

1. 承包商须完成或基本完成合同规定的工作内容。未完成的工程部分应是工程的非主体部分，并在约定的时间内完成。

2. 设备安装工程已通过单机调试、单系统调试及与相关系统的联调工作。

3. 由安装承包商提交的备品备件、专用工具、测试仪器已按合同规定提交完毕。

4. 由安装承包商提交的技术文件、乙购设备的使用说明书及图纸等技术资料已按合同规定提交完毕。

5. 竣工资料、竣工图纸已准备完毕或基本准备完毕。

二、设备安装工程竣工初步验收程序

设备安装工程竣工初步验收流程见图 7-1-1。

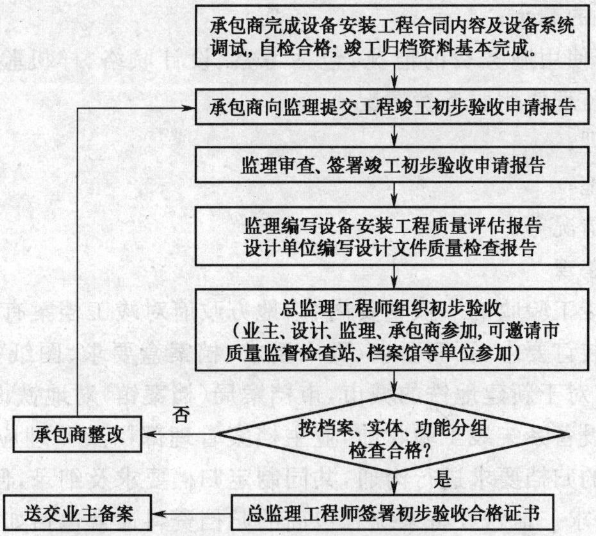

图 7-1-1　设备安装工程竣工初步验收流程图

三、承包商在设备安装工程竣工初步验收阶段的准备工作

设备安装工程竣工初步验收是设备安装工程的最后阶段，是对整个工程的一个全面验收，是对承包商履行合同情况的一个全面的检查，对工程质量的总体评定也在竣工验收中体现，承包商应高度重视竣工初步验收工作。承包商应在竣工初步验收前做好工程的收尾检查、合同清理及竣工文件的整理。

(一)工程的收尾检查

承包商在申报设备安装工程竣工初步验收前，应根据施工安装合同要求仔细检查所完成的设备安装工程是否满足合同要求。包括如下内容：

1.施工合同内的安装工程全部完成；

2.工程变更已实施完毕；

3.单位工程(子单位工程)、分项工程、分步工程、检验批全部验收合格；

4.监理工程师通知单的指令已全部完成；

5.整改项目已全部完成；

6.系统调试全部完成，功能达到合同要求；

7.与其他系统接口调试全部完成。

如非主体安装工程未能完成，应说明理由并确定完工时间。如未完成的工程是由外部原因造成的，应提出保证在外部影响消失后在合理的时间内完成未完成的工程。对于采用补充协议增加的工程内容，可以纳入主合同一并验收，也可以单独进行验收。

(二)合同清理

竣工初步验收标志着一个工程接近结束，承包商应对整个工程所积累的资料进行系统的整理，对整个合同的执行情况进行清理。包括如下内容：

1.应提交给业主的技术资料、使用说明书、操作手册、图纸等；

2.应提交给业主的备品备件、专用工具、检测仪表等；

3.安装期间借用业主的设备、备品备件、用具等；

4.甲供设备、材料的剩余；

5.由业主、监理等使用服务费的情况，包括考察、设计联络、样机验收、驻厂监造、型式试验、出厂验收等业主、监理使用服务费情况；

6.临舍场地的清理；

7.保修计划及措施；

8.工程费的支付情况等。

(三)竣工文件的整理

竣工档案资料是竣工验收的一项重要内容，地方政府对竣工档案有一套完整的规定，包括归档文件目录、序号、装订要求、页面要求、页码要求、档案盒要求、图纸折叠要求、电子文件要求、扫描文件要求等。对于新建地铁的城市，市档案局(档案馆)对地铁设备系统的档案要求还没有明确的规定。在设备系统竣工验收前，业主档案管理部门及监理应和市档案局(档案馆)就有关地铁设备系统的归档要求进行沟通，共同制定归档要求及细录，便于承包商准备归档资料，满足档案验收的要求。地铁设备系统总包商的归档资料通常包括如下部分，如果是设备安装承包商，其归档资料只包括安装部分的归档资料，且监理工程师应根据工程所在城市的具体要求进行删减。通常，地铁公司、运营公司所要求的归档资料比市档案局(档案馆)要求的多，

因此，承包商应根据不同的要求，准备不同的份数。

1.设计阶段

(1)系统总体设计；

(2)系统需求分析报告；

(3)软件需求说明书(软件需求分析报告)；

(4)软件概要设计说明书；

(5)软件详细设计说明书；

(6)数据库设计说明书；

(7)原程序清单；

(8)用户手册(操作手册、维护手册)；

(9)测试报告；

(10)项目开发总结报告。

2.设备招标阶段

承包合同、补充协议。

3.设备采购及制造阶段

(1)承包商履行合同实施计划；

(2)设备制造计划(年度计划)；

(3)分包单位资格报审表(含分供货商、试验单位)；

(4)设备制造关键材料、主要外购件质量证明文件；

(5)设备样机试验报告、样机验收合格证书；

(6)设备出厂验收记录、试验报告；

(7)特种设备运输方案；

(8)设备开箱检查移交记录、备品备件及专用工具移交清单、设备随箱文件移交清单；

(9)重要的专题报告；

(10)其他文件。

4.设备安装及调试阶段

(1)投标文件；

(2)设备安装承包合同、补充协议；

(3)分包单位资格申报表；

(4)设计交底与施工图技术会审记录；

(5)施工组织设计及施工方案报审批复文件；

(6)工程开工令、停工令及复工令；

(7)设备变更令及相关文件(申请单、批审表、现场工程变更确认记录表及预算核准表等)；

(8)测量核验资料；

(9)与土建、装修交接记录；

(10)工程总进度计划、月进度计划；

(11)进场材料、购配件检验记录，设备预埋件检验记录；

(12)设备安装关键工序交接报验单；

(13)设备安装隐蔽工程报验单；

(14)设备安装质量验收记录(含检验批、分项工程、分部工程、子单位工程、单位工程)；

(15)设备安装工程总结；

(16)工程质量保修书；

(17)设备安装工程竣工图纸；

(18)质量安全事故报告、调查文件；

(19)工程索赔文件；

(20)重要的专题报告；

(21)其他文件：会议纪要、来往文件等。

承包商以上准备工作完成后，可填写"设备安装工程竣工初步验收申请报告"，报监理工程师，同时准备"设备安装工程竣工报告"。

四、设备监理在设备安装工程竣工初步验收前期的工作

设备安装工程竣工初步验收的责任主体是监理工程师，监理工程师应对竣工初步验收工作进行积极的准备。如承包商不具备竣工初步验收条件，监理工程师应发"监理工程师通知单"责令承包商限期整改。同时，监理工程师应准备监理竣工归档资料、监理工作总结及质量评估报告，并筹备竣工初步验收会议的召开。

（一）工程核查

监理工程师收到承包商"设备安装工程竣工初步验收申请报告"后，组织有关人员核查承包商的设备安装工程竣工初步验收准备情况；按承包合同及工程变更核查设备安装工程是否已全部完工；合同规定的技术资料、备品备件、专用工具等是否全部移交；审查承包商提交的工程质量证明资料，包括单位(子单位)工程、分部工程、分项工程和检验批的质量评定验收记录材料，隐蔽工程检查验收记录，关键工序检查验收记录等是否齐全；审查承包商的"设备系统调试报告"是否达到合同和设计文件的要求；有质量问题或约定的合同工程量没有完成发《监理工程师通知单》限期整改。核查后报总监理工程师批准。

（二）监理归档资料的整理

监理归档资料的整理由监理部资料管理工程师、档案员和监理分部监理工程师共同负责整理。监理归档资料的整理应符合当地政府档案局(档案馆)和地铁公司有关归档资料的要求。地铁设备采购招标、设计、制造、安装调试及保修全过程监理的监理归档资料通常包括如下内容，各监理公司根据所监理阶段及当地政府的要求进行增减。

1.设备招标阶段

(1)监理合同及补充协议；

(2)监理公司对总监理工程师的任命函；

(3)总监理工程师对副总监理工程师(总监理工程师代表)、主任监理工程师(专业监理工程师)、监理工程师的任命函；

(4)监理规划；

(5)调研考察报告；

(6)重大技术方案论证报告；

(7)设备招标阶段监理工作月报；

(8)设备招标阶段监理工作总结。

2.设计阶段

(1)系统设计审查会议纪要；

(2)软件验收报告(含文件验收、程序验收)。

3.设备采购及制造阶段

(1)地铁公司对监理的授权通知、监理部对监理分部的授权通知;

(2)监理实施细则(产品设计及设备制造阶段);

(3)设计联络会议纪要、设计审查会议纪要;

(4)设备制造关键工序见证表,主、关部件监检记录表;

(5)设备样机验收大纲、样机验收报告;

(6)设备出厂验收大纲、设备出厂验收报告;

(7)设备采购或制造计量支付证书及其相关附件;

(8)监理工程师通知单;

(9)重要的专题报告;

(10)其他文件:承包商质量体系评审表,质量缺陷与事故处理文件,费用索赔文件,来往函件等;

(11)设备采购、制造阶段监理工作月报;

(12)设备采购、制造阶段监理工作总结。

4.设备安装及调试阶段

(1)地铁公司对监理的授权通知、监理部对监理分部的授权通知;

(2)监理实施细则(设备安装及调试阶段);

(3)设备安装质量评定和验收标准;

(4)设备安装工程质量评估报告;

(5)设备安装工程竣工验收文件(竣工初步验收合格证书、竣工验收报告、工程移交证书);

(6)质量安全事故处理文件;

(7)工程索赔处理文件;

(8)设备安装计量支付证书及相关附件;

(9)监理工程师通知单;

(10)重要的专题报告;

(11)其他文件:会议纪要、来往文件;

(12)设备安装、调试阶段监理月报;

(13)设备安装、调试阶段监理总结;

(14)施工照片集及音像资料。

(三)监理工作总结的编写

监理工作总结由主任监理工程师负责编写,应包括如下内容:工程概况、工程建设工期、工程项目简介、监理概况、监理合同执行情况等。

(1)工程概况:介绍工程名称、合同编号、建设单位、施工单位、设计单位、监理单位及工程造价;

(2)工程建设工期:介绍工程开工日期和完工日期;

(3)工程项目简介:介绍工程项目的范围和工程内容;

(4)监理概况:介绍监理机构、监理人员及分工、监理依据及监理工作内容,监理工作内容包括:监理目标、监理制度、质量控制、进度控制、投资控制、安全控制、合同管理、信息资料管理、组织协调等具体工作内容;

(5)监理合同执行情况:主要从履行监理单位的义务、合理行使监理单位的权利、监理责任、做好监理工作的要点等方面介绍监理合同的执行情况。

(四)质量评估报告的编写

质量评估报告由主任监理工程师负责组织编写。质量评估报告应按照“设备安装质量验收标准”,结合监理工程师的监督、检查及观察记录,客观、独立地对工程质量做出评定:

(1)详细核查承包商提交的质量保证资料;

(2)对分项、分部、单位(子单位)工程质量进行汇总;

(3)对设备安装工程质量做出初步评估;

(4)编写设备安装工程质量评估报告。

质量评估报告应包括如下内容:工程基本概况、工程质量情况、质量抽检情况和工程质量竣工初步验收意见。

(1)工程基本概况:介绍工程概况、工程范围、工程内容及监理范围和内容;

(2)质量控制情况:介绍材料、构配件及设备质量控制情况、施工质量控制情况、工程技术资料检查情况及存在的问题;

(3)质量抽检情况:介绍单位工程(子单位工程)、分部工程的质量检查验收情况;

(4)工程质量竣工初步验收意见:介绍质量验收情况、存在问题及总体评价意见,并明确是否同意进行工程竣工初步验收。

(五)会议准备

工程竣工初步验收准备工作完成后,由监理发会议通知,邀请建设单位、运营单位、总体设计单位、系统设计单位、有关供货商、当地政府质量监督检查站、技术监督部门、档案局(档案馆)等单位参加工程竣工初步验收。根据当地政府的有关要求将有关竣工初步验收资料送政府相关部门。会务的组织工作由承包商负责。

五、设备安装工程竣工初步验收

(一)验收组织机构

设备安装工程竣工初步验收由验收领导小组负责,领导小组组长由总监理工程师担任,领导小组成员包括地铁公司各有关部门负责人、设计单位负责人、供货商负责人、主任监理工程师等。下设设备实体验收小组、设备功能验收小组和竣工资料验收小组,各小组组长由监理工程师担任,成员包括参加验收的相关人员。

(二)验收

设备安装工程竣工初步验收分为三个步骤:竣工初步验收会议召开、验收和验收总结会。

1.竣工初步验收会议

竣工初步验收会议由总监理工程师主持。首先由总监理工程师介绍竣工初步验收组织机构和各验收小组验收方式和责任范围。然后由承包商汇报“设备安装工程竣工报告”,包括设备安装施工情况、设备安装各阶段质量评定验收情况、设备系统调试情况及竣工资料的整理情况;设计单位汇报“设计质量检查报告”;由监理工程师汇报“设备安装监理工作总结”和“设备安装工程质量评估报告”,市质量监督检查站和档案馆的代表对验收提出要求。

2.验收

验收工作由各验收小组具体负责,各验收小组验收内容包括:

(1)设备实体验收

①合同设备应全部就位，并按施工图要求安装位置正确、固定牢固，安装的垂直度与水平度均应在允差范围内，同列机柜的盘面应位于同一平面且在允差范围内；

②按施工图要求，接线正确无误；

③与相关系统设备接口符合要求；

④接地符合要求；

⑤电缆支架安装及电缆敷设符合要求；

⑥限界检查符合要求；

⑦其他(如设备或柜体与周围物体的安全距离、设备检查维修通道是否符合使用要求等)。

(2)设备功能验收

①对系统设备调试结果进行测试和确认；

②对设备性能参照设备技术要求进行测试，确认是否达到合同要求；

③对系统设备的功能进行测试和确认。

(3)竣工资料验收

①检查竣工图纸的质量和数量是否满足相关规定；

②检查竣工文件的质量和数量是否满足相关规定，包括质量评定检查验收记录、隐蔽工程检查验收记录、关键工序检查验收记录等资料是否完善并符合规范。

各验收小组验收后，应提出具体验收意见及整改要求，并明确是否同意通过竣工初步验收。

3.竣工初步验收总结会议

各验收小组验收完成后，由总监理工程师召开设备安装工程竣工初步验收总结会议。首先由各小组汇报验收情况，与会人员对验收出现的问题进行充分的讨论，市质量监督检查站和档案馆的代表对验收给出意见。竣工初步验收领导小组在充分分析各验收小组的意见、与会人员的意见及市质量监督检查站和档案馆的代表对验收的意见后，决定是否同意通过设备安装工程竣工初步验收。由监理工程师编写竣工初步验收会议纪要，参与验收的各部门代表签字确认。

六、验收整改

承包商应根据竣工初步验收会议纪要要求完成整改工作，报请监理复验(必要时应请相关部门共同复验)。

1.对未完工程应确定完成时间；

2.对属于安装承包商责任的整改问题应在规定的时间内整改完毕；

3.对属于设备供货商责任的整改问题，监理工程师应要求设备供货商在规定的时间内完成整改，并配合安装承包商的设备调试；

4.对属于设计单位责任的整改问题，由设计单位进行设计优化，由安装承包商负责施工，增加的费用按设计变更处理；

5.对属于其他承包商影响，无法进行施工或调试的部分，监理工程师负责协调，待条件具备后，由安装承包商负责完成未完工作；

6.对属于技术难题，无法在短时间内完成，应要求责任单位在规定的时间内完成。

七、验收合格证书签署

经监理及相关单位确认整改问题整改完毕，验收合格，由总监理工程师签署“设备安装工程初步验收合格证书”。

八、总 联 调

通过初步验收合格的系统设备即可进入地铁系统设备总联调。

第二节 政府专项验收

在地铁建设工程中有许多项目需要通过政府有关部门的专项验收，如：消防、技术质量监督局、环保、安全监督、卫生防疫、档案、通信等。本节仅介绍与系统设备有关的消防部门验收、技术质量监督部门验收、档案部门验收、通信验收等内容。各地政府专项验收根据当地政府的具体要求进行，本节介绍仅供参考。

一、消防验收

按照国家规定，凡《建筑工程消防设计审核意见书》中注明经验收合格方可投入使用的建筑工程、室内装修工程和自动消防工程项目，必须到原审核机构申请办理工程消防验收手续。地铁建设完成工程初步验收后，组织有关承包商进行消防检查，合格后由地铁公司向当地公安消防部门申报对其进行消防验收。

在地铁工程中安装在隧道、站台层、站厅层、设备房、物业及人行通道的消防设施：主要有火灾自动报警系统、水消防系统、气体灭火系统、事故通风和排烟系统及事故照明和疏散指示标志系统等5大部分组成。系统设备消防设施主要是火灾自动报警系统，监控着环境控制设备大小系统运转情况的设备监控系统。

1.消防验收程序

项目受理—资料审核—消防设施检测—现场验收—经办人意见—领导审批—发《建筑工程消防验收意见书》。

2.资料的准备

已完工的地铁工程经竣工初步验收合格后，由地铁公司填报《建筑工程消防验收申报表》向当地公安消防部门提交要求组织消防验收。相关单位应准备如下资料供公安消防部门审查。

(1)建筑消防设施检测报告；

(2)消防工程施工企业的消防施工许可证复印件；

(3)地铁公司组织设计、施工、监理单位消防安全质量验收合格的报告；

(4)公安消防部门的审批文件，包括：施工图设计防火审核意见书、装修工程设计防火审核意见书、其他设计防火审核意见书；

(5)设计文件中消防设施专篇及消防设施变更技术联系单；

(6)消防产品生产许可证明复印件、建筑防火材料、构件和消防产品质量检验报告、合格证明，以及主要消防产品、设备的生产单位对其产品、设备的数量、型号及施工安装质量的确认报告；

(7)自动消防设施安装、调试记录，地下及隐蔽工程验收记录；消防设施系统调试报告；施工单位出具的消防设施联动测试报告；自动消防设施操作维护管理手册；

(8)竣工图一套，包括：建筑、水、电、暖通等各系统竣工图；

(9)消防控制值班人员名单及培训记录；

(10)钢结构防火喷涂施工、检验记录。

3. 现场验收

地铁公司组织各消防设施安装承包商、供货商、监理、设计等单位的有关负责人、技术人员到各车站配合公安消防人员的现场验收，现场验收具体项目如下：

(1)建筑防火

①疏散通道、(付费区栏栅的)疏散门、安全出口、疏散用楼梯及自动扶梯、隧道联络通道的设置疏散能力；

②设备及管理用房的门至安全出口的距离；

③防火分隔；

④耐火极限。

(2)消防给水与灭火装置

①消防给水系统；

②灭火器配置；

③自动喷水(或喷雾)灭火系统；

④气体灭火系统；

⑤消火栓系统。

(3)防烟、排烟与事故通风系统

①机械防烟、排烟设施的设置；

②防烟、排烟系统与事故通风的功能；

③防烟分区的划分；

④设备的排烟能力；

⑤排烟设备的耐热能力；

⑥送风量的要求。

(4)防灾通信

①程控电话自动转换市话 119 功能；

②救援(地上、地下)无线通信；

③防灾无线通信；

④防灾广播；

⑤防灾调度电话；

⑥消防对讲电话。

(5)防灾用电、应急照明与疏散指示

①消防用电的要求；

②应急照明的连续供电时间；

③应急照明的设置；

④疏散指示标志的设置。

二、技术质量监督部门验收

技术质量监督部门负责验收垂直电梯、扶梯和空气压缩机等特种设备。由安装承包商负责办理验收手续，监理和业主配合。

1. 垂直电梯验收

(1)检验依据

①《电梯监督检验规程》。

②GB 10060《电梯安装验收规范》。

③GB 7588《电梯制造与安装安全规范》。

(2)主要检验项目

①绝缘电阻。

②当对重完全压在缓冲器上时：

a. 轿厢导轨的进一步制导行程；

b. 轿顶可站人的最高部件与相应井道顶最低部件之间的自由垂直距离；

c. 轿顶设备的最高部件与井道顶的最低部件之间的自由距离；

d. 导靴或滚轮、曳引绳附件等的最高部分与井道顶最低部件之间的自由距离。

③轿厢导轨工作面对 5 m 铅垂线的偏差。

④对重导靴工作面对 5 m 铅垂线的偏差。

⑤两列轿厢导轨顶面间距离的偏差。

⑥两列对重导轨顶面间距离的偏差。

⑦轿厢导轨工作面接头处缝隙。

⑧轿厢导轨工作面接头处台阶。

⑨对重导轨工作面接头处缝隙。

⑩对重导轨工作面接头处台阶。

⑪导轨支架之间的距离。

⑫轿顶护栏高度。

⑬轿厢护脚板高度。

⑭轿厢和对重之间的间隔距离。

⑮曳引绳张力与平均值的偏差。

⑯层门地坎与轿门地坎的水平距离。

⑰层门地坎与轿门地坎水平距离的偏差。

⑱层门的门扇之间、门扇与门套之间、门扇与地坎之间的间隙。

⑲轿门的门扇之间、门扇与门套之间、门扇与地坎之间的间隙。

⑳井道内表面与轿厢地坎、轿门与门框的间距。

㉑门刀与层门地坎的间隙。

㉒门锁滚轮与轿门地坎的间隙。

㉓在电气安全装置动作之前，锁紧元件啮合长度。

㉔装有多台电梯的轿厢和对重的井道，其下部不同电梯的运动部件之间的隔障。

㉕轿厢在下端站平层位置时，轿厢撞板与缓冲器顶面间的距离。

㉖轿厢在上端站平层位置时，对重撞板与缓冲器顶面间的距离。

㉗轿厢撞板中心与缓冲器中心的偏差。

㉘对重撞板中心与缓冲器中心的偏差。

㉙当轿厢完全压在缓冲器上时：

a. 底坑底与轿厢最低部分之间的净空距离；

b. 底坑底与导靴、安全钳、护脚板等部件之间的距离。

㉚对重侧防护栅栏的高度。

㉛曳引轮对铅垂线的偏差。

㉜导向轮对铅垂线的偏差。

㉝能耗型缓冲器复位时间。

㉞平衡系数。

㉟轿厢平层精度。

㊱运行速度。

㊲机房噪声的平均值。

㊳运行中轿内噪声。

㊴开关门过程中的噪声。

2. 自动扶梯验收

(1)检验依据

①《自动扶梯和自动人行道监督检验规范》；

②GB 16899《自动扶梯和自动人行道的制造与安装安全规范》。

(2)主要检验项目

①机房和转向站站立空间的面积和长度。

②绝缘电阻。

③出入口处导向段梯级的水平运动距离。

④自动扶梯出入口处的光照度。

⑤出入口区域的宽度和深度。

⑥梯级上空的垂直净高度。

⑦扶手带外缘与墙壁或其他障碍物之间的水平距离。

⑧相互邻近平行或交错设置的自动扶梯，其扶手带外缘之间的距离。

⑨扶手带开口处与导轨或扶手支架的距离。

⑩护壁板之间的空隙。

⑪采用玻璃做成护壁板的厚度。

⑫围裙板与梯级间的水平间隙。

⑬梳齿板梳齿与踏板面齿槽的啮合深度。

⑭梳齿根部与踏板面齿顶部的间隙。

⑮逆向进入时自动扶梯的启动运行时间。

⑯梯级运行速度与额定速度之间的偏差。

⑰扶手带运行速度相对于梯级速度的偏差。

⑱有载向下运行的制停距离。

⑲空载运行的制停距离。

三、档案验收

监理应协助地铁公司监督、检查、指导承包商工程文件的形成、积累和立卷归档，并将本单位形成的工程文件整理立卷后向地铁公司和市城建档案馆移交。

1.工程文件的归档范围及要求

(1)工程文件归档的范围

凡是与地铁设备系统安装工程建设有关的重要活动、记载工程建设主要过程和现状、具有保存价值的各种载体的文件，均应收集齐全，整理、立卷后归档。

(2)归档文件的质量要求

①工程文件的内容及其深度必须符合国家有关工程勘察、设计、施工、监理等方面的技术规范、标准和规程；

②工程文件的内容必须真实、准确，与工程实际相符合；与工程质量有关的文件、检查记录表必须有监理工程师的签字；

③归档的工程文件原件应为手写或电脑打印；工程文件的书写一律采用耐久性强的书写材料，黑色碳素墨水或蓝黑墨水，要求字迹端正，无缺、漏、涂改现象；杜绝使用红色墨水、纯蓝墨水、复写纸、圆珠笔、铅笔等；

④工程文件应字迹清楚、图样清晰，图表整洁，签字盖章手续完备；

⑤文字材料尺寸规格统一为A4纸幅面(297 mm×210 mm)；小于A4规格的文件材料要用A4规格白纸进行衬垫；大于A4幅面的文件材料及图表应叠成A4规格，文字材料折叠时注意留出装订边25 mm；

⑥工程照片、声像档案一式两份，装在档案馆指定的装具内，移交建设单位和市城建档案馆；工程照片、声像档案管理规定详见各市城建档案馆的文件；移交城建档案馆须对综合文件进行扫描处理。

2.竣工图的编制及要求

(1)竣工图的编制方法

施工中无变更的工程，由施工单位用不易褪色的红印泥在施工图图标栏上方空白处加盖竣工图章，由施工单位、监理单位签字。竣工图章式样如图7-1-2所示。

凡在施工中有一般性变更，能够在原设计施工图上加以修改补充的，可不绘制竣工图，由施工单位在修改部位上杠改，并在修改部位附近空白处引线指示，盖上修改标志章(10 mm×40 mm)，注明修改单日期、字、号、条或洽商记录等文件的编号，然后盖上竣工图章即作为竣工图。

竣　工　图			
施工单位			
编 制 人		审 核 人	
技术负责人		编制日期	
监理单位			
总　　监		现场监理	

图7-1-2　竣工图章式样

凡施工图结构、工艺、平面布置等有重大改变，或变更部分超过图面1/3的，应当重新绘制竣工图。重新绘制的竣工图，在原图签栏上方加一行，填写绘制单位、日期、制图人、审核人、负责人签名俱全。图签栏中的图号应有“建竣、结竣、水竣、电竣……”或“竣工版”等字样，加盖竣工图章。

在特殊情况下，无正式施工图进行施工的，应按实际施工最终状况，由施工单位绘制竣工图，经设计单位签署意见并补充修改依据后，方可作为竣工图。

设计变更通知单、工程技术联系单等按专业编号顺序排列，做出详细的卷内目录，备注上注明实际的修改图号。

竣工图要如实反映工程竣工后的实况，如同一结构部位经多次变更，且每次变更均涉及到计量支付，则变更工程中的所有图纸均应作为原设计图纸依据保留，翻晒成蓝图但不加盖图章。竣工图章只在最终的竣工图纸上加盖。

凡工程数量与原设计工程数量不同的，应予更正，当工程量项目较少时，可在蓝图上直接杠改；当工程量项目较多时，应注明工程数量详见工程结算报表。

所有竣工图完成后，在卷内目录后增加"修改变更与原设计图对照表"，表中变更图图号要与原图号做一一对照。

采用的部级以上国家标准图、通用图可不编入竣工图中，但必须在卷内目录中列出图号，指明该图所在位置并在编制说明中注明。

(2)竣工图的编制要求

竣工图的绘制(包括新绘和改绘)必须符合国家绘图标准。竣工图的绘制工作，由绘制单位工程技术负责人组织、审核、签字，并承担技术责任。

竣工图的绘制，必须依照在施工过程中确已实施的图纸会审记录，设计修改变更通知单、变更令、工程洽商联系单以及隐蔽工程验收或工程进行的实测实量等形成的有效记录进行编制，确保图物相符。

在原竣工图上进行修改补充的，要求图面整洁，线条清晰，字迹工整，使用绘图墨水进行绘制，严禁用圆珠笔或其他褪色的墨水绘制或更改注记。所有的竣工图必须是新蓝图。

工程竣工图应有严格按比例绘制的平面图和纵断面图。平面图应标明工程中线起点、转角点、交叉点、设备点、曲线等平面要素的位置坐标及高程。

竣工图基本遵循原设计文件目录格式及顺序编撰。若有变更，则在原目录后增加与原图的对照表。

3.工程文件的立卷

(1)立卷的方法

工程文件可按建设单位、监理单位、施工单位3部分分别立卷归档。

由建设单位形成的工程建设综合材料采取分阶段立卷的方式。

监理文件立卷按照GB/T 50328《建设工程文件归档整理规范》及当地城建档案馆有关规定执行。

施工单位文件材料应以标段合同或单位工程作为基本立卷单元，按单位工程-分部工程-分项工程-文件级顺序进行组卷。竣工图按单位工程、专业等组卷。

(2)卷内文件的排列

文字材料一般按专业和形成先后次序进行排列。

图纸按专业排列，同专业图纸按图号顺序排列。

既有文字材料又有图纸的案卷，文字在前，图纸在后。

(3)立卷过程中应注意的问题

文字材料立卷厚度以20 mm左右组成一卷。

不同载体的文件应分别组卷。

(4)案卷的编录

案卷文件页号，卷内文件均按有书写内容的页面编号，每卷单独编号，页号从"1"开始。

单面书写的文件在右下角编写页号；双面书写的文件正面在右下角，背面在左下角编写页号。折叠后的图纸一律在右下角编号。

案卷封面、卷内目录、卷内备考表不编页号。

(5)卷内目录编制

所有卷内目录均应统一用宋体打印，且排列在卷内文件的首页之前。

序号：用阿拉伯数字从“1”起依次标注。

文件材料提名：填写文件标题的全称。

文件编号：填写工程文件原有文号或图号。

责任者：填写文件的直接形成单位或主要责任者。如钢材、水泥等原材料出厂合格证涉及几个责任者，最多填写两个主要厂家；变更申请、变更令，责任者应填写责任各方。

日期：填写文件形成的日期。

页次：填写文件在卷内所排的起始页号。最后一份文件填写起止页号(已打好的页码如果修改，必须用碳素墨水杠改)。

(6)卷内备考表的编制

备考表的编制详见 GB/T 50328《建设工程文件归档整理规范》。

案卷立卷人、审核人均需本人亲笔签字。日期应填写最后完成日期。

(7)案卷封面

案卷封面题名：填写“××地铁工程”+“单位、分部、分项、工程名或文件名称”，填写顺序是从左到右。

编制单位：填写案卷内文件材料的形成单位或主要责任者全名。

编制日期：填写本工程开工日期至竣工日期。

(8)案卷装订

工程文字材料装订时一律用 4 等分三孔左侧双白线装订，要求整齐、牢固，装订时必须剔除金属物，便于保管和利用，装订成册后统一装在档案盒内。

竣工图纸采用不装订形式，不同幅面的工程图纸应按手风琴式折叠成 A4 幅面，图标栏露在外面。

(9)工程文件归档的要求

根据建设程序和工程项目特点，归档可以分阶段分专业进行。

归档文件必须完整、准确、系统，能够反映工程建设活动的全过程。归档的文件必须经过分类整理，组成符合要求的案卷。

归档的资料以合同段为单位，大致有以下部分组成：移交书(由城建档案移交书+案卷目录+卷内目录组成)、综合文件、施工技术文件材料、竣工图纸、工程照片及底片、电子文件等。其中电子文件包括需扫描的数据和竣工图数据。

(10)工程档案的验收和移交

①工程档案验收：建设工程在阶段性竣工验收前，应先进行档案专项验收。

②归档份数：文字材料和竣工图纸的归档套数按当地城建档案馆和地铁公司要求确定。

第三节 设备安装工程竣工验收

地铁建设工程进入竣工验收阶段，本工程即将结束，地铁公司应成立验收委员会组织监理、设计、承包商以及地铁公司各部门进行竣工验收，并邀请当地政府有关部门进行监督。设备安装工程竣工验收的责任主体为地铁公司。

一、设备安装工程竣工验收须具备的条件

1. 设备安装工程已通过竣工初步验收；
2. 竣工初步验收发现的问题已整改完毕；
3. 未完工程已完成；
4. 总监理工程师已签发“设备安装工程竣工初步验收证书”；
5. 工程竣工文件已齐备；
6. 备品备件、专用工具、仪器仪表已移交完毕；
7. 技术文件已移交完毕；
8. 所涉及的政府专项验收已通过；
9. 系统调试已完成；
10. 设备安装合同规定的其他内容已完成。

二、设备安装工程竣工验收流程

设备安装工程竣工验收流程见图 7-1-3。

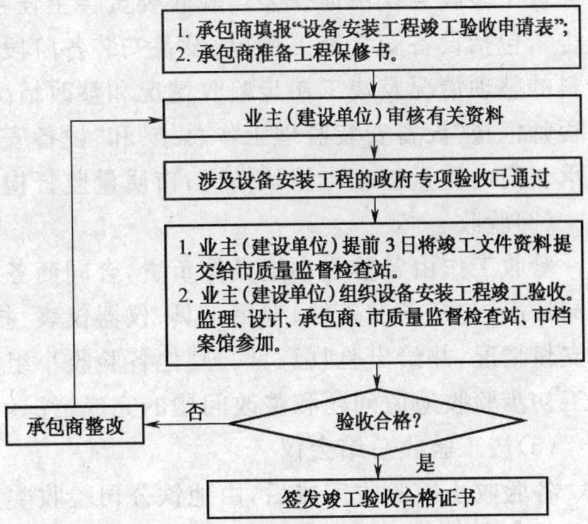

图 7-1-3　设备安装工程竣工验收流程图

三、设备安装工程竣工验收的前期准备工作

1. 工程竣工，具备设备安装工程竣工验收条件后，设备安装承包商应按照国家现行的有关验收规范、评定标准全面检查所承建安装工程的质量，填写“设备安装工程竣工验收申请表”，经项目经理、设备安装承包商法人代表和技术负责人签字并加盖单位公章后，提交监理核查，监理单位应在 5 日内审核完毕，经总监理工程师签署意见后，送地铁公司验收委员会。

2. 设备安装承包商应具备完整的档案质量，并根据竣工初步验收意见修改“设备安装工程竣工总结”。

3. 监理单位应具备完整的监理资料，并根据竣工初步验收意见及设备安装承包商对存在问题的整改修订“设备安装工程监理工作总结”和“设备安装工程质量评估报告”。“设备安装工程质量评估报告”经总监理工程师和监理单位法人代表审核签字并加盖公章后，提交给地铁公司。

4. 系统设计单位对设计文件及施工过程中由设计单位签署的设计变更通知进行检查，并向地铁公司提出“设计质量检查报告”。“设计质量检查报告”应经系统设计单位负责人审核签字并加盖公章后，提交给设计总体单位审核，由总体设计单位提出意见后提交地铁公司。

5. 地铁公司验收委员会对符合竣工验收要求的设备安装工程，组织设计、承包商、供货商、监理等单位和其他有关方面的专家组成验收组，制定验收方案。并在计划竣工验收 15 日前将验收组成员名单、验收方案连同工程技术资料和《工程竣工条件审核表》提交备案机关审查，备案机关应在 7 日内审查完毕。对不符合验收条件的，发出整改通知书，待整改完毕后，再行验收。对符合验收条件的，应按原计划如期进行验收。

四、设备安装工程竣工验收

1.验收组织机构

设备安装工程竣工验收由验收领导小组负责，领导小组组长由地铁公司验收委员会主任担任，领导小组成员包括地铁公司各有关部门负责人、设计单位负责人、总监理工程师等。下设合同商务验收小组、设备实体验收小组、设备功能验收小组和竣工资料验收小组。

2.验收

设备安装工程竣工验收分为3个步骤：竣工验收会议召开、验收和验收总结会。

(1)竣工验收会议

竣工验收会议由地铁公司验收委员会主任主持。首先由承包商汇报“设备安装工程竣工报告”，包括设备安装施工情况、设备安装各阶段质量评定验收情况、设备系统调试情况、竣工资料的整理情况及竣工初步验收情况和整改情况；设计单位汇报“设计质量检查报告”；由监理工程师汇报“设备安装监理工作总结”和“设备安装工程质量评估报告”，并说明竣工初步验收后承包商的质量整改与签认情况；市质量监督检查站和档案馆的代表对验收提出要求。

(2)验收

验收工作由各验收小组具体负责，合同商务验收小组的验收内容主要是验收承包商执行合同情况，包括备品备件、专用工具、仪器仪表、技术资料、培训、服务等提交完成情况，工程费用支付情况，并给出验收意见。其他各验收小组验收内容与竣工初步验收内容相同，重点审查竣工初步验收遗留问题和整改问题的完成情况。

(3)竣工验收总结会议

各验收小组验收完成后，由地铁公司验收委员会主任召开设备安装工程竣工验收总结会议。首先由各小组汇报验收情况，与会人员对验收出现的问题进行充分的讨论，市质量监督检查站和档案馆的代表对验收给出意见。竣工验收领导小组在充分分析各验收小组的意见、与会人员的意见及市质量监督检查站和档案馆的代表对验收的意见后，决定是否同意通过设备安装工程竣工验收。由地铁公司验收委员会办公室编写竣工验收会议纪要，参与验收的各部门代表签字确认。

五、验收整改

承包商应根据竣工验收会议纪要要求完成整改工作，报请监理复验(必要时应请相关部门共同复验)。

六、验收合格证书签署

经监理及相关单位确认整改问题整改完毕，验收合格，由地铁公司验收委员会主任和总监理工程师共同签署“设备安装工程竣工验收合格证书”。

第四节　采购设备初步(预)验收

在完成供货合同约定的内容，且设备安装工程竣工验收合格通过后，由供货商申请供货设备初步(预)验收。采购设备的初步验收或预验收的目的是检查供货商是否已按供货合同完成合同规定的责任和义务。采购设备初步(预)验收工作由地铁公司验收委员会负责组织。

一、采购设备初步(预)验收须具备的条件

1. 供货商完成合同规定的工作内容。

2. 供货合同规定提交的备品备件、专用工具、测试仪器已按合同规定提交完毕。

3. 技术文件、使用说明书及图纸等技术资料已按合同规定提交完毕。

4. 设备变更已执行完毕。

5. 设备调试、系统联调等调试工作已完成。

6. 设备安装工程竣工验收已完成,地铁公司验收委员会主任和总监理工程师已签发“设备安装工程竣工验收合格证书”。

二、采购设备初步(预)验收工作流程图

采购设备初步(预)验收工作流程见图 7-1-4。

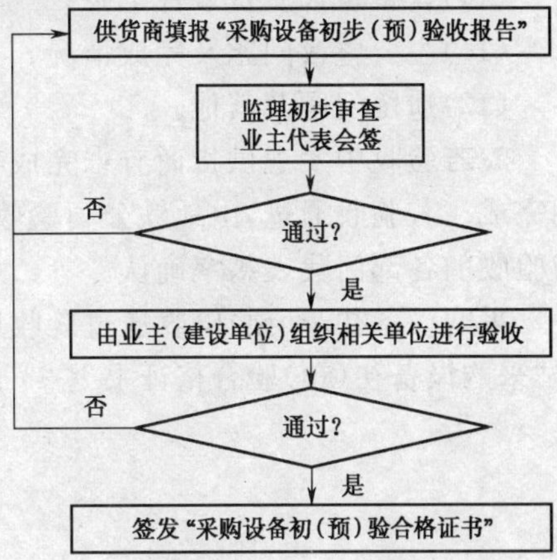

图 7-1-4　采购设备初步(预)验收流程图

三、采购设备初步(预)验收前的准备工作

1. 在完成供货合同约定的内容,且设备安装工程竣工验收合格通过后,地铁公司验收委员会主任和总监理工程师已签发“设备安装工程竣工验收合格证书”后,设备供货商应填报“采购设备初步(预)验收报告”提交监理审查。

2. 主任监理工程师应组织监理工程师及监理部信息管理工程师、资料员对采购设备合同的监理资料进行整理。在接到供货商提交的“采购设备初步(预)验收报告”后,根据整理的监理资料及时审查。审查的重点为采购设备合同是否全部履行完毕,供货商在执行合同中出现的问题是否已全部整改完毕,设备变更是否已执行完毕。若有未完事项应发监理工程师通知单要求供货商按期完成。若供货商填报的“采购设备初步(预)验收报告”不符合要求或内容不完整,监理应要求供货商进一步补充完善后重新呈报。

3. 监理将初步审查后的“采购设备初步(预)验收报告”转交业主代表会签确认,并提交地铁公司验收委员会。

四、验　　收

1. 采购设备初步(预)验收以验收会议形式对供货商提交的书面验收资料进行验收。

2. 地铁公司验收委员会负责组织召开验收会议,地铁公司相关部门(设备部、合同部、运营分公司、档案室等)及设计、监理参加。

3. 监理做对设备供货商合同履行情况及质量评定报告,设计做对设备技术水平评定报告。

4. 验收主要包括如下内容:

(1)设备开箱验收情况;

(2)设备检验情况:包括出厂试验、设备出厂验收报告、型式试验报告、安装现场设备测试报告、联合调试报告等是否齐全、是否存在未解决的问题;

(3)备品备件及专用工具交接情况;

(4)图纸及技术资料的交接情况,包括随箱技术文件的交接情况;

(5)技术培训的完成情况;

(6)合同变更的执行情况；

(7)合同费用支付情况；

(8)设备安装验收情况；

(9)相关服务完成情况，包括安装督导、现场配合、质保期服务承诺等；

(10)设备重大质量事件记录；

(11)主要整改问题及完成情况；

(12)遗留问题及其他。

5.若验收中发现供货商有未完成事项，监理工程师发“监理工程师通知单”责令供货商限期完成。若验收通过，由地铁公司验收委员会办公室编写采购设备初步(预)验收会议纪要，参与验收的各部门代表签字确认。

采购设备初步(预)验收通过验收后，由地铁公司验收委员会主任和总监理工程师共同签署“采购设备初(预)验合格证书”。

第二章　工程后期及保修阶段的监理

第一节　设备工程移交

设备工程的移交分为单体设备移交和设备安装工程移交两大类。设备工程的移交意味着设备的产权移交，设备的管理权移交，设备的使用权移交，设备的风险转移。

一、单体设备的移交

单体设备是指设备运抵现场（车辆段）后，不需要安装，经调试验收合格后可以直接使用的设备。如车辆、内燃机车、各类检修用车辆、检修用仪器仪表等。

单体设备运抵现场（车辆段）后，由供货商负责设备的调试，经地铁公司验收委员会组织的设备初步（预）验收合格后，地铁公司验收委员会主任和总监理工程师共同签署设备初步（预）验收合格证明，表明设备已满足了合同规定的要求。由总监理工程师组织地铁公司建设部门、运营部门和供货商召开单体设备移交会。如与会各方对设备移交无异议，则由总监理工程师签发单体设备移交证书。

二、设备安装工程的移交

设备安装工程是指设备、材料经安装、调试后形成完整功能的设备系统。地铁设备安装工程包括主变电所、35 kV 变配电工程、接触网工程、电扶梯、屏蔽门、通信系统、信号系统、综合监控系统、乘客资讯系统、导向标识系统、环境控制系统等。地铁设备安装工程竣工验收合格后，地铁公司验收委员会主任和总监理工程师共同签署设备安装工程竣工验收合格证明，表明设备安装工程已满足设备安装合同规定的要求。由总监理工程师组织地铁公司建设部门、运营部门和设备安装承包商召开设备工程移交会。如与会各方对设备移交无异议，则由总监理工程师签发设备安装工程移交证书。

三、备品备件、随箱文件的移交

备品备件、专用工具、试验仪器仪表、检测设备、图纸、维修手册、使用手册等技术文件，在到货开箱验收合格后，直接移交给地铁公司运营部门。竣工文件移交给市档案馆和地铁公司档案管理部门。

四、移交证书

移交证书的对象是设备安装承包商或设备供货商，移交证书应注明具体的移交内容，如工程的名称、内容及范围，备品、备件、专用工具、技术文件等已移交的内容，竣工文件的移交、培训资料的移交等。在移交证书上应列明相应证明的附件，包括：设备安装工程竣工验收合格证书、工程质量评定表、备品备件、专用工具、试验仪器仪表、检测设备、图纸、维修手册、使用手册、培训教材等技术文件交接表及档案馆开具的档案移交证明。在总监理工程师签字之日起，移交开始生效。

第二节　竣工结算

在地铁建设过程中，设备竣工结算分为采购设备的竣工结算和设备安装工程竣工结算两大类。竣工结算按合同进行，每个合同均需要单独进行竣工结算。

一、竣工结算须具备的条件

1.设备供货合同或设备安装合同规定的内容已全部完成，设备安装工程已竣工验收合格或设备供货合同已初步（预）验收合格。

2.合同规定的备品、备件、专用工具、试验仪器设备、图纸、维修手册、使用说明书、培训教材等技术文件已移交完毕。

3.归档资料已移交完毕。

4.工程款项已全部支付完毕（质量保证金除外）。

二、竣工结算编制

1.竣工结算由设备供货商或设备安装承包商编制。

2.竣工结算以合同为单位进行编制。

3.竣工结算包括合同价、所有的补充协议价、所有的变更价及暂定金额。

4.竣工结算应附以下附件：

（1）合同协议书、中标通知书（或评审结果通知书）；

（2）补充协议；

（3）各类变更（全套审批文件）；

（4）竣工验收证书或初步（预）验收证书。

三、竣工结算的审批

承包商或供货商在规定的期限内，按要求编制完成竣工结算审批书交由监理审查。监理审查通过后交地铁公司相关部门审批，由地铁公司统一报当地政府审计部门进行审计。

第三节　设备工程保修

一、保修期的监理工作

保修期监理工作，是指设备安装工程竣工验收后和采购设备初步（预）验收后，按照建设单位和监理单位签订的委托监理合同的约定，保留必要的监理人员，承担设备质量保修期的监理任务，是履行监理合同约定的一个工作阶段。

1.《建设工程监理规范》相关要求

《建设工程监理规范》（GB 50319—2000）规定工程质量保修期的监理工作包括内容有：

（1）监理单位应依据委托监理合同约定的工程质量保修期监理工作的时间、范围和内容开展工作。

（2）承担质量保修期监理工作时，监理单位应安排监理人员对建设单位提出的工程质量缺陷进行检查和记录，对承包单位进行修复的工程质量进行验收，合格后予以签认。

(3)监理人员应对工程质量缺陷原因进行调查分析并确定责任归属，对非承包单位原因造成的工程质量缺陷，监理人员应核实修复工程的费用和签署工程款支付证书，并报建设单位。

2. 保修期的监理

(1)设备工程进入保修阶段，承包商已撤离现场，监理单位应根据工程项目规模，在参加该项目施工阶段监理工作的监理人员中保留必要的监理人员负责设备保修阶段的监理工作。总监理工程师应参与设备保修阶段的监理工作。

(2)保修阶段的监理人员应搜集并保管好相关资料，如相关规范、标准、监理合同、设备采购合同、设备安装承包合同和设计文件、工程质量验评标准等，以便设备出现保修问题时监理工程师可及时处理。总监理工程师应组织编写《保修阶段监理细则》用于指导保修期的监理工作，督促承包商建立用户回访档案。

(3)为了确保保修及时、保证质量，监理工程师应督促承包商向业主方提交《质量保修书》及有关保修承诺。监理人员应收集参加地铁工程建设的系统设备供货商、设备安装承包商项目负责人的联系地址、电话，现场留守人员负责人的联系地址、电话或保修人员的联系地址、电话等，并造册以便有保修问题时能够及时通知有关人员到达现场。

(4)监理人员要与业主方密切联系，关注设备使用状况是否正常，随时听取地铁公司运营部门的意见。

二、保修期的监理计划

监理应制定保修计划及用户回访制度。

1. 监理人员每个月应巡视一次设备现场，观察了解设备运转情况。

2. 设备供货商、设备安装承包商应每 6 个月对运营公司进行回访，了解设备使用情况、故障发生情况及保修到位情况。

3. 监理工程师对地铁公司运营部门反馈的意见、质量回访以及检查中发现的设备质量问题与缺陷原因应进行详细调查分析，并确定质量缺陷的责任。对于较严重的质量缺陷，总监理工程师应组织地铁公司、设计人员和承包商共同分析原因，确定责任。

4. 在设备保修期即将到期的前 1～2 个月，总监理工程师应组织地铁公司、承包商共同对设备运行情况进行检查。保修期满后，由地铁公司组织设计、监理等相关单位对设备安装工程、采购设备进行最终验收。最终验收通过后，由地铁公司验收委员会主任和总监理工程师共同签署最终验收合格证书，结清合同余款，地铁公司退还承包商、供货商所有的保函，合同履行结束。

三、保修阶段的监理工作重点

结合地铁设备工程的特点，保修阶段应合理安排监理工作重点。

1. 定期关注地铁系统设备运营状态，如出现重大问题，应通知设计、承包商进行分析研究处理。

2. 对设备质量问题和质量缺陷进行调查，重点是车辆、35 kV 供电设备、接触网设备、信号设备、通信设备、屏蔽门、电扶梯、自动检售票、综合监控、乘客资讯系统等与行车安全和旅客有关的设备。

3. 在保修期间内，地铁公司运营部门发现设备使用功能出现问题，是由于施工质量而影响使用，可以用口头或书面通知设备安装承包商的有关保修部门，说明情况，要求派人前往检查修理。设备安装承包商必须尽快地派人检查，并会同建设单位共同作出鉴定，提出修理方案，尽快地组织人力、物力进行修理。如属于设备质量问题，监理工程师应通知供货商及时到达现场进行维修或更换。发生涉及安全或者严重影响使用功能的紧急抢修事故，施工单位或供货商接到保修通知后，应当立即到达现场抢修。

4.在保修期内，如承包商不能按合同规定履行保修职责，地铁公司可以委托其他承包商对缺陷进行修复。监理工程师应对所发生的费用进行计量、审核，并从承包商的质量保证金中扣除该部分费用。

四、保修责任的划分

保修费用是指对保修期间和保修范围内所发生的维修、返工等各项费用支出。

根据《中华人民共和国建筑法》的规定，在保修费用的处理问题上，必须根据修理项目的性质、内容以及检查修理等多种因素的实际情况，区别保修责任的承担问题，对于保修的经济责任的确定，应当由有关责任方承担。

1.承包商未按国家有关规范、标准和设计要求施工，造成的质量缺陷，由承包商负责返修并承担经济责任。

2.由于设计方面的原因造成的质量缺陷，由设计单位承担经济责任，可由承包商负责维修，其费用按有关规定通过建设单位向设计单位索赔，不足部分由建设单位负责协同有关方解决。

3.因建筑材料、建筑构配件和设备质量不合格引起的质量缺陷，属于承包商采购的或经其验收同意的，由承包商承担经济责任；属于建设单位采购的，由供货商承担经济责任。

4.因使用单位使用不当造成的损坏问题，由使用单位自行负责。

5.因地震、洪水、台风等不可抗拒原因造成的损坏问题，承包商、设计单位不承担经济责任，由建设单位负责处理。

附录　设备监理的工作程序

第一节　设备监理工作流程

一、目标控制的流程

1. 控制流程图

在管理学中，控制通常是指管理人员按计划标准来衡量工作成果，纠正产生的偏差。目标控制流程图一般如附图-1 所示。

2. 主动控制与被动控制

目标控制可分为两大类，即主动控制和被动控制。所谓主动控制，就是预先分析目标偏离的可能性，并拟定和采取各项预防性措施，以使计划目标得以实现。被动控制是系统按计划进行时，管理人员对计划的实施进行跟踪，并把它输出的工程信息加工整理后传递给控制部门，使其从中发现问题，找出与目标的偏差并制定纠偏方案，计划执行单位将纠偏措施付诸实施。主动控制和被动控制，必须有效地紧密结合起来，并力求加大主动控制在控制过程中的比例，同时进行定期、连续的被动控制。主动控制与被动控制相结合的方式在监理工作程序中应充分反映。主动控制与被动控制相结合的目标控制如附图-2 所示。

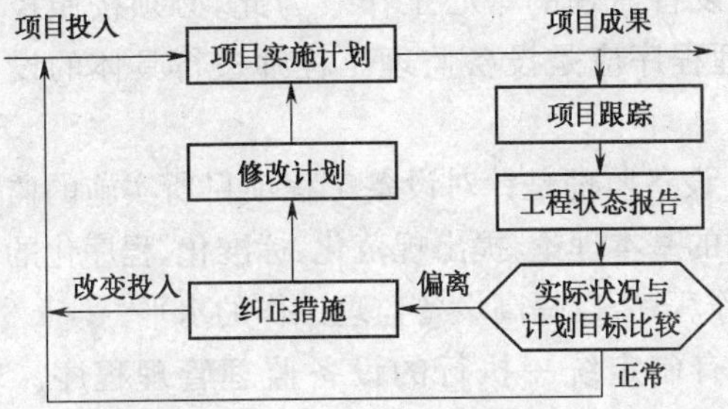

附图-1　目标控制流程图

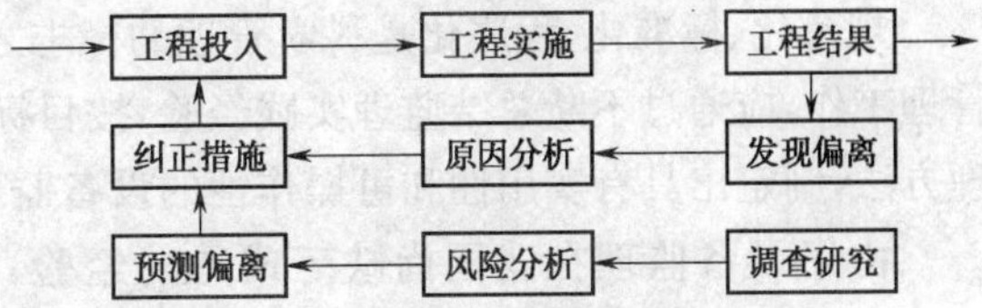

附图-2　主动控制和被动控制关系图

二、设备监理工作流程

1. 监理业务工作流程

鉴定监理合同—委派项目总监理工程师—成立项目监理机构—收集有关工程资料—按合同编制监理规划或分项分阶段编制监理实施细则—第一次监理工作例会（监理工作交底会）—实施监理工作（质量、进度、投资、安全控制；合同、信息管理；组织协调）—工程初验—监理总结、监理资料归档—工程竣工—（保修阶段监理）。

2. 设计阶段监理工作流程

设计监理任务—根据监理规划编制监理实施细则—调查研究分析资料、制定设计要求文件—组织设计方案竞选或直接委托初步设计评定方案、或审查初步设计—确定施工图的设计单位、审核工程设计—文件验收—监理工作报告。

3. 设备招标采购阶段监理流程

设备采购监理任务—协助业主编制招标文件—业主发出招标公告或邀请投标意向书—协助业主审查投标单位资格—协助业主组织投标人踏勘现场和召开招标会议—协助业主组织开标、评标—发出中标通知—参与合同谈判—协助业主签订承包合同—监理工作总结。

4. 设备制造阶段监理流程

设备制造阶段监理任务—调查分析设备制造单位(供货商)情况—编制监理实施细则—监理交底会—实施产品设计监理(设计联络、设计审查)—设备制造前的检查—实施设备制造监理(包括驻厂监造)—出厂验收—到货开箱验收—监理工作总结。

5. 设备安装调试阶段监理工作流程

设备安装调试阶段监理任务—监理机构进驻施工现场—编制监理实施细则—组织召开第一次监理工作例会(监理工作交底会)—实施设备安装工程监理—设备调试监理—组织工程初验—编写工程评估报告—协助建设单位组织工程竣工验收—监理工作总结。

6. 设备试运行及保修阶段监理工作流程

制定监理实施细则—定期检查设备运行情况—对有问题设备组织技术分析会—鉴定质量责任督促维修—维修工程质量检验—责任期结束时的检验—协助建设单位与施工单位办理终止合同手续—监理资料归档。

第二节 设备监理管理程序

设备监理的产品是一种服务,这种服务的内容是对整个设备工程中质量、进度、投资和安全等实施监督和控制,对工程项目目标的控制应是设备监理的中心工作。为此,必须按照控制的基本理论来制定相应的管理程序。设备监理管理程序应是设备监理工程师进行具体的设备工程项目监理工作时所遵循的基本工作程序。

规范化、标准化、程序化是科学管理的标志之一。设备监理是针对设备工程项目所实施的监督管理工作,应通过不断总结监理实践经验,按目标控制的基本理论,提出规范化、标准化、程序化的管理方法,制定出具有实用性和可操作性的设备监理工作程序,以提高设备监理工作的水平。

由于设备监理在我国尚缺乏成熟的经验,还没有制定统一执行的设备监理管理程序。现以深圳地铁一期工程设备工程中试行的《设备监理管理程序》为例,对设备监理管理程序进行阐述。该《设备监理管理程序》由铁科院(北京)工程咨询有限公司深圳地铁监理部编制,经业主审核批准试行,并在工程实践中不断完善,同时在若干地铁工程机电设备监理中进行了应用,得到了较好的评价,被认为是设备监理开展“四控两管一协调”工作的行之有效的规范化管理工具,基本实现了管理出效益、管理出成果,管理重(优)于施工的预期目的。

现对该《设备监理管理程序》进行简单介绍。

一、《设备监理管理程序》内容

《设备监理管理程序》按设备的监理阶段进行分类编制,分为产品设计阶段、设备制造阶段、设备制造与安装交接、设备安装调试阶段、通用程序、设备安全质量管理等共包括 32 个设备监理管理程序。

1. 产品设计阶段的监理管理程序

(1)SJ 101 设计联络及设计联络会议工作程序。

(2)SJ 102 设备产品设计审查程序。

2.设备制造阶段的监理管理程序

(1)SJ 201 设备制造进度控制程序。

(2)SJ 202 设备制造工艺方案报审程序。

(3)SJ 203 设备制造关键工序检验程序。

(4)SJ 204 设备制造主要外购件报验程序。

(5)SJ 205 设备样机验收工作程序。

(6)SJ 206 设备投产前技术准备工作检查程序。

(7)SJ 207 设备变更管理程序。

(8)SJ 208 设备出厂验收程序。

3.设备制造与安装交接监理管理程序

(1)SJ 301 设备供货管理程序。

(2)SJ 302 设备开箱检查移交程序。

4.设备安装调试阶段的监理管理程序

(1)SJ 401 设备安装进场工作程序。

(2)SJ 402 设备安装进度控制程序。

(3)SJ 403 设备安装主要外购材料报验程序。

(4)SJ 404 乙供关键货物管理程序。

(5)SJ 405 工地协调例会工作程序。

(6)SJ 406 设备安装工程暂停令发布及复工报审程序。

(7)SJ 407 设备安装关键工序检验交接程序。

(8)SJ 408 设备安装隐蔽工程检查验收程序。

(9)SJ 409 设备安装工程变更管理程序。

(10)SJ 410 设备安装计量支付程序。

5.设备监理管理通用程序

(1)SJ 501 设备分包商资质报审程序。

(2)SJ 502 承包商质量体系审查程序。

(3)SJ 503 设备索赔程序。

(4)SJ 504 设备安装工程竣工初步验收程序。

(5)SJ 505 设备安装工程竣工验收程序。

(6)SJ 506 采购设备初(预)验工作程序。

6.设备安全、质量管理程序

(1)SJ 601 设备安全管理程序。

(2)SJ 602 设备安装质量安全事故处理程序。

(3)SJ 603 设备安装调试监理安全控制实施细则。

(4)SJ 604 设备安装调试的火灾事故应急救援方案。

二、设备监理管理程序概述

1.《设备监理管理程序》的特点

(1)针对地铁设备工程的特点编制程序

制定的管理程序是按监理工作流程，根据业主的管理模式和各相关部门的职责分工，以及地铁工程设备采购合同和安装承包合同中规定的质量、工期、投资等要求和承包商的责任等进行编制的，体现了地铁设备监理的特点。

(2)按工程实际需求编制程序

该《设备监理管理程序》按设备工程各阶段不同的需求和要求制定了各自相关的工作程序，明确了不同阶段的进度、质量、投资、安全等控制要点和监理工作内容、各方应承担的责任和工作接口等，程序覆盖了设备工程全方位、全过程监理工作的内涵和职责。

(3)体现了公正、独立的工作原则

该《设备监理管理程序》按照“建设监理规范”的基本要求和有关监理工作的政策、法规、规定进行编制和完善，体现了监理服务的宗旨和公正、独立开展监理工作的原则，对监理工程师在设备工程中的作用和职责进行了不容置疑的规定。

(4)简单实用、可操作性强

该《设备监理管理程序》通过在工程实践中不断修改完善，尽量减少繁杂的工作流程，明确相关各方权限和职责，基本达到了简单实用、符合监理目标控制要求，提高工作效率的目的，具有较强的可操作性。

2.《设备监理管理程序》的内容符合主动控制与被动控制相结合的基本思想

《设备监理管理程序》的编制是按设备工程的设计、采购制造、安装调试等阶段进行编制的。但其内容，实际上是按质量控制、进度控制、投资控制、安全控制等监理控制目标进行编制的，并且符合主动控制和被动控制相结合的基本思想。

质量控制程序中，设备产品设计审查程序、设备投产前技术准备工作检查程序、承包商质量体系审查程序、设备制造主要外购件报验程序、设备安装主要外购材料报验程序等均为主动控制程序，即通过规范和严谨的监理工作措施和方法在事前把可能影响质量的各种因素进行检查和控制；设备样机验收工作程序、设备出厂验收程序、设备安装关键工序检验交接程序、设备安装隐蔽工程检查验收程序、设备开箱检查移交程序、设备安装工程竣工初步验收程序、设备安装工程竣工验收程序、采购设备初(预)验工作程序等均为被动控制程序，即在事中、事后对质量进行严格检查验收，不符合合同技术要求和相关质量标准的必须整改、返工直至达到质量控制目标的要求。

进度控制程序中，设备制造进度控制程序和设备安装进度控制程序等为主动控制与被动控制相结合的控制程序。在进度计划制定和审批过程为主动控制，在事前通过对承包商(供货商)的进度计划与工期目标的符合性进行审查，对其工期保证措施是否可行进行确认，做到在事前就考虑对影响进度因素的控制措施；在进度计划执行过程的控制为被动控制，在事中和事后跟踪、检查进度执行情况，发现偏离问题及时处理，并制定赶工措施，以使阶段工期目标和总工期目标得以实现。

设备安装计量支付程序、设备变更管理程序、设备安装工程变更管理程序为事前控制程序，通过对承包商付款申请中的支付理由是否满足合同支付条件，工程量清单是否属实等进行三级审核，严格把住工程款支付关。通过对设计变更、设计成果是否优化和合理，是否保证投资取得最佳经济、社会、环境效益的原则和对工程变更是否必要合理等进行认真审核，特别对涉及费用变更的申请进行严格的技术评审和造价审核，使设备工程造价控制在概算内。

设备安全管理程序中实行事前建立安全管理组织、制定安全保障措施和检查制度、进行人员安全培训和安全交底，制定事故应急救援方案；事中检查施工作业中安全保障措施执行情况；事后对质量安全事故及时妥善处理。建立了较完整的安全控制体系。

总之，该设备管理程序应结合具体的监理项目，并根据所监理项目工程规模、阶段、业主管理模式及监理合同所要求配备的监理工程师人数，通过进一步完善和优化后，制定出适合工程特点的监理管理程序。

三、设备监理管理程序的通用部分

设备监理管理程序的目的、适用范围、制定依据、定义等具有一定的通用性，为节省篇幅，在此做统一介绍。

1. 目的：指制定设备监理管理程序的目的。如：制定"设计联络及设计联络会议工作程序"的目的为"规范设计联络及设计联络会议的内容及工作程序"。

2. 适用范围：指制定设备监理管理程序所适用的范围。如"设计联络及设计联络会议工作程序"的适用范围为"适用于××地铁工程车辆、机电设备采购合同签订后设计联络工作及召开设计联络会议的组织筹备及议程安排"。

3. 制定依据：指制定设备监理管理程序的依据。主要包括监理委托合同、监理规划、设备采购合同、设备安装合同、设计合同、业主的相关管理办法及国家、地方政府制定的相关法律法规等。

4. 定义：指制定设备监理管理程序所包含的主要词汇的定义。如业主、监理单位、监理部、监理分部、承包商、供货商、总体设计单位、系统设计单位、样机验收、出厂验收、合同、设备变更等。

5. 监理架构：本监理管理程序是按监理部和监理分部两级管理模式制定，监理分部按专业设置，由主任监理工程师负责，主任监理工程师的职责类似于专业监理工程师。

SJ 101　设计联络及设计联络会议工作程序

一、设计联络

1. 设计联络是设备采购合同签订后设备设计阶段的重要工作。设计联络的目的是通过合同签订双方的联络，确认与其他相关系统设备及土建的接口并检查合同设备的设计方案、产品功能及性能指标等是否满足合同文件技术规格书和有关技术标准的要求。为保证产品质量，合同设备的产品技术设计应通过设计联络会审议后方可投入生产和制造。

2. 设计联络由业主和监理共同负责。即由业主有关部门和监理部指派的专业监理工程师组成设计联络筹备小组，该联络筹备小组由监理牵头组织并负责合同设备设计联络的具体工作，积极筹划召开相关各方参加的设计联络会。

3. 做好相关各方(业主、承包商或供货商、设计、监理)的设计联络工作，为召开设计联络会进行必要的技术准备和组织策划工作。

4. 按合同规定的时间和内容要求定期召开设计联络会，同时要满足工程设计和产品设计的进度要求。

二、设计联络会

1. 设计联络会的主要工作内容：

设计联络会的议题主要围绕进一步了解合同中业主的需求，明确合同设备与其他专业的接口，以对地铁工程专用设备的产品技术设计进行审议认可为目的展开工作。其主要内容：

(1)解决在技术澄清阶段的遗留问题，进一步明确业主的需求。

(2)明确设备安装与土建接口问题，为设计单位进行施工图设计提供必要的数据和技术资料。

(3)明确合同设备与相关系统设备之间的接口问题。

(4)承包商或供货商介绍设计方案、设备性能、技术参数及要求、产品技术条件、出厂验收标准。

(5)对设备关键材料、主要元器件、外协件供货商资质的审查及对承包商或供货商企业质量管理体系的确认。

(6)审查承包商或供货商提供合同设备的产品技术设计是否满足合同文件技术规格书的要求。

(7)对设备投产前技术准备工作的审查。

(8)非标准机电设备的产品设计审查，按 SJ 102《设备产品设计审查管理程序》执行。

2.设计联络会由监理工程师主持时，总体设计单位主谈，由业主、承包商或供货商、监理、总体设计单位及系统设计单位参加，必要时亦可邀请有关专家参加。承包商或供货商负责会务组织，设计单位负责会议纪要整理及编写工作。

3.若设计联络会需要解决的问题较多，则可按合同的规定分开几次会议。但每次会议应安排不同的议题内容。如第一次设计联络会应着重解决合同设备与土建接口及与相关系统接口的问题，以保证设计单位能及时完成施工图纸的设计。第二次(或第三次)设计联络会则应审议和认可合同设备的产品技术设计等。

4.若设备的技术提供系由境外工厂承担或国外采购，则应按合同规定可组织在境外工厂召开联络会。

5.每次设计联络会结束时都必须形成会议纪要。设计单位负责整理编写会议纪要，经参加会议各单位代表签认后由总体设计单位签署分发给与会各单位执行。

6.设计联络会应对合同设备的产品技术设计进行审议。总体设计单位根据设计联络会的审议意见，对产品技术设计进行审核认可。

7.如果发生下列情况之一，则认为技术审查未通过，设计联络会有权建议业主取消或终止设备的制造，并按有关合同专用条款处理。

(1)承包商或供货商无能力按合同规定进行产品技术设计或没有正当理由不能按时提供合同规定的设备图纸及技术文件供审查时；

(2)承包商或供货商提供审查的设备产品型号不符合规定或未能完整地引进该型号设备的技术时；

(3)承包商或供货商提供审查的设备产品无法在结构、性能、技术水平等方面达到合同规定的要求时。

三、工作程序

1.会议议题准备

(1)由业主相关部门和监理部各指派 1 名专业工程师组成“联络筹备小组”，负责商讨并组织合同设备项目的设计联络工作。

(2)联络筹备小组向各有关单位发出征集设计联络会议题的通知。

(3)各有关单位(包括承包商或供货商)按征集通知要求，填写《设计联络会议题表》，并按通知中要求的时间传送到监理部。由监理工程师汇总整理后交联络筹备小组讨论确定会议主要议题内容，并拟订出设计联络会的《会议议程》。

2. 会务准备

(1)设计联络会地点一般应安排在承包商或供货商(设备生产厂家)所在地。如果因故安排在其他地点举行，则承包商或供货商应事先派遣会务组到会议所在地进行会务的组织筹备工作。

(2)会议主持单位(监理)应按合同的规定时间提前将参加设计联络会人员的名单通知承包商或供货商，以便承包商或供货商进行会务准备工作，包括安排会议场所、住宿、交通等。

如果第一次监理工作会议与设计联络会一起召开，则会议的筹备组织工作亦可一并进行。

3. 会议召开程序

(1)会议主持单位(监理)向有关单位发出“会议通知和设计联络会会议议程”，通知召开设计联络会的时间、地点及会议的主要议题内容。

(2)参加会议的代表应按会议议题事先做好充分准备工作，包括图纸、技术资料及电子文件的准备等。

(3)按会议议程的安排对有关议题进行讨论和审议。

(4)设计单位负责整理编写《会议纪要》，经与会代表签认后，由总体设计单位签署分发给与会各单位执行，并将《会议纪要》复印件送交业主及监理部存档备案。

(5)设计联络会代表通过对设备的设计方案、产品技术条件、出厂验收标准等技术文件的审查，应对合同设备功能、性能指标、技术参数等是否满足合同文件技术规格书的要求进行审议，并将审议意见写入《会议纪要》。

(6)总体设计单位根据设计联络会对产品技术设计的审查意见，进一步审查后可表示：

①同意设计联络会的审议意见，签署《会议纪要》；

②不同意设计联络会的审议意见，要求重新审议。

(7)如果产品设计尚需进行修改和进一步完善后才能满足合同要求，则承包商或供货商应按设计联络会的审查意见对产品技术设计进行修改。

(8)承包商或供货商完成产品技术设计修改工作后，应报送业主和总体设计单位审查确认，由总体设计单位签署审查认可意见。如有必要可召开第二次设计联络会进行产品修改设计审查。审查通过后，再由总体设计单位签署审查认可意见。

第二次设计联络会的准备工作和召开程序可参照第一次设计联络会的工作程序进行。

(9)为简化和加速产品设计审查中的图纸及技术文件的传递流程，在不改变合同的前提下设计单位和承包商或供货商之间可以直接进行文件交流，但同时必须抄送监理单位备案。

(10)在合同设备投产前，监理工程师和业主代表应对承包商或供货商的投产前技术准备工作进行检查认可。

承包商或供货商通过产品技术设计审查及投产前技术准备工作的认可后，即可进行合同设备样机试制或批量生产。监理单位则按已审查认可的产品技术设计和技术文件进行设备制造阶段监理。

SJ 102 设备产品设计审查程序

一、设计审查流程图

如附图-3 所示。

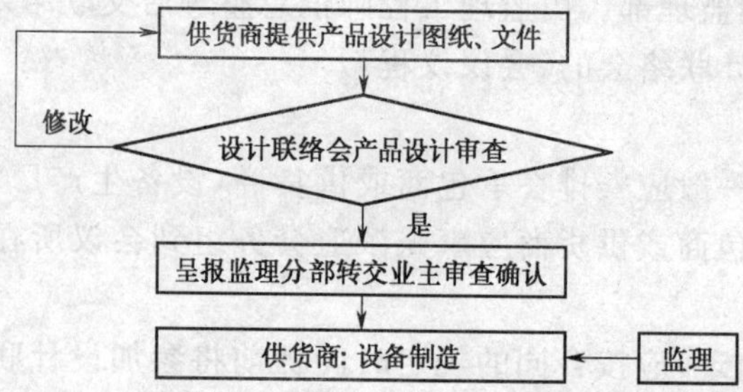

附图-3　设备产品设计审查流程图

二、设计联络会

1.按合同规定的时间召开设计联络会。

2.设计联络会由业主代表或项目主任监理工程师主持。由业主、承包商或供货商、工程设计单位、监理参加，必要时亦可邀请有关专家参加。承包商或供货商负责会务组织工作。

3.设计联络会地点一般应安排在承包商或供货商(设备生产厂家)所在地。如果因故安排在其他地点举行，则承包商或供货商应事先派遣会务组到会议所在地进行会务的组织工作。

4.会议主持单位应按合同规定的时间提前将参加设计联络会人员的名单事先通知承包商或供货商，以便承包商或供货商进行会务准备工作，包括安排会议场所、住宿、交通等。

5.设计联络会结束时必须形成会议纪要，设计单位负责编写会议纪要，纪要经设计单位代表与承包商或供货商页签，并由参加会议各单位代表签认后分发给与会各单位执行。

三、产品设计审查

1.非标准机电设备产品设计审查可安排在第二次(或第三次)设计联络会进行。

2.承包商或供货商应提供以下技术文件供设计审查会审查：

(1)设计任务书(设计规格书)；

(2)产品技术条件；

(3)主要设计图纸及设计文件；

(4)产品设计依据的技术标准；

(5)产品试验大纲；

(6)接口设计文件；

(7)设备供货清单。

3.产品设计审查的主要内容

(1)审查产品设计任务书(设计规格书)

承包商或供货商通过用户需求分析后拟订的设计任务书必须全面充分满足用户的需求。故应重点审查设计任务书提出的各项功能及性能指标是否达到设备合同所规定的技术要求。

(2)审查产品技术条件

根据设计任务书制订的产品技术条件，须满足设备合同及相关技术标准所规定的各项技术要求。

产品技术条件是设备产品的关键技术文件。在拟订设计方案、选择元器件配置、进行设计计算、图纸设计和编制工艺方案、试验大纲、质量保证计划等均须满足技术条件的要求。

产品技术条件的审查依据是：

①是否满足设备合同技术规格书的要求；

②是否符合国家有关技术标准、规范的要求。

(3)审查主要设计图纸及设计文件

主要审查该产品设计是否达到技术条件的要求；设计文件是否正确、完善地表达了产品设计的原则、思路、特点和要点。

(4)审查产品设计依据的技术标准

审查产品设计所依据的各种技术标准、规范或资料、数据是否正确可靠，是否符合国家和行业的有关规定。如采用内控的企业标准，则应审查此企业标准是否优于国家及行业标准。

(5)审查产品试验大纲

包括设备样机试验大纲和出厂试验大纲。产品只有通过试验才能验证是否已达到技术条件的各项要求。试验大纲内容应包括：试验目的和要求、测试项目、方法、步骤、目标值、允差范围、试验仪器仪表和检测器具、测试数据纪录的要求等。

(6)审查接口设计文件

审查接口设计文件是否完整和正确

①与相关系统设备的接口

硬件接口：明确接口的连接方式、数量和必要的说明。

软件接口：明确传输量是开关量或模拟量，采用的通信协议和规约等。

②与土建专业的接口：提供设备外形尺寸及安装尺寸、单件重量、对安装基础及预埋件的要求、预留沟槽孔洞的位置及尺寸要求等。

(7)审查设备供货清单

除审查供货清单设备的配置(包括型号、规格、数量、附件、电子文件等)是否与合同规定相符合外，还应重点审查供货商的资质及进口设备原产地是否与供货合同相一致。

4.产品设计审查结论应由参加审查会议代表签字确认，由承包商或供货商按会议审查的意见对产品设计进行修改。

四、修改产品设计的审查

1.承包商或供货商完成产品设计的修改工作后，应呈报监理部转交设计单位及业主审查确认。如有必要可在下次设计联络会进行设备修改设计审查。

2.对修改产品设计审查的主要内容

(1)审查承包商或供货商是否已按产品设计审查会所提出的修改意见对设备的产品设计进行修改，修改后的设计各项功能及性能指标是否已能满足合同规定的技术要求。

(2)审查承包商或供货商是否已按产品设计审查会上所提出的其他意见完成对设备产品设计的修改工作。

3.如果采用设计联络会方式进行产品修改设计的审查，则应由参加审查会议的代表对修改设计审查结论进行签字确认，并呈报监理部转交设计单位及业主确认备案。

4.设计单位及业主主管部门应将对产品设计的审查确认意见及时以文件形式函告监理部。

5.承包商或供货商按修改后的产品设计进行设备制造，监理单位对设备制造进行监理。

SJ 201　设备制造进度控制程序

一、进度计划报审流程图

如附图-4 所示。

二、进度计划的编制

供货商依据设备制造供货合同编制设备制造进度计划。进度计划一般应包括如下内容：

(1)概况；

(2)进度计划横道图；

(3)节点网络图；

(4)外购设备(件)的工期时间表；

(5)总装工期时间表；

(6)例行试验(含型式试验)工期；

(7)设备包装储运工期；

(8)供货至现场的时间；

(9)工期保证措施；

(10)提供设备外形尺寸及重量等有关技术资料的时间(以保证设备基础的设计与施工)。

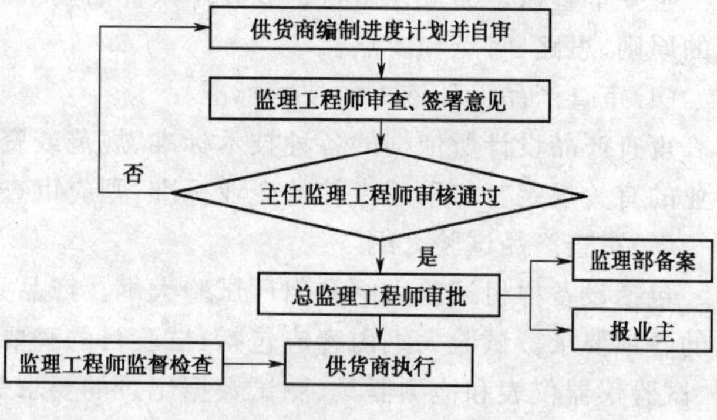

附图-4　设备制造进度计划报审流程图

三、进度控制程序

1. 进度控制流程图

如附图-5 所示。

2. 设备制造进度控制应以设备制造总进度计划为基准，依据项目的设备制造供货合同所限定的工期，由监理工程师对设备制造供货商实施监理。

3. 计划的检查与调整程序

(1)监理工程师依据“合同”和“进度计划”，定期或不定期对设备制造供货商进行进度检查，并收集有关资料。

(2)监理工程师如发现实际进度偏离计划的情况，应督促供货商采取有效的调整措施，并监督其按调整后的计划执行。

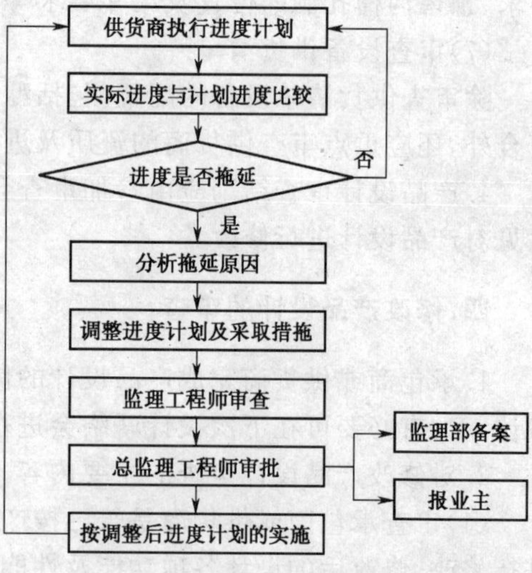

附图-5　设备制造进度控制流程图

(3)反馈计划执行的结果，并以书面报告的形式，向监理分部主任监理工程师及监理部总监理工程师报告，以利决策和调整。

4. 供货商应在每月 22 日向监理分部及监理部填报(具体填报时间按业主报当地政府时间逆推)：

(1)本月设备制造进度统计表(上月 21 日至本月 20 日)。

(2)下月设备制造进度计划表(本月 21 日至下月 20 日)。

SJ 202 设备制造工艺方案报审程序

一、报审流程图

如附图-6所示。

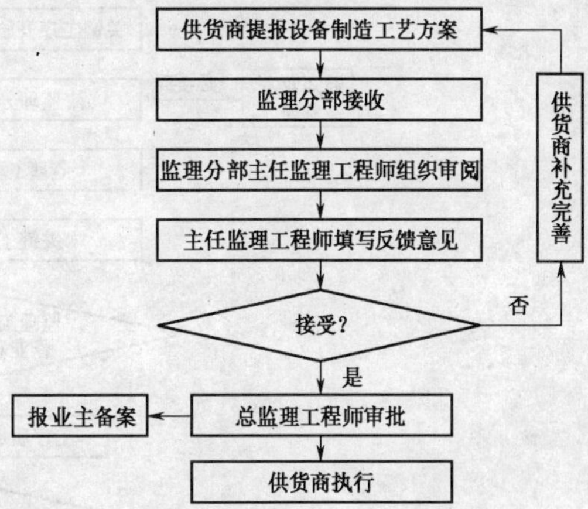

附图-6 设备制造工艺方案报审流程图

二、报审的范围及内容

凡属本工程中被合同确定为需要实施制造监理的设备均需报审制造工艺方案。

设备制造工艺方案应根据设备制造的要求，在不侵犯供货商知识产权的前提下，供货商应提供必要的详尽资料以满足业主和监理对制造过程进行质量监督。

设备制造工艺方案应包括如下内容：

(1)产品技术设计确定的产品总体布置图和总图、重要部件和组件总图；

(2)产品的主要精度及其特点，特殊要求；

(3)产品试制及正式制造阶段的质量指标；

(4)新产品生产组织形式和工艺路线安排；

(5)主要生产设备的性能及功能(包括制造设备、检验、测量和试验设备)；

(6)外委托加工或外购的重要零部件的关键工序；

(7)产品质量检验关键项、点设置及检验标准与方法；

(8)产品出厂试验大纲及新产品的型式试验大纲。

三、报审程序

1.供货商提报设备制造工艺方案文件

供货商对合同所确定的设备组织编制生产工艺方案，并按要求在设计审查完成后28天内向监理部提交《设备制造工艺方案报审表》及设备制造工艺方案。

2.主任监理工程师组织审阅

主任监理工程师应在收到供货商报审资料后28天内组织进行审阅。

3.主任监理工程师签署意见

在审阅所提供的资料后，主任监理工程师应在报审表上填写意见，通知供货商审阅结果，需补充完善的，交供货商补充完善后再报。报审通过的则根据所报方案确定最终实施的分级质量控制点，一并交总监理工程师审批。

4.总监理工程师批准执行

总监理工程师审批后，交供货商执行，并报业主备案。

5.特殊情况下的审定

对于具有试验性质或制造条件因素造成与原设计有较大出入者，监理分部应邀请设计单位、业主共同参加审阅，以确定是否能满足设计要求。

如监理分部在规定时间内未就报审资料作出答复，供货商可认为所报资料已被认可，可以按照所报资料执行。

SJ 203 设备制造关键工序检验程序

一、检验流程图

如附图-7所示。

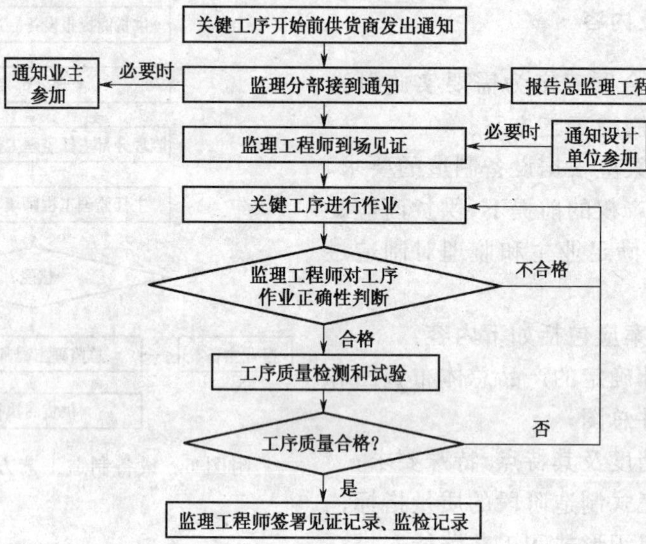

附图-7 设备制造关键工序检验流程图

二、检验程序

1.供货商在关键工序进行前的准备

供货商在关键工序作业7天前,应预先通知监理分部并准备好相关资料、检测仪器设备、落实检验安全措施。

2.监理工程师到场见证

监理分部在收到通知后,报告监理部总监理工程师并通知业主。根据质量控制点分级要求,检验工作由监理工程师与有关单位共同进行。监理工程师应在关键工序作业前到达现场,供货商应向监理工程师提供本关键工序以前的各质量检验合格记录和本关键工序技术文件(技术要求、质量标准等)。监理工程师经审查认为资料齐全后,准备对关键工序进行见证,否则,责成供货商继续补充。

3.关键工序作业

监理工程师到达现场后,关键工序开始作业,监理工程师监督作业全过程。

4.监理工程师对工序作业正确性的确认

监理工程师比照关键工序技术文件的具体要求,对作业情况进行核查,如有不符,则要求返工。

5.检查与试验

关键工序作业完成后,监理工程师与供货商检验人员对工序质量进行检测和试验。如不合格,须返工。

6.共同签署见证记录、检验记录

检验合格后,由供货商和监理工程师共同填写《设备制造关键工序见证表》、《主、关零部件检验记录表》。

SJ 204　设备制造主要外购件报验程序

一、报验工作流程图

如附图-8 所示。

二、报验范围

按合同约定的外购机电产品。

三、报验实施程序

供货商在计划采购 21 天之前，向监理分部报送下列资料：

(1)《设备制造主要外购件采购计划表》；

(2)供货商资质资料；

(3)外购件产品质量证明资料；

(4)供货商对外购件样品的检验报告。

主任监理工程师收到申报资料后，14 天内批复。供货商接到批复后，方可订货。

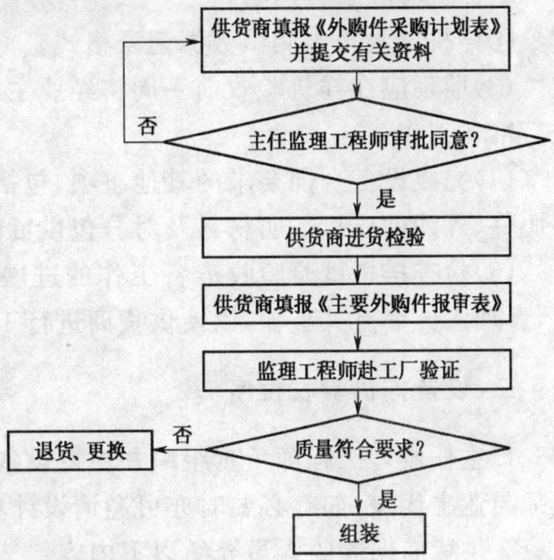

附图-8　设备制造主要外购件报验流程图

供货商验货，判断若符合要求。填报《设备制造主要外购件报审表》呈送监理分部，监理工程师赴厂进行检验确认。

SJ 205　设备样机验收工作程序

一、样机验收工作流程图

如附图-9 所示。

二、样机验收前的准备工作

1. 供货商向监理分部递交以下文件资料及计划安排

(1)试验大纲：通过设计审查会审查认可的设备样机试验大纲。

(2)自检报告：供货商按样机试验大纲完成设备样机自检的试验报告。

(3)检测报告：若供货商不具备设备样机某些项目试验的条件，可委托相关权威检测机构进行检测试验。在此情况下，供货商应出具该权威检测机构的检测报告。

(4)供货商对样机试验及验收工作的日程安排。

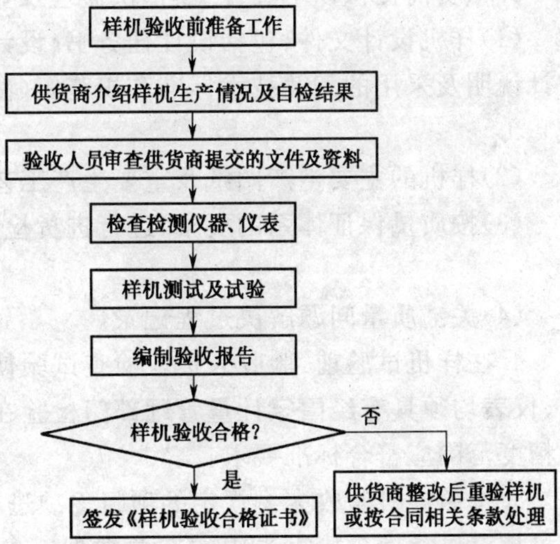

附图-9　设备样机验收工作流程图

2. 监理进行的工作

(1)对供货商提交的上述文件进行审查，如不符合要求，则应要求供货商进一步补充完善。

(2)监理负责编制“设备样机验收大纲”,并送交业主审定认可。

“设备样机验收大纲”应包括以下内容:

①样机验收主要依据;

②样机验收工作程序及方式;

③样机验收项目内容;

④样机试验报告测试数据记录格式。

(3)监理应在样机验收前一周将经业主审定认可的“设备样机验收大纲”预先提交供货商进行准备工作。

(4)完成设备合同要求的其他事项,包括对供货商加工的主要零部件质量进行抽检,审核外协件、外购件质量证明材料及对分包供货商资质的确认等。

(5)检查样机试验验收准备工作的进展情况,确定并通知供货商进行样机验收的具体时间、参加人员等有关事项,以便供货商进行工作安排。

三、设备样机验收程序

1.主任监理工程师负责组织并主持设备样机的验收工作。参加样机验收的人员为监理工程师与业主代表,如有必要时亦可邀请设计单位或有关专家参加。

2.供货商向验收人员介绍以下内容:

(1)设备样机生产(试制)情况总结。

注:如属于开发研制的设备产品,则其样机必须按合同规定要求提供国家相关权威检测机构的检测报告或型式试验报告。

(2)采用的关键技术和主要工艺方案。

(3)对采用新技术、新工艺、新材料情况的说明。

(4)质量保证体系及对外协件、外购件的质量控制措施。

(5)设备样机供货商自检试验结果。

3.供货商提供以下文件资料,供监理及业主代表审核:

(1)样机设计文件:包括设计任务书(设计规格书)、产品技术条件、试验(测试)大纲、技术设计说明及采用的相关技术标准和规范等(注:这些文件资料均已通过设备产品设计审查会审查)。

(2)样机的主要生产图纸及重要生产工艺文件说明。

(3)按质量保证体系的要求,进行进货检验、工序检验及产品最终检验的质量检验纪录文件。

(4)关键质量问题解决过程记录。

4.在样机试验前,验收人员应检查试验使用的仪器、仪表和检测工具等设备。各类试验仪器、仪表均须具有经国家计量管理部门检验在有效使用期内的计量合格证。其型号、规格及测量精度范围应符合标准要求。

5.按照样机验收大纲规定的项目逐项进行检查和检测试验,做好纪录。在检测试验过程中可核对供货商自检报告中的有关数据。参加测试人员应对检测试验现场记录数据进行签认。

6.参加样机验收人员可对文件审查及样机现场检测试验结果进行评议和讨论,对样机生产(试制)中存在的问题进行分析并对供货商提出整改要求。

7. 样机通过验收的判断依据是：

(1)验收大纲中规定的检测试验项目，全部合格。

(2)通过样机生产（试制）已达到验证设计图纸、验证关键技术和生产工艺的目的。

(3)样机的各项功能、性能参数指标均已达到产品技术条件的要求，亦即符合合同及相关技术标准及规范的要求。

8. 样机验收结束后，监理负责编写"设备样机验收报告"，对样机验收是否合格作出判断结论。

9. 对验收合格的设备样机可向合同供货商签发"设备样机验收合格证书"。

10. 如果样机验收中发现尚存在一些缺陷，则应要求供货商限期改进。供货商原则上应在规定的期限内完成整改工作，如有特殊情况需要延期，则应征得监理及业主的同意和认可。必要时还须经验收人员复验合格后，才能重新进行样机验收。

11. 如果样机试验未能通过，则应按设备合同中相关条款处理。

12. 样机验收通过后，表明该合同设备已具备投产条件，待投产前技术准备工作检查通过后，即可正式投产。

SJ 206　设备投产前技术准备工作检查程序

一、检查工作流程图

如附图-10 所示。

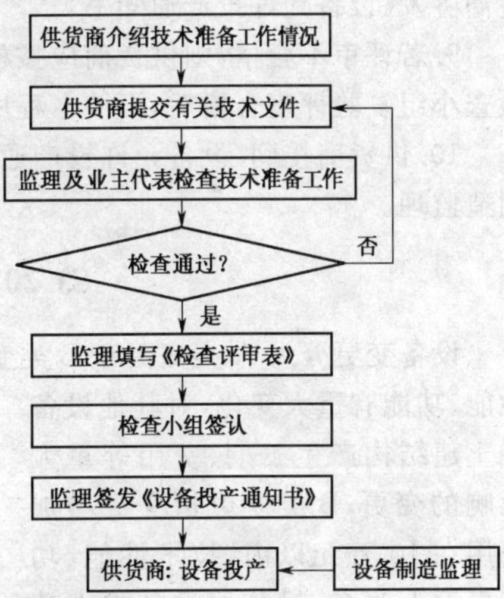

附图-10　设备投产前检查工作流程图

二、检查工作程序

1. 监理根据不同非标准机电设备的特点，编制"设备投产前技术准备工作检查大纲"，并报业主审核认可。检查大纲应包括检查项目、内容、检查工作方式、记录表格等。监理应在进行检查工作前一周将检查大纲提交给供货商进行准备。

2. 合同设备投产前技术准备工作检查小组由监理和业主代表组成。

3. 供货商向检查小组介绍以下情况：

(1)生产进度计划的安排；

(2)关键生产设备、工装设备的性能、加工精度等能否满足合同设备生产工艺的要求；

(3)生产图纸及相关技术文件是否已通过产品设计审查会审查或经设备样机生产验证合格；

(4)工装设备、工模具及生产工艺文件的准备；

(5)外购件、外协件、配套元器件及材料的准备；

(6)主要原材料、外购件、外协件的质量证明材料；

(7)用于产品试验的装备、检测设备、仪器仪表准备情况；

(8)关键工序操作人员的资质情况；

(9)质量保证体系的运转情况；

(10)其他：如生产调度、技术支持及仓储条件、包装、运输计划的安排及特殊加工工艺的准备等。

4. 供货商提供以下文件资料供检查小组审查：

(1)设备产品技术条件；

(2)设备生产图纸及相关技术文件(包括生产工艺文件)；

(3)设备样机验收合格证书(如果有的情况)；

(4)主要外购件(包括模块及元、器件)、外协件、原材料供应清单；

(5)产品质量保证计划；

(6)设备产品出厂试验大纲(已通过产品技术审查会审查)；

(7)产品出厂合格证(式样)、使用及维护说明书、用户手册、关键材料材质检验报告及其他技术资料。

5. 检验小组对供货商的质量保证体系运转情况进行审查，判断是否能够满足合同设备质量控制的要求。

6. 检查小组审查供货商提供的上述技术文件，并对供货商介绍的设备投产前技术准备工作进行评审。

7. 由监理工程师负责填写《设备投产前技术准备工作检查评审表》，由检查小组成员共同签字认可。

8. 检查小组评审合格后，监理根据评审结论意见按合同规定的时间由总监理工程师向供货商签发《设备允许投产通知书》。

9. 若评审不合格，则供货商应按检查小组的要求对投产前技术准备工作进行补充完善，待检查小组复验评审合格后，再按本程序第 7、8 条款执行。

10. 供货商接到《设备允许投产通知书》后，即可按通知书要求的时间投产，监理负责设备制造监理。

SJ 207 设备变更管理程序

设备变更分为 A 类变更和 B 类变更。A 类变更指变更增加的费用在 10 万元以上或技术性能、功能有重大变化，对其他设备或土建结构产生工期、费用等重大影响的变更；B 类变更指变更增加费用在 10 万元以内，技术性能、功能无重大改变，对其他设备或土建结构无重大影响。

一、设备变更流程图

如附图-11 所示。

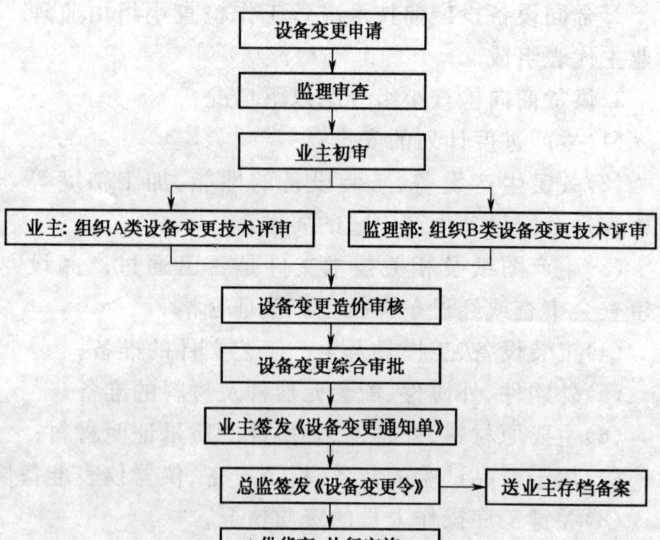

附图-11 设备变更流程图

二、工作程序

(一)变更申请

1. 设备变更可由供货商、业主相关部门、设计单位一方提出或共同提出。由提出单位填写《设备变更申请单》及《设备变更费用评审表》，呈送监理分部审查。

2.《设备变更申请单》及其附件的主要内容：

(1)变更的理由或依据；

(2)变更的内容或范围；

(3)变更引起的设备制造、安装、调试工程量及合同价款的增减；

(4)变更对工期、接口的影响；

(5)设备变更清单；

(6)必要的附图及计算资料等。

(二)变更申请的初审

1.监理审查

(1)监理分部接到《设备变更申请单》及《设备变更费用评审表》后，应及时进行审查。审查的主要内容：

①设备变更的理由和依据是否充分；

②提供的资料、文件是否完整、计算是否无误；

③如果申请单填写的内容不符合要求，则应要求提出单位补充有关内容材料。

(2)由监理分部主任监理工程师提出是否同意提交业主相关部门进行初审的审查意见，经总监审核认可后呈送业主，进入业主初审程序。

2.业主初审

(1)业主项目工程师组织变更申请的初审，若涉及合同费用和合同里程碑工期变化时，业主相关部门参加初审，并在《变更申请表》上签署意见。

(2)初审后，设备变更进入评审和审批程序。

(三)变更的评审及审批

1.设备变更的评审分为技术评审和造价审核。在技术评审和造价审核的基础上，按设备变更的不同类别进行综合审批。

2.经业主初审通过后的B类设备变更，由监理组织技术评审，具体工作程序如下：

(1)监理分部在接到经业主初审通过的B类设备变更，应在3日内以《监理工作联系单》的方式向有关单位(业主相关部门、设计单位、供货商等)发送《设备变更申请单》复印件，并通知召开设备变更技术评审会议的时间及地点。

(2)主任监理工程师负责召集由各有关单位参加的设备变更技术评审会议，认真对《设备变更申请单》提出的变更内容进行审查。通过会议评审形成结论意见，填写《设备变更技术评审表》由与会代表签认。

(3)如果设备变更的有关问题已通过设计联络会讨论并形成会议纪要，则可将此会议纪要复印件列为《设备变更技术评审表》的附件。在这种情况下，《设备变更技术评审表》中“技术评审意见”栏中应简述变更结果，如“经第×次设计联络会讨论通过，同意……变更，详见附件：第×次设计联络会纪要”。而在“参加评审单位及人员(签字)”栏内则填“见附件：第×次设计联络会议纪要”即可。因该项设备变更在设计联络会上已有结论，故可不再通过设备变更技术评审会议进行重复审查，但必须办理相应的设备变更手续。

(4)如果设备变更涉及的问题相对比较简单，不存在分歧意见，没有必要召开技术评审会议进行讨论时，亦可采用分别征集各有关单位代表意见的方式进行。但也必须填写《设备变更技术评审表》，由各单位代表签认。

(5)若设备变更技术评审会议需设计单位提供图纸或修改设计等服务的，或需供货商提供施工方案的，设计单位、供货商应在规定的时间内完成；由供货商提出设计文件的，应交原设计单位审核确认。

(6)通过技术评审的变更，主任监理工程师负责审查《设备变更费用评审表》，报总监核查。

(7)监理分部将《设备变更技术评审表》、《设备变更费用评审表》送交业主进入业主设备变更审批程序。

3. A类设备变更的《设备变更申请单》及《设备变更费用评审表》经监理审查通过后，即送交业主，转入业主设备变更管理工作程序进行评审和审批。

4. 业主根据设备变更综合审批意见，向监理签发《设备变更通知单》，完成业主设备变更审批程序。

(四)设备变更的实施

1. 监理部接到业主发送的《设备变更通知单》后，由总监理工程师签发《设备变更令》，交供货商签收。供货商应按设备变更的要求组织实施。

2. 监理部合同管理工程师负责《设备变更令》的统一编号和管理。并将《设备变更令》送交业主存档备案。

3. 设备变更的价款支付，供货商可根据《设备变更令》纳入原合同一并办理。

SJ 208 设备出厂验收程序

一、验收工作流程图

如附图-12 所示。

二、出厂检验程序

1. 设备在厂内组装、调试，供货商自检合格。

2. 供货商准备下列技术资料：

(1)合同设备产品技术条件；

(2)执行的各相关技术标准和规范；

(3)主要图纸及重点工艺的说明；

(4)外协件、外购件质量证明文件；

(5)设备样机验收合格证书(如果有的情况)。

3. 供货商向监理部提交《设备出厂检验申请单》以及下列相关技术资料和计划安排：

(1)出厂试验大纲及设备出厂自检试验报告；

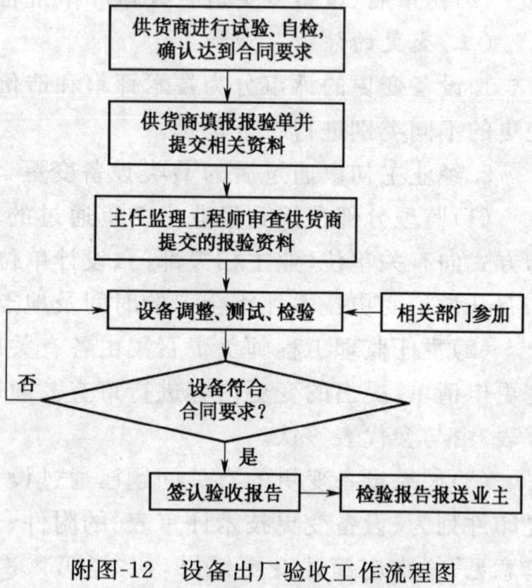

附图-12 设备出厂验收工作流程图

(2)出厂检验验收项目、检验标准要求及检验记录；

(3)供货商对设备出厂验收的日程安排。

4. 监理负责编写"设备出厂验收大纲"，并送交业主审定认可。

"设备出厂验收大纲"应包括以下内容：

(1)设备出厂验收主要依据；

(2)验收工作程序及方式；

(3)设备出厂验收项目及内容；

(4)出厂验收检验及测试数据记录格式。

5. 监理应在设备出厂验收前一周将经业主审定认可的“设备出厂验收大纲”预先提交供货商进行准备工作。

6. 出厂验收小组由监理工程师和业主代表组成。

7. 出厂验收的主要依据：

(1)设备采购供货合同；

(2)合同设备产品技术条件；

(3)合同设备出厂验收大纲；

(4)相关技术标准及规范。

8. 出厂验收内容：

(1)文件审查

①审核相关生产图纸及重要工艺文件说明；

②审核设备生产检验文件；

③检查按合同和相关技术标准提供完整的技术文件；

④审查关键质量问题解决过程记录。

参加文件审查人员应对审查结果进行签认。

(2)现场检测及测试

按设备出厂验收大纲要求的检验项目逐项进行检查、测试和试验，并对照审核供货商提供的设备出厂自检试验报告。参与测试人员应对设备出厂试验的测试纪录数据进行签认。

(3)供货商完成监理和业主代表对设备缺陷提出的整改及补充资料的要求。

(4)监理负责编写“设备出厂验收报告”，主要内容应有：

①设备名称、型号、规格、编号；

②出厂检验验收日期、地点、参加验收人员；

③出厂检验验收项目、验收程序、方法，试验结果(包括复检数据)；

④供货商整改纪录，复检结果；

⑤出厂验收评定结论。

9. 合同设备的首件检验(如果需要时)

如批量生产的合同设备需进行首件检验，则可由设备出厂验收小组参照本程序进行合同设备首台产品的检验和验收工作。检验后应填写合同设备产品的《首件检验报告》，连同首台产品的《设备出厂检验表》一起呈送业主审核认可。

供货商应按《首件检验报告》中提出的要求，进一步改进和完善合同设备的生产过程，以确保产品的质量。

合同设备通过首件检验后，即可按计划陆续投入批量生产。

10. 批量生产的设备出厂检验

对于合同设备为批量生产的产品，应在供货商按设备出厂试验大纲进行自检合格的条件下，按合同有关条款的规定或按双方约定的每批产品数量的一定比率进行抽检。若在抽检设备中发现有不合格的产品，则应按第一批抽检产品的加倍数量重新进行第二次抽检检测。如果在重新抽检的产品中再发生有不合格的产品，则应全部退回，由供货商重新自检合格后，再重新申报设备出厂检验。

供货商应以合格的产品替补初检不合格的产品。如果需对不合格产品进行修复，则必须先自检合格，再申报监理及业主代表进行复检合格后方可提供使用。监理及业主代表进行复检的费用由供货商承担。

SJ 301 设备供货管理程序

工作程序的分类见附表-1。

附表-1 工作程序分类表

程序	安装单位	供货单位	专业设备
工作程序Ⅰ	车站常规设备安装商	设备供货商	环控、低压、给排水
工作程序Ⅱ	系统设备安装商	设备供货商	35 kV设备、信号、通信、综合监控
工作程序Ⅲ	设备供货商	设备供货商	屏蔽门、电扶梯、自动售检票

注：本工程分类按常规设备安装监理与系统设备监理为两家监理公司负责，业主内部分别由工程部和设备部负责。

一、工作程序Ⅰ（适用于由车站常规设备安装商负责安装的项目）

1. 设备供货流程图Ⅰ

如附图-13所示。

2. 设备供货工作程序Ⅰ

(1)车站常规设备安装承包商应在合同签订后14日内根据工程量清单，并按地铁工程安装工期的要求和设备安装施工组织设计进度计划的安排，申报“甲供设备进场计划表”。经车站常规设备安装监理和业主工程部审核后转交设备部。

（注：“甲供设备进场计划表”应包括：设备名称、型号规格、数量、进场日期、卸货交接地点、仓储方式等内容）。

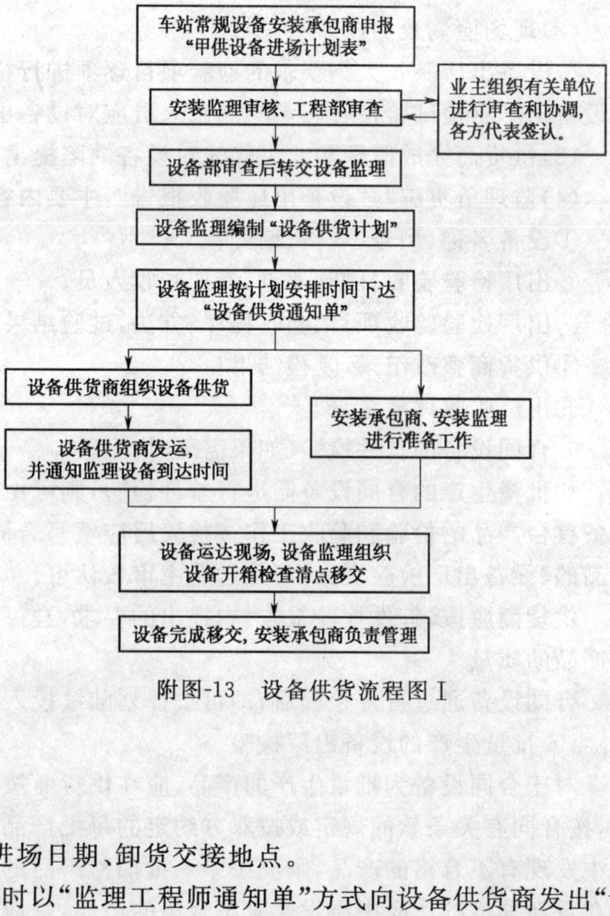

附图-13 设备供货流程图Ⅰ

(2)业主设备部将审查后的“甲供设备进场计划表”送交设备监理。

(3)设备监理根据车站常规设备安装商提供的“甲供设备进场计划表”，编制“设备供货计划表”。编制时应注意以下事项：

①认真核对进场计划表中供货的设备名称、型号规格、数量；

②填写提供设备的供货商；

③认真核对进场计划表供货设备的进场日期、卸货交接地点。

(4)设备监理将“设备供货计划表”及时以“监理工程师通知单”方式向设备供货商发出“设

备供货通知”,要求其按供货计划要求的进场时间提供设备安装所需的合同设备。

(5)设备监理按供货计划要求组织设备供货;设备的包装、发货、运输均由设备供货商负责,由设备监理负责监理。

(6)设备供货商按供货计划要求准时发货,并通知设备监理预计设备到达现场的日期。

(7)设备监理应将供货设备到达现场的日期和时间及时通知车站常规设备安装商和车站常规设备安装监理,以便车站常规设备安装商事先做好准备工作。

(8)设备运到现场卸货至交接地点,按合同和业主有关规定进行卸货;车站常规设备安装承包商应予以积极配合并提供相应的条件,如事先清理入场道路、卸货场地及附近障碍物等。

(9)设备运到现场卸货后,按《设备开箱检查移交程序》办理设备移交手续。完成开箱清点检查移交后的设备由设备供货商交付车站常规设备安装商负责管理。移交后设备的二次运输、装卸及仓储保管等均由车站常规设备安装商负责。由车站常规设备安装监理负责监理。

(10)特殊情况的处理:如果施工现场尚未具备安装条件,经设备监理与车站常规设备安装商及设备供货商协商后,可采用下述方式处理:

①采用“二次交接方式”,即第一次仅办理带外包装的设备交接,交接后的设备由车站常规设备安装商负责保管,可暂时存放到业主提供的临时仓库,或其他临时暂存地点,由车站常规设备安装商决定。待条件成熟时再进行第二次开箱检查清点交接。

②若带外包装的设备对临时仓储有特殊要求,在此情况下,则应由设备供货商提出设备存储时所要求的环境条件,如温度、湿度、防振等要求。

二、工作程序Ⅱ(适用于由系统设备安装商负责安装的项目)

1. 设备供货流程图Ⅱ

如附图-14 所示。

2. 设备供货工作程序Ⅱ

(1)系统设备安装承包商应在合同签订后 14 日内根据工程量清单,并按地铁工程安装工期的要求和设备安装施工组织设计进度计划的安排,申报“设备供货计划表”。提出要求甲供系统设备进场时间和卸货交接地点。

(2)设备监理将“设备供货计划表”及“设备供货计划审查表”送业主设备部审查认可后,应及时以“监理工程师通知单”方式向设备供货商发出“设备供货通知”,要求其按供货计划要求的进场时间提供设备安装所需的合同设备。

(3)设备监理按供货计划要求组织设备供货;设备的包装、发货、运输均由设备供货商负责。

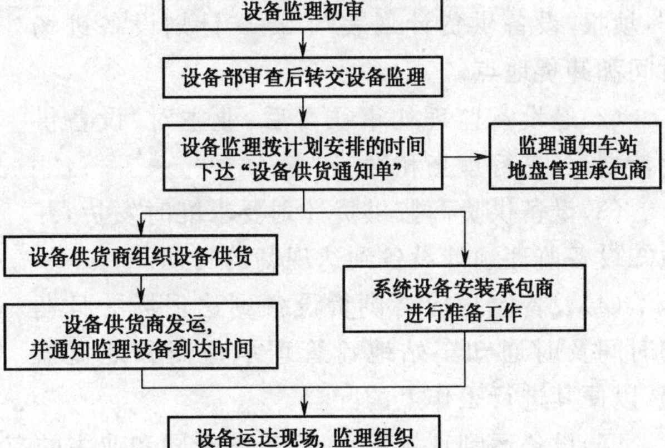

附图-14　设备供货流程图Ⅱ

(4)设备供货商按供货计划要求准时发货,并通知设备监理预计设备到达现场的日期。

(5)设备监理应将供货设备到达现场的日期和时间及时通知系统设备安装商,以便事先做好准备工作。并及时通知车站地盘管理承包商和地盘监理，以便其进行工作上的配合。

(6)设备运到现场卸货交接地点，按合同和业主的有关规定进行卸货；系统设备安装商应予以积极配合并提供相应的条件，如事先清理入场道路、卸货场地及附近障碍物等。车站地盘管理承包商应给予方便和配合。

(7)设备运到现场卸货后，按《设备开箱检查移交程序》办理设备移交手续。完成开箱清点检查移交后的设备由设备供货商交付系统设备安装商负责管理。移交后设备的二次运输、装卸及仓储保管等均由系统设备安装商负责。

(8)特殊情况处理

如果施工现场尚未具备安装条件，设备监理与系统设备安装商及设备供货商协商后，可采用下述方式处理：

①采用"二次交接方式"，即第一次仅办理带外包装的设备交接，交接后设备由系统设备安装商负责保管，可暂时存放到业主提供的临时仓库，或其他临时暂存地点，由系统设备安装商决定。待条件成熟时再进行第二次开箱检查清点交接。

②若带外包装的设备对临时仓储有特殊要求，在此情况下，则应由设备供货商提出设备存储时所要求的环境条件，如温度、湿度、防振等要求。

三、设备供货工作程序Ⅲ(适用于由设备供货商负责安装的项目)

1. 设备供货流程图Ⅲ

如附图-15所示。

2. 设备供货工作程序Ⅲ

(1)设备安装商(即设备供货商)应在进场前14日内根据工程量清单，并按地铁工程安装工期的要求和设备安装施工组织设计进度计划的安排，填报"设备供货计划表"。提交计划设备进场时间和卸货地点。

(2)经设备监理初审认可后，业主对"设备供货计划表"进行审查和确认。

(3)设备供货商按供货计划要求准时发货，并通知设备监理预计设备到达现场的日期。

(4)设备监理应将供货设备到达现场的日期和时间及时通知车站地盘管理承包商和地盘监理，以便其进行工作上的配合。

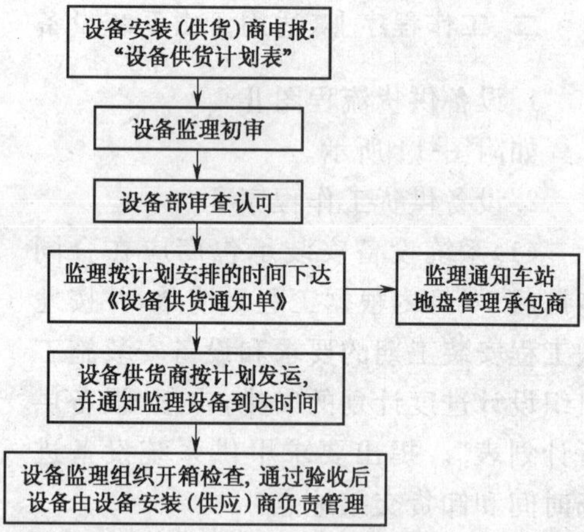

附图-15 设备供货流程图Ⅲ

(5)设备运到现场卸货地点，按合同和业主的有关规定进行卸货；车站地盘管理承包商应给予方便和配合。设备运到现场卸货后，办理设备开箱清点检查。经设备监理参与见证，清点检查验收后的供货设备仍由设备安装(供货)商负责管理。

四、未确定设备安装承包商情况的处理

1. 在设备安装承包商尚未确定的情况下，为了保证设备供货商的正常生产和设备安装供货工期，设备监理可根据业主提供的设备安装完成工期计划及合同设备的生产周期，拟定出"设备供货初步计划表"，送业主审查认可后，交设备供货商安排合同设备的生产。

2.设备安装承包商确定后，由设备安装承包商按地铁工程安装工期的要求和设备安装施工组织设计进度计划的安排，正式申报要求甲供设备进场的时间和卸货交接地点。由业主组织有关单位（业主相关部门、设备安装商、设备供货商、车站常规设备安装承包商、车站常规设备安装监理、设备监理等）进行审查和协调，将“设备供货初步计划表”修正为正式的“设备供货计划表”，由各方代表签认。设备监理将“设备供货计划表”交设备供货商执行。

五、施工现场未具备入场条件情况的处理

施工现场未具备入场条件，但设备安装商已进场：则可按本程序上述的采用“二次交接方式”处理。

施工现场未具备入场条件，且设备安装商未确定或未进场：但由于工期紧迫，设备供货商已按设备监理下达的“设备供货初步计划”完成了合同设备的生产，按设备供货计划要求需发运到安装现场时，业主应免费提供临时仓储条件，合同设备仍应由设备供货商负责。待条件成熟时再向设备安装商进行合同设备的正式交接。如业主不具备临时仓储条件，则设备由设备供货商负责临时仓储，临时存储费用按合同规定处理。

SJ 302　设备开箱检查移交程序

一、设备开箱检查移交工作流程图

如附图-16 所示。

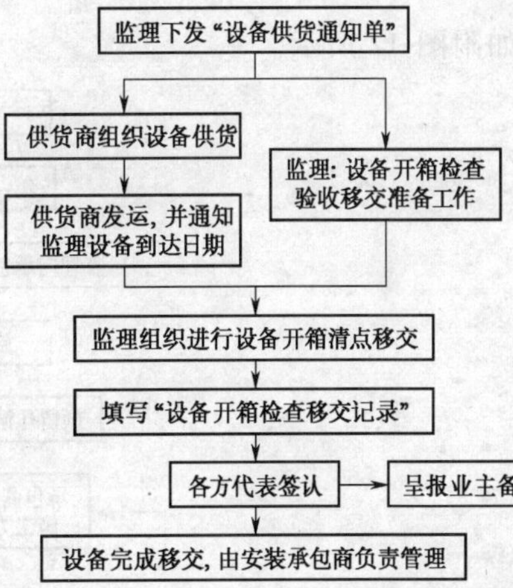

附图-16　设备开箱检查移交工作流程图

二、开箱检查移交工作程序

1.监理工程师按合同和工程工期要求向供货商发出“设备供货通知单”。供货商按通知单要求的日期组织设备供货。

2.监理工程师应负责并检查设备开箱检查移交的准备工作：

(1)安装承包商确定设备卸货场地、亦即开箱清点检查和移交的地点，并设置防雨设施。可选择设备安装现场、临时周转场地、临时仓库等处。

(2)确定参加设备开箱检查和承办移交的各方人员，包括供货商、安装承包商、设备监理、常规设备安装监理(需要时)、业主代表等。

(3)准备设备开箱检查移交记录表格。

3.供货商在设备发运时，应将设备运输到达开箱移交现场的具体日期和时间及时通知监理工程师。

4.监理工程师组织各方有关人员进行设备开箱清点和移交工作：

(1)包装箱外观检查；

(2)设备开箱；

(3)设备外观检查(有无损坏、缺陷、锈蚀等情况)；

(4)核对设备的型号规格是否与合同相符；

(5)清点数量；

(6)检查设备装箱单；

(7)按照设备装箱单检查随箱的技术文件，如产品合格证、技术说明书、质量保证书、设备图纸、用户使用手册(若为进口设备，还应有商检证明文件)等；

(8)清点装箱设备附件、备品、备件及专用工具等；

(9)其他。

5. 监理工程师负责填写"设备开箱检查移交记录"。

6. 参与设备开箱检查清点移交工作的各方代表确认后，在"设备开箱检查移交记录"上签字。

7. 完成设备清点检查移交，设备由供货商交付安装承包商负责管理。移交后设备的二次运输、装卸及仓储保管均由安装承包商负责。

8. 经各方代表签字确认的"设备开箱检查移交记录"呈交业主备案。

9. 供货商负责填写"设备备品备件及专用工具移交清单"及"设备随箱文件移交清单"。

10. 设备的备品、备件、专用工具及随箱文件经检查无误后，应移交给地铁公司运营部门代表，由运营部门代表签收后负责保管。

11. 安装承包商在安装施工中若需要其中的某些专用工具和技术文件，则应向地铁公司运营部门办理借用手续，用毕归还。具体办法由运营部门另行规定。

SJ 401 设备安装进场工作程序

一、工作流程图

如附图-17 所示。

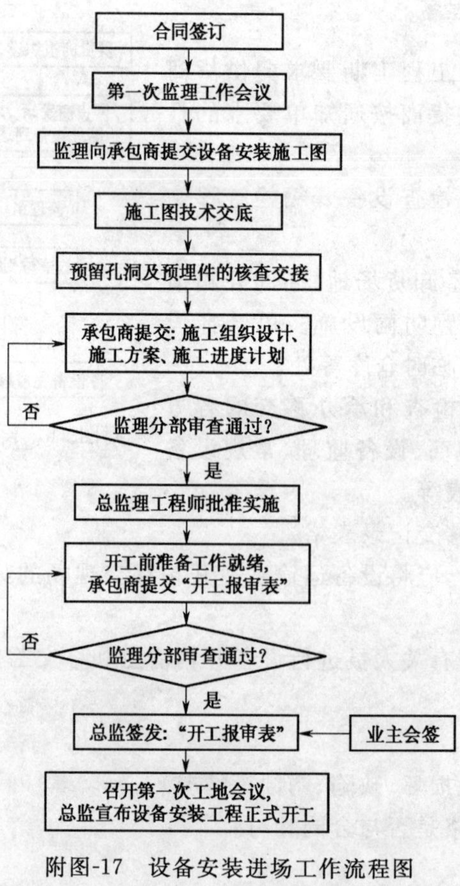

附图-17 设备安装进场工作流程图

二、设备安装承包商进场工作程序表

如附表-2 所示。

附表-2　设备安装承包商进场工作程序表

序号	工作内容	开工前28天	开工前21天	开工前14天	开工前7天	开工前	开工日
1	施工图技术交底	监理向承包商提交施工图		业主(监理)组织设计人员向承包商进行施工图技术交底;填写"安装施工图交底记录"			
2	施工组织设计		承包商呈报"施工组织设计报审表"	监理分部审查	总监批准"施工组织设计"		
3	施工方案		承包商呈报"施工方案报审表"	监理分部审查	总监批准"施工方案"		
4	施工进度计划			承包商提交:"施工进度计划表"及"设备安装资源计划表"	监理分部审查	总监批准"施工进度计划表"及"设备安装资源计划表"	
5	设备安装工程开工					完成开工前各项准备工作;承包商填报"工程开工报审表",申请开工;监理分部审核,总监签发"工程开工报审表"	召开第一次工地会议;总监宣布设备安装工程开工

三、第一次监理工作会议

1.安装承包合同签订后,应尽快召开第一次监理工作会议,以利于合同的执行。

2.第一次监理工作会议的主要内容:

(1)参加会议的各方介绍各自驻施工现场的代表、机构人员及其职责分工。

(2)业主介绍设备安装工程概况、工期要求、质量及施工安全要求、工地管理模式并明确相关各方的联络方式及沟通渠道等。

(3)业主单位领导向承包商递交"××地铁公司向×××地铁监理部授权的通知"。

(4)总监理工程师向承包商递交"×××地铁监理部向监理分部授权的通知",并对《设备监理管理程序》进行说明。

(5)承包商介绍履行本合同安装施工项目的实施计划,包括组织机构、人员安排、前期准备工作、总进度计划、设备供货计划表、质量管理体系和质量保证计划等。

(6)承包商提出进场需要的条件和要求。

(7)业主和总监对承包商履行合同的实施计划进行评议,并提出工作要求。

四、施工图技术交底会议

1. 监理应在设备安装前 28 天将设备安装施工图和有关技术文件提交给承包商。

2. 在设备安装前 14 天，由业主或监理组织“设备安装施工图技术交底会议”(必要时可邀请质检站参加)。由设计人员及有关单位人员向承包商进行设备安装施工图技术交底。其主要内容应包括:设备安装工程概况、工程特点、设计内容、技术规范和标准、施工图纸组成情况及图纸清单、安装技术要求、与相关专业接口、质量控制点等。

3. 由设计单位负责填写“安装施工图交底记录”，并由参加施工图技术交底会议的各单位代表签认后，分发各单位存档备案。

五、设备安装预留孔洞和预埋件的核查与交接

1. 由设计总体单位负责组织各土建分包设计单位对施工图纸进行清查，确保图纸中预留孔洞及预埋件的位置、数量、尺寸准确无误。

2. 监理负责督促设备安装承包商认真进行对土建施工的预留孔洞和预埋件交接前的测量与核查，并进行记录。

3. 在安装施工现场由土建承包商向设备安装承包商进行预留孔洞及预埋件的交接工作(注:若安装承包商进场时间较晚，则也可由车站常规设备安装承包商向设备安装承包商进行交接工作)。安装监理和设备监理参与交接的见证工作。若预留孔洞及预埋件与施工图或实际情况不符，则由交接双方协商解决。

4. 交接后，预留孔洞及预埋件由安装承包商负责管理。

六、施工组织设计、施工方案、施工进度计划的审批

承包商应于安装施工开工前 21 天向监理分部提交“施工组织设计”及“施工方案”，于开工前 14 天向监理分部提交“施工进度计划表”及“设备安装资源计划表”。经主任监理工程师审核，由总监理工程师批准实施。

七、开工前的准备工作

1. 除上述各项工作外，承包商还应在安装承包合同中规定的开工日期前完成以下准备工作:

(1)承包单位现场管理人员已到位，机具及施工人员已进场，主要工程材料已落实;

(2)进场道路及水、电、通信等已满足开工要求;

(3)现场场地及环境已具备设备安装开工条件;

(4)按《设备供货管理程序》的要求，提交“甲控设备进场计划表”(若设备供货商负责安装则应提交“设备供货计划表”)。

2. 业主为设备安装开工准备的各项条件，包括开工前应办理的各种手续已齐备。

3. 承包商在完成必要的开工条件后，填报“工程开工报审表”，呈交监理分部申请工程开工。

4. 监理分部主任监理工程师接到承包商的工程开工申请后，应在 48 h 内予以审核，并报总监理工程师审批。

如核验准备工作尚未满足开工的要求，应批复书面意见，若是承包商的原因，则应要求承包商限期予以整改完善;如为业主原因，则报监理部督促业主办理。

5. 监理根据安装承包商提交的“甲供设备进场计划表”，编制“设备供货计划表”经业主审

批落实。

6. 开工所需的条件均具备，由总监理工程师征得业主同意后签发《工程开工报审表》(即"工程开工令")，并报业主备案。

八、第一次工地会议，宣布工程开工

1. 工程开工的发布应以召开工地现场会议的方式进行。监理分部在召开会议前 48 h 通知承包商，承包商应为召开会议准备必要的条件。

2. 第一次工地会议由监理主持，由承包商、业主有关部门、设计单位及监理参加。

3. 会议的主要议题与内容

(1) 承包商介绍施工准备情况。

(2) 承包商汇报"设备安装施工组织设计"及"施工方案"的主要内容，包括工期进度计划、质量方针、质量目标及质量管理体系、安全生产保证措施等。

(3) 业主代表和监理对施工准备情况提出意见和要求。

(4) 明确施工工地的管理模式并确定各方在施工过程中参加工地例会的主要人员，召开工地例会周期、地点及主要议题。

(5) 总监理工程师宣布设备安装工程正式开工。

SJ 402　设备安装进度控制程序

一、进度控制流程图

如附图-18 所示。

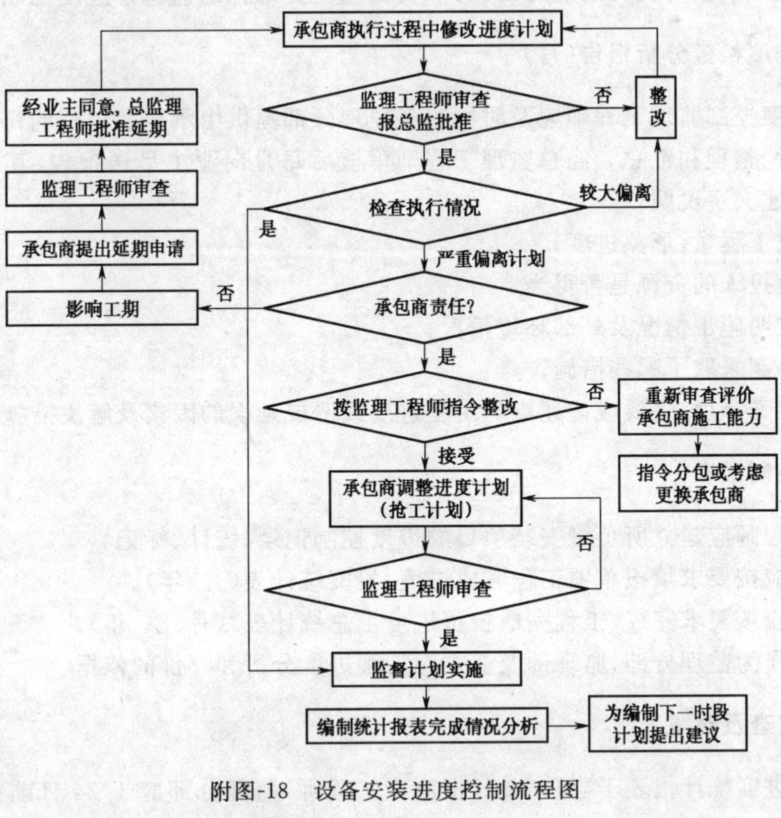

附图-18　设备安装进度控制流程图

二、进度控制过程

1. 承包商按已批准的“设备安装施工进度计划”进行施工。

2. 监理工程师检查计划执行情况，如实际进度发生偏离时，则应由承包商对进度计划进行调整，并填报《设备安装进度调整计划报审表》，经批准后按调整后的进度计划执行。

3. 当实际进度发生较大滞后偏离时，如属承包商责任，则应发《监理工程师通知单》指令承包商采取有效调整措施。承包商须按监理工程师指令调整进度计划，并填报《监理工程师通知回复单》和《设备安装进度调整计划报审表》，送交监理分部。

承包商如不接受《监理工程师通知单》，监理工程师可建议重新审查评价承包商施工能力，必要时可采用指令分包或考虑更换承包商。

4. 当实际进度发生严重滞后偏离时，应及时报告总监理工程师，由总监理工程师与业主商定采取进一步措施。经分析确属非承包商原因而影响工期，承包商可提出申请延期，提交《工程临时延期申请表》，由主任监理工程师审查、总监理工程师签发《工程临时延期审批表》。如果影响工程延期事件具有持续性的，承包商可提交《工程最终延期申请表》，由主任监理工程师审查、总监理工程师签发《工程最终延期审批表》，并报业主备案。

三、进度计划完成情况的检查

1. 进度统计报表：承包商按期（月、旬或周）向监理工程师报送设备安装《施工进度统计表》，以供核查。

2. 每周工程进度检查记录：承包商应对安装项目每周进行进度检查汇总，并填写《设备安装进度检查记录表》按时提交给监理工程师，再由监理分部报送监理部进度控制监理工程师。

四、安装进度检查分析报告（月）

监理部进度控制监理工程师应及时检查各监理分部提供由承包商填写的每周施工进度记录，并进行分析、整理和汇总。经总监理工程师审核后每月向业主呈送报告，其内容应附进度统计报表及下述文字说明：

（1）已完成工程量、形象进度；

（2）承包商投入的资源是否得当；

（3）安全文明施工情况及外部环境情况；

（4）进度控制采取了哪些措施；

（5）其他特殊事项：主要应记述影响工程进度或造成延误的因素及解决措施。

五、进度控制报表

1. 监理工程师应建立所负责安装项目的进度控制记录、统计、标记。

2. 承包商应按要求填报单项工程完成进度、投资统计表（月、年）。

3. 承包商应按要求完成《工程完成投资进度汇总统计表》（月、季、年）。

上列报表作为监理分部、监理部及业主对工程进度分析和评价的依据。

六、报表审查及时限

承包商将进度统计报表于当月 22 日报监理工程师，监理分部应于 24 日前报监理部。监理部进度控制监理工程师汇总并报业主备案。

七、报表统计时段

年报为上年 12 月 22 日至本年的 12 月 21 日，季报为上季度末月 22 日至本季度末月 21 日，月报为前一个月 22 日至本月 21 日。

八、进度计划的执行与调整

1. 进度符合计划

在工程实施期间，如果实际进度（尤其是关键工程的实际进度）与计划进度基本相符时，承包商可继续执行进度计划。监理工程师应注意及时发现影响工程进展的不利因素，督促承包商按计划完成。

2. 进度滞后偏离计划

监理工程师发现工程现场的组织安排、施工顺序以及人力和设备与进度计划的方案有较大不一致时，应要求承包商对原工程进度计划及指标予以调整，调整后的工程进度计划应符合工程现场实际，并应保证在合同工期内完成。

3. 进度计划的延期

由于非承包商的原因，而导致工程进度延误时，由承包商提出申请，经监理工程师认可并建议业主依据合同的规定批准承包商延长工期。批准延期后，监理工程师应要求承包商对原来的工程进度计划及相关指标予以调整，并按批准后的进度计划实施。

4. 对承包商延误的处理

由于承包商的责任造成工程进度延误，而且承包商拒绝接受监理工程师加快工程进度的指令，或虽采取了加快工程进度的措施，但仍然不能赶上预期的工程进度在合同工期内完成时，监理工程师应对承包商的施工能力重新进行审查和评价，必要时向业主提出书面报告，建议对工程的一部分实行指令分包或考虑更换承包人。

SJ 403　设备安装主要外购材料报验程序

一、材料报验工作流程图

如附图-19 所示。

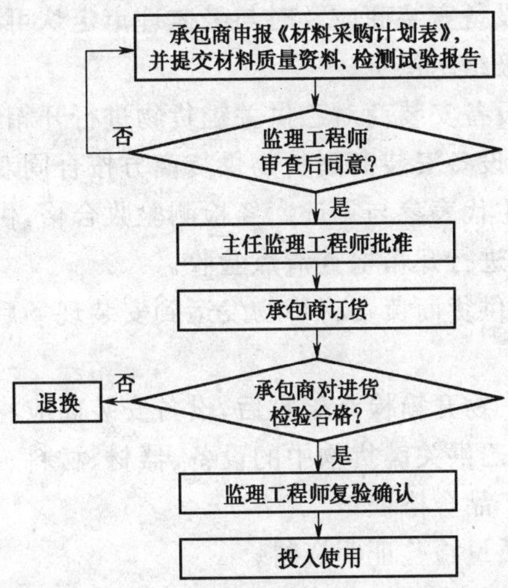

附图-19　设备安装主要外购材料报验工作流程图

二、报验范围

凡承包商用于安装机电设备的电缆、导线、各类接头、密封材料、标准件及专用紧固件、联接件、焊接材料、金属线材等均应报验。

三、实施程序

1. 承包商在计划采购 21 天之前，向监理工程师报送下列资料：

(1)设备安装材料采购计划表；

(2)供货商资质资料；

(3)材料产品质量证明资料；

(4)承包商对材料的检验报告；

(5)样品(必要时)。

2.监理工程师收到申报资料后，7天内完成审查，签署意见。如不合格，退回承包商重新申报，如合格则呈送主任监理工程师审批。

3.主任监理工程师收到采购计划后4天内批复，承包商接到批复后，方可订货。

4.承包商对进货按规定比例抽检，取样试验，详细记录，填报工程材料报审表，报监理工程师。监理工程师7天内完成核查、复验、签认。

SJ 404 乙供关键货物管理程序

一、乙供关键货物工作流程框图

如附图-20所示。

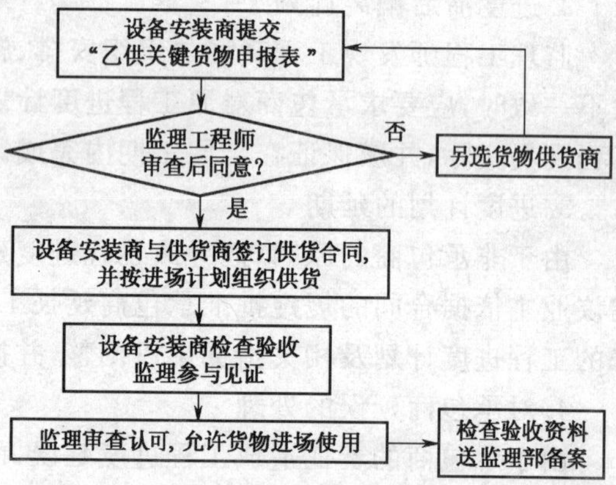

附图-20 乙供关键货物工作流程框图

二、乙供关键货物实施程序

1.设备安装商在合同签订后21日内，应按合同要求向监理提交“乙供关键货物申报表”，并同时提供：

(1)货物供货商的资质证明文件；

(2)供货商所提供关键货物的质量证明资料(包括质量检验报告、原产地证明、“3C”认证等)。

2.监理分部进行审核，如不满足要求则应由设备安装商补充完善后转交监理部总监理工程师认可。

3.如经审查不符合要求，则应由设备安装商另行选择货物供货商，再按本程序第1、2、3条款进行审查认可。

4.设备安装商应及时与经监理审定认可的乙供关键货物供货商签订供货合同，并按进场计划积极组织供货。

5.设备安装商对乙供关键货物进行开箱检查验收，按具体情况可采用不同的形式：

(1)设备安装商到货物供货商方按合同双方事先约定的抽样比例进行产品出厂验收，由监理及业主代表参与见证。经检测验收合格，供货商按安装商进场计划的要求发运到安装现场后，双方进行开箱检查清点验收。

(2)供货商负责将货物发运到安装现场后，由设备安装商进行开箱检查验收，监理参与见证。

6.货物开箱检查验收后，设备安装商应将检查验收报告及相关资料送监理审查。

(1)乙供关键货物中的设备、器材、材料、工具等，监理须检查“三证”：

①产品合格证；

②质量检验证明资料；

③供货商的生产许可证。

(2)业主在合同中指定的某些乙供关键材料：监理必须按有关规定对材料进行抽样送检，

视条件不同可采用有见证取样送检或有见证自检的方式，由承检单位出具检验报告文件。

7.监理审查认可后，以“监理工程师通知单”通知设备安装商，允许进场使用。并将有关检查验收资料存档备案。

8.乙供关键货物交货直至工程移交前的保管、必要的保养及易损件、消耗件的更换均由设备安装商负责。

SJ 405 工地协调例会工作程序

一、在设备安装和调试过程中，监理分部主任监理工程师应定期主持召开工地协调例会，进行工程协调和调度工作。

二、工地协调例会通常每周召开一次，由监理分部负责组织。

三、召开工地协调例会一般应在设备安装施工现场或设备调试现场。参加会议的人员为承包商、业主代表、设计单位代表、监理及其他有关人员（如总承包商、设备供货商等）。

四、工地协调例会主要议程及内容：

1.检查上次例会议定事项的落实情况，分析未能完成事项的原因；

2.设备安装承包商汇报工程进展实际情况，提出需要在工地协调例会上协调和解决的有关事项；

3.就承包商提出的问题进行分析讨论，通过协商拟定解决方案，并要求责任方限期处理；

4.检查分析工程工期进度计划本周完成情况，提出下周进度目标及应采取的落实措施；

5.检查分析设备安装及调试的质量状况，针对存在的质量问题提出改进措施；

6.检查安全生产和文明施工的情况，提出进一步整改措施；

7.确定准备提交业主召开的调度会议或车站地盘管理承包商召开的调度会议上进行协调的问题；

8.其他有关事项。

五、工地协调例会会议纪要由监理分部负责编写，并由与会各方代表签认后报业主备案。

六、主任监理工程师（或总监理工程师）还可根据工程进展需要及时另行组织专题会议，解决设备安装和调试过程中的各种专项问题。

SJ 406 设备安装工程暂停令发布及复工报审程序

一、设备安装工程暂停令发布工作程序

1.工程暂停令发布流程图

如附图-21所示。

2.必须发布工程暂停令的事件

(1)危及工程质量及造成质量事故的事件

①未得到“开工指令”，而擅自开工者。

②上道工序未经检验合格而进行下道工序者。

③已指出工程质量下降，仍未采取有效措施或采取一定措施但效果不好，施工仍在继续者。

④擅自采用未经检验合格的材料者。

⑤擅自变更设计图纸者。

⑥擅自让未经批准的分包单位进行施工者。

⑦没有可行的实施方案，没有可靠的质量措施，擅自施工者。

⑧其他突发的自然或人为事件。

(2)危及安全的事件

①由于人的不安全行为和物的不安全状态或其他危及安全的重大事件。

②严重违反安全施工作业规则，可能造成人员伤亡和设备毁坏的事件。

(3)发生了必须暂时停止施工的紧急事件。

(4)业主要求暂停施工。

3. 工程暂停令发布程序

(1)监理工程师接到设备安装干扰事件的信息，报请监理分部主任监理工程师立即到达现场，对现场的情况进行调查、取证，并作详细记录，在调查取证的基础上，会同承包商对干扰事件产生的原因、影响及后果进行分析、记录、判断。

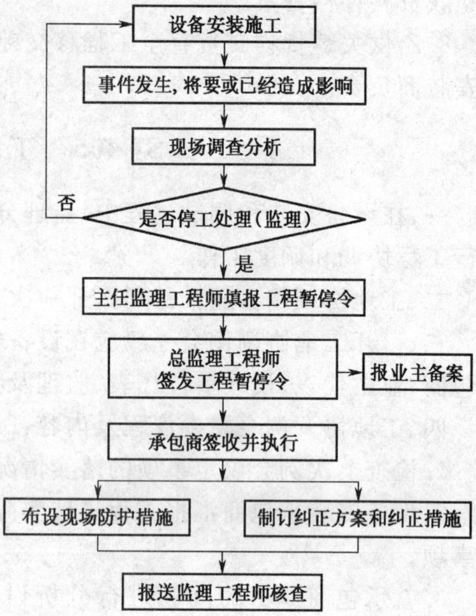

附图-21　工程暂停令发布流程图

(2)当判断非停工整顿不能保证工程质量时，一般情况下，主任监理工程师应在事件发生的当天填报《工程暂停令》，并呈送总监理工程师审批，总监理工程师应根据停工原因的影响范围和影响程度，确定工程项目停工范围，并征得业主同意在24 h内予以批复和按规定要求发布。《工程暂停令》应明确停工理由，停工时间、善后事项等。《工程暂停令》必须由承包商签收并抄报业主(如遇特别危急情况，主任监理工程师可先行口头下达工程暂停指令及应急措施，而后48 h以内补办《工程暂停令》，并向业主报告)。承包商必须认真执行《工程暂停令》及有关要求。

(3)若非承包商原因，总监理工程师在签发《工程暂停令》之前，应就有关工期和费用等事宜与承包商进行协商，并将协商结果通报业主。

(4)承包商接到《工程暂停令》后，必须马上通知现场负责人按工程暂停令的批示全面落实执行，并应指示执行人员留存执行记录。同时，承包商应在接到通知24 h内，组织有关人员到达现场，与现场技术负责人及其他有关人员一道，对干扰事件进行调查分析，制订出切实可行的纠正方案及纠正措施，并在事件发生后72 h内上报主任监理工程师核批。承包商还应在正式通知现场停工后，于24 h内对现场停工的落实情况进行核查，并进行记录。

(5)监理工程师接到承包商上报的纠正方案和纠正措施后，应对所制订的方案和措施进行认真核查，并在收到方案和措施24 h内由主任监理工程师予以批复并呈报监理部、业主备案，如超过48 h未予批复，则视为已批准承包商的纠正方案和措施。

(6)总监理工程师在签发《工程暂停令》后，应会同业主、承包商等有关单位按照《设备安装承包合同》的约定，协商处理因工程暂停引起的与工期、费用等有关问题。

二、工程复工报审工作程序

1. 复工报审流程图

如附图-22所示。

2. 复工报审程序

(1)承包商接到监理分部主任监理工程师审批的纠正方案和措施指令后，须认真进行整改，应完全消除可能再次导致质量事故、人身安全事故的因素。同时已为继续安装施工制定了技术方案，各种复工条件已具备。

(2)承包商应组成由技术负责人、检验人员、班组长等参加的自检小组，对停工项目申请复工的条件进行检查，检查应逐项逐条进行，以确认是否真正具备了复工条件，检查应有记录并填写复工准备自检表，作为申请复工的验证材料。

(3)承包商自检合格后，填写《工程复工报审表》申请复工，监理工程师核查后报送监理分部主任监理工程师。

(4)主任监理工程师收到复工申请后，应于 24 h 内，会同监理工程师对复工申请予以验证核查。如核查属实，即签署验证意见，并在收到复工申请 48 h 以内呈报总监理工程师审批。如核查结果不能复工，则对《工程复工报审表》签填继续整改意见，退回承包商继续整改。

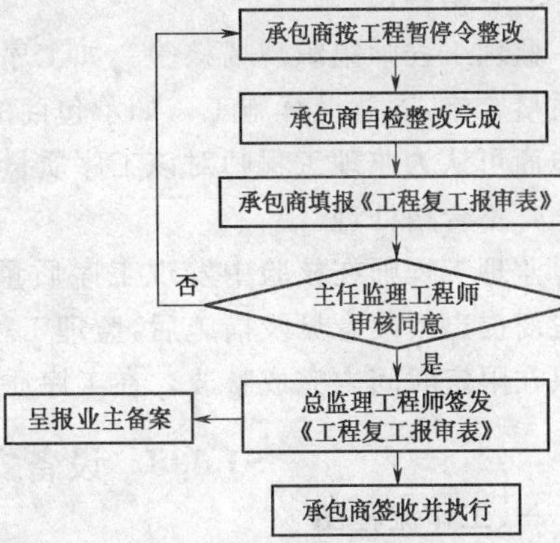

附图-22　工程复工报审流程图

(5)总监理工程师收到主任监理工程师呈报的《工程复工报审表》后，应于 48 h 以内作出批复。如同意复工，则签发《工程复工报审表》，交承包商签收执行并呈报业主备案。如承包商在递交复工申请 4 天后收不到批复，则可视为总监理工程师对复工申请已予批准，可恢复施工。

SJ 407　设备安装关键工序检验交接程序

一、工作流程图

如附图-23 所示。

二、工序检验交接程序

1. 承包商自检

承包商在关键工序作业完成后，应先组织自检，在各项指标均符合标准要求后，填写报验单，在 24 h 内提交监理分部。安装关键工序交接报验单必须有承包商项目负责人签字。报验单应附上各项试验、测量数据和必要的施工记录，同时还应附上有关证明资料，包括材料出厂合格证、委外件的检测报告等。

2. 监理工程师验证

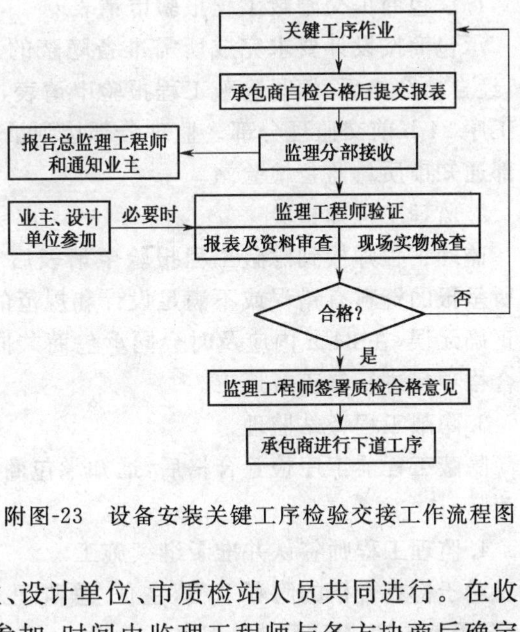

附图-23　设备安装关键工序检验交接工作流程图

监理分部在收到报验单后 24 h 内，报告监理部总监理工程师并通知业主。关键工序检验由监理方会同承包商进行；必要时邀请业主、设计单位、市质检站人员共同进行。在收到报验单后 48 小时内(如需业主等有关单位人员参加，时间由监理工程师与各方协商后确定)，监理工程师应审查报验单及资料，在所报内容合格的情况下，通知承包商到现场进行实物核验。承包商应事先筹划好现场应检验的项目、必须参加检测的人员和应准备的检测仪器和设备，以加快核验速度。

3.合格签认

监理工程师组织现场核验。如工序质量全部符合标准要求，则应在报验表上签署认定工序质量合格，同意继续施工。如承包商的报验单送到监理分部 48 h 后，监理工程师没有答复，承包商可认为监理工程师对该工序质量已确定合格，同意继续施工。

4.不合格处理

监理工程师在核验中发现工序质量达不到质量标准，则在报验表上签署相应处理意见。承包商提出整改意见及措施后，监理工程师审查限定整改完成时间。承包商应认真组织落实，确保在限定时间内完成整改。在工序质量自检达到标准的要求后，承包商重新报验。

SJ 408　设备安装隐蔽工程检查验收程序

一、工作流程图

如附图-24 所示。

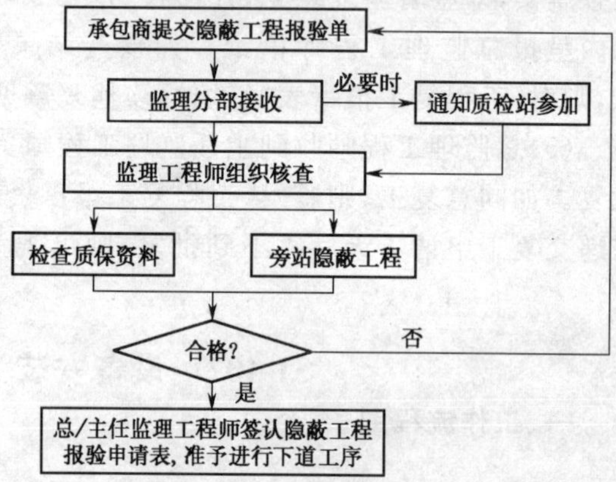

附图-24　设备安装隐蔽工程检查验收工作流程图

二、检验的范围及内容

凡属地铁工程设备安装过程中需要监理的隐蔽工程均需检验。

隐蔽工程检验的内容：检查上道工序完成后工程应达到的设计、标准、规范规定的质量指标。

三、检验程序

1.承包商提交隐蔽工程报验申请表

承包商按设计要求完成所需准备隐蔽的工程，经自检合格后，填写隐蔽工程报验申请表，并将隐蔽工程自检记录和自检合格证在进行下道工序 24 h 前交监理分部。监理分部接到承包商提交的隐蔽工程报验申请表后，必要时由监理部通知市质量监督检验站。

2.监理工程师检验

监理工程师接到隐蔽工程报验申请表后 24 h 内应对承包商提供的资料进行认真核查。若所呈报的资料有错误或不满足设计和规范的要求，即应退回承包商重新整理再报；如验证资料正确无误，在 24 h 内应及时会同承包商共同到现场核验。若核验不合格，则指令承包商对不合格项目进行修正或返工。

3.隐蔽工程旁站监理

隐蔽工程前工序检验合格后，通知承包商进行工程隐蔽，监理工程师全过程旁站监理工程隐蔽。

4.监理工程师签认并准予继续施工

对于检查合格的隐蔽工程，主任/总监理工程师应在隐蔽工程报验申请表上签署合格意见，准予承包商进行下一道工序。

5. 特殊情况下的检验

当隐蔽工程不能暴露过久时，隐蔽工程的验证可由承包商专职质检工程师会同监理工程师在接到施工单位自验合格报告后共同执行。

SJ 409　设备安装工程变更管理程序

一、工程变更的内容与分类

1. 工程变更的内容

(1)在合同工程范围内，工程项目的增减。

(2)在合同工程范围内，工程数量的增减或价格的调整。

(3)取消或增加合同内某项或某部分工程。

(4)更改合同工程中有关工程或材料的性质、质量、规格。

(5)更改合同工程中有关部分的标高、基线、位置和尺寸。

(6)改变合同工程中经批准的关键工程的施工顺序或时间安排。

(7)合同工程其他工程内容更改。

2. 工程变更项目(项次)的划分

(1)合同内同一部位或同一原因引起的、其内容不可分割的变更为一项工程变更。

(2)同一原因引起合同内不同项目的变更，应视为一项变更。

(3)同一原因引起不同合同项目的变更，应以每个合同为一项变更。

(4)工程变更引起其他合同、其他专业的修改时，在同一申请内应另行单列此部分更改费用，供决策评估。

3. 工程变更的分类

(1)工程变更按起因性质划分为：

A：设计类，　B：施工综合类，　C：管理类三种类别。

(2)根据工程变更的影响程度和重要性，与工程变更审批权限对应，将工程变更分为4类：

Ⅰ类变更：指对合同工程中政府批准的建设规模、基本原则及重大设计方案等方面做出的工程变更，以及需通过调整工程总概算来处理其费用变化的工程变更。

Ⅱ类变更：指对已批准的主要技术方案更改，或改变合同的里程碑工期，或造成影响主要技术参数指标和使用功能、主体结构及整体布置的改变，以及一次变更费用增加在30万元以上的工程变更。

Ⅲ类变更：指不改变主要技术方案，不改变合同里程碑工期，不严重影响主要技术参数指标和使用功能，且一次变更增加合同费用在10万元至30万元(含30万元)的工程变更。

Ⅳ类变更：指不改变合同里程碑工期，不改变主要技术参数指标和使用功能，且一次变更增加费用在10万元以下的工程变更。

(3)现场工程变更

指为保证设备安装工程正常、连续施工，变更所发生费用在3万元(含3万元)以下的工程变更。在施工现场先由有关各方共同确认实施，并在实施之后再行办理相应工程变更手续。

(4)特殊情况下的工程变更

为保证工程安全施工，对于现场突发的急需的工程变更，如出现危及生命、工程或工程毗邻财产安全的紧急情况下，监理工程师在业主授权的前提下，不必事先办理审批手续，会同业主代表组织采取必要的处理措施，可指示承包商先实施工程变更，以保证生命和工程安全，事后再按本程序补办手续。

二、工程变更管理各方职责

1.提出单位职责

提出工程变更理由、方案及技术经济比较资料。

2.监理单位职责

(1)接受提出单位提交的工程变更申请，完成初审并呈报业主。

(2)参与Ⅰ、Ⅱ、Ⅲ类工程变更技术审查，主持Ⅳ类工程变更技术审查。Ⅳ类工程变更由总监理工程师负责审批。

(3)按业主发送的“工程变更通知单”，向承包商签发“工程变更令”。

(4)按业主批准的工程变更投资增减额，根据合同计量支付规定进行验工计价。

(5)督促承包商实施“工程变更令”的内容，建立监理部工程变更台账。

(6)执行现场工程变更的相关程序。

(7)按业主授权会同业主代表共同处理特殊情况下的工程变更。

3.设计单位职责

(1)参与工程变更技术审查和特殊情况下工程变更处理，提出设计方意见。

(2)参与现场工程变更的相关事宜。

(3)负责提出工程变更的设计文件(图纸)或服务。

4.承包商职责

(1)参与工程变更技术审查和特殊情况下工程变更处理，提出承包方意见及工程变更实施方案。

(2)提出现场工程变更项目，参与现场工程变更的相关事宜，按监理工程师的指令实施现场工程变更。

(3)按“工程变更令”及工程变更设计文件的要求，负责工程变更的实施，建立工程变更台账。

5.业主职责

(1)负责组织Ⅰ、Ⅱ、Ⅲ类工程变更的“技术审查—造价审核—综合评审”；报批Ⅰ类工程变更；审批Ⅱ、Ⅲ类工程变更。

(2)按照分级管理的原则，技术审查、造价审核和综合审批规定如下：

①技术审查

a.Ⅰ类及Ⅱ类工程变更由业主总工程师主持技术审查。

b.Ⅲ类工程变更(包含不增加投资的优化设计)由业主设计管理部门主持技术审查。

②造价审核

业主合同管理部门根据技术审查意见，在规定的时限内完成工程变更预算审核并报送综合审批。

③综合审批

a.Ⅰ类工程变更由业主总经理负责审核，报政府主管部门审批。

b.Ⅱ类工程变更由业主总经理负责审批。

c.Ⅲ类工程变更由业主总工程师负责审批。

④业主代表负责处理现场工程变更的相关事宜及特殊情况下的工程变更。

⑤向设计单位下达编制工程变更设计文件的通知。

三、工作程序

1. 程序流程图

工程变更应遵守"变更申请──→监理受理并初审──→报业主进行技术审查──→造价审核──→综合审批──→变更实施──→计量计价──→支付"的程序。除特殊情况外，未经批准无正当理由自行变更和施工的，责任单位应承担相应的经济责任和技术责任，且不予计量支付。

程序流程图如附图-25所示。

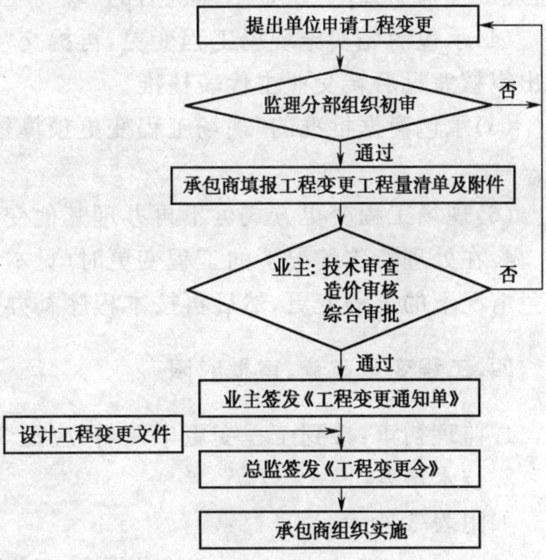

附图-25　设备安装工程变更程序流程图

2. 变更工作程序

(1)提出单位向监理分部提交"工程变更申请单"。申请单应填写的主要内容：

①变更的原因或依据；

②变更的内容及范围；

③变更引起的工程量及合同价款的增减；

④变更对工期、接口的影响；

⑤必要的附图及计算资料等。

(2)工程变更申请若需设计、承包商等相关单位配合时，在监理和业主代表组织下，各方应予积极配合。

(3)监理分部接到"工程变更申请单"后，应于3日内会同业主代表召集设计代表、承包商等各方根据实际情况进行初审。

(4)初审通过后，由变更提出单位、设计单位及监理单位分别在"各类工程变更审查、审批表"中的相应栏内签署审查意见。

(5)初审通过后，承包商负责编写工程变更的"工程变更工程量清单审批单"及其相关附件，呈交监理分部审核。

(6)监理分部将审核后的Ⅰ、Ⅱ、Ⅲ类工程变更"工程变更工程量清单审批单"及其附件、附表连同"工程变更申请单"一起提交给业主，进行业主技术审查、造价审核及综合审批程序。Ⅳ类工程变更由主任监理工程师组织技术审查、造价审核，由总监理工程师负责审批。

(7)通过审批程序后，由业主向监理部签发"工程变更通知单"。

(8)监理部根据"工程变更通知单"，由总监理工程师向承包商签发"工程变更令"，并督促承包商实施。

(9)监理部合同管理工程师负责"工程变更令"的统一编号和管理。

(10)承包商按"工程变更令"实施变更工程施工。

3. 现场工程变更程序

对根据现场实际情况发生的设备安装与调试工程项目、车站装修、甲控、乙供关键材料的现场工程变更，且变更所发生的费用在3万元(含3万元)以下，可采用现场工程变更的方式，以简化变更手续，保证工程连续有效地进行施工。

变更所发生的费用在3万元以上的工程变更仍应按正常程序办理。

现场工程变更的工作程序：

(1)承包商提出、监理工程师认为有必要做出现场工程变更时，应由承包商填写“现场工程变更确认记录表”，监理工程师签署审核意见并及时向主任监理工程师、业主代表报告。

(2)主任监理工程师接到报告后，应在24 h内会同业主代表组织承包商(总包商及分包商)、设计等单位代表参加会议，讨论确定是否实施现场工程变更。如果确认实施现场工程变更，各单位代表应在“现场工程变更确认记录表”上签字确认。

(3)主任监理工程师以“监理工程师通知单”指令承包商立即实施现场工程变更，并将此“监理工程师通知单”及签字确认后的“现场工程变更确认记录表”抄送业主及监理部备案。

(4)承包商先实施现场工程变更，再提交“现场工程变更预算核准表”，由主任监理工程师提出审核意见后转交业主代表核准。

(5)承包商据批准的“现场工程变更预算核准表”，按《设备安装计量支付程序》办理支付手续。

(6)现场工程变更方式可不再办理其他变更手续。

4.在处理特殊情况下的工程变更时(见本程序“特殊情况下的工程变更”部分)，应先实施紧急情况下的工程变更，然后再按本程序补办变更手续。

四、工程变更审查、审批时限

1.监理初审：接到工程变更申请后，应在3日内组织初审。

2.技术审查

如附表-3所示。

附表-3 工程变更技术审查表

工程变更	监理部	业主设计管理部门	业主总工程师
Ⅳ类	7日		
Ⅲ类		7日	
Ⅱ类			7日
Ⅰ类			7日

3.造价审核及综合审批

如附表-4所示。

附表-4 工程变更造价审核及综合审批表

工程变更	造价审核	综合审批			
	合同部	监理部	总工程师	总经理	政府主管部门
Ⅳ类	5日	2日			
Ⅲ类	5日		3日		
Ⅱ类	10日			5日	
Ⅰ类	15日			5日	3个月

SJ 410　设备安装计量支付程序

一、三方职责

1. 承包商职责

按设备安装合同规定的时间，对安装工程进行验工计量，填写原始记录，汇总填入《工程款支付申请表》。

2. 监理职责

(1)监理工程师约同承包商有关人员对阶段完成的安装工程量进行验工，核查相关原始记录和已批准的安装工程量价，并签注审查意见。

(2)总监理工程师根据监理分部审查意见，签署审核意见，并向业主转呈《工程款支付申请表》及《设备安装计量支付证书》。

3. 业主职责

核定与批准《设备安装计量支付证书》，并拨付工程款。

二、工作程序

1. 设备安装计量计价流程图

如附图-26 所示。

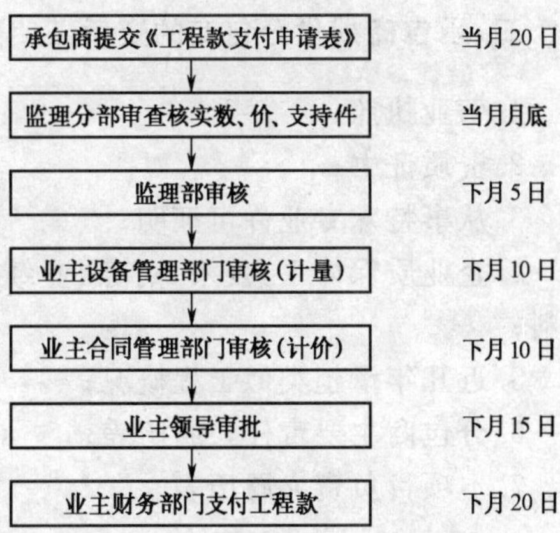

附图-26　设备安装计量计价流程图

2. 承包商报表程序

(1)合同内项目，承包商在安装合同规定的时间，对阶段完成的安装工程验收合格后，于当月 20 日向监理部呈报一式 8 份《工程款支付申请表》。

(2)合同外项目，当有合同外已批准计价项目时，以业主已事先批准的价格和数量为依据，按实际完成的工程数量分类填报。

(3)承包商按批准的设备安装计量支付证书，到业主处办理支付款手续。

3. 监理部审核报表程序

(1)监理分部于当月月底审查完毕，并向监理部呈报设备安装计量支付证书中的合格项目，并建立设备安装计量支付台账。

(2)监理部于下月 5 日前审核完毕，签署意见，向业主递交《工程款支付申请表》及《设备安装计量支付证书》，同时记入设备安装计量支付台账。

4. 业主审批程序

(1)业主设备、合同管理部门于下月 10 日前，按各自职能对《设备安装计量支付证书》进行审核，为领导审批提供决策依据。

(2)业主领导于下月 15 日前对《设备安装计量支付证书》审批签署意见。由财务部门按规定付款。

(3)业主将批准的《设备安装计量支付证书》3 份退交监理部（监理部、监理分部、承包商各 1 份）；其余留地铁公司各职能部门。

三、报表要求

1.按设备《安装计量支付证书》的要求填写。

2.填表要求

(1)字迹清楚、数据准确。合同清单外项目未经业主批准不计价。

(2)审查、审核认真,逐层签字确认,确保时限。

3.合同清单外项目包括设计变更、价差调整、索赔及合同条款规定的其他项目,都需业主事先批准方可进入计量计价。

SJ 501 设备分包商资质报审程序

一、工作流程图

如附图-27 所示。

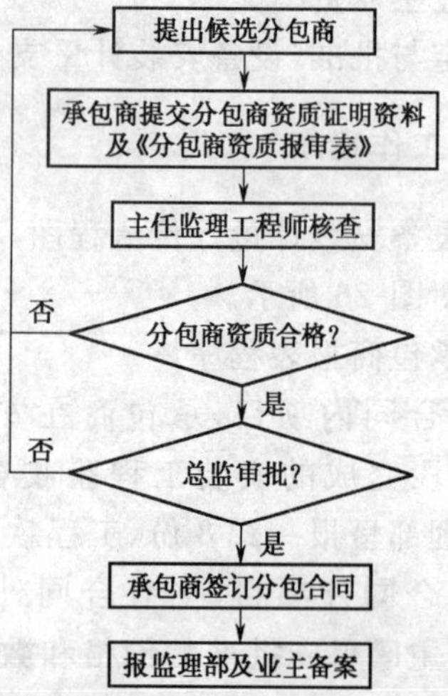

附图-27 设备分包商资质报审流程图

二、分包商的提出

1.承包商提出候选分包商。

2.业主推荐候选分包商。

三、承包商提供分包商的资质证明资料,包括:

1.营业执照;

2.资质证书;

3.从事特殊专业许可证明;

4.企业质保体系,技术、财务、业绩状况及说明资料;

5.近几年承担类似工程概况;

6.分包商主要责任人履历表;

7.本项目负责人履历表。

四、分包商资格的报审与批准

提出分包的单位填报《分包商资格报审表》,连同资质资料报监理分部,主任监理工程师(必要时进行实地考察)签署核查意见,报总监理工程师批准。

五、《分包商资格报审表》报审时限

1.主任监理工程师接到报审表后,7 天内审核完毕并转呈总监理工程师;

2.总监理工程师接到报审表后,7 天内审核批准。

SJ 502 承包商质量体系审查程序

一、审查流程图

如附图-28 所示。

二、审查文件内容

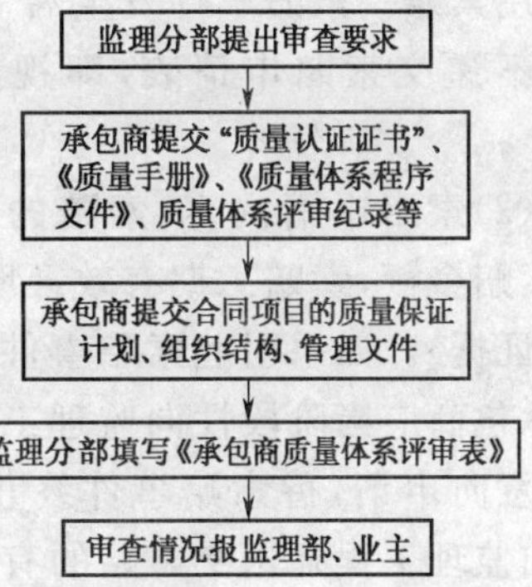

附图-28　承包商质量体系审查流程图

1.《质量手册》。

2.《质量体系程序文件》。

3.质量体系内审、管理评审及质量体系认证公司的年审记录。

4.合同项目的组织结构，岗位职责，人员配备、资质。

5.合同项目的质量保证计划、管理制度。

6.合同项目的质量保证体系网络图。

7.合同项目的设计质量控制。

8.合同项目的关键工序的质量控制。

三、审查程序

1.审查承包商提交的"质量认证证书"，其质量体系覆盖合同项目的范围及状况。

2.审查承包商质量体系内审、管理评审及质量体系认证公司的年审记录。

3.审查《质量手册》中的质量方针、质量目标、组织机构、职能部门的职责范围。

4.审查《质量体系程序文件》所包含的质量要素是否处于受控状态。

5.审查合同项目的质量保证计划的内容，质量管理网络的建立及现状。

6.项目管理人员、操作人员的资质审查。

四、审查情况的评价

1.质量体系认证的检查评价。

2.质量体系程序文件执行的评价：

(1)设计质量控制程序执行的评价；

(2)制造过程质量控制程序执行的评价；

(3)设备安装过程质量控制程序执行的评价。

3.质量管理制度的完整性和可靠性。

4.质量记录的准确性。

5.合同项目的受控状态。

五、审核认可及备案

监理分部应及时将《承包商质量体系评审表》呈送监理部，经总监理工程师审核认可后，送交业主备案存档。

SJ 503　设备索赔程序

一、承包商索赔工作程序

1.索赔审批流程

如附图-29 所示。

2. 承包商(受损失方)申报索赔

(1)承包商在索赔事件开始发生后的14天内向监理部送交《索赔申请表》,包括工期索赔和费用索赔。索赔事件发生后14天内索赔方不递交索赔申请表,即视为放弃索赔。

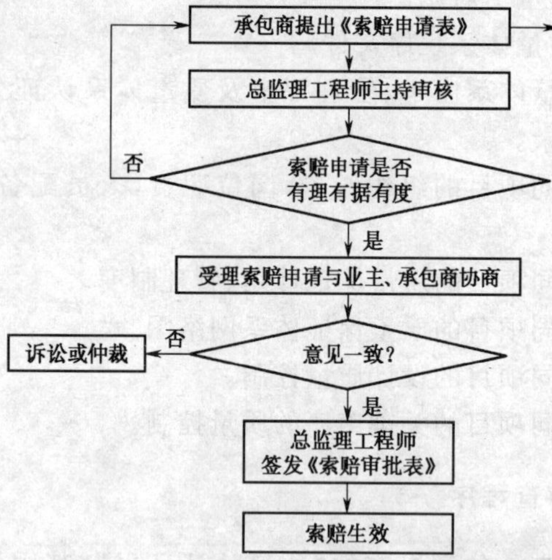

附图-29 承包商索赔审批流程

(2)索赔申请内容:索赔的理由和依据,索赔金额,索赔工期有效证明材料(记录和证据)。如果引起索赔事件持续进行时,承包商应当阶段性向监理工程师发出索赔意向申请,待索赔事件终止后14天内,向监理工程师送交索赔的有关资料和《索赔申请表》。

(3)索赔申请应有索赔单位负责人签字,方可生效。

3. 监理部核准索赔

(1)时间要求:监理部接到承包商索赔申请后28天内予以答复,或要求承包商进一步补充索赔理由和证据。

(2)监理部在收到承包商送交的索赔申请和有关资料后28天内未予答复或未对承包商提进一步要求时,视为该项索赔已经认可。

(3)总监理工程师接到索赔申请后,应立即通知监理分部的主任监理工程师进行调查取证。

(4)主任监理工程师根据承包商提出的索赔申请,逐条逐项进行检查核实,对照合同条款及相关法律、法规,认定可索赔和不可索赔项目,并签注核实意见,报总监理工程师。

(5)总监理工程师接到主任监理工程师报送的索赔检查核实材料,经业主验证确认有关记录后,总监理工程师与业主和承包商协商,认定该付给承包商的索赔额及延长的工期。总监理工程师应在合同规定的期限内签发《索赔审批表》,并呈报业主备案。

(6)当承包商的费用索赔要求与工程延期要求相关联时,总监理工程师在做出费用索赔的批准决定时,应与工程延期的批准联系起来,征得业主同意后综合做出费用索赔和工程延期的决定。

4. 索赔费用支付

承包商在收到经总监理工程师签发的《索赔审批表》后,按已批准的索赔累计额列入当期合同清单外项目支付。

二、业主索赔工作程序

1. 索赔核批流程图

如附图-30所示。

2. 业主(受损失方)要求索赔

(1)业主在索赔事件开始发生的14天内向监理部送交《费用索赔要求表》,索赔事件发生后14天内,业主如不递交索赔要求表,即视为放弃索赔要求。

(2)索赔要求应有业主负责人签字方可生效。

(3)索赔要求内容:索赔的理由和依据,索赔金额及有效证明材料(记录和证据)等。

3.监理部核准索赔

(1)监理部接到业主递交的《费用索赔要求表》及有关材料后,总监理工程师应及时组织相关监理人员进行核查。如证据不足,则应要求索赔方(业主)进一步补充索赔理由和证据材料。

(2)总监理工程师应及时与承包商和业主协商,确定该向承包商索赔的款额。并在合同规定的期限内签发《费用索赔核批表》,同时呈送业主备案。

4.索赔生效

业主在收到总监理工程师签发的《费用索赔核批表》后,按已核准的索赔款额列入当期合同清单外项目扣除支付给承包商的相应款额。

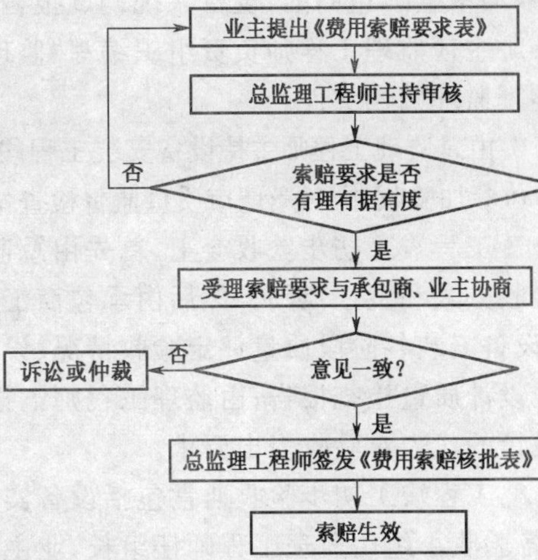

附图-30 业主索赔核批流程图

SJ 504 设备安装工程竣工初步验收程序

一、设备安装工程竣工初步验收流程图

如附图-31 所示。

二、验收程序

1.设备安装承包商完成或基本完成设备安装合同规定的工程内容,单位工程(子单位工程)、分部工程、分项工程及检验批分别进行质量检查验收合格。

2.承包商在完成上述质量检查验收合格的基础上,进行设备系统的调试,达到合同所规定的验收要求,且承包商自检合格。

3.竣工文件资料(包括竣工图纸绘制及竣工资料的编制)编制基本完成,即可向监理工程师提交"设备安装工程竣工初步验收申请报告",并准备"设备安装工程竣工报告"。

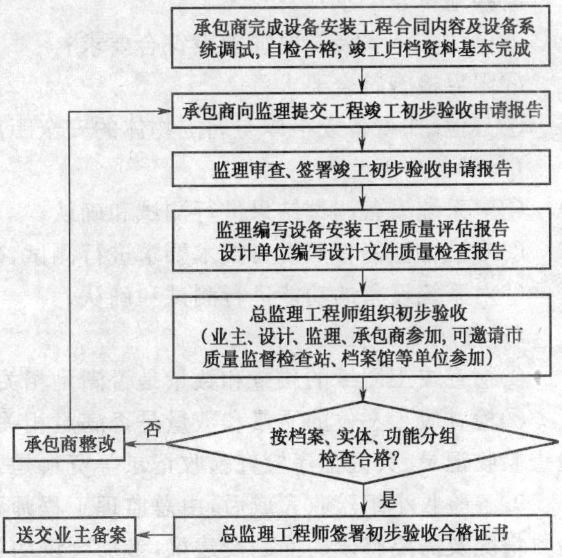

附图-31 设备安装工程竣工初步验收流程图

4.监理工程师应在收到"设备安装工程竣工初步验收申请报告"之日起7天内对竣工初步验收申请审查完毕。监理工程师审查的主要内容:

(1)审查承包商是否已完成合同规定的工程内容,对未完成的工程内容原因是否明确,是否对主体工程不产生影响,是否承诺了完成的时间;

(2)审查承包商提交的工程质量证明资料,包括单位(子单位)工程、分部工程、分项工程和

检验批的质量评定验收记录材料，隐蔽工程检查验收记录，关键工序检查验收记录等；

(3)审查承包商的“设备系统调试报告”是否达到合同和设计文件的要求。

5.主任监理工程师负责组织编写“监理工作总结”和“设备安装工程质量评估报告”，并组织整理监理归档文件。

6.由总监理工程师主持设备安装工程竣工初步验收，业主相关部门、设计、监理和承包商等有关单位参加验收，同时邀请市质量监督检查站、档案馆等相关部门参加。由承包商负责会务工作。

7.工程竣工初步验收会上，首先由总监理工程师介绍竣工初步验收组织机构和各验收小组验收方式和责任范围。然后由承包商汇报“设备安装工程竣工报告”，包括设备安装施工情况、设备安装各阶段质量评定验收情况、设备系统调试情况及竣工资料的整理情况；设计单位汇报设计质量检查报告；由监理工程师汇报设备安装工程质量评估报告，市质量监督检查站和档案馆的代表对验收提出要求。

8.工程竣工初步验收通常包括设备实体验收小组、设备功能验收小组和竣工资料验收小组，各验收小组由监理工程师任组长，业主相关部门、设计单位参加，承包商予以配合。各验收小组验收内容包括：

(1)设备实体验收

①合同设备应全部就位，并按施工图要求安装位置正确、固定牢固，安装的垂直度与水平度均应在允差范围内，同列机柜的盘面应位于同一平面且在允差范围内；

②按施工图要求，接线正确无误；

③与相关系统设备接口符合要求；

④接地符合要求；

⑤电缆支架安装及电缆敷设符合要求；

⑥限界检查符合要求；

⑦其他(如设备或柜体与周围物体的安全距离、设备检查维修通道是否符合使用要求等)。

(2)设备功能验收

①对系统设备调试结果进行测试和确认；

②对设备性能参照设备技术要求进行测试，确认是否达到合同要求；

③对系统设备的功能进行测试和确认。

(3)竣工资料验收

①检查竣工图纸的质量和数量是否满足相关规定；

②检查竣工文件的质量和数量是否满足相关规定，包括质量评定检查验收记录、隐蔽工程检查验收记录、关键工序检查验收记录等资料是否完善并符合规范。

9.各验收小组验收完成后，由总监理工程师召开竣工初步验收总结会。各验收小组介绍验收情况及需要整改的问题及建议，参加会议的各方提出验收建议及意见，经工程竣工初步验收领导小组讨论确定工程是否通过初步验收及整改要求。

10.由监理工程师负责编写工程竣工初步验收会议纪要，参与验收的各部门代表签字确认。

三、验收整改

承包商应根据初步验收会议纪要要求完成整改工作，报请监理复验(必要时应请相关部门共同复验)。

1.对未完工程应确定完成时间；

2. 对属于安装承包商责任的整改问题应在规定的时间内整改完毕；

3. 对属于设备供货商责任的整改问题，监理工程师应要求设备供货商在规定的时间内完成整改，并配合安装承包商的设备调试；

4. 对属于设计单位责任的整改问题，由设计单位进行设计优化，由安装承包商负责施工，增加的费用按设计变更处理；

5. 对属于其他承包商影响，无法进行施工或调试的部分，监理工程师负责协调，待条件具备后，由安装承包商负责完成未完工作；

6. 对属于技术难题，无法在短时间内完成，应要求责任单位在规定的时间内完成。

四、验收合格

经监理及相关单位确认整改问题整改完毕，验收合格，由总监理工程师签署“设备安装工程初步验收合格证书”。

五、总　联　调

通过初步验收合格的系统设备即可进入地铁系统设备总联调。

SJ 505　设备安装工程竣工验收程序

一、验收工作流程图

如附图-32 所示。

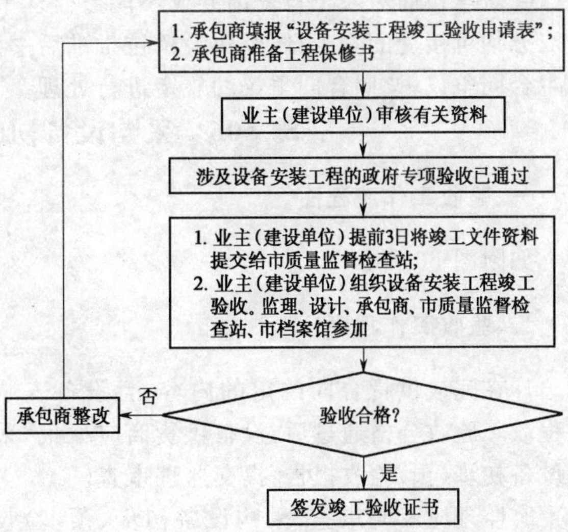

附图-32　设备安装工程竣工验收工作流程图

二、竣工验收工作程序

1. 设备安装工程竣工初步验收合格后，相应的整改工作已完成，设备安装工程竣工初步验收证书已由总监理工程师签发；工程竣工文件已齐备；备品备件及相关技术文件已移交完毕。承包商填报“设备安装工程竣工验收申请表”。

2. 监理协助业主（建设单位）审查承包商竣工验收申请。

3. 涉及设备安装工程的政府专项验收已通过。政府专项验收一般包括：规划、消防、环保、无线通信、有线通信、质量技术监督、档案、燃气、人防等。

4. 设备安装工程竣工验收由业主（建设单位）验收委员会主任主持，由业主相关部门、设计、监理、承包商等有关单位参加竣工验收。并应提前 3 个工作日将有关竣工文件资料送市质量监督检查站，邀请市质量监督检查站、市档案馆参加工程竣工验收工作。

5. 在设备安装工程竣工验收会上，由设计单位介绍设计情况、施工单位（承包商）介绍施工情况、监理单位介绍监理情况。

6. 将竣工验收分成合同商务组、设备安装组、设备试验组、技术档案组，分别对设备安装工程承包合同、设备实体、功能检测、归档资料等进行检查、测试、核查。对竣工初步验收中发现的整改问题应重点验收。

7. 各验收小组介绍验收情况，并给出是否同意通过竣工验收的意见及建议，与会人员对竣工验收情况给予评价。

8. 如通过竣工验收，但仍有需要整改的问题，由监理负责督促承包商按期完成整改工作。

9. 承包商整改完毕后，建设单位应对整改结果进行检查验收，重要问题须通知各方再次进行现场验收。市质量监督检查站对监督过程中发现问题的整改情况进行复查时，有关单位应予以协助。

10. 验收合格后，业主（建设单位）、监理、设计、承包商等部门签署竣工验收报告；业主（建设单位）验收委员会主任和总监理工程师共同签署设备安装工程竣工验收证书；业主（建设单位）和承包商签订工程保修书；监理签发“工程移交证书”；承包商办理工程竣工档案移交。

三、竣工日的确认

1. 工程的竣工日是指通过工程竣工验收、相关问题整改完毕，最后经监理确认合格的日期。在“竣工验收报告”中的竣工日应为总监理工程师签发“工程移交证书”的日期。并根据工程开工日及竣工日确定承包商的设备安装工程实际工期。

2. 监理应明确告知承包商，如果对竣工日期有异议，应在约定的时间内（一般为 28 天）书面提出。

3. 若承包商对竣工日提出异议，被监理单位和建设单位接受，监理应重新确认竣工日。

4. 若承包商对竣工日提出异议不能被监理单位和建设单位同意，监理可与承包商协商一个双方均可接受的竣工日，经建设单位批准后书面通知承包商。如不能达成新的约定，应视为发生合同争议，按照合同争议的规定进行处理。

SJ 506 采购设备初（预）验收工作程序

一、验收工作流程图

如附图-33 所示。

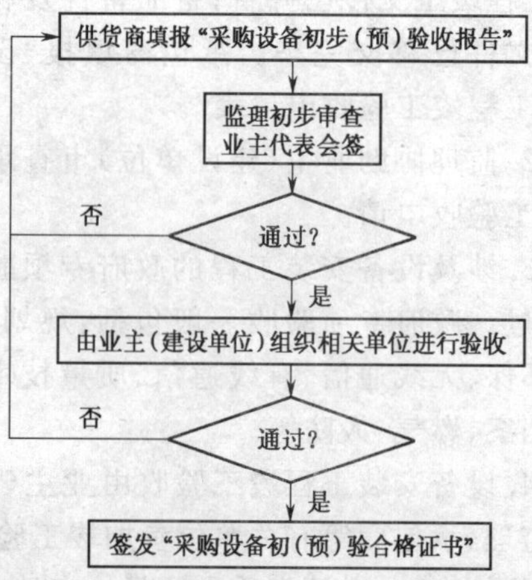

附图-33 采购设备初（预）验收工作流程图

二、验收工作程序

1. 在完成供货合同约定的内容，且设备安装工程竣工验收合格通过后，设备供货商应填报“采购设备初步（预）验收报告”提交监理审查。

2. 监理应及时审查“采购设备初步（预）验收报告”。若供货商填报的“采购设备初步（预）验收报告”不符合要求或内容不完整，监理应要求供货商进一步补充完善后重新呈报。

3. 监理将初步审查后的“采购设备初步（预）验收报告”转交业主代表会签确认，并提交业主（建设单位）验收委员会。

4. 验收委员会负责组织召开验收会议，业主相关部门（设备部、合同部、运营分公司、档案室等）及设计、监理参加。监理单位对设备供货商合同履行情况及质量做出评定报告，设计单位对设备技术水平做出评定报告。

5. 验收主要包括如下内容：

①设备开箱验收情况；

②设备检验情况：包括出厂试验、设备出厂验收报告、型式试验报告、安装现场设备测试报告、联合调试报告等是否齐全、是否存在未解决的问题；

③备品备件及专用工具交接情况；

④图纸及技术资料的交接情况，包括随箱技术文件的交接情况；

⑤技术培训的完成情况；

⑥合同变更的执行情况；

⑦合同费用支付情况；

⑧设备安装验收情况；

⑨相关服务完成情况，包括安装督导、现场配合、质保期服务承诺等；

⑩设备重大质量事件记录；

⑪主要整改问题及完成情况；

⑫遗留问题及其他。

6. "采购设备初步(预)验收报告"通过验收后，由业主(建设单位)验收委员会主任和总监理工程师共同签署"采购设备初(预)验合格证书"。

SJ 601　设备安全管理程序

一、安全管理流程图

1. 监理安全预控流程图

如附图-34 所示。

2. 监督承包商安全管理流程图

如附图-35 所示。

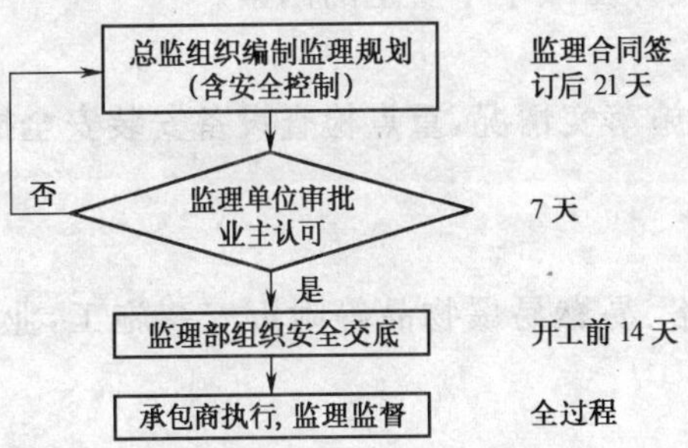

附图-34　监理安全预控流程图

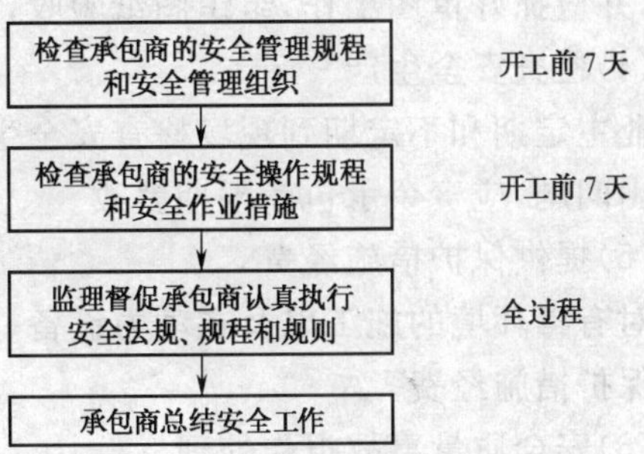

附图-35　监督承包商安全管理流程图

3. 安全综合管理流程图

如附图-36 所示。

二、四方职责

1. 业主职责

(1)法律法规赋予业主有设备安装全过程的质量安全责任。

①《建筑法》第八条规定，把保证工程质量和安全具体措施作为业主领取施工许可证的必备条件。

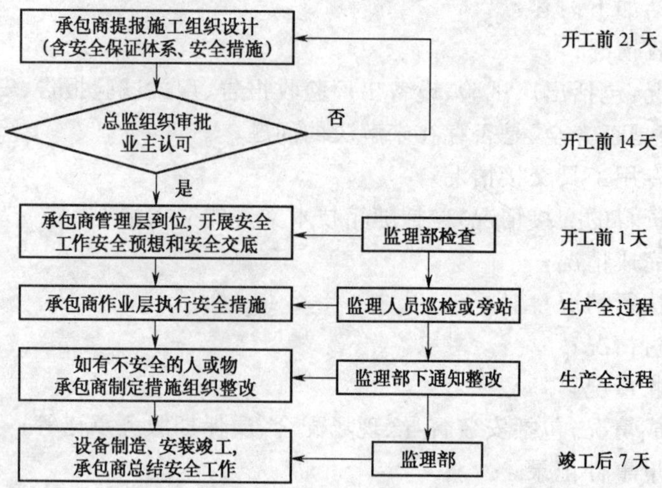

附图-36 安全综合管理流程图

②国家发展与改革委员会[计建设(1996)673 号文]《关于实行建设项目法人责任制的暂行规定》第三条规定，业主对工程建设实行全过程负责；第二十二条规定，把安全和工程质量列为业主的考核内容之一。

③中华人民共和国国务院令第 279 号《建设工程质量管理条例》中规定的质量责任。

(2)贯彻安全生产方针

安全是综合因素的反映，贯穿于设备安装过程始终，质量是保证安全的基础。业主重点检查承包商的施工组织设计中落实安全生产的程度，安全技术措施是否可行，能否保证安全。

(3)开展设备设计监理

设计监理是从源头提高设备质量消除隐患保安全的根本途径，确保设计强制审查项目的落实，并应抓好审图工作，组织图纸验收，消除设备设计图纸中不安全的因素。

(4)检查安全生产

业主定期和不定期到现场检查安全生产技术措施落实情况，重点检查设备安装安全措施，如查出问题，应责令承包商限期整改。

(5)提供保护措施经费

对有毒环境的施工以及在动力设备、高压电线路、易燃易爆物品等附近安装施工，业主应承担保护措施经费。

(6)安全质量事故报告处理

设备安装发生重大安全质量事故，应在 24 h 内向建设行政主管部门或其他有关部门报告；负责按管理权限组织或参加重大及以上安全事故的调查和处理。

2. 承包商职责

(1)法律法规赋予承包商安全生产和设备质量的直接责任

①《建筑法》规定了承包商法定代表人应对本企业的安全生产负责，承包商对工程的施工质量负责。

②中华人民共和国国务院令第 279 号《建设工程质量管理条例》规定的质量责任。

③建设工程施工合同规定，承包商应遵守工程建设安全生产有关管理规定，严格按安全标准组织施工，并随时接受行业安全检查人员依法实施的监督检查，采取必要的安全防范措施，

消灭事故隐患，承担由于自身安全措施不力而造成的事故责任和因此发生的费用。

(2)编制施工组织设计

科学编制施工组织设计是经济、合理、安全地完成设备安装任务的重要保证。施工组织设计应该要素齐全，目标明确，措施有力。

(3)质保安保体系发挥作用

按照批准的施工组织设计中的质量保证体系和安全保证体系规定，首先是组织保证，其二措施到位，其三发挥作用，充分发挥两个保证体系的“自检、互检、专检”三级质(安)检作用，把安装质量和安全生产质量监控起来，避免发生事故。

(4)文明生产

设备的文明安装是安全和质量的保证，主要体现在环境和质量安全的水平上。按照审批的施工组织设计进行安装现场的布置，力求安全质量标牌图案明显，特别应设有明显的安全警示标识，为安全生产创造一个良好的工作环境，缓解和防止施工人员急躁情绪的产生，减少设备安装质量与标准之间的偏离；执行文明生产制度，把行为落实到质量上，以物质保精神，以质量保安全。

(5)过程中保安全

①开展安全预控：针对工序特点开展安全预控活动，预控活动内容包括分析产生不安全因素的原因，采取必要的防范措施，把安全质量事故消灭在萌芽之中。

②落实制度标准：安全生产都有一套管理制度，必须经常学习，认真贯彻，力争做到学章必精，遵章必严，违章必纠。

③抓设备质量控制点：承包商必须抓住设备安装关键工序和关键部位，减少控制点的失误，保证设备质量安全。

④检查与整改：质量保证体系和安全保证体系发挥功能作用，经常不断地检查安全生产情况，对查出的主要问题要有分析、有整改、有措施，形成一个回路，推动安全生产。

⑤对事故三不放过：发生事故，未找到事故原因不放过，出事故者未受到教育不放过，没有采取防范措施不放过。

(6)奖惩分明

定期召开会议，分析安全生产情况，执行激励机制，对重视质量保证安全的集体和个人要奖励，有重大贡献的重奖；对玩忽职守，安全生产不好、质量不合格、出事故者要处罚，以赏罚分明调动安全生产的积极性。

(7)事故报告制度

发生安全质量事故 24 h 内向监理部、业主和行政主管部门报告，不得隐瞒。

3.监理部职责

(1)法律法规赋予监理部承担监理责任

①建设工程委托监理合同要求监理人员按照安全和优化的原则审查工程施工组织设计及技术方案设计；监理人员对不安全的施工作业，有权通知承包商停工整改。

②《建筑法》规定施工组织设计中包含相应的安全技术措施。

③中华人民共和国国务院第 279 号令《建设工程质量管理条例》规定的质量责任。

(2)安全思想领先

安全生产第一，监理部必须要求监理工程师牢固树立安全思想领先的观念，以质量保安全，以工期保安全，以投资保安全。

(3)落实责任

在监理部内部执行以总监理工程师为领导，主任监理工程师为成员的设备安全管理控制体系，把控制责任落实到总监理工程师、主任监理工程师和监理工程师身上。

(4)安全预控

预控是监理部控制安全的有效手段，贯穿于设备安装全过程。安全是系统工程，考虑安全应从人、机、料、法、环全方位思维。预控在下列文件中体现：

①监理内部：监理规划和监理实施细则中要有监理安全的章节，把握安全控制点的设置。

②设计方面：监理部通过对设计施工图的会审，从源头把住安全关。

③承包商方面：监理部通过对承包商施工组织设计审批，特别把住安全保证体系和安全措施的审批。

(5)过程控制在设备采购和设备安装的过程中，对安全的控制主要方法如下；

①提醒承包商：当工序转换和环境条件因素突变时，应提醒承包商开展安全预想活动，并落到实处。

②巡检或旁站：监理人员不断对设备安装进行巡检或旁站监理，进行面对面的控制。一是查安全保证体系和质量保证体系人员有没有到位，有没有履行职责，特别是有没有开展安全预想活动；二是检查使用的原材料是否经过报验；三是检查工艺流程和工艺规程执行情况，发现不安全的人和物，立即通知整改；四是对关键工序部位进行旁站监理，强行要求承包商保质量保安全，以消除不安全的隐患。

③通知与停工：监理人员如发现设备采购和设备安装不安全的人或物，应立即发通知承包商整改，严重的下停工令整改(要报告业主)，对通知和停工令的处理应形成闭环。

(6)安全监理文件

安全监理文件是指设备安装安全生产过程的监理记录写实资料，包括质量问题的通知和停工，安全质量事故的分析处理，以及设备质量的各项保证资料等，资料要原始真实可靠完整，经得起推敲，此安全监理文件亦是作为今后处理安全质量事件的见证。

(7)报告事故义务

对安全质量事故，监理人员要有敏感性，听到设备安装发生安全质量事故，一是立即向业主传递报告；二是奔赴现场了解事故的情况；三是事故的事态如果还在继续，则应协助承包商抢救，尽量减少损失；四是指令承包商对事故进行调查分析处理，对事故实行三不放过。

4.建设行政主管部门职责

(1)法律法规赋予建设行政主管部门对设备安装的安全生产监督管理责任

①《建筑法》规定建设行政主管部门负责对建筑安全生产的管理，并依法接受劳动行政部门对建筑安全生产的指导和监督。

②中华人民共和国国务院第279号令《建设工程质量管理条例》规定的质量责任。

(2)对质量进行监督

质量监督可由建设行政管理部门委托其质量监督部门实施。

①隐蔽：参加关键设备隐蔽检查验收，不合格拒绝隐蔽。

②抽查：随机抽查设备安装质量，不合格坚决返工。

③处理：对抽查不合格的设备质量发通报限期整改。

④核实：根据业主上报的设备质量验收文件，对设备质量等级进行核定，严格把关。

(3)对重大安全质量事故的处理

发生重大安全质量事故，建设行政主管部门立即向当地人民政府和上级主管部门报告，按事故处理的有关规定参加事故的调查处理，在管辖范围内通报。

SJ 602　设备安装质量安全事故处理程序

一、质量安全事故的分类

质量安全事故按其性质及严重程度可划分为两类：

1. 一般事故：通常指经济损失在 0.5 万～10 万元额度内的质量事故。

2. 重大事故：凡属下列情况之一者，可列为重大事故。

(1)造成设备毁坏和人员伤亡者。

(2)违反规范规定或操作规程，造成不可补救的永久性设备质量事故者。

(3)影响设备及其相应系统的使用功能、造成永久性质量事故者。

(4)经济损失在 10 万元以上者。

二、设备安装质量安全事故处理流程图

如附图-37 所示。

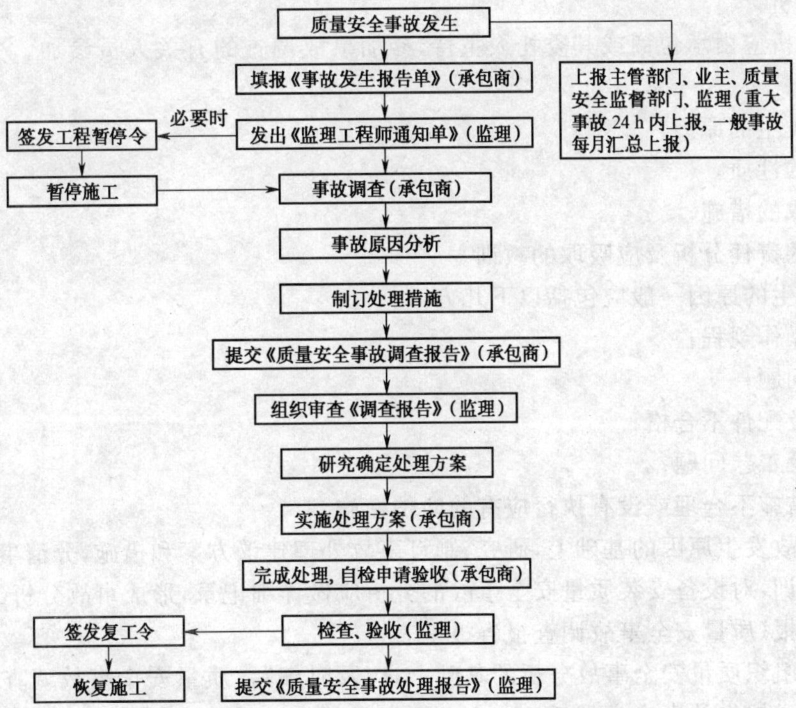

附图-37　设备安装质量安全事故处理流程图

三、设备安装质量安全事故处理程序

1. 事故报告

当出现设备安装质量安全事故，承包商应在 24 h 以内，向监理分部呈报《事故发生报告单》，同时按事故类别和规定时限报有关部门。

总监理工程师认为必要时应按设备安装工程暂停令发布程序发布《工程暂停令》。

若承包商不及时报告，监理工程师应在获得信息后 12 h 内发《监理工程师通知单》，承包商接到通知单后 12 小时内应补报《事故发生报告单》，并填写《监理工程师通知回复单》。

2. 组织事故调查

事故调查应由承包商自行组织进行，一般由承包单位专职质量安全检查工程师负责。行政、技术负责人及有关人员参加，必要时承包商可邀请监理工程师参与调查。事故调查应在 48 h 内开始，进行事故调查必须全面、详细、客观、准确。

调查的内容有：

(1)与事故有关的项目情况；

(2)质量安全事故的详细情况：发生事件的时间、地点、部位、性质、现状及发展变化情况等；

(3)与事故有关的数据、照片、资料；

(4)具体操作情况，所使用的材料、设备等；

(5)事故造成的经济损失；

(6)是否需要采用临时防护措施；

(7)涉及到的相关责任人。

3. 事故分析

对事故分析应由承包商或其委托人主持，参加事故调查的有关人员参加。分析工作应包括以下内容：

(1)事故发生的原因；

(2)事故的性质；

(3)应采取的措施；

(4)事故的责任分析及应吸取的教训。

对事故发生的原因一般应包括以下几方面：

(1)违反操作规程；

(2)设计问题；

(3)材料及配件不合格；

(4)管理及工艺问题；

(5)防护措施不合理或没有执行应有的防护措施。

在分析事故发生原因的基础上，研究、制订事故处理建议方案和措施，分清事故的责任，明确应吸取的教训，对设备安装质量安全事故的分析应做详细记录，形成事故分析纪要。

4. 编写上报《质量安全事故调查报告报审表》

承包商在组织质量安全事故分析的基础上，应及时编写《质量安全事故调查报告报审表》上报监理分部。报告的内容应包括：

(1)事故现状、发生时间、地点、部位、性质；

(2)调查的有关数据；

(3)事故原因；

(4)事故责任；

(5)事故造成的经济损失；

(6)建议事故处理依据、处理方案、技术措施。

对质量安全事故分析后应作出结论。

5.审查《质量安全事故调查报告报审表》

主任监理工程师收到《质量安全事故调查报告报审表》48 h内组织现场监理及有关人员，必要时请设计、业主代表和市质检站等单位参加对该报告进行审查。主要审查调查报告中发生事故原因是否找出，责任是否分清，处理方案是否可行。如审查认为不妥，则应由承包商补充调查，重新提出处理方案。如同意调查报告，则签署意见后，呈报总监理工程师审批，总监理工程师应在收到调查报告后48 h内批复并交承包商负责实施。如调查报告上报4天后仍未批复，承包商则可视调查报告已获通过。自行组织实施。

6.事故处理的检查验收

承包商进行事故处理后，经自检合格，向监理分部呈报《质量安全事故处理报告报审表》，申请验收。

《质量安全事故处理报告》的内容应包括：

(1)质量安全事故的情况；

(2)质量安全事故的调查与检查情况，包括调查的有关数据、资料；

(3)质量安全事故原因分析；

(4)质量安全事故处理方案及技术措施；

(5)对处理结果的检查、鉴定和验收；

(6)结论意见。

参见附表-5所示。

验收由主任监理工程师组织承包商、监理工程师、质检人员参加。经过鉴定和验收，认为合格签署验收意见后，呈报总监理工程师批复，恢复正常施工。

附表-5 设备安装质量事故处理方案表

序号	阶段	质量事故的主要内容	处理措施	备注
1	开箱验收	设备型号、规格、数量或附件、备件、技术文件等与装箱单不符，或与供货清单要求不符	(1)要求设备供货商补齐或更换。 (2)情况严重时，应向设备供货商索赔	
2		开箱验收时发现在运输过程中发生设备丢失、破损或锈蚀情况	(1)如设备丢失，应由设备供货商负责补齐。 (1)视破损或锈蚀情况的严重程度，要求设备供货商退换或进行相应处理	
3	二次搬运	设备在安装承包商二次搬运过程中发生破损或挤压、淋湿等情况	应由安装承包商承担责任，向设备供货商联系更换，安装承包商承担赔偿费用	
4	仓储	在仓储过程中发生设备丢失、破损、挤压、淋湿、锈蚀等情况	(1)应由安装承包商承担责任，向设备供货商联系更换，安装承包商承担赔偿费用。 (2)情况严重时，应向设备安装承包商索赔	
5	设备安装	设备安装的预留沟槽孔洞及预埋件位置、尺寸、数量与安装实际需求不符	(1)按施工图纸检查，如图纸错误，设计单位承担责任。 (2)如土建施工有误，则应责成土建施工单位返工。 (3)如已完成交接验收，则应由安装承包商按安装实际需求进行调整。 (4)如系设备变动的原因造成不符实际需求，则应由设备供货商承担责任。责成安装承包商按安装实际需求进行调整，发生的费用由设备供货商承担	必要时请设计单位参加

续上表

序号	阶段	质量事故的主要内容	处理措施	备注
6		设备固定底座安装尺寸与设备安装尺寸不符	(1)按施工图纸检查,分清责任。 (2)如土建施工有误,则应责成土建施工单位返工。 (3)如已完成交接验收,则应由安装承包商按安装实际需求进行调整。 (4)如系设备变动的原因造成不符实际需求,则应由设备供货商承担责任。责成安装承包商按安装实际需求进行调整,发生的费用由设备供货商承担	
7	设备安装	设备安装不符合技术规范或违反施工工艺要求	责成安装承包商整改或返工	
8		安装承包商的外供材料、构件未经"三准(准购、准进、准用)"就投入使用	(1)追究责任,由安装承包商负责更换或退货。 (2)责令安装承包商整改,要求严格执行"设备安装外购材料报验程序"	
9		设备安装关键工序作业达不到质量要求或质控点检查未达要求	(1)责成安装承包商提出整改措施,经监理审查要求在限定时间内完成。 (2)要求认真执行"设备安装关键工序检验交接程序"	
10		设备安装隐蔽工程未经检查就进入下道工序	必须严格执行"设备安装隐蔽工程检查验收程序"如违反程序应责成安装承包商返工	
11		设备安装与相关专业设备的接口遗漏或界面不明确	召开技术协调会,解决与相关专业设备的接口,明确接口方式、界面及接口规约等	必要时请相关专业设备供货商参加
12		设备安装工作执行无序,质量保证措施不得力。	(1)检查安装承包商的质保体系执行情况,运转是否正常。 (2)检查安装承包商的"施工组织设计"执行情况,要求进行整改	
13		设备单机或系统调试试验,未达到质量要求	设备安装承包商与设备供货商共同分析原因,积极采取相应措施,进行整改	
14		发生设备安装质量安全事故	认真执行"设备安装质量安全事故处理程序"。使设备安装质量安全事故的处理符合有关规定的要求,并通过处理事故,使设备安装质量和施工安全进一步得到保障	

SJ 603 设备安装调试阶段监理安全控制实施细则

一、总 则

1. 按照××地铁有限公司的要求,根据"××地铁工程施工安全管理办法"的规定,结合设备监理工作的特点,控制设备安装调试期间的人身与设备安全,制订本实施细则。

2. 本实施细则贯彻执行中华人民共和国建筑法、当地政府的建设工程施工安全条例、建设监理条例和其他法律、法规的基本原则,贯彻安全生产第一的方针。

3. 设备安装调试监理的安全控制是一个系统工程,贯穿于设备安装调试的全过程,是实现地铁工程施工安全管理目标的有力保证,监理人员必须做好安全预控工作。

4. 质量是安全的保证，质量是建设工程的根本。质量预控也是保证安全的重要措施，质量预控贯穿于设备安装调试过程的始终。

5. 安全生产是建设工程的重要主题，安全生产，人人有责；主管领导必须亲自抓安全，承担安全生产的重要职责。

二、方针及目标

1. 设备安装调试安全控制方针：安全第一、预控为主。

2. 设备安装调试安全控制目标

(1)监督承包商实现地铁工程安全控制目标：

①人身安全：杜绝死亡，年重伤率控制在0.05%之内；

②消灭设备安装调试质量重大事故；

③避免重大交通事故和重大火灾事故。

(2)监理部内部消灭一切人身和质量责任事故。

3. 设备安装调试安全控制的原则

(1)系统控制的原则；

(2)预控为主的原则；

(3)综合治理的原则；

(4)分工负责的原则(谁主管安装调试谁必须管好安全的原则)；

(5)安全否决的原则(安全工作一票否决权的原则)；

(6)赏罚分明的原则。

4. 安全控制目标责任落实到人，个人保部门目标实现，部门保地铁工程安全目标兑现。

三、安全控制主要内容

1. 控制施工作业人员的不安全行为。

人的不安全行为有生理上、心理上和行动上的不安全，必须根据人的生理和心理特点合理安排和调配适合的工作，预防不安全行为。

2. 控制物(设备)的不安全状态。

施工作业人员使用的各类设备、设施、工具、材料等不仅要保持良好的状态和技术性能，还应操作方便、灵活可靠，并具有保护操作者免受伤害的各类防护和保险装置。

3. 作业环境的防护。

四、安全控制体系

1. 监理部建立安全控制领导小组

由总监任组长，副总监为副组长(其中1名负责安全的日常工作)，辖区总监代表、各分部主任监理工程师为成员。各监理辖区设立安全小组，辖区总监代表为组长，参与辖区安装调试工作的各监理分部主任监理工程师为组员。监理部设专职质量安全监理工程师(应经过安全专门培训)。

领导小组是安全控制的决策机构，安全小组按分管的监理辖区负责日常的安全工作。

2. 安全控制领导小组的职责：

(1)认真贯彻执行国家、地方政府和地铁公司有关安全方针、政策和法规，传达有关安全工作指示、决定和通报的精神。

(2)坚持做到“五同时”:即在计划、布置、检查、总结和评比各项工作的同时,计划、布置、检查、总结和评比各项安全工作。

(3)负责定期召开安全工作会议、分析安全形势、部署安全控制的防范工作及研究改进措施。

(4)制定并健全设备安全管理程序及安全控制实施细则。

(5)每月定期向业主提交安全控制月报和不定期及时报告施工安全的重大情况。

(6)实行安全控制评比活动,执行安全奖罚制度。

3.安全小组的职责:

(1)做好本辖区(监理分部)的安全控制工作,为保证监理部安全目标的实现打好基础。

(2)对承包商贯彻和执行国家和上级有关安全方针、政策、法规等情况进行监督检查,以及合同中关于安全文明施工的条款、施工安全计划的落实情况。

(3)负责组织审核承包商的施工组织设计方案、包括施工用电及起重吊装等专项安全施工组织设计、安全管理文件和有关技术问题的协调处理。

(4)参与定期的安全工作检查,督促承包商整改和落实安全控制措施。

(5)定期向监理部报告安全控制情况。

五、安全责任制

为对安全实行有效的控制,明确监理人员的责任制是其先决条件;明确责任制有利于调动人员的积极性,有利于安全控制制度的落实,有利于开展安全工作竞赛和评比活动。

1.总监理工程师的责任

(1)宣传贯彻国家的安全生产方针、政策,检查各监理辖区、监理分部的落实情况,全面负责监理部的安全控制工作。

(2)总监理工程师组织制订的监理规划,必须有安全控制的要素,具有安全预控和质量预控的内容。

(3)审批承包商施工组织设计和施工安全计划、特别注意安全技术措施的针对性和有效性。

(4)签发开工令,应视其施工安全条件是否具备,若不具备条件则拒绝发布。

(5)组织制定设备安装调试安全控制监理管理程序及相关规章制度。

(6)对于严重危及人身安全与健康的施工作业场所、设备等,有权签发《安全监察指令书》,要求承包商限期改进,对逾期不改进的,有权责令停工。

(7)经常进行安全教育,使全体监理人员牢固树立安全第一的思想,做好安全预控工作。

(8)组织或参加设备安装质量安全事故的调查处理,检查事故处理的执行情况,落实整改措施,协调事故有关方面的关系。

2.辖区总监代表、主任监理工程师的责任

(1)接受上级关于安全方面的指令,并认真贯彻执行,对分管的监理辖区或分管的合同项目安全控制承担直接监理责任。

(2)组织监理工程师学习安全法规、依法做好安全控制工作。

(3)审核承包商施工组织设计和施工安全计划,安全管理文件和有关技术问题的协调处理。

(4)抽查承包商安全预控和质量预控的落实情况，如不符合规定，应责令整改。

(5)检查监理工程师安全控制开展情况，并提出指导性的意见。

3. 监理工程师责任

(1)对分管监理的设备项目安全控制负责。

(2)学习并贯彻安全法规和上级有关安全的规定，认真执行，学章必精、遵章必严、违章必纠。

(3)督促检查承包商制订和适时修正安全施工生产制度、安全防护规程或安全技术操作细则，并对这些制度和规程的执行情况进行监督检查。

(4)经常深入施工现场进行安全检查和事故预防工作。

(5)如发现施工违章指挥、违章作业和野蛮施工、安全防护措施不当，有事故苗头和隐患应及时制止、责令承包商整改，必要时应报告上级进行处理。

(6)参加质量安全事故的调查分析，并将有关信息向监理分部报告。

六、安全预控

1. 安全预控的指导思想

安全第一、预控为主、防患于未然，把事故苗头和隐患消灭在发生之前。

2. 安全预控的重点

预控是控制各个环节安全的重要保证，预控的重点是针对所设置的安全质量控制点进行监控，并监督承包商的对应措施落实。

3. 安全预控方法

安全预控的方法是通过审查有关文件报表和对现场进行检查，对设备安装调试的资源、工作全过程和工程质量进行控制。

(1)依据总监理工程师批准的施工组织设计，检查承包商的安全保证体系和质量保证体系是否正常运转发挥作用，如未起作用则应发通知要求进行整改。

(2)对照施工组织设计，检查承包商安全措施的执行情况，如未能执行或不符要求，应停工整改。

(3)设备安装调试过程中的监控

①对工序活动条件的监控，包括对设备安装施工准备的控制和工序活动过程的条件控制(投入资源、工艺过程等)，应对照设计文件、施工图纸、技术规范等有关文件，重点抽查。

②对工序活动后果的监控，即设备安装的质量是否符合设备安装合同技术规格书和施工图纸的要求，逐项检查设备的安全状态和性能是否符合要求，设备单机调试和系统调试是否达到设备采购合同的要求，如不符合则要求纠正或返工。

(4)监控手段

①巡检或旁站，是监理人员现场检查的形式，查质量与查安全同步进行，因为质量与安全是设备项目互为因果的内容，应将安全与质量同时贯穿于监理工作的全过程。

②观察与测量，监理到现场首先是观察，一看有没有不安全的人和物，有没有安全标示图；二看设备安装质量如何；三看设备调试是否达到要求。

③指令文件，监理工程师对承包商存在问题而发出的指令，应以书面文件来表达；如问题严重时间紧迫，也可以用口头指令的方式下达给承包商，随后补充书面文件对口头指令予以确认。

七、安全技术措施

1. 安全防护用品的使用：要求承包商为作业人员提供符合国家规定的安全防护用品（如安全帽、安全带、防护服、防护手套、防护鞋、袜等），不得以货币或其他物品替代应当配备的安全防护用品。并教育和指导作业人员按照安全防护用品的使用规则和防护要求正确使用配置的安全防护用品。

2. 吊装运输：应督促承包商按有关规程操作设备的吊装运输。吊装作业应有专项安全技术设计，危险性大的作业过程中应有专人监护，吊装绳钩下不准站人；设备装运不能偏载，要捆扎牢固，并设有防雨措施。

3. 高空作业：督促并检查承包商严格按高空作业有关规程进行操作。作业人员必须配戴安全帽和安全带，使用时系紧牢固。

4. 安全用电：临时用电的布置和安装应严格按照批准的施工组织设计或安全用电技术规范和电气防火（爆）措施的规定进行。

5. 在高压线路、易燃易爆物等附近安装施工时，承包商应制定安装施工保护措施，经监理和业主代表认可后，方可进行安装作业。

6. 设备试验必须按照事前经业主批准认可的试验大纲按计划有序地逐项进行。试验操作应注意安全保护（包括人员和设备的安全）。

7. 加强防火安全检查：要求承包商加强对存放易燃、易爆物品的管理。并对不符合规定和安全要求的用电设施应及时停止使用；对不符合规定和安全要求的用电行为，应及时纠正。

八、安全事故分类与处理

1. 安全事故定义

指在地铁工程设备安装、调试活动与交通运输等过程中所发生的对于人、物的意外伤害或破坏。

2. 安全事故分类

(1)按事故性质，可分为因工伤亡事故和非因工伤亡事故两类。

(2)按工伤事故类别，分为物体打击、车辆伤害、机械伤害、超重伤害、触电、淹溺、火灾、高空坠落、坍塌、冒顶、透水、放炮、炸药爆炸、容器爆炸、瓦斯爆炸、其他爆炸、中毒和窒息、其他伤害等二十类。

(3)按伤害程度，分为轻伤事故、重伤事故、多人伤亡事故（伤亡 3 人以上）、死亡事故（死亡 3 人以下）和重大伤亡事故（死亡 3 人以上）5 类。

(4)按经济损失，分为一般损失事故（1 万元以内）、较大损失事故（1 万元至 10 万元）、重大损失事故（10 万元至 100 万元以内）和特大损失事故（100 万元以上）4 类。

3. 安全事故报告

监理人员闻讯现场发生安全事故，应按《施工安全信息快速报告制度》的要求，及时向监理部及业主报告，并立即赶赴现场查明情况。

(1)下列事故必须在发生后 1 h 内电话报告、24 h 内书面报告：

①施工红线范围内一切火灾、重伤与死亡事故；

②5 人以上急性中毒事故、急性传染病（含非典型肺炎）感染；

③隧道和基坑严重崩塌、涌水事故；

④地铁线路 10 m 范围内的地面沉降。

(2)下列信息在当晚 10:00 前通过电子邮件进行报告：

①除上述(1)规定事故外的其他类型或程度的事故；

②施工安全检查表的保证项目中存在的安全隐患。

4.参加事故抢险

当获悉有设备安装调试安全事故发生，总监和有关的辖区代表或监理分部人员应迅速赶到现场参加事故救护抢险工作。

5.事故调查

发生安全事故后，监理部应迅速派出相关人员进行事故调查，掌握事故情况，查明事故原因，分清事故责任，拟定整改措施，防止类似事故的重复发生。

6.安全事故处理

(1)安全事故处理原则

坚持"三不放过"原则，即查不出事故原因不放过，不制定出安全防范措施不放过，事故单位和责任人受不到教育不放过。

(2)事故处理方法

①查清事故原因：发生各种事故都有其直接原因和间接原因，直接原因是物或环境的不安全状态和人的不安全行为；间接原因包括技术和设计缺陷、操作规程不健全或有章不依、员工安全教育培训不够、劳动组织不合理、没有或不认真制定防范措施等。因此，只有在认真分析出发生事故的真实原因后，才能对所发生的事故分清责任。

②分清事故责任：依据事故发生的原因，按人员的岗位职责和分工，界定责任大小。具体责任等级划分标准为：

a.直接责任者：指对事故的发生有必然因果关系的责任人或单位。

b.主要责任者：指对事故的发生居主要地位和作用的责任人或单位。

c.一定责任者：指对事故的发生居次要地位和作用的责任人或单位。

d.领导责任者：指对事故的发生没有直接联系，但负有领导不力、贯彻上级安全规定后督促不严、管理不善等的领导者。

③对责任事故的处罚：

a.凡违反政府安全法规、事故后果严重、影响恶劣并已触犯刑律的，由国家司法机关依法追究刑事责任。

b.法律责任：遵照当地政府建设工程施工安全条例划分。

c.处罚说明：监理部应全面加强安全控制，承担安全监理责任。因监理人员对现场事故单位发布不符合安全技术规程、规范、规定等的指令而发生的安全事故，应当承担监理责任，并视情节轻重承担适当的经济赔偿。

九、安全工作评比

1.评比工作由地铁公司于每季度末结合安全工作检查实施。

2.安全评比工作范围除通常检查的内容外，重点放在施工现场安全管理上，即：现场安全工作宣传、安全警示牌和施工作业面等的事故隐患、苗头以及在地铁公司、监理单位通过工程例会或现场管理所发出的安全管理工作的监理、检查意见的整改与落实情况等。

3.凡被评为不合格单位的，地铁公司或监理单位给予通报批评和限期整改；不及时整改或持应付态度的，应停工整顿。

4. 对于施工现场安全管理混乱、发生多次整改无效情况和仍然大小事故不断的，地铁公司有保留更换该承包商的权力，且按施工合同要求承包商赔偿经济损失。

SJ 604 设备安装调试的火灾事故应急救援方案

一、对施工单位(设备安装调试承包商)的要求

1. 在《施工组织设计》中，应含有"火灾及意外事故紧急处置办法(条例)"的内容。在组织机构中应成立"救援工作指挥领导小组"，当发生火灾及意外事故时负责现场指挥组织工作。

2. 编制《防火安全规程手册》，每人一册。对施工人员经常进行防火教育，提高思想警惕，消灭火灾隐患。

3. 要求施工队伍中应有部分人员通过灭火基本技能的专业训练。如果一旦发生火灾事故，即能有效地操作灭火设施，争取在发生火灾初期尽快扑灭火患，防止火灾的漫延。

4. 施工现场应按有关规定配置灭火器、专用水桶、铁锹、沙袋等灭火器材，定期检查，保证在有效期内使用。

5. 设置专职安全员负责施工现场安全的日常管理工作。

二、火灾报警

1. 任何人发现火灾时都应当立即报警：

(1)用任意电话拨打火警电话119；

(2)向值班人员或上级领导报告火警；

(3)在紧急情况下，按玻破按钮(如果有的情况)进行报警。

2. 报警时应保持沉着冷静，说清发生火灾的详细位置、火灾现场的大致情况等。

三、灭火与紧急救援

1. 在现场的施工单位负责人或指定的其他负责人(救援工作指挥领导人)要积极组织疏散现场人员，设置警戒区域，确保现场人员有序撤离，防止外部人员误入危险区。

2. 现场工作人员在统一指挥下，积极疏通道路，保证消防车辆和消防人员能顺利到达现场进行灭火抢救工作。

3. 发生电气火灾时，要按照正确的方法首先争取切断电源，为灭火创造条件。

4. 现场工作人员应在统一组织下，利用现场的一切消防设施，按照正确的操作方法，努力扑灭初起火灾，同时注意自身安全。

5. 如发生人员伤亡或窒息休克情况，则应积极采取措施进行抢救，并立即与急救中心或附近医院取得联系，请求给予及时救治。

四、灭火的基本措施

1. 基本方法

一切灭火措施都是为了破坏已燃烧的某一个或几个燃烧的必要条件，从而迫使燃烧停止。灭火的基本方法有：

(1)隔离法：搬迁邻近设备、物资或拆除相邻建筑物，使燃烧物与未燃烧物隔离，限定了火灾范围。

如:搬迁未燃物,拆除相邻建筑物,断绝燃烧气体、液体的来源,放空未燃烧的气体,堵截流散的燃烧液体等。

(2)窒息法:采取抽走或释放燃烧区的氧气含量,并隔绝新鲜空气进入燃烧区,破坏继续燃烧的条件。

如:往燃烧物上喷射氮气、二氧化碳;喷洒雾状水、泡沫;用砂土掩埋燃烧物;用石棉被、湿麻袋捂盖燃烧物;封闭着火的建筑物和设备孔洞等。

(3)冷却法:采取措施降低燃烧物的温度低于燃点之下,从而使燃烧物停止燃烧的方法。

如:用水喷洒冷却;用砂土掩埋燃烧物;往燃烧物上喷射泡沫、二氧化碳等。

2.灭火器材的使用

(1)灭火器:不同的灭火器具有不同的灭火功能。

(2)水(不能用于电气设备、油类物质的灭火)。

(3)砂土。

3.电器设备火灾的灭火方法

(1)断电灭火:切断电源就切除了电器火灾的来源,同时也减少了救火人员触电的危险。因此,这是首选的方法。

(2)带电灭火:如果来不及断电,或因其他原因不能断电时,则需采用带电灭火。此时应注意:

①选择适当的灭火器(按灭火器的适用范围选择)。不能使用普通的灭火器,因其灭火剂具有一定的带电性,并且对电器设备的绝缘有损坏作用。

②人体与带电体之间必须保持必要的安全距离。

③带电导线断落地面,要划出一定的警戒区,防止跨入电击伤人。

④对架空线路等空中设备进行灭火时,人体位置与带电体之间的仰角不应超过45°,以防导线断落危及灭火人员的安全。

总之,对电器设备的灭火应有专门的特殊规定。

五、监理的职责

1.认真审查施工单位(承包商)的施工组织设计及施工技术方案。尤其应着重审查有关火灾及意外事故的紧急救援措施方案,务必使各项措施都落实到位。

2.认真执行《设备安装调试监理安全控制实施细则》、《设备安全管理程序》及《设备安装质量安全事故处理程序》等设备监理管理程序。加强对设备安装调试的安全控制,使设备安装施工的安全得到保证。

3.加强对施工单位(承包商)的安全控制管理工作。定期或不定期经常检查施工单位(承包商)防火安全条例的执行情况。时时处处提高警惕,防患于未然,力争做到安全事前控制,将发生火灾的可能性降到最低程度。

4.如果发生火灾,监理获得信息后应立即赶赴现场,积极协助施工单位(承包商)进行灭火及紧急救援工作,并立即报告业主。

附表　设备监理通用表式

目　录

34. SJB 5042　　设备安装工程竣工报告
35. SJB 5043　　设备安装工程初验合格证书
36. SJB 5051　　设备安装工程竣工验收申请表
37. SJB 5061　　采购设备初(预)验合格证书
38. SJB 6021　　事故发生报告单
39. SJB 6022　　质量安全事故调查报告报审表
40. SJB 6023　　质量安全事故处理报告报审表

GB A1

工程开工/复工报审表

工程名称： 编号：

<table>
<tr><td>
致：________________（监理单位）：

我方承担的________________工程，已完成了以下各项工作，具备了开工/复工条件，特此申请施工，请核查并签发开工/复工指令。

附：1. 开工报告
2.（证明文件）

承包单位（章）________________
项目经理________________
日　　期________________
</td></tr>
<tr><td>
审查意见：

项目监理机构________________
总监理工程师________________
日　　期________________
</td></tr>
</table>

本表由承包商填写。

GB A2

施工组织设计(方案)报审表

工程名称： 编号：

<table>
<tr><td>致：________________(监理单位)：

我方已根据施工合同的有关规定完成了________________工程施工组织设计(方案)的编制，并经我单位上级技术负责人审查批准，请予以审查。

附：施工组织设计(方案)

承包单位(章)________________
项目经理________________
日　　期________________</td></tr>
<tr><td>专业监理工程师审查意见：

专业监理工程师________________
日　　期________________</td></tr>
<tr><td>总监理工程师审核意见：

项目监理机构________________
总监理工程师________________
日　　期________________</td></tr>
</table>

本表由承包商填写。

GB A3

分包单位资格报审表

工程名称：　　　　　　　　　　　　　　　　　　　　　　　　　　编号：

致：________________（监理单位）：

经考察，我方认为拟选择的________________（分包单位）具有承担下列工程的施工资质和施工能力，可以保证本工程项目按合同的规定进行施工。分包后，我方仍承担承包单位的全部责任。请予以审查和批准。

附：1. 分包商资质材料；

2. 分包商业绩材料。

分包工程名称(部位)	工程数量	拟分包工程合同额	分包工程占全部工程百分比
合　　计			

承包单位(章)________________

项 目 经 理________________

日　　期________________

专业监理工程师审查意见：

专业监理工程师________________

日　　期________________

总监理工程师审核意见：

项目监理机构________________

总监理工程师________________

日　　期________________

本表由承包商填写并附资料。

GB A4

________报验申请表

工程名称： 编号：

<table>
<tr><td>
致：____________（监理单位）：
我单位已完成了____________________工作，现报上该工程隐蔽报验申请表，请予以审查和验收。
附件：

承包单位(章)____________
项目经理____________
日　　期____________
</td></tr>
<tr><td>
审查意见：

项目监理机构____________
总/专业监理工程师____________
日　　期____________
</td></tr>
</table>

本表由承包商填写。

GB A5

工程款支付申请表

工程名称：　　　　　　　　　　　　　　　　　　　　　　　　　　　　　　　　编号：

致：＿＿＿＿＿＿＿＿＿＿（监理单位）：

我方已完成了＿＿＿＿＿＿＿＿＿＿＿＿＿＿＿＿＿＿＿＿＿＿＿＿工作。按合同的规定，建设单位应在＿＿＿＿＿年＿＿＿＿月＿＿＿＿日前支付该项工程款共（大写）（小写＿＿＿＿＿＿＿＿＿＿），现报上＿＿＿＿＿＿＿＿＿＿＿＿＿＿＿＿工程支付款申请表，请予以审查。

附件：

1. 工程量清单；
2. 计算方法。

承包单位（章）＿＿＿＿＿＿＿＿＿

项目经理＿＿＿＿＿＿＿＿＿

日　期＿＿＿＿＿＿＿＿＿

本表由承包商填写。

GB A6

监理工程师通知回复单

工程名称： 编号：

<table>
<tr><td>致：____________________（监理单位）：
我方接到编号为____________________的监理工程师通知后，已按要求完成了____________________工作，现报上，请予以复查。
详细内容：

承包单位(章)____________________
项目经理____________________
日　期____________________</td></tr>
<tr><td>复查意见：

项目监理机构____________________
总/专业监理工程师____________________
日　期____________________</td></tr>
</table>

本表由承包商填写。

GB A7

工程临时延期申请表

工程名称： 编号：

致：____________（监理单位）：

根据施工合同条款____________条的规定，由于____________原因，我方申请工程延期，请予以批准。

附件：

1. 工程延期的依据及工期计算

合同竣工日期：

申请延长竣工日期：

2. 证明材料

承包单位（章）____________

项目经理____________

日　　期____________

本表由承包商填写。

GB A8

费用索赔申请表

工程名称： 编号：

致：______________（监理单位）：

根据施工合同条款__________条的规定，由于________________的原因，我方要求索赔金额（大写）__________（小写）__________，请予以批准。

索赔的详细理由及经过：

索赔金额的计算：

附：证明材料

承包单位（章）__________

项目经理__________

日　　期__________

本表由承包商填写。

GB A9

工程材料/构配件/设备报审表

工程名称：　　　　　　　　　　　　　　　　　　　　　　　　　　　　　　　编号：

致：＿＿＿＿＿＿＿＿（监理单位）：

我方于＿＿＿＿年＿＿＿＿月＿＿＿＿日进场的工程材料/构配件/设备数量如下（见附件）。现将质量证明文件及自检结果报上，拟用于下述部位：

＿＿＿＿＿＿＿＿＿＿＿＿＿＿＿＿＿＿＿＿＿＿＿＿

＿＿＿＿＿＿＿＿＿＿＿＿＿＿＿＿＿＿＿＿＿＿＿＿

请予以审核。

附件：1. 数量清单

2. 质量证明文件

3. 自检结果

承包单位(章)＿＿＿＿＿＿＿＿

项目经理＿＿＿＿＿＿＿＿

日　期＿＿＿＿＿＿＿＿

审核意见；

经检查上述工程材料/构配件/设备，符合/不符合设计文件和规范的要求，准许/不准许进场，同意/不同意使用于拟定部位。

项目监理机构＿＿＿＿＿＿＿＿

总/专业监理工程师＿＿＿＿＿＿＿＿

日　期＿＿＿＿＿＿＿＿

本表由承包商填写。

GB B1

监 理 工 程 师 通 知 单

工程名称：　　　　　　　　　　　　　　　　　　　　　　　　　　　编号：

致：

事由：

内容：

项目监理机构____________

总/专业监理工程师____________

日　　期____________

本表由监理单位填写。

GB B2

工 程 暂 停 令

工程名称：

编号：

致：______________________（承包单位）：

由于______________________原因，现通知你方必须于______年______月______日______时起，对本工程的______________部位（工序）实施暂停施工，并按下述要求做好各项工作：

项目监理机构______________

总监理工程师______________

日　　期______________

本表由监理填写。

GB B3

工程临时延期审批表

工程名称： 编号：

致：________________________________(承包单位)：

根据施工合同条款______________条的规定，我方对你方提出的__________________工程延期申请(第____________号)要求延长工期日历天的要求，经过审核评估：

□ 暂时同意工期延长________日历天。使竣工日期(包括已指令延长的工期)从原来的________年________月________日延迟到________年________月________日。请你方执行。

□ 不同意延长工期，请按约定竣工日期组织施工。

说明：

项目监理机构________________

总监理工程师________________

日　　期________________

本表由监理工程师填写。

GB B4

工程最终延期审批表

工程名称： 编号：

致：____________________（承包单位）：

根据施工合同条款____________________条的规定，我方对你方提出的__________工程延期申请（第________号）要求延长工期日历天的要求，经过审核评估：

□ 最终同意工期延长______日历天。使竣工日期（包括已指令延长的工期）从原来的______年______月______日延迟到______年______月______日。请你方执行。

□ 不同意延长工期，请按约定竣工日期组织施工。

说明：

项目监理机构____________

总监理工程师____________

日　　期____________

本表由监理工程师填写。

GB B5

费用索赔审批表

工程名称： 编号：

致：____________________（承包单位）：

根据合同条款__________条的规定，你方提出的__________费用索赔申请（第________号），索赔（大写）__________，经我方审核评估：

□ 不同意此项索赔。

□ 同意此项索赔，金额为（大写）____________。

同意/不同意索赔的理由：

索赔金额的计算：

项目监理机构____________

总监理工程师____________

日　　期____________

本表由监理填写。

GB C1

监理工作联系单

工程名称：　　　　　　　　　　　　　　　　　　　　　　　　　　　　编号：

致：

事由：

内容：

单位(章)__________

负责人__________

日　期__________

本联系单宜用于承包商与监理单位或其他单位之间有关监理工作的联系。

SJB 2011

设备制造进度计划报审表

工程名称：　　　　　　　　　　　　　　　　　　　　　　　　　　编号：

<table>
<tr><td colspan="2">至：________________（监理部）：

兹报送______________________________设备制造进度计划，请审核批准。
编制说明：

附：总进度计划表

供货单位（章）__________ 项目经理__________ 编制人__________ 日期__________</td></tr>
<tr><td colspan="2">监理工程师审查意见：

监理工程师__________ 日期__________</td></tr>
<tr><td colspan="2">主任监理工程师审核意见：

主任监理工程师__________ 日期__________</td></tr>
<tr><td>进度控制监理工程师意见：

进度控制监理工程师__________ 日期__________</td><td>总监理工程师审批意见：

总监理工程师__________ 日期__________</td></tr>
</table>

本表由承包商填写附进度计划表。

SJB 2021

设备制造工艺方案报审表

工程名称：________________ 合同号：________________ 编号：________________

<table>
<tr><td>至：________________（监理部）：

现报送________________设备制造工艺方案（全套、部分），已经我单位技术部门审核通过，详细说明和图表见附件。请予审查和批准。

供货单位（章）__________ 项目经理__________ 项目技术负责人__________ 报审日期__________</td></tr>
<tr><td>评审意见：

主任监理工程师__________ 日期__________</td></tr>
<tr><td>总监理工程师审批意见：

总监理工程师__________ 日期__________</td></tr>
</table>

本表由承包商填写。

SJB 2031

设备制造关键工序见证表

工程名称：________________ 合同号：________________ 编号：________________

<table>
<tr><td colspan="2">设备名称</td><td colspan="4"></td></tr>
<tr><td colspan="2">见证工序名称</td><td colspan="2"></td><td>见证方式</td><td></td></tr>
<tr><td colspan="2">见证时间</td><td></td><td>见证地点</td><td colspan="2"></td></tr>
<tr><td>供货商自检</td><td colspan="5">供货单位(章)________ 项目技术负责人________ 日期________</td></tr>
<tr><td>监理分部见证</td><td colspan="5">监理工程师________ 日期________</td></tr>
<tr><td colspan="6">W、H 类工序签证</td></tr>
<tr><td colspan="2">业主代表</td><td colspan="2"></td><td>设计代表</td><td></td></tr>
</table>

本表由承包商、监理工程师填写。

SJB 2032

主、关零部件监检记录表

工程名称：________________ 合同号：________________ 编号：________________

<table>
<tr><td colspan="2">设备名称</td><td colspan="2"></td><td>日期</td><td></td></tr>
<tr><td colspan="2">零部件名称</td><td colspan="2"></td><td>监检数量</td><td></td></tr>
<tr><td colspan="2">图号</td><td colspan="2"></td><td>依据</td><td></td></tr>
<tr><td>检查项目</td><td colspan="2">检查内容</td><td>标准要求</td><td>实测数据</td><td>备注</td></tr>
<tr><td>1</td><td colspan="2"></td><td></td><td></td><td></td></tr>
<tr><td>2</td><td colspan="2"></td><td></td><td></td><td></td></tr>
<tr><td>3</td><td colspan="2"></td><td></td><td></td><td></td></tr>
<tr><td>4</td><td colspan="2"></td><td></td><td></td><td></td></tr>
<tr><td>5</td><td colspan="2"></td><td></td><td></td><td></td></tr>
<tr><td>6</td><td colspan="2"></td><td></td><td></td><td></td></tr>
<tr><td>7</td><td colspan="2"></td><td></td><td></td><td></td></tr>
<tr><td>8</td><td colspan="2"></td><td></td><td></td><td></td></tr>
<tr><td>9</td><td colspan="2"></td><td></td><td></td><td></td></tr>
<tr><td>10</td><td colspan="2"></td><td></td><td></td><td></td></tr>
<tr><td>11</td><td colspan="2"></td><td></td><td></td><td></td></tr>
<tr><td>12</td><td colspan="2"></td><td></td><td></td><td></td></tr>
<tr><td>13</td><td colspan="2"></td><td></td><td></td><td></td></tr>
<tr><td>评定意见</td><td colspan="5">监理工程师________ 日期________</td></tr>
</table>

本表由监理填写。

SJB 2041

设备制造主要外购件采购计划表

工程名称：________________________ 合同号：________________ 编号：____________

至：________________（监理部）：

根据编号为________________设计图纸要求，需采购下列外购件，请予认可。

附件：1. 外购件供应商资质证明资料

2. 外购件供应商提供的产品质量保证资料

供货单位（章）________________ 项目负责人____________ 日期__________

外购件名称	型号	规格	数量	供应商	生产厂	备注

监理工程师审核意见：	主任监理工程师审批意见：
监理工程师____________日期__________	主任监理工程师____________日期__________

本表由供货商填写。

SJB 2051　　　　设备样机验收合格证书

工程名称：＿＿＿＿＿＿＿＿＿＿＿＿＿＿＿＿合同号：＿＿＿＿＿＿＿＿编号：＿＿＿＿＿＿＿

至：＿＿＿＿＿＿＿＿＿＿＿＿＿（供货单位）：

自＿＿＿＿年＿＿＿＿月＿＿＿＿日至＿＿＿＿年＿＿＿＿月＿＿＿＿日，通过对＿＿＿＿＿＿＿＿设备样机试验及检查，认为贵公司生产的＿＿＿＿＿＿＿＿样机已符合《＿＿＿＿＿＿＿＿设备采购合同（合同编号：＿＿＿＿＿＿＿＿）》及相关国家技术标准的要求，验收合格，特此证明。

监理单位（章）：＿＿＿＿＿＿＿＿

总监理工程师：＿＿＿＿＿＿＿＿

日　　期：＿＿＿＿＿＿＿＿

本表由监理填写。

SJB 2071

设备变更申请单

设备名称：________________　合同编号：__________　编号：__________

<table>
<tr><td>变更类别</td><td>A类：A1类□　A2类□</td><td>B类□</td></tr>
<tr><td colspan="3">致：__________（监理部）：
由于__________________原因，兹提出设备变更（内容见附件），请予以审批。
附件：

提出单位（盖章）：__________
负 责 人：__________
日　　期：__________</td></tr>
<tr><td colspan="3">估算造价增减：增　　　万元；　　　减　　　万元。</td></tr>
<tr><td colspan="3">工期影响：延迟　　　天；　　　提前　　　天。</td></tr>
<tr><td colspan="3">监理单位审查意见：

主任监理工程师：__________日期：__________
总监理工程师：__________日期：__________</td></tr>
<tr><td colspan="3">初审意见：

日期：</td></tr>
</table>

本表由提出单位填写。

SJB 2072

设备变更技术评审表

设备名称：______________________ 合同编号：______________________

<table>
<tr><td>变更编号：</td><td>申请日期：</td></tr>
<tr><td colspan="2">变更内容：</td></tr>
<tr><td colspan="2">技术评审意见：(应明确变更的原因、依据、责任、意见等)</td></tr>
<tr><td colspan="2">参加评审单位及人员：

业主单位：

设计单位：

监理单位：

承包商：

日期：</td></tr>
</table>

本表由监理填写。

SJB 2073

设备变更费用评审表

设备名称：________________ 编号：________________

<table>
<tr><td colspan="3">变更项目：</td></tr>
<tr><td>提出单位：（盖章）</td><td>负责人：</td><td>申请日期：</td></tr>
<tr><td>变更情况</td><td colspan="2"></td></tr>
<tr><td>变更前后费用变更详细说明</td><td colspan="2"></td></tr>
<tr><td>工时、主要设备、材料及安装调试工程量增减情况说明</td><td colspan="2"></td></tr>
<tr><td colspan="3">评审意见：

负责人：__________ 日期：__________</td></tr>
</table>

本表由提出单位填写。

SJB 2074

设备变更令

（第　　号）

设备名称：________________ 合同编号：__________ 变更编号：________

致：____________（供货单位）： 根据（提出单位）____________变更建议，现决定对____________ ____________进行变更，请按变更后的要求组织实施。 监 理 单 位（公章）：____________ 总监理工程师：________ 日期：________
承包商签收： （承包商章）______年______月______日

本表由监理单位填写。

SJB 2081

设备出厂检验申请单

设备名称：__________ 合同号：__________ 供货商/承包商：__________

至：__________（监理部）：

下列__________设备经自检符合设计及技术规格书要求，报请出厂检验。

附件：1. 出厂试验大纲、出厂试验报告（型式试验报告）及其他文件资料；

2. 设备出厂检验项目、检验标准及检验记录；

3. 出厂验收合格证明格式；

4. 出厂试验日程安排。

供货单位项目技术负责人：__________ 日 期：__________

设备名称	数量	出厂检验日期	备注

主任监理工程师意见：	业主代表意见：
主任监理工程师：__________ 日期：__________	业主代表：__________ 日期：__________

本表由承包商填写，带附件。

SJB 302

设备开箱检查移交记录

编号：

<table>
<tr><td>设备名称</td><td></td><td>合同号</td><td></td><td>图号</td><td></td></tr>
<tr><td colspan="2">设备规格、型号</td><td colspan="4"></td></tr>
<tr><td>供货商</td><td colspan="5"></td></tr>
<tr><td>包装形式</td><td colspan="5"></td></tr>
<tr><td>设备外观情况</td><td colspan="5"></td></tr>
<tr><td>附件及配套情况
（按装箱单）</td><td colspan="5"></td></tr>
<tr><td rowspan="4">参加单位及代表</td><td>供货单位代表</td><td colspan="4"></td></tr>
<tr><td>接收单位代表</td><td colspan="4"></td></tr>
<tr><td>监理单位代表</td><td colspan="4"></td></tr>
<tr><td>业主单位代表</td><td colspan="4"></td></tr>
</table>

本表由供货商填写。

SJB 4011

安装施工图交底记录

编号：

<table>
<tr><td colspan="2">系统名称</td><td colspan="2"></td><td colspan="2">合同号</td><td></td></tr>
<tr><td colspan="2">交底时间</td><td colspan="2"></td><td colspan="2">交底地点</td><td></td></tr>
<tr><td colspan="2">主持人</td><td colspan="2"></td><td colspan="2">记录人</td><td></td></tr>
<tr><td>交底主要内容</td><td colspan="6"></td></tr>
<tr><td>现场核查</td><td colspan="6"></td></tr>
<tr><td>结论</td><td colspan="6"></td></tr>
<tr><td rowspan="2">参加人员</td><td colspan="2">设计单位</td><td>业主</td><td colspan="2">监理分部</td><td>承包商</td></tr>
<tr><td colspan="2"></td><td></td><td colspan="2"></td><td></td></tr>
</table>

本表由设计单位填写。

SJB 4021

设备安装施工进度计划报审表

项目名称： 合同号： 编号：

<table>
<tr><td colspan="2">至：________________(监理部)
兹报送______________________设备安装施工进度计划，请审核批准。

附：施工进度计划表(包括编制说明、工期图表、工程量、资源计划表)

安装承包单位(章)：__________项目经理：__________编制人：__________日期：__________</td></tr>
<tr><td colspan="2">监理工程师审查意见：

监理工程师：__________日期：__________</td></tr>
<tr><td colspan="2">主任监理工程师审核意见：

主任监理工程师：__________日期：__________</td></tr>
<tr><td>进度控制监理工程师意见：

进度控制监理工程师：__________日期：__________</td><td>总监理工程师审批意见：

总监理工程师：__________日期：__________</td></tr>
<tr><td colspan="2">抄报：</td></tr>
</table>

本表由承包商填写。

SJB 4031

设备安装材料采购计划表

项目名称： 合同号： 编号：

至：____________（监理部）：

根据编号为____________设计图纸的要求，需采购下列材料，请予认可。

附件1. 供应商资质证明文件

2. 供应商提供的材料质量保证资料

安装承包单位（章）：________ 项目经理：________ 日期：________

材料名称	供应商	型号	规格	单位	数量	备注

监理工程师审核意见：	主任监理工程师审批意见：
监理工程师：________ 日期：________	主任监理工程师：________ 日期：________

本表由安装承包商填写。

SJB 4101　　　　（　　年　　月）　　　　编号

设备安装计量支付证书

合同编号：　　　　　　　　　　付款项目：

承包商呈报	监理部审核	业主审批
本期呈报＿＿＿＿元。	本期审核＿＿＿＿元。	本期审批＿＿＿＿元。
季累呈报＿＿＿＿元。	季度累计＿＿＿＿元。	季度累计＿＿＿＿元。
年累呈报＿＿＿＿元。	年度累计＿＿＿＿元。	年度累计＿＿＿＿元。
开累呈报＿＿＿＿元。	开工累计＿＿＿＿元。	开工累计＿＿＿＿元。
开户银行＿＿＿＿	审　查　人＿＿＿＿	审　核　人＿＿＿＿
银行账号＿＿＿＿		
呈　报　人＿＿＿＿		
承包商负责人＿＿＿＿	总监理工程师＿＿＿＿	公司领导＿＿＿＿
呈报日期＿＿＿＿	审核日期＿＿＿＿	批准日期＿＿＿＿

本证书由承包商呈报。

SJB 5021

承包商(供货商)质量体系评审表

项目名称:________________ 合同号:________________

致:____________ 我部对______________的质量保证体系运转情况进行审查,具体评价如下: 1. 质量体系认证的检查评价: 2. 质量体系程序文件执行的评价 a. 设计质量控制程序执行的评价: b. 制造过程质量控制程序执行的评价: c. 安装过程质量控制程序执行的评价: 3. 质量管理制度的完整性和可靠性: 4. 质量纪录的准确性: 5. 合同项目的受控状况: 附:“ISO 9000系列认证合格证书”复印件
结论: 经审查,我分部认为______________(承包商或供货商)的质量保证体系运转情况正常,能够满足合同项目质量控制的要求。 主任监理工程师:____________ 日　　期:____________
监理部审批意见: 监理机构(章):____________ 总监理工程师:____________ 日　　期:____________

本表由监理分部填写。

SJB 5041

设备安装工程竣工初步验收申请表

工程名称：　　　　　　　　　　　　　　　　　合同号：

<table>
<tr><td>致：(监理单位)
　　按照合同文件要求，我方已完成＿＿＿＿＿＿＿＿安装工程，并经自检合格，请予以检查和验收。
　　附件：

承 包 商：＿＿(公章)＿＿
项目经理：＿＿＿＿＿＿
日　　期：＿＿＿＿＿＿</td></tr>
<tr><td>监理分部审查意见：

主任监理工程师：＿＿＿＿＿＿日期：＿＿＿＿＿＿</td></tr>
<tr><td>总监理工程师审查意见：

总监理工程师：＿＿＿＿＿＿日期：＿＿＿＿＿＿</td></tr>
</table>

本表由承包商填写。

SJB 5042

设备安装工程竣工报告

工程名称：

<table>
<tr><td colspan="2">建设单位</td><td></td><td>实际竣工日期</td><td>年 月 日</td></tr>
<tr><td colspan="2">设计单位</td><td></td><td>合同工期</td><td>日历天</td></tr>
<tr><td colspan="2">承包商</td><td></td><td>实际工期</td><td>日历天</td></tr>
<tr><td colspan="2">监理单位</td><td></td><td>合同总额</td><td>万元</td></tr>
<tr><td rowspan="4">竣工条件具备情况</td><td colspan="2">工程竣工条件</td><td colspan="2">施工单位自检情况</td></tr>
<tr><td colspan="2">1. 设备安装部分：按合同、设计项目完成情况</td><td colspan="2"></td></tr>
<tr><td colspan="2">2. 设备调试部分：设备调试情况</td><td colspan="2"></td></tr>
<tr><td colspan="2">3. 竣工档案部分：工程技术档案和
竣工图完成情况</td><td colspan="2"></td></tr>
<tr><td colspan="5">承包商对设备安装工程竣工自检情况的综合结论：

承包单位：(公章)________
项目经理：________
日 期：________</td></tr>
</table>

本表由承包商负责填写。

SJB 5043

设备安装工程初验合格证书

工程名称		合同号	
承包商		监理单位	

致：______________(承包商)

兹证明______________号合同设备安装工程初步验收申请表所报工程已按合同和设计文件(该报表中注明的未完成工程除外)完成，同意进入地铁系统总联调及设备安装工程竣工正式验收阶段。

备注：______________

____

____

监理单位(章)：______________

总监理工程师：______________

日　　期：______________

本表监理填写。

SJ 5051

设备安装工程竣工验收申请表

工程名称：______________________ 合同号：______________________

致：______________________（监理单位）

按合同文件要求，我方已完成______________________安装工程，并经初验合格，证实完成的工作符合合同的要求，请建设单位予以验收。

附件：

相关文件及编号：

承包单位(章)：__________

项 目 经 理：__________

日　　期：__________

监理工程师意见：

主任监理工程师：__________　　总监理工程师：__________

日　期：__________　　日　期：__________

建设单位意见：

建设单位：__________

日　　期：__________

本表由承包商填写。

SJ 5061

采购设备初(预)验合格证书

设备系统名称：

设备名称		合同号	
供货商		监理单位	

致：________________(供货单位)

贵单位提供的____________________设备(合同号：__________)经检查已符合合同要求，同意通过初步验收。

附：采购设备初步验收报告

备注：____

____

____

____

监理单位(章)：________________

总监理工程师：________________

日　　期：________________

业主(建设单位)：________________

验收委员会主任：________________

日　　期：________________

本表由监理填写。

SJB 6021

事故发生报告单

编号：

<table>
<tr><td>
至：________________(监理部)：
______年______月______日______时，在________________
________________，发生设备安装质量安全事故。报告如下：

1. 事故经过及原因(初步调查结果或根据现场报告情况)：
2. 事故性质：
3. 预计造成经济损失：
4. 应急措施：
5. 初步意见：
待进行现场调查后，再作详细报告。

承包单位(章)：________项目经理：________日期：________
</td></tr>
<tr><td>
监理分部收件人________日期________
</td></tr>
<tr><td>
抄报：
</td></tr>
</table>

本表由承包商填写。

SJB 6022

质量安全事故调查报告报审表

工程名称：________ 合同号：________ 编号：________

至：________（监理部）： ______年______月______日在____________发生事故已于______年______月______日组织调查完成，现呈交“质量安全事故调查报告”，请予审批。 附：“质量安全事故调查报告”。
参加调查人员： 承包单位（章）：________ 项目经理：________ 日期：______
主任监理工程师审核意见： 主任监理工程师：________ 日期：______
总监理工程师审批意见： 总监理工程师：________ 日期：______

本表由承包商填写，附事故调查报告。

SJB 6023

质量安全事故处理报告报审表

编号：

<table>
<tr><td>
至：________________（监理部）：
______年______月______日在__________________发生事故已于______年______月______日按______号调查报告处理完成，并经自检符合要求。处理后设备安装工程质量安全及现场施工条件状况详见"质量安全事故处理报告"，现申请验收，请予审批。
附："质量安全事故处理报告"
承包单位(章)：__________项目经理：__________日期：__________
</td></tr>
<tr><td>
主任监理工程师审核意见：
主任监理工程师：__________日期：__________
</td></tr>
<tr><td>
总监理工程师审批意见：
总监理工程师：__________日期：__________
</td></tr>
</table>

本表由承包商填写，附事故处理报告。

参考文献

[1] 陈炳权主编.工程设备监理.上海:同济大学出版社,1997.
[2] 汪洋主编,中国设备监理协会组织编写.设备工程监理导论.天津:天津大学出版社,2004.
[3] 赵涛主编,中国设备监理协会组织编写.设备工程监理质量控制.天津:天津大学出版社,2004.
[4] 吕文学主编,中国设备监理协会组织编写.设备工程监理进度控制.天津:天津大学出版社,2004.
[5] 郑立群主编,中国设备监理协会组织编写.设备工程监理投资控制.天津:天津大学出版社,2004.
[6] 曲修山主编,中国设备监理协会组织编写.设备工程监理合同管理.天津:天津大学出版社,2004.
[7] 高爽编著.地铁车辆构造与维修管理.北京:中国铁道出版社,2003.
[8] 王松滋,黄钟主编.地铁概论.南京:南京出版社,1994.
[9] 郑瞳炽,张明锐主编.城市轨道交通牵引供电系统.北京:中国铁道出版社,2004.
[10] 张庆贺,朱合华,庄荣等编著.地铁与轻轨.北京:人民交通出版社,2002.
[11] 朱昌明,洪治育,张惠侨编著.电梯与自动扶梯.上海:上海交通大学出版社,1995.
[12] 梁春生,智勇等编著.中央空调变流量控制节能技术.北京:电子工业出版社,2005.
[13] 魏晓东主编.城市轨道交通自动化系统与技术.北京:电子工业出版社,2004.
[14] 刘贞平,李清立,刘廷彦编著.工程建设监理概论.北京:中国建筑工业出版社,1997.
[15] 田金信主编,中国建设监理协会组织编写.建设工程质量控制.北京:中国建筑工业出版社,2005.
[16] 王珩.地铁屏蔽门系统的供电电源方案与绝缘接地措施.铁道机车车辆,2001(4).
[17] 张永庆.屏蔽门高速丝杠副传动无偏载机构的改进.城市轨道交通研究,2003(6).
[18] 孙增田.屏蔽门系统在地铁中的应用前景.都市快轨交通,2005(2).
[19] 陈海辉,胡跃明,熊建明.地铁屏蔽门控制系统方案.华南理工大学学报(自然科学版),2002(4).